2004

YEARBOOK OF CHINA AGRICULTURAL PRODUCTS PROCESSING INDUSTRIES

中国农产品加工业年鉴

科学技术部农村与社会发展司
中国农业机械化科学研究院 编
中国包装和食品机械总公司

中国农业出版社
CHINA AGRICULTURE PRESS

内 容 简 介

本年鉴较系统地记述了我国有关农产品加工业发展的方针、政策、法律、法规和规划等贯彻执行情况；有关领导、专家对发展我国农产品加工业的论述；本领域内相关行业的发展综述；简介了相关行业经济运行情况及名、优、特、新产品；全面介绍了各省、自治区、直辖市农产品加工业发展现状；登载了农产品加工业的国内外统计资料；记载了相关的国家标准、行业标准、专利以及本行业的大事记。本年鉴资料新颖、准确、科学、翔实，内容丰富，可供政府管理部门、协会、学会、中介组织、生产企业、科研教学单位的管理人员、策划人员、教育工作者和科技工作者参考。

编辑出版说明

一、为紧跟我国农产品加工业发展的时代脉搏和大力宣传主旋律，在各级领导和行业专家的支持与帮助下，我们组织编辑出版的《中国农产品加工业年鉴》(2004) 与广大读者见面了，其宗旨是为我国农产品加工业的发展起到桥梁和促进作用。

二、《中国农产品加工业年鉴》由科学技术部、国家发展和改革委员会、农业部、国家林业局、国家粮食局、中华全国供销合作总社、中国机械工业联合会、中国轻工业联合会的有关主管部门及农产品加工业相关协会、学会、科研院所、大专院校等，与中国农业机械化科学研究院、中国包装和食品机械总公司联合编辑出版。

三、《中国农产品加工业年鉴》(2004) 安排了 8 个部分的框架内容，每个栏目名称基本未变，其中的内容和数据均以 2003 年的基本情况为主。但根据资料的获取难易程度也有部分 2003 年前后的情况，并保持每卷年鉴的连续性，其中的政策法规及重要文件、大事记均以 2004 年的基本情况为主。为使广大读者了解各省、自治区、直辖市农产品加工业的发展情况，这次利用第五部分栏目专门对各省、自治区、直辖市农产品加工业的发展情况作了全面的简要介绍，以与 2003 卷"中、东部地区农产品加工业发展情况"专题相衔接。同时，在第四部分"国内综合统计资料"中，增加了各省、自治区、直辖市农副食品加工业、食品制造业、饮料制造业主要经济效益指标等 2003 年统计数据。其余框架内容未变。

四、《中国农产品加工业年鉴》记述了相关方针、政策、法律、法规和规划等贯彻执行情况；记述了有关领导、专家对发展我国农产品加工业的论述；记述了本领域相关行业的发展综述；介绍了农产品加工业行业经济运行情况及名、优、特、新产品；介绍了各省、自治区、直辖市农产品加工业发展现状；登载了农产品加工业国内外统计资料；记载了相关的国家标准、行业标准、专利以及本行业的大事记。年鉴既述事，也记人，每年编辑、出版一卷。若干年后，不但可以见证我国每年的农产品加工业发展情况，而且将是系统、全面、可靠、翔实的史册和工具书。由于年鉴的权威性和正式的连续出版发行，将有益于国内外各界了解和研究中国农产品加工业现状与发展等情况，促进相互交流与合作；有益于各部门借鉴现实和历史经验，掌握全局，运筹帷幄，制定政策和发展规划，指导本行业健康发展；有益于社会各界沟通行业信息、产品信息，互相学习，取长补短，推动我国农产品加工业的发展和国民经济的腾飞。

五、本年鉴各部分所列数据，因来源渠道不同，不尽一致。全面的数据均以国家统计局提供的为准。本年鉴全国性统计数据均不包括香港、澳门两个特别行政区和台湾省。两区一省的相关数据，在年鉴的附录中列出。

六、为系统、准确、科学、翔实地反映我国农产品加工业现状，并力争办出本年鉴的特色，我们在编辑中继续突出了综述文章以当年国家重点抓的农产品加工业中的有关行业为主，全书内容以推动产业发展为主，国家标准、行业标准与专利以加工工艺、设备和相应的产品为主，统计数据以国家统计局经济行业分类为主，国外的统计数据以特点显著的部分发达国家和少数发展中国家为主等。

七、本年鉴的编辑、出版、发行等工作，得到了中央及各级有关部门、协会、学会、科研院所、高等院校、生产企业、社会团体的大力支持和帮助，谨此表示衷心的感谢。

目　录

第四部分　国内综合统计资料

第五部分　我国各省、自治区、直辖市农产品加工业

第六部分　标准、专刊

第七部分　大事记

第八部分　附　录

Contents

Part Ⅲ Policies, Regulations and Important Documents

Part Ⅳ Domestic Comprehensive Statistics Materials

Part Ⅴ Agricultural Products Processing Industries in Various Provinces, Autonomous Regions and Cities

Part Ⅵ Standards and Patents

Part Ⅶ Chronicle of Events

Part Ⅷ Appendix

1

第一部分

专题论述

中国农产品加工业技术、产业发展的现状与对策

中华人民共和国科学技术部副部长　李学勇

尊敬的任筑山副部长：

各位专家、女士们、先生们：

前不久，我和任筑山副部长在华盛顿就进一步加强中美两国农业领域科技合作进行了真诚、友好和富有成效的会谈。今天，我们又一起来到加州，共同出席“中美农产品加工高层论坛”。在此，我谨代表中华人民共和国科学技术部对大会的召开表示热烈祝贺！

这次论坛是任筑山副部长和我共同倡议召开的，也是中美农业科技合作议定书框架下一次重要的科技交流活动，其目的是增进中美两国农产品加工领域科技界、产业界的相互了解，探讨推进双方合作的有效方式与对策。中国有来自政府部门、科研单位、大学、企业的30位代表参会，并将有10位农产品加工领域的专家做专题报告，与美方同仁就科技发展、产业合作等内容进行广泛交流与讨论。借此机会，我就中国农产品加工业的现状和发展谈几点意见。

一、农产品加工业已成为中国国民经济的重要产业

中国有近13亿人口，经过20多年的不懈努力，农业取得了历史性突破，用占世界8%的耕地养活了23%的人口，这也是中国为世界和平与发展做出的重大贡献。目前，中国主要农产品总量已跃居世界首位，粮食总产近5亿t、肉类总产6 300万t、水果6 600万t、蔬菜4.8亿t，主要农产品供应实现了从长期短缺到供求基本平衡、丰年有余的历史性转变。改革开放以来，中国农产品加工业发展速度加快，初步形成了农产品加工生产体系，产品种类不断丰富，质量不断提高，近五年农产品加工业总产值年均增长幅度达10.8%，其中，食品工业占农产品加工业的42%，年均增长速度超过15%。2003年，中国农产品加工业产值达3 753亿美元，占整个工业产值的22.4%，农产品加工业产值在60万美元以上规模的企业达6万多家，从业人员1 608万人，农产品加工业已成为中国国民经济中增长最快的重要产业，为促进国民经济增长和提高人民生活水平、吸纳劳动力就业发挥了重要作用。

中国是农产品生产大国，也是农产品消费大国，农产品加工业蕴涵着巨大的发展潜力，发展农产品加工业对促进中国国民经济发展、消除农村贫困、解决劳动力就业、加速农业结构调整的重要意义是：

第一，加快农产品加工业的发展，是满足中国日益增长的消费需求的迫切需要。通过发展农产品加工业，可以充分发挥中国农产品资源丰富、消费市场广阔的优势，为市场提供数量充足、品种丰富、质量可靠的加工制品，满足城乡居民对农产品数量和质量增长的需求。

第二，加快农产品加工业的发展，是加快国民经济发展的必然要求。通过发展农产品加工业，可以带动农产品区域化、优质化、规模化生产，加快机械制造、包装、运输及餐饮等行业的发展，推进经济结构调整，促进国民经济的持续增长。

第三，加快农产品加工业的发展，是增加农民收入的迫切要求。通过发展农产品加工业，可以实现农产品多层次、多环节的转化增值，促进种植业、养殖业和农村其他产业的发展，提高农业综合效益，促进农民增收。

第四，加快农产品加工业的发展，是促进农村劳动力就业和转移的迫切要求。我国农村劳动力资源充足，通过发展农产品加工业，可以拓展就业领域，加快农村劳动力向农产品加工等非农产业的转移，解决农村劳动力就业难的矛盾。

经过20多年的发展，中国农产品加工业虽然取得了巨大成就，但从总体看仍处于发展的初级阶段，产业基础薄弱，企业规模小，产品结构不合理，技术水平低。突出表现在：

一是加工业在农业总产值中所占的比例低。目前中国加工业与农业产值之比仅0.85：1，远低于发达国家3：1的水平。

二是农产品加工比例低。目前中国农产品深加工

用粮不到粮食总量的8%，大宗果品的商品化加工率低于10%。

三是缺乏加工专用品种。目前中国尚缺乏农产品加工专用原料生产基地，原料生产与加工需求协同发展的矛盾十分突出。

四是农产品加工科技水平低。与发达国家相比，农产品加工科技水平落后10～15年，原始创新能力不足，标准与质量检测体系不完善。

上述问题，最终都需要依靠提高农产品加工业的科技创新能力和水平，通过科技进步来加以解决。

二、科技进步加速了农产品加工业发展

长期以来，中国政府十分重视依靠科学技术加快农产品加工业的发展，在国家主要农产品加工业发展规划和食品工业发展规划中，均把农产品加工业的技术研发列为重点内容，科技投入不断增加，并产生了十分积极的效果。

1. 通过加强研究与开发，取得了一批具有较高水平的科研成果 近年来，通过组织开展科技攻关，在稻米、大豆、玉米等主要农产品加工方面，取得了一批高水平的科技成果，如利用玉米生产变性淀粉和燃料酒精技术，利用稻米加工多孔淀粉和米糠蛋白技术，以及利用大豆生产注射型分离蛋白技术等的推广和应用，部分达到同期国际先进水平，有效促进了中国农产品加工业的发展。

2、一批农产品加工科技成果在生产中得到广泛应用，大大提高了农产品加工业的效益 如通过采用柔性制造、虚拟制造等技术，缩短了与国外农产品加工技术装备的整体差距，提高了农产品加工的整体效益；应用声、光、电、液一体化成套设备装备了一批农产品加工企业，有效改善了产品质量，也大大提高了农产品加工的经济效益。

3. 初步形成了一支农产品加工的科技骨干队伍，使研究与开发能力大大加强 近年来，通过各种优惠政策，吸引和培养了一大批农产品加工领域科研人才，为中国农产品加工业的科技进步奠定了十分坚实的基础。

4. 建立了一批技术研究中心，为农产品加工业科技进步提供了研究平台 近年来，中国已先后建设了大豆、小麦、玉米、水稻及农产品保鲜等国家工程技术研究中心，针对主要农产品加工的重大关键技术问题开展攻关，构建了新的农产品加工科技创新平台，改善了科研条件，有效促进了农产品加工科技的发展。

5. 通过产、学、研相结合的方式，加速了农产品加工科技成果的转化和产业化 在研究中，采用科研单位、大专院校、企业相结合的方式，推进大中型企业建立技术研发中心，通过科技的注入，增强了农产品加工企业的科技创新能力，加快了科技成果的转化和应用。

总之，农产品加工业的科技进步，有力地促进了农产品加工业的发展，大幅度提高了农产品加工的经济效益，为农产品加工业的持续发展提供了有力的支撑。

三、未来农产品加工科学技术及产业化的发展方向

为推动农产品加工业的发展，中国政府将把强化农产品加工科技创新能力建设摆在突出位置。加大科技投入，集成优势力量，重点解决农产品加工业发展中的关键技术难题；积极推动产、学、研的结合，促进科技与产业的有机衔接，带动农产品加工业生产规模和技术素质的持续提升，促进农产品加工业的健康发展。

针对中国农产品加工业发展现状，中国农产品加工研究将以粮食、油料、畜产品、果蔬等主要农产品加工为重点，以提高农产品加工转化能力和附加值、提高经济效益、增强农产品的国际竞争力为核心，以产品、设备研制为主要内容，突出农产品加工的科技创新与成果转化，突出自主创新，加强国际合作与交流，加快制定符合中国国情和国际惯例的农产品原料与加工制品的质量标准，强化专用农产品安全生产基地建设，逐步建立和完善中国农产品加工业生产体系，提高科技创新能力和水平。

在基础研究方面，将以农产品加工研发中心、工程技术中心建设为重点，强化科技创新能力建设，加强农产品加工过程控制、农产品加工转化机理、新产品研制等基础理论及应用基础研究，提高农产品加工整体水平和创新能力。

在农产品加工技术方面，将突出粮食、油料、畜产品、果蔬等主要农产品加工与高效转化技术，强化高新技术在农产品加工中的应用，提高产品开发能力，强化农产品质量标准体系建设，尽快缩小与发达国家的差距。

在农产品加工设备研制方面，将以企业创新能力为重点，强化对现有设备的改进与升级，加速大型成套装备的研制与应用，加强配套设备和材料的研制与开发，提升农产品加工的整体效益和转化能力。

突出农产品加工的体制与机制创新，逐步完善

中国农产品加工业生产体系，着力建设一批不同投资主体的、具有较强加工能力的加工企业集团，并在大中型企业建立技术研发中心，促进农产品加工科技成果的产业化，提升农产品加工企业的创新能力和竞争力。

同时，我们将进一步加强农产品加工研究与开发的国际合作和交流，积极探索与世界各国开展科技合作的有效途径和方式。同时，以中美科技合作和本次高层论坛为契机，加强中美两国农产品加工领域科技界、产业界的相互了解，为全面合作开创良好局面。

四、推动中美双方农产品加工科技合作的倡议

在农产品加工方面，美国拥有先进的技术装备和发达的农产品加工业，中国则具有广阔的市场空间、巨大的发展潜力和相应的科技基础，因此，双方的合作前景十分广泛。同时，中美两国在农产品加工领域有长期的交往和良好的合作基础，积极推进经济与技术的合作，既是中美两国政府和农业科技界的共同愿望，也符合两国人民的共同利益。为促进两国农产品加工领域的科技合作，把农业科技合作推向一个新的阶段，我代表中国科学技术部提出以下建议：

第一，加强农产品加工技术的联合研究与开发。近年来，中国科学技术部围绕推进农产品加工转化、适应消费需求、提高产品科技含量，正在组织实施一系列科技计划。我们希望将相关计划的实施融入双边科技行动，由双方共同提供研究经费开展农产品加工新技术、新材料、新产品以及工程成套技术的研究开发，进行农产品加工质量标准、农产品质量标准体系及食品质量检测技术研究，推进全程质量安全控制体系的双边、多边国际互认，为农产品加工业的科技进步和贸易发展提供强有力保障。

第二，共同建立"中美农产品加工技术研究中心"。重点开展农产品加工科学研究，示范、推广双方在该领域的新成果，开展人员技术培训，交流中美农产品加工领域的技术、信息与管理经验，使中心成为双方合作与交流的纽带和桥梁。在中心建设中，可借鉴2003年在中国甘肃成立的"中美草地及畜牧业可持续发展研究中心"的建设经验，采取双方共同建设、互派研究人员等方式开展研究。

第三，建立中美农产品加工科技交流机制。建议明年在中国举行"第二届中美农产品加工高层论坛"，同时，定期举办农产品加工专题研讨会，共同探讨研究合作的主题和优先领域，拓展人员交流的渠道，寻求产业合作机会，为双方科学家和企业家构建经济和技术合作与交流的平台。

女士们，先生们：

农业科技合作的前景十分广泛，加强中美农业科技合作，不仅有利于双方实现优势互补，促进两国农业的发展，同时也有利于世界农业的进步和发展。中国政府真诚欢迎和全力支持美方以各种方式加强与中国科研单位、大专院校及企业的科技合作，发挥双方优势，实现双赢。

最后，预祝论坛圆满成功！

谢谢大家！

（本文为作者于2004年在"中美农产品加工高层论坛"会议上的讲话）

全面推动食品安全信用体系建设试点工作

国家食品药品监督管理局局长　郑筱萸

一、对试点工作启动阶段的基本评价

按照吴仪副总理关于食品安全信用体系建设要先行一步的要求，2004年4月7日国家食品药品监督管理局等八部委联合下发了《关于加快食品安全信用体系建设的若干指导意见》，4月9日国家食品药品监督管理局在京召开了食品安全信用体系建设试点工作动员会。食品安全信用体系建设试点工作的开展受到了社会的良好评价。经过调查了解，我们认为前一阶段工作的基本情况是启动迅速，工作扎实，开局良好。具体说来，在这一阶段，试点城市和试点行业主要做了以下几个方面的工作：

1. 进一步提高了思想认识　正确的思想认识是

做好试点工作的基础。试点工作能否真正实施，能否获得实效，关键在于领导认识是否到位。动员会议后，各试点城市和试点行业深化认识，拓宽思路，创造性地启动了试点工作。如辽源市将信用体系建设作为践行“三个代表”重要思想的“民心工程”来抓，作为推进健康产业成长的“发展工程”来抓，作为打造诚信辽源的“基础工程”来抓，让全国食品安全信用体系建设试点城市作为辽源走向全国、走向世界的“城市名片”。常德市提出食品安全信用体系建设要同发展地方经济相结合，全面提高常德的诚信水平。市政府首期安排了12万元的财政专项资金用于试点工作的启动。各试点工作的启动得到了有关方面的重视。吉林省分管领导从省长基金中拨出50万元专门用于辽源市食品安全信用体系建设的试点工作。福建省省委、省政府领导对厦门市的试点工作也提出了明确要求。

2. 建立了工作协调机制　各试点城市和试点行业均成立了食品安全信用体系建设试点工作领导小组。形成了综合协调、齐抓共管的工作格局，为做好试点工作创造了有利的条件。如辽源市成立了以市委书记和市长为组长、市委副书记和副市长为副组长、14个部门组成的试点工作领导小组。厦门市根据福建省委、省政府有关领导对试点工作的要求，成立了以副市长为组长、19个部门组成的领导小组。肉类和粮食行业协会成立了由技术人员、管理人员、法律工作人员组成的试点工作领导小组。

3. 制定了试点工作方案　各试点城市和试点行业按照《食品安全信用体系建设试点工作方案》的要求，在认真调研、反复论证的基础上，结合本地区、本行业的实际，均制定了试点工作方案。方案明确了本地区、本行业试点工作的指导思想、基本原则、工作目标与工作内容，确定了各阶段的工作重点、实施步骤和保障措施。大庆市在试点工作方案中提出了建立六个系统的具体工作任务。中国肉类协会还起草了信用制度建设的相关规范。

4. 开展了广泛的宣传教育　动员会议后，试点城市和试点行业相继召开了试点工作的动员大会，传达了全国食品安全信用体系建设试点工作动员会的有关精神。结合食品安全宣传周活动，各试点城市、试点行业以“食品安全关系你和我”为主题，开展了多种形式的食品安全信用体系建设宣传活动。辽源市将每年的5月份确定为食品安全信用体系建设宣传月，食品安全信用体系建设办公室还编发了40期工作简报。常德市在步行街举行了宣传活动，设立20个咨询台和展示台，制作了100多块宣传展板，悬挂宣传标语、横幅1000多条，散发宣传资料10000多份。厦门电视台创建“放心食品”专栏，将食品安全信用体系建设工作情况作为“放心食品”的重点内容予以突出。银川的试点企业将《食品安全诚信倡议书》进行张贴，自觉接受消费者监督。儿童食品专业学会组织试点企业向阜阳市劣质奶粉受害者及其家庭捐赠婴幼儿奶粉。据统计，日前已有人民日报社、新华社等20多家主流新闻媒体对食品安全信用体系建设试点工作的开展进行了专题报道。中国新闻社编辑了《食品安全信用体系建设专辑》。互联网已发布了2.4万多条关于食品安全信用体系建设的信息。

5. 确定了首批试点企业　试点城市和试点行业结合本地区、本行业的实际情况，陆续确定了首批试点企业。如辽源市选出了110家试点企业。在此基础上，又选出与健康产业紧密结合的35家重点企业，实施以点带面的工作策略。厦门市按照“谁推荐、谁组织、谁检查、谁监督”的原则，选择了100多家企业，并在第二届厦门（国际）食品博览会的新闻发布会上公布了试点企业的名单。常德市根据本地区食品安全现状和食品行业实际，确立了肉品、蔬菜、米粉、纯净水4个行业和80家企业。银川市领导深入企业一线，征求企业意见，选择信用基础好、企业经济效益好、清真特色突出的企业作为第一批试点企业，通过认真筛选，确定21家企业。各试点行业也结合本行业的实际，选出了信用基础好、条件成熟的企业作为试点企业。

此外，各部门、各地方根据《指导意见》的精神和要求，开展了食品安全信用体系建设试点工作。如卫生部继续完善食品卫生监督量化分级管理制度，商务部在食品流通领域积极探索建立企业信用档案制度。工商总局对食品生产经营企业实行信用分类监管等。黑龙江、江苏、湖北、四川、安徽和西藏等省（自治区）已经按照《试点工作方案》的要求启动了试点工作并上报了各自的方案。黑龙江省食品药品监督管理局组织专家坚持两条腿走路的方针，充分发挥该省大专院校、科研单位和管理部门的优势，开展了食品安全信用体系建设的基础研究和战略研究。

在充分肯定各试点城市、试点行业在前一阶段所取得成绩的同时，我们也要十分清醒地看到试点工作发展还不平衡，还存在着一些困难和问题：一是全国社会信用体系建设的总体思路仍在研究论证中，有些涉及全局性、基础性问题（如信用体系的法制建设、信用标准体系的制定、信用服务体系的建立）的政策出台尚需时日。过去虽然有些部门对社会信用问题进行了一些探索，但从“食品安全”这一特定角度来研究信用体系建设还没有更多的经验可资借鉴。二是部分人员对食品安全信用体系建设的必要性、重要性、紧迫性和艰巨性缺乏足够的认识，将信用体系建设停留在一般的道德要求上，没有从制度建设或体系建设的角度来把握，工作中还没有发挥出应有的主动性和创造性。三是部分试点单位存在着急于求成的倾向，在没有对试点企业调查研究和帮助促进的情况下，急于进行信用的征集、评价和披露，急于进行信用的商业化运作。上述问题的存在应当引起我们的高度重视。

二、当前食品安全信用体系建设所面临的形势

当前，我国食品安全信用体系建设工作面临着十分难得的机遇和十分有利的形势：

1. 党中央、国务院对信用体系建设工作高度重视　党的十六大提出了我国社会信用体系建设的总体目标。2004年4月6日，国务院领导专门听取了社会信用体系建设问题的汇报。会议认为，社会信用体系建设，对于完善社会主义市场经济体制、转变经济增长方式、促进经济社会协调发展具有重大的战略意义。会议提出，要按照既要保证当前经济发展需要，又要为长远发展做好充分准备的原则，尽快研究制定社会信用体系建设的总体方案。按照既要保护企业和当事人合法权益，又要有利于社会信用体系建设工作推进的原则，加快制定社会信用体系建设的法规。按照确保资源和信息共享、防止重复建设的精神，抓紧信用服务行业标准化建设。会议要求，各地方、各部门要统一认识，分工合作，稳步有序地推进社会信用体系建设的各项工作。

2004年5月17日，国务院办公厅印发了《全国整顿和规范市场经济秩序工作要点的通知》和《食品安全专项整治工作方案的通知》。两个《通知》对食品安全信用体系建设提出了明确而具体的要求。建立健全食品生产经营企业的信用档案，把制售假冒伪劣和有毒有害食品企业列入"黑名单"，并及时向社会公开。要继续组织各种形式的诚信宣传教育活动和信用知识培训，提高全民的诚信观念，倡导遵纪守法，提高职业道德水平。继续推进信用等级分类管理，开展行业和企业诚信建设试点，建立和完善信用惩戒机制。要积极开展食品安全信用体系建设试点工作，运用信用惩戒机制，使生产、销售假冒伪劣和有毒有害食品的违法犯罪分子寸步难行。

党中央、国务院对信用体系建设，特别是食品安全信用体系建设的上述重要指示，对我们搞好下一阶段的工作具有重要的指导意义。

2. 全社会呼唤食品安全信用体系的建立　实施食品放心工程，开展食品安全专项整治以来，我国的食品安全水平有了进一步的提高。但是，我国食品安全的形势仍然严峻，食品安全问题在有些地方仍然十分突出。近期发生的阜阳劣质奶粉事件、广州甲醇勾兑白酒事件、龙口劣质粉丝事件，给我国的食品安全再次敲响了警钟。特别是阜阳劣质奶粉事件更是震惊全国、教训深刻。按照温总理的指示精神和国务院4月22日专题会议的要求，国家食品药品监督管理局会同有关部门对安徽阜阳等地劣质奶粉事件组成了联合调查组。在阜阳地区查获的55个品种劣质婴儿奶粉共涉及10个省（自治区、直辖市）的40家企业。这些企业有的是无厂名厂址的黑窝点，但也有证照齐全的合法企业。如河北唐山田力乳业有限公司作为合法企业，竟然根据客户的不同价格要求生产蛋白质含量不同的婴儿奶粉。最近曝光的一系列食品安全事件，都反映出食品加工企业特别是小作坊、个体户不讲诚信，利欲熏心，不按标准生产，甚至在食品生产中掺杂使假、以假充真、以次充好，尤其是滥用食品添加剂和非食品原料加工食品的问题非常突出。这些食品安全案件并不是因为这些企业的生产技术条件所造成，而是这些生产经营者丧尽天良，见利忘义，造假售假所致。要从根本上解决食品安全问题，必须从最基础、最根本的建设抓起。严峻的食品安全形势已清楚地表明。食品安全信用体系建设工作已迫在眉睫，到了非做不可的地步。这项工作已不是将来时，而是现在时，不是可做可不做而是要必须做好的。

三、关于下一阶段的几项重点工作

下一阶段是试点工作的关键阶段。在这一阶段中，我们能否圆满地完成试点方案所确定的各项工作任务，能否探索出一条符合国情的信用体系建设道路，直接关系着试点工作的成败。为此，在下一阶段要围绕主题，重点做好以下几项工作：

1. 深入开展调查研究　科学的决策来源于科学的判断。而科学的判断则来源于深入的调查。各试点城市和试点行业要针对试点企业的生产经营状况进行深入而细致的调查，了解本地区、本行业试点企业的基本情况（包括企业总量、行业分布、企业性质、组织形式、注册资金、产权结构、经营状况、品牌特点、履约能力等）以及存在的主要问题（资质是否合法、制度是否健全、管理是否规范等），对试点工作的认识（包括认知程度、参与力度等），消费者评价（对食品品牌的知晓度、对食品安全的满意度）以及

农村市场中食品安全的现状等等。对试点企业的生产经营状况和社会的基本评价，各试点城市和试点行业要做到情况明、底数清、问题准，发现问题，剖析原因，研究对策，总结经验，并按照试点方案的时间要求，及时撰写出详实的调研报告，报国家食品药品监督管理局。

2. 大力加强宣传培训　各试点城市、试点行业以及试点企业要通过理论研讨、知识培训、法制讲座等多种形式，精心组织好食品安全法律知识、社会信用基础知识、食品安全事故案例、信用典型案例和食品放心工程建设等一系列的培训教育工作，增强全社会的信用意识，营造良好的信用环境。培训对象应当包括试点企业的法定代表人、质量管理与技术部门的负责人、其他关键岗位的负责人和企业的其他员工，以及试点城市农业、卫生、工商、质检等各食品安全监管部门的执法人员和试点行业协会的有关工作人员。对食品生产企业培训工作的着力点应放在严格生产标准，完备生产条件，确保食品质量上；对食品流通企业的着力点应放在提高职业道德水准和综合业务素质，杜绝销售假冒伪劣食品上。通过培训教育活动，要进一步强化食品安全工作地方政府负总责，企业法人是食品安全的第一责任人，消费者积极参与食品安全的意识。对参加培训的各类人员都要进行严格的考核，并将考核结果与岗位聘用有机结合。

此外，试点城市和试点行业应定期对广大消费者，特别是广大农村地区按照贴近实际、贴近群众、贴近生活的要求，开展内容丰富多彩，形式灵活多样、群众喜闻乐见的食品安全宣传活动，大力普及食品安全信用知识，使广大人民群众真正认识到“人无信不立，国无信而衰”的道理，使诚实信用成为每一位公民、每一个食品企业立足社会、立足市场的根本。

3. 建立健全企业内部经营档案　各试点企业要按照《食品卫生法》、《产品质量法》、《标准化法》等要求，结合企业内部生产经营特点，建立健全各项管理制度，如原材料采购验收制度、生产台账制度、购销记录制度、索证索票制度、风险控制制度、产品说明制度、包装标识制度、出厂检验制度等，并对制度的执行情况做出全面、客观、详实的原始记录，建立健全企业生产经营全过程的内部经营档案，切实规范企业的生产经营行为，不断提高企业生产经营水平。各试点城市要统筹安排，力争在试点期间，在所辖食品企业中普遍建立起较为完备、规范的企业内部经营档案，为企业信用档案的建立提供基本保障。

4. 建立健全企业信用档案　各试点城市和试点行业要结合监管和服务工作的需要，综合各食品安全监管部门的监管信息和行业信息，应积极探讨构建统一的食品安全信用信息平台，建立健全试点企业的信用档案。试点企业信用档案的基本内容应当包括企业的基本信息、优良信息、提示信息和警示信息等。只服务于监管机关和行业协会的工作需要而不对社会公布的信息为内环信息，而经过遴选、服务于广大消费者知情权，对全社会公开的信息为外环信息。内环信息要畅通、外环信息要规范。各试点城市可通过食品企业信用档案的建设，积极探索食品安全统一管理、综合执法联合执法的路子。

5. 充分利用奖惩机制　在试点工作中，要充分利用企业信用档案的成果，发挥信用奖惩机制的作用，褒奖守信，惩戒失信。对长期守法诚信企业要给予宣传、支持和表彰，在年检、抽检等方面给予便利与优惠；将严重违反食品安全管理制度，制假售假等严重失信的食品企业及其法定代表人列人“黑名单”，通过试点城市的政务网站和行业协会的网站进行联合公示或者通过新闻媒体向社会公布，形成联合防假、失信曝光的机制，使不讲信用者寸步难行。

四、对下一阶段工作的几点希望和要求

下一阶段的试点工作时间紧，任务重，各试点城市和试点行业要进一步增强紧迫感和责任感。为保障下阶段工作的顺利进行，在这里我提出几点希望和要求：

1. 进一步提高思想认识，强化地方政府责任　2003年，国务院办公厅下发的《关于实施食品药品放心工程的通知》，确立了实施食品放心工程，开展食品安全专项整治的工作方针，即全国统一领导，地方政府负责，部门指导协调，各方联合行动。2004年，国务院办公厅印发的《食品安全专项整治工作方案》再次强调了这一工作方针，同时根据新的形势及时提出了整合执法力量、下移监管重心、强化地方政府责任的要求。地方政府对食品安全的责任，不仅包括打击违法犯罪活动，捣毁制假售劣窝点等治标的内容，也包括信用体系建设等治本的措施。针对近期我国食品安全问题频繁曝光引发海外恐慌的有关报道，2004年6月26日，温家宝总理提出明确要求：“要采取综合措施，下苦功夫恢复我国食品信誉”。在全国食品安全专项整治工作电视电话会议上，吴仪副总理强调指出，在社会主义市场经济条件下，作为一级政府，最重要的是守土有责，确保一方平安，为经济发展和人民群众生产生活创造良好的环境。开展整顿和规范市场经济秩序工作，是转变政府职能的重要内

容，也是政府义不容辞的重要职责。各级政府在事关人民群众的身体健康和生命安全的问题上来不得半点官僚主义和形式主义，必须拿出实实在在的措施，扎扎实实地推动。各试点城市要认真全面领会国务院领导的要求，对食品安全信用体系建设务必做到认识到位、组织到位、保障到位、监督到位、责任到位，将地方政府的责任真正落到实处。

2. 紧密结合食品专项整治开展试点工作　2004年5月份开始的食品安全专项整治工作是紧紧围绕当前群众反映强烈、社会危害严重的食品安全问题展开的。《方案》将整治与建设、打劣与扶优、治标与治本有机结合起来，提出了具体的工作原则、工作目标、主要任务、具体措施、工作要求和保障措施。目前，国家食品药品监督管理局正会同有关部门就《方案》提出的各项要求，特别是儿童食品专项整治，三假（假包装、假标识、假商标）整治，食品安全专项整治工作综合评价等问题进行深入研究。积极推进食品安全信用体系建设是食品安全专项整治工作的一项重要任务和措施。为此，必须紧密结合实施食品放心工程，开展食品安全专项整治来推进食品安全信用体系建设试点工作的进行。各地区、各部门、各行业要针对目前食品安全工作中存在的突出问题，从一个一个地区、一个一个部门、一个一个行业开始，花大力气，下苦功夫，选准切入点，找准突破口，扎扎实实地开展食品安全信用体系建设。通过我们的努力，保证在试点单位不出现恶性食品安全事故。

3. 严格按照依法行政的要求推进试点工作　依法行政是落实依法治国基本方略的基本保障。不久前，国务院发布了《全面推进依法行政实施纲要》，最近又召开了全国依法行政电视电话会议，提出了全面推进依法行政，努力建设法治政府的目标和要求。依法行政的核心内容是“有权必有责，用权受监督，侵权必赔偿”。它要求必须切实加强制度建设，做好政府立法工作；必须加强和改善行政执法，确保法律法规的正确实施；必须完善行政监督机制，加强对行政权力的制约。各试点地区和试点行业要严格按照建立法治政府、法治国家的要求，在食品企业内部经营档案和企业信用档案的建立，企业信用信息的征集、评价和披露，信用惩戒机制的运用等方面，严格依法进行，确保试点工作的规范、健康发展。

4. 大胆探索与实践，开创试点工作新局面　食品安全信用体系建设是一项新工作，是一项系统工程，也是一项难度非常大的工作。它既没有现成的经验可资借鉴。也没有固定不变的模式可以照搬。各试点城市和试点行业在试点工作中要树立开拓意识和创新意识，勇于探索大胆实践。对各试点城市和试点行业的具体做法，我们不强求一致，只要是有利于确保人民群众的饮食安全，有利于切实提高食品生产经营企业的素质，有利于提高政府食品安全监管部门的监管水平，就要大胆地闯，大胆地试，在实践中摸索，在摸索中提高，在提高中升华，不断开创试点工作的新局面。此外。各省、自治区、直辖市要按照《关于加快食品安全信用体系建设的若干指导意见》和2004年4月份试点工作动员会等要求，积极开展食品安全信用体系建设试点工作。国家食品药品监督管理局将会同有关部门对全国食品安全信用体系建设试点工作进行协调和指导，对试点城市和试点行业的试点工作进行监督检查，以保障试点工作的顺利进行。

保障广大人民群众的身体健康和生命安全，责任重大，使命光荣。我们一定要振奋精神，团结一致，奋力拼搏，将试点工作抓紧抓实抓好，向党中央、国务院和广大人民群众交上一份满意的答卷，为我国经济和社会的全面协调和可持续发展做出积极的贡献。

（本文为作者于2004年在“全国食品安全信用体系建设试点工作交流会”上的讲话，略有删减）

协同配合　努力工作
全面实施食品放心工程工作

商务部副部长　张志刚

2003年7月18日，国务院召开了全国实施食品药品放心工程电视电话会议，吴仪副总理作了重要讲话，并印发了《国务院办公厅关于开展食品药品放心工程的通知》（国办发〔2003〕65号）。商务部党组对这项工作非常重视，很快研究制定了《商务部实施食品放心工程工作方案》，贯彻落实全国实施食品药品放心工程电视电话会议精神，研究部署内贸系统实施食品放心工程工作。

一、提高认识，增强实施食品放心工程的责任感和紧迫感

近年来，特别是全国开展整顿规范市场经济秩序专项斗争后，食品安全形势总体上是好的，而且正在向更好的方向发展。但是，由于多方面的原因，也始终存在一些突出问题，严峻程度仍不容忽视。在商品市场上的主要表现为：一是部分地区生猪疫病尚未得到有效控制，含有机磷等剧毒农药蔬菜和病死畜禽肉仍然流入市场，私屠滥宰和注水肉仍很猖獗；二是工作发展不平衡，东西部之间、大小城市之间、城乡之间食品安全状况差异很大，一些地方政府工作力度不够，工作部署不实，还没有建立起完善的食品安全保障机制；三是食品安全长效工作机制尚未有效建立，一些地方食品安全状况呈明显的阶段性波动，时紧时松，时起时落，反复很大。这些问题不解决，广大人民群众的切身利益就得不到有效保障，建设全面小康社会的宏伟目标也难以实现。各地商品流通主管部门，要切实增强责任感和紧迫感，深刻认识实施食品放心工程的重要意义。

（一）内贸系统实施食品放心工程，是实践“三个代表”的具体行动

胡锦涛总书记最近指出：坚持立党为公、执政为民，是“三个代表”重要思想的本质。维护好、实现好、发展好广大人民的根本利益，是我们一切工作的根本出发点和落脚点，也是我们做好改革发展稳定各项工作的重要保证。商务部党组通过学习更加深刻地认识到，各级领导干部都要牢记群众利益无小事这个道理，始终把群众利益放在第一位，自觉增强为人民服务的意识。全面建设小康社会，不仅要提高人民的物质文化生活水平，还要提高人民的健康水平。没有健康，就没有小康。在商品流通工作中全面实施食品放心工程，为人民群众创建放心购物、安全消费的环境，使人民群众吃上放心食品，改善生活质量，提高健康水平，是维护广大人民群众根本利益的直接体现，也是流通主管部门实践“三个代表”的具体行动。

（二）内贸系统实施食品放心工程，是新时期流通工作的重大任务

商品流通工作的根本宗旨，是为人民生活和生产建设服务。如果食品安全问题解决不好，不仅国内消费会受到抑制，对外贸易也会受到影响。去年由于个别企业冻虾中氯霉素超标，导致欧盟对我国动物源性产品实施全面禁令，其中仅禽肉产品一项我国企业损失就达5亿～6亿美元。加强食品安全，不仅是国内人民生活水平提高和经济发展对流通工作的基本要求，也是我国食品生产、流通适应国际贸易发展的迫切需要。实施食品放心工程，是全国商品流通系统当前的一项重大任务。只有努力提高食品安全水平，进一步提高上市销售食品和出口农产品的卫生安全质量，才能保障扩大内需政策的落实，才能打破国外技术壁垒的封锁，让更多的农产品和食品走出去。

（三）内贸系统实施食品放心工程，是食品安全管理方法上的创新

我国是发展中国家，食品生产主要采取千家万户小生产的方式，农业产业化程度很低，品牌化经营刚刚开始，从生产环节进行安全监管十分必要，农业等有关部门也做了大量工作，但监管难度很大，有些地方发现了污染食品很难找到直接责任人。从我国的实际国情出发，商品流通系统根据现代流通指导生产、引导消费的理论，实行“反弹琵琶”的思路，从提倡绿色消费抓起，大力培育绿色市场，开辟绿色通道，实行加工和流通环节的全程质量控制，从而达到引导绿色生产的目的。实践证明，把“反弹琵琶”和“正弹琵琶”结合起来，生产、加工、流通环节齐抓共管，全面实施食品放心工程，是解决食品污染、加强食品安全的有效创新。

（四）内贸系统实施食品放心工程，是全国食品放心工程的重要组成部分

食品放心工程是一个系统工程，关系到方方面面，需要各有关部门协同配合。在《国务院办公厅关于实施食品药品放心工程的通知》中，部署了七项主要措施：一是狠抓生产和加工环节整治，加强源头管理；二是严格市场准入，规范经营行为；三是推广现代流通方式，提高市场组织化程度；四是完善法规，加大执法力度；五是建立应急处理机制；六是加强法制宣传教育，加快信用体系建设；七是发挥社会监督作用。这些任务中，大都同商品流通工作有密切的关系。做好内贸系统的食品安全工作，是全国食品放心工程的重要环节，至关重要。我们要同各部门协同配合，努力工作，全面实施食品放心工程。

二、认真总结“三绿工程”经验，扎扎实实推进内贸系统食品放心工程

近年来，商务部会同财政、铁道、交通、卫生、工商、质检、环保等部门，在全国实施“三绿工程”，

已初步取得阶段性的成果：一是食品安全法制建设明显加强。各省、自治区、直辖市共制定发布了76个有关食品安全的地方法规条例、210多项地方相关食品安全标准，有27个省、148个地（市）出台了治理注水肉、病害肉的地方性法规或规章。二是市场检测体系进一步完善。全国年销售2亿元以上的农副产品批发市场普遍配备了卫生质量检测设备和专职人员，配备卫生质量检测设备和专职人员的零售市场数量也在不断增加，一些地方还配备了流动检测车。南京市在全市农贸市场、生鲜超市设立了278个“放心菜”检测点，仅2003年上半年就查出并销毁农药残留超标蔬菜139批次、5 199kg。三是市场准入制度开始实施。北京市实行“厂场挂钩”、“场地挂钩”等市场准入措施，21个大型农产品批发市场与外埠20多个省市的396家蔬菜生产基地、35家大型生猪屠宰厂进行对接。福建、江苏、深圳、青岛等地都建立了类似的“准入”和“退出”机制，有效地杜绝了有害物残留超标食品流向市民餐桌。四是现代流通方式快速发展。福建省已完成“农改超”项目35家，正在实施的项目34个；青岛市陆续对市区15处农贸市场实施超市化或标准化改造；南京市生鲜超市经营面积达5 100m^2，年底可望达到1.5万m^2。五是食品行业社会信用体系正在加快建立。青岛市积极开展以“宣传放心食品、经营放心食品、消费放心食品”为主要内容的“放心食品进社区”活动；福建省积极推行放心产品认证，已有230个产品获得绿色食品标志使用权，25家水产品加工企业通过HACCP认证；大连市评定放心食品生产企业107家，放心食品品牌106个，放心食品品种210个。六是信息技术得到广泛应用。青岛市7家定点屠宰厂和市区3大蔬菜副食品批发市场通过计算机联网，记录屠宰生猪的来源、质量和销售去向。福州市屠宰场肉品批销与各市场监管部门实现计算机联网，可随时掌握市场销售的定点厂肉品数量和质量情况，有效堵截了私宰病害肉上市。七是社会监管机制逐步完善。一些地区成立了由多部门组成的相互协调配合的“三绿工程”工作领导机构，福建由21个省直部门组成，青岛、大连由18个委办局组成，齐抓共管“三绿工程”。福建、青岛、南京、富阳等地还将此项工作列为各级政府政绩和两个文明考核的一项重要内容。

国务院在实施食品药品放心工程的通知中，充分肯定了各地实施“三绿工程”取得的经验和成果，并且要求“商务部门要加强食品流通的行业指导和管理，推进流通体制改革，建立健全食品安全检测体系”。各地流通主管部门要认真总结推广“三绿工程”经验，按照实施食品放心工程的职责分工，抓好以下工作：

（一）以全面实施食品市场准入管理为手段，大力培育绿色市场

全面实施食品市场准入管理，把好市场准入关，是实施食品放心工程的关键。为使市场准入管理有章可循，有标可依，商务部组织起草的《农副产品绿色批发市场标准》和《农副产品绿色零售市场标准》，已由国家标准委审定发布。各地要切实做好宣传、贯彻和培训工作，督促食品市场对照标准抓整改，加强软硬件建设，完善市场交易与管理设施，实现食品市场升级换代。要结合各地实际，积极探索食品市场严格准入管理的有效途径，总结推广食品产销“场厂挂钩”、“场地挂钩”等管理经验，完善食品市场准入的有关办法和标准，加大食品安全管理力度，督促肉类屠宰企业和食品市场利用计算机等现代技术手段进行食品进货索证索票、商品台账登记和食品卫生质量购销档案管理，建立商品标签标识、质量追溯、封存报告、依法销毁等一系列制度。积极开展争创绿色市场活动，加快推进绿色市场认证，有条件的食品市场要开设无公害农产品、绿色食品、有机食品销售专区、专柜和专店，充分发挥绿色市场的示范带动作用，逐步建立具有保障食品安全质量、符合环保要求的销售网络体系。

（二）整顿和规范食品流通秩序，推进食品流通体制改革

各地要认真宣传贯彻国务院《生猪屠宰管理条例》和有关强制性标准要求，积极开展屠宰、检验等专业技术培训，加大对定点屠宰厂的监督管理，全面清理整顿已定点屠宰点，不符合条件的定点屠宰点要予以坚决取缔，特别要加大与有关部门的联合执法力度，严厉查处打击私屠滥宰、注水肉、病害肉和制售假冒伪劣食品的窝点。为切实加强食品流通管理工作，商务部将于年内制定《牛羊屠宰管理办法》、《肉品流通管理办法》等规章。同时，在对肉类、蔬菜的加工、包装、储藏、运输、销售过程中有关标准清理评估的基础上，制修订一批当前急需标准，年内初步建立“三绿工程”的标准框架体系。各地要结合本地实际，抓紧制定完善具体管理办法和标准，打破地区垄断和封锁，规范食品流通秩序。要加快食品行业社会信用体系建设，建立食品流通企业行业信用标准，制定和完善行业行为规范和道德规范，加快建立保障食品安全的行业自律机制，强化肉类等食品加工企业法人、食品市场主办者、大型超市经营者是食品安全第一责任人的意识，实施上市销售食品安全责任制。要利用广播、电视、报刊杂志、互联网等多种形式，广泛开展形式多样“三绿工程万里行”活动，积极引导消费者增强食品安全意识和维权意识，抛弃不良的消费方式和卫生习惯，及时宣传报道保障食品安全的有效途径和一些好做法、好经验、好企业，增强人民群众对食品消费的信心。要积极推进连锁经营、物流配送、电子商务、竞价拍卖等现代营销方式和组织形式，大中城市要以加强超市食品安全管理为重点，加快具备条件的农贸市场改超市的步伐，同时围绕居民社区建设一批经营生鲜食品的超市；中等城市和大中城市的郊区要创造条件，实行农贸市场退路进厅；县级市及小城镇要加强农贸市场管理力度，严格食品购销索证索票制度，提高上市食品卫生质量安全水平。

（三）建立健全食品安全检测体系，加强上市销售食品卫生质量安全监测

建立健全食品安全检测体系，是实施食品放心工程的重要技术保障。一是要加强企业自检，肉类屠宰企业和食品市场，特别是大型农产品批发市场要配置检验检测设备，进行食品质量安全例行检验。肉类屠宰企业对未经检验或检验不合格的产品，不准出厂销售。食品市场对每日进场经营的食品，要查验其有关质量检验证明及质检报告，对无质量检验证明和报告的产品必须进行抽检。年内，大中城市要在市内批发市场、农贸市场和超市建立食品安全自检制度。二是充分利用社会资源，建立健全安全食品定点检测机构，合理规划布局，防止重复建设。三是加强对超市、农贸市场、批发市场及其生产基地的专项抽检，加强上市销售食品卫生质量安全监测，建立有害物超标食品和违规经营者市场退出机制，保证上市销售食品的卫生质量符合有关标准要求。商务部将重点抓好省会城市和计划单列市蔬菜农药残留和畜产品“瘦肉精”污染等定点监测。省级商务（经贸）部门要根据当地实际，逐步建立和完善常规性的监测制度，建立长效监督约束机制。

三、加强领导，落实责任，务求实效

实施食品放心工程涉及面广，影响大，各地商品流通主管部门要坚持“全国统一领导，地方政府负责，部门指导协调，各方联合行动”的方针，健全组织领导机构，实行一把手负责制，在当地政府的领导下，按照国务院和各地政府关于食品放心工程的各项部署，统一认识，加强领导，密切配合，协同作战，因地制宜，务求实效。各地流通主管部门要特别注意加强与有关部门的密切配合，同心协力，分工合作，扎扎实实推进食品放心工程工作。要结合本地区的实际，因地制宜地确定工作重点，明确工作任务和具体目标，落实责任制，把任务和责任逐级分解到有关单位和人员，并尽快制定细化工作方案。要加强对本地区食品安全专项整治工作的经常性督促检查，对照工作目标做好自我检查验收，发现问题及时提出整改意见，采取有效措施务求实现年内各项目标。要加强信息沟通与交流，省级流通主管部门每月要将实施食品放心工程的情况向商务部报送一次，重大情况及时报告。

群众利益无小事。实施食品放心工程，既是民心工程，也是效益工程；不仅是经济工作，也是政治任务。关系百姓，责任重大。让我们在以胡锦涛同志为总书记的党中央坚强领导下，以“三个代表”重要思想为指导，认真贯彻党中央、国务院的各项方针政策，扎扎实实推进食品放心工程，全面提高上市食品和出口农产品的卫生质量安全水平，为满足人民生活、促进经济发展，努力做出自己的贡献。

（本文为作者于2003年在“商务部实施食品放心工程电视电话会议”上的讲话，略有删减）

我国农产品质量安全的现状及下一步任务

农业部副部长　范小建

农产品质量安全事关人民群众的身体健康、城乡经济和社会的稳定协调发展，是全社会广泛关注的热点和焦点问题。全面提高我国农产品的质量安全水平，切实保障农产品的生产和消费安全，需要全社会的积极配合和共同参与。增强各级政府抓好农产品质量安全工作的自觉性和主动性，增强企业和农户生产安全的责任感，增强广大消费者的安全消费意识，是一项十分重要的基础工作。

一、当前我国农产品质量安全总体状况

我国农业发展进入新阶段后，特别是“无公害食品行动计划”实施以来，农产品质量安全工作得到全面加强，全国农产品质量安全水平有了明显提高。2003年，农业部对全国37个城市蔬菜农药残留5次监测，全年总平均超标率比2001年试点初期四城市的超标率低32个百分点。按照国际食品法典委员会（CAC）标准，2003年总平均合格率为91.1%；16个城市畜产品中“瘦肉精”5次监测，全年总平均检出率为2.6%，比2001年四城市试点时也有大幅度下降。2004年4月，农业部组织有关质检机构对我国直辖市、省会城市、计划单列市和山东寿光等37个城市蔬菜中13种农药残留进行了2004年第二次监测，共监测52个蔬菜品种、3 900个样品，按国际食品法典委员会标准，农药残留合格率为96.4%。蔬菜农药残留合格率排名前20位的城市依次为上海、贵阳、南京、福州、郑州、银川、南宁、武汉、成都、大连、济南、重庆、西安、兰州、北京、合肥、寿光、长沙、青岛、杭州。4月份，16个城市畜产品瘦肉精检出率为1.2%。监测结果表明，经过几年的努力，蔬菜中农药残留超标和畜产品中“瘦肉精”污染严重的情况已经得到有效控制，质量安全水平有了大幅度提高。总体上看，我国农产品是安全的，有保证的。

与此同时，由农业系统统一组织开展认证的无公害农产品、绿色食品、有机食品及其他优质品牌农产品获得迅速发展。2003年底，全国已有1 563个单位生产的2 071个产品获得了全国统一的无公害农产品认证证书，认定产地2 081个；地方认证产品7 119个，认定产地7 758个。目前，地方认证正逐步向全国统一认证转换。绿色食品生产企业总数达到2 047家，有效使用绿色食品标志产品总数达到4 030个，产品实物总量3 260万t。有机食品认证企业102家，产品231个，实物总量13.5万t。认证农产品规模扩大，树立起安全优质农产品品牌形象，而且起到了积极的示范带动作用。

此外，近三年来，农业部在全国创建了200个无公害农产品生产示范基地、86个全国农产品标准化综合示范区和100个标准化生产示范场，在23个畜产品主产省（区、市）实施了动物保护工程，建立了5片无规定疫病区，农产品生产过程应用标准范围逐步扩大，质量控制力度逐步加强。我国农产品质量安全水平大幅提高，不仅有力地保证了城乡居民的消费安全，增强了农产品的市场竞争力，也增强了贸易国对我国农产品安全消费信心。2001—2003年，我国农产品出口额由160.7亿美元增加到214.3亿美元，增长了33.4%，年均增长15.5%。应该看到，我国农产品质量安全工作起步晚、基础薄弱。加入WTO之后，又遭遇突如其来的“非典”和“禽流感”，上述成绩的取得确实来之不易。

二、近年来我国农产品质量安全管理工作的主要进展

近年来，在中央、国务院的高度重视和正确领导下，在国家有关部门的大力支持下，经过农业系统上下共同努力，我国农产品质量安全管理工作以全面实施“无公害食品行动计划”为切入点，逐步落实各项工作措施，取得了重要进展。提高农产品质量，保障生产和消费安全，已成为各级政府和农业部门的共识；突出重点，抓住关键，深入开展专项整治活动，已成为我们工作的着力点；健全体系，完善制度，全程控制，是抓好工作的治本之策。

1. 完善了法规制度，依法监管力度加大　近年来，加大了与农产品质量安全密切相关的农药、兽药、饲料和饲料添加剂等管理法规的修订力度，发布了《无公害农产品管理办法》。相继对18种农药、29种兽药、39种渔药做出了禁止使用规定，对19种农药、8种兽药和5种渔药做出了限制使用规定。同时，启动了《农产品质量安全法》立法工作。

2. 建立例行监测制度，我国的农兽药残留监控体系已初见雏形　2001年，农业部启动了农药残留、兽药残留监控计划，分别在每年的1、4、7、9、11月份分五次对全国37个大中城市蔬菜中农药残留、16个城市畜产品中兽药残留进行例行监测。监测结果在报送国务院领导的同时，反馈给有关城市的领导和主管部门，成为推进农产品质量安全工作的有效手段。从2004年开始，我们准备在5月中旬和11月中旬前后每年两次向社会公布检测结果，以鼓励先进，勉励后进，接受消费者监督。

3. 加快农产品质量安全体系建设步伐，保障能力稳步提高　标准体系建设，农业部门参与和组织制定农业国家标准479项、行业标准1 681项、地方标准17 000余项，并组织制定和发布了294项无公害食品行业标准、72项绿色食品行业标准；清理了农业国家标准482项、行业标准1 242项。检验检测体系建设，农业部在全国规划建设了280个国家级、

部级农产品质检中心，同时指导全国1/3的地市县建立了以速测为主的农产品质量安全检测站，农业质检机构的仪器设备和检测能力得到进一步增强。认证体系建设，以无公害农产品认证为重点，以绿色食品认证为先导，以有机食品认证为补充，形成了“三位一体、整体推进”的发展格局。全国统一的无公害农产品认证全面启动，步入了规范、有序、快速发展的轨道；绿色食品继续保持全面加快发展的势头，示范带动作用日益增强；有机食品遵循国际惯例，瞄准国际市场，坚持因地制宜原则，也获得了较快的发展。

4. 开展“三个专项”整治，污染源头得到有效控制　按照从源头入手、抓过程控制的思路，从2002年开始，农业部门开展了“种植业产品中农药残留”、“饲料和畜产品中违禁药物及兽药残留”、“水产品中药物污染”等三个专项整治，启动了“农产品产地环境污染监控计划”，对农产品产地环境进行综合整治，农产品源头污染得到有效控制。

三、下一步农产品质量安全工作的主要任务和措施

当前和今后一个时期，农业部门将按照中央、国务院的部署和要求，在切实抓好“增粮增收”工作的同时，继续抓好农产品质量安全工作，不断地推动我国农业朝着“高产、优质、高效、安全、生态”方向发展。针对农产品出口遭遇技术壁垒、农产品质量安全工作整体进入攻坚阶段的特点，我们要继续以深入推进“无公害食品行动计划”为主线，重点抓好五项工作，推动农产品质量安全水平迈上一个新台阶，如期完成“无公害食品行动计划”的奋斗目标，为全面建设小康社会做出更大的贡献。

1. 加强立法调研，加快《农产品质量安全法》的立法进程　积极配合做好《农产品质量安全法》调研和组织协调工作，争取尽快颁布《农产品质量安全法》，将农产品的生产、加工、经营行为纳入法制管理轨道，为农产品质量安全监管工作提供法律依据。同时，积极推动地方政府出台农产品质量安全管理法规和制度。

2. 逐步建立公开、透明的农产品质量安全信息发布制度　包括农产品质量安全例行监测结果公告制度、农产品品质公告制度、农产品认证公告制度、禁用限用农业投入品公告制度、农产品质量安全标准制修订听证制度等。

3. 加强农业投入品监管，强化“三个专项”整治行动　一是开展种植业产品农药残留专项整治行动，实施甲胺磷等5种高毒有机磷农药削减计划，推行高毒农药销售档案管理制度；二是开展畜产品违禁药物专项整治行动，加强饲料和兽药市场准入管理，逐步建立生产和经营的可追溯制度，继续加大“瘦肉精”等违禁药物的专项整治力度，突出抓好蜜蜂养殖滥用药物问题；三是开展水产品药物残留专项整治行动，整顿水产养殖用药市场经营秩序，进一步深化水产品药物残留专项整治。

4. 加强农产品质量安全基础体系建设　一是完善规划，加快农产品质量安全体系建设。标准体系建设，重点加快制定无公害农产品、绿色食品认证所需的产地环境标准、产品质量标准，粮食及优势农产品标准，农药、化肥合理使用标准，转基因生物安全标准，动物疫病防治标准，力争“十五”期末，基本解决制约我国农业标准化生产、认证农产品质量安全监管、农产品进出口调控标准缺乏的突出问题。检验检测体系建设，以配备现代化的检测设备为手段，全面提升检验检测能力，尽快建成一个布局合理、层次分明，既符合我国国情，又与国际接轨的农产品质量安全检验检测体系。认证体系建设，以产品认证为重点，实行产品认证与体系认证相结合。产品认证以无公害农产品、绿色食品和有机食品为主要类别；体系认证以投入品良好生产操作规范（GMP）、良好农业生产规范（GAP）和危害分析与关键点控制（HACCP）为基本类型。二是实施“百千万”工程，加强人才队伍建设。力争用5年时间，培养数百名能参与有关国际组织活动和熟练掌握高精尖检测技术及监督管理的高级人才；培养数千名农产品质量安全的管理骨干；培训数万名农业标准化的技术推广人员。三是加强基础理论和关键技术研究，借鉴国际经验，结合我国国情，分析和总结农产品质量安全工作的规律，及时采取对策。

5. 扩大标准化生产示范，推动农产品生产基地建设　加大农产品标准化生产示范区、无公害农产品示范基地、养殖小区、示范农场、出口产品及原料基地建设力度。引导生产基地按标准生产，按规程操作，强化监管，发挥示范带动作用。在组织生产基地建设、推进农业产业化经营过程中，要把农业标准化知识和农产品质量安全控制技术的推广普及与农民教育培训工作结合起来，提高农业管理者和农产品生产者的素质。

四、共同努力，不断提高我国农产品的生产和消费质量安全水平

我国既是农产品生产大国，又是农产品消费大

国，抓好农产品质量安全工作，确保农产品生产和消费的安全，不仅是农业部门义不容辞的职责，同时也离不开全社会的共同努力。我们相信，随着我国农业生产力水平不断地提高，农产品质量安全管理法律法规体系建立和完善，农产品质量安全保障体系建设进程加快，广大农产品生产企业和农户质量安全意识日益增强，优质优价的市场机制日益发挥作用，农业生态环境不断得到改善，我国农产品质量安全的整体水平将会得到更大的提高，城乡居民的农产品消费安全将得到更有力的保障，我国农产品的市场竞争力将得到进一步的提升。

从组织安全农产品生产角度来看，我们将努力推动三个方面的转变：一是从产品质量安全监测、市场准入向“从土地到餐桌”全过程质量控制转变，进而向依法依标生产转变，最终实现农业生产方式的变革。二是从短期专项整治、控制污染源、消除不安全因素向建立长效、稳定的质量安全保障制度和体系、解决不安全隐患和潜在污染危害转变，即由被动地监管向积极地预防转变。三是农产品生产由保障最基本的消费安全向优质化、品牌化方向发展，无公害农产品、绿色食品、有机食品等安全优质农产品的生产和供给能力将全面提高。

（本文为作者于2004年在“全国农产品质量安全宣传周新闻发布会”上的讲话，略有删减）

努力做好新形势下粮食流通工作

国家粮食局局长 聂振邦

一、充分认识深化粮食流通体制改革的重大意义

1998年以来，按照党中央、国务院的部署，粮食流通体制改革按照市场取向积极稳妥地推进。从“三项政策、一项改革”，到“放开销区、保护产区”，再到完全放开粮食收购市场，一直在积极稳妥地探索粮食购销市场化改革的路子。同时，我们也看到，当前市场机制配置粮食资源的基础性作用发挥不充分，价格机制没有完全理顺，全国统一的粮食市场没有完全形成；粮食顺畅流通的渠道尚未完全建立，粮食库存分布在区域之间不平衡；国有粮食购销企业历史包袱沉重，经营机制尚未根本性转变，市场竞争能力不强；粮食流通监管还很薄弱。解决这些问题，必须通过进一步深化改革。党中央、国务院审时度势地提出，2004年全面放开粮食收购市场，积极稳妥推进粮食流通体制改革。这是在新时期促进我国农业和农村经济发展所做出的重大决策，是落实党的十六届三中全会精神、完善社会主义市场经济体制的一项重要举措。各级粮食部门一定要认真学习、深刻领会中央精神，统一思想，提高认识，坚定不移地做好贯彻落实工作。

（一）要认真分析当前改革面临的新形势，深化对改革必要性的认识

1. 保护广大种粮农民的利益，确保国家粮食安全，是深化粮食流通体制改革的出发点和落脚点　在放开粮食收购市场和收购价格的情况下，如何保护种粮农民利益和种粮积极性，建立促进种粮农民收入持续增长和粮食生产稳定发展的机制，是改革首先要解决好的关键问题。从历史上看，粮食主产区为国家提供大量商品粮，对保证国家粮食安全做出了巨大贡献。但另一方面，粮食主产区农民增收渠道少，主要收入来源依靠种粮，这几年农民收入增长幅度普遍低于全国平均水平，种粮农户的收入持续徘徊甚至下降。同时，粮食主产区积累的矛盾多，背上的包袱重，加上财政基础普遍比较弱，这又加大了改革的难度。因此对主产区来说，这次改革无论在思想上，还是在实践上都是一次重大的考验和挑战。必须坚持改革的出发点和落脚点，把推进粮食主产区的改革作为这次改革的重要环节，通过建立和完善对种粮农民直接补贴的机制和必要时对短缺的重点粮食品种实行最低收购价等措施，并把各项政策措施落到实处，以真正保护种粮农民的利益，调动主产区发展粮食生产的积极性。

2. 正确认识和把握粮食供求形势的变化，实施适时适度宏观调控，是确保粮食流通体制改革顺利推进的条件　2000年以来，国家针对当时粮食总量供过于求的形势，采取积极措施，加大农业结构调整的力度，为农民增收创造了有利条件。同时，粮食生产

连续四年大幅度下降，当年粮食产不足需，主要靠挖库存弥补，粮食库存下降很快。2003年以来市场粮价上涨，是粮食供求总量已经从供大于求向供求偏紧转变的明显反映，同时也使粮食市场变化的不确定因素增多，粮食宏观调控的难度加大。对这一点，我们要有清醒的认识。在粮食供求形势发生变化的情况下推进粮食流通体制改革，必须积极稳妥，切实做好当前的粮食生产和市场调控工作，为改革创造更为有利的环境。

3. *妥善解决企业“三老”历史包袱，加快国有粮食购销企业的改革、改组和改造，是改革的难点和重点* 多年来，由于体制性原因，国有粮食购销企业背上了沉重的历史包袱，挂账大，冗员多，亏损难以遏制。要建立新的粮食流通体制，必须付出必要的改革成本，彻底解决国有粮食企业的“三老”问题，否则不仅影响改革的进程，而且影响社会稳定。与此同时，在全面放开粮食市场和经营主体多元化的情况下，要继续发挥国有粮食购销企业的主渠道作用，这对企业转换经营机制、提高市场竞争力又提出了更高的要求。因此，必须下决心妥善解决国有粮食企业历史包袱这个难点问题，把国有粮食企业改革作为整个改革的重点，采取更有力的措施积极推进，取得实质性进展。

4. *了解和把握粮食市场变化规律，在充分发挥市场对粮食资源基础性配置作用的同时，学会引导、利用、管理粮食市场，是实现改革目标的保障* 过去，粮食市场管理存在着“一管就死，一放就乱”的问题。这次全面实行粮食购销市场化改革，虽然所处的宏观环境和经济基础有了很大的改变，但仍然面临着如何“放”与“管”的问题。“放”就要允许多种市场主体入市收购，参与粮食经营和流通，这对拓宽粮食购销渠道、搞活粮食流通具有积极的意义。但同时也带来了一些问题。据了解，一些地方放开粮食收购市场后，市场准入和监管工作没有相应跟上，导致一些非法市场主体参与粮食经营，合同欺诈，囤积居奇，哄抬粮价，损害农民和国家利益等问题时有发生。因此，“放”也需要有一个市场准入的门槛，监管工作也要相应跟上。如何做到“放而有序”、“活而不乱”，这对我们确实是一个考验，也是改革中需要进一步探索解决的一个重大课题。当前，要按照既要放开搞活，又要维护正常流通秩序的要求，切实加强对粮食市场的管理。

（二）要充分认识深化改革的有利条件，坚定推进改革的信心

1. *大家对市场化改革取得了更深刻的认识* 2001年国务院28号文件出台后，先是沿海8个粮食主销省（直辖市）相继放开了粮食收购市场和收购价格，接着产销平衡区中的几个省（自治区、直辖市）实行粮食购销市场化，粮食主产省（自治区）按照省长负责制原则，也积极进行市场化改革的尝试和探索。到2003年底，全国共有18个省（自治区、直辖市）实行了粮食购销市场化改革，9个省（自治区）在全省或省（自治区）内部分地区实行对种粮农民直接补贴试点。从改革总体情况看，市场运行平稳，政府、企业、农民、消费者等各方面反应积极，总体效果是好的。这些改革和试点，为全面推进粮食购销市场化改革探索了路子，积累了经验；同时也深化了走市场化改革道路的认识，坚定了信心。这次国务院召开全国粮食流通体制改革工作会议，出台改革文件，提出了“一揽子”的深化改革的政策措施，具有很强的针对性和可操作性，进一步统一了思想，深化了认识，增强了推进改革的信心。

2. *政府宏观调控能力进一步增强* 近几年来，进一步充实了中央储备粮和地方储备粮规模，调整了中央储备粮库存结构，提高了库存粮食质量。目前，中央储备粮、地方储备粮达到了相当规模，加上还有一定数量的商品周转库存，这为我们调控粮食市场提供了重要的物质保证。2003年10月以来，全国大部分地区市场粮价出现波动，我们沉着应对，妥善处理，保证了粮食市场的稳定，各级政府和粮食部门积累了应对突发事件和市场波动的经验，增强了政府宏观调控的应急处理能力。《中央储备粮管理条例》和《粮食流通管理条例》的相继颁布实施，为政府宏观调控提供了可靠的法律保障。

3. *采取切实措施妥善解决企业历史包袱* 这次改革，出台了一系列的优惠政策，下决心解决企业的历史包袱问题。关于“老账”问题，对1992年4月1日至1998年5月31日发生的财务挂账，允许将消化处理的过渡期延长到2008年，5年内新增的挂账利息，中央和地方各负担一半；对1998年6月1日以来新发生的挂账，经省级政府组织清理审计后，政策性挂账由县以上（含县级）粮食行政部门集中管理，本金先实行挂账，利息从粮食风险基金中列支。关于“老人”问题，要求地方政府将国有粮食购销企业职工和分流人员统一纳入当地社会保障体系；对分流安置职工、依法解除劳动关系等所需资金，采取地方财政适当支持、利用粮食风险基金适当补助等多渠道筹集解决。对销售“老粮”发生的价差亏损，粮食风险基金不够弥补的，经国务院批准可以实行亏损挂账，利息从粮食风险基金中列支，本金逐步归还。应当说，这些政策措施的出台，为国有粮食购销企业改革创造了良好的条件。

4. 国有粮食购销企业具有发挥主渠道作用的独特优势 在卸掉历史包袱之后，与多元化市场主体相比，国有粮食购销企业具有多方面的有利条件。1998年以来，国家利用国债投资建设储备粮库，大大改善了企业的仓储设施条件。近年来，政府不仅掌握了一批中央储备粮库和省级粮食储备库，各地粮食部门还对基层购销企业实施了重组、兼并等。企业数量减少了，布局和结构更加合理，竞争能力进一步提高。市场化改革后，农业发展银行对国有粮食购销企业在收购资金上继续给予积极支持。同时，国有粮食购销企业还具有多年从事粮食购销、储存、质检等方面的专业人员。只要这些条件利用好了，企业经营机制转变了，发挥主渠道作用就有很大的优势。

5. 全国统一的粮食市场正在逐步形成 与粮食购销市场化相适应，近年来多元化市场主体发展较快，市场形成粮食价格的机制逐步建立，粮食市场体系建设得到加强和完善，产销衔接取得长足发展。这次改革，改变了过去粮食主产区和主销区两种价格形成机制并存的局面，提出了取消障碍粮食正常流通、促进各类粮食市场发展等方面的政策措施，将有利于促进粮食的自由流通，有利于全国统一粮食市场的形成。

二、准确理解和把握深化粮食流通体制改革的重点

温家宝总理在全国粮食流通体制改革工作会议上的重要讲话，以及《国务院关于进一步深化粮食流通体制改革的意见》，对这次粮食流通体制改革的总体目标、基本思路和主要措施，提出了明确要求。当前和今后一个时期，粮食流通工作的主要任务是“贯彻一条主线，落实各项措施”。“贯彻一条主线”，就是要以邓小平理论和“三个代表”重要思想为指导，全面贯彻党的十六大、十六届三中全会和中央一号文件以及全国农村工作会议、全国经济工作会议和全国粮食流通体制改革工作会议精神，积极稳妥地推进粮食流通体制改革。“落实各项措施”，就是要抓好“放开购销市场、直接补贴粮农、转换企业机制、维护市场秩序、加强宏观调控”各项政策措施的落实工作，确保改革的顺利实施和国家粮食安全。

（一）坚持市场取向改革，积极稳妥放开粮食收购市场和收购价格

放开粮食收购市场和收购价格，是完善社会主义市场经济体制的客观要求，是粮食购销市场化改革实践的必然趋势，目的是为了进一步理顺粮食流通的运行机制，更加充分地发挥市场在配置粮食资源中的基础性作用。

1. 要转换粮食价格形成机制 粮食的销售市场和价格，早已放开。近几年来，粮食主销区、部分平衡地区和部分主产区的粮食收购价格，也逐步开始由市场形成。这次改革，就是在已有的基础上，积极稳妥地放开粮食主产区的收购价格，进一步使粮食购销在国家宏观调控下实行市场调节，让市场发出反映粮食供求的真实价格信号，引导和调节粮食的生产、流通和消费。同时，在粮食供求关系发生重大变化时，由国务院决定对短缺的重点粮食品种在粮食主产区实行最低收购价。这样做的目的，是为了保护种粮农民的利益和生产积极性。今年，已经公布了早籼稻、中稻和粳稻的最低收购价格。如果市场价格高于最低收购价格，就按照实际市场价格收购。如果市场价格低于最低收购价格，就由中央和地方的粮食储备企业按照最低收购价格组织收购，引导粮食市场价格。请各地粮食部门按照国发［2004］9号文件的具体要求，继续发挥好国有粮食购销企业在粮食收购中主渠道作用的落实工作。

2. 要转换企业经营机制，妥善处理继续发挥国有粮食购销企业主渠道作用和实现市场主体多元化的关系 这次改革，一方面是要进一步实现政企分开，彻底转换国有粮食企业的经营机制，使企业真正成为自主经营、自负盈亏的市场主体，平等地参与市场竞争，提高市场竞争能力，更好地发挥主渠道作用；另一方面，要发展和规范多种市场主体从事粮食收购和经营活动。从历史经验和现实情况看，粮食市场没有主渠道不稳，没有多渠道不活。多元化市场主体是搞活粮食流通的重要力量，在率先放开粮食收购市场的主销区，多元化市场主体发展较快，对粮食购销已经开始发挥积极作用。这次改革，赋予了粮食行政管理部门审核入市收购资格的职责，各地一定要遵照《粮食流通管理条例》的规定，按照各省级人民政府制定的具体条件，严格依照法定程序和公平、公正的原则，及时做好这项工作，既要促进多元化市场主体的发展，又要规范其经营行为，当前特别是要保证夏粮收购工作的顺利进行。

3. 要加快建立统一、开放、竞争、有序的粮食市场体系 这次改革，为形成全国统一的粮食市场体系，清除了体制上的障碍，提供了机制上的保证。但真正实现这一目标，还有许多问题需要解决。特别是在粮食供应偏紧时，产区要从大局出发，按市场价格提供粮源；在粮食供应充足时，销区要信守承诺，兑现合同。粮食产销区之间的购销衔接，粮食从产区向销区流通，是我国粮食市场体系的重要组成部分。从今后的趋势看，粮食产区和销区要在市场机制的基础

上，通过机制创新和利益纽带，积极探索建立长效机制，使粮食产销协作关系更加紧密、更加稳定、更加牢固。这样，才能把粮食需求与供给相互对接起来，把粮食生产与流通相互协调起来，才能形成畅通的粮食流通渠道，使产区生产的粮食有稳定的销路，销区需要的粮源有可靠的保障。这是由我国粮食生产和消费的区域性不平衡特点所决定的，符合产销区双方的长远利益。

（二）保护主产区和种粮农民利益，调动农民种粮积极性

保护粮食主产区利益，调动农民种粮积极性，是保障国家粮食安全的关键所在。在粮食流通体制改革过程中，始终要高度重视这个问题，任何时候都不能动摇。从1998年以来，我们始终坚持了这一条。据统计，1998年至2002年，国有粮食购销企业平均每年收购的粮食占农民出售余粮的2/3以上。我们依靠保护价收购农民余粮政策，有效地保护了广大种粮农民的利益。

这次改革决定，把过去按保护价收购农民余粮通过流通环节的间接补贴，改为对种粮农民的直接补贴，建立对种粮农民直接补贴的机制。这是对种粮农民利益保护方式的一次重大调整。近两三年来，各地对直接补贴方式进行了很多探索和试点。2004年3月国务院农业和粮食工作会议以后，各地加大了直接补贴政策的落实力度。据不完全统计，目前对种粮农民直接补贴资金已经安排了将近120亿元，加上采取减免农业税、增加良种补贴、农机补贴等一系列的政策措施，对调动农民种粮积极性起到了促进作用。这次国务院下发的文件，提出了粮食直接补贴的四种方式，即可以按计税面积补，按计税常产补，按粮食种植面积补，可以同农民出售商品粮数量挂钩。具体采取哪种方式，由各地根据当地情况自行选择决定。但无论采取哪种方式，都要把直接补贴的资金真正补到种粮农户，确实起到促进粮食生产和增加种粮农民收入的作用。希望各地粮食行政管理部门要积极配合财政等部门，切实做好对种粮农民的直接补贴工作。有条件的地区，可以积极探索把直接补贴同农民交售的商品粮数量挂钩的方式，以利于国家尽可能多地掌握粮源。

（三）深化国有粮食购销企业改革，更好地发挥主渠道作用

近几年来，各地按照有进有退的原则，结合产权制度改革，通过兼并、重组、改制、租赁、拍卖等方式，对国有粮食企业的布局和结构进行战略性调整。据统计，截至2003年底，全国国有粮食企业总数减少到39 494家，其中国有粮食购销企业减少到22 345家；已改制的国有粮食企业达12 799个，占企业总数的32.4%。在这样的情况下，国有粮食购销企业还是较好地发挥了主渠道作用。2003年，在市场放开范围扩大，保护价范围进一步缩小的情况下，全国国有粮食购销企业收购的粮食仍占当年粮食商品量的70%以上。这次改革提出，国有粮食购销企业一方面要深化改革，转换经营机制，另一方面要继续发挥主渠道作用，同时也制定了一系列的配套措施，为国有粮食购销企业继续发挥主渠道作用创造条件。这是党中央、国务院根据目前我国的基本国情和粮情作出的重要决策，完全符合我国当前粮食流通的实际情况。山东省章丘市粮食部门从“计划主渠道”到“市场主渠道”，全市上千名职工无一下岗，关键在于面向市场，转换机制，主动服务。他们成功的经验，为国有粮食购销企业改革起到了示范作用。我们一定要深刻领会这次改革精神实质，正确处理好深化企业改革与发挥主渠道作用的关系。这是当前粮食流通体制改革的一个新课题，也是摆在我们面前的一项十分紧迫的任务。在粮食购销市场化的新形势下，国有粮食购销企业主渠道作用的主要体现是，在粮食收购上起主导作用、在粮食价格上起引导作用、在供应市场上起稳定作用、在维护市场秩序上起带头作用、在国家宏观调控政策上起重要载体作用等方面。如何实现这个目标、达到这一要求呢？

1. 要形成发挥主渠道作用的企业组织形式，优化布局结构 对于承担中央、地方储备粮经营管理和军粮供应任务的粮食企业，原则上实行国有独资、国有控股为主的产权制度。在粮食主产区，要根据粮食产销和经营情况，以现有仓储设施为依托，通过产权制度改革，因地制宜改造或重组国有独资或国有控股的粮食购销企业，既有利于转换企业经营机制，又有利于在粮食收购和掌握粮源方面发挥主渠道作用。在粮食主销区和大中城市，要重点掌握一批骨干粮食批发、加工企业和粮食连锁零售经营企业，以利于及时组织粮源，保证国家宏观调控的成品粮油需要。还要逐步在全国形成若干个具有竞争力的国有大型粮食企业集团，在粮食经营和宏观调控中发挥重要作用。

2. 要增强企业实力，提高市场竞争能力 粮食收购市场放开后，多元化市场主体之间的竞争将会十分激烈，特别是在粮源紧张、粮价上涨的情况下，各类市场主体都会主动收购争取粮源。国有粮食购销企业虽然有经营上的优势，有优惠政策的支持，但是也有本身的弱点，主要是企业冗员过多，历史包袱过重，经营机制不活，竞争意识不强，经营方式落后，服务观念淡薄。这种状况不改变，企业的生存都成问

题，就更谈不上发展和发挥主渠道作用。因此，这次改革，必须彻底改变这种状况，要按照国务院文件的要求建立新的企业经营机制，促使企业积极主动参与市场竞争，争取多掌握粮源。要通过向“两头”延伸，发展产业化经营和订单农业，创新经营方式，加强内部管理，提高服务水平等途径，切实提高企业自身的竞争能力。

3. 要带头执行国家粮食政策，决不允许逆向操作　国有粮食购销企业是政府对粮食实行宏观调控的重要载体，能否按照政府的要求执行政策，直接影响着宏观调控的效果和市场的稳定。因此，对于政府委托的任务，必须按要求贯彻落实。在日常经营中，也要起表率和带头作用。在粮食充裕时，不能压级压价收购，损害农民利益。在粮食紧张时，不能囤积居奇，扰乱市场秩序。这既是国家政策法规的要求，也是作为主渠道所必须承担的责任和义务。

（四）分流安置富余人员，妥善解决企业“三老”历史包袱

国有粮食购销企业多年形成的“三老”历史包袱，是困扰企业改革和发展的难点。这次改革，国务院已经明确了比较彻底地解决“三老”历史包袱的政策，关键是要抓好落实。

1.“老账”问题　下一步的重点，主要是对1998年以来企业新发生的亏损，如何进行清理、审计和处理、消化。对于政策性亏损挂账，如何从企业剥离，粮食行政管理部门如何集中管理。对于经营性亏损挂账，如何由企业自行偿还。4月底，我们在安徽合肥召开了部分省粮食流通体制改革座谈会，不少同志建议，对这些经营性的亏损挂账，在审计认定后，也可以先划到县以上（含县级）粮食行政管理部门统一管理，待企业改制后，由企业用资产入股所得分红逐年归还，或者用企业资产拍卖所得来弥补。究竟如何处理和消化，希望各地粮食部门认真研究，实事求是地提出意见和建议，在当地政府的领导下，积极配合有关部门做好工作。总的要求是，既不给新的企业背上包袱，又不能逃废债务。

2.“老粮”问题　在当前粮食供求形势下，市场粮价上涨，“老粮”问题已不十分突出。但当前的主要问题，一方面是在企业改革、改制中，如何妥善保管好现有库存粮食；另一方面是，在今年粮食产需仍有较大缺口，需要继续大量挖库存弥补，库存粮食已经成为政府实施宏观调控、保证市场供应的宝贵资源的形势下，如何合理利用好这部分粮食。这是粮食部门义不容辞的责任，是一项十分重要工作，必须采取有效的措施，切实抓紧抓好。

3.“老人”问题　国务院已经提出了解决的原则要求，明确了各地和各有关部门的责任，给予了一些优惠政策。各级粮食部门要在当地政府的统一领导下，抓好贯彻落实。在具体操作过程中，主要有四个方面的问题要抓好。第一，要切实把国有粮食企业的职工和分流人员，统一纳入当地社会保障体系和再就业计划，解决职工的后顾之忧。第二，要采取多种方法筹集资金，按照有关规定对解除劳动关系的职工给予合理的经济补偿。第三，要尽可能地帮助下岗分流职工重谋职业。第四，要切实注意保护好职工的合法权益，维护社会稳定。

（五）加强粮食市场监管，维护正常的粮食市场流通秩序

近两年来，随着粮食购销市场化改革的推进，多元化市场主体发展较快，国有粮食企业与社会多渠道粮食企业相互竞争、并存发展的局面正在形成。多元化的市场主体增加了，粮食购销渠道拓宽了，粮食流通活跃了，对农民售粮和城镇居民购粮也提供了方便，起到的积极作用是毋庸置疑的。但是，由于市场准入制度不健全，监管不到位，也出现了不执行国家政策、违法违规经营、损害农民和消费者利益的现象，扰乱了粮食流通秩序。这次改革明确提出，要加强粮食市场管理，维护正常粮食流通秩序。这是加强粮食宏观调控的一个重要内容，是保证改革顺利推进，维护市场稳定的重要措施。为此，国务院颁布了《粮食流通管理条例》，进一步明确了粮食行政管理部门指导和监督粮食市场的责任，细化了要求，为做好这项工作提供了法律保障，各地粮食部门一定要按照《条例》的各项规定，履行好职责，抓好贯彻落实。

1. 要抓紧健全粮食收购市场的准入制度　要在各省级人民政府的统一领导下，按照国务院文件和《条例》的要求，结合本地实际情况，抓紧研究明确入市收购粮食的资格条件，以及入市企业应承担的义务，尽快制定具体的操作办法。入市门槛要从当地的具体情况出发，既不能过高，也不能过低，毗邻地区要做好衔接。这样，既有利于搞活粮食流通，有利于维护市场秩序，也有利于促进全国统一市场形成。

2. 要依法做好入市收购资格的审核工作　地方粮食部门要严格按照省级人民政府制定的资格标准，在政策和法律赋予的权限内，认真履行入市资格审核的职责。审核的标准、程序、结果要向社会公布，操作过程要公平、公正，经得起社会和实践的检验。今年，还要按照规定的条件和标准，组织对入市企业的资格进行一次全面审核。请各地从现在开始，就要做好有关的准备和资格审核工作。

3. 要认真履行对全社会粮食流通监管的职责　粮食市场放开后，粮食部门对粮食流通监管的范围扩大了，责任加重了，要求更高了。各级粮食部门一定要尽快更新思想观念，转变工作方式，一方面要学会依法行政，切实做到依法管理，把法律手段和经济手段、必要的行政手段有机地结合起来；另一方面，要做好对全社会粮食流通的指导、协调和服务工作，做到指导、协调、服务与监管并重，通过指导、协调和服务来加强监管。

4. 要密切配合工商、质检、卫生、价格等有关部门，共同做好粮食市场监管工作　各级粮食部门要按照国务院文件和《条例》的要求，与有关部门一起，各司其职，各尽其责，密切配合，加强协作，切实加强对粮食市场的监管，共同维护正常的粮食市场秩序。在执行过程中，特别是要防止乱收费、滥罚款等违规违法行为的发生。

（六）改善粮食宏观调控，确保粮食市场和价格基本稳定

当前，我国粮食供求形势已经开始从供大于求向供求偏紧转变。在放开粮食市场后，粮食宏观调控的策略、思路和方法，必须适应粮食购销市场化和粮食供求偏紧的形势，作出相应调整和转变。

1. 要进一步加强中央储备粮管理　中央储备粮在国家粮食宏观调控中具有十分重要作用，必须服从和服务于国家宏观调控的需要。要按照《中央储备粮管理条例》有关规定，继续加强对中央储备粮的行政管理，完善轮换管理办法，做好轮换工作，健全库存监督检查制度，切实做到“三严格、两确保”。今年内，要按照即将颁布施行的《中央储备粮代储资格认定办法》，全面完成对所有已经承储中央储备粮的代储企业的资格认定工作。地方粮食部门要积极支持中央储备粮垂直管理体系做好管理工作，省级粮食部门要按有关要求协助做好代储企业的资格认定工作。特别是在代储企业改革过程中，要加强指导和监管，不能影响中央储备粮的安全保管和正常轮换工作。

2. 粮食主销区要建立健全保证市场供应的机制　这次改革再次明确，各地要按照“产区保持3个月销量、销区保持6个月销量”的要求，建立和充实地方粮食储备。这是粮食省长负责制的一项重要内容。各地要把握今年新粮上市的有利时机，抓紧充实规模，切实增强地方政府调控粮食市场的能力。从历史经验和当前实际看，主销区是粮食供应上的薄弱环节，当前和今后一个时期工作的重点，是要建立健全保证市场供应的机制。第一，要保证粮食播种面积，保证一定的粮食自给率；第二，要按国家有关规定抓紧充实地方粮食储备，本地粮源不足的，要积极主动到粮食产区采购；第三，每年都要做好粮食供需平衡的工作预案，对于自给不足的缺口部分，要明确粮源并组织落实；第四，要积极主动与粮食产区建立长期稳定的购销协作关系，稳定粮食的来源渠道；第五，要落实成品粮库存数量、应急加工点和零售供应网点，按照市场需求的品种和质量，适当增加成品粮加工数量和小包装数量，确保流通环节通畅。

3. 要分级制定粮食应急保障预案　这是在抗击“非典”疫情和稳定粮食市场的实践中得到的重要启示，也是提高粮食调控水平、增强调控能力的制度保障。目前，国家发改委、国家粮食局已将《全国粮食应急预案（草案）》上报国务院，待国务院批准后实施。各地也要在已有工作的基础上，继续加强研究，真正建立特殊情况下的快速反应机制，确保粮食价格不暴涨，粮食供应不断档。

4. 要研究建立粮食供求总量平衡机制　在粮食购销市场化的新形势下，我们要更加注重研究粮食供求和价格变化规律，建立新的粮食总量平衡机制和宏观调控机制。要加强对粮食生产、需求、库存、价格、储备、质量状况和国际市场动态的分析预测，合理确定预警指标，把握好宏观调控的方向、时机和力度，适时采取有效的调控措施。各级粮食部门在粮食宏观调控中承担着重要职责，要认真做好有关基础性工作，积极提出调控建议，按照政府的要求落实相关调控措施。

三、扎扎实实做好当前粮食流通的各项工作

2004年是全面推进粮食购销市场化改革的关键一年，粮食流通工作处在一个重要关口。当前，各级粮食部门要以改革为动力，积极抓住机遇，沉着应对挑战，扎扎实实抓好以下几项工作。

（一）认真组织实施粮食流通体制改革工作，确保改革顺利推进

国务院赋予了粮食部门组织实施粮食流通体制改革整体方案的职责，我们一定要以求真务实的精神，努力做好贯彻落实工作。省级粮食部门要在党委、政府的统一领导下，结合本地实际，认真研究提出切实可行的改革实施方案。各级粮食部门都要切实加强对改革的指导，精心组织，扎实工作，确保改革政策措施落实到位。粮食流通体制改革是一项复杂的系统工程，涉及到多个部门职责，希望各地粮食部门要积极做好沟通、协调工作，争取有关方面的支持。各地改革进展情况不尽相同，改革中还可能出现这样那样的情况和问题，各地粮食部门要切实加强对改革的分类

指导，及时跟踪了解情况，针对出现的新情况、新问题，尽早提出有关建议，供领导决策参考，以不断完善改革政策措施，保证粮食流通体制改革顺利进行。

（二）积极做好新形势下的粮食收购工作，争取多掌握粮源

2004年的夏粮收购，这是在粮食收购市场全面放开的新形势下，对国有粮食购销企业发挥主渠道作用的一次重要考验。各地要妥善处理好推进企业改革与做好粮食收购工作的关系，特别是在小麦主产区，一定要首先保证夏粮收购工作的正常进行。夏收前，粮食部门要及早与农发行协调好贷款政策，满足收购资金需要；粮食购销企业要积极做好仓容、场地、仪器、人员等各项准备工作。在收购中，各级粮食部门要指导和督促国有粮食购销企业，严格执行国家粮食购销政策，积极收购，争取多掌握粮源。2004年，已经公布了稻谷的最低收购价格，早籼稻每50kg 70元，中稻72元，粳稻75元。在市场价格低于最低收购价格时，接受政府委托的企业要按规定的最低收购价格入市收购，不得压级压价，损害农民利益，要改善服务方式，提高服务质量和水平，让农民交售放心粮。

（三）做好粮食供应工作，保证粮食市场稳定

各地粮食部门一定要认真贯彻落实国务院［2004］9号文件关于做好粮食供应工作的各项要求。黑龙江、吉林等省，要按照国家宏观调控的要求，做好库存稻谷的销售工作，其他稻谷主产区也要积极支持主销区市场供应和充实地方储备工作。销区粮食部门要积极组织本地区的粮食企业到产区采购粮食，产区粮食部门要积极协助销区做好粮食调运。要继续认真做好军队、武警部队以及政策性用粮、城镇低收入群体和高校等单位的粮油供应工作。军粮供应是一项重要的政治任务，关系到部队战斗力的削弱和增长，地方各级粮食部门要继续坚持以供应质量和服务质量为核心，建立军粮供应的保障机制。要指导军供企业建立健全现代企业制度，形成保障有力、运转高效的军供网络体系。要加大对退耕（牧）还林（草）用粮、贫困地区和水库移民、灾民口粮供应的监督检查力度，继续改善服务水平，保证供应及时，质量可靠。

（四）积极稳妥地做好陈化粮的销售处理，做好质量检验

陈化粮的销售处理事关人民身体健康和粮食市场稳定。国务院已经批准了在2003年和2004年两年将陈化粮销售处理完毕的计划，为确保这个计划的实现，我们要密切关注市场动态，掌握好销售处理进度。积极与有关部门沟通协调，加强市场监管，陈化粮的销售要严格执行国家计划，定向用于酒精、饲料，严防流入口粮市场，确保消费者权益。同时，要完善粮食质量标准和检验检测体系，认真做好陈化粮和库存老粮食的质量检测工作。

（五）完善粮食统计制度，加强全社会粮食流通的统计工作

准确的粮食实物统计是做好宏观调控的基础。在粮食供求形势变化和购销市场化改革的新形势下，对粮食统计工作提出了更高要求。

1. *要完善粮食统计制度，建立覆盖全社会的粮食统计报表体系*　这次改革，对粮食部门做好全社会粮食流通的统计工作提出了明确要求，必须依法将从事粮食收购、储存、加工、批发、零售业务和以粮食为原料的饲料、工业企业等粮食经营者全部纳入统计范围，建立包括粮食购销与流通统计、粮食仓储设施统计、粮食加工业统计、粮食行业从业人员及机构综合统计在内的新的粮食行业统计制度。新的粮食统计制度正在研究制定之中。目前我们已与国家发改委、国家工商总局、国家统计局和商务部等部门研究，决定对粮食批发商和连锁超市的粮食经营情况进行一次调查摸底，并请各地粮食部门对统计制度提出建议。希望大家把这件事情抓好，新的统计制度颁布后，要认真贯彻实施。

2. *要规范统计的计算方法*　要对纷繁复杂的粮食经营活动进行科学分析，完善和规范有关数据的统计处理方式，确保各项统计数据的科学、客观、准确，作到不重不漏。

3. *要对损失损耗、销售未走账和开仓借粮等形成的库存虚数进行清理*　对于企业历年形成的损失损耗，属于合理范围的，要会同财政、农发行等部门审核后，按规定及时处理；对于企业经营管理不善造成的不合理损失损耗，应由企业自行承担，限期还贷并核减库存。对于销售未走账的，要按规定及时做销售处理。对开仓借粮未归还的，要一律从库存账中剔除并单独反映。

4. *要加强统计监督检查，确保统计资料准确真实*　对重点地区和重点企业，加强监督检查，对发现的问题及时进行处理。

5. *要加强统计队伍建设*　各级粮食部门要根据实际需要，进一步充实统计人员，加强统计人员的培训，不断提高粮食统计工作水平。同时，要注意争取有关部门支持，充分利用有关部门的调查统计力量。

（六）加强粮食监督检查，进一步做好清仓查库工作

加强粮食监督检查是落实各项宏观调控措施的重要手段，也是今后粮食部门的一项重要职能。2001

年全国粮食清仓查库工作以来，逐步建立和完善了对库存粮食的监督检查制度。国务院领导同志对粮食库存工作非常重视，最近作出明确批示：“对各地粮食库存情况，不要只看数字，要查实物。”为此，我们召开了部分省粮食局负责同志参加的粮食形势座谈会，派出调查组到黑龙江、吉林和浙江等地进行了库存调查。4月中旬开始，国家发改委、国家粮食局会同有关部门对15个省区市进行了库存抽查，预计6月份结束。为进一步建立健全粮食监督检查体系，国家粮食局还将制定《粮食流通监督检查办法》。今后，各地粮食部门要做到监督检查工作职能、机构、人员“三落实”，逐步使粮食监督检查工作制度化。特别是要建立对国有粮食购销企业库存粮食定期清查制度，督促各地国有粮食购销企业严格制度、严格管理，确保库存粮食账实相符、账账相符。

（七）做好“十一五”规划编制工作，全面完成国家粮库建设

一是要认真编制好“十一五”全国粮食流通基础设施规划和粮油加工业发展规划，建立稳定的投资来源，保证粮食流通设施建设和粮油加工业健康发展。同时，各省也要按照要求完成好本省的规划，上报省级政府，建立粮食产业发展的长效机制。二是要做好粮食行业国家科技项目的申报管理工作，组织好已经批准的重点科技转化项目和农产品深加工专项的实施和管理，推进先进技术的推广和培训工作。三是要加强对全国粮油加工业的宏观管理和行业指导工作，积极探索粮油加工业发展的新路子。四是要全面完成三批粮库项目的装粮压仓、竣工验收、财政评审、财务决算工作，认真做好新安排的提升功能以及散粮运输、小型烘干机试点等专项的建设和管理，做好粮库项目剩余资金的计划和管理工作。

（八）全面贯彻实施两个《条例》，实现依法管粮

继2003年8月《中央储备粮管理条例》颁布实施后，《粮食流通管理条例》也已颁布实施。这是我国粮食流通法制建设的重大进展，对顺利推进粮食流通体制改革，加强粮食宏观调控，维护粮食流通秩序，保障国家粮食安全，将起到十分重要的作用。这两个《条例》的实施，为粮食行政管理部门更好地履行职责，做好粮食流通管理工作，提供了有力保障，也对我们更新观念、转变职能、加强队伍建设、提高依法行政能力等方面，提出了前所未有的新要求。可以说，这既是机遇，更是挑战。要清醒地认识到，我们的责任更大了，任务更重了，面临着许多全新的工作。我们一定要以高度的责任感和求真务实的精神，认真学习和贯彻实施好这两个《条例》，以此为契机，把粮食流通管理工作提高到一个新的水平。关于《粮食流通管理条例》的学习、宣传、培训和贯彻实施等工作，国家粮食局即将作出专门部署，各级粮食部门要作为当前推动粮食流通体制改革，加强粮食部门思想作风和队伍建设的一项十分重要而紧迫的任务，高度重视，加强领导，精心组织，扎扎实实地开展起来。

（九）加强党风廉政建设，建设一支高素质的粮食干部职工队伍

新的形势和任务，对各级粮食部门思想作风和队伍建设提出了新的要求。2004年年初，国家粮食局召开了全国粮食系统的纪检工作会议，深入学习了中央纪委全会和国务院廉政工作会议精神，结合粮食流通体制改革和业务工作的实际，对今年粮食系统的党风廉政建设、反腐败工作、行风建设进行了部署。务必请各地贯彻好会议精神，抓好落实。当前的重点是，要防止在改革中出现损害农民利益、损害职工合法权益、损害国家利益的行为，加大对违法违纪案件的查处力度。要按照中央的要求，努力建设一支政治素质好、业务能力强、能够担当重任、经得起风浪考验的粮食行政领导干部队伍；适应社会主义市场经济体制的需要，努力造就一支懂经营、能够熟练运用现代市场经济知识的企业经营管理人才队伍和技术精、作风好、善管理的职工队伍；适应粮食行业科技发展和进步，努力培养一批有科技创新意识和能力，掌握现代高新技术的高级专家，建设一支粮食行业的高技能人才队伍。各级粮食部门要认真总结在改革中涌现出的好典型、好经验，加以表彰、推广，努力在全国粮食系统营造一种求真务实、开拓进取、爱岗敬业、学习先进、弘扬正气的氛围，塑造粮食行业良好形象。

（本文为作者于2004年在“全国粮食局长工作会议”上的讲话，略有删减）

把发展绿色食品作为国家可持续发展战略的重要组成部分

国务院研究室农村司司长 黄守宏

一、我国绿色食品发展成就斐然

绿色食品起步于20世纪90年代初，经过十几年的发展，取得了显著成就。主要表现在：一是经济效益显著。绿色食品一直保持高速发展的态势，年均增长速度超过25%。到2003年底，全国绿色食品企业总数已达2 000多家，产品4 000多个；实物总量超过3 260万t，年销售额超过720多亿元，出口10多亿美元。二是生态效益显著。环境监测保护的农田、草场、水域面积超过514万hm^2，有力地促进了农业生态环境的改善。三是社会效益显著。绿色食品的内涵和标志逐步为公众所熟悉，绿色食品倡导的理念日益深入人心，这对于全社会加强生态环境保护意识、加快实施可持续发展战略起到了重要促进作用。四是经过十几年的探索，已经初步走出了"政府推动、市场运作、企业主导"的绿色食品发展之路，初步建立了一套较为完善的涵盖产地环境、生产、加工、包装、储运等环节的绿色食品质量标准框架体系，为确保绿色食品的持续快速发展奠定了坚实的基础。

二、我国政府是"绿色食品"事业发展的坚定推动者

在不太长的时期内，绿色食品发展能取得这样的成就，原因是多方面的，其中政府强有力的支持发挥了重要作用。这里对此作一回顾。

1991年12月，国务院《关于"绿色食品"有关问题的批复》中指出："开发'绿色食品'（无污染食品）对于保护生态环境，提高农产品质量，促进食品工业发展，增进人民身体健康，增加农产品出口创汇，都具有现实意义和深远影响。这是一项新的工作，我国目前还处在起步阶段。要采取有效措施，坚持不懈地抓好这项开创性的工作，各有关部门要给予大力支持。"1992年9月，国务院在《关于发展高产优质高效农业的决定》中指出，对"'绿色食品'等经国家有关部门正式确定的质量标志要严格管理，依法使用和保护。"1993年国务院颁布的《九十年代中国食物结构改革与发展纲要》中指出要"大力开发'绿色食品'"。1997年12月，国务院批准的《中国营养改善行动计划》中指出："积极促进绿色食品生产，保护农业生态环境"。2001年11月，中央经济工作会议提出，要"大力发展绿色食品、有机食品和无公害食品"。2002年8月，国务院在《加强新阶段"菜篮子"工作的通知》中指出，要"规范'绿色食品'、'有机食品'及'无公害食品'等认证认可及认证标识"。2003年5月，温家宝总理在国务院第二次全体会议上讲话中指出："积极发展绿色食品、有机食品和无公害食品生产，提高农产品质量安全水平。"2004年4月，国务院办公厅关于《2004年振兴东北等老工业基地工作要点》中指出，要"引导农民适应市场变化，发展绿色食品和特色农产品"。

在世界其他国家，与绿色食品相似的有机食品等的发展都是生产者协会等民间倡导和组织的。由政府倡导和支持开发绿色食品，在世界上中国是第一家。这表明，中国政府高度重视食品安全和人民群众的身体健康，高度重视保护生态环境和可持续发展。

三、充分认识新阶段推进绿色食品发展的重大意义

当前，我国已进入全面建设小康社会、加快推进社会主义现代化建设的新阶段。党的十六大以来，中央提出要坚持以人为本、全面协调可持续的科学发展观，提出包括统筹人与自然和谐发展在内的"五个统筹"。加快绿色食品发展，对于树立和落实科学发展观，促进经济社会的可持续发展具有重大意义。

1. 发展绿色食品是提高我国农业整体素质的重要举措　绿色食品是无污染的安全、优质、营养类食品。发展绿色食品，要求大力推进农业和农村经济结构的战略性调整，发展优质高产高效生态安全农业；要求加强农业生态环境建设与保护，健全农产品的质

量标准和检验检测体系；要求加快农业科技进步和农业增长方式的转变，提高农业增长的质量和效益；要求发挥资源优势，推进区域化布局、专业化生产、产业化经营、社会化服务。所有这些，必将带来中国农业发展的一场深刻革命，加快农业现代化进程，增强农产品国际竞争力。

2. *发展绿色食品是促进农民增收的重要途径* 一是发展绿色食品可以充分发挥我国土地、气候、生物和劳动力资源丰富的优势，拓展农民的就业空间和增收渠道。二是市场对绿色食品等生态农产品需求强劲，价格远高于同类产品，农民可通过扩大绿色食品生产得到更多的收入。三是发展绿色食品要求科学、规范地使用现代投入品，可以有效地提高投入产出比例，使农民获得最佳的经济效益。

3. *发展绿色食品是全面建设小康社会的重要保障* “民以食为天”。随着全面建设小康进程的推进，人们的生活水平将不断提高，国民的膳食结构将发生根本的改变，由“吃饱”向“吃好”方向转化。绿色食品出自优良生态环境，带来强劲生命活力，可以有效地满足人们对安全、卫生、营养食品日益增长的需求，保障人民身体健康。

4. *发展绿色食品是促进可持续发展的重要手段* 发展“绿色食品”，要求保护农业资源，减少污染，改善生态环境，这将有力地促进可持续发展战略的实施。

绿色食品是生态、经济和社会效益的有机统一体，具有多重功能、多重效益，功在当代，泽被子孙，能从多方面给中华民族的长远发展带来福祉。我们一定要从战略和全局的高度，认识发展绿色食品的重大意义，确立发展绿色食品的战略地位：在发展优质高产高效生态安全农业方面，绿色食品具有首要地位；在保障人民健康、提高生活水平方面，绿色食品具有基础地位；在实施可持续发展战略方面，绿色食品具有重要地位。

四、关于进一步促进绿色食品发展的若干思考和建议

绿色食品符合时代潮流和市场需求，其发展方兴未艾，具有十分广阔的发展前景。发展绿色食品，是我国经济社会可持续发展中的一项重大任务。我们要充分认识发展绿色食品的重要意义，进一步增强加快绿色食品发展的紧迫感、责任感和使命感，加强绿色食品产业建设的决心不能动摇，扶持绿色食品发展的力度不能减弱，强化绿色食品的各项工作不能松懈，因势利导，抓住机遇，加快推进绿色食品事业的发展。

1. *进一步加强对绿色食品工作的领导* 要适应绿色食品加快发展的要求，提升绿色食品在国家可持续发展战略中的层次，把发展绿色食品作为实施可持续发展战略的基础性、先导性和全局性的工作来抓，切实加强对绿色食品发展的领导。绿色食品产业涉及环境保护、农业、科技、工商、食品卫生、商品检验、消费者权益保护、对外贸易等诸多方面，政府有关部门应协作配合，及时研究和解决实际问题，形成支持绿色食品产业发展的合力，推动绿色食品这一新兴事业健康成长和迅速壮大。

2. *加大政府对绿色食品发展的支持力度* 发展绿色食品，需要政府进行有效引导和扶持。这既是过去绿色食品取得显著成就的重要因素，也是新时期新阶段加快发展绿色食品的重要保证。一是要增加对绿色食品基地建设等方面的投入，努力改善生产条件，提高综合生产能力。二是将绿色食品开发规划区中治理污染所需投资纳入国家环境保护投资序列，并从国际组织支持我国环境保护投资中划出一定比例予以支持。三是鉴于生产绿色食品的企业要增加监测费用以及增加治理污染、保护环境的费用，建议参照环保企业的优惠政策，对绿色食品生产企业实行减免税等优惠政策。四是对重点绿色食品良种和重点绿色食品生产基地农民购买大型农机具给予补贴。五是国家重大农业科技成果要率先在绿色食品生产基地推广。

3. *大力推进绿色食品产业化经营* 绿色食品种类繁多，要从实际出发，注意选择资源优势明显、市场竞争力强的产品集中进行开发，不断扩大规模，形成优势，培植名牌拳头商品。组建一批基础雄厚、辐射面广、带动能力强的绿色食品加工营销龙头企业，逐步形成农工贸、产加销、农科教一体化、一条龙的生产经营体系。积极创造条件，吸引工商企业进入绿色食品开发的主战场，充分利用其技术、人才和市场网络等方面的优势，参与开发。积极发展绿色食品生产者合作组织，带动农民发展绿色食品。

4. *依法严格规范管理绿色食品* 管好用好绿色食品标志，是促进绿色食品事业健康发展的重要基础。近年来，国家有关部门颁布了多个规范绿色食品生产的规定和标准，要在此基础上，借鉴国际经验，进一步修订和完善我国绿色食品管理法规和技术标准，规范绿色食品的生产和质量控制。要强化对绿色食品管理规定和标准执行情况的监督检查，确保绿色食品这一国家标志的权威性。

5. *积极推进绿色食品标志的国际化* 我国是农产品生产大国，作为我国农产品国家标志的绿色食

品，对世界有着越来越大的影响。应因势利导，将绿色食品标志逐步向其他国家推广，提高绿色食品的国际影响力，促进绿色食品国际贸易的发展。在这方面，法国有机食品标志国际化的经验值得重视。法国国家有机食品标志是1986年启用的，管理办法规定除本国有机食品允许使用国家标志外，其他国家只要与法国标准一样，也可以使用其标志。如瑞士、阿根廷、捷克、以色列、澳大利亚、新西兰采用的标准与法国一样，也被允许使用法国有机食品标志。

6. *加大绿色食品科技开发和推广的力度* 发展绿色食品，关键在科技。加强对绿色食品产品生产加工技术的研究，推广现有成熟技术，完善绿色食品的科研开发、咨询和推广服务体系。

7. *积极引导绿色食品的生产和消费* 我国的绿色食品开发有着潜在的巨大市场。由于目前宣传力度不够和进入国内市场销售的绿色食品有限，消费者对绿色食品概念还缺乏了解。要通过多种方式，进一步加强绿色食品的宣传普及工作，增强广大消费者的食品安全和环保意识，促进我国绿色食品市场的形成和发展。要使更多的人了解到，购买和消费绿色食品，不仅有益于自身健康，也是为保护环境和人类可持续发展做贡献。

促进我国农产品加工业竞争力的思考

科学技术部农社司副司长　贾敬敦
科学技术部农社司农业处处长　郭志伟
中国农业机械化科学研究院副院长　李树君

发展农产品加工业，对于提高人民生活质量，调整和优化农产品生产结构、实现农产品增值、农业增效、农民增收、促进农村经济和国民经济持续快速健康发展，具有十分重要的作用。进入新世纪以后，我国农产品加工业面临一个新的发展时期。一是党中央、国务院十分重视发展农业和农产品加工业，提出要大力调整农产品结构，提高农产品加工水平和效益。二是农业的发展和综合生产能力的提高，迫切要求加快发展农产品加工业，实现农产品转化增值。三是人民群众收入的增加和生活水平的提高，为农产品加工业提供了更大的市场空间。现在消费者不仅满足于吃饱，而且要求吃好，要求能够提供花色品种更多、质量更好、营养更丰富、更加安全卫生的食品。四是市场经济体制的不断完善和农产品市场化改革的深化，为农产品加工业的发展提供了更好的政策环境和市场环境，为农产品加工企业增加了更多的活力和机遇。五是加入WTO后，农产品加工业的技术装备、食物安全、市场流通、标准规范等与国际接轨的任务迫在眉睫，应对外来冲击、竞争压力和技术壁垒的任务日益加剧。

一、我国农产品加工业的现状

我国农产品加工业经过20世纪70年代末、80年代的快速发展，90年代实现高速增长后，目前已进入产品结构调整、质量升级、提高产业创新能力的关键时期。尤其在政策推动、科技驱动和市场拉动下，我国农产品加工业得到了长足发展。到2003年底，我国农产品加工业实现工业总产值3.1万亿元，比2002年增长17%，占整个工业总产值的22.4%；规模以上农产品加工业从业人员1 608万人，占全部工业从业人员的28.2%。已成为我国国民经济的支柱产业。主要展现出以下特点：一是农产品加工领域不断扩展，既包括对农、林、牧、渔各业的产品及物料的加工，也包含对各种野生动植物资源的加工以及生物工程等技术的应用；二是农产品加工技术与装备持续升级，加工技术包括物理、化学、生物工程等，加工装备由关键环节单机向光机电液与信息一体化成套发展；三是农产品加工业波及带动效应不断增强，涉及食品加工、食品制造、饮料制造、烟草加工、纺织、服装及其他纤维制品制造和橡胶制品等12个行业；

四是我国农产品及其加工业已经融入国际化大市场，突显其传统文化精髓与现代文明有机结合的特色。

二、经济全球化对农产品加工业的冲击

目前，我国农产品加工业总体水平仍处于初期阶段，农产品加工率不足30%，精深加工不足20%。主要农产品生产和加工生产规模小、经营分散、组织化程度低、产业化经营刚刚起步，造成成本高、品质低、产品质量差，没有形成规格化、系列化和标准化，缺乏比较优势；适合于加工要求的专用原料种植和生产与加工缺乏有效衔接，尚未协同发展，符合国际规范的农产品加工装备严重不足；农产品从生产到加工全程品质跟踪监控（traceability）保障体系、系统化安全生产及加工规范和标准化体系尚未健全；多数产品仍缺乏综合竞争优势。入世后，经济全球化将会给我国农产品加工业带来艰巨的挑战，主要表现在以下几个方面：

1. *粮食、棉花、油料等大宗农产品及其加工的国际竞争压力将长期存在* 我国主要农产品和加工业由于生产规模小、组织化程度低、经营分散、产业化经营刚刚开始，增加了生产过程与流通费用，造成我国大宗农产品国内市场价格明显高于国际市场，缺乏比较优势。近年来，我国市场上的小麦、玉米、大豆的批发价格分别比进口到岸价高15%、30%和40%，以致出现了在我国还要不要种大豆的争论。目前，我国棉花价格高于国际市场40%以上，天然橡胶、油菜籽、糖料等也高于国际市场价格，只有稻谷价格与国际市场接近。

我国优质农产品比重小，其中稻米、小麦、大豆、油菜、棉花等粮食与经济作物质量与国外发达国家相比存在不少差距，加之贮藏、加工较为落后，在非价格竞争中也处于劣势。农业科技总体水平与发达国家相比仍然有10～15年的差距。存在的问题不会在短时期内克服，国际竞争的压力将长期存在。

2. *“技术性贸易壁垒”是阻止我国农产品及其加工品进入国际市场的严峻障碍* 技术性贸易壁垒（Technical Barriers to Trade）简称TBT，来源于关税与贸易总协定（GATT）的《贸易技术壁垒协议》，是GATT对主要缔约国标准化工作的规定。虽然GATT与WTO对成员TBT设置进行了严格规定，但随着贸易保护的不断升级，有些TBT却成为发达国家限制发展中国家的工具，也成为限制我国出口贸易的主要工具。

由于受长期分散经营方式制约，相关标准和检验手段的落后与不完善，管理实施难度大、技术装备无法保障等多方面原因，造成农产品出口的风波一个接一个。据商务部抽样调查，2002年，我国有71%的出口企业、39%的出口产品受到“技术性贸易壁垒”限制，造成损失170多亿美元，分别高于2000年的66%、25%和110亿美元。如何应对入世后技术性贸易壁垒障碍的挑战，已引起各界的关注。

3. *我国农产品的出口贸易、关税及粮食安全将受到严重影响* 加入WTO，我国按国际规则逐步放开国内农产品市场，并且按农业协议规定，对于进口量少的农产品，应承诺“最低市场准入量”的进口义务，这对我国农业市场极为不利。已签署的《中国农业合作协议》规定，我国要平均减少农产品关税17%，大豆关税限定在3%。在2004年部分农产品中牛肉关税由45%降到10%，猪肉由20%降到12%，禽肉由20%降到10%，柑橘和葡萄由20%降到12%，干酪由50%降到12%。同时还规定了棉花关税配额由74万t增加到89万t，玉米由450万t增加到720万t，小麦由730万t增加到930万t。而实际上仅就小麦而言，目前进口还不到200万t。由于我国有些农产品价格已经高于国际市场价格，降低关税后，外国这些产品涌入将不可避免地冲击我国市场，农产品结构调整已迫在眉睫。

4. *农产品进口增加，产出效益减少* 最近几年，我国粮食产销平衡，略有剩余，入世后配额要求进口粮棉等农产品大幅度增加。其中，稻米、小麦、棉花、羊毛、粮油加工、糖业等农产品进口金额将达1 331亿元，而我国同类产品出口仅为6亿元。进口增幅非常大的稻米达300%、棉花达426.6%、粮油加工达260.2%。我国同类产品产出金额会无形地减少569亿元。

三、促进我国农产品及其加工业竞争力的思考

农产品加工是农产品产业化生产中的重要环节，是一项系统工程，上连种植业，下展到千家万户，横扩到制造业及其贸易等。提高我国农产品加工业竞争力应突破一个转变，健全六大体系并实行全程质量跟踪，优化结构，发展出口。

（一）突破一个转变，健全六大体系，促使农产品向多层次精深加工方向发展

农产品加工业是一项涉及多部门、多学科的系统工程，要使我国农产品加工业步入良性循环，获得更大的发展，应突破由“传统种什么加工什么到市场需要什么就加工什么种什么”的转变；建立、健全原料

体系、技术创新体系、工程化体系、检测及质量控制体系、产业信息体系和产业化体系，在各自的领域找准发展方向和重点，协同作战，相互促进。

1. 原料体系　建设农产品原料基地，调整和优化农产品结构是农产品规格化、标准化、生产规模化、技术现代化及流通规范化的必然选择。第一，重点发展大宗农产品加工的原料。从单一品种粗加工向多品种深加工转化；加强产地加工，减少农产品资源的损失；注重副产品的利用。第二，发展特色农产品贮藏加工的原料。突出其优质、高档的特点，向深加工转化。第三，急需培育和建立适合加工要求的优质原料基地，且与加工企业进行利益联结，使农产品加工业得到稳定持续的发展。

2. 技术创新体系　增加科技资金投入，加快科技成果转化，加大国外先进技术的引进，加强基础共性技术及工艺研究，完善农产品生产加工技术创新体系，尽快提升科技对农产品生产与加工的支撑能力。技术创新体系是农产品加工业持续发展的保证，有利于科教机构、原料生产基地、加工企业以及设备制造企业之间的密切联系与结合；有利于加快新知识、新技术和新装备在行业中的辐射和应用；有利于缩短科学试验、科研成果以及理论探讨研究、试验研究、产品开发、产品中试到转化为商品及产业化的发展周期。

3. 工程化体系　工程化体系为农产品加工创造必要的手段，必须结合技术创新体系研制高效、节能的新设备，为农产品加工企业服务。利用现有条件，实行集成、协作、配套，实现农产品加工装备的工程化、系列化和产业化；加强农产品加工共性通用高新技术设备的开发应用。如节能干燥（包括谷物烘干、牧草烘干、真空干燥、喷雾干燥、微波干燥等）、杀菌装置（包括微波杀菌、超高压杀菌等）、农产品无损检测设备、农产品前处理设备（如分级、清洗、整理等）和贮运保鲜及包装机械等；利用技术创新成果进行产业化，形成各类成套生产线，实现光机电液与信息一体化，缩小与国外设备的差距；加强高效、节能、可靠、智能化的单机及生产线的研究与开发；加强基础技术、基础件、基础材料和基础操作单元的研究与开发，为产业化提供技术支持。

4. 产业化体系　农产品加工业的产业化体系主要指农产品加工业中的产品加工企业和产品销售系统。立足于技术创新，大力推进产业化进程，形成具有一定规模的产业体系，充分发挥市场对资源的调节和加工企业的主体作用，促进农产品加工业突破性发展。以多种形式进行企业的改造和重组，要求起点高，不搞低水平重复，走集团化、国际化道路，培养一批国际知名企业，塑造名牌产品，以增强我国企业的国际竞争力；提高企业自身技术创新能力，体现出企业是技术创新的主体，以加快科技成果的转化，提高科技进步对农产品加工业的贡献率；密切与农户联结，建立优质原料基地，实现农产品加工产业化；把资源综合利用与环境保护作为产业化重要环节。

5. 检测及质量控制体系　研究各类应用于农产品品质和加工产品质量方面精确、快捷的检测仪器和设备，以提高我国农产品加工质量；健全质量控制体系，使以最终产品检验为主的控制方式转变为生产过程中的全程质量控制。如联合国食品卫生法典委员会（CAC）推荐给各成员国的 GMP（良好生产操作规程）和 HACCP（危害分析与关键点控制）体系和 ISO 9000 族系等已开始在我国部分企业实施。抓紧研究、制定各类国家和行业标准，如农产品品质标准、加工设备标准和产品质量标准等，以利指导我国农产品加工业的发展，与国际接轨，加快制定我国的技术壁垒，以阻挡不利我国农产品加工业发展的国外产品的大宗进口。

6. 产业信息体系　建立农产品加工业的信息体系，有利于跟踪世界前沿发展动态，有利于开阔视野，协调行业发展。整合分散的农产品加工信息，丰富“国家农产品（食品）加工信息网”，实现各类基础数据的不断采集、更新，以开放共享的形式为整个农产品加工业进行服务；加强行业管理工作，为农产品加工业提供国内外市场信息、行业信息、技术信息和产品信息等。

（二）走以市场为导向、以加工为龙头，加工与原料种植和种质繁育协同发展的道路

加强龙头企业建设，带动原料基地和种质繁育的发展，形成加工——原料——繁种有机结合的产业链。必须建立“加工带动基地，基地拉动繁育与原料种植”的全方位体系，使种质繁育与种植做到有的放矢，服务于加工。通过信息网络技术把加工企业、原料种植、种质繁育、市场供求等环节有机地结合起来，真正形成以信息技术为载体的订单农业、加工企业与市场有机结合的产业链，提升我国农产品的竞争力。

（三）加速农产品安全生产与加工全过程质量管理，尽快与国际接轨

抓住影响我国农产品安全生产和加工全过程的关键问题，以全程品质跟踪监控能力（traceability）建设为指导，形成了完整的调控保障体系，系统化安全生产及加工规范和标准化体系。从农产品品种繁育、种植、化肥和农药施用、收获和干燥、储运、加工的全程技术装备入手，借鉴国际和国外先进国家农产品安全生产和加工技术装备标准和技术性贸易措施，开展我国农产品安全生产、加工技术装备标准的研究，建立农产品安全生产加工的基础技术平台，完善我国农产品安全生产和加工全过程技术装备标准体系。

主要围绕食物全程安全生产与加工的五大要素要求，即农业生产过程中全面推行 GAP（良好的农业规范）；加工企业的建设和管理要满足 GMP（良好的操作规范）；生产过程控制采用 HACCP（危害分析及关键控制点）过程控制体系；卫生管理采用 SSOP（卫生标准操作程序）；加工设备的机械安全与卫生要求采用 HRDM（机械设计卫生要求），重点开展实施从工程设计、工程建设、设备制造、生产管理、加工质量管理、贮藏过程质量控制与监测管理的全过程质量安全跟踪监测技术和保障技术的研究，实现我国食物供给稳定发展的“数量安全、质量安全、可持续安全”三大目标。

（四）巩固传统出口市场，积极开拓新市场，优化出口产品结构

日本、北美洲、欧盟既是我国传统出口市场，又是对我国实施技术性贸易壁垒冲击大的国家。利用 WTO 有关机制，主动出击解决不合理的技术壁垒，建立严格、公平合理的技术性贸易壁垒和动植物卫生检疫新规则。应把劳动密集型优势与资本优势和技术优势有机结合起来，实施国家绿色产品出口战略，大力支持有机食品开发基地建设。积极开拓南美洲、大洋洲、东欧地区新市场，使农产品出口继续增长。

四、结束语

农产品加工业是一项涉及多部门、多学科的系统工程，应转变观念，建立、健全六大体系，以加工促进品种繁育与协同发展，实施全程品质跟踪监控战略，促使我国农产品加工业步入良性循环，在更大范围和更深层次上参与国际竞争。

推进中美科技合作　提升中国农产品加工业的技术水平

中国农业机械化科学研究院院长　陈　志
科学技术部农社司农业处副处长　魏勤芳
中国农业机械化科学研究院副院长　李树君

今天，我们非常高兴地在美丽富饶的加州参加“中美农产品加工高层论坛”大会，希望与美方同仁就中国农产品加工领域开展坦诚的交流与讨论，从而学习美方在农产品加工领域的先进技术和管理经验。我们将本着互利互惠的原则，就中美双方的科技界专家、代表共同关心的技术领域进行磋商与合作。借此，对发展中国农产品加工技术领域的合作问题谈几点想法。

一、中国农产品加工技术发展的回顾

20 世纪 50 年代到 70 年代末，中国农产品加工业还是以作坊式、简陋的粮油加工和食品加工技术为主的产业，重点解决我国人民的基本生活问题。80 年代到 90 年代中期，主要是增加品种、提高质量和技术水平、提高经济效益，重点解决初加工所需要的技术与装备，农产品加工业进入快速发展时期，在生产品种的数量和质量上取得了明显进步，为我国农产品加工业的形成和发展奠定了良好的基础。90 年代中后期，进行主要农产品加工关键技术装备开发和示范工程建设等，促进了我国农产品加工业的快速发展；进入新世纪后，围绕农产品深加工技术与设备、食品安全技术、奶业关键技术展开深入研究和产业化示范，加快了我国农产品加工领域与国际接轨的步伐，实现了初加工向精深加工转变，资源得到合理利用。尤其是近 10 年以来，加大了技术的投入，进行技术的创新，取得了一批高新技术成果和专利，一批具有国际先进水平的加工技术和成套设备相继出现并得到应用，微波技术、速冻技术、真空技术、膜分离技术、挤压膨化技术、超微粉碎技术等也逐步应用到食品加工中，包括食品科学和食品工程在内的产业技术体系基本形成，为我国农产品加工业技术装备更新换代，产业化水平优化升级，打下了坚实的技术基础。

多年来，通过中国政府和科学家的共同努力以及世界各国科技友人的大力支持，我国农产品加工业的整体技术水平得到了较快提升，特别是生物技术、信息产业技术、自动控制技术、柔性制造和绿色制造技术以及其他高新技术的应用和推广，极大地推动了我国农产品加工业的全面发展，初步形成了一个产学研、贸工农一体化和相对独立的农产品加工工业体系。按照中国国民经济分类划分，农产品加工业分为5大类12个相关行业：

1. 食品工业　食品加工业；食品制造业；饮料制造业；烟草加工业。

2. 纺织工业　纺织业；服装及其他纤维制品制造业；皮革、毛皮、羽绒及其制品业。

3. 木材工业　木材加工及竹、藤、棕、草制品业；家具制造业。

4. 造纸工业　造纸及纸制品业；印刷业、纪录媒介的复制。

5. 橡胶工业　橡胶制品业。

其中，食品工业、纺织工业的工业产值占农产品加工业总产值的83%左右。

到目前为止，我国拥有从事农产品加工业的科研单位130个，大专院校70个，科技人员总数20余万名；年销售收入60万美元以上生产企业60 556个。截止到2003年底，我国农产品加工业完成工业总产值为3 753亿美元，食品工业总产值为1 563亿美元，产业规模持续扩展。

1998—2003年我国农产品加工业总产值见图1，从中可知，中国农产品加工业的年均增长速度在10.8%；1980—2003年我国食品工业总产值见图2，从中可知，中国食品工业的年均增长速度在15%。

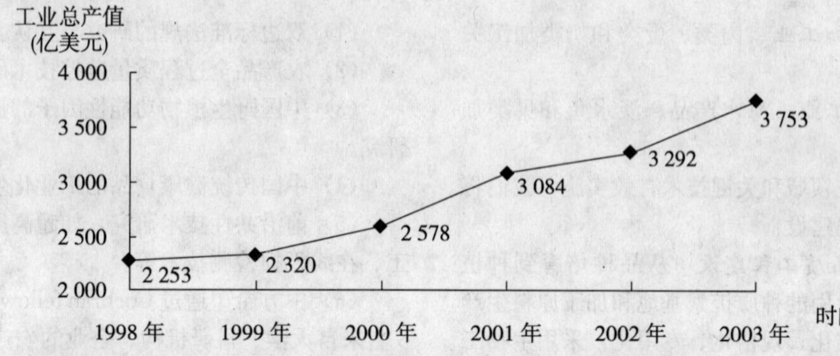

图1　1998—2003年中国农产品加工业总产值变化

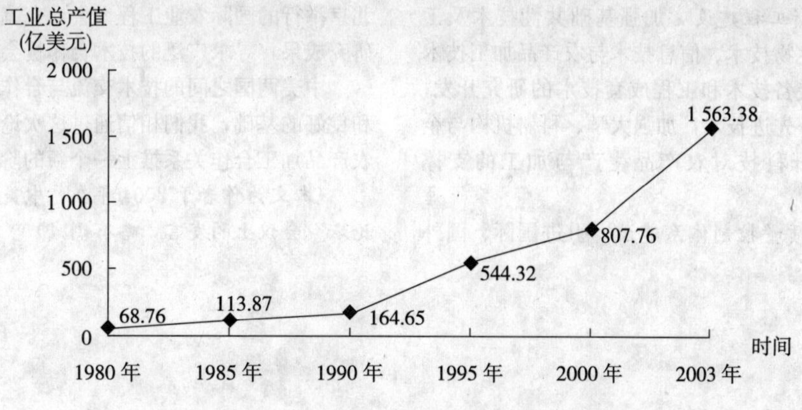

图2　1980—2003年我国食品工业总产值变化

虽然我国农产品加工业取得了很大发展，但与先进、发达国家相比，尚有较大差距。主要表现在：产业基础比较薄弱，整体技术水平低；适宜加工的优质专用品种少，农产品加工品质和商业品质比较差；技术储备不足，技术装备水平落后，产品质量有待提升等等。这些问题正是我们与美方专家进行技术交流与合作的主要议题。

二、发展中国农产品加工业的优先领域和关键技术

中国农产品资源丰富，可为农产品加工业提供充足的加工原料。中国有13亿人口，可为农产品加工业提供广阔的需求市场，农产品加工业蕴涵着巨大的发展空间和成长潜力。在今后的长期发展中，中国农产品加工业的产业政策，立足于发挥区域比较优势、适度规模和产业化经营、依靠科技创新和技术进步，重点鼓励发展粮、棉、油、肉的精、深加工，把蔬菜、水果和奶类等产品加工作为农产品加工业的新的增长点，继续巩固糖、茶和水产品等传统加工。优先领域和关键技术为：

1. 农作物加工业　包括稻谷、小麦、玉米、薯类、棉花、油料、糖料、蔬菜、水果和茶叶加工关键技术等。

2. 畜禽产品加工业　肉类、蛋类和奶类加工关键技术等。

3. 水产品加工业　海水产品、淡水鱼和贝类加工关键技术等。

为使上述优先领域和关键技术有效实施，我们将着力做好4项工程建设：

1. 原料生产品质工程建设　从品种培育到种植生产，建立优质专用的种质扩繁基地和加工原料生产基地，使原料标准化、规格化、专用化，采用生物工程技术，改善原料的内在和外观品质，使农产品加工业得到稳定优质的原料生产支持。

2. 技术创新工程建设　加强基础共性技术及工艺研究，加快生物技术、信息技术与农产品加工技术的融合；加强装备技术和工程成套技术的研究开发；学习、引进国外先进技术，加强大学、科研机构与企业的结合，提升科技对农产品生产与加工的支撑能力。

3. 标准及质量控制体系建设　引进国际、国外先进标准和规范，建立国际通用的基础标准条件平台；研究农产品品质和加工产品质量等方面精确、快捷的检测仪器和设备，提高我国农产品加工质量，使以最终产品检验为主的控制方式转变为生产过程中的全程质量控制，保证食物安全。

4. 产业信息工程建设　建立从原料生产、加工工艺、装备制造、市场信息到技术和贸易标准、政策法规的网络平台，形成产业链各环节间快速反应机制。

三、开展中美农产品加工技术领域的联合开发与研究

在中美农业科技合作议定书框架范围内，积极推进中美农产品加工领域的交流与合作。根据李学勇副部长关于建立“中美农产品加工技术研究中心”和联合研究开发的建议，我们希望借此机会中美双方共同研究中心组建方案，明确中心任务、职能和运行管理机制，并在以下几个方面开展技术交流与合作：

(1) 双边标准法规的研究与互认。

(2) 农产品全过程质量监控技术研究。

(3) 中国野生植物功能性因子的提纯和应用技术研究。

(4) 中国传统健康食品的工业化生产技术。

(5) 前沿共性技术研究，如超高压、脉冲电场加工、在线无损检测技术等。

(6) 中方希望通过Cochran fellowship每年派2～3名来自大学、科研机构、企业的农产品加工领域专家、学者到美国农业部重点试验室进行联合研究、学习或培训。同时，欢迎美方科学家参加今年10月在北京举行的国际农业工程大会，交流双方在该领域的研究成果，寻求广泛的技术合作机会。

中美两国之间的技术交流与合作有着长期的历史和良好的基础，我们相信通过这次论坛，必将把中美农产品加工合作关系推上一个新的阶段。

（本文为作者于2004年在“中美农产品加工高层论坛”会议上的发言，略有删减）

我国农产品质量安全认证的发展

中国绿色食品发展中心主任 马爱国

一、我国农产品质量安全认证的发展现状

1998年，随着农产品供求关系发生根本性变化，我国农业进入了新的发展阶段。为了全面提高农产品质量安全水平，2001年农业部启动了“无公害食品行动计划”，提出力争用5年左右的时间，基本实现食用农产品无公害生产，保障消费安全，大力发展无公害农产品和绿色食品，因地制宜地发展有机食品。通过几年的努力，我国农产品质量安全认证体系建设取得了重要进展，作为农产品质量安全认证三种基本形式的无公害农产品、绿色食品和有机食品获得了快速、健康发展。

（一）无公害农产品发展的现状

2002年7月，农业部着手组建了农产品质量安全中心，组织开展无公害农产品认证。2003年4月，全国统一标志的无公害农产品认证工作正式启动。一年多来，在各级农业部门的积极组织和推动下，无公害农产品步入了规范、有序、快速发展的轨道。

2003年底，全国通过无公害农产品认证的生产单位有1 563家，产品2 071个，实物总量1 207万t，认定产地2 081个。截止2004年10月底，无公害农产品生产单位达到6 873家，产品11 063个，实物总量6 224万t，认定产地7 490个，分别比2003年底增长3.4倍、4.3倍、4.2倍和2.6倍。从产品类别结构来看，种植业产品8 642个，占78.1%；畜牧业产品1 224个，占11.1%；渔业产品1 197个，占10.8%。其中认定产地面积786.67万hm2，占全国耕地面积的6.3%。

（二）绿色食品发展的现状

绿色食品工作于1990年启动，是我国一项开创性的事业。经过14年的不断探索，走上了“质量认证与证明商标管理相结合”的发展道路，近几年保持了快速、健康的发展，打造出一个具有较高知名度和影响力的安全优质农产品精品品牌。

2003年底，全国绿色食品企业有2 047家，产品达到4 030个；实物总量3 260万t，年销售额723亿元，出口额10.8亿美元；环境监测的农田、草场、水域面积514万hm^2。从主要产品产量占全国同类产品的比重来看，大米225.6万t，占1.81%；水果184.3万t，占1.61%；液体乳及乳制品182.6万t，占63.5%；面粉41.9万t，占0.64%；食用油21.3万t，占1.54%；茶叶12.9万t，占18.3%。截止2004年10月底，绿色食品企业达到2 539家，产品5 471个，实物总量接近4 000万t，分别比2003年底增长24%、35.8%和22.7%。

（三）有机食品发展的现状

2002年，中绿华夏有机食品认证中心和中国农科院中农质量认证中心相继组建，标志着我国农业系统有机食品认证全面展开。一年多来，依托农业系统的资源和条件，有机食品发展取得了良好开局。

2003年底，我国农业系统认证有机食品企业有402家，产品559个；实物总量17.9万t，占全国的21.7%；年销售额11.3亿元，占全国的44.5%；出口额4 360万美元，占全国的30.7%；认证面积62.87万hm^2，占全国的31.4%。截止2004年10月底，农业系统有机食品认证企业达到441家，产品713个，实物总量33.7万t，分别比2003年底增长9.7%、27.5%和88.3%。

近几年，我国农产品质量安全认证得到快速发展。一是得益于各级政府和农业部门的高度重视。各地以实施“无公害食品行动计划”为契机，在规划制定、政策扶持、基地建设、资金投入、组织保障等方面加大了对农产品质量安全认证工作推动力度。二是得益于市场需求的有力拉动。城乡居民生活水平的提高，食品安全消费意识的增强，对加快无公害农产品认证提出了迫切要求。加入WTO以后的国际竞争，为绿色食品、有机食品发展提供了更大的市场空间。三是得益于认证制度和工作体系的建立和完善。近年来，我国《认证认可条例》和农产品认证有关管理办法、认证程序、技术标准的发布与实施，为全面、规范开展农产品质量安全认证工作奠定了基础。依托农业系统建立的分层次、网络化的工作体系和队伍，为农产品质量安全认证提供了组织保障。

总的来看，我国无公害农产品、绿色食品和有机

食品近年来保持了快速发展的态势，具备了一定的发展基础和总量规模，在农业结构调整、农民增收、农产品出口等方面发挥了积极作用，特别是在全面提高农产品质量安全水平、打造安全优质农产品品牌上起到了重要的示范带动作用。

二、我国农产品质量安全认证的基本模式

农产品认证是随着农产品生产与消费水平的提高、市场需求的变化而产生和发展的。我国农产品质量安全认证起步较晚，认证模式的建立既借鉴了国际通行做法，又充分考虑了现阶段农业发展水平、农业管理体制特点和农产品质量安全状况。

（一）国外农产品认证的通行做法

从国外农产品认证情况来看，较有影响和代表性的类型有：①产品认证，如有机食品认证、减农药减化肥认证。②体系认证，如 ISO 9000 系列认证、HACCP 和 GAP 认证。而通行的做法为：一是以市场需求为导向，农业资源为条件，农产品质量安全水平为基础，建立认证制度；二是强调对农业生产过程监控，主要是对投入品使用的监管和产品质量安全风险因素的控制；三是通过建立法律法规、制定技术标准、规范认证程序、实行标识管理，开展认证活动；四是政府推动或支持，企业和农户积极参与。随着食品安全问题日益受到全球广泛关注，认证作为增强农产品市场竞争力的有效手段和影响国际贸易的重要技术因素，将发挥更加积极的作用。

（二）我国农产品认证的基本模式

目前，我国农产品质量安全认证主要有无公害农产品、绿色食品和有机食品三种基本类型，从水平定位、产品结构、技术制度、认证方式和发展机制来看各有特点。

1. 无公害农产品　产品质量达到我国普通农产品和食品标准要求，保障基本安全，满足大众消费；产品以初级食用农产品为主；推行“标准化生产、投入品监管、关键点控制、安全性保障”的技术制度；采取产地认定与产品认证相结合的方式；认证属于公益性事业，不收取费用，实行政府推动的发展机制。

2. 绿色食品　产品质量安全标准整体达到发达国家先进水平，市场定位于国内大中城市和国际市场，满足更高层次的消费；产品以初级农产品为基础、加工农产品为主体；推行“两端监测、过程控制、质量认证、标志管理”的技术制度；采取质量认证与证明商标管理相结合的方式；绿色食品认证以保护农业生态环境、增进消费者健康为基本理念，不以营利为目的，收取一定费用保障事业发展，采取政府推动与市场拉动相结合的发展机制。

3. 有机食品　按照有机农业方式生产，对产品质量安全不作特殊要求，满足特定消费，主要服务于出口贸易；产品以初级和初加工农产品为主；强调常规农业向有机农业转换，推行基本不用化学投入品的技术制度，保护生态环境和生物多样性，维护人与自然的和谐关系；注重生产过程监控，一般不做环境监测和产品检测，一年一认证；按照国际惯例，采取市场化运作。

（三）无公害农产品、绿色食品和有机食品的关系

总体上讲，无公害农产品、绿色食品和有机食品既有联系，又有区别。三者都属于安全农产品范畴，是农产品质量安全工作的重要内容。无公害农产品突出安全因素控制，绿色食品既突出安全因素控制又强调产品优质与营养；无公害农产品是绿色食品发展的基础，绿色食品是在无公害农产品基础上的进一步提高；有机食品注重对影响生态环境因素的控制。三者相互衔接，互为补充，各有侧重，共同发展。

目前形成的无公害农产品、绿色食品和有机食品认证结构和发展模式，既适应了我国农业发展水平和农产品质量安全状况，也满足了不同消费类型和层次的市场选择，是农产品质量安全认证发展的客观必然。一是从市场层面来看，无公害农产品与国内大众消费市场对接，绿色食品与发达国家农产品质量安全水平对接，有机食品与国际市场需求对接。三种类型的产品满足不同消费需求，体现了农产品质量安全认证的多样性。二是从发展层面来看，无公害农产品保障基本安全，要求统一规范，简便快捷，迅速扩大规模；绿色食品要求不断发挥市场竞争优势，培育一流企业和产品，树立精品品牌形象；有机食品要求国际化、市场化运作，外向型发展。三者按照各自的运行轨迹和规则发展，体现了农产品质量安全认证发展的协调性。三是从工作层面来看，农产品质量安全认证根植于农业，无论是农业生态环境的治理、投入品使用的监控和标准化技术的推行，还是农民组织化程度的提高和产业化经营，均离不开农业部门的组织和推动。按照“三位一体、整体推进”的工作部署，推动无公害农产品、绿色食品和有机食品协调发展，体现了农产品质量安全认证工作的系统性。

农产品质量安全认证在我国是一项新兴的事业，有一个适应新阶段农业发展战略目标和任务要求，不断探索、总结规律、创新模式、规范完善、提高水平的过程。今后，随着我国农业发展水平的不断提高，

农产品质量安全保障体系的逐步完善，国家有关法律法规的建立健全，农产品质量安全认证将朝着更科学、更规范、更有效率的方向健康地加快发展。

三、对我国无公害农产品、绿色食品和有机食品发展的几点思考

目前，我国农业正朝着高产、优质、高效、生态、安全的方向加快发展，城乡居民对安全优质农产品的消费需求也呈快速增长的态势，无公害农产品、绿色食品、有机食品等安全优质农产品具有广阔的发展前景。进一步加快无公害农产品、绿色食品和有机食品健康地发展，需要立足现实，着眼未来，从宏观层面上深入思考以下几个问题：

（一）处理好局部与全局的关系，进一步明确农产品质量安全认证的基本定位

近几年来的实践证明，农产品质量安全认证，是推动我国农业标准化生产、提高农业生产技术和管理水平的重要途径，是增加农产品附加值、延长农业产业链、提高农业效益的有效手段，是培育安全优质农产品品牌、增强农产品市场竞争力的积极措施。为此，必须把农产品质量安全认证与我国新阶段农业和农村经济的发展更加紧密地结合起来，在结合中加快自身的发展，发挥更大的作用。特别是要在全面提高我国农产品质量安全水平的进程中发挥更加积极的示范带动作用。目前，农产品质量安全认证已成为我国农产品质量安全体系建设的基本内容，成为农产品质量安全工作的重要组成部分，是农产品质量安全管理的“切入点”和“突破口”，也是各级政府和农业部门推动农产品质量安全工作的一个行之有效的“抓手”。充分发挥农业部门的职能作用，紧紧依托农业系统的资源优势和技术条件，是进一步加快我国农产品质量安全认证发展的基本保障。同时，鉴于农产品质量安全认证具有认证的性质和特点，这就要求在发展农产品质量安全认证的过程中，既要遵循国际通行的做法，又要按照我国《认证认可条例》的基本要求。结合我国农业发展的实际，不断地规范、创新和完善农产品质量安全认证管理的运行体制和发展机制，保证认证工作的有效性、公正性和规范性。

（二）不断适应新形势和新任务，把握好农产品质量安全认证发展的方向和目标

我国农产品质量安全认证工作从无到有、逐步规范、快速发展，已初步形成了定位准确、结构合理、符合新阶段农业发展要求的体系框架，包括产品认证和体系认证。产品认证主要是无公害农产品、绿色食品和有机食品三个类别，体系认证主要是GMP（良好操作规范）、GAP（良好农业生产规范）、HACCP（危害分析与关键控制点）三种形式。根据农产品质量安全工作阶段性目标和任务要求，当前和今后一段时期，我国农产品质量安全认证仍将继续以产品认证为主，体系认证为辅。产品认证应当坚持以无公害农产品为重点、绿色食品为先导、有机食品为补充的发展思路。当前，加快无公害农产品认证是最为紧迫的任务，要进一步加大推进力度，迅速扩大总量规模，满足城乡居民消费需求。在“无公害食品行动计划”既定目标完成以后，无公害农产品作为市场准入的基本条件，将逐步由阶段性认证审批制度转向常规的、可追溯的质量备案管理制度，并依法实施标志管理；绿色食品将成为产品认证的主体，逐步扩大在农产品总量中的比重，并朝着公益性方向发展；发展有机食品要从中国国情出发，虽然受农业资源条件约束，有机食品不会成为主流产品，但随着国际市场空间的成长，在具备条件的地区将有较大的发展。

（三）结合农业和农村经济的中心工作，推动无公害农产品、绿色食品、有机食品加快发展

今后20年是我国全面建设小康社会的关键时期，在稳定保障农产品供给的基础上，安全优质农产品消费需求增长是一个基本趋势。虽然无公害农产品、绿色食品、有机食品近年来保持了较快的发展，并具备了一定的总量规模，但仍然不能满足日益增长的消费需求。因此，全面加快发展、扩大总量规模，既是我国农产品质量安全认证发展面临的主要矛盾，也是战略性的根本任务。今后，发展无公害农产品、绿色食品和有机食品，既要依靠农业和农村经济发展创造的环境和条件，又要立足“三农”，围绕农业和农村经济的中心工作，做好“四个结合”：一是与农业结构调整相结合，使农产品质量安全认证成为引导和促进农业结构调整的一项有效措施。要重点结合优势农产品产业带和“优粮工程”建设，积极组织无公害农产品、绿色食品、有机食品规模开发，抓好大型标准化基地建设，加快产品认证步伐，扩大总量规模。二是与农业产业化发展相结合，使农产品质量安全认证成为龙头企业增强市场竞争力的一条重要途径。龙头企业，特别是国家级农业产业化重点龙头企业，代表了农业企业的最高水平；无公害农产品、绿色食品、有机食品具有市场竞争优势，代表了安全优质农产品品牌形象。产业化龙头企业与认证农产品品牌有机结合，融为一体，相互促进，共同发展，将带动我国农产品市场竞争力全面提升。三是与农民增收相结合，使农产品质量安全认证成为农民收入的一个重要“增长点”。要通过宣传和普及农产品质量安全知识，培

育认证农产品消费市场，做好厂商合作、产销衔接，利用优质优价的市场机制，调动农户发展无公害农产品、绿色食品和有机食品生产的积极性，促进农民增收。四是与农产品出口相结合，使农产品质量安全认证成为扩大农产品出口的一个有力手段。要密切跟踪国外农产品质量安全技术标准和认证制度，开展国际认证合作，突破贸易技术壁垒，在农产品出口中发挥更加重要的作用。

（四）切实加强监管，保障无公害农产品、绿色食品、有机食品健康发展

产品质量和品牌信誉是认证农产品的生命线，无公害农产品、绿色食品、有机食品发展规模越大，品牌知名度越高，越是需要加强监管。今后，保障无公害农产品、绿色食品、有机食品健康发展，一是要在坚持模式特色的前提下，适应形势的变化和任务的要求，对农产品质量安全认证管理在制度安排、体制构架、运行机制上进行必要的调整、规范和完善，做到“规范运作、严格管理、确保质量、提高水平”。二是要把加强监管摆在更加突出的位置，进一步完善监管制度，全面落实各项监管措施，加强对获证产品的质量和标志管理，确保认证农产品生产和市场规范、有序地发展。三是要增强为企业和农户服务的意识，切实加强农产品认证工作体系能力建设，全面提升自身竞争力。不断优化工作体系的运行机制，提高工作队伍的整体素质，推动我国农产品认证管理工作的质量和效率迈上一个新的水平。

我国农产品质量安全认证方兴未艾，发展安全优质农产品任重道远，全面加快无公害农产品、绿色食品、有机食品发展的任务十分艰巨。我们将与时俱进，开拓创新，不断探索我国农产品质量安全认证发展的有效方式和途径，进一步加快无公害农产品、绿色食品、有机食品的发展，为加快我国现代农业建设、提高城乡居民生活水平、全面建设小康社会做出更大的贡献。

与时俱进　加速农产品批发市场升级改造

农业部市场与经济信息司司长　张玉香

2004年，党中央、国务院高度重视“三农”问题，出台了一系列更直接、更有力的政策措施，农业在宏观调控中得到加强，农产品市场在对外开放中稳健运行。农业、农村经济的新发展，国际农产品贸易格局的新形势，都对农产品市场建设和流通工作提出了新的要求。加快农产品批发市场升级改造，建立现代农产品市场流通体系势在必行。

一、衔接产销，农产品流通取得新成就

2004年，农产品市场流通工作紧紧围绕推动产销衔接、提升市场营销促销功能、改善农产品流通政策环境开展工作，促进农产品市场流通迈上新的台阶。

1. 成功举办了第二届中国国际农产品交易会　由农业部主办，商务部、发改委、财政部等7个单位协办，各省积极组团参加的第二届中国国际农产品交易会，于2004年10月11～15日在北京全国农业展览馆举行，贸易成交额突破200亿元，意向合同金额突破250亿元。

2. 推动现代营销方式发展　连锁经营对于提升营销促销功能、推动现代流通方式发展、净化市场环境非常重要。在各省推荐基础上，2004年审核确定了40家农产品连锁经营企业为工作联系点，公布了80家农资连锁经营重点企业。充实完善了中国农产品网上展厅，截至2004年10月底已有2 096家企业、3 000多种产品以中英双语在网上发布信息，网站日点击数最高达到45万次。

3. 抓好市场规范化建设　制定印发了《农产品批发市场建设管理指南（试行）》，提出了推进农产品市场现代化建设和规范化管理的各项要求，支持了22个产地批发市场进行基础设施改扩建，完善与信息服务、质量检测、统一结算有关的市场功能，确定了65家市场为农业部第十批定点市场，使定点市场的总数达到420多家。

4. 推动农产品分等分级 启动了农产品全国统一质量分等分级标准制定工作，2004 年组织制定了 11 个农产品分等分级行业标准，为引导农产品分级包装上市，提高农产品的“三化”（质量等级化、重量标准化、包装规格化）程度，为发展代理、拍卖、电子商务等新型流通方式奠定了技术基础。

5. 积极推动农产品运输“绿色通道”建设 按照国务院有关要求，2004 年全国农产品运输“绿色通道”建设取得了突破性进展。同年 11 月 1 日施行的《收费公路管理条例》采纳了农业部意见，明确规定要建立“绿色通道”，对运输鲜活农产品的车辆给予降低收费标准或免收通行费的优惠。目前，全国已有 15 个省（自治区、直辖市）出台了农产品运销的“绿色通道”政策，四川、重庆两地还率先建立起跨区域的“绿色通道”，为在全国范围内建设统一、高效的农产品运销“绿色通道”积累了经验。

二、审时度势，市场升级改造任务紧迫

近几年，一些农产品批发市场调整工作重点，加强市场基础设施建设，完善配套功能，推进市场升级改造，取得了很好的效果。但总体看，形势发展已对加快农产品批发市场升级改造提出了紧迫要求：

1. 农业市场化和对外开放形势的要求 2004 年是国家全面放开粮食市场的第一年，今后粮食资源的配置也与其他农产品一样，将在国家宏观调控下主要依靠市场来进行。这就要求在完善已有农产品市场的同时，尽快培育和发展粮食批发市场，完善市场交易基础设施，形成适应粮食产销需要、主要依靠市场化运作的新的粮食流通体系。从 2005 年开始，我国进入加入 WTO 的后过渡期，市场流通领域的批发、零售业务将全面对外资开放，只有强化批发市场自身基础建设，才能有效应对国际贸易格局变化，满足农产品国际大流通、大循环的需要。

2. 现代农产品流通方式发展的要求 目前，我国大中城市连锁超市快速发展，一些城市积极推进农贸市场改超市的步伐。同时，近年来现代信息通讯技术快速发展，为发展农产品电子商务创造了越来越有利的条件，今后通过信息网络沟通产销，直接销售农产品将是一个很有潜力的流通形式。农产品流通方式出现的这些新变化，都要求农产品批发市场完善配套设施，增强适应能力，实现与新型流通方式的有效对接。

3. 推进城镇化和城市现代化的要求 目前，我国正处于城市化快速推进过程中，如果农产品批发市场长期停留于设施简陋、功能单一、管理粗放的状况，就无法适应城镇化和城市现代化进程的要求，必然被时代发展所淘汰。这方面，近些年来我们有些农产品批发市场已有很深的教训，需要引起各地农产品批发市场经营者的高度重视。

4. 提高农产品质量安全水平的需要 目前，不少农产品批发市场仍停留于圈地为市的原始阶段，“雨天一地泥、晴天满场灰”，交易环境很差，农产品二次污染问题比较突出。同时，由于缺乏农产品质量安全检测的条件，不少农产品未经质量抽查把关便上市交易。批发市场是我国农产品大流通的主要渠道，现状与建立安全的农产品流通体系的要求还有很大的距离，与推行农产品质量安全市场准入的要求还有很大距离。

5. 提高农产品批发市场竞争力的需要 长期以来，我国对农产品批发市场建设实行“谁投资、谁管理、谁受益”的政策，我们的市场建设是一个没有实行严格准入条件的开放的、竞争的行业。目前，我国农产品批发市场总体上已经处于饱和状态，市场与市场之间的竞争不断加剧，市场竞争讲的是优胜劣汰，讲的是实力。要想提高农产品批发市场生存能力，只有加快市场升级改造，实行科学管理，提供更全面、有效的服务。

三、统筹规划，升级改造突出十个方面

从国外经验和国内各地实践看，农产品批发市场升级改造的内容主要应该包括这样 10 个方面：

1. 地面硬化 有些市场泥巴遍地、污水横流，影响了市场形象。批发市场是人流、物流高度集中的地方，地面硬化是最基本的要求。地面硬化主要包括场地平整、路基压实、铺设水泥路面或沥青路面。

2. 水电系统改造 建设好配电系统，保证充足、稳定的电力供应，是市场交易所必需的，电力系统改造的内容包括建立能够满足市场中长期发展需要的配电系统。市场必须根据交易产品的实际需要建立完整的上下水系统，其建设内容应包括水管线路铺设、下水通道建设、消防水龙安装、抽水设备等。

3. 交易棚（厅）改扩建 交易棚的功能是为入场交易人员和待交易产品提供遮阳挡雨的保护，交易厅除此之外在北方地区还有保暖、防风的功能，是冬季交易所必需的。交易棚（厅）改扩建的内容包括交易棚（厅）地基适当加高，钢架大棚搭建加固，交易厅土建工程等。

4. 储藏保鲜设施 农产品在市场交易前后，因产品特点不同，都有一定的存储期，少则几小时，多则数天、半月甚至更长，很多农产品储藏还有特殊的

保鲜要求。因此，批发市场必须根据交易产品的特点建立必要的农产品储藏保鲜设施，主要内容应包括干货储存仓库、气调保鲜库、恒温库、冷冻库等。

5. *产品加工、分选、包装设施* 对农产品进行统一的质量分级，实行包装上市是提高农产品竞争力、适应消费需求变化的大趋势。作为农产品重要集散地，批发市场应根据交易产品的特点建立相应的农产品加工、分级、包装设施，主要内容包括分选场建设、产品清洗设施、人工分选操作台、自动分选机、水果打蜡设施、包装设施。

6. *市场综合服务楼* 市场治安管理、工商管理、卫生管理、物业管理、水电服务、银行服务、通讯服务、生活服务等，都需要相应的办公或服务场所。因此，市场一般应集中建设综合服务楼（约 4 000m^2），供市场各管理、服务部门开展工作所用。

7. *市场信息收集发布系统* 市场是发现和形成价格、传递信息的重要场所。批发市场产生的价格与供求信息，对引导流通和生产具有重要作用，每个批发市场都要建立市场信息收集发布系统。信息系统建设的主要内容包括：本市场的信息网站、信息采集处理设备、信息发布与查询设备。

8. *市场现代管理信息化系统* 市场管理信息化系统建设的主要内容包括电子统一结算系统、市场交易安全电视监控系统、交易客户信息管理系统、市场物业及财务与人事管理系统等，有条件的市场还应建立电子商务系统，尝试开展网上交易，紧跟并赶超国际先进水平。

9. *农产品质量安全检测系统* 批发市场是农产品流通的主要渠道，是控制上市农产品质量的关键环节，每一个批发市场都应建立完善的质量检测系统，其主要内容应包括检验检测室，快速检测仪器，农产品有毒有害物质残留分析仪器。

10. *卫生保洁辅助设施* 包括市场内的公共卫生设施、消毒洗手设施、防治动物疫病传播用的消毒隔离设施以及垃圾处理等设施。这在“非典”和禽流感疫情发生时期显得格外重要。

近年来，国家对农产品批发市场建设的扶持力度不断加大，每年都安排一定资金用于支持市场进行基础设施改扩建，完善提高综合服务功能。我们相信，农业部定点市场一定能在未来的市场竞争中抓住机遇，成为新时期我国农产品流通产业中的佼佼者。

四、联动攻坚，共树农产品流通新形象

2005 年将是充满希望的一年，也是乘势攻坚的一年。我们要紧紧围绕“加强农业综合生产能力建设，促进粮食稳定增产、农民持续增收”的中心任务，坚持“上下联动，政企联动，产销联动”，加快市场升级改造步伐，加大营销促销力度，共同开创农产品市场流通工作的新局面。

1. *继续推进批发市场建设* 抓住当前全社会高度关注“三农”问题和农产品市场全面放开的有利时机，加快市场现代化建设与规范化管理进程。集中财力加快建设一批符合现代流通发展要求的农产品批发市场，改善市场流通条件。粮食市场放开后，农产品流通将有一些新变化，要注意把握粮食等农产品市场流通的新情况、新特点，加快推进市场体系建设。

2. *积极发展现代流通方式* 总结交流农产品和农资连锁经营发展的经验，指导连锁经营健康发展。争取资金扶持一批连锁经营示范企业。加强对大宗农产品期货市场的研究和利用，促进现货市场与期货市场紧密结合，更好地发挥期货市场的价格发现、套期保值等功能。

3. *全方位开展农产品促销工作* 利用有形市场、无形市场和互联网络，办好中国国际农产品交易会、中国农产品网上展厅，组织小麦、玉米、油菜、良种、苹果等专项产品交易会，支持有关省（自治区、直辖市）做大做强一批地方农产品交易会、博览会，构建在国内国际具有较强影响的农产品贸易与交流平台。

4. *扶持农产品出口* 顺应区域和全球经济一体化进程加快的趋势，加强对国际市场的研究分析，有针对性地组织优势企业和优势农产品出国参展促销，设立我国农产品境外营销窗口和贸易中心，全力打造中国农业“精品、务实、开放”的形象。

5. *进一步推动全国统一的农产品运销“绿色通道”建设* 加强调研，扩大宣传，搞好协调，配合有关部门，研究推动建立全国统一的“绿色通道”，为农产品运销创造更好的政策环境。已经开通“绿色通道”的地方，要注意总结经验，完善管理机制。还未开通的地方，要站在提高当地农产品竞争力和增加农民收入的高度，积极主动多做工作，争取尽早开通。

6. *加强市场流通工作研究、宣传与交流* 密切关注中国—东盟自由贸易区建设，研究面向东盟地区的农产品自由贸易问题。加强国际农产品贸易情况收集，研究开拓农产品国际贸易的有效对策。采取多种形式，大力宣传农产品批发市场建设和农产品流通方面的好经验、好做法，扩大影响，推动工作。

我国农业新发展与食物安全新动态

国家食物与营养咨询委员会主任　卢良恕

我国要实现到2020年全面建设小康社会的宏伟目标，21世纪前20年间，国内生产总值平均年递增将达到7.18%，这是一项艰巨的任务。2003年，我国经济增长速度比较快，不仅GDP增长达到9.1%，人均国内生产总值首次超过1 000美元，国家财政与税收双双突破2万亿元，这是树立和运用科学发展观、实现加快发展的重要基础。人均国内生产总值达到1 000美元既是经济起飞的重要起点，也是食物安全、营养改善工作的重要转折点。因此，我国当前面临着加强食物与营养工作的战略机遇，食物与营养既是全面实现小康社会的重要指标，也将对国民经济和社会的全面、协调、可持续发展起到基础性保障作用。

一、我国农业的新发展

（一）农业发展取得新成就

1. *食物安全水平逐趋稳定*　食物在数量保障、卫生安全、营养合理和资源持续发展等方面都有了新的进展。我国用占世界约9%的耕地生产了占世界25%左右的粮食产量，解决了13亿人口的吃饭问题，基本具备了年产4.5亿～5亿t粮食的综合生产能力。2004年打破连续几年粮食总产量下滑的局面，预计粮食总产量可达到4.6亿t左右。食物的结构不断优化，肉、蛋、奶、菜、水产品等食物种类在整个食物结构中的比重不断上升。食物质量安全、食物营养改善等备受关注，正着手开始相关立法的准备工作。

2. *农业产业结构逐步优化*　通过结构调整，近年来种植业的比重不断下降，畜牧业、渔业的比重有所上升，农产品加工业得到快速发展。2002年农（种植业）、林（不包括林业产业）、牧、渔业的总产值为27 390.80亿元，它们的比重分别是54.5%、3.8%、30.9%和10.8%。

3. *农业产业化程度显著提高*　全国6.6万个各类农业产业化经营组织改变了传统的农业经营方式，带动了近7 000万农户从家庭分散经营走向规模化生产。农产品加工业特别是食品工业发展迅速，2003年我国农产品加工业总产值3.1万亿元，占全国工业总产值的22.4%，食品工业产值接近1.3万亿元。

4. *农民收入渠道逐步拓展*　农民市场意识有所增强，农产品商品率提高，农民外出务工规模扩大，现金收入增长较快，农村居民温饱型生活正在向全面小康生活发展。2003年，农民人均纯收入达到2 622元，农村居民消费质量逐步改善，农民收入渠道趋向多元化。

（二）农业发展面临新挑战

从农业和农村经济进入新阶段以后的重大变化来看，新阶段仍面临多方面的挑战：

1. *粮食综合生产能力不强*　农业基础还较为薄弱，水利等农业基础设施发展滞后，耕地质量不高，中低产田面积占耕地面积约2/3。

2. *农业的综合效益不高*　农业生产方式大多仍然是小规模经营，集约化、规模化、产业化程度偏低，农业结构调整进展也不平衡。

3. *农产品国际市场竞争力还比较薄弱*　农产品加工的深度、水平还有待于尽快提升；农产品的标准、技术、管理、等方面与国际相关行业接轨的程度还不够紧密，要进一步在国际市场上树立中国农产品及其加工品的精品和名牌形象，促进我国农产品的出口创汇。

4. *农民收入增长乏力*　1996年以来，农民纯收入的增长幅度逐年下降，城乡居民收入的差距增大，1984年城乡居民人均纯收入比例为1.7∶1，2003年该比值扩大为3.24∶1。

5. *科技支撑能力不强*　农业生产的规模化、专业化和多样化对科技提出了更高的要求，大幅度提高农业劳动生产率需要通过先进适用技术的广泛应用，而目前我国科技进步率只有45%左右。

6. *资源与环境问题依然严峻*　我国耕地面积继续减少，2003年由于建设用地、结构调整、灾害毁坏以及生态退耕等，净减少耕地253.7万 hm^2。水资源供求关系依然紧张，2003年人均水资源2 076m^3，全年总用水量5 410亿m^3，分别比上年下降5.6%、3.0%和1.5%。生态环境建设力度加大，逐步有所好转，但水土流失、草地退化、土壤沙化等整体仍未遏制，应该引起严重关注。

7. *农民组织化程度偏低* 据有关统计，全国农民合作经济组织等带动的农户只有1/4左右。全国实行生产、加工、销售一体化经营的龙头企业和农民合作经济组织虽然有了一定的发展，但仍有约1.7亿农户需要组织和联合起来。

8. *农民文化素质低下* 在农村青壮年中，小学及以下文化程度占38.2%，初中程度占49.3%，高中及中专文化程度占11.9%，大专及以上文化程度占0.6%。应当采取有效措施，加快提高农民的科学文化水平。

二、建设现代农业是全面建设小康社会的重要任务

（一）现代农业的内涵

现代农业是继原始农业、传统农业之后的一个农业发展新阶段。现代农业是以现代工业和科学技术为基础，重视加强农业基础设施建设，充分汲取中国传统农业的精华，根据国内外市场需要和WTO规则，建立起采用现代科学技术、运用现代工业装备、推行现代管理理念和方法的农业综合体系。

（二）现代农业的特点

现代农业的核心是科学化，特征是商品化，方向是集约化，目标是产业化。它所表现出来的特点，是与传统农业相对而言的。一是突破了传统农业仅仅或主要从事初级农产品原料生产的局限性，实现了种养加、产供销、贸工农一体化生产，并十分重视资源的合理利用和生态环境建设，农业的内涵得到了拓宽和延伸，农业的链条通过延伸更加完整，农业的领域通过拓宽，使得农工商的结合更加紧密。二是突破了传统农业远离城市或城乡界限明显的局限性，实现了城乡经济社会一元化发展，城市发展有赖于农村的支撑，农村发展有赖于城市的支持。城乡统筹进行资源的优势互补，有利于城乡生产要素的合理流动和组合。三是突破了传统农业部门分割、管理交叉、服务落后的局限性，实现了按照市场经济体制和农村生产力发展要求，建立一个全方位的、权责一致的、上下贯通的农业管理和服务体系。四是突破了传统农业封闭低效、自给半自给的局限性，发挥资源优势和区位优势，实现了农产品优势区域布局、农产品贸易国内外流通，有利于资源的开发利用、生态环境的综合治理、先进科学技术的推广应用、优质农产品标准化生产和现代管理手段的运用。

总之，现代农业是传统农业发展的必然，是一次全方位的变革。从国内外实践看，现代农业是持续地、广泛地应用现代科学技术、现代管理和现代工业装备的专业化、社会化、集约化产业，实现生产、加工和销售相结合，产前、产后和产中相结合，生产、生活和生态相结合。这是一体化的高效率与高效益结合的综合性产业。

三、食物安全的新动态

（一）我国食物安全的现状

1974年11月，联合国粮农组织在世界粮食大会上通过了《世界粮食安全国际约定》，从食物数量满足人们基本需要的角度，第一次提出了"食物安全"的概念。经过近30年的发展，目前"食物安全"的含义包括了几个大的方面：从数量的角度，要求人们既能买得到、又买得起需要的基本食品；从质量的角度，要求食物的营养全面、结构合理、卫生健康；从发展的角度，要求食物的获取注重生态环境的保护和资源利用的可持续性。由此看来，食物安全问题是一个系统工程，需要全社会各方面积极参与才能得到全面解决。

1. *食物数量安全* 从2000年开始，全球出现了当年粮食生产量比消费量低的情况，2003年全世界粮食的消费量超过生产量0.93亿t，世界粮食储备也降低到30年来的最低水平。世界粮食贸易额年均约2亿t左右，而世界上仍有大约8亿人没有解决温饱问题。就我国粮食安全状况而言，尽管2004年的整体形势明显好转，预计4.6亿t左右，但是粮食数量安全要继续给予足够关注。自2000年以来，我国粮食年消费需求大致在4.8亿～4.9亿t之间，产需缺口约500亿kg。由于目前仍有一定的粮食库存和粮食进口调节，粮食供应基本可以满足。到2030年，我国人口的持续增长将要达到高峰期，预计达到16亿人口，粮食等食物安全将进入一个重要的历史时期。随着人民生活水平的提高，肉蛋奶和水产品的消费不断增加，粮食作为饲料的比重将越来越大，人均粮食占有量的标准应有所提高（由于我国统计中没有饲料作物，这里的"粮食"实际上包括口粮、饲料粮和其他工业原料用粮等）。

2. *食物质量安全* 食物的质量安全已经成为全球的焦点之一。从有关部门不定期对食品质量抽查的情况看，当前我国常见的食品质量问题主要是三个方面：一是卫生指标超标，菌落总数、大肠杆菌群等严

重超出国家强制性标准，个别的甚至超过国家标准许多倍；二是超量使用食品添加剂或使用已经明令禁止的食品添加剂，例如苯甲酸、山梨酸含量超标，违规使用已经禁用的人工合成色素、“瘦肉精”、“吊白块”等；三是食品包装、标签等不规范，虚假标签、以次充好等人为“造假”现象较多。

3. 食物营养结构改善　2002 年 8～12 月进行的全国营养与健康综合性调查（第四次全国营养调查）结果于 2004 年 10 月公布。结果显示，我国居民膳食质量明显提高，营养状况明显改善，营养不良和营养缺乏患病率继续下降，同时我国仍面临着营养缺乏与营养失衡的双重挑战。我国城乡居民能量及蛋白质摄入得到基本满足，肉、禽、蛋等动物性食物消费量明显增加，优质蛋白比例上升。与 1992 年相比，农村居民膳食结构趋向合理，优质蛋白质占蛋白质总量的比例从 17%增加到 31%。我国城市居民膳食结构不尽合理，畜肉类及油脂消费过多，谷类食物消费偏低。2002 年城市居民每人每日油脂消费量由 1992 年的 37g 增加到 44g，脂肪供能超过世界卫生组织推荐上限，而谷类食物供能明显低于合理范围。此外，奶类、豆类制品摄入过低仍是全国普遍存在的问题。本次调查结果表明，我国慢性非传染性疾病患病率上升迅速，膳食结构与多数慢性病的患病率密切相关。我国 18 岁及以上居民中，高血压患病率为 18.8%，估计全国患病人数 1.6 亿多；糖尿病患病率为 2.6%，估计全国糖尿病现患病人数 2 000 多万；我国成人超重率为 22.8%，肥胖率为 7.1%，估计人数分别为 2.0 亿和 6 000 多万。我国成人血脂异常患病率为 18.6%，估计全国血脂异常现患人数 1.6 亿。儿童营养不良在农村地区仍然比较严重，5 岁以下儿童生长迟缓率和低体重率分别为 17.3%和 9.3%，贫困农村分别高达 29.3%和 14.4%。铁、维生素 A 等微量营养素缺乏是我国城乡居民普遍存在的问题。我国居民贫血患病率平均为 15.2%；3～12 岁儿童维生素 A 缺乏率为 9.3%，全国城乡钙摄入量仅为 391mg，相当于推荐摄入量的 41%。为实现全面建设小康社会的战略目标，根据第四次全国营养调查结果，从国情出发，从急需入手，以不失时机和分类指导为原则，将从政策支持、市场指导和群众教育三方面加强居民营养改善和慢性病预防工作：第一，加强政府的宏观指导，尽快制定相关法规，将国民营养与健康改善工作纳入国家与地方政府的“十一五”发展规划。第二，加强对农业、食品加工、销售流通等领域的科学指导，发挥其在改善营养与提高人民健康水平中的重要作用。第三，加强公众教育，倡导平衡膳食与健康生活方式，提高居民自我保健意识和能力。

4. 食物资源安全　食物资源安全受到广泛关注。食物资源主要包括两大类：一类是为食物的生产提供“基础载体”的资源，比如耕地资源、水域资源、草地资源、森林资源等。国家已经通过实施“最严格的土地保护政策”和加强耕地质量建设，保护耕地资源；通过治理水污染、大力发展海洋健康食品和水产养殖业，保护和开发水域资源等。另一类是为食物提供多样性的物种资源。我国是世界上物种十分丰富的国家之一，约有种子植物 3 万种、脊椎动物 4 千种、无脊椎动物 20 多万种、昆虫 15 万种，还有成千上万种苔藓、蕨类和微生物物种等。对食物资源的保护和科学开发，已经成为可持续发展战略的重要内容。

5. 食品工业发展　食品工业取得了长足进展。由于国家采取加强宏观调控、推动农业产业化发展、提高人民生活水平、改善食物消费结构等措施，导致我国食品工业快速发展。2003 年全国规模以上食品工业企业达到 19 395 家；完成工业总产值 12 913.54 亿元，按照可比价格计算，比 2002 年同期增长 19.67%；实现产品销售收入 12 329.50 亿元，同比增长 20.64%；实现利税总额 2 267.52 亿元，同比增长 18.24%。其中实现利润 698.04 亿元，同比增长 32.47%。2003 年我国食品进出口总额为 330.53 亿美元，比上年同期增长 33.40%。其中出口金额 187..59 亿美元，进口金额 142.94 亿美元，分别比上年同期增长 20.93%和 54.28%，实现贸易顺差 44.65 亿美元。

（二）确保食物安全的战略思路

1. 从“食物安全”的高度审视“粮食安全”　要科学把握和解决粮食安全问题，必须要从食物安全的高度进行审视，不仅食物概念的内涵比粮食更丰富、更全面，而且树立食物安全的新观念是实现粮食安全的基础和保证。①“粮食”与“食物”概念内涵不同。“粮食”是指稻谷、小麦、玉米、高粱、谷子及其他杂粮，还包括薯类和豆类。而“食物”的内涵比“粮食”宽泛得多，例如 FAO 生产年鉴统计的“食物”类别包括谷物类、块根和块茎作物类、油料作物类（包括豆类）、蔬菜和瓜类、糖料作物类、水果和浆果类、家畜和家禽类、水产品类等等，共有 8 大类 100 多种食物。②“粮食”和“食物”的产业范围不同。“粮食”的生产主要是种植业（在水田和旱地），而且按照国家退耕还林的有关规定，生产“粮食”的耕地坡度要求在 25 度以下，否则需退耕还林（草）。“食物”生产则是面向整个国土资源，既包括种植业，也包括畜牧业（草原）、林业（山地）、水产业（水域）等。③“粮食安全”和“食物安全”的评价指标不同。“粮食安全”主要评价指标有粮食产量水平、库存水平、进出口贸易依存水平、贫困人口温饱水平等。而“食物安全”评价指标体系既需要有“粮食安全”的评价指标，更要有“非粮食类食物”的评价指标，还要增加各种食物的营养卫生、区域资源环境压力、可持续发展等方面的许多指标。④“粮食安全”和“食物安全”的战略目标不同。“粮食安全”主要的战略目标是粮食主产区如何发展粮食产业、促进种粮农民增加收入、保障粮食有效供给；“食物安全”则是在粮食安全的基础上，充分发挥区域比较优势，宜粮则粮、宜牧则牧、宜林则林、宜渔则渔，注重原料转化（比如饲料粮、饲料草转化为肉蛋奶和水产品等）、农产品加工、食物多样化及其安全卫生、营养丰富，这更加符合小康社会发展、人与自然和谐共处的要求。

2. *加强食物质量安全体系建设* 全面加强食物质量安全体系的建设，是一项包括技术体系、标准体系、监测体系、管理体系等内容丰富、涉及农业、卫生、科技、轻工、质检、工商等多部门的系统工程，必须引起政府的高度重视，协调和组织社会各方面的力量共同努力。食品安全技术体系是食品安全的基础保障，当前主要研究重点是：农药残留检测技术、兽药残留检测技术、重要有机污染物痕量与超痕量检测技术、生物毒素和中毒控制中常见毒物快速检测技术、食品添加剂和饲料添加剂的违禁化学品检验技术、食品中主要人兽共患疾病及植物疾病病原体检测技术、全国食品污染监控体系的研究、进出口食品安全监测与预警系统的研究、食品企业和餐饮业 HACCP 体系的建立和实施、食品贮藏、包装与运输过程中安全性检测技术、食品安全关键技术应用的综合示范等。食品标准体系和食品质量检验监测体系是食品质量安全体系的核心内容，食品质量检验监测体系要以食品安全技术体系为支撑、以食品标准体系为依托开展工作，它不仅要起到对食品质量的监督作用，还要积极发挥其宣传引导、咨询服务等功能，体系的建设主要包括检验监测网络布局、人员培训、技术推广与咨询、常规研究、食品质量监测报告等。由于食物安全工作涉及多部门、多领域，我国与食物安全有关的部门多达 10 多个，如何协调和组织各个相关部门，理顺食品安全的管理体系，这是一项很重要的任务。

3. *以《纲要》为指导确保我国食物安全* 2001 年 11 月国务院正式颁布实施了《中国食物与营养发展纲要（2001—2010 年）》。《纲要》提出了今后 10 年要优先解决三个重点领域、二个重点地区、三个重点人群的食物与营养发展问题。三个重点领域是：奶类产业、大豆产业、食品工业。两个重点地区是：农村地区和西部农村地区。三个重点人群是：少年儿童群体、妇幼群体、老年人群体。今后 10 年食物与营养发展的基本原则概括为“五个坚持”。一是坚持食物生产与消费协调发展的原则，适应居民营养改善的需要，建立以农业为基础、以食品工业为龙头的现代食物产业体系；二是坚持食物资源利用与保护相结合的原则，合理开发利用食物资源，实现可持续发展；三是坚持食物质量与安全卫生管理相结合的原则，加强对食物质量的监测和管理，全面提高食物质量和安全卫生水平；四是坚持优化结构与预防疾病相结合的原则，调整优化食物与营养结构，预防营养性疾病，提高全民营养与健康水平；五是坚持继承和创新相结合的原则，发扬中华饮食文化优良传统，全面提高食物发展科技水平，走有中国特色的食物与营养发展道路。

4. *大力发展我国农产品加工业* 当前，我国农产品加工业的发展过程中面临着诸多挑战，要继续推动农产品加工业的发展，能否提供强有力的技术支撑是至关重要的因素，加强技术创新体系建设是发展农产品加工业的基本保障。而现有的农产品加工技术创新体系，其技术力量仍显薄弱，学科短缺不全，设备较为落后，还不能适应农产品加工业发展的要求，加强农产品技术创新体系的建设迫在眉睫。①在国家级农业科技系统中建立专门的国家级食品科学研究机构，对分散在各部门有限的相关研究力量予以整合，并作为非营利性机构，统一纳入国家科技创新体系，给予重点支持。②建立国家级的农产品加工或食品加工工程中试中心，解决产业化过程中的重大技术创新、技术改进、技术组装和技术配套等系统问题，开展技术示范、技术咨询、技术培训和技术服务，促进新技术、新工艺的推广和应用。③加大国家对农产品加工业技术创新体系的专项投入。农产品加工是农业科学和工程技术学科非常重要的研究领域，有明显的交叉学科的特点。要在各级科研计划中针对“农产品加工”单独立项，而不应依附于其他学科领域。④加强农产品质量安全及相关政策研究。在加快农产品加上业发展的同时，特别重视农产品的质量安全等问题的研究，加快制定和完善农产品的质量标准，确保农产品加工业健康发展。⑤重视农产品加工业发展的外部环境和社会因素。要认真研究与农产品加工业发展相关的政策法规、市场规律、贸易规则、社会及人文环境等，为农产品加工业的健康发展创造良好的内外部环境。

（三）绿色食品发展前景广阔、任重道远

从 1990 年农业部正式启动绿色食品工作以来，我国的绿色食品事业经过了 14 年的发展历程，取得了显著成就。

1. 绿色食品的品牌形象基本形成　截至2003年底，全国绿色食品企业总数2 047家，产品年销售额723亿元，出口额10.8亿美元，出口率12.4%。

2. 绿色食品企业实力迅速增强　一大批绿色食品企业的产品年销售额超过1亿元，全国绿色食品出口企业占绿色食品企业总数的18.6%。

3. 绿色食品覆盖面逐步扩大　目前，我国已开发绿色食品总数达到4 030个，涉及粮油、果品、蔬菜、畜禽蛋、水产品、酒类饮料等行业。

4. 绿色食品的营销网络发展较快　北京、上海、天津、哈尔滨、南京、西安、深圳等国内大中城市相继组建了绿色食品专业营销网点和流通渠道。

5. 绿色食品的国际竞争力初步显现　相当一部分绿色食品已成功进入了日本、美国、欧洲、中东等国家和地区的市场，并显示出了在技术、质量、价格、品牌上的优势。

绿色食品发展的潜力很大，还有大量工作要做。目前绿色食品中初级产品占32.4%，初加工产品占26.7%，深加工产品占40.9%，加工产品的深度、水平还有待于尽快提升。2003年我国农产品加工业的总产值已达到3.1万亿元，食品工业产值也接近1.3万亿元，而绿色食品年销售额只有723亿元左右，还需要加快绿色食品的总量发展。我国绿色食品的标准、技术、管理等方面与国际相关行业接轨的程度还不够紧密，绿色食品的国际品牌形象和地位还需要进一步巩固和提高。

我国食品工业现状及经济运行情况

国家统计局工交司　中国食品工业协会

一、全国食品工业运行呈持续增长态势

在国家有利于食品工业发展的宏观政策环境下，2003年度全国食品工业经济运行特征与全国经济形势走势也是基本一致的，表现出强劲增长的势头。

据统计，2003年1～11月全国食品工业累计完成工业总产值11 595.38亿元（现价），比上年同期增长了19.08%；全年全国食品行业将完成工业总产值12 390.85亿元，比上年同期增长2成。

2003年，我国食品工业市场销售规模同步高速增长，1～11月全国食品工业各行业实现产品销售收入11 007.68亿元，同比增长了20.52%，首次突破1万亿元大关，已超过上年全年水平。2003年全国食品工业各行业将实现产品销售收入12 390.85亿元，同比增长21.36%。

受消费市场需求的拉动作用，2003年我国主要食品产品、产量大幅度增长。其中液体乳产量同比增长了5成，乳制品、饼干产量分别同比增长了3成，大米、小麦粉、食用植物油、肉制品、水产品等与百姓日常生活关系密切的产品产量分别同比增长了2成左右。

食品工业经济效益稳步提高，2003年全行业实现利润总额690.80亿元，同比增长了30.13%；实现利税总额2 298.03亿元，同比增长了18.15%。全国规模以上食品工业企业吸纳从业人员达401万人，同比增长了4个百分点。

2003年全国食品工业固定资产投资水平继续增长。全年固定资产计划总投资超过2 000亿元，实际完成食品工业固定资产投资900亿元，食品工业新增固定资产300亿元，新增固定资产交付使用率31.23%。

从分行业固定资产投资情况分析，农副食品加工业、食品制造业固定资产投资形势良好，已完成投资金额占全国食品工业比重在六成以上。农副食品加工业完成固定资产投资占全国食品工业固定资产投资比重39.30%，行业新增固定资产占全国食品行业比重38.34%，固定资产投资项目个数和投资规模在食品各类行业中比重最大，食品行业固定资产投资金额的走向，充分体现了国家宏观调控政策的成效，加大了农产品转化力度。

全国食品工业实际完成固定资产投资中，国家预算内资金占投资额比重的0.62%；国内贷款占投资

额比重的16.10%；食品工业利用外资占投资额比重的7.73%；企业自筹资金占投资额比重的70.13%。

食品行业固定资产施工项目4 936个，其中本年新开工项目3 526个，本年建成投产项目1 003个。完成固定资产投资金额亿元以上的项目有154个，其中农副食品加工项目个数居多，主要集中在蔬菜加工、植物油加工、液体乳加工等项目，其中也包括一些嗜好类产品、烟草加工及酒类加工项目。

2003年全国食品工业经济呈现出的良好运行态势。

1. 受益于党中央、国务院的宏观经济调控政策和农业产业化战略　2003年年初，中央农村工作会议把“三农”问题作为全党工作的重中之重，党中央、国务院从战略发展的高度，提倡大力开展农产品深加工、加快农产品转化等一系列农业产业化政策，国务院下发了《关于促进农产品加工业发展的意见》，提出发展农产品加工业，实现农业产业化经营，是促进农业和农村经济结构战略性调整的重要途径。国家对发展农产品深加工提供了各项优惠政策，加大国家投入力度，在资金、税收、减负等方面给予了多项相关扶持政策。从而强有力地推进了我国农产品加工业的较快发展，并使其成为国民经济发展中颇具潜力的增长点。

2. 国内消费品市场需求高速增长　广大消费者在反思“非典”疫情后，消费理念及消费行为发生了转变，消费理念进一步趋向“健康、安全、营养”，对优质、名牌食品的需求强劲增长，与百姓生活息息相关的大米、小麦粉、食用油、乳品、鲜冻肉、肉制品等产品的消费需求大幅上扬。

3. 生产能力提高较快　2003年全国食品行业的固定资产投资增幅较大，促进了食品工业产业结构的调整，食品工业的新增生产能力大幅度提高。

4. 市场环境不断规范　市场秩序的不断规范和食品市场准入制度的实施，为食品工业的健康发展提供了日趋良好的市场环境。近几年来，政府有关部门加大了对食品市场治理、整顿和制售假冒食品的打击力度。市场环境的改善扩大了名优产品的生产和市场份额，同时企业的组织结构也得到进一步的良性调整。

5. 受到国内消费价格总水平以及国际农产品价格上涨因素的影响　11月份，全国居民消费价格总水平同比上涨3.0%。当月食品价格同比上涨8.1%，是拉动物价上升的主要因素。其中粮食价格上涨10.8%，肉禽及其制品上涨12.4%，蛋上涨14.4%，鲜菜上涨19.4%。同时，2003年9、10月间，国际农产品价格上扬，影响国内油料、粮食等基础农副产品原材料价格的上涨。这些因素也在一定程度上反映到了对食品工业经济增速的核算。

二、食品工业分行业的运行情况

2003年在食品工业全行业持续高速增长的大背景下，受国家宏观产业政策扶持和国内消费需求增长的刺激，食品工业分行业的发展速度不一。发展较快的行业有食用植物油加工业、乳制品制造业、肉及肉制品加工、粮油加工、果蔬和坚果加工、软饮料等行业。

1. 液体乳及乳制品制造行业　2003年是我国乳业发展的黄金时期，液体乳及制品产量大幅度增长，液体乳生产量比上年同期增长58%，乳制品产量同比增长34%；乳制品成为城市居民膳食调整的重点。国际、国内的资本市场以极大的兴趣关注我国乳品市场。2003年乳制品制造业市场规模逐月以3成以上的速度发展，全年乳制品行业销售市场规模将达到480亿元，经济效益以5成左右的速度递增，全年行业利润总额将超过30亿元。

我国大型骨干乳品企业，通过并购、整合、联合，运用资本运营手段，达到企业规模上了新台阶，整体升级。市场份额进一步提升，企业通过严格的质量管理及认证制度，实施HACCP管理体系，练就内功，增强实力，管理水平显著提高。党的十六届三中全会提出了全面建设小康社会的战略目标，这意味着我国更多的家庭的生活水平将极大改善与提高，而牛奶的营养与健康功效，势必会被更多的消费者接纳，这决定液体乳及乳制品制造业在未来的十年内将迎来一个更大发展。

2. 食用植物油行业　2003年是我国食用植物油行业迎来发展机遇和考验的一年。我国消费市场对绿色食品的需求，人均消费水平的提高，人均食用油消费量大大增加。2003年我国食用植物油市场规模达到1 200亿元，市场规模逐月以接近四成的发展速度递增，经济效益大幅度提升。2003年食用植物油行业迎来良好发展机遇，市场突出了安全、营养、健康的概念，国家出台了对转基因产品的标志规定，进一步规范了市场。优质产品的市场份额进一步上升。去年9月间，国际农副食品价格上涨，波及我国粮油市场，国内油品价格“温和上扬”。由于近两年粮油价格的持续下滑，这次价格变动是一次价值回升，逐步为消费市场消化。事实证明，食用植物油行业在发展中经历了价格因素的考验，仍然取得快速、良好的发展。

3. 畜禽屠宰及肉制品加工业　畜禽屠宰及肉制

品加工业是我国食品工业的基础产业。在全国各地有广阔的基础，但生产水平良莠不齐。2003年肉类生产行业在困难中寻找机遇和发展，取得了可喜的成果。2003年我国屠宰及肉类加工行业规模达到1 100亿元，以2成左右的速度快速发展。近几年来，肉类消费占城乡居民食品消费的比重进一步上升，我国城乡居民膳食结构正趋向于发达国家。在肉类的消费结构方面，猪肉在整个肉类消费中所占的比重有所下降，牛、羊肉消费有较大程度的增长，占肉类消费的比重增大。使肉类消费呈现多元化态势；禽肉消费也上升明显。随着人们生活水平的提高，消费习惯发生了变化，各种精深加工的分部位冷却肉、小包装肉、半成品肉、熟肉制品及以肉类为原料的方便食品等受到消费者的欢迎。在经营上，消费者更注重肉类的质量及卫生安全，因此在部分地区出现了鲜肉经营品牌化的专营形式，并正在逐渐为市场所接受和欢迎。目前，虽然我国肉类总产量稳居世界首位，但我国熟肉制品的产量占肉类总产量的比重还不到10%，而同期发达国家熟肉制品已占到肉类总产量的50%以上，这说明我国肉制品产销还有着广阔的发展空间。按照《全国食品工业“十五”及2010年发展规划建议》，“十五”期间，我国食品行业将大力发展可直接食用的肉制品，以逐步提高熟肉制品在肉类消费中的比重。

4. *蔬菜、水果和坚果加工业* 我国蔬菜水果加工业是典型的外向型加工业，长期以来承担对外出口及周边贸易，是我国的大宗出口农产品。主要水果蔬菜产品包括：干燥、冷冻、调理蔬菜、水果、罐头产品等。我国水果蔬菜种植面积大，产量高，但加工程度不高。目前，受消费水平提高及消费理念转变因素的影响，我国蔬菜水果加工业取得快速发展。2003年度全国蔬菜水果加工行业完成产品销售收入250亿元，比上年同期增长3成。全国“三绿工程”取得了良好的效果，“放心菜”、“放心肉”、“放心食品”明显增多，健康、无公害的绿色食品在市场上随处可见，并成为百姓餐桌上的“新宠儿”。各类食品特别是果品、蔬菜等打出绿色牌，摇身一变身价大增。预计随着党的农业产业化政策的深入，居民消费水平及消费模式的转化，今年蔬菜、水果加工业将会取得进一步的发展。

5. *谷物磨制行业* 在国家的宏观政策支持下，2003年我国谷物磨制业持续以两成以上的速度健康发展。国家的农业产业化政策、打击粮食市场假冒伪劣产品，粮食行业债转股等多项扶持政策，为行业的健康发展提供了可靠的保障。近年来，食品安全问题得到社会各界的深切关注，政府有关部门加强了行业的监督，清查不合格产品，关闭一大批不符合国家标准、没有达到市场准入门槛的小型企业，扩大了优质名牌产品的市场份额。2003年全国生产小麦粉2 850万t，接近3 000万t关口，比上年增长17%，实现产品销售收入600亿元，同比增长2成，经济效益依靠国家政策原因实现大幅度上涨。资本负债水平下降，销售利润水平略有上升。

6. *软饮料制造业* 2003年我国软饮料生产规模达到2 300万t，比上年同期增长15%，涌现出一批集约化生产的大型骨干企业，以规模化生产产生规模效益。消费市场推崇优质名牌产品，名牌产品在软饮料市场中集中程度较高。软饮料的生产和消费品种正在由原来的碳酸饮料占领大部分份额，转向带有健康概念的果汁饮料市场份额快速提升。随着我国国民消费水平的增长，软饮料的生产消费突出健康化、个性化，今后饮料生产企业将增加具有较高科技含量和较高附加值的花色品种的生产。果汁饮料也是我国大宗出口创汇产品，主要出口品种是苹果汁。我国是世界苹果的第二大产区，近年来年产浓缩苹果汁已逾20万t，出口量约占全球的1/4。另外，由于我国果汁饮料市场需求大幅度上升，部分原汁依靠进口，应调整果品种植品种及种植面积，使生产原料逐步国产化。

综合对比分析以上行业的情况我们可以看出：在党中央、国务院的农业产业化政策指导下，从产业链的角度出发，与农产品深加工产业链最近的农副食品加工业发展速度最快，运行情况最好。食用植物油加工、屠宰及肉类加工、谷物磨制、液体乳、蔬菜加工、软饮料等行业具有明显的规模大、发展速度快、经济效益好的特征，成为我国食品工业中极具发展潜力的行业。

三、食品工业省、自治区、直辖市的运行情况

1. *食品工业生产规模的区域分布* 东部地区依然是我国食品工业的重点生产、消费地区。2003年我国东部地区有规模以上食品生产企业10 422家，食品工业从业人员213.52万人，分别占全行业比重的53.93%和53.28%。东部地区食品工业总产值占全行业58.56%、食品工业产品销售收入占全行业59.10%、食品行业利润总额占全行业58.67%、利税总额占全行业47.54%。

2003年全国食品工业产品销售收入位居前五位的省份有山东省、广东省、江苏省、河南省和浙江省。这些省份中除河南省外，均属东部地区省份。

从东部、中部、西部地区的食品工业各项经济指

标看，东部、中部、西部地区食品工业企业数量比例是3.0∶1.6∶1.0；从业人员比例是2.7∶1.3∶1.0；分区域实现工业总产值比例是3.0∶1.2∶1.0；完成产品销售收入规模比例是3.1∶1.1∶1.0；东、中、西部地区资产规模比例是2.3∶1.0∶1.2。东、中、西部地区利润总额比例为3.5∶1.0∶1.5；东、中、西部地区利税总额比例2.2∶1.0∶1.4。

由于我国西部地区的烟草加工、白酒制造业十分发达，优质名牌白酒、卷烟产品的生产集中度和市场份额很高，为全国的食品工业贡献了较高的利润和利税总额，因此西部地区净产出指标比重相对较高。但从产业结构的角度分析，西部地区应继续利用独特的资源优势和国家西部大开发的发展优势，做好食品工业产业结构的调整，加强优质农业和具有高附加值食品生产的比重，优化产业结构，使各行业获得均衡发展。

2. 食品工业强省的分布　2003年全国食品工业产品销售收入位居前10位的省（直辖市）有山东省、广东省、江苏省、河南省、浙江省、四川、云南、上海市、河北省、湖北省。这些省份的食品工业销售收入分别是：山东省2 078.83亿元，同比增长31.67%；广东省1 116.73亿元，同比增长15.23%；江苏省933.23亿元，同比增长21.01%；河南省796.37亿元，同比增长22.48%；浙江省679.11亿元，同比增长19.36%；四川省604.70亿元，同比增长23.72%；云南省580.45亿元，同比增长7.15%；上海市525.34亿元，同比增长14.95%；河北省522.89亿元，同比增长23.23%；湖北省415.82亿元，同比增长19.62%。

山东省作为传统食品工业大省，2003年有规模以上食品工业企业2 629家，从业人员71.25万人，分别占全国食品行业13.60%和17.78%。山东省政府高度重视加快推进农业产业结构调整和农业产业化步伐，从最终产品抓起，带动整个产业链发展，肉禽加工、水产品加工、食用植物油、味精、淀粉、食品添加剂、酒精、饮料酒等产品在全国具有一定优势。山东省政府实行了"银企结合"，鼓励出口，生产企业从工商、税务部门和金融机构获得了多项优惠政策支持。涌现出一大批具有市场竞争优势的大型龙头食品企业集团。全省产品销售收入过亿元以上的企业有150家，全省食品工业产销额在全国继续保持首位。

广东省食品工业具有雄厚的基础，食品工业生产规模大，工业区化程度高。食品产品在全国具有较高市场份额。去年广东省继续搞好食品产业结构调整，加大发展出口创汇型企业的力度，广泛、有效地吸引外资，使全省食品工业产销额在全国继续保持领先地位。

3. 同比发展增速较快的省份　2003年全国食品工业发展中，因行业结构调整和产品优化深度等不同，各省、市、区同比规模和效益增速不一，增速在20%以上的13个省、自治区、直辖市为内蒙古自治区、山西省、山东省、宁夏回族自治区、黑龙江省、四川省、河北省、河南省、陕西省、海南省、福建省、江苏省和辽宁省。增长速度分别为：内蒙古自治区44.09%，山西省32.68%，山东省31.67%，宁夏回族自治区29.02%，黑龙江省27.94%，四川省23.72%，河北省23.23%，河南省22.48%，陕西省22.24%，海南省21.09%，福建省21.03%，江苏省21.01%，辽宁省20.33%。其中内蒙古自治区增速最快。2003年内蒙古自治区完成食品工业产品销售收入132亿元，同比期增长了45%。具有丰富资源优势的内蒙古自治区，有多家大型乳制品生产骨干企业，在国家农业产业化政策支持下，这些企业加速推行和完善现代企业制度，由于近几年来乳制品行业的消费市场急剧增长，吸引了实力雄厚的国际财团参股，通过资本运营及注入全新的企业管理模式，企业生产规模迅速扩大，产销额快速增长。这些农业产业化龙头食品企业的发展有力地带动了地方经济和地方食品工业的发展。

四、对2004年食品工业经济运行走势的基本分析

综合分析与把握近几年来特别是2003年的行业运行情况，总起来看，2004年我国食品工业承接了2003年的运行走势，继续保持稳定的增长态势。我们作出的这一判断主要是基于：

1. 在国家宏观经济运行平稳、稳定增长的大环境下，在党中央、国务院的高度重视和党的十六届三中全会精神指导下，国家有关部门将在进一步研究新形势下国民经济发展特征的基础上，继续出台新的、有利于食品工业发展的经济政策，有效地引导和扶持食品工业的持续健康发展。在这样的政策环境下，食品行业产业结构将得到进一步的合理调整，市场规模有效扩展，主要产品产量将稳定增长。

2. 得到国家农业产业化政策扶持，作为食品工业基础原材料的大宗农产品生产形势将好于当前，主要粮、油产品市场供需状况进一步平衡，价格将趋向稳定。虽然不排除国际粮油价格的变化会引发国内农产品价格的小幅波动，但依靠政府有关部门的合理政策调控，食品工业生产的良性发展将不会受到太大

影响。

3. 2004年食品市场秩序将进一步规范，消费需求将进一步高速增长。消费模式将向安全、优质、健康发展，市场消费进一步趋向理性。品质优良、具有健康食品概念的食品市场份额将得到扩展。在理性需求的基础上，对食品品质、安全、健康将提出更高的要求，食品消费市场的增长需求将有力地刺激食品行业生产规模的增长。

4. 受国家宏观经济环境的影响，一方面，2004年食品工业固定资产投资规模增速放慢，重复建设的项目得到了遏制。另一方面，近两年来，增速较快的食品工业固定资产投资将迅速形成新的生产能力，提高产品产量。

5. 2004年食品出口良好的形势进一步持续，食品进口增长幅度也进一步增加。在国家有关政策的引导下，食品行业克服贸易壁垒的限制，积极扩大出口贸易。同时在食用油品、原粮、乳品等产品的进口贸易中，进口金额将会有进一步的增加。

6. 在国家宏观政策调控下，嗜好性食品产品的市场规模将得到控制。烟草、白酒类市场将更加突出名优产品的份额，市场规模扩展会呈现出小幅增长。

我国纺织工业的经济形势

中国纺织工业协会

一、2003年纺织行业基本特征

2003年是我国纺织工业取得巨大成绩的一年。在克服了棉价高位运行、“非典”侵袭、国际贸易保护主义进一步抬头等不利环境因素影响下，我国纺织工业在出口、经济效益、生产方面均创历史最好水平，纺织品、服装出口804.3亿美元，同比增长27.7%；规模以上企业实现利润总额459.77亿元，同比增长34.86%；纺织完成工业产值12 938.28亿元，同比增长20.82%。综观2003年纺织行业经济运行，大体上有以下几个方面的基本特征：

(一) 主要产品产量快速增长，市场需求拉动明显

2003年，纺织工业主要产品产量均保持快速增长势头。据统计，纱产量983万t，同比增长15.6%，比近5年平均增幅12.6%高出3个百分点；布产量353亿m，同比增长9.62%；化纤产量1 181万t，同比增长19.17%，比近5年年均增幅18.2%高出0.97百分点。

2003年规模以上纺织企业实现销售收入12 481.36亿元，同比增长23.14%；工业总产值12 938.28亿元，同比增长20.82%；销售收入比总产值的增幅高出2.33个百分点；2003年纺织工业产销率97.67%，与2002年的产销率97.60%相比基本持平；产成品863.23亿元，占流动资产净值平均余额15.31%，比2002年下降1.81个百分点。数据表明，2003年纺织工业经济运行呈现出了产销两旺的局面，市场拉动成为推动行业经济增长的主要动力。

(二) 行业结构调整初见成效，产品国际市场竞争能力提高

1997年后，我国纺织工业依托政府的政策支持，开始进入了一个以压缩落后生产能力、全面提升产业结构为主要特征的新时期。经过5年多的积累，至2003年我国纺织工业无论从行业结构、企业组织结构及纺织主要出口产品的竞争力方面，都发生了可喜的变化。在行业结构调整上，纺织下游及制成品产业比重明显提高（表1）。2003年与1997年相比，棉印染、棉织品、服装占纺织行业比重分别提升了1.85、0.79、3.03个百分点。

表1 印染、棉织品、服装行业产值占纺织工业产值比重变化情况

年 份	棉印染（%）	棉织品（%）	服装（%）
2003年	7.26	3.33	24.56
2002年	6.92	2.94	24.05
1997年	5.41	2.54	21.53

在企业组织结构调整方面，伴随着国有企业优化重组及劣势企业的淘汰出局，纺织产业集中度也迅速提升。2001至2003年，亿元以上企业占纺织行业的企业户数和销售收入均呈现上升趋势（表2），企业户数所占比重增长了0.96个百分点，而销售收入所

占比重提升了4.46个百分点。

表2 销售收入亿元以上纺织企业占纺织行业企业的比重

指标名称	2001年	2002年	2003年
企业户数（%）	7.90	8.00	8.86
销售收入（%）	53.00	53.96	56.97
工业总产值(%)	50.89	52.19	55.35

在纺织品服装出口方面，一般贸易比重提升（表3）。我国服装出口依赖进口面料的状况有所改变，2003年我国服装一般贸易出口比重由1997年的51.61%提高至63.84%，6年中年均提高2.03百分点。

表3 纺织品、服装出口一般贸易所占的比重变化

产品类别	1997年	1999年	2000年	2001年	2002年	2003年
纺织品(%)	51.46	54.60	59.92	62.91	68.11	71.23
服装（%）	51.61	50.09	53.59	54.12	59.68	63.84
纺织品服装（%）	51.56	51.45	55.54	56.88	62.49	66.46

产业结构调整不仅影响着纺织出口贸易方式的转变，同时也为入世后中国纺织国际竞争力的提高，奠定了坚实的基础（表4）。从表6可明显看出，2002年后除服装外，棉纱、棉布、印染布竞争力系数都有不同程度的提高。

表4 纺织代表产品历年竞争力系数表

产品类别	1993年	1995年	1997年	1999年	2000年	2002年	2003年
棉　纱	0.43	0.11	－0.25	－0.29	－0.42	－0.4	－0.23
棉　布	0.37	0.39	0.24	0.23	0.23	0.34	0.41
印染布	0.24	0.30	0.16	0.18	0.18	0.32	0.40
服　装	0.98	0.92	0.93	0.93	0.94	0.94	0.95

（三）经济运行质量进一步改善，抗风险能力增强

2003年由于国内棉花价格高位运行，导致了企业销售成本的快速增长。2003年产品销售成本占销售收入的比重为88.73%，比2002年提高了0.48个百分点（表5）。生产成本的上升，一方面加大了企业生产经营活动的压力，同时客观上也使“优胜劣汰”的市场机制得以充分显现，保留下的企业不仅具有一定的规模经济，而且管理水平也得到了提高。2003年管理、财务费用占销售收入的比重比2002年下降了0.54个百分点。从财务指标分析，2003年纺织工业规模以上的企业利润率为3.59%，比2002年提高0.23个百分点；净资产收益率同比提高了1.07个百分点；流动资产周转2.21次，比上年增加0.1次；资产负债率62%，比2002年下降4.28个百分点。行业经济运行质量提高，抗风险能力增强。

表5 2002、2003年纺织工业规模以上企业主要财务指标分析表

名　称	同比（%）	2003年比重	2002年比重	增减变化
销售收入	24.60	100.00	100.00	
销售成本	25.16	88.73	88.25	0.40
管理费用	11.31	4.08	4.52	－0.48
财务费用	16.76	1.42	1.52	－0.10
两费合计		5.50	6.04	－0.60

2003年纺织行业经济运行中值得关注的一个现象是，有利与不利因素相互依存并相互转化。棉价高位运行的不利因素，却使“市场”无形之中的作用得以加强，依托市场力量加速企业兼并重组的进程，产业集中度提高，抗风险能力增强；2003年我国纺织出口的良好形势，也带来了2004年纺织出口贸易环境中一些负面或不确定因素的增强。

二、2004年上半年纺织行业的经济态势

2004年上半年纺织经济运行总体保持了去年良好的增长态势。但由于受棉花价格及电力运力紧张等诸多不确定因素的影响，经济运行也呈现出了以下几个方面的特征：

（一）生产快速增长，产销衔接良好

2004年上半年纺织主要产品产量继续快速增长。纱500.68万t，同比增长15.6%；布136.53亿m，同比增长17.17%；印染布131.61亿m，同比增长19.49%；服装52.94亿件，增长13.34%；化纤687.29万t，同比增长29.78%。2004年1～6月，纺织行业完成工业产值7 221.0亿元，同比增长25.60%；实现产品销售收入6 769.1亿元，同比增长27.37%；销售收入比总产值增幅高出1.77个百分点；产成品1 044.79亿元，占流动资产平均余额的比重为17.04%，比去年同期下降了0.62个百分点；产销率96.61%，基本与去年同期的96.38%持平。

（二）效益水平继续提高，但同比增幅下降

2004年1～6月，纺织上报企业28 238家，亏损企业6 942家，亏损面24.58%，比去年同期低0.29个百分点；利润总额211.56亿元，同比增长24.64%；比2003年增幅47.11%低22.47个百分点，但比一季度的增幅18.33%高出6.31个百分点。从分行业情况看，1～6月除制成品外，棉纺织、麻纺织、丝绢、制成品、针织、服装、毛纺织、化纤利润同比增速均高于一季度。其中麻纺、制成品、针织同比增幅达到38.99%、28.83%、41.37%。若从单月数据看，总产值、销售收入同比增长，利润同比在5月份下降了0.20%之后，6月又提升了11.33%。

（三）出口增长，但增幅较一季度回落

1～6月纺织品服装出口425.99亿美元，同比增长23.74%，与一季度相比增幅下降了1.2个百分点；其中纺织品出口166.50亿美元，增长27.15%；服装259.50亿美元，同比增长21.64%。在贸易方式上，一般贸易所占比重继续提升，加工贸易比重下降；从出口区域看，亚洲仍为我国纺织品出口的主销市场，市场份额57.22%，其次为欧洲18.9%，北美14.07%。

上半年行业经济运行从深层面上分析，主要受以下因素影响：一是国内棉花价格大起大落，对行业经济的运行带来了明显的不利影响。二是随着全面取消配额制度的临近，2004年纺织面临的贸易环境不确定性进一步增强。目前越演越烈的“反倾销、特保”等为主要特征的非关税贸易壁垒，将对后配额时代中国纺织贸易产生深远的影响。

三、对2004年纺织行业经济形势的基本估计

2004年有利因素主要有：一是国内经济仍将保持快速增长。据专家预测，2004年GDP约达到9%，经济持续快速增长，对纺织三大领域产生强烈的市场需求拉动。同时，伴随政府减轻农民税负政策的进一步落实，2004年国内纺织品市场取得较快增长。二是2004年国际经济呈现恢复性增长。据国际货币基金组织预测：2004年世界经济将增长4.6%，比2003年提高0.7个百分点。其中发达国家增长3.5%，发展中国家增长6%。美国、欧盟、日本三大经济体的增长率将分别达到4.6%、1.7%和3.4%。三是国内棉价的进一步回落及与国际市场的接轨，对下半年纺织经济的良性运行和效益水平的提高，将产生积极的影响。

从不确定或不利因素看，首先是电力、运力的不足，仍会对下半年企业的生产经营带来不利影响；其次，下半年的贸易环境不确定因素进一步增强，我国纺织企业可能面对更多国家对我纺织品实施非关税壁垒措施。欧盟东扩后，随着欧盟内部零关税带来的内部贸易的增强和区外配额和高关税，我国对东扩进入欧盟10国的出口呈下降趋势。据海关统计：2004年4月，我国对以上10国纺织品出口2.18亿美元，5月出口1.012美元，5月出口不足4月份的1/2。根据有利不利因素的分析，我们预测下半年纺织经济的基本面趋好，经济运行仍将保持良好的增长态势。

我国造纸工业的发展形势

中国造纸工业协会

一、我国纸及纸板产品生产及消费情况

据中国造纸工业协会对综合信息资料调查，2003年全国纸及纸板生产企业约有3 500家，全国纸及纸板生产量4 300万t（表1），较上年3 780万t增长13.76%。消费量4 806万t，较上年增长10.94%，人均消费量为37kg。主要产品中，新闻纸生产量207万t，同比增长11.89%；消费量241万t，同比增长17.90%。印刷书写纸生产量960万t，同比增长4.35%；消费量973万t，同比增长3.84%。涂布纸生产量240万t，同比增长33.33%；消费量298万t，同比增长7.97%。生活用纸生产量347万t，同比增长11.94%；消费量328万t，同比增长10.44%。包装用纸生产量480万t，同比增长20.00%；消费量504万t，同比增长17.48%。白纸板生产量550万t，同比增长19.57%；消费量645万t，同比增长

20.34%。其中涂布白纸板生产量 510 万 t，同比增长 18.60%；消费量 603 万 t，同比增长 19.64%。箱纸板生产量 680 万 t，同比增长 13.33%；消费量 796 万 t，同比增长 9.79%。瓦楞原纸生产量 670 万 t，同比增长 11.67%；消费量 802 万 t，同比增长 9.86%。其中高强瓦楞原纸生产量 230 万 t，同比增长 21.05%；消费量 362 万 t，同比增长 13.13%。特种纸及纸板生产量 80 万 t，同比增长 14.29%；消费量 109 万 t，同比增长 0.93%。

从 2003 年的生产形势分析来看，全年生产和消费均呈现逐步升高的走势，并保持了较高速度增长。生产量增幅较大的主要品种有新闻纸、书刊印刷纸、书写纸、铜版纸、生活用纸、包装用纸、涂布白纸板、箱纸板、高强瓦楞原纸等。消费量增幅较大的主要品种有：新闻纸、书刊印刷纸、书写纸、铜版纸、生活用纸、包装用纸、涂布白纸板、高强瓦楞原纸等。

表 1　2003 年我国造纸工业主要产品生产及消费情况　　单位：万 t

品　种	生 产 量			消 费 量		
	2002 年	2003 年	同比（%）	2002 年	2003 年	同比（%）
总　量	3 780	4 300	13.76	4 332	4 806	10.94
新闻纸	185	207	11.89	204	241	17.90
印刷书写纸	920	960	4.35	937	973	3.84
其中：书刊印刷纸	420	520	22.81	436	534	22.48
书写纸	180	250	38.89	180	250	38.89
涂布纸	180	240	33.33	276	298	7.97
其中：铜版纸	160	210	31.25	203	227	11.82
生活用纸	310	347	11.94	297	328	10.44
包装用纸	400	480	20.00	429	504	17.48
白纸板	460	550	18.57	536	645	20.34
其中：涂布白纸板	430	510	18.60	504	603	19.64
箱纸板	600	680	13.33	725	796	9.79
瓦楞原纸	600	670	11.67	730	802	9.86
其中：高强瓦楞原纸	190	230	21.05	320	362	13.13
特种纸及纸板	70	80	14.29	108	109	0.93
其　他	55	86	53.36	90	110	22.22

二、主要生产经济指标完成情况

据国家统计局统计，2003 年年销售收入 500 万元以上造纸企业 2 766 家，较上年增加 179 家；从业人员 76.77 万人，较上年减少 1.08 万人；资产总计 2 537亿元，较上年增加 13.25%；工业总产值（当年价）1 709 亿元，较上年增长 22.25%；产品销售收入 1 661 亿元，较上年增长 25.96%；产销率 98.62%，较上年提高 1.35%；利税总额 161.5 亿元，较上年增长 15.27%，其中利润总额 85.1 亿元，较上年增长 16.9%；资产负债率 64.47%，较上年增加 0.4%；负债总额 1 635.8 亿元，较上年增加 13.9%。在统计的 2 766 家造纸企业中，亏损企业有 539 家，占 19.49%，比上年下降 0.51%。

从以上数据看，2003 年全国造纸生产保持了较好的增长态势，主要生产经济指标完成情况及总体经济效益较好。

三、纸浆生产和消耗情况

据中国造纸工业协会对综合信息资料调查，2003 年全国纸浆消耗总量 3 910 万 t（表 2），较上年增长 12.68%。其中木浆 820 万 t，较上年增长 10.81%；比例占 21%，与上年相同。非木浆 1 170 万 t，较上年增长 5.41%；比例占 30%，同比下降两个百分点；废纸浆 1 920 万 t，较上年增长 18.52%；比例占 49%，同比增加两个百分点。木浆中，进口木浆比例增加 0.4 个百分点，国产木浆比例减少 0.4 个百分点。废纸浆中，进口废纸浆比例增加 3 个百分点，国产废纸浆比例减少 1 个百分点。非木浆中，竹浆和禾草浆消耗量同比有增加，竹浆比例同比增加 0.2%，禾草浆比例同比减少 1.65，苇（荻、芒秆）及其他纸浆比例同比减少 0.6%。

以上数字表明，全国纸浆消费总量随着纸及纸板的增长呈增加趋势。国内造纸原料结构中，非木浆比例下降，废纸浆增幅加大，原料结构有所改善。

表2 2003年我国造纸工业纸浆消耗情况

品 种	2002年（万t）	占比例（%）	2003年（万t）	占比例（%）	同比（%）
总 量	3 470	100	3 910	100	12.68
木 浆	740	21	820	21	10.81
废纸浆	1 620	47	1 920	49	18.52
非木浆	1 110	32	1 170	30	5.41

四、纸及纸板、纸浆、废纸及纸制品进出口情况

2003年纸及纸板进口635万t，同比减少0.35%（表3）；出口129万t，同比增加51.04%。纸浆进口603万t，同比增加14.61%；出口2.5万t，同比增加30.73%。废纸进口938万t，同比增加36.51%；出口0.11万t，同比增加57.14%。纸制品进口23万t，同比下降5.36%；出口107万t，同比增加20.81%。

表3 2003年我国纸浆、废纸、纸及纸板、纸制品进口情况

品 种	2002年进口量（万t）	2003年进口量（万t）	同比（%）
纸浆	526.49	603.40	14.61
废纸	687.26	938.18	36.51
纸及纸板	636.94	634.71	−0.35
1. 新闻纸	19.92	35.13	76.36
2. 书写印刷纸	36.50	39.41	7.97
3. 涂布纸	121.77	101.00	−17.06
其中：铜版纸	61.48	52.34	−14.87
4. 包装用纸	31.37	27.87	−11.16
5. 箱纸板	125.44	117.18	−6.59
其中：涂布箱纸板	4.39	4.56	3.87
6. 白纸板	81.48	104.26	27.96
其中：涂布白纸板	79.58	102.92	29.33
7. 生活用纸	3.32	3.64	9.64
8. 瓦楞原纸	133.48	134.90	1.06
9. 卷烟纸	1.08	1.22	12.96
10. 特种纸及纸板	48.07	44.10	−8.26
11. 其他纸及纸板	34.51	26.00	−24.66
纸制品	23.89	22.61	−5.36
总 计	1 874.58	2 198.90	17.30

2003年进口纸及纸板、纸浆、废纸、纸制品合计2 199万t，较上年1 875万t增长17.30%；用汇82.33亿美元，较上年70.37亿美元增加17%。2003年进口纸及纸板平均价格为598.6美元/t，比2002年平均上涨4.43%；进口纸浆平均价格为440.99美元/t，同比平均上调7.11%；进口废纸平均价格为131.2美元/t，同比平均上调23.19%。2003年进口用汇总额仍居国家主要进口商品用汇的第三位，仅次于石油和钢材。

2003年纸及纸板进出口总量中，进口增幅较大的主要品种有新闻纸、涂布白纸板等（表4），特别是新闻纸进口增幅达76.36%。降幅较大的品种有铜版纸、包装用纸等。出口量增幅较大的品种有新闻纸、书写印刷纸、铜版纸、涂布白纸板、卷烟纸和生活用纸等，而作为造纸原料的木浆、废纸进口量仍然加大。

表4 2003年我国纸浆、废纸、纸及纸板、纸制品出口情况

品 种	2002年出口量（万t）	2003年出口量（万t）	同比（%）
纸浆	1.92	2.51	30.73
废纸	0.07	0.11	57.14
纸及纸板	85.47	129.09	51.04
1. 新闻纸	0.60	1.19	98.33
2. 书写印刷纸	19.51	25.93	32.91
3. 涂布纸	25.18	43.31	72.00
其中：铜版纸	18.67	35.30	89.07
4. 包装纸	2.63	3.80	44.79
5. 箱纸板	0.67	1.71	155.22
6. 白纸板	5.51	9.49	72.23
其中：涂布白纸板	5.51	9.49	72.23
7. 生活用纸	15.88	22.98	44.71
8. 瓦楞原纸	3.26	3.02	−7.36
9. 卷烟纸	0.70	0.97	38.57
10. 特种纸及纸板	9.60	14.92	55.42
11. 其他纸及纸板	1.94	1.77	−8.76
纸制品	88.28	106.65	20.81
总 计	175.74	238.36	35.63

五、生产布局与集中度

从全国范围看，2003年纸及纸板生产量除了河

北、江西、湖北、广西、贵州、青海、海南等7个地区有所下降之外，其余地区都有不同程度增长。增幅较大的地区有湖南（40.67%）、安徽（35.41%）、广东（32.35%）、陕西（31.96%）、山东（28.12%）、浙江（21.17%）等。

2003年纸及纸板产量超过100万t的省份有山东、浙江、广东、河南、江苏、河北、福建、湖南和四川9个省（表5），纸及纸板产量合计已达3 402万t，占全国纸及纸板总产量的83%。

表5　2003年我国纸及纸板产量100万t以上的省

序号	省别	产量(万t)	序号	省别	产量(万t)
1	山东	853	6	河北	275
2	浙江	601	7	福建	144
3	广东	543	8	湖南	125
4	河南	420	9	四川	102
5	江苏	339			

2003年我国东部地区12个省市，纸及纸板产量占全国纸及纸板产量比例为72.5%，比上年提高0.5%；中部地区9个省（自治区）比例为21.8%，比上年降低0.2%；西部地区9个省（自治区、直辖市）比例为5.7%，比上年降低0.3%（表6）。

表6　2003年我国造纸区域布局变化情况

名　称	2002年		2003年产量	
	产量（万t）	比例（%）	产量（万t）	比例（%）
纸及纸板产量	3 501	100	4 117	100.0
其中：东部地区	2 523	72	2 983	72.5
中部地区	770	22	899	21.8
西部地区	208	6	235	5.7

从全国各省纸及纸板产量完成情况和造纸区域布局变化看，生产集中度已越来越高，东部地区已成为我国造纸工业生产的主要基地。2003年年产量超过100万t的企业有两家，山东晨鸣纸业集团股份有限公司年产127万t；金东纸业（江苏）有限公司年产121万t。

六、造纸企业经济类型结构

对年销售收入500万元及以上造纸企业分析，在企业数量中，国有及国有控股企业占14.06%，较上年减少3.74个百分点；“三资”企业占9.04%，较上年增加0.94个百分点；集体及其他企业占76.90%，较上年增加2.8个百分点。在产品销售收入中，国有及国有控股企业占29.23%，较上年减少2.17个百分点；“三资”企业占31.18%，比上年增加0.88个百分点；集体及其他企业占39.59%，较上年增加1.29个百分点。在利税总额中，国有及国有控股企业占31.12%，较上年减少2.88个百分点；“三资”企业占36.74%，较上年增加0.14个百分点；集体及其他企业占32.14%，比上年增加2.74个百分点。其中利润总额中，国有及国有控股企业占27.33%，“三资”企业占43.24%，集体及其他企业占29.43%。

以上数据表明，国内造纸业经济类型结构格局及其比重已发生明显变化。尤其是“三资”经济，企业数量虽然仅占9.04%，但销售收入、利税总额及利润总额均已占到30%以上，比上年均有增长。说明“三资”企业的生产规模、产品档次和产品市场占有率已有较大发展，并取得了比较显著的经济效益。

七、环境保护

制浆造纸行业“三废”防治的重点是废水。据环保部门统计，2002年造纸及纸制品行业废水排放量31.9亿t，占全国工业总排放量17.4%。其中达标量26.9亿t，达标率84.3%，比上年提高5.3%。化学需氧量COD排放量163.9万t，占全国工业废水污染物排放量的35.3%，比上年降低5.5%。造纸业万元产值化学需氧量排放强度近5年大幅降低，已由1998年0.462t/万元降至2002年0.121t/万元。由于制浆造纸企业环境治理力度加大，治理效果显著。

综述2003年我国的造纸工业，一方面受到了世界经济和世界造纸缓慢增速发展的国际影响，另一方面国内遇到了“非典”疫情，纤维原料、煤、电、油、运输供求关系紧张，原材料大幅度涨价，纸及纸板生产成本增高，产品销售价格提升艰难，利润空间减少，市场竞争激烈等困难和问题。但是在国家扩大内需，促进经济较快增长的宏观政策支持下，企业较好地把握了消费和投资双重拉动作用的机遇，奋力抗争、克服重重困难，加快了技术改造和调整结构，加强环境治理，积极促进企业升级，取得了显著的生产与经营业绩，使全国造纸工业保持了平稳快速发展。全行业总体呈现出市场和投资需求活跃，但竞争更加激烈的局面。

我国印刷工业的发展现状与前景

中国印刷技术协会理事长 武文祥

进入新世纪，尤其是加入 WTO 后，我国国民经济持续快速发展，综合国力大步跃升。随着我国经济、文化、新闻出版、对外贸易的发展和人民物质、精神生活的提高，2003 年出版各种图书 19 万种、467 亿印张，期刊 9 165 种、109 亿印张，报纸约 1 855种、1 150 亿印张；约有 4.5 万亿元国内零售消费品和 4 300 亿美元的出口商品需要包装和包装印刷配套；加上其他方面对印刷的需要，这就为我国印刷工业（包括出版物印刷、包装、商业印刷和其他印刷）的发展，提供了广阔的市场空间。

一、行业基本情况

截至2003年底，全国有各类印刷企业92 400家，从业人员近300万人。在各类印刷企业中，从事出版物印刷的企业9 950家，从事包装装潢印刷品印刷的企业31 300家，从事其他印刷品印刷的企业51 150家。

全国各类印刷工业企业，2003 年完成工业总产值约为 2 200 亿元（其中印刷加工出口 300 亿元），约合 275 亿美元，约为国民经济生产总值的 2%。全国人均印刷产值约 21 美元。

二、行业发展特点

1. 政府在健全法规、加强监管的同时，政策适度开放，市场环境进一步改善　自 2001 年 7 月国务院颁布新的《印刷业管理条例》、明确全行业统一由新闻出版总署监管后，新闻出版总署和有关部门相继制订了配套的若干规定，如《印刷业经营者资格条件暂行规定》、《设立外商投资印刷企业暂行规定》（对从事包装装潢印刷品印刷的外商投资印刷企业允许独资经营）、《印刷品承印管理规定》等，基本构成了印刷业管理法制体系。有关部门和地方还相继出台了鼓励发展的政策；2002 和 2003 年，先后取消了“设立印刷企业特种行业许可”、“个人从事印刷活动特种行业许可”、“书刊印刷国家级和省级定点企业”等行政审批项目；中央和各地有关部门对全国印刷市场进行了有力的整顿，打击非法出版物、假冒伪劣标识、包装、证件等不法印刷活动，政府部门还注意发挥了行业协会作用，加强了行业自律和诚信服务。初步规范了印刷市场，保证了合法经营。所有这些都促进了印刷业健康、有序的发展。

2. 随着社会经济文化的发展，印刷产业快速持续发展　发达的地区有的已成为印刷大省并正向印刷强省迈进，有的将印刷行业作为都市型工业列入发展规划，并出台了相应的政策。香港的印刷企业大举北上，约有 70%的印刷企业内迁或合资建厂。台湾的印刷业也正在加大西移步伐，有近 400 家印刷企业在内地落户。国外印刷企业也看好中国市场。

基于原有的基础，特别是改革开放、加入 WTO 后带来的发展机遇期，全国区域性印刷产业带正在形成。紧邻香港、澳门以广东为重点的珠江三角洲，被称为世界第六大都市圈，以上海、江苏、浙江为重点的长江三角洲，两个区域印刷产业带初步形成，这里的印刷业规模较大，技术比较先进，其产值占全国将近 3/4。以京、津为重点的环渤海经济区内印刷产业带也在加快发展；随着西部大开发的进展和东北老工业基地的改造，以四川、陕西为重点的西部和东北地区的印刷产业也将有较快的发展。

3. 国际资本进入我国印刷工业的步伐加快　加入 WTO 后，2002 年和 2003 年新批印刷三资企业分别为 98 和 84 家共 182 家，投资总额近 10 亿美元（1999—2001 三年仅批 43 家）。2003 年，全国共有外商投资印刷企业约 2 200 家，大多集中在沿海地区，如广东有 1 600 家，港资占 90%。

香港的利奥集团、鸿兴、利丰雅高、中华商务、星光，台湾的秋雨，日本的凸版、日邦、西口，美国的当纳利等海外著名的大型印刷企业已陆续登陆广东、上海、北京等地，还有世界包装组织、原国家经贸委批准我国筹建的“亚洲包装中心（含印刷）”已花落杭州，规划投资百亿美元，现已着手筹建。由香港佳宁娜和民生集团、建业五金塑胶厂有限公司和力嘉、京晖国际集团五家投资 26 亿元，占地 1.5km^2，建筑面积 220 万 m^2 的“华南国际工业原材料城”，其中纸品包装印刷交易中心是五大中心之一，这是我国包装印刷业走向国际市场、融入经济全球化的良好平台。海内外业界有识之士也将涉足我国西部的印刷市场。

4. 用高新技术改造传统印刷产业取得突破性进展　80年代以来，我国印刷业普遍采用了以计算机汉字激光照排技术为标志的照排胶印新技术，淘汰了沿用一个半世纪的铅排铅印，实现了历史性跨越。一些印刷企业已相继建立了信息管理网络，进行了企业资源规划和业务重组，改善经营管理，提高了整体管理水平和核心竞争力。近两年，随着数字网络化技术推广应用，印刷业以采用计算机直接制版技术(CTP)、数码打样和商业轮转机、单张纸双面八色胶印机为标志的新一轮技术改造在全国展开。目前CTP保有量约250套，分布在全国2/3的省（直辖市）。商业轮转印刷机的引进势头很旺，已安装投产的超过100台。最近日本小森、三菱、秋山和海德堡等公司推出适于中、短版高质量印件的单张纸双面八色胶印机，受到用户青睐，已有10多台订货和安装使用。我国印刷技术装备水平有了新的改观，各种印刷方式，在出版物、报纸、书、刊印刷中，平印占90%以上，在包装印刷中平印占40%以上，凹印25%左右，柔印8%，网印5%左右。

5. 印刷企业改革取得新进步　在现有9万多家印刷企业中，国有和集体企业占35%左右；有限责任公司、股份有限公司、外资和中外合资公司占21%左右；私营企业占40%左右；形成各种所有制印刷企业共同发展的新格局。国有印刷企业改革有了新进展。一些非公有制印刷企业也成功地进行了内部改革。

6. 随着印刷工业的持续发展，印刷教育也出现了新的繁荣　目前，全国有印刷及相关的高等院校（系）12所，在校的本专科学生近16 000名，硕士研究生380多名，是有史以来中国高等教育空前繁荣的时期。

我国印刷业虽然取得了巨大的进步，但这些成就摆到13亿人口里面就显得不足称道了。我国人均纸张消费量约为每人每年33kg，人均印刷工业产值约为21美元，我国只有印刷业发达国家水平的十几分之一。

随着中国加入WTO，世界制造业正在向中国转移等新形势的发展，我国印刷业改革的力度和深度明显不够，差距较大，影响了整个行业的全面、协调、可持续发展，主要表现在：①印刷业市场化进程滞后。②行业管理还存在薄弱环节。③结构性矛盾较为突出，产业结构不合理。如国有经济比重大，非公有经济还不充分；小企业多，大企业少，产业集中度低。高水平印刷能力不足，低水平印刷能力相对过剩，多数企业竞争力差；技术装备水平除少数企业较好，多数较差；在具有自主知识产权的科研方面，除汉字信息处理技术外，其他方面无突破性进展；地区结构方面一东西部差异很大。④改革步履沉重，国有印刷企业改革困难重重。我国印刷业的改革还有很长一段路要走。

三、我国印刷器材工业的发展

我国印刷工业持续快速发展，促进了印刷设备、器材工业的快速发展。我国印刷业所需要的中高档印刷设备、器材已能基本自给，并有部分出口，但高档印刷设备和高级纸张等印刷耗材，每年都有大量进口。

1. 印刷机械　现有生产企业约500家，2003年生产总值约70亿元，出口约1亿美元；但进口额2001—2003年每年均在13亿美元左右（2003年为13.45亿美元），大大超过国内印机生产总值。2001—2003年3年进口单张纸多色胶印机2 363台，12.02亿美元（2003年933台，5.07亿美元），卷筒纸胶印机539台，4.56亿美元（2003年131台，1.26亿美元），进口印刷机总量居世界前3位。

2. 造纸　2003年全国现有造纸企业3 500家，(其中三资企业占8.1%，约280家，销售收入、利税约占30%)，职工约78万人。2003年纸和纸板生产量为4 300万t，较上年3 780万t增长13.76%。消费量4 806万t，较上年增长10.94%，人均消费量为37kg。

我们将始终坚持对外开放，即使中国印刷机、器材工业发展了，还应继续引进先进适用技术装备和器材，以利不断提升我国印刷技术结构和产业结构水平。

四、我国印刷工业的发展前景

21世纪前20年，对我国来说是一个必须紧紧抓住并且可以大有作为的重要战略机遇期，我国印刷工业要紧紧抓住这个历史机遇，坚持科学的发展观，用新的思路和新的举措加快发展，以期缩小同发达国家印刷工业的差距，适应全面建设小康社会的需要。为此，国家新闻出版总署石宗源署长在2004年全国新闻出版局长会议上提出：“大力发展印刷复制业，力争到2010年把我国建成全球重要的印刷基地。”其指导思想是：坚持以发展为第一要务，以结构调整为主线，以改革开放和科技进步作为动力，推动印刷业的产业结构优化升级，走新型工业化道路；遵循社会和经济效益相统一原则，通过促进印刷业的发展，实现大中小型印刷企业的合理布局，切实解决低中水平重复建设问题。发挥市场在印刷资源配置中的基础性作用，完善宏观调控手段，加强宏观调控，正确处理改革、发展、稳定的关系；按照控制总量、优化结构、分类指导、加强监管的要求，坚持整顿与规范、扶优与治劣相结合的原则，使全国印刷行业全面、协调、可持续发展。

经过几年不懈的努力，进一步“优化结构、合理布局、提高质量、规范经营”，初步形成一个竞争有序、调控有力、规划科学、增效明显的印刷业新格局。

1. 宏观调控印刷企业数量，重点发展先进印刷生产力　东部地区要加快产业结构升级，发展高附加值印刷加工业，进一步发展外向型经济。在全国形成若干个融科、工、贸为一体的综合性生产开发印刷基地。到2010年，各种规模、档次、特色的印刷企业并存和互补，初步形成层次分明、档次拉开、特色相间、优势互补的印刷格局。其主要措施：一是深化印刷企业改革。积极推行股份制，发展混合所有制经济，鼓励、支持民营、外资、国有等各种所有制的印刷企业，在市场竞争中发挥各自优势，促进共同发展。

2. 充分运用市场机制，打破垄断，建立健全全国统一、开放、竞争、有序的印刷市场　通过市场竞争，开拓海内外市场，逐步形成以大企业为主导、大中小企业协调发展的格局。

3. 坚持以信息化带动印刷产业现代化　坚持数字化、网络化的技术发展方向，运用现代信息技术改造传统印刷业。积极采用数字化生产流程和工作流程，对企业人、财、物、供、产、销实行信息化管理；采用跨媒体出版技术，促进印刷业从劳动密集型向技术密集型的转变。

4. 加强宏观调控和微观监督　并适时地研究外资进入出版物印刷企业合资控股和独资经营的开放政策，政府主管部门在坚持实施各项法规制度过程中，在对印刷企业继续进行宏观调控的同时，发挥引导市场的作用。

（本文为作者于2004年在“图书期刊出版与印刷新技术交流会”上的讲话，略有删减）

优化结构　有序建设　积极促进
橡胶工业全面、协调和可持续发展

中国橡胶工业协会理事长　鞠洪振

改革开放以来，我国橡胶工业的发展速度是前所未有的，其间有许多成功的经验。特别是入世后，在上世纪末全行业整体亏损的不利情况下，大家认识一致，认真对待，风雨同舟，趋利除弊，经受住了考验，全面复苏，并且又取得新的发展。当前，全行业面对的是新一轮的竞争，而且更为激烈，客观环境更不容乐观。所在的是，国家宏观经济发展思路、发展战略已经明确，在发展是硬道理的基础之上，人大十届二次会议提出了“牢固树立和认真落实科学发展观”的正确方针，把经济增长引导到“全面、协调、可持续发展”上来。在这一前提下，橡胶行业需要从实际出发，实事求是地总结经验，端正发展方向，解决好发展中的突出问题，紧紧抓住重要战略机遇期，以夺取“十五”后期乃至“十一五”的新发展。

一、把握入世机遇，抢占市场先机，2003年橡胶工业发展速度快、效果好

入世后这几年，国家提高了天然胶进口关税，国际市场增设种种贸易壁垒，2003年又遭遇“非典”和以天然胶、合成胶为主的原材料价格暴涨，国家一期天然胶进口配额减少等诸多不利因素突显，挑战大于机遇。在困难面前，全行业齐心协力，正面直对，扬长避短，因而又实现了增产增收。

2003年，据有关统计和测算，全行业生胶消耗总量超过300万t，跃居世界第一位；销售收入突破1 200亿元，增长26.3%；实现利税111.8亿元，增

长28.3%。主要产品产量除胶鞋外，都有较大幅度的增长。

技术进步、产品结构调整见到实效。以轮胎为例，子午化率已达到48%（协会对34家子午胎生产企业调查统计，子午胎总量为7 540万条），全钢子午胎在大厂已形成规模生产能力，总产量达1 119万条，增长幅度超过64%，较好地满足了国内市场的需求。与此同时，华南公司万力牌扁平化、高速性能轿车子午胎、上海轮胎公司全钢工程子午胎的开发、生产、出口，也标志着我国子午胎技术已开始进入世界前沿。其他产品，如为神州五号配套的橡胶配件，为空客、波音以及苏27、苏30配套的航空轮胎，都占领了技术制高点；子午胎专用炭黑的成功研发，以及再生胶废水、废气的治理与推广，也表明清洁生产已越来越被重视。

突破国际市场的贸易壁垒，立足两大市场求发展，则显示出我国橡胶工业日趋成熟，我国品牌的橡胶产品为国际市场所认同。2003年，轮胎出口量达4 500万条以上，创汇近13亿美元，既缓解了内需的压力，也获得新的发展途径。胶鞋类产品仍然为橡胶工业出口创汇的拳头产品；安全套出口占总产量的三分之一，输送带、V带、自行车胎以及炭黑，也都开创了出口先河，成功地打入国际市场。

一批国有、国资控股大企业和发展快、质量好的民企在市场竞争中形成的民族品牌，与以三资企业为代表的国际品牌，初步形成新的市场竞争格局。随着国家改革开放的不断深化，市场经济的逐步推进，全行业普遍认识到，市场经济的特点就是竞争，物竞天择、优胜劣汰，而市场竞争的基础一是靠实力、二是靠品牌，品牌则是具体体现了一个企业的实力、质量、信誉和效益。基于这一认识，这几年全行业在认真实施名牌战略中，努力打造自己的品牌，中国橡胶工业协会联手中国工业经济联合会、经济日报社，适时推出十大轮胎民族品牌，并在每个专业都要培育、发展5～10家民族品牌，这一举措，应当说是收到了预期效果。上海轮胎的双钱牌、三角集团的三角牌、成山集团的成山牌、青岛黄海的黄海牌、杭州中策的朝阳牌、贵州轮胎的前进牌、风神轮胎的风神牌、广州华南的万力牌、青岛双星的双星牌和山东玲珑的玲珑牌。十大民族品牌轮胎，2003年轮胎总产量占全国的27.5%，子午胎总量占29.6%。其中全钢子午胎占75.9%，半钢子午胎占35.9%，子午化率比全行业平均高出6个百分点，实现税收达13.4亿元。9家三资会员轮胎企业轮胎总产占全国的25.5%，子午胎总量占30.1%。其中全钢占13.9%，半钢占55.4%，子午化率为57.4%，实现税收7.4亿元。两方面子午化水平大致相当，各有千秋，企业效益是三资企业利高，国内企业税高。出口交货量前者增长25%左右，后者下降1.5%。其他产品，如炭黑，天津海豚、江西黑猫、江苏苏宝化和中橡集团炭黑院的黑元牌炭黑等，市场覆盖面逐年增大，出口增加，已开始成为知名的民族品牌。

回顾2003年走过的历程，积极、向上是主流。但也不能不看到，国内企业的发展，主要还是靠增加投资来拉动，靠上项目来拉动，外延发展大于内涵提高，而且相当一批新上项目，在技术进步旗帜下而又缺乏新的技术条件作支撑，带有极大的盲目性，隐患明显；外资企业不管是合资控股还是独资，都在急剧膨胀，势必带来更为剧烈的竞争。所有这些，如无统一认识，无相应对策，都将阻碍橡胶工业的健康发展。

二、牢固树立科学发展观，坚持可持续性、平等、平衡原则，有序建设、健康发展

居安思危，是千年不变的古训，而不断总结经验，善于吸取历史教训，纠正工作上的不足，则是立于不败之地的良方妙药。

计划经济时期，供应短缺，其根源就是清一色国有，机制呆滞，万马齐喑。改革开放初期，一方面是国企对市场不适应，另一方面是地方、民间资本活跃，这就出现了国企改造背上了包袱，相当一部分企业难以维继，新上小厂给市场又带来了混乱。20世纪90年代后，国外资本、大跨国公司的进入，既对国内技术、管理、市场带来竞争，带来新的观念，但也造成冲击，形成橡胶企业的分化、改组。经过十年来的磨合，特别是进入新的世纪，大浪淘沙，一批原有大中型国企，一批发展快、质量好的民企，经受住了市场经济的考验，已经或正在崛起，与三资企业形成新的竞争格局，全行业整体技术进步、企业经济效益大为改善。新形势下，不可避免地又出现了新问题，即新产品又出现新一轮的上马热，使之市场盲目竞争的周期大为缩短。以轮胎为例，“十五”以来，年平均增幅达9%，子午胎的发展速度将近20%，其中全钢子午胎的速度更快，连续几年在50%以上。好处是满足供应，但负面影响更为广泛。2003年，协会轮胎会员企业产品增长10.7%。其中，国企增长9.1%，三资企业增长13.7%，民企增长7.7%；与之同时，库存量增大，国企增加2.6%，三资企业增加43.1%，民企增加39.9%。2004年一季度热度不减，轮胎总的增长17%。其中，国企增长19.3%，

三资企业增长13.3%，民企增长22.9%。相应的库存增幅更大，国企为16.4%，三资企业为51.6%，民企为41%。盲目增产为市场所不能容纳，新一轮的降价竞销已经悄然浮出水面，尤其是过热的全钢子午胎，一些大厂包括合资大厂开始降价，新上马的企业甚至于个别老厂，因质量问题而减产整顿，加之生胶价位居高不下，银行追债，这些都无异于雪上加霜。所有这些预兆，都警示全行业要遵循市场经济规律，科学发展。

“十五”计划即将结束，迎接我们的是新的发展机遇期。中央要求我们要科学发展；国外经济学家对国内经济发展提出三项忠告，即可持续性、平等、平衡，只有全方位考虑，加强宏观调控，对外来资本及大跨国企业化解其为自身利益、利用优惠政策、排挤国内企业的负面影响，才能有发展的可持续性。就橡胶工业而言，技术经济委员会在编制《中国橡胶工业发展战略研究》大纲时，提出许多好的意见和建议，可以作为企业决策参考。一是要认清世界橡胶工业的现状和发展趋势，认清我国橡胶工业的现状和在世界上的地位，实事求是地确定自己的发展方向和目标；二是要研究分析橡胶工业发展的支撑条件，做好“十五”后期和“十一五”的市场预测，使自身发展能建立在稳固的基础之上；三是要有新的产业政策，创造一个宽松的发展环境；四是发展目标要综合考虑，稳扎稳打，以避免大起大落。其中几个突出的问题，很值得加以强调：

1. 实现科学发展，必须拥有自主知识产权 从20世纪80年代初，重点企业的技术及装备引进，有效地推动了企业的技术改造，在引进基础上的消化吸收及创新，可以讲有效地推动了全行业的技术进步。但是，时至今日，主要橡胶产品的更新换代，工艺及装备研发，基本上还是以消化吸收为主，在不可能再走引进、落后、再引进老路的情况下，从某种意义上讲，没有自主知识产权，就不可能有真正的独立、自主和科学发展。像报纸上对汽车的评价那样，尽管产量增长迅速，今年几百万辆，明年几百万辆，没有自主知识产权，没有自己的品牌，生产再多也是人家的，挣的钱也是装在别人兜里，充其量只是代人加工装配而已。他山之石，引以为戒。橡胶行业完全有条件走自己的路，全行业应当一心一意，携起手来，共同努力。一是实行产学研相结合，加大研发力度。几十年来，橡胶行业每个专业都有自己的专门研发院所，尽管目前情况各有不同，但基本实力还在，而且这些年又涌现出新的研发企业，如青岛高校软控，就很有活力。有条件的大公司都在建立自己的研发部门，只要结合好，也就是实行厂院结合、产学研结合，优势互补，就能使橡胶工业的发展建立在自主知识产权的基础之上。二是呼吁国家对技术转让、工程设计、自制设备以及可行性研究，加强监管和调控。我们行业之所以一再出现盲目发展、重复建设，不具备条件的小厂一哄而上，这里面有投资的积极性、有地方的政绩观念和保护因素，但与一些不具备技术转让、工程设计资质单位的推波助澜也不无关系。橡胶全行业只要一手抓新技术、新产品研发，一手抓落后技术的淘汰，科学发展就有了最基本的条件。

2. 实现科学发展，必须实施名牌战略，培育和发展自己的品牌 2003年，协会提出了在每个专业都要培育、发展5～10家民族品牌的目标，今年国家首先对全钢子午胎进行名牌评价。中国橡胶工业不仅历史悠久，而且一直肩负着满足国内市场需求、扩大出口和财政上交的重任，有厂无牌、有牌无名不是我们的本来面目，20世纪80年代行业内的金牌、银牌产品，至今大都能站得住脚，仍不失为行业的骨干。培育、发展民族品牌，一是可以反映历史事实；二是可以明确扶优扶强对象，提高生产集中度；三是可以与三资企业的国际品牌产品建立平等竞争的起跑线；四是可以通过品牌营销商的培育，发展大营销商，进而建立品牌产品与品牌营销商的战略合作伙伴关系，有利于市场的规范化。任何一个行业，良莠不分，甚至弄虚作假，就不可能有科学发展。培育、发展民族品牌的工作，要锲而不舍地抓下去，要成为协会及企业的共同行动。

3. 实现科学发展，不能搞无米之炊 当前，全行业使用的天然胶一半左右靠进口，合成胶产量、品种、牌号及质量都还满足不了需求，尽管都在讲世界经济要走向一体化，但把进口原料作为发展基础总是不可靠的，那样数量、价格都要受制于人。这些年中国橡胶工业发展快了，有人就讲是中国买乱了国际天然橡胶市场，群起抬价，而我们要承受胶价上涨之害，苦不堪言。求人不如求己，自力更生仍是根本。

对于天然橡胶，我们应一起呼吁国家进一步改革开放，解脱捆绑农垦企业发展的包袱，建立大型天然胶发展基地；同时要像其他行业那样，引进外资和先进技术，利用民间资本，扩大种植面积，增加产量，搞好后加工，提高质量。有多个积极性，总比一家独办要好，国产天然胶产量老是50万t左右，光靠价格、关税保护总不是个办法。建议有条件的轮胎等大公司，也要争取参与天然胶的发展工作，建立自己的原料供应基地，以保障原材料质量。

对于合成橡胶，国内乙烯产量已超过600万t，丁二烯及炭5组分也非过去可比，完全有条件增加丁苯胶、顺丁胶、丁腈胶、丁基胶的产量和牌号，而且也有条件开发、生产可替代天然胶的异戊橡胶。只有合成胶能满足需要，橡胶行业才可以摆脱对进口的依存。

4. 实现科学发展，必须注意化解外资的负面影响 外来投资对橡胶工业的积极影响和消极影响是并存的，连外国经济学家都讲，外资利用中国政策的优惠政策，如能给中国带来最新技术，带来国际市场，就能有利于中国经济成长；反之，利用了中国的优惠政策，只为自身利益，扩大在中国的市场，排斥中国的内资企业，是不可取的。从现实状况看，三资轮胎企业及其他产品的合资企业，都在用足中国政府特别是地方政府的优惠政策，按自己在中国的发展目标，无限制地大幅度扩张，这恐怕不是个好兆头。据报纸报道，虽然世界各国都承认外来投资的益处，甚至激烈竞争，但在引资的同时，很少有东道国不对跨国公司的投资进行管制，各国都要考虑如何最大限度地保护本国自身的利益，包括对外来投资的引导或限制。我想轮胎等行业也不会有例外，公平、合理竞争才是出路。

5. 实现科学发展，必须强化科学的经营管理，清洁生产、安全生产 科学的生产管理，建立现代营销体系，是老话题，但总是不到位，营销形势好了，就“萝卜快了不洗泥”，市场差了就降价竞销，内资企业与三资企业比，管理差距比技术差距更大。人才强企，也是迫在眉睫的工作。如果讲当前高层管理人才、科技研发人才不足，而高级技工则更匮乏，没有责任心强、技术精湛的成型工、硫化工，就没法做出好的产品，所以人才培养已刻不容缓。再就是要注重废旧橡胶产品的综合利用，以合理利用资源，生产发展了，环保上不去，发展不可能持久。

6. 实现科学发展，要有新的产业政策的支持 这方面的酸、甜、苦、辣，国企体会最深。下一步，还要继续努力，坚持不懈，争取国家在投资政策、技改政策、信贷政策、税收政策、合资政策以及产业预警体系的建立等方面，进一步改革，以期建立一个合理、公平、宽松的发展环境。

橡胶工业科学发展是一个大的系统工程，单从自身考虑是不够的，如当前讲得最多的能源问题、环保问题、汽车自主品牌问题以及限载问题等，都要加强调研，通盘考虑。老话一句，预则立，不预则废。

三、把协会建设好，以更好地服务于全行业的科学发展

自1985年中国橡胶工业协会成立以来，经过近20年工作的探索，机制的改革，按照国家改革开放和市场经济的要求，应当说日趋成熟。在上一届，我们全方位地发展会员，壮大了队伍，增强了代表性；在9个专业分会的基础上，增设了5个专业委员会，机体基本健全，有利于上下游结合、产学研结合；建立中国橡胶网、《中国橡胶》杂志改版、定期信息发布，使行业内信息交流加强；协会总会及分会秘书处推行三项基本制度改革，人员年轻化，使之为行业服务、为政府正确决策服务意识加强，工作效率提高。这次换届改选，修订了协会章程，产生了新的领导机构，最大的改革是实行主席团制，进一步突出企业家办会，更加有利于协会向自主、自立、自律方向发展。深信新一届理事会、新诞生的主席团及两级秘书处，会更加勤勤恳恳地工作，为全行业科学发展尽心尽力。

2004年协会的工作，我们已作全面部署，有几项重点工作还需要再强调一下。

1. 编写好《中国橡胶工业发展战略研究》资料 为“十一五”规划提供素材，给企业发展、国内外投资以正面信息，减少盲目性，同时也有助于国家关于橡胶工业发展的决策。做好这项工作，一靠各专业的专家组努力，二要靠全行业的支持，只有共同努力，才能把事情办好。

2. 做好调查研究 呼吁国家制订新的产业政策，争取天然胶进口关税、斜交胎消费税和扶持废橡胶综合利用等有关优惠政策。这一工作虽经多年努力，但仍要坚持下去，以求得宽松的发展环境。

3. 进一步加大民族品牌的培育、发展和宣传工作 三资企业的国际品牌工作做的多，可以讲家喻户晓。民族品牌肩负着满足内需和出口的重任，只有深入人心，才能建立起国际、国内品牌平等、合理竞争的平台。新产品宣传也是如此，比如全钢子午胎，国家一限载，运输户认为不需要全钢子午胎了，对其基本性能还缺乏必要的了解，不宣传就达不到扩大生产和应用的目的。

4. 组织好产销衔接和市场、价格协调 尽最大努力减少降价竞销。

5. 利用好今年国际橡胶会议及展览 了解国外动态，展示自己的实力和水平，进一步拓展国际市场空间。

6. 加大协会改革力度 从思想上、组织上、工作上以及人员上，做好充分准备，进一步探索协会建设的新机制，以承担国家政治体制改革后政府所委托的工作。

（本文为作者于2004年在“中国橡胶工业科学发展论坛”上的讲话，略有删减）

依靠科技创新 做强农产品深加工产业

科学技术部农产品深加工项目管理办公室

大力发展农产品深加工，促进农业由追求数量增长向注重质量和效益的转变，提高农产品科技含量，延长农业产业链条，是增加农业整体效益，增强国际竞争力，增加农民收入，实现农村小康社会的重要途径。“十五”期间，科学技术部联合农业部、教育部、国家粮食局、国家林业局、中华全国供销总社和国家质检总局等部门，启动了“农产品深加工技术与设备研究开发”重大科技专项。专项围绕大宗粮油、果蔬、畜产品和林产品等主要农产品，开展深加工技术、工艺与设备、质量标准体系和快速检测技术等方面的研究与开发，实现我国主要农产品深加工在关键技术、工艺、设备等方面取得重大突破，构建并完善农产品质量标准体系，开发农产品快速检测技术与设备，提出未来5～10年我国农产品加工业技术创新体系与发展战略，全面提升我国农产品加工产业水平和科技创新能力。

专项实施三年多来，全国共有67家企业、大专院校、研究院所、中心参与了这一重大科技专项的攻关研究。开发新产品147种，获得新技术、新工艺114项，鉴定成果57项，科技奖励15项，申请专利77项，授权国家专利15项。共建立了中试线38条，生产线48条，实现综合经济效益101.67亿元，新增产值111.11亿元，新增利税10.49亿元，出口创汇近1.6亿美元。同时，专项以龙头企业带动订单农业的实施，拉动了原料基地的建设。筛选出59个加工专用新品种，建立优质原料生产示范基地18.67余万 hm^2。2003年，专项带动3 100多万农民的直接增收达33.36亿元。

一、玉米变性淀粉：加工增值，农民增收

“玉米变性淀粉与酒精深加工技术研究与开发”课题，针对种植面广、产量较大的玉米深加工技术与设备进行深入研究，开发出市场急需的变性淀粉和燃料酒精，较大地提高了玉米的附加值，带动了东北地区的农民增收。以玉米深加工为龙头，结合原料基地建设，促进了产业链的形成和玉米种植业的持续发展。

在玉米湿法变性淀粉生产工艺中，采用目前行业内能力最大，且瞬间均质的反应器（$200m^3$）及国际先进的P型管式干燥器，解决了变性淀粉生产批次与批次之间的质量与性能不稳定问题，大幅度提高了产品的质量。在新建成的年产6万t全自动湿法变性淀粉生产线和年产3 000t滚筒干燥预糊化特种玉米变性淀粉生产线上，开发出20个新产品，销往上海梅林正广和、百味佳食品有限公司、吉林金财、黑龙江金冠、沈阳辉山乳业等企业。在速冻饺子皮、汤圆、酸奶、酱油、糖果等食品中得到推广使用。同时，这些产品在纺织、造纸工业中也得到广泛的应用。如在辽源纺织集团用作浆纱浆料，在襄樊晨鸣铜版纸有限责任公司和山东临朐玉龙造纸有限公司用作造纸涂布淀粉等，产品远销国内外。东北地区是世界种植玉米的黄金带，也是我国的玉米主产区，年产玉米约3 500万t。长期以来，由于玉米加工业滞后，玉米附加值低，农民增产不增收，种粮积极性受到极大的限制。而深加工后的玉米，产品附加值大大提高。经测算，以蜡质玉米生产变性淀粉，玉米可增值100%，即由原来原料蜡质玉米的1 500元/t增加到变性淀粉的3 000元/t；用普通玉米生产燃料酒精，吨玉米可增值60%。

特用玉米的价格大大高于普通玉米，蜡质玉米价格比普通玉米高30%，高直链玉米比普通玉米高50%。为了调整东北玉米种植结构，促进玉米区域农业经济的发展和农民增收，这项课题采用蜡质玉米和高直链玉米等专用玉米为原料生产变性淀粉，既满足了市场对特种变性淀粉的需求，又增加了农民种植特用玉米的积极性。课题带动长春周边地区1万余农户种植特用玉米，使每户农民增收300元。

二、大豆专用分离蛋白：科技示范，行业发展

“大豆深加工关键技术及设备的研究与开发”课题经过3年的深入研究，筛选出一批专业大豆新品种，在专用大豆分离蛋白生产技术上取得重要突破，开发出多种大豆分离蛋白新产品，满足了市场需求；课题组注重科技成果的转化，通过科技示范，有效地推动了大豆分离蛋白行业的快速发展。

在国内率先建立了专用大豆分离蛋白、高蛋白食品、大豆功能因子等6条示范生产线，实现了脱脂豆片的综合开发利用。建设完成了专用分离蛋白生产线一条，可生产乳品专用、肉制品专用、面制品专用等6种专用大豆分离蛋白，实现分离蛋白年产量6 000 t。筛选特用型大豆品种19个，并建立了特用型大豆原料基地6.67万 hm^2。

通过技术转让和技术服务的方式，将研究成果推广到其他蛋白生产企业，带动了全行业的技术进步。在课题实施企业的影响下，一些新建企业在设计中重视并增加了新技术的应用和产品种类多样化，部分老企业也进行了技术改造以便提高科技含量和效益。3年多来，课题研究成果转化商品数13种，成果转让合同数3项，成果转让合同金额2 000万元，成果转让工程造价约3亿元，带动了我国大豆分离蛋白企业的快速发展。哈高科大豆食品有限责任公司2003年收购基地大豆8万t，平均收购价格为2 800元/t，较2002年增加16.67%，农民直接收入2.24亿元，较2002年增加3 200万元。

三、稻米深加工：实现全利用，身价倍增

近年来，世界先进国家利用高新技术对稻谷进行深度加工和综合开发，增值效果十分显著。稻谷除了加工成大米这一主产品外，还可将主产品及其碎米、米糠、米胚、稻壳等副产品进行再加工和功能物质提取，制成新的产品，实现物尽其用。产品包括多功能米淀粉、大米蛋白、米糠油、米糠健康食品、生物降解材料以及日化、医药等工业的产品。“稻米深加工技术研究与开发”课题，攻克了目前国内外稻米深加工和综合利用研究领域最前沿的多项关键技术，包括大米蛋白高效纯化、高蛋白米粉酶解、米糠挤压灭酶保质、米糠营养素与米糠营养纤维高效分离全利用、米糠健康食品——γ-谷维醇功能因子高效富集、米糠蛋白分离与改性、多孔淀粉的成孔等。其中米糠挤压稳定化技术可使米糠的酸价<10，脂酶余残活力<4%，使米糠保质期达到1年以上，从而保证了用米糠开发功能食品的安全性。这项研究还利用生物技术，实现了米糠营养素和营养纤维制备的无废弃物排放，不添加任何化学试剂，米糠100%全利用的清洁化生产。多孔淀粉是具有特殊中空结构的功能淀粉。通过攻关研究获得复合酶（生淀粉糖化酶和α-淀粉酶）水解米淀粉制备多孔淀粉的关键技术，每2 t大米淀粉可得到1 t多孔淀粉，大大提高了米淀粉的价值。课题研究开发了大米蛋白、高蛋白米粉、米糠营养素和米糠营养纤维、米糠健康食品、多孔淀粉、米糠蛋白等9种填补国内空白的高附加值新产品，使稻米资源得到多层次、多产品的全利用，身价增加数十倍，为稻米资源的高附加值利用提供了创新性的技术途径。

稻米综合全利用技术示范效应已辐射到河南方欣米业、重庆泰威生态农业有限公司、上海海丰米业、安徽永安米业、黑龙江北大荒米业、湖南秀龙米业，安徽绿一集团、江苏农垦米业、四川川粮米业等国内著名稻米加工龙头企业，转化稻米65万t，形成4.2亿元的投资，31.5亿元的总产值，3.1亿元的利润和2.2亿元的利税。

四、菜籽加工：实现以双低油菜籽为原料的深加工

“双低油菜籽深加工关键技术研究与开发”课题，在菜籽脱皮制备优质饼粕与油脂新型工艺技术与装备开发上取得重大突破。菜籽脱皮机与皮仁分离系统综合技术性能显著提高。科技人员对甩料盘、挡圈结构和挡圈等材质进行重大改进，设备处理能力达到100 t菜籽/天，一次脱皮率>90%，粉末度<3%。通过优化流化悬浮分层、旋风分离、振动、筛分等多项技术及工艺组合方案，显著降低了皮中含仁率，使仁中含皮<2%，皮中含仁<1%。

科技人员还研制开发了高含油料挤压膨化技术和PHJ100型挤压膨化机设备，其处理能力达到100 t菜籽/天以上，脱皮菜籽仁膨化料残油率<25%，出油率达到39.0%。采用脱皮、膨化、冷榨和饼粕深加工等新技术，新工艺，建成示范生产线8条，包括脱皮膨化示范生产线3条、压榨膨化生产线1条、脱皮冷榨示范生产线1条、营养保健油示范生产线2条、氨基酸示范生产线1条。此外，还建成核心示范区原料基地2万 hm^2，双低油菜籽平均每公顷产量达2 205 kg，低硫甙、低芥酸的双低油菜籽率达到100%；开发出优质饼粕蛋白、饲用浓缩蛋白、复合

氨基酸、营养保健油等4种深加工产品。

脱皮、膨化和饼粕深加工等高新技术成果，在湖北省“双低”油菜示范龙头企业沙洋洪森油脂公司、湖北嘉禾粮油公司、湖北华益油料公司等三个企业推广应用并建设新工艺示范线，开发了“天颐”、“嘉禾”、“三月花”、“万重山”等优质油品牌及“元硕”等品牌饲料产品。此外，成果还辐射到安徽、江苏等省，极大地促进了双低油菜加工产业的发展。湖北天颐科技股份有限公司在公安、松滋两县（市），建立“双低”油菜示范基地1.33万hm^2，基地农户数达4.5万户。2000年以来，菜籽的价格每年增长10%以上，2003年达到2 600元/t以上，比2002年增长30%，仅此一项，使湖北省种植“双低”油菜籽的农民增收达到17亿元。据统计，2003年湖北农民人均增收120元，其中种植油菜增收40元。“双低”油菜已成为农民增收的重要途径。

五、苹果深加工：出口创汇，占领国际市场

我国是世界第一苹果生产大国，种植总面积近200万hm^2，年产苹果约2 200万t，占世界总产量的近40%。“苹果深加工关键技术与设备研究开发”课题，充分利用我国的苹果资源，大力发展苹果深加工，通过关键技术和设备的攻关，开发出高品质浓缩苹果汁和苹果酒产品，推动了产品出口创汇，将苹果深加工带上一个高水平、多层次的发展道路，打造出具有国际竞争力的苹果深加工企业。

在苹果专用品种选育方面，筛选出苹果浓缩汁加工专用品种7个，苹果酒加工专用品种4个。建立了果汁加工专用苹果育苗基地，辐射北京、天津、辽宁、山东、河南、河北、陕西、甘肃8个省、直辖市。建立了2万hm^2果汁加工专用品种园、示范园及产业推广园，带动4万多户果农直接增收5.4亿元。

科技人员攻克了浓缩苹果汁防褐变技术、防二次沉淀和后浑浊技术和降低棒曲霉素含量、消除耐热菌等关键技术，大幅度提高了产品的质量和国际竞争力。课题承担单位安德利果汁有限公司在山东龙口、陕西白水和江苏徐州新增、扩建苹果浓缩汁生产线3条，使果汁加工能力从5万t/年增加到14万t/年，苹果加工量从24万t/年增加到80万t/年，苹果汁出口量达到国内出口总量的约30%。

在苹果酒研制方面取得新突破，完成了苹果酒酵母与苹果酸乳酸发酵菌种的筛选、攻克了苹果酒发酵及防褐变等关键技术，开发生产了起泡Cider瓶式香槟酒、万客乐等苹果酒新产品，引导和扩大了国内对苹果酒的消费。

课题攻克的技术成果在行业中得到了广泛的应用，使我国浓缩苹果汁生产企业的技术水平和产品质量获得了全面提高，我国浓缩苹果汁出口量大幅度提高，2003年的出口量达到42万t，已占世界贸易量的近50%，每吨售价提升了近100美元。山东安德利、陕西海升等中国浓缩苹果汁企业已成为可口可乐等世界大饮料公司的直接供应商。我国浓缩苹果汁的生产企业年转化500万t以上的苹果，占苹果总产量的近25%，极大地缓解了苹果主产区卖果难的问题，目前加工用苹果每千克收购价较以前增加了0.3元。浓缩苹果汁的出口，鼓了果农的腰包。果农高兴地说：“如果没有浓缩苹果汁加工，咱的苹果就只有烂在地里了。”

六、贮藏保鲜：特色果品卖出好价钱

“特色果品贮藏保鲜技术及设备研究与开发”课题，在荔枝、冬枣、樱桃、哈密瓜等特色果品贮藏保鲜关键技术与设备研制方面取得显著进展，示范效果明显。课题在防止速冻荔枝果皮褐变、哈密瓜冷害、甜樱桃采后病理及生物防治、冬枣褐变及发酵研究，以及小单元组合式气调库箱的研制有了新的突破，形成了荔枝综合保鲜技术及规程，使荔枝果实在低温下的贮藏保鲜期达到45d以上；建立了适合于冬枣果实采后贮藏保鲜技术及处理规程，使冬枣的贮藏保鲜期达到4个月；建立了甜樱桃果实采后处理和贮藏保鲜的技术规范，使樱桃果实的贮藏保鲜期达到3～4个月，并建立了一套贮藏哈密瓜的技术及处理规程，使哈密瓜晚熟品种（伽师瓜）的贮藏期达到3～4个月。

针对小果型、核果类、高附加值特色果品的产、贮、运、销特点，科技人员研制开发出小单元组合式气调库（箱），解决了在普通冷藏和气调状态下易失水、萎蔫、气体成分难调控的难题，实现了小批量、多批次进出库，延长和扩大了产品在产销区的上市时间，延长了货架期，保证了产品的上市质量。初步完成了该设备的自动检测控制系统的研究。该技术、设备填补了国内空白。

依托本课题的研究成果，建成了4座总容量为4 000t的小单元组合式气调示范保鲜库、1座5 000m^2的保鲜加工厂及1条采后保鲜处理生产线；在4个省（自治区）建成特色果品生产基地1 467hm^2。同时，在特色果品产销区开展了示范工程建设，采用先进的技术工艺规程，保证了特色果品的上市质量，提高了

产品市场竞争力，直接带动了当地特色果品产业的发展。

贮藏保鲜技术上取得的技术突破，使特色果品卖出了好价钱。目前，贮藏保鲜樱桃、冬枣、哈密瓜除内销外，还远销东南亚、欧洲等国家和地区。如荔枝出口到新加坡及中国香港、甘肃兰州市等国内外市场。科技人员研制的“特色果蔬小单元组合式气调贮藏装备”经用户试用，反映良好，销量明显上升。到目前为止，累计销售与新设备贮藏研发相关的特色果品5 890t，销售相关设备新产品 2 300 万元，合计实现产值 7 860 万元人民币，创汇 480 万美元，带动 1.53 万户农民实现人均增收 910 元，经济效益和社会效益十分显著。

七、冷却肉：改变传统消费习惯

随着生活水平的不断提高，猪肉已经成为人们日常生活中不可或缺的消费品。按照传统观念，人们一般都认为刚宰杀的新鲜猪肉是最好的肉。然而，猪肉并非刚屠宰后的最好，最优质的猪肉是冷却肉，也叫冰鲜肉。冷却肉处理办法，是将生猪被屠宰分割后，迅速将分体肉放在零下 20℃的环境里进行冷却处理，使分体肉的温度短时间内由 42℃左右降至 10℃以下，然后缓慢降至 4℃。在这个过程中，猪肉中的部分蛋白质转化为人体更易于消化吸收的营养物质，同时还能够控制水溶性维生素和蛋白质随水流失，保存住肉的营养价值。在冷却温度控制下，猪肉中酶的活性和大多数微生物的生长繁殖受到了抑制，肉毒杆菌和葡萄球菌等致病菌不分泌毒素，避免了肉质腐败，确保了安全卫生。一般热鲜肉的保质期只有 1～2d，冷却肉的保质期可达 1 周以上，而且肉质柔软多汁，滋味鲜美，便于切割、烹制。

“肉制品加工关键技术研究与新产品开发”课题，就是依靠技术集成创新提升冷却肉和发酵肉产品品质，通过冷却肉初始菌数控制技术、护色技术、汁液流失控制技术、包装技术和冷却肉表面处理技术的研究，使我国冷却肉生产关键技术获得全面升级，冷却肉的初始菌数控制在 10^3 cfu/g～10^4 cfu/g，在 0～4℃条件下，冷却肉的汁液流失控制在 1%以内，货架期达到了 20d 以上；发酵肉制品研究已筛选出发酵特性优良、抗冻干、活力强的具有自主知识产权的肉制品发酵剂 17 种，并通过中试，发酵剂的活菌数达 10^{10} cfu/g；开发出 10 种中式、12 种西式发酵肉制品，建成了月产 1.5t 高级发酵肉制品中试生产线。2003 年双汇集团冷却肉及发酵类新产品销售收入达 32.6 亿元，由课题产生直接经济效益 1.66 亿元，成果转化效益显著。

攻关的实践表明，3 年来取得的一批重大科研成果，进一步带动了企业更大的投资。在本课题的支撑下，双汇集团在冷却肉、发酵肉制品领域产品质量不断改进，生产技术和规模不断提高，市场份额不断扩大。双汇集团冷却肉产量每年以翻番的速度增长，3 年累计屠宰量 960 万头，仅 2003 年双汇集团生猪收购就带动 100 万养猪农户增收 3 亿多元，直接转移农村剩余劳动力 3 万多人，带动饲料销售 100 多万 t，为区域经济的快速发展和农村产业结构调整起到巨大的带动作用。

八、林产品深度开发：促进西部农民脱贫致富

我国西部地区有丰富的松脂和五倍子原料。松香松节油和五倍子系列产品开发可以大幅提高原料附加值，对西部贫困山区农民增收、脱贫致富，改善农林生态环境和生态效益，产生积极的影响。松脂和五倍子加工已成为我国西部贫困山区脱贫致富的一个支柱产业。

“松香松节油系列产品深加工技术研究与开发”课题，重点解决了松香松节油深加工系列产品工业化生产的一些关键技术问题，如无色松香系列产品生产中提高松香稳定性的技术、松香无色化工艺技术、催化剂回收技术与装置、耐候性环氧树脂的生产技术及其在户外电气绝缘材料中的应用技术等。在松节油合成高级香料的攻关过程中，发明了松节油合成香叶基丙酮的一体化工艺技术，使酯交换、异构和脱羧反应同步进行，同时使各步反应和产品蒸馏能够在同一个反应釜中完成。这是一项无“三废”排放的绿色化生产工艺技术。

“五倍子系列产品深加工技术研究与开发”课题，重点解决了没食子酸酯类化合物的酯化反应技术及提纯技术；没食子酸醛类衍生物的甲基化、甲酰化技术；没食子酸酮类衍生物的相转移催化技术、还原保护技术及提纯工艺；高纯没食子酸的膜分离技术和金属螯合技术。

松香松节油系列产品开发和应用，每年消耗松香原料 4 000 t，可使 3 000 户以上农民每年增加收入 5 000～6 000 元，五倍子系列产品开发和应用，每年可耗费五倍子原料近 1 000 t，以现在每吨五倍子 1.5 万元的价格计算，每年可以使农民增加收入 1 500 万元。大大促进了西部山区农民脱贫致富。

九、标准检测：规范农产品加工流程

“农产品加工标准体系与全程质量控制体系研究与示范”课题，首次构建出我国农产品加工标准体系总框架和主要农产品加工标准体系分框架，编制出我国农产品加工标准体系表。初步建立了农产品加工标准数据库，并进行了初步调试运行。编制了农产品加工通用GMP和液态奶、苹果浓缩汁、冷却肉、大豆分离蛋白加工全程质量控制技术规程文本。结合“液态奶、苹果浓缩汁、冷却肉、大豆分离蛋白”实际生产工艺，建立了8条产业化示范生产线，使其中的3个企业通过了HACCP认证。课题研究从系统理论到产业化示范、从具体检测技术到产品质量全程控制，系统性、配套性和可操作性强，对我国农产品加工企业建立既与国际接轨、又适合中国国情的全程质量控制技术体系，具有示范带动作用和实际指导意义。

“农产品质量快速检测技术及设备研究与开发”课题，完成了机器视觉水果分级系统、电极膜式有机磷农药快速检测仪、RQS 1.0优质稻谷品质快速检测系统、小麦粉精度测定仪、电子式粉质仪、核磁共振含油量分析仪、优质油菜速测仪（硫甙芥酸速测仪）、数显电子马克隆仪、数字式棉纤维长度照影仪、微波水分测量仪和棉纤维强伸度测定仪等10种样机的研制。这些设备可用于在线检测或相关检测系统，为HACCP、GMP等质量保证体系提供硬件支撑，为全面提高我国农产品检测技术的整体水平和保证农产品安全起到了重大的推进作用，也缩短了我国农产品质量检测技术水平与国际先进水平的距离。

2 第二部分

有关行业发展概况

粮油食品加工业

粮食流通体制改革的深化发展，粮食购销市场化的放开搞活，为我国粮油加工业的产业升级带来了良好的发展机遇。尤其是科技进步步伐的加快，大大提高了我国粮油加工业的技术水平、产业规模和发展速度，市场前景十分广阔。

一、坚持科学发展观，促进粮油科技持续发展，维护国家粮食安全

随着社会主义市场经济体系的不断发展和完善，特别是加入 WTO，我国的社会、经济结构发生了巨大的变化，可持续发展面临一系列新的挑战。因此，大力促进科技创新，强化技术集成，为可持续发展提供强有力的技术支撑，已成为新世纪科技工作的重要任务。

粮食安全关系到国计民生，确保粮食数量的有效供给，维护粮食质量的卫生安全、品种和营养的合理搭配以及粮食资源的可持续发展，是确保国家食物安全的重要条件，也是新世纪全面建设小康社会的客观需要。

2003 年我国粮食产量为 4.3 亿 t，比 2002 年减产 5.9%。2004 年随着国家对农业扶持力度的加大，我国粮食生产扭转了自 1999 年以来连续 5 年减产的局面，全年粮食产量有望达到 4.65 亿 t，同比增产 5%。如果按照全国粮食年需求量 4.8 亿～4.9 亿 t 的传统口径计算，2003 年粮食产需之间尚有5 000 万～6 000 万 t 的缺口。2004 年我国粮食虽然增产了 5%，但粮食产需之间仍有1 500 万～2 500万 t 的缺口。这里反映出的粮食供求紧张状况，总体上短期内难以得到解决。因此，必须坚持科学发展观，依靠科学技术创新，维护国家粮食安全。具体途径有下列四个方面：

1. *加强品种选育，大力推广优质粮种* 据中国水稻研究所有关报道："超级稻新品种在过去 5 年累计播种面积已超过 747 万 hm^2，比现有品种增产 10%以上，高的达到了 30%。"目前，全国亩产 800 kg 以上的超级稻百亩连片示范田已发展到 30 个。据袁隆平院士介绍，我国杂交水稻播种面积大约为 1 333 万hm^2，如果都能改种超级稻，每亩可增产 150kg，1 333万 hm^2 则可增产3 000万 t，可有效地平衡我国粮食的短缺。

2. *加快信息化建设，加强国际市场粮情的研究* 充分利用两个市场，两种资源，通过进出口，做好粮食余缺和品种调剂。2004 年预计小麦进口将达到 500 万 t，4 月份国家出台了对进口小麦免收增值税的政策，13%的增值税免收和海运费回落，使进口小麦成本降低，进口小麦与国产优质麦的替补差在 150 元左右/t。进口小麦的低成本，使 2004 年国产小麦行情后市上涨受到制约，维护了市场的需求和稳定，相对的减少了耕地面积压力，节约了水资源消耗和减少了化肥、农药的使用量。

3. *加强农村粮食产后技术服务体系的研究，为减少粮食产后损失提供技术支撑* 据有关部门调查，粮食产后的损失高达 10%以上，按年产 4.3 亿 t 计算，即达4 300万 t。据我国粮食部门科研单位调查，农民储量损失约为 5%（不包括收运），亦为2 150万 t，相当于目前我国粮食短缺数量，这是一个尚待开发的"无形粮田"。我国国库储粮损失 0.2%，具有完备的科学储粮技术。例如机械通风、环流熏蒸、低温冷却、自动测温、测湿等，仓储设施完善，有条件为农村储粮提供技术支持和服务。要结合粮食购销体制改革，提供储粮技术服务，这是基层粮库改革的方向，也是确保粮食安全的一个重要举措。

4. *加强食品科学研究，发展粮油食品加工* 充分利用已有可食资源，开辟新的粮源，弥补国内粮食短缺，维护国家粮食安全。

首先，应转变传统的"粮食"观，树立科学的"食物"观。一般人们习惯把稻谷、小麦、玉米、高粱、谷子等谷类作物称之为"粮食"。把经过加工形成的初级产品（大米、面粉、玉米粉和渣、高粱米、小米等）称之为"主粮"。从研究粮食安全问题的出发点，都是局限在狭义的传统"粮食"概念上。而科学的"食物"观，则是从粮食的化学组成上，把一切可食的"食物"资源，如淀粉、蛋白质、脂肪、纤维素、灰分（矿物质钙、磷、铁、硒）以及各种营养素（维生素 A、B_1、B_2、E 等），通过加工变成食品，满足人们食用需要。他们不仅来自谷类作物，而且来自薯类等块茎(根)、豆类及油料作物、瓜果、蔬菜类作物、

注：亩，非法定计量单位，15 亩＝1 公顷。

木本植物（板栗、橡子、核桃、茶籽等）、水生植物（莲藕、菱角）及食用菌类等。随着食品科学技术的发展，加工技术装备的完善和提高，这些可食资源通过超微粉碎、膨化、酶法转化等加工、提取、分离、调配、烹制、干燥，实现质构重组，已可生产营养丰富、美味可口的加工食品，有的已进入人们的“主食”，替代粮食，或和谷类一起加工成主食（面条、面包）。因此，树立科学的“食物”观，大力发展食品科学技术和食品加工业，充分利用可食资源，也是维护“粮食安全”的一条开辟粮源的重要途径。

二、加速粮油企业信息化建设，促进粮油流通业的技术改造

（一）传统市场与电子商务有机结合是未来粮食批发市场的发展方向

随着互联网技术的发展，电子商务正在各行业迅猛普及。在粮食市场化趋势越来越明显的情况下，利用现代技术和手段在市场环境中取得优势已被众多粮食企业所重视。

根据相关调查分析，目前全国农业和粮食企业网站已超过8 000家，政府主管部门和专业机构开办的农业、粮食类网站数量已达500多家。开展电子商务是规范粮食流通秩序、降低流通成本、增加企业竞争力的重要手段。

近年来，国内粮食网站得到了较快发展，从发展形式最好的中华粮网的实践可以看到，现阶段采用传统与电子商务结合的方式，即网上交易，网下交割结算方式，是促进粮食批发市场发展的有效途径。

（二）粮食物流企业的信息化，在探索中取得成果

目前，我国正处在全面推进信息化的进程之中，物流领域的信息化既带有一般行业信息化的共性，也有其特性。

例如，山东省莱州粮食收储中心是一家国有粮食购销企业，在粮食物流企业中具有一定的典型性。这家企业的粮食流通链条涉及农户（生产者）、收储站和储备库（收储）、管理机构（调运）、农业银行（信贷）、财政部门（补贴）等环节。该企业信息系统不仅是一套物流管理系统，而且是以粮食流通企业为龙头的农业产供销供应链。该企业的现代物流信息化工作主要从三个层面逐渐推进：

1. 基础信息化　只有正确地解决信息的采集、传输、加工、共享等问题，才能提高决策水平，从而带来效益，这是所有行业信息化的基础问题。

2. 流程设计的信息化　将系统论和优化技术应用于物流的流程设计和改造，融入新的管理制度之中。其作用有：一是固化新的流程或新的管理制度，使其得以规范地贯彻执行；二是在规定的流程中提供优化的操作方案，例如仓储和存取的优化方案、运输路径的优化方案等。

3. 供应链的形成和管理作用的提升　主要是通过对上下游企业的信息反馈服务来提高供应链的协调性和整体效益，如生产企业与销售企业的协同、供应商与采购商的协同等。信息系统在这里的主要作用是实现这种互利机制的手段。例如销售商的库存由供应商的自动补货系统来管理；生产商的生产计划根据销售商的市场预测来安排等。

从总体看，我国绝大部分的物流企业特别是中小物流企业仍处于第一阶段，即用少量的投资，解决业务各流程的信息化问题，目标是建立决策依赖信息、数据的机制，其中特别是将财务核算深入到各业务环节中去，此类需求占企业的主体。少部分基础较好的物流企业已经进入了第二层面，即优化流程设计和运行操作。这样的企业有较好的经营管理机制，较好的信息化基础，可以为流程再造提供制度保证和数据基础。进入第三层面的我国粮食物流企业目前还很少，需要加强探索和实践，使我国现代粮食物流和供应链管理加快发展。

（三）粮油加工企业应用现代化信息技术改进业务实践，提高管理水平

以山东鲁花公司为例，近年来随着其产品在全国市场的不断推进，企业规模扩大，分销体系进入快速扩张期，从2000年的22家分公司目前已扩大到44家分公司。企业销售规模扩大，对异地物流和资金流的管理难度增加。一方面，在不断膨胀的业务需求面前，业务操作的重复率和失误率增加；另一方面“传真＋电话”的传统业务操作模式和信息交流、沟通方式效率低下，对市场反馈相对迟缓，最终影响公司领导层决策。

鲁花公司选择了用友软件实施信息化，在总部和下属44家分支机构中部署网络分销系统，为自身构筑了一个完全基于互联网的异地业务管理平台和面向多层分销渠道的电子商务平台，该系统的应用，为鲁花公司带来了巨大的商业价值。

据AMT企业资源管理研究中心提供评估报告所示：应用用友网络分销系统，通过实现对分支机构资金监控，避免流动资金沉淀1 800万元；避免商品失效而挽回库存损失300余万元；业务流程的自动化导致传真及电话费用节约50余万元；建立分公司磨合期从8个月下降到2个月左右；订单处理周期从以前的4 d下降到目前的2 d，推进了信息化管理，真正

使企业提高了经济效益。

三、发展粮食加工业，推进传统主食品工业化生产，加速农业的产业化

（一）传统主食品工业化的生产，为粮食产业化经营开辟了道路

例如，华龙面业集团经过近十年的艰苦创业，2003年已拥有102条方便面生产线，年产方便面72亿包，总资产30亿元，拥有全国第二大面粉加工企业及333hm²优质小麦基地，年转化小麦已达到100万t，并计划在3到5年中把“股份制”土地面积扩大到1 200hm²，面向一体化，使华龙产业链走向“纵向延伸，横向整合”。

华龙面业集团在全国已设立43个销售分公司，120个办事处，在省、市、县三级设立经销商1 400多人，分销商3万余名，形成了直接服务60万网点的立体网状结构，实行信息化管理，推动了农业产业化，形成了粮食业“产加销”、“农工贸”一体化，把上游的小麦种植、中游的面粉食品加工业和下游的食品营销业有机协调起来，形成了我国小麦产业化经营的典范，引导企业持续发展。

（二）传统主食品工业化，带动了相关产业，扩大了城乡劳动力稳定就业

方便面生产的发展，促进了我国传统面制品工业化和面制品产业的技术进步，带动了国产面机和调味品行业的发展。例如广东的大华、人机、大江山、亚布尔以及河南的东方集团等面机制造业，2003年销售10万t/年以上的方便面生产线163条，为我国面制品的发展提供了技术和装备支持。其中40条生产线销往海外，这些设备有良好的价格、性能比，提高了国产设备在国际市场的竞争力，改变了过去我国大型面机依靠进口的状况。

由面制品生产延伸至调味品加工，构成了方便的“主食快餐”，提升了传统面食风味、营养和产品质量，崛起了一批为方便面生产配套的调味品企业。例如天津春发、广东汇香源、上海爱普等企业，产品销售额近年以30%的速度递增。

鲜湿面的开发，在我国传统特色面制品的工业化生产上实现了突破。南街村集团瞄准非油炸方便面市场，大力开发“鲜拌面”，选择具有地方特色的“热干面”进行产品开发，一举打开了武汉市场，计划3年内投产10条生产线，以适应消费需求。

此外，天津桂发麻花集团与科研单位合作，研发制出电脑程控麻花机械化生产线，实现了麻花从配料、炸制、包装、入库自动化连续作业；圣昂达机械（天津）有限公司，通过研制，开发出一套玉米杂粮方便面生产线，采用挤压法制作出玉米杂粮方便面，为杂粮面制食品生产，提供了先进的生产设备；河南兴泰科技实业有限公司在馒头粉的品质改良和馒头工业化生产及连续化经营方面建立了试点进行开发，并已初见成效。

（三）稻米产业正经历着重大改革，米制品工业化生产迈出新的步伐

据统计，全国稻米总产量2 131.3万t，比2002年减少86.1万t。其中特等米677.6万t，占31.8%；标一米1 194.6万t，占56.1%；标二米201.2万t，占9.4%。从以上数据看出，产品结构主要还是以标一米为主，特等米次之。从生产能力看，2003年，全国（纳入统计的）日生产能力30t以上的稻米加工企业7 815个，年总生产能力6 970万t。其中国有企业2 048个，占26.20%；外商及港澳台商投资企业22个，占0.3%；民营企业5 745个，占73.5%。日生产能力100 t以下的企业7 099个，占90.8%；100～200 t/d的607个，占7.8%；200～400 t/d的89个，占1.1%；400 t/d以上的20个，占0.3%。总体来看，100 t/d以下的米厂仍占主导地位。

通过全国稻米生产总量和总生产能力比较，可见设备的利用率只有30%，严重的开工不足。另据统计，全国年消费的稻米总量12 950万t中，有近10 000万t是30t/d以下的小型米机加工的。我国稻米加工业小型分散的状况不仅没有改变，而且有所发展。从稻米加工业经济运行情况看也不容乐观。2003年，稻米加工业总产值362.3亿元，利润总额6.7亿元，加工销售2 131万t稻米，折合每吨效益仅为31.4元，每千克仅增值3分钱，效益十分低下，故企业难以维持。为摆脱企业的被动局面，稻米加工行业正在经历着重大的改革，通过落实科学发展观，实行企业改制、改组、改造，依靠科技发展深加工和综合利用，加强“产加销”、“产学研”联合和强化企业管理等一系列措施，力求寻找振兴发展之路，以推进稻米产业持续稳定地发展。

近几年米制主食品工业化发展加快，尤其是米粉在我国南方及东南亚一带有广泛的消费市场。如南昌市米粉成为早餐或一日三餐的主食品。广东的“沙河粉”、福建的“兴化粉”、贵州的“酸粉”、云南的“米线”及近几年发展起来的即食米粉，既可用热开水冲泡，也可下锅做汤，还可以炒食、凉拌等。在湿粉基础上，研制开发“保鲜的鲜湿方便米粉”已获得成功，产品保质期6个月以上，很受消费者欢迎。

此外，工业化生产的冷冻米饭、方便米饭、速冻

汤丸、粽子等，亦逐渐在市场推广。据有关报道，我国工业化主食品人均消费从1990年的0.5 kg到现在的7.8 kg，整整提高了15倍，其发展势头非常迅猛。当然，与美国等发达国家的工业化主食面包人均年消费量79 kg相比，我国主食品工业化还有很大差距。目前我国有速冻食品生产加工骨干企业200多家，品种达300多个，年产量达1 000多万t。其中速冻方便食品的出口量已超过意大利，居世界第一位。但应看到，我国目前的速冻食品无论是数量还是品种远不能满足市场的需求，其加工技术和国外相比差距较大，产品的保质期较短，前处理技术和解冻技术较落后，冷藏链还不健全，大多数速冻食品机械还主要依赖进口，这些问题尚有待在发展中不断完善。

（中国粮油学会　于衍霞　刘兴信）

油料加工业

一、基本情况

2004年我国大豆、花生、油菜籽、棉籽、葵花籽、芝麻、油茶籽、亚麻籽等8种主要油料作物的总产量为5 500万t。其中大豆产量1 720万t，油菜籽产量1 180万t，花生产量1 549万t，葵花籽产量197万t，芝麻产量89.5万t。2004年我国进口大豆1 850万t，油菜籽45万t；进口大豆油250万t，菜籽油35万t，棕榈油330万t；总折油922.8万t。出口花生果9.5万t，花生仁40万t，扣除出口折油30万t，净进口折油892.8万t。2004年全国食用油总供给量为国产油料折油950万t和净进口油892.8万t之和，总计为1 842.8万t；人均可供给量达到13.7kg，缩小了与世界人均年消费量15kg的差距。随着人民生活水平的进一步提高，国内食用油消费市场还有一定的空间，前景看好。但由于我国油脂、油料的部分进口产品有些失控，没有按照市场需求组织进口，而是任凭少数企业在利益的驱动下，盲目进口，从而造成部分产品的进口量“多”了。食用油供需相抵后有300多万t成为结转库存，这是相当大的数字。它是导致2004年油价下滑、大豆加工企业严重亏损的重要原因，也是影响当前油菜籽收购冷淡的间接原因。2004年4月份以来，由于国内饲料行业需求不旺，油价下滑，进口大豆价格居高不下等原因，造成大多大豆加工企业亏损严重。为了回避风险，迫使一些企业减产、停产，这是我们必须面对现实，冷静思考，乃至要做必要的反思。

目前我国对食用棕榈油、豆油、菜籽油进口实行全口径关税配额管理。根据《中国—东盟全面经济合作框架协议》，自2004年1月1日起，中国与东盟成员国开始执行早期收获计划，对“混合制成的食用油脂或制品”实行降税，自2004年7月1日起执行。为维护正常的进口秩序，现对中国与东盟自由贸易区“早期收获”项下以优惠税率进口“混合制成的食用油脂或制品”做出有关规定，以利于规范正常的进口秩序。规定中明确：①对进口含有棕榈油、豆油、菜籽油等基本原料，经简单加工混合，但未改变其形态、用途的油脂，其混有的棕榈油、豆油、菜籽油中任何一种或多种油脂总比例超过50%的，不享受中国与东盟自由贸易区“早期收获”项下的“混合制成的食用油脂或制品”优惠税率，仍按关税配额管理。对上述食用油进口，国家按进口食用油中含有的棕榈油、豆油、菜籽油中比例最高的品种（比例相同的按棕榈油、豆油、菜籽油排序）实施关税配额管理。②在中国与东盟自由贸易区“早期收获”项下以优惠税率进口混有棕榈油、豆油、菜籽油的油脂进口商，须如实申报混合品种、比例及用途，并提交出口国政府指定机构签发的注明混合品种、比例的原产地证书。

二、科技工作

（一）整合资源，强强联合

为充分发挥科技工作是第一生产力的作用，国家粮食局无锡科学研究设计院和常熟华鑫机械制造有限公司加快科技改革步伐，实现了科技资源整合，共同组建了国家粮食局无锡科学研究设计院油脂设备（常熟）制造厂，于2004年9月双方共同主持了挂牌仪式。中国粮油学会油脂专业分会、中国粮油（集团）公司科技总公司、江南大学食品学院、东海粮油工业（张家港）有限公司、山东新良油脂工业（日照）有限公司等30多家单位及当地政府领导出席会议或致电表示祝贺。这一强强联合，使国家粮食局无锡科学研究设计院所具备油脂科研设计以及成套工程服务等方面的优势与常熟华鑫机械制造有限公司具有的油脂浸出及压力容器制造方面的专长，双方得到了优势互补，形成了合力。同年，山东鲁花集团科技中心被科学技术部认定为农业产业化重点龙头企业示范科技创新中心后，又与山东花生研究所等单位共同组建了国家花生工程技术研究中心。这些行业内资源的整合，大大增强了行业内科技创新能力，为我国油脂行业的健康发展和科技腾飞创造了有利条件。

（二）又一批科研成果取得新进展

为了充分发挥航空航天技术对培育花生新品种所产生的独特作用，2004 年 9 月由山东鲁花集团公司提供的 104 g 花生种子搭乘我国第 20 颗返回式科学与技术试验卫星，在太空运行 18 d 后于 10 月 15 日成功返回地面。这批花生种子已由国家花生工程技术中心投入花生新品种的育种工作。这项工作获得成功后，将进一步提高我国花生育种的科学技术水平。

此外，山东鲁花集团研究获得的“5S-物理压榨制取花生油、大豆油新工艺研究”的科技成果，于 2004 年获山东省科技进步二等奖。由武汉良龙机械有限公司和国家粮食局武汉科学设计院共同开发的“50 t/d 双螺杆冷榨机”以及由江南大学承担的“活性花生蛋白粉生产工艺研究”，分别通过了湖北省、江苏省科技厅组织的专家鉴定，这两项技术分别填补了国内空白，其工艺性能、参数均达到国内领先水平。山东鲁花集团的“鲁花”品牌，于 2004 年被国家工商总局认定为“中国驰名商标”。针对我国大豆深加工技术落后于国外先进水平的情况，山东黄淮粮油机械集团公司与青岛大学天然产物研究所联合攻关，经过一年多的考察、研究、试验、论证，成功地开发出大豆异黄酮生产工艺及成套设备。该项技术以高校为依托，保证了其先进性和发展性；而山东黄淮粮油机械集团公司多年来从事油脂工程设计、生产、安装的经验和技术实力，也保证了该项技术设备的研制及生产的顺利进行。上述科研成果的获得和部分新型技术设备的投入生产，将进一步推进本行业持续稳定发展和技术水平的提高。

三、企业建设与投产情况

山东鲁花集团有限公司已发展成为行业内重点企业之一，该企业始终坚持“产业报国、惠利民生”的宗旨，充分发挥了农业产业化国家重点龙头企业的带动作用，2004 年该公司又取得了较好业绩。其中花生油生产规模进一步扩大，生产能力提高到年产 40 万 t，销售收入 20 亿元，创利税 2 亿元。同年 10 月年产花生油 10 万 t 的河南周口鲁花丰益花生油有限公司的建成投产，进一步提升了该集团公司的经济实力和对中国花生产业的带动作用。

为贯彻国家开发中西部的战略部署，中粮集团投资 2 亿多元，在湖北钟祥市兴建 1 座包括工艺先进的榨油厂、18 000 t 的油罐区及配套的生产、仓储设施的食用油生产基地。榨油厂设计油菜籽和花生等原料的年处理能力为 24 万 t，年产高档食用油 10 万 t。预计建成投产后，其年销售额可达 10 亿元，年创利税将超过 8 000 万元。除本项目外，行业内天津嘉里粮油脂工业有限公司在天津市投资 8 000 多万美元建成的 1 000 t/d 油脂精炼厂，年内举行了开业庆典。相继山东德州天马粮油集团年产 3 000 t 大豆分离蛋白项目建成投产，产品出口获利 300 万美元；该集团 500 t/d 大豆、菜籽、花生仁和棉籽加工项目也随后建成投产。这些采用先进工艺和设备的油脂加工企业的陆续投产，大大提高了本行业在国内外市场中的竞争能力。

另外，广西农乐油脂有限公司万亩优质油茶示范基地第一期工程于 2004 年 7 月在巴马县正式启动，这一优质茶籽油深加工项目的实施，不仅推动了行业内的企业深化改革工作，而且也推动了广西农业产业结构的调整、地区特色产业的发展和区域产业优势的发挥。该项目由自治区粮食局所属的广西农乐油脂有限公司筹资上马，计划总投资 1.98 亿元，包括在百色、河池、柳州等适宜油茶种植的区域，建设总规模为 5.33 万 hm^2 的高产优质油茶基地。预计项目建成后，年可创利税 5 145 万元，可为该地区 100 万农民人均增加收入 170 元以上。这项茶籽油深加工项目，以科技为依托，实现了“科、工、农、贸”一体化，这种经营模式将推动油茶规模化，发挥油茶产业优势，增强油茶产品的市场竞争能力，积极推进了特色产业的发展。

四、标准化工作与行业管理

（一）标准化工作

1. 新标准的宣贯　为了贯彻食用植物油国家新标准，国家粮食局于 2004 年 4 月 29 日在北京国宏大厦召开了新闻发布会。参加会议的有国家发展改革委员会、国家标准化委员会、商务部、国家粮食局、国家食品药品监督管理局、卫生部和进出口食品安全局等 8 部、委、局有关领导，有国家粮食局标准质量中心、国家粮食储备局西安油脂科学研究设计院、国家粮油食品质检中心和中国粮油学会油脂专业分会的专家，有中央电视台、人民日报、新华社、中央人民广播电台、新华通讯社等 17 家新闻媒体的记者，还有中储粮总公司中粮集团、中谷集团科技总公司、黑龙江九三油脂有限公司、北京粮食集团、山东鲁花集团、中国植物油行业协会等10多家企业和社会团体的代表。发布会由国家粮食局标准质量中心主任杜政主持，国家标准化管理委员会主任李忠海、国家粮食局副局长任正晓等领导及有关专家分别在会上讲了话，会上并回答了记者的提问，提问内容主要包括：①我国进口转基因大豆情况，用于食用油生产的比例以及统一标识的问题；②新标准与现行的一些标准规范不一致的问题；③原产国标识的要求；④关于新标准过渡期等人们比较关心的问题。发布会宣布了食用植物油中《大豆油》、《花生油》国家标准于2004年5月1日起正式实施。这次新闻发布会，由于会议内容和参加会议人员的层次较高，会议安排落实到位，重点新闻媒体的记者较多，因此起到了良好的宣传效果。

为便于《大豆油》、《花生油》两项国家标准的贯彻实施和产品质量的监督管理，新闻发布会后，国家标准化管理委员会接受了近期部分企业反映的“按新标准组织加工生产和重新印制产品标签有一定的难度，准备和调整的时间不足”等意见和国家粮食局提出的“延迟大豆油和花生油国家标准实施日期，以及标准中有关食用植物油标签中‘原产国’标注方式问题的建议”后，以国标委农轻［2004］54号文件发出了《关于推迟实施（大豆油）、（花生油）国家标准以及明确食用植物油标签中“原产国”标注方式的通知》，《通知》中明确了《花生油》（GB1534－2003）和《大豆油》（GB1535－2003）两项国家标准的实施日期延迟至2004年10月1日，同时明确了食用植物油“原产国”标注的具体处理方式。这项通知的下达，进一步完善了标准中的相关细节要求，同时为顺利地贯彻这两项国家标准提供了足够的准备工作时间。

2. 标准制定　为了推动行业内标准的制定工作，中国粮油标准委员会于2004年8月在南京召开了会议，会议专门研究讨论了有关油脂标准的制订工作。同年9月，又在北京召开了粮油标准会议，会上成立了油脂标准起草工作领导小组，研究和制定了今明两年和“十一五”油脂标准制订计划。

为了编制粮油行业特有工种国家职业标准（即制油工职业标准），国家粮食局于2004年12月在北京召开了专业会议，草拟了包括“职业名称、职业定义、职业等级、职业环境、职业能力特征、基本文化程度、培训要求、鉴定要求”等8个方面的具体要求，形成制油工职业标准草案。为了进一步提高企业标准水平，更好地指导企业生产，湖北省技术监督局于2004年6月主持通过了武汉烯王生物工程有限公司的花生四烯酸油脂企业标准。

（二）行业管理

为贯彻国务院关于实施“食品药品放心工程”的重要部署，推进“放心粮油”活动深入开展，真正让城乡居民吃上“放心粮油”，中国粮食行业协会和中国植物油行业协会决定，在全国开展第四批“放心粮油”评审和第一批“放心粮油”年检工作。第四批“放心粮油”评审的对象仍然是小麦粉、大米、食用植物油这3类主要的粮油产品，每个企业评审品种不超过5个。两协会还对申请企业的规模、资格、信誉等诸多条件作出了严格的规定。例如，申请企业必须是两协会的会员或者省、市、县粮食行业协会会员；必须已经获得质量技术监督部门的《全国工业产品生产许可证》并加印食品质量安全市场准入（QS）标志的产品等。鉴于第一批572种“放心粮油”产品称号已于2003年底到期，按照规定应进行复审。为减轻企业负担，决定将复审延期，实行年检。相关企业需填写《年检登记表》，并提交规定材料，经各省、市粮食协会审查后交中国粮食行业协会确认。经年检合格的产品由中国粮食行业协会发文确认，可继续使用“放心粮油”称号一年。这一活动的持续开展，使我国粮油产品的总体质量得到了进一步提高。

五、学术活动和国际交流

（一）学术活动

为推进我国粮油加工业健康、稳定的发展，充分发挥技术参谋作用，在国家粮食局的大力支持下，中国粮油学会与中国粮油学会油脂专业分会于2004年先后举办了多项具有一定影响力的国内外学术活动。其中：

2004年2月，在江苏省张家港市召开了“2004年中国粮油学会油脂专业分会常务理事扩大会议”，重点总结了2003年油脂专业分会的工作，安排了2004年油脂专业分会的工作计划，对2004年中国粮油学会油脂专业分会第13届年会的召开以及油脂专业分会配合中国粮油学会开好“2004年上海国际粮油食品安全研讨会暨展示会”、“中国粮油学会第三届学术年会”的有关事项进行了安排。会议增补了中国粮油学会油脂专业分会理事、常务理事、副秘书长及顾问等人员。会议期间，安排会议代表参观了闻名中外的东海粮油工业（张家港）有限公司12 000 t/d大豆制油生产线、2 100 t/d油脂精炼车间、油脂小包装车间、制米生产车间及专用码头等。与会专家对该公司技术人员提出的有关油脂脱蜡、油脂回色、油脂检验中存在的问题进行了详尽解答，并对国家最新颁布实施的有关大豆油等国家标准进行了咨询，使企业受益匪浅。

为作好"十一五"全国粮油加工业发展规划的编制工作，国家粮食局于 2004 年 6 月在北京召开了全国重点粮机企业座谈会。11 家重点粮油加工机械设备生产企业的 15 名总经理和销售部部长等参加了会议。会上，国家粮食局行政管理司负责人介绍了规划的编制过程、指导思想、已经开展的主要工作和规划的基本内容。到会代表针对我国粮机装备和技术现状、存在问题、"十一五"期间应发展的重点领域和项目及配套政策措施等发表了很好的意见。从而进一步充实了"十一五"全国粮油加工业发展规划的内容。

经过充分准备，"中国粮油学会油脂专业分会第 13 届年会"于 2004 年 6 月在江苏省无锡市召开。来自全国油脂、食品、饲料、机械及农业等部门及部分国外代表近 300 人参加会议。会上，王瑞元会长作了"2003 年的中国油脂工业"的专题学术报告，刘大川教授作了"中国油菜籽加工业现状及发展趋势"的学术报告，上海中申实业有限公司王薇总经理作了"物流信息技术在油脂行业的应用"的学术报告。在随后的小型学术会议上，大连宝锋机器制造有限公司最新开发的"大型油料轧坯机"、江苏巨能机械有限公司隆重推出的"大型碟式分离机"(为国内目前最大的分离机)、国家粮食储备局西安油脂科学研究设计院制订的最新大豆油和花生油国家标准等，受到与会代表的广泛关注。会议期间，与会代表还兴致勃勃地参观了江苏巨能机械有限公司大型过滤机、碟式分离机生产车间及研发中心。这次会议同时还举办了油脂机械产品展示，有 30 多家油脂机械及相关企业参加了产品展示。会议期间还召开了油脂分会常务理事会，研究了油脂分会下半年工作，并对"中国粮油学会第三届年会"的筹备工作进行了安排落实。

由中国粮油学会（CCOA）、国际谷物科学技术协会（ICC）、美国谷物化学家学会（AACC）和美国油脂化学家协会（AOCS）共同举办的"2004 年上海国际粮油食品安全研讨会暨展示会"于 2004 年 6 月在上海举行。本次会议的主题是"促进粮油食品安全与质量保证体系的建设，提高粮油食品质量水平"。来自国内外粮油食品界的 260 名代表出席了此次大会。会议由中国粮油学会理事长白美清教授主持，白美清教授、ICC 执行主席 J. W. VanderKamp 和 AACC 代表、AOCS 代表分别致辞，国家粮食局副局长朱长国到会并作了重要讲话。大会特邀 ICC 秘书长 Glattes 教授、ICC 主席 Kamp 教授、中国工程院院士盖钧镒和日本佐竹保坂幸男教授等作了学术报告。大会共收到论文近 100 篇，其中涉及油脂专业的论文有 30 篇。会议期间，同时还举行了产品展示会，有 30 个国内外厂商参展，其中参展商中半数以上为我国油脂行业的厂商。这次国内外粮油学会、协会在我国共同举办的学术盛会，大大提高了业内人士粮油食品安全与质量意识，对我国粮油加工业的健康发展产生了积极影响。

2004 年 9 月，来自全国粮油行业的专家、学者以及企业代表共 300 余人相聚在山东烟台，共同迎来了"中国粮油学会第三届学术年会暨第五次全国代表大会"的召开。这是中国粮油科技界在新形势下落实科技兴粮战略，承前启后、继往开来的又一次盛会。这次会议总结了学会 5 年来学会的工作，对下一届理事会提出了"积极开展多种形式的科技服务活动，为深化粮油流通体制改革，促进粮油科技进步和行业健康发展作出应有贡献"的建议。国家粮食局副局长朱长国、中国粮油学会副理事长刘兴信、山东省粮食局副局长乔延亭、山东省粮食协会会长乔秀仑等 6 位相关领导和企业代表出席大会并讲了话。白美清理事长在开幕词中着重指出："当前我国粮油工作正面临着新的发展时期，全国粮油行业正迈步走上市场化、国际化、产业化的广阔道路，粮油生产正经历着一个新的生产周期，粮油行业正处于重新整合提升的关键阶段。如何适应新的形势，已成为摆在粮油行业面前的头等大事和崭新课题。要完成此任务，就必须靠科技提高粮油的综合生产能力，靠科技提升粮油的加工水平和构建现代粮油物流网络，靠科技提高粮油企业的核心竞争力和国际竞争力"。白理事长的精辟分析，概括了我国粮油行业当前的发展形势，指出了科技工作对粮油行业发展的推动作用，进一步明确了学会今后工作的方向。会议还围绕着全国粮油科技发展的新形势、新任务，展示和交流了几年来粮油科技最新成果。其中中国农机院油脂所、河南工业大学、山东鲁花集团、湖南金健米业、山东黄淮粮油机械集团、佐竹机械（苏州）有限公司、江苏巨能机械有限公司等 20 多家企业、院校及科研单位展示了其最新产品、装备及研究成果；并有 145 篇论文分别按油脂、食品、储藏、饲料、信息与自动化 5 个专业领域分会场进行了学术交流和技术研讨。大会集中研讨了从目前到 2020 年我国粮油中长期科学和技术发展规划的意见和建议。最后选举产生了由朱长国为理事长、王瑞元等 9 名同志为副理事长、胡承淼同志为秘书长的第 5 届中国粮油学会理事会。这次盛会内容丰富，效果突出，检阅了我国粮油行业已拥有的科技实力。

（二）国际交流

为了加强我国粮油科技界与国外同行间的学术交流，中国粮油学会除邀请国外同行参加国内组织的交流会、研讨会和展示会外，还组团参加了世界大豆会议并对巴西食品工业进行了考察。2004 年 2 月在巴西伊瓜苏市召开了“第七届世界大豆研讨会暨第四届国际大豆加工和利用大会、第三届巴西大豆会议”，会议共宣读论文 57 篇。中国粮油学会、中国农机院、中国农科院、中国农业院校和国家大豆改良中心以及海外华人学者共 17 人参加了这次国际会议。中国工程院院士及首席教授盖钧镒先生也应邀到会做了报告。会后，我国与会人员考察了巴西大豆种植和大豆加工厂。此外，由于美国和巴西一些公司在巴西建设了不少大豆加工和各种食品加工厂，高科技公司的介入，使巴西大豆从育种、种植、收割、储藏、加工、副产品和提取物的深加工形成了产业链，其生产模式在世界大豆生产和加工中特色显著，有许多值得我们学习和借鉴的经验。

（武汉工业学院食品学院　何东平）

大豆加工业

一、基本情况

（一）资源概况

1. 世界大豆生产情况　2003 年世界大豆收获面积83 695khm²，同比增长 6.2%；平均单产 2 261kg/hm²，同比增长－1.4%；总产量 18 923 万 t，同比增长 4.7%。世界大豆主产国有美国、巴西、阿根廷、中国和印度等（表 1）。表 1 中 5 个国家的大豆总产量，占世界总产量的 89.6%，构成世界大豆产量的主要市场份额。

表 1　2003 年世界大豆主产国生产情况

国　别	收获面积（khm²）	单产（kg/hm²）	总产量（万 t）	同比增长（%）	占世界比例（%）
美　国	29 268	2 248	6 580	－12.1	34.8
巴　西	18 469	2 790	5 153	22.3	27.2
阿根廷	11 405	2 630	3 000	－0.7	15.9
中　国	9 312	1 653	1 539	－6.7	8.1
印　度	6 450	1 054	680	49.1	3.6

注：表中数据来自于联合国粮农组织（FAO），中国来自农业部《2003 年中国农业统计资料》。

2. 我国大豆生产情况　2003 年，我国大豆播种面积 9 312khm²，同比增长 6.8%；单位面积产量 1 653kg/hm²，同比增长－12.7%；总产量 1 539 万 t，同比增长－6.7%。产量较大的省（自治区）为黑龙江、吉林、安徽、山东、辽宁、江苏、河南、内蒙古和河北等地，约占全国总产量的 72.2%（表 2）。

表 2　2003 年我国大豆主产区生产情况

省（自治区）	播种面积（khm²）	单产（kg/hm²）	总产量（万 t）	同比增长（%）	占全国比例（%）
黑龙江	3 389.3	1 655	560.8	0.81	36.4
吉　林	430.0	3 495	150.3	17.90	9.7
安　徽	855.2	1 169	99.9	－28.34	6.5
山　东	285.7	2 422	69.2	－6.23	4.5
辽　宁	305.1	2 117	64.6	21.43	4.2
河　南	503.4	1 126	56.7	－42.02	3.7
江　苏	241.7	2 350	56.8	－19.20	3.7
内蒙古	697.3	769	53.6	－44.40	3.5

注：表中数据来自于农业部《2003 年中国农业统计资料》。

（二）加工业概况

1. 世界大豆加工概况　根据美国农业部 2004 年公布的 2003/2004 年度世界大豆供需平衡情况显示，世界大豆压榨量为 17 487 万 t，同比增长 5.2%，占大豆总产量 87.4%，压榨量占国内消费总量 86.7%。其中美国大豆压榨量为 4 042 万 t，同比增长－8.8%，占世界总压榨量的 23%，压榨量占国内消费总量的 91.9%。根据联合国粮农组织（FAO）2004 年 5 月公布数字，2003 年世界豆油、豆饼主要生产国加工情况见表 3。

表 3　2003 年世界豆油、豆饼主要生产国加工情况

名　称	豆　油		豆　饼	
	产量（万 t）	同比增长（%）	产量（万 t）	同比增长（%）
世界	3 106	3.2	13 217	1.8

（续）

名 称	豆 油		豆 饼	
	产量（万 t）	同比增长（%）	产量（万 t）	同比增长（%）
其中：巴西	554	12.1	2 245	12.1
美国	836	−2.5	3 466	−5.2
印度	106	−7.0	460	9.4
中国	516	3.8	2 329	4.9

2. 我国大豆加工概况 据2003年不完全统计，全国规模以上大豆加工企业约4 460家，主要包括大豆制品加工、豆油加工、大豆蛋白加工和豆粕加工等企业。在大豆加工总量中，大豆食品制品消耗占4.3%，大豆油及其他加工制品消耗占95.7%。黑龙江省日处理50 t以上的大豆加工企业136家，年加工能力达648万t，实际加工量为320万t。吉林省大豆加工能力为250万t，其中粮食系统的加工能力150万t，系统外的加工能力大约100万t。

（1）豆制品加工 2003年，我国传统豆制品加工企业1 850家，年加工大豆165万t，生产各种豆制品1 560万t；新兴豆制品加工企业150家，年加工大豆95万t，生产添加剂用蛋白制品25万t，豆奶及冲调用豆奶粉195万t。

（2）大豆油加工 2003年，我国豆油加工企业2 500多家，全年大豆加工能力为5 500万t左右，实际生产豆油520万t。采用浸出工艺加工大豆的油脂企业有557家，大豆日压榨能力为23.12万t。其中日压榨大豆500～1 000t的大豆油脂加工企业107家，大豆日压榨能力为12.10万t；1 000t以上的大型油厂63家，大豆日压榨能力为11.02万t。日加工能力在150 t以上的精炼植物油厂有48家，其中38家为外资企业，其加工量已占加工总量的90%左右。另外，我国还有小型机榨油厂和油坊约2 000家以上，估计大豆日压榨能力在3 000t以上。

（3）大豆蛋白加工 2003年，我国大豆蛋白生产企业约40余家，主要分布于黑龙江、山东、河南等省。其中大豆分离蛋白生产企业为30家，设计生产能力为5万t以上，实际年产量为3万t左右。我国大豆组织蛋白生产规模为3.5万t/年，国内组织蛋白的市场占有率为50%左右。我国大豆浓缩蛋白的产量非常小，在调查中找到正常生产的企业只有2家，即河南开封生命蛋白厂1 000t/年和黑龙江富赛宝生化制品有限公司1 000t/年。

（4）豆粕加工 2003年，我国豆粕生产能力在400 t以上的企业约80家，总生产能力为3 500万t，实际产量为2 300多万t。豆粕主要用作饲料的蛋白源，加工企业普遍盈利。

二、科研、新产品、新技术

2003年，我国大豆产业发展较快，尤其是加工业在大豆产业中发挥着核心作用，大豆及加工领域的科研、新产品和新技术取得新进展。

（1）科学技术部农村与社会发展司组织召开了"十五"国家科技攻关重大项目之一"大豆优质高效生产技术研究与示范"课题验收会议。项目实施3年来，经过广大科技工作者、管理人员以及示范区的共同努力，完成了预期目标和任务，获得了一批阶段性成果，建立了大豆"行间覆膜"、"大垄密"、"深窄密"、"高垄平台"优质高效综合栽培配套模式，筛选出适合所在地区种植的优质、高产大豆品种25个。

（2）科学技术部农村与社会发展司、中国农村发展研究中心组织的"大豆深加工技术创新体系与发展战略研究"等软课题汇报会在江苏无锡召开。本课题从品种入手，基本摸清了国内外大豆加工的发展现状及趋势，归纳总结了我国大豆加工存在的主要问题与国内外差距；通过深入分析，提出了国家"十一五"和2010年我国大豆加工优先发展的领域和发展方向、发展目标及相应保障措施；并探讨建立了适合我国大豆加工业快速发展的技术创新系统，提出了我国大豆加工业技术创新的战略和策略，初步确定了实现我国大豆加工业跨越式发展的战略及战略保障体系。

（3）常熟市江河天绒纤维有限公司投资3亿元、年生产能力达1.8万t的大豆蛋白纤维生产基地正式投产。为此项目，吴邦国同志挥毫泼墨："江河天绒丝纤维公司开创了中国乃至世界大规模生产大豆蛋白纤维的历史"。《大豆蛋白纤维/绢丝混纺纱新颖针织面料加工技术及产品开发》和《大豆蛋白纤维/绢丝混纺纱及新颖布料染整加工技术》两项课题，已于2003年4月通过国家纺织工业协会的技术鉴定，在大豆纤维/绢丝混纺纱新颖针织面料加工技术、产品开发及染整加工技术方面，达到了国际领先水平。苏州大学成为国家大豆蛋白质纤维产品一条龙开发项目中的第一主力。

（4）经过两年的考察、论证，联合国开发计划署（UNDP）把提高我国大豆产品深加工能力的建设项目于2003年落实到黑龙江省，并由国家大豆工程技术研究中心等单位共同承担。该项目是由科学技术部、外经贸部和联合国开发计划署驻中国代表处共同合作的。项目的计划目标为：一是实现全国大豆产业运行机制的国际化调整，建立现代化市场信息网络系统，进行全球范围内的市场运作；通过多层次培训，提高各类人员素质和国际竞争意识；建立企业级和国家级质量检测机构，以实现符合 WTO 框架的有关质量标准。二是实现我国大豆产业的订单农业运作方式。制定大豆产业科学的决策和政策，完成“科研部门＋企业＋农户”的链式订单农业运作方式，从根本上解决我国与发达国家之间的差距。三是全面进行技术、工艺和装备的调整和提高。对大豆蛋白高效分离技术及功能性大豆产品开发、对大豆功能因子提取和纯化技术研究与产品开发、对特用型大豆加工特性研究及新产品开发等 12 项具体项目，进行具体技术、工艺和装备的引进和开发，初步构建我国与国际接轨的大豆产业框架。

三、国内外市场概况

（一）国内市场

1. 大豆供需平衡分析　据国家粮油信息中心和农业部有关资料显示，在 2003/2004 年度，我国大豆总供给量为 4 011 万 t，同比增长 0.2%；总需求量为 3 792 万 t，同比增长 6.6%；年度结转库存 300 万 t，同比增长－32.9%（表 4）。由于 2003/2004 年度我国大豆供需有 300 万 t 的结转库存，所以该年度供给环境仍相对宽松。

表 4　2003/2004 年度我国大豆市场供需平衡情况

单位：万 t

名　称	2002/2003 年度	2003/2004 年度	同比增长（%）
期初库存	210	447	113
产量	1 651	1 539	－6.8
进口量	2 142	2 025	－5.5
总供给量	4 003	4 011	0.2
压榨量	2 699	2 900	7.4
食品与其他用量	830	864	4.1
出口量	27	28	3.7
总需求量	3 556	3 792	6.6
结转库存	447	300	－32.9

2. 豆油供需平衡分析　根据国家粮油信息中心统计数据分析，2003/2004 年度，我国豆油总供给量为 630 万 t，同比增长 1.6%；总需求量为 630 万 t，同比增长 11.5%；总需求增长率大于总供给量增长率 9.9%，实现了豆油市场供需的完全平衡（表 5）。

表 5　2003/2004 年度我国豆油市场供需平衡情况

单位：万 t

名　称	2002/2003 年度	2003/2004 年度	同比增长（%）
生产量	460	510	10.9
进口量	160	120	－25.0
年度供给量	620	630	1.6
食用消费量	500	560	12.0
工业消费量	60	65	8.3
年度国内消费	560	625	11.6
出口量	5	5	0.0
年度需求量	565	630	11.5
年度结余量	55	0	－100.0

（二）国际市场

根据美国大豆蓝皮书的资料显示，2003 年全球大豆加工利用中，直接加工成食品占 8.6%，加工成豆油和豆粕占 84.4%，饲料、种子及其他占 5.6%，贮备库存占 1.4%。绿色无污染、营养丰富的大豆制品已被消费人群广泛接受，大豆油脂和蛋白已成为全球性的主要植物油脂和蛋白制品。

1. 世界大豆供需平衡分析　据美国农业部公布的供需报告显示，2003/2004 年度世界大豆总供应量（包括期初库存量、产量和进口量）为 30 459 万 t，同比增长 4%；总需求量（包括压榨量、国内消费量和出口量）为 44 340 万 t，同比增长 5.3%（表 6）。其中主要出口国家有美国、阿根廷和巴西，大豆供需平衡情况见表 7；主要进口国家和地区有中国、欧盟、日本和墨西哥，其大豆供需平衡情况见表 8，中国大豆供需平衡情况同表 4。

表 6　世界大豆供需平衡情况

单位：万 t

名　称	2002/2003 年度	2003/2004 年度	同比增长（%）
期初库存量	3 214	3 815	18.7
产量	19 666	19 946	1.4
进口	6 410	6 698	4.5
总供给量	29 290	30 459	4.0
压榨量	16 615	17 487	5.2
国内消费量	19 157	20 169	5.3
出口	6 317	6 684	5.8
总需求量	42 089	44 340	5.3
期末库存量	3 815	3 607	－5.4

表7 2003/2004年度美国、阿根廷和巴西大豆供需平衡情况 单位：万t

名 称	美 国	同比增长（%）	阿根廷	同比增长（%）	巴 西	同比增长（%）
期初库存	4 610	714	1 251	23.1	1 338	20.9
产 量	6 673	−10.8	3 650	2.8	6 000	14.3
进 口	22	69.2	30	−25	150	13.6
压榨量	4 042	−8.1	2 550	8.5	3 161	15.2
国内消费量	4 395	−7.6	2 701	8.7	3 459	15.1
出 口	2 422	−14.8	1 150	32.0	2 580	20.2
期末库存	339	−26.5	1 080	−13.7	1 409	5.3

表8 2003/2004年度欧盟、日本和墨西哥大豆供需平衡情况 单位：万t

名 称	欧 盟	同比增长（%）	日 本	同比增长（%）	墨西哥	同比增长（%）
期初库存	106	−1.9	71	6.0	5	−50.0
产 量	65	−19.8	28	3.7	9	0
进 口	1 860	9.1	515	1.2	440	4.0
压榨量	1 760	9.5	401	0	445	2.5
国内消费量	1 940	8.9	543	2.1	449	2.5
出 口	6	0	0	0	0	0
期末库存	85	−19.8	71	0	5	0

2. 世界豆油贸易情况 据美国农业部公布的各国豆油贸易报告显示，2003/2004年度全球豆油出口量为961万t，同比增长1.1%；主要进口量为960万t，同比增长5.1%。其中主要出口国家和地区有美国、巴西、阿根廷、欧盟和巴拉圭等（表9）；主要进口国家有俄罗斯、中国、印度、伊朗、埃及和摩洛哥等（表10），其中中国进口豆油情况见表5。

表9 世界豆油主要出口贸易情况

单位：万t

国家和地区	2002/2003年度	2003/2004年度	同比增长（%）
美 国	103	39	−62.4
巴 西	225	275	22.5
阿根廷	435	459	5.4
欧 盟	103	97	−5.8
巴拉圭	18	19	5.7

表10 世界豆油主要进口贸易情况

单位：万t

国 家	2002/2003年度	2003/2004年度	同比增长（%）
俄罗斯	18	35	94.4
印 度	125	128	−2.3
伊 朗	95	103	8.4
埃 及	36	36	0
摩洛哥	30	32	6.7

3. 世界豆粕贸易情况 据美国农业部公布的各国豆粕贸易报告显示，2003/2004年度全球豆粕出口量为4 820万t，同比增长9.6%；主要进口量为4 850万t，同比增长6.5%。其中主要出口国家和地区有美国、巴西、阿根廷、欧盟和印度等（表11）；主要进口国家有波兰、日本、朝鲜、印度尼西亚、泰国、菲律宾、埃及和加拿大等（表12）。

表11 国外豆粕主要出口贸易情况

单位：万t

国家和地区	2002/2003年度	2003/2004年度	同比增长（%）
美 国	546	408	−25.3
巴 西	1 375	1 650	20.0
阿根廷	1 844	1 996	8.2
欧 盟	226	218	−3.5
印 度	130	260	100.0

表12 国外豆粕主要进口贸易情况

单位：万t

国 家	2002/2003年度	2003/2004年度	同比增长（%）
波 兰	140	165	17.9
日 本	110	120	9.1
朝 鲜	165	170	3.0
印度尼西亚	180	195	8.3
泰 国	190	210	10.5
菲律宾	110	120	9.1
埃 及	130	141	8.5
加拿大	105	104	−1.0

四、质量管理与标准化工作

质量管理和标准化工作，是我国大豆加工产业化的重要组成部分，其目的是有效控制和提高产品质量。2003年，我国涉及大豆加工领域的质量管理和标准化工作主要有三项：

1. *国家新修订了大豆油标准* 从《中华人民共和国国家标准批准发布公告》（2003年第14号）获悉，新修订的《大豆油》GB 1535—2003）国家标准已正式发布。新标准主要做的调整为：一是将原《大豆油》、《大豆色拉油》和《高级大豆烹调油》三个产品标准整合为一个《大豆油》标准，新的《大豆油》标准把成品大豆油按照质量指标高低分为四个等级，一、二、三、四级分别相当于原来的色拉油、高级烹调油、一级油和二级油。二是新的大豆油标准将大豆原油（毛油）作为一类产品并提出相应的质量控制要求。三是新的大豆油标准增加了转基因大豆油产品标识、压榨法和浸出法大豆油产品标识内容，使消费者享有知情权。四是新的大豆油标准增加了掺伪试验，把原标准的定性试验判断改为定量试验判断。

2. *国家颁布了《食用植物油生产许可证实施细则》* 《食用植物油生产许可证实施细则》是由国家质量监督检验检疫总局于2003年颁布的，该许可证管理的范围包括以大豆及其他油料制取的毛油为原料，经过加工制作的食用植物油。企业的生产许可证上应注明生产的范围，包括半精炼食用植物油和全精炼食用植物油。企业具备全精炼食用植物油生产能力的，生产许可证范围可以涵盖半精炼食用植物油。

该实施细则是为提高食用植物油产品质量、规范其生产过程、切实从源头加强食用植物油质量安全的监督管理而制定的。其主要内容包括环境条件要求、生产设备条件、原料要求、产品要求、人员要求、储运要求、检验要求、质量管理要求、包装要求、分装企业要求、现场审查要求、抽样要求等，对这些要求均作出了符合生产许可的相应规定。

3. *加强了产品的监督抽查力度*

2003年，国家和各地质检部门定期对豆油和豆制品进行监督抽查，将抽查结果向社会公布，对于不合格产品向社会曝光。

（1）各地质检部门定期对当地包括豆油在内的食用植物油进行监督抽查。例如，天津市质量技术监督局对豆油产品质量进行的抽查结果显示，抽查的3批次豆油中，合格2批次，合格率为67%。主要不合格项目多为理化指标及特征性指标。江西省质量技术监督局共抽查了32批次散装大豆油，合格24批次，抽样合格率仅为75%。存在的主要问题是溶剂残留量超标、过氧化值超标、加热试验不合格和酸价超标。而北京市质量技术监督局的抽查结果较好，共抽查10家生产企业的12种产品和16家经销单位的28种产品，经检验产品合格率为100%。

（2）国家加强对豆制品的质量监督抽查。例如，国家质检总局组织了对北京、上海、浙江、广东、江苏等5省、直辖市流通领域的腐竹、茶干、卤香干等非发酵性豆制品进行了产品质量监督抽查。共抽查了31家企业的36种产品，检验合格22种，产品抽样合格率为61.1%。抽查结果显示，大型企业产品抽样合格率较高，而小型企业产品抽样合格率仅为25%。抽查发现，部分产品存在的主要质量问题是菌落总数超标、违反国家标准添加苯甲酸、非法添加甲醛次硫酸氢钠（即吊白块）。针对抽查结果，国家质检总局责成各地质量技术监督局按照扶优治劣的原则，帮助产品质量好的企业扩大市场份额，提高行业产品质量整体水平；对产品质量不合格的企业按照产品质量法等有关法律法规的要求，立即整改，严格复查；对在产品中非法添加吊白块和违反国家标准规定添加苯甲酸的生产企业，从严处理，问题严重的要责令其停产整顿，为广大消费者创造良好的消费环境。

五、行业管理

2003年，国家出台了一系列扶持大豆产业发展的政策和措施，主要包括以下几点：

1. *农业部制定的《高油大豆优势区域发展规划》正式启动* 将东北高油大豆生产划分为5个优势区：

（1）内蒙古东四盟市优势区包括呼伦贝尔盟、兴安盟、通辽市和赤峰市的26个县（旗、区），其中重点发展县（旗、区）10个。

（2）辽河平原优势区包括铁岭、阜新、辽阳、鞍山、锦州、抚顺、沈阳等7个市的17个县（市），其中重点发展12个县（市）。

（3）吉林中部优势区包括长春、四平、辽源、松原、吉林、通化等6个市的23个县（市、区），其中重点发展17个县（市、区）。

（4）松嫩平原优势区包括哈尔滨、绥化、齐齐哈尔、大庆、黑河、伊春等6个地市的38个县（市、区），其中重点发展24个县（市、区）。

（5）三江平原优势区包括哈尔滨、牡丹江、鸡西、七台河、双鸭山、佳木斯、鹤岗等7个市的23

个县（市、区），其中重点发展16个县（市）。

2. 农业部确定2003—2007年高油大豆主要建设项目

（1）高油大豆标准化生产基地　从2003年开始，每年建设高油大豆标准化生产基地县（场）20个，到2007年共建设100个。其中内蒙古东部地区10个，辽河平原11个，吉林中部地区17个，松嫩平原24个，三江平原18个，农垦系统20个农场。

（2）高油大豆种子良繁体系　在东北三省和内蒙古自治区完善4个高油大豆改良分中心，15个高油大豆品种区域试验站，10个高油大豆原原种繁育基地，20个高油大豆原种繁育基地，50个高油大豆良种繁育基地，4个高油大豆种子检测分中心。

（3）高油大豆技术体系　重点建设5个高油大豆技术研究中心，完善39个重点地、市高油大豆中心站，选建40个高油大豆高产示范区。

（4）高油大豆市场流通体系　主要是建设高油大豆质量检测体系和高油大豆信息系统。在高油大豆优势区内的重点地区，依托地市现有的质量检测中心，完善和补充建设高油大豆检测站40个；在东北高油大豆优势区率先建立高油大豆电子信息系统。

3. 国家9部委出台大豆产业发展的扶持政策

2003年1月，国家计委等9部门联合下发了《关于落实进一步扶持我国大豆产业发展有关措施的通知》，对扶持大豆生产、加工及鼓励豆粕出口做出了新的规定。例如，该通知要求，支持引导大豆加工企业提高科技创新能力，延长大豆加工产业链，提高深加工产品档次和企业效益。2003年要继续对大豆深加工项目给予国债贴息方面的优惠政策支持，其必须进口的设备及技术，按照《国务院关于调整进口设备税收政策的通知》（国发〔1997〕37号）中关于免征关税和进口环节增值税的有关优惠政策执行。通知中确定了免征运输豆粕的铁路建设基金，明确鼓励豆粕出口的政策精神。

（中国包装和食品机械总公司行业办公室　王国扣）

淀粉加工业

2003年，我国主要淀粉资源减产，“非典”给行业带来了重大冲击，粮食价格出现回归性上涨。但在党的十六大精神指引下，通过淀粉加工业整个行业的共同努力，该行业经受住了严峻考验，紧紧抓住国家“加大对农业的投入和支持力度”的大好机遇，使我国淀粉加工业又有了新的发展。

一、基本情况

（一）资源概况

2003年是我国粮食市场化进程不断加快、玉米市场形势复杂多变的一年。由于退耕还林、退耕还牧、退耕还湖以及东北粮食主产区大豆—玉米轮作项目的实施，我国玉米种植面积发生了较大变化。据国家统计局资料显示，2003年我国玉米播种面积降至24 068khm²，较2002年减少566khm²左右，下降幅度2.23%；玉米总产量11 583万t，较2002年减少548万t，下降4.51%（表1）。2003年我国玉米总消费量为：饲料用9 400万t，食用720万t，工业用1 800万t，出口1 600万t。

2003年世界玉米产量61 430万t，较2002年增加2 035万t，其中主要国家的产量见表2。

表1　2003年我国玉米主产区生产情况

省　区	播种面积（khm²）	单产（kg/hm²）	产量（万t）
吉　林	2 627.2	6 148.4	1 615.3
河　北	2 488.8	4 313.6	1 073.6
山　东	2 405.9	5 864.9	1 411.0
河　南	2 386.7	3 210.8	766.3
黑龙江	2 053.8	4 045.7	830.9
内蒙古	1 591.2	5 585.0	888.7
辽　宁	1 434.9	6 322.5	907.2

表2　2003年世界主要国家玉米产量

单位：万t

国家或地区	2003年	2002年	年增减（%）
美　国	25 690	22 880	10.94
中　国	11 583	12 500	−7.34
阿根廷	1 250	1 450	−13.80
巴　西	4 150	9 700	10.84
墨西哥	2 030	1 900	604.00

（续）

国家或地区	2003年	2002年	年增减（%）
欧盟25国	3 900	3 944	－1.12
总　计	61 430	59 395	3.48

（二）加工业概况

据中国淀粉工业协会不完全统计，2003年我国淀粉总产量为731万t，比2002年增加102万t，增长16.24%，占2003年世界淀粉总产量的15%。其中玉米淀粉633万t，增长16.15%，占2003年世界玉米淀粉总产量的16%；木薯淀粉48万t，增长16.07%。

1. *我国淀粉及深加工品产量和品种情况*　2003年我国淀粉总产量的增幅为16.24%，预计2004年我国淀粉总产量将超过850万t。在深加工品种方面，口服葡萄糖增长幅度最大（为54.77%），这与食品等相关行业发展对该品种需求的不断增加有直接关系（表3、表4）。

表3　2003年我国淀粉产量及品种情况

品　种	产量（万t）	品　种	产量（万t）
玉米淀粉	633.59	红薯淀粉	0.83
木薯淀粉	48.43	小麦淀粉	22.08
马铃薯淀粉	5.11	其他淀粉	0.10

注：各类淀粉占总淀粉的比例与2002年相比，没有太大变化，玉米淀粉仍然在86.6%，木薯淀粉仍然是6.6%。

表4　2003年我国淀粉深加工品产量与品种情况

主要品种	产量（万t）	占深加工品（%）
变性淀粉	31.31	12.22
结晶葡萄糖	51.27	20.00
其中：一水注射葡萄糖	40.86	
无水注射葡萄糖	0.60	
口服葡萄糖	45.47	
液体淀粉糖	173.72	67.78
合　计	256.32	100

2. *淀粉产量分布及生产规模情况*　我国山东总淀粉产量占全国总淀粉产量的38.47%，居全国第一位；河北居第二位，占全国总淀粉产量的20.45%；吉林第三，占全国总淀粉产量的17.92%。这三个省玉米淀粉总产量占全国总淀粉产量的76.84%。除以上3个省外，总淀粉产量20万t以上的有黑龙江、河南、甘肃和广西，这4个省（自治区）淀粉总产量占全国总淀粉产量的14.71%；总淀粉产量10万t以上的有陕西、广东，这两个省淀粉总产量占全国淀粉总产量的4.85%，尚有12个省（自治区、直辖市）淀粉总产量不足10万t（表5）。

表5　2003年我国淀粉产量分布及生产规模情况

地　区	淀粉产量（万t）	占总淀粉（%）	企业最大淀粉产量（万t）
山　东	281.40	38.47	110
河　北	149.61	20.45	34
吉　林	131.10	17.92	80
广　西	34.51	4.72	
河　南	27.29	3.73	21
黑龙江	24.34	3.33	
甘　肃	21.46	2.93	17
陕　西	19.79	2.71	13
广　东	15.65	2.14	
其他12个	26.30	3.60	5
合　计	731.45	100.00	

注：其他12个省（自治区、直辖市）为北京、内蒙古、辽宁、浙江、安徽、江西、四川、贵州、云南、宁夏、新疆、海南。

二、市场及进出口情况

“非典”期间，我国淀粉加工业在产销两方面都受到了一定的影响。但“非典”过后，由于我国经济秩序很快恢复了正常，所以我国淀粉及其深加工品的市场总体情况转好。各类淀粉和深加工品的售价与2002年相比均有不同幅度的上涨，因此企业经济效益有所提高。

从淀粉及其深加工品的进出口情况看，进口量大于出口量。特别是木薯淀粉，虽然国内木薯淀粉产量比2002年提高了16.07%，但进口量还是创历史最高水平，比1995—2001年进口量的总和还多，超过了国内2003年木薯淀粉总产量。如果进口量加全国产量，国内总供给量超过100万t，而2002年仅为74万t；而出口量逐年减少，由1995年的2627t降到2003年的221t，说明我国木薯淀粉已失去国际市场竞争力。变性淀粉进口量虽然逐年增加，但增幅不大。山梨醇进口量是逐年下降的，说明我国山梨醇工业技术水平已接近国际先进水平。2003年我国木薯淀粉及部分深加工品进出口情况见表6、表7。

表6　近几年我国木薯淀粉进出口情况

年份	进口量（万t）	同比增长（%）	出口量（t）	同比增长（%）	当年国内木薯淀粉产量（万t）
1995	4.1		2627		37.1
1996	3.6	－11.82	1149	－56.26	35.8
1997	3.7	1.52	2581	124.63	37.8
1998	3.2	－12.92	540	－79.08	42.7

（续）

年份	进口量（万t）	同比增长（%）	出口量（t）	同比增长（%）	当年国内木薯淀粉产量（万t）
1999	8.1	151.59	384	−28.89	34.7
2000	10.5	29.54	737	91.93	33.6
2001	17.9	70.15	396	46.27	43.6
2002	32.9	84.13	298	−24.75	41.7
2003	54.0	64.12	221	−25.84	48.4

表7 2003年我国淀粉及部分深加工品进出口情况

品种	进口量（t）	同比增长（%）	出口量（t）	同比增长（%）
玉米淀粉	11 206	532.39	108 617	12.80
木薯淀粉	539 925	64.12	221	−25.84
马铃薯淀粉	25 327	26.41	5 088	−8.49
小麦淀粉	2 580	−1.86	13 615	80.86
化学醇果糖	1 207	198.76	633	91.00
山梨醇	52 975	16.89	4 071	50.83
甘露糖醇	532	53.76	1 383	−26.12
肌醇	7	116.67	2 198	38.59
糊精及变性淀粉	136 774	18.96	15 064	116.13

三、淀粉加工业生产技术发展情况

（一）生产规模和装备水平

根据中国淀粉工业协会2003年不完全统计，我国玉米淀粉实际年产量在3万t以上的企业28个，年产量572万t，占全国玉米淀粉总产量的90.36%；变性淀粉实际产量在1万t以上的企业7个，年产量19万t，占全国变性淀粉总产量的60.97%；结晶葡萄糖实际年产量在3万t以上的企业5个，年产量42万t，占全国结晶葡萄糖总产量的83.53%；液体葡萄糖实际年产量在10万t以上的企业6个，年产量102万t，占全国液体葡萄糖总产量的59.05%。随着生产规模的不断扩大，技术装备也走向大型化，如处理量120～180m³/h的大型淀粉分离机、加热面积500～1 000m² 的管束干燥机、干燥能力10～15 t/h的气流干燥机以及蒸发能力25～50 t/h的多效降膜蒸发器等，均可配套年产淀粉10万t以上的生产规模。

（二）新产品、新设备、新技术与新工艺的研发

随着知识经济时代的到来，为了增强竞争能力，企业、科研单位和大专院校等都加大了创新的力度，2003年我国淀粉加工业在“四新”的研发方面也取得了喜人的成绩。举例如下：

（1）中国农业机械化科学研究院、中国包装和食品机械总公司共同承担的农产品加工技术与设备研究开发重大专项“马铃薯深加工技术及设备研究与开发”课题，经过两年多的攻关，截止2003年总体进展顺利，在设备研制和关键技术方面取得了阶段性成果。完成了预糊化淀粉生产用滚筒干燥机的改进设计及制造；完成了以马铃薯全粉为主要原料的复合薯片配方和加工工艺研究；完成了关键单机薯饼成型机样机的试验工作，同时开发出与生产线配套的切碎机、搅拌混合机、输送机及油炸机等，已在甘肃定西建成示范生产线。

（2）由中华全国供销合作总社南京野生植物综合利用研究院与天冠集团合作完成的“谷朊粉高效分离技术成套设备”被列入了2003年国家科技成果重点推广项目，该项目的生产线设备实现了专用设备国产化，总体造价低，仅是同等规模进口设备的1/8～1/10。

（3）由吉林省轻工设计研究院承担、长春大成实业集团协作的“膜分离技术新工艺生产淀粉糖”的研究已通过成果鉴定，正进一步进行工业化试生产，很快将在行业中推广。

（4）国内首创的酒精改良湿法生产工艺已成功用于吉林燃料乙醇有限责任公司（60万t/年燃料乙醇），降低了生产成本。

（5）由河南莲花英糖药业有限公司研制成功的新产品结晶麦芽糖醇，已实现工业化生产，不但填补了国内空白，而且结束了长期被法国和日本占领市场的局面。

（6）由浙江海正集团公司研制的新型生物降解塑料聚乳酸，2003年6月已进入产业化中试阶段。

（7）山梨醇生产中，吸附制氢装备已全面取代了电解制氢。

（8）诸城兴贸玉米开发有限公司利用超声波刺激起晶生产肌醇新工艺项目，被确定为2003年国家火炬计划。

（9）继食物纤维、低聚糖后，一种新的功能性食品配料——由玉米蛋白和小麦谷蛋白为原料的玉米肽、小麦肽正在研制开发，前景广阔。

四、值得关注的问题和建议

（一）淀粉加工业的原料品种问题

目前我国的玉米淀粉产量已居世界第二位，可是至今却没有工业加工用的玉米专用品种。由于我国目前的玉米品质不优，类型不专，故在一定程度上制约了我国玉米淀粉加工业的发展水平。马铃薯淀粉生产也同样存在这样的问题，尽管我国马铃薯种植面积占

世界的1/4，但有许多地方却没有适合于淀粉加工用的马铃薯，而只能用普通的菜用薯，以致造成我国马铃薯淀粉生产成本高，质量差，竞争力低。建议有关部门给予重视，培育出适合淀粉加工业的专用玉米和马铃薯淀粉、全粉、薯片、薯条等专用薯，以推动我国淀粉加工业的发展。

（二）玉米淀粉发展的速度问题

为满足各行各业发展的需要，作为国民经济基础工业的淀粉加工业必须保持一定的发展速度，这是无可非议的，但是过快的发展速度却令人担忧。如某省按目前正在进行的项目统计，玉米淀粉年产量将由目前的20万t左右猛增至250万t左右。建议有关部门或地方政府在制定发展规划时，既要把握当前也应关注长远，要引导企业在上项目时一定要坚持科学发展观，注意环境保护。因为我们追求的是有质量的发展、有意义的发展、科学的发展和可持续性的发展。

（三）产品质量标准问题

目前我国淀粉产品（玉米淀粉、马铃薯淀粉、木薯淀粉）的国家标准均系"八五"期间制定。十几年来我国淀粉加工业有了长足的发展，无论国内市场还是国际贸易，对淀粉的质量都有了更高的要求。原有标准和检测方法都已严重滞后，建议有关部门能尽快修订标准，以增强我国淀粉加工业的竞争力。

纵观我国淀粉加工业，应该说正处在商品增长期，发展是肯定的，竞争也是激烈的。相信我国淀粉加工业今后在技术创新、产品创新、应用创新、管理创新的基础上会有更大的发展，为国家粮食安全、农民增收、企业增效、财政增税等方面做出应有的贡献。

（中国淀粉工业协会　董延丰）

制 糖 工 业

一、基本情况

（一）资源概况

2003/2004年度制糖期，全国糖料种植面积135.38万hm^2，同比下降4%。其中甘蔗种植面积114.05万hm^2，同比增长7.5%；甜菜种植面积21.33万hm^2，同比下降39.5%。全国糖料入榨量8 119.75万t，其中甘蔗入榨量7 647.48万t，甜菜入榨量472.27万t（表1）。

表1　2003/2004年度制糖期全国糖料基本情况

地 区	甘 蔗		地 区	甜 菜	
	收获面积（万hm^2）	入榨量（万t）		收获面积（万hm^2）	入榨量（万t）
合 计	114.05	7 647.48	合 计	21.33	472.27
广 东	12.67	918.08	黑龙江	9.13	69.30
广 西	65.07	4 600.00	新 疆	6.73	305.37
云 南	26.00	1 593.91	内蒙古	2.27	59.00
海 南	6.33	334.29	其 他	3.20	41.70
福 建	1.05	60.39			
其 他	2.93	141.05			

甘蔗品种目前主要以台糖系列、桂糖系列和粤糖系列为主，三大系列品种占总种植面积的81%；其他品种约占总种植面积的19%。甜菜品种在各地区的种植情况差异较大，新疆维吾尔自治区以进口的德国KWS系列为主，约占全区总种植面积的75%，华单等系列占25%；黑龙江省主要种植甜研系列品种，占全省种植面积的60%，双丰系列占30%，其他品种为10%；内蒙古自治区的主要种植品种为吉甜系列，种植面积占全区的65%，包育系列为25%，其他品种占10%。2003/2004年度制糖期随着食糖价格的合理回升，糖料收购价普遍比去年提高15～20元/t。糖料的主要生产技术指标为：甘蔗平均含糖量为13.56%，甜菜平均含糖量为15.9%；甘蔗平均单产65.55t/hm^2，甜菜平均单产32.40t/hm^2。

（二）加工概况

从2003年9月26日内蒙古林西冷山糖业股份

有限公司开机生产开始，至2004年6月18日云南省康丰糖业有限责任公司龙塘糖厂停机结束生产，为我国2003/2004年度制糖期，历时267天。在这个制糖期，全国共生产食糖1 002.3万t，比上个制糖期下降5.7%。食糖生产品种为白砂糖907万t，绵白糖77万t，精制糖9万t，赤砂糖和红糖5万t，原糖5万t。主要生产技术指标为甘蔗糖产糖率11.43%，甜菜糖产糖率12.53%。2003/2004年度制糖期全国制糖行业销售收入275亿元，实现利税总额56亿元。随着我国糖业结构和区域布局的调整，一部分地区和企业相继退出制糖行业。截止到2003年底，全国共有制糖生产企业（集团）213家，开工糖厂315家，其中甜菜糖生产企业（集团）39家，糖厂40家；甘蔗糖生产企业（集团）165家，糖厂266家；炼糖企业9家。开工厂数和产糖量的分布情况见表2。

表2　2003/2004年度制糖期全国食糖生产情况

地　区	甘蔗糖		地　区	甜菜糖	
	产糖量（万t）	开工厂数（个）		产糖量（万t）	开工厂数（个）
合　计	943.57	266	合　计	58.73	40
广　东	98.50	40	黑龙江	9.00	12
广　西	588.00	95	新　疆	37.53	14
云　南	195.01	81	内蒙古	7.00	7
海　南	40.79	24	其　他	5.20	7
福　建	6.85	5			
其　他	14.42	21			

在2003/2004年度制糖期，我国制糖工业呈现如下特点：

1. *甜菜糖大幅度减产*　2003/2004年度制糖期，由于受农产品价格上涨和甜菜生长期春旱秋涝的影响，使得甜菜糖产量下降为58.73万t，同比下降53%，在全国食糖产量中所占比重下降到5.86%。

2. *甘蔗糖总产量再创历史新高*　2003/2004年度制糖期，全国甘蔗播种面积117.38万hm^2。虽然甘蔗生长期内，主产糖省（自治区）也受到严重干旱的影响，甘蔗单产有所降低。但由于播种面积增加和甘蔗含糖量及糖厂出糖率大幅提高，使得全国甘蔗糖总产量仍创历史最高水平，达到943.57万t。

3. *糖厂所有制形式发生根本改变，糖业生产的集中度进一步提高*　2003/2004年度制糖期，全国产糖量超过10万t的糖业集团已有20个，产糖670万t，占全国产糖总量的67%；糖业生产进一步向优势地区转移，广西、云南、广东、海南和新疆五大产区产糖量为960万t，占全国产糖总量的96%。

4. *糖精生产实行指令性计划管理*　糖精属高倍化学合成甜味剂，是目前甜度单价最低的甜味剂。全国共保留5家生产企业。由于这类产品具有多食对人体有害的特殊性，因此国家对糖精产品实行指令性计划管理。在《行政许可法》颁布实施以后，糖精生产计划作为非行政许可的行政审批项目予以保留。在政府主管部门和协会的监督检查下，2003年我国实际生产糖精28 486 t（同比增加6 760t），超计划生产7 986t（同比增加3 715t）。其中超计划内销3 674t（同比增加2 507t）。

二、市场概况

（一）国内市场

1. *全国食糖销售稳定，食糖价格稳中有升*　2003/2004年度制糖期，工商企业克服能源涨价、交通运输紧张的困难，保证了食糖的均衡销售和顺价销售。2003/2004年度制糖期全国食糖消费量为1 100万t。而食糖价格也稳中有升，产区食糖价格稳定在2 400～3 000元/t之间。

2. *糖料价格回升，糖农收入增加*　由于大部分主产区实行糖料价格与糖价挂钩联动的机制，随着糖价的合理回升，各制糖企业普遍加大了对糖农的扶持力度。每吨糖料价格比去年普遍提高15～20元/t，糖厂兑付农民糖料款170亿元，同比增加近20亿元。

3. *全国糖业效益明显好转*　我国糖业在2000/2001年度制糖期实现扭亏为盈后，全行业经济效益出现连年好转之势。2003/2004年度制糖期，全国糖业结构进一步优化，生产成本进一步降低，加上糖价的合理回升，全国制糖行业利税总额56亿元，创近10年来最好水平。

4. *全国糖业效益好转*　糖农增产增收的主要原因是最近几年国家对糖业的管理及对食糖市场的宏观调控取得成效。一是糖业结构调整的成效开始显现，食糖成本大幅降低，全行业的竞争力提高；二是糖精的限产限销取得成效，食糖市场消费量不断扩大；三是国家对食糖市场适时的调控，既保证了食糖市场供应又促进了糖价的合理回升。

5. *食糖消费持续增长* 继上个制糖期全国食糖消费量达到 1 020 万 t 以后，本制糖期食糖消费量继续增长，达到 1 100 万 t，增长 80 万 t，同比增长 7.8%。连续 5 个制糖期食糖消费年均增长 7.6%，高于食糖产量年均 3.2%的增长幅度。食糖消费总量中，工业消费比重增加到 70%，民用消费降至 30%。民用食糖消费中，人均年购买商品糖 1.43kg，餐饮服务业商品糖消费成为民用食糖消费新的增长点。

（二）国际市场

2003/2004 年度制糖期，全球食糖生产经过数年增长后再度减少，产量预计为 1.44 亿 t，消费量预计为 1.43 亿 t，全球食糖供求大体平衡。

1. *食糖产量有所下降* 下降的主要原因来自气候的影响。一是欧盟由于 2003 年夏季高温干旱，甜菜糖产量显著下降。二是泰国、印度和我国也由于干旱原因导致产量减少。三是受政治经济环境影响，古巴食糖产量减少，对市场的影响渐弱；巴西制糖工业仍在不断扩大，产量还有很大上升空间；而澳大利亚、俄罗斯食糖生产也稳中有升。

2. *食糖消费呈缓慢增长* 国际食糖消费呈缓慢增长的态势，中国、印度是支撑消费增长的主要国家。

（三）食糖进出口贸易

2004 年我国食糖进口配额总量为 194.5 万 t，配额内关税为 15%。据海关统计，2003/2004 年度制糖期，我国食糖进出口贸易情况分别见表 3、表 4。

表 3 1994—2004 年全国食糖进口与贸易方式统计表 单位：万 t

年 度	合 计	一般贸易	来料加工	进料加工	易货贸易	边 贸	其 他
1994	155.00	14.10	70.50	59.80			10.60
1995	290.70	88.90	123.70	59.30			18.80
1996	125.50	59.57	1.15	50.30	13.39	1.51	1.06
1997	78.32	27.53	19.31	20.56	6.18	0.34	3.22
1998	50.75	12.39	4.93	32.49			0.60
1999	41.67	10.15	1.22	29.91			0.39
2000	64.07	16.01	0.82	46.61		0.28	0.35
2001	119.87	85.07	3.52	30.86		0.11	0.31
2002	118.31	80.77	1.12	35.24			1.18
2003	77.51	61.74	1.30	14.17			0.30
2004	105.78	94.23	0.62	10.89			0.04

注：2004 年度统计数字截止到 9 月底。

表 4 1994—2004 年全国食糖出口与贸易方式统计表 单位：万 t

年 度	合 计	一般贸易	来料加工	进料加工	易货贸易	边 贸	其 他
1994	90.50	13.40	21.60	39.90	15.10	0.40	0.10
1995	44.48	0.30	28.10	13.70	1.60	0.30	0.40
1996	66.48	1.33	19.76	43.30	0.39	0.47	1.23
1997	37.86	1.10	18.29	17.30		1.08	0.09
1998	43.58	14.86	4.28	22.22		1.82	0.40
1999	36.74	10.90	0.99	24.01		0.76	0.08
2000	41.48	3.74	0.80	36.80		0.11	0.03
2001	19.56	1.25	2.96	15.31			0.04
2002	32.58	1.77	0.87	29.82			0.12
2003	10.32	2.15	0.88	5.71		1.29	0.29
2004	4.84	1.43	0.62	2.54			0.26

注：2004 年度统计数字截止到 9 月底。

三、行业大事记

（1）2003年11月1～3日，中国糖业协会在桂林市召开了“2003/2004年制糖期全国食糖产销工作会议”暨“全国食糖、糖蜜酒精订货会”，各产糖省（自治区）糖业主管部门、糖业协会、制糖企业、各地流通企业和新华社等有关新闻单位的代表共314人参加了会议。会议认真全面总结了2002/2003年制糖期全国食糖产销情况，认真分析了2003/2004年制糖期糖料生产、食糖产销形势和存在的主要问题，提出了国家对食糖市场宏观调控的有关政策建议。

（2）2004年5月16～19日，中国糖业协会在安徽省黄山市召开了“中国糖业协会理事长扩大会议”，中国糖业协会正副理事长、部分常务理事及特邀代表共30人参加了会议。会议专题研究了我国糖业发展的一些重大问题，讨论修改了《糖业管理条例》，研究如何进一步做好扩大食糖消费、保持食糖市场稳定发展的工作，通过了关于加强职业培训、提高劳动者素质的工作以及关于做好行业信息统计工作和《中国糖业年报》编辑出版工作的意见。会议还研究了如何适应国家改革的新形势，加强糖业协会内部建设的问题。

（3）2004年8月4～9日，中国糖业协会在新疆维吾尔自治区乌鲁木齐市召开了“中国糖业协会二届五次理事会议”。中国糖业协会理事长、常务理事、理事单位以及部分会员单位的124位代表参加了会议。会议研究审议了中国糖业协会一年来的工作和下阶段工作设想，总结了2003/2004年制糖期全国食糖产销工作，分析研究了2004/2005年制糖期的产销形势、国家对食糖市场的宏观调控以及有关行业发展和协会内部建设等若干问题。会议表决通过了《关于中国糖业协会二届四次理事会工作报告的决议》、《关于加快制定〈糖业管理条例〉的决议》、《关于进一步做好促进食糖消费工作的决议》、《关于开展职业培训提高劳动者素质的决议》、《关于召开中国糖业协会第三次会员代表大会的决议》等五项决议。

（4）2004年3月17～19日，中国糖业协会在南宁召开了“中国糖业科技进步大会暨’04南宁·国际糖业新技术、新装备交流展示会”，来自国内外70多家糖机设备制造商、糖业科研设计单位、高等院校、250多家糖厂的科技工作人员以及专家学者近1 000人参加了会议。除主报告会外，会议共举办各类专题报告会20多场。会议共收到论文130多篇，经过专家筛选有80篇论文入选本次大会的论文集，其中20篇论文被评为优秀论文受到表彰。

（5）2003年初，经专家审定的《白砂糖》、《原糖》两项国家标准已经报全国食品工业标准化委员会审批。《冰片糖》、《甘蔗糖蜜》两项行业标准也已通过专家审定，即将报批。

（中国糖业协会　胡志江）

乳制品制造业

一、基本情况

（一）资源概况

2003年全国奶类总产量达1 848.6万t，其中牛奶产量达1 746.3万t，分别比上年的1 400.4万t和1 299.8万t增长32.0%和34.4%。奶类总产量前五位的省、自治区是内蒙古312.2万t，占全国总产量的16.9%；黑龙江省303.9万t，占全国总产量的16.4%；河北省207.6万t，占全国总产量的11.2%；山东省148.4万t，占全国总产量的8.0%；新疆120.8万t，占全国总产量的6.5%。

（二）加工业概况

2003年，全国规模（全部国有和年产品销售收入500万元及以上非国有企业）以上的乳制品企业584家，其中国有企业61家，集体企业35家，有限责任公司186家，股份有限公司51家，私营企业178家，港、澳、台投资企业12家，外商投资企业41家。全国规模以上乳制品企业的乳制品制造业完成总产值521.8亿元，同比增长34.51%。乳制品制造业总产值前五位的省、自治区、直辖市有内蒙古102.6亿元，占全国的19.7%；黑龙江省82.5亿元，占全国的15.8%；河北省76.5亿元，占全国的14.7%；山东省42.9亿元，占全国的8.2%；上海市39.5亿元，占全国的7.6%。全国规模以上企业固体乳制品产量140.6万t，比上年增长33.28%，其中乳粉产量约85万t。固体乳制品产量前五位的省、自治区有黑龙江省37.7万t，占全国的26.9%；山东省22.2万t，占全国的15.9%；河北省16.1万t，占全国的11.5%；陕西省12.3万t，占全国的8.8%；内蒙古自治区10.4万t，占全国的7.4%。全国规模以上企业液体乳制品产量582.9万t，比上年增长59.95%。液体乳制品产量前五位的省、自治区、直辖市有内蒙古160.8万t，占全国的27.6%；河北省76.6万t，占全国的13.1%；上海市39.3万t，占全国的6.7%；黑龙江省35.6万t，占全国的6.1%；山东省31.0万t，占全国的5.3%。全国规模以上企业利税总额53.2亿元，其中利润30.6亿元。利税总额完成前五位的省、自治区、直辖市有内蒙古11.73亿元，占全国的22.0%；黑龙江省9.97亿元，占全国的18.7%；河北省6.88亿元，占全国的12.9%；上海市6.53亿元，占全国的12.3%；广东省4.24亿元，占全国的8.0%。利润总额前五位的省、自治区、直辖市有内蒙古7.47亿元，占全国的24.7%；黑龙江省4.84亿元，占全国的15.8%；河北省4.46亿元，占全国的14.6%；上海市4.34亿元，占全国的14.2%；广东省2.66亿元，占全国的8.7%。

二、国内外市场概况

（一）进出口情况

2003年乳制品进口税率较上年有所降低，具体是液体乳为15%，脱脂乳粉为11.3%，全脂乳粉为12.5%，乳清粉为6%，奶油为15%，干酪为12%。由于2003年国际市场上乳制品价格上扬，乳制品进口增长幅度较去年有所回落，趋于正常水平。全年共进口各种乳制品31.5万t，同比增长19.41%；货值金额3.47亿美元，同比增长29.00%。进口乳制品中，乳粉为13.37万t，同比增长20.7%；乳清粉16.12万t，同比增长16.9%；奶油1.12万t，同比增长117.8%；干酪4 614t，同比增长82.2%。适当数量的乳制品进口对满足市场需求、推动我国乳业发展起到了积极作用。2003年乳制品出口较上年有所下降。全年共出口乳制品4.9万t，金额4 620万美元，分别比上年增长－4.2%和－15.7%。出口的乳制品中液体乳为2.7万t，乳粉7 678t，炼乳1.3万t。由此可以看出，中国是一个乳制品的纯进口国，国内的乳制品生产基本上是国内消费，出口仅是很少的一部分。

（二）市场竞争情况

由于市场的拉动，我国乳业近几年来一直处于高速发展的状态。1999年全国规模以上企业乳制品总产值为147.9亿元，到2003年达到521.8亿元，4年绝对增加373.9亿元，增长2.5倍。因此，乳业已成为我国食品工业中发展最快的热点行业。快速发展的乳业成为社会各界关注的热点，也是一个多“事”的行业，在红红火火快速发展的背后存在着一些潜在的、不容忽视的问题，必须引起政府和行业的高度重视。如有些人在分析中国乳业的发展前景时，只看到“世界人均奶类占有量为100kg，中国人均占有量仅十几千克，仅相当于世界的十分之一”等情况，却忽视了消费市场的培育是一个长期渐进的过程，制定不切合实际的发展规划，盲目投资乳业。一些新近进入乳业的资本急功近利的心态比较重，忽视奶源基地的建设与投入，奶源大战在不少的地方上演着。另一方面，有的企业急于上马，忽视了市场的培育，与奶农签订收购计划不能兑现，拒收奶农所生产的牛奶。乳制品是高度同质化的产品，加工能力的急剧扩张，带来了市场的过度竞争。价格大战是市场竞争的主要手段，各式各样的促销活动在全国各地上演着。在液体乳市场上这种竞争尤甚，买三赠一、买二赠一，有的甚至买一赠一的情况也有，企业的销售利润在下降。除了价格竞争之外，层出不穷的“概念炒作”，自爆“内幕”式的揭短，是这种过度竞争的又一具体表现，使广大消费者感到困惑不解，影响了行业的健康发展。如杀菌乳与灭菌乳那个更有营养的争论、超高温灭菌乳的营养成分被大量破坏、目前发达国家已禁止采用超高温工艺加工牛奶、用乳粉还原生产液体乳的问题、乳粉是营养成分受到大量破坏的产品等，五花八门的产品标签，有的媒体甚至刊登了毫无科学依据的所谓“牛奶营养价值排行榜”，肆意贬低乳制品营养价值等。

2003年大型乳制品企业的规模、市场占有率有了进一步的提高。2003年销售收入前十位的企业（表1）销售收入285.58亿元，占全国规模以上企业销售总额的57.3%；利润总额16.05亿元，占全国规模以上企业利润总额的52.4%；乳粉产量27.38万t，占全国规模以上企业乳粉总产量的32.2%；液体乳产量330.37万t，占全国规模以上企业液体乳总产量的56.7%。

表 1　2003 年度中国乳制品行业销售收入前十位企业

企业名称	乳粉产量（t）	液体乳产量（t）	销售收入（万元）	利税总额（万元）	其中利润（万元）
内蒙古伊利集团	42 721	586 734	600 493	67 636	31 889
石家庄三鹿集团	62 012	440 319	530 456	46 412	29 812
内蒙古蒙牛集团	5 410	710 030	505 204	46 439	29 537
光明乳业集团	9 620	720 789	496 764	62 672	39 092
黑龙江完达山乳业集团	48 303	125 694	181 705	13 089	3 508
北京三元食品公司	8 453	234 734	130 703	5 258	2 667
山西古城乳业集团	31 103	74 941	115 328	8 735	5 018
黑龙江乳业集团	32 620	142 164	112 576	12 563	4 742
西安银桥集团	33 615	41 418	92 301	14 715	8 107
济南佳宝乳业集团		226 970	90 522	11 049	6 217

注：表中数据来自中国乳制品工业协会《2003 年经济指标完成情况年报表》，按销售收入排序。

（三）收购奶价格

2003 年 6 月，全国部分乳制品生产企业生鲜乳的收购价格见表 2。

表 2　全国部分乳制品企业 2003 年 6 月生鲜乳收购价格

企业名称	元/kg	企业名称	元/kg
北京市南郊牛奶公司德茂乳品厂	1.82	北京市延庆华庆乳品厂	1.94
天津海河乳业有限公司	1.85	天津津河乳业有限公司	1.90
石家庄三鹿集团股份有限公司	1.85	邢台大曹庄三鹿乳业有限公司	1.56
唐山明乐乳业有限责任公司	1.50	秦皇岛市秦牛乳业有限公司	1.60
唐山市银河乳业有限公司	1.62	山东亚奥特乳业有限公司	1.95
文登市金洋乳品有限公司	1.62	济南佳宝乳业有限公司	2.05
烟台磊磊乳品有限公司	1.53	内蒙古额尔古纳梅鹿乳业有限责任公司	1.06
内蒙古牛妈妈乳业有限公司	1.94	内蒙古扎兰屯伊利乳业有限责任公司	1.36
内蒙古蒙牛乳业（集团）股份有限公司	1.74	黑龙江红星集团股份有限公司	1.79
呼伦贝尔市青松乳业有限公司	1.55	黑龙江乳业集团有限责任公司	1.70
呼伦贝尔三元乳业有限责任公司	1.31	黑龙江省完达山乳业股份有限公司	1.57
黑龙江光明松鹤乳品有限责任公司	1.65	黑龙江飞鹤乳业有限公司	1.50
黑龙江省富裕明星食品有限公司	1.55	哈尔滨市万家宝鲜牛奶有限公司	2.00
嫩江县辰鹰乳业有限责任公司	1.49	山西应县乳制品公司	1.80
山西恒康乳业科技股份有限公司	1.56	陕西富华乳业有限公司	1.11
陕西正和乳业有限公司	1.50	新疆伊犁沙漠乳生物制品有限公司	1.50
江西阳光乳业集团有限公司	2.20	江西牛牛乳业有限责任公司	2.20
大连渤海乳品厂	1.90	丹东派波乳业有限公司	1.80
沈阳乳业有限责任公司		湖南亚华乳业有限公司	3.02
郴州市牛牛乳业有限公司	2.90	湖南南山食品有限公司	1.95
湖南阳光乳业股份有限公司	2.15	漯河三剑客奶业有限责任公司	1.60
洛阳巨尔乳业有限公司	1.60	中德合资阿姆斯饮品公司	1.69
河南三鹿花花牛乳业有限公司	1.92	贵阳三联乳业有限公司	3.03
贵州好一多乳业有限公司		宁夏新华百货夏进乳业集团股份有限公司	1.64
宁夏东方乳业有限公司	1.67	银川市金河乳业有限公司	1.70
深圳市光明华侨畜牧场晨光饮料公司	4.03	广东燕塘乳业有限公司	2.73
湛江市湖光奶业有限公司	2.58	广州金鼎乳制品厂	2.75
广西柳州市奶业有限责任公司	2.60	云南多喝乳业有限责任公司	1.76
无锡市天资乳品饮料厂	2.18	徐州维维食品饮料股份有限公司	1.61
瑞安市百好乳业有限公司	1.65	南京奶业（集团）有限公司	2.20
金华市好源乳业有限公司	1.49	杭州娃哈哈集团有限公司	1.88
浙江熊猫乳品有限公司	1.81	宁波市牛奶有限公司	2.26
福建长富乳业集团股份有限公司	2.28	四川菊乐食品有限公司	1.95

三、质量管理

（一）政策法规

为进一步完善食品质量安全市场准入制度，切实从源头加强食品质量安全的监督管理，规范食品企业生产加工过程，国家质检总局在对米、面、油、调味品（酱油、醋）等五种产品实施市场准入制度管理后，又对乳制品实施质量安全市场准入制。2003 年 7 月 4 日，国家质检总局正式发布文件，对乳制品、肉制品、饮料、调味品（糖、味精）、方便面、饼干、罐头、冷冻饮品、速冻面米食品、膨化食品等十类食品实施市场准入制度，并发布了《乳制品生产许可证审查细则》。《审查细则》共分八个部分。一是发证产品范围及申证单元：实施生产许可证管理的乳制品包括巴氏杀菌乳、灭菌乳、酸牛乳、乳粉、炼乳、奶油、干酪。乳制品申证单元为 3 个：液体乳（包括巴氏杀菌乳、灭菌乳、酸牛乳）、乳粉（包括全脂乳粉、脱脂乳粉、全脂加糖乳粉、调味乳粉）、其他乳制品（包括炼乳、奶油、硬质干酪）。乳制品生产许可证有效期为 3 年，产品类别编号为 0501。二是必备的生产资源：包括生产场所、必备的生产设备、产品相关标准、原辅材料的有关要求、必备的出厂检验设备、检验项目、抽样方法和其他要求等。各地质量技术监督部门将对所有乳制品生产企业必备条件进行现场审查，符合条件的企业将获得《生产许可证》，产品可进入市场销售。未获得《生产许可证》的产品将不能进入市场。

为了加强和规范乳制品企业的生产技术管理工作，提高我国乳制品企业管理水平，中国乳制品工业协会组织制定了《乳制品企业生产技术管理规则》。这是我国乳制品行业第一部技术规章，共有八章四十二条。《规则》规定了乳制品定义与分类、奶源管理及生鲜乳收购、乳制品加工厂建设、乳制品加工设备、乳制品质量管理、乳制品厂卫生管理等内容。《规则》详细列举出乳制品制造业所使用的各种标准。本规则将乳制品分为七个大类：液体乳类、乳粉类、炼乳类、乳脂类、干酪类、乳冰淇淋类和其他乳制品类。为了发挥乳制品企业的生产能力，减少重复建厂情况的发生，《规则》规定了乳制品加工企业建设应保持合理的半径，一般应在 50km 以上。

（二）重要事件

1. 辽宁海城豆奶中毒事件　据《人民日报》2003 年 4 月 17 日报道，2003 年 3 月 19 日，辽宁省海城市部分小学生及教师饮用豆奶引发食物中毒，其中涉及 2 556 名小学生。4 月 9～15 日，卫生部及辽宁省卫生厅共同组成联合调查组，由食品卫生、流行病学、食品加工工艺、理化和微生物检验及临床医学等方面的专家，对海城 8 所小学饮用鞍山宝润乳业有限公司生产的“高乳营养学生豆奶”引发突发事件的发病情况进行了调查。参与调查的专家共同认定：本次豆奶食物中毒的原因是活性豆粉中的胰蛋白酶抑制素等抗营养因子未彻底灭活。由于部分人群对此类物质较为敏感，饮用含有这类物质的豆奶后引起上消化道为主的刺激症状。同时还排除了细菌性、化学性、动物性中毒的可能性。联合调查组认为，该类食物中毒愈后良好，较为轻微，不会对人体造成长期的、潜在的健康危害。4 月 16 日，鞍山市政府、辽宁省卫生厅举行新闻发布会，对外公布了豆奶中毒的病因。鞍山市市长张杰辉通报了鞍山、海城两级市委、政府对事件处理的工作情况，向社会做出两点承诺：一是对 2 556 名学生的健康情况、生命安全跟踪负责到底；二是依法处理相关人员。鞍山市政府还通报了曾饮用豆奶的学生李洋的死因，经辽宁省公安厅和中国医科大学的 4 位专家检验，李洋死于一氧化碳中毒。截至 4 月 15 日晚，当地 3 所医院住院学生 84 人。2003 年 12 月 23 日上午，鞍山市中级人民法院对“海城豆奶中毒”案一审公开宣判，被告人鞍山宝润豆奶有限公司及鞍山宝润乳业有限公司董事长郝国栋、代理车间主任郝佳乐和在公司做临时工的蓝松涛被公诉机关分别以生产、销售不符合卫生标准的食品罪、偷税罪和窝藏罪提起公诉。法院经审理，依照《中华人民共和国刑法》有关规定，认定被告人郝国栋犯生产、销售不符合卫生标准的食品罪，判处有期徒刑 3 年，并处罚金人民币 15 万元；犯偷税罪，判处有期徒刑 6 个月，并处罚金人民币 5 万元，决定执行有期徒刑 3 年 6 个月，并处罚金人民币 20 万元。被告人郝佳乐犯生产、销售不符合卫生标准的食品罪，判处拘役 6 个月，并处罚金人民币 3 万元。被告人蓝松涛犯窝藏罪，免予刑事处罚。“海城豆奶中毒事件”使学生奶推广计划受到影响，辽宁省以及全国部分教育机构纷纷下令停止向学校供应“学生奶”。

2. 上海南汇区万祥学校“9.27 事件”　据《人民日报》2003 年 9 月 27 日报道，位于上海市南汇区的万祥学校是一所九年制的农村学校，共有小学生 1174 名，初中生 1061 人，学生主要来自附近的 7 个村。2002 年 9 月 27 日上午 10 时左右，学生开始饮用学生奶；11 时 30 分在学校食堂吃午餐；12 时 30 分左右有 16 名小学生开始出现腹痛、呕吐等症状；下午 4 时病人急剧增加，达 300 多人；到 9 月 28 日凌晨，三所医院共收治 280 多人。上海市卫生监督所最终确定病人为 77 人，占小学生总数的 6.56%。根据南汇区和上海市卫生监督所对9月27日学生奶和午餐进行的多项细菌检验及对病人检查的结果，各项反应均为阴性，绝大多数病人的血相也都正常。卫生监督部门认为病人的症状较轻，加上救治及时，没有出现严重伤害，多数病人当日痊愈，三天内留医院观察的学生全部康复。万祥学校学生中毒事件发生后，上海市卫生监督所邀请在沪的流行病学、食品卫生、营养学、临床医学、奶品生产等方面的15位专家，对“9.27”事件的成因进行了论证，认为“9.27”事件是一起与学生奶有关的集体性食物中毒事件。根据上海学生饮用奶计划办公室的报告，全国学生奶办公室委派专家组赴上海调查。经全国学生奶办公室专家组调查确认：万祥学校学生奶由光明乳业公司配送，这批学生奶于8月7日生产，共72.29t，其中发至全市260所学校69.68t，共4688箱。在9月9～12日共发至南汇区东城配送中心1143箱。根据南汇区和上海市卫生监督所以及光明乳业公司对这批学生奶的检验结果，各项指标均为正常，没有检出致病菌，质量符合要求。上海市卫生监督所提供给全国学生奶办公室的一份报告认为：虽在万祥学校学生饮用奶中没有检出致病菌，但不能排除由（在）学生食用学生奶过程（中）有关的因素所引起的集体性食物中毒。而专家组的观点却与该意见有出入：由于没检出致病菌，所以“9.27”事件中的学生症状主要是由于“乳糖不耐”原因造成。其实，双方意见殊途同归，共同点都是“9.27”事件的确“与学生奶有关”。由此事件可以看出，要讲求喝奶方法，加强科学喝奶知识的教育。

3. 长沙“人乳宴”被定为违法经营　据新华社长沙2月10日电，1月26日长沙某餐馆准备在全国率先推出“人乳宴”，并邀请当地的一些媒体的记者品尝。“人乳宴”共有四大系列，包括“人乳鲍鱼”、“奶汤鲫鱼”在内的12个品种。餐馆老板介绍，为人乳宴提供“奶源”的6名“营养师”（供奶者）全部来自湖南怀化。消息一经传出，在社会上引起极大反响，“人乳宴”在媒体和广大群众的指责声中被无限期推迟。与此同时，“人乳宴”的是是非非在社会上引起激烈争论，网上相关评论多达万条。湖南省卫生厅向新华社记者出示了《卫生部法监司关于人体母乳不能作为商品经营的批复》，批复指出：人体不是一般的食品资源，不能作为商品进行生产经营。湖南省卫生厅认为：将母乳作为商品出售，一定程度上剥夺了孩子获得母乳喂养的权利，违背了基本的伦理。鉴于长沙某餐馆及时纠正了经营“人乳宴”的违法行为，而且尚未发现食用“人乳宴”的记者有中毒症状，湖南省卫生厅暂时没有对这家餐馆立案查处。但表示，今后如果还有商家经营人体母乳，将按照食品卫生法和新资源食品管理办法等法规依法严处。

四、行业管理

（一）国际交流

2003年，中国乳制品工业协会争取到了2006世界乳业大会将在中国召开的举办权。每四年一届的世界乳制品行业盛会将于2006年在中国上海举行，由光明乳业股份有限公司承办。国际乳联（IDF）是一个独立的、非政治性的、非盈利性的乳品行业国际组织，成立于1903年，已有100多年历史，总部设在比利时的布鲁塞尔，现有会员单位41个。国际乳联的宗旨是，通过国际合作与磋商促进国际乳品领域科学、技术和经济问题的解决。国际乳联汇聚了世界众多优秀科学家、专家，出版技术性和信息性刊物。国际乳联每年召开一次年会，每四年召开一届世界乳业大会。年会的规模为600人左右，乳业大会规模为2 000～3 000人。每年年会、大会轮流在各会员国举行，均受到各国政府的重视，并由政府要员出席会议。中国乳制品工业自20世纪80年代即同IDF保持联系，经原轻工业部批准自1985年开始每年以观察员身份参加活动。1995年经原国家科委批准，中国乳制品工业协会正式加入国际乳联，成为国际乳联的会员单位。在亚洲仅有日本、印度、中国三个国家是国际乳联的成员国。IDF成立至今，世界乳业大会尚未在亚洲国家举行过。中国乳业近年来发展很快，受到世界同行的关注，能够在中国举办世界性乳业大会是中国乳业界多年来的愿望。2002年10月，在巴黎召开的世界乳业大会上，IDF中国国家委员会主席潘蓓蕾向IDF主席提出在中国举办世界乳业大会的申请。2003年7月，中国乳制品工业协会代表IDF中国国家委员会向我国政府提交的“关于拟承办国际乳联（IDF）2006年世界乳业大会”的报告，获得国务院批准。2003年9月7～12日，IDF世界乳业峰会在比利时召开，由23人组成的中国乳业代表团出席了会议。在这次会议上，IDF中国国家委员会通过一系列的陈述和说明，IDF理事会一致通过了由中国承办2006年世界乳业大会的决定。世界乳业大会在中国举行必将加强我国乳业界同世界各国同行的交流与合作，提升中国乳业在世界的地位和影响，推动中国乳业的健康、蓬勃发展。IDF中国国家委员会将努力将这次大会办成具有中国特色的世界乳业盛会。

（二）重大要闻

1. 中共中央总书记胡锦涛视察蒙牛集团　2003年元旦刚过，中共中央总书记胡锦涛冒着－20～

－30℃的严寒，于2003年1月2日上午10时50分在内蒙古自治区党委书记储波、政府主席乌云其木格等的陪同下来到内蒙古蒙牛乳业（集团）股份有限公司通辽分公司视察工作。在视察过程中，胡总书记详细向蒙牛公司牛根生总裁询问了企业的生产情况。胡总书记是在报纸上看到了美国摩根斯坦利等三家外资机构给蒙牛注资2600万美元的。视察中胡总书记特别指出："我国加入WTO后，企业发展眼光一定要站在全球的角度，一定要国际化。"在得知蒙牛的一条生产线年生产能力为1万t、平均每头牛年产奶3t和蒙牛总共有80多条这样的生产线后，胡总书记感慨地说："这样推算的话，那就需要20多万头奶牛来供给，将带动十几万户奶农!"。当胡总书记询问到内蒙古龙头企业的情况时，自治区党委书记储波说，培育一个龙头企业，不仅拉动一个地方经济的发展，还能带动千家万户致富。近年来由于有了伊利、蒙牛这样的龙头企业，使奶业得到快速发展，也使广大农牧民致了富。胡锦涛总书记一行观看了蒙牛公司的生产车间及设备，还亲切询问了产品结构。胡总书记强调："牛奶本身就是温饱之后小康来临时的健康食品，不仅小孩喝，老人喝，最重要的是中小学生都要喝上奶，提升整个中华民族的身体素质"。胡总书记的话说明了发展乳业的重要性，指明了乳业发展的光明前途。胡锦涛总书记的视察不仅给蒙牛公司带来了极大的鼓舞，同时也是对整个乳制品行业最大的支持和鼓励。

2."非典"疫情　2003年春季，在全国一些地区发生"非典"疫情，在交通运输受到影响、部分市场乳制品供应出现紧张的情况下，各地乳制企业不仅千方百计保证市场供应，还捐款捐物支援抗击"非典"。如在北京市场上，营养价值高、食用方便的乳制品成为市场上的俏销产品，乳制品销售出现了迅猛增长。北京三元食品股份有限公司为确保市场供应，启动紧急预案，建立起快速反应机制，公司员工全部停休，设备24 h不停机，市场销售人员奔赴在各个销售网点，及时搜集、快速反馈各类市场信息，产销协调配合，增加货运车辆，增加产品的日配送次数，保证每天能及时把乳制品送到市民手中。自从"非典"在北京出现以来，三元公司从原料奶收购到成品上市的整个流程的所有环节全面启动卫生部规定的防疫措施，所有牛场、加工厂全部实行封闭式管理，全面加强了清洁、消毒程序，切断了外界可能对厂区的影响，确保产品的安全卫生。4月23日，北京三元食品股份有限公司向奋战在抗击"非典"第一线上的北京医务工作人员捐赠纯牛奶30 000箱、奶粉30 t以上，价值数百万元。另据媒体报道，"非典"期间，蒙牛集团向国家卫生部、北京市、上海市、天津市、广州市累计捐款捐物达1160万元，其中捐款860万元，捐物价值300余万元；伊利实业集团股份有限公司捐款700万元，其中300万元捐赠国家卫生部，200万元捐赠内蒙古自治区卫生厅，捐赠价值200万元的纯牛奶给医务工作人员；石家庄三鹿集团股份有限公司向河北省卫生厅、石家庄卫生局捐款捐物200余万元，其中现金10万元、防疫专用车10辆、价值160万元的乳制品；光明乳业股份有限公司捐赠价值200万元的健能益菌奶；沈阳乳业有限公司向沈阳市政府捐款100万元；福建长富乳业集团捐赠牛初乳500罐、酸奶500箱，价值17.4万元。

（三）投产的大型乳制品加工项目

2003年1月8日，青岛圣元—圣乔治乳品厂一期工程正式投产。该项目总投资3 000万元，生产规模为年产乳粉3.2万t，六条生产线全部采用先进的PLC自动控制系统，包装机全部由国外引进，可生产出9种包装形式的乳粉，全部生产过程基本上实现无菌化工作。

2003年6月5日，黑龙江杜尔伯特伊利奶粉二期工程正式投产。该工程总投资2.59亿元，日处理鲜奶能力460t，年产奶粉1.5万t，是目前亚洲单机生产能力最大、现代化水平最高的婴幼儿乳粉生产厂，严格按照药厂的GMP标准进行设计。

河南洛阳巨尔乳业有限公司投资2.3亿元，建设日处理鲜奶600 t的UHT无菌奶加工项目，于2003年3月在洛阳市高新技术开发区工业园动工。其中一期工程投资1.5亿元，日加工鲜奶能力300t，于2003年底投产，全部项目将于2005年投产，届时规模将达到日处理鲜奶600 t。

2003年8月18日，济南佳宝乳业有限公司投资兴建的佳宝工业园一期一段工程顺利投产。佳宝工业园总投资5亿元，设计规模为日处理鲜奶1 200t，年产液体乳40万t。投产的一期一段工程全部引进国外设备，日处理鲜奶能力600 t，产品全部为灭菌乳。

2003年9月17日，山东得益乳品工业园一期工程投产。得益乳品工业园设计能力为日处理鲜奶500 t，一期工程总投资1.3亿元，日处理鲜奶能力为300 t，设备全部由国外进口。一期工程投产，使得益公司的乳制品日生产能力由现在的150 t提高到450 t。

2003年9月28日，河南科迪集团乳品厂正式竣工投产。该项目设备全部由国外引进，总投资2亿元，年生产能力为10万t灭菌乳。

2003年9月20日，沈阳乳业有限公司乳品新厂建成投产。乳品新厂总投资1.2亿元，有生产线20

条，年生产液体乳 11.5 万 t。新厂的建成投产，使沈阳乳业有限公司的液体乳年生产能力达到 30 万 t。

2003 年 9 月 6 日，山西大同夏进乳业有限公司加工厂正式投产。该项目投资 5 000 万元，5 条灭菌乳、酸乳生产线，年生产液体乳 10 万 t。

2003 年 10 月，福建长富乳业集团乳制品加工三期工程正式投产。该项目总投资 1.86 亿元，生产能力为日加工液体乳 200 t。三期工程完成后，长富集团的液体乳日加工能力达 600t。

（中国乳制品工业协会　宋昆冈）

蔬菜加工业

一、基本情况

（一）资源情况

2003 年我国蔬菜种植面积继续增长，达到17 954 万 hm^2，比 2002 年增长 3.5%；总产量为 54 032 万 t，比 2002 年增长 2.2%，占世界总产量的 40%左右，居世界第一位。

受天气等因素影响，2003 年蔬菜市场季节性供求矛盾凸显。一季度由于去冬今春低温多雨，河北、辽宁、山东等主产区蔬菜生产迟缓，普遍减产并推迟上市。进入二季度以后，全国蔬菜生产趋于正常，陆续进入收获旺季，并集中大量上市，但“非典”疫情的爆发，使蔬菜等鲜活农产品流通受到影响，曾一度造成产销区供求失衡。第三季度，受部分主产区高温和暴雨天气影响，蔬菜产量又出现了一定波动。10 月以来，北方大部分地区雨雾天气较多，11 月冰雪天气出现较早，给冬贮菜、大棚菜的生长、采摘和收获造成了很大影响，加上一些温室倒棚使不少菜品受冻，影响了蔬菜的供给。

除了天气变化外，目前北方保护地蔬菜生产科技含量较低，抗风险能力较差，也是导致目前蔬菜季节性供求矛盾出现的原因。经过几年的发展，我国蔬菜保护地种植已经占有重要的地位，但与各地发展的实际需求相比，其科技含量、抗风险能力仍有较大差距。2003 年在异常天气的影响下，保护地设施受损严重，产量下降，影响了蔬菜市场供求。受此影响，2003 年各地之间蔬菜种植效益差距也较大。如冬季不需大棚的海南省在去冬今春种菜的农户就取得了前所未有的好收益，山东寿光很多农户也因大棚质量好、技术水平过硬，种植反季节蔬菜虽然减产但不减收。

（二）加工业概况

2003 年全国具有一定规模的蔬菜加工企业仍保持 12 000 多家，主要包括速冻蔬菜、果蔬汁加工、番茄酱加工、冷冻干燥等蔬菜加工企业。山东省具有良好的蔬菜资源优势和产业化加工特色，蔬菜加工企业约 2 000 多家。随着我国农业产业结构的调整，产业资金投入继续加强，2003 年蔬菜加工业得到了进一步发展。其中蔬菜保鲜、贮藏、加工能力已达商品量的 25%；放心菜、无公害蔬菜已大量进入市场，蔬菜加工量已达到全国蔬菜总量的 10%。

蔬菜加工业是需要产前、产中和产后密切结合的产业，是从生产到贮藏、加工、流通的一项系统工程。为适应国际、国内市场激烈竞争的质量要求，许多蔬菜加工企业建起了规模化、集约化的蔬菜基地，采取企业＋基地＋农户的运作方式，以合同、订单形式确定企业与基地、农户的利益分配关系，控制蔬菜生产、加工、流通的全过程，以确保蔬菜的产品质量和食品安全。加强蔬菜生产的标准化管理和环保意识，推行绿色蔬菜和有机蔬菜的产业化，成为当前蔬菜生产和加工业的发展趋势。

二、科研、新产品与新技术

2003 年，我国蔬菜加工业的科研、新产品、新技术取得新进展，加大了从传统加工技术向高新技术方面转化的力度。各地政府积极引导企业走科技创新之路，培壮育强科技型龙头企业，从项目、资金、技术上给予重点倾斜，鼓励龙头企业引进高新科技嫁接改造传统产业。如山东临沂大林食品有限公司攻克 FD（真空冻结干燥）生产线的关键技术，改进研制出了性能明显优于进口生产线、投资仅为进口设备的 1/4、具有自主知识产权的 FD 生产线，生产的“大林牌”FD 脱水果蔬制品于 2003 年创汇 6 000 多万美元，已占据日本 FD 脱水蔬菜市场的 60%。我国蔬菜加工业已采用的高新技术有高温瞬时杀菌技术、无菌包装技术、膜分离技术等，生产的主要产品有番茄汁、南瓜汁、胡萝卜汁、芹菜汁、复合果蔬汁等。市场需求证明，蔬菜汁集天然、营养、保健于一身的植物饮料符合当今消费潮流。从资源条件上看，我国有着极为丰富的蔬菜资源，如能将旺季过剩、鲜嫩易腐的蔬菜加工成易于贮藏和方便食用的蔬菜汁，对开拓市场和农民增收具有重要意义。

蔬菜中含有许多天然植物化学物质，这些物质具有重要的生理活性或化工用途。如南瓜中含有环丙基结构的降糖因子，对治疗糖尿病具有明显的作用；大蒜中含有硫化合物，具有降血脂、抗癌、抗氧化作用；胡萝卜中含有胡萝卜素，具有抗氧化作用，能消除人体内的自由基；生姜中含有姜醇和姜酚等，具有抗凝、降血脂、抗肿瘤等作用；番茄中含有番茄红素，具有抗氧化作用，能防止前列腺癌、消化道及肺癌的产生；菠菜中含有叶黄素，具有减缓中老年人的眼睛自然退化的作用。许多科研单位和加工企业，广泛采用高新技术，从蔬菜中分离、提取、浓缩这些功能成分，制成胶囊或将这些功能成分添加到各种食品中，大大提高了食品的功能成分、营养价值和经济价值。如山东苍山县源野公司，2003 年新上的生产绿原酸的工程项目，让废弃的牛蒡叶成了抢手货，牛蒡菜农因此每亩地可增收五六百元。

三、国内外市场概况

（一）国内市场

2003 年我国蔬菜价格总体水平明显提高，但波动幅度较大。一季度全国蔬菜价格普遍上涨，高于 2002 年同期水平；进入 4 月后价格出现回落，5～7 月价格低迷，低于往年同期水平；到三季度的 8～9 月份，受部分主产区高温和暴雨天气的影响，部分需求量大的速生叶菜、黄瓜、茄子、番茄等品种一度供应紧张，价格迅速回升，带动整个蔬菜价格逐步回升到 2002 年的价格水平；10～11 月，大白菜、胡萝卜等小部分菜价有所回落，大部分蔬菜价格仍然保持上涨趋势。进入冬季，全国蔬菜价格总体表现为北高南低，价格高于 2002 年。

综合看，2003 年全国蔬菜市场除少部分品种如大蒜、生姜和少部分地区如贵州、云南以外，各地价格均比上年有所上涨，达到甚至超过前 3 年来的最高水平。与前两年全国蔬菜价格不断下降趋势相比，价格的上涨带有一定的恢复性。虽然 2003 年蔬菜价格季节间波动较大，但总体价格水平上升，种植蔬菜效益较好。

（二）国际市场

2003 年我国蔬菜出口市场已覆盖世界 150 个国家和地区，因受“非典”疫情的影响，曾出现大幅度波动，但总体上仍保持快速增长趋势。据海关统计，2003 年我国累计出口蔬菜（含鲜冷冻蔬菜、加工保藏蔬菜和干制蔬菜，下同）552.7 万 t，同比增长 18.7%（2003 年 1～11 月蔬菜出口创汇金额 27.13 亿美元，同比增长 14.51%）；进口蔬菜 9.0 万 t，同比下降 1.1%。

从出口的国家和地区看，出口金额居前四位的依次是日本、美国、韩国和香港特区，其中对韩出口增长十分显著。2003 年 1～11 月，全国对日本出口 121.73 万 t，同比增长 8.48%；创汇 10.89 亿美元，同比增长 8.81%。对美国出口 21.17 万 t，同比增长 23.67%；创汇 1.86 亿美元，同比增长 48.42%。对韩国出口 36.76 万 t，同比增长 82.52%；创汇 1.69 亿美元，同比增长 35.7%。对香港特区出口 46.96 万 t，同比增长 10.15%；创汇 1.45 亿美元，同比增长 19.49%。

东盟是我国的重要贸易伙伴。2003 年 1～11 月，全国出口东盟的蔬菜数量为 107.11 万 t，占全国出口总量的 22%；出口金额 3.07 亿美元，占全国出口总额的 11.32%。其中，出口金额较大的是马来西亚和印度尼西亚，向两国的出口占对东盟出口金额的 71%；出口增长较快的是越南，其次是泰国和柬埔寨，但出口金额均不超过 3 000 万美元。

从蔬菜出口的品种结构看，出口金额居前四位的依次是大蒜、蘑菇罐头、番茄酱罐头、芦笋罐头，其中蘑菇罐头的出口增长较猛。1～11 月全国鲜冷冻蔬菜出口 300.7 万 t，占蔬菜出口总量的 60.99%，同比增长 20.09%；出口创汇 10.84 亿美元，占蔬菜出口金额的 39.96%，同比增长 13.38%。加工保藏蔬菜出口 162.17 万 t，占蔬菜出口总量的 32.89%，同比增长 11.19%；出口创汇 11.35 亿美元，占蔬菜出口金额的 41.84%，同比增长 11.65%。干制蔬菜出口 30.15 万 t，占蔬菜出口总量的 6.12%，同比增长 19.15%；出口创汇 4.94 亿美元，占蔬菜出口金额的 18.2%，同比增长 18.21%。

从出口地区来看，2003 年 1～11 月，全国出口金额居前五位的省、自治区依次为山东（8.72 亿美元）、福建（4.66 亿美元）、浙江（2.04 亿美元）、广东（1.88 亿美元）、新疆（1.40 亿美元）。与 2002 年同期相比，除广东出口金额下降 2.29%外，其他省、自治区均有增长。山东增幅较大，增幅为 23.97%。其次是福建，增幅为 6.26%；浙江增幅为 4.27%，新疆增幅为 1.37%。

据有关资料显示，日本实施进口强制检查的冷冻菠菜，99%以上从中国进口。日方还把个别农产品和个别批次中检出的个案问题扩大化，损害了中国农产品的形象，误导了日本消费者。这种限制措施不仅损害了中方的出口利益，也损害了日资企业、日本进口商及日本消费者的利益。与国际市场相比，我国蔬菜在价格上具有绝对优势，比日本、美国等主要贸易国至少低30%以上，一些重要的品种如黄瓜、大蒜等低60%以上。虽然受到国际上很多技术壁垒和贸易保护政策的限制，但我国蔬菜出口仍具有很大的发展空间。目前，大蒜、番茄酱等产业发展形势较好，在国际上已具有较强的竞争力。

东盟是我国周边的一个大市场。2003年6月18日中泰两国政府在北京签署了《中华人民共和国政府与泰王国政府关于在〈中国一东盟全面经济合作框架协议〉“早期收获”方案下加速取消关税的协议》，是我国与东盟国家全面扩大开放、加强经贸往来的一个前奏。这一协议已于2003年10月1日正式生效，为中国蔬菜出口泰国提供了机遇。不过，协议对有关蔬菜产品的质量检疫标准和原产地证明等也提出了严格的要求，加上近年来部分东盟国家引进我国蔬菜种植技术和品种，蔬菜产业发展也很快，我们对其市场的发展变化和相关产品营销也必须保持相当的警惕。

四、质量管理与标准化工作

2003年，我国蔬菜加工业的质量管理和标准化工作得到了空前的重视，国内外市场对蔬菜质量安全标准明显提高。过去日本进口我国蔬菜仅需检测6项指标，从2003年1月份开始检测的指标增加到40多项，而且批批检测。以冷冻菠菜为例，1～6月份山东口岸出口冷冻菠菜0.5万t、价值436万美元，分别减少68.4%和61.8%。国内企业为攻克绿色壁垒，添加检验设备，增加检验指标，虽然导致成本增加，但产品的质量安全明显提高。许多地区加强了对蔬菜无公害种植的重视，蔬菜的药物残留合格率显著提高。如山东省全面启动“无公害蔬菜生产”项目，天津市对蔬菜生产基地实施动态管理，浙江临海采取五条措施规范无公害蔬菜生产，江苏无锡市锡山区蔬菜副食品产销协会重点推广使用生物农药和有机肥，湖北荆州市在李埠发展万亩无公害蔬菜生产基地等。特别是北京周边地区的省份，为了做好蔬菜出口和适应北京市人民政府推进食品放心工程的要求，实施“场地挂钩”外埠蔬菜生产基地认定和管理办法的规定，对出口和供应北京市场的商品蔬菜生产基地加强了严格管理，提高了蔬菜的质量和安全水平。

农业部2003年6月10日召开的全面推进无公害食品行动计划电视电话会公布的最新监测结果显示，全国37个省会城市及计划单列市的蔬菜农药残留合格率比1月份提高了5.4个百分点。2003年9月农业部对京、津、沪、深4城市蔬菜农药残留状况进行检测，按照国家标准判断，蔬菜农药残留平均合格率为85.6%，比2001年7月提高了28.4个百分点；37个省会城市及计划单列市9月份的农药残留合格率为82.7%，比1月份提高了5.7个百分点。按照CAC（国际食品法典委员会）的标准判定，9月份4城市的蔬菜农药残留平均合格率为92.3%，37城市为88.6%。2003年7月国家质检总局公布了对酱腌菜（包括各种酱菜、发酵与非发酵各类腌菜和各类渍菜，如榨菜、泡菜、糖醋蒜、酱黄瓜、萝卜干、大头菜等）的监督结果，本次共抽查北京等12个省（直辖市）60家企业的60种产品，合格43种，合格率为71.1%。从抽查结果看，国有大厂、百年老店及合资的大型食品加工企业产品质量稳定。当前，我国酱腌菜生产企业大多为小型、个体企业，作坊式生产较多，质量意识较差，对国家标准不熟悉，没有灭菌设备，导致产品质量较差，其中食品添加剂超标使用是不合格的主要原因。为此，国家质检总局将加大对不合格企业的检查力度，杜绝不合格食品流入市场。同时，加强对生产企业产品质量法规的宣传，按国家强制性标准组织生产。2003年农业部、国家质检总局为从源头上解决食品质量安全问题，制定和颁布了一系列关于农产品生产、加工的技术标准，如《蔬菜、水果卫生标准的分析方法GB/T 5009.38—2003》、《蔬菜、水果及其制品中总抗坏血酸的测定GB/T 5009.86—2003》等。

五、行业管理

做大做强蔬菜产业，离不开大市场、大流通的良好环境，因此加强行业管理、质量监督和开拓市场是十分重要的。2003年上半年，山东省颁布了《山东省出口蔬菜农药残留监督管理规范》，并于6月1日起实施。此外，山东在国际化大蒜产业开发和发展方面的经验，也值得国内许多蔬菜产地和菜农借鉴。

2003年上半年，农业部农产品质量安全中心组建以后，迅速启动了无公害农产品认证工作。首批认证的无公害农产品214个、生产企业有155家，产量212万t，生产面积103.2khm²。同年上半年，中国绿色食品发展中心共受理392家申报企业，同比增加49家，同比增长14.3%；受理783个申报产品，同比增加84个，同比增长12.9%。获得绿色食品标志使用权的企业有261家，产品531个。截至2003年6月底，全国有效使用绿色食品标志的企业总数为

1 929家，产品总数为3 427个；有机食品认证的企业有13家，产品有22个，产量接近4万t，销售额为3.96亿元，其中出口额为2 860万美元，出口率达60%，认证面积超过4khm^2。另有50家企业的150个产品正在认证中。

（山东省农业机械科学研究所 孙众沛）

香蕉生产及其制品业

一、资源概况

（一）世界香蕉生产情况

全世界100多个国家和地区生产香蕉，2003年总产量达6 900万t以上，年产香蕉最多的地区是亚洲，其次为南美洲和北美洲。其中年产量达400万t以上的国家有印度、巴西、中国、厄瓜多尔、菲律宾、印度尼西亚等；年产量在100～200万t的国家有墨西哥、哥斯达黎加、泰国、布隆迪、哥伦比亚、越南、危地马拉等；年产量在50～100万t的国家有洪都拉斯、巴拿马、哥伦比亚、巴布亚新几内亚等10个国家（表1）。世界香蕉的栽培品种近300个，可归纳为矮秆、中秆和高秆。外国商业性栽培的品种主要有拉卡坦、罗巴斯塔、瓦勒里、大密啥等。

表1 2003年世界主要国家香蕉产量

单位：万t

国家（地区）	产 量	国家（地区）	产 量
世界总计	6 928.6	越 南	122.1
印 度	1 645.0	危地马拉	100.0
巴 西	651.8	洪都拉斯	96.5
中 国	590.3	巴布亚新几内亚	87.0
厄瓜多尔	560.9	埃 及	85.0
菲律宾	550.0	喀麦隆	68.9
印度尼西亚	431.2	孟加拉国	65.4
墨西哥	202.7	委内瑞拉	63.9
哥斯达黎加	186.3	玻利维亚	62.7
泰 国	180.0	乌干达	61.5
布隆迪	160.0	巴拿马	55.0
哥伦比亚	145.0	马来西亚	50.0

注：表中数据于2004年12月从联合国粮农组织（FAO）数据库中查询。

（二）我国香蕉生产情况

我国香蕉生产主要分布于广东、广西、福建、台湾、海南、云南等省、自治区，贵州、四川和重庆也有少量分布（表2）。我国香蕉产量最大的是广东省，2003年产量为301.8万t，占全国总产量的51.12%；广西排在第二位，产量为103.6万t，占全国总产量的17.54%；依次为海南省和福建省。近年来，我国香蕉产量均呈上升趋势（表3）。其中广东省主要分布在粤西地区、珠江三角洲以及粤东地区；广西主要分布于灵山、浦北、玉林、合浦等地；福建主要分布于漳州市，其次为泉州和莆田等地；台湾省主要分布于高雄、屏东，其次为台中和台东等地；海南省主要分布于儋州、乐东、琼山、临高、崖县和陵水县等地。我国矮秆香蕉的代表品种有天宝矮、赤龙矮、阳江矮、高州矮等；中秆的代表品种有东莞中把、大种高把、矮脚顿地雷、威廉斯6号、台湾8号、广东香蕉2号、广东香蕉1号，台湾北蕉等；高秆代表品种主要有仙人蕉、高脚顿地雷。

表2 2003年我国各地香蕉生产情况

单位：万t

地区	广东	广西	福建	海南	云南	四川	贵州	重庆	全国
产量	301.8	103.6	83.8	84.2	14.6	1.38	0.85	0.15	590.3

表3 1990—2003年我国香蕉生产情况

单位：万t

年代	1990	1995	1999	2001	2002	2003
产量	145.6	312.5	419.4	527.2	555.7	590.3

二、香蕉国内外贸易状况

（一）国外贸易状况

据统计，世界贸易量最大的水果是香蕉，现年贸易量达1 310万t，占总产量的23.4%。其中厄瓜多尔是世界香蕉第一大出口国，占世界香蕉出口的

29%。其次是哥斯达黎加、菲律宾、洪都拉斯、巴拿马等，这些国家国内年人均消费香蕉量为40～271kg。香蕉依赖进口的主要国家有美国、德国、日本、法国、英国、意大利、加拿大等，这些国家国内年人均消费香蕉6～19kg。据《热带与地中海市场》报道，欧盟对香蕉需求逐渐增大，目前已达年人均消费近11kg，欧盟香蕉市场每年的需求量已远远超过400万t。

（二）国内贸易状况

香蕉一直是我国进口量较大的水果，厄瓜多尔与菲律宾是我国进口香蕉的主要来源国，约占我国进口香蕉总量的80%。目前我国进口香蕉势头较猛，国产香蕉受进口冲击很大。2003年广东省从泰国进口香蕉猛增了6倍；2004年1～9月，共进口香蕉量为7.6万t，价值1 940万美元，分别比2003年同期增长了2.7倍和2.9倍，主要来源国为菲律宾。不论是与香蕉资源充足的发展中国家比，还是与进口香蕉较多的国家比，我国香蕉的人均消费水平仍相当低。据2003年统计，我国年人均消费量仅为4.5kg，而其他国家为9～96kg。我国人口众多，人均消费若要达到目前印度约9kg的水平，则全国产量应达1 000万t以上。所以虽然我国的香蕉产量居世界前列，但人均消费量远低于香蕉主要出口国中消费水平最低的国家，可见我国香蕉市场潜力相当大。另据报道，2004年我国香蕉价格上涨30%左右，一般种植香蕉每亩可获利4 000～5 000元，高的甚至达到8 000元左右。近两年，我国的香蕉品质有了较大的提高，特别是海南省充分利用地理优势，在品种上逐步优化，栽培上逐步规范，力求生产出优质的香蕉。据报道，2004年海南香蕉首次出口到日本、澳大利亚和欧盟市场，其中出口到日本的香蕉已超过1 500 t，从而开了一个出口香蕉的好头。

三、我国香蕉产品贮藏及加工业技术发展状况

（一）香蕉贮藏

香蕉是一种具有呼吸高峰、对冷敏感、不耐高温、极易发生"青皮熟"（即香蕉的果肉已经成熟而果皮仍为青绿色）、易发生机械损伤的水果。香蕉的最适贮藏温度为11～13℃，适宜贮藏的相对湿度为90%～95%。香蕉是对气调贮藏反应极好的果品，适宜的气体成分为氧2%～4%，二氧化碳3%～5%。目前在市场上见到的国产香蕉大多颜色不佳，商品档次低，售价低，难以同进口香蕉竞争，而且每年由于贮运技术不当或贮运条件不善而引起的香蕉采后损失非常惊人，有时北运的香蕉甚至整车腐烂或青熟而失去商品价值，给经营者带来巨大的经济损失。目前国内外香蕉保鲜方法有低温冷藏、化学药剂防腐、气调和辐射保鲜等，其中化学药剂的防腐保鲜技术比较简单且成本低。我国在对香蕉的贮藏保鲜技术上近来没见有新的突破，仍停滞在低温冷藏、防腐处理等技术上。如托布津结合蔗糖酯加气体吸附剂的保鲜处理，该方法由于存在防腐剂残留等缺点使应用受到限制。目前香蕉催熟技术、香蕉贮藏生理与技术的研究和应用也都局限于应用药剂和催熟剂上。

（二）香蕉加工

以香蕉为原料加工的系列产品很多，主要包括香蕉营养粉、香蕉果酱、膨化香蕉片、香蕉炸片、香蕉粉、香蕉面、香蕉软糖、软质香蕉果脯及糖水香蕉罐头等。台湾生产的包装香蕉粉在常温下可保存一年，仍保持原有的色香味。近年来，华南农业大学、仲恺农学院对香蕉的系列化产品进行了研究，研究热点主要集中在低温真空油炸脱水技术生产香蕉脆片、微波膨化技术生产膨化香蕉片上。据报道，广东加工的香蕉脆片质量已达到国际水平，在国内市场有销售，但尚未见有大型工厂的组建，只见有元谋云星有限责任公司1 000 t香蕉脆片加工项目投产的报道。在香蕉汁的生产上主要见有通过复合酶水解等手段研制香蕉汁的报道，但还未见有大生产的信息。有关"香蕉酒、香蕉饮料的生产及废弃物回收利用工艺技术研究"，我国海南省于2004年才开始列入省自然科学基金项目起步研究，可见我国在香蕉深加工方面与国外盛产香蕉的国家还存在很大差距。

四、尽快解决我国香蕉产业发展中存在的主要问题

我国香蕉的年产量现处于印度、巴西之后位居世界第三位。虽然香蕉资源比较丰富，适宜种植香蕉的省市达7～8个之多，但因香蕉产品质量、生产经营机制、经营管理水平、生产加工和贮运手段落后等诸多问题的影响，从而制约了国产香蕉国际竞争力的提高。自我国加入WTO后，国产香蕉为此受到了进口香蕉的很大冲击，使广大蕉农的经济收入受到了一定的影响。为了推进我国香蕉产业健康、稳步发展，建议应尽快解决以下几个问题：

1. 生产、经营机制不适应　现在我国的香蕉生产仍延续小农经济的生产方式，各户种植面积小，栽培管理不统一，固定设施投资少，病虫害防治困难。

这种生产经营模式很难与国外采用的机械化生产、现代化管理的香蕉出口基地相抗衡。

2. 种植、采摘、包装、加工、贮运技术装备落后 我国香蕉生产、加工大多采用手工作业，待将摘下的香蕉运去进行熏蒸和包装时已经伤痕累累了，这样的香蕉经熏蒸后常常出现斑点和发黑，严重影响了香蕉的外观质量和内在质量，这样的香蕉很难卖出好价钱。

3. 经营管理跟不上 落后的生产经营方式，带来了经营管理差、经营流通不顺畅的弊端，树不起自己的品牌，打不开国内外市场；应对措施不及时，造成香蕉大量腐烂或"青熟"，使其失去了商品价值。

综上所述，面对香蕉产业存在的一些问题，如果不采取有力措施逐步解决，则很难改变我国目前这种"优势资源劣势产业"的局面。

五、质量管理与标准化状况

我国自20世纪80年代末开始实施香蕉的"采收、防腐保鲜处理、质量等级、包装运输"等有关标准，使我国香蕉产业开始步入标准化、规范化生产阶段。2002年农业部相继出台了无公害食品香蕉的农业行业强制性标准NY5021－2001和推荐性标准NY/T5022－2001、NY/T5023－2001等3个标准。这些标准的出台，进一步明确了我国香蕉从产地、生产、收购到销售等诸环节相应的标准要求；这些标准的贯彻实施，使我国香蕉从生产到销售各个环节标准化水平得到了提高，这对提高我国香蕉产品的质量和国际市场的竞争力具有重要的意义。

（华南热带农产品加工研究所 潘江球）

茶叶加工业

一、全国茶叶生产情况

（一）茶园面积

2003年我国茶园面积继续得到扩大，但是由于华东地区2003年遭受罕见的高温干旱气候，造成不少新栽种茶园的茶苗枯死，对茶园面积的扩大和茶叶生产造成一定影响。然而从总体上来看，2003年全国的茶园面积还是扩大到了120.7万hm^2，较2002年的113.4万hm^2增加6.4%。

（二）茶叶产量

2003年我国茶叶总产量达到76.78万t，比2002年的74.54万t提高了3.0%。2003年春季温暖的气候，使云南、贵州、广东、广西、四川、福建甚至浙江南部等茶区的春茶开采期较前一年提前了10 d左右，云南一些地区在春节前的1月底茶叶就已开采。然而，3月初的一场寒流袭击我国，大部分茶区的气温下降了10℃以上，使不少已长出的茶芽冻坏，对春茶生产形成不利影响。尤其是华东地区的山东、浙江、安徽、江苏受害更为严重，春茶产量分别较2002年下降了12.6%、11.0%、9.6%和4.2%。但因为有一些主要产茶省的春季雨水较多，使春茶产量上升。如云南、福建两省，春茶产量分别比2002年上升6.1%和7.5%；广东和广西两地的春茶产量分别比2002年上升了15.1%和14.3%；湖南省也比2002年上升8.8%；河南省茶叶产量比2002年增加30%。故2003年全国春茶产量总体上比2002年略有提高，为33.1万t，而全国全年茶叶总产量比2002年也有所增加（表1）。

表1 2003年全国茶叶产量

单位：万t

项目	2002年	2003年	2003年比2002年增减（%）
茶叶总产量	74.54	76.78	3.0
绿茶	54.61	57.00	4.4
红茶	4.35	4.00	－8.0
乌龙茶	7.67	8.10	9.5
紧压茶	2.51	2.45	－2.4
其他茶	5.40	5.08	－0.6
名优茶	18.00	20.00	11.0

形成表1状况的主要背景是：

2003年浙江省的茶叶产量尽管有所下降，但是没有影响全国绿茶增长的势头。这是因为市场上绿茶的消费量增加，激发了各地绿茶生产的积极性。特别是2003年我国传统绿茶出口的恢复和国内深加工对低档绿茶需求的增加，使我国的绿茶生产在2003年继续稳步增长。

由于世界范围内绿茶消费量的增长，使红茶市场价格继续保持低迷，故传统红茶产区红茶的生产积极性不高，使2003年全国红茶总产量有所降低。

2003年我国乌龙茶的出口下降，并且2002年低档乌龙茶的库存又较大，降低了茶农生产的积极性，加之高温干旱气候也对乌龙茶的生产造成一定的影响。然而由于2003年福建等地新茶园投产面积较大，加上高温干旱气候虽然对闽南乌龙茶生产影响较显著，但是对以生产春茶为主的闽北茶区乌龙茶的生产影响却不大，故形成2003年全国的乌龙茶总产量仍在增加。

2002年边销茶原料收购价格偏低，茶农的生产积极性也受到一定影响。这使2003年的原料茶收购紧张，加上一些边销茶生产区名优茶的生产比重增加，造成2003年全国紧压茶的总产量有所下降。

2003年我国的名优茶产量仍然继续保持增长，春茶开采期虽然不少茶区遭遇到春寒，但由于茶农对名优茶生产的积极性很高，所以没有对春季及全年名优茶生产造成影响。如浙江省春茶虽然减产11%，然而名优茶的产量却比上年增长了12%；同时名优茶增长较快的还有云南、湖北、四川、海南、河南等省，增幅都在10%以上，故全国名优茶总产量较2002年增幅达11%。

属于再加工茶的花茶，由于2003年花茶加工季节云南雨水偏多，福建干旱，这些地区的花茶生产受到一定影响。加之SARS疫情爆发后，绿茶消费增加，花茶消费减少，故使一些企业减少了花茶生产量，造成2003年全国花茶总产量仅为9.00万t，较2002年下降10%。

二、茶叶销售

2003年，我国茶叶价格有所提高，全国平均价约为15元/kg，全国茶叶总产值可达115亿元，与2002年相比上升7.1%。究其原因，一是名优茶产量增加和价格提高；二是传统绿茶出口增加和价格提升；三是国内深加工使用的低档茶原料增加，促使低档茶价格提升。2003年，我国茶叶的内销和出口均保持增长势头，出口创汇金额和出口单价均有所提高，呈现出近年来少有的好形势。

（一）国内销售情况

2003年我国国内茶叶销售达50万t，比2002年增长7.5%。由于名优茶产量的继续增加，茶叶销售额达到128亿元，比2002年增加8亿元。

SARS疫情的爆发，使人们加深了绿茶对人体保健功能的认识，导致绿茶消费量的快速增长，名优茶消费量的增加，也提高了绿茶的消费档次。2003年，我国绿茶国内销售29.45万t，比2002年增长7.1%。红茶近几年销售区比较稳定，销售量变化不大，销售量为1.55万t，比2002年增长3.3%。乌龙茶的销售，中高档茶均供不应求，销售量为3.3万t，比2002年增加13.8%。花茶的销售量为9.2万t，比2002年下降8%。其他茶类的销售量达6.5万t，比2002年增加12.0%。

（二）茶叶出口情况

2003年，我国茶叶出口总量为25.99万t，出口总量再创新高，出口金额3.67亿美元，平均单价1 413美元/t，分别比2002年增长3.04%、10.69%和7.42%。

2003年，我国绿茶出口总量为18.17万t，出口金额2.41亿美元，平均单价1 327美元/t，分别比2002年增长6.68%、18.82%和11.39%。绿茶出口占我国2003年茶叶出口总量和总金额的69.91%和65.67%。其中63%的数量即11.37万t出口到非洲，4.65万t出口到亚洲，1.44万t出口到欧洲。红茶出口3.78万t，出口金额3 631万美元，比2002年分别下降7.49%和6.43%；平均单价961美元/t，比2002年增加1.14%。其中52%的数量即1.97万t出口到欧洲，8 558t出口到北美洲，7 078t出口到亚洲。特种茶出口总量为4.05万t，比2002年下降1.56%；出口金额8 994万美元，与2002年基本持平；平均单价2 223美元/t，比2002年增加1.33 %。其中乌龙茶出口1.89万t，出口金额4 338万美元，比2002年分别下降10.51%和10.42%；平均单价2 287美元/t，与2002年基本持平。

2003年全国共有184家企业出口茶叶，其中国有企业出口17.66万t，与2002年基本持平，出口金额2.6亿美元，比2002年增长6.31%，分别占我国2003年茶叶出口总量和总金额的67.95%和70.84%；民营企业出口4.44万t，出口金额5 276万美元，分别比2002年增长86.92%和122.54%，分别占我国2003年茶叶出口总量和总金额的17.08%和14.38%；集体企业出口3.43万t，出口金额4 242万美元，分别比2002年下降26.03%和10.74%，分别占我国2003年茶叶出口总量和总金额的13.19%和11.56%；三资企业出口4 701t，出口金额1 025万美元，分别比2002年下降21.01%和24.48%，分别占我国2003年茶叶出口总量和总金额的3.85%和3.28%。在这些出口企业中，出口额在1 000万美元以上的企业仅有8家，占我国茶叶出口企业总数的4.35%；500万美元以上到1 000万美元的也仅有8家，占我国茶叶出口企业总数的4.35%；200万美元以上到500万美元的有16家，占我国茶叶出口企业总数的 8.70%；200 万美元以下的有 152 家，占我国茶叶出口企业总数的 82.60%。

2003 年我国茶叶出口量在万吨以上的省、直辖市有：浙江省 13.56 万 t，出口金额 1.78 亿美元，分别占我国 2003 年茶叶出口总量和总金额的 52.17% 和 48.50%；广东省 2.39 万 t，出口金额4 004万美元，分别占我国 2003 年茶叶出口总量和总金额的 9.19%和 10.91%；北京 1.99 万 t，出口金额2 868万美元，分别占我国 2003 年茶叶出口总量和总金额的 7.66%和 7.81%；湖南省 1.71 万 t，出口金额1 903万美元，分别占我国 2003 年茶叶出口总量和总金额的 6.58% 和 5.19%；安徽省 1.65 万 t，出口金额2 066万美元，分别占我国 2003 年茶叶出口总量和总金额的 6.35%和 5.63%；福建省 1.41 万 t，出口金额3 496万美元，分别占我国 2003 年茶叶出口总量和总金额的 5.43%和 9.53%；重庆市 1.06 万 t，出口金额 644 万美元，分别占我国 2003 年茶叶出口总量和总金额的 4.08%和 1.75%。

三、2003 年茶叶产销特点及 2004 年产销预测

（1）2003 年 SARS 疫情的爆发，对我国茶叶消费产生了很大影响。爆发初期正值春茶上市高峰期，各主要城市的茶叶销售均有不同程度的下降。但是疫情结束后，这一状况迅速得到改变。茶叶作为一种健康饮品，由于 SARS 疫情引起消费者进一步的重视，使 2003 年的茶叶销售继续增长。SARS 疫情对茶叶销售的另一个显著影响是改变了市场上的茶类消费结构。近期，美国《国家科学院院刊》曾刊登由哈佛大学研究提出的“茶叶中的茶氨酸能够增强人体的免疫力”的结论，该研究由于是应用绿茶当作实验材料，研究报告中强调了绿茶的作用。SARS 爆发期间，国内许多媒体转发了哈佛大学的研究结果，促使我国市场上出现了绿茶消费热，北方不少销区绿茶的消费量第一次超过花茶，一些地方还出现绿茶脱销。与此同时，在对绿茶人体保健生理效应研究不断深入的情况下，国际市场的绿茶消费也随之增长，使我国传统出口市场出现快速恢复性增长，绿茶出口数量和金额快速增加，从市场发展前景看，这种影响是深远的。

（2）2003 年我国的茶叶批发市场继续得到发展，不论是产区还是销区，茶叶市场的建设都得到加强。如山东省的茶叶批发市场，原来仅有济南茶叶批发市场一家，现在已发展到 5 家。著名的浙江省新昌县浙东名茶市场，现已选定新址，准备搬迁，扩大规模。目前几乎各主要的茶叶产销区都建设了规模不同的茶叶交易市场，这一举措促进了茶叶流通和生产的发展。

（3）预计 2004 年我国茶叶生产还会继续保持快速发展，生产发展较快的仍然是绿茶，尤其是名优绿茶，乌龙茶和普洱茶也将继续发展，而红茶、边销紧压茶和其他茶类将保持相对稳定。

预计 2004 年我国茶叶出口仍将保持良好的增长态势，前一两年我国出口日本蒸青茶下降的局面，今年年底以来已有所缓解，估计 2004 年蒸青茶的出口量将会有所上升，而我国茶叶对世界其他国家和地区的出口也会保持稳定，特种茶等还会保持上升势头。

国家商务部 2004 年的茶叶出口配额分配方案如表 2 所示。从对各产区各类茶叶出口配额分配方案来看，2004 年我国茶叶出口前景极为乐观。

表 2　2004 年我国茶叶出口配额分配方案

地区或企业	配额数量（t）			
	绿茶	红茶	乌龙茶	其他特种茶
总　计	180 000	50 000	25 000	30 000
安徽省	13 000	3 500	7 000	500
福建省	2 000	1 200		2 600
广东省	5 800	6 400	3 000	5 500
广西壮族自治区	400	1 200		1 000
海南省	400	200		
河南省	100			
湖北省	800	300		100
湖南省	8 000	10 000	500	1 500
吉林省		100		
江苏省	800	1 000		200
江西省	1 500	300	500	1 000
宁波市	25 000	1 400		200
上海市	6 000	1 500		1 600
深圳市	100	200	4 000	1 600
四川省	300	100		200
厦门市	200	100	4 000	300
云南省	900	2 500		1 900
浙江省	94 000	5 500		10 000
重庆市	500	11 800		100
新疆维吾尔自治区				50
新疆建设兵团	200			
中国茶叶股份有限公司	20 000	2 500	6 000	1 650
中国轻工业品进出口总公司		200		

四、茶叶基地建设、茶厂技术改造与茶叶质量安全

为了加速我国由茶叶资源优势转变为经济优势的进程，以及从茶叶生产大国向茶叶生产强国迈进的步伐，我国茶叶主产区各级政府纷纷采取了以下措施，

拟从根本上逐步改变我国茶叶生产、加工的落后面貌，实现我国茶叶生产、加工的现代化。

（一）积极推进优质茶叶产业带基地建设

为了改变我国茶叶主产区产业落后的状况，主产区各级政府积极贯彻农业部颁发的“关于建立全国农产品加工业示范区的通知”和“关于进一步推进优势农产品产业带建设的意见”，浙江、四川、广东、安徽、福建、云南等省已开始对本地区优质茶叶产业带基地建设作出了部署。目前浙江的杭州、绍兴茶叶生产已呈现出区域化布局、集约化经营、专业化生产的格局；江苏省一般茶叶的加工都实现了机械化，名优特茶的机械加工率已达70%以上；安徽省的黄山、六安的茶叶生产加工，已形成具有区域特色的加工业结构。其他省、自治区、直辖市优势茶产业带基地建设，也分别取得了一定成效。

（二）加快茶叶加工厂技术改造

对茶叶加工厂加速技术改造，是提高我国茶叶质量安全和加工效率的另一项措施。由于我国茶叶加工厂的生产规模小、技术装备落后和生产条件简陋等，严重制约了茶叶的加工质量和生产效率。因此，对现有茶叶加工企业进行技术改造和综合治理已势在必行。目前浙江省已率先对全省茶叶加工厂的技术改造作出全面安排，要求在5年内每年平均改造1 000家，5年内完成5 000家的改造任务。四川等省也利用西部大开发和茶叶生产迅猛发展的契机，加大了对省内茶叶加工厂的技术改造力度。逐步完成对现有茶叶加工厂的技术改造，从而为提升我国茶叶产品质量安全和生产效率创造了有利条件。

（三）坚决打击掺杂使假的非法活动

在全面提升我国茶叶生产、加工水平和质量安全的同时，不能忽视在利益驱动下的少数不法企业，为了追求利润见利忘义，不择手段在茶叶中掺杂使假，以次充好，严重影响了消费者的利益和身心健康，对此恶劣行径应给予坚决打击。希望业内人士积极行动起来，构筑反假、打假和不良行为作斗争的长城，确保我国茶叶生产、加工、销售健康稳定地发展。

（中国农业科学院茶叶研究所　权启爱）

蜂产品加工业

一、基本情况

我国有大小蜂场近千家，主要从事蜂王浆、蜂蜜、蜂胶、蜂花粉、蜂蜡的生产。蜂产品加工企业约有700家左右，遍及全国，主要集中于江浙一带，大部分从事蜂产品的生产并进行进出口贸易。大型的企业相对较少，多为中小型企业，其生产加工的深度不同，可分为三大类：①初级加工产品企业。这些企业对蜂产品进行简单加工包装处理后，投放市场。②中层次加工产品企业。通过一定技术手段，研制开发新配方、新口味，采用一定专用设备生产销售。③深层次研究开发企业。对蜂产品的保健功效进行研究开发，研制针对糖尿病、前列腺炎、老年痴呆等病的产品。比较典型的企业有南京老山制药有限公司，是国内最早开发、研制、生产经营药用真菌天然药物和蜂产品系列保健品的企业之一，主要从事蜂王浆冻干粉的生产和销售。每年销售蜂王浆冻干粉200多t，年产值1亿多元，纯利润2 000多万元。该公司拥有GMP标准厂房和多台套美国、德国、意大利先进的制药设备和检测仪器，还拥有一批高效精干的高、中级科技和经营管理人员，并建立了老山蜂疗产品研究所，实行科工贸一体化。该公司被南京市政府认定为高新技术企业，并通过ISO9000认证。四川省现有蜂产品加工企业20余家，比较典型的企业有4种类型：

1. *以加工蜂蜜为主的规模化生产出口企业*　如成都巨氏养蜂业产业化有限公司年出口蜂蜜0.6～0.8万t，蜂蜜干粉1 500t，同时也出口蜂王浆和蜂花粉，产品分别销往美国、日本、欧洲、东南亚等国家和地区。在国内各地也有较好销售市场，年均销售总收入达4 300多万元人民币，其中创汇300余万美元，上缴税金120万元。该企业在新疆乌鲁木齐、陕西省宝鸡市分别建立了一定规模的两个分厂。该公司以企业带动当地及周边地区蜂农生产的产业化经营，已取得了很好经验。

2. *以生产蜂王浆为主的出口创汇加工企业*　如成都市蒲江制药厂生产的鲜蜂王浆质量达到了国内先进水平，产品远销日本、美国和中国香港，年销量达40t以上。近9年来共出口日本蜂王浆400t以上，创汇1 000多万美元。目前出口日本意向合同已签到2006年。在对外贸易中，该企业始终坚持“质量第一，用户至上的原则”，产品质量受到日本客商好评。

该企业年销售总额1 300多万元，实现年利税 140 多万元。目前该企业正设计在厂区附近征地 $2hm^2$，建立一座“中国蜜蜂文化园”。

3. 以内销为主、多品种大批量进入超市的企业 如四川南宝蜂产品有限公司、双流嘉能蜂产品加工厂、大邑蜂产品加工厂。上市品种有十多个，以特种蜜、药物蜜、高原蜜等品种占领了市场，确立了优势，以良好品质和价位取胜。这些企业不仅在省内有市场，乃至全国各地都有市场，建立了自己的销售体系和销售网络。

4. 以高科技花粉破壁技术为主的加工企业 如绵阳市四川高水天微高科技发展有限公司、四川安县101信箱、成都市双流县天龙实业有限公司、成都市长寿宝保健品实业有限公司。这些企业花粉破壁率均达99%，企业也进行其他材料的超微气流粉碎加工。破壁后的花粉拓宽了销售渠道，它不仅是直接食用的最好保健品，而且是美容、化妆品的最佳配方原料。在医学方面用途更为广泛，破壁花粉在美国、日本、欧洲及东南亚地区都具有较好的销售市场。

二、生产与出口情况

（一）蜂蜜生产及出口情况

2003 年，我国生产蜂蜜 26.78 万 t，蜂蜜出口总量为 8.6 万 t，创汇金额为 1.03 亿美元，与 2002 年蜂蜜出口量 7.64 万 t 和创汇7 794万美元相比，分别上升了 13.16%和 32.15%。2003 年世界主要养蜂国家蜂蜜生产及出口情况见表 1，2000—2003 年我国蜂蜜生产及出口情况见表 2。

表 1　2003 年世界主要养蜂国家蜂蜜生产及出口情况

名次	国别	2002 年蜂蜜产量(万 t)	占世界百分比(%)	2003 年蜂蜜产量(万 t)	占世界百分比(%)	比 2002 年增加(%)
	世　界	127.00		127.06		0.05
1	中　国	25.78	20.30	26.78	21.08	3.89
2	美　国	9.00	7.09	8.00	6.30	-11.11
3	阿根廷	8.50	6.69	8.50	6.69	0.00
4	土耳其	6.02	4.74	6.02	4.74	0.00
5	乌克兰	6.00	4.72	5.20	4.09	-13.33
6	墨西哥	5.52	4.35	6.19	4.87	12.23
7	俄联邦	5.50	4.33	5.00	3.94	-9.09
8	印　度	5.20	4.09	5.20	4.09	0.00
9	加拿大	3.33	2.62	3.50	2.75	5.11
10	西班牙	3.20	2.52	3.30	2.60	3.13

表 2　2000—2003 年我国蜂蜜生产及出口情况

年份	世界产量(万 t)	中国产量(万 t)	占世界比例(%)	出口量(万 t)	出口率(%)	出口创汇(万美元)
2000	125.80	24.60	19.60	10.30	41.87	8 412
2001	126.00	25.40	20.16	10.70	42.13	9 583
2002	127.00	25.78	20.30	7.60	29.48	7 794
2003	127.06	26.78	21.80	8.60	32.11	10 300

湖北省蜂蜜出口已连续 3 年居全国首位。近年来，由于蜂产品达不到欧美一些国家的质量标准要求，2002 年出口下降 30%。2003 年以来，湖北省在积极开拓新市场的同时，引进全面质量控制体系，按国际市场要求对蜂产品各环节实施严格的全过程质量控制。同时全面清理加工企业，对未达标者停产整顿，取消卫生注册号。进出口检疫部门帮助企业建立完善的 HACCP 体系，对企业的管理、技术人员进行质量管理和国际法规培训，增强他们的质量安全意识。由于千家万户粗放型生产，质量控制最困难的环节在于蜜源。为此，湖北省建立了 23 个蜂业协会，指导千家万户按照标准化要求生产。全国著名商品蜜基地荆州有九成蜂农加入了养蜂协会，由协会牵头，为会员建立养蜂档案，喂养、治病、取蜜、贮藏等各环节都有详细记录，一旦发现问题可以及时得到解决。通过建立质量控制体系，湖北省蜂产品源头质量大幅提升，原蜜达标率由 50%迅速上升到 84%。

另外，由于蜂蜜的内销零售市场逐步成熟完善，从而使市场竞争更为激烈。主要表现为蜂蜜品牌多，特种蜂蜜多，价格差别大；分销网络精彩纷呈，各种促销手法层出不穷，消费者对蜂产品的认知度越来越高。发展较快、最有代表性的市场有北京、广州、南京、武汉、上海、杭州、天津、沈阳、西安等。

（二）蜂王浆（粉）生产及出口情况

我国是世界蜂王浆主产国，2003 年蜂王浆产量2 500t 左右，出口内销各占半壁江山。2003 年我国出口鲜蜂王浆 665t，同比增长 17%；出口王浆冻干粉 200t，同比减少 1%；冻干粉折合鲜蜂王浆总计1 265t，同比增长 7%。但出口价格逐年下降。2000—2003 年鲜蜂王浆（粉）的出口情况见表 3，2000—2003 年鲜蜂王浆（粉）出口价格情况见表 4。

表 3　2000—2003 年鲜蜂王浆（粉）的出口统计表

年份	鲜蜂王浆(t)	同比增长(%)	王浆干粉(t)	同比增长(%)	换算鲜蜂王浆合计(t)	同比增长(%)	出口总额(万美元)	单价(美元/kg)
2000	626	19.90	155	23.00	1 091	21.20	1 657	15.19
2001	519	-17.10	193	24.50	1 098	0.60	1 652	15.06
2002	567	9.20	203	5.20	1 176	7.10	1 669	14.19
2003	665	17.00	200	-1.00	1 265	7.00	1 711	13.50

表4 2000—2003年鲜王浆类产品出口价格统计表

年份	鲜蜂王浆平均价（美元/kg）	同比增长（%）	王浆干粉平均价（美元/kg）	同比增长（%）	出口总额（万美元）	同比增长（%）
2000	15.32	5.70	45.03	7.10	1 657	28.70
2001	15.38	0.40	44.25	−1.70	1 652	−0.30
2002	14.78	−3.90	40.94	−7.50	1 669	1.00
2003	13.50	−8.00	40.30	−1.00	1 711	2.00

2003年，我国蜂王浆内销市场逐步扩大，特别是非典期间，蜂王浆旺销拉动蜂王浆收购价上扬。在国内市场上，蜂王浆从单一剂型向多剂型发展，从城市向乡村渗透，蜂王浆覆盖面逐步扩大。申报保健食品的蜂王浆产品有上百种，但有的厂家将鲜王浆中10-HDA过滤掉低价流入市场，严重冲击了蜂王浆正常销售。

（三）蜂胶生产及出口情况

我国是生产蜂胶大国，2003年蜂胶产量350t左右，其中内销200t左右，出口150t左右。2003年全国蜂胶内销主要是做成各类产品销售，如保健食品系列有蜂胶软胶囊、蜂胶硬胶囊、蜂胶片、蜂胶糖、蜂胶醇溶液、蜂胶水溶液、喷剂等；化妆品系列有蜂胶皂、蜂胶洗面奶、蜂胶洗手液、蜂胶香波、蜂胶沐浴液等。这些产品原料消耗约210t，比2002年增加40%以上。由于蜂胶是天然的具有抗病毒作用，所以2003年3月以后发生的SARS病毒流行期间，销售量猛增；SARS病毒流行过后，许多人吃了蜂胶觉得很好，其他疾病也治好了，还要继续服用。虽然蜂胶销售走向平稳，但比去年上了个台阶，势头一直延续到现在。2003年蜂胶及其制品销售额15亿元左右，在苏州、哈尔滨、南京、上海、重庆、广州、成都、北京、常州、无锡等大中城市网点销售量占总销售量的50%以上。在几百家蜂胶产品生产企业中，90%以上的销量集中在有一定规模的企业，其中知蜂堂等骨干企业产销位居前列。还有“中脉蜂灵”等已经是家喻户晓，因供不应求，其价格连年上扬。2000年每克蜂胶为0.5元，2001、2002年上涨至0.6～0.7元，2003年再涨至0.8～1元。

（四）花粉生产及出口情况

由于我国花粉资源的应用与开发尚处于初级阶段。因此，简单加工、破壁技术、溶媒提取技术的产品批量都不够大，对花粉原料的需求有限。目前花粉市场的变化仍以国际市场需求而定。2003年，受气候的影响，大多数地区花粉普遍减产，全国共生产花粉3 000t左右，其中油菜花粉800t左右（主要用于制药生产），花粉出口200t左右。

三、质量管理、标准化工作

在新的国际形势推动下，我国蜂产品质量逐年得到重视和提高。新的蜂蜜国家推荐性标准（GB/T 18796—2002）于2003年开始生效执行，蜂蜜强制性国家标准正在草拟之中。现在原料包装问题不再是影响质量的主要因素。科学生产和科学用药，在各地的养蜂管理站和一些大公司的培训和推广之下卓有成效；生产高品质和成熟蜂蜜的比重日益提高。一些大型蜂业企业如南京老山、杭州天地、北京百花、广州宝生园等开始或已经建立各自的蜜源生产基地。尽管遭遇欧盟的技术贸易壁垒设置，但在闭门思过中，行业的自我觉醒、自我提高、自我完善的能力在不断提高，出口正在逐步回归正常。我国蜂产品质量管理、标准化建设取得了新的进步。

2002年11月，中国养蜂学会联合安徽养蜂学会，在安徽发起按照国际要求规范培训蜂农、建设“蜂产品安全与标准化生产基地”活动，这一活动得到了全国重要养蜂省、自治区同行协会、商会的高度重视，他们除参与养蜂学会组织的培训和建设基地活动外，还独立举办了此类活动，邀请专家讲课。2002年底至2003年全国掀起了一个培训蜂农和建设基地的热潮。据不完全统计，截至2003年底，全国共开展了600多次培训，培训蜂农6万多人，发放材料10万多份。被培训蜂农几乎占全国蜂农的1/3，其效果十分显著。例如，湖北省某蜂蜜出口企业，凡参加过培训的蜂场调交的油菜蜜，合格率近90%；另据湖北省主要出口企业的数据，2003年油菜蜜氯霉素未检出率为70%。蜂业大省浙江省，蜂蜜中氯霉素残留超标率下降为20%左右。其中浙江常青蜂业，经过培训的订单产品合格率达85%。缙云跟踪31个蜂场，油菜、荆条蜜141.5t，有97%的产品合格出口；蜂王浆410kg，100%的产品合格出口。江苏老山制药，未培训前的氯霉素合格率为53.6%，培训后的合格率为76.9%，高出23个百分点；其链霉素也在20μg/kg以下。另据四川、安徽、江苏等省反映，2003年与2002年相比，培训后的蜂农所交售的蜂蜜，浓度提高了1.5度，蔗糖含量不超标，氯霉素含量≤0.3μg/kg，链霉素含量≤20μg/kg，四环素≤1μg/kg。除上述成效外，蜂业工作者还及时了解了国内外蜂业新标准，规范了无污染、无农残的生产标准。由于培训和建设基地的成效，2003年我国蜂蜜出口在欧盟禁进下仍然保持了出口8.5万t的好记录。2003年9月，欧盟在江苏、浙江对蜂业进行了抽查，取得了满意的结果。

四、蜂产品产业发展中存在的主要问题

（一）技术贸易壁垒问题

近年来，发展异常迅猛的国外技术性贸易壁垒，给包括WTO成员在内的世界各地贸易往来带来了重大影响。中国是发展中国家，造成目前蜂产品出口处于不利境地的原因是多方面的：①检测标准上存在差距。发达国家凭借自身先进的技术优势和雄厚的经济实力，不断制定出高要求、高水准的技术标准、技术法规和技术认证制度等，发展中国家在实施以发达国家原有标准为蓝本的国际标准时，必然带来很大的困难。②明显的地域性歧视政策。在农产品出口过程中，不排除某些国家和地区带有苛刻的检疫标准和明显的地域性歧视，甚至在中国农产品被执行退运的同时，放宽本国同类产品的标准，以达到保护本国进口商和销售商利益的目的。③生产工艺和技术水平落后。我国农业生产集约化程度技术含量一般较低，一些加工行业仍停留在手工操作（如蜂王浆）的水平上，工艺流程相对滞后。加上农产品的种植者多数缺乏基本的标准认识，对农药的喷洒和化肥的使用过量，有些地方政府环保措施不力，不可避免地导致药物残留或重金属含量超标，致使一些蜂产品也因此受到牵连。

高质量、高安全性是冲破技术贸易壁垒、提高蜂产品市场竞争力的关键。我国加入WTO后，关税降低，蜂产品出口机会增加，但欧盟、美国、日本等国家和地区以严格的产品准入条件和技术认证构成的技术贸易壁垒，大大增加了蜂产品国际贸易的难度。2002年1月30日，欧盟因氯霉素等问题停止进口我国蜂蜜等蜂产品，他们提出氯霉素检出量不超过0.1μg/kg，比原标准提高了100倍。2002年8月28日美国海关和FDA联合扣留了部分氯霉素超标的中国蜂蜜。2002年日本对进口中国蜂蜜抗生素含量提出更加严格的要求。不仅国外消费者拒绝消费含抗生素的蜂产品，我国消费者也对抗生素超标的蜂蜜流入国内市场很不满意。因此，提高蜂产品质量和安全性不仅是冲破国际市场技术贸易壁垒，提高蜂产品国际市场竞争能力的关键，而且也是对中国人民健康高度负责，扩大国内蜂产品销售，提高国内蜂产品市场占有率，满足国内蜂产品消费者需要的关键。

蜂产品质量安全性事关国家声誉、民族信誉。我国蜜蜂饲养量、蜂产品（含蜂蜜、蜂王浆、蜂花粉、蜂胶、蜂蜡、蜂毒）总产量和出口量均位居世界第一，在世界蜂业中处于举足轻重的重要地位。蜂产品质量和安全性不仅直接影响行业、生产企业的经济效益，而且还直接影响广大消费者对蜂产品的认知度和消费信心，事关国际影响。因此，各蜂业企业、事业单位、社团组织和个人都要从维护国家民族利益和尊严的高度识大体、顾大局，高度重视，将提高蜂产品质量和安全性列入重要议事日程，作为头等大事，统一思想认识，切实抓紧抓好抓出成效。

（二）蜂产品质量、安全方面的问题

（1）养蜂生产环节存在的主要问题是成熟蜂蜜比重下降，蜂王浆癸稀酸含量降低，个别蜂场（农）还有掺假现象，再就是部分蜂场蜂产品农药残留等超标。如2002年我国出口欧盟动物源性食品（含蜂蜜）因氯霉素等抗生素超标受到封堵，给国家和企业造成严重损失。对于这个问题，经过一年多的努力，采取了相应措施，虽然取得了一定成绩，但部分地区、部分单位的问题仍较严重，并出现抗生素超标蜂产品出口出不去而流入国内市场的情况，这种状况应引起高度重视。

（2）蜂产品加工、经营环节问题主要有四个方面：一是有的企业原料收购环节把关不严，有的缺少必要的检测手段，也不送有关质检部门检测，进的原料不合格不可能生产合格产品。二是有的企业其企业标准低于国家和行业标准。这一点和国际通行的情况恰恰相反，国外企业是国家标准低、行业标准高、企业标准更高，我国是国家标准高、行业标准低、有的企业标准定得更低，低标准不但很难保证企业生产合格产品，而且为造假开了方便之门。三是有的企业未能严格按“不合格的半成品不准流入下道工序，不合格的产品不准出厂的要求执行”，致使部分质量不合格产品流入市场，造成一些地区蜂产品质量市场抽查合格率较低的情况。四是加工设备落后，包装陈旧，管理不严，造成对蜂产品的外来污染。如使用陈旧的蜂蜜包装桶使蜂蜜中铁含量超标；再如摇蜜设备接触蜂蜜的容器是非不锈钢材料制造，造成对蜂蜜的污染等。

（三）蜂产品市场监督方面的问题

标准出之多门，但缺乏强制性标准，对生产不合格产品（按国家标准衡量）和制假、售假行为约束和打击不力；蜂产品行业门槛较低，对不具备资质的企业不能及时清除出行业；行政执法、行业自律、舆论监督、群众参与相结合的市场监管体制尚不完善，对诚信企业的激励和失信企业的惩戒及制假、售假、虚假宣传、商业欺诈等违法行为的惩处不力等。

五、提高蜂产品质量和安全性的主要措施

1. 加强标准化建设，提高蜂产品质量安全水平

加快蜂产品标准化建设，一是尽快制定蜂王浆、蜂胶针剂、片剂、胶囊剂等剂型产品行业标准（解决从无到有，有标准可依的问题）；二是补充修改、完善现有蜂产品国家行业标准并于同类产品国际标准接轨（解决标准政出多门、互相矛盾，但缺乏强制性的问题，如蜂产品检测 25 项国家标准基本实现同国际标准接轨）；三是教育引导企业，特别是行业内大中型骨干企业制定并自觉执行高于国际、国家标准的企业内控标准，并加强国际质量体系（ISO9000 系列）、国际环保体系（ISO14000 系列）、危害分析与关键控制体系（HACCP）及职业安全与健康管理体系（OHSAS18000）、良好的生产规范（GMP）、社会责任体系（SA8000）等认证工作。提高国际、国内市场竞争能力，实现由要我执行向我要执行的转变，解决自觉按国际和国家标准组织生产的问题，不断提高蜂产品质量、安全水平。

2. 关爱蜜蜂，推进蜂业产业化经营，从源头严把质量安全关　蜂业龙头企业要不断提高经营管理（包括质量、安全管理等）水平和规模效益，提高对蜂农的带动能力。要按照优质优价的原则收购签约蜂农（或蜂业中介组织）交售的符合龙头企业要求和质量标准（包括标签、卫生、感官、理化指标标准等）的蜂产品，对长期以来确保蜂产品质量安全的蜂农进行适当奖励；对提供质量安全性不合格蜂产品的蜂农除退货外，要提出批评，直至解除供货合同。龙头企业还担负培训蜂农提高蜂农的素质的任务，从某种意义上讲，蜂农的素质高低关系到蜂产品质量安全水平的高低。蜂农要关爱蜜蜂，实行拟人化管理；要坚持科学饲养，培育发展强群；要坚持防治结合，以防为主的方针，按规定科学用药；要按合同要求及时、保质、保量、保安全向龙头企业交售合格蜂产品。蜂业中介组织要发挥在龙头企业和蜂农间的桥梁纽带作用，协调监督双方建立具有可追溯性的科学管理制度，逐步将具有一定规模一定管理水平的蜂场和养蜂大户作为龙头企业的第一车间，将基地蜂农作为龙头企业职工，促使蜂业龙头企业、中介组织、蜂农结成经济利益共同体，从源头抓起，把好蜂产品质量安全关。

3. 严格执行国家有关部门的规定，用制度保证蜂产品质量和安全性　农业部、国家质量监督检验检疫总局农牧发［2003］7 号文件明确：要重点整治、查处违法生产、经营、使用禁用蜂药和假劣蜂药的行为，规范蜜蜂养殖、蜂产品生产行为。要求养蜂场（户）必须建立生产日志制度，内容包括放蜂地点、蜜源种类、蜂药使用方法（含品种、用法、用量、疗程）、蜂箱、蜂具（清洁、消毒）记录等。要求日志专人负责，记录完整，建档保存。要求养蜂场（户）应当在专业技术人员指导下科学、合理用药，不得使用违禁药物，流蜜和产浆期间不用药，因治疗必须用药时应将其产品加贴标识并隔离，切实加强溯源管理。文件还要求完善蜂产品出口加工企业质量管理制度，加强原料监控。要求蜂产品生产、经营企业必须与蜂产品原料购销者签订收购合同，建立蜂产品来源登记制度，加强对原料质量、安全、卫生指标的检验，保证不收购质量不合格的蜂产品。加强员工食品质量、安全、卫生知识的培训，规范员工生产行为，做好成品的批次管理。建立蜜源基地或养蜂联合体，加强对蜂农科学合理用药的培训。执行严格的制度，保证蜂产品的质量和安全。

4. 健全蜂产品质量监管机制，确保蜂产品质量、安全　中共中央关于完善社会主义市场经济体制若干问题的决定指出：“积极发展独立公正、规范运作的专业化市场中介服务机构，按市场化规范和发展各类行业协会、商会等自律性组织。完善行政执法、行业自律、舆论监督、群众参与相结合的市场监管体系，健全产品质量监管机制，严厉打击制假售假、商业欺诈等违法行为，维护和健全市场秩序。”蜂产品行业将紧密结合蜂业实际，制定蜂产品市场管理规范或行业自律公约，行业自律公约由企业法人代表共同签署共同遵守，各蜂业企业尤其是重点骨干企业要率先垂范从本企业做起，从现在做起，加强行业自律，规范蜂产品市场秩序，正人先正己，如果全行业企业都能从我做起严格自律，少数害群之马就会成过街老鼠无藏身之地。向社会大力宣传推介诚实守信的企业生产、经营质量安全性有可靠保证的蜂产品知名品牌和优秀产品，为行业树立榜样，向消费者提供优选对象，使诚信企业得到更多的实惠和赢得更多顾客的忠诚与信赖。加强蜂产品市场监督，组织蜂产品市场质量调查，配合质量监督检验、工商行政管理、食品药品监督、卫生、公安等执法部门和政府宣传教育部门及各新闻媒体等舆论监督单位完善蜂产品市场监管体制，健全蜂产品质量监管机制及失信企业惩戒机制，严厉打击制、售假冒伪劣产品、商业欺诈、虚假广告宣传等违法行为。进一步提高蜂产品质量安全性，维护蜂产品生产、经营企业和消费者的合法权益，净化蜂产品市场，维护蜂产品公平、公正、公开和优胜劣汰的良好市场竞争秩序，促进我国蜂业持续、健康发展。

六、行业管理

截止 2003 年底，蜂产品协会会员发展到 1 151 个，其中团体会员由 268 家发展到 465 家。为充分发挥全国蜂产品行业“龙头企业”的示范带头作用，2003年协会向会员单位发出了《关于开展争创全国蜂产品行业龙头企业》的通知，经全国蜂产品行业龙头企业评审委员会审定，确定行业内13家企业为“全国蜂产品行业龙头企业”，这13家龙头企业2002年实现销售收入9.56亿元，利税1.2亿元，帮助3.12万户蜂农饲养121.53万群蜜蜂，为所带动的蜂农年增收3亿多元。协会还决定对这些企业实行动态管理，采取能上能下措施，3年内若有达不到标准规定的企业，将撤销其行业龙头企业称号。中国蜂产品协会今后还将通过对我国蜜蜂产业的深入调研，统筹规划，科学管理，优质服务，走科技含量高、经济效益好、资源消耗低、环境污染少、人力资源优势得以充分发挥的新型工业化路子，努力开创蜂业发展新局面，促使我国蜂业良性循环、健康发展。

（中国农科院蜜蜂研究所　闫继红　董捷）

食用菌加工业

一、基本情况

2003年，我国食用菌产业继续保持强劲的发展势头，产量增加，质量提高，品种多样，国际和国内市场两旺。9月5日，中共中央政治局委员、国务院副总理回良玉在视察宁夏工作时，莅临彭阳县菌草蘑菇生产基地实地参观、考察菌草蘑菇栽培场、蘑菇加工厂，向菇农详细询问蘑菇生产加工情况。12月14日，中共中央总书记、国家主席胡锦涛同志在视察山东工作时，专程去定陶视察了食用菌生产，亲自深入蘑菇大棚，走访菇农家庭并与菇农亲切交谈，充分肯定了食用菌是个好项目。党和国家主要领导同志对我国食用菌产业的重视和关怀，进一步激励了全国2 000多万菇农的生产热情，加快了我国食用菌产业由生产大国向生产强国迈进的步伐。据全国27个省、自治区、直辖市统计，2003年全国食用菌总产量已达1 038.7万t，比2002年增长18.5%；总产值达437.8亿元，比2002年增长7%。从全国发展来看，年产量超过100万t的有河南、福建、山东3个省；年产量超过50万t的有江苏、浙江、河北、四川、黑龙江5个省；年产量超过30万t的有湖北、陕西、辽宁、湖南4个省；年产量超过10万t的有江西、安徽、广西、山西、广东、吉林等6个省（自治区）。在全国食用菌产业发展中，由于中国食用菌协会从20世纪90年初开始对河南省食用菌产业的发展一直给予极大的关注、支持和指导，于1992—2003年先后与河南省农业厅、河南省科协、河南省供销合作总社、河南省农科院、河南省食用菌协会等单位合作，主办过多次全国性的食用菌新技术、新产品交流交易会、香菇专业会议、中国（泌阳）国际香菇技术与营销研讨会、产业化研讨会暨产品展示会等活动，有力地推动了全国乃至河南省食用菌产业的发展。现在河南省食用菌产业产值超亿元的县达13个，其中西峡、泌阳、鲁山3个县的食用菌产值均占本县农业总产值的1/3以上。为了开创河南省食用菌工作新局面，使食用菌产业真正成为河南省农村经济发展的主导产业之一，河南省委、省政府紧紧围绕增加农民收入这个根本出发点，制定了“明确一个目标（即到2010年食用菌年产量达到200万t，平均每年递增4%以上；产值达到100亿元，平均每年递增9%；培育10个大型菇业企业，使河南省成为国际上重要的优质食用菌商品生产基地之一，完成由食用菌生产大省向食用菌生产强省的跨越）。完成三个战略转移（即重点产区由山区向平原农区转移，栽培原料由主要依靠阔叶树木屑向农作物秸秆转移，栽培品种由单一常规品种向多品种和珍稀品种转移）。变资源优势为商品优势，提高菇农种菇效益，实现食用菌产业的可持续发展。做好四方面的工作：一是实施科技兴菌，大力引进选育优良菌种，提高栽培技术；二是优化结构，调整布局；三是推行标准化生产，提高产品质量；四是推进产业化经营，努力开拓国内外市场”的全省食用菌产业总体发展规划。由于河南省认真贯彻、实施了这项发展规划，从而使该省食用菌产业逐年取得了显著成绩。2002年全省食用菌产量与产值双双位居全国第二位；2003年全省食用菌产量与产值又跃居全国第一位。近年来，山东省委、省政府在各级政府的大力支持配合下，坚持不懈地贯彻和落实了“依靠科技进步，发挥山东省优势，实现食用菌产业由大省向强省跨越”的发展全省食用菌产业的战略部署，经过全省食用菌科技工作者和150万菇农的共同努力，使这项产业取得了长足发展，成为全省农业结构调整的新亮点。现在全省139个县中，有70%开发了食用菌种植业，其中有40%的县（市、区）形成了规模化，

30%的县（市、区）食用菌产业成为当地农业的支柱产业。全省从事菇类生产的专业户有50万户，从业人员达150万人。在品种栽培方面，由过去只有几个品种现已发展大宗菇类和珍稀品种20多个。在栽培模式方面，打破了过去传统种菇模式，形成了13种立体间套作、地埋到架式多层、大棚到大田和山洞等多种栽培模式。鲜菇产量逐年增长，2002年全省鲜菇总产达80万t，实现产值30亿元，跃居全国第三位。2003年鲜菇总产突破100万t大关，达100.35万t，比2002年增长27.5%；实现产值38.12亿元，比2002年增长48.38%。使山东省食用菌产量、产值进入全国前三位。同样，由于河北、四川、黑龙江3个省，把食用菌产业作为大产业来抓，明确了目标，强化了措施，搞好了服务，使3个省年产量均突破了50万t，进入了全国第二梯队的行列。在全国不少省、自治区、直辖市大力发展食用菌产业，推进农业产业结构调整大好形势下，山西、广东、吉林3个省也奋起直追，他们的年产量已由2002年不足10万t已发展为2003年跨过了10万t。2003年食用菌总产量按品种增长情况见表1。

表1 2003年食用菌总产量按品种增长情况

品　种	2002年（t）	2003年（t）	增长（%）
全国合计	8 764 873	10 386 900	18.50
平菇	2 646 626	2 487 708	-6.40
香菇	2 214 444	2 227 623	0.36
双孢菇	923 058	1 330 407	44.10
毛木耳	715 972	984 646	37.50
黑木耳	525 552	670 165	27.50
金针菇	505 543	557 681	10.30
小平菇	189 647	242 546	27.90
草菇	151 002	197 435	30.70
银耳	138 025	183 345	32.80
鸡腿菇	156 843	177 827	13.40
滑菇	84 561	171 480	102.80
杏鲍菇	72 366	114 107	57.60
茶薪菇	48 422	92 971	92.00
白灵菇	34 325	52 223	52.10
姬松茸	14 734	42 056	185.40
竹荪	13 180	32 220	144.40
猴头菇	12 591	30 521	142.40
灰树花	36 623	24 962	-46.70
其他菇	217 983	366 024	67.90
灵芝	36 708	49 153	33.90
茯苓	74 060	145 915	97.00
天麻	248 525	135 776	-46.40
牛肝菌	17 631	21 130	19.80

总之，从全国食用菌生产发展来讲，仍然保持了高速增长的势头。但从总体来看，全国发展很不平衡。从上面事例可以看出，食用菌重点产区仍然集中在我国东部沿海和中部地区，而种质资源丰富、原材料资源丰富、劳动力价格低廉的西部贫困地区发展较为缓慢，丰富的资源优势还未转化为脱贫致富的经济优势，这是我们今后仍需继续努力而为之奋斗的任务。

二、科研、新产品、新技术

在科技部和有关地方政府主管部门的支持下，2003年在全国安排了“食用菌液体菌种技术与设备开发”、“食用菌深加工技术与产品开发”、“北冬虫夏草培养与加工产品开发”等32项国家级星火计划项目（食用菌部分）。这些项目涉及国内16个省（直辖市）的32个相关企业，总投资约10.75亿元，预计2005年结束后可以创造34.56亿元产值，而后续效益更为可观。综观国内食用菌产业发展比较快的省、自治区、直辖市，他们之所以很快取得优异成绩，除了各级政府重视和采取了一系列措施外，都有一个共同特点：就是把科技工作放到了相当重要的位置。如河南省正是因为实施了“科技兴菌”，大力引进选育优良菌种，提高栽培技术水平，大量引进技术和人才，把提高优质菌种覆盖率、各种菇类生物转化率、提高菇品的科技含量和生产效益等放到第一位，所以才不断取得新的飞跃。同样山东省之所以很快突破年产食用菌百万吨大关，也是因为他们充分发挥了全省食用菌科研实力雄厚的资源优势，先后选育了20多个优良品种；研究筛选了高效栽培模式13个并进行了规模化推广；完成了14个菇类的液体菌种实验室和中试试验，有8个菇类液体菌种推广应用到生产中。河北省之所以很快达到年产食用菌50万t，首先他们还是以品种引育开发、先进适用技术推广和设施模式优化三个环节为重点进行突破，提高食用菌产品科技含量。在品种上，力争用3年时间使全省主栽品种由8个增加到15个，名、特、优、稀品种由10个增加到20个；在技术上，使产前、产中、产后尽快形成相对完善的技术支持体系；在设施上，加快高效节能设施的推广。组织大专院校、科研机构和生产单位联合攻关，加大技术创新力度，以技术创新带动食用菌产业优化升级。浙江省食用菌产业之所以发展迅速，他们也是充分发挥了本省食用菌科研机构多、研究能力强的优势。浙江省43家科研机构中有33家民营科研机构，他们机制活，创新能力强，是浙江省食用菌的一大优势，对食用菌品种更新、栽培方式改进、加工产品开发提供了有力的技术支撑。这些鲜活的事例，再次体现了“科学技术是第一生产力”这一英明论断在振兴我国食用菌产业中的无比威力。

三、标准化工作

随着我国食用菌生产的迅速发展，产量、产值大幅度增长，使这一新兴产业进入了新的发展阶段。在新形势下，食用菌产业也面临很多新情况、新问题，面对新的国际竞争环境和严峻的国内外市场形势，中国食用菌协会和业内人士普遍认为：必须以提高食用菌产品质量和卫生安全水平为核心，加快实现由目前比较重视数量而向更加注重质量、保证卫生和安全方面转变。要实现这一转变，对于我国食用菌产业，最重要的措施就是实施标准化生产。在业内人士取得共识的基础上，中国食用菌协会于9月份下发了“关于建立食用菌标准化生产示范基地的函”，以推动这项工作。实际上早在这个函下发前，由于我国各地区食用菌生产不规范、产品标准不统一、达不到国际市场的相关要求，使出口受阻。大家意识到问题的严重性，因此已开始纷纷采取相应措施，先后安排了食用菌标准化生产示范基地工作。例如，河南省在已建立西峡县无公害食用菌标准化生产示范基地的基础上，又选择一批食用菌基地乡或企业作为试点，推行标准化生产，通过积累经验而后向全省推广，目前正在抓紧进行技术培训和相关标准制订工作。山东省已确定定陶、淄川等10个县（市、区）为第一批食用菌星火科技示范县建设对象，已建成13家食用菌加工企业，今后将建30多个加工企业与食用菌星火科技示范县相配套。河北省针对目前食用菌生产中质量标准体系不健全，产品质量参差不齐等问题，采取了抓好标准化体系建设、抓好无公害生产、加强产品质量全程监控等重大措施，在平泉、灵寿、冀州等8大常规品种和秦皇岛、望都、邢台、滦南等10大珍稀品种生产基地推进标准化生产，提高产品质量和竞争力。浙江省已在庆元县建立了香菇标准化生产示范基地，其产品已成为省优质无公害农产品。在磐安县已有13家出口企业建立了26个无公害鲜香菇标准化生产基地，已形成1 500万袋以上的生产规模。安徽金寨县与天津南开大学合作共建了灵芝GAP生产基地，先期已形成200万棒灵芝生产能力。辽宁省阜新市正在建设大型蘑菇栽培加工厂，引进意大利先进加工设备，年产鲜菇1.5万t，人均年产鲜菇30～50t。黑龙江省牡丹江市正在建设黑木耳强市，目前已形成年产干木耳1.1万t的生产规模。

在全国食用菌标准化生产示范基地建设工作已被业内人士认可，部分省市取得初步成效的基础上，中国食用菌协会审时度势，于12月在北京召开了“全国食用菌标准化生产座谈会”。会议分析了当前面临的新情况、新问题，重点研究和部署了食用菌标准化生产及集团研讨开发工作。会议讨论认为：推进食用菌标准化生产的最好办法，就是实施集团研讨开发。这样可以充分体现和发挥龙头企业优势、规模化优势和集团化优势，从而更有效地推进标准化生产进程，为全面推进标准化生产奠定基础。预计2004年这项工作将全面铺开并将取得令人满意的成果。

四、出口情况

2003年，我国食用菌生产和产品出口都遇到了前所未有的困难。但在各级政府部门和行业协会的支持、指导和协调下，经广大业内人士不懈努力，食用菌生产和产品出口仍保持了较好的发展势头。全国食用菌产品出口量达43.32万t，出口创汇6.22亿美元，综合平均换汇1 435.00美元/t，同比分别增长了13.38%、34.19%和18.35%。其中蘑菇罐头出口创多年来最好水平，出口美国的蘑菇罐头达到美国罐头进口量的40%左右。干鲜香菇和冷藏冷冻松茸的出口量、出口值都有了大幅度增长，成为出口创汇的主要食用菌产品。

根据国家海关统计，2003年出口量超过万吨的产品有10种，包括小白蘑菇罐头22.80万t、其他伞菌属蘑菇罐头2.99万t，鲜或冷藏香菇2.44万t，其他非醋方法制作或保藏的蘑菇2.12万t，干香菇1.75万t，盐水其他属蘑菇1.62万t，盐水小白蘑菇1.61万t，鲜或冷藏蘑菇1.45万t，非醋方法制作或保藏的菌块1.12万t，其他暂时保藏的蘑菇及菌块1.07万t。出口值达1 000万美元以上的有14种，包括小白蘑菇罐头18 615万美元，其他伞菌属蘑菇罐头9 213万美元，干香菇7 287万美元，鲜或冷藏松茸4 420万美元，鲜或冷藏香菇3 908万美元，干木耳2 621万美元，盐水其他伞菌属蘑菇1 926万美元，鲜或冷藏其他蘑菇1 870万美元，未列名干蘑菇及菌块1 657万美元，干伞菌属蘑菇1 580万美元，盐水小白蘑菇1 444万美元，冷冻松茸1 298万美元，非醋方法制作或保藏的菌块1 167万美元，其他暂时保藏的蘑菇及菌块1 046万美元。

我国虽是世界上最大的食用菌生产国和出口国，年产量已达1 038.7万t，但出口量只有43.32万t，仅占年总产量的4.17%，可见我们还没有很好地将资源优势转变为经济优势。主要是因在食用菌菌种的遗传育种、食用菌产品的质量和卫生安全以及保鲜、深加工等方面还比较落后，加上市场机制方面的问题，从而制约了我国食用菌产业的进一步发展。这些前进中的问题，有待今后全行业继续加以改进。

五、行业工作

一年来，在民政部和中华供销合作总社的领导与支持下，中国食用菌协会主要开展了以下行业工作：

1. 坚持为“三农服务”，发挥食用菌在贫困地区的致富作用　中国食用菌协会和各地协会合作与配合，先后在云南、陕西、新疆、青海、四川、贵州、河南以及鄂西地区，召开各种会议和开展调查研究，提出了西部地区应发挥气候、资源等有利条件，把发展食用菌产业作为新的经济增长点和贫困地区脱贫致富奔小康的重要途径。在这些活动的推动下，四川、陕西、云南、重庆、青海、内蒙古等省、自治区、直辖市的食用菌产量都有大幅度提高。其中四川省年产量已突破50万t，进入全国食用菌产量第二梯队；陕西省也接近50万t。青海门源县利用当地夏季气温低的气候条件，在夏季种的白灵菇、金针菇、杏鲍菇等食用菌已达200万袋，并且引来了北京、上海、广东等地业内人士在当地投资建厂，使得当地产量增加，栽培技术水平得到了提高。

2. 心系大局、立足本职、团结一致、抗击“非典”　2003年，在党中央、国务院领导抗击“非典”的斗争中，食用菌行业坚决执行党中央、国务院的英明决策，积极主动地立足本职，发挥自身优势，采取多种形式捐赠钱物，慰问战斗在抗击“非典”第一线的医务人员，为抗击“非典”做出了积极贡献。同时，中国食用菌协会联合中国果品流通协会、中国蔬菜流通协会举行了专家座谈会，就改善饮食结构、多吃水果、蔬菜、食用菌，保证营养均衡，提高全民身体素质发出了倡议，并在中央电视台、中央人民广播电台、人民日报、北京日报等十几家新闻媒体进行了及时报道，在社会上产生了强烈反响。不少听众纷纷来信为抗击“非典”献计献策，使增强人体免疫力的科学道理更加深入人心。由于食用菌行业同仁心系大局，立足本职，发挥自身优势，尽己所能，体现了高度的使命感和责任感，为此中国食用菌协会被民政部授予“抗击非典先进全国性社会团体”称号。

3. 扩大内需，推进食用菌向餐桌进军　我国食用菌年产量已达一千多万吨，但每年出口仅为40万～50万t，可以说95%的食用菌产品依赖内销。因此开拓餐桌经济，扩大内需是食用菌行业可持续发展的最大支持点。为了扩大食用菌的内需，在抗击“非典”期间，中国食用菌协会会同果品、蔬菜流通协会联合举办了专家座谈会并发出倡议书，号召大众改进饮食结构，多吃食用菌，增强人体免疫力，而后又在9月份与中央电视台联合举办“食用菌饮食文化周”，介绍食用菌烹饪方法，宣传食用菌营养价值和增强体质的作用，在中央电视台一、二、四套播放。在10月举办了全国首届食用菌餐饮（烹饪）大赛，评出了食用菌名店、名厨、名菜，并在北京电视台“八方食圣”播出。这些举措向消费者普及了食用菌知识，宣传了食用菌的营养价值和保健作用，介绍了大众容易操作的烹饪方法，使食用菌得到广大消费者的青睐。高强度的舆论宣传，使食用菌销量大增，使得黑木耳、滑菇、金针菇、白灵菇、杏鲍菇等产品出现不同程度的价格上扬，导致有些品种供不应求，极大地推动了我国食用菌的内销。

4. 整顿市场，黑木耳“打假”取得初步成效　黑木耳是我国大众喜爱的菌类食品，市场销量大。不法分子把制作掺假木耳作为生财之道。他们把东北生产的黑木耳运到山东、河北等地，以加工为名掺杂硫酸铜、硫酸镁等对人体有害的致癌物，再喷上墨汁，晒干后运到北京、天津、上海等大中城市低价销售。由于此类制假行为受到一些地方保护，因此越演越烈，造成市场上真的黑木耳买不到或不好卖，假货大量充斥市场。这不仅损害了消费者的利益，同时也搅乱了黑木耳市场。当年在“无公害食品”的强烈呼声下，中国食用菌协会会同黑龙江东宁县向中央电视台《每周质量报告》记者提供了黑木耳制假地点、单位和不法分子使用的“行话”。经记者一周时间的明查、暗访，摄制了制假的全过程，由中国食用菌协会提供了如何识别掺假黑木耳，让消费者提高自我保护意识和掌握识别方法。中央电视台播放后，在全国掀起强烈反映。制假地区执法部门立即对制假单位进行严厉查处，经销部门和消费者对掺假黑木耳坚决抵制。初步刹住了制假气焰，使市场得到了进一步净化。

5. 发挥协会中介组织的桥梁作用，促进行业健康发展　2002—2003年，中国食用菌协会为了进一步把我国食用菌产业做大做强，争取国务院有关部门的支持、帮助，由顾二熊会长率队先后向农业部、科技部、财政部和国家质检总局汇报了我国食用菌行业的发展状况和需要解决的问题，得到了各方面领导的重视和支持。而在以后的实际工作中，这些部门也给予了实实在在的帮助。随后顾二熊会长作为全国政协委员，又提出了减免食用菌产品特产税的提案。2003年4月国家已决定取消农业特产税，为食用菌行业做了一件解喝的好事。协会除在多方面为各会员单位提供有关市场、技术咨询服务外，还积极开展了为会员单位争取进入国家有关发展项目的工作。2003年农业部正在选定第二批无公害食品基地县（20个）时，协会向农业部推荐了黑龙江省东兴县（黑木耳基地），最后使其列入了国家计划。此外，为了推动地方协会工作，中国食用菌协会积极支持地方协会分别召开年会，研究提高食用菌产品质量与持续、健康发展的新思路，为各地食用菌产业的发展出谋划策。协会为了使食用菌全行业形成合力，促进我国食用菌产业与国际接轨，2003年会同云南省人民政府联合举办了“2003中国（昆明）食用菌商品展销暨野生资源保护、新产品开发研讨会”；在山东青岛举办了“2003中国（青岛）食用菌新产品、新技术展销会暨流通市场和产业形势报告会”，以及参加了在美国召开的“第十六届国际蘑菇大会”的准备工作。这些活动的举办和工作的开展，充分发挥了行业协会的中介作用，也充分显现了我国食用菌行业的勃勃生机。

（中国食用菌协会　林彩民）

烟草加工业

2003年是我国烟草行业经济稳定有序、高速发展的一年。回顾2003年，全行业坚持把“控量、促销、稳价、增效”作为经济运行调控的基本指导方针，认真抓好落实。这一年走得平稳，循序渐进；走得扎实，硕果累累。依靠全行业的团结拼搏，各方面工作都取得了新的进展，继续保持了发展的良好势头。

一、基本情况

2003年，全国卷烟产量达到17 891.4亿支（3 578.3万箱），卷烟销量17 979.3亿支（3 595.9万箱），卷烟工商库存1 305.9亿支（261.2万箱）。本年度累计收购烟叶160.8万t，比去年同期157.9万t多收2.9万t，完成年度调控目标174.4万t的92.2%。其中烤烟157.7万t，比2002年同期154.4万t多收3.3万t，完成年度调控目标169.8万t的92.9%；晾晒烟3.1万t，比2002年同期3.5万t少收0.4万t，完成年度调控目标4.6万t的68.6%。进出口工作取得较好进展，全年共出口烟叶14.9万t，同比增长12%；出口卷烟184亿支，同比增长20.7%；实现出口创汇4.83亿美元，同比增长17%。全年共实现工商税利超过1 600亿元，比2002年增加200亿元，创历史最好水平。

2003年共实施调整年产卷烟10万箱以下的小烟厂22家（不包括7个卷烟生产点），10万箱以上烟厂联合重组17家，企业关闭重组总数达39家，是多年来烟草企业组织结构调整进度最快、效果最明显的一年。目前全国卷烟工业企业已由原来185家调整减少到84家（不含没有法人资格的卷烟生产点29个）；原有224家挂杆复烤企业已关停207家，其中154家是已通过国家局的检查验收。卷烟产品结构调整也取得了明显进展，全年生产卷烟牌号582个，比2001年全国卷烟牌号1 049个减少了467个。

全行业已建立访销中心2 794个，配送中心2 452个，客户服务中心1 143个，入网销售的卷烟零售客户达到475万户。其中实行电话订货的达到158万户，已占到零售户总数的1/3。近两年来，各地结合网络建设还积极进行了取消县级公司的改革探索，到2002年底全行业有573家县级烟草公司已经取消法人资格，改为卷烟访销配送中心。

二、科研、新产品、新技术

（一）组织制定并发布了《中国卷烟科技发展纲要》，为中国烟草科技发展明确了主攻方向

2003年，围绕中国卷烟科技发展方向与任务，组织召开了多次专家座谈会和两次局办公会议，广泛征求行业内专家、科技委员和国家局各部门的意见和建议，集思广益，经过多次研讨、反复论证和修改，制定并下发了《中国卷烟科技发展纲要》。

（二）成功组织召开了“全国烟草行业降焦减害工作会议”，进一步确定了近期烟草科教工作的主要目标与任务，有力地推动了行业降焦减害工作的开展

会议全面总结了1999年青岛“低焦油、混合型卷烟产品开发工作会议”以来，烟草行业以降焦减害为主线所开展科技工作取得的成绩，确立以“降焦减害”为主线、以发展中式卷烟为主攻方向的科技工作思路，并提出了近期烟草科技工作的基本思路、六个重点突破的目标和六项主要任务。展示了由行业内外18家单位参加、共21个主题内容的烟草行业降焦减害技术及近年来开发出的24个牌号的低焦油、低危害卷烟新产品；郑州烟草研究院等8家单位作了降焦减害技术经验交流与专题报告；在降焦减害技术创新及产品开发工作中取得显著成绩的9个单位受到表彰。

（三）组织实施一批重大科技攻关和技术推广项目，全行业的科技水平有了较大提高，降焦减害工作取得明显进展

一年来，以提高烟叶质量和开发高香气、低焦油、低危害卷烟产品为中心，以构筑中式卷烟核心技术为科研主攻方向，针对卷烟特色工艺、造纸法再造烟叶、优质烟叶生产、降焦减害等关键技术领域重点开展烟草的基础性研究工作和关键技术与集成推广工作，组织实施了一批重大科技攻关项目，并取得了显著成效。一是造纸法再造烟叶开发与推广工作进入新阶段，造纸法再造烟叶技术基本形成；二是全面启动"制丝工艺技术水平分析及提高质量的集成技术研究推广"工作，制丝工艺技术水平明显提高；三是三大基础性分析研究工作全面实施；四是启动了"中国烤烟品质与生态环境关系及品质区划的研究"工作；五是以"优质、多抗"为烟草育种目标，突出"品种开发"为核心的烟草育种研究工作取得了一定的成效；六是优质烟叶生产科技示范基地建设取得成效；七是科研新成果不断涌现，成果水平不断提高，知识产权保护意识进一步增强；

（四）企业技术创新体系逐步健全，企业技术创新的主体意识增强，企业技术创新能力得到加强

（五）以实施课题制为主要内容的科技体制改革取得重要进展，科技资源得到进一步优化，产学研结合深入开展

三、国内外市场状况

（一）国外主要生产烟叶国家基本情况

除中国外，2003年全球预计出口烤烟总量为146.03万t，比2002年预计的157.39万t降低了7.2%；全球预计出口白肋烟总量为70.90万t，比2002年预计的出口量73.05万t下降了2.9%；全球预计出口香料烟总量为29.66万t，比2002年的29.99万t出口量降低了1.1%。

1. 美国　2003年预计烤烟销售量为24.72万t，白肋烟销售量为13.92t，马里兰烟销售量为0.11万t。在美国的关税和配额制度下，到2003年7月美国进口了7.51万t烟叶，与2002年同比下降了16%。

2. 巴西　2003年预计烤烟产量为48万t，白肋烟产量为11.5万t。

3. 阿根廷　2003年白肋烟产量为3.83万t，烤烟产量为7.05万t。

4. 津巴布韦　2003年烤烟总产量预计在8.50万t到9.00万t之间。其中高等级的烟叶价格为：中上部叶2.75～2.99美元/kg，中部叶2.50～2.75美元/kg，中下部叶2.20～2.50美元/kg。2003年白肋烟总产量预计增加到0.22万t。其中中下部叶和底叶价格为1.45～1.55美元/kg。

5. 希腊　2003年香料烟总产量达到6.39万t，原烟质量水平总体高于2002年。

6. 土耳其　2003年预计香料烟产量为15.69万t。

（二）国内卷烟市场基本情况

2003年，全国卷烟产量达到17 891.4亿支（3 578.3万箱），同比增加666.8亿支（133.4万箱），增长3.9%；卷烟销量17 979.3亿支（3 595.9万箱），同比增加495.3亿支（99.1万箱），增长2.8%；卷烟工商库存1 305.9亿支（261.2万箱），同比减少58亿支（11.6万箱），下降4.44%，全年产销存实现平衡运行。在此基础上，全国卷烟市场出现销量上升，结构提升，显现倾向名优大品牌的特点。目前，全行业共有卷烟工业企业84家（不含没有法人资格的卷烟生产点29个），卷烟牌号由年初的800多个降至500多个。年产10万～30万箱的烟厂有30多家，生产规模为700多万箱。这部分烟厂，除极少数资产质量很差、资不抵债的要实施关闭外，对其中的大多数烟厂应从中国的国情出发，从有利于行业稳定出发，从有利于处理好各方面利益关系出发，应该走联合重组的道路。

2003年全国卷烟销量稳步增长，同比上升4.06%。其中一类烟同比上升14.30%，二类烟同比上升16.57%，三类烟同比上升11.99%，四类烟同比上升8.60%，五类烟同比下降28.31%。从一、二、三类烟上升幅度都超过或接近12%以上的情况看，卷烟销量的变化主要在中高档卷烟类别上，其上升幅度之大、上升类别之集中是以前所没有的。特别是一至四类烟销量同比大幅上升，决定了名优烟销量同比必然大幅上升。根据数据显示，2003年名优烟销量同比上升18.84%，大大超过其他类别卷烟销量同比上升的幅度。如滇产卷烟同比上升了12.37%，成为滇产烟近4年来市场销售走势最好的一年。总的来看，2003年全国卷烟市场出现了以一、二类烟为主导，三、四类烟为主体的卷烟市场消费格局。2003年卷烟市场消费现状预示了卷烟消费在向全国大品牌和名优烟方向倾斜。

全国卷烟市场销量平稳增长，为卷烟价格的平稳运行提供了先决条件和保障。2003年，全国卷烟价格同比稳中有升，走势平稳。百牌号卷烟三级批发价格指数从年初102.61上升至年末103.85，全年平均价格指数同比上升0.7%。沪产烟价格指数全年一路攀升，升幅达3.07%。而四类烟上升幅度为2.84%。同时，由于全国卷烟销量平稳增长，卷烟消费结构趋向提升，卷烟市场价格稳中有升，为卷烟税利增长奠定了基础。随着2003年工商企业管理脱钩的改革，工业企业被推向市场，在整合、重组、并购、联合的发展趋势中，企业市场化运作水平得到提高。由此在全国卷烟市场中，市场资源、营销效益、优质服务、名优烟培育的观念普遍增强，这也是2003年烟草行业产销平衡税利创历史最高水平的原因之一。

卷烟特别零售许可证的取消，使全国卷烟市场向国际化迈进了一步，也使烟草专卖制度对行业的保护作用受到一定冲击，这是必须面对的现实之一；在全国卷烟市场整合国内卷烟品牌、做大国内卷烟品牌的今天，外国烟草公司挟强势卷烟品牌进入中国市场，品牌间的市场差距，是面临的严酷现实之二；一方面市场资源需要整合，另一方面已经完成了进入中国市场前期准备工作的外烟将重返中国卷烟市场，因此市场资源整合的紧迫性和同外烟竞争的危机感同时存在，是面临的严酷现实之三。

四、质量管理与标准化工作

（一）进一步完善质量技术监督工作体系，烟草标准化质量监督工作取得新进展

1. 进一步加强质检机构的建设，初步形成新形势下行业质量监督工作的新思路　加快重点质检站的建设，首批认定了云南等质检站为行业重点质检站，形成了由国家质检中心和行业重点质检站组成的骨干队伍。部分技术力量较弱的烟叶、卷烟产销小省（自治区、直辖市），将逐步过渡到以真假卷烟的鉴定为主要工作。依据《烟草行业质检网管理办法》和《烟草行业质检机构审查认可细则》的规定，对15家省级烟草质检站进行了评审。

2. 进一步加大了烟草产品的质量监督工作　①卷烟产品质量监督。2003年度卷烟焦油量平均值为14.3mg/支，与2002年度全年加权平均值14.6mg/支相比有所降低。其中烤烟型14.4mg/支，混合型12.3mg/支，外香型15.1mg/支。②烟叶质量监督。开展了烟叶农残的检测；进一步强化对转基因烟草的监控；起草制定了《国家烟草专卖局关于加强对转基因烟草监控的通知》和《烟草转基因控制释放工作规程》技术标准；继续开展工商交接烟叶质量监督工作。③卷烟材料的质量监督。2003年继续开展了对烟用丝束、卷烟纸、烟用接装纸和烟用香精香料等烟用材料进行质量监督检查。根据检（抽）查结果，对存在质量问题的1个卷烟纸产品（涉及1家生产企业）、19个烟用接装纸产品（涉及17家生产企业）和6家烟用香精香料生产企业进行了质量监督后处理。其中4家烟用接装纸生产企业被首次列入“不守信用供应单位名单”。

3. 积极开展行业标准化工作　2003年发布了13项行业标准和3项行业计量检定规程，清理了TC144归口的现行有效国家和行业标准300项，立项开展标准制修订项目23项，发行行业感官实物标准标样28个。为配合2004年开展的第3批国家级标准化示范县验收和管理工作，起草了《烟草标准化示范县验收规程》，组织选评了10个县进入全国第4批农业标准化100县的示范工作。

（二）烟草行业教育培训工作取得新进展，人才强国的战略思想空前提高，行业百千万人才工程工作进展顺利，行业学术学科带头人队伍不断壮大

2003年，全行业进一步加大了职工教育、培训工作的力度，多层次、多角度、有重点地开展了教育培训工作。通过各类教育和培训，全行业职工的综合素质得到了明显提高，一批学术水平较高、科研工作能力强的学科带头人正在成长；人才库建设取得了阶段性成果，已建立了烟草行业高级人才培养库，目前百千万人才工程的预备人员已基本具备。

五、行业管理

（一）行业重大活动

（1）3月10日，国家局召开电视电话会议，明确宣布《进一步整顿规范卷烟生产经营秩序五条纪律》，在全行业引起较大震动。国家局专卖管理和整顿规范的力度不断加大，以财经秩序整顿和专项治理卷烟体外循环为重点的整顿规范工作取得明显成效，为行业改革顺利推进和平稳发展创造了良好的环境和条件。

（2）3月31日，国家局正式批复安徽作为全国第一家工商管理体制改革的试点，成立安徽中烟工业公司，行业组建20多年来力度最大的内部管理体制改革由此拉开了帷幕。根据国家局党组确立的“先试点，后总结，成熟一个开展一个”的方针，省级公司层面的工商管理分开的改革进展顺利，规划中要成立的17家工业公司国家局都已正式批复成立。

（3）面对突如其来的“非典”疫情，全行业一手抓“非典”防控，一手抓生产经营，维护了行业稳定发展的大局。5月8日至28日，首届全国省际间卷烟网上集中交易成功举行，不仅有效地克服了“非典”对行业生产经营活动的影响，而且交易总量创历届交易会之最。此外，全行业工商企业和职工个人积极捐款捐物，合计价值超过1亿元人民币，体现了烟草行业真诚回馈社会的精神风貌。

(4) 5月21日，第56届世界卫生组织大会通过了《烟草控制框架公约》；11月10日，我国政府正式签署《烟草控制框架公约》。

(5) 11月10日，《中国卷烟科技发展纲要》出台。《纲要》明确提出“保持和发展中国卷烟的特色，大力发展中式卷烟”的中国卷烟科技发展的方向和目标。

(6) 企业组织结构调整取得积极进展。截至11月底，已经关停年产卷烟10万箱以下小烟厂20家，企业联合重组18家。

2003年，全行业兴起学习贯彻“三个代表”重要思想新高潮，以各种形式推进深入学习。国家局党组连续举办了5期全国烟草系统司局级领导干部“三个代表”重要思想专题研讨班，认真学习领会“三个代表”重要思想，并联系行业实际进行认真思考和积极探索，采取切实可行的有效措施，推进了行业的改革与发展。

(二) 行业治理、整顿情况

2003年共查处制售假冒卷烟案件22万起，收缴假烟53亿支，捣毁制假窝点2 575个，查获制假烟机设备1 531台；打假中拘留制假违法分子3 539人，其中判刑956人、劳教263人。2003年全行业共受理群众来信、来访、电话举报2 850件（次）；初步核实违纪线索640件，其中立案334件，结案322件；受到党纪政纪法纪处理的人员500余人，其中县处级干部32人、厅局级干部1人。

（郑州烟草研究院　王英元）

酿 酒 工 业

一、基本情况

2003年，我国酿酒行业全部国有及年产品销售收入在500万元以上的非国有工业企业数为1 887个。其中亏损企业522个，平均从业人数68.22万人。实现工业销售产值（当年价格）1 333.71亿元，同比增长8.3%。其中酒精工业销售产值为79.33亿元，白酒557.44亿元，啤酒567.94亿元，黄酒33.77亿元，葡萄酒65.53亿元，其他酒29.70亿元。全年产品产量为3 473.61万t，同比增长15.52%。其中发酵酒精251.34万t；白酒647.49万t；啤酒2 540.48万t；黄酒160万t；葡萄酒34.30万t。全行业资产合计为2 230.26亿元，同比增长20.13%。其中流动资产1 045.68亿元，固定资产930.41亿元。

2003年全行业完成产品销售收入1 290.22亿元，同比增长11.74%。其中酒精销售收入为75.48亿元，白酒546.42亿元，啤酒542.57亿元，黄酒35.29亿元，葡萄酒63.99亿元，其他酒26.47亿元。实现利润总额为82.04亿元，同比增长30.09%。其中酒精利润为1.07亿元，白酒44.08亿元，啤酒25.93亿元，黄酒2.69亿元，葡萄酒7.00亿元，其他酒1.25亿元。实现税金总额为212.33亿元，其中酒精为5.09亿元，白酒91.50亿元，啤酒100.71亿元，黄酒3.79亿元，葡萄酒9.00亿元，其他酒2.26亿元。产品销售税金及附加123.59亿元，应交增值税88.74亿元。此外，全行业亏损企业的亏损总额为22.98亿元，其中酒精亏损2.23亿元，白酒6.77亿元，啤酒14.11亿元。

从总体看，2003年虽然发生了“非典”疫情及出现“倒春寒”和酿酒原料涨价等不利因素，但在党中央的正确领导和广大职工的努力下，不仅没有影响酿酒行业的发展，反而促进了行业的科技进步、技术创新和营销能力，使酿酒行业的技术、质量、科研、销售又上了一个新台阶。全行业整体形势良好，主要表现在“速度、效益同步增长，产品质量稳步提高，花色品种不断创新，进出口量快速增长，改组、改造继续深化”。

二、行业运行特征

(一) 小酒种快速增长，大酒种发展平稳

2003年饮料酒总产量达到3 001.33万t，同比增长3.97%。其中酒精、葡萄酒产量增长幅度达到两位数字；增长最快的是黄酒和果露酒；啤酒总产量2 540.8万t，仍居世界首位；白酒产量5年来首次出现止跌回升，扭转了连续5年下滑的颓势，2003年增长2.04%。说明白酒行业经过不断地磨合与洗礼，无论是在整个酿酒行业中的比重，还是自身区域间、企业间、品牌间重组再造，都已开始进入一个相对稳定的合理阶段。

(二) 利润增长高于税收增长

2003年全行业实现利税总额294.7亿元，同比增长11.13%。其中实现利润82.04亿元，同比增长29.5%。税金总额212.33亿元，同比增长5.35%。

(三) 销售收入和销售费用同步增长

2003年全行业实现销售收入1 290.22亿元，同比增长11.17%，但销售费用达137.52亿元，同比也有增长。多年来，销售费用逐年攀升，行业利润越来越薄，产酒的不如卖酒的现象，成为制约酿酒行业健康发展的瓶颈。

(四) 产品花色品种增加，产品质量稳定提高

为满足市场需要，适应市场竞争，酒类产品的产品结构和产品质量也得到明显的改进和提升。

1. 白酒酒度低度化　传统固态白酒高档精品化已成为主流，液态酒，固液结合白酒成为主导产品。

2. 啤酒包装形式多样化　小容量瓶、异型瓶包装增加。在淡色贮藏啤酒的基础上，啤酒风味向低浓度，低色泽，淡口味方向发展。具有一定技术水平的纯生啤酒生产逐步扩大。

3. 葡萄酒逐渐形成以全汁葡萄酒为主的产品结构　其中干型、半干型葡萄酒已占总产量的50%～60%。红白葡萄酒的比例为：红葡萄酒占80%左右，白葡萄酒占20%左右。高档次起泡酒、年份酒、产地命名酒相继出现，并得到国内外的关注和认可。

4. 黄酒作为古老的酒种破除了传统观念的约束向兄弟酒种学习、取经，在产品、包装、质量上迈出系列化、风格化、高档次的新步伐。

5. 果露酒在艰难的条件下坚持技术交流，勇于创新　在夹缝中闯生路，创名牌，焕发出新姿。

6. 酒精产品结构改善　优级和特级食用酒精比率增加，燃料酒精的开发和应用试点，为我国酒精工业开辟了新的途径。经国家质检总局及国家食品检测中心多次抽查，优质品率基本保持在80%以上，饮料酒的安全性和可靠性基本得到保证。

(五) 改制改组步伐加快，资源配置更趋合理

随着改革开放的深入发展，酿酒行业通过联营、改组、收购、兼并等方式，组建了各种形式的酒类集团。目前有大型啤酒集团30家，大型白酒集团20家，大型葡萄酒集团10家，年产20万t以上的酒精企业数不断增加。

1. 白酒生产向着大型企业集中　2003年1～9月份，20家白酒集团销售收入208.91亿元，占全行业的54.95%；上半年实现利税为48.66亿元，占行业的73.29%。其中利润占全行业利润总额的105.12%，税金占全行业税金总额的57.19%。五粮液集团、茅台酒集团、剑南春集团三个企业利润2003年上半年占全行业利润总额的87.38%。白酒行业虽然有很多企业仍然未走出低谷，但经济效益却避免了滑坡，这主要是大型企业经济效益的提高带动了全行业的结果。

2. 啤酒企业的集团化、规模化速度继续加快　全国啤酒企业数不断减少，企业规模不断扩大。全国形成一批较大规模的啤酒企业和企业集团，如青啤、华润、燕京三大巨头的产量，约占全国总产量的31.6%，销量收入、利税都名列前茅；又如哈啤、珠江、金星、重啤等15家企业的产量，约占全国总产量的27.3%。两者合计总产量占全国总产量的59%。

3. 大集团生产企业和品牌相对较少，管理集中，利于质量控制　大集团生产企业和品牌相对较少，且管理较集中，质量容易控制。同时大集团的建立不可避免地出现了市场互相渗透，使市场的产品更加丰富，扩大了消费者的选择空间，加剧了竞争力度，促进了产品质量的提高和营销体系的完善。

4. 葡萄酒的产量也逐步趋向相对集中　全国50家主导企业统计资料表明，在葡萄酒生产企业中，年产量超过万吨以上的企业6家，占全国总产量的一半以上。产量为万吨的大型企业约占企业比例数的5%。随着三家长城公司的整合完成和东部企业到西部投资建厂或者进行集团化管理，将更有利于原料优势和企业品牌优势进一步发挥。

5. 黄酒企业不断上市及转制为民营企业　如上海金枫酿酒公司进入上海"食品一店"后，将配股获得的资金2.2亿元，投入扩建年产4万t黄酒工程；浙江三门善好酒业有限公司改制后，征购土地25.33hm²，拟建国内一流的黄酒生产基地；湖州乾昌酒业转制为民营企业后，产量从几千吨发展到一万多吨，每年为国家创利税1 000多万元，成为当地的利税大户。改制、改革给企业注入了发展活力，使黄酒这一古老行业焕发了新姿。

(六) 进出口形势继续看好

2003年1～10月，全行业出口总量386 387.00kL，比进口总量87 490.92kL多298 896.08kL，同比增长51.21%；出口金额22 569.2万美元，比进口额13 395.01万美元多9 174.19万美元，同比增长15.33%。目前啤酒企业出口能力较强，已有15个品牌的啤酒进入我国台湾市场，向美、法、英等国出口量的增长超过平均增幅。说明我国啤酒进出口形势正步入良性循环。我国啤酒出口量虽有较大幅度的增加，但和总产量相比仍然比例很低。我国要成为啤酒强国，必须使产品走向国际市场，提高中国啤酒在世界上的知名度。

我国葡萄酒市场的潜在空间较大，国外销售商纷纷看好。2002 年进口葡萄酒量为25 882.5kL，同比增长 4.65%，2003 年进口量为35 755.35kL，同比增长 38.14%。随着关税下调，葡萄酒的进口量还会增加。国外品牌在经济实力、生产质量、技术水平和产品价格上会有一定的优势，再加上其先进的灵活多变的营销手段，对我国民族葡萄酒工业将会造成较大的影响，竞争将更为激烈。因此，国内葡萄酒企业要充分发挥自己的优势，作好心理和技术上的准备，迎接新的挑战。

三、行业管理

一年来，中国酿酒工业协会在中国轻工业联合会的直接领导下，以党的十六大精神为指南，认真学习邓小平理论和“三个代表”重要思想，紧紧围绕新世纪新阶段全面建设小康社会的整体奋斗目标，面向行业、酿酒企业和全体会员积极开展服务工作，发挥了桥梁作用。重点开展了以下几项工作：

（一）按时召开了理事会或年会，分析、研讨行业形势，指导掌握行业发展方向

一是对白酒三大香型六个标准修订情况做了说明，对全国各省（自治区、直辖市）选送的 51 个清香型白酒进行了 14 轮的品评；对质量优良的 14 个企业、18 个产品进行了通报表彰。二是就黄酒要求列入国家名牌产品评价认定工作、黄酒计量单位变更与纳税、低度黄酒开发、制定烹饪酒和淡爽型黄酒的行业标准、黄酒宣传、黄酒如何加强与国际合作对外开放等问题进行了研讨。三是葡萄酒分会做了“中国葡萄酒酿造技术规范”宣传报告，王朝、长城、张裕公司分别介绍了各自贯彻规范的做法和体会。为今后各企业贯彻规范提供了宝贵的经验。国家葡萄酒评酒委员品评鉴定了红、白葡萄酒 37 个样品。四是酒精分会通报了近年来中国酒精行业的生产和经济情况；燃料酒精生产、应用试点情况及当前存在的问题等。围绕“采用新技术，提高酒精清洁生产与产品质量水平，优化产品结构，增加经济效益”的主题作了专题报告和技术交流。五是果露酒专业委员会就保健品市场的前景、国内市场营销策略、技术创新、品牌战略、行业管理等方面进行了交流。对申报材料合格的果露酒产品进行了感官评定，并对优质酒进行了推荐。

（二）协助政府搞好行业管理，维护企业合法权益

1. 酒精分会

（1）为扭转进口制糖废蜜生产酒精，而酒精糟液缺乏治理（增加了环境污染）并以超低价出售酒精获得不正常利润的不合理状态，多次向国家环保总局专文报告，建议加强管理予以限制。这一报告，引起国内有关部门的重视。2003 年 7 月 15 日国家外经贸部、国家环保总局和海关总署发布第 25 号公告，已将制糖废蜜列作限制进口物品。

（2）积极参与“清洁生产促进法”的贯彻实施的有关活动。对新的排污物收费标准（草案）提出修改意见；对酒精工业清洁生产技术要求国家标准（草案）提出修改意见；协助中国环境科学研究院“标准化中心”制定酒精工业污染场排放国家标准；协助进行酒精生产取水定额国家标准的制定。

（3）为国务院等决策机构在决策我国燃料酒精生产和车用乙醇汽油试点工作提供了大量的咨询服务。

2. 啤酒分会

（1）对全国啤酒行业生产用水情况进行了调查摸底，给原国家经贸委写了“关于中国啤酒工业节水的情况报告”，配合国家清洁生产中心编制了《啤酒行业清洁生产标准》，并配合中国环境科学研究院标准化中心编制了《啤酒工业水污染物排放标准》；受国家发改委环境和资源综合利用司委托，完成了《啤酒行业取水定额》编制；受中国食品工业管理中心委托，完成了啤酒工业污染防治“十一五”规划；审查了“啤酒用糖浆”等 4 个标准。

（2）针对捆扎啤酒的问题、瓶装啤酒净含量负偏差问题、回收啤酒瓶的质量控制问题、《啤酒瓶》质量标准问题、啤酒瓶容量发展方向等问题，提出了看法和建议。

（3）发表了“对啤酒生产使用甲醛作加工助剂的看法”的文章，系统阐述了分会对使用甲醛的看法，对啤酒企业认清形势，统一思想起了很好的作用。

（4）2003 年 11 月，啤酒分会在西安召开了“国家级啤酒评酒委员年会”活动，对评酒委员进行了系统的品评技术训练，并对国内外啤酒样品进行了品评。

3. 白酒分会

（1）根据全国工业产品生产许可证办公室（简称“全许办”）《白酒产品企业生产条件审查工作质量抽查通知》的要求，审查并报全许办的企业申证材料共计 15 批1 549家。3 月 26 日～4 月 4 日，对四川、贵州两省的 28 家白酒企业进行了抽查。抽查发现，通过领取生产许可证工作的促进，大部分企业购置了大量的生产设备，建立健全了管理制度，改造了生产环境，稳定了产品质量，促进了行业发展。

（2）经国家质检总局批准，成立了食用酒精产品审查部，开展了食用酒精产品生产许可证的审查发放工作。起草制定了《食用酒精产品生产许可证换（发）证实施细则》，推荐了食用酒精产品检验单位28家。截止2003年11月份，食用酒精产品审查部共给446家企业发证。

（3）对“白酒卫生标准”、“白酒三大香型产品国家标准”、“清洁生产技术要求白酒制造业（浓香型大曲）行业标准”、“发酵酒精工业水污染物排放标准”进行了修订和修改。参加了国家质检总局法规司组织的“安徽口子窖、青海互助青稞酒、陕西西凤酒原产地域产品保护”专家审查会议，并代表行业发表了意见。

（4）多次代表白酒行业参加国家部委的调研会议，就酒类专卖、降低白酒税负、制定酒类管理条例等专题发表了行业的看法，反对恢复专卖制度，希望降低酒类税率、简化计征办法，反映了企业的困难和呼声。

4. 葡萄酒分会　为了使我国葡萄酒生产尽快与国际接轨，尊重大多数企业的愿望，向国家标准化委员会提出废止半汁葡萄酒行业标准的报告。2003年3月17日，国家经贸委正式发布35号公告，废止半汁葡萄酒GB/T1980—94产品标准。使我国的葡萄酒标准又迈出了新的一步。

5. 黄酒分会　为制定好黄酒生产企业污水排放标准，于8月22日在浙江嘉善黄酒有限公司召开了浙、苏、鲁、闽、沪四省一市的十家黄酒生产企业座谈会，广泛征求黄酒污水排放、管理、计量及污水处理的经验和意见。经再三研究计算后，形成统一意见，以中酒黄协（2003）第16号报告，正式提出黄酒污水排放数据建议。

（三）开展了全国酿酒行业特有工种职业技能鉴定工作

按照国家劳动和社会保障部提出的“全面提高劳动者素质，推行劳动预备制和就业准入制度”工作方向，中国酿酒工业协会在中国轻工业职业技能鉴定指导中心的组织下，建立了全国酿酒行业特有工种职业技能鉴定总站。由协会设立总站，协调指导各酿酒专业职业技能鉴定站的建站、运行、鉴定工作，开展职业培训工作。现经国家劳动和社会保障部批准已建立12个酿酒行业鉴定站（其中7个由各省酿酒协会主办，5个由国内知名专业院校主办）。

（中国酿酒工业协会　王耀荣）

蚕丝加工业

一、基本情况

（一）蚕茧生产情况

2003年，全国19个省（自治区、直辖市）共有桑园面积为760 khm^2，同比减少8.7 khm^2，下降幅度为1.13%；发放蚕种1 475万张，同比减少237万张，下降幅度为13.9%；生产蚕茧48万t，同比减少6.5万t，下降幅度为11.9%；全年鲜茧综合均价为13 400元/t（其中春茧为11 012元/t，夏茧为9 470元/t，秋茧为16 350元/t），同比上升2 620元/t，上升幅度为24.3%。从2003年各地发种量的情况看，江苏、广西、四川、浙江分别依次名列前四位，其中江苏和广西均为260万张。

（二）资源分布

我国蚕区的布局习惯上划分为：北方干旱蚕区、黄淮海流域蚕区、长江流域蚕区、南方中部山地蚕区和华南平原丘陵蚕区。而随着社会的不断发展和蚕业科技的进步，我国的蚕茧生产区域在不断地发生着变革和分化。如广东等华南地区蚕桑生产的逐步消亡；浙江杭嘉湖平原的工业化、城市化，蚕桑生产的发展空间日益缩小，并已经出现压迫性衰退症状；苏南等蚕区的老年化等。“东桑西移”是历史发展的必然。

以浙江省为例，由于浙江经济发达，作物竞争和劳动力竞争激烈，蚕桑生产已面临严峻的考验。2003年浙江蚕桑受到了茧丝绸市场持续低迷、茧丝价格大幅度下降以及异常气候、局部蚕病暴发的影响，春蚕增种减产，夏秋蚕减种减产，全年效益明显下降。据初步统计，浙江省年饲养蚕种239.2万张，产茧9.34万t，同比分别下降7.7%和10.6%。浙江等老蚕区存在的主要问题是：受传统思想束缚，蚕农生产规模太小，零星经营与广阔的市场不相适应；蚕桑生产比较效益低，产业竞争优势正在丧失；产业化程度低，制度创新缓慢；结构创新和技术创新缓慢等。这些问题在苏、皖等地也同样存在，因此蚕桑老区的结构调整已刻不容缓。

近几年来，我国开始实施“东桑西移”战略，西北宜桑地区虽然优势明显，但这些地区的蚕桑业没有形成产业链，初加工能力以及技术、资金实力远远落后于桑蚕种养业的发展，其不完善的桑蚕产业的管理体制和运行机制，导致了西部地区蚕业盲目扩张。自2000年“东桑西移”战略实施后，陕、甘、宁、云、桂等西部地区几年内桑园面积迅速增加到7万 hm^2 以上，且蚕茧单产高，质量稳定。2003年宁夏蚕茧的整体质量甚至高于浙、苏一些传统产区，其主要原因是西北地区夏秋季气温适宜，昼夜温差大且气候干燥，适宜养蚕业，因此正常情况下产出的干茧质量均能达到缫制4A级以上生丝的水平。

但是，在西部茧丝业迅猛发展的背后，已经隐现出不良迹象。即蚕农仅靠卖鲜茧获利，而当地连基本的蚕种供应、鲜茧烘干及缫丝都不能配套；茧丝加工落后，技术含量低，与养蚕业的迅速发展不相适应；大面积扩桑却不注意优质蚕种的培育和优质基地的建设，追求数量而忽视管理与质量，导致蚕茧和生丝质量下降，最终失去竞争力；缺乏实力资金的保护，蚕种场、病虫害检疫防治、质量检测等设施都需要政府给予投入支持，但西北各省、自治区一直未能把蚕桑列入一般性支持的范围。由于缺乏专项资金和贷款，蚕茧收购资金不能落实，往往造成给蚕农打白条的现象，伤害了蚕农的利益，使得蚕桑产业的运行机制非常脆弱。

（三）加工业基本情况

2003年我国丝绸加工业拥有员工近100万人，桑蚕缫丝设备223万绪（其中自动缫设备138万绪，立缫设备为84万绪，自动缫所占比例达到62%），柞蚕水缫机2.6万绪；绢丝精纺锭51万锭，丝织机17.6万台，其中自动丝织机47 277台（剑杆织机4 491台、喷水织机24 179台、喷气织机2 440台、片梭织机1 464台），提花丝织机为3 935台。

据国家统计局对2 261家规模以上丝绸加工企业的统计，2003年蚕丝产量为9.47万t，其中桑蚕丝约8万t，同比增长13.9%；丝织品（包括化纤绸）产量为63.28亿m，同比增长19.9%；印染丝织品产量为26.75亿m，同比增长7.1%。完成工业总产值1 146.88亿元，同比增长20.12%（首次突破1 000亿元大关）；产品销售收入完成1 065.28亿元，同比增长21.82%；产品销售税完成5.67亿元，同比增长23.81%；实现利润37.89亿元，同比增长33.82%；亏损企业数364个，亏损面16.1%，同比下降5.07个百分点，亏损企业亏损总额为5.27亿元，同比下降22.6%；全行业资产负债率64.06%，同比下降1.7%。统计中，国有及国有控股企业数为192个，亏损企业数为79个，亏损面为41%；亏损企业亏损总额为2亿元，同比下降27%；产品销售收入完成92.5亿元，同比增长6.3%；利润总额完成0.54亿元，同比下降269%；资产负债率为75.5%，同比下降3.73%。2003年丝绸加工业规模以上企业主要经济指标见表1。

表1 2003年丝绸加工业规模以上企业主要经济指标

名 称	合 计	丝绢纺织	缫 丝	绢纺和丝织	丝印染	丝制品	丝针织	全国纺织
企业数（家）	2 261	1 873	515	1 138	220	136	252	25 803
亏损数（家）	364	301	125	131	45	19	44	4 764
亏损面（%）	16.10	16.07	24.27	11.51	20.45	13.97	17.46	18.46
产品销售收入（亿元）	1 065.28	937.78	128.07	664.65	145.07	45.20	82.29	12 342.46
同比增长（%）	21.82	21.71	16.74	22.38	23.27	27.96	19.79	24.60
利润总额（亿元）	37.89	30.65	2.57	23.46	4.61	3.07	4.18	443.98
同比增长（%）	9.58	7.88	3.27	4.65	−0.04	1.36	0.34	103.14
资产合计（亿元）	1 039.55	927.55	120.66	657.55	149.33	38.27	73.73	12 097.54
同比增长（%）	25.25	26.02	13.35	27.59	30.72	26.17	15.89	17.58
工业总产值（亿元）	1 146.88	1 010.25	137.61	723.78	148.86	47.49	89.14	12 149.06
同比增长（%）	20.12	19.98	14.75	20.00	25.15	25.85	18.76	20.75
工业增加值（亿元）	1 093.17	958.39	136.97	679.05	142.37	46.96	87.82	12 877.84
同比增长（%）	19.36	19.29	14.75	19.23	24.36	25.58	17.02	22.76

（续）

名称	合计	丝绸纺织	缫丝	绢纺和丝织	丝印染	丝制品	丝针织	全国纺织
销售产值（亿元）	1 063.51	932.71	133.47	657.86	141.39	46.19	84.61	12 594.85
同比增长（%）	20.41	20.29	16.88	20.04	24.96	27.53	18.02	23.20
出口交货值（亿元）	303.20	242.68	28.80	165.96	47.92	20.32	40.20	4 185.91
同比增长（%）	31.54	36.95	7.00	38.20	58.67	27.13	7.71	21.98
从业人员（万人）	56.47	49.55	15.73	27.31	6.51	2.38	4.54	832.28
同比增长（%）	1.38	0.75	−3.97	2.37	6.35	12.13	3.13	5.76

注：表中数据来自国家统计局。

二、科研与新品开发

（一）实施“十五”茧丝绸优质化工程

1. *桑、蚕优化工程* 选育了一批优质桑品种，推广了高产栽培技术；选育推广了多对优质蚕品种，进一步确立和推广了简易化、标准化的养蚕技术体系、先进的簇中管理和蚕茧收烘技术。

2. *真丝绸品种优化工程* 新产品开发不断加快，产品结构得到有效调整。把丝绸高科技印染技术与丝绸不易退化特点相结合并应用到高档艺术品印制中，进一步提高了丝绸产品附加值，成为丝绸企业开发新产品的一个发展方向。具有食用性、防病治病的丝素和丝素肽、具有绿色之称的丝素化妆品、能治疗糖尿病的雄蚕宝胶囊等高技术含量产品的开发生产，投入市场后受到普遍关注和欢迎。丝绸面料开发步伐加快，真丝产品服用性能进一步得到改善，提高了真丝绸产品抗皱性和防缩性，增加了织物的悬垂性。蚕丝纤维与其他纤维混纺、交织、交并产品开发力度加大，充分发挥了多种纤维各自的优势，取长补短，克服丝绸产品原有的弱点，进一步降低了产品的生产成本，提高了产品的竞争能力。开展了新型质丝、复合丝加工技术的产品开发、丝绸产品生态环保加工技术与装备的研究，进行了丝绸新技术应用与产业化研究。

3. *高新技术产品开发工程* 2003年，在真丝医保用品的研究开发、蚕丝蛋白新用途的产品开发、真丝针织保健产品的研究开发、纳米材料在蚕丝纤维改性与功能性丝绸产品中的应用、生物工程技术在药用丝绸产品的开发应用等方面都取得了令人瞩目的成就。

完成了一批重点科技攻关、技术改造项目，攻克了一大批蚕业、丝绸工业生产的科技难关，使丝绸工业的工艺技术和装备水平明显提高。自动缫丝机的比重已从6%上升为42.6%，实现了质的飞跃。无梭织机的比重已占15.4%，并增添了一批技术先进的印染后整理设备。丝绸最终产品的发展，改变了我国丝绸产品长期以原料出口为主的格局，丝绸制成品出口有了较大幅度的提高，为整个行业开辟市场打开了空间。随着现代科学技术的发展和企业技术改造的进一步加快，丝绸产品质量不断提高，新品种不断涌现，茧丝资源综合利用不断开发，有效地支持了行业整体发展，为稳定行业起到了重要作用。如国家重点科技攻关项目——真丝重磅织物研究和真丝防缩抗皱整理技术研究顺利通过鉴定，产品已向国外市场销售，并取得了较好的经济效益。倍捻机、精密络筒机、高速多臂机、电子提花机、剑杆织机、真丝绸星型架精练和染色机、印花图案自动分色描稿处理系统等科技成果得到了推广。真丝浸泡助剂、真丝绸高效精练剂等专用助剂得到广泛的应用，提高了真丝绸的质量水平。

（二）扶优扶强，推动企业改组、改造和技术进步

（1）积极鼓励丝绸行业经济效益好、管理水平高、具有较大发展前景的丝绸企业和企业集团上市发行股票，进一步吸纳了社会资金支持丝绸行业发展。

（2）重点支持一批产品开发能力强、并已开发出一批代表丝绸行业先进水平、具有较好市场前景和发展潜力的新产品的企业，增加了流动资金注入，使新产品尽快形成规模生产，扩大市场占有率。

（3）重点扶植一批技术设备先进、管理基础好、产品开发积极性高的企业和集团，围绕影响产品开发的关键设备和技术，加大填平补齐技术改造的投入，尽快提高其产品的开发能力。

（三）实施国家茧丝绸发展风险基金的发展性项目，促进丝绸行业发展

继续利用国家茧丝绸发展风险基金对丝绸行业发展的支持作用，重点加强基础性科研与开发，推广先进养蚕技术，建设优质桑蚕基地，实施品牌战略，开拓国内外市场。在项目选择上扶优扶强，突出重点，

以国家基金带动多元投入，提升行业的科技水平，实现丝绸大国向丝绸强国的转变。

三、国内外市场概况

（一）出口贸易

2003年我国丝绸出口数量及出口金额增长较大，但平均出口价格下降。据海关统计，2003年全国丝绸全商品出口额为25.06亿美元，比去年同期增长9.97%。丝绸大类商品中，蚕丝类商品的出口额为4.19亿美元，同比下降1.97%，占出口总比重的16.72%，出口比重同比下降2个百分点；织物类商品出口额为4.13亿美元，同比增长18.17%，占出口总比重的16.48%，出口比重同比增长0.8个百分点；制成品类商品出口额为16.74亿美元，同比增长11.45%，占出口总比重的66.80%，出口比重同比增长0.9个百分点。出口产品中深加工产品的比重加大，出口结构进一步优化。

从商品结构看，2003年我国丝绸出口主要呈现三大特点：一是出口增长主要靠丝织物及制成品出口增长的拉动。例如，2003年丝绸全商品出口折丝量为71 029t，比上年增加676t，同比增长10.52%。二是生丝、厂丝、土丝、双宫丝等传统的丝类出口商品的出口量、出口金额及平均单价全面下降，其中厂丝和土丝的出口降幅达30%以上。其他丝类的出口增幅较大，其他生丝、桑蚕丝、柞丝的出口量分别增长30.71%、20.46%和28.82%，而出口平均价格却低于上年同期。丝纱线的出口一枝独秀，量增价涨。三是蚕丝机织物及制成品出口额和出口量均有不同程度增加。蚕丝机织物出口折丝量为1.57万t，较2002年增长26.78%。除坯绸、绢织物及丝绢织物出口量下降外，其他品种的出口量、出口额均有所增长。其中桑蚕丝机织坯绸出口量为15 727万m，同比增长27.3%；其他桑蚕丝机织物出口量为2 745万m，增长46.32%。出口价格从去年4季度开始逐月走高，与丝绸全商品出口价格走势相同。

（二）进口贸易

据海关统计，2003年真丝产品进口额为1.36亿美元，同比增长13.46%。其中蚕丝类商品进口量为5 350t，进口金额为0.157亿美元；真丝绸缎进口量为0.35亿m，进口金额为0.96亿美元，真丝服装及制品进口额为0.24亿美元。

（三）2004年的丝绸出口预测

据预测，2004年世界经济将增长4.1%，世界贸易量增长速度将由2003年的2.9%上升到5.5%，2004年世界经济的进一步复苏将有利于我国丝绸出口的增加。但出口基数较大将制约2004年丝绸出口增长的幅度。国际丝绸市场的需求量一直相对稳定，我国丝绸出口近几年的逐步增加，在很大程度上得益于其他丝绸生产国的产量减少。随着我国丝绸出口基数的不断提高，继续大幅度增加的可能性已经不大。

价格上升将影响丝绸出口数量的增加。近年来，我国丝绸的出口价格持续下降，在一定程度上推动了出口数量的增长。随着出口价格逐渐回升，出口数量的增加将会受到一定程度的制约。加之国内茧丝价格的剧烈震荡，也会增加进口商的经营风险，观望心态加剧。如果2004年的蚕茧产量在2003年的基础上增加10%，丝绸出口将维持去年出口的水平，2004年的茧丝产销将基本平衡略为偏紧，茧丝价格将趋于合理。

四、质量与标准化工作

（一）由国家茧丝绸发展风险基金资助修订的《生丝》国家标准被评为优秀国家标准

由国家茧丝绸风险基金支助的《生丝》（GB 1797—2001）国家标准修订项目，在国家标准化管理委员会组织的2003年优秀国家标准评选中，被评为优秀国家标准。《生丝》国家标准是强制性标准，是考核生丝质量、评定产品等级的技术法规，是指导生丝生产企业生产、检验、出口检验、销售和贸易的重要依据。标准对规范市场、提高生丝质量以及增强我国生丝产品在国际市场上的竞争力起着重要的作用。

由于各级领导重视，宣传和各项准备工作到位，全国的近18个省的800多家生丝生产企业、近30多家检验检疫机构和丝检机构均按时实施了新标准。标准实施后，促进了生丝的生产与出口，生产稳定，产品质量逐步提高，出口生丝信誉良好，取得了较好的经济效益和社会效益，实现了新老标准的平稳过渡。特别是日本有关方面认为，近年来我国生丝质量提高很快，跟我国实施新的生丝标准有着很大的关系，对我国实施新标准促进行业发展的积极作用给予高度评价。

（二）强化质量管理，实施知名品牌战略

我国是世界第一大茧丝生产和贸易大国，而不是丝绸强国，核心问题是终端产品不强。我国有世界一流的好茧好丝（目前6A级丝已可以和巴西丝一争高低），但是由于工业后道加工能力弱，缺乏具有竞争力、高附加值的最终产品和知名品牌，导致每年直接出口大量原料丝类，在最终产品上也不得不以来样加

工为主，高额的后道加工利润和世界知名品牌的无形资产带来的高额利润都被别人拿走。2003年，主要强化了以下几方面的工作：

1. *改变我国龙头企业不强的现状* 一是针对我国丝绸企业以中小企业为主的现实，积极扶持有效益、有产品、有前途的中小企业发展，引导鼓励同大企业建立密切的协作和合作关系。二是鼓励龙头企业实现强强联合，通过低成本扩张和引资入企，做强做大。三是发挥企业群体优势，变单个企业单打独斗和过度的内部竞争为充分发展的群体竞争优势。

2. *狠抓科技攻关，产学研相结合* 科技为企业、产品、产业和市场服务，改变后道工序落后的局面，优化产品，优化产业链。从茧—丝—绸—成品形成以市场为导向的一条龙开发，以开发特种丝、新型丝绸面料（包括交织、混纺）为重点，特别是开发、推广抗皱、舒适、保健为主导主流、适合国内外市场消费的新优产品。

3. *推动并大力宣传推广高档丝绸标志* 在优质高档产品和消费者之间建立质量诚信，扎扎实实地做好起步阶段工作，使企业以获取标志为荣，激发产品开发的积极性，使消费者以消费标志产品为荣，拉动消费，反过来又刺激生产，形成良性循环的发展态势。

五、行业管理

（一）加强宏观调控，促进茧丝绸行业稳定健康发展

1. *进一步发挥厂丝储备调节作用，加强市场调控* 进一步扩大厂丝储备规模，增强厂丝储备对市场调控的力度，极大地发挥厂丝储备在促进全行业平稳健康发展的作用，通过储备吞吐，改善供求关系，稳定市场和价格。

2. *强化政府在全行业经济运行中的宏观指导和引导作用* 对蚕茧生产和桑蚕丝生产继续实行指导性计划，加强信息引导，促进茧丝绸各环节平稳发展，防止盲目发展和“蚕茧大战”；进一步加大茧丝绸发展风险基金发展性项目的示范和引导作用，通过项目来支持茧丝绸贸工农的薄弱环节，同时指导全行业的发展方向。

3. *加强宏观监督检查，严格执行各项政策* 整顿和规范流通秩序，保证蚕茧收购秩序的稳定。在蚕茧收购工作中，进行必要的引导和监督检查，防止因价格差距而引发蚕茧收购秩序的混乱。强化缫丝、绢纺企业生产许可证制度，加强核查，严格控制缫丝、绢纺新增生产能力，使之与原料供应、市场需求基本相适应。加强厂丝出口管理，整顿和规范出口秩序，实行厂丝出口最低限价，基本达到统一对外，提高出口竞争力。

4. *规范丝绸行业的管理* 通过立法，理顺关系，使茧丝绸贸易、生产有章可循，有法可依，避免无序竞争。进一步做好立法工作，搞好制度建设，使我国的茧丝绸事业纳入规范轨道，走健康发展的道路。

（二）全国缫丝企业生产准产证的复审

到2003年底，完成了第三次全国缫丝企业生产准产证的复审，目前全国符合生产条件的缫丝企业共计682家，全国缫丝总生产能力222万绪。其中自动缫138万绪，占总生产能力的62%，提前实现茧丝绸行业“十五”规划目标中要求自动缫比例达到60%以上的目标；立缫生产能力为84万绪，立缫总量首次下降到100万绪以下，这是令人振奋的两大变化。目前，全国共有303家企业完全实现缫丝自动化生产，占整个缫丝企业的44.4%，其中自动缫比例较高的省、自治区有广东97.6%、山西93.7%、山东87.6%、新疆83.3%、广西82.1%、浙江75.1%、陕西64.3%、江苏58.6%。这种变化使缫丝行业综合实力得到了提高，为丝绸后加工提供优质原料有了可靠的技术保证，为打造丝绸强国创造了有利条件。

（三）支持西部开发，实施“东桑西移”计划

有计划、有步骤地引导茧丝绸原料与原料初加工工业由东部地区向中西部地区转移，即实施“东桑西移”计划，特别是利用国家“退耕还林”政策，给予必要的资金投入，扶持中西部地区的种桑养蚕，培育一批蚕茧基地上规模、上水平，使中西部地区成为全国优质蚕茧资源基地。

东桑西移的稳步推进，为蚕茧生产的稳定发展奠定了坚实的基础，科学技术的应用使蚕茧单产和质量水平有了明显提高。新型自动缫水平的提高，加快了西部缫丝行业立缫改自动缫的步伐，使西部自动缫丝机的比例达到了32%以上，使生丝质量迈上了一个新的台阶。

（中国农业科学院蚕业研究所　梁培生）

饲料加工业

2003年，对于我国饲料工业来说是最不平常的一年，一年内受到“三大冲击”。一是SARS疫情的突然暴发；二是饲料原料市场的剧烈震荡及阶段性价格暴涨；三是国际贸易中的技术壁垒。这“三大冲击”，使我国饲料加工业的发展遇到了前所未有的困难。饲料加工企业经济效益大幅下滑，饲料品种结构调整和饲料安全工作受到很大影响。饲料行业经历了一场严峻的挑战。

一、饲料加工业发展概况

1.2003年我国饲料生产持续增长，增长速度略有下降 根据各省、自治区、直辖市上报的综合报表统计情况，2003年全国饲料加工业产品产量8 712万t，比上年增长4.7%，增速比上年降低1.9个百分点；实现工业总产值2 077亿元，比上年增长9.0%。配合饲料产量6 428万t，比上年增长2.8%；浓缩饲料1 958万t，增长11.0%；添加剂预混合饲料326万t，增长3.0%。饲料加工业生产的总体水平继续提高。

2. 饲料品种结构调整速度放慢 从饲料品种看，配合饲料中，猪配合饲料总产量2 130万t，比上年增长9%；蛋禽配合饲料1 433万t，增长4%；肉禽配合饲料1 832万t，下降2%；水产配合饲料701万t，增长4%；反刍动物精料补充料204万t，增长17%；其他配合饲料128万t，下降7%。浓缩饲料中，猪浓缩饲料产量1 125万t，增长14.5%；蛋禽浓缩饲料产量381万t，增长6.7%；肉禽浓缩饲料产量277万t，下降2.6%；反刍动物浓缩饲料产量115万t，增长33.6%；水产浓缩饲料27万t，下降9.7%；其他浓缩饲料产量35万t，增长35.2%。预混合饲料中，猪预混合饲料产量161万t，同比增长5.7%；蛋禽预混合饲料产量65万t，增长2.9%；肉禽预混合饲料产量46万t，增长6.7%；水产预混合饲料产量14万t，下降19.9%；反刍动物预混合饲料产量15万t，增长49.10%；其他预混合饲料产量23万t，下降7.8%。

3. 饲料原料生产保持较高的水平，原料市场变化剧烈 2003年，豆粕产量为2 146万t，比上年增长24.5%；鱼粉产量54万t，增长7.9%；肉骨粉产量51.7万t，增长31.9%；磷酸氢钙产量230万t，增长35.4%；赖氨酸产量7.8万t，增长47.2%；氯化胆碱16.5万t，增长12.2%。2003年，饲料原料市场价格变化幅度很大，主要包括四个方面：一是大豆与豆粕。从市场价格看，2003年我国大豆和豆粕市场出现了剧烈的震荡，特别是10月以来市场价格的暴涨。豆粕市场平均价格比上年增长500元/t左右，增幅30%左右。二是氨基酸市场。2003年1～9月赖氨酸市场价格平均为2.1万元/t左右，到10月初，市场平均价格一跃超过3万元/t，最高达到5万元/t，价格比上年同期翻了1倍多。三是鱼粉市场。2003年鱼粉价格呈现走高态势，特别是10月以来，在豆粕等蛋白原料价格的影响下，大部分时间出现高位运行。四是玉米市场。玉米市场价格出现了历史性高位运行。由于供求发生了矛盾，2003年饲料玉米总体在较高价位运行，一至三季度玉米价格950～1 100元/t之间运行；到四季度价格上扬，达到1 500元/t。

4. 饲料生产企业股本结构不断优化 2003年，全国饲料企业按经济类型统计总数为13 874家，比上年增加711家，增长5.4%。其中国有企业717家，集体企业789家，私营企业7 814家，联营企业572家，股份企业2 929家，港澳台资企业139家，外商企业256家，其他企业658家。与2002年相比，国有企业、集体企业的企业数继续呈现明显下降趋势，共减少499家，下降22.1%。私营企业增加355家，增长4.8%；联营企业增加163家，增长39.9%；股份制企业增加810家，增长38.2%；港澳台企业增加24家，增长20.9%；外商企业数增加17家，增长7.1%；其他类企业呈现下降，从2002年的889家，下降到658家，下降35.1%。

5. 饲料行业职工人数不断增加，人员结构不断优化 2003年，饲料企业年末职工人数为48.6万人，比上年增加5.0%，大专以上技术人员11.1万人，占职工总人数的22.8%。其中博士800人，占职工总人数的0.2%；硕士2 481人，占职工总人数的0.5%；大学本科39 126人，占职工总人数的8.1%；大学专科68 328人，占职工总人数的14.1%；技术工种共49 582人，占职工总人数的10.3%，比上年增长7.0%。

6. 饲料生产机械设备，成套机组增加，单机台

数下降　2003年，饲料加工成套设备23 434台套，比2002年减少1 459台套。其中成套机组为3 400套，比2002年增加254套，增长8.1%；单机20 034台，比去年减少1 713台，下降7.9%。在成套设备中，时产10 t以上的设备367台套，比2002年增加108台套；时产5～10 t的设备856台套，增加390台套；时产1～5t的设备2 177台套，比2002年减少244台套。在单机设备中，粉碎机4 658台，增加489台；混合机3 773台，增加370台；制粒机1 455台，减少29台；其他类设备10 148台，减少2 543台。

7. 饲料企业亏损严重　2003年，由于SARS疫情的暴发、原料涨价、畜禽和水产品出口受国际贸易中技术壁垒的冲击，以及畜禽和水产品价格长时间疲软等因素影响，我国饲料企业经济效益出现了剧烈的下滑。特别是10月份以来，豆粕、赖氨酸等蛋白原料出现暴涨，与此同时，玉米价格也出现大幅上扬，使微利的饲料行业出现全行业亏损。据调查统计，全国亏损的企业约有80%，行业亏损额接近100亿元。

二、行业发展面临的主要问题

1. 某些饲料资源匮乏及市场供求矛盾的加剧制约着行业的发展　从长期发展看，某些饲料资源正面临着严重的短缺，加之现有资源市场配置不良等因素的影响，使我国饲料加工业发展越来越受到资源供给的影响。一是蛋白饲料和氨基酸供应紧张。当前我国蛋白饲料和氨基酸主要依靠进口，例如氨基酸50%以上需要进口；鱼粉近70%需要进口，而且用于鱼粉生产的鱼资源面临世界性的枯竭威胁；用于豆粕生产的大豆约70%需要进口。我国饲料原料发展的滞后，抑制了饲料加工业的发展速度，使得已具有规模效益的饲料工业不能充分发挥有效利用资源的优势，小规模养殖浪费饲料资源的现象得不到根本改善。二是能量饲料供需不平衡矛盾越来越突出。一方面，由于近年来畜牧水产养殖业的快速发展，极大地拉动了饲料粮的需求；另一方面，由于饲料玉米种植面积不断减少，单位产量徘徊不前等因素影响，使得玉米产量增幅缓慢。特别是2003年我国农业灾情严重，饲料玉米出现较大幅度的减产，加之大量出口玉米等因素的影响，从而出现了玉米供不应求的局面，饲料玉米的缺口越拉越大，不得已只好动用库存。玉米库存占玉米总需求的比例正日益逼近国际警戒线。这同时也对我国粮食安全构成了严重威胁。

2. 饲料安全及产品质量工作面临新的压力　随着人们对食品安全意识的增强，饲料安全问题越来越成为人们关注的焦点。某些甚至很小的饲料安全事件的发生，都会对饲料消费产生较大范围的负面影响，而且这种影响会持续很长时间。如果饲料安全甚至是动物产品安全事件发生的频率过高，人们拒绝饲料消费的积聚效应就会更大，最终将影响我国饲料加工业的持续发展。近几年饲料行业通过继续开展对“瘦肉精”等违禁药品的查处工作，以及依法开展饲料质量监督检测等工作，有效地遏制了滥制乱用违禁药品的现象，较好地促进了饲料安全及产品质量的提高。但是由于2003年特别是10月份以来我国饲料工业发展剧烈波动等因素影响，客观上助长了非公平市场竞争现象的蔓延。尤其是一些小型企业在高附加值产品的生产上，为了降低成本，赚取利润，在饲料配方等方面大做“文章”，严重地影响了饲料产品的质量，扰乱了市场秩序，破坏了市场环境，给饲料工业发展造成重大损失，也使今后饲料安全及产品质量工作受到严峻挑战。

3. 不规范的市场环境对饲料行业构成严重威胁　一是从国际看，随着全球经济一体化的发展，形成和完善世界饲料加工业大市场是无法抗拒的历史趋势，这是世界经济发展的必然。但这也预示着“入世”后的我国，在饲料加工业发展方面特别是饲料原料在国际间的流通同样面临更大的变数。其中技术壁垒、绿色壁垒、海关壁垒等都是2003年和今后我国饲料加工业发展的重要影响因素。二是从国内看，由于饲料行业市场秩序不规范，严重地影响了饲料加工业的发展。例如大豆和豆粕，由于税收政策的导向，以及不允许贸易商和饲料企业从事大豆进口贸易等因素影响，客观上造成了大豆和豆粕市场的垄断行为，油脂行业谋取高额利润，致使其价格长时间高价位运行，诱发大豆加工能力迅速扩张，能力过剩，并造成需求旺盛及快速增长的假象。使得一些中小饲料企业出现停产或倒闭，大型饲料企业艰难维持。饲料工业的发展面临更大的困难。

三、饲料工业发展的应对措施

1. 坚持创新与发展，饲料行业仍会有稳步发展的机遇　一方面，由于2003年SARS疫情的暴发和第四季度饲料原料的大幅涨价等因素影响，饲料企业遭到了沉重的打击。除当年利润受到影响外，势必会严重地影响到2004年特别是上半年的饲料生产。另一方面，由于2003年第四季度畜禽产品价格走高对养殖业的刺激，以及饲料企业经过重新“洗牌”对饲料生产水平的提升等因素影响，2004年饲料行业仍然有较大的优势和发展空间。

2. 尽快提升饲料行业的整体素质　转变观念，

强化联合，增强行业竞争力，促进行业稳定、健康发展。2003年的几次“风波”，从另一个角度也检验了饲料行业的整体实力，暴露了行业一些弱点。因此，必须总结经验，吸取教训，采取有效措施，尽快提高行业的整体素质和竞争力。首先，要统一认识，增强信心。在关注和研究外部环境变化的同时，更应很好检讨行业内部的不足。因为市场经济本身就意味着残酷的竞争，企业必须学会在各种风浪中游泳。只有这样，饲料企业乃至饲料行业才能立于不败之地。因此必须要统一这方面的认识。认识统一了，信心增强了，就没有过不去的“火焰山”。其次是苦练内功，提升素质。这里既包括行业的整体素质，也包括企业的素质。就行业讲，应尽快改变某些地方和某些环节各自为政、一片“散沙”的现象，要形成行业的合力。再次是整合资源，加快规模化、集团化发展的步伐。目前世界80%的工业饲料是由不足3 500家企业生产，而饲料产量占世界15%左右的我国，饲料企业竟达到了1.3万多家。无论从国内行业之间，还是从与国外企业之间竞争角度看，这种资源组合现状已经到了必须尽快改变的地步。加速饲料企业规模化、集团化发展已迫在眉睫。

3. 从长远的战略发展出发　积极研究适应我国动物营养需要的配方技术和综合服务技术，开发多品种原料资源应用评价和推广工作，改变目前单一的玉米豆粕型生产模式，合理利用国际资源，进一步发展我国饲料加工业。

4. 强化关联行业的资源整合　在饲料企业集团化发展的基础上，发展关联行业的横向联合与纵向发展，延伸产业链条，增加产业的稳定性和抗风险能力，增强饲料原料的国际采购能力和采购网络的国际化建设。

（全国饲料工作办公室　刘继业）

水产品加工业

一、水产行业概况

据全国31个省市、自治区和中国水产总公司统计年报汇总，2003年我国水产品总产量4 706.11万t，比2002年增长3.09%；占世界水产总产量的30%以上，已连续14年名列世界第一；全国水产品人均占有量为37.16kg，比2002年增加1.11kg，超过世界人均占有量。我国已成为名副其实的世界水产第一大国。

在全国水产品总产量中，海洋捕捞1 432.31万t，扣除远洋捕捞产量115.76万t，比2002年实际减少7.25万t，负增长0.58%；海水养殖1 253.31万t，比2002年增加40.46万t，增长3.34%；内陆捕捞246.22万t；内陆养殖1 774.27万t。由此统计，2003年我国捕捞产量1 678.53万t，占总产量的36%；养殖产量3 027.59万t，占总产量的64%。按水产品生长环境分，海水产品产量2 685.62万t，占总产量的57.07%，内陆水产品产量2 020.49万t，占总产量的42.93%。

2003年我国的渔业生产稳步发展，但增幅趋缓，结构调整取得进展，在海洋捕捞量出现负增长的同时，水产养殖业发展迅速。随着我国水产品产量的不断增加，水产品加工业也取得了突破性进展，已形成冷冻冷藏、腌制、烟熏、干制、罐藏、调味休闲食品、鱼糜制品、鱼粉、鱼油、海藻食品、海藻化工、海洋保健食品、海洋药物、鱼皮制革、化妆品和工艺品等几十个产业门类，成为推动渔业生产持续发展的重要动力。

据统计，2003年我国现有水产加工企业8 287家，年水产加工能力1 306.3万t，实际水产加工品总产量912.1万t（表1）。其中冷冻水产品543.4万t，鱼糜及鱼糜制品24.89万t，干制品68.9万t，藻类加工35.2万t，罐制品14.53万t，动物蛋白饲料129.15万t（其中鱼粉58.51万t），鱼油制品1.89万t，其他水产加工品72.97万t（其中助剂与添加剂3.5万t，珍珠59.82万kg）。另据统计，2003年我国用于加工的水产品为1 241.6万t，占当年我国水产品总产量的26.38%。

2003年，我国渔业总产值合计5 778.83亿元，其中水产品加工产值915.44亿元；全国渔业固定资产投资总额279.91亿元，其中水产加工业固定资产投资额49.6亿元，占17.72%。

2003年，我国水产品对外贸易克服贸易壁垒和“非典”疫情的影响，出口额再创新高。据海关统计，2003年水产品进出口总量为443万t，进出口总额达到79.7亿美元。其中，出口量210万t，出口额54.9亿美元，分别同比增长1%和17%；进口量233

万 t，进口额 24.8 亿美元，分别同比下降 6.4%和增长 9.5%；实现贸易顺差 30.1 亿美元。出口额继续位居我国大宗农产品首位。2003 年我国水产品出口贸易额已位居世界第一（约占世界水产品出口额的 10%）。

表 1　我国水产品企业数、加工能力、实际产量、水产品加工产值

年份	企业数（个）	加工能力（万 t）	实际产量（万 t）	同比增长（%）	加工业产值（亿元）	同比增长（%）
1998	5 933	912.60	543.70	9.28	403.60	5.63
1999	6 443	1 127.10	624.20	14.81	464.61	15.12
2000	6 922	933.85	651.52	4.38	533.96	14.93
2001	7 648	1 061.00	690.86	6.04	622.41	16.56
2002	8 140	1 224.68	704.46	1.97	761.11	22.28
2003	8 287	1 306.30	912.09	29.47	915.44	20.28

二、水产加工业的发展特点

1. *加工产量和产值增长迅速，水产加工业在渔业经济比重中稳步提高*　2003 年我国水产品加工产量比 2002 年增长了 29.47%，产值同比增长了 20.28%。这是我国水产加工业近 6 年来增长最快的一年，而同期内我国水产品产量只增长了 3.09%，产值同比增长了 11.27%，水产品加工业产值占渔业经济的比重也由 2002 年的 14.66%上升到 2003 年的 15.84%。可见过去的一年，是我国水产加工业快速增长的一年。

2. *增长模式由外向型为主转变为以内向型为主*　2003 年同 2002 年相比，水产加工企业数量净增加了 147 家，同比增长 1.8%；而同期水产加工产量却增长了 29%，加工能力与实际产量之差（即闲置生产能力）也由 2002 年的 520.22 万 t，减少到 394 万 t，同比减少 24%。这说明 2003 年水产加工产量的提高主要靠企业挖掘自身生产潜力，行业增长模式由外向型为主转变为以内向型为主。

3. *水产品价格的低位徘徊，制约了水产加工企业经济效益的增长*　2002 年，虽然我国水产品加工产量增长了 29%，但产值只增加了 20%，这说明水产加工企业的经济收入并未与其产量的增长同步提高。究其原因，主要是 2003 年国内大宗品种水产品价格长期处于低价徘徊。据农业部渔业局水产品市场价格采集网对全国 50 多个水产品批发市场 20 个品种价格走势分析，2003 年水产品综合平均价格为 9.92 元/kg，比 2002 年下降 2.17%；其中 11 个海水产品综合平均价格为 17.29 元/kg，比 2002 年上涨 3.4%；9 个淡水产品价格为 7.42 元/kg，比 2002 年降低 6.6%。则水产加工业无疑进一步承受了这种水产品低价徘徊的局面。

4. *水产进出口贸易增长迅速，出口水产品价格总体有所回升*

从 2002 年开始，我国水产品出口首次超过泰国，名列全球第一，2003 年我国水产品出口贸易额继续位居世界第一（约占世界水产品出口额的 10%）。目前我国向 150 多个国家（地区）出口水产品，其中对日、美、韩和欧盟市场的出口额约占 82%。2003 年我国水产品进口量比 2002 年减少了 16 万 t，同比下降了 6.4%；进口额增加了 2.1 亿美元，同比上升了 9.5%；出口量和出口额却同比增长了 1%和 17%，进出口实现贸易顺差 30.1 亿美元。我国水产品对外贸易的迅速增长，表明了我国水产加工行业整体综合实力的迅速提高，一批具备国际竞争实力的加工企业已逐步成为我国水产加工行业的龙头骨干企业。2003 年，我国水产品出口量增长的同时，出口额的增长大幅度超过我国出口贸易量的增长（见表 2、表 3、表 4）。这一方面由于国际水产品价格的持续上扬，拉动了我国出口水产品的价格；另一方面说明由于我国水产品加工技术水平的逐步提高，使我国水产品出口的综合竞争力也有所提高。

表 2　我国水产品进出口贸易情况

年　份	出口量（万 t）	出口额（亿美元）	进口量（万 t）	进口额（亿美元）
1998	100.3	28.4	114.1	10.2
1999	134.8	31.4	130.5	12.9
2000	153.4	38.3	252.0	18.5
2001	195.3	41.9	231.4	18.8
2002	208.5	46.9	249.1	22.7
2003	210.0	54.9	233.0	24.8

表 3　2003 年我国大类水产品出口统计

大类品种	出口量（万 t）	出口额(亿美元)	同比（%）
深加工品	46	19.8	24 和 18
冻鱼及鱼片	91	16.2	－5 和 14
甲壳类	16	6.1	28 和 39
软体类	30	5.5	－16 和－3
活　鱼	10	2.2	12 和 31
冰鲜鱼	8	1.9	4 和 19
干腌制品	3	1.6	3 和 18
海藻类	5	1.0	108 和 99

表4　2003年我国水产品出口品种情况

品　种	出口量（万t）	出口额(亿美元)	同比（%）
对　虾	11.9	6.9	57和49
其他虾	9.5	3.0	38和53
烤　鳗	5.4	4.7	－20和－20
罗非鱼	6.0	1.0	89和94
大黄鱼	4.9	1.1	6和－7
蟹	4.9	2.7	9和35

5. *我国水产加工产业的布局仍主要分布在沿海地区*　据统计，我国沿海的11个省、自治区、直辖市（辽、冀、津、鲁、苏、沪、浙、闽、粤、桂、琼）2002年有水产加工企业7 872个，占全国企业数的95.0%；水产品加工能力1 263.15万t，占全国的96.7%；实际产量878.33万t，占全国96.3%。其中按实际产量排序为：山东299.39万t，浙江146.38万t，福建145.12万t，广东102.72万t，辽宁83.28万t，是我国名副其实的水产大省。

三、水产加工业的结构特征

2003年由于统计科目的变化，影响了个别品种的纵向比较，但就现有的统计品种数量看，我国水产品加工总体上仍保持了以冷冻加工品为主产品结构（表5）。6年间，冷冻水产品的比重由53%上升到2003年的59.58%，干制品比重由11.96%下降到7.56%，鱼糜及其制品比重由1.22%上升到2.73%，动物蛋白饲料比重由12.74%下降到6.41%，罐制品比重由0.56%上升到1.59%，其他水产品比重由16.08%上升到22.13%。虽然我国水产加工品的结构变化不大，但是我国水产品加工技术及产品的技术含量已有明显的提高，如冷冻制品中冷冻加工品占到28.86%，鱼糜制品产量比2002年增长了143%。

表5　我国水产品加工产品的主要种类和产量　单位：万t

年　份	冷冻制品	干制品	腌熏制品	鱼糜及其制品	动物蛋白饲料	罐制品	其　他
1998	288.16	65.01	14.75	6.64	69.26	3.06	87.42
2002	447.82	54.25	23.16	10.24	48.43	4.25	116.30
2003	543.44	68.91		24.89	58.51	14.53	201.81

从具体加工品种看，目前我国已形成了一批单一品种生产加工规模较大的水产品加工产业，如：

1. *烤鳗加工业*　我国20世纪70年代末从日本引进鳗鱼养殖，从1982年开始引进日本设备发展烤鳗加工业。经过20多年的发展，已形成集鳗苗培育、成鳗养殖、饲料生产、烤鳗加工及出口一条龙的外向型产业。据统计，我国现有鳗鱼养殖场3 000余家，养殖面积1万hm^2左右；鳗鱼产量15万～16万t，约占世界鳗鱼养殖产量的70%；烤鳗加工生产线60多条，年生产能力达10万t；鳗鱼饲料企业100多家，年产鳗鱼饲料40万t；全行业从业人数超过8.5万人，年总产值约150亿元。

日本是我国烤鳗出口的主要市场，占我国出口烤鳗份额的90%。2003年，我国出口烤鳗受恩诺沙星药残事件的影响，出口量显著下降。全年出口日本烤鳗4.78万t，创汇4.2亿美元，贸易量和贸易额较2002年都下降了20%以上。

2. *冷冻加工业*　2003年我国冷冻制品产量543.44万t，占加工品产量的60%，其中冷冻加工品156.81万t，占冷冻品的28.86%。2000—2003年我国水产冷冻产能情况见表6。

表6　2000—2003年我国水产冷冻产能情况

年　份	冷库数（座）	冻结能力（万t/d）	冷藏能力(万t/次)	制冰能力（万t/d）	制冰总量（万t）	冷藏总量（万t/d）
2000	4 617	13.51	127.81	10.60	697.83	10 863.90
2001	5 772	15.40	139.65	7.85	717.17	11 535.81
2002	5 607	16.91	169.41	8.75	722.71	11 206.51
2003	5 864	21.37	207.93	8.79	891.29	10 050.70

由表6可见，作为我国水产品加工的主体，冷冻加工业一直处于稳定发展的态势。在冷冻冷藏能力持续增长的同时冷藏总量的相对下降说明冷库周转率有所下降，利用率不高，因此从提高有效资源利用的角度出发，不宜再盲目新建冷库。在冷冻水产品加工中特别值得一提的是，近几年来我国的罗非鱼养殖、加

工已经有了长足的发展，罗非鱼加工出口量由1998年的473t提高到2003年的6万t，增长势头很猛，形成了一定的产业化规模。

3. 鱼粉加工业　鱼粉一直是我国进口数量最大的品种，2003年我国进口鱼粉80万t，花费金额5.8亿美元，同比下降16.5%和18.4%，占我国水产品进口量的34.2%，为世界第一大鱼粉进口国。此外，国内一些低值水产品也被用于鱼粉加工。这些鱼粉主要用于饲料的生产加工，为我国养殖业的发展提供了重要的饲料供应。目前我国鱼粉生产企业基本上分布在沿海省（直辖市），其中福建、山东和浙江分居前三位（福建的鱼粉非省内生产，以进口鱼粉为主）。

4. 鱼糜加工业　中国是一个传统的鱼糜生产国家，但大部分是手工加工，品种单一。1984年我国从日本引进冷冻鱼糜制品生产线后才开始进入大规模的工业化生产。2003年，我国各类鱼糜制品产量为24.89万t，不仅实现了自动化，而且还研制开发了一系列新型高档次的鱼糜制品和冷冻调理食品，如鱼丸、虾丸、鱼香肠、模拟蟹肉、模拟虾肉以及鱼排、海胆黄等冷冻调理食品。从国内外水产品消费的情况看，鱼糜及其加工制品有着广阔的发展前景。但值得注意的是，从产品配方来看，淀粉的含量越来越高，因此应尽快制订不同类型产品的等级标准。

5. 紫菜加工业　目前世界上出产紫菜的国家有日本、韩国和中国，我国的条斑紫菜加工量最大的省份是江苏，产量约占全国紫菜产量的95%。而坛紫菜的生产加工则主要集中在福建和浙江两省。我国年产条斑紫菜约20亿枚，年销售额达到7亿元人民币，大大小小的加工企业约250家。这些企业大部分是内资企业，产品大部分出口美国、中国台湾、欧洲等。2003年江苏省拥有一次加工机组286台套，二次加工机组38条生产线，主要分布在江苏南通、连云港和盐城。而闽、浙两省坛紫菜年机械加工（即加工工艺和斑紫菜一样）数量为8 000万枚，年产值2 000万元人民币，产品主要销往中国台湾、东南亚和国内市场。其余的产品都以晒、烘方式为主，作为汤料紫菜，年加工量约1.5万t（干品），年产值约25亿元人民币，产品主要内销。目前紫菜行业正面临如何突破日本贸易壁垒扩大出口的挑战。

此外，近些年来随着有关加工技术的突破，一批海洋药物与保健食品加工企业迅速发展起来，如河豚素的提取，DHA、EPA、DPA、鲨鱼软骨素、活性多糖和多肽类等生物活性成分用于保健和治疗疾病，目前都已工业化生产。总之，以水产品为加工原料的加工工业正显示出巨大的发展潜力和市场前景。

四、食品安全和贸易壁垒的制约问题

1. 食品安全问题仍是2003年困扰行业发展的重要问题　在水产品出口贸易中，我国的烤鳗产品因药残问题（恩诺沙星）在日本受阻，造成我国对日烤鳗出口量和出口额下降了1/5以上；在国内市场上又发现了用“敌敌畏”防腐的鱼干等。这些事件不同程度地影响了国内外消费者的信任和中国水产品形象，给企业造成了严重的经济损失，同时水产品安全问题也受到政府、行业、企业、消费者等有关方面的空前重视。目前影响水产品安全的两类不同原因、不同性质的问题是：

一是在水产品养殖、捕捞、加工、运输、销售过程中由于水质污染、养殖用药不规范，加工时不规范使用添加剂和生产质量管理不严格，运输销售环节缺乏必要的包装和储运条件，造成水产品药残超标、被污染或发生不同程度的质量下降而造成了一系列食品安全事件。在这类事件中，具有代表性的事件是我国出口水产品抗生素超标问题（氯霉素、硝基呋喃、恩诺沙星等），对我国水产行业造成很大损失，持续时间长，特别对行业骨干龙头企业及广大水产养殖户损害很大，需要有关方面认真研究和尽快解决。

二是个别不法之徒为了给其经销的水产品增重、漂白（或着色）、防腐，擅自使用国家明令禁止使用的防腐剂、漂白剂（着色剂）等毒性很强的药物对水产品进行处理，造成对消费者生命与健康的威胁。这类事件中影响较大的有“福尔马林浸泡鱿鱼事件”、“广东干制水产品使用‘敌敌畏’事件”等。这类事件是个别不法经销商所为，主要见于国内少数管理不严格的农贸市场。对此，各地质检、卫生、工商、公安部门应加大执法打击力度，使不法之徒受到法律的严惩。

通过上述这些事件，使政府、行业协会、水产加工企业、养殖户到消费者的食品安全意识都得到了显著的提高。农业部、国家质量监督检验检疫总局联合印发了《水产品药物残留专项整治计划》，并在全国各地开展了水产品药残专项整治活动，同时一些地方政府（如北京市）还制定了水产品准入制度；与水产有关行业协会就食品安全问题召开了多种形式的研讨会、信息交流会，并初步建立了行业与企业的信息渠道，在此基础上组织了一些行业自律行动及市场开拓活动。绝大多数企业通过这些事件，显著提高了食品安全意识，一方面增加了对自身产品质量的检测装备和提高了检验能力，另一方面进一步严格了原料进厂、产品出厂的检验检疫工作。总之，各类食品安全事件的出现已成为制约行业发展的重要因素，给整个水产加工行业敲响了警钟。

2. 困扰行业发展的另一个重要问题是国外对我出口水产品实行的贸易壁垒措施 2003年我国对美出口的虾约8.1万t，出口金额4.28亿美元左右。2003年12月31日，美国南部虾业联盟向美国商务部正式提出了对巴西、中国、厄瓜多尔、印度、泰国和越南六国虾进口的反倾销调查请求。2004年2月18日，美国国际贸易委员会（ITC）一致投票确定，进口虾类确实伤害了本国工业。我国有50余家输美水产加工企业参加了应诉，其中包括2月25日被美商务部确定的4家重点应诉调查企业（均在广东）。从地区来看，主要集中在广东汕头地区15家，湛江地区14家，舟山地区13家（浙江省共17家），前二者以养殖产品（南美白对虾）为主，舟山以海捕冻虾仁出口为主。目前美国商务部对我出口企业做出了征收0.04%至112.81%反倾销税率的裁定。这一裁定不仅给相关企业和广大养虾户带来严重经济损失，而且也抑制了国内虾价格的回升。可见，水产品出口贸易遭遇国外反倾销壁垒措施，是我国水产品出口贸易中又一制约因素。

五、当前我国水产行业面临的挑战与机遇

我国水产行业现已处于大多数水产品供大于求，整个行业开始由数量增长型向结构调整和质量竞争型转变；水产品贸易由以国内市场为主，正向国际市场开拓。总之，我国水产行业已进入转型时期，全行业正面临历史性的挑战与机遇。

1. 市场的制约与潜力 其制约性表现在，总供求上大多数水产品供大于求，大宗水产品长期在低价位徘徊，水产品消费以鲜活产品为主，水产品加工增值的比例较低，目前的我国水产品结构与人民生活质量提高的要求还存在差距。此外，基于贸易保护和食品安全的需要，国外对我国出口水产品采取的各种贸易壁垒措施，也成为制约我国水产品出口贸易的重要因素。

其潜力表现在，水产品的营养特征和独特的风味，决定了其在人们日常消费中的不可替代性，而且随着人们对提高生活质量的需求，对水产品的消费需求必将进一步提高。这一特点在国际经济复苏后以及“非典”和“禽流感”时期表现的尤为突出。水产品在城市居民食品消费结构中的比例有逐步提高的趋势。此外，我国城市居民水产品消费水平与发达国家在数量和结构方面还存在差距，这些因素都为水产行业的进一步发展构建了潜力空间。

此外，国内外水产品消费市场的多元化、细分化，也为水产行业的结构调整和发展提出了要求。

2. 资源与环境的制约与潜力 与世界水产品消费量稳定提高的趋势相比，世界海洋渔业捕捞量却呈现稳定下降的趋势。海洋渔业资源的制约为养殖水产品的发展腾出了空间。而且从近些年水产品消费结构看，养殖水产品的数量已越来越大。而养殖水产品正是我国水产行业的优势所在，无论养殖数量还是养殖种类，我国都居于世界首位。

另一方面，以可持续发展的观点看，我国水产品养殖的发展也遇到制约瓶颈。如水质污染问题（80%为三、四类水质），养殖水产品疫病防治问题（疫病频发，抗生素用量增加等）。说明我国目前以塘养、散养为主养殖模式，制约了水产品养殖业的进一步发展，我国水产养殖业发展要上一个台阶，将有赖于集约化、工厂化养殖模式的进一步发展。

3. 技术因素的制约与潜力 总体上讲，我国水产养殖加工技术还是比较成熟的，可以为水产品产业化发展提供一个相对可靠的技术平台。目前我国已有一批以出口贸易为主的水产品生产、加工企业，其加工技术和设备水平居于世界一流水平。

但在一些高档水产品加工技术、运销管理技术、超低温冷藏保鲜技术、生物和仿生物制剂防治疫病技术、检验检疫技术与设备、水产品质量技术标准、质量管理认证等方面，我国与世界发达国家还存在一定差距，这为我国今后开展有关领域的国际合作提供了需求空间。

4. 我国水产行业企业间的竞争与发展 我国水产品加工企业加工能力远远超过实际加工量，闲置的加工能力占总加工能力的30%～40%，由于可供加工水产品资源有限，企业间争夺原料的现象时有发生。一些规模较大的企业凭借自身优势，在资源占有、产品开发、销售渠道、品牌树立等方面逐步占有越来越大的优势，其产品市场份额日益提高。如广东省四家对虾出口企业对美出口贸易量约占我国对美出口量的50%；青岛的两三家加工企业进料加工鳕鱼片，占我国来进料加工鳕鱼片的60%以上；江苏省紫菜加工企业的紫菜加工量占我国条斑紫菜加工量的80%以上等。此外，近年来一些其他行业、国外水产界的投资者也开始对我国水产行业有所青睐，水产行业固定资产投资额持续增长，这些因素有利于行业的竞争和发展。这种相对性垄断与竞争并存的局面，一方面为加强行业管理协调提出了新的要求，提供了基础条件；另一方面也对现行的行业管理协调机制的改

革提出了新的课题。

综上所述，我国水产行业调整转型期间，所遇到的市场、资源环境、技术、竞争、发展等诸多因素的制约是可以克服的，而留待可持续发展的空间很大。只要紧紧抓住各种发展机遇，创造良好的条件积极应对各种挑战，我国水产行业的发展前景是非常乐观的。

（中国水产流通与加工协会 于 斌）

林产品加工业

一、经济林、竹产业和花卉等产业概况

2003年，经济林产业建设重点是加强宏观管理，合理布局，调整结构，控制规模，培育典型，推广科技，提高果农整体素质和经营管理水平，提高产品质量，使产品增值、产业增效。全年新造经济林797.3khm²，比2002年减少166.9khm²，同比下降17.31%。经济林产品总产量为7 978万t，同比增长15.24%。茶、桑、果总产值1 274.82亿元，比2002年增加141亿元，同比增长12.40%。

2003年，主要竹产品继续保持增长势头。竹产品由于生产周期短、用途广泛和经济效益显著等特点，近年来农民生产积极性较高。全年新造竹林178.9khm²，同比增长39.20%；竹材产量为96 866.51万根，同比增长44.99%（其中毛竹占69.41%，篙竹 30.59%）；小杂竹产量为13 509.85万t，比2002年增长38倍；竹胶合板产量为84.49万m³，同比下降5.05%；竹刨花板产量为0.62万m³，比2002年增长2.26倍；竹木复合地板产量为564.54万m²，同比下降9.35%；竹笋干产量为42.55万t，同比下降11.71%。

2003年，全国花卉生产继续增长。花卉种植面积已达430.1khm²，同比增长39.37%。其中鲜切花（叶）面积为23.6 khm²，同比增长46.87%；盆栽植物面积为46.6 khm²，同比增长19.18%；观赏苗木面积为233.1khm²，同比增长42.34%；食用与药用花卉面积为51.3 khm²，同比增长80.29%；草坪面积为26.1khm²，同比下降23.52%。销售鲜切花为67.07亿支，同比下降25.56%；盆栽植物为35.51亿盆，同比增长123.83%；观赏苗木为77.22亿株，同比增长41.56%；食用与药用花卉产量为11.40万t，同比增长146.90%；草坪6.21亿m²，同比增长88.30%。花卉销售额353.11亿元，出口创汇9 676.6万美元。

2003年，全国松香类产品产量为48.36万t，同比增长4.18%。其中松香产量为44.33万t，同比增长12.14%；松节油产量为6.75万t，栲胶1.20万t，分别比2002年增长13.97%和31.08%；紫胶产量为1 078t，同比增长92.16%。

二、木材生产及林产工业

1. *木材产量止跌回升* 2003年全国木材产量在连续6年减产后开始出现增长态势。据统计，2003年全国木材产量达到4 758.87万m³，同比增长7.28%，完成计划任务的98.92%。其中热带木材产量为269.51万m³，占全部木材产量的5.66%。在全部木材产量中，原木产量为4 319.86万m³，同比增长4.67%；薪材产量为439.01万m³，同比增长42.14%。木材产量按生产单位分，系统内各种经济类型单位生产的木材产量为1 481.88万m³，系统内国有林场、事业单位生产的木材产量为965.15万m³，系统外企事业单位采伐自营林地的木材产量为109.65万m³，乡（镇）集体企业及单位木材产量为300.96万m³，村及村以下各级组织和农民个人生产的木材产量为1 901.23万m³。

2. *锯材产量继续增长* 2003年全部锯材产量为1 126.87万m³，同比增长32.32%。其中热带锯材产量为72.60万m³，占全部锯材产量的6.45%。

3. *人造板产量快速增长，已成为世界人造板生产大国* 2003年全国人造板产量达到4 553.36万m³，同比增长55.40%，是2001年人造板产量的2.16倍，与世界第一的美国人造板产量持平（联合国《2003世界森林状况》资料，2001年美国人造板产量为4 552万m³）。其中热带材人造板产量为45.63万m³，占全部人造板产量的1.00%。在全部人造板产量中，胶合板产量为2 102.35万m³，同比增长85.19%；纤维板产量为1 128.33万m³，同比增长47.04%；刨花板产量为547.41万m³，同比增长48.23%；其他人造板（主要为细木工板）产

量为775.27万 m^3，同比增长17.78%。人造板产量的大幅增长，主要缘于我国建筑、房地产、家庭装饰、家具制造等行业的快速增长。在人造板中，胶合板发展速度最快，其产量约占全部人造板产量的50%。2003年我国胶合板产量比2002年增长85.19%，占全部人造板产量的46.17%，比2002年提高7.43个百分点。从分省情况看，我国人造板产量主要集中在河北、山东、江苏、浙江4省，4省人造板产量达到3 118.47万 m^3，占全国人造板总产量的68.49%。其中河北人造板产量位居全国第一位，已突破1 000万 m^3，达到1 029.51万 m^3。

4. 木地板产量继续快速增长　2003年全部木地板产量为8 642.46万 m^2，同比增长73.65%。其中实木地板产量为5 645.35万 m^2，占全部木地板产量的65.32%；实木复合木地板产量为652.39万 m^2，占全部木地板产量的7.55%；强化木地板产量为1 321.84万 m^2，占全部木地板产量的15.30%；竹木复合地板产量为564.54万 m^2，占全部木地板产量的6.53%；其他木地板产量为458.23万 m^2，占全部木地板产量的5.30%。

5. 木制家具占家具制造业较大比重　2003年，我国家具总产量为9.23亿件，其中木家具为3.51亿件，占全部家具产量的38.03%。制造家具的材料日趋多样化，但木制家具已占据全部家具制造业的1/3以上。

6. 国内木浆产量略有上升　2003年，纸和纸板总产量为4 300万t，同比增长22.81%；国内纸浆产量为1 054.53万t，同比下降6.87%。其中木浆产量为221.14万t，同比增长3.34%。

三、木材市场供需状况

（一）木材供给

木材市场供给由国内供给和进口两部分构成。国内供给包括商品材、农民自用材和农民烧柴、木质纤维板和刨花板用材；进口包括进口原木、锯材、单板、人造板、家具、木浆、木片、纸和纸制品、废纸及其他木质林产品。2003年木材市场总供给约为22 413.50万 m^3。

1. 商品材　2003年全国商品材产量为4 758.87万 m^3，同比增长7.28%。其中原木产量为4 319.86万 m^3，薪材（不符合原木标准的木材）产量为439.01万 m^3。据测算，薪材中约有15%（约合65.85万 m^3）转化为木质纤维板和刨花板用材。

2. 农民自用材和烧柴　根据测算，农民自用材和烧柴折合木材量为5 126.09万 m^3，其中农民自用材量为1 737.26万 m^3，农民烧柴量为3 388.83万 m^3。

3. 木质纤维板和刨花板用材　2003年全国刨花板（普通刨花板和定向刨花板）和木质纤维板产量分别为544.88万 m^3 和1 121.19万 m^3，折合木材供给量为2 835.46万 m^3，扣除与薪材产量的重复计算部分，木质纤维板和刨花板相当于实际增加木材供给量为2 769.61万 m^3。

4. 进口量　2003年我国进口原木量为2 545.55万 m^3，进口锯材、单板、胶合板、家具、木浆、纸和纸板、废纸及其他木质林产品等折合木材量为7 213.38万 m^3。

（二）木材消费

木材市场消费由国内消费和出口两部分构成。国内消费包括建筑业与工业用材消费、农民自用材和烧柴消费；出口量包括出口原木、锯材、单板、人造板、家具、木浆、木片、纸和纸制品、废纸及其他木质林产品。2003年，木材市场总消费量为22 843.04万 m^3。

1. 工业与建筑用材消费　据国家统计局和有关部门统计，根据相关产品木材消耗系数推算，2003年我国建筑业与工业用材消费折合木材量为17 127.66万 m^3。其中建筑业用材量（包括装修与装饰）为8 381.03万 m^3，家具用材量（指家具的国内消费部分，出口家具耗材包括在出口项目中）为1 259.22万 m^3，造纸业用材量为6 433.02万 m^3（其中国内木浆生产消耗木材量为799.00万 m^3），煤炭业用材量为601.30万 m^3，车船制造、铁路、化工等其他部门用材量为453.09万 m^3。

2. 农民自用材和烧柴　由于农民自用材和烧柴具有自产自用的特点，因此其供求基本平衡。根据测算，农民自用材消耗量为1 737.26万 m^3，农民烧柴消耗量为3 388.83万 m^3。由于农民自用材消耗主要用于农村建房等，估计为90%左右，约合木材量为1 563.53万 m^3，扣除这部分与建筑用材的重复计算后，其他用途的农民自用材和烧柴消耗量为3 562.56万 m^3。

3. 出口量　2003年我国出口原木量为0.98万 m^3，出口锯材、单板、胶合板、家具、木浆、纸和纸板、废纸及其他木质林产品等折合木材量为2 151.84万 m^3。

（三）木材供需特点

根据国家统计局和国家林业局以及相关部门的统计数据，2003年全国木材市场呈现以下几个特点：

1. 木材供需总量平稳增长　与2002年相比，2003年全国的木材（国产商品材加上进口材）供给量增长了4.58%，需求量（不包括废纸、纸和纸制品）增长了6.55%。拉动木材需求增长的主要原因：一是固定资产投资高速发展，尤其是房地产投资的快速发展，带动了建筑、装修、家具等行业用材需求的增加。二是造纸工业的快速发展增加了木浆需求。2003年全国造纸工业消耗木浆量为820万t，同比增长10.81%。三是木质林产品出口量快速增长，增加了木材的出口需求，2003年木质林产品出口折合木材量比2002年增长了103.37%。

2. 北方地区供需活跃，南方地区资源紧缺　在东北、内蒙古国有重点林区，由于木材加工业的发展，为林区木材市场提供了品种结构多样的木材加工产品，有效地增加了市场供给，同时也刺激了人们对木材加工产品的需求；木材加工业的发展，不仅增加了木材的需求总量，也扩大了木材需求范围，林区木材市场总体供需活跃。在中原地区、苏北地区以及西北等传统少林地区，由于木材加工和人造板工业的快速发展，人工培育的杨木市场交易旺盛；在西部地区，由于南水北调、青藏铁路、西电东输、西气东送等国家重要工程的开工建设，以及当地对木质装修产品消费的增加，木材市场需求回升、交易活跃。在西南国有林区，由于天然林禁伐，木材市场供给总量偏紧的同时，结构性矛盾突出，表现为大径优质材少，中小径材多，针叶材多，阔叶硬杂材少。

3. 进口木材对平衡供需、稳定市场发挥了积极作用　2003年进口原木和木质林产品占木材供给总量的43.54%，其中进口原木占原木总供给量的37.07%，进口锯材占锯材总供给量的33%，进口人造板占人造板总供给量的11.95%。进口木材在很大程度上缓解了国内木材供需矛盾，同时也稳定了市场价格。特别是从俄罗斯进口的木材基本弥补了东北林区木材产量调减所造成的木材供应缺口，使木材市场总体价格水平基本平稳。

四、主要林产品价格

随着生态和资源保护力度加大，一方面林产品的供给总量增速放缓；另一方面随着消费水平的不断提高，市场对林产品的需求转旺，致使林产品出厂价格持续上涨。根据国家统计局农调队的统计，2003年全国林产品出厂价格平均上涨7%，其中一季度上涨了8.65%，二季度上涨了1.24%，三季度上涨了12.79%，四季度上涨了5.36%。

1. 原木　根据国家统计局城调队月度数据调查，2003年，除云南松和杉木外，各种原木的购进价格基本保持稳定。红松原木的购进价格稳定在750元/m^3左右；落叶松原木的价格在9、10月份出现了下跌，降到了550元/m^3以下；马尾松原木的价格稳定在400元/m^3左右；杉原木的价格波动较大，在4月份和9月份都出现了较大幅度的下降，然后又回升到550元/m^3左右的水平；云南松原木的价格年初波动较大，分别在1、3月份达到了价格的最低点，然后价格上扬到接近1 000元/m^3的水平；其他等内原木的购进价格也基本保持在550元/m^3左右。

2. 锯材　2003年，普通锯材的全年平均出厂价格为859.2元/m^3，同比下降了21.02%。从全年来看，普通锯材的购进价格一年内的变动比较大，6月份达到了最高点929.9元/m^3。其中落叶松厚板价格从年初开始回落，5月份开始上扬，6月份达到了1 131.2元/m^3，然后价格有所起伏，11月份到达了最高点1 138.0元/m^3；杉木厚板从年初价格开始上扬，4月份达到了1 161.1元/m^3的最高点，然后开始回落，到12月份回落到922.2元/m^3；马尾松厚板在从1月份的519.3元/m^3上升到4月份的753.2元/m^3，然后又有所下降，到年末维持在630.0元/m^3的水平。

3. 人造板　2003年，胶合板、纤维板和刨花板的平均出厂价格分别为1 684.8元/m^3、792.2元/m^3和561.7元/m^3。从各月出厂价格走势看，胶合板价格变动表现出以1月、6月和12月为价格低点，4月和7月为价格高点的循环波动过程；纤维板价格在前三季度基本平稳，第四季度有所下降；刨花板价格呈现出平稳略涨的态势。从实际销售价格看，全年胶合板、中密度纤维板和刨花板的平均销售价格分别为1 955元/m^3、1 103元/m^3和882元/m^3，与2002年相比，胶合板价格提高了5.45%，中密度纤维板和刨花板的价格分别下降了5.97%和6.07%。

4. 木浆　2003年，机械木浆和化学木浆的平均出厂价格分别为2 759.21元/t和3 258.31元/t，比2002年分别提高了20.92%和8.06%。从各月的出厂价格走势看，全国木浆的出厂价格变化表现出波动中略有上涨的趋势，而且机械木浆出厂价格的波动幅度大于化学木浆。

5. 其他林产品　2003年，橡胶、椰子油、柑橘和苹果的平均购进价格分别为10 005.7元/t、7 222.0元/t、1 205.0元/t、1 125.4元/t，与2002年相比，橡胶和椰子油的价格分别上涨了47.53%和57.58%，柑橘和苹果的购进价格分别下降了19.56%和43.02%。

五、主要林产品进出口贸易

1. 基本态势　2003年，我国林产品进出口贸易高速增长，进口增幅高于出口增幅，贸易逆差进一步扩大，在全国商品进出口贸易中所占比重继续下降。2003年，林产品进出口贸易总额达277.38亿美元，同比增长29.09%。其中林产品出口贸易额为122.36亿美元，同比增长27.73%，占全国商品出口额的2.79%，比2002年下降了0.15个百分点；林产品进口贸易额为155.02亿美元，同比增长30.18%，占全国商品进口贸易额的3.76%，比2002年下降了0.28个百分点。2003年林产品进出口贸易逆差为32.66亿美元，比2002年增加9.38亿美元。

在国际市场，林产品进出口市场份额主要集中于亚洲与北美少数国家和地区，而且出口的区域集中度高于进口。例如，2003年林产品出口总额中，各大洲所占份额分别为亚洲占48.07%，北美洲占31.48%，欧洲占15.97%，非洲占2.00%，大洋洲占1.76%，南美洲占0.73%；2003年林产品进口总额中，各大洲所占份额分别为亚洲占49.77%，欧洲占19.21%，北美洲占16.66%，南美洲占5.56%，大洋洲占4.83%，非洲占3.98%。从各主要贸易伙伴看，前5位贸易伙伴集中了70.04%的林产品出口市场份额和53.27%的林产品进口市场份额。

2. *木质林产品进出口*　2003年，木质林产品进出口贸易总额为199.97亿美元，同比增长21.51%。其中出口额为80.97亿美元，同比增长31.27%；进口额为119.00亿美元，同比增长15.65%。木质林产品贸易逆差为38.03亿美元，比2002年缩减3.18亿美元。木质林产品出口以家具、木制品为主，进口以纸和纸浆类、原木和锯材（含特形材）为主。

近年来，美国、日本和中国香港集中了我国近70%的木质林产品出口份额，而且美国市场所占份额还在不断提高。2003年按贸易额排序，前5位出口贸易伙伴依次为美国占37.36%，日本占18.75%，中国香港占13.69%，英国占4.26%和韩国占3.52%；与2002年相比，美国所占比重提高了1.22个百分点，而日本和中国香港所占比重分别下降了1.27和0.85个百分点。前5位进口贸易伙伴依次为美国占13.46%，俄罗斯占12.74%，印度尼西亚占10.58%，加拿大占6.90%和马来西亚占5.63%。与2002年相比，美国取代俄罗斯居第一位。

（1）原木　2003年，原木出口减少，阔叶材进口大幅度增长，针叶材进口出现近年来的首次负增长，原木进口增长总体趋缓；原木出口平均价格和进口平均价格不同程度上涨。2003年，出口原木0.98万m^3，合2 887.34千美元；进口原木2 545.55万m^3，合24.47亿美元，分别比2002年增长4.61%和14.45%。原木进口量中，针叶材占59%，为1 501.97万m^3，同比减少4.84%；阔叶材占41.00%，为1 043.57万m^3，同比增长22.05%。从价格看，针叶材原木平均出口价格为137.24美元/m^3，阔叶材原木平均出口价格为315.16美元/m^3，比2002年提高了8.79%；针叶材、阔叶材原木平均进口价格分别为96.13美元/m^3和143.93美元/m^3，分别比2002年提高了9.40%和7.84%。

2003年，我国原木进口增长总体趋缓的主要原因是从俄罗斯进口的针叶材数量经过自1998年以来的5年高速增长，有效地平衡了东北林区调减木材产量后针叶材的供需缺口，市场趋于饱和。另外，由于前几年俄罗斯针叶材进口增速过快，出现了诸如木材质量下降、检尺不足、携带病虫害、产品积压和进口商利润下降等一些新问题。“非典”的影响，也是造成俄罗斯针叶材进口下降的主要原因。从进口树种结构变化看，针叶材进口减少，阔叶材进口大幅度增加的主要原因，一方面是由于俄罗斯针叶材进口量的减少，另一方面是由于我国胶合板工业、建筑装潢、家具等产业的发展，增加了对胶合板用原料、装潢用材、地板、家具用材的需求。

（2）锯材　2003年锯材出口增速加快，进口增长总体趋缓，进出口价格略有上涨。进口结构中，针叶材大幅增加，阔叶材略有减少。2003年锯材（不包括特形材）出口额为2.37亿美元，出口量为54.30万m^3，分别比2002年增长23.12%和21.12%；进口额为11.99亿美元，进口量为559.81万m^3，分别比2002年增长2.68%和2.09%。锯材进口中，针叶材同比增长14.36%，达145.98万m^3，占锯材进口总量的26.08%；阔叶材同比减少1.64%，为413.83万m^3，占锯材进口总量的73.92%。锯材平均出口价格为436.07美元/m^3，平均进口价格为214.14美元/m^3，比2002年分别提高了1.65%和0.59%。

（3）单板　2003年单板出口快速增长，进口量大幅下降，价格全面上涨。单板出口额为1.11亿美元，出口量为10.66万m^3，分别比2002年增长24.09%和14.50%。单板进口额为0.96亿美元，同比增长6.88%；进口量为22.34万m^3，同比下降22.07%。进出口平均价格分别上涨37.15%和8.37%。

（4）人造板　2003年我国人造板进出口快速增长，胶合板出口占有绝对比重，而进口则以胶合板和纤维板为主，胶合板在人造板进出口中的主导地位在进一步提高；在价格方面，刨花板的出口价格和纤维板的进口价格大幅下降，其他价格指标均有不同程度上涨。

2003年，我国人造板出口额为5.44亿美元，进口额为7.97亿美元，分别比2002年增长14.45%和18.75%。“三板”出口额中胶合板占92.41%，纤维板占3.85%，刨花板占3.73%；“三板”进口额中胶合板、纤维板和刨花板所占比重分别为45.00%、40.66%和14.35%。与2002年相比，胶合板在“三板”出口和进口中所占比重分别提高了1.46个百分点和6.12个百分点，纤维板和刨花板所占比重都有不同程度的下降。

(5) 木制品　2003年木制品进出口快速增长，贸易顺差进一步扩大。2003年我国木制品出口额为22.99亿美元，进口额为0.35亿美元，分别比2002年增长23.28%和31.80%，进出口贸易顺差为22.64亿元，比2002年扩大了23.16%。

(6) 木浆（不包括从回收纸和纸板中提取的纤维浆）　出口量为0.38万t，进口量为598.86万t，同比增长14.45%。木浆平均进口价格为441.40美元/t，比2002年提高了7.20%。

3. 非木质林产品进出口　2003年，我国非木质林产品出口额为41.39亿美元，进口额为36.03亿美元，比2002年分别增长了21.32%和122.53%，进口增长的主要部分是林化产品和果类。非木质林产品进出口贸易顺差为5.36亿美元，同比下降70.09%。非木质林产品出口以果类、菌类、竹笋和山野菜为主，进口以林化产品为主。

(1) 果类　2003年，我国果类进出口大幅增长，贸易顺差进一步扩大。果类出口额为15.20亿美元，同比增长33.32%；进口额为5.19亿美元，同比增长32.84%。进出口贸易顺差为10.00亿美元，比2002年扩大33.57%。2003年，我国果类出口主要销往的国家和地区为日本占24.01%，美国占17.33%，德国占6.39%，俄罗斯占5.72%，中国香港占4.40%。我国果类进口的主要国家来自美国占17.00%，泰国占16.16%，越南占11.80%，智利占9.17%，巴西占7.64%。

(2) 林化产品　2003年我国林化产品出口略有增长，进口量倍增，贸易逆差扩大。林化产品出口额为3.90亿美元，进口额为28.28亿美元，比2002年分别增长1.19%和181.29%；进出口贸易逆差为24.38亿美元，比2002年扩大18.18亿美元。其中松香出口量为30.12万t，同比减少15.47%；进口量为0.19万t，同比增长69.38%。

(3) 菌、竹笋、山野菜类　2003年我国菌、竹笋、山野菜类产品出口额为7.82亿美元，同比增长26.08%；进口额为0.03亿美元。菌、竹笋、山野菜类出口主要销往日本占45.01%，中国香港占10.55%，美国占5.53%，德国占5.01%，韩国占4.46%。

(4) 茶、咖啡类　2003年我国茶、咖啡类产品出口额为4.68亿美元，进口额为1.38亿美元，分别比2002年增长16.38%和48.47%。茶、咖啡类出口主要销往摩洛哥占16.49%，日本占15.88%，中国香港占9.44%，美国占7.29%，俄罗斯占3.71%；茶、咖啡类进口主要来自印度尼西亚占12.93%，美国占11.90%，意大利占11.16%，加纳占7.84%，新加坡占6.92%。

(5) 竹藤、软木类　2003年我国竹藤、软木类出口额为5.41亿美元，进口额为0.53亿美元，分别比2002年增长18.57%和11.69%。

(6) 调料、药材、补品类　2003年我国调料、药材、补品类产品出口额为3.90亿美元，同比增长6.71%；进口额为0.38亿美元。调料、药材、补品类出口主要销往日本占27.54%，中国香港占16.66%，美国占12.19%，韩国占9.06%，越南占6.02%。

(7) 苗木类　2003年我国苗木类产品出口额为0.48亿美元，进口额为0.23亿美元，分别比2002年增长14.76%和28.87%。

（国家林业局发展计划与资金管理司　刘建杰　于百川）

农作物秸秆加工业

一、基本情况

(一) 资源概况

2003年，我国农作物秸秆年产量仍保持6亿t以上，其中42%直接或过腹还田，30%作为农用燃料，8%作工业或其他用途，20%约1.2亿t剩余未被利用。2003年，全国秸秆禁烧重点地区秸秆焚烧现象基本得到控制，部分地区实现了全面禁烧。国家卫星气象中心监测结果表明，2003年夏秋两季，全国大部分省市焚烧秸秆现象较2002年同期有不同程度的减轻。2003年夏季监测到主要小麦产区（河北、河南、山东、安徽、江苏、陕西）秸秆焚烧火点比2002年同期减少了35%，其中河北、河南改善最为明显。但从全国整体上看，各地禁烧工作仍不平衡，在一些地区秸秆焚烧现象还比较严重。

（二）加工业概况

秸秆的加工利用主要是生产有机肥、机械化秸秆还田、用于农村能源建设（如秸秆气化和厌氧发酵沼气等）、秸秆种菇及作其他工业原料（如建材、化工、养殖、草编等）。2003年全国拥有秸秆粉碎还田机40万台左右，机械化秸秆还田面积达1 459万 hm^2，比2002年增加17.9万 hm^2。其中陕西、河北、江苏、河南、天津、上海、重庆、四川、北京和山东等10个重点省（直辖市）秸秆机械化还田利用面积达930万 hm^2，占10省（直辖市）种植面积的31%，比2002年增加324万 hm^2。此外，青贮秸秆14 000万t，氨化秸秆5 650万t，建设秸秆气化集中供气工程488处等。

2003年，各地加大投入力度，支持秸秆还田和综合利用等工作。河北省财政厅安排秸秆综合利用专项资金700万元，用于秸秆还田机、打捆机、玉米联合收获机、秸秆压块机和免耕播种机的购机补贴和秸秆堆沤还田。上海市财政安排秸秆机械化还田项目资金230万元，并将新增机具列入市政府采购项目。天津市对购置用于保护性耕作和秸秆禁烧项目的机具给予30%的补贴。重庆市财政对油菜秸秆还田机具每台补贴800元，水田旋耕机每台补贴500～800元。河南省各级财政拿出1000多万元，重点用于秸秆打捆机、秸秆还田机、旋耕机等机具补贴，调动农民投入5亿多元。仅“三夏”一个作业季节，全省新增秸秆打捆机、秸秆还田机、旋耕机等作业机具近9 600台。据统计，2003年上半年10个重点省、直辖市各级政府就落实资金约5 000万元，带动农民投入14亿元，投入各类秸秆综合利用机具设备近65万台（套），其中新增秸秆还田机具7.68万台（套）。

2003年，各地十分重视农作物秸秆的加工和综合利用。山东省章丘市凤凰山有机肥公司，利用秸秆、禽畜粪便进行生物发酵，生产绿色有机肥，生产的绿色有机肥营养全面，增产效果显著，有利于改良土壤，可广泛用于粮食、蔬菜、林果、花卉等作物的使用。这种有机肥中秸秆占了30%，鸡粪占了70%，每生产1t有机肥可消化玉米秸秆400kg。该公司年产有机肥2.5万t，每年可消化3.3khm^2 以上的玉米秸秆。沧州市大力发展秸秆种蘑菇，既为秸秆找到了出路，又增加了农民收入。全市年利用秸秆种菇面积400hm^2，鲜菇产量达到5.7万t，栽培的品种有平菇、香菇、草菇、鸡腿菇等10多个品种，仅种蘑菇一项一年就能消化数万吨的农作物秸秆。云南省晋宁县狠抓农作物秸秆等污染源，先后在六街乡王平村和上蒜安乐村建起了两座秸秆气化站。同时，他们又在居住较为分散的双河乡等农村推广秸秆气化灶。江苏省赣榆县是全国秸秆综合利用先进县，全县每年产稻草30余万t。徐州市10多位客商联合投资100多万元，在该县墩尚镇兴办了6家草编加工企业，新购置了400多台草编机，招用了3 500名农家妇女从事草帘加工。为进一步拉长产业链，该镇还专门兴建了一家草帘市场，每天有400多t草制品从这里发往外地。目前，全县共有稻草编织机3 000多台，全县仅稻草加工一项，每年便可消化稻草150万t，创产值4亿多元，获利6 000余万元。

二、科研、新产品、新技术

2003年，许多农作物秸秆产区积极采用新技术，开发新产品；有些科研单位和相关企业，开展秸秆加工产品和综合利用的科研攻关、研制和开发工作，取得了多项技术成果。

位于双流县的四川国栋建设股份有限公司，斥资数亿元从国外引进了以麦秸、稻秸为原料生产人造纤维板的生产线，这也是我国第一条秸秆人造板生产线。这种秸秆人造板可用于做地板、家具板、装饰板等，外观与木材纤维板没有什么两样，但强度更高。由于该纤维板采用了从美国进口的不含甲醛的环保粘合剂，因此没有有害气体的释放，是一种优质的环保建材。现在一到夏收和秋收季节，国栋公司就以每吨180～280元的价格从农民手中收购秸秆，不仅解决了秸秆焚烧问题，还增加了农民收入，同时开辟了一条不用木材生产人造纤维板的新途径。

邯郸市大地农业科技开发公司，在市农业局的支持下建成了全国第一条以玉米秸秆为原料的饲草块生产线。我国西北、华北地区的天然草场由于严重退化，再加上自然灾害，畜牧业的饲草十分短缺，玉米秸秆经压块后正好可以弥补饲草的短缺。该公司从当地农民手中收购秸秆，经过一道道工序处理后，再挤压、打包成中密度饲草块，销往内蒙古等牧区。

吉林省农机局和省农业工程学会在有关部门的支持下，组织科研人员经过4年多的科研攻关，成功地研制出行走式秸秆与牧草压块机。该机可将各种秸秆、牧草粉碎压制出高密度的饲料块产品。经动物试验表明，该产品能够全部被牲畜食用。经专家对该机进行科技成果鉴定认为，该产品属国内首创；经饲喂检测，采食率提高37%～48%，消化率提高2个百分点；省生态农业有限公司用该饲料喂育肥牛50头，经专家测算，饲养一头牛，年增收节支1 227元。该产品加工出的干物料块还可作燃料，玉米秸秆燃块燃烧值较高，相当于普通优质煤的热值，但低于煤的成本。

吉林省华光生态工程技术研究所，在吸取国内外先进技术的基础上，结合自身多年的设计经验，已开发、研制出秸秆深加工机械系列产品，其中秸秆颗粒饲料造粒机组和秸秆轻体隔墙板生产技术已获国家专利和第八届中国专利技术博览会金奖。产品除销售本省外，还销往黑龙江、辽宁、北京、新疆等地，并在本省、黑龙江、天津等地建立了万吨秸秆颗粒饲料生产基地和奶牛喂养示范场。该饲料2002年通过了省级产品鉴定和技术成果鉴定，2003年6月被批准为国家星火计划项目。该产品可使奶牛产奶率提高5%以上，肉牛增重平均在1.3kg以上。

由江苏省姜堰市农技推广中心实施的农业科技成果转化资金项目“麦秸全量自然还田—麦（油）套稻技术标准体系示范与推广”，通过了省科技厅组织的项目验收。该技术创立了麦（油）田套播种稻新方法和麦秸全量自然还田新方法等，不仅实现了种稻不育秧、不栽秧、不耕整土地、省工、省成本、省秧田等，提高劳动生产率；而且还实现了科学合理利用，避免秸秆野外焚烧和资源浪费。2003年9月，该省科技厅组织专家组现场考察、测产，麦（油）套稻每公顷平均单产9 900kg，比常规手栽秧增产5%以上，高产田块每公顷达11 250kg，节约成本30%左右，提高复种指数一成以上，减少化肥用量20%左右。该技术连续3年应用后，土壤有机质提高0.2～0.4个百分点，农民每公顷增收1 500～2 250元。

2003年3月6日，由天津农业生物技术研究中心承担的“天津市农业重点推广项目——秸秆发酵生物添加剂及使用技术推广”项目通过了现场验收。该项目开展了秸秆发酵生物添加剂的研究，发明了秸秆发酵生物添加剂及制作秸秆微贮饲料的技术，并获得国家发明专利。在水稻、小麦、玉米、高粱等农作物干黄秸秆中加入该添加剂，通过厌氧发酵10～15d，使干黄秸秆变为质地柔软、湿润蓬松、气味酸香的粗饲料。牛羊等牲畜食用后，对增加食欲、改善代谢功能、增加抗病能力都有明显的效果。制作好的秸秆不易腐败变质，一般可保存1年的时间。

三、质量管理与标准化工作

2003年11月，由国家环保总局牵头，农业部等部门组成的秸秆禁烧工作检查组，对四川、山东、河北3省的秸秆禁烧工作进行了检查。检查结果表明，四川省秸秆综合利用率逐年上升，其中成都市秸秆利用率已达85%，基本保证了无大面积焚烧秸秆的现象发生，保证了成都市的大气环境质量。陕西省咸阳市渭城区抽调40人成立了由环保、农业、交通、监察等部门组成的联合巡查队，开展24小时巡查。各镇开通了报警热线，对焚烧秸秆者每公顷罚款3 000元，造成严重后果者依法追究责任。河南省郑州市由环保、公安、消防、农机部门组成了三个专门检查组，6月份实行全天候巡逻检查。山东省农作物秸秆的产生量较大，全省农作物秸秆达5 500多万t。2001年由于农民焚烧秸秆影响济南机场飞机起降90架次，2002年为35架次，而2003年未发生过一起类似事件。山东省已将秸秆综合利用作为建设生态省的一项重要内容，总结出粉碎还田、畜牧业饲料、有机肥料、气化燃料、种蘑菇、秸秆建材、保护性耕作覆盖材料、沼气发酵等秸秆利用的8大用途，目前全省秸秆综合利用率已达到76%。

四、行业管理

2003年4月，国家环保总局、农业部、财政部、铁道部、交通部、中国民航总局等六部局联合下发了《关于加强秸秆禁烧和综合利用工作的通知》，要求农业部门要把秸秆综合利用作为一项重点工作来抓，努力扩大综合利用规模，尽快为剩余秸秆找出路；加快秸秆综合利用和农业结构调整步伐，进一步加大对秸秆综合利用的支持力度，积极研究、开发、推广秸秆综合利用的新技术和新产品，引导农民因地制宜地开展并推广秸秆机械化还田技术、秸秆青贮、氨化、堆沤、快速腐熟、加工、保护性耕作、能源转化利用等综合利用技术；在重点禁烧区，指导和鼓励农民种植秸秆量相对较少的农作物品种或者种植带穗青贮作物，大力发展畜牧业；强化秸秆禁烧现场执法检查，防止大气污染，确保机场、铁路、高速公路等重点交通干线的安全和高压输电线路的正常运行，对违法焚烧秸秆的行为要坚决依法查处。并安排2003年“三夏”、“三秋”农时季节，国家环保总局、农业部、财政部、铁道部、交通部、民航总局将组成联合检查组，对重点地区秸秆禁烧工作进行抽查，并将抽查情况予以通报。

国家发展和改革委员会、财政部、国家税务总局在《资源综合利用目录（2003年修订）》中，涉及农作物秸秆的条款有三项：一是利用农作物秸秆及壳皮生产木材纤维板、活性炭、刨花板、胶合板、细木工板、环保餐具、饲料、建材产品等；二是利用农林废弃物生产电力、热力等；三是利用农作物剩余物等原料生产建材产品。该目录是新时期企业享受国家资源综合利用税收优惠政策的依据，体现了国家鼓励综合利用发展的政策导向。

2003 年，农业部下发了《关于进一步加强农作物秸秆综合利用工作的通知》（农机发［2003］4 号），提出了狠抓重点区域、主要作物、关键农时、齐抓共管、综合利用的总体工作思路。并确定在北京、天津、石家庄、郑州、西安、济南、成都、南京、上海、重庆 10 个大城市郊区，北京首都机场、天津机场、西安咸阳机场、成都双流机场、南京禄口机场等五个重点机场周边，京珠（北京—郑州段）、沪宁、济青、西宝、成渝五条高速公路沿线建设 50 个农作物秸秆机械化还田区，并推广秸秆机械化还田 667khm²。此外，农业部还专门制定了《2003 年重点区域秸秆机械化还田利用工作实施方案》，提出了实现本年度焚烧现象明显减少、到 2005 年基本解决重点区域秸秆焚烧问题的目标。

在农业部推动下，全国 10 个重点省、直辖市积极行动，开展了大量具体而富有成效的工作。如陕西省政府、河北省政府办公厅分别下发了《陕西省人民政府关于加强秸秆禁烧与综合利用工作的通告》和《河北省人民政府办公厅关于加强农作物秸秆禁烧和综合利用工作的紧急通知》；陕西省、江苏省的环保和农机部门联合下发了《关于做好秸秆禁烧和综合利用工作的通知》，要求在夏收期间，重点区域内不发生大面积焚烧情况。陕西、河南、河北、天津等省、直辖市还召开了秸秆综合利用现场会。四川省各部门共出动宣传车 245 辆次，发放宣传资料71 310份，发放政府通告18 620份，省、市、县新闻媒体宣传 60 余次。北京市各区县出动宣传车 920 辆次，在乡村张贴禁烧通告 300 余份，发放宣传材料6 000余份。山东省与农业产业结构调整相结合，利用高速公路两侧交通方便、市场活、信息灵等优势，在重点区域有计划地种植速生林、青贮玉米等经济作物和饲料作物；在高速公路、机场沿线、沿边 1.5km 的区域，形成苗木绿化带、经济作物与饲料作物种植带和秸秆综合利用作业带三个梯次结构布局，从源头上杜绝秸秆焚烧。

2003 年 9 月 18 日，农业部在山东济南召开全国农作物秸秆综合利用现场会。陕西省农机局、江苏省农林厅、四川省农业厅和河北省畜牧局、山东省农机办在会上分别作典型发言，从不同侧面、不同领域介绍了各自在推进秸秆综合利用工作中的经验和做法。农业部农机化管理司司长王智才在会上作了《巩固成果，加大力度，全面掀起“三秋”农作物秸秆综合利用新高潮》的重要讲话。现场演示的内容主要包括玉米机械化收获与秸秆粉碎还田、玉米秸秆青贮机械化作业、机械化保护性耕作等各类机具作业场面；参观了玉米秸秆青贮养牛、秸秆制有机肥料、秸秆颗粒饲料生产、农作物秸秆气化、秸秆栽培食用菌技术等示范基地的装备设施、技术操作和管理流程等。会议期间，参加展出的机具主要有玉米青贮收获机械、玉米秸秆收割机、小麦秸秆打捆机、玉米秸秆还田机、玉米秸秆粉碎还田机、玉米秸秆挤丝揉碎机、玉米免耕播种施肥机、小麦苗带旋耕播种机、家用秸秆造气炉、户用环保生物质气化装置、多功能柴煤两用气化炉、环保节能柴草气化炉、秸秆气专用燃气采暖炉、秸秆颗粒饲料加工成套设备等。

（天津市农业机械学会　胡　伟　相俊红　张宝芩）

机械工业系统农产品加工机械制造业

一、基本情况

根据机械工业信息中心统计，2003 年我国机械工业系统农产品加工机械行业主要生产企业为 254 家，全年从业人员平均人数为48 118人。资产总计为495 582.1万元，固定资产净值平均余额为185 142.5万元，流动资产平均余额为255 583.2万元。全年完成工业总产值为 48.97 亿元，同比增长 12.15%；以 1990 年不变价计算为 40.87 亿元，同比下降 9.4%。完成工业销售产值为 47.43 亿元，同比增长 13.3%；实现产品销售收入 45.718 亿元，同比增长 19.74%；出口交货值 3.25 亿元，同比增长 4.36%。农产品加工机械工业经济综合指数为 83.37%，列第 7 位。全行业总资产贡献率为 5.3%，资本保值增值率为 99.99%，资产负债率为 55.73%。

二、市场情况

总体来看，2003年农产品加工机械行业出现了良好的发展态势，一些小行业产品产量平均增长速度较快，产品产销两旺，但各个小行业发展不平衡（表1）。

表1　2003年机械工业系统农产品加工机械各行业产量

产品名称	2003年（台套）	2002年（台套）	同比增减（%）
粮食加工机械*	726 000	556 075	30.56
棉花加工机械*	12 746	10 746	18.61
油料加工机械		10 056	
茶叶加工机械	4 685	3 863	21.00
其他加工机械	4 267	503	7.48

*为国家统计局统计数据，其余为机械工业统计数据。

1. *粮食加工机械*　由于不重视产品的更新换代，产品十几年一贯制，不能适应"三农"的要求，前几年粮食加工机械的产销出现了低潮。在国家重视农产品加工的政策引导下，我国粮食加工机械企业经过几年的产品结构调整，产销出现了较快的回升态势。主要原因：一是由于我国粮食市场的进一步放开；二是从2002年下半年开始农产品涨价，农民的收入明显增长，收入的增长刺激了农民种田的积极性，也增加了他们对粮食加工机械的购买能力；三是企业生产的产品向高效、大中型方向发展，适合市场的发展需求。

（1）粮食加工机械产销态势开始走出低谷　2003年，山东同泰集团股份有限公司完成工业总产值8 036万元，同比增长7.94%；完成新产品产值6 623万元，同比增长8.2%，完成出口交货值1 219万元，同比增长17.5%。江苏晶谷米机集团公司完成工业总产值24 418万元，同比增长24.37%；完成出口交货值为9 660万元，同比增长22.13%。广西绿珠股份有限公司完成工业总产值1 141万元，同比增长6.5%；新产品产值完成3 801万元，同比增长163.96%；完成出口交货值241万元。湖北安陆碧山粮机设备有限公司完成工业总产值2 220万元，同比增长28.51%。

（2）面粉加工机械行业也出现了较好的回升局面　2003年，南阳光辉机械厂完成工业总产值5 017万元，同比增长39.52%；完成新产品产值4 010万元，同比增长62.52%；完成出口交货值1 450万元，同比增长26.09%。河北皇牌机械有限公司完成工业总产值7 958万元，同比增长22.43%；完成新产品产值3 495万元，同比增长10.29%。面粉加工机械行业基本扭转了连续几年下降的局面。一些企业出现良好的产销形势。主要出口市场为东南亚、非洲与独联体国家等。

2. *油料加工机械*　2003年油料加工机械行业产销继续小幅增长，并出现了一些新兴的制造企业。近几年，这些企业针对市场发展要求，对产品结构、产品技术进行了调整和升级换代；一些企业借鉴国外先进机型对95型、100型产品进行改造，增加了滤油装置，使用不锈钢材料替代了原来的普通钢材，使产品受到用户的欢迎，这是油料加工机械行业产销回升的主要原因。相反，原来一些油料加工机械企业，由于机制不灵活和缺乏产品创新机制，老的产品不能及时更新换代，企业产销出现了停滞状态，有些出现了严重的滑坡。也有一些老的生产企业注意调整产品结构，产销有所回升。如2003年辽宁本溪榨油机械厂完成工业总产值1 362万元，同比增长5.01%。此类生产企业还有四川青江机器有限公司、河南双象机械有限公司等。主要出口市场为印度尼西亚、越南、菲律宾、泰国、马来西亚等国家。

3. *棉花加工机械*　2003年全年完成棉花加工机械12 746台套，同比增长18.61%。继2001年棉花加工机械产量有较大的增长，2003年棉花加工机械仍然出现了大幅增长的态势。主要原因是国家棉花流通体制改革政策的出台，极大地激活了棉花流通渠道，棉花价格一路看涨，棉花加工企业遍地开花，棉机市场出现了前所未有的红火场面。于是多种经济成分纷纷介入棉机行业，棉机生产企业由原来的20多家发展到目前为近百家。

棉花加工机械主要生产企业有河北邯郸棉机公司、山东天鹅棉业机械股份有限公司、江苏南通棉花机械公司等。其中，邯郸棉机有限公司作为我国棉机行业历史最久、规模最大的专业厂家，以完善质量管理体系和手段，可靠的产品质量，于2003年9月5日顺利通过了国家质检总局组织的工厂生产条件与产品实物质量验收，首批获得棉机生产许可证。邯郸棉机有限公司根据市场需求多元化的特点，确定了按高、中、低档三个层次开发产品结构的方向，充分发挥公司规模大、技术实力雄厚和技术领先的优势，集中力量开发高端产品，下大力量完善中端产品，改进改造低端产品，已形成适应各层次用户需求的产品系列。山东天鹅棉业机械股份有限公司主要生产棉花加工成套设备，其主要产品有适用于棉花加工生产用的手摘棉、快采棉、机摘棉轧花、棉籽剥绒、下脚料回收、棉籽榨油等系列成套设备及与之配套的计算机工业控制、自动监控系统等。截至目前，该公司已有六项科研成果获国家科技进步二、三等奖，八项省、部级一、二等奖，系列棉花轧花、棉籽剥绒成套设备获行业名牌称号，并通过了ISO9000国际质量认证。随着棉机企业的增多，棉机产品也出现了良莠不齐的问题，为此国家实行了棉机生产许可证制度。我国生产的棉花加工成套设备出口形势看好，远销赞比亚、尼日尔、埃塞俄比亚、越南、澳大利亚、乌克兰、塔吉克斯坦等国家。

4. 茶叶加工机械 2003年茶叶加工机械产品产量为4 685台，同比增长21%，茶叶加工成套设备正逐步替代了原有的单机产品。2003年茶叶加工机械成套设备产销形势仍然较好，国内生产茶叶加工成套设备的主要企业有浙江衢州上洋机械有限公司、浙江富阳茶机厂等，他们根据市场变化情况开发了茶叶加工成套设备新产品，受到了市场的欢迎。这些成套设备的投入使用，克服了我国传统大宗绿茶普遍存在的烟焦味，提高了茶叶品质，增强了茶叶在市场上的竞争能力。从产量分析上看，茶叶加工机械虽然出现了单机产量下降，但成套设备产量有所增加。我国茶叶机械已开始走出国门，目前已经出口到俄罗斯、韩国、越南等国家。

三、新产品开发情况

2003年，机械工业系统粮油加工机械完成新产品产值总计为2.84亿元，同比增长18.83%。农产品加工机械全行业普遍增加了对新产品的投入，新产品产值在总产值中的比例正逐步提高。根据市场发展要求，企业对产品进行了结构调整，使产品进一步适应市场的需求。如山东同泰集团有限公司、山东精良机械有限公司等碾米机械企业着重开发了中型碾米成套设备等。

机械工业系统棉花加工机械行业最近几年重视新产品的开发工作，如邯郸棉机公司研制的6MY168-17大型智能化轧花成套设备，是目前我国市场上跨度最大、性能最先进的棉花加工成套设备，该成套设备列入2003年邯郸市工业改革调整攻坚战重点项目之一。通过对轧花机工作箱几何形状的优化设计，使片时产量从7～8kg/h提高到12kg/h，针对同类产品加工质量差的缺陷，他们大胆改进，使加工出的皮棉普遍提高了等级。将“专家智能模块”加入到工作程序中，通过人机对话模式和电视监控等，实现了“一钮起动，一钮停止，一钮操作”的自动操作与加工。适应机采棉加工的机采棉清理机组和400 t棉花打包机等新产品，均代表了目前国内棉花加工设备的最高水平，经过几年的改进和完善，该成套设备已成功推向市场，并取得了较好的经济效益和社会效益。这些产品的研制成功，进一步缩小了我国与发达国家在棉机技术上的差距，提高了我国棉机在国际市场上的竞争力。针对多样化的用户需要，邯郸棉机公司开发出6MY128-17轧花机、6MY98-17轧花机、6MDY400打包机等新产品，进一步完善了企业产品品种，满足了不同用户的需求。

邯郸棉机公司开发的“9588”机电一体化中型棉花加工成套设备，是非常适合我国目前棉花加工企业更新改造的新产品，它充分考虑了中国国情，其设计起点高，多方位应用了当今高新技术，关键部位均设有故障检测装置，可自动进行物料检测和故障处理，是填补了国内空白的机电一体化设备。该产品具有性能好、产量高、质量稳定、运转可靠、自动化程度高等优点，占领市场迅速，成为用户技术改造的首选产品和市场发展的主导产品，产品水平达到国际20世纪80年代末90年代初水平。其中6MY88-17轧花机、6MPQ400-1 500皮棉清理机、6MR160D-10剥绒机等产品获国家重点新产品奖，6MY88-17轧花机、6MPQ400-1 500皮棉清理机等产品获邯郸科技进步一等奖。

四、技术改造与基本建设

2003年，据国家机械工业信息中心不完全统计，机械工业系统农产品加工机械（含粮油机械制造专用设备）行业完成基本建设投资额为922万元，比2002年增长5.7%，完成技术改造3 425万元，比2002年增长46.3%。

（中国农机工业协会农副产品加工机械分会 洪暹国）

食品与包装机械制造业

一、行业发展情况

2003年，我国食品和包装机械行业经受住了SARS疫情、钢材价格上扬、水电费涨价等不利因素的考验，在全行业的共同努力下，取得了骄人的成绩。全行业2003年完成产品销售收入460亿元，较2002年增长了16.75。在460亿元的销售额中，食品机械为234亿元，包装机械为226亿元。2003年全行业进出口总额为26.21亿美元，同比增长22.5%，其中进口食品和包装机械22.94亿美元，同比增长49%，占国内市场总销售额的29.27%，比整个机械工业进口率24.9%要高；出口食品和包装机械3.27亿美元，同比增长25.29%，出口率为5.9%，较全国机械产品出口率19.9%要低很多。在出口的食品和包装机械产品中，食品机械出口1.42亿美元，同比增长14%；包装机械出口1.87亿美元，同比增长35.45%。从全行业进出口总体形势来看，进口依然未减少，进口设备中多以液体灌装（无菌包装及饮料）生产线等大宗产品为主；出口市场尚未打开，说明我国的装备制造业还不能满足国内市场的需求。

2003年全行业的新产品产值率为12.97%，较2002年的12%有所提高，但增幅不大，而且大多数新产品属改进型，创新型的、高技术的新产品很少，无力抵挡外来设备的“入侵”。在现有生产的食品和包装机械产品中，测绘仿制者占有相当比例，侵犯知识产权情况严重，有待我们采取有力措施，加快我国食品和包装机械技术进步的步伐，提高我们的自主知识产权产品市场份额，来应对国外同行可能对我们的侵权起诉。

2003年全行业的产品利润率只有5%，比原来10%以上的利润率下降了一半以上，这一点应引起业内人士极大的关注。

在全国从事食品和包装机械制造业4 240个企业中（含研究院所），属中国机械工业联合会重点联系的企业有407个，这些企业2003年完成销售收入131.5亿元，同比增长16.06%；销售收入利润率5.89%，亏损面为19.66%；亏损额1.9亿元，同比上升64%；负债率60.44%，同比上升3.8%。

2003年在我国食品和包装机械行业克服种种困难，继续取得两位数字的增长速度中，不少企业再创新高。广州达意隆包装机械公司、杭州中亚及乐惠集团的销售额几乎都翻了一番。尤其是广州达意隆，连续4年销售额翻番。陕西北人印刷机械厂、广东汕樟轻工机械厂、广东金明塑胶设备公司、湖北京山轻工机械公司、汕头远东轻化装备公司、温州天宇机械、华联包装机械厂等都是连年获得稳步增长的企业。还有一些中小企业正在崛起，发展势头强劲。有的企业虽然不大，但出口已占到销售额的50%以上，如汕头粤东机械厂、安平食品机械公司等。天津华一包装机械有限责任公司参加了西班牙、越南等国外展会，以其产品的优质优价（高于国内售价较多）赢得了市场，打开了出口局面。

随着行业的发展，行业内逐步形成以原部属科研院所为龙头、地方科研院所为骨干、企业科技力量为基础的科技队伍和科技开发能力。据初步统计，目前全行业已有130多个科研院所，各企业也都有自己的科技队伍，这是一支有一定实力的科研研发骨干力量。同时已建立了一个与食品和包装工程专业相配套的教育体系，天津商学院、无锡江南大学等都设有食品和包装机械的专门院系，陆续培养和造就专业技术人才，为今后我国在食品和包装机械制造业领域赶超世界先进水平，奠定了坚实的人才基础。

二、市场情况分析

1. 强有力的政策环境　服务“三农”，增强农产品深加工能力，已成为促使本行业发展的有利契机。农业部“十五”期间提出的全国七大产品领域及九个产业带示范项目重点建设，为“十一五”食品及农产品加工设备的发展，提供了良好的资源条件。黄淮海地区专业小麦产业带；东北及内蒙古东部玉米、大豆产业带；长江流域优质油菜产业带；中原地区牛羊肉产业带；东北、华北、西部地区奶业产业带；环渤海地区和西北黄土高原苹果产业带；中南、西南地区柑橘产业带；沿海及重点江河湖泊优质水产品产业带；茶叶主要产区优质茶叶加工等。这九个产业带加工示范项目与食品和包装机械息息相关，产业带示范项目的建成和发展，必将带动本行业取得更快的发展。

2. *我国食品工业的高速发展，为本行业提供了广阔的市场空间*　从全国食品工业总体发展来看，东部地区依然是我国食品工业的重点生产、消费区。2003年东部地区规模以上的食品工业生产企业、从业人员、工业总产值、销售收入、利润总额、利税总额分别占全行业的53.93%、53.28%、58.56%、59.10%、58.67%、47.54%，大都占有全行业的一半以上。2003年全国食品工业产品销售收入位居前10位的省、直辖市，继续保持强劲的发展势头。山东省食品工业销售收入过亿元的企业已有150家，全省食品工业产销额在全国继续保持首位。其肉食加工、水产加工、食用植物油、味精、淀粉、食品添加剂、酒精、饮料等产品在全国具有一定优势。广东省食品工业具有雄厚的基础，食品工业生产规模大，工业区域化程度高，食品产品在全国占有较高的市场份额。

从同比发展增速较快的省份来看，全国增速在20%以上的省、直辖市、自治区已有13个，占全国1/3以上。其中内蒙古自治区增速最快，2003年食品工业产品销售收入达132亿元，同比增长45%。

综上所述，全国食品工业蓬勃发展的态势，为我国食品和包装机械行业的发展，提供了良好的市场空间。2003年由于我国食品工业高速发展的有力拉动，国内食品与包装机械市场总量已达650.38亿元。从发展趋势看，未来3年，预计年需求增长量均在200亿元以上，这一前景令人备受鼓舞。

3. *快餐业的发展是本行业的潜在市场*　自美国"麦当劳"、"肯德基"等国外快餐业进入我国市场后，使我国传统的膳食习惯和膳食结构受到一定程度的冲击，同时也启发了人们寻求变革我国膳食习惯和膳食结构的尝试。如果采用快餐与风味小吃相结合的办法，解决我国老百姓一日三餐问题，让主副食集中生产，形成产业化，既提高粮食、蔬菜利用率又可以节约资源，还可以解放一大批劳动力，这是件一举三得的好事。如果在市场上能使一日三餐的成品供应量达到60%，那么将会增加上千万个就业机会，增加近万亿元产值。再加上减少能源消耗，减少城乡间往返运输量，其社会效益是显而易见的。从目前城市居民的收入情况看，借鉴"洋快餐"的经验，解决人们一日三餐的机遇已经到来，这项产业的逐步发展，必将大大促使我国食品和包装机械行业产生一个新的飞跃。如果加上海外近30多万家中餐馆的变革，这一产业的出口也很乐观。总之，这一产业的发展，已成为本行业继续取得高速发展的潜在市场。

三、行业发展中存在的主要问题与对策

（一）存在的主要问题

1. *行业科技力量严重不足*　造成我国食品和包装机械产品品种少、配套性能低、质量差、技术水平不高的主要原因之一，就是行业中拥有的科技力量严重不足。虽然行业内已有大专院校及相关科研院所130多所，但由于多处于改制转型期，大家忙于求生存、求发展的变革中，现有科研资源尚未很好地整合，产、学、研脱节的问题还没有很好的解决，形不成攻坚、攻关的合力，以至于造成本来就不强的技术力量没有充分发挥应有的作用。存在于企业中的技术力量，由于大多数企业规模不大，自身力量不强，试验研究手段落后，每天忙于日常生产、销售和技术服务，无暇问津新产品、新技术的开发与创新，出现顾此失彼。这样薄弱的科技力量和相对落后的试验研究条件，很难与国外大公司、大企业相抗衡。

2. *研发经费严重不足*　据统计，全国食品和包装机械行业4 240家中重点骨干企业有50多家，这些企业已具有较高的技术水平和设备条件，具有自我开发能力和一定的经济规模，是装备我国食品和包装工业的骨干力量。但前30家企业仅占全行业企业数的0.7%，总产值54.14亿元，仅占全行业总产值的13.83%；前40家企业仅占全行业企业总数的1%，工业总产值仅占全行业总产值的15.56%。这些行业中的"骨干力量"若和行业中占绝大多数的中小企业相比，如同凤毛麟角。就全国而言，研发经费只占企业销售收入的0.2%～0.3%，研发人员仅占从业人员的3.3%～4%。大多数中小企业没有自己的研发力量，研究投入很少，有些企业还停留在测绘仿制国内外同类型产品的水平上，大搞低水平重复和低价位竞争；有的企业，利用目前国内市场空间巨大，国内产品价格比国外产品低之机，暂时占有国内一定市场份额，小富既安，不思进取，这些状况如不尽早采取措施加以扭转，其必将成为未来本行业健康稳步发展的潜在危机。

3. *企业规模小，经济实力弱，应变能力低*　我国食品和包装机械行业多为中小型企业，这些企业的工业总产值约占全行业的80%以上，行业中具有一定经济规模的企业其工业总产值也仅在1亿～20亿元之间。其中产值超亿元的企业有20家，超2亿元的企业有10家，达到20个亿的企业只有1～2个。2003年全行业销售收入仅有460亿元人民币，而这一经济规模远不如世界500强之一企业——即占美国

泰森食品公司 2002 年销售额的 1/4。由于我国食品和包装机械企业规模小，经济实力有限，缺乏技术力量，缺乏自我发展能力，因此难以实现技术密集型产品的规模生产，难以满足千变万化的市场需求，更难应对我国加入 WTO 后，国外大型企业优质、高效、节能产品对国内市场的冲击，以及国际市场中的“技术壁垒、绿色壁垒、知识产权”的争端对我们的困扰。这是我们亟待下工夫解决的又一课题。

4. 对外贸易专业经营机制不健全，国际贸易管理人才匮乏　行业内对外贸易专业经营机制不健全，行业内未设专业进出口公司。现在每年 3 亿多美元的出口业务均由各个企业自己做，一切就绪后找到有出口权的公司下单。还有一些非本专业的进出口公司遇上要购食品和包装机械的客户，稀里糊涂就接单，回国后再询价。由于行业内没有一个专业经营机构提供中介、咨询和服务，进出口贸易中一旦出现问题和争端，全靠企业自己去应对，因而显得单薄和无力。行业内缺少懂进出口业务、掌握专业外语的经营管理人才。不了解本专业的国际行情、市场需求变化情况和相应的国际惯例、法律、法规，不重视售后服务网络建设工作，不懂得商业信誉的极端重要性。一个年出口 300 万美元的企业甚至于没有一个专业外语口语人才，这样如何去和外商沟通？又如何去开拓更大的国际市场？在对外报价方面，仍然延用着过去极不科学又不合理的“国内售价加 30%出口”的报价方法。有时竟出现外商觉得我们的报价比国际价格低得出奇，反而失去了对我国产品的信任。由于报价过低，售后服务网络建不起来，导致售后服务出现障碍而失去了不少以往的客户。更可笑的是，有的企业还出现了将国内低价位竞争带到了国际贸易上，出口企业相互压价，外商从中渔利而自己蒙受了很大损失。如此种种现象和问题，均为外贸专业经营机制不健全、缺乏国际贸易管理人才而带来的不良后果。这个问题应引起全行业的普遍关注。

（二）采取的对策和措施

1. 深化改革，把企业做大做强，提高行业国际竞争力　为了改变我国食品和包装机械行业企业规模小、经济实力和应变能力低的落后状态，我们应充分利用本行业产品国内市场暂时很大的有利时机，加快企业改革步伐。打破地区、行业的界限，通过采取以龙头企业为核心的扩张、兼并、重组、资源整合等措施，组成不同类型的企业集团，走企业集团化道路，建立和完善现代企业制度，把企业做大做强，提高自身的经济实力和自我发展能力。对于行业内科研院所和高等院校，要加大改革力度，加快自身企业化进程，要加强与企业结合，有条件的要进入企业集团，成为企业集团的技术开发中心和人员培训基地。要彻底解决产、学、研脱节的问题，使行业中企业、科研院所、高等院校形成合力，逐步解决行业中研发能力分散，重复工作过多，无法集中攻关、创新的难题。通过实施这一系列改革措施，提高全行业的国际竞争力，来应对国际知名大公司、大企业在国际和国内市场中的挑战。

2. 加大智力与研发投入力度，加速科技队伍建设　经济竞争的关键是技术竞争，技术竞争的实质是人才竞争，要在国内外市场竞争中取胜，必须重视培养和用好食品和包装机械的技术人才，做到人尽其才，要努力建设本行业内具有自主创新能力的科技队伍。有远见的领导和企业家要切实从政策上、物质上支持食品和包装机械行业内教育和科研院所的改革工作，加大智力与研发投入力度。要加强学校教育和在职技术干部的继续教育，克服各方面技术人才短缺和现有专业技术人员专业知识结构不合理的缺陷。对现有的食品和包装机械科技人才进行必要的规划和协调，避免低水平重复和冷门、缺门无人攻关的现象再次出现。

要加快改革开放的步伐，把引进技术的消化吸收工作，引导到立足于提高自主开发能力上。今后引进技术要密切结合市场需要和国际技术发展趋势，以引进技术为主，设计制造技术为辅。引进技术和技术攻关与试验研究相结合，安排足够资金消化吸收，最终目的是为了逐步形成自主开发能力。引进技术要与企业技术改造相结合，安排好相应技术改造资金，使引进技术能够迅速形成生产能力，转变成商品进入市场。要努力扩展渠道，采取各种方式积极开展国际交流和合作，包括合作开发、合作制造以及请进来派出去的培训方法，取人之长补己之短。

要协调整合行业内外现有的试验研究资源，要充分利用好军工部门的技术力量和试验手段。同时建议国家投入一部分资金，加强本行业试验研究中心的建设工作。加强对共性技术、基础技术和带有方向性、前瞻性技术进行系统研究，积极跟踪国外先进技术。

通过加大智力与研发投入力度，加强科技队伍建设，加快改革开放步伐等措施，进一步提高本行业的自主创新能力和科学技术水平，打造好本行业强有力的技术支撑。

3. 加强质量管理，确保企业生存与发展的命脉　在我国食品和包装机械工业每年保持两位数字增长的高速发展大好形势下，只有牢牢抓住产品质量这一环节，紧紧掌握住维持企业生存和发展的命脉，才能经得住我国加入世贸组织之后来自国内外市场的挑战。

实际上，我国食品和包装机械产品不论是外观还是内在质量与工业发达国家的产品相比，都存在很大差距。我们之所以还能够维持目前高速发展的水平，主要还是得益于国内市场巨大，还能包容国内一定数量的产品。今后随着市场空间的逐步缩小，产品质量问题的冲击将会加剧。为了防止这种不良后果的出现，我们应把加强本行业的质量管理工作，提到重要议事日程，各级政府、相关管理部门以及企业应给予足够重视。

首先，政府有关部门要对现有食品和包装机械产品质量监督监测机构进一步扶持和完善，逐步形成国家级产品质量监督检测中心，使其除承担日常监督检测工作外，还应负责出口产品的质量认证工作。各地政府可根据各自的特点建立相应的产品质量监督检测分支机构或将这方面工作挂靠于同类型分支机构中，从而健全本行业产品质量监督、检测管理网络，层层把好产品质量关。

其次，应尽快建立和完善本行业产品与国际标准或工业发达国家标准相适应的产品质量指标体系，并贯彻于设计、制造、检验、安装、调试、服务等全过程，对于量大面广的重点产品应实行生产许可证制度。本行业中要积极推行GMP（良好的操作规范）、HACCP（危害分析与关键控制点）、SSOP（卫生操作程序）、ISO 9000、ISO 14000等国际系列标准认证和管理工作，以利更好地与国际相关标准接轨，打破工业发达国家对我国实施的“技术壁垒”。

第三，在加强本行业质量管理硬件环境建设的同时，要尽快陆续出台本行业产品与国际标准或工业发达国家产品质量标准接轨的标准并组织实施，以提高我国食品和包装机械产品质量水平与本行业标准化工作管理水平。

（中国食品和包装机械工业协会　崇世民）

棉花加工机械制造业

一、生产情况

据不完全统计，2003 年全国棉花加工机械产品生产厂家已发展到 200 多家。其中上报统计数据的有 39 家，棉机制造企业总人数为9 443人（其中工程技术人员1 333人），固定资产原值 6.96 亿元，固定资产净值 3.15 亿元。全年完成工业总产值 10.53 亿元，实现利税 1.38 亿元。

2003 年，上报统计的 39 家棉机企业生产锯齿轧花机6 303台，皮辊轧花机 750 台，打包机1 933台，皮棉清理机3 308台，籽棉清理机 830 台，籽棉重杂分离器 455 台，回收机1 110台，剥绒机3 705台，清弹机 414 台，总集棉机 297 台，烘干机 60 台，棉花加工成套设备 46 套，打扣机 450 台，集棉尘笼 439 台，弹花机器人 297 台，轧花锯片 203.7 万件。2003 年全国棉机制造企业排序前 10 名的基本情况见表 1。

表 1　2003 年全国棉机制造企业排序前 10 名的基本情况

企业名称	工业总产值（万元）	销售额（万元）	利税总额（万元）	固定资产净值(万元)	职工人数（人）	轧花机（台）	打包机（台）
山东天鹅棉业机械股份有限公司	14 361	18 000	1 506	939	458	335	
河北邯郸棉机公司	9 313	12 069	1 498	6 281	1 178	604	6
山东福临机械制造有限公司	8 400	8 035	957	908	646		245
江苏省大丰供销机械厂有限公司	8 130	7 480	926	789	660	435	
河南省汤阴机械制造有限公司	6 800	6 650	848	1 219	465		178
南通棉花机械有限公司	6 710	6 725	963	1 070	492		303
湖北省荆州市楚凌机械有限公司	4 800	4 680	560	3 140	320	890	50
山东顺兴机械有限公司	3 500	3 400	476	789	216	200	13
山东亚盛机械科技有限公司棉机厂	3 200	3 100	980	2 500	350	260	45
河北邯武棉机厂	3 000	4 000	1 100	2 000	480	588	16

二、体制改革

（一）对棉花加工机械产品实行生产许可证制度

自2002年国家质量监督检验检疫总局下发国质检监函［2002］39号文件《关于对部分棉花加工机械产品实行生产许可证制度的通知》以来，全国工业产品生产许可证办公室棉花加工机械产品生产许可证审查部抓紧开展工作，通过2003年全年的生产许可证审查，获得棉花加工机械生产许可证的企业有37家。其中国有企业5家，集体企业9家，股份制企业6家，民营企业17家。锯齿轧花机发证22个，液压棉花打包机发证22个。

（二）棉花质量检验体制改革

2003年12月17日，国家发展与改革委员会、国家质量监督检验检疫总局、财政部、中华全国供销合作总社和中国农业发展银行联合下发了发改经贸［2003］2225号文件《关于印发棉花质量检验体制改革方案的通知》，我国开始了棉花质量检验体制的改革。其改革的主要内容是："改用国际通用棉包包型，在加工环节采用快速检验仪实行仪器化公证检验，并对成包皮棉逐包编码实行信息化管理"。这一改革将对我国棉花加工业产生全面影响。首先，企业的加工设备必须由现在的小型化向大型化发展；其次，加工企业必须实行规模化生产；第三，加工企业必须适应自动化、信息化的发展要求；第四，棉花包装形式发生彻底变化，由现在的外包装改为与国际接轨的裸包包装，将对包装材料提出新的适度要求。上述改革要求将历时5年的时间，将使棉花质量检验体制改革的目标逐步实现，同时也将促进我国棉花加工业上一个新台阶，实现该行业的技术进步和产业升级。

三、市场情况

（一）棉花加工的市场特点

(1) 由于棉花供不应求，价格大幅上涨，棉花加工形势大好，绝大部分企业收益颇丰。2003年，由于市场对棉花需求的大量增加，棉花国库库存有限，调控力度不足，进口棉花的质量和价格优势不大，使我国各棉花加工企业遇上一个几年不遇的好年景。加工企业随着收购棉花数量的增加，其经济效益都会相应提高。

(2)棉花加工企业数量猛增，低水平重复建设十分严重，加工能力严重过剩，市场竞争十分激烈，棉花加工企业的数量在2003年创历史最高。据不完全统计，2003年一年仅通过生产许可证审查的37家棉机制造企业生产的80片以上的轧花机就达6 303台，打包机1 933台。如果按两台轧花机构成一个企业的话，则2003年就增加了约3 000个企业，未申请许可证的棉机企业生产的产品所形成新的棉花加工能力还无法统计。棉花加工企业的放任发展，低水平重复建设严重，使我国棉花加工能力严重过剩，市场形成过度竞争。

(3) 设备简陋、技术落后的企业较多，棉花资源被任意蚕食，浪费严重，棉花质量下降。由于棉花加工企业市场准入机制不完善，行业管理不到位，全国没有一个统一的棉花加工企业资格认定标准，各地资格认定标准相差很大，进入成本和技术门槛太低，致使加工企业的加工技术水平、设备配备、加工工艺流程以及加工质量等参差不齐。还有相当部分棉花加工企业没有取得资格认定，无证经营。据安徽省棉麻公司统计，安徽全省有棉花加工企业850家，开工的有680家，而取得资格认定的仅有277家。很多无证棉花加工企业设备简陋，无完善的工艺装备和质量保证体系，加工的皮棉质量低劣，严重浪费了棉花资源。特别是在这种僧多粥少的市场供求形势下，轧花厂收到棉农和个体棉贩出售的棉花，大多存在着严重的质量问题，主要是籽棉含杂含水过高。比如一些地区籽棉含水率达到15%～17%，严重超过国家棉花标准规定，收购混级棉的现象也相当普遍，加工质量降低，清理异性纤维工作也被忽视，掺杂使假行为有所抬头。不少过去质量管理很好的企业，也出现了放松质量、棉包标识与棉花质量不符的问题。放开棉花市场后出现的质量滑坡趋势，在2003年表现的更加明显。

（二）棉机制造业的市场特点

由于受利益驱动的因素，棉机制造企业数量剧增，劣质产品大量充斥市场，严重影响棉花加工的质量。据全国工业产品生产许可证办公室棉机生产许可证审查部的统计，2003年我国仅生产轧花机和打包机的主机生产厂家就有100多家，算上辅机和配件生产厂家为200多家，还有为数众多的不在册的小作坊式棉机制造企业。

2003年棉机制造业的发展有以下特点：一是主要集中在内地主产棉省。其中山东省已通过生产许可证的棉机制造企业有17家，河北省军区有7家，江苏省有5家，湖北省有5家，未申请许可证的棉机制造企业还有很多。二是市场主体转换迅速，多元化竞争格局形成。对获得生产许可证的37家棉机企业分析，其中国有企业5家，集体企业9家，股份制企业6家，民营企业17家，形成了含国有、集体、股份和民营企业等多种企业性质共同参与的市场主体结构，较为合理的多元化竞争格局初步形成。三是新增棉机制造企业以民营企业为主，投资主体为民营资本。四是部分新增企业设备简陋，技术水平落后，大多生产低端产品，但由于价格便宜，产品仍供不应求。由此出现的严重问题是使相当多的劣质产品进入棉机市场。特别是在目前“不公平竞争”的条件下，劣质低端棉机产品的泛滥将直接影响我国棉机制造业的技术进步和产业升级，不仅影响棉花的加工质量，而且影响我国棉花加工业的整体发展。

四、科研与新产品开发

2003年，棉机行业主要致力于产品的加工工艺、技术含量、加工数量、质量和自动化方面挖掘潜力。一方面大力开发和生产大型轧花机和打包机等主机设备；另一方面重点研发棉花加工系统的自动化、信息管理和处理系统。如南通棉花机械有限公司开发并生产了打包机自动取样系统和棉花专用夹包车，北京中棉机械成套设备公司则开发了条形码信息管理和处理系统，使我国棉花加工行业上了一个新台阶。2003年中华全国供销合作总社组织研制的新产品项目见表2。

表2　2003年中华全国供销合作总社组织研制的新产品项目

新产品名称	型　号	研制单位
液压棉花打包机	MDY-200D	江苏南通棉花机械有限公司
草类打包机	CDY-200B	江苏南通棉花机械有限公司
棉花专用夹包车		江苏南通棉花机械有限公司
新型双锯筒剥绒机	141型	河北邯武棉机厂
锯齿轧花机	96片	河北邯武棉机厂
锯齿轧花机	98片	河北邯武棉机厂
液压打包机	MDY-400	河北邯武棉机厂

五、行业管理

随着棉花流通体制的深化改革，行业管理的职能也逐步转变为为企业提供经济、技术的信息服务和行使一定的监督职能。一方面，抓紧制订相关的国家标准和行业标准，为提高棉机产品质量，促进棉花加工机械的生产和棉花加工业向规范化标准化方面发展。2003年组织起草了《锯齿衣分试轧机》国家标准，并完成了送审稿，现该标准已批准发布。上报了《锯齿轧花机》、《液压棉花打包机》和《籽棉清理机》三个国家标准送审稿。组织起草和制定了《锯齿剥绒机》、《籽棉清理机》、《皮棉清理机》、《皮辊轧花机》和《棉花加工企业环境安全要求》国家标准。另一方面，向全国工业产品生产许可证办公室提出对“籽棉清理机”和“皮棉清理机”实行生产许可证的申请，全国工业产品生产许可证办公室已批准了这一申请。

（全国供销合作总社棉麻局加工处　康玉国）

3 第三部分

政策法规及重要文件

中共中央国务院关于促进农民增加收入若干政策的意见

（中发［2004］1号　2004年2月8日）

在党的十六大精神指引下，2003年各地区各部门按照中央的要求，加大了解决“三农”问题的力度，抵御住了突如其来非典疫情的严重冲击，克服了多种自然灾害频繁发生的严重影响，实现了农业结构稳步调整，农村经济稳步发展，农村改革稳步推进，农民收入稳步增加，农村社会继续保持稳定。

同时，应当清醒地看到，当前农业和农村发展中还存在着许多矛盾和问题，突出的是农民增收困难。全国农民人均纯收入连续多年增长缓慢，粮食主产区农民收入增长幅度低于全国平均水平，许多纯农户的收入持续徘徊甚至下降，城乡居民收入差距仍在不断扩大。农民收入长期上不去，不仅影响农民生活水平提高，而且影响粮食生产和农产品供给；不仅制约农村经济发展，而且制约整个国民经济增长；不仅关系农村社会进步，而且关系全面建设小康社会目标的实现；不仅是重大的经济问题，而且是重大的政治问题。全党必须从贯彻“三个代表”重要思想，实现好、维护好、发展好广大农民群众根本利益的高度，进一步增强做好农民增收工作的紧迫感和主动性。

现阶段农民增收困难，是农业和农村内外部环境发生深刻变化的现实反映，也是城乡二元结构长期积累的各种深层次矛盾的集中反映。在农产品市场约束日益增强、农民收入来源日趋多元化的背景下，促进农民增收必须有新思路，采取综合性措施，在发展战略、经济体制、政策措施和工作机制上有一个大的转变。

当前和今后一个时期做好农民增收工作的总体要求是：各级党委和政府要认真贯彻十六大和十六届三中全会精神，牢固树立科学发展观，按照统筹城乡经济社会发展的要求，坚持“多予、少取、放活”的方针，调整农业结构，扩大农民就业，加快科技进步，深化农村改革，增加农业投入，强化对农业支持保护，力争实现农民收入较快增长，尽快扭转城乡居民收入差距不断扩大的趋势。

一、集中力量支持粮食主产区发展粮食产业，促进种粮农民增加收入

（一）加强主产区粮食生产能力建设

当前种粮效益低、主产区农民增收困难的问题尤为突出，必须采取切实有力的措施，尽快加以解决。抓住了种粮农民的增收问题，就抓住了农民增收的重点；调动了农民的种粮积极性，就抓住了粮食生产的根本；保护和提高了主产区的粮食生产能力，就稳住了全国粮食的大局。从2004年起，国家将实施优质粮食产业工程，选择一部分有基础、有潜力的粮食大县和国有农场，集中力量建设一批国家优质专用粮食基地。要着力支持主产区特别是中部粮食产区重点建设旱涝保收、稳产高产基本农田。扩大沃土工程实施规模，不断提高耕地质量。加强大宗粮食作物良种繁育、病虫害防治工程建设，强化技术集成能力，优先支持主产区推广一批有重大影响的优良品种和先进适用技术。围绕农田基本建设，加快中小型水利设施建设，扩大农田有效灌溉面积，提高排涝和抗旱能力。提高农业机械化水平，对农民个人、农场职工、农机专业户和直接从事农业生产的农机服务组织购置和更新大型农机具给予一定补贴。

（二）支持主产区进行粮食转化和加工

主产区要立足粮食优势促进农民增加收入、发展区域经济，并按照市场需求，把粮食产业做大做强。充分利用主产区丰富的饲料资源，积极发展农区畜牧业，通过小额贷款、贴息补助、提供保险服务等形式，支持农民和企业购买优良畜禽、繁育良种，通过发展养殖业带动粮食增值。按照国家产业政策要求，引导农产品加工业合理布局，扶持主产区发展以粮食为主要原料的农产品加工业，重点是发展精深加工。国家通过技改贷款贴息、投资参股、税收政策等措施，支持主产区建立和改造一批大型农产品加工、种子营销和农业科技型企业。

（三）增加对粮食主产区的投入

现有农业固定资产投资、农业综合开发资金、土地复垦基金等要相对集中使用，向主产区倾斜。继续增加农业综合开发资金，新增部分主要用于主产区。为切实支持粮食主产区振兴经济、促进农民增收，要开辟新的资金来源渠道。从2004年起，确定一定比例的国有土地出让金，用于支持农业土地开发，建设高标准基本农田，提高粮食综合生产能力。主销区和产销平衡区也要加强粮食生产能力建设，进一步密切产销区的关系。粮食销区的经营主体到产区建立粮食生产基地、仓储设施和加工企业，应享受国家对主产区的有关扶持政策。产区粮食企业到销区建立仓储、加工等设施，开拓粮食市场，销区政府应予以支持并实行必要的优惠政策。

二、继续推进农业结构调整，挖掘农业内部增收潜力

（四）全面提高农产品质量安全水平

近几年，农业结构调整迈出较大步伐，方向正确，成效明显，要坚定不移地继续推进。要在保护和提高粮食综合生产能力的前提下，按照高产、优质、高效、生态、安全的要求，走精细化、集约化、产业化的道路，向农业发展的广度和深度进军，不断开拓农业增效增收的空间。要加快实施优势农产品区域布局规划，充分发挥各地的比较优势，继续调整农业区域布局。农产品市场和加工布局、技术推广和质量安全检验等服务体系的建设，都要着眼和有利于促进优势产业带的形成。2004年要增加资金规模，在小麦、大豆等粮食优势产区扩大良种补贴范围。进一步加强农业标准化工作，深入开展农业标准化示范区建设。要进一步完善农产品的检验检测、安全监测及质量认证体系，推行农产品原产地标记制度，开展农业投入品强制性产品认证试点，扩大无公害食品、绿色食品、有机食品等优质农产品的生产和供应。加强动物防疫体系建设，实施重点区域动物疫病应急防治工程，鼓励乡村建立畜禽养殖小区，2004年要启动兽医管理体制改革试点。加快实行法定检验和商业检验分开的制度，对法定检验要减少项目并给予财政补贴，对商业检验要控制收费标准并加强监管。

（五）加快发展农业产业化经营

各级财政要安排支持农业产业化发展的专项资金，较大幅度地增加对龙头企业的投入。对符合条件的龙头企业的技改贷款，可给予财政贴息。对龙头企业为农户提供培训、营销服务，以及研发引进新品种新技术、开展基地建设和污染治理等，可给予财政补助。创造条件，完善农产品加工的增值税政策。对新办的中小型农副产品加工企业，要加强创业扶持和服务。不管哪种所有制和经营形式的龙头企业，只要能带动农户，与农民建立起合理的利益联结机制，给农民带来实惠，都要在财政、税收、金融等方面一视同仁地给予支持。

（六）加强农业科研和技术推广

要围绕增强我国农业科技的创新能力、储备能力和转化能力，改革农业科技体制，较大幅度地增加预算内农业科研投入。继续安排引进国外先进农业科技成果的资金。增加农业科技成果转化资金。支持已有科研成果的中试和大面积示范推广。引导和推动企业成为农业技术创新主体，允许各类农业企业和民营农业科技组织申请使用国家有关农业科技的研发、引进和推广等资金。深化农业科技推广体制改革，加快形成国家推广机构和其他所有制推广组织共同发展、优势互补的农业技术推广体系。积极发挥农业科技示范场、科技园区、龙头企业和农民专业合作组织在农业科技推广中的作用。建立与农业产业带相适应的跨区域、专业性的新型农业科技推广服务组织，支持农业大中专院校参与农业技术的研究、推广。

三、发展农村二、三产业，拓宽农民增收渠道

（七）推进乡镇企业改革和调整

发展乡镇企业是充分利用农村各种资源和生产要素，全面发展农村经济、拓展农村内部就业空间的重要途径。要适应市场需求变化、产业结构升级和增长方式转变的要求，调整乡镇企业发展战略和发展模式，加快技术进步，加快体制和机制创新，重点发展农产品加工业、服务业和劳动密集型企业。加大对规模以上乡镇企业技术改造的支持力度，促进产品更新换代和产业优化升级。引导农村集体企业改制成股份制和股份合作制等混合所有制企业，鼓励有条件的乡镇企业建立现代企业制度。农村中小企业对增加农民就业作用明显，只要符合安全生产标准和环境保护要求，有利于资源的合理利用，都应当允许其存在和发展。有关部门要根据乡镇企业发展的新形势新情况，加强调查研究，尽快制定促进乡镇企业改革和发展的指导性意见。

（八）大力发展农村个体私营等非公有制经济

法律法规未禁入的基础设施、公用事业及其他行业和领域，农村个体工商户和私营企业都可以进入。

要在税收、投融资、资源使用、人才政策等方面，对农村个体工商户和私营企业给予支持。对合法经营的农村流动性小商小贩，除国家另有规定外，免于工商登记和收取有关税费。

（九）繁荣小城镇经济

小城镇建设要同壮大县域经济、发展乡镇企业、推进农业产业化经营、移民搬迁结合起来，引导更多的农民进入小城镇，逐步形成产业发展、人口聚集、市场扩大的良性互动机制，增强小城镇吸纳农村人口、带动农村发展的能力。国家固定资产投资要继续支持小城镇建设，引导金融机构按市场经济规律支持小城镇发展。重点渔区渔港、林区和垦区场部建设要与小城镇发展结合起来。有条件的地方，要加快推进村庄建设与环境整治。

四、改善农民进城就业环境，增加外出务工收入

（十）保障进城就业农民的合法权益

进一步清理和取消针对农民进城就业的歧视性规定和不合理收费，简化农民跨地区就业和进城务工的各种手续，防止变换手法向进城就业农民及用工单位乱收费。进城就业的农民工已经成为产业工人的重要组成部分，为城市创造了财富、提供了税收。城市政府要切实把对进城农民工的职业培训、子女教育、劳动保障及其他服务和管理经费，纳入正常的财政预算，已经落实的要完善政策，没有落实的要加快落实。对及时兑现进城就业农民工资、改善劳动条件、解决子女入学等问题，国家已有明确政策，各地区和有关部门要采取更得力的措施，明确牵头部门，落实管理责任，加强督促检查。健全有关法律法规，依法保障进城就业农民的各项权益。推进大中城市户籍制度改革，放宽农民进城就业和定居的条件。

（十一）加强对农村劳动力的职业技能培训

这是提高农民就业能力、增强我国产业竞争力的一项重要的基础性工作，各地区和有关部门要作为一件大事抓紧抓好。要根据市场和企业的需求，按照不同行业、不同工种对从业人员基本技能的要求，安排培训内容，实行定向培训，提高培训的针对性和适用性。要调动社会各方面参与农民职业技能培训的积极性，鼓励各类教育培训机构、用人单位开展对农民的职业技能培训。各级财政都要安排专门用于农民职业技能培训的资金。为提高培训资金的使用效率和培训效果，应由农民自主选择培训机构、培训内容和培训时间，政府对接受培训的农民给予一定的补贴和资助。要防止和纠正各种强制农民参加有偿培训和职业资格鉴定的错误做法。

五、发挥市场机制作用，搞活农产品流通

（十二）培育农产品营销主体

鼓励发展各类农产品专业合作组织、购销大户和农民经纪人。积极推进有关农民专业合作组织的立法工作。从2004年起，中央和地方要安排专门资金，支持农民专业合作组织开展信息、技术、培训、质量标准与认证、市场营销等服务。有关金融机构支持农民专业合作组织建设标准化生产基地、兴办仓储设施和加工企业、购置农产品运销设备，财政可适当给予贴息。深化供销社改革，发挥其带动农民进入市场的作用。加快发展农产品连锁、超市、配送经营，鼓励有条件的地方将城市农贸市场改建成超市，支持农业龙头企业到城市开办农产品超市，逐步把网络延伸到城市社区。进一步加强产地和销地批发市场建设，创造条件发展现代物流业。加强农业生产资料市场管理，有关部门要保证货源充足、价格基本稳定，严厉打击制售假冒伪劣农资等坑农伤农行为。支持鲜活农产品运销，在全国建立高效率的绿色通道，各地要从实际出发进一步改善农产品的流通环境。

（十三）扩大优势农产品出口

要进一步完善促进我国优势农产品出口的政策措施。外贸发展基金要向促进农产品出口倾斜，主要用于支持企业研发新产品新技术、开拓国际市场、参与国际认证等，扶持出口生产基地。鼓励和引导农产品出口加工企业进入出口加工贸易区。抓紧启动园艺产品非疫区建设。完善农产品出口政策性信用保险制度。有关部门要密切跟踪监测和及时通报国内外市场供需、政策法规和疫病疫情、检验检疫标准等动态，为农产品出口企业提供信息服务。加强对外谈判交涉，签订我国与重点市场国家和地区的双边检验检疫和优惠贸易协定，为我国农产品出口创造有利环境。适应农产品国际贸易的新形势，加快建立健全禽肉、蔬菜、水果等重点出口农产品的行业和商品协会。

六、加强农村基础设施建设，为农民增收创造条件

（十四）继续增加财政对农业和农村发展的投入

加强农业基础建设、解决“三农”问题，必须进一步调整国民收入分配结构和财政支出结构。各级政

府要依法安排并落实对农业和农村的预算支出，严格执行预算，建立健全财政支农资金的稳定增长机制。按照统一规划、明确分工、统筹安排的要求，整合现有各项支农投资，集中财力，突出重点，提高资金使用效率。积极运用税收、贴息、补助等多种经济杠杆，鼓励和引导各种社会资本投向农业和农村。各地区和有关部门要切实把发展农村社会事业作为工作重点，落实好新增教育、卫生、文化等事业经费主要用于农村的政策规定，今后每年要对执行情况进行专项检查。

（十五）进一步加强农业和农村基础设施建设

国家固定资产投资用于农业和农村的比例要保持稳定，并逐步提高。适当调整对农业和农村的投资结构，增加支持农业结构调整和农村中小型基础设施建设的投入。节水灌溉、人畜饮水、乡村道路、农村沼气、农村水电、草场围栏等"六小工程"，对改善农民生产生活条件、带动农民就业、增加农民收入发挥着积极作用，要进一步增加投资规模，充实建设内容，扩大建设范围。各地要从实际出发，因地制宜地开展雨水集蓄、河渠整治、牧区水利、小流域治理、改水改厕和秸秆气化等各种小型设施建设。创新和完善农村基础设施建设的管理体制和运营机制。继续搞好生态建设，对天然林保护、退耕还林还草和湿地保护等生态工程，要统筹安排，因地制宜，巩固成果，注重实效。

七、深化农村改革，为农民增收减负提供体制保障

（十六）加快土地征用制度改革

各级政府要切实落实最严格的耕地保护制度，按照保障农民权益、控制征地规模的原则，严格遵守对非农占地的审批权限和审批程序，严格执行土地利用总体规划。要严格区分公益性用地和经营性用地，明确界定政府土地征用权和征用范围。完善土地征用程序和补偿机制，提高补偿标准，改进分配办法，妥善安置失地农民，并为他们提供社会保障。积极探索集体非农建设用地进入市场的途径和办法。

（十七）深化粮食流通体制改革

从2004年开始，国家将全面放开粮食收购和销售市场，实行购销多渠道经营。有关部门要抓紧清理和修改不利于粮食自由流通的政策法规。加快国有粮食购销企业改革步伐，转变企业经营机制，完善粮食现货和期货市场，严禁地区封锁，搞好产销区协作，优化储备布局，加强粮食市场管理和宏观调控。当前，粮食主产区要注意发挥国有及国有控股粮食购销企业的主渠道作用。为保护种粮农民利益，要建立对农民的直接补贴制度。2004年，国家从粮食风险基金中拿出部分资金，用于主产区种粮农民的直接补贴。其他地区也要对本省（自治区、直辖市）粮食主产县（市）的种粮农民实行直接补贴。要本着调动农民种粮积极性的原则，制定便于操作和监督的实施办法，确保补贴资金真正落实到农民手中。

（十八）继续推进农村税费改革

要巩固和发展税费改革的成果，进一步减轻农民的税费负担，为最终实现城乡税制的统一创造条件。逐步降低农业税税率，2004年农业税税率总体上降低1个百分点，同时取消除烟叶外的农业特产税。降低税率后减少的地方财政收入，沿海发达地区原则上由自己消化，粮食主产区和中西部地区由中央财政通过转移支付解决。有条件的地方，可以进一步降低农业税税率或免征农业税。各地要严格按照减税比例调减到户，真正让农民得到实惠；确保各级转移支付资金专款专用，及时足额下拨到位。要据实核减合法征占耕地而减少的计税面积。要加快推进配套改革，继续加强农民负担监督管理，防止农民负担反弹，巩固农村税费改革成果。进一步精简乡镇机构和财政供养人员，积极稳妥地调整乡镇建制，有条件的可实行并村，提倡干部交叉任职。优化农村学校布局和教师队伍。进一步清理和规范涉农行政事业性收费。巩固治理利用职权发行报刊的成果。积极探索化解乡村债务的有效途径。尽快制定农业税的征管办法。

（十九）改革和创新农村金融体制

要从农村实际和农民需要出发，按照有利于增加农户和企业贷款，有利于改善农村金融服务的要求，加快改革和创新农村金融体制。建立金融机构对农村社区服务的机制，明确县域内各金融机构为"三农"服务的义务。扩大农村贷款利率浮动幅度。进一步完善邮政储蓄的有关政策，加大农村信用社改革的力度，缓解农村资金外流。农业银行等商业银行要创新金融产品和服务方式，拓宽信贷资金支农渠道。农业发展银行等政策性银行要调整职能，合理分工，扩大对农业、农村的服务范围。要总结农村信用社改革试点经验，创造条件，在全国逐步推开。继续扩大农户小额信用贷款和农户联保贷款。鼓励有条件的地方，在严格监管、有效防范金融风险的前提下，通过吸引社会资本和外资，积极兴办直接为"三农"服务的多种所有制的金融组织。有关部门要针对农户和农村中小企业的实际情况，研究提出多种担保办法，探索实行动产抵押、仓单质押、权益质押等担保形式。鼓励

政府出资的各类信用担保机构积极拓展符合农村特点的担保业务，有条件的地方可设立农业担保机构，鼓励现有商业性担保机构开展农村担保业务。加快建立政策性农业保险制度，选择部分产品和部分地区率先试点，有条件的地方可对参加种养业保险的农户给予一定的保费补贴。

八、继续做好扶贫开发工作，解决农村贫困人口和受灾群众的生产生活困难

（二十）完善扶贫开发机制

各级党委和政府要进一步加大扶贫开发力度，强化扶贫工作责任制，提高扶贫成效。2004年国家继续增加扶贫资金投入。要在认真总结经验、切实摸清底数的基础上，对尚未解决温饱的贫困人口，进一步采取更有针对性的扶贫措施，切实做到扶贫到村到户。对丧失劳动能力的特困人口，要实行社会救济，适当提高救济标准。对缺乏基本生存条件地区的贫困人口，要积极稳妥地进行生态移民和易地扶贫。对低收入贫困人口，要着力帮助改善生产生活条件，发展特色产业，开辟增收渠道，减少和防止返贫。健全扶贫投入机制，加强资金管理，提高使用效益，所有扶贫资金的使用都要实行公示、公告和报账制度，严格监督和审计，确保资金及时足额到位，真正使贫困户受益。

（二十一）认真安排好灾区和困难农户的生产生活

2003年不少地方遭受了严重的自然灾害，一些农民生产生活遇到严重困难。各级党委和政府要切实负起责任，组织干部深入灾区和贫困地区，摸底排查，核实灾情，及时把救济款物发放到户，按规定减免有关税费，组织和引导灾区群众开展生产自救。有条件的地方要探索建立农民最低生活保障制度。落实好农垦企业参加企业职工基本养老保险的政策。

九、加强党对促进农民增收工作的领导，确保各项增收政策落到实处

（二十二）要把解决好农业、农村、农民问题作为全党工作的重中之重

全党同志特别是各级领导干部要始终重视农业的基础地位，始终重视严格保护耕地和保护、提高粮食综合生产能力，始终重视维护粮食主产区和种粮农民的利益，始终重视增加农民特别是种粮农民的收入。对“三农”问题，不仅分管领导要直接抓，而且党政一把手要亲自抓，地、县两级领导要把主要精力放在农业和农村工作上。要树立科学发展观和正确的政绩观，把增加农民收入作为事关全局的大事，放在更加突出的位置。要切实转变工作作风，深入基层，深入群众，落实各项增收措施，为农民增收出主意、想办法、办实事、多服务，力戒浮夸和做表面文章，把增加农民收入作为衡量工作成效的一个重要标准。要加强对农村基层干部的培训，增强宗旨意识和法制、政策观念，增进与农民群众的感情，提高他们带领农民增收致富的自觉性和本领。各行各业都要树立全局观念，为农民增收贡献力量，在全社会形成有利于农民增收的良好氛围。要激发广大农民群众艰苦创业的积极性，发扬自强不息的精神，通过辛勤劳动走上富裕之路。同时，要按照中央的部署和要求，加强农村基层组织建设、精神文明建设和民主法制建设，做好农村其他各项工作，为农民增收提供有力的组织保障、智力支持和安定的社会环境。

做好新阶段的农业和农村工作，努力增加农民收入，意义重大，任重道远。我们要紧密团结在以胡锦涛同志为总书记的党中央周围，高举邓小平理论伟大旗帜，认真实践“三个代表”重要思想，坚定信心，奋力开拓，扎实工作，为全面建设小康社会作出新的贡献。

农产品加工推进行动方案

（农业部　农企发［2004］4号　2004年2月27日）

一、开展农产品加工推进行动的重要意义

改革开放以来，我国农产品加工业获得迅速发展。目前，已成为国民经济的一支重要力量和新的增长点。但与发达国家相比，我国农产品加工业还存在很大差距，如农产品加工业产值与农业产值比例，发达国家平均为3∶1，而我国只有0.6∶1。加入WTO后，我国农产品加工企业正受到跨国公司的挑战，面临越来越激烈的市场竞争。从总体上看，我国农产品加工企业规模小、工艺技术装备落后、技术创新能力不强、质量安全标准体系不完善、缺乏必要的政策扶持等，仍是制约我国农产品加工业发展的重要因素。受农产品加工业发展滞后影响，大宗农产品生产过剩和农民收入增长缓慢等问题日益突出。为改变这种状况，促进农产品加工业快速发展，农业部决定自2004年开始，实施农产品加工推进行动。通过实施农产品加工推进行动，加速调整农业和农村经济结构，加快农产品的转化与增值，增加农民就业与收入，提高农产品国际竞争能力，为实现我国国民经济持续快速协调发展和全面建设小康社会的目标做出更大的贡献。

二、农产品加工推进行动的指导思想、目标及任务

（一）指导思想

贯彻党的十六大、十六届三中全会和中发［2004］1号文件精神，与国家的有关发展战略和优势农产品区域布局规划相结合，以增加农民收入、扩大农民就业、提高农产品及加工制品竞争力为着力点，统一认识，整合资源，重点突破，大力推进，依靠科技进步提高农产品综合加工能力，实现由初级加工为主向高附加值的精深加工为主转变，由资源消耗型向资源节约型转变，促进农业产业化和现代化，为实现全面建设小康社会宏伟目标做出新贡献。

（二）目标与任务

1. *质量安全标准体系、检测体系不断完善*　加大支持力度，每年制修订100项农加工标准，力争到“十一五”期末，使我国主要农产品加工、包装、储藏、保鲜、运销等方面的国家标准或行业标准基本配套，农产品加工都有相应的标准可遵循。加大农产品加工检测监督机构的建设力度，并拓展一批食品检测机构的检测范围。

2. *技术创新和技术推广能力显著增强*　引导农产品加工企业不断提高自我创新能力，研发核心技术，进一步加大技术引进、推广、转化力度。“十一五”期间，农产品加工企业在形成具有自主创新能力、研究开发能力和科研成果转化能力方面有明显进步。部分大宗农产品加工业的技术装备达到发达国家的同期水平。

3. *农产品加工业的发展环境得到改善*　落实已有的政策措施，根据发展需要制定新的促进政策。农产品加工业发展的舆论环境和法制环境也得到相应改善。农产品加工业发展的布局结构得到进一步优化。

4. *促进农业、农村经济结构调整和农民增收*　加快农产品的转化与增值，实现农产品种养加、贸工农协调发展，加速调整农业、农村经济结构。力争每年为农民人均增收贡献20元，每年吸纳农民就业100万人。

5. *农产品加工业的国际竞争力进一步增强，我国农产品和加工品出口扩大*　大宗农产品加工制品质量达到发达国家的同期水平，形成一批在国内外市场上具有较强竞争力的龙头企业和名牌产品。

6. *逐步提高农产品加工水平*　到“十一五”期末，力争使农产品加工业产值与农业产值之比达到0.8∶1。大宗农产品加工转化率及产品质量达到发达国家当前水平，部分特色产品达到国际水平。

三、农产品加工推进行动的主要内容

（一）农产品加工科教跨越行动

与科教兴国战略相结合，组织有关专家对制约

农产品加工业发展的重大关键技术进行筛选；组织有关科研单位进行联合攻关，或引进国外技术，解决农产品加工业发展过程中的技术制约瓶颈；引导大中型农产品加工企业建立健全技术开发机构，提高自我创新能力；支持企业加大对引进技术的消化、吸收和再次创新；每年选择一批农产品加工技术予以推广；引导农产品加工企业搞好“产学研”结合。与人才强国战略相结合，广泛开展各种形式的教育培训活动，提高企业家、专业管理技术人员的素质，大力开展职工职业技能开发与鉴定工作，努力提高企业职工的岗位技能和文化知识，建立一支宏大的多层次的人才队伍。

（二）优势农产品精深加工行动

与优势农产品区域布局规划和优质粮食产业工程相结合，优先发展对农业生产影响大、农民增收关联度高、外贸出口拉动强劲的优势农产品加工业，并从粮食加工、肉蛋奶制品及饲料加工、水产品加工、果品加工、蔬菜及茶叶加工等行业中选择500家重点企业作为示范项目，引导各方面对其进行重点扶持，开展精深加工和综合利用，提高质量和附加值。与我国的产业政策相结合，组织专家编制《优势农产品加工行业发展指导目录》，指导各地对优势农产品加工业进行重点扶持，真正把具有优势的农产品加工业做大做强。

（三）农产品加工业质量安全行动

与食品安全战略和无公害食品行动计划相结合，建立完善符合我国实际和国际惯例的农产品原料和加工业制品质量安全标准体系。根据农业部制定的《农产品加工业标准制（修）订指南》的要求，加快农产品加工标准的制修订力度；积极引进和采用国际标准，并逐步与国际接轨；建立对加工品国际标准、特别是主要贸易国加工品标准动态跟踪制度。进一步加强质量安全的监督、检查、检测体系建设，建立一个既符合我国国情，又与国际接轨的加工品检测检验体系。制定进一步加强农产品加工业质量安全工作的意见。

（四）农产品加工业外向型行动

与“引进来”和“走出去”战略相结合，鼓励农产品加工企业引进国外智力、先进技术、工艺及装备；积极引导农产品加工出口企业进入出口加工贸易区，引导农产品加工企业扩大出口，有条件的企业到境外投资办厂，建立原料基地或技术研发中心；帮助农产品加工企业到国外、境外举办产品博览会，开拓国际市场；根据国际市场的需求，建立适应不同国家和地区需要的加工基地，避开或突破贸易壁垒，千方百计扩大农产品及其加工制品的出口。培植500个农产品加工出口基地及200个跨国经营示范企业。

（五）农产品加工业兴县富民行动

与农业产业化相结合，大力培植农产品加工龙头企业，重点扶持100个农产品加工业示范县、500家国家级重点龙头企业，鼓励其实行产业化经营，通过订单合同、合作制、股份合作制等经营组织形式，推动龙头企业与农户之间建立稳固的利益联结机制，优化和延长农业产业链，提升其对农户的带动力，促进县域经济的发展。

（六）农产品加工业布局优化行动

与国家产业政策和小城镇战略相结合，引导农产品加工业合理布局。扶持粮食主产区发展以粮食为主要原料的农产品加工业，重点是发展粮食深加工。引导农产品加工企业向优势农产品产业带、农产品加工园区和小城镇集中，促进优势农产品产业带的形成，推动小城镇建设。命名一批全国农产品加工业园区，树立典型，充分发挥其示范带动作用。与国家西部大开发战略和振兴东北老工业基地战略相结合，引导东部地区与中西部地区企业、东北地区企业、国内企业与国外及港澳台地区企业开展交流与合作，大力开发该区域农产品资源。

（七）农产品加工业政策突破行动

与国家宏观调控政策相结合，协调落实已有的促进农产品加工业发展的财政贴息、投资参股、信贷扶持、税收政策等措施。深入研究国外发达国家促进农产品加工业的政策，探讨我国实行这些政策的可能性。根据农产品加工业发展的客观需要，协调有关部门，制定切实可行的扶持政策，加大财政对农产品加工业的扶持力度，促进农产品加工业技术进步和创新；引导各地结合实际，制定相应的扶持政策。

四、开展农产品加工推进行动的工作措施

（一）提高认识，加强领导

要进一步增强开展农产品加工推进行动，促进农产品加工业发展重要性和紧迫性的认识，树立发展农产品加工业就是发展农业和农村经济，扶持农产品加工业就是扶持农民的观念，切实摆上重要工作位置，加大工作力度。农业部农产品加工业领导小组负责对农产品加工推进行动的重大事项进行协调、安排、布置。农业部农产品加工业领导小组办公室负责组织实施，落实相关责任，建立激励机制，开展总结与表彰。各地要明确领导和相应机构负责组织农产品加工推进行动，保证这项工作的顺利开展。

（二）制订方案，抓好落实

为搞好农产品加工推进行动，我部组织制定了《农产品加工推进行动方案》。农业部各有关司局、各地农业行政管理部门，要在调查研究的基础上，根据本单位的职能和本地实际，制定具体的推进行动方案，以明确指导思想、目标任务、具体内容和工作措施等，并组织实施，抓好落实。

（三）制定宣传方案，加大宣传力度

各有关方面要根据农产品加工推进行动的具体内容，制定详细的宣传方案，组织新闻媒体加大对所开展活动的宣传力度。同时，要大力宣传农产品加工业的重大成就、重要地位和作用，总结推广各地发展农产品加工业的经验，宣传加工企业带动“三农”的典型事迹。

（四）突出工作重点，实现重点突破

农产品加工推进行动以食品加工业为主，即以粮食加工、肉蛋奶制品加工、饮料加工、果品加工、水产品加工、蔬菜加工、茶叶冷藏加工及特色农产品加工等为主。各地要在调查研究的基础上，以市场为导向，根据本地区农产品资源优势、传统工艺优势及技术设备能力等，确定并突出本地区农产品加工业的发展重点，着力解决农产品加工业发展中存在的主要困难和关键问题，努力提高农产品加工业的质量和效益，促进农产品种养加、贸工农协调发展。

（五）调动各方面积极性，整合现有力量和资源

各级农业行政管理部门要主动加强与有关部门的联系和协调，争取支持，形成合力，使资金、技术、人才等向农产品加工业倾斜。要本着有统有分、统分结合的原则，整合现有资源，实施重点突破。部各有关单位各司其职，各负其责，在不改变现有计划、资金、项目运行方式及隶属关系的条件下，列出专项投资计划，使我部现有力量和资源向农产品加工业倾斜。

（六）协调落实政策，创造宽松环境

认真组织落实好国家和有关部门、地方政府在鼓励发展农产品加工业、加大国家基本建设投资和财政支农资金对农产品加工业的投入力度、增加农产品加工业的贷款总量、税收优惠政策、土地使用和科技教育培训等方面的政策。根据农产品加工业发展的客观需要，协调国务院有关部门，制定切实可行的扶持政策，争取将农产品加工业列入财政专项，对技改给予贷款贴息；创造条件，完善农产品加工业的增值税政策。同时各地要结合实际，制定相应的扶持政策。

（七）培育骨干企业，推进农业产业化经营

要着重培植一批技术创新能力强、产业关联度大、带动能力强、有国际竞争力的农产品加工骨干企业，积极培植支柱产业和区域特色产业，发展高科技、精深加工企业。大力推广公司＋基地＋农户，生产、加工和销售一体化的经营方式，引导农产品加工企业和农民建立起稳定的紧密关系和利益联结机制，形成真正的利益共同体，促进企业做大做强。

（八）完善服务体系，提供良好服务

完善科教服务体系，为农产品加工业发展提供科教服务。建立健全信用担保体系，解决农产品加工企业贷款难的问题。加强农产品加工业的信息体系建设，以中央电视台第7套农业节目、中国农业信息网和乡镇企业信息网为基础，建立农产品加工业信息发布平台，做好信息的收集、整理、分析和及时发布，以满足政府制定政策和企业进行生产经营决策的要求。鼓励成立农产品加工专业协会，并成立中国农产品加工业协会。引导协会根据农产品加工推进行动的总体要求，积极开展技术推广、培训、管理、信息等各方面的服务，在政府、市场、企业、农民之间以及生产、加工、贸易之间充当桥梁与纽带，维护各方的权利与利益。

2004年全国食品放心工程实施方案

（国家食品药品管理局等8部委　国食药监察［2004］66号　2004年3月17日）

食品安全，关系到人民生命安全和身体健康，关系到经济发展和社会稳定。去年在全国实施的食品放心工程，经过有关部门的共同努力，取得了阶段性成效。为了巩固成果，进一步把实施食品放心工程引向深入，在总结去年工作的基础上，针对各地存在的共性问题，综合各部门的意见，制定本实施方案。

一、指导原则和总体思路

以邓小平理论和“三个代表”重要思想为指导，认真贯彻党的十六大、十六届三中全会、中央经济工作会议精神，以继续推进食品专项整治为主线，突出源头治理，重点抓好四个环节，全面提高食品安全监管水平，为实现食品放心工程三年规划目标迈出第一步。

——要继续坚持全国统一领导，地方政府负责，部门指导协调，各方联合行动的工作方针。

——要本着求真务实，抓专、抓细、抓实的原则，立足当前，标本兼治，着力治本。

——结合部门和地区特点，因地因事制宜，突出重点，分类指导，以点带面，全面推进。

二、工作重点和预期目标

整治和监管的重点品种是：与群众生活息息相关的粮、肉、蔬菜、水果、奶制品、豆制品、水产品等。食品源头污染治理的重点要向两头延伸。一头向农业投入品的监管延伸，一头向食品生产、加工环节延伸。加大对种植、养殖环节中的农业投入品使用和食品生产、加工环节的综合监管力度。今年工作的预期目标是：

37个城市蔬菜农药残留平均超标率下降3～5个百分点；

37个城市学校食堂、餐饮业量化分级达到90%以上；

16个城市畜产品“瘦肉精”平均检出率下降1个百分点；

10大类大中型食品生产企业获生产许可证的力争达到90%；

500个食品商场（超市）的散装食品经营行为得到规范；

市（地级）以上大型市场、超市进货索票索证率达90%以上；

开展食品安全信用体系建设试点工作；

省会市和计划单列市至少建立1个食品绿色市场；

大中城市基本实现5类食品安全准入上市；

面粉、肉类、儿童食品加工企业基本消除滥用食品添加剂行为；

注水肉和病害肉上市受到全面遏制；

及时依法查处制售有毒有害食品的违法犯罪案件；

全社会对食品安全的满意度有所提高。

三、主要任务和具体措施

（一）加大对食品源头污染治理的力度

1. 加强农业投入品的监管　强化三项整治，一是开展农资打假，强化种植业产品农药残留专项整治，实施甲胺磷等5种高毒有机磷农药削减计划。二是整治畜产品违禁药物滥用和兽药残留超标行为，加强饲料和兽药市场准入管理，逐步建立生产和经营的可追溯制度，阻止违禁药品从人用药品领域流向养殖环节。以检查“瘦肉精”生产使用窝点为突破口，对“瘦肉精”检出率过高的地区实施重点整治。三是整治水产品药物残留超标行为，整顿市场经营秩序，组织开展水产养殖用药的监管和指导。

2. 定期发布全国大中城市蔬菜农药残留例行监测结果　对例行监测不合格率较高的城市和所在省的农产品质量安全进行跟踪督导。

3. 加强对食品添加剂使用的监管　组织开展对食品生产企业使用添加剂的专项整治，加大产品质量抽查。特别是对面粉中过氧化苯甲酰、儿童食品中糖精钠、肉类食品中色素、EDTA铁钠使用监管力度要加大，使面粉、肉类、儿童食品生产加工企业基本消除滥用添加剂的违法行为。

4. 严查用非食品原料加工制作食品行为　重点落实十查十找任务，检查米（面）、食用油、酱油、醋、米粉（线）、腐竹、干菜、肉制品、水产品、酒类产品等加工点，找陈化粮、矿物油、地沟油、吊白块、回收过期变质食品、工业用双氧水、毛发水、敌敌畏、甲醇等非食用物质，一经发现彻底收缴物品、设备。

5. 抓好阶段性检查和工作效果评价　对重点食品源头污染的治理进行综合监督和阶段性检查，组织有关部门对重点品种整治效果进行评价。

（二）加强对食品生产和加工环节的监管

1. 强化农产品生产基地的建设与监管　加大农产品标准化生产示范区、无公害农产品生产示范基地、养殖小区、示范农场、出口产品生产基地的建设力度，推进产地环境污染监控工作。建成农产品标准化生产示范区140个，无公害农产品生产试点县10个，完成4 000个无公害农产品认证和8 000个无公害农产品产地认定。

2. 加强食品生产加工环节的监管，严格审查和发放许可证　以重点查处食品生产过程中使用非食用物品、病死畜禽、回收过期食品加工后再上市等违法行为为重点，加强对调味品、米面制品、食用油、肉及肉制品、乳制品、保健食品、月饼等食品生产企业的监督管理，并强化食品生产环节的日常监督和检查。清理和整顿已获得卫生许可证的食品生产企业，对不符合生产条件的企业要吊销或收回许可证。严格按标准审查肉制品、乳制品、饮料、调味品、冷冻饮品、方便面、饼干、罐头、速冻米面食品、膨化食品10类生产企业，不具备条件的企业不发给食品生产许可证。同时加强对获证企业的监管，凡不具备确保产品质量条件的生产企业及产品都要退出市场。

3. *加强生猪屠宰管理* 对定点生猪屠宰厂要加强监督管理，整顿和规范肉品流通秩序。积极推进牛、羊、家禽的定点集中屠宰工作。清理整顿定点屠宰厂，全面遏制注水肉、病害肉上市，肉品质量要明显提高，严厉查处和打击私屠滥宰、加工注水肉、病害肉的违法行为。

4. *对各类制售有毒有害食品的违法犯罪案件，特别是新闻媒体披露的案件，中共中央、国务院领导批示查办的案件，要及时查处。*

5. *加强对食品质量的监督抽查* 加大对纳入整治和监管重点品种的抽查频率和覆盖面；抓生产集中地和产品质量不稳定的企业；要重点抽查涉及人体健康安全的项目。不合格的产品要坚决曝光，问题严重的要立即责令停止产、销，多次抽查不合格、不具备生产条件的要吊销相关证照，退出市场。

（三）抓好对流通环节的食品安全监管

1. *把好市场主体的准入和退出关* 对食品经营企业、个体工商户，要严格依法审查其主体资格，严格执行前置审批规定，要加强监督抽查的力度，特别是对重点商品要实行定期质量监督抽验。要认真履行食品进出口的监管职责，进一步加强对入境动植物及食品的检验检疫。大中城市的大型蔬菜批发市场、超市的蔬菜要进行安全检测，并及时公布检测结果。对违规食品、药物残留超标食品和不宜食用的食品要及时下架下市，并按规定进行销毁，防止异市、异地销售。综合监管部门和有关部门要做好督查工作。

2. *全面推进和实行食品进货检验、索证索票、购销台账和质量追究制度* 统一、规范购销台账等票、证内容。

3. *充分发挥食品检测机构的作用* 解决重复检测和有些品种存在的检测空白问题，要组织、协调、逐步整合检测资源，发挥好各类检测机构效能。

4. *及时解决存在的问题* 对在市场抽查和检验中发现的影响或危及人体健康的不合格食品，在坚决清除出市场的同时，要查清其进货渠道和所有销售场所，做到追根溯源，一查到底。要教育和督促企业对已销售的不安全的食品，主动召回，及时消除隐患。

5. *建立和健全各种规章制度* 督促和指导食品经营企业建立健全质量追溯、封存报告、依法销毁和重要大宗食品安全质量购销档案等制度，积极探索农产品产地编码和标签追溯的质量监控模式，推广食品产销“场厂挂钩”、“场地挂钩”等有效管理方法。进一步加快农贸市场改超市、农贸市场退路进厅的步伐。

6. *建立流通环节食品安全保障体系* 主要农副产品批发市场和大中城市重点生鲜食品超市，要健全食品安全检测机构，开展以速测为主的安全检测。做好绿色产品国家标准的宣传工作。

7. *启动食品安全综合评价试点工作* 在总结经验，综合各相关部门的意见和各地情况的基础上，实施食品安全指标综合评价的试点工作，并逐步推广。

（四）抓好消费环节的食品安全管理

对学校食堂、餐饮业及建筑工地食堂，特别是小餐馆、个体门店加强检查和监督。全面实施食品卫生监督量化分级管理制度。确定37个城市学校食堂、餐饮业量化分级管理要达到90%以上。认真贯彻执行《散装食品卫生管理规范》。全国确定500家重点食品商场、超市，使其90%以上的单位达到管理规范的要求。

（五）开展食品安全信用体系建设试点工作，探索建立长效监管机制

以强化企业是食品安全的第一责任人的意识为切入点，本着积极、稳妥、务实的精神，大力推进食品安全信用体系建设。

1. *加强法规和制度建设* 针对存在的问题，建立健全食品安全监督法律法规。加快《农产品质量安全法》的立法进程，依法进行监督。督促企业建立健全食品质量追溯、封存报告、依法销毁、购销台账、质量安全档案、商品索证索票、不合格食品退出等制度。

2. *积极开展食品安全信用体系建设试点工作* 国家食品药品监督管理局选择5个城市和3个食品行业进行试点。各地各部门要结合本地区本部门的实际情况，积极推进食品安全信用体系建设试点工作。

3. *选定省会城市的20个大型食品商品经营企业开展试点。*

4. *食品放心工程牵头单位要做好组织协调和具体指导工作* 及时了解和掌握各地区各部门信用体系建设的进展情况、存在的问题，适时召开食品安全信用体系建设试点工作会议，介绍情况，交流经验，沟通信息。

（六）严厉打击各种制售不符合标准和有毒有害食品的违法犯罪行为

各级行政执法部门要把集中整治与日常监管结合起来，以集中整治强化日常监管，以日常监管深化集中整治，对生产销售不符合标准的食品和有毒有害食品的违法犯罪行为，要做到早发现、早控制，依法严厉打击。坚决取缔无证、无照非法生产经营企业，同时加强对已取得证、照企业的监督管理。特别是对大案、要案要及时查处，涉嫌构成犯罪的及时移交公安机关。要切实解决以罚代刑的问题。

四、几点要求

（一）进一步加强组织领导

各级人民政府必须对食品安全负责，把实施食品放心工程纳入重要日程，确保人力、物力、财力到位。确定牵头机构或部门，明确责任，抓出实效。各有关部门要按照职责分工，对本方案提出的任务、目标进行分解，抓好落实。要加强部门间相互配合，协调一致。食品综合监管部门要发挥好政府在食品安全方面的监管作用，积极协调，主动服务，要多在综合上下功夫，通过综合、整合现有资源，把分散的监管集中起来，提高工作效能。

（二）精心组织，狠抓落实

各地各部门要在认真总结去年工作的基础上，结合本地区本部门的实际情况，针对存在的薄弱环节和群众反映集中的问题，按照求真务实和抓专、抓细、抓实的要求，明确工作重点、任务和目标，提出具体措施，责任一定要落实到具体部门。

（三）抓好舆论宣传工作

要充分重视和发挥新闻媒体的舆论监督的作用，采取多种形式和途径，大力宣传有关食品安全的法律法规和食品放心工程，普及食品安全的科学知识，发动群众积极参与，增强全社会和消费者对食品安全的关切度。国家有关部门将在5月中旬开展食品安全宣传周活动，请各地认真组织，大张旗鼓地宣传和报道食品安全监管中的好典型，及时客观地曝光违法案件，督促食品生产经营企业加强行业道德和规范，重视企业信用，自觉地建立自律机制。要进一步强化企业是食品安全的第一责任人、消费者是最后一道防线的意识。

（四）加大督查督办工作的力度

加强督查督办是实施好食品放心工程的一项重要措施。今年检查督办的重点是：去年工作有待加强的、媒体曝光频率较高的、群众反映集中的地区或问题；信息报告不及时、不准确、不真实的问题。对工作不力的要予以通报批评。国家有关部门除在黄金周、重点节假日做好专项督促检查外，还要做好明察暗访工作。第三季度前将统一组织督察组，对各地实施食品放心工程的情况进行检查。

关于加快食品安全信用体系建设的若干指导意见

（国家食品药品监督管理局等8部委　2004年4月7日）

市场经济是信用经济，信用是维持市场经济正常秩序的保证。没有信用，就没有秩序，市场经济就不可能健康发展。党的十六大报告提出“整顿和规范市场经济秩序，健全现代市场经济的社会信用体系。”十六届三中全会进一步指出，要增强全社会的信用意识，形成以道德为支撑，产权为基础，法律为保障的社会信用制度。国务院提出：从2003年起用5年左右的时间，建立起社会信用体系的基本框架和运行机制。

食品是人类社会赖以生存和发展的最基本的物质条件。食品安全状况如何，直接关系着广大人民群众的身体健康和生命安全，关系着我国国民经济与社会的协调发展，关系着全面建设小康社会目标的实现。食品安全信用体系建设是以培养食品生产经营企业遵纪守法为核心，通过相应的制度规范、运行系统和运行机制建设，实现褒奖守信、惩戒失信，从而全面提高食品安全水平，保障广大人民群众的身体健康和生命安全。食品安全信用体系建设是在政府推动下全社会参与的一项系统工程，是保障食品安全的长效机制和治本之策。为了加快我国食品安全信用体系建设，现提出以下指导意见。

一、加快食品安全信用体系建设的重要意义

建立符合现代市场经济发展要求的社会信用体系，是建立社会主义市场经济体制的重大战略步骤，也是规范社会主义市场经济秩序的根本措施。

当前食品市场秩序混乱的局面仍没有得到彻底扭转，制假售假等违法行为仍然十分严重，特别是重大的食品安全事故时有发生，其重要原因之一就是食品生产经营企业信用的严重缺失。近年来，各地区和有关部门组织实施了“无公害食品行动计划”、“三绿工程”、“食品安全行动计划”，实行食品卫生量化分级管理制度和食品质量安全市场准入制度，尤其是实施食品药品放心工程以来，各地区和有关部门开始探索食品安全信用体系的建设，取得了初步的进展。然而，由于多方面的原因，目前我国的食品安全信用体系建设还存在着缺乏统一规划指导，发展建设无序，资源开放不够，宣传教育有待加强等问题。这些问题的存在严重影响了我国食品安全信用体系的建设和食品安全水平的进一步提高。要从根本上提高我国的食品安全水平，必须注重从体制、机制和法制等方面建立和完善长效的食品安全体系，形成统一开放、公平竞争、规范有序的食品市场环境。

加快食品安全信用体系建设，有利于从根本上保障广大人民群众的身体健康和生命安全；有利于进一步规范食品市场经营秩序，建立起新型的食品安全治理机制，实现食品行业的可持续健康发展；有利于促进经济的协调发展和社会的全面进步；有利于促进我国对外贸易的发展，维护国家形象。为此，我们必须站在社会主义现代化事业成败的高度，通过坚强的组织领导、广泛的宣传教育、系统的制度创新、扎实的实践探索、不懈的工作努力，把食品安全信用体系建设不断推向深入。

二、加快食品安全信用体系建设的指导思想、基本原则和主要目标

（一）指导思想

以邓小平理论和“三个代表”重要思想为指导，认真贯彻落实党的十六大和十六届三中全会精神，坚持以人为本，树立科学的发展观，以改善食品安全信用环境，培育食品安全信用意识，规范食品企业生产经营行为和食品市场秩序，全面提高食品安全水平为目的，以加强食品生产经营企业信用建设为核心，通过政府监管、行业自律和社会监督，综合抓好食品安全制度规范、管理服务系统与运行机制建设，加快形成中国特色的食品安全信用体系，保障广大人民群众的身体健康和生命安全。

（二）基本原则

1. *坚持政府推动、部门联动、市场化运作、全社会广泛参与的原则* 政府推动、部门联动要求与食品安全相关的各政府监管部门共同发挥规划、指导、组织、协调和服务的作用，相互配合、相互支持，为食品安全信用体系的建设提出指导意见，制定发展规划，落实政策支持，完善法律保障，确定基础标准，加强运行监管，营造舆论环境，推动联合建设。市场化运作要求在企业信用信息的征集、评价、披露等方面发挥社会中介机构的作用。全社会广泛参与要求政府、行业协会、企业、消费者等共同参与食品安全信用体系建设。

2. *坚持统筹协调、分工合作、分类指导、分步实施的原则* 统筹协调要求食品安全的综合监管部门与各有关部门共同对食品安全信用体系建设框架进行总体设计，对各部门、各行业、各地区食品安全信用体系建设的基本原则、发展目标、建设标准等内容进行协调。分工合作，要求各部门、各行业、各地区在按照各自职权或者职责进行相关食品安全信用体系建设的同时，加强沟通合作，实现信用资源共享，信用环境共创。分类指导就是要针对各地区、各部门和各行业的不同实际，采取不同指导措施，积极稳妥地开展信用体系建设工作。分步实施要求在总体设计的前提下，积极探索，精心试点，注重实效，以点带面，稳步推进，逐步深化。

3. *坚持宣传教育与制度规范并重的原则* 在食品安全信用体系建设中，宣传教育是基础，制度规范是保障，两者缺一不可。宣传教育要突出主题、注重实效，从而提高认识，营造环境；制度规范要结合实际、反映规律，从而明晰权责，构建机制。

此外，食品安全信用体系建设还应坚持褒奖守信与惩戒失信并举的原则；信用建设与行政监管相结合的原则；互联互通、资源共享的原则；低成本、高效益的原则。

（三）主要目标

从2004年至2008年，为全面推进我国食品安全信用体系建设的五年。通过五年的建设，要逐步建立起我国食品安全信用体系的基本框架和运行机制，使我国的食品安全水平迈上一个新台阶。

——在制度规范上，初步建立起食品安全信用的监管体制、征信制度、评价制度、披露制度、服务制度、奖惩制度等，使食品安全信用体系建设的主要方面有法可依，有章可循。

——在运行系统上，初步建立起食品安全信用管理系统和服务系统，如公开、便利的食品安全信用查询系统，科学、公正的食品安全信用评价系统，不断提高管理与服务水平，逐步满足社会对食品安全信用服务的需求。

——在信用活动上，通过宣传教育、需求培育、失信联防等活动，进一步增强全社会的食品安全信用意识，营造食品安全信用环境，创造食品安全信用文化。

——在运行机制上，初步建立起食品安全信用运行机制，全面发挥食品安全信用体系对于食品安全工作的规范、引导、督促功能。对食品市场中的制假售假等违法行为充分发挥警示和惩戒作用。

三、食品安全信用体系建设的主要内容

（一）建立食品安全信用管理体制

食品安全的综合监督管理部门会同有关部门对食品安全信用体系建设框架进行总体设计，并对各部门、各行业、各地区的具体建设方案组织协调。政府其他部门依照法定职责对食品安全信用体系建设进行指导和管理。行业协会对其会员的食品安全信用体系建设进行行业指导和服务。作为食品安全的第一责任人，食品企业应当进一步加强自身建设，切实抓好企业内部信用体系建设。消费者对食品安全信用体系建设进行社会监督。

（二）建立食品安全信用标准制度

食品安全信用标准是食品安全信息征集、评价和披露工作的基础。为实现食品安全信息的互联互通，保障资源共享，避免重复建设和资源浪费，以现行有关食品安全的法律法规和技术标准为基础，国家食品药品监督管理局会同有关部门共同制定食品安全信用基础标准。

（三）建立食品安全信用信息征集制度

食品安全信用信息征集是食品安全信用体系运行的基础，其状况如何直接影响着食品安全信用的评价、披露以及监管。

1. 食品安全信用信息征集原则　依法、客观和公正征集信用信息，保障信息质量，维护国家经济安全，维护社会公共利益，维护企业合法权益。

2. 食品安全信用信息征集渠道　政府有关部门按照各自的法定职责对监管对象的信息进行记录，行业协会按照协会章程对会员的信息进行记录和收集，社会信用服务中介机构按照委托要求进行信息征集。

食品安全信用信息来源于政府、行业和社会三个方面。政府信息主要是食品安全监管部门的基础监管信息；行业信息包括行业协会的评价等；社会信息包括新闻媒体舆论监督信息、信用调查机构的调查报告、认证机构的认证情况、消费者的投诉情况等。食品安全信用信息应当包括一定时期食品安全的静态信息和动态信息。

3. 食品安全信用信息提供要求　食品生产经营企业及相关单位应该做好食品安全信息记录，保证信息真实全面，并依法公开其信用信息，促进信用信息的资源共享。政府各监管部门，应当依法全面、充分、及时、无偿地向社会公开其有关食品安全的政策、法律、标准等社会公用信息资源。

（四）建立食品安全信用评价制度

食品安全信用评价制度包括食品安全信用评价机构的选择、评价指标的确定、评价等级的划分、评价方法的确定和评价结果的产生等。

1. 食品安全信用评价机构　与食品安全信用征集体系相匹配，逐步建立起食品安全的政府评价、行业评价和社会评价三者结合的评价体系。行业评价机构和社会评价机构由食品安全综合监管部门会同有关部门遴选确定。

2. 食品安全信用评价原则　坚持独立、公正和审慎的原则，严格按照标准和程序进行评价，保证评价结论的合法性和权威性。

3. 食品安全信用评价指标　企业内部评价指标包括原料进货渠道、产品品质要求、检验要求、制度建设与执行要求等。外部评价指标包括政府机构如公安、农业、商务、卫生、工商、质检、海关等部门和社会中介机构的评价。上述评价指标应包括定性评价指标和定量评价指标。

4. 食品安全信用等级　为鼓励食品生产经营企业通过努力，不断提高食品安全信用水平，结合目前社会信用等级建设情况，原则上确立食品安全信用从高到低划分为A、B、C、D四级制。各部门、各行业可根据部门、行业的需要具体细化各级评价指标条件。

5. 食品安全信用评价方法　为发挥现代科技优势，提高资源使用效率，减少主观因素的影响，应结合先进的信息技术，设计食品安全信用管理软件，逐步通过统一的信息平台产生评价结果。

（五）完善食品安全信用披露制度

1. 食品安全信用披露主体　食品安全监管机关、有关部门和食品行业协会定期向社会披露食品安全信用信息，供社会随时查阅食品安全信用状况。国家食品药品监督管理局与有关部门在网站上开辟联动的中国食品安全信用专栏及专项食品安全信用管理系统，

综合披露食品安全信用信息，全面展示我国食品安全信用状况。

2. *食品安全信用披露原则*　食品安全信用披露应当遵循依法、客观与公正的原则，维护国家经济安全，保守国家秘密、商业秘密和个人隐私。

（六）完善食品安全信用奖惩制度

积极推进食品安全监管部门在各自监管领域，根据信用等级状况，对食品生产经营企业实行分类监管。对长期守法诚信企业要给予宣传、支持和表彰，如在年检、抽检、报关等方面给予便利，建立长效保护和激励机制。对严重违反食品安全管理制度，制假售假等严重失信的企业，实行重点监管，可采用信用提示、警示、公示，取消市场准入，限期召回商品及其他行政处罚方式进行惩戒；构成犯罪的，依法追究其刑事责任。

四、加快食品安全信用体系建设的保障措施

（一）加强组织保障，明确相关责任

国家食品药品监督管理局会同有关部门成立食品安全信用体系建设领导小组，领导小组由有关部门的领导和相关专家组成，负责指导和协调全国食品安全信用体系建设工作。各省、自治区、直辖市食品药品监督管理部门，会同省级政府有关部门成立省级食品安全信用体系建设领导小组，负责指导和协调本地区食品安全信用体系建设工作。

（二）加强政府信用，严格依法行政

各食品安全监管部门要不断适应形势发展的需要，按照执政为民的要求和建设法治政府的目标，推进政府职能转变，坚持科学民主决策，全面推行依法行政，切实加强行政监督，建立政务信息公开制度，增强政府工作的透明度，自觉接受社会公众监督。

（三）加强法制建设，提供制度保障

食品安全信用体系建设涉及食品安全建设的诸多方面，要逐步建立健全食品安全信息管理制度，不断提高食品安全信用法制建设水平。各食品安全监管部门要在调查研究的基础上，积极推动有关食品安全信用法律、法规的制定与完善，保障食品安全信用体系建设依法进行。

（四）加强舆论宣传，营造信用氛围

开展多种形式的食品安全信用宣传活动，形成人人讲信用，人人重信用，守信为荣，失信为耻的良好社会氛围。食品生产经营企业要开展重合同、守信誉、依法经营的活动，倡导文明经商，形成有效的企业自律；食品行业协会要积极普及食品安全基本知识，提高全民食品安全意识，维护消费者合法权益。

各地区、各部门、各行业要在认真贯彻《公民道德建设实施纲要》和中宣部、全国整规办等六部委《关于开展社会诚信宣传教育的工作意见》和中央文明办、全国整规办等五部委《关于联合开展“共铸诚信”活动的通知》的基础上，结合实际情况制定具体的宣传工作方案。通过举办理论研讨、知识培训、法制讲座、技术咨询等各类以食品安全信用为主题的活动，把信用教育和信用实践、信用教育与法制教育有机结合起来，增强宣传教育的社会影响和实际效果。

（五）加大科技投入，增加经费保障

各地区、各部门、各行业要按照国家的统一部署和要求，加大科技投入，积极参与政府公共信用信息交换平台的建设，充分利用电子政务等手段建立食品安全信息网络，保障信息资源共享。积极支持和鼓励食品安全信用的基础设施建设和信用服务机构的发展，不断提高食品安全信用体系建设的科技水平。各地区、各部门、各行业要加强食品安全信用体系建设的经费保障。

（六）加强企业信用，强化信用基础

食品生产经营企业应当进一步提高对信用价值的认识，结合 HACCP、GMP 和 ISO 9000 等认证体系的建设，建立企业内部信用管理机制及信用风险管理制度，重视培养信用管理人才，加强经营行为自律，把维护自身形象和提升企业价值有机联系起来。

（七）认真抓好试点，分级分层推进

食品安全信用体系建设刚刚起步，经验不足，需要进行试点，积极稳妥，分类指导，注重实效，逐步推广。国家食品药品监督管理局将会同有关部门选择这项工作已经起步的地区和工作基础较好的 4～5 个城市和 2～3 个食品行业进行试点，要求试点城市和行业制定具体的试点工作方案，加强组织领导。

食品安全信用体系建设是庞大而复杂的社会系统工程，各地区、各部门、各行业、各企业要从全面贯彻“三个代表”重要思想，切实保障广大人民群众的根本利益出发，齐心协力，扎实工作，不断提高我国的食品安全水平，为社会主义现代化建设做出积极的贡献。

重点家禽养殖、加工企业流动资金贷款财政贴息资金管理办法

（财政部 中国银行业监督管理委员会 2004年4月8日）

第一章 总 则

第一条 根据《国务院办公厅关于扶持家禽业发展若干措施的通知》（国办发〔2004〕17号）精神，为落实对重点家禽养殖、加工企业流动资金贷款支持政策，规范财政贴息资金管理，提高贴息资金使用效益，制定本办法。

第二条 本办法所称重点家禽养殖、加工企业是指在我国家禽养殖、加工行业中占重要地位，并在此次禽流感疫情中受到冲击的家禽养殖、加工龙头企业。具体企业名单由农业部会同财政部和中国银行业监督管理委员会确定并发布。

第三条 本办法所称重点家禽养殖、加工企业流动资金贷款财政贴息是指对因受禽流感疫情影响的重点家禽养殖、加工企业，银行已经发放但尚未到期的流动资金贷款给予一定期限和比例的财政贴息。

第四条 本办法所称经办银行是指与重点家禽养殖、加工企业发生流动资金贷款关系的国有商业银行、股份制商业银行、城市商业银行、农村商业银行和农村合作银行、城市信用合作社、农村信用合作社等金融机构。

第五条 对重点家禽养殖、加工企业，银行已经发放但尚未到期的流动资金贷款，国家财政按现行半年期流动资金贷款利率的一半据实贴息，期限最长不超过6个月。贴息所需资金由中央财政按东部地区20%、中部地区50%、西部地区80%的比例负担（对国家扶贫工作重点县提高10个百分点），其余贴息资金由省级财政承担。

第二章 流动资金贷款展期和贴息的审核

第六条 对重点家禽养殖、加工企业已经发放尚未到期的流动资金贷款，适当延长还款期限，具体期限由经办银行决定，并报当地人民银行中心支行和银行业监管机构备案。

第七条 重点家禽养殖、加工企业须凭农业部出具的相关文件，向经办银行办理流动资金贷款展期和贴息申请。

第八条 经办银行对重点家禽养殖、加工企业的流动资金贷款展期和贴息申请进行审核，对于银行已经发放但尚未到期的流动资金贷款，可给予展期和贴息。

第九条 经办银行应单独设置重点家禽养殖、加工企业流动资金贷款财政贴息业务台账，并接受有关部门检查。

第三章 贴息资金的审核与拨付

第十条 经办银行以重点家禽养殖、加工企业截至2004年1月31日的流动资金贷款余额为计息基数计算贴息金额。

在6个月的贴息期间内，重点家禽养殖、加工企业流动资金贷款利率执行中国人民银行现行半年期流动资金贷款利率5.04%的一半（即2.52%），其余部分由国家财政给予经办银行贴息。

第十一条 经办银行申请贴息资金，按如下程序办理：

（一）地市级经办银行于本办法施行之日起一个月内将贴息资金申请和明细表报送地市财政部门，并附家禽养殖、加工企业贴息申请、计收利息清单、贷款合同复印件、贷款发放凭单等。

贴息资金申请应包括截至2004年1月31日贷款余额、贷款发生笔数、申请贴息资金额等内容。明细表包括每笔贷款的项目名称、贷款金额、发放时间、期限、借款人名称和单位所在地等内容。

（二）地市财政部门收到地市级经办银行的贴息资金申请材料后即进行审核，在7个工作日内出具审核意见。

（三）地市级经办银行向财政部驻当地财政监察专员办事处（以下简称专员办）报送拨款申请材料。

拨款申请材料包括贴息资金申请和明细表、家禽养殖、加工企业流动资金贷款计收利息清单、地市财政部门的审核意见等有关材料。

（四）农村商业银行、农村合作银行、城市信用合作社以法人为单位，农村信用合作社由县级联社报送有关材料。

（五）专员办收到拨款申请材料后，在7个工作日内出具审核意见并送省级财政部门。

（六）省级财政部门收到专员办审核意见后，将拨款申请材料汇总，报送财政部。

（七）中央财政承担的贴息资金，由财政部对省级财政部门报送的拨款申请材料审核后，安排专项贴息资金，向各省级财政部门拨付。省级财政部门收到中央财政拨付的贴息资金后，在14个工作日内连同应由省级财政部门承担的贴息资金，一并向经办银行据实拨付。

第十二条 省级财政部门应在贴息资金拨付完成后，对本地区家禽养殖、加工企业流动资金贷款贴息资金的审核拨付情况，包括重点家禽养殖、加工企业流动资金项目贷款余额、发放笔数、应贴息金额和实际贴息金额等内容，以及存在的问题进行认真分析，以书面形式报财政部。

第十三条 各级财政部门要根据国家的有关规定，做好贴息资金的决算工作。

第四章 监督管理和责任

第十四条 经办银行应认真履行以下职责：

（一）对贷款项目是否属于重点家禽养殖、加工企业流动资金贷款项目进行审核。

（二）对重点家禽养殖、加工企业流动资金贷款项目贷款的使用方向进行监督，确保贷款用于重点家禽养殖、加工企业项目。

（三）根据有关规定需要履行的其他职责。

第十五条 各级财政部门应对辖区内重点家禽养殖、加工企业流动资金贷款项目贴息的审核工作进行指导，与有关部门配合做好贴息审核的组织和协调工作，并会同有关部门对贴息的审核工作进行检查，对检查中发现的问题及时处理和反映，确保贴息政策落到实处。

第十六条 专员办应加强对贴息资金拨付和使用的审核、监督、规范审核监督程序，加强监督检查，确保贴息资金专项使用。

第十七条 借款人提供虚假证明材料，经办银行等有关机构未能认真履行审核职责，导致借款人骗取财政贴息资金的，由经办银行等机构按各自的职责承担责任，并共同负责追回贴息资金，登记借款人或单位的不良信用记录。

第十八条 对经办银行虚报材料，骗取财政贴息资金的，财政部门应追回贴息资金，同时按国家有关规定进行处罚，并通过媒体予以曝光。

第十九条 各级财政部门未认真履行职责，或虚报材料、骗取挪用财政贴息资金的，财政部将采取责令纠正、追回已贴资金、媒体曝光等措施，并按国家有关规定进行处罚。

第五章 附 则

第二十条 各省、自治区、直辖市、计划单列市财政部门可会同专员办根据本地实际情况制定贴息资金的具体操作程序。

第二十一条 本办法自发布之日起施行。

关于加快推进农业标准化工作的意见

（农业部 国标委 农市发［2004］7号 2004年4月23日）

为贯彻《国务院办公厅关于进一步做好农业标准化工作的通知》，落实全国农业标准化工作会议精神，农业部和国家标准化管理委员会对新时期农业标准体系建设以及农业标准的实施、监督、组织和社会服务体系建设问题，提出如下意见。

一、充分认识农业标准化工作的紧迫性

我国农业和农村经济发展已经进入新的阶段，农业标准化在提高农产品质量安全水平、推进农产品质量认证、实施农产品市场准入、协调农产品贸易纠

纷、保障人民消费安全和调控农产品国际贸易等方面发挥着越来越重要的作用。新形势为农业标准化工作赋予了新的内容和新的意义。

目前，我国已经制修订了农业国家标准 1356 项，行业标准 3396 项，地方标准 8194 项，初步构建了以国家和行业标准为骨干、企业标准为基础、地方标准为补充的农业标准体系框架；形成了以科研、教学、技术推广、质检、管理、生产、经营企业为主体，以标准化技术委员会为骨干的农业标准化队伍，农业标准实施步伐不断加快，监督力度不断加强。我国农业标准化工作取得了长足的进步。但是，由于我国标准化工作起步较晚，标准体系建设缺乏统一规划，标准之间配套性差，标准的技术内容陈旧，与发达国家相比存在明显差距；由于我国农业以农户小规模生产为主，标准实施和推广的难度较大，标准化生产的水平较低，已影响到农产品在国际市场上的竞争力；由于我国检验检测与认证体系建设起步较晚，装备设施不足，检测手段落后，管理体制尚未理顺，对标准实施的监督还不能满足社会日益迫切的需求。从整体上讲，我国农业标准化工作所遇到的新挑战，比以往任何时候都更为严峻。

二、新时期加强农业标准化工作的指导思想、工作方针和主要任务

1. 指导思想　以邓小平理论和“三个代表”重要思想为指导，深入贯彻党的十六大和十六届三中全会精神，以市场为导向，紧紧围绕当前和今后一个时期农业和农村经济结构的战略性调整，以保护和提高粮食综合生产能力、提高农产品质量安全水平和市场竞争力为核心，以实施“无公害食品行动计划”为重点，全面推进农业标准化工作，促进农业增效、农民增收和农村经济全面发展。

2. 工作方针　政府大力推动、市场正确引导、龙头企业带动、农民积极实施。

3. 主要任务　按照国务院办公厅《关于进一步做好农业标准化工作的通知》的部署，根据农产品从“农田到餐桌”全过程监管的需要，尽快建立既具中国特色又符合国际规则的农业标准体系；形成以转化先进适用技术为基本内容，以标准化生产示范为基本手段，科学研究与生产实践紧密结合的农业标准化实施体系；建立以法律法规为龙头，技术标准为基础，例行监测和认证为手段的农业标准化监督体系；建立政府推动，企业带动，社会力量参与的农业标准化组织体系，实现农业标准化工作新的突破。

“十五”末期要完成：

1. 建立结构合理的农业标准体系　在对现行农业各级标准全面清理的基础上，制修订农业国家标准、行业标准2 880项，地方标准9 000项，特别要加速无公害农产品以及农药（兽药）残留等有毒有害物质限量、动植物病虫害防疫与检疫、转基因产品安全评价等涉及农产品质量安全标准的制修订进程；积极采用国际标准和国外先进标准，采标率达到 50%。

2. 加强农业标准化生产基地建设　以推进农产品优势区域布局为重点，建设粮食、油料、糖料、纤维等加工原料标准化生产基地，无公害鲜活食用农产品标准化生产基地，以及出口农产品标准化生产基地。各地农业行政部门要加大示范区建设力度，进一步扩大示范区域，增加示范品种，做到省有示范县，县有示范乡，乡有示范村，村有示范户。

3. 提高农产品生产标准化覆盖率　要在大宗农产品、“菜篮子”产品、出口农产品等各类生产基地大力推行标准化种植、养殖及加工和管理。优势农产品基地标准化覆盖率达到 80%以上。

4. 强化流通领域的标准化管理　农业部定点批发市场销售的鲜活农产品质量安全水平要达到国家规定标准；大中城市批发市场、大型农贸市场的鲜活农产品质量安全达标率在 95%以上。积极总结农产品带标签进超市的经验，进一步规范，提高农产品有标签流通率，率先普及优势农产品和出口农产品带标流通。

5. 加速农业标准化队伍建设　培养 100 名能参与国际组织标准化活动并熟练掌握高精尖检测技术和管理技术的高级人才；培养3 000名农业标准化管理骨干；培养80 000名具备专业知识和标准化知识的农业标准技术推广人员。

三、确立统一权威的农业标准体系

1. 加快标准的制修订进程　紧紧围绕发展无公害农产品、绿色食品及优势农产品生产和贸易的需要，积极采用最新科技成果，及时跟踪、引进实用的国际标准和国外先进标准，加快农业国家标准、行业标准的制修订进程。农业标准制定或修订工作要以满足用户要求为根本目标，以服务贸易为宗旨，反映市场需求的变化。要维护标准的统一性，有国家标准或行业标准的，不得再制定地方标准，要避免各级标准的重复、交叉和矛盾。

农业标准必须遵循标准制修订规律，把参数和指标建立在经过大量的试验验证或农业生产实践的基础上。

积极采用国际标准，要加大采用国际食品法典委

员会（CAC）、世界动物卫生组织（OIE）和国际植物保护公约组织（IPPC）的农产品标准力度，努力提高标准技术水平。

地方标准的制修订要突出农产品生产或加工技术规程、地方名特优新产品等具有地域特色的产品标准和操作规程标准。要积极鼓励农业企业或生产基地制订企业标准。各级农业部门和标准化管理部门要相互配合，根据市场变化和技术进步状况，加快标准修订步伐，保证标准的科学性、先进性和适用性。

2. 加大标准清理力度　对现行的农业国家标准、行业标准和地方标准进行一次全面清理，尽快解决国家标准、行业标准、地方标准的重复交叉问题。重点抓好1993年前发布的农业标准和标龄超过5年的农业标准的复审工作。要将标准的复审制度化，确保标准的适时有效。要及时公布农业国家标准、行业标准和地方标准的清理结果，坚决废止与国家或行业标准内容重复的地方标准，确保标准的统一和适用。

3. 调整农业标准的制修订办法　改革标准制修订计划的管理方式，加快实行全年网上公开申报、立项、审批国家标准和行业标准计划，提高标准计划的公开、公正和透明度。改革现行标准审定方式，在充分发挥技术委员会作用的同时，采取网上征求意见等方式，广泛征求社会各方面的意见。广泛吸收企业或生产基地的代表参与标准的起草工作，鼓励农业产业化龙头企业和农村经济合作组织积极参与农业标准的制修订工作。积极引导企业参与国际标准化活动，鼓励并帮助有条件的企业参与国际标准的制定。逐步推行标准审定专家资质备案审查制度，建立稳定的审定专家资源库。

4. 加强科学研究　重点开展农产品质量安全管理的基础理论研究，对国际标准和技术法规趋势的研究以及采用国际标准的对策研究，对农药残留、兽药残留以及各类有毒有害物质的限量标准、转基因农产品安全评价标准研究。要加速研发农产品质量安全检测仪器、技术与方法，深入开展动植物安全生产以及病虫害有效防控的技术研究。要加强农产品质量安全的风险评估研究，为标准制定和行政执法提供依据，为应对国外技术性贸易壁垒奠定科学基础。

5. 加强国际交流与合作　积极同相关国际组织及主要贸易国标准制定和管理机构开展多种形式的国际交流与合作，提高我国标准专家参与国际标准化活动的能力。重点跟踪国际食品法典委员会（CAC）、世界动物卫生组织（OIE）、国际植物保护联盟（IPPC）和国际标准化组织（ISO）及我国农产品主要进出口国标准的发展动态，及时收集制订的最新标准和标准制订新方法，积极承担国际标准的制修订项目，主动争取将我国具有贸易优势的农产品标准制订为国际标准，提升我国农业标准技术水平和国际影响。

四、加大力度，推进农业标准的实施

1. 加快农业标准化技术的推广　标准的实施是农业标准化工作的主要任务之一。各级农业行政管理部门和标准化管理部门要采取有效措施，推进标准的实施，农业技术推广部门要充分履行职能，主动承担标准实施的责任，通过培训和示范，指导农民科学施肥、合理用药，按标准进行生产和管理，提高生产的标准化科学水平。

2. 加快建设农产品标准化生产示范区　各地要围绕发展无公害农产品、绿色食品、有机食品和出口农产品，加快建设农产品标准化生产示范区。通过开展示范，积累经验，树立典型，以点带面，促进农业标准的应用。各级各类农业科技园区、外向型农业开发区、生态农业示范县、生态家园示范村、无规定疫病区等示范区的建设，要按标准化进行管理。在示范区建设中，要对农业产地环境、农业投入品、生产过程和产后加工、包装实施全过程标准化管理，切实提高产品质量安全水平。

积极推进优势农产品区域的标准化生产。优势农产品区域，要加快建立标准体系，推行标准化生产，实施规范化管理，提高专业化、规模化水平。出口农产品生产基地要积极采用国际标准和国外先进标准，特别是主要进口国的标准，严格规范生产过程，保证产品质量，提高出口产品在国际市场上的竞争力。

3. 重视发挥龙头企业和农垦系统在农业标准化中的带动作用　产业化程度较高的农产品加工经营企业一头连着市场，一头连着生产基地和千家万户，在推进农业标准化中有天然优势。鼓励龙头企业制定企业标准，对其产品的原料及其生产环境、生产过程实施全程质量控制，推动种植、养殖和加工过程的标准化。积极推行企业标准体系建设、HACCP体系认证等质量管理体系认证工作。国家级、省级农业产业化龙头企业应建立企业标准体系和质量管理体系。充分发挥农民专业合作经济组织的统筹协调作用，对农产品生产实行“统一品种、统一生产管理、统一产品品牌、统一包装标识”等管理。对国家级和省级示范性专业合作经济组织，要把生产的标准化管理作为重要的建设内容和考核条件。

农垦系统具有组织化程度高、资源动员能力强、管理系统健全、科技基础扎实、职工素质高等多方面优势，是推进农业标准化的一支重要力量。各级农业行政部门要充分发挥农垦系统在农业标准化工作中的示范带动作用，加大国营农场在标准化生产、投入品管理和对生产全过程进行质量控制的实施力度，全面推行农产品质量追溯及农药使用上岗培训等项制度。

五、加强农业标准实施的监督

1. 发挥农产品质量检验检测在农业标准化中的监督作用　在不断加强农产品检验检测能力的同时，开展农产品产地环境、农产品质量安全状况的例行监测，进一步完善监测体系，强化执法监督力度。农业部将进一步完善国家残留物监控计划，将目前已开展的37个城市蔬菜农药残留定点监测和16个城市肉制品兽药残留定点监测，在地域覆盖上逐步扩展到全国大中城市，在检测对象上扩大到各类主要农产品，在监测环节上延伸到从“农田到餐桌”的各环节，防止不符合国家质量标准的产品进入市场。各省（自治区、直辖市）也应建立起与国家残留物监控计划相协调的地方监控计划和例行监测制度，保证农业标准的实施在更大范围内得到经常性监测。

2. 发挥农产品质量安全认证在贯彻实施农业标准化中的作用　积极鼓励开展农产品认证、质量管理体系认证，促进农业标准化的全面实施。要把农产品认证工作与标准化生产示范区、示范基地的建设紧密结合起来，以认证推进生产技术标准化的实施，引导生产者和经营者按照标准组织生产和经营。

3. 发挥农产品市场准入管理在农业标准化中的引导作用　借鉴已有的产品标签管理经验，强化有关标签标准的实施，形成统一有序的农产品质量安全标签管理体系，完善质量安全追溯制度，增强农产品市场准入管理的可操作性。把农业标准化工作与农产品市场准入管理紧密结合起来，增强农产品生产者和经营者实施农业标准的内在动力。

4. 把农业标准化工作贯穿农业行政管理的各个方面　各级农业行政管理部门要全面加强农业标准化意识，通过产地环境监测、农业投入品许可审批、生产技术规范、生产档案管理、例行监测和检验、质量安全认证、标签标识管理、市场准入等各个环节，把农业标准化工作贯穿于农产品从“农田到餐桌”的全过程质量监管中，提高农业行政管理的科学性、规范性和有效性。

六、加强农业标准化组织体系建设

1. 加强农业标准化行政管理队伍建设　继续健全完善各级农口部门标准化管理机构，进一步强化管理职能。探索充实农业标准化管理力量的方式和途径。制定和完善各项农业标准化管理的法规和制度，依法管理农业标准化工作。

2. 建立专业的农业标准化研究队伍　要结合科技体制改革，整合现有的研究、检测力量，组建一支熟悉农业和农产品质量安全标准、检测检验、贸易政策于一体的农业标准化研究队伍。要提供政策支持和经费保障，加快组建一批全国性和地方性的标准化技术委员会，使之成为农业标准制修订的主力军，在标准研究、咨询服务、技术培训、学术交流等方面发挥作用。

3. 完善农产品质量检验检测体系　要按照统筹规划，整合资源的原则，建设布局合理、专业齐全、运行高效、既符合我国国情又能与国际接轨的农产品质量安全检验检测体系。突出建设部级专业性及区域性农产品质量安全检验检测中心，建立和完善省级综合性农产品质量安全检验检测中心，合理规划和建设县级综合性农产品质量安全检验检测站。鼓励有条件的农产品生产基地、批发市场建设以速测为主的检测站（点）。

4. 大力推进农产品质量安全认证体系建设　贯彻落实国家认监委、农业部、国家标准委等九部门联合下发的《关于建立农产品认证认可工作体系的实施意见》，以现有的“无公害农产品”、“绿色食品”、“有机食品”认证为基础，充分发挥农业科研、教学和检测机构及有关各方的积极作用，以国际接轨为目标建立具有中国特色、统一完善的农产品质量安全认证体系。积极开展无公害农产品认证、绿色食品和有机食品认证。针对农产品和农业投入品生产加工特点，在农业生产过程推行GAP认证，兽药生产推行GMP认证，在饲料生产、农产品加工、畜禽水产养殖推行HACCP认证及相关产品认证。

七、完善农业标准化社会服务体系

1. 建立农业标准化教育培训体系　要建立以农业院校、成人技术学院为骨干，各类技术推广组织为补充的农业标准化教育培训体系。鼓励各类农业大中专院校深化教学改革，调整优化教学内容，增设农业质量标准专业和课程，培养农业标准化人才，普及农业标准化知识。充分发挥农业技术推广机构、农村专业合作经济组织、农业行业协会在农业标准化工作中的作用，开展多种形式的宣传、培训工作，增强农产品生产者、经营者和消费者的标准化意识。

2. 发挥行业协会在农业标准化服务中的作用　要发挥行业协会等有关中介机构在标准制修订、标准推广、标准实施监督和标准咨询服务等方面作用。要通过行业协会，加强与业内专家、企业代表和用户代表的沟通与联络，提高标准制修订的适用性。

3. 搞好农业标准化信息咨询服务 要建立农业标准化信息网络，健全农业标准化信息收集和发布制度，及时、准确、系统地收集和发布国内外农业标准化信息，开展咨询服务。农业部将加快《中国农业质量标准网》建设步伐，为基层农业部门、农产品生产者、经营者、消费者提供有关国内外农产品的标准信息，逐步实现农业国家、行业强制性标准的全文免费检索。各类网站或窗口建设，要合理利用资源，避免重复建设。各省农业网站要把农业标准的宣传作为重要内容。

八、加强领导，履行职能，加快农业标准化进程

1. 切实加强领导 各级农业行政管理部门和标准化行政管理部门要从实践“三个代表”理论的高度，充分认识农业标准化工作的重要性，切实加强领导。要根据本地区农业发展的需要，及时研究制定农业标准化的发展规划，明确发展目标和工作任务。当前要认真抓好国务院《关于进一步做好农业标准化工作的通知》和全国农业标准化工作会议精神的落实，科学把握当前农业和农村经济发展面临的新形势和新问题，切切实实地把农业标准化工作作为新时期推动农业和农村经济发展的一项基础性工作，充分发挥农业标准化工作在实现农业现代化进程中的重要作用。

建立农业标准化工作的激励机制。各级农业行政主管部门和标准化行政管理部门对在农业标准化工作中取得显著成绩或做出突出贡献的单位、个人要予以表彰。对国家标准、行业标准和地方标准，应作为科技成果予以审定，并作为晋级晋职的重要依据。

2. 增加资金投入 农业标准化工作从标准的研究制订、宣传推广到农产品质量检验检测，具有社会公益性质。各级农业和标准化行政管理部门要积极争取政府财政资金的投入，在编报财政预算时要优先考虑，重点安排。在积极争取财政投入的同时，要鼓励和支持工商资本、民间资本、外来资本投入优质安全农产品的开发，形成多渠道、多元化投入农业标准化工作的机制。

3. 加强协调配合 农业标准化工作是一项系统工程，涉及到很多部门和社会的方方面面，各级农业和标准化行政管理部门要大力合作，积极争取计划、财政、科技等部门的支持，营造良好的工作氛围，创造有利的工作环境，充分发挥各方面的作用，合力推进农业标准化。

粮食加工企业收购资金贷款管理暂行办法

（中国农业发展银行 2004 年 5 月 10 日）

第一章 总 则

第一条 为进一步发挥中国农业发展银行（简称农发行，下同）在实施粮食宏观调控、保护农民利益、促进粮食产业化发展中的作用，规范和加强农发行对粮食加工企业的收购资金贷款管理，维护借贷双方合法权益，保证信贷资金安全，根据国务院关于进一步深化粮食流通体制改革的意见有关精神和《中国农业发展银行贷款管理制度》，制定本办法。

第二条 本办法所称粮食加工企业收购资金贷款，是指农发行依据国家政策规定，提供给粮食加工企业（简称借款人，下同）自主购进（含收购和调入）粮食，因其自有资金不足所需要的收购资金贷款。

第三条 粮食加工企业收购资金贷款的发放和管理应坚持“政策导向，严格准入；控制风险，择优扶持；全面监控，按期收回”的原则。

第二章 贷款对象、用途和条件

第四条 贷款对象。粮食加工企业收购资金贷款的对象包括：经省级及省级以上政府确认的以粮食为主要加工原料的农业产业化龙头企业和地市级政府确

认的地方粮食加工骨干企业。

第五条　贷款用途和种类。粮食加工企业收购资金贷款专门用于借款人依据市场状况自主购进粮食原料的资金需要。贷款种类分为以下几种：

（一）为解决借款人直接从粮食收购市场收购粮食而发放的粮食收购贷款；

（二）为解决借款人从异地购入或国外进口粮食而发放的粮食调销贷款；

（三）为解决借款人与粮食生产者签订粮食收购合同（或订单）需要预付定金而发放的粮食合同收购贷款。

第六条　贷款条件。借款人申请粮食加工企业收购资金贷款，除具备中国人民银行《贷款通则》所规定的基本条件外，还要具备以下条件：

（一）具备粮食收购、加工和经营资格；

（二）在农发行开立基本存款账户或粮食收购资金存款专户，并接受农发行的信贷监督；

（三）按农发行关于企业信用等级评定标准，其信用等级达到A级（含A级）以上；

（四）资产负债率在80%以下，具有规定比例的自有资金参与粮食购销经营，具体标准由省级分行确定；

（五）近两年经营及财务状况良好，无经营亏损。

第三章　贷款期限、利率及方式

第七条　贷款期限。根据借款人粮食加工经营周期、还款能力和农发行的资金供应能力由借贷双方协商确定，最长不超过1年。

第八条　贷款展期。借款人不能按期归还贷款的，应在贷款到期10个工作日前向开户行书面申请贷款展期，并提出展期理由、期限和还款计划。贷款展期期限累计不得超过原借款合同确定的贷款期限。担保贷款申请展期的，应由保证人、抵押人、或出质人出具同意担保展期的书面证明。已有约定的，从其约定。由上级行审批的贷款，开户行办理贷款展期后，应报贷款审批行备案，备案要说明展期理由、展期期限、展期人及展期贷款的风险情况等。对借款人未申请展期或展期理由不充分的贷款，开户行不得办理贷款展期，贷款从到期次日起，按照合同约定加收逾期贷款利息。

第九条　贷款利率。粮食加工企业收购资金贷款执行中国人民银行规定的金融机构同期、同档次贷款利率或经中国人民银行批准的相关利率。已办理展期的贷款，展期期限加上原期限达到新的贷款利率期限档次时，从展期之日起，执行新的期限档次利率。

第十条　贷款方式。粮食加工企业收购资金贷款一般采用担保贷款方式。对信用状况良好、贷款风险较低，或者落实了相应的贷款风险防范措施的借款人，可以采取信用贷款方式。

第四章　贷款程序

第十一条　建立信贷关系。农发行和粮食加工企业应本着双方自愿的原则建立信贷关系。粮食加工企业初次向农发行相关营业机构提出借款意向后，农发行相关营业机构应按照《贷款通则》有关规定，对借款人的贷款资格进行初步认定，对其是否具有农发行贷款资格提出意见和建议，经二级分行审查后，报省级分行进行确认。省级分行要及时将确认结果通知呈报行。对经确认具备农发行收购资金贷款资格的粮食加工企业，由所在地农发行营业机构（简称开户行，下同）对其办理基本存款账户或收购资金存款专户开户手续，并按照《中国农业发展银行贷款企业信用等级评定暂行办法》的有关规定，对其进行信用等级评定。

对已经与农发行建立了信贷关系的粮食加工企业，省级分行应掌握其必要的基础资料，并每半年一次报总行备案。备案内容包括企业的仓储能力、加工能力、基本存款账户、开户行、信用等级、财务状况，以及经营管理等情况。

第十二条　对与农发行建立了信贷关系的粮食加工企业，办理粮食加工企业收购资金贷款应依次经过贷款申请、贷款受理及调查、贷款审查、贷款审批、贷款发放、贷款使用和收回等程序。

第十三条　贷款申请。借款人申请粮食加工企业收购资金贷款时，应按规定填写农发行统一制定的《借款申请书》，开户行应对借款申请人填写《借款申请书》给予必要的指导。借款申请书要重点写明借款的用途、拟借金额、期限、还款方式及来源等。借款人要向开户行提供其已经在其他金融机构借款的使用和偿还情况、近期财务统计相关报表以及与表明借款申请人风险承受能力方面的情况和资料。开户行需要借款申请人提供上述详细内容并作必要的证明和解释的，应要求借款申请人另附借款申请报告。

第十四条　贷款受理与调查。开户行收到借款申请人的《借款申请书》及相关资料后，应审查借款申请人是否符合粮食加工企业收购资金贷款对象范围，以及所申请贷款使用意向是否符合粮食加工企业收购资金贷款的用途规定，并根据审查情况及时提出是否受理的意见。对同意受理的借款申请，应及时确定贷款调查人。贷款调查人应首先审核借款申请人所提供的证明其具备贷款条件的各项资料是否真实、完整。对资料不完整或存在疑义的，应要求借款申请人补充或说明。并对以下内容进行重点调查：

（一）借款申请人法人代表及主要管理人员的素质和诚信情况、主要投资者的资信情况、关联企业的经营情况；

（二）借款申请人在其他金融机构的借款情况以及其他金融机构对其确定的信用等级和授信额度及其变化情况；

（三）借款申请人的偿债能力、获利能力和经营管理能力；

（四）借款申请人所有参与粮食原材料收购的资金总量和来源；

（五）借款申请人主要产品的市场竞争力和未来发展前景；

（六）借款申请人本笔借款计划购进粮食的货源、价格、质量、结算方式等情况，有无粮食采购合同，本笔借款所带来的预期经济效益，以及借款人对粮食价格变化的风险承受能力；

（七）借款申请人的粮食收购和经营对解决当地农民“卖粮难”问题和增加农民收入的影响，以及对政府调控当地粮食市场所发挥的作用如何；

（八）申请保证担保贷款的，调查保证人是否具备法律规定的担保资格，是否具备相应的担保能力；申请抵（质）押担保贷款的，调查抵（质）押物的权属、变现价值及实现抵（质）押权的可行性。调查人员要写出贷款调查报告，对上述重点调查内容作出具体说明和客观分析判断，并对是否贷款、贷款金额、期限、用途、利率、贷款方式、还款来源与方式等提出明确意见，指出借款人存在的影响贷款风险的现实及潜在因素，提出相关避险措施。贷款调查报告连同调查资料一并递交贷款审查人进行审查。贷款调查人员应对贷款资料和有关情况的真实性负责。

第十五条 贷款审查。贷款审查一般由开户行信贷部负责人负责。对按规定由上级行审批的贷款，审批行以下分支行要履行贷款审查职责。贷款审查人应对借款申请人的借款申请和贷款调查人的调查意见进行审查，并对调查人所提供资料的准确性和完整性负责。审查的主要内容包括：

（一）借款申请人与贷款调查人提交的有关原始资料和调查材料是否真实、完整；

（二）调查报告对贷款的合规性、安全性、流动性、效益性的认定意见是否准确；

（三）调查报告提出的贷款额度、期限、利率和贷款方式等意见是否符合有关贷款管理规定；

（四）调查报告的取值和测算参数是否符合有关标准；

（五）贷款的风险认定是否准确、避险措施是否切实可行。

贷款审查应提出明确的审查结论，包括贷与不贷，贷款金额、期限、用途、利率等，并及时提交贷款审批人。

第十六条 贷款审批。粮食加工企业收购资金贷款审批权限由省级分行确定，省级分行可对所辖分支机构授予一定的审批权限。贷款审批人由行长（或经授权的副行长）担任，承担贷款审批决策的责任。各分支行成立贷款评审委员会（小组），负责对贷款合规性、安全性、流动性和效益性的审核。贷款审批人收到贷款审批委员会（小组）的审查资料及意见后，应在授权的范围内决定是否贷款、贷款额度、贷款期限、利率、方式及批次等。

第十七条 贷款发放和使用。

（一）签订《借款合同》。对批准发放的贷款，开户行要与借款人签订《借款合同》。《借款合同》应当使用总行统一制定的文本。提供担保的，还应同时签订担保合同。其中，需要登记的，应依法办理有关登记手续；用于质押的动产和权利凭证还应及时交付开户行保管。凡本办法有关规定在《借款合同》文本有关条款未提及或不一致的，签订《借款合同》时，借贷双方应按照本办法规定予以补充约定或变更有关条款。

（二）填写《借款借据》。开户行要根据《借款合同》填写《借款借据》。对同一借款人一次性审批、分批次发放的贷款，应分批次签订《借款合同》，填写《借款借据》。

（三）贷款使用。借款人要按照本办法规定和借款合同约定使用贷款，不得挪作他用。

第十八条 贷款的收回。开户行应按合同约定的还款计划督促借款人归还贷款。贷款到期 10 个工作日之前，开户行应通知借款人筹措资金，按期归还贷款。贷款到期或虽未到期，但借款人自愿提前归还贷款或按中国人民银行、中国银行业监督管理委员会贷款管理有关规定可以提前收回的，开户行应及时从回笼货款或其他资金中收回。

第五章 贷款使用监督

第十九条 贷款发放后，开户行应加强贷款使用的监督，确保贷款符合规定用途并按期收回。

第二十条 贷款发放环节的监督。农发行对粮食加工企业收购资金贷款使用实行报账制。

（一）借款人应根据拟购进的粮食数量和价格，

结合自有资金和其他借款额度，向开户行提出用款计划。

（二）借款人参与粮食收购、调入的资金使用顺序应按照“先自有资金和其他借款，后农发行贷款”的原则。

（三）借款人在粮食收购初期，开户行首先要核查借款人粮食购进和资金支出凭证，并与借款人参与粮食收购的自有资金和其他借款核对，经核对与购进粮食价值相符后，再按收购进度向借款人支取后续收购资金贷款。对借款人的自有资金全部用于农发行贷款风险保证金，风险保证金已按规定存入农发行有关账户，并且没有其他借款参与粮食收购的，开户行可根据借款人的用款计划，按粮食购进进度，向借款人支付收购资金。开户行发放的贷款必须与借款人实际购入粮食的价值保持一致。

（四）借款人将借款用于调入粮食，并且调出方是在农发行开户的企业，借款人的结算货款原则上实行转账结算。

第二十一条 贷款占用环节的监督。借款人用于购买粮食原材料的货币资金、预付账款、合理结算期的应收账款、粮食原材料和库存的在产品、产成品、各类副产品所消耗的粮食原材料价值，在剔除用于购买粮食原材料的自有资金和其他借款后，应与农发行贷款相匹配。

（一）粮食原材料库存的监督。开户行要将借款人所有资金形成的粮食库存全部纳入农发行信贷监管范围，并掌握借款人粮食加工进度和原材料的加工转化率，监督借款人所消耗的粮食原材料与产出的产成品保持对应。

（二）产成品及副产品销售的监督。开户行应定期掌握借款人产成品及副产品的库存、销售变化情况；借款人应定期向开户行通报产成品及副产品的出库销售情况，对大宗产品销售应接受开户行的跟踪监督。

（三）货币资金和应收账款的监督。开户行应定期检查借款人的货币资金、预付账款和应收账款等变化情况，对影响收购资金安全的各种异常变化，及时采取相应的措施。

第二十二条 货款回笼环节的监督。

（一）对借款人在农发行开立基本存款账户，或主要使用农发行借款从事粮食原材料收购的，开户行应要求借款人的销售货款全部回笼到农发行账户。对未能全部回笼到农发行账户的销售货款，借款人要定期向开户行报告回笼到其他金融机构销售货款的情况。

（二）对借款人在其他金融机构开立基本存款账户，使用农发行借款占其全部用于粮食原材料收购流动资金比例较小的，开户行应要求借款人定期内有一定量的销售货款回笼到农发行账户，回笼到农发行账户的销售货款与借款人定期内全部回笼货款的比例，应不低于农发行贷款占其他所有金融机构用于粮食原材料收购流动资金贷款的比例。

（三）在农发行贷款到期前30天内，借款人回笼到农发行账户的销售货款，应不低于到期应收贷款。当月销售货款较少的，借款人应及时追加存款，保证到期贷款按期收回。

在距贷款到期日30天前，回笼货款除按规定收取利息外，按照合同约定，可由借款人周转使用或经借款人同意由开户行收回贷款。

第二十三条 实行台账管理制度。开户行要将粮食收购资金贷款从贷款的发放环节开始，经过粮食收购、储存、产成品的销售，直至销售货款的回笼，全部纳入信贷管理台账进行监测和反映。

（一）定期登记信贷管理台账。除对借款人发放贷款和收回贷款及时登记台账外，开户行还要结合企业的经营实际，定期对企业的库存和资金情况进行核查，核查结果及时登记台账。定期核查周期由省级分行自行确定，每月至少一次。

（二）开户行要按借款人实际收购粮食原材料的数量、价值登记台账；对以粮食初级产品（含面粉、大米等）为主要原材料的，应按照有关标准（出粉率、出米率等），将粮食初级产品折算成原粮登记数量，按借款人的原材料采购价登记价值；库存产成品及各类副产品折算成实际消耗的粮食原材料的数量和价值登记。

（三）开户行应根据信贷管理实际需要建立必要的辅助台账，定期登记原材料、产成品及各类副产品的名称、数量、价值、库存地点等的变化情况。

第二十四条 借款人经营情况的监督。开户行应定期对借款人的经营情况进行监督检查。监督检查的主要内容包括：

（一）借款人的主要财务指标：包括资产负债率、流动比率、存货周转率、应收账款收回率和现金流量等的变化情况；

（二）借款人主要产品的市场竞争力：包括价格、市场占有率、有效需求、竞争对手，以及近期销售合同的签订和履约情况等；

（三）是否出现贷款抵押品价值下降、农发行对抵押是否出现失去控制或抵押无效的情况；

（四）关联企业的财务状况以及对借款人的影响；

（五）能够影响借款人经营状况发生重大改变的其他情况。开户行要针对检查中发现的问题进行分析和及时反映，并采取相应的措施规避贷款风险。检查报告及相关资料要存入贷款档案。检查人对检查情况的真实性负责。

第二十五条 对借款人实行派驻信贷员制度。开户行要对大型粮食加工企业派驻信贷员（组），实行专人监管。派驻信贷人员要对企业的生产经营活动进行必要的金融服务和全面监督，参与企业有关粮食收购资金运用的重大决策，对粮食原材料和产成品购销活动进行适时监控和监督借款人与贷款相关的有效资产的处置行为。

第二十六条 对借款人违反本办法和借款合同约定的，开户行应当按规定给予相应的信贷制裁。

第二十七条 农发行及有关责任人违反本办法，视情节轻重及对贷款质量的影响大小给予批评、经济处罚或行政处分。涉嫌犯罪的，移交司法部门处理。

第六章 附 则

第二十八条 本办法由中国农业发展银行总行制定和解释。

第二十九条 油脂加工企业申请贷款用于自主购进油脂原料的，比照此办法进行。

第三十条 粮食加工企业接受政府委托承担粮食储备或粮食调控等政策性业务所需贷款的管理，按照农发行粮食储备贷款或粮食调控贷款管理相关办法执行。

第三十一条 本办法自印发之日起施行。

关于加强牛羊屠宰管理工作的指导意见

（商务部 2004年5月10日）

各省、自治区、直辖市及计划单列市商务厅（局），经贸委（商委、内贸办、财贸办）：

近年来，随着国内肉类生产结构的调整和居民生活水平的提高，我国牛羊肉的产量和消费量逐年增长。但同时产品质量安全问题也日益突出，一些地方注水牛羊肉上市，病害肉引起的人身伤害事件时有发生，社会反映强烈。为规范牛羊屠宰经营秩序，现提出以下意见。

一、充分认识加强牛羊屠宰管理工作的重要意义

牛羊肉约占我国肉类产销量的15%，是重要的民生食品，消费区域遍及全国，特别是我国有10多个少数民族禁食猪肉，以牛羊肉为主要肉食来源。因此，搞好牛羊肉的生产供应和屠宰环节的管理不仅是保护广大消费者权益和健康的要求，也是贯彻落实党的民族宗教政策，促进民族团结和社会稳定的一项基础工作。各级商务主管部门要按照“三个代表”重要思想和执政为民的要求，深刻认识搞好牛羊屠宰管理的重要性和紧迫性，切实履行好行业管理职能，把加强牛羊屠宰管理的工作开展起来，务求取得明显效果。

二、在地方政府统一领导下，积极稳妥地推进牛羊屠宰管理工作

根据我国现行法规，牛羊的定点屠宰由省级人民政府参照《生猪屠宰管理条例》，确定管理办法。省级商务主管部门要在政府的统一领导下，负责牛羊屠宰的行业管理工作，进行归口管理。

（一）积极推动牛羊屠宰管理办法和定点厂（场）设置规划的制定

各级商务主管部门要将牛羊定点屠宰列入重要工作日程，制定工作计划并组织实施。已开展牛羊定点屠宰的地区，要认真总结经验，完善管理办法，加强日常监督，巩固和发展牛羊定点屠宰的成果。尚未实施牛羊屠宰管理的地区，省级商务主管部门要向当地政府建议，抓紧制定管理办法。牛羊屠宰厂（场）设置规划是实施定点屠宰的重要依据，省级商务主管部门要在政府统一领导下，提供行业发展现状等基础资料，宣传先进地区行之有效的管理经验，积极参加规划的制定。可以结合生猪定点屠宰厂（场）设置规划的修编，将牛羊、家禽定点屠宰的内容纳入其中，制定统一的畜禽定点厂（场）设置规划；也可以按照

“统一规划、合理布局、有利流通、方便群众、便于检疫和管理的原则”，结合各地实际情况，制定单独的牛羊屠宰厂（场）设置规划。

（二）抓紧制定牛羊屠宰厂（场）行业准入标准

商务部经过调查研究，在集中专家、相关管理部门和屠宰企业意见的基础上，提出以下牛羊屠宰厂（场）行业准入的基本条件，供各地实施牛羊定点屠宰及整顿屠宰市场时参考。牛羊屠宰厂（场）行业准入的基本条件是：

1. 符合省级人民政府制定的牛羊屠宰厂（场）设置规划，并经市县人民政府批准的牛羊定点屠宰厂（场）。从事清真屠宰的企业还应同时符合少数民族的风俗习惯和宗教礼仪。

2. 厂区选址应远离居民住宅区和城市上游，周边应有良好的环境卫生条件，避开产生有害气体、烟雾、粉尘的工业企业和其他污染源。具备符合国家标准要求的生产水源和电源。

3. 进入厂区及厂区内的主要道路，应铺设坚硬路面并保持平整，厂区道路两侧和建筑物周围均应绿化。

4. 建有符合国家标准要求，与牛羊屠宰规模相适应，具备清扫、冲洗和消毒条件的屠宰、加工、储藏等基础设施。包括待宰间、病畜隔离间、屠宰车间、急宰间、无害化处理间、冷藏冷冻设施、排污设施，以及各类易于清洗消毒的容器和运输工具。

5. 实验室和检验设备的配置应符合国家有关标准规定。有完善的企业管理制度和检疫检验制度。

6. 拥有与屠宰规模相适应，具备兽医专业中专以上水平，取得专业资格培训合格证书，并持有健康证明的兽医卫生检验人员。屠宰技术人员和屠宰工人应持有健康证明，经专业培训合格后持证上岗。

7. 牛羊屠宰厂（场）设置布局和屠宰工艺流程，应符合国家《肉类加工厂卫生规范》（GB12694—1990）、《畜类屠宰加工通用技术》（GB/T17237—1998）和《家畜屠宰加工企业兽医卫生规范》要求。

各省级商务主管部门可结合当地实际，对上述牛羊屠宰厂（场）行业准入基本条件进行调整，但必须确保定点屠宰企业生产的牛羊肉在品质和基本卫生指标上合格。

三、结合实施食品放心工程，大力清理不合格的牛羊屠宰厂（点）

2004年将把食品卫生专项整治作为整顿和规范市场经济秩序的重点。各级商务主管部门要抓住这一有利时机，联合相关部门，大力清理整顿牛羊屠宰场，创造确保居民吃上“放心肉”的生产环境。

要积极争取将清理整顿牛羊屠宰厂（点）纳入地方政府对食品市场的整治行动，把关闭不合格的牛羊屠宰场（点）作为整治的重点内容之一，加大清理力度。要按照既整顿混乱的屠宰市场，又保障正常生产供应的原则，重点打击各类注水肉窝点，认真督查屠宰企业的卫生环境及生产检验工作。要坚决取缔私屠滥宰，严厉处罚生产过程中的注水行为，限期整改生产条件和产品检验存在隐患的屠宰厂（场）。商务主管部门要会同有关方面进行技术指导，帮助企业达到符合标准的屠宰条件。

整顿牛羊屠宰市场的工作涉及面宽，政策性强，必须紧紧依靠地方政府和各有关部门的配合才能取得实效。各级商务主管部门要加强与工商、卫生、质监、公安、规划、环保、城建、农牧、财税等部门的协调配合，各负其责，密切协同，相互支持，把整顿牛羊屠宰市场的工作扎实有效地开展下去，实现让人民群众吃上“放心牛羊肉”的目标。

四、标本兼治，依法开展对牛羊屠宰的行业管理

在省级人民政府牛羊屠宰管理办法和定点屠宰厂（场）设置规划颁布后，各级商务主管部门要依法加强行业管理，形成有效的管理办法，建立牛羊屠宰管理的长效机制。

（一）规范牛羊屠宰项目的审核及项目验收程序

今后新建或改扩建的牛羊屠宰项目，申请方应向地市、县人民政府商务主管部门提出书面申请，经初审同意后，到规划、城建、环保、畜牧兽医等有关部门申请相应的许可，取得各项专业许可后，报省级商务主管部门依据规划进行审核，经核准后项目方可开工。牛羊屠宰厂（场）建设工程竣工后，由畜牧兽医监督机构和食品卫生监督机构进行验收，合格者发给动物防疫合格证和卫生许可证，清真牛羊屠宰企业还须取得县级以上民委（民族事务局）颁发的《清真食品生产准营证》。对验收合格的牛羊屠宰项目，由省级商务主管部门颁发《牛羊屠宰厂（场）许可证》和标志牌，同时对所有运营的定点屠宰厂（场）通过年审制度实行动态管理。

（二）开展对牛羊屠宰厂（场）的日常监督

各级商务主管部门要联合有关部门，监督检查定点屠宰企业执行《动物防疫法》、《食品卫生法》、《产品质量法》、《牛羊屠宰产品品质检验规范》，以及执

行省市《牛羊屠宰管理办法》的情况；查处冒用、伪造、涂改、出借和转让《牛羊屠宰厂（场）资格证》以及屠宰检验证、章、标志等非法行为；查处牛羊屠宰活动中注水（或注入其他物质）及加工病死、毒死或死因不明牛羊的非法行为；检查屠宰企业对患病牛羊是否按照国家规定进行处置，对病害肉尸是否进行无害化处理；检查进厂屠宰的活畜是否来自疫区，并合法取得动物产地检疫证明等。

（三）加强牛羊肉的物流和零售环节管理

牛羊产品应实行定点屠宰和卫生监管下的自由流通。各地实行的牛羊产品市场准入制度，对本地和外地企业的产品应一视同仁，不得采取歧视性政策，限制外地产品进入。商务主管部门应按照《反不正当竞争法》和《行政许可法》，打破地区封锁的有关条款，废除本部门与法律规定相抵触的政策规章，同时提请地方人民政府应抓紧清理阻碍肉类产品自由流通的文件和法规。牛羊产品的运输应执行国家有关的技术规定，商务主管部门应会同有关部门监督企业执行牛羊肉运输标准和查验程序的情况。要积极推动封闭吊挂运输和“冷链”保鲜运输，清真肉品必须使用专用的运输工具。对经营牛羊肉的超市、农贸市场和批发市场，应严格开业经营的基本条件：

（1）拥有肉品储藏间和冷藏设备；

（2）营业间与储肉间的墙壁、地面符合卫生要求，便于清洗消毒；

（3）有专用的销售柜台和防蝇、防尘、洗涤、消毒及排水设施；

（4）有健全的肉品卫生销售管理制度，经营者持有健康证明。商务主管部门应会同卫生、质量、环保等部门，对牛羊肉零售环节的卫生状况和营业设施开展经常性的检查。

（四）积极建立肉类食品行业的社会信用体系

各级商务主管部门要把建立肉类食品行业的社会信用体系，作为规范肉类市场经营秩序的一项治本之策，下力量开展各类社会诚信教育、行业诚信自律和企业诚信活动。要综合运用免疫耳标跟踪、屠宰档案追溯、信用信息联网共享、行政及协会黑名单公示等各种方法，大力推动肉类食品行业的信用制度建设，逐步建立诚信守法者受益、失信造假者受罚的良好肉类经营秩序。

各地商务主管部门对牛羊屠宰管理工作要抓紧组织，尽快启动，工作中遇到的重大问题及时向商务部报告。

食品安全专项整治工作方案

（国务院　国办发［2004］43号　2004年5月17日）

近期，安徽省阜阳市发生的劣质奶粉事件震惊全国，教训深刻，暴露了当前我国食品安全监管工作还存在一些薄弱环节，也充分说明食品安全整治任务重、难度大。为此，国务院决定，在继续实施食品药品放心工程的基础上，针对当前食品安全工作中的突出问题，在全国范围内深入开展食品安全专项整治。

一、指导思想与工作重点

（一）指导思想

以邓小平理论和“三个代表”重要思想为指导，认真贯彻党的十六大和十六届三中全会精神，树立科学的发展观和正确的政绩观，紧紧围绕群众反映强烈、社会危害严重的食品安全问题，深入开展食品安全专项整治，把整治与建设、打劣与扶优结合起来，努力提高我国食品安全的保障水平。

（二）工作重点

以粮、肉、蔬菜、水果、奶制品、豆制品、水产品为重点品种，以广大农村为重点区域，重点抓好食品源头污染治理、生产加工、流通以及消费四个环节，严厉打击生产、销售假冒伪劣和有毒有害食品的违法犯罪行为。

二、工作原则与主要目标

继续按照“全国统一领导，地方政府负责，部门指导协调，各方联合行动”的工作格局和“标本兼治，着力治本”的方针，突出重点，带动全面，因地制宜，分类指导，整合执法力量，下移监管重心，强化地方政府责任，加大打击力度，努力使全国食品安全状况有明显改观。通过食品安全专项整治，使生产、销售假冒伪劣和有毒有害食品的违法犯罪活动得到有效遏制，大案要案得到及时查处，市场经营秩序有所好转，监管水平有所提高，人民群众食品消费安全感增强。具体目标为：37个城市蔬菜农药残留平均超标率下降3～5个百分点；16个城市畜产品“瘦肉精”平均检出率下降1个百分点；10大类大中型食品生产企业获生产许可证的力争达到90%；500个食品商场（超市）的散装食品经营行为得到规范；市（地区）以上大型市场、超市进货索票索证率达90%以上；省会城市和计划单列市至少建立1个食品绿色市场；大中城市基本实现5类食品安全准入上市；37个城市学校食堂、餐饮业量化分级达到90%以上；注水肉和病害肉现象得到全面遏制；面粉、肉类、儿童食品加工企业基本消除滥用食品添加剂行为；稳步推进食品安全信用体系建设试点工作。

三、主要任务与具体措施

（一）整治食品源头污染

加强农业投入品的监管，开展农业生产资料打假，加大对种植业产品农药残留超标、畜产品违禁药物滥用和兽药残留超标、水产品药物残留超标的整治。定期发布全国大中城市蔬菜农药残留例行监测结果。对例行监测不合格率较高的城市和所在省的农产品安全进行跟踪督导。加大对滥用食品添加剂和使用非食品原料加工食品行为的整治。

（二）整治食品生产加工环节

加强农产品标准化生产示范区、无公害农产品生产示范基地、养殖小区、示范农场、出口产品生产基地的建设，推进产地环境污染监控工作。严格审查和发放许可证，加强食品生产加工环节监管。以查处食品生产过程中使用非食用原料、病死畜禽、回收的过期食品等违法行为为重点，加强对调味品、米面制品、食用油、肉及肉制品、乳制品、保健食品等食品生产企业的监管，并强化食品生产环节的日常监督和检查。清理整顿已获得卫生许可证的食品生产企业，对不符合卫生条件的企业要吊销或收回卫生许可证。审查肉制品、乳制品、饮料、调味品、冷冻饮品、方便面、饼干、罐头、速冻米面食品、膨化食品10类企业生产条件，不具备条件的企业不发给食品生产许可证。对生产集中地和产品质量不稳定的企业要加大监督抽查力度。对不合格的产品要坚决曝光，问题严重的要立即责令停止产销，多次抽查不合格、不具备生产条件的要吊销相关证照，退出市场。加强生猪屠宰管理，整顿和规范肉品流通秩序，积极推进牛、羊、家禽的定点集中屠宰工作，严厉查处和打击私屠滥宰、加工注水肉和病害肉的违法行为。

（三）整治食品流通环节

督促经营企业落实食品进货查验制度，把好市场准入关。强化对重点食品定期质量监督抽查和强制检验。组织、协调并逐步整合检验检测资源，发挥各类检验检测机构作用。对在市场抽查和检验中发现的影响或危及人体健康的不合格食品，在坚决清除出市场的同时，要查清其生产源头、进货渠道和销售场所，追根溯源，一查到底。强化食品进出口的监管力度，进一步加强对入境动植物及食品的检验检疫。要教育和督促企业对已销售的不安全食品主动召回，及时消除隐患。督促和指导食品经营企业建立健全质量追溯、封存报告、依法销毁和重要大宗食品安全购销档案等制度，积极探索农产品产地编码和标签追溯的质量监控模式，推广食品产销场厂挂钩、场地挂钩、连锁经营和物流配送等有效经营方式。鼓励各类市场主办者与其承包、租赁摊位、柜台经营者之间以及食品批发商和经销商之间签订食品安全保障协议。

（四）整治食品消费环节

强化对学校食堂、餐饮业及建筑工地食堂，特别是小餐馆、个体门店的检查和监督。全面实施食品卫生监督量化分级管理制度。

（五）突出整治儿童食品

对全国儿童食品的生产、加工、销售企业进行一次全面普查，加大清仓查库力度，摸清底数；对未经批准生产儿童食品的加工点要坚决取缔，对不法分子依法从严从重从快惩处；要进一步完善儿童食品的准入条件，建立健全既能确保食品安全、又有利于经济发展的儿童食品企业的管理规范，实行严格的市场准入，对不符合条件的要坚决清除出市场。

（六）整治食品包装、标识印制业

对合法的包装标识印制企业要加大其承印验证、承印登记的检查力度。对擅自设立印刷点从事印刷活动的，要坚决取缔，进一步规范印刷行业管理。

（七）积极推进食品安全信用体系建设

进一步发挥行业协会作用，加强行业自律和行规行风建设，引导、监督企业模范遵守法律法规，生产经营安全食品。按照政府推动、部门联动、市场化运作、全社会广泛参与的原则，积极开展食品安全信用体系建设试点工作，运用信用惩戒机制，使生产、销售假冒伪劣和有毒有害食品的违法犯罪分子寸步难行。

（八）认真抓好农村食品安全监管和销售网络建设

行政执法部门要加强对基层食品流通的监管，建立食品安全义务信息员队伍，形成严密的食品安全监管网络，保证农村食品安全。积极探索农村食品销售网络建设，鼓励大型食品经营企业到农村建立网点，形成食品供应的主渠道。

（九）依法及时查处大案要案

行政执法部门要严格执行国务院《行政执法机关移送涉嫌犯罪案件的规定》，及时移送涉嫌食品犯罪案件，切实解决以罚代刑的问题。对应当移交而不移交的，要严肃处理。为确保办案效率，防止涉嫌犯罪人员逃匿，对涉嫌犯罪的食品案件，行政执法部门应当及时与公安部门取得联系。当前要紧紧抓住阜阳劣质奶粉事件和玉环县私屠滥宰人员暴力抗法事件，举一反三，查源头，端窝点，堵漏洞，重拳出击，依法从严从重从快处理一批大案要案，狠狠打击犯罪分子的嚣张气焰，形成强大的震慑力。

四、工作要求与保障措施

（一）强化地方政府的责任

地方各级人民政府要从立党为公、执政为民的高度出发，将食品安全专项整治作为当前整顿和规范市场经济秩序工作的重中之重，结合近年来群众反映强烈、社会危害严重的突出问题，对食品安全专项整治进行全面部署，狠抓薄弱环节，落实监管重心下移，强化农村市场监管。建立食品安全专项整治责任制，明确一名分管领导，强化主要负责人的责任。发生食品安全事故，给当地人民群众身体健康和生命安全造成重大损害的，要依法依纪追究地方政府和行政主管部门负责人的责任。

（二）建立健全食品安全协调机制

食品安全专项整治涉及多个监管部门，需要各方面协同配合，应加快食品安全方面法律法规的制定和修订工作，尽快理顺食品安全监管体制。建立有效的食品安全协调机制，整合执法力量，推进综合执法和联合执法。食品安全监管部门在各司其职的同时，应加强沟通与协作，切实解决各自为政、多头执法、重复执法问题。地方各级人民政府要统筹协调各执法部门对食品市场的监管，做到共认或者互认抽查结果。食品安全专项整治牵头部门，要切实发挥好组织协调作用，通过综合监督资源，综合监督力量，将分散的监管力量集中起来，将具体的监管内容统一起来，形成统一、协调、权威、高效的食品监管机制。

（三）强化行政执法部门监管责任

严格行政执法责任制，不能简单地以文件贯彻文件，以会议落实会议。严惩行政执法中滥用职权、玩忽职守、徇私舞弊等违法犯罪行为以及地方保护主义和各种形式的保护伞，扭转有法不依、执法不严、违法不究以及重审批、轻监管，甚至乱审批、不监管的局面。

（四）加强食品安全的社会监督

切实加强对食品安全的舆论监督和群众监督，努力营造人人关注食品安全、人人重视食品安全的社会氛围。新闻媒体对生产、销售假冒伪劣和有毒有害食品的违法犯罪行为要给予曝光，揭露丑恶，警示违规；同时要大力宣传食品放心工程实施情况和开展食品专项整治所取得的成绩，加强正面引导。普及食品安全知识，提高广大人民群众的自我保护能力。

（五）开展食品安全专项整治工作综合评价

为确保食品安全专项整治工作抓细、抓实，食品药品监管局要会同有关部门对专项整治工作开展综合评价，并对先进单位给予表彰。

五、工作步骤与时间安排

食品安全专项整治分为三个阶段：第一阶段（2004 年 5 月至 6 月）为动员部署阶段。各地要认真做好专项整治的动员部署工作，对整治工作做出周密安排。第二阶段（2004 年 7 月至 12 月）为组织实施阶段。各地要针对突出问题和薄弱环节，采取坚决果断的措施，全面开展整治工作。国务院有关部门要切实加强对整治工作的指导；各省级食品放心工程牵头单位组织有关部门采取明察暗访等方式进行抽查；食品药品监管局会同有关部门组成督查组进行督查。重要情况及时报告全面整顿和规范市场经济秩序领导小组办公室。第三阶段（2004 年年底至 2005 年春节前）为总结验收阶段。各省级食品放心工程牵头单位要认真做好专项整治工作总结，并报国家食品药品监管局。国家食品药品监管局汇总后报国务院。食品安全专项整治任务艰巨、责任重大。各地区和有关部门一定要以“三个代表”重要思想为指导，从全面建设小康社会、维护广大人民群众根本利益出发，齐心协力，扎实工作，确保食品专项整治工作取得明显成效。

进出境转基因产品检验检疫管理办法

（国家质检总局　2004年5月24日）

第一章　总　　则

第一条　为加强进出境转基因产品检验检疫管理，保障人体健康和动植物、微生物安全，保护生态环境，根据《中华人民共和国进出口商品检验法》、《中华人民共和国食品卫生法》、《中华人民共和国进出境动植物检疫法》及其实施条例、《农业转基因生物安全管理条例》等法律法规的规定，制定本办法。

第二条　本办法适用于对通过各种方式（包括贸易、来料加工、邮寄、携带、生产、代繁、科研、交换、展览、援助、赠送以及其他方式）进出境的转基因产品的检验检疫。

第三条　本办法所称“转基因产品”是指《农业转基因生物安全管理条例》规定的农业转基因生物及其他法律法规规定的转基因生物与产品。

第四条　国家质量监督检验检疫总局（以下简称国家质检总局）负责全国进出境转基因产品的检验检疫管理工作，国家质检总局设在各地的出入境检验检疫机构（以下简称检验检疫机构）负责所辖地区进出境转基因产品的检验检疫以及监督管理工作。

第五条　国家质检总局对过境转移的农业转基因产品实行许可制度。其他过境转移的转基因产品，国家另有规定的按相关规定执行。

第二章　进境检验检疫

第六条　国家质检总局对进境转基因动植物及其产品、微生物及其产品和食品实行申报制度。

第七条　货主或者其代理人在办理进境报检手续时，应当在《入境货物报检单》的货物名称栏中注明是否为转基因产品。申报为转基因产品的，除按规定提供有关单证外，还应当提供法律法规规定的主管部门签发的《农业转基因生物安全证书》（或者相关批准文件，以下简称批准文件）和《农业转基因生物标识审查认可批准文件》。

第八条　对于实施标识管理的进境转基因产品，检验检疫机构应当核查标识，符合农业转基因生物标识审查认可批准文件的，准予进境；不按规定标识的，重新标识后方可进境；未标识的，不得进境。

第九条　对列入实施标识管理的农业转基因生物目录（国务院农业行政主管部门制定并公布）的进境转基因产品，如申报是转基因的，检验检疫机构应当实施转基因项目的符合性检测，如申报是非转基因的，检验检疫机构应进行转基因项目抽查检测；对实施标识管理的农业转基因生物目录以外的进境动植物及其产品、微生物及其产品和食品，检验检疫机构可根据情况实施转基因项目抽查检测。

检验检疫机构按照国家认可的检测方法和标准进行转基因项目检测。

第十条　经转基因检测合格的，准予进境。如有下列情况之一的，检验检疫机构通知货主或者其代理人作退货或者销毁处理：

（一）申报为转基因产品，但经检测其转基因成分与批准文件不符的；

（二）申报为非转基因产品，但经检测其含有转基因成分的。

第十一条　进境供展览用的转基因产品，须获得法律法规规定的主管部门签发的有关批准文件后方可入境，展览期间应当接受检验检疫机构的监管。展览结束后，所有转基因产品必须作退回或者销毁处理。如因特殊原因，需改变用途的，须按有关规定补办进境检验检疫手续。

第三章　过境检验检疫

第十二条　过境的转基因产品，货主或者其代理人应当事先向国家质检总局提出过境许可申请，并提交以下资料：

（一）填写《转基因产品过境转移许可证申请表》；

（二）输出国家或者地区有关部门出具的国（境）外已进行相应的研究证明文件或者已允许作为相应用途并投放市场的证明文件；

（三）转基因产品的用途说明和拟采取的安全防范措施；

（四）其他相关资料。

第十三条 国家质检总局自收到申请之日起270日内作出答复，对符合要求的，签发《转基因产品过境转移许可证》并通知进境口岸检验检疫机构；对不符合要求的，签发不予过境转移许可证，并说明理由。

第十四条 过境转基因产品进境时，货主或者其代理人须持规定的单证和过境转移许可证向进境口岸检验检疫机构申报，经检验检疫机构审查合格的，准予过境，并由出境口岸检验检疫机构监督其出境。对改换原包装及变更过境线路的过境转基因产品，应当按照规定重新办理过境手续。

第四章 出境检验检疫

第十五条 对出境产品需要进行转基因检测或者出具非转基因证明的，货主或者其代理人应当提前向所在地检验检疫机构提出申请，并提供输入国家或者地区官方发布的转基因产品进境要求。

第十六条 检验检疫机构受理申请后，根据法律法规规定的主管部门发布的批准转基因技术应用于商业化生产的信息，按规定抽样送转基因检测实验室作转基因项目检测，依据出具的检测报告，确认为转基因产品并符合输入国家或者地区转基因产品进境要求的，出具相关检验检疫单证；确认为非转基因产品的，出具非转基因产品证明。

第五章 附 则

第十七条 对进出境转基因产品除按本办法规定实施转基因项目检测和监管外，其他检验检疫项目内容按照法律法规和国家质检总局的有关规定执行。

第十八条 承担转基因项目检测的实验室必须通过国家认证认可监督管理部门的能力验证。

第十九条 对违反本办法规定的，依照有关法律法规的规定予以处罚。

第二十条 本办法由国家质检总局负责解释。

第二十一条 本办法自公布之日起施行。

粮食流通管理条例

（国务院 2004年5月26日）

第一章 总 则

第一条 为了保护粮食生产者的积极性，促进粮食生产，维护经营者、消费者的合法权益，保障国家粮食安全，维护粮食流通秩序，根据有关法律，制定本条例。

第二条 在中华人民共和国境内从事粮食的收购、销售、储存、运输、加工、进出口等经营活动（以下统称粮食经营活动），应当遵守本条例。

前款所称粮食，是指小麦、稻谷、玉米、杂粮及其成品粮。

第三条 国家鼓励多种所有制市场主体从事粮食经营活动，促进公平竞争。依法从事的粮食经营活动受国家法律保护。严禁以非法手段阻碍粮食自由流通。

国有粮食购销企业应当转变经营机制，提高市场竞争能力，在粮食流通中发挥主渠道作用，带头执行国家粮食政策。

第四条 粮食价格主要由市场供求形成。

国家加强粮食流通管理，增强对粮食市场的调控能力。

第五条 粮食经营活动应当遵循自愿、公平、诚实信用的原则，不得损害粮食生产者、消费者的合法权益，不得损害国家利益和社会公共利益。

第六条 国务院发展改革部门及国家粮食行政管理部门负责全国粮食的总量平衡、宏观调控和重要粮食品种的结构调整以及粮食流通的中长期规划；国家粮食行政管理部门负责粮食流通的行政管理、行业指导，监督有关粮食流通的法律、法规、政策及各项规章制度的执行。

国务院工商行政管理、产品质量监督、卫生、价格等部门在各自的职责范围内负责与粮食流通有关的工作。

省、自治区、直辖市人民政府在国家宏观调控下，按照粮食省长负责制的要求，负责本地区粮食的总量平衡和地方储备粮的管理。县级以上地方人民政府粮食行政管理部门负责本地区粮食流通的行政管理、行业指导；县级以上地方人民政府工商行政管理、产品质量监督、卫生、价格等部门在各自的职责范围内负责与粮食流通有关的工作。

第二章 粮食经营

第七条 粮食经营者，是指从事粮食收购、销售、储存、运输、加工、进出口等经营活动的法人、其他经济组织和个体工商户。

第八条 从事粮食收购活动的经营者，应当具备下列条件：

（一）具备经营资金筹措能力；

（二）拥有或者通过租借具有必要的粮食仓储设施；

（三）具备相应的粮食质量检验和保管能力。

前款规定的具体条件，由省、自治区、直辖市人民政府规定、公布。

第九条 取得粮食收购资格，并依照《中华人民共和国公司登记管理条例》等规定办理登记的经营者，方可从事粮食收购活动。

申请从事粮食收购活动，应当向办理工商登记的部门同级的粮食行政管理部门提交书面申请，并提供资金、仓储设施、质量检验和保管能力等证明材料。粮食行政管理部门应当自受理之日起 15 个工作日内完成审核，对符合本条例第八条规定具体条件的申请者作出许可决定并公示。

第十条 取得粮食行政管理部门粮食收购资格许可的，应当依法向工商行政管理部门办理设立登记，在经营范围中注明粮食收购；已在工商行政管理部门登记的，从事粮食收购活动也应当取得粮食行政管理部门的粮食收购资格许可，并依法向工商行政管理部门办理变更经营范围登记，在经营范围中注明粮食收购。

第十一条 依法从事粮食收购活动的粮食经营者（以下简称粮食收购者），应当告知售粮者或者在收购场所公示粮食的品种、质量标准和收购价格。

第十二条 粮食收购者收购粮食，应当执行国家粮食质量标准，按质论价，不得损害农民和其他粮食生产者的利益；应当及时向售粮者支付售粮款，不得拖欠；不得接受任何组织或者个人的委托代扣、代缴任何税、费和其他款项。

第十三条 粮食收购者应当向收购地的县级人民政府粮食行政管理部门定期报告粮食收购数量等有关情况。

跨省收购粮食，应当向收购地和粮食收购者所在地的县级人民政府粮食行政管理部门定期报告粮食收购数量等有关情况。

第十四条 从事粮食销售、储存、运输、加工、进出口等经营活动的粮食经营者应当在工商行政管理部门登记。

第十五条 粮食经营者使用的粮食仓储设施，应当符合粮食储存有关标准和技术规范的要求。粮食不得与可能对粮食产生污染的有害物质混存，储存粮食不得使用国家禁止使用的化学药剂或者超量使用化学药剂。

第十六条 运输粮食应当严格执行国家粮食运输的技术规范，不得使用被污染的运输工具或者包装材料运输粮食。

第十七条 从事食用粮食加工的经营者，应当具有保证粮食质量和卫生必备的加工条件，不得有下列行为：

（一）使用发霉变质的原粮、副产品进行加工；

（二）违反规定使用添加剂；

（三）使用不符合质量、卫生标准的包装材料；

（四）影响粮食质量、卫生的其他行为。

第十八条 销售粮食应当严格执行国家有关粮食质量、卫生标准，不得短斤少两、掺杂使假、以次充好，不得囤积居奇、垄断或者操纵粮食价格、欺行霸市。

第十九条 建立粮食销售出库质量检验制度。粮食储存企业对超过正常储存年限的陈粮，在出库前应当经过有资质的粮食质量检验机构进行质量鉴定，凡已陈化变质、不符合食用卫生标准的粮食，严禁流入口粮市场。陈化粮购买资格由省级人民政府粮食行政管理部门会同工商行政管理部门认定。陈化粮判定标准，由国家粮食行政管理部门会同有关部门制定，陈化粮销售、处理和监管的具体办法，依照国家有关规定执行。

第二十条 从事粮食收购、加工、销售的经营者，必须保持必要的库存量。

必要时，由省、自治区、直辖市人民政府规定最低和最高库存量的具体标准。

第二十一条 国有和国有控股粮食企业应当积极收购粮食，并做好政府委托的粮食收购和政策性用粮的购销工作，服从和服务于国家宏观调控。

第二十二条 对符合贷款条件的粮食收购者，银行应当按照国家有关规定及时提供收购贷款。中国农业发展银行应当保证中央和地方储备粮以及政府调控用粮和其他政策性用粮的信贷资金需要，对国有和国有控股的粮食购销企业、大型粮食产业化龙头企业和其他粮食购销企业，按企业的风险承受能力提供信贷资金支持。

第二十三条 所有从事粮食收购、销售、储存、加工的粮食经营者以及饲料、工业用粮企业，应当建立粮食经营台账，并向所在地的县级人民政府粮食行政管理部门报送粮食购进、销售、储存等基本数据和有关情况。粮食经营者保留粮食经营台账的期限不得少于3年。粮食经营者报送的基本数据和有关情况涉及商业秘密的，粮食行政管理部门负有保密义务。

国家粮食流通统计制度，由国家粮食行政管理部门制定，报国务院统计部门批准。

第二十四条 粮食行业协会以及中介组织应当加强行业自律，在维护粮食市场秩序方面发挥监督和协调作用。

第三章 宏观调控

第二十五条 国家采取储备粮吞吐、委托收购、粮食进出口等多种经济手段和价格干预等必要的行政手段，加强对粮食市场的调控，保持全国粮食供求总量基本平衡和价格基本稳定。

第二十六条 国家实行中央和地方分级粮食储备制度。粮食储备用于调节粮食供求，稳定粮食市场，以及应对重大自然灾害或者其他突发事件等情况。

政策性用粮的采购和销售，原则上通过粮食批发市场公开进行，也可以通过国家规定的其他方式进行。

第二十七条 国务院和地方人民政府建立健全粮食风险基金制度。粮食风险基金主要用于对种粮农民直接补贴、支持粮食储备、稳定粮食市场等。

国务院和地方人民政府财政部门负责粮食风险基金的监督管理，确保专款专用。

第二十八条 当粮食供求关系发生重大变化时，为保障市场供应、保护种粮农民利益，必要时可由国务院决定对短缺的重点粮食品种在粮食主产区实行最低收购价格。

当粮食价格显著上涨或者有可能显著上涨时，国务院和省、自治区、直辖市人民政府可以按照《中华人民共和国价格法》的规定，采取价格干预措施。

第二十九条 国务院发展改革部门及国家粮食行政管理部门会同农业、统计、产品质量监督等部门负责粮食市场供求形势的监测和预警分析，建立粮食供需抽查制度，发布粮食生产、消费、价格、质量等信息。

第三十条 国家鼓励粮食主产区和主销区以多种形式建立稳定的产销关系，鼓励建立产销一体化的粮食经营企业，发展订单农业，在执行最低收购价格时国家给予必要的经济优惠，并在粮食运输方面给予优先安排。

第三十一条 在重大自然灾害、重大疫情或者其他突发事件引起粮食市场供求异常波动时，国家实施粮食应急机制。

第三十二条 国家建立突发事件的粮食应急体系。国务院发展改革部门及国家粮食行政管理部门会同国务院有关部门制定全国的粮食应急预案，报请国务院批准。省、自治区、直辖市人民政府根据本地区的实际情况，制定本行政区域的粮食应急预案。

第三十三条 启动全国的粮食应急预案，由国务院发展改革部门及国家粮食行政管理部门提出建议，报国务院批准后实施。

启动省、自治区、直辖市的粮食应急预案，由省、自治区、直辖市发展改革部门及粮食行政管理部门提出建议，报本级人民政府决定，并向国务院报告。

第三十四条 粮食应急预案启动后，所有粮食经营者必须按国家要求承担应急任务，服从国家的统一安排和调度，保证应急工作的需要。

第四章 监督检查

第三十五条 粮食行政管理部门依照本条例对粮食经营者从事粮食收购、储存、运输活动和政策性用粮的购销活动，以及执行国家粮食流通统计制度的情况进行监督检查。

粮食行政管理部门应当根据国家要求对粮食收购资格进行核查。

粮食行政管理部门在监督检查过程中，可以进入粮食经营者经营场所检查粮食的库存量和收购、储存活动中的粮食质量以及原粮卫生；检查粮食仓储设施、设备是否符合国家技术规范；查阅粮食经营者有关资料、凭证；向有关单位和人员调查了解相关情况。

第三十六条 产品质量监督部门依照有关法律、行政法规的规定，对粮食加工过程中的以假充真、以次充好、掺杂使假等违法行为进行监督检查。

第三十七条 工商行政管理部门依照有关法律、行政法规的规定，对粮食经营活动中的无照经营、超范围经营以及粮食销售活动中的囤积居奇、欺行霸市、强买强卖、掺杂使假、以次充好等扰乱市场秩序和违法违规交易行为进行监督检查。

第三十八条 卫生部门依照有关法律、行政法规的规定，对粮食加工、销售中的卫生以及成品粮储存中的卫生进行监督检查。

第三十九条 价格主管部门依照有关法律、行政法规的规定，对粮食流通活动中的价格违法行为进行监督检查。

第四十条 任何单位和个人有权对违反本条例规定的行为向有关部门检举。有关部门应当为检举人保密，并依法及时处理。

第五章 法律责任

第四十一条 未经粮食行政管理部门许可或者未在工商行政管理部门登记擅自从事粮食收购活动的，由工商行政管理部门没收非法收购的粮食；情节严重的，并处非法收购粮食价值1倍以上5倍以下的罚款；构成犯罪的，依法追究刑事责任。

由粮食行政管理部门查出的，移交工商行政管理部门按照前款规定予以处罚。

第四十二条 以欺骗、贿赂等不正当手段取得粮食收购资格许可的，由粮食行政管理部门取消粮食收购资格，工商行政管理部门吊销营业执照，没收违法所得；构成犯罪的，依法追究刑事责任。

粮食行政管理部门工作人员办理粮食收购资格许可，索取或者收受他人财物或者谋取其他利益，构成犯罪的，依法追究刑事责任；尚不构成犯罪的，依法给予行政处分。

第四十三条 粮食收购者有未按照规定告知、公示粮食收购价格或者收购粮食压级压价，垄断或者操纵价格等价格违法行为的，由价格主管部门依照《中华人民共和国价格法》的有关规定给予行政处罚。

第四十四条 有下列情形之一的，由粮食行政管理部门责令改正，予以警告，可以处20万元以下的罚款；情节严重的，并由粮食行政管理部门暂停或者取消粮食收购资格：

（一）粮食收购者未执行国家粮食质量标准的；

（二）粮食收购者被售粮者举报未及时支付售粮款的；

（三）粮食收购者违反本条例规定代扣、代缴税、费和其他款项的；

（四）从事粮食收购、销售、储存、加工的粮食经营者以及饲料、工业用粮企业未建立粮食经营台账，或者未按照规定报送粮食基本数据和有关情况的；

（五）接受委托的粮食经营者从事政策性用粮的购销活动未执行国家有关政策的。

第四十五条 陈粮出库未按照本条例规定进行质量鉴定的，由粮食行政管理部门责令改正，给予警告；情节严重的，处出库粮食价值1倍以上5倍以下的罚款，工商行政管理部门可以吊销营业执照。

倒卖陈化粮或者不按照规定使用陈化粮的，由工商行政管理部门没收非法倒卖的粮食，并处非法倒卖粮食价值20%以下的罚款，有陈化粮购买资格的，由省级人民政府粮食行政管理部门取消陈化粮购买资格；情节严重的，由工商行政管理部门并处非法倒卖粮食价值1倍以上5倍以下的罚款，吊销营业执照；构成犯罪的，依法追究刑事责任。

第四十六条 从事粮食收购、加工、销售的经营者的粮食库存低于规定的最低库存量的，由粮食行政管理部门责令改正，给予警告；情节严重的，处不足部分粮食价值1倍以上5倍以下的罚款，并可以取消粮食收购资格，工商行政管理部门可以吊销营业执照。

从事粮食收购、加工、销售的经营者的粮食库存超出规定的最高库存量的，由粮食行政管理部门责令改正，给予警告；情节严重的，处超出部分粮食价值1倍以上5倍以下的罚款，并可以取消粮食收购资格，工商行政管理部门可以吊销营业执照。

第四十七条 粮食经营者未按照本条例规定使用粮食仓储设施、运输工具的，由粮食行政管理部门或者卫生部门责令改正，给予警告；被污染的粮食不得非法销售、加工。

第四十八条 违反本条例第十七条、第十八条规定的，由产品质量监督部门、工商行政管理部门、卫生部门等依照有关法律、行政法规的规定予以处罚。

第四十九条 财政部门未按照国家关于粮食风险基金管理的规定及时、足额拨付补贴资金，或者挤占、截留、挪用补贴资金的，由本级人民政府或者上级财政部门责令改正，对有关责任人员依法给予行政处分；构成犯罪的，依法追究有关责任人员的刑事责任。

第五十条 违反本条例规定，阻碍粮食自由流通的，依照《国务院关于禁止在市场经济活动中实行地区封锁的规定》予以处罚。

第五十一条 监督检查人员违反本条例规定，非法干预粮食经营者正常经营活动的，依法给予行政处分；构成犯罪的，依法追究刑事责任。

第六章 附 则

第五十二条 本条例下列用语的含义是：

粮食收购，是指为了销售、加工或者作为饲料、工业原料等直接向种粮农民或者其他粮食生产者批量购买粮食的活动。

粮食加工，是指通过处理将原粮转化成半成品粮、成品粮，或者将半成品粮转化成成品粮的经营活动。

第五十三条 大豆、油料和食用植物油的收购、销售、储存、运输、加工、进出口等经营活动，适用本条例除第八条、第九条、第十条以外的规定。

粮食进出口的管理，依照有关法律、行政法规的规定执行。

中央储备粮的管理，依照《中央储备粮管理条例》的规定执行。

第五十四条 本条例自公布之日起施行。1998年6月6日国务院发布的《粮食收购条例》、1998年8月5日国务院发布的《粮食购销违法行为处罚办法》同时废止。

农产品批发市场建设与管理指南（试行）

（农业部 农市发［2004］10号 2004年6月14日）

第一章 总 则

第一条 为了完善农产品市场体系，引导批发市场加强建设和管理，保证公开、公平、公正交易，保障食用农产品安全，特制定本指南。

第二条 本指南适用于专门经营农产品的批发市场和包含农产品批发经营业务的其他市场。

第三条 本指南用词定义如下：

（一）农产品：指粮油、蔬菜、瓜果、畜产品、水产品、调味品、花卉、茶叶、种子、饲料等农、牧、渔业产品及其加工品。

（二）农产品批发市场：指经政府主管部门批准，主要进行前款所指农产品现货集中批量交易的场所。

（三）农民：指直接从事本指南所称农产品生产的自然人。

（四）农民团体：指依法成立的各类农民合作组织。

（五）农业企业：指从事本指南所称农产品生产的农业经济组织。

（六）交易商：指具有商品批发交易能力，可进入批发市场进行交易的个人或组织。交易商包括供货者、经销商、贩运商、零售商和经纪人等，是批发市场上开展买卖交易活动的主体。

第二章 设立、变更和终止

第四条 设立农产品批发市场应从当地的农产品商品货源及其流向、居民消费需要、经济发展和区位交通条件等实际情况出发，遵循统筹规划、合理布局、发挥优势、讲求实效的原则，防止盲目、重复建设市场。

第五条 农产品批发市场是公共事业，以服务农业、农民和城乡消费者为宗旨。其设立及业务项目由各级政府规划确定，并提供支持。

第六条 设立农产品批发市场应考虑下列条件：

（一）设立者主要是农民合作组织、或涉农企事业单位、社会团体等法人组织；

（二）符合国家和本地区农产品批发市场建设发展规划；

（三）位于农产品的主要产地、销地或集散中心；

（四）具备相应的场地、设施和资金；

（五）具备企业登记注册的其他条件。

第七条 农产品批发市场的设立、变更和终止，应按照政府规定的审批或许可程序办理。

第三章 市场功能

第八条 农产品批发市场要根据国家和地区社会经济发展的实际需要，注重完善以下市场功能：

（一）大规模、快速集散或配送农产品；

（二）形成竞争性的透明、合理的农产品价格；

（三）及时收集和发布市场信息；

（四）保障食用农产品安全；

（五）吞吐调剂农产品供求；

（六）提供金融、通讯、结算、仓储等综合服务。

第九条 产地农产品批发市场除具备第八条中各项功能以外，还应该结合我国农村经济社会发展的实际需要，进行下列功能创新：

（一）培育农民专业合作组织；

（二）普及农业科技知识；

（三）促进产地农产品加工增值；

（四）引导农业区域化布局，专业化、标准化生产，品牌化经营；

（五）延长农业产业链，发展产业化经营；

（六）扩大农村劳动就业，推动小城镇建设。

第四章 市场建设

第十条 农产品批发市场建设坚持基础设施公益性、经营管理企业化的方向；坚持新建与改建结合，产地与销地结合，硬件与软件结合，国家扶持与多渠道投资结合；统筹规划，合理布局，均衡发展，促进形成统一的全国性的农产品批发市场网络。

第十一条 省、地农业部门应制定本区域农产品批发市场建设发展规划，规划的主要内容包括：

（一）农产品批发市场的数量、规模、布局；

（二）市场建设和设施改造的要求；

（三）主要交易商品种类；

（四）市场同生产基地、关联市场的联结关系。

第十二条 规划建设产地批发市场，应主要依托各类农产品生产基地，充分考虑生产规模、商品流量流向、产品特点、区位交通条件、辐射范围以及小城镇建设等因素，确定市场的类型、位置、规模和设施标准。要打破行政区划的界限，在一个市场辐射范围内，不再规划建设新的市场。产地批发市场应以建设专业性市场为主。

第十三条 规划建设销地批发市场，应主要依据销地人口数量和市场容量，充分考虑市政规划、区位交通条件、零售方式和消费习惯等因素，确定市场的数量、布局、规模和设施标准。销地批发市场应以建设综合性市场为主。

第十四条 农产品批发市场设施建设要体现高效、经济、先进和实用的要求，做到功能分区明确，交易流程合理，经营运作方便，物流、车流、人流组织顺畅，停车面积匹配，设施齐全配套；并注重市场绿化和环境保护。

第十五条 农产品批发市场应着重加强下列基本功能设施与能力建设，逐步提高现代化水平：

（一）交易方式，从对手交易向代理制、拍卖交易转变；

（二）结算方式，从分散的现金结算向统一的电子结算转变；

（三）信息系统，完善信息收集、发布手段，建立网络服务平台，发展农产品电子商务；

（四）检测系统，健全检测制度，增强检测手段，提高检测水平；

（五）物流服务，实现商品贮藏、保鲜、运输和装卸等服务手段高效率、低成本；

（六）秩序监控，对市场交易活动实行全面电子监控，提高交易纠纷的防范和应急处理能力；

（七）环境卫生，对市场产生的垃圾、污水及时进行清除处理，使之达到环保排放标准。

第五章 管理与监督

第十六条 农产品批发市场的设立者应健全市场管理机构，加强市场管理。

第十七条 农产品批发市场应采取政府调控、企业管理、客商经营的运行管理模式。市场应明晰产权，建立现代企业制度。

第十八条 农产品批发市场管理者应按照公平、公开、公正的原则管理市场，对场内交易商一视同仁，平等对待。

第十九条 农产品批发市场管理者应以提供服务和加强监管为宗旨，负责市场日常交易活动的管理工作。主要工作：

（一）负责市场规划、建设和改造，服务设施的完善与改进；

（二）负责市场交易方式、结算方式和信息系统的现代化建设；

（三）负责市场交易商（经销商、贩运商、零售商、经纪人）的身份登记，对其交易活动进行规范化管理和服务；

（四）负责市场交易活动监督、检查和日常管理工作，处理交易活动中发生的纠纷等事项；

（五）负责市场交易商品质量、重量、包装规格的监督与检查；

（六）落实市场交易、卫生、消防安全和环保等管理制度；

（七）提供商品运输、装卸、贮藏、保鲜、包装、加工等综合性服务；

（八）协助政府主管部门调控与监督管理市场；

（九）负责场所和设施的管理、出租（出售）和维护；

（十）负责市场信息的收集与传递发布；

（十一）产地农产品批发市场管理者还应推动第

九条所列各项工作的开展。

第二十条 农产品批发市场应当建立健全市场日常管理制度、市场经营管理制度、市场交易指南、市场交易商品管理制度、商品质量检查制度、市场治安和安全保障制度、市场环境卫生管理制度、车辆管理制度、财务管理和统计报表制度等。

第二十一条 农产品批发市场应突出信息服务，及时收集和发布成交的品种、数量、产地、价格、质量等级等行情信息和商品供求信息，供交易双方参照。同时按规定将这些行情信息报主管部门，由国家主管部门汇总统一向全国发布。

第二十二条 农产品批发市场应实行下列公开办事制度：

（一）市场管理人员姓名、职务、职责公开；

（二）市场管理制度和工作人员守则公开；

（三）场所和设施安排、租赁费、管理费、服务费收取标准公开；

（四）纠纷事项处理结果公开。

第二十三条 农产品批发市场收费应符合国家有关规定。除国家规定外，任何单位和个人不得自行进入市场设立收费项目或者提高收费标准。

第二十四条 农产品批发市场应加强对管理人员的专业技术培训和业务考核，推行持证上岗，禁止市场管理人员参与市场交易。

第二十五条 农产品批发市场接受政府部门的管理和社会监督。

第六章 交易商

第二十六条 农产品批发市场设立者负责市场内交易商管理，并为交易商提供服务。

第二十七条 农产品批发市场应建立交易商登记管理制度，掌握交易商的基本信息和经营信息，以便于交易管理、质量控制和信用评定。

第二十八条 交易商应遵守法律、法规，遵守自愿、公平、诚信原则，遵守商业道德和市场规章制度，服从市场监督管理。

第二十九条 农产品批发市场鼓励实行经纪人代理交易制，市场经纪人的资格认定条件与行为规则由市场监督管理部门会同市场管理者共同制定。

第三十条 农产品批发市场积极培育在市场内有固定经营场所、常年经营的经销商。经销商应在固定的门店或特定的场所进行交易，不得在市场内随意设摊或流动经营。严禁场外交易。

第三十一条 经销商不得擅自出租、出借、转让经营场所，确须出租、出借、转让经营场所的应经市场管理者同意，并办理有关手续。

第三十二条 交易商须依法纳税，并按国家有关规定交纳市场管理费。

第三十三条 购买者要求出具购货凭证和商品质量证明，交易商应按规定提供。

第七章 商品交易

第三十四条 农产品批发市场交易的商品必须符合国家法令和质量安全要求。下列物品禁止上市交易：

（一）国家和地方明文规定重点保护的珍稀植物、动物及其制品；

（二）未经检疫或检疫不合格的畜禽及其产品；

（三）经检测不合格，有毒、有害健康的产品；

（四）法律、法规禁止上市的其他物品。

第三十五条 农产品批发市场应采取协商交易、合约交易、订单交易和拍卖交易方式。

第三十六条 农产品批发市场的商品交易应逐步推行统一司磅，统一结算。

第三十七条 农产品批发市场的商品价格由买卖双方议定，随行就市。属于政府对价格实施监控管理的商品，应当执行有关规定。

第三十八条 农产品批发市场管理人员发现在市场买卖交易中有不正当行为，或出现不公正价格时，根据规定可以对交易商的交易活动进行限制。

第三十九条 农产品批发市场禁止下列行为：

（一）蓄意串通，捏造和散布虚假信息；

（二）以操纵市场为目的，合伙抬价或压价买入或卖出同一种商品；

（三）任何形式的欺行霸市，强买强卖行为；

（四）以其他直接或间接方式操纵或扰乱市场交易秩序。

第四十条 农产品批发市场应加强对经纪人代理交易活动的监管，规范经纪行为。

第四十一条 农产品批发市场交易的农产品应推行分级分类处理，逐步达到质量等级化、重量标准化、包装规格化。

第四十二条 农产品批发市场交易的农产品应在包装物的指定位置标明名称、等级、产地、生产商、生产或采摘日期、重量、检验合格证明等需要说明的事项。

第四十三条 农产品批发市场交易的农产品实行分区交易。蔬菜、水果、肉类、水产品、畜禽等应分区销售；鲜活与冷冻商品应分区销售。

第八章 附 则

第四十四条 本指南用于指导各类农产品批发市场现代化建设与规范化管理。

第四十五条 本指南具体应用中的问题由农业部负责解释。

关于积极推进有机食品产业发展的若干意见

（商务部等11部委 商运发［2004］327号 2004年6月16日）

各省、自治区、直辖市、计划单列市商务主管部门、科技厅（局）、财政厅（局）、铁路局、交通厅（委、局）、卫生厅（局）、工商局、质量技术监督厅（局）、环保局、食药监（药监）厅（局）、直属出入境检验检疫局：

为了认真贯彻中央经济工作会议精神，进一步推进“三绿工程”工作，坚持全面协调可持续的发展观，加快有机食品产业发展，特提出如下意见：

一、提高认识，明确目标，进一步加快推进有机食品产业的发展

发展有机食品产业，是建立人与自然和谐关系，促进生产发展、生活富裕和生态良好的文明发展方式的重要举措。发展有机食品产业，对于保护和改善农村与农业生态环境，提高食品质量和安全水平，保护城乡人民群众身体健康，特别是在我国加入世贸组织以后，发展有机食品产业对于规避国外“绿色壁垒”，推动农业结构调整和产业升级，发展农村生态经济，增加农民收入，构筑新的经济增长点，实现农村经济发展与环境保护的“双赢”，具有十分重要的意义。

目前，我国有机食品占全部食品的市场份额不到0.1%，远远低于2%的世界平均水平。为此，要通过5～10年的努力，力争使我国有机食品产量提高5～10倍，优先发展一批与人民群众生活密切相关的有机蔬菜、粮食、畜禽、茶叶等。要结合重要生态功能区域保护、农业资源污染防治、生态示范区建设和生态农业县建设，将有机食品产业发展与实施“三绿工程”和“菜篮子”工作紧密结合起来，大力推动有机产品国家标准的贯彻，积极推进有机食品生产基地的建设，优先发展一批全国性有机食品生产基地，加快有机食品产地和有机食品的认证步伐。

在当地政府领导下，各地要结合贯彻中央农村工作会议精神以及“十五”产业发展计划和环境保护计划的贯彻实施，共同制定有机食品发展规划，确定本地区有机食品产业发展工作的指导思想、工作目标，形成地方政府组织领导，各有关部门分工负责的工作机制。同时，要加大发展有机食品的资金投入，形成政府投入为导向，企业和农民投入为主体，广泛吸收国内外资金的多元化投资机制，推动有机食品的生产、开发和市场营销的发展，在政策上积极支持有机食品产业的发展，有关农业专项资金可适当向有机食品产业倾斜。

二、加强监测，严格执法，加强有机食品生产环境条件的管理

有机食品生产环境条件特别是产地，是确保有机食品质量的重要物质基础。各地要加强对已被认证的有机食品产地环境的管理和保护。在一些本地生态环境条件好，当地政府支持力度大、群众发展有机食品积极性高的地区，要积极引导开展有机食品生产基地建设，鼓励和支持企业、农户申请开展有机食品认证；对已取得有机食品认证的有机食品生产加工地域，要结合实际，建立相应的缓冲带或防护带，严禁在产地周边建设各类污染企业和工程，已建的要依法限期治理或搬迁，严防对产地的污染；对于国家确定的“菜篮子工程”和“三绿工程”生产基地及重点发展的特色农产品基地、出口产品基地周围的重点污染源，要依法限期整治，确保农产品产地的环境质量。

各地应在生态环境现状调查和土壤环境状况调查的基础上，筛选出一批生态环境符合标准、适宜开展有机食品基地建设的区域，积极创造条件，使其逐步转换成为有机食品基地。凡已被认证为有机食品基地（含转换期）或已确定为“菜篮子”和“三绿工程”生产基地的地区，应定期开展专项环境监测，并向当地政府报告基地土壤、水体、空气等环境质量状况。对基地环境质量已不符合有机食品标准及“菜篮子”和“三绿工程”农产品产地环境标准的，要及时提出整改意见和建议，并督促实施；对经整改仍不符合标准要求的，要及时依法进行处理并向社会公布，确保有机食品生产基地及“菜篮子”和“三绿工程”农产品产地的环境安全。有机食品生产企业要严格按照有机标准组织生产，严禁使用有机产品标准禁止使用的投入品；有机食品认证机构要严格依据有机产品国家标准进行认证，并对已认证的有机食品产地符合标准的持续性进行定期跟踪检查。

三、强化认证活动的监督管理，确保有机食品认证活动有序、规范进行

发展有机食品产业，开展有机食品认证，要认真贯彻执行《中华人民共和国认证认可条例》，确保有机食品认证活动规范有序进行，保证认证工作质量。要及时研究和掌握国际有机食品发展动态，结合国内外发展需要，不断修改、补充和完善有机食品认证管理的法规与标准，努力形成国际互认机制，确保与国际市场的接轨。

按照积极、稳妥的原则，发展我国有机食品认证机构、认证咨询机构和认证培训机构。培育一批具有较高质量和认证水平、能参与国际互认的认证机构；培养一批具备较高素质的有机食品认证检查员；要按照市场机制发展一批有机食品认证咨询机构和培训机构。协助地方政府及有关部门，组织开展有机食品的标准宣贯、培训和认证咨询，为有机食品产业的健康发展提供技术服务。

国家认监委要依法加强对有机食品认证机构、认证咨询和认证培训机构的监督管理。根据《中华人民共和国认证认可条例》，依法加强对境外有机食品认证机构在境内开展认证活动的监管，加强有机食品的生产、加工、贸易等环节认证工作的监督管理，定期组织认证有效性监督检查，当前重点要对有机食品标志使用情况的监督检查，保证我国有机食品认证工作规范、有序进行。

四、积极引导，促进有机食品服务和消费市场的健康成长

良好的技术和信息服务，是确保有机食品产业健康、加速发展的重要保障。各省、自治区、直辖市可结合本地条件，逐步建立有机食品发展的技术和信息服务体系。各地要积极引导，鼓励公司和个人按照有机产品国家标准开展有机食品生产、加工、商贸服务工作；要切实加强有机食品生产、加工的示范和指导工作，对于企业、个人生产积极性高、基层政府组织得力、已初具规模的认证的有机食品产地，要进行重点指导、帮助；对有机食品产地建设、生产加工、商贸服务方面的先进典型和经验，要积极扶持、努力推广。

要加大有机食品的宣传力度，普及有机食品科普知识，让广大群众了解有机食品，认识发展有机食品对于改善农村生态环境，确保食品安全，保护人民身体健康的重要意义；特别是要让广大人民群众了解有机食品的基本概念及其生产、加工、贸易的基本要求，实现对有机食品生产、加工、贸易等各个环节的社会参与和监督；要抓住我国加入世贸组织的机遇，大力实施“三绿工程”，促进有机食品市场的发展。同时，地方有关管理部门要加强执法和舆论监督，对假冒伪劣有机食品要坚决查处，及时曝光，确保有机食品的健康发展。

五、加强部门合作，共同推进有机食品的发展

有机食品的发展涉及多部门、多领域，需要各方面的通力合作，共同努力。在实施“三绿工程”和加强菜篮子食品管理工作中，积极培育有机食品市场，利用国内外的有关博览会、展销会，大力宣传我国的有机食品；严厉打击假冒伪劣有机食品；在信贷方面对从事有机食品生产、加工的企业提供支持，大力推进有机食品生产基地的建设。要充分发挥高校和科研院所的科研、技术、咨询等作用，调动有关企、事业单位参与有机食品开发的积极性，并通过市场机制，引导各种技术力量和资金投入到有机食品的发展领域。

广泛开展有机食品方面的国际交流与合作，特别要加强与国际有机食品组织的联系与合作。商务、贸促机构和有条件的省、自治区、直辖市及计划单列市可组织有机食品认证机构、生产单位、商贸企业，参加国际有机食品博览会，为有机食品的生产、

加工、贸易企业沟通国内外信息、开展国内外合作，大力宣传和推销有机食品，同时通过双边和多边合作，积极引进项目、技术和资金，发展符合市场需求的适销对路的有机食品品种，创造条件努力开拓国内、国际市场。

加快推进无公害农产品产地认定和产品认证步伐的实施意见

（农业部 农质安发［2004］17号 2004年6月25日）

无公害农产品认证，是“无公害食品行动计划”实施的重要组成部分，是农产品质量安全管理的重要推进措施，是一项事关广大老百姓健康的民心事业，已经成为新时期农产品质量安全工作的一项新任务和新要求。随着“无公害食品行动计划”的全面推进，无公害农产品认证工作得到了各级政府、各行业部门和社会各界的广泛关注和大力支持，认证数量成倍增长，认证效率大幅度提高，认证机构和人员快速到位，地方认证向全国统一认证成功转换，认证的发展态势持续稳健。截止2004年5月底，全国已认证产品7198个，备案产地5409个，基本实现了地方认证向全国统一认证的转换工作。各省（自治区、直辖市）农业主管厅（局、委、办）明确无公害农产品认证省级承办机构65家，委托环境监测机构158家。农业部农产品质量安全中心（以下简称“中心”）授权产品检测机构103家，培训合格检查员384人。目前，“上下一条线、全国一盘棋”的无公害农产品认证工作格局已初步形成，标志着无公害农产品产地认定和产品认证工作进入了一个新的时期，工作重心由认证转换转移到加快正常认证的发展轨道，并全面步入统一规范、简便快捷的发展阶段。为大力推进无公害农产品产地认定和产品认证工作步伐，特提出以下实施意见：

一、开拓创新，加快无公害农产品产地认定进程

无公害农产品产地认定是无公害农产品认证的前提和条件，是推进农产品标准化生产的最重要措施，是确保农产品质量安全的基础。各地要严格按照《无公害农产品产地认定程序》的规定，坚持“统一规范、简便快捷”的原则，开拓创新，积极改进认定的方式方法，提高工作效率，确保突出问题能抓准，主要危害能管住，关键环节能深入，监管措施能到位，认定进程能加快。

1. 规范产地环境检测行为　按照《无公害农产品认证产地环境检测管理办法》（农质安发［2003］19号）规定，进一步规范产地环境检测管理工作。对产地环境检测参数，各地要组织有关专家按照无公害食品行业标准规定，结合当地的环境污染因素，进行科学论证，根据产地环境区域特点和不同农产品质量安全危害因素，研究提出产地环境检测参数，作为本地区、本行业无公害农产品产地认定过程中的产地环境检测依据，切实增强产地环境检测的针对性和可比性。

2. 改进现场检查方式　产地认定实施现场检查，原则上应统一由各地无公害农产品产地认定机构（省级承办机构）组织，依托地县两级农业部门加以实施。参加现场检查的人员，应当是经省级以上农业部门培训取得检查员证书的人员，并采取就地就近的原则，以提高现场检查工作的时效性。

3. 鼓励集中普查、整体推进　对生态环境好、主导产业明显的地区，包括生态农业试点县、无公害农产品示范基地县（农场）、无规定动物疫病区等，提倡以县（市、区）为单位，由政府牵头统一对产地环境进行普查，对不同申请主体进行个案评价，采取整体认定，总体推进。

4. 提高产地备案质量　各地对已认定的产地，要进行一次全面的疏理。凡未备案的认定产地，应于2004年8月20日前统一报送中心备案。与此同时，每月10日前各地应当将上一个月认定的产地及时报中心备案，并作为一项例行制度长期坚持。

当前，各地要将推进优势农产品示范基地、无公害农产品生产示范基地（农场）、农产品标准化生产示范区（农场）、农业产业化龙头企业生产基地等的产地认定工作，作为工作的重点。充分发挥基地、示

范区在无公害农产品生产中的示范带动作用。对已建成的生产基地，要纳入近期的产地认定计划，做好申报的技术指导工作；对正在建设的生产基地项目，要与有关方面做好衔接，把产地认定作为项目验收的一个基本条件；要通过沟通、协调，争取将产地认定作为新建或续建农产品生产基地项目的必备条件之一，以点带面，将基地做强做大。

二、突出重点，大力推进无公害农产品认证工作

地方认证向全国统一认证转换工作结束后，各地要尽快将产品认证的工作重点转移到加快正常认证的组织申报。要按照无公害农产品认证新的审查分工和各地区、各行业的发展趋势，抓紧研究制定本地区、本行业的无公害农产品认证计划和推进方案。已认定的无公害农产品产地，原则上半年内应申请无公害农产品认证。同时，各地要把优势农产品产业带、农产品标准化示范区、无公害农产品生产示范基地县（农场）、农业产业化龙头企业生产基地和各大中城市实施市场准入的主导食用农产品，作为当前无公害农产品认证工作的重点，优先安排，加大推进力度。鼓励有条件的地区将产品认证与产地认定、产地环境抽样检测与产品质量检测、现场检查与申报材料真实性审查有机结合起来，同步推进、缩短周期、提高效率。

1. 充分发挥地县两级农业部门的作用　地县两级农业部门，既是开展无公害农产品产地认定和产品认证的重要力量，也是各省级承办机构工作推进的必要延伸和工作支撑队伍，担负着产地认定和产品认证的组织申报、审核推荐和现场技术指导重任。各省级承办机构要按照产地认定和产品认证流程，分解、下放工作环节，充分发挥地县两级农业部门的技术优势和地域优势。

2. 进一步拓展产品认证范围　认证产品范围，原则上按照《实施无公害农产品认证的产品目录》执行。申请认证产品暂不在规定目录内的，可依据现行相关食品安全方面的国家标准、行业标准实施认证。暂无国家和行业标准的，可作为特殊个案，由省级承办机构根据当地的生产情况，依据地方标准或申请产品实际情况，组织专家论证确定质量安全控制指标，提请全国无公害农产品认证评审委员会审定后作为认证的技术条件，实施认证。

3. 改进产品抽样方式和检测参数确定原则　产品认证的抽样工作，原则上应当按照《无公害农产品抽样规范》执行。为保证抽样的时效性和降低抽样成本，样品的抽取工作可由委托的产品检测机构中有资质的人员承担，也可由有资质的产品检测机构委托地县两级农业部门经培训合格的专业人员代为抽取。产品检测参数，各省级承办机构可依据无公害食品行业标准和申请人生产情况，结合产地的危害因素和污染源，组织专家论证确定必检参数和选检参数，在报经农业部农产品质量安全中心所属各专业认证分中心审定后实施。

4. 抓紧完成地方认证转换收尾工作　地方认证向全国统一认证转换的主体工作已基本结束。对个别省份尚未转换完毕的产品，统一由省级承办机构根据《关于进一步开展无公害农产品地方认证向全国统一认证转换试点工作的通知》（农质安发［2004］5号）要求，抓紧准备材料，于2004年8月31日前报中心进行转换。从2004年9月1日起，无公害农产品地方认证终止，工作的重点是按照《无公害农产品管理办法》加大执法检查力度，维护全国统一认证的权威性和有效性。

5. 做好到期复查换证准备工作　全国无公害农产品认证证书到期复查换证，原则上在申请人自查并对主要污染源、危害因素进行说明的基础上，由省级承办机构审核确认后按正常申报方式报审。产地环境污染、危害因素有变化的，应当进行现场检查，并对产地环境进行评价。有依据证明产品质量稳定并符合规定标准要求的产品可以免检。到期复查换证的具体办法另行制定。

三、强化品牌意识，进一步做好无公害农产品标志管理工作

无公害农产品标志是生产者质量安全管理综合水平的外在表现，不仅是消费者选择的重要凭证，也是无公害农产品认证的外在特征的表达方式和认证最终结果的集中体现，标志已成为农产品质量安全的品牌形象。对此，各地要高度重视，要将提高标志的加贴率纳入重要议事日程，采取强有力的措施，抓好落实。

一是推行加贴防伪标志，提高认证有效性。加贴防伪标志是产品真实水平的体现，印制在包装、标签、广告、说明书上的标志图案，不能作为无公害农产品证明性标志使用。因此，各地要加大宣传力度，鼓励获证申请人使用全国统一的无公害农产品防伪加贴标志，提高产品的市场诚信度和消费认知度，真正做到标志使用“三统一”（标志与证书的统一、标志与产品的统一、标志与申请人的统一）。

二是积极探索，寻求突破。在稳步推进，全

面提高无公害农产品标志加贴率的同时，要积极探索新路，寻求在无公害农产品包装上印刷标志图案与加贴防伪标志相结合的有效途径，尽快扩大标志品牌的影响面。中心将在深入调研并广泛听取各方意见建议的基础上，抓紧研究制定统一规范的标志图案印刷办法，待条件成熟后出台文件正式推行。

四、转变宣传方式，进一步加大培训力度

无公害农产品产地认定产品认证，作为一项公益性事业，要进一步加大宣传的力度，要通过专题宣传、座谈、研讨、现场咨询、公益广告等形式，提高社会认知度。宣传重点要突出认证工作、标志、获证产地产品。要尽快使无公害农产品成为生产者追求的目标，消费者采购的首选；使无公害农产品标志成为安全放心的象征，家喻户晓的品牌。

培训工作要按照中心的总体部署，统筹安排，全面开展。中心主要抓好培训规划的制定、培训教材的编写、师资的培养和配备，并突出加强对各省级承办机构的主要负责人和业务骨干进行检查员培训。各省级承办机构要按照中心统一部署和要求，集中抓好本地区、本行业地县两级检查人员的培训工作，并积极配合有关方面做好无公害农产品生产技术的培训和示范推广工作。

五、健全检测体系，强化证后监管

无公害农产品检测体系是认证体系的重要组成部分，产地环境和产品质量检测是无公害农产品认证的两个重要环节。各地要根据无公害农产品认证工作发展的客观需要，充分利用现有检测资源，优化布局，加快建设。

获证产地和产品证后监管，是无公害农产品管理的重要内容，各地要按照《无公害农产品管理办法》和《无公害农产品标志管理办法》规定，做好证后监管工作。

六、加强领导，增加投入

发展无公害农产品，是一项民心工程。各地要根据《无公害农产品管理办法》规定，加强组织和领导。各省级承办机构要在农业行政主管部门的领导下，把加快无公害农产品产地认定和产品认证工作进程摆上重要议事日程，采取措施，抓出成效。同时要多渠道争取资金投入和政策扶持，保障无公害农产品产地认定和产品认证工作的推进。

动物源性饲料产品安全卫生管理办法

（农业部　2004年8月2日）

第一章　总　则

第一条　为加强动物源性饲料产品安全卫生管理，根据《饲料和饲料添加剂管理条例》，制定本办法。

第二条　农业部负责全国动物源性饲料产品的管理工作。

县级以上地方人民政府饲料管理部门负责本行政区域内动物源性饲料产品的管理工作。

第三条　本办法所称动物源性饲料产品是指以动物或动物副产物为原料，经工业化加工、制作的单一饲料。动物源性饲料产品目录由农业部发布。

第二章　企业设立审查

第四条　设立动物源性饲料产品生产企业，应当向所在地省级人民政府饲料管理部门提出申请，经审查合格，取得《动物源性饲料产品生产企业安全卫生合格证》后，方可办理企业登记手续。

第五条　设立动物源性饲料产品生产企业，应当具备下列条件：

（一）厂房设施

1. 厂房无破损，厂房及其附属设施便于清洗和

消毒；

2. 相应的防蝇、防鼠、防鸟、防尘设备和仓储设施；

3. 相应的更衣室、卫生间、洗手池。

（二）生产工艺及设备

1. 生产工艺和设备能满足产品的安全卫生和质量标准要求；

2. 相应的清洗、消毒、烘干、粉碎等设施。

（三）人员

1. 技术负责人具有大专以上文化程度或中级以上技术职称，熟悉生产工艺，从事相应专业工作 2 年以上；

2. 质量管理及质检机构负责人具有大专以上文化程度或中级以上技术职称，从事相应专业工作 3 年以上；

3. 特有工种从业人员取得相应的职业资格证书。

（四）质检机构及设备

1. 设立质检机构；

2. 设立仪器室（区）、检验操作室（区）和留样观察室（区）；

3. 质量检验所需的基本设备。

（五）生产环境

1. 企业所在地远离动物饲养场地，最小距离 1000 米。如靠近屠宰场所，需有必要的隔离措施；

2. 厂区内禁止饲养动物；

3. 生产厂区布局合理，原料整理、生产加工、成品储存等区域分开，保证成品和原料单独存放，防止交叉污染。

（六）污染防治措施

完备的废弃物收集、处理系统和污染防治设施，其排放符合环保要求。

第六条 申请设立动物源性饲料产品生产企业的，应当填报《动物源性饲料产品生产申请书》，并提供符合第五条规定条件的相关材料。

《动物源性饲料产品生产申请书》可以从所在地省级人民政府饲料管理部门免费领取或从中国饲料工业信息网（网址：http://www.chinafeed.org.cn）下载。

第七条 省级人民政府饲料管理部门收到《动物源性饲料产品生产申请书》及其相关材料后，应当在 15 个工作日内完成对企业的材料审核，交评审组评审；并在收到评审意见后 5 个工作日内作出审查决定。决定不予颁发的，书面通知申请人，并说明理由。

申请材料不齐全或者不符合规定条件的，应当在 5 个工作日内一次告知申请人需补正的全部内容。《动物源性饲料产品生产企业安全卫生合格证》样式由农业部制定。

第八条 评审组由评审员、技术专家 3～5 人组成，评审员须经农业部培训合格。评审组应当对申请人的生产条件进行实地考察。

第三章 生产管理

第九条 企业应当建立下列制度：

（一）岗位责任制度；

（二）生产管理制度；

（三）检验化验制度；

（四）标准及质量保证制度；

（五）安全卫生制度；

（六）产品留样观察制度；

（七）计量管理制度。

第十条 企业原料管理应当符合下列要求：

（一）原料采购和出库有完整记录，并至少保存二年。禁止采购腐败、污染或来自动物疫区的动物原料；

（二）原料分类堆放并明确标识，保证合格原料与不合格原料、哺乳类动物原料与其他原料分开。禁止露天放置原料；

（三）原料使用遵循先进先出原则。使用前进行筛选，去除不合格原料并作无害化处理。

第十一条 企业生产过程管理应当符合下列要求：

（一）禁止在厂区内堆积不必要的器材、物品，以免有害生物孳生；

（二）对用于制造、包装、储运的设备及器具定期清洗、消毒；

（三）使用同一设备生产不同动物源性饲料产品前，应当对设备进行彻底清洗，防止交叉污染；

（四）操作人员应当有健康证明，特殊作业人员须半年体检一次；

（五）严格按照生产工艺流程生产；

（六）制作生产记录，包括原料种类、原料数量、生产日期、产品数量、生产工艺条件等内容，并至少保存二年。

第十二条 企业成品管理应当符合下列要求：

（一）成品检验合格，并制作检验记录和检验报告。检验项目包括：总菌数、大肠杆菌、沙门氏菌、重金属、特定病原菌等安全卫生指标；

（二）成品被有害、有毒物质污染或因其他原因导致品质破坏时，立即予以销毁，并追查原因，制作记录；

（三）成品分类存放，防止误装混装。

第十三条　产品包装物不得破损，并附具明确、醒目的标识和标签。包装物需重复使用的，应当进行清洁、冲洗、消毒。

第十四条　产品标签应当符合国家饲料标签标准，并标明动物源名称和《动物源性饲料产品生产企业安全卫生合格证》编号。乳及乳制品之外的动物源性饲料产品还应当在标签上标注“本产品不得饲喂反刍动物”字样。

第四章　经营、进口和使用管理

第十五条　产品经营者购进动物源性饲料产品时，应当核对产品标签、产品质量合格证。

禁止经营标签标注不符合本办法第十四条规定的动物源性饲料产品。

第十六条　进口动物源性饲料产品，应当按照《进口饲料和饲料添加剂登记管理办法》的规定办理进口产品登记证。

禁止进口动物疫情流行国家（地区）的动物源性饲料产品。

禁止进口经第三国（地区）转口的动物疫情流行国家和地区的动物源性饲料产品。

第十七条　对已获得产品登记证的进口动物源性饲料产品，在农业部宣布禁用后，其产品登记证自禁用之日起失效。获证企业应当将产品登记证退回农业部，由农业部注销并予公告。

农业部宣布暂停进口的动物源性饲料产品，其产品登记证在暂停期间停止使用。

第十八条　禁止在反刍动物饲料中使用动物源性饲料产品，但乳及乳制品除外。

第十九条　禁止经营、使用无产品登记证的进口动物源性饲料产品；禁止经营、使用未取得《动物源性饲料产品生产企业安全卫生合格证》的动物源性饲料产品。

第五章　监督检查

第二十条　生产企业应当填写生产经营状况备案表，于每年3月底前报省级人民政府饲料管理部门备案。

备案表由省级人民政府饲料管理部门免费提供，企业也可从中国饲料工业信息网（网址：http://www.chinafeed.org.cn）下载。农业部不定期对备案工作进行督查。

第二十一条　县级以上地方人民政府饲料管理部门应当不定期对动物源性饲料产品生产企业进行现场检查，但不得妨碍企业正常的生产经营活动，不得索取或收受财物，不得牟取其他利益。

第二十二条　在备案和现场检查中，发现动物源性饲料产品生产企业生产条件发生重大变化、存在严重安全卫生隐患或产品质量安全问题，或者有其他违反本办法情形的，县级以上地方人民政府饲料管理部门应当依法调查，并及时作出处理决定。

第二十三条　生产企业有下列情形之一的，省级人民政府饲料管理部门应当收回、注销其《动物源性饲料产品生产企业安全卫生合格证》，并予公告：

（一）基本情况发生较大变化，已不具备基本生产条件或安全卫生条件的；

（二）停产两年以上的；

（三）破产或被兼并的；

（四）迁址未通知主管部门的；

（五）买卖、转让、租借《动物源性饲料生产企业安全卫生合格证》的；

（六）连续两年没有上报备案材料，经督促拒不改正的。

第六章　罚　　则

第二十四条　通过欺骗、贿赂等不正当手段取得《动物源性饲料生产企业安全卫生合格证》的，由省级人民政府饲料管理部门撤销其《动物源性饲料生产企业安全卫生合格证》，并予公告，三年内不再受理该申请人提出的申请。

第二十五条　买卖、转让、租借《动物源性饲料生产企业安全卫生合格证》，有违法所得的，处违法所得三倍以下罚款，但最高不超过三万元；无违法所得的，处一万元以下罚款。

第二十六条　未取得或假冒、伪造《动物源性饲料生产企业安全卫生合格证》生产动物源性饲料产品，有违法所得的，处违法所得三倍以下罚款，但最高不超过三万元；无违法所得的，处一万元以下罚款。

第二十七条　违反本办法第十、十一、十二条规定的，给予警告，限期改正；逾期不改或者再次出现同类违法行为的，处一千元以上一万元以下罚款。

第二十八条　经营、使用未取得《动物源性饲料生产企业安全卫生合格证》的动物源性饲料产品的，责令改正。有违法所得的，处违法所得二倍以下罚款，但最高不超过三万元；无违法所得的，处一万元以下罚款。

第二十九条　其他违反本办法规定的行为，依照《饲料和饲料添加剂管理条例》的有关规定处罚。

第七章 附 则

第三十条 本办法施行前已设立的动物源性饲料产品生产企业，应当自本办法施行之日起六个月内办理《动物源性饲料生产企业安全卫生合格证》。

第三十一条 本办法自 2004 年 10 月 1 日起施行。

附件：

动物源性饲料产品目录

一、肉粉（畜和禽）、肉骨粉（畜和禽）

二、鱼粉、鱼油、鱼膏、虾粉、鱿鱼肝粉、鱿鱼粉、乌贼膏、乌贼粉、鱼精粉、干贝精粉

三、血粉、血浆粉、血球粉、血细胞粉、血清粉、发酵血粉

四、动物下脚料粉、羽毛粉、水解羽毛粉、水解毛发蛋白粉、皮革蛋白粉、蹄粉、角粉、鸡杂粉、肠黏膜蛋白粉、明胶

五、乳清粉、乳粉、巧克力乳粉、蛋粉

六、蚕蛹、蛆、卤虫卵

七、骨粉、骨灰、骨炭、骨制磷酸氢钙、虾壳粉、蛋壳粉、骨胶

八、动物油渣、动物脂肪、饲料级混合油

关于开展酒类市场专项整治活动的通知

（商务部等 3 部局　商运发［2004］357 号　2004 年 8 月 2 日）

各省、自治区、直辖市、计划单列市商务主管部门、工商行政管理局、质量技术监督厅（局）：

近年来，酒类市场暴露出一些突出问题：各种形式的地方保护严重，阻碍了酒类商品的正常流通；假冒伪劣酒类产品屡禁不止，假酒中毒死亡事件时有发生；酒类商品流通秩序混乱，无证无照经营严重，不正当竞争现象屡屡发生；不法经营者偷税漏税，国家税收大量流失。这些问题不仅影响了酒类商品市场的正常秩序，制约了酒类行业的健康稳定发展，而且严重地侵害了国家的利益，危害了广大消费者的身体健康和生命安全。

为了深入贯彻《国务院关于整顿和规范市场经济秩序的决定》的精神，根据《国务院办公厅关于印发 2004 年全国整顿和规范市场经济秩序工作要点的通知》和《国务院办公厅关于实施食品放心工程的通知》要求，决定开展酒类市场专项整治活动。

一、酒类市场专项整治活动指导思想和目标

（一）指导思想

以邓小平理论和“三个代表”重要思想为指导，认真贯彻党的十六大、十六届三中全会精神，牢固树立科学的发展观，按照“标本兼治，着力治本”的工作方针，以建立统一、开放、竞争、有序的酒类市场为目标，以破除地方保护和严厉打击制售假冒伪劣酒类商品行为为重点，通过阶段性整治成果带动长效机制的建立，全面提高酒类市场监管水平，规范酒类市场经营秩序。

（二）通过专项整治，实现以下目标

逐步清理、废除各地制定的阻碍酒类商品流通、不符合世贸规则的地方规定和做法；有效遏制无证无照、制售假冒伪劣酒类商品等违法犯罪活动；进一步规范经营者经营行为，促进酒类流通秩序明显好转；初步建立酒类市场准入制度，完善酒类监管体制，建立规范酒类市场秩序制度保障。

二、酒类市场专项整治主要任务和措施

（一）清理、废除阻碍形成酒类统一市场的障碍，破除地方保护

各地制定的酒类管理法规和文件对于稳定酒类市场发展、保证消费者喝上放心酒、维护国家和合法企业的利益起到了一定的作用。但是一些地方的规定和做法存在严重的地方保护。各地商务主管、工商行政管理部门要积极争取当地政府的支持和指导，消除一切影响酒类流通的体制性障碍，促进全国统一开放竞

争有序的酒类商品大市场的建立和发展。要按照《反不正当竞争法》、《国务院关于禁止在市场经济活动中实行地方封锁的规定》、世贸组织规则以及国家有关文件规定要求，认真清理、尽快修改或废止妨碍公平竞争、设置行政壁垒、排斥外地产品和服务、不符合世贸组织规则的各种分割市场的规范性文件以及其他文件。要检查本地酒类市场管理方法和手段，不得以任何名义限制或歧视合格的进口酒和非本地生产的国产酒进入本地市场，不得对本地产酒实行地方保护；要提高联合打击违法行为的意识。在对跨区违法活动的查处中，要从大局出发，地区间、部门间协同作战，密切配合，不得对本地酒尤其是制售假冒伪劣行为提供地方保护，要坚决把犯罪分子绳之以法。对受地方保护主义阻碍无法查处的异地制售假酒案件要及时上报上级行政主管部门，由商务部、工商总局、质检总局根据职能分工处理或联合处理，对查处结果公开通报。

（二）净化酒类市场，严厉打击制售假冒伪劣酒类商品等违法犯罪行为

各地商务主管部门、工商行政管理部门依据《食品卫生法》、《产品质量法》、《商标法》、《消费者权益保护法》等法律法规和国家有关规定，加大对酒类企业经营资格和商品购销合法性的执法检查。结合本地实际情况，对酒类生产经营企业进行一次全面的主体资格、经营范围、经营条件、法定经营地址等的清理。通过清理建立酒类经营企业基本情况档案。要依法取缔无照（证）生产经营、制售假冒伪劣酒类商品、不具备产品质量保证的企业（个体工商户），限期整改一批具有合法生产经营资格但经营行为不规范的企业，支持一批具有合法经营资格、经营行为良好的企业；对制售假冒伪劣酒类商品的重点地区、重点市场、重点企业（包括集贸市场、酒店、个体工商户）进行清仓查库检查。重点检查市场占有率大、品牌价值高、畅销品牌和散装酒。对查出的货源不清、渠道不明、手续不全的酒类商品要一律封存，经抽样检验合格并纠正侵权行为后方可上市销售。对不符合国家质量标准、不符合标识规定、以假充真、仿冒知名商品商标和名称等行为要进行严厉查处，并要追根溯源，从源头上根除制假窝点和侵权行为，要把这类企业列入黑名单，并向社会公布；严厉查处无生产许可证的白酒；要严厉查处大案要案，对阻挠检查、抗拒执法、继续制售假冒伪劣酒类商品的企业要依法从严处理；要将监管重点和工作重心下移。对分散于社区、城乡结合部、村镇的各类食品批发市场、集贸市场、小食品店、餐馆，要加大监督管理力度，要特别防止假冒伪劣和有毒假酒流向农村。

（三）严格市场准入制度，加大管理力度

各地商务主管部门、工商行政管理部门要切实采取措施，建立酒类市场准入制度，确保上市酒类商品符合国家有关质量要求，让消费者喝上放心酒。要严格按照有关法律法规注册酒类经营企业；要逐步规范批发企业的经营条件。要求酒类批发企业具备固定的、与经营规模相符的、符合卫生和消防要求的经营场所和仓储设施、建立健全企业管理和财务管理制度、有熟悉酒类知识的专业人员、具有稳定的进货渠道和销售网络等。要建立酒类商品溯源制度。酒类经销单位购销酒类商品要实行索证索票制度，要建立严格的酒类购销存登记制度，要详细记载出入库、进货来源、销售去向、数量、时间，做到票随货走，货票相符。要加强对散装酒经营的管理。散装酒经营者要在固定地点贴标包装销售，盛酒容器要符合食品卫生要求，要标明酒的名称、原料、酒度、价格、出厂日期、生产企业、厂址等。要加强对酒类生产加工企业的监督管理。质量技术监督部门严格实行白酒许可证制度，未获得生产许可证的企业，不得生产销售白酒，严厉打击无证生产行为和用甲醇、工业合成乙醇勾兑白酒的违法行为。已经依法实行酒类许可制度的地区，要加强管理，严格审批制度。

（四）加大治本力度，巩固和发展酒类市场整治成果，从体制上保证酒类市场的健康发展

在清理整顿的同时，商务部要会同有关部门加快制定酒类流通管理法规，建立酒类市场准入制度，健全管理体系，使酒类市场管理纳入法制化轨道。要研究制定酒类流通标准，研究制定酒类企业信用体系标准和监管措施。积极推进连锁经营、物流配送、总代理、总经销、电子商务等流通组织形式在酒类行业中的应用；要开展行业诚信教育和职业道德教育，加强酒类经营人员专业知识和技能培训。各地商务管理部门要加快完善地方酒类管理的法制化进程，严格市场准入制度，要坚持现行的有利于规范酒类商品流通秩序的有效做法。要发挥酒类协会等中介组织的作用，加强酒类行业自律。

（五）充分发挥舆论导向和社会监督作用

要通过报纸、电视、网络、广播等新闻媒介大力宣传酒类市场整治情况。宣传和报道守法经营诚实守信的规范企业，增强酒类经销者的法制观念、责任意识和自律意识，从合法、正规的渠道购进酒类商品，自觉抵制假冒伪劣酒类商品流入市场；要引导消费者到合法销售渠道购买酒品，营造规范秩序、打假保真的氛围。要建立举报制度，建立监督举报电话，充分发挥“12315”和“12365”举报系统的作用，各“12315”和“12365”举报中心要严格值班制度，认真受理消费者申诉举报，及时查处非法制售假冒伪劣酒类商品的行为，要对提供重要线索的举报人予以奖励，要鼓励和引导全社会对制售假冒伪劣酒类商品等违法和犯罪行为进行监督。

三、组织领导

加强领导，密切配合。酒类市场整顿工作要坚持“全国统一领导，地方政府负责，部门指导协调，各方联合行动”的方针，商务部、国家工商总局、质检总局成立联合工作组，联合工作组负责酒类市场整治工作的方案制定、督促检查以及综合协调工作。联合工作组在商务部市场运行调节司设立办公室。各地商务主管部门、工商行政管理、质量技术监督部门要切实负起责任，结合本地区的实际，确定工作重点，明确工作目标和任务，落实责任制，制订本地区酒类市场整治方案，并于2004年9月底前报商务部。

时间安排。2004年9月上旬，各地制订工作方案，动员部署开展酒类市场整治工作；2004年9月下旬至12月份，酒类市场整治实施阶段，各地全面开展酒类市场整治活动；2005年1月份为总结阶段。各地酒类市场专项整治活动领导小组总结本地区整治工作，并向联合工作组办公室报送总结材料；2005年2、3月份为检查阶段。联合工作组组织检查酒类市场整治情况。

各地商务主管部门、工商行政管理、质量技术监督部门要充分认识酒类市场专项整治工作的重要性和复杂性，增强责任感和紧迫感，要认识到开展酒类市场专项整治活动是落实“三个代表”重要思想的具体实践，是建立统一开放竞争有序的社会主义市场体系的客观要求，是合法经营企业和消费者的共同呼声。要从立党为公、执政为民的高度，求真务实，转变作风，依法行政，严格执法，加强协作，相互支持，形成合力，切实保证酒类市场整顿工作取得实效，保证人民群众喝上放心酒，维护国家利益。

关于进一步加强食品安全工作的决定

（国务院　国发［2004］23号　2004年9月1日）

各省、自治区、直辖市人民政府，国务院各部委、各直属机构：

食品安全关系到广大人民群众的身体健康和生命安全，关系到经济健康发展和社会稳定，关系到政府和国家的形象。党中央、国务院历来高度重视食品安全，近几年一直把打击制售假冒伪劣食品等违法犯罪活动作为整顿和规范市场经济秩序的重点，采取了一系列措施加强食品安全工作。各地区、各部门做了大量工作，取得一定成效。总的看，生产销售假冒伪劣食品案件多发的势头有所遏制，食品安全形势趋于好转。但是食品安全问题仍然比较严重，种植养殖、生产加工、市场流通、餐饮消费等方面存在的问题还很突出，食品安全监管体制、法制、标准等方面存在缺陷，地方保护、有法不依、执法不严、监管不力的现象时有发生。为恢复和提高我国食品信誉，确保人民身体健康和生命安全，国务院决定采取切实有效措施，进一步加强食品安全工作。

一、指导思想、工作原则和工作目标

（一）指导思想和工作原则

坚持以邓小平理论和“三个代表”重要思想为指导，认真贯彻党的十六大精神，牢固树立以人为本、执政为民的思想，全面履行人民政府的职责，切实把食品安全工作放在突出位置抓紧抓好。继续坚持“全国统一领导、地方政府负责、部门指导协调、各方联合行动”的食品安全工作机制，加强协调配合，落实责任，加大执法力度；坚持集中整治与制度建设、严格执法与科学管理、打假治劣与扶优扶强相结合，突出重点，在注重抓好专项整治的同时，强化日常监管；建立食品安全信用体系和失信惩戒机制，引导企业诚信守法；强化舆论监督，加大正面宣传力度，加强社会监督，保障人民群众的饮食安全和身体健康。

（二）工作目标

通过艰苦细致的工作，使食品生产经营秩序得到明显好转，生产、销售假冒伪劣和有毒有害食品的违法犯罪活动得到有效遏制，大案要案得到及时查处，食品安全事故大幅度下降，人民群众食品消费安全感增强，我国食品信誉得到恢复和提高。在此基础上，经过不懈努力，使食品安全法律法规和监管体制更加完善，标准体系、检验检测体系、信用体系更加科学有效，行业协会和中介组织的作用充分发挥，企业的安全责任和意识进一步增强，食品产业持续健康快速发展，人民群众日益增长的食品安全和健康需求不断得到满足。

二、近期工作重点

（一）大力整顿食品生产加工业，切实提高食品工业水平

按照食品专项整治确定的重点食品，严厉查处无卫生许可证、无营业执照、无生产许可证的生产经营行为，不具备生产条件的要坚决予以取缔；严格实施食品质量安全市场准入制度，严格审查企业生产条件，严格按标准组织生产，严格产品出厂检验，今年基本完成肉制品、乳制品、饮料、调味品、冷冻饮品、方便面、饼干、罐头、速冻米面食品、膨化食品等10类产品实施食品质量安全市场准入工作，启动其余13类食品市场准入工作；加强食品生产加工企业监管，实行生产企业巡查、回访、年审、监督抽查等监管制度；强化企业法人作为食品安全第一责任人的责任；强化新资源食品、食品添加剂和食品包装材料等的安全性评价，严厉打击滥用添加剂、使用非食品原料生产加工食品、保健食品添加违禁药物等违法行为。

食品生产加工业的整顿由地方政府统一组织实施。通过整顿，扶持一批名优企业，关闭一批不具备产品质量安全条件的食品生产加工企业，严厉惩处一批制售假冒劣质食品的违法犯罪分子。

（二）加大农业投入品专项整治力度，从源头上防止农产品污染

继续推进“无公害食品行动计划”，深入开展农药残留、禽畜产品违禁药物滥用、水产品药物残留专项整治，向农民普及安全使用化肥、农药、兽药、饲料添加剂和动植物生长激素等知识，推广使用低残高效农药、兽药和无污染添加剂，规范种植、养殖行为；建立统一规范的农产品质量安全标准体系，建立农产品质量安全例行监测制度和农产品质量安全追溯制度，开展农产品产地环境、农业投入品和农产品质量安全状况的检测；推进无公害农产品标准化生产综合示范区、养殖小区、示范农场、无规定动物疫病区和出口产品生产基地的建设，积极开展农产品和食品认证工作，推广“公司＋基地”模式，加快对高毒、高残留农业投人品禁用、限用和淘汰进程。

（三）狠抓薄弱环节，进一步加强食品流通、消费领域的监管

深入实施以“提倡绿色消费、培育绿色市场、开辟绿色通道”为主要内容的“三绿工程”，倡导现代流通组织方式和经营方式，大力发展连锁经营和物流配送；积极推进经销企业落实进货检查验收、索证索票、购销台账和质量承诺制度，以及市场开办者质量责任制，继续推行“厂场挂钩”、“场地挂钩”等有效办法；全面落实市场巡查制度，完善监督抽查和食品卫生例行监测制度，严格实行不合格食品的退市、召回、销毁、公布制度；推进餐饮业、食堂全面实施食品卫生监督量化分级管理制度，完善和加强食品污染物监测和食源性疾病监测体系建设；加强畜禽屠宰行业管理，打破地方封锁，鼓励质量优、信誉好、品牌知名度高的食品在全国流通；健全社区食品加工流通服务体系。强化食品安全标识和包装管理，集中力量整治食品假包装、假标识、假商标印制品。

（四）把儿童及农村食品市场整治作为重中之重，切实维护未成年人、农民和低收入者的利益

采取综合措施，有效遏制制售假冒伪劣儿童食品行为。将监管的重点和工作重心下移，加强农村市场监管，加大对分散在社区、城乡结合部和村镇的各类食品批发市场、集贸市场、个体商贩、小加工作坊、小食品店、小餐馆的监管力度，强化对餐饮业、学校食堂和建筑工地食堂的检查监督。

（五）依法彻查大案要案，震慑违法犯罪分子

集中力量及时查处食品安全大案要案，依法严惩违法犯罪团伙和首恶分子。对发案率高、重大案件久拖不结的地区和单位，上级政府和有关行政执法、司法部门要组织力量直接查办，严肃追究有关人员责任。重大典型案件查处结果及时向社会公布。

（六）搞好食品安全宣传，服务发展大局

大力宣传党中央、国务院有关加强食品安全工作的精神，充分报道各地区、各有关部门加强食品安全所做的工作，宣传法律法规和食品安全知识，继续揭露、曝光食品安全方面的违法犯罪行为，及时跟踪报道采取的措施及效果；报道重视质量、讲求信誉的典型，大力宣传优质食品、优良品牌和优秀企业，增强群众消费信心，提高我国食品信誉；对外积极宣传介绍我国食品监管工作及其取得的实效。适时组织编写《中国食品安全状况》白皮书。

各地区、各有关部门要狠抓落实，明确任务和责任，实行“首问负责制”，确保各项重点工作有序开展。食品药品监管部门要进一步强化食品安全管理的综合监督、组织协调和组织开展对重大事故查处的职能，努力提高食品安全综合监管工作水平。

三、几项重要措施

加强食品安全管理是一项长期艰巨的任务，必须立足当前，规划长远，标本兼治，着力治本，建立健全监管制度和长效机制。

（一）进一步理顺有关监管部门的职责

按照一个监管环节由一个部门监管的原则，采取分段监管为主、品种监管为辅的方式，进一步理顺食品安全监管职能，明确责任。农业部门负责初级农产品生产环节的监管；质检部门负责食品生产加工环节的监管，将现由卫生部门承担的食品生产加工环节的卫生监管职责划归质检部门；工商部门负责食品流通环节的监管；卫生部门负责餐饮业和食堂等消费环节的监管；食品药品监管部门负责对食品安全的综合监督、组织协调和依法组织查处重大事故。按照责权一致的原则，建立食品安全监管责任制和责任追究制。具体由中央编办会同有关部门组织落实。这次职责调整任务繁重，各有关部门要从大局出发，认真细致地做好各项准备工作，确保2005年1月1日顺利实施。

农业、发展改革和商务等部门按照各自职责，做好种植养殖、食品加工、流通、消费环节的行业管理工作。进一步发挥行业协会和中介组织的作用。

（二）强化地方政府对食品安全监管的责任

地方各级人民政府对当地食品安全负总责，统一领导、协调本地区的食品安全监管和整治工作。建立健全食品安全组织协调机制，统一组织开展食品安全专项整治和全面整顿食品生产加工业；进一步搞好与有关监管执法部门的协调和配合，加强综合执法、联合执法和日常监管，尤其要解决执法监督中的不作为和乱作为问题；切实落实责任制和责任追究制，明确直接责任人和有关负责人的责任，一级抓一级，层层抓落实，责任到人；坚决克服地方保护主义，增强大局意识，不得以任何形式阻碍监管执法，决不能充当不法企业和不法分子的“保护伞”。

（三）加强基层执法队伍建设

基层食品安全监管是基础和重点，直接关系着食品安全监管的法律法规和各项工作部署能否落到实处。要加强基层执法队伍的思想建设、业务建设和作风建设，强化法律法规培训，提高队伍整体素质和依法行政的能力，做到严格执法、公正执法、文明执法；充实基层执法人员力量，严把人员“入口”，畅通“出口”，加强监督，严肃法纪；地方政府要切实改善执法装备和检验监测技术条件，保证办公办案和监督抽查等经费。

（四）完善食品安全法律法规和部门规章

国务院法制办要抓紧组织修订《食品卫生法》和《工业产品生产许可证管理条例》，加快《农产品质量安全法（送审稿）》的审查工作。商务部要研究修订《生猪屠宰管理条例》。农业部、商务部、卫生部、工商总局、质检总局等部门要根据职责调整，尽快清理、修订涉及食品安全方面的部门规章，力争2004年年底前完成。

（五）建立健全食品安全标准和检验检测体系

尽快清理与食品安全有关的产品和卫生标准，构建食品安全标准体系，由质检总局会同发展改革委、农业部、卫生部、商务部、食品药品监管局等部门，提出制定和修订意见并抓紧实施。充分发挥农业、质检、卫生、商务等部门检测机构的作用，完善检验检测体系，严格资质审核，逐步面向社会，实现资源共享，不搞重复建设；实现检测信息共享，避免不必要的重复检测。食品检验检测体系建设由质检总局会同农业部、卫生部、商务部、工商总局等部门研究提出具体意见。

（六）加快食品安全信用体系和信息化建设

以加强食品生产经营企业信用建设为核心，通过政府监管、行业自律和社会监督，加大失信惩戒力度，综合抓好食品安全制度规范、管理服务系统与运行机制建设。继续抓好厦门、辽源、大庆、常德、银川5个城市，肉类、粮食、儿童食品3个行业的食品安全信用建设试点，建立健全食品生产、经营企业质量档案和食品安全监管信用档案，强化食品生产经营者的责任意识。力争用5年左右时间，逐步建立起我国食品安全信用体系的基本框架和运行机制。

加强食品安全信息管理和综合利用，构建部门间信息沟通平台，实现互联互通和资源共享。农业部门发布有关初级农产品农药残留、兽药残留等检测信息。质检、工商、卫生和食品药品监管4个部门联合发布市场食品质量监督检查信息。食品药品监管局负责收集汇总、及时传递、分析整理，定期向社会发布食品安全综合信息。建立畅通的信息监测和通报网络体系，逐步形成统一、科学的食品安全信息评估和预警指标体系，及时研究分析食品安全形势，对食品安全问题做到早发现、早预防、早整治、早解决。食品药品监管局要会同有关部门，拟定《食品安全监管信息发布暂行管理办法》，选择奶制品和蔬菜两个品种作为规范信息发布的试点。

国务院责成食品药品监管局会同有关部门抓好本决定的落实工作，并于2005年春节前组织开展一次食品安全工作综合检查，适时将检查情况向国务院汇报。

关于大力整顿食品生产加工业确保食品安全的通知

（国家质检总局　国质检监函［2004］786号　2004年9月24日）

各省、自治区、直辖市质量技术监督局：

为贯彻落实《国务院关于进一步加强食品安全工作的决定》（国发［2004］23号），采取有效措施大力整顿食品生产加工业，进一步加强食品安全监管，现就有关要求通知如下：

一、统一思想，提高认识

各级质量技术监督部门要坚决贯彻执行国务院决定，全面履行质检部门食品安全监管职责，在地方政府统一组织领导下，充分发挥质检部门在食品生产加工环节的主力军作用，把食品安全工作放在突出位置，抓紧抓实抓好，确保食品安全。

二、突出重点，明确目标

按照国家质检总局食品专项整治和无证查处的工作要求，抓好“5个重点”：一是重点产品，粮、肉、菜、果、酒、乳制品、豆制品、水产品、儿童食品及当地群众对质量安全问题反映强烈的食品；二是重点区域，农村、城乡结合部及长期存在制假售假行为的区域；三是重点企业，中小型企业，非法加工窝点、小作坊，生产肉制品、乳制品、饮料和儿童食品等风险性较大食品的企业、有过生产假冒伪劣食品违法行为的企业；四是重点环节，食品生产加工环节；五是重点案件，涉及食品安全的大案要案。

通过此次专项整顿要达到“三个一批”：扶持一批产品质量长期稳定、监督抽查连续合格、信誉度好、知名度高的名优企业，关闭一批不具备保证产品质量安全必备条件的食品生产加工企业，严厉惩处一批制售假冒劣质食品的违法犯罪分子。在此基础上，有效遏制生产销售假冒伪劣和有毒有害食品的违法犯罪活动，逐步提升食品生产加工业生产力水平，使食品安全专项整治工作取得明显的阶段性成果。

三、明确任务，落实措施

（一）严厉查处无证生产行为

按照《关于进一步查处无证生产食品违法行为的通知》（国质检执函［2004］549号）要求，严厉查处无生产许可证生产婴幼儿配方乳粉、白酒、小麦粉、大米、食用植物油、酱油和食醋等7类食品的违法行为，对不具备必备条件的要提请相关部门并报当地政府坚决予以取缔。到2004年底，各地质量技术监督部门要确保在本辖区内遏止无证生产上述7类食品的违法行为。自2005年7月1日起，在全国范围内开始对未取得食品生产许可证而擅自生产销售肉制品、乳制品、饮料、调味品（糖、味精）、方便面、饼干、罐头、冷冻饮品、速冻面米食品、膨化食品等10类食品的违法行为依法进行查处。各级质量技术监督部门在无证查处中发现企业存在无卫生许可证、无营业执照的，要及时向卫生、工商行政管理部门通报。

（二）严格实施食品质量安全市场准入制度

1. *坚持准入标准，严格条件审查*　不符合条件的，绝不发证；严格企业标准审查，不符合要求的不予备案；严格督促企业按照标准组织生产，严格监督企业出厂检验，不合格产品不得出厂销售。

2. *加快肉制品等10类食品市场准入工作进度*　今年基本完成肉制品、乳制品、饮料、调味品（糖、味精）、方便面、饼干、罐头、冷冻饮品、速冻面米食品和膨化食品等10类食品质量安全市场准入工作。

3. *启动茶叶、挂面等其他13类食品的市场准入工作*　各地在完成挂面、糖果（含巧克力）、果脯蜜饯、淀粉、酱腌菜、啤酒、葡萄酒和黄酒等8类食品生产加工企业保证产品质量必备条件的专项调查的基础上，建立企业档案。国家质检总局将加快相关技术法规的制订工作，在年底启动茶叶、挂面等其余13类食品的质量安全市场准入工作。

（三）加大食品监督抽查力度

按照扶优治劣、两翼推进的原则，强化食品监督抽查的威势。一要认真完成小麦粉等5类食品及其他食品的质量监督专项抽查；二要将食品作为重中之重列入当前的监督抽查计划；三要对食品生产加工企业加大监督抽查频次，实施定期检验。重点检验涉及安全健康和重要性能的指标。凡抽查检验产品质量不合格的，企业必须立即整改，并由指定检验机构对其实施加严检验。对抽查结果及时总结分析，扶持一批质量好的企业和产品，曝光一批质量差的企业和产品。

（四）加强食品生产加工企业监管

1. 加强食品生产加工企业的巡查　各级质量技术监督部门要依托辖区打假责任制，确定专人对辖区内食品生产加工企业实施巡回检查。重点检查企业保证产品质量安全必备条件、原料把关、食品出厂检验、不合格食品处置、食品标签和质量安全标志使用等重点环节，以及新资源食品、食品添加剂和食品包装材料等的安全性评价等。巡查中发现的问题要及时通知企业整改，并要有文字记录。重点监管的企业至少每月巡查一次，对夜间生产的要突击巡查，其他企业要制定巡查计划并组织实施。

2. 及时对食品生产加工企业回访　各级质量技术监督部门要及时组织生产许可证审查员和承担食品质量安全检验机构的专业技术人员，对获证企业进行回访，对基本符合项整改情况进行检查，督促企业持续满足保证食品质量安全的必备条件，发现问题及时指出，帮助企业分析不合格原因，并指导其整改。回访情况和发现问题的处理要有文字记录，纳入企业质量档案，动态管理。

3. 严格食品生产加工企业年审工作　各地要指定专人负责，按照便捷、高效的工作原则，切实将年审工作的各项要求落实到位，按规定及时上报年审情况。对年审不合格的企业要监督其整改；对未按时进行年审或经整改仍不符合要求，且情节严重的，吊销食品生产许可证。

4. 坚持监管的重点和工作重心下移，切实加强对农村和小城镇的食品生产加工企业的检查监督　专项调查表明，家庭作坊式、不具备保证产品质量安全必备条件和不具备检验能力的食品生产加工企业主要分布在农村和城乡结合部。要充分考虑农村生产生活的基本需要，对每一个生产加工企业从生产销售方式、生产加工能力、供应对象和区域、保证食品质量安全的能力等方面进行具体分析，监督、引导生产加工企业遵守食品质量安全的基本要求。要重点监控生产加工能力增长较快的食品生产加工企业，通过监督、引导、服务，使其质量安全保证条件同步提高。在专项整顿中，要切实注重提高工作的有效性，切忌重处罚轻引导或只处罚不引导，坚决纠正以罚款为目的的查处行为。

（五）强化企业法人的第一责任人责任

1. 加强对企业法定代表人（负责人）的培训　各级质量技术监督部门要对食品生产加工企业特别是中小型企业的主要负责人及管理人员、技术人员加强法律法规、质量管理知识的培训，明确企业法人是食品质量安全的第一责任人，对生产不合格食品和制售假冒伪劣食品的，应当依法承担相应的行政责任、民事责任和刑事责任。

2. 签订食品安全承诺书　各级质量技术监督部门要与辖区内的食品生产加工企业逐一签订食品安全承诺书，明确企业第一责任人的责任，明确质量管理、计量管理、标准管理、卫生安全管理、生产设备设施管理、检验管理等要求，明确遵守法律法规和不制假的承诺。加强对承诺书落实情况的检查，使责任制度真正落到实处。

3. 建立健全食品生产加工企业质量档案　对企业名称、地址、代码编号、卫生许可证编号、营业执照编号、生产许可证编号、企业法人和质量负责人姓名、身份证号码及联系方法、企业经济类型、企业规模、企业人数、生产能力、实际产量、产品种类、执行标准、主要生产设备、主要检验设备、原材料把关、出厂检验、监督检查情况、名牌和免检产品情况、质量违法行为查处情况、质量投诉及处理情况等详细记录，及时将企业变更、生产销售、吊撤销许可证、行政执法及对其监管情况等信息载入档案，实行动态管理。

4. 加大对失信企业惩戒力度　对监督抽查不合格企业实行加严检验，对安全指标不合格的企业严格停产整顿；对存在掺杂掺假、以假充真等严重违法行为的一律吊销食品生产许可证，并载入企业档案，及时向社会公告，3年内不受理该企业的食品生产许可申请。

（六）严厉打击生产加工假冒伪劣食品的违法行为

各地要加强对重点产品、重点区域和重点企业的监督和执法，严厉打击滥用添加剂、使用非食用原料生产加工食品和生产假劣食品等违法行为，做到早发现、早打击、早控制。在地方政府协调下，坚决克服地方保护主义，坚决打破任何形式的阻碍监督执法和为不法企业提供的保护伞，查办案件坚持“五不放过”。

要充分发挥和调动各方面的积极性，将食品质量安全监管工作置于全社会的监督之下。各级质量技术监督部门要进一步建立健全食品质量安全监督管理举报制度，通过“12365”举报电话、信箱和电子邮件等，受理群众举报，落实举报奖励。

四、加强领导，狠抓落实

（一）坚持地方政府的统一领导

按照国务院要求，食品生产加工业的整顿由地方政府统一组织实施。各级质量技术监督部门要在地方政府的统一领导下，积极参加政府组成的食品安全协调领导机构，充分发挥生产加工环节食品安全工作的主力军作用。要建立食品质量安全报告制度，定期向当地政府报告质监部门采取的食品安全工作措施、大要案查处情况和取得的成效，分析本辖区的食品安全状况，对存在的突出问题和需要政府统一组织或协调解决的问题提出意见和建议；要积极向当地政府申请经费，保证食品生产加工业专项整顿工作的落实；要积极主动与农业、工商、卫生、食药、公安等部门进行沟通，加大联合执法的力度，齐抓共管，形成合力。

（二）精心部署，明确责任

各级质量技术监督部门要成立由主要负责人挂帅的领导小组，组成专门的工作班子，精心部署，迅速行动，按照国家质检总局的要求，全面整顿食品加工业。把整顿食品生产加工业的任务逐级分解，明确直接责任人和有关负责人的责任，一级抓一级，层层抓落实，具体落实到人。要严格追究许可准入不到位、监督检查不到位、无证查处不到位、行政执法不到位、辖区打假不到位、检验检定不到位、区域质量建设不到位等责任。

（三）加大食品安全宣传力度

要坚持正面宣传为主、热点引导有力、服务发展大局的方针，协调配合新闻媒体做好扶优治劣、两翼推进的宣传工作。要大力宣传有关法律法规和加强食品安全所做的工作及成效，大力宣传优质食品、优良品牌和优秀企业，普及食品安全知识，增强消费信心，提高我国食品信誉；同时要坚决揭露、曝光食品安全方面的严重违法犯罪行为，震慑不法分子。

（四）严格督查督办

国家质检总局将组织检查组对各地整顿食品生产加工业工作情况进行督查，省级质量技术监督部门要加强辖区内工作的检查。在整顿食品生产加工业工作中发现的重大问题和大案要案，要及时报告当地政府和国家质检总局。

关于扩大农产品出口的指导性意见

（商务部等7部委　商贸发［2004］491号　2004年10月18日）

我国是农业大国，解决好“三农”问题是今后相当长一个时期我们党和政府的重要工作。发展农产品出口是落实党的十六届三中全会提出的科学发展观，统筹城乡发展、统筹区域发展、统筹经济社会发展、统筹人与自然和谐发展、统筹国内发展和对外开放的重要体现；发展农产品出口对全面建设小康社会具有重大意义。实践证明，扩大农产品出口是增加农民就业、促进农民增收和推动农业产业结构调整、提高农业竞争力的重要途径。

近年来，我国农产品出口发展迅速，我国农产品出口由1990年的不到100亿美元增长到2003年的212.4亿美元，特别是自2000年以来农产品出口快速增长，年均增长率达13%，目前我国农产品出口居世界第六位。同时，农产品出口经营队伍不断优化，贸工农一体化的企业成为农产品出口的主力军；劳动密集型农产品的比较优势和国际竞争力日益增强，市场占有率不断提高；出口渠道进一步拓宽，出口品种不断增加，贸易方式不断拓展，多元化的市场格局初步显现。这预示着我国农产品出口已经进入了新的发展阶段。

但是也应看到，在农产品出口中仍然存在着质量安全问题突出、加工水平落后、缺乏品牌产品、出口企业规模小、实力弱、国际竞争力不强、行业组织发展滞后、缺乏有效的出口服务等问题，亟待加强政策支持力度，提高市场竞争力。根据《中共中央国务院关于促进农民增加收入若干政策的意见》（中发

〔2004〕1号）“要进一步完善促进我国优势农产品出口的政策措施”的要求，各有关部门在综合分析我国农产品出口的现状和发展潜力的基础上，确定了今后扩大农产品出口的目标：力争在未来4～5年农产品出口达到或超过300亿美元，到2013年农产品出口达到或超过400亿美元，产品质量和卫生安全有较大改善，企业规模和竞争力有较大提高，市场布局更加合理，培育一批重点企业和知名品牌，为迈进小康社会和提前实现翻两番的目标发挥更大作用。为实现上述战略目标，在今后5～10年，要选择有一定竞争优势和发展潜力的水产、园艺、畜禽等劳动密集型农产品及其加工品作为扩大农产品出口的重点，同时大力发展特色农产品、有机农产品和原产地标记注册农产品的出口，带动农业产业结构调整和整体竞争力的提高。根据这一要求，现提出具体指导性意见如下：

1. 按照统筹的要求，规划农产品出口发展目标　要认真学习、贯彻落实十六届三中全会提出的科学发展观，用科学发展观来指导我们的农产品出口工作。研究利用农产品出口带动本地区农业产业结构调整、增加农民就业和促进农民增收的目标和规划，提出本地区具有竞争优势和市场潜力的出口农产品，制定扶持政策，鼓励有条件的地方设立支持本地区农产品出口的支持政策。

2. 强化农产品质量安全管理，提高农产品出口的竞争力　质量安全问题是现阶段制约我农产品出口的主要障碍。加强质量安全管理，是提高出口农产品竞争力的有效手段。今后，应逐步实施动植物病虫害区域化管理，加强无规定动物疫病示范区建设，切实提高动植物卫生水平；进一步推广“公司＋基地”的农产品出口经营模式，支持农产品出口企业建立自有种植、养殖基地，开展农产品和食品认证，进一步推进标准化生产，建立质量监控体系；鼓励出口企业获得符合进口市场要求的有机产品认证和其他国际认证，取得卫生注册和原产地标记注册，建立农产品种植、养殖履历和质量可追溯体系；进一步完善出口农产品的检验检测、安全监测体系，鼓励检验检测机构取得实验室国家认可，重点加强和完善出口优势农产品及相关农业投入品的检验检测工作，加快农业生态环境检验检测中心的建设，提高我国农产品的国际市场竞争力。

3. 优化出口商品结构，培育农产品出口品牌　鼓励企业发展深加工农产品出口，提高农产品附加值；支持企业培育农产品出口品牌，优先支持农产品出口品牌建设；推动企业以引进国外先进技术和优良品种与国内自主研发并重的方式，开发自主知识产权产品，提高核心竞争力；积极推进农产品原产地标记注册制度，对符合出口免检有关规定的原产地标记保护的农产品依法优先予以免检；对信誉良好的原产地标记保护的农产品出口企业实行便捷通关。

4. 培育一批农产品出口重点企业，加快出口农产品的行业组织建设　在我国具有比较优势的农产品领域培育一批国际竞争力较强、出口规模大、效益好、带动农民就业、促进农民增收效果明显的农产品出口企业；适应农产品国际贸易的新形势，选择水产、禽肉、蔬菜、水果等重点出口产品，建立健全行业组织和商品协会；支持各地建立特色农产品出口行业组织；推动企业在自愿基础上组建行业协会，实行企业自主管理、自我服务和自我监督；充分发挥行业组织的作用，提高行业组织化程度，规范农产品出口秩序，积极应对国际贸易纠纷。

5. 大力开拓国际市场，加强农产品出口促进工作　逐步调整农产品出口市场结构，建立以“市场多元化”为特征的全球农产品出口市场体系。在稳定和扩大日、韩、美、东盟等传统市场的同时，积极开拓欧洲、中东、独联体等新兴市场，努力发展拉美、非洲和大洋洲市场。鼓励农产品企业开展国际营销，举行农产品推介活动；利用中小企业国际市场开拓资金优先支持农产品出口企业参加国际专业展览和新市场、新产品的推销活动；加强与国际认证认可相关组织的技术交流与合作，推进我国农产品、食品认证的国际互认工作，支持国内认证机构开展符合进口市场要求的认证；借鉴国外先进经验，提高信息服务水平，有效整合信息资源，加快公共信息产品的开发，为农产品出口企业提供国外市场、商品、技术标准、贸易政策等各类信息，帮助企业开拓国际市场。

6. 完善促进农产品出口的政策体系　落实中央一号文件关于扩大优势农产品出口，进一步完善促进我国农产品出口政策措施的要求，建立健全促进农产品出口的一揽子政策措施。对符合信贷条件的农产品出口企业，要积极提供信贷支持；税务部门要认真贯彻国务院关于出口退税新账不欠决定，及时审批农产品的出口退税；运用中央外贸发展基金中已安排的农产品出口促进专项资金，并在中小企业国际市场开拓资金的使用上优先支持农产品出口。各地也要积极制定相关支持政策，扶持农产品出口企业，推动优势农产品出口。要采取有效措施，加强资金监管，提高资金使用效率。进一步加强部门间协调与合作，形成合力，共同促进农产品出口。

7. 健全农产品出口信用保险制度，增强农产品出口企业的风险防范能力　加强农产品出口信用保险的宣传力度，针对农产品出口的特点和需要，研究开发农产品出口信用保险的新险种；提高农产品出口信用保险的保费扶持比例，对企业投保农产品短期出口信用保险的，西部地区的保费扶持比例提高到50%，其他地区的保费扶持比例提高到40%；大力推广出口信用保险，鼓励农产品出口企业积极参加出口信用保险，提高风险管理水平。

各级商务、财政、农业、金融、税务和检验检疫部门要认真贯彻十六届三中全会精神，落实中央一号文件的各项要求和措施，统一认识，密切配合，开拓创新，千方百计地做好农产品出口工作，为解决“三农”问题做出新的贡献。

关于进一步加强农产品质量安全管理工作的意见

（农业部　农市发［2004］15号　2004年12月8日）

各省、自治区、直辖市及计划单列市农业（农林、农牧、农林渔业）、畜牧兽医、渔业、农垦、农机化、乡镇企业、饲料工业主管厅（局、委、办），新疆生产建设兵团农业局，中国农业（热带农业、水产）科学院，农业系统各有关质检中心：

加强农产品质量安全管理，是新世纪新阶段提高农业综合生产能力、增强农产品市场竞争力的必然要求，是加快发展优质、高产、高效、生态、安全农产品生产，建设现代农业的重要举措，是坚持以人为本、对人民负责的具体体现。近年来，在各地及有关部门的大力支持和配合下，“无公害食品行动计划”全面推进，有力地带动了农产品质量安全管理各项工作的深入开展，我国农产品质量安全整体状况明显改善。但是，由于基础薄弱，起步较晚，农产品质量安全全过程监管能力仍不能适应形势发展的要求。为认真贯彻落实《国务院关于进一步加强食品安全工作的决定》（国发［2004］23号）精神，在更高水平、更深层次上进一步加强农产品质量安全管理工作，现提出如下意见：

一、指导思想与工作原则

（一）指导思想

以党的十六大及十六届三中、四中全会精神为指导，以提高我国农产品质量安全水平和国内外市场竞争力为目标，以深化“无公害食品行动计划”为主线，科学把握和遵循农产品质量安全管理工作规律，在夯实农产品质量安全基础体系建设的基础上，通过重点加快农产品标准化生产能力、农业投入品监管能力、农产品质量安全例行监测能力、农产品质量安全追溯能力和农产品质量安全技术创新能力建设，力争在较短的时间内全面提升农产品质量安全管理能力和水平，确保农产品安全生产和放心消费。

（二）工作原则

1. 坚持以点带面　在注重整体部署、统一规范的前提下，从各地实际出发，积极探索，大胆创新，发现规律，指导全局。

2. 坚持体系建设与工作推进并重　在全面开展农产品质量安全各项管理工作的同时，要继续强化标准体系、检验检测体系和认证体系等基础体系建设，为农产品质量安全管理工作的长远发展提供有力支撑。

3. 坚持农产品全程质量安全监管　把农产品产地环境控制、农产品生产管理、农业投入品监管、农产品市场准入等监管环节有机结合起来，提升从农田到市场的全过程质量安全溯源监管能力。

二、工作重点

（一）加强农业标准化生产能力建设

要通过大力推进农业标准化工作，提高农业生产全过程监管能力。切实加大农业标准化示范、推广、宣传和培训工作力度，普及农业标准化知识，引导农产品生产者和经营者按标准组织生产、加工和销售。各级农业技术推广机构应及时调整工作重点，扩展工作领域，把推广种养殖生产、加工、储运、包装等标准化技术作为新时期农业技术推广的重要内容。积极推进农产品标准化生产示范区、无公害农产品生产示范基地、示范农场、优势（出口）农产品生产基地、农产品非疫区和无规定动物疫病区建设，进一步扩大标准化示范区的数量和规模，规范示范区建设，提高示范区的辐射力和影响力。充分发挥龙头企业、农村经济合作组织的积极性和创造性，探索创新管理模式。把实施农业标准化与农产品认证工作结合起来，突出重点，分类指导，加快优势农产品示范基地、无公害农产品生产示范基地、农产品标准化生产示范区的产地认定和产品认证进程。

（二）加强农业投入品监管能力建设

要严格农业投入品的市场准入管理。深入开展农药及农药残留、兽药及畜禽产品违禁药物滥用、水产品药物残留三个专项整治工作，将农业投入品监管与农产品质量安全管理有机结合起来。进一步健全农药、兽药、饲料及饲料添加剂等重要农业投入品质量监测制度，完善标签、标识等监管手段，依法对农业投入品进行质量安全检查，坚决打击制售和使用假冒伪劣农业投入品行为。推进现代流通方式，鼓励采用连锁经营等形式，提高优质投入品的市场占有率。加快开发和推广使用安全高效农药、兽药等农业投入品新产品，加快对高残毒农业投入品的禁用、限用和淘汰进程。普及化肥、农药、兽药、饲料及饲料添加剂、施药机具和植物生长调节剂等农业投入品的安全使用知识，指导农民科学用药、合理施肥。

（三）加强农产品质量安全例行监测能力建设

要建立健全农产品质量安全例行监测制度，定期发布农产品农药残留、兽药残留等质量安全监测信息。农业部坚持并完善全国性种植业产品农药残留、畜产品中药物残留及“瘦肉精”等违禁药品使用、水产品中药物残留等农产品质量安全状况的例行监测工作，健全全国性农产品质量安全信息发布制度。省级农业行政主管部门要抓紧建立健全适宜本区域的农产品质量安全例行监测制度，确定重点监测品种和区域，开展对主要农产品生产基地、批发市场、农贸市场和超市的例行监测工作，并逐步定期发布本区域的监测信息，同时报农业部。要充分发挥舆论监督和社会监督的作用。对农产品质量安全问题突出的地区，加大跟踪督查力度，促进落实整改措施。

（四）加强农产品质量安全追溯能力建设

强化农产品质量安全追溯管理工作，逐步实现生产记录可存储、产品流向可追踪、储运信息可查询。结合优势农产品生产基地、标准化生产基地和无公害农产品生产示范基地建设，探索推广农产品生产档案登记制度。要积极创造条件，逐步实现在农产品生产、加工、包装、运输、储藏及市场销售等各个环节，建立完备的质量安全档案记录和农产品标签管理制度，把产品标签与农产品认证标志、地理标志、产品商标等结合起来，逐步形成产销区一体化的农产品质量安全追溯信息网络。

（五）加强农产品质量安全技术创新能力建设

深入开展农药残留、兽药残留以及各类有毒有害物质在农产品中的残留限量研究，加快动植物安全生产技术、农产品质量安全检测技术、检验检测仪器的研制开发，加强农产品质量安全的风险评估研究。全面实施农产品质量安全人才培养计划。实施“百千万人才培训工程”，重点培养百名熟练掌握高精尖检验检测技术、能够承担参与 WHO（世界卫生组织）、FAO（联合国粮农组织）、CAC（国际食品法典委员会）、IPPC（国际植物保护公约组织）等有关国际组织标准化活动以及熟悉监督管理工作的高级人才，培养千名农产品质量安全管理骨干，培训万名农产品质量安全技术推广人员。

三、工作措施

（一）深入推进“无公害食品行动计划”

要加快《农产品质量安全法》立法工作，完善相关法规和管理制度建设。加大农产品质量安全监管试点工作力度，积极探索开展农产品质量安全管理工作的有效途径。加强农产品质量安全管理队伍和技术队伍建设，提高管理能力和整体素质。及时宣传各地在农产品质量安全管理工作中的好经验、好做法，推动农产品质量安全工作整体推进。各地要在认真分析总结近几年工作的基础上，采取有针对性的措施，解决当前制约农产品质量安全水平进一步提高的难点和重点问题，推进“无公害食品行动计划”深入实施。

（二）大力加强农产品产地环境管理

要逐步建立产地（包括养殖场、养殖水面）环境监测与评价制度。创造条件对农产品产地进行统一评价，划定无公害农产品、绿色食品、有机食品适宜生产区和限制生产区，并与产地认定工作结合起来。

（三）继续加快农产品质量安全标准体系建设

建立农业标准化技术委员会和专家组，建立健全农业质量标准体系。农业行业标准和国家标准的制定重点是农产品公平贸易标准、市场准入标准、资源环境保护标准、农业基础标准、农业方法标准，以及主要农产品生产准则等通用类标准。农业地方标准的制定重点是地方土特产品标准和具体产品的生产技术规程类标准。要充分发挥科研院所、大专院校、农业技术推广服务等技术机构在农业标准制修定及农业标准化实施中的作用。

（四）尽快健全农产品质量安全检验检测体系

要结合各地实际，充分利用现有的检测力量，科学进行规划，合理配置资源，不搞重复建设，避免资源浪费。以完善检验检测手段、提升检验检测能力和技术水平为重点，健全农产品质量安全检验检测体系建设，满足农产品生产全过程监管需要。充分利用现代化、信息化技术手段，逐步提高质检机构信息化水平，实现检测信息共享。

（五）认真开展农产品质量安全认证工作

要尽快形成以无公害农产品认证为主体，以绿色食品、有机食品及农业投入品认证为补充的认证体系和工作格局。农业生产过程要逐步形成以GAP认证为主，兽药生产以GMP认证为主，饲料及饲料添加剂生产、农产品加工以HACCP认证为主，农业投入品以强制性认证为主的认证体系和工作格局。进一步规范认证行为，在积极增加产品认证数量的同时，加强认证标识的管理，强化对认证产品的监督检查，保证认证产品的质量水平和信誉。

（六）抓紧建立健全农产品市场准入制度

加强与各有关部门的协调和配合，结合农产品产地认定和产品标识认证管理，积极推进农产品质量安全市场准入制度。鼓励和支持生产基地和批发市场建立自律性检测制度。鼓励批发市场、农贸市场和超市与生产基地建立产销合作机制，推行连锁经营和直销配送。积极开展对农产品生产、加工、运销环节等各环节的监管，使农产品准出与准入制度紧密联结。推进农业品牌战略，加快推行农产品分级包装上市。凡列入农业转基因生物标识管理目录的产品，要严格按规定进行标识或标注。

（七）充分调动和发挥社会各方面的积极性

要在强化政府监管的同时，注重调动社会力量参与农产品质量安全监管工作，创造良好的环境和氛围。更新管理理念，创新管理方式，发挥行业协会和中介组织在农产品质量安全管理、农业标准化实施等方面的作用。不断摸索经验，建立健全政府主导、行业协同、公众参与的农产品质量安全管理格局。

四、组织保障

（一）切实加强领导

各级农业行政主管部门要深入学习和贯彻国发［2004］23号文件精神，高度重视农产品质量安全工作，尽快健全农产品质量安全管理工作机制，把做好农产品安全生产，确保放心消费，作为提高各级农业行政部门执政能力的重大任务，切实承担起农产品质量安全监管职责。明确各单位责任，形成工作合力。克服畏难情绪，积极创造条件，勇于创新，大胆实践。

（二）健全责任制度

要按照责权一致的原则，建立农产品质量安全监管责任制和责任追究制。各级农业行政主管领导对本地区农产品的质量安全生产负主要责任。产区与销区农业行政主管部门要加强协作，积极沟通，各有侧重，形成相互支持的工作机制，切实做好农产品质量安全管理工作。

（三）增加资金投入

各级农业行政主管部门应制定本地区农产品质量安全管理工作规划和年度计划，积极争取计划、财务部门的支持，加大农产品安全生产、农业标准制定、产地认定、产品认证、检验检测体系建设、产品例行监测等工作投入力度，确保农产品质量安全管理各项工作的正常开展。

关于加强食品安全标准体系建设的意见

（国标委等7部委局　农轻联［2004］99号　2004年12月15日）

各省、自治区、直辖市质量技术监督局、发展和改革委员会、农业厅（局）、商务厅（局）、卫生厅（局）、食品药品监督管理局，各有关标准化技术委员会：

食品安全关系到广大人民群众的生命健康，关系到我国经济发展和社会稳定。建立健全食品安全标准体系，既是加强食品安全管理，遏制假冒伪劣行为，保证消费者权益的需要，也是满足经济和社会发展的需要。经过各部门多年努力，目前食品标准体系已初步建立，但随着食品工业的发展和人民生活水平的提高，食品标准化工作面临严峻的挑战，暴露出诸多亟待解决的问题，如标准总体水平偏低；部分标准之间存在交叉、矛盾；重要标准短缺；标准的前期研究薄弱；部分标准的实施状况较差，甚至强制性标准也未得到很好的实施。

《国务院关于进一步加强食品安全工作的决定》(国发［2004］23号，以下简称《决定》)，对加强食品安全工作作出了重大部署，明确提出要“尽快清理与食品安全有关的产品和卫生标准，构建食品安全标准体系”。为贯彻落实国务院《决定》精神，决定采取切实有效措施，加强食品安全标准体系建设。

一、指导思想和工作目标

（一）指导思想

坚持以邓小平理论和“三个代表”重要思想为指导，适应我国加入WTO新形势和满足当前经济结构战略性调整的要求，以市场为导向，认真落实国务院《决定》精神；尽快清理现行食品标准，理顺标准体系结构，构建食品安全标准体系。要注重标准的基础性研究，积极采用国际标准和国外先进标准，加快标准制修订步伐，加强标准的宣贯和培训，提高企业标准化意识，提升我国食品标准化的整体水平，确保食品安全。

（二）工作目标

通过各有关部门的共同努力，力争于2005年3月底前，完成食品国家标准、行业标准和地方标准的全面清理，基本解决现行食品标准的交叉、重复和矛盾，并完成已备案食品企业产品标准的清理。

到2005年底前，完成《全国食品标准2004—2005年发展计划》所确定的食品国家标准和行业标准制修订项目，食品标准采用国际标准的比例由目前的23%提高到55%。

到2007年底前，参与6～8项国际标准、指南等技术文件的制定工作，力争承担有关国际标准化组织技术委员会秘书处的工作。

通过3年的努力，建立健全重点突出，强制性标准与推荐性标准定位准确；国家标准、行业标准和地方标准符合《标准化法》的要求；基础标准、产品标准、方法标准和管理标准配套，与国际食品标准体系基本接轨，能适应食品行业发展，保障消费者安全健康，满足进出口贸易需要，科学、合理的食品标准体系。

加强标准的宣传贯彻、实施和监督，使食品企业严格按标准组织生产；强化食品流通领域标准化工作，使绝大部分食品流通企业实现标准化管理。

二、近期工作重点

（一）全面清理现行食品标准，解决标准之间的交叉、重复和矛盾问题

组织开展对现行国家标准、行业标准、地方标准的清理，通过清理，解决标准之间交叉、重复、矛盾以及强制性标准和推荐性标准定位不合理的问题，使食品标准体系结构合理，各类标准协调配套，标准水平普遍提高；对已备案的企业产品标准进行清理，凡与国家法律法规、强制性标准要求相矛盾，或低于国家强制性标准要求的企业产品标准一律取消备案，针对食品生产企业制定低于相应推荐性标准的企业产品标准问题，研究强化企业产品标准备案的具体措施，以提高企业产品标准水平。

（二）突出重点，调整标准体系结构

以食品安全标准为重点，在吸收国家“十五”标准专项研究成果和组织专家论证的基础上，调整食品标准体系结构。今后，食品卫生标准的技术要求主要涉及农兽药残留限量、有害重金属限量、有害微生物和真菌毒素限量以及食品添加剂使用限量等方面要求；食品卫生标准参照国际食品法典委员会（CAC）等国际标准，原则上分类制定为国家强制性标准，以进一步提高通用性，便于其他标准引用；具体产品标准原则上不再单独制定卫生指标，所涉及的卫生要求引用相应的强制性国家卫生标准。

（三）加快食品标准的制修订，确保消费者的安全健康，满足市场需求

发布《全国食品标准2004—2005年发展计划》，并按照各部门职责对《计划》进行分解和落实。启动一批重要标准的修订，今明两年重点安排食品卫生、食品生产安全控制、重要产品等约400项标准的修订工作；安排约200项急需标准的制定计划，重点补充完善农药、兽药、生物激素、有害重金属元素、有害微生物限量和检验方法标准。

（四）加强标准的基础性研究和危险性评估等科学方法研究，提高标准的科学性和合理性

加强食品质量安全标准的前期研究，特别是开展食品中有毒有害物质残留限量、转基因产品安全评价以及检验方法等方面的标准研究，提高标准的科学性；根据国际国内食品市场发展的需要，加强食品标识、物流标准的前期研究，为规范食品流通领域正常秩序和保护消费者的安全创造条件；研究建立食品安全检测数据库，为标准的制修订提供依据；大力开展危险性评估等科学方法在标准制修订过程中应用的研究，以提高标准的合理性和有效性；积极开展利用标准手段保护国内食品市场的技术性贸易措施和跨越国外技术性贸易壁垒的研究，提高我国食品行业竞争力。

**（五）加强对国际标准和国外先进标准的跟踪、

研究和转化，提高标准的整体水平

加强对国际食品法典委员会（CAC）、国际标准化组织食品标准化技术委员会（ISO/TC34）、国际制酪业联合会（IDF）、国际葡萄酒局（OIV）等国际标准化组织发布的标准、指南等技术文件的搜集、分析和研究，对适合我国国情和发展需要的国际标准，要尽快转化为我国的标准；加大参与国际标准化活动的力度，增强我国对国际标准制定的影响力；积极引导企业实质性参与国际标准化活动，鼓励企业大力推行和使用采标标志，提高我国食品标准的整体水平。

（六）加强标准的宣传贯彻和培训，强化食品安全标准的实施

加强标准的宣传贯彻和培训工作，大力普及食品安全标准知识，通过开展各种类型的标准宣传贯彻和标准化知识培训，使企业负责人和技术人员了解、熟悉标准，提高企业负责人标准化意识和质量意识；食品标准信息应及时向社会公开，便于企业和社会各方面查询，以提高食品生产企业的标准水平；加强对食品生产加工企业产品标准的备案管理，提高食品生产企业的标准水平；推动食品行业开展创建“标准化良好行为企业”工作，引导企业建立企业标准体系，促进企业管理水平和产品质量水平的提高；加强食品标准实施的监督检查，促使企业严格按照标准组织生产，提高企业执行标准的自觉性。

三、主要工作措施

（一）成立食品安全标准体系建设领导小组

由标准委牵头会同发展改革委、农业部、商务部、卫生部、食品药品监管局等部门成立的食品安全标准体系建设领导小组，统一领导食品安全标准体系建设工作；负责协调体系建设工作中的重大问题，并提出解决意见；督促和检查体系建设的进展情况。

（二）强化各部门食品安全标准体系建设的责任

食品安全标准体系建设需要各部门密切配合，各负其责。国家标准委负责对“清理与食品安全有关的产品和卫生标准，构建食品安全标准体系”工作的组织和协调；国务院各有关行业管理部门负责行业标准的清理。制修订和管理工作，协助做好国家标准的清理和制修订工作；各地标准化行政主管部门负责地方标准的清理、制修订和企业产品标准的备案管理工作，推动食品标准的实施，并对标准的实施情况进行监督。各部门开展上述工作，要在人员和资金等方面尽力提供保障，共同做好食品安全标准清理和体系建设工作。

（三）创新标准化工作机制

提高标准制修订工作的透明度和公众的参与程度，吸收有条件的社团、企业和专家参加标准的制修订工作，对于市场急需的重要标准要充分听取企业和社会各方面的意见；引导企业实质性参与国际标准化活动，鼓励有条件的企业参与国际标准的制修订工作；食品标准的计划立项、起草、审查等全过程要公开透明、协调一致；建立标准的反馈机制，对标准制修订和实施全过程的信息进行收集并处理。

（四）调整和组建与食品安全有关的标准化技术委员会

针对当前我国食品安全标准化工作发展的要求，在充分研究相关国际食品标准化组织构架的基础上，按照科学合理、分工明确的原则，建立健全相应的食品安全标准化技术委员会，标准化技术委员会要广泛吸收企业和社会各界专家参加。

（五）提高食品安全标准化工作人员素质

在全国范围内对标准化技术委员会、各级标准化行政主管部门和食品生产企业标准化技术人员开展标准化法律法规、标准化基本理论知识以及重要标准的宣传与培训工作。培训分层次进行，国家标准委主要负责标准化技术委员会和省级标准化机构的培训，各省组织所辖地区标准化行政管理人员和食品企业负责人、标准化技术人员的培训，争取经过3～5年的努力，培养出一批既有标准化知识又具备专业知识的业务骨干。

（六）加大对食品安全标准体系建设的投入

建立健全食品安全标准体系，任务繁重、工作量大，需要充足的经费支持。应积极争取国家财政支持，重点开展食品安全标准的制修订和基础性研究，同时多方开辟渠道，保障资金投入。

各有关部门要充分认识加强食品安全标准体系建设对于保障食品安全的重大意义，增强使命感和责任感，齐心协力，尽快建立健全食品安全标准体系，为确保我国食品安全和提高我国食品行业质量和竞争力打好技术基础。

4

第四部分

国内综合统计资料

国内综合统计资料
简 要 说 明

1. 本部分统计资料主要包括国民经济主要综合指标、农林牧渔业主要产品产量、农产品成本、收益与农村经济效益、农产品加工机械拥有量及农产品加工行业固定资产投资情况、按国民经济行业分类统计有关农产品加工业现状、我国各省区市农副食品加工业、食品制造业、饮料制造业主要经济效益指标、农产品加工业主要产品产量、农产品加工业主要产品出口创汇情况、农产品加工业部分行业与企业排序，我国西部地区综合统计等 11 部分统计数据。

2. 香港和澳门特别行政区的统计是构成国家统计总体的一部分，但根据中华人民共和国“香港特别行政区基本法”和“澳门特别行政区基本法”的有关原则，香港、澳门与内地是相对独立的统计区域，根据各自不同的统计制度和法律规定，独立进行统计工作。本部分中所涉及的统计数据均未包括香港、澳门特别行政区和台湾省。这三部分相关统计数据，另在本年鉴附录中列出。

3. 本部分统计资料数据，除已注明“资料来源”之外，其余均采用国家统计局公布的数据。

4. 本部分采用的统计数据，基本上以 2003 年数据为主，为了保持与上卷年鉴提供数据的连续性，有一部分统计数据已在上卷基础上，延续列出。

5. 本部分有关表所示“规模以上非国有企业”是指年产品销售收入 500 万元以上的非国有企业。

6. 本部分有关表中所示工业产值、工业增加值、工业产品销售产值、利税总额等数据未单独标注者，均按当年价格计算(当年价格即为现行价格)。

7. 本部分统计资料数据所使用的度量单位，均采用国际统一标准计量单位。对有关行业未按国际统一标准计量单位提供的数据，编辑部均按国际统一标准计量单位进行了相应换算。

8. 本部分中同一类、同一行业统计数据，由于管理渠道、统计范围、数据采集方法、时间等略有不同，加之有些行业与相关管理部门交叉较多，因此数据也略有不同。但来自同一系统的数据基本上还是一致的。

9. 本部分统计资料中，依据国家统计局、农业部、国家林业局、中国食品工业协会、中国轻工联合会、中国纺织工业协会等部门、行业提供的相关数据，开辟了“我国西部地区综合统计”专栏，由于时间短促，难免有误，请给予批评指正。

10. 本部分统计资料中符号使用说明：“空格”表示该项统计指标数据不详或无该项数据；“*”或“①”表示本表下有注解。

国民经济主要综合指标统计

表1 人口、产值、工农业产品总产量等国民经济主要指标（2002—2003年）

指 标	单位	2002年	2003年	2003年比上年增减（%）
一、人口	万人			
年底总人口		128 453	129 227	0.603
二、劳动力（年底数）	万人			
从业人员		73 740	74 432	0.938
职工人数		10 558	10 492	−0.625
三、国内生产总值	亿元	105 172.3	117 251.9	11.49
四、人均国内生产总值	元	8 184	9 101	11.20
五、工业总产值	亿元	110 776.5	142 271.2	28.43
六、全社会固定资产投资	亿元	43 499.9	55 566.6	27.74
1. 国有及其他经济固定资产投资		30 993.3	39 837.0	28.53
其中：基本建设投资		17 666.6	22 108.6	29.67
更新改造投资		6 750.6	8 624.9	27.76
2. 集体经济		5 987.4	8 009.5	33.77
3. 个体经济		6 519.2	7 720.1	18.42
4. 其中：属农产品加工业基本建设投资		510.5	980.7	92.11
属农产品加工业更新改造投资		873.8	1 311.8	50.12
七、国家财政收支	亿元			
1. 国家财政收入		18 903.6	21 715.3	12.95
中央		10 388.6	11 865.3	14.21
地方		8 515.0	9 850.0	15.68
2. 国家财政支出		22 053.2	24 650.0	11.78
中央		6 771.7	7 420.0	9.57
地方		15 281.5	17 229.9	12.75
八、物价总指数（上年＝100）	%			
1. 农产品生产价格指数*		99.7	104.4	4.71
2. 商品零售物价指数		98.7	99.9	1.22
3. 居民消费价格指数		99.2	101.2	2.02
九、工资				
1. 职工工资总额	亿元	13 161.1	14 743.5	12.02
2. 职工平均货币工资	元	12 422.0	14 040.0	13.03
十、居民消费水平	元	3 791	4 058	7.04
农村居民		1 834	1 943	5.94
城镇居民		6 030	6 511	7.98
十一、农业				
1. 农林牧渔业总产值	亿元	27 390.8	29 691.8	8.40
2. 主要农产品产量	万t			
粮食		45 705.8	43 069.5	−5.77

（续）

指 标	单位	2002 年	2003 年	2003 年比上年增减（%）
棉花		491.6	486	－1.14
油料		2 897.2	2 811	－2.98
麻类		96.4	85.3	－11.51
甘蔗		9 010.7	9 023.5	－0.14
甜菜		1 282	618.2	－51.79
烟叶		244.7	225.7	－7.76
茶叶		74.5	76.8	3.09
水果		6 952	14 517.4	108.82
肉类产量		6 586.5	6 932.9	5.26
水产品		4 564.5	4 704.6	3.08
十二、工业				
1. 工业总产值（全部国有及规模以上非国有工业企业）	亿元	110 776.5	142 271.2	28.43
2. 主要工业产品产量				
布	亿 m	322.4	353.5	9.65
糖	万 t	926	1 084	17.06
原煤	亿 t	13.8	16.7	21.01
原油	万 t	16 700	16 960	1.56
发电量	亿 kW·h	16 540	19 105.8	15.51
钢	万 t	18 236.6	22 233.6	21.92
成品钢材	万 t	19 251.6	24 108	25.23
汽车	万辆	325.1	444.4	36.70
水泥	万 t	72 500	86 208.1	18.91
3. 全部国有及规模以上非国有工业企业主要经济指标	亿元			
资产总计		146 217.8	168 807.7	15.45
固定资产净值年平均余额		59 482.7	66 068.4	11.07
利润和税金总额		12 022.1	15 874.2	32.04
十三、交通运输（货运量）	万 t			
货运量		1 483 446	1 561 422	5.26
铁路		204 955	221 178	7.92
公路		1 116 324	1 159 957	3.91
水运		141 832	158 070	11.45
管道		20 133	21 997	9.26
空运		202.1	219	9.26
十四、能源生产与消费	万 t 标准煤			
能源生产总量		138 369	160 300	15.85
能源消费总量		148 222	167 800	13.21
十五、国内商业	亿元			
1. 商品购进总额		36 885.9	45 383.9	23.04

（续）

指　　标	单位	2002 年	2003 年	2003 年比上年增减（%）
2. 商品销售总额		81 266.2	99 446.1	22.37
3. 商品库存总额		3 577.9	3 898.2	8.95
十六、对外经济贸易				
进出口总额	亿元	51 378.2	70 483.5	37.19
	亿美元	6 207.7	8 509.9	37.09
进口额	亿元	24 430.3	34 195.6	39.97
	亿美元	2 951.7	4 127.6	39.84
出口额	亿元	26 947.9	36 287.9	34.66
	亿美元	3 256	4 382.3	34.59
十七、教育文化				
1. 在校学生数	万人	22 315.9	22 412.1	0.43
高等学校		903.4	1 108.6	22.71
中等专业学校		456.4	502.4	10.08
普通中学		8 287.9	8 583.2	3.56
职业中学		511.5	528.2	3.26
小学		12 156.7	11 689.7	−3.84
2. 出版数量				
图书	亿册	68.7	66.7	−2.91
杂志	亿册	29.5	29.5	
报纸	亿份	367.8	383.1	4.16

*　2000 年前为农副产品收购价格指数，现改为农产品生产价格指数。

表 2　各地区耕地面积及占全国的比重（1996 年）　　单位：khm^2、%

地　区	耕　地	比　重
全国合计	**130 039.2**	**100.00**
北　京	343.9	0.26
天　津	485.6	0.37
河　北	6 883.3	5.29
山　西	4 588.6	3.53
内蒙古	8 201.0	6.31
辽　宁	4 174.8	3.21
吉　林	5 578.4	4.29
黑龙江	11 773.0	9.05
上　海	315.1	0.24
江　苏	5 061.7	3.89
浙　江	2 125.3	1.63
安　徽	5 971.7	4.59
福　建	1 434.7	1.10
江　西	2 993.4	2.30
山　东	7 689.3	5.91
河　南	8 110.3	6.24

（续）

地 区	耕 地	比 重
湖 北	4 949.5	3.81
湖 南	3 953.0	3.04
广 东	3 272.2	2.52
广 西	4 407.9	3.39
海 南	762.1	0.59
重 庆		
四 川	9 169.1	7.05
贵 州	4 903.5	3.77
云 南	6 421.6	4.94
西 藏	362.6	0.28
陕 西	5 140.5	3.95
甘 肃	5 024.7	3.86
青 海	688.0	0.53
宁 夏	1 268.8	0.98
新 疆	3 985.7	3.07

资料来源：表中数据出自1996年国土资源部、国家统计局、全国农业普查办公室发布的“关于土地利用现状调查数据成果的公报”。

表3 各地区农业生产经营单位农业用地面积构成（2003年） 单位：%

地 区	农业用地	耕 地	园 地	林 地	牧草地	渔业养殖面积
全国总计	**100.00**	**43.18**	**2.33**	**32.25**	**20.64**	**1.59**
北 京	100.00	72.25	9.80	15.69	0.13	2.13
天 津	100.00	86.01	3.87	1.23	0.15	8.75
河 北	100.00	69.89	2.37	21.59	5.26	0.89
山 西	100.00	69.40	3.91	25.67	0.78	0.25
内蒙古	100.00	36.46	0.20	22.02	40.66	0.67
辽 宁	100.00	55.41	3.91	36.99	0.64	3.05
吉 林	100.00	41.79	0.31	54.09	2.10	1.72
黑龙江	100.00	52.00	0.16	41.67	4.59	1.59
上 海	100.00	85.65	3.83	1.63	0.01	8.88
江 苏	100.00	85.07	3.51	4.18	0.19	7.05
浙 江	100.00	30.34	6.78	58.86	0.01	4.01
安 徽	100.00	62.25	2.45	31.10	0.11	4.10
福 建	100.00	20.41	6.99	70.82	0.03	1.75
江 西	100.00	27.25	2.83	67.05	0.11	2.76
山 东	100.00	83.43	7.73	6.76	0.21	1.88
河 南	100.00	83.72	2.33	12.63	0.11	1.21
湖 北	100.00	52.87	2.56	38.70	0.54	5.32
湖 南	100.00	40.33	2.64	53.41	1.04	2.59
广 东	100.00	27.16	7.70	60.58	0.05	4.51
广 西	100.00	36.92	4.07	54.96	2.81	1.25
海 南	100.00	30.78	5.36	60.56	1.82	1.48

（续）

地区	农业用地	耕地	园地	林地	牧草地	渔业养殖面积
重庆	100.00	65.83	1.64	29.94	1.30	1.29
四川	100.00	37.68	1.13	22.83	37.82	0.54
贵州	100.00	61.33	1.51	35.87	1.18	0.11
云南	100.00	34.74	2.47	60.61	1.76	0.41
西藏	100.00	29.05	0.10	8.53	62.32	
陕西	100.00	45.08	5.29	46.94	2.48	0.21
甘肃	100.00	39.53	0.76	16.74	42.92	0.05
青海	100.00	19.56	0.05	13.14	67.23	0.01
宁夏	100.00	75.10	2.22	11.90	10.18	0.60
新疆	100.00	11.29	0.39	1.78	86.39	0.15

资料来源：表中数据来自国家统计局农村社会经济调查总队。

表4 我国主要农作物播种面积（2002—2003年） 单位：khm^2

项目	2002年	2003年	2003年比上年增减（%）	项目	2002年	2003年	2003年比上年增减（%）
农作物总播种面积	154 636	152 415	−1.44	胡麻子	453	449	−0.88
一、粮食作物	103 891	99 410	−4.31	向日葵	1 131	1 173	3.71
（一）谷物	81 466	76 810	−6.06	三、棉花	4 184	5 111	22.16
稻谷	28 202	26 508	−6.01	四、麻类	338	337	−0.30
小麦	23 908	21 997	−8.00	黄红麻	55	41	−26.36
玉米	24 334	24 068	−2.30	苎麻	125	128	2.40
谷子	1 140	1 024	−10.18	大麻	15	10	−34.00
高粱	843	722	−14.35	亚麻	139	155	11.51
其他谷物	2 740	2 490	−9.12	五、糖料	1 818	1 657	−8.86
（二）豆类	12 543	12 898	2.84	甘蔗	1 393	1 409	1.15
大豆	8 720	9313	6.80	甜菜	424	248	−41.51
杂豆	3 823	3 586	−6.20	六、烟叶	1 328	1 264	−4.74
（三）薯类	9 882	9 702	−1.82	烤烟	1 192	1 139	−4.45
马铃薯	4 667	4 522	−3.13	七、药材	964	1 248	29.60
二、油料作物	14 766	14 990	1.52	八、蔬菜、瓜类	19 708	20 308	3.04
花生	4 921	5 057	2.76	蔬菜	17 353	17 954	3.46
油菜籽	7 143	7 221	1.09	九、其他农作物	7 640	8 089	5.88
芝麻	759	687	−9.49	青饲料	3 014	3 548	17.71

资料来源：表中数据来自国家统计局农村社会经济调查总队。

表5 我国农村劳动力人数（2002—2003年） 单位：万人

项目	2002年	2003年	2003年比上年增减（%）
一、农村人口数	93 503	93 751	0.26
二、农村劳动力	48 527	48 971	0.91
其中：男劳力	25 850	26 121	1.05
女劳力	22 677	22 850	0.76

（续）

项　目	2002 年	2003 年	2003 年比上年增减（%）
1. 农林牧副渔业	31 991	31 260	−2.29
2. 工业	4 506	4 937	9.57
3. 建筑业	2 959	3 201	8.18
4. 交通运输、邮电通讯业	1 259	1 328	5.48
5. 批发零售贸易业、餐饮业及仓储业	1 997	2 059	3.10
6. 其他非农行业	5 816	6 186	6.36

资料来源：《中国统计摘要》2004 年版。

注：1. 本表分行业劳动力是按从事的主行业划分的，如以农业为主，兼营商业的，仍作为农业劳动力。

2. 工业劳动力中包括村及村以下办工业的劳动力。

表 6　我国能源生产总量和构成（1999—2003 年）

年　份	能源生产总量（万 t 标准煤）	构成（能源生产总量=100）			
		原　煤	原　油	天然气	水　电
1999	109 126	68.3	21.0	3.1	7.6
2000	106 988	66.6	21.8	3.4	8.2
2001	120 900	68.6	19.4	3.3	8.7
2002	138 369	71.2	17.3	3.1	8.4
2003	160 300	74.2	15.2	2.9	7.7

表 7　我国能源消费总量和构成（1999—2003 年）

年　份	能源消费总量（万 t 标准煤）	构成（能源消费总量=100）			
		原　煤	原　油	天然气	水　电
1999	130 119	68.0	23.2	2.2	6.6
2000	130 297	66.1	24.6	2.5	6.8
2001	134 914	65.3	24.3	2.7	7.7
2002	148 222	65.6	24.0	2.6	7.8
2003	167 000	67.1	22.7	2.8	7.4

资料来源：表 6、表 7 数据出自《中国统计摘要》2004 年版。

注：2003 年能源消费量为估算数。

表 8　我国农产品加工业能源消费总量和主要能源品种消费量（2002 年）

行　业	能源消费总量（万 t 标准煤）	煤炭消费量（万 t）	焦炭消费量（万 t）	原油消费量（万 t）	汽油消费量（万 t）	煤油消费量（万 t）	柴油消费量（万 t）	燃料油消费量（万 t）	天然气消费量（亿 m^3）	电力消费量（亿 kW·h）
合　计	**11 365.63**	**6 697.12**	**117.54**	**2.30**	**210.95**	**15.81**	**218.66**	**159.69**	**3.79**	**1 547.03**
木材及竹材采运业	126.04	98.47	0.12		15.00		10.50			11.03
食品加工业	1 604.63	1 337.05	14.23	0.30	30.66	0.29	33.07	8.38	0.15	195.19
食品制造业	947.38	572.51	14.00	0.43	13.18	0.07	19.84	9.11	0.10	113.69
饮料制造业	662.64	571.03	3.30	0.59	8.46	0.08	11.84	8.08	0.02	67.81
烟草加工业	259.27	124.74	1.26		30.54	0.10	4.55	1.47	0.12	31.23
纺织业	2 984.43	1 266.89	4.54	0.05	35.44	4.34	43.94	65.16	0.81	454.11

（续）

行 业	能源消费总量（万t标准煤）	煤炭消费量（万t）	焦炭消费量（万t）	原油消费量（万t）	汽油消费量（万t）	煤油消费量（万t）	柴油消费量（万t）	燃料油消费量（万t）	天然气消费量（亿 m^3）	电力消费量（亿kW·h）
服装及其他纤维制品制造业	355.20	107.88	2.17	0.12	8.06	0.51	15.35	14.67		58.97
皮革毛皮羽绒及其制品业	209.77	62.85	1.53		4.81	0.15	14.05	3.35		35.70
木材加工及竹藤棕草制品业	324.27	204.31	1.55		3.00	0.10	6.09	3.04		37.59
家具制造业	87.95	38.82	1.14		3.87	0.05	3.29	0.74		11.21
造纸及纸制品业	2 180.54	1 747.30	1.73	0.50	15.65	2.93	29.73	21.85	0.27	284.97
印刷业记录媒介复制	197.46	46.72	0.26		6.51	5.96	7.89	1.65	0.10	33.80
橡胶制品业	643.59	251.72	2.37	0.06	8.29	0.05	7.34	12.40		108.87
专用设备制造业	782.46	266.83	69.34	0.25	27.48	1.18	11.18	9.79	2.22	102.86

表 9 我国各种运输线路长度（1999—2003 年） 单位：万 km

年 份	铁路营运里程	公路里程	内河航道里程	民用航空航线里程		输油（气）管道里程
				国内航线	国际航线	
1999	6.74	135.17	11.65	99.9	52.33	2.49
2000	6.87	140.27	11.93	99.5	50.84	2.47
2001	7.01	169.80	12.15	103.7	51.69	2.76
2002	7.19	176.52	12.16	106.3	57.45	2.98
2003	7.30	180.98	12.40	103.4	71.50	3.26

表 10 我国货运量情况（1999—2003 年） 单位：万 t

年 份	货运量总计	铁 路	公 路	水 运	管 道	民用航空
1999	1 293 008	167 554	990 444	114 608	20 232	170.0
2000	1 358 682	178 581	1 038 813	122 391	18 700	196.7
2001	1 401 786	193 189	1 056 312	132 675	19 439	171.0
2002	1 483 446	204 955	1 116 324	141 832	20 133	202.1
2003	1 561 422	221 178	1 159 957	158 070	21 998	219.0

资料来源：表 9、表 10 数据出自《中国统计年鉴》2004 版。

表 11 我国沿海主要港口货物吞吐量（2002—2003 年） 单位：万 t

港 口	2002 年	2003 年	2003 年比上年增减（%）
总 计	**166 628**	**201 126**	**20.7**
大 连	10 851	12 602	16.14
营 口	3 127	4 009	28.21
秦皇岛	11 167	12 562	12.49
天 津	12 906	16 182	25.38
烟 台	2 689	2 936	9.19
青 岛	12 213	14 090	15.37
日 照	3 136	4 507	43.72
连云港	3 316	3 752	13.15
上 海	26 384	31 621	19.85
宁 波	15 398	18 543	20.42
汕 头	1 380	1 470	6.52
广 州	15 324	17 187	12.16
湛 江	2 627	2 866	9.10
海 口	1 073	1 329	23.86
八 所	343	425	23.91
三 亚	49	61	24.49
其他港口	44 645	56 984	27.64

表 12 我国沿海主要港口分货类吞吐量（2002—2003 年）

单位：万 t

货物种类	2002 年	2003 年	2003 年比上年增减（%）
总 计	**166 628**	**201 126**	**20.70**
煤 炭	40 282	46 872	16.36
石 油	25 775	30 438	18.09
金属矿石	18 238	24 285	33.16
钢 铁	6 205	8 416	35.63
矿建材料	12 570	14 689	16.86
水 泥	1 203	1 622	34.83
木 材	1 152	1 294	12.33
非金属矿石	3 161	3 198	1.17
化肥和农药	2 221	1 995	－10.18
盐	658	686	4.26
粮 食	5 564	7 465	34.17
其 他	49 600	60 166	21.30

农林牧渔业主要产品产量统计

表13 我国主要农产品产量（1999—2003年） 单位：万t

年份	粮食							
	合计	谷物					豆类	薯类
		小计	稻谷	小麦	玉米			
1999	50 839	45 304	19 849	11 388	12 809		1 894	3 641
2000	46 218	40 522	18 791	9 964	10 600		2 010	3 685
2001	45 264	39 648	17 758	9 387	11 409		2 053	3 563
2002	45 706	39 799	17 454	9 029	12 131		2 241	3 666
2003	43 070	37 429	16 066	8 649	11 583		2 128	3 513

年份	棉花	油料				麻类	
		小计	花生	油菜籽	芝麻	小计	黄红麻
1999	382.9	2 601	1 264	1 013	74.3	47.2	16.4
2000	441.7	2 955	1 444	1 138	81.1	52.9	12.6
2001	532.4	2 865	1 442	1 133	80.4	68.1	10.6
2002	491.6	2 897	1 482	1 055	89.5	96.4	15.9
2003	486.0	2 811	1 342	1 142	59.3	85.3	10.0

年份	糖料			茶叶	烟叶	
	小计	甘蔗	甜菜		小计	烤烟
1999	8 334	7 470	864	67.6	246.9	219
2000	7 635	6 828	807	68.3	255.2	224
2001	8 655	7 566	1 089	70.2	235.0	205
2002	10 293	9 011	1 282	74.5	245.0	214
2003	9 642	9 024	618	76.8	226.0	202

年份	水果					
	合计	苹果	柑橘	梨	葡萄	香蕉
1999	6 238	2 080	1 079	774	271	419
2000	6 225	2 043	878	841	328	494
2001	6 658	2 002	1 161	880	368	527
2002	6 952	1 924	1 199	931	448	556
2003	14 517	2 110	1 345	980	518	590

表 14　各地区主要农产品产量（2003 年）

单位：万 t

地　区	一、粮　食								
	总　产	其中：夏收粮食	1. 谷　物						
			总　产	(1) 稻　谷				(2) 小　麦	
				总产	早稻	中稻	晚稻	总产	其中:春小麦
全国总计	**43 069**	**9 638**	**37 429.3**	**16 066**	**2 948.4**	**9 926.8**	**3 190.3**	**8 648.8**	**428.4**
北　京	58	18.4	52.0	1.0		1.0		18.4	
天　津	119	35.9	112.0	5.7		5.7		35.9	
河　北	2 388	1 035.4	2 205.9	41.1		41.1		1 018.80	0.4
山　西	959	259.3	807.1	1.2		1.2		256.0	0.6
内蒙古	1 361		1 092.3	45.0		45.0		79.0	79.0
辽　宁	1 498	44.3	1 360.1	351.4		351.4		6.2	5.4
吉　林	2 260		2 015.6	318.2		318.2		6.0	6.0
黑龙江	2 512		1 792.0	842.8		842.8		39.7	39.7
上　海	148	10.3	96.0	82.2		77.1	5.1	7.4	
江　苏	2 472	729.3	2 302.2	1 404.6		1 399.3	5.3	608.7	
浙　江	793	40.0	700.6	646.9	69.9	465.4	111.6	20.8	
安　徽	2 215	707.6	1 946	963.7	120.0	723.6	120.1	642.8	
福　建	713	39.3	540.5	523.4	157.6	228.3	137.5	2.8	
江　西	1 450	11.1	1 371.1	1 360.5	533.7	278.1	548.7	2.9	
山　东	3 436	1 565.3	3 075.4	77.9		77.9		1 565.0	0.2
河　南	3 570	2 336.4	3 355.3	240.2		240.2		2 292.5	
湖　北	1 921	255.7	1 692.2	1 341.3	162.4	943.4	235.5	165.4	
湖　南	2 443	62.4	2 225.6	2 070.2	621.3	637.9	811.0	16.5	
广　东	1 430	93.6	1 231.4	1 170.5	570.4		600.1	1.6	1.6
广　西	1 465	14.6	1 366.0	1 202.7	598.8	71.0	532.9	1.7	1.7
海　南	205	15.3	150.4	143.4	72.2		71.2		
重　庆	1 087	169.0	799.3	497.1	0.3	495.8	1.0	83.8	
四　川	3 054	533.5	2 483.0	1 471.9	2.4	1 469.1	0.4	426.2	
贵　州	1 104	200.4	864.2	459.3	0.1	459.1	0.1	74.6	
云　南	1 471	244.6	1 212.9	635.9	39.3	586.8	9.8	124.4	
西　藏	97		93.0	0.6		0.6		27.2	5.9
陕　西	968	440.6	863.3	75.5		75.5		395.5	
甘　肃	789	333.3	600.3	3.6		3.6		272.5	120.6
青　海	87		49.7					36.8	36.8
宁　夏	270	83.7	239	37.0		37.0		75.6	56.9
新　疆	776	358.4	734.1	50.7		50.7		344.1	73.6

（续）

地区	一、粮食						
	1. 谷物				2. 豆类		
	(3) 玉米	(4) 谷子	(5) 高粱	(6) 其他谷物	总产	(1) 大豆	(2) 杂豆
全国总计	**11 583**	**194.1**	**286.5**	**650.9**	**2 127.5**	**1 539.4**	**588.1**
北京	32.2	0.2	0.2		3.1	2.8	0.3
天津	64.8	0.2	5.5		6.2	6.1	0.1
河北	1 073.6	50.3	10.7	11.4	60.6	46.4	14.2
山西	477.0	37.2	18.6	17.1	48.7	29.8	18.9
内蒙古	888.7	21.4	29.8	28.4	93.9	53.6	40.3
辽宁	907.2	24.9	60.1	10.3	71.0	64.6	6.4
吉林	1 615.3	8.3	61.3	6.5	191.1	150.3	40.8
黑龙江	830.9	12.9	39.8	25.9	616.1	560.8	55.3
上海	3.2			3.1	2.2	1.7	0.5
江苏	197.3		0.1	91.5	95.3	56.8	38.5
浙江	21.5			11.4	41.7	26.4	15.3
安徽	260.6		0.4	78.8	120.4	99.9	20.5
福建	11.6	0.1	1.2	1.4	25.2	18.0	7.2
江西	6.3		0.5	0.9	26.8	19.2	7.6
山东	1 411.0	12.9	6.4	2.2	82.3	69.2	13.1
河南	766.3	8.9	1.9	45.5	72.7	56.7	16.0
湖北	167.5	0.4	2.0	15.6	67.1	44.7	22.4
湖南	128.6		3.5	6.8	56.1	39.7	16.4
广东	53.1	0.1		6.1	21.8	15.4	6.4
广西	159.7	0.5	0.6	0.8	39.2	36.0	3.2
海南	6.1			0.9	3.3	1.6	1.7
重庆	207.0		6.7	4.7	32.2	10.0	22.2
四川	517.3		17.7	49.9	113.9	46.0	67.9
贵州	319.9	0.5	3.3	6.6	39.3	17.7	21.6
云南	399.9		0.5	52.2	85.8	14.8	71.0
西藏	1.6			63.6	3.4	0.4	3.0
陕西	373.2	9.6	2.0	7.5	24.6	15.9	8.7
甘肃	244.4	4.6	7.8	67.4	39.0	13.1	25.9
青海				12.9	8.9		
宁夏	119.9	0.9	0.4	5.2	8.6	2.0	6.6
新疆	317.3	0.2	5.5	16.3	27.0	19.8	7.2

（续）

地区	一、粮食		二、油料						三、棉花
	3. 薯类		总产	1. 花生	2. 油菜籽	3. 芝麻	4. 胡麻	5. 向日葵	总产
	总产	其中：马铃薯							
全国总计	**3 513.1**	**1 362.0**	**2 811**	**1 342**	**1 142**	**59.28**	**45.05**	**174.35**	**485.97**
北京	2.9		3.3	3.3		0.01		0.025	0.34
天津	1.0		3.1	1.0		0.097		1.93	9.47
河北	121.3	39.4	163.1	148.1	3.8	1.64	4.77	4.40	52.20
山西	103.1	79.3	36.4	3.9	1.3	0.82	5.90	20.58	9.17
内蒙古	174.5	173.1	102.3	2.4	25.3	0.91	6.95	62.62	0.53
辽宁	67.2	39.6	61.4	54.8	0.27	1.01	0.018	4.08	0.35
吉林	52.9	47.8	57.1	27.4		7.03		16.16	0.07
黑龙江	104.2	103.6	44.7	4.0	0.30	1.06		21.04	
上海	0.7		6.4	0.4	5.90				0.11
江苏	74.4		199.5	51.6	145.70	1.91		0.129	29.10
浙江	51.1		43.8	4.6	38.60	0.56			2.10
安徽	148.1	4.4	231.4	69.4	152.90	8.83	0.0009	0.0022	24.10
福建	147.5	28.4	26.0	24.2	1.62	0.13		0.0043	0.01
江西	52.4		76.0	36.8	36.50	2.46		0.212	7.61
山东	277.8		361.8	355.6	4.51	0.397		0.056	87.68
河南	141.5		309.9	228.2	69.80	10.67		0.91	37.67
湖北	161.7	68.9	272.7	68.4	187.10	16.28	0.0043	0.68	32.50
湖南	161.0	34.8	125.7	30.5	93.88	1.06	0.003	0.023	16.31
广东	177.2	17.1	81.9	80.7	1.02	0.19			
广西	59.9		55.7	48.1	6.36	0.47			0.07
海南	50.9		9.6	9.3	2	0.33			
重庆	255.6	74.0	38.3	8.6	28.51	0.59		0.24	0.023
四川	457.2	105.1	217.1	59.9	155.87	0.48		0.33	2.54
贵州	200.8	135.5	72.3	7.5	64.01	0.019	0.0019	0.57	0.058
云南	172.3	139.4	29.7	5.3	22.75	0.019	0.0056	0.76	0.031
西藏	0.2	0.2	4.9	0.01	4.94				
陕西	80.5	56.3	41.3	6.9	27.05	1.88	0.31	3.70	5.27
甘肃	150.0	150.0	46.0	0.23	22.61		16.66	4.42	8.66
青海	28.2	28.2	26.2		25.70		0.50		
宁夏	22.6	22.6	13.2	0.008	0.18		6.43	5.65	
新疆	14.4	14.3	50.1	0.44	15.43	0.114	3.49	25.80	160.00

（续）

地区	四、麻类					五、糖料		
	总产	1. 黄红麻	2. 苎麻	3. 大麻	4. 亚麻	总产	1. 甘蔗	2. 甜菜
全国总计	**85.30**	**9.98**	**24.49**	**2.63**	**46.47**	**9 641.65**	**9 023.48**	**618.17**
北京								
天津	0.002 6	0.002 6						
河北	0.62	0.58		0.0072		22.03		22.03
山西	0.145			0.145		11.36		11.36
内蒙古	1.25			0.201	1.05	99.44		99.44
辽宁	0.061			0.011 3	0.049	3.41		3.41
吉林	0.366				0.321	7.02		7.02
黑龙江	28.320			0.27	26.703	71.39		71.39
上海						13.13	13.13	
江苏	0.528	0.096	0.41	0.022		34.40	33.66	0.747
浙江	0.176	0.136	0.04			123.93	123.93	
安徽	2.82	1.56	0.72	0.401		26.10	26.04	0.059
福建	0.04	0.028	0.012			118.12	118.12	
江西	1.17	0.16	1.02			118.25	118.25	
山东	0.65	0.61		0.013		0.038		0.038
河南	3.26	3.08		0.172		21.19	21.19	
湖北	5.68	1.24	4.43			75.97	75.97	
湖南	13.47	0.38	12.43		0.649	142.30	142.30	
广东	0.21	0.20	0.002 4			1 134.08	1 134.08	
广西	1.14	1.02	0.113			4 861.84	4 861.84	
海南	0.124	0.12				402.08	402.08	
重庆	0.96	0.02	0.913	0.0003		11.35	11.35	
四川	5.02	0.72	4.27			170.82	170.53	0.287
贵州	0.19	0.02	0.09	0.034	0.001 1	75.75	75.74	0.011
云南	4.49	0.000 2	0.004 4	0.080	4.394	1 695.24	1 694.96	0.283
西藏								
陕西	0.066	0.002 3	0.035 4	0.027		0.804	0.323	0.481
甘肃	1.14			1.14		19.95		19.95
青海	0.10			0.103				
宁夏	0.003 2			0.003		0.024		0.024
新疆	13.31				13.312	381.65		381.65

（续）

地区	六、烟叶		七、蔬菜、瓜类				
	总产	其中：烤烟叶	总产	1. 蔬菜（含菜用瓜）	2. 瓜类（果用瓜）		
					总产	（1）西瓜	（2）甜瓜
全国总计	**225.74**	**201.48**	**60 998.21**	**54 032.32**	**6 965.89**	**5 800.24**	**824.23**
北京	0.002 8		571.38	527.34	44.04	41.35	1.89
天津			655.46	602.78	52.69	42.17	9.89
河北	1.07	0.438	6 377.19	5 903.42	473.77	385.22	44.61
山西	0.623	0.615	1 127.19	1 033.81	93.38	82.66	7.92
内蒙古	1.58	1.395	950.0	846.76	103.24	66.67	29.07
辽宁	2.65	2.295	2 277.37	2 148.24	129.13	66.55	36.66
吉林	5.01	1.937	1 074.78	881.00	193.78	123.24	68.12
黑龙江	4.60	4.50	1 514.81	1 198.27	316.54	212.72	91.27
上海			541.71	460.54	81.17	60.98	15.51
江苏	0.171		4 141.83	3 722.79	419.04	334.00	59.17
浙江	0.487		2 080.32	1 798.23	282.09	247.20	10.89
安徽	2.20	2.11	1 988.62	1 513.49	475.13	418.07	35.16
福建	10.29	10.13	1 418.55	1 338.24	80.31	63.88	8.27
江西	1.79	1.55	1 295.40	1 100.00	195.39	172.62	7.42
山东	9.57	9.39	10 195.32	8 729.27	1466.05	1279.86	121.25
河南	21.77	21.74	5 398.56	4 510.43	888.13	803.18	74.19
湖北	9.34	6.27	3 513.63	3 141.78	371.85	322.28	46.12
湖南	18.71	17.66	2 597.93	2 295.94	301.98	264.56	34.65
广东	5.996	4.79	2 702.55	2 584.20	118.35	96.04	6.10
广西	2.641	1.48	2 049.88	1 870.96	178.92	167.53	11.05
海南	0.014	0.014	343.81	298.39	45.43	37.94	2.32
重庆	8.60	6.84	862.92	840.17	22.75	21.02	0.47
四川	13.42	8.23	2 756.32	2 639.60	116.72	100.50	1.99
贵州	31.15	28.721	747.14	712.17	34.97	30.82	2.22
云南	65.49	63.683	868.76	839.08	29.68	22.38	0.68
西藏	0.000 1		26.00	25.79	0.21	0.001	
陕西	4.993	4.879	835.02	725.22	109.80	96.62	6.91
甘肃	3.122	2.756	834.96	732.59	102.37	83.82	8.71
青海	0.054		78.05	77.11	0.94	0.91	
宁夏	0.053	0.053	221.78	173.70	48.07	43.73	4.09
新疆	0.345	0.005	950.95	761.00	189.96	111.71	77.61

表 15 各地区水果产量（2003 年）

单位：t

地区	水果	其中					
		苹果	梨	柑橘	桃	猕猴桃	葡萄
全国总计	**75 515 217**	**21 101 776**	**9 798 424**	**13 453 709**	**6 148 100**	**330 220**	**5 175 939**
北京	701 240	134 815	130 766		264 585	39	63 053
天津	316 429	68 069	25 851		49 071		140 060
河北	7 969 744	2 002 769	2 820 702		1 133 773	119	803 418
山西	2 354 265	1 801 786	154 901		102 927	258	111 885
内蒙古	200 875	51 940	93 020				20 789
辽宁	2 678 104	1 089 937	515 892		229 149	67	586 124
吉林	593 805	190 133	120 215		391		107 362
黑龙江	401 839	169 115	35 379				19 122
上海	333 091	139	17 931	174 439	101 543	396	27 564
江苏	1 829 055	494 611	502 033	54 143	317 105	1 885	140 777
浙江	2 862 887	810	244 454	1 766 619	210 067	8 404	172 714
安徽	1 339 426	221 317	583 091	10 793	167 674	3 447	161 600
福建	4 416 803	151	129 980	1 943 977	195 809	5 915	55 801
江西	777 691		45 181	619 887	26 994	7 912	3 631
山东	10 599 449	6 118 563	982 562		1 576 537	1 529	761 031
河南	4 303 813	2 509 614	433 413	29 504	424 846	36 545	331 036
湖北	2 397 212	13 458	563 895	1 240 592	404 180	7 662	57 415
湖南	2 103 996		70 750	1 727 712	74 305	13 194	36 944
广东	7 185 869		38 760	1 351 484	61 173		
广西	4 622 358		82 088	1 521 327	72 172	1 521	94 210
海南	1 480 544			14 549			
重庆	1 058 367	6 441	142 901	752 374	46 295	2 016	17 413
四川	3 482 104	225 384	547 714	1 861 568	269 816	22 253	144 409
贵州	437 820	9 262	97 867	149 820	54 254	11 297	15 895
云南	965 270	113 414	176 285	133 128	95 803	986	42 606
西藏	8 600	5 577	464		850		
陕西	6 211 394	4 617 921	689 816	98 601	153 007	204 697	89 925
甘肃	1 453 675	829 959	286 128	3 192	75 254	78	63 343
青海	14 603	8 246	4 418		340		74
宁夏	231 496	154 927	12 430		8 241		41 407
新疆	2 183 393	263 418	249 537		31 939		1 066 331

（续）

地区	其中					
	红枣	柿子	香蕉	菠萝	荔枝	龙眼
全国总计	**1 718 689**	**1 795 110**	**5 903 279**	**821 868**	**1 123 811**	**910 874**
北京	3 656	60 361				
天津	15 678	10 036				
河北	551 331	291 535				
山西	90 592	53 640				
内蒙古						
辽宁	19 588					
吉林						
黑龙江						
上海	366	3 910				
江苏	7 129	111 115				
浙江	6 975	34 963				
安徽	7 503	67 168				
福建	329	135 110	837 605	39 482	128 721	194 785
江西	5 225	9 310				
山东	548 159	127 553				
河南	230 614	178 251				
湖北	22 004	43 375				
湖南	18 925	8 428				
广东		94 787	3 018 034	464 350	740 273	391 179
广西	23 861	326 961	1 035 709	67 872	208 096	307 229
海南			841 935	224 013	35 782	7 162
重庆	11 697	6 604	1 490		176	1 464
四川	5 912	31 429	13 768	30	5 944	3 553
贵州	1 599	12 135	8 539	1	430	433
云南	1 836	28 608	146 199	26 120	4 389	5 069
西藏						
陕西	75 252	146 876				
甘肃	46 396	12 955				
青海						
宁夏	10 053					
新疆	14 027					

资料来源：表中数据出自《中国农业统计资料》2004年版，表中水果总计中不包括瓜果类产品。

表 16　各地区茶叶产量（2003 年）　　单位：t

地区	茶叶	其中				
		红毛茶	绿毛茶	乌龙毛茶	紧压茶原料	其他茶叶
全国总计	**768 140**	**39 948**	**569 907**	**81 271**	**25 496**	**51 518**
北　京						
天　津						
河　北						
山　西						
内蒙古						
辽　宁						
吉　林						
黑龙江						
上　海						
江　苏	11 897	1 656	9 368			873
浙　江	132 676	133	131 349	120	282	792
安　徽	50 747	2 198	46 554		25	1 970
福　建	150 223	2 393	80 919	65 345	9	1 557
江　西	12 539	1 783	9 958			798
山　东	4 402		4 402			
河　南	10 451		10 451			
湖　北	72 225	3 089	58 482		8 642	2 012
湖　南	60 573	12 486	30 097	523	8 455	9 012
广　东	41 390	1 207	19 977	15 156	218	4 832
广　西	21 321	379	16 333			4 609
海　南	1 275	219	1 024			32
重　庆	14 320	2 811	8 644			2 865
四　川	72 129	538	51 314	124	7 421	12 732
贵　州	17 709	68	10 185	3	282	7 171
云　南	85 929	10 988	72 517		162	2 262
西　藏	8		7			1
陕　西	7 952		7 952			
甘　肃	374		374			
青　海						
宁　夏						
新　疆						

资料来源：表中数据来自国家统计局农村社会经济调查总队。

表 17　我国农垦系统主要农产品产量（2002—2003 年）

项　目	产　量　（万 t）		
	2002 年	2003 年	2003 年比上年增减（%）
一、粮食	1 498.9	1 342.6	−10.42
其中：夏收粮食	171.4		
1. 稻谷	748.8	678.9	−9.33
其中：早稻	21.6		
2. 小麦	203.4	142.3	−30.06
其中：春小麦	109.9		
3. 玉米	241.9	243.7	0.75
4. 谷子	0.75		
5. 高粱	8.80		
6. 其他谷物	70.60		
7. 大豆	194.24	190.8	−1.79
8. 薯类	13.6		
二、棉花	98.96	103.4	4.51
其中：长绒棉	4.6		
三、油料	67.3	71.9	6.88
其中：花生	8		
油菜籽	36.2	35.02	−3.26
向日葵	15.9		
四、麻类	18.04	19.4	7.33
五、糖料	913.34	721.75	−20.98
其中：甜菜	281.21		
甘蔗	632.13		
六、烟叶	0.43	0.38	−11.84
其中：烤烟			
七、药材	1.24	2.61	111.02
八、蔬菜、瓜类	477.85	512.52	7.26
九、其他农作物	24.70	42.82	73.35
其中：茶叶	4.69	3.79	−19.27
水果	147.76	146.43	−0.90
干胶	37.83	39.51	4.45
人参	0.17	0.24	40.32

表 18　各地区农垦系统主要农产品产量（2003 年）

单位：万 t

地　区	粮　食	棉　花	油　料	糖　料	茶　叶	水　果	干　胶	人　参
全国总计	**1 342.60**	**103.42**	**71.93**	**721.75**	**3.79**	**146.43**	**39.51**	**0.2385**
北　　京						0.19		
天　　津	0.59	0.25	0.02			0.13		
河　　北	22.74	2.32	0.25	0.03		1.94		
山　　西	1.51	0.02	0.077	0.01		0.36		
内 蒙 古	50.02	0.10	20.03	3.10		0.89		
辽　　宁	72.81		0.68	0.15		7.45		0.001 8
吉　　林	40.53		0.71	0.02		1.32		0.220 8
黑 龙 江	755.34		10.30	26.88		0.55		0.015 9
上　　海	12.15	0.10	0.05		0.000 2	0.10		
江　　苏	56.53	1.63	1.11			0.33		
浙　　江	1.30	0.06	0.08	0.008	0.27	1.18		
安　　徽	18.47	0.81	0.88		1.04	1.36		
福　　建	7.21		0.38	5.11	0.35	9.65		
江　　西	27.21	0.40	1.25	1.06	0.20	2.16		
山　　东	3.83	0.78	0.055			0.05		
河　　南	12.67	0.19	0.72		0.000 8	1.88		
湖　　北	47.06	5.55	8.43	6.55	0.044	11.10		
湖　　南	23.39	2.48	1.73	71.06	0.19	6.72		
广　　东	4.00		0.59	194.73	0.22	16.52	2.24	
广　　西	0.75		0.12	167.23	0.29	6.52	0.11	
海　　南	13.00		0.69	52.46	0.12	21.37	22.90	
重　　庆	0.018		0.01		0.000 5	0.21		
四　　川	0.082		0.04		0.11	0.25		
贵　　州	0.52		0.05	0.028	0.27	0.54		
云　　南	1.75		0.02	56.02	0.67	4.82	14.08	
西　　藏								
陕　　西	2.28	0.39	0.20			0.80		
甘　　肃	9.60	0.56	0.62	1.23		2.52		
青　　海	1.29		0.65			0.004		
宁　　夏	15.17		1.37			4.03		
新疆（兵团）	104.97	81.17	17.21	119.16		32.10		
新疆（农业）	16.19	5.14	0.59	8.30		8.71		
新疆（畜牧）	19.03	1.51	3.15	8.43		0.47		

表 19　我国农垦系统茶、蚕、果、林生产情况（2002—2003 年）

指　　标	单　位	2002 年	2003 年	2003 年比上年增减（%）
一、年末实有茶园面积	khm^2	31.2	29.6	−5.2
茶叶总产量	万 t	4.7	3.8	−19.3
二、年末实有桑园面积	khm^2	2.3	2.6	8.9
三、年末实有果园面积	khm^2	230.0	224.4	−2.4
水果总产量	万 t	147.8	146.4	−0.9

（续）

指　　标	单　位	2002年	2003年	2003年比上年增减（%）
其中：苹果	万t	19.1	21.7	13.9
梨	万t	30.7	23.7	－22.6
柑橘	万t	17.7	21.1	19.0
四、年末实有橡胶园面积	khm²	385.3	404.3	4.9
当年橡胶平均开割面积	khm²	297.3	300.4	1.0
每公顷产干胶	kg	981.8	1 315.5	34.0
全年干胶总产量	万t	37.8	39.5	4.5
五、当年造林面积	khm²	147.9	259.4	75.3
用材林	khm²	25.5	62.1	143.5
经济林	khm²	9.4	20.9	122.8
防护林	khm²	109.4	170.8	56.2
薪炭林	khm²	0.9	1.7	81.9
特种用材林	khm²	2.7	3.9	41.4

表20　我国热带、亚热带作物产量（2003年）

项　目	单位	全国总计	福建	广东	广西	海南	云南
一、橡胶总产量（干胶片）	t	565 045	49	24 527	1 074	316 041	223 354
二、咖啡豆总产量	t	20 473				266	20 207
三、椰子总产量	万个	23 144		153		22 959	32
四、腰果总产量（干果）	t	1 208				1 208	
五、香料作物总产量	t	1 140	15	89		42	994
其中：香茅草	t	805		85		41	679
六、剑（番）麻总产量	t	39 115	1 747	20 508	12 287	4 561	12

表21　2002年度、2003年度全国分地区棉花面积与产量

单位：万hm²、万t

地　区	面　积			产　量		
	2002/2003年	2003/2004年	增减（%）	2002/2003年	2003/2004年	增减（%）
新　疆	94.39	103.73	9.90	147.7	160	6.7
河　南	79.31	92.67	16.80	76.48	37.67	－50.8
山　东	66.49	88.33	32.80	72.20	87.70	21.5
河　北	40.74	58.13	42.70	40.19	52.20	29.9
江　苏	31.18	36.93	18.50	36.28	29.10	－19.8
安　徽	32.12	44.20	21.30	33.70	29.50	－16.4
湖　北	29.30	35.53	24.00	32.26	32.50	0.7
湖　南	12.92	13.87	17.30	15.30	16.31	6.6
其他地区	31.97	37.60	17.60	37.52	42.02	12.0
全国总计	**418.39**	**511.00**	**22.00**	**491.60**	**487.00**	**－0.9**

表22　2002/2003、2003/2004、2004/2005年度国内棉花平衡情况

单位：万t

项　目	2002/2003年度	2003/2004年度	2004/2005年度
期初库存量	270	164	76

（续）

项　　目	2002/2003 年度	2003/2004 年度	2004/2005 年度
总产量	492	487	620
进口量	71.7	164	120
总供给量	834	816	816
纺织消费	615	700	720
絮棉、自留棉、损耗	40	40	40
出口量	15		
总消费量	670	740	760
期末库存量	164	76	56
库存消费比（%）	24.5	10.27	7.36

注：表中 2002 年度期初库存为发展改革委员会公布的数据；期初库存量中含商业库存；产量为国家统计局公布的数据；进口量为海关统计数据；期末库存量为总供给量减总消费量；库存消费比为期末库存量比总消费量。

表 23　我国主要蔬菜产量增减情况（2003 年）　单位：万 t、%

项　　目	产　　量	2003 年比上年增减
蔬菜合计	54 032.3	2.22
叶菜类	21 206.4	0.93
菠菜	1 573.9	2.86
芹菜	1 795.5	−2.32
大白菜	10 197.4	0.019
甘蓝	2 875.2	6.15
油菜	1 236.3	5.71
瓜菜类	6 781.0	4.76
黄瓜	3 551.3	2.68
块根、块茎类	7 690.8	2.58
萝卜	3 880.9	3.72
胡萝卜	1 312.4	5.03
茄果菜类	7 403.5	6.05
茄子	2 119.2	1.84
番茄	3 309.5	3.22
辣椒（含甜椒）	821.5	36.58
葱蒜类	4 521.1	3.70
大葱	1 762.8	0.38
大蒜	1 555.6	1.22
菜用豆类	2 679.1	0.27
四季豆	1 326.6	−0.38
豇豆	725.0	−7.99
水生菜类	1 026.2	0.37
莲藕	734.2	−0.85
其他蔬菜	2 724.2	−3.43

表 24 我国主要林产品产量（1999—2003 年） 单位：万 t

年 份	生 漆	油桐籽	油茶籽	松 脂	核 桃	橡 胶
1999	0.53	44.8	79.3	57.1	27.4	49.0
2000	0.53	45.3	82.3	55.1	31.0	48.0
2001	0.49	40.7	82.5	56.4	25.2	47.7
2002	0.64	38.9	85.5	56.3	34.0	52.7
2003	0.87	37.3	77.9	62.6	39.4	56.5

资料来源：表 24、表 25 数据出自“中国统计年鉴”2004 年版。

表 25 各地区主要林产品产量（2003 年） 单位：t

地 区	生漆	油桐籽	油茶籽	乌桕籽	五倍子	棕片	松脂	竹笋干（鲜笋折笋干）	核桃	板栗	紫胶（原胶）
全国总计	**8 664**	**372 645**	**779 492**	**27 611**	**10 132**	**59 902**	**625 757**	**425 506**	**393 529**	**797 168**	**2 092**
北 京									10 364	17 788	
天 津									384	238	
河 北	6								32 746	71 595	
山 西									40 777	149	
内蒙古											
辽 宁									17 069	38 724	
吉 林									1 638	1 004	
黑龙江											
上 海								5 089			
江 苏	2	195	16					1 001	5	17 717	
浙 江	15	122	33 035	94		1 306	2 697	147 701		45 884	
安 徽	214	2 579	8 544	423	8	1 135	4 075	16 658	327	45 213	
福 建	228	19 237	64 606	360	89	10 194	67 732	150 992	108	30 175	
江 西	107	12 681	163 191	453	111	5 092	54 758	8 600	252	16 209	
山 东									12 391	211 298	
河 南	978	42 223	6 898	2 055	1 538		240	25	18 364	91 010	
湖 北	2 438	10 650	11 245	8 650	1 050	3 565	5 479	1 731	1 578	67 363	
湖 南	153	37 713	339 716	1 640	820	7 622	17 399	14 410	3 945	29 369	347
广 东		4 935	30 928	231	403	1 246	125 591	18 010		6 450	396
广 西	46	53 998	92 714	89	141	2 151	254 299	16 840	201	32 910	
海 南						30	6 068	853			
重 庆	655	19 853	2 104	3 796	1 338	2 733	7	2 055	2 787	4 121	
四 川	1 319	50 299	11 854	4 840	1 711	7 112	3 738	28 250	77 004	15 153	79
贵 州	1 221	89 857	9 307	3 983	1 641	4 688	5 682	7 896	7 578	10 426	10
云 南	310	18 118	4 548	213	129	9 395	76 592	4 975	76 118	17 137	1 174
西 藏											
陕 西	963	9 639	198	184	1 092	3 013	220	411	43 144	24 056	86
甘 肃	19	797	588	600	61	20	1 200	9	28 293	3 179	
青 海									36		
宁 夏									182		
新 疆									18 228		
新疆兵团									11		

表 26 我国主要畜产品产量（1999—2003 年）

年 份	肉类产量（万 t）					奶类产量（万 t）		禽蛋产量（万 t）
	总产量	猪牛羊肉				总产量	其中：牛奶	
		小 计	猪 肉	牛 肉	羊 肉			
1999	5 821	4 647	3 891	505	251	807	718	2 135
2000	6 125	4 838	4 031	533	274	919	827	2 243
2001	6 334	5 026	4 185	549	293	1 123	1 026	2 337
2002	6 587	5 228	4 327	585	317	1 400	1 300	2 463
2003	6 933	5 506	4 519	631	357	1 849	1 746	2 607

年 份	蜂蜜（万 t）	蚕茧（万 t）		绵羊毛（万 t）			山羊毛总产（t）	羊绒总产（t）
		总 产	其中:桑蚕茧	总 产	细羊毛	半细羊毛		
1999	23	49	45	28.3	11.4	7.4	31 849	10 180
2000	25	55	50	29.3	11.7	8.5	33 266	11 057
2001	25	66	60	29.8	11.5	8.8	34 241	10 968
2002	27	69.8	64.5	30.8	11.2	10.2	35 459	11 765
2003	29	66.7	61.1	33.8	12.0	11.0	36 692	13 528

资料来源：表中数据出自《中国农业统计资料》2004 年版。

表 27 各地区奶类产量（2002—2003 年）

单位：万 t

地 区	2002 年		2003 年	
	奶类产量	其中：牛奶	奶类产量	其中：牛奶
全国总计	**1 400.4**	**1 299.8**	**1 848.6**	**1 746.3**
北 京	55.1	55.1	63.7	63.3
天 津	33.6	33.6	43.2	43.2
河 北	148.9	136.9	207.6	197.9
山 西	47.2	44.8	55.6	53.2
内 蒙 古	168.9	165.2	312.2	308.0
辽 宁	30.8	28.1	46.4	42.7
吉 林	18.9	18.0	23.3	22.7
黑 龙 江	239.8	235.8	304.0	300.5
上 海	28.0	28.0	27.1	27.1
江 苏	45.5	45.3	50.0	49.8
浙 江	22.2	22.1	24.7	24.7
安 徽	7.4	7.4	9.0	9.0
福 建	14.2	13.8	19.5	19.2
江 西	7.9	7.9	10.9	10.9
山 东	116.8	90.3	148.4	124.4
河 南	39.0	36.0	52.6	49.6
湖 北	10.1	10.1	11.1	11.1
湖 南	3.0	3.0	5.3	5.3
广 东	11.1	10.8	10.8	10.6
广 西	3.1	3.1	3.8	3.8

（续）

地区	2002 年		2003 年	
	奶类产量	其中：牛奶	奶类产量	其中：牛奶
海　南			0.06	0.06
重　庆	8.1	8.1	9.06	9.06
四　川	39.3	38.9	45.8	45.4
贵　州	2.5	2.5	3.4	3.4
云　南	19.0	17.5	23.4	21.8
西　藏	24.3	19.0	25.1	19.6
陕　西	83.1	54.0	107.1	74.2
甘　肃	17.3	16.8	22.6	22.2
青　海	23.5	22.0	23.5	22.1
宁　夏	30.8	30.7	38.7	38.6
新　疆	101.1	94.9	120.9	113.0

表 28　我国规模以上企业液体乳制品产量（2003 年）　　单位：万 t

全国规模以上企业液体乳制品产量		全国液体乳制品产量前 5 位的省、自治区、直辖市		
全国产量	2003 年比上年增减（%）	省、自治区、直辖市	产　量	占全国比例（%）
582.9	59.95	内蒙古	160.8	27.6
		河　北	76.6	13.1
		上　海	39.3	6.7
		黑龙江	35.6	6.1
		山　东	31.0	5.3
		小　计	343.3	58.8

资料来源：表中数据由中国乳制品工业协会提供。

表 29　我国农垦系统主要畜产品产量（2002—2003 年）　　单位：万 t

项　　目	2002 年	2003 年	2003 年比上年增减（%）
1. 肉类总产量	96.83	108.39	11.93
猪肉	58.59	64.20	9.59
牛肉	8.07	8.93	10.71
羊肉	11.85	14.61	23.33
2. 牛奶	159.21	176.77	11.03
3. 羊毛	2.14	2.36	10.03
4. 蜂蜜	0.37	0.37	
5. 禽蛋	19.93	21.32	6.97
6. 鹿茸（t）	54.11	69.38	28.22

表30　我国水产品产量（1999—2003年）　单位：kt

年份	总产量	1. 海水产品	其中		2. 内陆产品	其中	
			捕捞	养殖		捕捞	养殖
1999	41 224	24 719	14 976	9 743	16 505	2 278	14 227
2000	42 785	25 387	14 775	10 613	17 397	2 264	15 134
2001	43 813	25 717	14 406	11 311	18 096	2 146	15 950
2002	45 645	26 463	14 335	12 128	19 182	2 252	16 930
2003	47 045	26 857	14 324	12 533	20 188	2 468	17 720

表31　各地区水产品产量（2003年）　单位：kt

地区	总产量	1. 海水产品	其中		2. 内陆产品	其中	
			捕捞	养殖		捕捞	养殖
全国总计	**47 061**	**26 856**	**14 323**	**12 533**	**20 205**	**2 462**	**17 743**
北京	71				71		71
天津	297	50	41	8.8	247	11	237
河北	863	490	311	179	373	72	301
山西	31				31	0.3	31
内蒙古	73				73	28	45
辽宁	3 819	3 308	1 480	1 829	510	31	480
吉林	109				109	19	89
黑龙江	419				419	48	371
上海	355	133	131	2.7	221	6.5	215
江苏	3 429	982	572	409	2 448	361	2 086
浙江	4 828	4 060	3 142	919	768	86	683
安徽	1 653				1 653	405	1 248
福建	5 728	5 079	2 212	2 867	649	84	565
江西	1 461				1 461	231	1 230
山东	7 062	6 042	2 681	3 361	1 021	101	920
河南	390				390	26	363
湖北	2 871				2 871	402	2 470
湖南	1 572				1 572	171	1 401
广东	6 485	3 792	1 819	1 973	2 693	131	2 563
广西	2 646	1 687	851	836	959	105	853
海南	1 231	1 045	896	150	186	23	163
重庆	228				228	12	216
四川	764				764	57	707
贵州	80				80	9	70
云南	204				204	24	180
西藏	0.5				0.5	0.5	0.04
陕西	71				71	5	66
甘肃	14				14	1	13
青海	1.5				1.5	0.1	1.4
宁夏	50				50	0.3	50
新疆	67				67	11	56

表 32 我国沿海地区海洋捕捞水产品产量（2003 年） 单位：kt

地区	海洋捕捞产量	按捕捞海域分				
		渤海	黄海	东海	南海	其他海域
全国总计	**14 323**	**1 314**	**3 000**	**4 981**	**3 704**	**1 325**
天津	41	24	0.68			16
河北	311	253	52	0.076		5.84
辽宁	1 480	553	634	32	2.58	258
上海	131			41		89.6
江苏	572		406	151		15.8
浙江	3 142	0.4	107	2 751	2.05	282
福建	2 212		0.055	1 831	203	178
山东	2 681	484	1 801	175	20	201
广东	1 819				1 732	87.5
广西	851				851	
海南	896				893	2.14

表 33 各地区农垦系统水产品产量（2003 年）

地区	水产养殖面积（hm²）	水产品总产量（t）	其中：养殖产量（t）	对虾养殖面积（hm²）	对虾产量（t）
全国总计	**240 224**	**657 303**	**575 185**	**19 341**	**18 682**
北京	18	76	76		
天津	516	4 077	4 077		
河北	11 904	59 209	49 212	6 107	5 840
山西	8	4	4		
内蒙古	1 952	1 331	1 038		
辽宁	74 526	130 644	95 754	7 091	2 147
吉林	890	1 520	1 454		
黑龙江	19 577	16 795	13 588		
上海	5 204	16 948	16 948		
江苏	3 997	21 818	17 088	132	
浙江	1 294	4 830	4 830	60	110
安徽	1 290	3 293	2 868		
福建	2 038	23 713	15 576	151	511
江西	13 904	19 892	16 031		
山东	5 064	6 039	3 758	3 500	422
河南	491	2 683	2 683		
湖北	38 021	201 279	201 279		
湖南	14 384	61 263	50 281		
广东	3 610	19 070	18 978	1 225	4 088
广西	1 013	6 733	6 733	183	1 202
海南	4 727	28 687	28 018	892	4 362
重庆	43	102	102		
四川	127	832	832		

（续）

地　区	水产养殖面积（hm^2）	水产品总产量（t）	其中：养殖产量（t）	对虾养殖面积（hm^2）	对虾产量（t）
贵　州	199	502	502		
云　南	1 292	2 971	2 971		
西　藏					
陕　西	160	975	975		
甘　肃					
青　海	233	15	15		
宁　夏	2 427	1 783	1 783		
新疆（兵团）	25 846	16 608	14 285		
新疆（农业）	2 791	1 148	1 133		
新疆（畜牧）	2 385	1 207	1 207		
热作两院	12	54	54		
广　州	105	550	400		
南　京	176	652	652		
昆　明					
哈尔滨					

表 34　轻工业系统食品工业所需农牧业原料生产量（2001—2002 年）

单位：万 t

产品名称	2001 年	2002 年	2002 年比上年增减（%）
一、农产品			
粮食	45 263.7	45 705.8	0.98
其中：稻谷	17 758.0	17 453.9	−1.71
小麦	9 387.3	9 029.0	−3.82
玉米	11 408.8	12 130.8	6.33
豆类	2 052.8	2 241.2	9.18
薯类	3 563.1	3 665.9	2.89
其中：马铃薯	1 291.3		
油料	2 864.9	2 897.2	1.13
其中：花生	1 441.6	1 481.8	2.79
油菜籽	1 133.1	1 055.2	−6.87
芝麻	80.4	89.5	11.32
甘蔗	7 566.3	9 010.7	19.09
甜菜	1 088.9	1 282.0	17.73
茶叶	70.2	74.5	6.13
烟叶	235.0	244.7	4.13
其中：烤烟	204.5	213.5	4.40
水果	6 658.0	6 952.0	4.42
其中：苹果	2 001.5	1 924.1	−3.87
柑橘	1 160.7	1 199.0	3.30
梨	879.6	930.9	5.83
葡萄	368.0	447.9	21.71
香蕉	527.2	555.7	5.41

（续）

产品名称	2001 年	2002 年	2002 年比上年增减（%）
二、林产品			
油茶籽	82.5	85.5	3.64
核桃	25.2	34.1	35.31
三、畜产品			
猪肉	4 184.5	4 326.6	3.40
牛肉	548.8	584.6	6.52
羊肉	292.7	316.7	8.20
奶类	1 122.9	1 400.4	24.71
其中：牛奶	1 025.5	1 299.8	26.75
禽蛋	2 336.7	2 462.7	5.39
蜂蜜	25.2	26.5	5.16
四、水产品			
水产品总产量	4 381.3	4 564.5	4.18
海水产品	2 571.7	2 646.3	2.90
其中：鱼类	1 014.7	1 022.3	0.75
虾蟹类	302.5	310.6	2.68
贝类	1 078.1	1 119.3	3.82
藻类	124.9	133.3	6.73
淡水产品	1 809.6	1 918.2	6.00
其中：鱼类	1 629.0	1 710.2	4.98
虾蟹类	100.8	122.4	21.43
贝类	52.6	56.7	7.79

资料来源：表中数据出自《中国轻工业年鉴》2003 年版。

表 35　我国各地区主要中药材产量（2002—2003 年）　　单位：t

地　区	人　参		甘　草		枸　杞	
	2003 年	2002 年	2003 年	2002 年	2003 年	2002 年
全国总计	**30 751**	**38 804**	**98 076**	**123 748**	**84 910**	**76 561**
北　京		2	1 637	1 974	1	1
天　津				120		
河　北	74	6	2 505	3 172	10 288	8 271
山　西	51	28	5 813	6 045	229	88
内蒙古	6	42	44 247	56 250	21 192	21 903
辽　宁	3 358	2 395	1 761	577	40	243
吉　林	25 128	19 976	148	296	383	672
黑龙江	1 741	985	6 330	6 861	135	85
上　海						
江　苏	26	82	376	421	466	777

（续）

地　区	人　参		甘　草		枸　杞	
	2003年	2002年	2003年	2002年	2003年	2002年
浙　江						
安　徽	311	4 736	2 112	191	981	228
福　建						
江　西						
山　东			650	18 301	650	897
河　南	33	31	1 795	1 183	140	103
湖　北	1	1	203	2 064	1 849	3 390
湖　南			590	738	1 817	1 834
广　东			224	202	356	189
广　西			567	1 860	53	263
海　南						
重　庆			30	48	12	14
四　川	22	4	113	106	47	30
贵　州					83	108
云　南		3	7	7	11	17
西　藏						
陕　西		10 513	105	64	276	16
甘　肃			19 062	13 150	620	483
青　海			151	140	263	5
宁　夏			2 845	1 959	32 223	23 642
新　疆			6 805	8 019	12 795	13 302

表36　我国按人口平均的主要农产品产量（1999—2003年）

单位：kg/人

年　份	粮　食	棉　花	油　料	糖　料	猪牛羊肉	水产品
1999	406	3.1	20.8	66.5	38.0	32.9
2000	366	3.5	23.4	60.5	38.3	33.9
2001	356	4.2	22.5	68.1	39.5	34.4
2002	357	3.8	22.6	80.1	40.8	35.6
2003	334	3.8	21.8	74.8	42.7	36.5
年　份	**黄红麻**	**烤　烟**	**水　果**	**牛　奶**	**禽　蛋**	**茶　叶**
1999	0.10	1.70	49.8	5.7	17.0	0.54
2000	0.09	1.76	49.3	6.6	17.7	0.54
2001	0.08	1.60	52.4	8.1	18.3	0.55
2002	0.12	1.67	54.3	10.2	19.2	0.58
2003	0.08	1.56	112.7	13.6	20.2	0.59

农产品成本、收益与农村经济效益

表 37 我国主要农产品成本与收益（2003 年）

指 标	单 位	主 要 粮 食				
		稻 谷	小 麦	玉 米	大 豆	三种粮食平均*
主产品产量	kg/亩	408.80	255.2	368.50	119.90	344.2
产值合计	元/亩	513.96	309.36	410.41	366.38	411.24
主产品产值	元/亩	491.03	287.95	388.68	353.06	389.22
副产品产值	元/亩	22.93	21.41	21.73	13.32	22.02
其他收入	元/亩	1.47	0.58	0.13	0.09	0.73
生产成本	元/亩	232.52	260.30	268.34	166.34	283.67
物质费用	元/亩	176.80	159.50	141.78	82.34	159.35
用工作价	元/亩	146.72	100.80	126.56	84	124.32
用工数量	日/亩	13.10	9	11.30	7.50	11.10
劳动日工价	元/亩	11.20	11.20	11.20	11.20	11.20
期间费用	元/亩	5.46	8.64	7.95	5.50	7.34
税金	元/亩	27.68	21.95	21.44	26.28	23.69
含税成本	元/亩	356.66	290.89	297.73	198.12	314.70
净产值	元/亩	337.16	149.86	268.63	284.04	251.89
减税纯收益	元/亩	158.77	19.05	112.81	168.35	97.27
成本纯收益率	%	44.52	6.55	37.89	84.97	30.91
主产品平均出售价格	元/50kg	60.06	56.42	52.74	147.23	56.54
主产品物质费用	元/50kg	20.66	29.09	18.22	33.09	21.91
主产品生产成本	元/50kg	37.81	47.47	34.48	66.84	39
主产品含税成本	元/50kg	41.68	53.05	38.26	79.61	43.27
主产品净产值	元/50kg	39.40	27.33	34.52	114.14	34.63
主产品减税纯收益	元/50kg	18.56	3.48	14.50	67.66	13.38
主产品产量	kg/日	31.20	28.40	32.60	16	31
净产值	元/日	25.74	16.65	23.77	37.87	22.69
主产品出售数量	kg/亩	180.10	112.20	206.90	86.80	166.40
主产品出售产值	元/亩	217.01	124.03	210.82	248.73	183.95
成本外支出	元/亩	7.71	9.05	8.55	7.81	8.44

* 三种粮食指稻谷、小麦、玉米。

（续）

指　标	单 位	油　料			棉 花	烤 烟
		花 生	油菜籽	二种油料平均		
主产品产量	kg/亩	165.30	116.20	140.80	68.20	126.20
产值合计	元/亩	561.20	288.48	424.85	1 138.71	1 126.55
主产品产值	元/亩	545.62	275.21	410.42	1 018.80	1 017.96
副产品产值	元/亩	15.58	13.27	14.43	119.91	8.59
其他收入	元/亩	0.18		0.09	0.13	24.49
生产成本	元/亩	311.59	212.53	262.13	545.59	758.62
物质费用	元/亩	153.67	85.97	119.89	242.07	348.70
用工作价	元/亩	157.92	126.56	142.24	303.52	409.92
用工数量	日/亩	14.10	11.30	12.70	27.10	36.60
劳动日工价	元/亩	11.20	11.20	11.20	11.20	11.20
期间费用	元/亩	6.79	4.86	5.84	12.53	31.11
税金	元/亩	25.48	19.13	22.31	37.30	26.09
含税成本	元/亩	343.86	236.52	290.28	595.42	815.82
净产值	元/亩	407.53	202.51	304.96	896.64	677.85
减税纯收益	元/亩	217.52	51.96	134.66	543.42	235.22
成本纯收益率	%	63.26	21.97	46.39	91.27	28.83
主产品平均出售价格	元/50kg	165.04	118.42	145.75	746.92	403.31
主产品物质费用	元/50kg	45.19	35.29	41.13	158.78	137
主产品生产成本	元/50kg	91.63	87.24	89.93	357.87	298.05
主产品含税成本	元/50kg	101.12	97.09	99.58	390.56	320.52
主产品净产值	元/50kg	119.85	83.13	104.62	588.14	266.31
主产品减税纯收益	元/50kg	63.97	21.33	46.20	356.46	92.49
主产品产量	kg/日	11.70	10.30	11.10	2.50	3.40
净产值	元/日	28.90	17.92	24.01	33.09	18.50
主产品出售数量	kg/亩	105	80.60	92.80	63.30	121.40
主产品出售产值	元/亩	344.37	189.94	267.16	941.69	988.22
成本外支出	元/亩	8.41	7.31	2.87	12.71	5.76

（续）

指　标	单　位	甘　蔗	甜　菜	桑蚕茧	苹　果
主产品产量	kg/亩	4 768.70	2 652.90	99.20	1 603.90
产值合计	元/亩	763.41	535.07	1 284.67	1 676.64
主产品产值	元/亩	741.35	514.88	1 240.09	1 659.68
副产品产值	元/亩	22.06	20.19	44.58	16.96
其他收入	元/亩		0.81	0.05	0.13
生产成本	元/亩	598.05	376.43	921.53	897.32
物质费用	元/亩	312.45	212.91	308.89	470.60
用工作价	元/亩	285.60	163.52	612.64	426.72
用工数量	日/亩	25.50	14.60	54.70	38.10
劳动日工价	元/亩	11.20	11.20	11.20	11.20
期间费用	元/亩	42.19	34.93	18.79	38.04
税金	元/亩	17.62	21.80	34.24	56.94
含税成本	元/亩	657.86	433.16	974.56	992.30
净产值	元/亩	450.96	322.16	975.78	1 206.04
减税纯收益	元/亩	105.55	102.72	310.16	684.47
成本纯收益率	%	16.04	23.71	31.83	68.98
主产品平均出售价格	元/50kg	7.77	9.70	625.05	51.74
主产品物质费用	元/50kg	3.18	3.86	150.29	14.52
主产品生产成本	元/50kg	6.09	6.82	448.37	27.69
主产品含税成本	元/50kg	6.70	7.85	474.17	30.62
主产品净产值	元/50kg	4.59	5.84	474.76	37.22
主产品减税纯收益	元/50kg	1.07	1.87	150.91	21.12
主产品产量	kg/日	187	181.70	1.80	42.10
净产值	元/日	17.68	22.07	17.84	31.65
主产品出售数量	kg/亩	4 672.80	2 575.20	98.60	1 422.80
主产品出售产值	元/亩	730.15	512.21	1 230.30	1 491.15
成本外支出	元/亩	6.45	8.03	12.84	6.73

表 38　我国饲养业产品成本与收益（2003 年）

指　　标	单　位	生　　猪			奶　牛
		规模养猪	农户散养生猪	平　均	
主产品产量	kg/头	98.60	106.70	102.70	5 667.2
产值合计	元/头	670.66	732.09	701.38	12 191.8
主产品产值	元/头	658.13	711.86	685	11 529.27
副产品产值	元/头	12.53	20.23	16.38	662.53
其他收入	元/头	0.12		0.06	3.99
生产成本	元/头	583.59	639.39	618.72	8 876.52
物质费用	元/头	539.91	503.87	521.92	8 188.84
用工作价	元/头	43.68	135.52	96.80	687.68
用工数量	个/头	3.90	12.10	8	61.40
劳动日工价	元/头	11.20	11.20	12.10	11.20
期间费用	元/头	11.54	2.85	7.20	823
税金	元/头	0.18	0.56	0.37	1.40
含税成本	元/头	595.31	642.80	626.29	9 700.92
净产值	元/头	130.75	228.22	179.46	4 002.96
减税纯收益	元/头	75.47	89.29	75.15	2 494.87
成本纯收益率	%	12.68	13.89	12	25.72
耗粮数量	kg/头	178.70	180.50	179.60	2 129.90
主产品平均出售价格	元/50kg	333.74	333.58	333.50	101.72
主产品物质费用	元/50kg	268.67	229.59	248.17	68.32
主产品生产成本	元/50kg	290.41	291.34	294.20	74.06
主产品含税成本	元/50kg	296.24	292.89	297.80	80.94
主产品净产值	元/50kg	65.07	103.99	85.33	33.40
主产品减税纯收益	元/50kg	37.56	40.69	35.73	20.82
主产品耗粮数量	kg/50 kg	90.60	84.60	87.40	18.80
主产品产量	kg/日	25.30	8.80	12.80	92.30
净产值	元/日	33.53	18.86	11.43	65.19

（续）

指　　标	单　　位	蛋鸡平均	肉鸡平均	农户精养淡水鱼
主产品产量	kg/百只、亩	1 580.80	211.50	785.90
产值合计	元/百只、亩	8 180.67	1 482.20	4 400.52
主产品产值	元/百只、亩	7 175.38	1 459.56	4 283.83
副产品产值	元/百只、亩	1 005.29	22.64	116.69
其他收入	元/百只、亩	13.24	0.02	1.58
生产成本	元/百只、亩	7 725.74	1 249.35	3 458.79
物质费用	元/百只、亩	7 516.30	1 191.11	3 114.96
用工作价	元/百只、亩	209.44	58.24	343.83
用工数量	个/百只、亩	18.70	5.20	21.90
劳动日工价	元/百只、亩	11.20	11.20	15.70
期间费用	元/百只、亩	322.94	16.08	312.75
税金	元/百只、亩	0.02		20.34
含税成本	元/百只、亩	8 048.70	1 265.43	3 791.88
净产值	元/百只、亩	664.21	291.09	1 285.56
减税纯收益	元/百只、亩	145.21	216.79	610.22
成本纯收益率	%	1.80	17.13	16.09
耗粮数量	kg/百只、亩	2 467.70	324.10	605.30
主产品平均出售价格	元/50kg	226.95	345.05	272.54
主产品物质费用	元/50kg	208.52	277.29	192.92
主产品生产成本	元/50kg	214.33	290.84	214.22
主产品含税成本	元/50kg	223.29	294.59	234.84
主产品净产值	元/50kg	18.43	67.76	79.62
主产品减税纯收益	元/50kg	4.08	50.46	37.80
主产品耗粮数量	kg/50kg	78.10	76.60	38.50
主产品产量	kg/日	84.50	40.70	35.90
净产值	元/日	35.53	55.98	58.70

表39　我国农村经济效益（2002—2003年）

项　　目	单　位	2002年	2003年	2003年比上年增减（%）
一、农村劳动生产率	元/人			
每一农村劳动力创造农林牧渔业总产值		5 644	6 063	7.42
二、每一农业劳动力生产的农产品	kg/人			
粮食		1 419	1 362	－4.02
棉花		15.3	15.4	0.65
油料		89.9	88.9	－1.11
糖料		319.4	329.3	3.10
猪、牛、羊肉		162.3	174.1	7.27
牛奶		40.3	55.2	36.97
水产品		141.7	148.8	5.01
三、主要农产品单位面积产量	kg/hm^2			
谷物		4 885	4 873	－0.25
棉花		1 175	951	－19.06
麻类		2 853	2 509	－12.06
油料		1 962	1 875	－4.43
糖料		56 630	58 084	2.57
烟叶		1 843	1 791	－2.82
四、农民人均纯收入	元/人	2 475.6	2 622.2	5.92

农产品加工机械拥有量及农产品加工行业固定资产投资情况

表 40 农业部系统农产品加工机械年末拥有量（2003 年）

地 区	农产品加工机械动力		粮食加工机械（万台）	棉花加工机械（万台）	油料加工机械（万台）	饲料粉碎机（万台）
	万台	万 kW				
全国总计	**845.29**	**6 488.10**	**557.74**	**20.55**	**54.03**	**223.73**
北 京	1.08	7.98	0.78		0.04	0.47
天 津	3.06	24.47	0.75	0.09	0.09	0.33
河 北	87.28	777.49	36.51	2.33	4.71	7.96
山 西	17.98	127.53	12.08	0.40	1.47	2.77
内蒙古	11.79	107.62	8.58		0.81	8.46
辽 宁	10.50	121.02	7.97	0.04	0.34	5.82
吉 林	12.18	115.19	10.15		0.40	5.08
黑龙江	9.65	94.27	4.08		0.61	3.62
上 海	0.53	5.26	0.51	0.02		0.18
江 苏	24.83	229.24	15.30	1.31	1.95	8.73
浙 江	20.89	158.60	13.61	0.36	0.66	1.44
安 徽	34.32	281.53	20.95	1.96	3.72	6.21
福 建	14.47	116.84	9.79		0.86	3.10
江 西	22.27	242.46	16.97	0.68	2.65	2.89
山 东	101.25	906.19	34.50	3.16	5.88	17.23
河 南	70.94	508.52	33.04	4.19	7.45	13.98
湖 北	50.93	338.53	34.91	1.17	3.78	12.33
湖 南	68.93	407.33	54.48	2.30	3.96	16.57
广 东	19.51	168.53	12.75		1.44	6.25
广 西	51.56	350.18	38.80	0.03	1.85	24.84
海 南	2.00	19.09	1.88		0.15	0.44
重 庆	32.64	186.61	40.32	0.08	1.01	15.20
四 川	56.29	375.55	62.69	0.51	3.57	24.46
贵 州	36.21	242.66	35.13	0.12	1.66	6.65
云 南	37.63	264.50	18.52		0.33	10.58
西 藏						
陕 西	26.65	147.72	19.49	0.89	1.80	6.24
甘 肃	12.51	89.26	9.07	0.12	1.69	5.72
青 海	1.51	15.27	0.86	0.49		0.35
宁 夏	2.29	18.74	1.55		0.50	1.92
新 疆	3.61	39.92	1.72	0.30	0.65	3.91

表41　我国农产品加工行业基本建设投资和新增固定资产情况（2003年）

单位：亿元

行　　业	投资额	新增固定资产额	固定资产交付使用率（%）
合　　计	**980.72**	**605.57**	
农副食品加工业	148.94	88.68	59.5
食品制造业	99.32	56.99	57.4
饮料制造业	66.98	50.15	74.9
烟草制品业	11.00	9.60	87.3
纺织业	177.42	111.10	62.6
纺织服装、鞋帽制造业	74.18	43.00	58.0
皮革毛皮羽毛（绒）及其制品业	38.34	23.04	60.1
木材加工及竹藤棕草制品业	37.87	24.46	64.6
家具制造业	34.09	16.29	47.8
造纸及纸制品业	87.04	54.91	63.1
印刷业、记录媒介的复制	37.62	22.59	60.1
橡胶制品业	35.49	16.07	45.3
专用设备制造业*	132.43	88.69	67.0

* 此数据为全部制造业专用设备制造业的数据，以下类同。

表42　我国农产品加工行业完成基本建设投资后新增主要产品生产能力（2001—2003年）

名　　称	单　位	2001年	2002年	2003年
轮　胎	万条/年			
内　胎	万条/年		1 500	58
外　胎	万条/年	50	27	122
胶合板	万 m^3/年	8	71	141
棉纺锭	万锭		14	179
棉布织机	台	240	204	12 956
棉印染布	万 m/年	1 980	13 394	19 925
毛纺锭	锭	2 500		14 700
机制糖	万 t			
年生产	万 t		1.3	64.3
日处理原料	t		1 000	2 340
卷　烟	万箱/年			
酒	万 t/年	9	25	42
糖　果	t/年	300		930
奶　粉	t/年	1 901	4 560	51 690
原　盐	万 t/年		10	
机制纸及纸板	万 t/年	78	97	105
鞣制皮革	万张/年			450
皮　鞋	万双/年	1 789	2 277	5 186
商业冷藏库	万 t	2	13	66
粮食仓库	万 m^2	204	232	69
粮食仓库	万 kg	820 206	953 895	244 076

表 43 我国农产品加工行业更新改造投资和新增固定资产情况（2003 年）

单位：亿元

行　业	投资额	新增固定资产额	固定资产交付使用率（%）
合　计	**1 311.80**	**881.33**	
农副食品加工业	155.85	102.31	65.6
食品制造业	128.17	91.34	71.3
饮料制造业	117.53	80.30	68.3
烟草制品业	73.82	50.30	68.1
纺织业	286.89	196.18	68.4
纺织服装、鞋帽制造业	47.48	28.60	60.2
皮革毛皮羽毛（绒）及其制品业	22.54	16.16	71.7
木材加工及竹藤棕草制品业	46.08	30.35	65.9
家具制造业	15.16	9.97	65.8
造纸及纸制品业	153.45	91.79	59.8
印刷业、记录媒介的复制	55.56	42.49	76.5
橡胶制品业	70.06	51.17	73.0
专用设备制造业*	139.21	90.37	64.9

* 此数据为全部制造业专用设备制造业数据。

表 44 我国农产品加工行业完成更新改造投资后新增主要产品生产能力（2001—2003 年）

名　称	单　位	2001 年	2002 年	2003 年
轮　胎	万条/年			
内　胎		48	30	27
外　胎		208	779	1 137
胶合板	万 m^3/年	61	39	38
棉纺锭	万锭	28	104	147
棉布织机	台	6 436	6 184	3 024
棉印染布	万 m/年	25 810	27 116	38 950
毛纺锭	锭	11 700	2 180	23 314
机制糖				
年生产	万 t	11	57	36
日处理原料	t	13 194	53 047	12 983
卷　烟	万箱/年	68	19	44
酒	万 t/年	267	243	242
糖　果	t/年	2 000	1 280	1 780
奶　粉	t/年	50 140	315 770	39 982
原　盐	万 t/年	2	161	76
机制纸及纸板	万 t/年	544	397	246
鞣制皮革	万张/年	100	241	179
皮　鞋	万双/年	1 428	1 101	1 461
商业冷藏库	万 t	2	2	17
粮食仓库	万 m^2	6	2	4
粮食仓库	万 kg	42 632	8 338	4 790

表 45　林业系统森工固定资产投资完成情况（2003 年）

项　　　目	2003 年
一、森工固定资产投资完成额（按构成分）（万元）	179 989
1. 建筑工程	88 658
2. 安装工程	13 391
3. 设备、工具、器具购置	55 294
4. 其他费用	22 646
二、当年新增固定资产（万元）	108 872

表 46　林业系统各地区森工固定资产投资完成情况（按构成分）（2003 年）

单位：万元

地　区	合　计	建筑工程	安装工程	设备、工具、器具购置	其　他
全国总计	**179 989**	**88 658**	**13 391**	**55 294**	**22 646**
北　京					
天　津					
河　北					
山　西					
内 蒙 古	30 192	18 126	671	6 789	2 606
内蒙古集团	30 192	18 126	671	6 789	2 606
辽　宁					
吉　林	48 183	33 070	172	14 236	705
吉林集团	25 661	17 159	15	8 141	146
黑 龙 江	16 206	11 794	159	3 000	1 253
龙江集团	16 206	11 794	159	3 000	1 253
上　海					
江　苏					
浙　江	279	38			241
安　徽	87		5		82
福　建	7 296	2 541	372	2 932	1 451
江　西	282	34			248

（续）

地　区	合　计	建筑工程	安装工程	设备、工具、器具购置	其　他
山　东					
河　南					
湖　北	1 083	238		845	
湖　南					
广　东					
广　西	37 536	5 043	11 508	20 885	100
海　南	6 728	302			6 426
重　庆					
四　川	3 833	2 790	185	515	343
贵　州					
云　南	11 002	1 103	217	1 007	8 675
西　藏					
陕　西	289				289
甘　肃					
青　海					
宁　夏					
新　疆	779	637		142	
新疆兵团					
局直属单位	16 214	12 942	102	2 943	227
大兴安岭	16 214	12 942	102	2 943	227

表 47　我国农垦系统固定资产投资完成情况（2002—2003 年）　单位：亿元

项　目	2002 年	2003 年	2003 年比上年增减（%）
固定资产投资总额	210.95	314.58	49.13
1. 基本建议投资	150.88	158.09	4.78
2. 更新改造投资	56.04	42.11	－24.86
当年新增固定资产	163.24	245.46	50.37

表 48　我国食品工业固定资产投资额及新增固定资产情况（2001—2002）

单位：亿元

年　份	固定资产投资额			新增固定资产		
	总　计	基本建设	更新改造	总　计	基本建设	更新改造
2001	375.76	124.26	251.50	277.29	95.88	181.41
2002	525.91	190.55	335.36	346.56	118.46	228.10

表 49　我国食品工业完成基本建设投资后新增生产能力（2001—2002 年）

产品名称	单　位	2000 年	2001 年
机制糖			
年生产	万 t		0.1
日处理原料	t		1 300
卷烟	万箱/年		
酒	万 t/年	9	25
糖果	t/年	300	
奶粉	t/年	1 901	4 560
原盐	万 t/年		10

表 50　我国食品工业完成更新改造投资后新增生产能力（2001—2002 年）

名　　称	单　位	2001 年	2002 年
机制糖			
年生产	万 t	1	5
日处理原料	t	112 965	573 204
卷烟	万箱/年	68	19
酒	万 t/年	267	243
糖果	t/年	2 000	1 280
奶粉	t/年	50 140	315.770
原盐	万 t/年	2	161

表 51　我国水产行业固定资产投资情况（2003 年）

单位：万元

名　　称	投　资　额
一、投资总额	2 799 052
1. 捕捞生产	435 096
2. 养殖生产	1 189 173
3. 水产加工	495 977
4. 市场流通	97 212
5. 渔业执法	17 517
6. 渔港	88 117
7. 科研、教育	15 042
8. 技术推广	16 399
9. 渔业检测	7 246
10. 资源保护	14 425
11. 苗种生产	159 824
12. 其他	263 024
二、本年新增固定资产	1 194 801

表 52 我国书刊印刷企业主要生产设备（2002 年）

单位：台（套）

			全国总计	国家定点厂	其中：直属厂	非直属厂	省级定点厂	中央	国家定点厂	其中：直属厂	非直属厂	省级定点厂	地方	国家定点厂	其中：直属厂	非直属厂	省级定点厂
企业数（个）			1 155	286	79	207	869	82	36	5	31	46	1 073	250	74	176	823
激光照排系统			1 541	408	115	293	1 133	119	45	7	38	74	1 422	263	108	255	1 059
整页拼版设备			607	175	44	131	432	53	34	1	33	19	554	141	43	98	413
电子分色机			315	158	72	86	157	45	34	7	27	11	270	124	65	59	146
胶印打样机			519	577	113	164	242	59	46	7	39	13	460	231	106	125	229
凸版印刷机	圆压圆	全张滚筒纸	31	17	3	14	14	2	2	1	1		29	15	2	13	14
		全张双面	49	20		20	29	17	17		17		32	3		3	29
		全张单面	29	6	2	4	23						29	6	2	4	23
	圆压平	全张平台	40	6		6	34						40	6		6	34
		对开平台	506	124	14	110	382	11				11	495	124	14	110	371
平版印刷机	卷筒纸	全张	320	230	98	132	90	52	41	6	35	11	268	189	92	97	79
		对开	1 111	606	257	349	505	96	67	10	57	29	1 015	539	247	292	476
	平版纸	全张双面单色	107	58	37	21	49	13	11	11		2	94	47	26	21	47
		对开双面单色	1 455	519	191	328	936	178	92	6	86	86	1 277	427	185	242	850
		全张四色及以上	100	42	11	31	58	14	3	1	2	11	86	39	10	29	47
		全张双色	53	19	2	17	34	4	2		2	2	49	17	2	15	32
		全张单色	63	27	1	26	36	3	1		1	2	60	26	1	25	34
		对开五色及以上	129	67	26	41	62	4	3	1	2	1	125	64	25	39	61
		对开四色	1 081	614	280	334	467	107	79	14	65	28	974	535	266	269	439
		对开双色	1 393	516	199	317	877	77	46	6	40	31	1 316	470	193	277	846
		对开单色	2 260	515	174	341	1 745	88	26	3	23	62	2 172	489	171	318	1 683
凹版印刷机			131	35	3	32	96	3				3	128	35	3	32	93
全张折页机			123	67	34	33	56	11	9	7	2	2	112	58	27	31	54
对开折页机			2 111	1 009	404	605	1 102	124	93	20	73	31	1 987	916	384	532	1 071
锁线机			1 242	617	289	328	625	82	70	37	33	12	1 160	547	252	295	613
骑马联动订书机			1 408	481	179	302	927	73	55	7	48	18	1 335	426	172	254	909
平装无线胶订联动机			1 113	372	128	244	741	34	23	5	18	11	1 079	349	123	226	730
精装联动机			120	48	30	18	72	7	6	4	2	1	113	42	26	16	71

按国民经济行业分类统计
农产品加工业现状

表 53　我国农产品加工业全部国有及规模以上非国有工业企业主要指标（2003 年）

单位：亿元

行　　业	企业单位数（个）	工业总产值	工业增加值	产品销售收入	利润总额	资产合计
合　计	**72 721**	**36 747.27**	**10 760.25**	**35 159.99**	**1 656.27**	**36 381.23**
农副食品加工业	11 192	6 152.32	1 466.42	5 851.13	173.17	4 141.82
食品制造业	4 636	2 290.07	667.09	2 168.36	113.09	2 307.29
饮料制造业	3 194	2 233.22	795.97	2 117.23	149.04	3 192.52
烟草制品业	255	2 235.81	1 573.48	2 217.50	275.57	2 799.51
纺织业	14 863	7 725.20	1 906.70	7 495.51	248.20	7 801.29
纺织服装、鞋、帽制造业	9 717	3 426.02	916.54	3 239.42	132.57	2 377.25
皮革、毛皮、羽毛(绒)及其制品业	4 518	2 274.05	591.35	2 139.19	79.86	1 334.26
木材加工及竹藤棕草制品业	3 501	992.79	265.72	945.28	33.58	906.91
家具制造业	2 046	719.97	182.96	693.83	28.90	616.18
造纸及纸制品业	5 570	2 526.05	681.42	2 432.38	117.05	3 293.45
印刷业、记录媒介的复制	4 084	1 027.22	334.46	980.31	73.86	1 370.88
橡胶制品业	2 016	1 312.90	369.95	1 214.21	57.92	1 423.82
专用设备制造业*	7 129	3 831.65	1 008.19	3 665.64	173.46	4 816.05

*　表中数据为所有“专用设备制造业”的数据，下同。

表 54　我国农产品加工业全部国有及规模以上非国有工业企业主要经济效益指标（2003 年）

行　　业	工业增加值率（%）	总资产贡献率（%）	资产负债率（%）	流动资产周转次数（次/年）	工业成本费用利润率（%）	全员劳动生产率（元/人·年）	产品销售率（%）
平　均　值	**30.97**	**12.56**	**58.28**	**2.04**	**6.46**	**107 049**	**97.80**
农副食品加工业	23.84	8.31	65.30	2.97	3.06	80 721	97.32
食品制造业	29.13	10.26	57.39	2.10	5.52	66 002	96.95
饮料制造业	35.64	13.53	55.08	1.49	8.04	89 435	98.32
烟草制品业	70.38	49.98	42.33	1.39	24.62	741 392	100.02
纺织业	24.68	7.43	63.17	2.13	3.42	38 198	97.86
纺织服装、鞋、帽制造业	26.75	10.59	57.59	2.41	4.28	31 693	97.20
皮革、毛皮、羽毛(绒)及其制品业	26.00	11.15	59.43	2.69	3.89	35 758	97.94
木材加工及竹藤棕草制品业	26.77	8.38	58.44	2.39	3.69	41 633	97.37
家具制造业	25.41	8.73	56.08	2.22	4.40	42 164	97.93
造纸及纸制品业	26.98	8.51	62.40	1.92	5.06	59 798	98.28
印刷业、记录媒介的复制	32.56	9.90	52.81	1.58	8.07	56 294	97.60
橡胶制品业	28.18	9.18	61.72	1.80	5.07	59 441	97.46
专用设备制造业*	26.31	7.34	65.86	1.41	4.92	49 106	97.21

表55 我国农产品加工业国有及国有控股工业企业主要指标（2003年）

单位：亿元

行业	企业单位数（个）	工业总产值	工业增加值	产品销售收入	利润总额	资产合计
合计	**10 813**	**8 542.25**	**3 375.23**	**8 536.60**	**461.64**	**13 463.59**
农副食品加工业	2 346	1 080.96	243.90	1 061.86	17.89	1 080.78
食品制造业	1 012	410.56	118.44	385.58	13.42	671.56
饮料制造业	841	850.36	331.78	836.18	79.87	1 526.13
烟草制品业	210	2 206.97	1 562.18	2 190.77	274.00	2 764.07
纺织业	1 449	1 193.16	309.15	1 246.22	0.70	2 042.10
纺织服装、鞋、帽制造业	370	118.36	36.17	110.31	0.90	148.00
皮革、毛皮、羽毛(绒)及其制品业	138	41.38	10.95	37.40	−0.83	58.73
木材加工及竹藤棕草制品业	358	118.52	36.49	113.68	1.53	262.44
家具制造业	149	24.91	6.88	26.01	0.10	51.39
造纸及纸制品业	571	516.74	145.88	509.36	21.01	1 182.37
印刷业、记录媒介的复制	1 448	278.20	115.73	262.99	21.20	523.72
橡胶制品业	234	335.02	91.77	309.76	8.59	488.13
专用设备制造业*	1 687	1 467.11	365.91	1 443.48	23.26	2 664.17

表56 我国农产品加工业国有及国有控股工业企业主要经济效益指标（2003年）

行业	工业增加值率（%）	总资产贡献率（%）	资产负债率（%）	流动资产周转次数（次/年）	工业成本费用利润率（%）	全员劳动生产率（元/人·年）	产品销售率（%）
平均值	**32.67**	**8.97**	**63.86**	**1.33**	**4.57**	**101 100**	**97.88**
农副食品加工业	22.56	5.53	72.21	2.14	1.71	56 174	97.79
食品制造业	28.85	6.05	61.27	1.36	3.54	49 184	97.46
饮料制造业	39.02	14.16	53.20	1.20	11.31	87 265	99.17
烟草制品业	70.78	50.38	42.11	1.39	24.98	782 234	100.03
纺织业	25.90	3.55	72.95	1.37	0.06	23 472	99.59
纺织服装、鞋、帽制造业	30.56	3.74	66.80	1.36	0.82	24 826	90.33
皮革、毛皮、羽毛(绒)及其制品业	26.45	1.36	86.16	1.08	−2.15	27 892	100.72
木材加工及竹藤棕草制品业	30.79	3.91	65.09	1.32	1.34	28 853	98.25
家具制造业	27.62	2.77	57.08	1.17	0.40	28 237	96.71
造纸及纸制品业	28.23	5.85	64.64	1.28	4.29	58 030	98.76
印刷业、记录媒介的复制	41.60	8.42	51.89	1.25	8.58	55 361	97.20
橡胶制品业	27.39	7.00	64.84	1.37	2.88	59 054	98.45
专用设备制造业*	24.94	3.91	71.96	1.06	1.60	33 713	98.00

表 57　我国农产品加工业"三资"工业企业主要指标（2003 年）单位：亿元

行　业	企业单位数（个）	工业总产值	工业增加值	产品销售收入	利润总额	资产合计
合　计	**16 378**	**10 849.06**	**2 952.18**	**10 503.51**	**493.84**	**10 271.47**
农副食品加工业	1 589	1 653.61	386.04	1 617.00	46.61	1 161.70
食品制造业	1 081	883.19	275.87	858.15	53.16	856.98
饮料制造业	512	711.58	257.33	672.56	45.64	942.59
烟草制品业	7	12.36	7.03	13.16	1.82	18.66
纺织业	3 115	1 827.15	460.74	1 749.35	61.15	1 884.28
纺织服装、鞋、帽制造业	4 035	1 589.51	431.78	1 531.52	60.06	1 065.22
皮革、毛皮、羽毛(绒)及其制品业	1 848	1 160.14	299.91	1 091.08	30.34	726.71
木材加工及竹藤棕草制品业	688	263.03	69.54	250.20	6.45	288.66
家具制造业	616	358.95	88.94	349.70	14.79	313.16
造纸及纸制品业	825	793.17	215.75	795.51	51.15	1 159.69
印刷业、记录媒介的复制	611	345.16	107.56	336.34	31.33	457.67
橡胶制品业	422	482.50	139.98	473.29	26.06	600.20
专用设备制造业*	1 029	768.71	211.71	765.65	65.28	795.95

表 58　我国农产品加工业"三资"工业企业主要经济效益指标（2003 年）

行　业	工业增加值率（%）	总资产贡献率（%）	资产负债率（%）	流动资产周转次数（次/年）	工业成本费用利润率（%）	全员劳动生产率（元/人·年）	产品销售率（%）
平　均　值	**30.15**	**10.90**	**55.34**	**1.93**	**6.70**	**85 094**	**98.72**
农副食品加工业	23.35	7.34	65.19	2.69	2.98	110 189	97.00
食品制造业	31.24	12.21	53.72	2.05	6.64	97 949	97.40
饮料制造业	36.16	13.03	54.66	1.82	7.58	152 879	98.88
烟草制品业	56.90	32.21	44.74	1.16	20.02	191 153	106.28
纺织业	25.22	6.04	53.95	1.91	3.61	49 352	97.39
纺织服装、鞋、帽制造业	27.16	9.74	54.86	2.42	4.10	29 813	97.92
皮革、毛皮、羽毛(绒)及其制品业	25.85	7.84	58.12	2.43	2.86	29 398	98.16
木材加工及竹藤棕草制品业	26.44	5.58	58.64	1.78	2.63	51 216	97.69
家具制造业	24.78	7.37	55.62	2.13	4.46	41 019	98.98
造纸及纸制品业	27.20	9.02	59.04	1.83	6.85	103 885	99.63
印刷业、记录媒介的复制	31.16	10.79	47.61	1.49	10.20	72 349	97.84
橡胶制品业	29.01	8.78	58.93	1.75	5.93	73 564	98.42
专用设备制造业*	27.54	11.74	54.40	1.61	9.30	103 460	97.71

表 59 我国部分棉花加工机械制造企业主要经济指标完成情况（2003 年）

企业名称	工业总产值（万元）	产品销售额（万元）	利税总额（万元）	固定资产净值(万元)	职工人数（人）	主要产品产量(台)	
						轧花机	打包机
山东天鹅棉业机械股份有限公司	14 361	18 000	1 506	939	458	335	
河北邯郸棉机公司	9 313	12 069	1 498	6 281	1 178	604	6
山东福临机械制造有限公司	8 400	8 035	957	908	646		245
江苏省大丰供销机械有限公司	8 130	7 480	926	789	660	435	
河南省汤阴机械制造有限公司	6 800	6 650	848	1 219	465		178
南通棉花机械有限公司	6 710	6 725	963	1 070	492		303
湖北省荆州市楚凌机械有限公司	4 800	4 680	560	3 140	320	890	50
山东顺兴机械有限公司	3 500	3 400	476	789	216	200	13
山东亚盛机械科技有限公司棉机厂	3 200	3 100	980	2 500	350	260	45
河北邯武棉机厂	3 000	4 000	1 100	2 000	480	588	16

资料来源：表中数据由中华全国供销合作总社棉麻局加工处提供。

表 60 2003/2004 年度制糖期全国制糖行业主要经济技术指标

行业实现销售收入（亿元）	实现利税总额（亿元）	平均含糖（%）		平均单产（t/hm^2）		平均产糖率（%）	
		甘蔗糖	甜菜糖	甘蔗糖	甜菜糖	甘蔗糖	甜菜糖
275	56	13.56	15.9	65.55	32.40	11.43	12.53

资料来源：表中数据由中国糖业协会提供。

表 61 我国食品和包装机械生产、经营、销售情况（2003 年）

单位：亿元、%

工业总产值		工业增加值	工业销售产值		
产　值	同比增长（%）		产　值	同比增长（%）	销售率（%）

产品销售收入		利润总额		出口交货值		新产品产值	
产　值	同比增长(%)	产　值	同比增长(%)	产　值	同比增长(%)	产　值	同比增长(%)
460	16.75						

表 62 林业系统农产品加工业总产值及销售产值（2002—2003 年）

行　业	工业总产值（万元）		工业销售产值（万元）	
	2002 年	2003 年	2002 年	2003 年
小　计	**3 337 879**	**3 222 241**	**3 208 163**	**3 016 983**
1. 非木质林产品加工业		31 322		26 365
2. 木材加工及竹藤、棕、草制品业	1 498 343	1 398 044	1 448 438	1 301 613
锯材、木片加工业	192 911	243 290	187 905	233 615
人造板制造业	879 198	813 178	867 406	747 768
木制品制造业	357 165	305 185	326 897	289 488
竹、藤、棕、草制品制造业	69 069	36 351	66 230	30 742

（续）

行业	工业总产值（万元）		工业销售产值（万元）	
	2002 年	2003 年	2002 年	2003 年
3. 家具制造业	59 919	125 047	53 968	128 253
4. 造纸及纸制品业	76 258	82 259	66 291	83 647
5. 林产化学产品制造业	165 089	162 806	151 959	153 626
6. 专用设备、仪器仪表制造业	39 927	24 799	39 069	21 866

表 63　林业系统各地区农产品加工业总产值（2003 年）

单位：万元

地区	非木质林产品加工业	木材加工及竹、藤、棕、草制品业					家具制造业	造纸及纸制品业	林产化学产品制造业	专用设备、仪器、仪表制造业
		合计	锯材、木片加工业	人造板制造业	木制品制造业	竹、藤、棕、草制品制造业				
全国总计	**31 322**	**1 398 004**	**243 290**	**813 178**	**305 185**	**36 351**	**125 047**	**82 259**	**162 806**	**24 799**
北京										
天津										
河北	1 105	23 955	62	21 891	2 002		45	3 780	900	200
山西		512		484	28					
内蒙古		19 928	337	16 397	3 194		1	19 805	1 221	215
内蒙古集团		19 928	337	16 397	3 194		1	19 805	1 221	215
辽宁	6 137	30 074	5 790	16 471	7 653	160	6 608			
吉林	371	147 912	17 160	76 421	54 331		5 667		9 948	2 164
吉林集团		95 913	5 557	68 068	22 288		302		9 861	719
黑龙江		42 796	3 334	36 121	3 295	46	2 731	2 526	1 663	
龙江集团		35 042	77	34 754	211		2 501	2 526	1 663	
上海										
江苏	2 300	74 543	7 292	42 729	23 402	1 120	6 761	1 000		6 937
浙江	141	10 640	1 163	8 268	1 171	38	5			115
安徽	4	54 468	9 989	39 905	2 179	2 395	2 138		352	2 499
福建	3 339	155 614	7 860	138 738	6 387	2 629	900	2 509	20 849	7 024
江西		32 165	2 179	27 284	2 472	230	208		3 515	
山东		71 876		71 876			5 500			
河南	6 698	21 773	4 899	989	9 725	6 160	10 924		2 823	
湖北	16	130 154	7 460	109 368	10 328	2 998	1 262	35	412	268
湖南	11 009	236 935	106 081	45 655	71 716	13 483	68 114	3 485	35 875	
广东		38 888	24 372	9 389	3 525	1 602	4 681	300	7 833	248
广西	60	81 150	12 634	49 666	18 850		10	30 791	48 900	1 039
海南		16 740	16 435	299		6			1 103	
重庆		3 177	660	2 517			420		1 500	
四川	100	73 434	1 398	35 457	33 558	3 021	1 200	17 674	779	203
贵州		16 389	158	13 710	355	2 166	23	140		
云南	33	34 214	4 109	28 372	1 436	297		214	23 306	
西藏										
陕西	9	10 129		10 129			371		1 447	3 338
甘肃		947		947						
青海										
宁夏										
新疆										
新疆兵团										
大兴安岭		69 591	9 918	10 095	49 578		7 478		380	549

表 64 林业系统各地区农产品加工业销售产值（2003 年）

单位：万元

地区	非木质林产品加工业	木材加工及竹、藤、棕、草制品业					家具制造业	造纸及纸制品业	林产化学产品制造业	专用设备、仪器、仪表制造业
		合计	锯材、木片加工业	人造板制造业	木制品制造业	竹、藤、棕、草制品制造业				
全国总计	**26 365**	**1 301 613**	**233 615**	**747 768**	**289 488**	**30 742**	**128 253**	**83 647**	**153 626**	**21 866**
北京										
天津										
河北	1 105	23 242	62	21 874	1 306		39	3 600	846	200
山西		375		347	28					
内蒙古		19 903	273	16 286	3 344		5	20 507	1 027	223
内蒙古集团		19 903	273	16 286	3 344		5	20 507	1 027	223
辽宁	5 675	28 843	5 680	15 974	7 029	160	5 993			
吉林	213	144 923	15 984	74 426	54 513		5 128		9 702	1 660
吉林集团		95 023	5 141	66 642	23 240		359		9 615	774
黑龙江		39 726	3 256	33 523	2 901	46	2 590	2 339	1 650	
龙江集团		32 570	77	32 284	209		2 360	2 339	1 650	
上海										
江苏	1 610	62 522	7 072	33 830	21 200	420	4 530	700		4 977
浙江	141	10 625	1 045	8 227	1 315	38	5			115
安徽	4	52 657	9 775	38 448	2 042	2 392	1 873		352	2 396
福建	3 339	149 403	7 635	133 074	6 399	2 295	515	2 969	19 536	7 155
江西		31 996	2 844	26 751	2 171	230	208		3 481	
山东		66 731		66 731			4 914			
河南	3 146	17 839	3 496	754	9 295	4 294	12 631		1 938	
湖北	15	133 856	5 614	115 509	10 062	2 671	445	35	361	268
湖南	10 895	228 050	103 959	40 781	71 272	12 038	76 365	3 469	33 624	
广东		38 242	24 036	9 452	3 363	1 573	4 258	300	7 278	248
广西	60	78 489	12 719	48 478	17 292		10	30 761	46 733	839
海南		16 144	15 839	299		6			1 037	
重庆		2 354		2 354			420		1 200	
四川	120	36 751	1 107	398	32 656	2 590	1 200	18 645	758	150
贵州		14 169	153	11 854	355	1 807	30	108		
云南	33	35 467	3 627	30 237	1 421	182		214	22 382	
西藏										
陕西	9	9 717		9 717			374		1 353	3 086
甘肃		713		713						
青海										
宁夏										
新疆										
新疆兵团										
大兴安岭		58 694	9 439	7 731	41 524		6 720		368	549

表 65 林业系统国有独立核算大、中型工业企业主要工业产品生产能力（2003 年）

产品名称	单位	年初生产能力	本年新增生产能力			本年减少生产能力	年末生产能力
			合计	其中			
				基建新增	更新改造新增		
一、木材	万 m^3	2 217.2	19.2	1.1	13.7	28.2	2 208.2
二、锯材	万 m^3	337.1	11.0	0.2	5.4	34.8	313.3
三、胶合板	万 m^3	93.4	6.0	0.3	5.5	15.3	84.1
四、木质纤维板	万 m^3	171.4	24.7		14.7	10.0	186.1
五、刨花板	万 m^3	124.2	0.4	0.1	0.3	16.1	108.5
六、松香	t	249 674	13			15 000	234 687
七、栲胶	t	17 820					17 820
八、紫胶	t	3 750					3 750

表 66 林业系统各地区国有独立核算大、中型工业企业主要工业产品生产能力（2003 年）

单位：万 m^3、t

地区	木材	锯材	胶合板	木质纤维板	刨花板	松香	栲胶	紫胶
全国总计	**2 208.2**	**313.3**	**84.1**	**186.1**	**108.5**	**234 687**	**17 820**	**3 750**
北京								
天津								
河北								
山西								
内蒙古	480.0	64.7	0.9	4.9	14.7	8 000		
内蒙古集团	480.0	64.7	0.9	4.9	14.7	8 000		
辽宁								
吉林	410.0	83.5	5.4	24.8	27.0			
吉林集团	186.0	36.0	2.3	13.8	21.0			
黑龙江	490.4	50.9	3.8	10.9	21.6			
龙江集团	490.4	50.9	3.8	10.9	21.6			
上海								
江苏		0.3						
浙江								
安徽	1.1	0.9	0.3	4.9	4.0	1 500		
福建	74.0	34.6	26.9	44.9	8.8	93 579	1 000	250
江西								
山东			4.1	8.0	9.1			
河南								
湖北	19.8	17.4	23.8	30.9	4.9	3 000		
湖南		1.0	4.6	6.3	6.0			
广东								
广西				33.5	4.8	70 000		
海南	24.0	0.2	0.6			6 000		
重庆								
四川	15.5	3.1	0.5		1.8	1 958		

（续）

地　区	木　材	锯　材	胶合板	木质纤维板	刨花板	松　香	栲　胶	紫　胶
贵　州								
云　南	149.0	42.7	11.8	13.5	5.8	58 650	8 820	3 500
西　藏								
陕　西								
甘　肃				1.5				
青　海								
宁　夏								
新　疆								
新疆兵团								
大兴安岭	544.4	14.0	1.5	2.0				

表 67　我国水产行业第二、第三产业总产值（2001—2002 年）　单位：万元

指　标	总产值（按现价计算）		2002 年比上年增减（%）
	2001 年	2002 年	
第二产业（工业和建筑业）总产值	8 764 454.5	10 417 287.3	18.86
其中：水产品加工产值	6 224 119.2	7 611 070.5	22.28
渔船渔机仪器修造产值	434 276.7	474 775.3	9.33
渔用绳网制造产值	331 127.9	275 431.3	−16.82
建筑业产值	414 632.7	468 122.0	12.90
其他工业产值	1 360 297.9	1 587 879.1	16.73
第三产业（流通和服务业）总产值	6 839 814.1	7 996 532.3	16.91

资料来源：表中数据出自农业部渔业局。

表 68　我国水产品加工能力、产量及产值（2001—2003 年）

年　份	加工企业数（个）	加工能力（万 t/年）	总产量（万 t）	较上年增长率（%）	折合水产品原料（万 t）	占水产品总产值比率（%）	总产值（亿元）
2001	7 648	1 061.0	690.9	6.04	1 354.09	30.1	622.41
2002	8 140	1 224.7	704.5	1.97		25.6	761.11
2003	8 287	1 306.3	912.1	29.47			915.44

表 69　我国沿海省份水产品加工状况（2003 年）

项　目	全国	山东	浙江	福建	广东	辽宁	江苏	广西	海南	河北	上海	天津	11 个省市合计	占全国比例(%)
水产品总产量（万 t）	4 706.1	706.2	482.8	572.8	648.5	381.9	342.9	264.6	123.1	86.3	35.5	29.7	3 674.3	78.08
加工品产量（万 t）	912.1	299.4	146.4	145.1	102.7	83.3	39.0	15.1	26.7	13.6	6.3	0.7	878.3	96.29
加工品折合成原料（万 t）														

（续）

项　目	全国	山东	浙江	福建	广东	辽宁	江苏	广西	海南	河北	上海	天津	11 个省市合计	占全国比例（%）
加工原料占总产量比例（%）														
加工产值（亿元）	915.44													
加工企业（个）	8 287	1 750	1 859	1 287	1 111	589	678	103	221	247	14	13	7 872	94.99
加工企业平均产值（万元）														

表 70　各地区国有水产企业基本情况（2002 年）

地　区	企业数（个）	亏损企业		盈利企业		年末职工人数（人）
		亏损企业数（个）	亏损总额（万元）	盈利企业数（个）	利润总额（万元）	
全国总计	**1 905**	**887**	**50 427**	**971**	**49 791**	**176 660**
北　京	29	4	393	24	1 751	1 839
天　津	23	18	1 100	5	439	2 405
河　北	63	32	2 105	31	2 634	6 854
山　西	13			13	301	118
内蒙古	34	10	233	24	413	3 865
辽　宁	41	27	4 950	14	410	14 050
吉　林	21	13	2 733	8	294	3 695
黑龙江	58	25	1 667	26	590	5 184
上　海	17	7	3 395	10	3 946	11 980
江　苏	153	88	3 897	65	1 527	9 721
浙　江	52	23	6 642	27	2 460	15 003
安　徽	108	42	498	55	1 018	5 385
福　建	105	65	1 347	23	822	6 769
江　西	129	58	629	71	4 012	9 141
山　东	258	109	12 051	148	15 743	34 556
河　南	32	11	116	21	237	1 160
湖　北	210	80	3 420	130	4 211	21 179
湖　南	30	11	36	12	1 036	2 141
广　东	191	136	3 355	55	5 084	10 721
广　西	52	44	357	7	186	2 560
海　南	48	38	696	10	143	3 846
重　庆	6	3	146	3	40	210
四　川	22	5	122	17	93	445
贵　州						
云　南	8	5	60	3	16	113
西　藏						
陕　西	38	12	24	26	499	871
甘　肃	12	2	3	10	99	40
青　海	2	2	175			100
宁　夏	8	4	55	4	44	114
新　疆	142	13	219	129	1 742	2 595

资料来源：表中数据出自 2003 年版《中国渔业年鉴》。

表 71　我国水产品加工业增减情况（2001—2002 年）

项　　目	单　位	2001 年	2002 年	2002 年比上年增减（%）
水产品加工企业	个	7 648	8 140	6.43
水产品加工能力	kt/年	10 610	12 247	15.43
水产品冷库	座	5 772	5 607	−2.86
冻结能力	kt/日	154	169	9.74
冷藏能力	kt/次	1 396	1 694	21.35
制冰能力	kt/日	78	88	12.82
冷藏总量	kt/日	115 358	112 065	−2.85
制冰总量	kt	7 172	7 227	0.77
水产加工品总量	kt	6 909	7 045	1.97
其中：冷冻水产品	kt	3 812	4 478	17.47
干制品	kt	778	543	−30.21
腌、熏制品	kt	213	232	8.92
罐制品	kt	52	42	−19.23
鱼糜及鱼糜制品	kt	92	102	10.87
动物蛋白饲料	kt	723	484	−33.06
助剂和添加剂	kt	29	18	−37.93
水产动物内脏制品	kt	9	4.2	−53.33
水产调制品	kt	48	47	−2.08
水产医药品	kt	18	23	27.78
其他水产加工品	kt	1 134	1 070	−5.64

资料来源：表中数据出自 2003 年版《中国渔业年鉴》。

表 72　我国乡镇集体企业农产品加工业现状（2002 年）

行　　业	企业单位数（个）	平均职工数（人）	工业增加值（万元）	工业总产值（现价万元）	工业销售产值（现价万元）	应缴增值税（万元）
小　　计	**45 995**	**8 247 213**	**31 996 514**	**140 488 143**	**135 219 676**	**3 315 958**
1. 木材及竹材采运业	89	13 409	34 840	198 187	186 063	6 839
2. 食品加工业	8 975	877 497	5 232 523	24 094 581	23 244 236	398 451
3. 食品制造业	2 469	381 099	1 611 378	6 910 521	6 607 888	162 401
4. 饮料制造业	1 410	200 405	1 074 516	4 241 236	4 012 634	165 784
5. 烟草加工业	35	11 904	43 276	177 114	177 830	6 049
6. 纺织业	9 373	1 938 932	7 684 099	35 721 111	34 468 974	795 398
7. 服装及其他纤维制品制造业	8 149	2 146 999	5 618 975	23 932 643	22 979 406	592 888
8. 皮革、毛皮、羽绒及其制品业	2 690	664 934	2 364 895	10 638 602	10 175 649	252 892
9. 木材加工及竹、藤、棕、草制品业	2 544	427 868	1 465 562	6 403 138	6 219 575	138 874
10. 家具制造业	1 624	249 849	909 723	3 737 946	3 629 184	86 381
11. 造纸及纸制品业	3 863	620 000	2 537 509	10 672 334	10 270 556	322 217
12. 印刷及记录媒介复制业	1 451	165 776	694 454	2 672 391	2 595 163	90 211
13. 橡胶制品业	1 279	242 411	1 021 137	4 145 217	3 999 718	99 001
14. 专用机械设备制造业	2 044	306 130	1 703 627	6 943 122	6 652 800	198 472

资料来源：表中数据出自《中国乡镇企业年鉴》2003 年版。

表 73　我国乡镇规模以上农产品加工业工业企业基本情况（2003 年）

企业数（个）	从业人员（人）	工业增加值（万元）	工业总产值（万元）	销售产值（万元）
46 977	9 350 792	38 287 151	169 231 075	162 130 398

表 74　轻工业系统农产品加工业分行业主要经济指标完成情况（2002 年）

单位：亿元

行　业	企业单位数（个）	工业总产值（当年价）	工业增加值（当年价）	工业销售产值（当年价）	其中：出口交货值（人民币）	利税总额	资产合计
轻工业总计	**58 685**	**246 908 103**	**65 900 812**	**240 405 343**	**58 418 854**	**1 928 951**	**239 784 211**
有关农产品加工行业小计	34 586	147 417 356	39 845 085	143 515 177	27 967 968	11 082 233	145 435 358
1. 造纸及纸制品业	5 285	20 815 382	5 708 235	20 251 106	1 486 531	1 928 951	29 401 678
2. 制盐	230	936 222	406 366	899 308	29 451	146 309	2 501 342
3. 食品加工业	10 367	47 663 815	11 069 926	46 507 771	5 291 732	1 149 819	33 948 489
4. 食品制造业	4 615	19 673 070	5 527 673	19 056 572	1 737 740	1 674 235	20 816 514
5. 饮料制造业	3 287	19 962 574	7 094 658	19 432 825	613 226	3 639 405	29 750 590
6. 皮革、毛皮、羽绒及其制品业	3 932	18 014 643	4 575 409	17 626 399	10 253 635	991 272	11 361 579
7. 木材加工及竹藤棕草制品业	638	1 358 455	323 437	1 312 449	761 468	89 113	868 125
8. 家具制造业	1 767	5 242 116	1 390 708	5 109 922	2 228 949	347 937	4 485 866
9. 工艺美术品制造业	3 244	8 419 319	2 294 123	8 180 795	5 094 906	576 640	5 630 292
10. 轻工机械	1 221	5 331 760	1 454 550	5 138 030	470 330	538 552	6 670 883

注：1. 表中数字出自中国轻工信息统计中心。
　　2. 本表统计范围为轻工业系统全部国有和年产品销售收入 500 万元以上非国有工业企业（未包括香港、澳门、台湾）。

表 75　轻工业系统食品工业分行业主要经济指标（2002 年）　单位：亿元

行　业	企业单位数（个）	工业增加值	工业总产值	产品销售收入	利税总额	固定资产净值年平均余额	全员劳动生产率（万元/人·年）
食品工业合计	**18 602**	**3 735**	**10 778**	**10 211**	**1 931**	**3 736**	**27.91**
1. 食品加工业	10 413	1 113	4 777	4 516	208	1 258	27.53
粮食及饲料加工业	4 747	335	1 509	1 413	43	340	33.49
植物油加工业	1 226	206	950	944	32	205	57.08
其中:食用植物油加工业	1 186	202	941	935	31	204	
制糖业	359	87	315	301	24	206	16.47
屠宰及肉类蛋类加工业	1 825	234	1 011	981	49	275	19.36
水产品加工业	1 095	159	662	574	38	126	31.18
2. 食品制造业	4 615	553	1 967	1 828	168	764	19.98
糕点、糖果制造业	1 429	168	575	549	50	228	18.82
乳制品制造业	499	109	374	347	41	110	30.73
罐头食品制造业	526	36	165	152	93	66	11.69
发酵制品业	262	62	230	204	20	117	22.14
调味品制造业	662	41	135	128	12	54	15.60

（续）

行　业	企业单位数（个）	工业增加值	工业总产值	产品销售收入	利税总额	固定资产净值年平均余额	全员劳动生产率（万元/人·年）
其他食品制造业	1 237	136	489	448	35	189	21.61
3. 饮料制造业	3 287	710	1 996	1 873	364	1 107	21.94
酒精及饮料酒制造业	1 954	489	1 235	1 155	269	805	17.54
软饮料制造业	858	171	593	558	71	241	38.49
制茶业	375	15	58	54	4	21	15.32
其他饮料制造业	100	35	111	106	21	40	78.41
4. 烟草加工业	287	1 360	2 037	1 994	1 191	608	87.78

表 76　我国食品工业焙烤食品糖制品工业主要经济指标完成情况（2001—2002 年）

行　业	产品产量（万 t）		销售收入（亿元）		利润总额（亿元）		利税总额（亿元）	
	2001 年	2002 年	2001 年	2002 年	2001 年	2002 年	2001 年	2002 年
糖果业	39.11	46.38	99.35	113.53	8.25	6.5	14.58	13.73
糕点业	14.57	20.56	51.7	50.69	1.21	0.61	3.78	3.33
饼干业	62.02	69.82	100.2	124.69	5.18	3.09	10.93	10
方便主食品业	262.76	287.94	215.45	225.52	8.35	10.86	18.63	21.25
其中：方便面	148.11	182.36						
蜜饯业			23.12	27.83	0.75	1.02	1.60	1.85
其他糕点、糖果制造业			7.95	6.64	0.19	0.14	0.52	0.32
冷冻饮品业	53.24	59.58	37.84	45.58	−2.86	−2.73	−0.90	−0.74

表 77　我国饮料行业主要经济指标完成情况（2001—2002 年）

项　目	单　位	2001 年	2002 年	2002 年比上年增减（%）
企业数	个	799	825	3.25
工业总产值	亿元	503.9	592.0	17.48
销售收入	亿元	472.4	551.5	16.74
利税总额	亿元	49.9	67.2	34.67
利润总额	亿元	26.6	39.7	49.25
饮料产量	万 t	1 680.3	2 025.0	20.51

表 78　我国乳制品行业主要经济指标完成情况（2002 年）

指　标　名　称	计量单位	全部乳品企业	其中：1. 国有企业及国有控股企业	2. 集体企业	外商和港澳台商投资企业
企业单位数	个	499	141	36	58
其中：亏损企业	个	121	46	3	23
工业总产值	亿元	373.6	122.1	11.0	104.9
工业销售产值	亿元	362.1	119.6	10.1	101.4
其中：出口交货值（人民币）	亿元	3.36	0.8	0.3	1.8
工业增加值	亿元	109.1	36.2	2.9	35.3
工业产品销售率	%	97.2	98.0	91.3	96.7

（续）

指 标 名 称	计量单位	全部乳品企业	其中：1. 国有企业及国有控股企业	2. 集体企业	外商和港澳台商投资企业
资产合计	亿元	330.5	139.4	9.0	94.6
流动资产合计	亿元	156.4	68.9	4.2	47.7
应收账款净额	亿元	32.5	13.3	0.9	11.7
流动资产年平均余额	亿元	137.0	56.6	4.1	42.0
固定资产小计	亿元	132.4	49.9	4.2	34.2

表 79　我国规模以上乳制品制造企业总产值（2003 年）　单位：亿元

全国规模以上乳制品制造企业总产值		全国乳制品制造企业总产值前 5 位的省、自治区、直辖市		
总产值	2003 年比上年增减（%）	省区市	总产值	占全国比例（%）
521.8	34.51	内蒙古	102.6	19.7
		黑龙江	82.5	15.8
		河　北	76.5	14.7
		山　东	42.9	8.2
		上　海	39.5	7.6
		小　计	344.0	66.0

资料来源：表中数据由中国乳制品工业协会提供。

表 80　轻工业系统机械行业重点企业产品分类（涉及农产品加工部分）主要经济指标（2002 年）

产品分类	企业数（个）	工业总产值（万元）	产品销售产值（万元）	出口交货值（万元）	利税总额（万元）
造纸机械	33	171 585	148 272	2 116	8 782
酿酒、饮料、乳品机械	20	101 007	90 593	7 149	10 139
制革制鞋机械	12	13 674	11 961	980	823
糖、盐及食品包装机械	37	202 728	174 869	9 323	21 780
织物加工及洗涤机械	6	35 207	35 781	2 035	3 451
其他机械	28	142 760	140 485	17 026	7 866

表 81　我国烟草工业全国工业企业主要经济指标完成情况（2002 年）

指　标	单位	总 计	一、在总计中：大中型企业	二、在总计中（按经济成分分类）1. 国有经济	2. 集体经济	3. 其他经济	三、在总计中：卷烟厂、雪茄厂	四、在总计中：独立核算复烤企业
企业单位数	个	183	107	164	8	11	127	33
其中：亏损企业	个	43	18	41	1	1	32	9
产品销售收入	万元	19 458 769	18 056 554	18 686 469	445 944	326 356	18 832 615	212 254
产品销售利润	万元	3 521 993	3 218 481	3 352 351	68 233	101 409	3 333 758	55 134
利润总额（补贴后）	万元	2 082 326	1 923 466	1 978 478	32 485	71 163	1 985 484	22 592
应交税金总额	万元	9 752 189	9 153 108	9 480 709	224 127	47 353	9 702 178	17 974

（续）

指标	单位	总计	一、在总计中：大中型企业	二、在总计中（按经济成分分类）1. 国有经济	2. 集体经济	3. 其他经济	三、在总计中：卷烟厂、雪茄厂	四、在总计中：独立核算复烤企业
工业总产值	万元	19 605 544	18 126 312	18 804 024	476 322	325 198	18 959 170	171 483
其中：卷烟产值	万元	18 936 846	17 760 835	18 408 407	458 844	69 594	18 936 846	
工业销售产值	万元	19 698 645	18 207 831	18 921 577	453 684	323 385	19 030 230	177 338
工业增加值	万元	13 481 128	12 521 576	12 973 669	324 224	183 235	13 221 495	65 919
工业企业卷烟销售额	万元	18 919 029	17 803 139	18 413 277	435 888	69 865	18 919 029	
期末库存额	万元	697 077	652 918	659 056	32 966	5 055	695 017	
其中：供应出口	万元	6 559	3 197	3 026	3 533	6 559		
出口	万元	30	20	20		10	30	
从业人员	人	205 627	173 165	194 411	6 368	4 848	184 810	9 608
月平均人员工资	元/人	2 334	2 538	2 317	2 707	2 549	2 446	

表 82　我国烟草工业各地区主要经济效益指标完成情况（2002 年）

地区	综合指数（%）	工业增加值（万元）	利润总额（补贴后）（万元）	产品销售率（%）	资产负债率（%）	总资产贡献率（%）	流动资产周转次数（次/年）	全员劳动生产率（元/人）
全国总计	**134.05**	**13 221 495**	**1 985 484**	**100.37**	**45.85**	**53.16**	**1.35**	**715 410**
北京	159.54	85 836	12 519	99.98	33.07	68.52	1.83	1 037 921
天津	69.94	49 075	893	96.46	85.32	32.28	0.94	266 135
河北	97.50	243 479	10 087	99.25	82.40	56.99	1.64	367 127
山西	100.03	52 046	3 718	98.75	70.10	49.01	1.62	339 723
内蒙古	88.06	57 871	553	99.68	65.99	52.58	1.52	264 131
辽宁	94.06	111 172	3 512	101.25	75.08	45.16	1.35	418 728
吉林	70.76	81 107	196	98.53	80.66	33.69	1.12	276 534
黑龙江	76.30	101 475	4 409	101.48	63.96	33.58	0.97	221 707
上海	280.53	1 284 669	407 965	98.98	3.48	60.10	1.37	2 172 619
江苏	189.60	717 094	163 544	100.51	38.50	73.25	2.09	1 068 853
浙江	278.50	816 775	168 091	99.50	16.88	89.70	2.00	2 646 711
安徽	126.91	521 735	29 944	101.84	56.77	73.15	1.94	557 350
福建	179.34	464 659	73 174	99.80	43.69	70.09	1.79	1 281 110
江西	133.07	230 467	32 578	100.29	63.59	72.14	1.58	516 395
山东	95.37	516 703	23 572	100.81	54.10	37.30	1.20	463 535
河南	76.19	553 451	29 705	101.07	85.50	36.61	0.95	293 188
湖北	84.54	492 874	8 119	99.46	71.07	39.40	1.20	355 097
湖南	151.52	1 155 013	188 209	100.16	36.05	65.87	1.76	807 250
广东	168.48	592 997	102 574	100.05	33.77	80.02	2.32	926 993
广西	96.94	162 781	12 312	103.95	69.90	46.10	1.35	346 122
海南	143.62	27 460	7 120	102.59	43.83	55.31	1.48	607 511
深圳	220.32	88 103	18 024	101.11	20.96	73.90	1.80	2 002 350
重庆	105.14	203 439	18 478	101.37	69.80	46.62	1.26	513 475
四川	119.74	406 959	51 362	105.64	69.62	45.15	1.12	700 928

（续）

地　区	综合指数（%）	工业增加值（万元）	利润总额（补贴后）（万元）	产品销售率（%）	资产负债率（%）	总资产贡献率（%）	流动资产周转次数（次/年）	全员劳动生产率（元/人）
贵　州	58.44	358 394	5 314	100.96	98.19	34.31	0.90	262 906
云　南	183.07	3 477 947	564 849	99.30	29.91	48.15	1.18	1 555 015
陕　西	76.15	226 515	12 824	108.27	78.66	36.13	0.88	225 680
甘　肃	176.25	135 461	31 933	99.96	31.73	103.54	2.30	690 071
青　海								
宁　夏	66.65	5 938	—95	100.52	34.96	32.01	1.09	121 184
新　疆								

表 83　纺织工业农产品加工行业（全国纺织工业企业）主要经济指标（2003 年）

行　业	企业单位数（个）	工业总产值（亿元）	产品销售收入（亿元）	利润总额（亿元）	出口交货值（亿元）	职工总数（万人）
有关农产品加工行业小计	24 956	11 486.16	10 993.93	391.50	4 106.17	797.43
纺织业	14 723	7 730.92	7 466.10	243.45	2 246.33	496.34
棉、化纤纺织及印染精加工	5 639	3 800.64	3 684.79	98.94	921.37	262.09
毛纺织和染整精加工	1 371	821.58	780.04	27.70	210.53	41.55
麻纺织	205	96.03	91.76	2.60	24.43	11.67
丝绢纺织及精加工	1 873	958.39	937.78	30.65	242.68	49.55
纺织制成品制造	2 583	1 014.90	982.87	47.08	334.54	58.20
针织品	3 052	1 039.38	988.86	36.48	512.78	73.28
纺织服装、鞋、帽制造业	9 646	3 417.82	3 204.18	128.90	1 825.89	285.64
纺织专用设备制造	587	337.42	323.65	19.15	33.95	15.45

表 84　纺织工业农产品加工行业（全国及国有控股企业）主要经济指标（2003 年）

行　业	企业单位数（个）	工业总产值（亿元）	产品销售收入（亿元）	利润总额（亿元）	出口交货值（亿元）	职工总数（万人）
有关农产品加工行业小计	2 055	1 440.85	1 468.74	15.20	418.99	161.52
纺织业	1 572	1 238.67	1 270.81	1.98	364.45	141.42
棉、化纤纺织及印染精加工	749	841.14	873.76	1.46	238.23	100.61
毛纺织和染整精加工	163	113.32	108.45	—3.20	28.73	10.08
麻纺织	46	41.24	40.46	0.21	16.13	6.31
丝绢纺织及精加工	172	87.58	88.82	0.37	19.04	9.22
纺织制成品制造	238	80.82	81.09	3.44	27.18	7.34
针织品	204	74.55	78.24	—0.30	35.15	7.87
纺织服装、鞋、帽制造业	392	114.27	109.91	0.42	47.81	14.92
纺织专用设备制造	91	87.91	88.02	4.92	6.73	5.18

表 85　纺织工业棉纺行业主要经济指标完成情况（2003 年）

指　标	单　位	2003 年	2003 年比上年增减（%）
企业个数	个	4 449	
工业总产值	亿元	2 874.18	24.98

（续）

指　　标	单　位	2003 年	2003 年比上年增减（%）
工业增加值	亿元	776.03	24.98
产品销售收入	亿元	2 808.59	27.40
出口交货值	亿元	545.70	12.79
利润总额	亿元	71.64	27.22
资产合计	亿元	3 029.72	19.80
职工人数	万人	228.07	3.53

表 86　纺织工业毛纺行业主要经济指标完成情况（2003 年）

指　　标	单　位	规模以上毛纺企业		其中：毛纺织		其中：毛针织	
		2003 年	比上年同期增减（%）	2003 年	比上年同期增减（%）	2003 年	比上年同期增减（%）
企业数	个	2 441		1 371		1 070	
工业总产值	亿元	1 177	19.49	822	19.86	355	18.50
产品销售收入	亿元	1 119	22.70	780	22.55	339	22.73
出口交货值	亿元	402	26.02	211	26.90	191	24.57
利税总额	亿元	68.05	12.59	47.48	20.57		
流动资产净值平均余额	亿元	651	11.47	470	11.47	181	12.11
职工人数	万人	71.43	2.88	41.55	0.52	29.88	6.39

表 87　纺织工业丝绸行业主要经济指标完成情况（2003 年）　单位：亿元

行　业		合计	丝绢纺织	缫丝	绢纺和丝织	丝印染	丝制品	丝针织	全国纺织
企业数（个）		2 261	1 873	515	1 138	220	136	252	25 803
亏损数（个）		364	301	125	131	45	19	44	4 764
亏损面（%）		16.10	16.07	24.27	11.51	20.45	13.97	17.46	18.46
产品销售收入	全年	1 065.28	937.78	128.07	664.65	145.07	45.20	82.29	12 342.46
	同比（%）	21.82	21.71	16.74	22.38	23.27	27.96	19.79	24.60
利润总额	全　年	37.89	30.65	2.57	23.46	4.61	3.07	4.18	443.98
	同比（%）	9.58	7.88	3.27	4.65	−0.04	1.36	0.34	103.14
亏损企业亏损总额	全　年	5.27	4.85	1.16	2.43	1.26	0.16	0.26	86.04
	同比（%）	−22.60	−21.71	−61.86	17.28	16.49	−63.17	39.75	0.36
资产合计	全　年	1 039.55	927.55	120.66	657.55	149.33	38.27	73.73	12 097.54
	同比（%）	25.25	25.02	13.35	27.59	30.72	26.17	15.89	17.58
负债合计	全　年	665.98	601.56	90.22	417.11	94.23	20.20	44.21	7 505.01
	同比（%）	25.06	24.90	7.19	27.09	36.01	12.77	34.16	18.68
工业总产值（1990 年不变价）	全　年	1 146.88	1 010.25	137.61	723.78	148.86	47.49	89.14	12 149.06
	同比（%）	20.12	19.98	14.75	20.00	25.15	25.85	18.76	20.75
工业增加值	全　年	1 093.17	958.39	136.97	679.05	142.37	46.96	87.82	12 877.84
	同比（%）	19.36	12.29	14.75	19.23	24.36	25.58	17.02	22.76
销售产值	全　年	1 063.51	932.71	133.47	657.86	141.39	46.19	84.61	12 594.85
	同比（%）	20.41	20.29	16.88	20.04	24.96	27.53	18.02	23.20

（续）

行　业		合计	丝绢纺织	缫丝	绢纺和丝织	丝印染	丝制品	丝针织	全国纺织
出口交货值	全　年	303.20	242.68	28.80	165.96	47.92	20.32	40.20	4 185.91
	同比（%）	31.54	36.95	7.00	38.20	58.67	27.13	7.71	21.98
职工人数（万人）	全　年	56.47	49.55	15.73	27.31	6.51	2.38	4.54	832.28
	同比（%）	1.38	0.75	−3.97	2.37	6.35	12.13	3.13	5.76

表 88　纺织工业麻纺织行业主要经济指标完成情况（2002—2003 年）

指　标	单　位	2002 年	2003 年
企业个数	个	220	257
销售产值	亿元	73.84	101.70
工业增加值	亿元	19.27	30.41
出口交货值	亿元	20.82	24.77
固定资产余额	亿元	42.86	42.19
利润总额	亿元	3.71	5.98
职工人数	万人	11.32	13.01

表 89　纺织工业印染行业主要经济指标完成情况（2003 年）

指　标	单　位	2002 年	2003 年	2003 年比上年增减（%）
企业个数	个		1 190	
工业总产值（1990 年不变价）	亿元	690.2	827.20	19.85
产品销售收入	亿元	715.8	876.20	22.41
出口交货值	亿元	31.44	375.70	19.49
利润总额	亿元	20.70	27.30	31.88
产销率	%	95.91	97.37	
销售利润率	%		3.12	

表 90　纺织工业色织行业主要经济指标完成情况（2003 年）

指　标	单　位	2003 年	2003 年年比上年增减（%）
企业单位数	个	277	
产品销售收入	亿元	299.32	9.93
工业总产值	亿元	305.56	7.05
工业增加值	亿元	76.79	7.05
出口交货值	亿元	116.29	0.11
利润总额	亿元	12.58	16.72
资产合计	亿元	339.55	9.88
职工人数	万人	79.35	0.43

表 91　纺织工业针织行业主要经济指标完成情况（2003 年）

指　　标	单　位	2003 年	2003 年比上年增减（%）
企业单位数	个	1 982*	
工业总产值	亿元	684.14	23.16
出口交货值	亿元	321.74	22.71
产品销售收入	亿元	649.93	25.86
利润总额	亿元	25.31	24.38
产销率	%	96.89	上升 0.13
平均销售利润率	%	3.90	上升 0.19
资产负债率	%	60.97	上升 1.36

*　为不含毛针织、规模以上企业数。

资料来源：表中数据为国家统计局提供的数据。

表 92　纺织工业服装及其他纤维制品制造业主要经济指标完成情况（2003 年）

指　　标	单位	2003 年	2003 年比上年增减（%）
产品销售收入	亿元	3 204.18	20.07
利润总额	亿元	128.90	23.25
应交增值税	亿元	75.52	20.43
资产总计	亿元	2 375.30	16.61
负债合计	亿元	1 376.27	18.98
流动资产净值平均余额	亿元	1 333.88	15.50
固定资产净值平均余额	亿元	651.37	14.63
职工人数	万人	285.64	8.09

表 93　纺织工业纺机行业主要经济指标完成情况（2003 年）

指　　标	单　位	2003 年	2003 年比上年增减（%）
企业单位数	个	563	
工业总产值	亿元	331.40	25.17
产品销售收入	亿元	335.03	24.02
利润总额	亿元	21.24	35.48
全员劳动生产率	元/(人·年)	58 227	比标准值高 41 727
流动资金周转次数	次/年	1.60	比标准值高 0.08 次/年
产品销售率	%	96.26	比标准值高 0.26

表 94　我国皮革工业主要经济指标完成情况（2002 年）

行　　业	企业数（个）	工业总产值（亿元）	产品销售收入（亿元）	利润总额（亿元）	产销率（%）
皮革工业合计	3 235	1 529	1 400	81	97.5
制革	580	347	317	22	97
制鞋	1 242	677	617	32	98
皮革服装	383	200	187	13	98
皮件	1 030	305	279	14	97

注：表中数据为国有企业和年销售收入 500 万元以上的非国有企业的统计数据。

表 95　我国家具行业经济运行情况（2002 年）

指　标	单　位	2002 年	2002 年比上年增减（%）
工业总产值（1990 年不变价）	万元	4 717 722	19.13
产销率	%	97.10	
产品产量	万件	13 376	16.39
销售收入	万元	4 812 660	18.81
利税总额	万元	328 197	6.92
利润总额	万元	192 534	33.77
亏损企业亏损额	万元	46 800	9.47
产成品存货	万元	393 728	8.22

注：表中数据出自中国轻工业信息中心规模企业统计。

表 96　我国造纸工业职工人数及劳动生产率（机制纸）（2000—2002 年）

单位：万人、元/（人・年）

行　业	2000 年		2001 年		2002 年	
	职工人数	劳动生产率	职工人数	劳动生产率	职工人数	劳动生产率
造纸及纸制品业	113.41	36 384	113.80	41 707	112.33	49 843
纸浆制造业	1.92	43 094	2.45	31 188	2.66	41 221
造纸业	80.67	35 148	78.35	41 484	73.10	48 884
机制纸及纸板制造业	77.52	34 310	75.16	41 159		
手工纸制造业	0.39	21 622	0.29	20 172	0.32	21 452
加工纸制造业	2.77	60 505	2.91	52 025	4.16	78 088
纸制品	30.82	39 203	33.00	43 019	34.76	48 746

表 97　各地区造纸工业主要经济指标完成情况（机制纸）（2002 年）

单位：万元

地　区	企业单位数（个）	工业总产值	工业增加值	资产合计	税金总额	利润总额	从业人员（人）	劳动生产率（元/人・年）
全　国	**2 587**	**13 979 974**	**3 573 069**	**22 399 905**	**672 820**	**728 219**	**778 497**	**48 881**
北　京	23	131 550		163 120	7 777	26 828	4 479	
天　津	62	117 412		409 009	2 793	－226	8 104	
河　北	180	799 191		801 650	34 412	48 397	59 027	
山　西	24	41 464		80 074	1 264	1 635	4 804	
内蒙古	9	48 594		56 697	2 512	1 223	4 832	
辽　宁	47	193 719		699 691	12 070	－1 405	24 115	
吉　林	36	121 070		734 652	7 327	－24 272	20 811	
黑龙江	40	347 108		1 195 590	21 643	18 250	30 018	
上　海	49	288 334		442 497	13 705	7 204	8 503	
江　苏	131	1 881 091		3 270 857	73 655	110 597	41 811	
浙　江	378	1 667 329		2 088 438	96 483	89 096	64 543	
安　徽	58	210 479		286 430	9 333	10 407	15 189	
福　建	122	513 471		948 965	29 505	17 159	22 697	
江　西	47	142 608		376 696	3 305	－7 531	14 012	

（续）

地　区	企业单位数（个）	工业总产值	工业增加值	资产合计	税金总额	利润总额	从业人员（人）	劳动生产率（元/人·年）
山　东	227	3 020 733		4 793 449	150 571	240 293	160 707	
河　南	344	1 042 112		889 881	44 176	60 388	96 278	
湖　北	101	399 419		409 884	28 854	25 219	20 642	
湖　南	124	428 518		742 925	22 440	20 962	30 874	
广　东	246	1 539 123		1 963 803	57 434	59 890	43 668	
广　西	56	196 541		375 295	10 476	2 466	17 374	
海　南	4	6 417		7 654	140	−541	355	
重　庆	21	45 804		48 044	1 821	352	3 865	
四　川	96	362 355		582 084	18 985	5 546	31 887	
贵　州	18	19 175		41 147	1 155	−1 151	3 854	
云　南	37	133 099		288 551	8 265	17 181	8 848	
陕　西	53	93 223		207 381	3 109	−1 350	12 409	
甘　肃	27	30 607		45 759	1 425	−752	5 616	
青　海	2	3 182		8 942	112	−524	550	
宁　夏	14	117 025		294 738	5 896	5 408	12 294	
新　疆	11	39 222		146 003	2 179	−2 486	6 331	

表 98　国家定点书刊印刷企业主要经济指标完成情况（2002 年）

类　别	企业单位数（个）	工业增加值（万元）	产品销售收入（万元）	利润总额（万元）	固定资产净值平均余额（万元）	年职工人数（人）
全国总计	**284**	**322 586**	**738 937**	**28 149**	**882 608**	**116 957**
其中：直属厂	79	166 484	319 385	9 080	397 816	53 878
非直属厂	205	156 101	419 553	19 068	484 792	63 079
中央	35	37 004	85 402	3 353	128 431	13 337
其中：直属厂	5	2 988	8 943	101	29 331	3 181
非直属厂	30	34 015	76 459	3 252	99 100	10 156
地方	249	285 582	653 536	24 796	754 177	103 620
其中：直属厂	74	163 496	310 442	8 979	368 485	50 697
非直属厂	175	122 086	343 094	15 817	385 692	52 923

表 99　我国书刊印刷企业工业总产值及印刷用纸总量（2002 年）

类　别	企业单位数（个）	工业总产值（万元）		工业销售产值（万元）	全年印刷用纸总量（万令）
		合　计	其中：书刊产品		
全国总计	**1 155**	**1 844 580**	**1 221 701**	**1 696 152**	**10 764**
国家定点厂	286	899 344	651 674	862 172	5 439
其中：直属厂	79	370 251	320 764	352 458	2 258
非直属厂	207	529 093	330 910	509 714	3 181
省级定点厂	869	945 236	570 027	833 980	5 326
中央	82	151 795	110 837	140 415	1 359

（续）

类　别	企业单位数（个）	工业总产值（万元）		工业销售产值（万元）	全年印刷用纸总量（万令）
		合　计	其中：书刊产品		
国家定点厂	36	101 923	68 929	97 995	1 035
其中：直属厂	5	11 374	9 566	12 215	105
非直属厂	31	90 549	59 362	85 781	931
省级定点厂	46	49 872	41 909	42 419	323
地方	1 073	1 692 786	1 110 864	1 555 738	9 406
国家定点厂	250	797 421	582 745	764 177	4 403
其中：直属厂	74	358 877	311 198	340 243	2 153
非直属厂	176	438 544	271 548	423 934	2 250
省级定点厂合计	823	895 364	528 119	791 561	5 003

表 100　我国 146 家书刊印刷企业（含其他印刷）完成的主要经济指标（2002 年）

工业总产值（万元）	工业增加值（万元）	工业销售产值（万元）	产品销售收入（万元）	胶印印刷		书刊装订		照相制版	
				产量（万对开色令）	产值（万元）	产量（万令）	产值（万元）	产量（四开块）	产值（万元）
636 168	307 875	622 971	606 748	6 618	207 999	2 548	64 626	1 661 641	20 278

表 101　我国百家包装印刷企业主要经济指标完成情况（2002 年）

工业总产值（万元）	工业增加值（万元）	销售收入（万元）	利税总额（万元）	资产总额（万元）	人均创利税（元/人）
590 639	110 581	580 121	80 677	1 138 015	24 956

资料来源：表中数据出自 2003 年版《中国印刷年鉴》。

注：1. 上述数字为 112 家包装印刷企业统计数据。

2. 按人均创利税统计，其中万元以上 56 家占 50%；千元以上 40 家占 36%；千元以下 4 家 4%；未实现利税 12 家占 10%；创万元以上 56 家中有 39 家创利税 2 万元以上。

表 102　我国 58 家印刷机械企业主要经济指标完成情况（2002 年）

企业名称	工业总产值（万元）	工业增加值（万元）	产品销售收入（万元）	实现利税（万元）	平均固定资产净值（万元）	全员劳动生产率（元/人·年）
合　计	**419 778**	**159 931**	**413 969**	**67 002**	**240 916**	**58 091**
北人集团公司	93 495	38 412	100 515	17 076	60 887	98 366
上海电气集团印刷包装机械公司	124 663	48 956	131 047	26 071	25 518	110 910
潍坊东航精密机械有限公司	6 174	2 330	5 415	1 263	1 242	104 484
江西中景集团有限公司	21 517	8 606	19 516	4 502	4 799	122 767
上海紫宏机械有限公司	7 732	3 509	7 417	1 915	1 658	158 063
威海印刷机械有限公司	7 467	4 574	6 351	2 212	8 359	112 108
上海高斯印刷设备有限公司	28 403	12 429	30 162	7 285	7 431	162 258
福建广宇集团南平机械公司	1 290	382	960	190	418	40 211
上海紫光机械有限公司	17 073	6 498	16 554	3 817	2 872	113 206

（续）

企业名称	工业总产值（万元）	工业增加值（万元）	产品销售收入（万元）	实现利税（万元）	平均固定资产净值（万元）	全员劳动生产率（元/人·年）
营口三鑫印刷机械有限公司	5 010	2 780	3 511	564	1 263	14 117
威海滨田印刷机械有限公司	7 029	2 065	7 604	1 562	7 944	129 063
上海申威达机械有限公司	18 881	7 387	21 766	4 034	3 251	118 003
渭南科赛机电设备有限公司	1 080	255	915	106	78	56 667
瑞安华威印刷机械有限公司	1 799	1 417	1 565	220	1 417	128 818
北人富士印刷机械有限公司	6 512	2 434	6 676	967	878	167 862
潍坊华光精工设备有限公司	6 146	1 985	6 537	1 724	1 526	28 852
营口冠华轻印刷设备集团公司	11 658	5 920	8 426	1 496	3 461	102 069
上海亚华印机有限公司	18 801	6 935	18 035	2 414	3 693	130 849
青岛美光机械有限公司	4 659	2 205	5 125	507	1 275	12 500
温州瑞龙机械成套有限公司	520	175	500	45	181	54 687
北人印刷机械股份有限公司	86 878	36 944	89 132	16 550	42 246	115 957
上海光华印刷机械有限公司	20 426	6 790	20 024	2 755	2 919	96 586
浙江通业印刷机械有限公司	2 365	685	2 299	298	1 411	53 516
青岛瑞普电气有限责任公司	6 066	1 784	5 756	242	3 878	26 429
温州神力集团有限公司	11 387	2 839	10 837	2 474	12 237	65 566
上海爱凯思刀片有限公司	5 755	2 197	5 603	641	2 583	80 476
多元数码印刷技术产业公司	9 700	1 400	8 500	2 450	20 500	33 735
河南舞阳县印刷机械厂	7 282	2 530	6 871	912	8 329	52 489
西安黑牛机械有限公司	3 063	1 072	3 063	459	1 210	43 226
温州印刷机械厂	3 081	1 255	3 111	262	2 448	78 438
常州市永盾机械有限公司	1 218	111	981	129	386	12 907
山东菏泽生建机械厂	5 371	2 338	5 142	1 075	4 568	20 912
无锡中策机电设备有限公司	2 479	1 304	2 159	301	571	53 884
中江利通印刷机械有限公司	3 056	1 622	2 642	309	1 446	80 297
温州群英印刷机械有限公司	2 006	782	2 089	191	710	37 596
江苏昌升集团公司	11 546	3 386	13 024	1 333	5 658	29 367
上海紫明机械有限公司	6 877	1 623	7 395	606	1 222	50 093
陕西北人印刷机械公司	17 231	6 375	16 697	1 596	5 078	39 039
浙江德清天兴机械有限公司	762	269	900	152	936	17 697
江西通达印刷机械有限公司	2 200	999	2 208	199	2 326	32 862
长春印刷机械有限公司	2 398	565	2 634	248	2 337	7 719
湖南新邵印刷机械有限公司	1 939	1 163	1 928	152	2 668	25 393
温州跃华印刷机械有限公司	650	260	649	56	590	40 625
宜昌市夷陵印刷机械有限公司	1 546	271	1 823	47	1 019	13 550
海门北人印刷机械有限公司	2 165	690	2 117	140	1 661	23 469
汕头韩江实业（集团）公司	2 129	958	1 963	92	3 748	18 602
河北装潢印刷机械股份公司	2 868	1 038	1 992	116	935	15 823

（续）

企业名称	工业总产值（万元）	工业增加值（万元）	产品销售收入（万元）	实现利税（万元）	平均固定资产净值（万元）	全员劳动生产率（元/人·年）
北京万成北人装订设备公司	491	292	388	17	541	85 882
浙江嘉路印刷机械有限公司	3 583	779	2 119	45	6 106	24 344
天津轻工装潢机械厂	315	125	223	28	2 823	6 510
湖南印刷机器有限公司	3 573	741	1 800	98	6 594	6 180
平凉普业印刷机械有限公司	1 835	618	1 571	4	953	13 406
无锡长城机器制造有限公司	1 662	69	1 334	−106	1 579	1 845
镇江斯伊格机械有限公司	2 146	1 003	1 999	−500	1 293	54 687
太行印刷机械有限责任公司	1 346	829	1 201	−47	2 575	128 818
咸阳印刷包装机械厂	366	92	327	−89	2 827	104 484
哈尔滨印刷包装机械有限公司	2 204	395	1 849	−825	8 086	33 735
广西金牛集团公司	1 454	384	1 201	−757	3 332	85 882

表 103 我国橡胶工业总产值、增加值和销售收入（1999—2001 年）

单位：亿元

项目	1999 年	2000 年	2001 年
全国工业总产值（1990 年不变价）	64 776.8	75 710.6	86 772.7
其中：橡胶制品业（1900年不变价）	823.0	870.2	950.5
全国工业增加值	21 564.7	25 394.8	28 329.4
其中：橡胶制品业	202.6	218.8	248.3
全国工业产品销售收入	69 851.7	82 314.3	93 733.3
其中：橡胶制品业	690.7	731.8	806.0

表 104 我国橡胶工业全部独立核算工业企业主要经济指标完成情况（1999—2001 年）

单位：万元

行业	企业单位数（个）			工业总产值		
	1999 年	2000 年	2001 年	1999 年	2000 年	2001 年
橡胶制品业	1 805	1 783	1 777	7 803 008	8 127 003	8 938 161
轮胎制造业	202	200	218	3 658 325	3 925 304	4 401 953
力车胎制造业	82	79	78	495 990	462 449	339 079
橡胶板、管、带制造业	357	357	379	978 274	994 622	997 828
橡胶零件制品业	242	254	274	481 187	521 597	673 721
再生橡胶制造业	88	83	88	123 419	117 693	172 105
橡胶靴鞋制造业	410	390	279	1 226 328	1 206 639	1 227 431
日用橡胶制品业	119	113	121	338 524	376 098	423 435
其他橡胶制品业	257	259	293	459 753	477 874	652 315
橡胶制品翻修业	48	48	47	41 207	44 725	50 294
轮胎翻修业	42	41	40	30 743	35 207	46 113
其他橡胶制品翻修业	6	7	7	10 464	9 518	4 181
橡胶工业专业设备制造业	60	61	54	150 781	175 572	191 227

（续）

行　业	工业销售产值			出口交货值		
	1999 年	2000 年	2001 年	1999 年	2000 年	2001 年
橡胶制品业	7 510 727	7 804 670	8 666 836	1 601 535	1 853 072	1 894 514
轮胎制造业	3 515 528	3 778 206	4 282 975	666 828	837 312	926 526
力车胎制造业	481 307	452 057	334 774	94 941	95 180	35 614
橡胶板、管、带制造业	939 062	954 755	946 692	84 972	109 461	80 589
橡胶零件制品业	459 668	504 108	654 106	94 229	100 513	146 144
再生橡胶制造业	118 449	110 938	164 397	1 032	2 844	4 976
橡胶靴鞋制造业	1 183 976	1 133 810	1 198 943	478 156	468 884	430 294
日用橡胶制品业	331 147	366 598	406 436	81 551	110 431	111 040
其他橡胶制品业	442 798	462 190	629 541	99 414	128 150	159 331
橡胶制品翻修业	38 792	42 009	48 973	866	2 966	
轮胎翻新业	38 399	33 493	44 934			
其他橡胶制品翻新业	393	8 516	4 039	866	2 966	
橡胶工业专业设备制造业	141 267	171 853	181 648	23 342	16 508	22 182

行　业	利税总额			全部从业人员平均人数		
	1999 年	2000 年	2001 年	1999 年	2000 年	2001 年
橡胶制品业	521 675	575 588	711 116	712 631	665 709	616 043
轮胎制造业	267 354	294 032	378 115	212 325	193 742	198 422
力车胎制造业	40 234	40 395	20 627	47 529	40 410	26 241
橡胶板、管、带制造业	65 851	75 733	73 052	117 108	124 697	101 794
橡胶零件制品业	47 931	54 135	67 457	57 113	56 913	58 064
再生橡胶制造业	9 408	8 319	16 476	12 706	11 768	14 017
橡胶靴鞋制造业	334 524	38 779	56 527	192 982	165 757	138 747
日用橡胶制品业	17 607	23 187	25 719	28 400	27 039	24 721
其他橡胶制品业	36 698	38 700	70 659	38 621	39 327	49 320
橡胶制品翻修业	3 140	2 308	2 484	5 847	6 065	4 717
轮胎翻新业	1 949	1 776	2 169	5 073	5 522	4 319
其他橡胶制品翻新业	1 191	532	315	774	543	398
橡胶工业专业设备制造业	3 804	5 431	7 858	19 161	18 084	15 047

表 105　我国中药行业经济效益情况（2002 年）

分　类	企业数（个）	工业总产值（不变价、亿元）	新产品产值（亿元）	工业增加值（亿元）	产品销售率（%）
全国医药工业合计	3 963	3 431	381.6	961	93.04
其中：中药工业	1 150	783.9	73.608	318.6	96.17
中成药工业	1 092	776	73.6	315	92.90
中药饮片工业	58	7.87	0.008	3.6	99.43
中药工业占全国医药工业比例(%)	29.02	22.85	19.29	33.15	

资料来源：表中数据出自《中国经济年鉴》2003 年版。

各省、自治区、直辖市农副食品加工业、食品制造业、饮料制造业主要经济效益指标

表 106　2003 年我国农副食品加工业、食品制造业、饮料制造业主要经济效益指标

项　　目	单位	农副食品加工业	食品制造业	饮料制造业
企业单位数	个	11 062	4 648	3 244
亏损企业单位数	个	2 262	1 060	843
亏损企业亏损总额	千元	3 775 196	3 138 877	2 872 450
亏损总额比去年同期增长	%	−11.64	3.54	−10.05
应收账款净额	千元	35 590 888	23 612 080	21 617 584
应收账款净额比去年同期增长	%	13.06	14.23	6.58
产成品	千元	34 805 077	13 805 291	17 593 881
产成品比去年同期增长	%	19.30	10.51	8.13
流动资产平均余额	千元	195 753 362	103 504 066	145 738 163
流动资产平均余额比去年同期增长	%	20.34	16.85	12.76
固定资产净值平均余额	千元	142 604 862	81 520 923	115 975 618
固定资产净值平均余额比去年同期增长	%	9.28	11.42	6.24
资产总计	千元	417 041 929	230 182 843	320 433 733
资产总计比去年同期增长	%	19.51	18.41	10.60
负债合计	千元	270 671 508	135 347 170	179 241 059
负债合计比去年同期增长	%	18.79	21.45	11.65
产品销售收入	千元	576 919 774	214 501 602	211 139 988
产品销售收入比去年同期增长	%	25.34	25.30	13.96
产品销售成本	千元	516 013 922	167 235 939	140 743 868
产品销售成本比去年同期增长	%	26.14	26.09	15.80
产品销售费用	千元	16 922 981	21 892 522	27 144 304
产品销售费用比去年同期增长	%	16.02	21.61	13.73
产品销售税金及附加	千元	1 975 474	971 836	12 762 360
产品销售税金及附加比去年同期增长	%	21.20	25.44	2.87
管理费用	千元	15 349 239	11 151 933	13 326 671
管理费用比去年同期增长	%	7.38	12.54	3.84
财务费用	千元	7 089 315	2 805 483	3 128 237
财务费用比去年同期增长	%	9.63	13.08	−4.67
利润总额	千元	16 568 914	10 947 598	14 664 074
去年同期利润总额	千元	11 738 992	7 852 737	11 769 522
全部从业人员平均人数	人	1 809 335	993 986	901 335
全部从业人员平均人数比去年同期增长	人	8.46	7.95	0.08

（续）

项　　目	单位	农副食品加工业	食品制造业	饮料制造业
工业总产值	千元	608 588 545	227 750 368	223 545 995
工业总产值比上年同期增长	%	25.36	23.95	14.21
工业总产值（1990 年不变价格）	千元	502 308 905	202 824 271	182 088 524
工业总产值（1990年不变价格）比上年同期增长	%	23.18	23.50	14.96
工业销售产值	千元	594 464 413	221 548 288	219 512 831
工业销售产值比上年同期增长	%	25.49	24.48	14.87
出口交货值	千元	66 104 069	23 666 719	7 817 259
出口交货值比上年同期增长	%	21.62	29.11	35.13
税金总额	千元	10 237 982	9 377 393	25 347 808
税金总额比上年同期增长	%	15.32	18.62	5.64
资本保值增值率	%	120.86	114.32	109.29
资产负债率	%	64.90	58.8	55.94
产值利税率	%	4.36	8.92	17.89
资金利润率	%	7.85	2.07	15.28
流动资产周转次数	次	2.95	5.39	1.45
成本费用利润率	%	2.98	215 799.42	7.95
人均销售率	元	318 857.36	13.34	234 252.51
产成品资金占用率	%	17.78	2.07	12.07

表 107　2003 年北京市农副食品加工业、食品制造业、饮料制造业主要经济效益指标

项　　目	单位	农副食品加工业	食品制造业	饮料制造业
企业单位数	个	162	154	66
亏损企业单位数	个	58	62	23
亏损企业亏损总额	千元	95 812	253 804	156 598
亏损总额比上年同期增长	%	−31.66	−53.16	−7.19
应收账款净额	千元	830 725	959 171	488 213
应收账款净额比上年同期增长	%	2.55	20.94	−1.52
产成品	千元	416 052	451 885	486 050
产成品比上年同期增长	%	3.34	4.03	15.26
流动资产平均余额	千元	3 539 024	4 392 416	6 194 615
流动资产平均余额比上年同期增长	%	2.47	16.37	23.55
固定资产净值平均余额	千元	2 212 462	3 443 417	4 681 410
固定资产净值平均余额比上年同期增长	%	6.75	5.31	−1.62
资产总计	千元	7 072 859	9 553 044	14 715 186
资产总计比上年同期增长	%	5.63	12.49	5.95
负债合计	千元	4 118 916	5 248 828	7 291 619
负债合计比上年同期增长	%	5.51	10.23	9.78
产品销售收入	千元	8 520 630	7 408 993	7 191 571
产品销售收入比上年同期增长	%	13.72	14.67	−2.07
产品销售成本	千元	7 321 272	5 039 991	4 782 175
产品销售成本比上年同期增长	%	15.97	11.57	−1.46
产品销售费用	千元	491 199	1 546 280	992 276
产品销售费用比上年同期增长	%	9.66	21.82	1.19

（续）

项　　目	单位	农副食品加工业	食品制造业	饮料制造业
产品销售税金及附加	千元	7 026	18 757	514 045
产品销售税金及附加比上年同期增长	%	－47.64	－2.40	2.13
管理费用	千元	417 212	745 945	559 632
管理费用比上年同期增长	%	3.5	2.16	1.57
财务费用	千元	67 779	68 056	116 909
财务费用比上年同期增长	%	2.68	－3.46	－1.58
利润总额	千元	278 559	285 135	425 834
去年同期利润总额	千元	315 758	－179 478	479 241
全部从业人员平均人数	人	29 505	31 356	22 413
全部从业人员平均人数比上年同期增长	人	2.63	4.46	－2.26
工业总产值	千元	8 747 537	7 317 637	7 539 364
工业总产值比上年同期增长	%	17.62	10.66	2.82
工业总产值（1990 年不变价格）	千元	7 279 624	7 172 179	6 768 762
工业总产值（1900年不变价格）比上年同期增长	%	16.65	14.94	2.13
工业销售产值	千元	8 695 700	7 728 058	7 273 150
工业销售产值比上年同期增长	%	20.60	10.03	－3.58
出口交货值	千元	530 629	345 595	77 875
出口交货值比上年同期增长	%	57.95	5.81	－12.52
税金总额	千元	147 593	444 702	1 045 892
税金总额比上年同期增长	%	－8.55	7.88	2.10
资本保值增值率	%	105.81	115.38	102.45
资产负债率	%	58.24	54.94	49.55
产值利税率	%	4.83	9.95	19.5
资金利润率	%	7.34	1.69	13.52
流动资产周转次数	次	2.41	3.85	1.16
成本费用利润率	%	3.36	236 286.29	6.60
人均销售率	元	288 785.97	10.29	320 866.06
产成品资金占用率	%	11.76	1.69	7.85

表 108　2003 年天津市农副食品加工业、食品制造业、饮料制造业主要经济效益指标

项　　目	单位	农副食品加工业	食品制造业	饮料制造业
企业单位数	个	173	115	61
亏损企业单位数	个	36	25	16
亏损企业亏损总额	千元	62 363	201 994	92 954
亏损总额比上年同期增长	%	－41.56	40.92	57.03
应收账款净额	千元	787 990	946 199	452 989
应收账款净额比上年同期增长	%	15.21	－9.2	24.26
产成品	千元	328 339	216 258	377 154
产成品比上年同期增长	%	－8.51	－24.15	34.64
流动资产平均余额	千元	3 751 143	2 792 170	2 567 136

（续）

项目	单位	农副食品加工业	食品制造业	饮料制造业
流动资产平均余额比上年同期增长	%	29.96	−7.05	−4.46
固定资产净值平均余额	千元	2 034 342	2 309 956	2 063 080
固定资产净值平均余额比上年同期增长	%	4.71	−6.46	−6.3
资产总计	千元	6 548 091	5 929 742	6 183 724
资产总计比上年同期增长	%	16.44	−4.11	1.64
负债合计	千元	4 559 733	3 347 737	3 507 056
负债合计比上年同期增长	%	19.18	−15.51	9.99
产品销售收入	千元	11 597 804	4 955 832	4 828 545
产品销售收入比上年同期增长	%	24.95	13.11	3.46
产品销售成本	千元	10 464 999	3 789 131	3 127 150
产品销售成本比上年同期增长	%	25.84	13.17	5.12
产品销售费用	千元	362 685	613 090	867 966
产品销售费用比上年同期增长	%	27.85	16.93	8.56
产品销售税金及附加	千元	19 161	7 954	184 292
产品销售税金及附加比上年同期增长	%	66.59	16.22	3.94
管理费用	千元	286 397	286 578	267 089
管理费用比上年同期增长	%	7.62	−9.69	−4.84
财务费用	千元	88 650	61 127	50 283
财务费用比上年同期增长	%	2.09	−13.45	6.89
利润总额	千元	419 753	240 776	369 113
去年同期利润总额	千元	298 946	84 186	405 148
全部从业人员平均人数	人	27 158	21 734	13 738
全部从业人员平均人数比上年同期增长	人	5.92	−6.42	2.54
工业总产值	千元	10 733 260	5 863 010	4 986 700
工业总产值比上年同期增长	%	23.98	18.48	2.54
工业总产值（1990 年不变价格）	千元	8 472 050	5 064 500	4 289 870
工业总产值（1990年不变价格）比上年同期增长	%	23.47	22.74	9.18
工业销售产值	千元	10 650 410	5 141 360	4 894 730
工业销售产值比上年同期增长	%	18	11.40	2.04
出口交货值	千元	902 080	365 820	220 680
出口交货值比上年同期增长	%	19.28	26.79	19.40
税金总额	千元	184 929	250 971	512 367
税金总额比上年同期增长	%	32.66	5.88	4.28
资本保值增值率	%	110.61	116.2	92.46
资产负债率	%	69.63	56.46	56.71
产值利税率	%	5.63	8.39	17.68
资金利润率	%	10.45	9.64	19.04
流动资产周转次数	次	3.09	1.77	1.88

（续）

项目	单位	农副食品加工业	食品制造业	饮料制造业
成本费用利润率	%	3.75	5.07	8.56
人均销售率	元	427 049.27	228 022.09	351 473.65
产成品资金占用率	%	8.75	7.75	14.69

表 109　2003 年河北省农副食品加工业、食品制造业、饮料制造业主要经济效益指标

项目	单位	农副食品加工业	食品制造业	饮料制造业
企业单位数	个	537	241	167
亏损企业单位数	个	95	55	56
亏损企业亏损总额	千元	158 787	101 414	311 780
亏损总额比上年同期增长	%	21.65	33.13	16.46
应收账款净额	千元	1 337 569	525 818	950 495
应收账款净额比上年同期增长	%	2.70	12.66	4.16
产成品	千元	1 758 081	427 276	838 460
产成品比上年同期增长	%	23.6	−7.71	−12.15
流动资产平均余额	千元	7 625 372	3 445 881	7 690 493
流动资产平均余额比上年同期增长	%	27.46	24.61	5.57
固定资产净值平均余额	千元	5 203 320	3 756 392	6 339 361
固定资产净值平均余额比上年同期增长	%	9.69	7.22	6.81
资产总计	千元	16 246 287	9 313 925	16 983 145
资产总计比上年同期增长	%	36.63	11.97	6.50
负债合计	千元	11 668 017	5 255 225	12 402 276
负债合计比上年同期增长	%	36.76	15.35	4.90
产品销售收入	千元	26 279 729	14 360 793	9 506 569
产品销售收入比上年同期增长	%	33.30	40.79	3.25
产品销售成本	千元	23 421 485	12 177 039	7 356 264
产品销售成本比上年同期增长	%	31.95	44.71	5.80
产品销售费用	千元	679 639	910 759	805 682
产品销售费用比上年同期增长	%	10.52	33.03	3.25
产品销售税金及附加	千元	80 153	66 877	521 122
产品销售税金及附加比上年同期增长	%	12	58.41	−14.09
管理费用	千元	489 401	424 789	511 076
管理费用比上年同期增长	%	8.17	23.57	6.19
财务费用	千元	304 148	126 809	219 024
财务费用比上年同期增长	%	10.05	11.45	−29.17
利润总额	千元	986 647	720 866	133 817
去年同期利润总额	千元	680 736	596 941	178 314
全部从业人员平均人数	人	66 776	59 993	43 875
全部从业人员平均人数比上年同期增长	人	2.59	8.06	−9.87

（续）

项　　目	单位	农副食品加工业	食品制造业	饮料制造业
工业总产值	千元	27 066 784	15 004 360	10 567 726
工业总产值比上年同期增长	%	33.01	36.83	2.10
工业总产值（1990 年不变价格）	千元	21 463 246	14 146 535	9 365 156
工业总产值（1990年不变价格）比上年同期增长	%	29.04	38.57	4.50
工业销售产值	千元	26 608 261	14 679 175	10 475 258
工业销售产值比上年同期增长	%	30.98	35.91	4.11
出口交货值	千元	1 341 651	454 360	34 211
出口交货值比上年同期增长	%	3.53	34.30	－10.94
税金总额	千元	352 641	462 423	950 214
税金总额比上年同期增长	%	16.03	25.10	－9.88
资本保值增值率	%	136.32	107.87	111.11
资产负债率	%	71.82	56.42	73.03
产值利税率	%	4.94	7.89	10.26
资金利润率	%	10.42	16.43	7.73
流动资产周转次数	次	3.45	4.17	1.24
成本费用利润率	%	3.96	5.29	1.50
人均销售率	元	393 550.51	239 374.48	216 673.94
产成品资金占用率	%	23.06	12.40	10.90

表 110　2003 年山西省农副食品加工业、食品制造业、饮料制造业主要经济效益指标

项　　目	单位	农副食品加工业	食品制造业	饮料制造业
企业单位数	个	123	93	56
亏损企业单位数	个	30	16	6
亏损企业亏损总额	千元	24 498	9 762	11 790
亏损总额比去年同期增长	%	14.24	－19.18	－31.84
应收账款净额	千元	195 182	189 993	247 337
应收账款净额比去年同期增长	%	－23.50	9.96	2.92
产成品	千元	424 973	235 469	269 682
产成品比去年同期增长	%	66.01	－18.54	－17.85
流动资产平均余额	千元	1 450 730	1 191 221	1 850 220
流动资产平均余额比去年同期增长	%	20.83	49.98	2.39
固定资产净值平均余额	千元	1 639 628	1 005 605	1 422 643
固定资产净值平均余额比去年同期增长	%	12.65	20.18	3.77
资产总计	千元	3 679 713	2 784 409	4 044 588
资产总计比去年同期增长	%	17.64	24.95	5.50
负债合计	千元	2 527 330	1 879 255	2 193 797
负债合计比去年同期增长	%	19.01	37.96	3.59
产品销售收入	千元	2824193	2 071 787	2 295 789

（续）

项　目	单位	农副食品加工业	食品制造业	饮料制造业
产品销售收入比上年同期增长	%	26.34	66.21	15.48
产品销售成本	千元	2 492 894	1 622 899	1 447 068
产品销售成本比上年同期增长	%	25.84	66.26	5.28
产品销售费用	千元	87 717	265 688	206 964
产品销售费用比上年同期增长	%	12.45	105.73	0.24
产品销售税金及附加	千元	10 560	10 332	315 661
产品销售税金及附加比上年同期增长	%	10.33	52.59	10.04
管理费用	千元	103 255	68 172	197 592
管理费用比上年同期增长	%	6.88	3.73	19.94
财务费用	千元	60 913	35 326	29 626
财务费用比上年同期增长	%	16.37	34.79	−2.15
利润总额	千元	71 412	54 605	81 816
去年同期利润总额	千元	47 526	43 224	47 872
全部从业人员平均人数	人	17 730	15 903	15 927
全部从业人员平均人数比上年同期增长	人	18.98	16.77	5.37
工业总产值	千元	3 433 014	2 291 966	2 205 260
工业总产值比上年同期增长	%	33.90	52.97	17.31
工业总产值（1990 年不变价格）	千元	2 755 197	2 257 167	1 794 264
工业总产值（1990年不变价格）比上年同期增长	%	34.57	56.15	14.29
工业销售产值	千元	3 108 978	2 150 116	2 083 362
工业销售产值比上年同期增长	%	27.57	54.46	16.48
出口交货值	千元	71 207	154 261	17 769
出口交货值比上年同期增长	%	62.15	22.47	−1.58
税金总额	千元	65 586	68 535	488 306
税金总额比上年同期增长	%	50.38	57.78	13.64
资本保值增值率	%	114.73	104.50	107.85
资产负债率	%	68.68	67.49	54.24
产值利税率	%	3.99	5.37	25.85
资金利润率	%	4.43	5.61	17.42
流动资产周转次数	次	1.95	1.74	1.24
成本费用利润率	%	2.60	2.74	4.35
人均销售率	元	159 288.95	130 276.49	144 144.47
产成品资金占用率	%	29.29	19.77	14.58

表 111　2003 年内蒙古自治区农副食品加工业、食品制造业、饮料制造业主要经济效益指标

项　目	单位	农副食品加工业	食品制造业	饮料制造业
企业单位数	个	191	57	58
亏损企业单位数	个	34	12	13
亏损企业亏损总额	千元	51 389	26 432	26 024
亏损总额比去年同期增长	%	37.90	321.56	−27.11
应收账款净额	千元	660 404	439 625	377 912

（续）

项　目	单位	农副食品加工业	食品制造业	饮料制造业
应收账款净额比去年同期增长	%	45.60	40.56	—10.50
产成品	千元	1 036 222	401 701	299 162
产成品比去年同期增长	%	15.13	28.86	—11.36
流动资产平均余额	千元	4 044 693	3 521 606	2 150 174
流动资产平均余额比去年同期增长	%	19.74	49.77	1.57
固定资产净值平均余额	千元	3 019 955	2 533 661	1 370 813
固定资产净值平均余额比去年同期增长	%	16.42	52.79	—3.52
资产总计	千元	10 646 291	8 898 036	4 056 436
资产总计比去年同期增长	%	27.31	60.36	4.06
负债合计	千元	5 401 395	4 340 832	2 561 288
负债合计比去年同期增长	%	17.02	73.85	2.98
产品销售收入	千元	9 535 393	10 749 018	2 092 447
产品销售收入比去年同期增长	%	46.36	66.85	—0.49
产品销售成本	千元	7 777 580	8 345 757	1 213 406
产品销售成本比去年同期增长	%	22.96	69.25	—1.04
产品销售费用	千元	348 312	1 454 586	212 853
产品销售费用比去年同期增长	%	36.80	56.86	—20.92
产品销售税金及附加	千元	18 521	25 092	284 393
产品销售税金及附加比去年同期增长	%	28.80	66.97	—6.91
管理费用	千元	332 043	522 680	200 809
管理费用比去年同期增长	%	11.63	103.76	—13.5
财务费用	千元	145 438	67 508	64 466
财务费用比去年同期增长	%	4.38	100.65	—2.71
利润总额	千元	252 643	780 410	194 988
去年同期利润总额	千元	256 088	393 911	117 355
全部从业人员平均人数	人	36 954	26 704	31 005
全部从业人员平均人数比去年同期增长	人	8.90	28.42	—2.93
工业总产值	千元	10 778 803	11 432 206	2 359 219
工业总产值比上年同期增长	%	30.29	68.59	2.48
工业总产值（1990 年不变价格）	千元	7 978 254	10 210 185	1 358 759
工业总产值（1990年不变价格）比上年同期增长	%	29.89	68.55	—3.29
工业销售产值	千元	10 255 190	11 253 748	2 297 954
工业销售产值比上年同期增长	%	31.74	70.33	5.18
出口交货值	千元	244 367	380 092	0
出口交货值比上年同期增长	%	12.36	38.56	0
税金总额	千元	140 818	443 463	459 465
税金总额比去年同期增长	%	0.40	67.69	—3.69
资本保值增值率	%	139.98	149.32	105.98
资产负债率	%	50.73	48.78	63.14
产值利税率	%	3.56	10.70	27.74
资金利润率	%	5.43	20.21	18.59
流动资产周转次数	次	2.36	3.05	0.97

（续）

项 目	单位	农副食品加工业	食品制造业	饮料制造业
成本费用利润率	%	2.94	7.51	11.53
人均销售率	元	258 034.12	402 524.64	67 487.41
产成品资金占用率	%	25.62	11.41	13.91

表 112 2003 年辽宁省农副食品加工业、食品制造业、饮料制造业主要经济效益指标

项 目	单位	农副食品加工业	食品制造业	饮料制造业
企业单位数	个	456	147	90
亏损企业单位数	个	121	45	27
亏损企业亏损总额	千元	182 884	101 470	50 407
亏损总额比上年同期增长	%	－19.78	28.13	44.40
应收账款净额	千元	1 253 567	473 294	457 433
应收账款净额比上年同期增长	%	13.56	－25.30	32.75
产成品	千元	1 501 161	351 402	331 078
产成品比上年同期增长	%	20.29	－5.1	8.46
流动资产平均余额	千元	8 946 532	3 070 144	3 566 257
流动资产平均余额比上年同期增长	%	40.05	4.64	6.19
固定资产净值平均余额	千元	5 924 153	3 574 769	4 470 183
固定资产净值平均余额比上年同期增长	%	11.69	11.67	0.66
资产总计	千元	18 674 218	7 773 300	9 418 242
资产总计比上年同期增长	%	30.16	7.79	2.28
负债合计	千元	12 674 274	4 624 658	4 870 533
负债合计比上年同期增长	%	40.54	10.67	6.99
产品销售收入	千元	24 700 785	5 005 685	4 951 086
产品销售收入比上年同期增长	%	23.14	5.13	2.22
产品销售成本	千元	22 950 886	4 049 274	3 097 306
产品销售成本比上年同期增长	%	27.74	9.92	8.30
产品销售费用	千元	638 885	396 645	570 336
产品销售费用比上年同期增长	%	37.75	4.90	－2.31
产品销售税金及附加	千元	43 034	17 214	397 501
产品销售税金及附加比上年同期增长	%	－17.03	27.05	－5.75
管理费用	千元	594 110	298 570	388 778
管理费用比上年同期增长	%	11.18	9.14	－2.93
财务费用	千元	293 748	127 143	78 043
财务费用比上年同期增长	%	10.79	2.01	8.34
利润总额	千元	649 300	231 017	406 164
去年同期利润总额	千元	346 103	251 902	500 631
全部从业人员平均人数	人	75 063	25 767	26 281
全部从业人员平均人数比上年同期增长	人	10.03	9.61	－5.14
工业总产值	千元	24 843 843	5 407 127	5 656 863
工业总产值比上年同期增长	%	26.24	14.14	5.57
工业总产值（1990 年不变价格）	千元	20 171 044	5 576 314	5 056 073

（续）

项　　目	单位	农副食品加工业	食品制造业	饮料制造业
工业总产值（1990年不变价格）比上年同期增长	%	25.56	13.82	7.05
工业销售产值	千元	24 464 119	5 380 702	5 413 335
工业销售产值比上年同期增长	%	25.91	16.25	4.40
出口交货值	千元	4 822 585	705 550	58 590
出口交货值比上年同期增长	%	15.49	28.18	85.17
税金总额	千元	289 215	230 102	795 546
税金总额比上年同期增长	%	25.89	14.34	−0.81
资本保值增值率	%	112.59	103.83	97.67
资产负债率	%	67.87	59.49	51.71
产值利税率	%	3.76	8.53	21.18
资金利润率	%	6.29	20.21	14.91
流动资产周转次数	次	2.76	3.05	1.39
成本费用利润率	%	2.65	7.51	9.82
人均销售率	元	329 067.38	402 524.64	188 390.32
产成品资金占用率	%	16.78	11.41	9.28

表 113　2003 年吉林省农副食品加工业、食品制造业、饮料制造业主要经济效益指标

项　　目	单位	农副食品加工业	食品制造业	饮料制造业
企业单位数	个	195	83	106
亏损企业单位数	个	63	24	36
亏损企业亏损总额	千元	364 139	15 798	120 476
亏损总额比去年同期增长	%	−27.46	−10.53	9.24
应收账款净额	千元	1 002 492	117 739	513 884
应收账款净额比去年同期增长	%	−4.31	64.06	−2.37
产成品	千元	1 222 212	164 513	247 594
产成品比去年同期增长	%	83.97	−5.41	12.15
流动资产平均余额	千元	5 124 579	604 462	2 616 214
流动资产平均余额比去年同期增长	%	17.17	6.37	16.76
固定资产净值平均余额	千元	5 737 021	841 335	3 648 642
固定资产净值平均余额比去年同期增长	%	−4.32	23.36	12.46
资产总计	千元	13 241 222	1 735 892	7 322 877
资产总计比去年同期增长	%	17.56	22.64	12.26
负债合计	千元	10 473 563	957 005	4 221 825
负债合计比去年同期增长	%	18.26	27.97	6.69
产品销售收入	千元	14 538 310	1 670 352	3 993 928
产品销售收入比去年同期增长	%	12.21	67.20	19.56
产品销售成本	千元	10 633 136	1 428 050	2 672 656
产品销售成本比去年同期增长	%	7.69	70.95	22.68
产品销售费用	千元	449 202	88 555	456 332
产品销售费用比去年同期增长	%	22.43	72.69	26.05
产品销售税金及附加	千元	33 814	7 221	293 664

（续）

项　　目	单位	农副食品加工业	食品制造业	饮料制造业
产品销售税金及附加比去年同期增长	%	72.44	−19.78	−7.25
管理费用	千元	418 068	66 576	299 161
管理费用比去年同期增长	%	−8.49	15.88	10.08
财务费用	千元	384 974	14 292	62 788
财务费用比去年同期增长	%	−9.32	11.87	−7.56
利润总额	千元	352 300	23 833	59 659
去年同期利润总额	千元	188 441	6 090	47 751
全部从业人员平均人数	人	43 003	12 015	34 636
全部从业人员平均人数比去年同期增长	人	4.79	8.73	−4.96
工业总产值	千元	16 423 480	1 784 953	4 473 077
工业总产值比上年同期增长	%	17.29	58.15	22.19
工业总产值（1990 年不变价格）	千元	15 392 077	1 789 201	4 270 383
工业总产值（1990年不变价格）比上年同期增长	%	13.59	55.92	21.35
工业销售产值	千元	15 606 359	1 727 358	4 286 504
工业销售产值比上年同期增长	%	16.41	55.25	21.51
出口交货值	千元	563 219	14 614	213 393
出口交货值比上年同期增长	%	−24.94	−3.78	22 386.09
税金总额	千元	117 033	35 879	495 860
税金总额比去年同期增长	%	−5.11	4.33	−6.63
资本保值增值率	%	114.99	116.67	120.84
资产负债率	%	79.10	55.13	57.65
产值利税率	%	2.35	3.35	12.42
资金利润率	%	3.55	4.13	8.87
流动资产周转次数	次	2.84	2.76	1.53
成本费用利润率	%	2.96	1.49	1.71
人均销售率	元	338 076.65	139 022.22	115 311.47
产成品资金占用率	%	23.85	27.22	9.46

表 114　2003 年黑龙江省农副食品加工业、食品制造业、饮料制造业主要经济效益指标

项　　目	单位	农副食品加工业	食品制造业	饮料制造业
企业单位数	个	289	133	113
亏损企业单位数	个	51	31	28
亏损企业亏损总额	千元	102 725	207 260	42 332
亏损总额比去年同期增长	%	−38.19	38.59	−49.79
应收账款净额	千元	1 465 693	1 301 687	470 580
应收账款净额比去年同期增长	%	9.39	37.35	−19.26
产成品	千元	1 284 307	536 688	430 096
产成品比去年同期增长	%	−7.82	35.66	12.02
流动资产平均余额	千元	9 396 385	3 672 605	3 251 846
流动资产平均余额比去年同期增长	%	12.86	21.27	7.97
固定资产净值平均余额	千元	6 594 855	3 498 711	4 424 981
固定资产净值平均余额比去年同期增长	%	2.52	16.45	18.02
资产总计	千元	18 512 601	8 806 455	8 720 679

（续）

项　　目	单位	农副食品加工业	食品制造业	饮料制造业
资产总计比去年同期增长	%	9.17	29.69	18.69
负债合计	千元	14 057 087	5 797 302	6 109 106
负债合计比去年同期增长	%	12.24	32.65	28.83
产品销售收入	千元	14 908 095	8 763 871	6 083 239
产品销售收入比去年同期增长	%	29.41	19.78	21.28
产品销售成本	千元	13 495 013	6 212 190	4 124 093
产品销售成本比去年同期增长	%	30.73	18.36	20.39
产品销售费用	千元	508 631	1 223 062	544 601
产品销售费用比去年同期增长	%	10.98	41.62	17.33
产品销售税金及附加	千元	41 992	32 067	470 113
产品销售税金及附加比去年同期增长	%	−1.84	−19.46	−3.98
管理费用	千元	516 326	656 864	465 870
管理费用比去年同期增长	%	14.58	21.39	10.91
财务费用	千元	272 246	117 840	127 457
财务费用比去年同期增长	%	37.07	27.73	−4.24
利润总额	千元	300 851	563 319	361 880
去年同期利润总额	千元	137 829	485 757	204 115
全部从业人员平均人数	人	58 531	31 915	31 633
全部从业人员平均人数比去年同期增长	人	2.58	15.11	5.43
工业总产值	千元	15 650 273	9 456 183	6 579 730
工业总产值比上年同期增长	%	24.86	23.31	18.24
工业总产值（1990 年不变价格）	千元	10 894 711	6 983 299	5 625 474
工业总产值（1990年不变价格）比上年同期增长	%	17.49	24.24	17.13
工业销售产值	千元	15 278 445	9 259 082	6 376 679
工业销售产值比上年同期增长	%	26.98	24.59	16.31
出口交货值	千元	276 603	164 780	12 810
出口交货值比上年同期增长	%	100.74	46.79	−28
税金总额	千元	336 540	546 143	875 047
税金总额比去年同期增长	%	24.82	10.04	6.18
资本保值增值率	%	100.5	124.35	100.24
资产负债率	%	75.93	65.83	70.05
产值利税率	%	4.05	11.73	18.8
资金利润率	%	3.96	15.47	16.11
流动资产周转次数	次	1.59	2.39	1.87
成本费用利润率	%	2.03	6.86	6.88
人均销售率	元	254 704.26	274 600.38	192 306.74
产成品资金占用率	%	13.67	14.61	13.23

表115 2003年上海市农副食品加工业、食品制造业、饮料制造业主要经济效益指标

项 目	单位	农副食品加工业	食品制造业	饮料制造业
企业单位数	个	149	238	50
亏损企业单位数	个	46	70	20
亏损企业亏损总额	千元	128 928	731 524	302 048
亏损总额比去年同期增长	%	−49.81	22.96	−30.26
应收账款净额	千元	1 136 438	3 030 189	557 304
应收账款净额比去年同期增长	%	24.17	17.58	−2.85
产成品	千元	811 121	797 153	361 415
产成品比去年同期增长	%	24.76	9.36	−2.31
流动资产平均余额	千元	4 047 309	10 976 529	4 784 445
流动资产平均余额比去年同期增长	%	14.25	11.64	7.26
固定资产净值平均余额	千元	2 115 626	5 309 833	3 496 014
固定资产净值平均余额比去年同期增长	%	−0.32	1.60	−4.82
资产总计	千元	7 669 797	20 366 008	10 323 249
资产总计比去年同期增长	%	4.29	10.56	3.79
负债合计	千元	4 640 087	11 122 185	5 683 851
负债合计比去年同期增长	%	3.44	25.24	0.24
产品销售收入	千元	11 500 041	16 860 290	8 171 737
产品销售收入比去年同期增长	%	32.04	9.86	15.39
产品销售成本	千元	10 417 314	11 856 786	4 420 131
产品销售成本比去年同期增长	%	33.1	11.03	12.17
产品销售费用	千元	582 175	3 326 213	2 338 840
产品销售费用比去年同期增长	%	11.19	13.02	16.34
产品销售税金及附加	千元	7 782	20 547	136 715
产品销售税金及附加比去年同期增长	%	−7.31	−1.05	13.20
管理费用	千元	372 648	1 203 624	776 338
管理费用比去年同期增长	%	5.66	2.67	3.85
财务费用	千元	100 840	141 136	101 137
财务费用比去年同期增长	%	−13.32	−5.40	−2.08
利润总额	千元	279 045	611 269	479 857
去年同期利润总额	千元	−17 964	513 621	191 023
全部从业人员平均人数	人	21 044	55 274	12 880
全部从业人员平均人数比去年同期增长	人	−0.51	10.69	−1.29
工业总产值	千元	11 296 129	16 974 118	8 056 156
工业总产值比上年同期增长	%	33.18	8.10	15.02
工业总产值（1990年不变价格）	千元	8 788 094	14 018 460	8 615 824
工业总产值（1990年不变价格）比上年同期增长	%	22.18	9.58	16.14
工业销售产值	千元	10 920 199	16 484 733	8 201 658
工业销售产值比上年同期增长	%	29.72	7.05	17.78
出口交货值	千元	596 674	1 012 173	297 180
出口交货值比上年同期增长	%	9.38	3.95	8.07
税金总额	千元	174 611	1 002 063	794 001
税金总额比去年同期增长	%	47.75	20.92	16.17
资本保值增值率	%	105.62	96.89	108.50
资产负债率	%	60.5	54.61	55.06
产值利税率	%	4.02	9.5	15.81
资金利润率	%	7.36	9.91	15.38
流动资产周转次数	次	2.84	1.54	1.71
成本费用利润率	%	2.43	3.70	6.28
人均销售率	元	546 476	305 031.12	634 451.63
产成品资金占用率	%	20.04	7.26	7.55

表116 2003年江苏省农副食品加工业、食品制造业、饮料制造业主要经济效益指标

项　目	单位	农副食品加工业	食品制造业	饮料制造业
企业单位数	个	149	238	50
亏损企业单位数	个	46	70	20
亏损企业亏损总额	千元	128 928	731 524	302 048
亏损总额比去年同期增长	%	−49.81	22.96	−30.26
应收账款净额	千元	1 136 438	3 030 189	557 304
应收账款净额比去年同期增长	%	24.17	17.58	−2.85
产成品	千元	811 121	797 153	361 415
产成品比去年同期增长	%	24.76	9.36	−2.31
流动资产平均余额	千元	4 047 309	10 976 529	4 784 445
流动资产平均余额比去年同期增长	%	14.25	11.64	7.26
固定资产净值平均余额	千元	2 115 626	5 309 833	3 496 014
固定资产净值平均余额比去年同期增长	%	−0.32	1.60	−4.82
资产总计	千元	7 669 797	20 366 008	10 323 249
资产总计比去年同期增长	%	4.29	10.56	3.79
负债合计	千元	4 640 087	11 122 185	5 683 851
负债合计比去年同期增长	%	3.44	25.24	0.24
产品销售收入	千元	11 500 041	16 860 290	8 171 737
产品销售收入比去年同期增长	%	32.04	9.86	15.39
产品销售成本	千元	10 417 314	11 856 786	4 420 131
产品销售成本比去年同期增长	%	33.1	11.03	12.17
产品销售费用	千元	582 175	3 326 213	2 338 840
产品销售费用比去年同期增长	%	11.19	13.02	16.34
产品销售税金及附加	千元	7 782	20 547	136 715
产品销售税金及附加比去年同期增长	%	−7.31	−1.05	13.20
管理费用	千元	372 648	1 203 624	776 338
管理费用比去年同期增长	%	5.66	2.67	3.85
财务费用	千元	100 840	141 136	101 137
财务费用比去年同期增长	%	−13.32	−5.40	−2.08
利润总额	千元	279 045	611 269	479 857
去年同期利润总额	千元	−17 964	513 621	191 023
全部从业人员平均人数	人	21 044	55 274	12 880
全部从业人员平均人数比去年同期增长	人	−0.51	10.69	−1.29
工业总产值	千元	11 296 129	16 974 118	8 056 156
工业总产值比上年同期增长	%	33.18	8.10	15.02
工业总产值（1990年不变价格）	千元	8 788 094	14 018 460	8 615 824
工业总产值（1990年不变价格）比上年同期增长	%	22.18	9.58	16.14
工业销售产值	千元	10 920 199	16 484 733	8 201 658
工业销售产值比上年同期增长	%	29.72	7.05	17.78
出口交货值	千元	596 674	1 012 173	297 180
出口交货值比上年同期增长	%	9.38	3.95	8.07
税金总额	千元	174 611	1 002 063	794 001
税金总额比去年同期增长	%	47.75	20.92	16.17
资本保值增值率	%	105.62	96.89	108.5
资产负债率	%	60.50	54.61	55.06
产值利税率	%	4.02	9.50	15.81
资金利润率	%	7.36	9.91	15.38
流动资产周转次数	次	2.84	1.54	1.71
成本费用利润率	%	2.43	3.70	6.28
人均销售率	元	546 476	305 031.12	634 451.63
产成品资金占用率	%	20.04	7.26	7.55

表 117　2003 年浙江省农副食品加工业、食品制造业、饮料制造业主要经济效益指标

项　目	单位	农副食品加工业	食品制造业	饮料制造业
企业单位数	个	635	269	230
亏损企业单位数	个	121	39	33
亏损企业亏损总额	千元	117 599	54 407	61 852
亏损总额比去年同期增长	%	－10.58	33.36	－48.44
应收账款净额	千元	2 152 004	1 264 896	1 199 476
应收账款净额比去年同期增长	%	26.12	26.93	20.41
产成品	千元	2 287 165	1 265 196	1 739 956
产成品比去年同期增长	%	14.79	8.53	10.02
流动资产平均余额	千元	10 471 691	5 660 414	8 908 053
流动资产平均余额比去年同期增长	%	21.86	19.79	1.51
固定资产净值平均余额	千元	5 556 267	3 436 004	9 157 305
固定资产净值平均余额比去年同期增长	%	5.92	5.84	16.32
资产总计	千元	19 438 162	11 083 115	22 134 483
资产总计比去年同期增长	%	18.83	15.22	13.59
负债合计	千元	12 544 741	6 700 971	10 909 663
负债合计比去年同期增长	%	18.24	17.07	15.58
产品销售收入	千元	24 816 635	11 693 470	19 935 142
产品销售收入比去年同期增长	%	19.27	21.02	17.18
产品销售成本	千元	22 631 111	9 442 250	12 312 955
产品销售成本比去年同期增长	%	20.67	23.62	18.49
产品销售费用	千元	629 738	843 094	3 739 757
产品销售费用比去年同期增长	%	9.61	12.54	16.80
产品销售税金及附加	千元	98 641	45 037	619 269
产品销售税金及附加比去年同期增长	%	3.32	11.97	11.1
管理费用	千元	707 278	555 476	979 988
管理费用比去年同期增长	%	3.65	8.62	0.73
财务费用	千元	361 025	143 105	210 284
财务费用比去年同期增长	%	11.41	22.82	－7.85
利润总额	千元	633 797	705 226	2 171 432
去年同期利润总额	千元	538 114	701 419	1 698 516
全部从业人员平均人数	人	63 597	56 689	41 232
全部从业人员平均人数比去年同期增长	人	5.69	4.64	－0.52
工业总产值	千元	25 651 309	11 354 546	20 036 344
工业总产值比上年同期增长	%	19.33	14.79	17.80
工业总产值（1990 年不变价格）	千元	27 305 823	12 086 917	21 328 689
工业总产值（1990 年不变价格）比上年同期增长	%	21.54	16.93	19.99
工业销售产值	千元	24 960 760	11 455 191	19 941 635
工业销售产值比上年同期增长	%	20.46	20.85	19.54
出口交货值	千元	7 626 319	2 864 816	1 880 042
出口交货值比上年同期增长	%	20.12	22.69	16.52
税金总额	千元	513 182	472 206	1 793 074
税金总额比去年同期增长	%	9.36	7.62	10.5
资本保值增值率	%	119.94	112.49	111.72
资产负债率	%	64.54	60.46	49.29
产值利税率	%	4.47	10.37	19.79
资金利润率	%	7.16	12.94	21.95
流动资产周转次数	次	2.37	2.07	2.24
成本费用利润率	%	2.61	6.42	12.59
人均销售率	元	390 217.07	206 274.06	483 487.15
产成品资金占用率	%	21.84	22.35	19.53

表 118　2003 年安徽省农副食品加工业、食品制造业、饮料制造业主要经济效益指标

项　目	单位	农副食品加工业	食品制造业	饮料制造业
企业单位数	个	390	87	123
亏损企业单位数	个	91	17	50
亏损企业亏损总额	千元	107 315	8 678	123 346
亏损总额比去年同期增长	%	14.24	−20.25	44.84
应收账款净额	千元	735 445	608 611	1 492 300
应收账款净额比去年同期增长	%	4.52	−4.86	−7.82
产成品	千元	1 106 319	310 887	1 186 446
产成品比去年同期增长	%	84.91	−1.68	12.73
流动资产平均余额	千元	4 285 612	3 065 362	7 690 685
流动资产平均余额比去年同期增长	%	39.43	4.94	3.31
固定资产净值平均余额	千元	3 465 063	3 903 478	4 560 331
固定资产净值平均余额比去年同期增长	%	15.69	13.29	−0.26
资产总计	千元	9 083 303	11 799 310	14 355 342
资产总计比去年同期增长	%	22.86	46.13	1.38
负债合计	千元	6 233 703	7 790 661	8 689 000
负债合计比去年同期增长	%	13.27	44.86	−1.18
产品销售收入	千元	12 025 593	3 646 561	6 437 686
产品销售收入比去年同期增长	%	25.81	17.55	2.28
产品销售成本	千元	10 826 141	2 885 475	4 270 062
产品销售成本比去年同期增长	%	25.04	14.14	4.61
产品销售费用	千元	467 696	207 848	725 795
产品销售费用比去年同期增长	%	21.12	23.17	11.88
产品销售税金及附加	千元	35 852	11 844	716 763
产品销售税金及附加比去年同期增长	%	6.69	−2.12	−7.76
管理费用	千元	298 404	240 527	524 598
管理费用比去年同期增长	%	13.3	7.49	1.91
财务费用	千元	131 355	128 979	146 547
财务费用比去年同期增长	%	8.69	73.29	−11.74
利润总额	千元	221 053	273 300	145 293
去年同期利润总额	千元	143 071	226 416	154 114
全部从业人员平均人数	人	51 996	25 117	52 567
全部从业人员平均人数比去年同期增长	人	10.15	17.98	−2.59
工业总产值	千元	12 581 160	3 492 074	7 079 999
工业总产值比上年同期增长	%	22.11	25.99	2.67
工业总产值（1990 年不变价格）	千元	9 697 067	3 916 185	5 002 872
工业总产值（1990 年不变价格）比上年同期增长	%	19.23	26.12	1.87
工业销售产值	千元	12 345 604	3 461 000	6 768 930
工业销售产值比上年同期增长	%	20.51	25.17	0.33
出口交货值	千元	610 372	971 642	82 016
出口交货值比上年同期增长	%	8.75	32.24	146.69
税金总额	千元	157 585	110 560	1 111 701
税金总额比去年同期增长	%	12.12	44.7	−3.29
资本保值增值率	%	150.78	148.67	105.58
资产负债率	%	68.63	66.03	60.53
产值利税率	%	3.01	10.97	17.75
资金利润率	%	4.88	5.5	10.26
流动资产周转次数	次	2.81	1.19	0.84
成本费用利润率	%	1.89	7.89	2.56
人均销售率	元	231 279.19	145 182.98	122 466.3
产成品资金占用率	%	25.81	10.14	15.43

表119 2003年福建省农副食品加工业、食品制造业、饮料制造业主要经济效益指标

项 目	单位	农副食品加工业	食品制造业	饮料制造业
企业单位数	个	457	274	172
亏损企业单位数	个	114	72	41
亏损企业亏损总额	千元	262 222	68 537	107 134
亏损总额比去年同期增长	%	37.74	－1.69	－32.86
应收账款净额	千元	1 580 132	845 843	537 298
应收账款净额比去年同期增长	%	22.82	33.55	37.14
产成品	千元	1 473 630	1 019 816	313 906
产成品比去年同期增长	%	5.34	17.04	12.27
流动资产平均余额	千元	7 150 485	3 780 390	3 239 458
流动资产平均余额比去年同期增长	%	28.05	25.3	26.9
固定资产净值平均余额	千元	4 548 168	2 925 742	3 988 657
固定资产净值平均余额比去年同期增长	%	11.62	9.49	18.32
资产总计	千元	14 357 512	8 106 753	8 142 174
资产总计比去年同期增长	%	28.13	18.6	21.6
负债合计	千元	7 585 206	4 686 032	4 119 134
负债合计比去年同期增长	%	26.61	31.45	22.24
产品销售收入	千元	19 197 593	8 824 935	6 280 342
产品销售收入比去年同期增长	%	22.09	31.72	21.51
产品销售成本	千元	17 594 971	7 398 824	4 528 186
产品销售成本比去年同期增长	%	31.03	28.83	20.85
产品销售费用	千元	500 928	478 816	730 186
产品销售费用比去年同期增长	%	30.52	40.73	19.32
产品销售税金及附加	千元	50 431	44 300	388 235
产品销售税金及附加比去年同期增长	%	13.35	36.86	13.78
管理费用	千元	553 240	351 296	291 416
管理费用比去年同期增长	%	16.58	21.53	5.25
财务费用	千元	246 083	116 242	95 841
财务费用比去年同期增长	%	26.96	31.78	－6.86
利润总额	千元	253 702	279 171	265 921
去年同期利润总额	千元	161 362	187 897	127 640
全部从业人员平均人数	人	69 100	46 770	24 198
全部从业人员平均人数比去年同期增长	人	29.97	17.94	15.64
工业总产值	千元	19 641 860	9 474 698	6 888 245
工业总产值比上年同期增长	%	25.09	25.93	23.94
工业总产值（1990年不变价格）	千元	18 351 527	9 318 474	5 776 280
工业总产值（1990年不变价格）比上年同期增长	%	17.76	25.99	26.87
工业销售产值	千元	18 916 357	9 163 149	6 687 490
工业销售产值比上年同期增长	%	28.16	27.76	21.36
出口交货值	千元	6 116 561	2 585 247	331 720
出口交货值比上年同期增长	%	7.72	20.29	11.3
税金总额	千元	206 229	271 622	754 310
税金总额比去年同期增长	%	12.42	18.69	19.9
资本保值增值率	%	129.87	104.6	120.95
资产负债率	%	52.83	57.8	50.59
产值利税率	%	2.03	5.75	14.8
资金利润率	%	3.41	8.12	14.11
流动资产周转次数	次	2.68	2.33	1.94
成本费用利润率	%	1.34	3.35	4.71
人均销售率	元	277 823.34	188 687.94	259 539.71
产成品资金占用率	%	20.61	26.98	9.69

表120 2003年江西省农副食品加工业、食品制造业、饮料制造业主要经济效益指标

项　目	单位	农副食品加工业	食品制造业	饮料制造业
企业单位数	个	250	94	92
亏损企业单位数	个	74	25	25
亏损企业亏损总额	千元	44 191	32 448	19 168
亏损总额比去年同期增长	%	58.28	－37.35	－30.28
应收账款净额	千元	271 479	183 569	217 764
应收账款净额比去年同期增长	%	14.12	－2.22	10.03
产成品	千元	236 067	112 019	297 391
产成品比去年同期增长	%	36	6.29	30.75
流动资产平均余额	千元	1 515 516	929 336	1 738 968
流动资产平均余额比去年同期增长	%	19.33	7.93	31.4
固定资产净值平均余额	千元	1 402 177	821 269	1 378 218
固定资产净值平均余额比去年同期增长	%	9.09	7.63	18.74
资产总计	千元	3 414 038	2 012 321	3 961 582
资产总计比去年同期增长	%	18.36	7.33	26.11
负债合计	千元	2 109 063	1 328 193	2 320 192
负债合计比去年同期增长	%	10.67	3.37	9.11
产品销售收入	千元	5 182 239	2 108 554	2 128 988
产品销售收入比去年同期增长	%	17.43	5.75	35.35
产品销售成本	千元	4 590 803	1 629 094	1 338 137
产品销售成本比去年同期增长	%	16.97	0.60	33.15
产品销售费用	千元	196 049	215 156	161 346
产品销售费用比去年同期增长	%	15.84	14.23	9.78
产品销售税金及附加	千元	16 285	14 334	201 347
产品销售税金及附加比去年同期增长	%	44.78	30.40	7.11
管理费用	千元	147 050	98 703	175 586
管理费用比去年同期增长	%	10.52	－16.38	35.04
财务费用	千元	40 453	33 161	35 723
财务费用比去年同期增长	%	1.73	－28.96	27.11
利润总额	千元	50 434	69 059	90 398
去年同期利润总额	千元	48 991	13 036	20 632
全部从业人员平均人数	人	26 466	18 662	16 039
全部从业人员平均人数比去年同期增长	人	3.22	8.84	6.13
工业总产值	千元	5 805 538	2 233 395	2 354 021
工业总产值比上年同期增长	%	6.62	2.89	27.55
工业总产值（1990年不变价格）	千元	4 672 054	2 007 521	1 576 498
工业总产值（1990年不变价格）比上年同期增长	%	8.40	7.23	24.36
工业销售产值	千元	5 582 684	2 255 286	2 224 641
工业销售产值比上年同期增长	%	2.58	7.88	20.76
出口交货值	千元	293 407	26 297	4 502
出口交货值比上年同期增长	%	－3.63	－10.86	0
税金总额	千元	60 914	94 877	326 696
税金总额比去年同期增长	%	46.77	21.13	10.74
资本保值增值率	%	133.34	115.96	161.71
资产负债率	%	61.78	66	58.57
产值利税率	%	1.91	7.34	17.72
资金利润率	%	3.81	9.36	13.38
流动资产周转次数	次	3.42	2.27	1.22
成本费用利润率	%	1.01	3.49	5.28
人均销售率	元	195 807.41	112 986.50	132 738.2
产成品资金占用率	%	15.58	12.05	17.1

表 121　2003 年山东省农副食品加工业、食品制造业、饮料制造业主要经济效益指标

项　目	单位	农副食品加工业	食品制造业	饮料制造业
企业单位数	个	1 784	517	283
亏损企业单位数	个	180	61	39
亏损企业亏损总额	千元	245 778	110 404	175 146
亏损总额比去年同期增长	%	5.34	14.15	－19.86
应收账款净额	千元	6 659 435	2 015 540	2 060 476
应收账款净额比去年同期增长	%	20.84	35.87	12.07
产成品	千元	7 011 930	1 503 643	2 279 214
产成品比去年同期增长	%	15.77	18.62	14.27
流动资产平均余额	千元	41 516 996	10 778 565	15 521 966
流动资产平均余额比去年同期增长	%	28	34.82	22.38
固定资产净值平均余额	千元	26 613 726	9 326 320	11 089 442
固定资产净值平均余额比去年同期增长	%	19.52	32.76	8.11
资产总计	千元	85 067 571	26 250 933	33 048 600
资产总计比去年同期增长	%	28.66	42.37	13
负债合计	千元	54 811 240	14 940 064	18 778 856
负债合计比去年同期增长	%	28.94	34.24	14.83
产品销售收入	千元	146 205 670	28 603 348	24 052 695
产品销售收入比去年同期增长	%	31.75	46.56	22.35
产品销售成本	千元	131 752 216	24 138 872	17 641 719
产品销售成本比去年同期增长	%	32.11	48.6	25.9
产品销售费用	千元	3 255 607	1 167 797	1 875 545
产品销售费用比去年同期增长	%	19.78	33.52	12.46
产品销售税金及附加	千元	646 711	223 440	1 612 616
产品销售税金及附加比去年同期增长	%	67.13	48.14	3.53
管理费用	千元	3 013 843	1 058 517	1 379 785
管理费用比去年同期增长	%	15.19	22.37	7.12
财务费用	千元	1 647 055	398 079	389 260
财务费用比去年同期增长	%	18.97	48.62	－0.99
利润总额	千元	5 902 344	1 733 558	1 428 111
去年同期利润总额	千元	4 167 607	1 195 651	993 915
全部从业人员平均人数	人	442 856	122 202	115 520
全部从业人员平均人数比去年同期增长	人	14.62	14.46	－1.58
工业总产值	千元	158 113 019	30 432 902	25 036 994
工业总产值比上年同期增长	%	31.73	41.17	21.71
工业总产值（1990 年不变价格）	千元	115 497 944	22 529 975	17 790 538
工业总产值（1990 年不变价格）比上年同期增长	%	26.37	36.56	19.32
工业销售产值	千元	154 960 430	29 490 539	25 118 866
工业销售产值比上年同期增长	%	31.99	43.05	23.04
出口交货值	千元	27 990 347	5 986 654	1 780 644
出口交货值比上年同期增长	%	27.17	69.23	62.94
税金总额	千元	2 874 026	1 068 277	2 863 743
税金总额比去年同期增长	%	30.11	43.47	5.81
资本保值增值率	%	128.14	154.75	110.68
资产负债率	%	64.43	56.91	56.82
产值利税率	%	5.54	9.21	17.14
资金利润率	%	12.85	13.94	16.13
流动资产周转次数	次	3.52	2.65	1.55
成本费用利润率	%	4.23	6.48	6.71
人均销售率	元	330 142.69	234 066.12	208 212.39
产成品资金占用率	%	16.89	13.95	14.68

表122 2003年河南省农副食品加工业、食品制造业、饮料制造业主要经济效益指标

项　目	单位	农副食品加工业	食品制造业	饮料制造业
企业单位数	个	1 063	303	177
亏损企业单位数	个	111	31	27
亏损企业亏损总额	千元	156 279	59 303	46 576
亏损总额比去年同期增长	%	−17.23	34.16	−36.72
应收账款净额	千元	1 901 646	1 631 574	1 023 708
应收账款净额比去年同期增长	%	14.87	−7.34	−0.93
产成品	千元	1 505 966	753 108	867 822
产成品比去年同期增长	%	8.01	3.84	−4.46
流动资产平均余额	千元	11 447 278	7 612 340	5 356 405
流动资产平均余额比去年同期增长	%	21.16	14.90	8.95
固定资产净值平均余额	千元	8 497 537	5 516 551	3 879 091
固定资产净值平均余额比去年同期增长	%	8.81	11.38	0.99
资产总计	千元	24 377 778	16 159 592	10 742 145
资产总计比去年同期增长	%	18.77	12.79	5.28
负债合计	千元	14 651 559	8 972 685	7 309 030
负债合计比去年同期增长	%	14.94	10.39	−4.01
产品销售收入	千元	47 473 464	15 544 110	7 247 100
产品销售收入比去年同期增长	%	27.48	26.42	14.05
产品销售成本	千元	42 603 841	13 123 700	5 627 398
产品销售成本比去年同期增长	%	27.99	28.52	11.91
产品销售费用	千元	1 596 074	830 737	569 296
产品销售费用比去年同期增长	%	24.68	22.10	21.12
产品销售税金及附加	千元	146 534	78 409	326 866
产品销售税金及附加比去年同期增长	%	−16.53	26.05	−3.65
管理费用	千元	828 851	520 670	301 263
管理费用比去年同期增长	%	4.13	15	−3.72
财务费用	千元	449 769	403 288	131 121
财务费用比去年同期增长	%	11.03	6.11	−0.97
利润总额	千元	1 989 014	570 936	241 071
去年同期利润总额	千元	1 370 221	498 741	148 039
全部从业人员平均人数	人	150 989	101 455	56 185
全部从业人员平均人数比去年同期增长	人	6.18	4.44	1.1
工业总产值	千元	48 538 956	18 670 057	8 635 427
工业总产值比上年同期增长	%	25.42	21.67	10.85
工业总产值（1990年不变价格）	千元	38 026 833	14 691 135	6 284 295
工业总产值（1990年不变价格）比上年同期增长	%	23.26	14.07	8.32
工业销售产值	千元	47 834 737	18 065 900	8 446 386
工业销售产值比上年同期增长	%	26.49	20.84	10.71
出口交货值	千元	1 237 139	333 327	353 053
出口交货值比上年同期增长	%	87.78	22.13	115.96
税金总额	千元	758 847	480 607	567 355
税金总额比去年同期增长	%	10.34	10.44	0.66
资本保值增值率	%	125.06	115.94	132.60
资产负债率	%	60.10	55.53	68.04
产值利税率	%	5.66	5.63	9.36
资金利润率	%	13.78	8.01	8.75
流动资产周转次数	次	4.15	2.04	1.35
成本费用利润率	%	4.37	3.84	3.64
人均销售率	元	314 416.71	153 211.87	128 986.38
产成品资金占用率	%	13.16	9.89	16.2

表 123　2003 年湖北省农副食品加工业、食品制造业、饮料制造业主要经济效益指标

项　目	单位	农副食品加工业	食品制造业	饮料制造业
企业单位数	个	570	188	161
亏损企业单位数	个	78	30	36
亏损企业亏损总额	千元	77 324	39 683	74 687
亏损总额比去年同期增长	%	62.70	－15.53	2.25
应收账款净额	千元	752 818	685 451	580 002
应收账款净额比去年同期增长	%	16.33	12.05	9.76
产成品	千元	1 045 153	292 362	339 900
产成品比去年同期增长	%	12.69	18.31	9.62
流动资产平均余额	千元	5 615 046	2 493 521	4 516 636
流动资产平均余额比去年同期增长	%	16.28	11.73	21.09
固定资产净值平均余额	千元	4 924 067	2 848 643	3 862 258
固定资产净值平均余额比去年同期增长	%	0.89	7.36	0.05
资产总计	千元	13 013 764	6 368 311	10 017 266
资产总计比去年同期增长	%	12.61	13.08	12.61
负债合计	千元	8 038 508	3 922 064	5 722 319
负债合计比去年同期增长	%	9.82	18.15	17.76
产品销售收入	千元	17 293 672	6 262 455	7 773 811
产品销售收入比去年同期增长	%	20.93	24.90	9.79
产品销售成本	千元	14 777 386	4 769 956	4 764 518
产品销售成本比去年同期增长	%	21.56	23.89	11.49
产品销售费用	千元	563 191	681 786	1 320 469
产品销售费用比去年同期增长	%	17.55	17.27	6.55
产品销售税金及附加	千元	164 676	74 810	433 917
产品销售税金及附加比去年同期增长	%	1.69	0.65	14.32
管理费用	千元	531 445	296 460	415 734
管理费用比去年同期增长	%	18.80	20.17	0.36
财务费用	千元	226 840	86 141	57 687
财务费用比去年同期增长	%	10.70	23.37	9.97
利润总额	千元	423 846	243 388	653 626
去年同期利润总额	千元	380 081	137 260	552 027
全部从业人员平均人数	人	70 358	41 307	40 819
全部从业人员平均人数比去年同期增长	人	3.58	13.43	1.59
工业总产值	千元	19 333 718	6 671 473	9 046 321
工业总产值比上年同期增长	%	19.69	25.46	10.02
工业总产值（1990 年不变价格）	千元	16 574 799	6 443 725	7 590 819
工业总产值（1990 年不变价格）比上年同期增长	%	17.82	23.42	10.54
工业销售产值	千元	18 916 957	6 836 269	8 908 667
工业销售产值比上年同期增长	%	20.94	32.2	9.07
出口交货值	千元	452 763	398 599	82 815
出口交货值比上年同期增长	%	28.75	82.55	80.38
税金总额	千元	401 948	313 051	923 824
税金总额比去年同期增长	%	4.32	16.28	9.67
资本保值增值率	%	117.43	105.81	106.41
资产负债率	%	61.77	61.59	57.12
产值利税率	%	4.27	8.34	17.44
资金利润率	%	7.84	10.42	18.83
流动资产周转次数	次	3.08	2.51	1.72
成本费用利润率	%	2.63	4.17	9.97
人均销售率	元	245 795.39	151 607.60	190 445.90
产成品资金占用率	%	18.61	11.72	7.53

表124　2003年湖南省农副食品加工业、食品制造业、饮料制造业主要经济效益指标

项　目	单位	农副食品加工业	食品制造业	饮料制造业
企业单位数	个	366	143	121
亏损企业单位数	个	79	28	24
亏损企业亏损总额	千元	108 467	31 832	34 734
亏损总额比去年同期增长	%	41.25	−23.51	−78.96
应收账款净额	千元	636 795	243 720	733 370
应收账款净额比去年同期增长	%	−5.48	−3.51	15.42
产成品	千元	526 466	171 716	384 516
产成品比去年同期增长	%	5.32	−12.71	−2.74
流动资产平均余额	千元	4 408 365	1 380 182	3 511 788
流动资产平均余额比去年同期增长	%	−2.46	24.72	1.98
固定资产净值平均余额	千元	3 863 687	1 024 258	2 318 694
固定资产净值平均余额比去年同期增长	%	2.83	0.18	1.02
资产总计	千元	10 984 145	3 006 133	6 772 088
资产总计比去年同期增长	%	5.39	15.35	2.89
负债合计	千元	5 899 468	1 706 793	4 620 726
负债合计比去年同期增长	%	−1.12	3.83	0.47
产品销售收入	千元	11 861 148	3 214 499	4 023 673
产品销售收入比去年同期增长	%	15.96	43.89	21.20
产品销售成本	千元	10 518 422	2 494 722	2 713 533
产品销售成本比去年同期增长	%	18.50	41.09	19.78
产品销售费用	千元	662 074	370 363	382 819
产品销售费用比去年同期增长	%	11.19	69.33	17
产品销售税金及附加	千元	42 348	17 392	218 290
产品销售税金及附加比去年同期增长	%	−2.34	50.95	11.91
管理费用	千元	431 361	134 359	336 628
管理费用比去年同期增长	%	1.28	−1.55	−7.19
财务费用	千元	144 414	33 711	78 485
财务费用比去年同期增长	%	2.34	−7.74	2.31
利润总额	千元	176 062	156 480	241 148
去年同期利润总额	千元	227 664	107 796	15 081
全部从业人员平均人数	人	42 446	23 464	21 551
全部从业人员平均人数比去年同期增长	人	16.98	7.60	−2.13
工业总产值	千元	13 909 635	3 605 186	4 246 048
工业总产值比上年同期增长	%	18.41	39.52	19.29
工业总产值（1990年不变价格）	千元	10 560 533	2 847 307	3 256 172
工业总产值（1990年不变价格）比上年同期增长	%	21.23	39.50	19.67
工业销售产值	千元	13 797 025	3 596 946	4 359 343
工业销售产值比上年同期增长	%	17.62	46.14	20.69
出口交货值	千元	552 272	351 577	35 938
出口交货值比上年同期增长	%	17.60	2.64	92.35
税金总额	千元	120 235	121 386	465 318
税金总额比去年同期增长	%	2.37	27.83	17.81
资本保值增值率	%	114.11	135.03	108.51
资产负债率	%	53.71	56.78	68.23
产值利税率	%	2.12	7.71	16.64
资金利润率	%	3.56	11.56	12.12
流动资产周转次数	次	2.69	2.33	1.15
成本费用利润率	%	1.50	5.16	6.87
人均销售率	元	279 440.89	136 997.06	186 704.70
产成品资金占用率	%	11.94	12.44	10.95

表 125 2003 年广东省农副食品加工业、食品制造业、饮料制造业主要经济效益指标

项 目	单位	农副食品加工业	食品制造业	饮料制造业
企业单位数	个	630	520	228
亏损企业单位数	个	190	118	57
亏损企业亏损总额	千元	349 503	428 627	228 825
亏损总额比去年同期增长	%	−28.64	−12.26	17.42
应收账款净额	千元	4 720 949	4 048 903	2 590 024
应收账款净额比去年同期增长	%	12.3	4.73	11.84
产成品	千元	3 332 139	2 213 576	1 099 139
产成品比去年同期增长	%	29.34	13.83	14.16
流动资产平均余额	千元	17 990 169	15 730 604	13 475 711
流动资产平均余额比去年同期增长	%	13.84	0.71	30.22
固定资产净值平均余额	千元	10 466 074	10 373 793	10 241 398
固定资产净值平均余额比去年同期增长	%	3.92	0.43	−1.95
资产总计	千元	35 213 085	29 911 962	29 840 806
资产总计比去年同期增长	%	16	0.89	19.85
负债合计	千元	21 797 380	17 455 248	15 491 976
负债合计比去年同期增长	%	16.85	7.72	21.39
产品销售收入	千元	48 482 043	28 353 499	23 758 007
产品销售收入比去年同期增长	%	18.52	13.98	10.28
产品销售成本	千元	43 769 586	20 377 803	14 989 606
产品销售成本比去年同期增长	%	18.65	12.97	13.58
产品销售费用	千元	1 200 057	3 396 705	3 882 522
产品销售费用比去年同期增长	%	6.22	16.69	11.43
产品销售税金及附加	千元	114 417	97 367	784 773
产品销售税金及附加比去年同期增长	%	15.14	38.41	6.77
管理费用	千元	1 329 615	1 823 354	1 316 287
管理费用比去年同期增长	%	−5.15	5.26	−5.39
财务费用	千元	433 486	239 476	235 781
财务费用比去年同期增长	%	−1.51	−11.27	−0.95
利润总额	千元	1 004 878	2 153 046	1 947 573
去年同期利润总额	千元	551 951	1 787 764	1 830 184
全部从业人员平均人数	人	104 062	100 896	44 885
全部从业人员平均人数比去年同期增长	人	6.94	−0.16	−3.31
工业总产值	千元	49 635 527	29 547 298	24 752 856
工业总产值比上年同期增长	%	18.95	10.76	14.92
工业总产值（1990 年不变价格）	千元	42 915 227	28 468 710	22 506 198
工业总产值（1990 年不变价格）比上年同期增长	%	20.57	12.06	20.05
工业销售产值	千元	49 853 918	28 064 669	24 440 679
工业销售产值比上年同期增长	%	20.21	9.95	18.14
出口交货值	千元	6 693 422	3 650 147	894 788
出口交货值比上年同期增长	%	26.84	15.25	5.65
税金总额	千元	696 647	1 508 461	2 306 126
税金总额比去年同期增长	%	3.39	7.54	5.65
资本保值增值率	%	114.65	92.65	118.23
资产负债率	%	61.90	58.36	51.92
产值利税率	%	3.42	12.39	17.18
资金利润率	%	5.97	14.03	17.94
流动资产周转次数	次	2.69	1.80	1.76
成本费用利润率	%	2.15	8.33	9.54
人均销售率	元	465 895.74	281 017.08	529 308.39
产成品资金占用率	%	18.52	14.07	8.16

表 126 2003 年广西壮族自治区农副食品加工业、食品制造业、饮料制造业主要经济效益指标

项目	单位	农副食品加工业	食品制造业	饮料制造业
企业单位数	个	259	95	73
亏损企业单位数	个	99	43	37
亏损企业亏损总额	千元	158 535	87 913	41 703
亏损总额比去年同期增长	%	4.65	−2.41	−4.92
应收账款净额	千元	1 592 249	324 199	142 350
应收账款净额比去年同期增长	%	14.11	8.59	22.95
产成品	千元	1 511 617	232 188	135 490
产成品比去年同期增长	%	26.81	17.69	−2.04
流动资产平均余额	千元	9 127 737	1 158 444	936 164
流动资产平均余额比去年同期增长	%	10.74	9.57	2.69
固定资产净值平均余额	千元	10 063 485	1 144 270	1 773 546
固定资产净值平均余额比去年同期增长	%	8.32	−0.56	−2.79
资产总计	千元	23 127 724	3 037 037	3 094 893
资产总计比去年同期增长	%	13.82	5.52	−0.88
负债合计	千元	14 144 036	2 137 133	1 725 365
负债合计比去年同期增长	%	13.92	12.09	−2.19
产品销售收入	千元	22 149 630	1 665 933	2 054 801
产品销售收入比去年同期增长	%	14.5	13.23	14.31
产品销售成本	千元	19 175 008	1 355 760	1 468 023
产品销售成本比去年同期增长	%	16.28	8.99	13.68
产品销售费用	千元	527 465	142 074	168 073
产品销售费用比去年同期增长	%	18.02	9.54	23.73
产品销售税金及附加	千元	87 041	6 758	141 780
产品销售税金及附加比去年同期增长	%	−7.12	−5.67	6.88
管理费用	千元	1 073 182	121 559	148 434
管理费用比去年同期增长	%	6.74	5	8.56
财务费用	千元	405 293	34 446	38 722
财务费用比去年同期增长	%	6.7	−12.32	−23.53
利润总额	千元	867 355	−2 712	120 939
去年同期利润总额	千元	935 911	−38 777	60 349
全部从业人员平均人数	人	85 228	16 936	13 179
全部从业人员平均人数比去年同期增长	人	2.91	7.18	12.53
工业总产值	千元	23 805 108	1 888 558	2 255 007
工业总产值比上年同期增长	%	16.81	5.18	9.91
工业总产值（1990 年不变价格）	千元	24 982 225	1 951 253	1 965 337
工业总产值（1990 年不变价格）比上年同期增长	%	24.69	12.09	13.69
工业销售产值	千元	22 289 011	1 779 924	2 202 390
工业销售产值比上年同期增长	%	14.16	8.99	9.48
出口交货值	千元	167 093	309 855	56 944
出口交货值比上年同期增长	%	30.47	27.84	11.45
税金总额	千元	1 034 037	62 281	280 261
税金总额比去年同期增长	%	0.99	5.68	7.79
资本保值增值率	%	113.66	92.62	100.82
资产负债率	%	61.16	70.37	55.75
产值利税率	%	7.99	3.14	17.79
资金利润率	%	9.91	2.58	14.81
动资产周转次数	次	2.43	1.44	2.19
成本费用利润率	%	4.09	−0.16	6.63
人均销售率	元	259 886.77	98 366.38	155 914.79
产成品资金占用率	%	16.56	20.04	14.47

表 127 2003 年海南省农副食品加工业、食品制造业、饮料制造业主要经济效益指标

项 目	单位	农副食品加工业	食品制造业	饮料制造业
企业单位数	个	60	21	17
亏损企业单位数	个	27	7	4
亏损企业亏损总额	千元	67 674	38 279	5 954
亏损总额比去年同期增长	%	55.46	755.59	−79.21
应收账款净额	千元	479 038	67 068	277 554
应收账款净额比去年同期增长	%	30.98	8.66	−4.21
产成品	千元	205 041	142 686	66 660
产成品比去年同期增长	%	87.70	8.74	−16.08
流动资产平均余额	千元	1 364 438	920 794	1 366 156
流动资产平均余额比去年同期增长	%	20.40	1.03	26.03
固定资产净值平均余额	千元	1 210 012	338 387	945 078
固定资产净值平均余额比去年同期增长	%	−3.47	−19.54	−20.17
资产总计	千元	3 309 500	1 544 687	2 708 973
资产总计比去年同期增长	%	14.23	0.64	−0.90
负债合计	千元	1 965 150	694 726	1 172 097
负债合计比去年同期增长	%	12.57	2.25	4.98
产品销售收入	千元	2 651 185	1 564 110	1 635 024
产品销售收入比去年同期增长	%	1.06	−0.99	56.38
产品销售成本	千元	2 377 799	1 060 909	1 105 477
产品销售成本比去年同期增长	%	12.66	−6.64	85.88
产品销售费用	千元	80 541	417 328	242 515
产品销售费用比去年同期增长	%	−48.57	28.11	7.22
产品销售税金及附加	千元	44 278	9 891	122 970
产品销售税金及附加比去年同期增长	%	299.19	16.43	99.55
管理费用	千元	147 175	124 108	150 144
管理费用比去年同期增长	%	13.45	−1.93	−6.60
财务费用	千元	29 718	270	26 315
财务费用比去年同期增长	%	−20.09	−108.78	−1.85
利润总额	千元	26 669	−6 488	87 733
去年同期利润总额	千元	48 682	32764	59 045
全部从业人员平均人数	人	14 609	6042	2 270
全部从业人员平均人数比去年同期增长	人	5.47	4.03	−2.91
工业总产值	千元	2 968 183	1 680 062	1 717 805
工业总产值比上年同期增长	%	15.26	−0.68	26.46
工业总产值（1990 年不变价格）	千元	2 606 204	1 204 168	645 462
工业总产值（1990 年不变价格）比上年同期增长	%	19.15	3.09	6.87
工业销售产值	千元	2 716 182	1 650 538	1 658 783
工业销售产值比上年同期增长	%	8.42	0.45	28.47
出口交货值	千元	144 815	15 220	18 274
出口交货值比上年同期增长	%	−14.27	−10.52	162.97
税金总额	千元	127 853	107 640	167 400
税金总额比去年同期增长	%	40.60	−5.30	47.67
资本保值增值率	%	116.75	99.35	95.04
资产负债率	%	59.38	44.98	43.27
产值利税率	%	5.21	6.02	14.85
资金利润率	%	6	8.03	11.04
流动资产周转次数	次	1.94	1.70	1.20
成本费用利润率	%	1.01	−0.40	5.76
人均销售率	元	181 476.14	258 872.89	720 274.89
产成品资金占用率	%	15.03	15.50	4.88

表128 2003年重庆市农副食品加工业、食品制造业、饮料制造业主要经济效益指标

项目	单位	农副食品加工业	食品制造业	饮料制造业
企业单位数	个	86	45	37
亏损企业单位数	个	13	7	9
亏损企业亏损总额	千元	16 535	21 036	67 657
亏损总额比去年同期增长	%	−7.69	4.97	138.69
应收账款净额	千元	204 627	280 653	283 686
应收账款净额比去年同期增长	%	33.18	25	27.93
产成品	千元	113 048	62 434	80 095
产成品比去年同期增长	%	25.29	−15.57	1.17
流动资产平均余额	千元	894 783	720 688	1 345 196
流动资产平均余额比去年同期增长	%	11.90	29.65	17.25
固定资产净值平均余额	千元	732 455	587 468	1 406 541
固定资产净值平均余额比去年同期增长	%	21.06	12.56	2.62
资产总计	千元	2 121 374	1 683 184	3 487 165
资产总计比去年同期增长	%	18.57	19.8	10.04
负债合计	千元	1 366 521	1 030 163	1 815 231
负债合计比去年同期增长	%	19.05	32.81	7.04
产品销售收入	千元	3 617 090	1 709 664	2 242 220
产品销售收入比去年同期增长	%	36.72	10.02	6.31
产品销售成本	千元	3 238 753	1 319 821	1 362 460
产品销售成本比去年同期增长	%	38.89	11.36	7.51
产品销售费用	千元	124 617	189 735	351 782
产品销售费用比去年同期增长	%	20.69	14.73	2.08
产品销售税金及附加	千元	8 933	7 775	141 139
产品销售税金及附加比去年同期增长	%	46.01	18.81	6.25
管理费用	千元	132 815	82 540	180 582
管理费用比去年同期增长	%	13.14	31.51	13.37
财务费用	千元	39 745	26 278	46 328
财务费用比去年同期增长	%	49.82	5.23	−3.38
利润总额	千元	95 345	72 092	128 866
去年同期利润总额	千元	75 342	95 345	141 472
全部从业人员平均人数	人	14 122	10 007	10 411
全部从业人员平均人数比去年同期增长	人	9.63	12.26	3.48
工业总产值	千元	3 671 638	1 731 025	2 303 260
工业总产值比上年同期增长	%	34.05	13.89	10
工业总产值（1990年不变价格）	千元	3 156 375	1 734 261	2 349 033
工业总产值（1990年不变价格）比上年同期增长	%	32.15	14.80	9.10
工业销售产值	千元	3 625 261	1 725 747	2 233 044
工业销售产值比上年同期增长	%	32.95	12.64	7.90
出口交货值	千元	231 525	118 783	41 125
出口交货值比上年同期增长	%	21.39	15.61	−5.79
税金总额	千元	63 762	88 447	308 155
税金总额比去年同期增长	%	64.99	3.32	6.48
资本保值增值率	%	117.71	103.77	113.50
资产负债率	%	64.42	61.20	52.05
产值利税率	%	4.25	9.27	18.96
资金利润率	%	9.59	12.27	15.87
流动资产周转次数	次	4.04	2.37	1.67
成本费用利润率	%	2.70	4.45	6.64
人均销售率	元	256 131.57	170 846.81	215 370.28
产成品资金占用率	%	12.63	8.66	5.95

表 129　2003 年四川省农副食品加工业、食品制造业、饮料制造业主要经济效益指标

项　　目	单位	农副食品加工业	食品制造业	饮料制造业
企业单位数	个	383	148	212
亏损企业单位数	个	57	26	47
亏损企业亏损总额	千元	61 290	18 414	204 827
亏损总额比去年同期增长	%	-27.01	-6.17	154.92
应收账款净额	千元	854 199	491 495	2 228 663
应收账款净额比去年同期增长	%	12.27	23.46	6.40
产成品	千元	1 026 924	224 949	1 616 499
产成品比去年同期增长	%	30.16	23.86	-18.73
流动资产平均余额	千元	5 481 671	2 319 656	19 709 562
流动资产平均余额比去年同期增长	%	31.87	18.78	9.50
固定资产净值平均余额	千元	3 651 200	1 897 830	12 635 833
固定资产净值平均余额比去年同期增长	%	13.44	8.48	13.49
资产总计	千元	10 777 112	4 896 572	40 940 425
资产总计比去年同期增长	%	26.15	8.99	10.04
负债合计	千元	6 080 641	2 399 809	17 485 643
负债合计比去年同期增长	%	13.98	5.67	15.28
产品销售收入	千元	21 695 833	6 099 528	25 810 158
产品销售收入比去年同期增长	%	46.68	18.78	16.84
产品销售成本	千元	19 737 700	4 713 426	16 640 691
产品销售成本比去年同期增长	%	49.21	18.77	17.47
产品销售费用	千元	810 291	626 669	2 868 528
产品销售费用比去年同期增长	%	23.36	-0.61	38.88
产品销售税金及附加	千元	43 206	49 319	2 047 922
产品销售税金及附加比去年同期增长	%	47.79	17.20	1.26
管理费用	千元	482 416	306 751	1 578 568
管理费用比去年同期增长	%	15.70	11.71	4.20
财务费用	千元	182 708	47 935	240 498
财务费用比去年同期增长	%	15.97	-14.11	8.45
利润总额	千元	454 329	345 961	2 774 863
去年同期利润总额	千元	323 603	233 368	2 493 690
全部从业人员平均人数	人	63 126	33 346	86 251
全部从业人员平均人数比去年同期增长	人	13.86	-4.54	5.84
工业总产值	千元	22 385 195	6 842 358	25 742 015
工业总产值比上年同期增长	%	44.01	26.55	16.64
工业总产值（1990 年不变价格）	千元	19 892 361	6 516 353	15 409 764
工业总产值（1990 年不变价格）比上年同期增长	%	40.16	27.75	18.45
工业销售产值	千元	22 148 131	6 621 735	25 468 185
工业销售产值比上年同期增长	%	45.45	25.28	17.15
出口交货值	千元	856 477	205 108	717 772
出口交货值比上年同期增长	%	81.73	33.95	29.62
税金总额	千元	162 347	281 260	3 654 996
税金总额比去年同期增长	%	29.71	21.07	4.31
资本保值增值率	%	146.40	112.38	106.43
资产负债率	%	56.42	49.01	42.71
产值利税率	%	2.70	9.15	24.98
资金利润率	%	6.62	14.85	19.88
流动资产周转次数	次	3.96	2.63	1.31
成本费用利润率	%	2.14	6.08	13.01
人均销售率	元	343 690.92	182 916.33	299 244.74
产成品资金占用率	%	18.73	9.70	8.20

表130 2003年贵州省农副食品加工业、食品制造业、饮料制造业主要经济效益指标

项 目	单位	农副食品加工业	食品制造业	饮料制造业
企业单位数	个	140	54	79
亏损企业单位数	个	65	26	30
亏损企业亏损总额	千元	41 610	16 622	68 196
亏损总额比去年同期增长	%	18.63	−17.61	15.51
应收账款净额	千元	118 575	60 232	944 333
应收账款净额比去年同期增长	%	−5.81	16.59	23.16
产成品	千元	165 743	85 912	454 149
产成品比去年同期增长	%	−1.77	21.48	7.52
流动资产平均余额	千元	742 123	590 090	5 779 190
流动资产平均余额比去年同期增长	%	−0.66	12.35	13.12
固定资产净值平均余额	千元	762 205	505 704	2 205 558
固定资产净值平均余额比去年同期增长	%	4.67	8.91	2.16
资产总计	千元	1 701 637	1 297 180	10 830 140
资产总计比去年同期增长	%	2.74	12.50	16.25
负债合计	千元	1 285 758	783 856	4 892 370
负债合计比去年同期增长	%	−2.77	1.98	21.73
产品销售收入	千元	1 984 693	1 270 969	3 624 803
产品销售收入比去年同期增长	%	26.32	27.32	20.72
产品销售成本	千元	1 807 261	882 908	1 179 346
产品销售成本比去年同期增长	%	26.98	22.01	25.08
产品销售费用	千元	69 295	120 319	511 881
产品销售费用比去年同期增长	%	9.13	−5.90	7.20
产品销售税金及附加	千元	6 207	9 022	571 608
产品销售税金及附加比去年同期增长	%	9.24	22.02	13.79
管理费用	千元	92 333	101 485	505 910
管理费用比去年同期增长	%	11.34	83.63	29.35
财务费用	千元	19 333	23 992	23 466
财务费用比去年同期增长	%	6.82	17.68	−31.71
利润总额	千元	−15 174	133 738	887 849
去年同期利润总额	千元	−20 041	83 448	630 612
全部从业人员平均人数	人	11 253	9 737	22 638
全部从业人员平均人数比去年同期增长	人	12.52	5.73	−1.49
工业总产值	千元	2 199 107	1 339 517	4 124 915
工业总产值比上年同期增长	%	18.17	40.77	18.11
工业总产值（1990年不变价格）	千元	1 690 816	1 431 857	1 774 807
工业总产值（1990年不变价格）比上年同期增长	%	20.94	46.31	11.29
工业销售产值	千元	2 091 305	1 283 272	4 015 178
工业销售产值比上年同期增长	%	18.08	38.67	32.84
出口交货值	千元	1 700	48 206	0
出口交货值比上年同期增长	%	207.97	55.02	0
税金总额	千元	22 191	53 863	984 827
税金总额比去年同期增长	%	−7.8	23.31	17.13
资本保值增值率	%	124.54	133.54	112.09
资产负债率	%	75.56	60.43	45.17
产值利税率	%	−0.04	14	45.36
资金利润率	%	−0.06	17.12	23.43
流动资产周转次数	次	2.67	2.15	0.63
成本费用利润率	%	−0.76	11.85	39.98
人均销售率	元	176 370.12	130 529.83	160 120.28
产成品资金占用率	%	22.33	14.56	7.86

表 131　2003 年云南省农副食品加工业、食品制造业、饮料制造业主要经济效益指标

项　　目	单位	农副食品加工业	食品制造业	饮料制造业
企业单位数	个	159	51	66
亏损企业单位数	个	113	32	40
亏损企业亏损总额	千元	476 993	60 573	76 168
亏损总额比去年同期增长	%	−12.73	130.28	−9.83
应收账款净额	千元	496 537	80 403	200 943
应收账款净额比去年同期增长	%	10.05	9.52	−9.81
产成品	千元	206 765	63 791	348 875
产成品比去年同期增长	%	−2.56	−10.86	21.3
流动资产平均余额	千元	3 477 854	576 196	1 420 981
流动资产平均余额比去年同期增长	%	4.35	40.60	8.39
固定资产净值平均余额	千元	5 505 893	499 398	1 405 942
固定资产净值平均余额比去年同期增长	%	6.68	25.93	23.23
资产总计	千元	9 910 572	1 335 432	3 437 975
资产总计比去年同期增长	%	3.76	33.53	17.36
负债合计	千元	9 286 361	961 063	2 205 411
负债合计比去年同期增长	%	6.30	49.52	12.13
产品销售收入	千元	6 089 558	765 746	1 375 598
产品销售收入比去年同期增长	%	13.68	27.64	25.15
产品销售成本	千元	5 398 821	649 175	994 459
产品销售成本比去年同期增长	%	15.98	31.61	30.41
产品销售费用	千元	314 192	76 284	165 691
产品销售费用比去年同期增长	%	17.74	65.58	51.89
产品销售税金及附加	千元	38 299	3 262	62 634
产品销售税金及附加比去年同期增长	%	−8.69	−0.58	−9.73
管理费用	千元	504 522	62 681	131 887
管理费用比去年同期增长	%	−2.45	−2.82	6.31
财务费用	千元	281 205	16 218	49 753
财务费用比去年同期增长	%	−16.73	30.53	−18.58
利润总额	千元	−401 755	−30 287	−23 413
去年同期利润总额	千元	−480 165	−7 539	−27 828
全部从业人员平均人数	人	39 511	7 667	11 076
全部从业人员平均人数比去年同期增长	人	−4.13	5.75	18.01
工业总产值	千元	6 149 267	793 672	1 438 421
工业总产值比上年同期增长	%	12.32	34.41	22.39
工业总产值（1990 年不变价格）	千元	6 775 424	586 144	981 074
工业总产值（1990 年不变价格）比上年同期增长	%	26.75	63.41	29.06
工业销售产值	千元	5 883 115	778 135	1 330 556
工业销售产值比上年同期增长	%	11.97	40.45	29.47
出口交货值	千元	58 391	63 161	23 854
出口交货值比上年同期增长	%	−7.72	−14.33	3.54
税金总额	千元	316 317	30 743	143 348
税金总额比去年同期增长	%	−4.90	38.59	0.77
资本保值增值率	%	76.56	104.76	128.02
资产负债率	%	93.7	71.97	64.15
产值利税率	%	−1.46	−0.24	8.31
资金利润率	%	−1	−0.18	4.23
流动资产周转次数	次	1.75	1.33	0.97
成本费用利润率	%	−6.18	−3.77	−1.74
人均销售率	元	154 123.10	99 875.57	124 196.28
产成品资金占用率	%	5.95	11.07	24.55

表 132　2003 年陕西省农副食品加工业、食品制造业、饮料制造业主要经济效益指标

项　目	单位	农副食品加工业	食品制造业	饮料制造业
企业单位数	个	169	92	63
亏损企业单位数	个	61	37	23
亏损企业亏损总额	千元	52 176	30 009	65 123
亏损总额比去年同期增长	%	－26.36	－25.75	－0.95
应收账款净额	千元	313 280	213 403	312 672
应收账款净额比去年同期增长	%	10.87	25.64	－8.96
产成品	千元	422 886	198 140	611 364
产成品比去年同期增长	%	40.84	－1.79	36.54
流动资产平均余额	千元	1 917 685	1 247 932	2 103 981
流动资产平均余额比去年同期增长	%	21.90	18.61	19.32
固定资产净值平均余额	千元	1 729 505	1 319 560	2 345 197
固定资产净值平均余额比去年同期增长	%	10.90	4.7	13.17
资产总计	千元	4 609 286	3 132 159	5 498 172
资产总计比去年同期增长	%	15.28	14.85	16.7
负债合计	千元	3 114 907	2 158 034	3 892 327
负债合计比去年同期增长	%	14.23	23.31	24.73
产品销售收入	千元	5 796 534	2 449 241	3 372 211
产品销售收入比去年同期增长	%	27.54	16	17.33
产品销售成本	千元	5 043 447	1 862 862	2 166 077
产品销售成本比去年同期增长	%	23.17	13.99	15.88
产品销售费用	千元	178 527	257 476	476 450
产品销售费用比去年同期增长	%	2.90	15.11	20.11
产品销售税金及附加	千元	10 088	4 984	228 995
产品销售税金及附加比去年同期增长	%	9.43	－19.65	26.91
管理费用	千元	147 600	108 136	210 452
管理费用比去年同期增长	%	8.89	－0.91	20.74
财务费用	千元	74 658	34 131	73 863
财务费用比去年同期增长	%	4.56	－14.48	－3.10
利润总额	千元	57 609	73 582	203 667
去年同期利润总额	千元	21 249	53 049	180 199
全部从业人员平均人数	人	29 560	17 671	17 219
全部从业人员平均人数比去年同期增长	人	3.34	0.07	14.59
工业总产值	千元	6 065 607	2 854 057	3 581 391
工业总产值比上年同期增长	%	30.25	19.02	16.69
工业总产值（1990 年不变价格）	千元	4 927 958	2 322 419	2 759 815
工业总产值（1990 年不变价格）比上年同期增长	%	24.60	18.88	15.59
工业销售产值	千元	5 952 551	2 660 304	3 409 035
工业销售产值比上年同期增长	%	31.31	18.2	15.52
出口交货值	千元	11 310	13 391	168 113
出口交货值比上年同期增长	%	36.84	126.58	35.6
税金总额	千元	35 668	58 964	416 049
税金总额比去年同期增长	%	15.27	－0.6	21.89
资本保值增值率	%	117.54	99.7	100.95
资产负债率	%	67.58	68.9	70.79
产值利税率	%	1.45	4.64	17.27
资金利润率	%	2.41	5.16	13.91
流动资产周转次数	次	3.02	1.96	1.60
成本费用利润率	%	1.06	3.25	6.96
人均销售率	元	196 093.84	138 602.29	195 842.44
产成品资金占用率	%	22.05	15.88	29.06

表 133 2003 年甘肃省农副食品加工业、食品制造业、饮料制造业主要经济效益指标

项 目	单位	农副食品加工业	食品制造业	饮料制造业
企业单位数	个	281	111	91
亏损企业单位数	个	61	20	32
亏损企业亏损总额	千元	35 263	10 830	57 604
亏损总额比去年同期增长	%	−28.23	−46.49	−14.47
应收账款净额	千元	421 974	236 963	497 779
应收账款净额比去年同期增长	%	8.62	58.92	5.95
产成品	千元	469 327	179 185	443 314
产成品比去年同期增长	%	21.11	24.68	−0.88
流动资产平均余额	千元	2 750 721	690 060	2 750 037
流动资产平均余额比去年同期增长	%	12.74	18.54	−0.71
固定资产净值平均余额	千元	3 138 358	592 185	1 761 672
固定资产净值平均余额比去年同期增长	%	19.94	10.41	−6.84
资产总计	千元	7 265 803	1 480 892	5 609 739
资产总计比去年同期增长	%	17.47	5.4	0.51
负债合计	千元	4 438 213	872 128	4 169 145
负债合计比去年同期增长	%	11.83	10.38	6.41
产品销售收入	千元	3 008 192	980 648	1 419 495
产品销售收入比去年同期增长	%	6.23	12.77	16.44
产品销售成本	千元	2 519 218	795 551	968 661
产品销售成本比去年同期增长	%	7.29	10.94	24.62
产品销售费用	千元	105 020	86 462	122 383
产品销售费用比去年同期增长	%	−13.83	10.07	9.27
产品销售税金及附加	千元	9 706	3 035	147 909
产品销售税金及附加比去年同期增长	%	−10.32	−1.81	19.45
管理费用	千元	125 182	42 928	147 731
管理费用比去年同期增长	%	4.12	15.25	30.94
财务费用	千元	83 475	24 545	100 814
财务费用比去年同期增长	%	−13.63	17.86	−8.98
利润总额	千元	127 019	33 615	−27 119
去年同期利润总额	千元	98 171	10 352	−40 100
全部从业人员平均人数	人	26 035	7 847	16 568
全部从业人员平均人数比去年同期增长	人	−0.38	6.26	−2.06
工业总产值	千元	3 921 446	1 103 061	1 891 126
工业总产值比上年同期增长	%	14.15	11.1	14.41
工业总产值（1990 年不变价格）	千元	3 345 628	1 128 271	1 154 602
工业总产值（1990 年不变价格）比上年同期增长	%	23.41	21.06	13.55
工业销售产值	千元	3 591 416	1 013 161	1 707 660
工业销售产值比上年同期增长	%	18.49	14.12	12.69
出口交货值	千元	29 972	128 458	0
出口交货值比上年同期增长	%	19.57	47.74	0
税金总额	千元	42 558	24 180	235 951
税金总额比去年同期增长	%	−35.01	−2.45	17.91
资本保值增值率	%	127.58	99	86.61
资产负债率	%	61.08	58.89	74.32
产值利税率	%	4.3	5.23	11.02
资金利润率	%	2.86	4.5	4.62
流动资产周转次数	次	1.09	1.42	0.52
成本费用利润率	%	4.48	3.54	−2.02
人均销售率	元	115 544.15	124 971.07	85 676.91
产成品资金占用率	%	17.06	25.97	16.12

表 134　2003 年青海省农副食品加工业、食品制造业、饮料制造业主要经济效益指标

项　　目	单位	农副食品加工业	食品制造业	饮料制造业
企业单位数	个	42	7	12
亏损企业单位数	个	13	1	8
亏损企业亏损总额	千元	13 466	8	11 595
亏损总额比去年同期增长	%	－21.79	－98.56	30.91
应收账款净额	千元	44 747	12 684	33 463
应收账款净额比去年同期增长	%	31.27	5.74	－61.18
产成品	千元	74 659	8 035	87 108
产成品比去年同期增长	%	－39.94	20.74	105.46
流动资产平均余额	千元	289 353	51 568	314 164
流动资产平均余额比去年同期增长	%	17.43	7.65	－17.15
固定资产净值平均余额	千元	537 816	35 615	816 944
固定资产净值平均余额比去年同期增长	%	10.5	15.47	156.73
资产总计	千元	1 019 336	91 435	616 344
资产总计比去年同期增长	%	18.41	6.76	7.69
负债合计	千元	447 872	72 033	441 299
负债合计比去年同期增长	%	11.84	6.28	4.05
产品销售收入	千元	527 952	48 335	291 636
产品销售收入比去年同期增长	%	67.12	11.78	－5.23
产品销售成本	千元	495 630	40 161	204 251
产品销售成本比去年同期增长	%	68.51	15.08	9.75
产品销售费用	千元	30 193	2 790	15 846
产品销售费用比去年同期增长	%	313.89	－4.78	0.41
产品销售税金及附加	千元	1 576	672	37 652
产品销售税金及附加比去年同期增长	%	155.02	－11.46	－28.01
管理费用	千元	38 719	2 728	29 031
管理费用比去年同期增长	%	89.03	－26.78	－3.97
财务费用	千元	14 549	311	16 180
财务费用比去年同期增长	%	60.89	－24.15	－25.61
利润总额	千元	8 396	1 787	－6 553
去年同期利润总额	千元	－13 234	809	－314
全部从业人员平均人数	人	3 031	624	2 686
全部从业人员平均人数比去年同期增长	人	3.73	－4.15	－2.82
工业总产值	千元	607 374	74 412	292 190
工业总产值比上年同期增长	%	51.78	19.83	－14.61
工业总产值（1990 年不变价格）	千元	348 792	38 291	190 107
工业总产值（1990 年不变价格）比上年同期增长	%	46.34	15.19	－5.93
工业销售产值	千元	589 607	64 446	272 278
工业销售产值比上年同期增长	%	50.77	26.17	－13.26
出口交货值	千元	0	0	0
出口交货值比上年同期增长	%	－100	－100	0
税金总额	千元	8 519	1 968	58 127
税金总额比去年同期增长	%	266.57	－24.86	－28.47
资本保值增值率	%	124.12	108.62	118.11
资产负债率	%	43.94	78.78	71.6
产值利税率	%	2.48	5.05	17.65
资金利润率	%	1.82	4.31	4.56
流动资产周转次数	次	1.82	0.94	0.93
成本费用利润率	%	1.45	3.89	－2.47
人均销售率	元	174 184.1	77 459.94	108 576.32
产成品资金占用率	%	25.8	15.58	27.73

表 135 2003 年宁夏回族自治区农副食品加工业、食品制造业、饮料制造业主要经济效益指标

项 目	单位	农副食品加工业	食品制造业	饮料制造业
企业单位数	个	25	22	12
亏损企业单位数	个	12	8	4
亏损企业亏损总额	千元	36 451	29 705	18 251
亏损总额比去年同期增长	%	64.89	1 132.57	321.50
应收账款净额	千元	120 954	185 364	32 752
应收账款净额比去年同期增长	%	10.92	10.55	33.38
产成品	千元	82 773	108 652	88 087
产成品比去年同期增长	%	−2.52	10.42	21.54
流动资产平均余额	千元	328 552	475 851	633 864
流动资产平均余额比去年同期增长	%	−9.57	14.12	69.32
固定资产净值平均余额	千元	527 506	634 075	327 635
固定资产净值平均余额比去年同期增长	%	10.93	47.72	31.30
资产总计	千元	972 237	1 391 463	1 296 147
资产总计比去年同期增长	%	3.62	50.98	94.52
负债合计	千元	716 541	712 015	964 385
负债合计比去年同期增长	%	19.63	17.73	151.19
产品销售收入	千元	589 337	782 960	419 847
产品销售收入比去年同期增长	%	25.48	37.96	17.93
产品销售成本	千元	525 901	629 139	260 546
产品销售成本比去年同期增长	%	29.78	45.60	16.43
产品销售费用	千元	22 329	110 329	79 740
产品销售费用比去年同期增长	%	25.13	40.29	29.23
产品销售税金及附加	千元	1 314	1 857	36 624
产品销售税金及附加比去年同期增长	%	64.46	−5.54	−2.30
管理费用	千元	26 534	35 497	29 340
管理费用比去年同期增长	%	14.19	32.63	4.69
财务费用	千元	27 508	15 664	11 871
财务费用比去年同期增长	%	25.40	19.88	88.76
利润总额	千元	−16 385	−11 977	13 692
去年同期利润总额	千元	2 276	28 395	13 318
全部从业人员平均人数	人	3 963	4 820	4 882
全部从业人员平均人数比去年同期增长	人	14.31	30.24	36.98
工业总产值	千元	643 094	877 146	583 302
工业总产值比上年同期增长	%	41.44	33.99	40.59
工业总产值（1990 年不变价格）	千元	404 805	911 678	426 973
工业总产值（1990 年不变价格）比上年同期增长	%	49.38	44.06	51.28
工业销售产值	千元	609 218	819 445	436 649
工业销售产值比上年同期增长	%	46.83	38.71	46.41
出口交货值	千元	0	0	0
出口交货值比上年同期增长	%	0	0	0
税金总额	千元	10 744	25 077	69 872
税金总额比去年同期增长	%	18.80	9.82	18.25
资本保值增值率	%	75.35	214.47	117.48
资产负债率	%	73.70	51.17	74.40
产值利税率	%	−1.02	1.49	14.33
资金利润率	%	−0.77	1.18	8.69
流动资产周转次数	次	1.79	1.65	0.66
成本费用利润率	%	−2.72	−1.51	3.59
人均销售率	元	148 709.82	162 439.83	85 998.98
产成品资金占用率	%	25.19	22.83	13.90

表 136　2003 年新疆维吾尔自治区农副食品加工业、食品制造业、饮料制造业主要经济效益指标

项　目	单位	农副食品加工业	食品制造业	饮料制造业
企业单位数	个	132	60	38
亏损企业单位数	个	39	24	17
亏损企业亏损总额	千元	84 544	55 100	56 543
亏损总额比去年同期增长	%	113.27	37.04	66.42
应收账款净额	千元	386 323	568 424	570 311
应收账款净额比去年同期增长	%	－12.70	12.06	12.31
产成品	千元	919 354	686 660	727 912
产成品比去年同期增长	%	24.37	36.97	165.93
流动资产平均余额	千元	3 076 272	2 381 676	4 055 434
流动资产平均余额比去年同期增长	%	8.05	49.53	36.53
固定资产净值平均余额	千元	2 420 082	2 616 242	2 160 273
固定资产净值平均余额比去年同期增长	%	－2.52	54.23	23.06
资产总计	千元	6 391 856	5 612 988	7 125 472
资产总计比去年同期增长	%	7.63	44.24	21.10
负债合计	千元	4 679 395	4 246 341	4 804 860
负债合计比去年同期增长	%	7.48	42.88	30.62
产品销售收入	千元	4 382 350	2 375 489	1 801 897
产品销售收入比去年同期增长	%	－0.14	30.36	5.53
产品销售成本	千元	3 833 763	1 740 133	1 067 635
产品销售成本比去年同期增长	%	1.57	29.50	28.92
产品销售费用	千元	206 495	212 982	239 235
产品销售费用比去年同期增长	%	1.74	7.76	29.91
产品销售税金及附加	千元	11 547	4 257	147 489
产品销售税金及附加比去年同期增长	%	－24.29	－4.66	5.21
管理费用	千元	209 798	110 297	189 855
管理费用比去年同期增长	%	－6.57	11.16	19.09
财务费用	千元	97 050	110 336	107 574
财务费用比去年同期增长	%	－2.33	2.18	70.71
利润总额	千元	54 204	125 103	111 179
去年同期利润总额	千元	116 220	86 956	131 405
全部从业人员平均人数	人	17 141	8 101	12 608
全部从业人员平均人数比去年同期增长	人	－5.25	5.58	－0.09
工业总产值	千元	4 514 815	2 580 451	2 028 327
工业总产值比上年同期增长	%	0.62	39.11	4.14
工业总产值（1990 年不变价格）	千元	3 428 271	2 217 462	1 064 861
工业总产值（1990 年不变价格）比上年同期增长	%	－0.27	29.44	8.67
工业销售产值	千元	4 408 160	2 363 490	1 896 195
工业销售产值比上年同期增长	%	－0.93	37.74	1.47
出口交货值	千元	134 976	1 018 049	470
出口交货值比上年同期增长	%	163.22	12.83	374.75
税金总额	千元	113 125	52 101	253 781
税金总额比去年同期增长	%	4.51	5.16	－13.74
资本保值增值率	%	108.05	148.63	105.23
资产负债率	%	73.21	75.65	67.43
产值利税率	%	3.71	6.87	17.99
资金利润率	%	3.04	3.55	5.87
流动资产周转次数	次	1.42	1	0.44
成本费用利润率	%	1.25	5.76	6.93
人均销售率	元	255 664.78	293 234.05	142 916.96
产成品资金占用率	%	29.89	28.83	17.95

农产品加工业主要产品产量

表 137 我国农产品加工业主要产品产量（2001—2003 年）

产品名称	单位	2001 年	2002 年	2003 年
纱	万 t	761	850	983.6
布	亿 m	290	322.4	353.5
其中：纯棉布	亿 m	154	172.5	200.9
针棉织品折用纱量	万 t	117	116.5	91.5
绒线（毛线）	万 t	46	51.5	65.7
丝	万 t	9	9.8	11.1
呢绒	万 m	34 303	32 691.2	44 294.6
机制纸及纸板	万 t	3 777	4 667.0	4 849.3
原盐	万 t	3 411	3 602.4	3 437.7
糖	万 t	653	926	1 083.9
卷烟	万箱	3 402	3 467.1	3 580.9
罐头	万 t	290	375.2	436.4
白酒	万 t	817	739.6	647.5
啤酒	万 t	2 289	2 402.7	2 540.5
食用植物油	万 t	1 383	1 531.2	1 584.3
中成药	万 t	66	94.3	70.9
合成橡胶	万 t	122	136.2	134.8
轮胎外胎	万条	13 573	16 306.6	19 312.0
木材	万 m^3	4 552	4 436.1	4 758.9

注：1. 纱包括纯棉纱、棉混纺纱、纯化纤纱，不包括棉线、代用纤维纱和手工纺纱。

2. 布包括纯棉布、棉混纺布、纯化纤布，不包括代用纤维布、手工织布。

3. 针织品为折用棉纱量。

4. 表中数据由国家统计局提供。

表 138 我国完成的棉花加工机械新产品项目（2003 年）

序号	新产品名称	研制单位
1	MDY-200D 液压棉花打包机	江苏南通棉花机械有限公司
2	CDY-200B 草类打包机	江苏南通棉花机械有限公司
3	棉花专用夹包车	江苏南通棉花机械有限公司
4	新型双锯筒 141 剥绒机	邯武棉机厂
5	96 片锯齿轧花机	邯武棉机厂
6	98 片锯齿轧花机	邯武棉机厂
7	MDY-400 液压打包机	邯武棉机厂

资料来源：表中信息由中华全国供销合作总社提供。

表 139 轻工系统农产品加工业完成的主要产品产量（2001—2002 年）

产　　品	单　位	2001 年	2002 年	2002 年比上年增减(%)
大米	万 t	1 474	1 878	27.41
面粉	万 t	2 315	2 713	17.19
配、混合饲料	万 t	3 776		
食用植物油	万 t	615	724	17.72
方便主食品	万 t	263	288	9.51
机制糖	万 t	619	905	46.2
鲜冻畜肉	万 t	382		
水产加工品	万 t	254		
乳制品	万 t	74	85	12.94
罐头	万 t	174	223	28.16
食品添加剂	万 t	35	48.5	38.57
淀粉	万 t	602	757	25.75
饮料酒	万 t	2 803	2 887	3.00
其中：白酒	万 t	420	378	−10.00
啤酒	万 t	2 274	2 387	4.97
葡萄酒	万 t	25	29	16.00
软饮料	万 t	1 680	2 025	20.54
精制茶	万 t	28		
皮鞋	万双	133 600	152 282	13.98
家具	万件	10 923	13 376	22.46
原盐	万 t	3 109	3 283	5.60
机制纸	万 t	1 647	2 054	24.71
其中：新闻纸	万 t	173	183	5.78
凸版纸	万 t	73	82	12.33
胶印书刊纸	万 t	27.1	41	51.29
机制纸板	万 t	1 193	1 448	21.37
纸制品	万 t	713.8	860	20.48
卷烟	万箱	3 402	3 445	1.26
轻工机械	亿元	78.3*	85.4**	9.07

* 轻工机械系统 186 个重点企业统计的 2001 年有关农产品加工机械方面完成的工业总产值。

** 轻工机械系统 193 个重点企业统计的 2002 年有关农产品加工机械方面完成的工业总产值。

表 140 我国粮油工业主要产品产量（2000—2002 年）

单位：万 t

产　　品	2000 年	2001 年	2002 年
大米	939.6	1 474.5	1 878.0
其中：特等米	293.8	414.7	560.3
标准一等米	565.5	689.0	1 088.6
标准二等米	38.0	138.8	175.4
其他	42.3	52.0	53.7
小麦粉	2 071.0	2 314.9	2 713.2
其中：特制一等粉	606.3	903.6	1 103.2
特制二等粉	645.1	628.2	736.9

（续）

产品	2000 年	2001 年	2002 年
标准粉	525.8	468.2	574.5
专用粉	220.3	234.9	309.3
其他	73.5	80.0	89.2
食用植物油	403.3	615.0	724.5
按品种分：菜籽油	210.7	282.8	309.5
大豆油	143.8	225.6	293.5
花生油	17.4	52.6	53.9
棉籽油	8.4	24.4	33.6
其他	23.0	29.7	33.9
按等级分：色拉油	46.5	138.9	212.5
高级烹调油	28.5	74.5	59.7
一级油	27.4	101.7	125.4
二级油	219.8	247.7	289.0
其他	52.4	52.2	37.9

表 141 我国粮油工业企业生产规模及主要产品生产能力（2001—2002 年）

行业	企业单位数（个）		日生产能力 200t 以下		日生产能力 200～500t		日生产能力 500～1 000t		日生产能力 1 000t 以上		年生产能力（万 t）	
	2001 年	2002 年	2001 年	2002 年	2001 年	2002 年	2001 年	2002 年	2001 年	2002 年	2001 年	2002 年
碾米工业	2 763	8 991	2 707	8 911	58	71	3	8		1	3 462	7 324
磨粉工业	3 940	6 591	3 686	6 329	230	215	21	43	3	4	5 478	7 042
油脂工业	845	5 169										
油料处理			576	4 885	175	108	25	50	13	25	3 102	4 218
油脂提炼			165	777	20	44	4	18		2	580	1 106

表 142 我国淀粉产量及品种情况（2003 年）

品种	产量（万 t）	占总淀粉（%）	2003 年比上年增减（%）
玉米淀粉	633.6	86.7	16.3
木薯淀粉	48.4	6.6	16.0
马铃薯淀粉	5.1	0.7	−65.5
甘薯淀粉	0.8	0.1	−73.7
小麦淀粉	22.1	3.0	−9.5
其他淀粉	21.0	2.9	217.8
合计	**731.0**	**100.0**	**16.2**

表 143 我国淀粉深加工品产量（2003 年）

主要品种	产量（万 t）	占深加工品（%）	2003 年比上年增减（%）
合计	**256.3**	**100.0**	**−8.2**
变性淀粉	31.3	12.2	−16.9
结晶葡萄糖	51.3	20.0	13.6
其中：一水注射葡萄糖	40.9		665.9
无水注射葡萄糖	0.6		−84.9
口服葡萄糖	45.5		54.9
液体淀粉糖	173.7	67.8	−11.5

表 144　我国淀粉产量分布及生产规模情况（2003 年）

地　区	淀粉产量（万 t）	占淀粉总产量（%）	企业最大淀粉产量（万 t/年）
合　计	**731**	**100.0**	
山　东	281	38.5	110
河　北	150	20.5	34
吉　林	131	17.9	80
广　西	35	4.7	
河　南	27	3.7	21
黑龙江	24	3.3	
甘　肃	21	2.9	17
陕　西	20	2.7	13
广　东	16	2.1	
其他 12 个省	26	3.6	5

注：其他 12 个省、自治区、直辖市为：北京、内蒙古、辽宁、浙江、安徽、江西、四川、贵州、云南、宁夏、新疆、海南。

表 145　我国玉米淀粉与部分深加工品生产规模情况（2003 年）

生 产 规 模	企业数（个）	年产量（万 t）	占总产量（%）
玉米淀粉年产量 3 万 t 以上	28	572	90.4
变性淀粉年产量 1 万 t 以上	7	19	61.0
结晶葡萄糖年产量 3 万 t 以上	5	42	83.5
液体葡萄糖年产量 10 万 t 以上	6	102	59.1

表 146　我国食品添加剂主要产品产量（2002 年）

单位：万 t

产 品 名 称	产　　量
味精	110.28
柠檬酸及盐	37.00
酶制剂	32.00
酵母	4.50
食用香精香料	4.50
食用着色剂	5.00
高倍甜味剂	7.51
其中：糖精	2.00
甜蜜素	5.00
甜菊糖	0.10
阿斯巴甜	0.15
安赛蜜	0.12
甘草甜	0.12
营养性甜味剂	23.00
其中：山梨醇	20.00
木糖	2.20
防腐抗氧剂	8.50
其中：苯甲酸钠	6.00
山梨酸钾	1.60

（续）

产品名称	产量
乳化增稠剂	5.00
其中：单甘酯	2.00
CMC	2.20
黄原胶	0.60
品质改良剂	4.00
其中：泡打粉	1.00
面粉改良剂	2.00
营养强化剂	9.50
其中：维生素C	5.50
维生素E	1.50
牛磺酸	1.00
合计	**240.50**

表147 我国饮料行业各地区主要产品产量（2002年） 单位：万t

地区	软饮料	碳酸饮料	果汁及果汁饮料	瓶（罐）装饮用水
全国总计	**2 025**	**604**	**213**	**810**
北京	102	41.40	19.20	27.20
天津	71	42.80	0.48	11.10
河北	108	58.30	0.67	32.50
山西	11.60	5.30	6	0.23
内蒙古	4.50	0.28	0.41	3.30
辽宁	53.60	23.70	3.70	21.80
吉林	30.20	16.60	1.50	12.10
黑龙江	16.40	6.90	0.08	7.20
上海	179.70	86.40	8.80	72.60
江苏	115.90	28.00	22.60	21.70
浙江	431.90	83.30	14.90	257.40
安徽	18.60	5.40	0.02	10.80
福建	57.70	17.60	6.80	6.40
江西	13.90	2.80	1.20	7.60
山东	67.00	22.40	18.60	21.60
河南	72.50	10.20	7.20	30.40
湖北	76.00	18.10	5.30	23.90
湖南	16.40	0.12	0.37	13.30
广东	369.80	93.90	49.80	162.10
广西	28.10	5.05	0.17	2.28
海南	23.90	5.86	2.90	14.10
重庆	42.60	4.80	7.10	9.23
四川	58.20	13.71	14.64	22.45
贵州	5.40	0.12	0.32	1.11
云南	7.70	0.76	0.33	5.97
西藏	0.50	0.001		0.52
陕西	31.50	9.75	17.24	4.28
甘肃	1.85	0.008	1.38	0.46
青海	2.75		0.15	2.60
宁夏				
新疆	5.87		1.01	4.00

表 148　我国规模以上乳制品制造企业固体乳制品产量（2003 年）

单位：万 t

全国规模以上企业固体乳制品产量		全国固体乳制品产量前 5 位的省、自治区、直辖市		
全国产量	2003 年比上年增减（%）	省、自治区、直辖市	产　量	占全国比例（%）
140.6	**33.28**	黑龙江	37.7	26.8
		山　东	22.2	15.8
		河　北	16.1	11.5
		陕　西	12.3	8.7
		内蒙古	10.4	7.4
		小　计	98.7	70.2

资料来源：表中数据由中国乳制品工业协会提供。

表 149　我国规模以上乳制品制造企业液体乳制品产量（2003 年）

单位：万 t

全国规模以上企业液体乳制品产量		全国液体乳制品产量前 5 位的省、自治区、直辖市		
全国产量	2003 年比上年增减（%）	省、自治区、直辖市	产　量	占全国比例（%）
582.9	**59.95**	内蒙古	160.8	27.6
		河　北	76.6	13.1
		上　海	39.3	6.7
		黑龙江	35.6	6.1
		山　东	31.0	5.3
		小　计	343.3	58.9

资料来源：表中数据由中国乳制品工业协会提供。

表 150　我国罐头工业各地区主要产量（2002 年）　　单位：万 t

地　区	产　量	地　区	产　量
全国总计	**223.17**	河　南	2.12
北　京	0.02	湖　北	3.38
天　津	0.50	湖　南	9.86
河　北	21.44	广　东	7.29
山　西	2.90	广　西	13.63
内蒙古	0.23	海　南	13.70
辽　宁	3.45	重　庆	1.94
吉　林		四　川	2.22
黑龙江	0.96	贵　州	0.16
上　海	3.79	云　南	0.75
江　苏	5.33	西　藏	
浙　江	43.59	陕　西	0.26

（续）

地　区	产　量	地　区	产　量
安　徽	2.47	甘　肃	0.02
福　建	34.12	青　海	
江　西	2.01	宁　夏	
山　东	10.83	新　疆	36.21

表 151　我国烟草加工业主要产品产量（1998—2002 年）

年　份	烟叶（万 t）	烤烟（万 t）	卷烟（万箱）
1998	236.4	208.8	3 374.00
1999	246.9	218.5	3 340.00
2000	255.23	223.80	3 397.00
2001	234.96	204.53	3 402.10
2002	244.70	213.50	3 445

表 152　我国饲料工业产品产量（2000—2003 年）

单位：万 t

年　份	饲料产量	其中：1. 配（混）合饲料	2. 浓缩饲料	3. 添加剂预混料
2000	7 429	5 912	1 249	253
2001	7 806	6 087	1 419	301
2002	8 319	6 239	1 764	316
2003	8 712	6 428	1 958	326

资料来源：表中数据由农业部全国饲料工作办公室提供。

表 153　2003/2004 年制糖期糖料与食糖生产情况

单位：万 hm^2、万 t、个

地　区	2003 年糖料种植面积	糖料入榨量	产糖量	开工工厂数
全国合计	**135.40**	**8 119.8**	**1 002.3**	**306**
甘蔗糖小计	114.05	7 647.5	943.6	266
广东	12.67	918.1	98.5	40
其中：湛江	(9.51)	(708.9)	(73.2)	(21)
广西	65.07	4 600.0	588.0	95
云南	26.0	1 593.9	195.0	81
海南	6.33	334.3	40.8	24
福建	1.05	60.4	6.9	5
其他	2.93	141.1	14.4	21
甜菜糖小计	21.33	472.3	58.7	40
黑龙江	9.13	69.3	9.0	12
新疆	6.73	305.4	37.5	14
内蒙古	2.27	59.0	7.0	7
其他	3.20	41.7	5.2	7

资料来源：表中数据由中国糖业协会提供。

表 154 我国食用菌产量、产值、出口情况（2003 年）

地区	产量（t）	产值（万元）	出口量（t）	创汇（万美元）	主要品种产量（t）		
					香菇	平菇	双孢蘑菇
全国总计	**10 386 900**	**4 378 381**			**2 227 623**	**2 487 708**	**1 330 407**
北京	28 407	15 912	1 550	226	2 704	16 277	930
天津	5 925	2 742			700	3 000	600
河北	520 000	300 000	60 000	7 300	62 000	146 300	42 000
山西	161 800	120 061	53 933	4 880	20 000	40 000	10 000
内蒙古	37 070	13 640			3 964	20 386	3 242
辽宁	426 380	126 803	70 290		123 930	117 670	10 840
吉林	141 830	56 732	11 200	560	7 000	12 000	1 000
黑龙江	500 420	210 784			30 000	150 000	
上海	41 283	24 281			4 146	5 883	15 487
江苏	986 785	211 608		1 200	15 416	400 056	197 158
浙江	639 899	319 950	218 000	21 800	396 000		49 105
安徽	164 216	50 808			20 561	66 300	19 930
福建	1 510 000	540 000	182 000	22 000	429 000	44 000	312 000
江西	232 250	110 000	5 330	800	50 000	60 000	6 000
山东	1 003 500	381 200	96 200	8 760	142 200	426 700	227 100
河南	1 698 954	595 491	3 285	1 968	337 816	546 436	127 121
湖北	472 290	188 916	18 000	5 100	221 000	115 000	21 000
湖南	415 000	281 200	9 200	400	13 000	40 000	30 000
广东	152 125	155 405	90 000	9 300	8 244	30 146	4 924
广西	165 590	75 343			16 200	13 000	125 000
重庆	34 102	12 958			2 840	9 000	9 592
四川	510 000	187 400			40 500	85 360	106 200
贵州	27 000	67 700			3 000	15 000	2 000
云南	31 834	102 016	9 563	6 576	547	2 500	4 376
陕西	463 596	215 921	1 000	120	274 975	116 194	2 182
宁夏	5 715	2 286			700	3 000	900
新疆	10 929	9 125			280	3 500	1 720

（续）

地区	主要品种产量（t）						
	金针菇	草菇	黑木耳	银耳	毛木耳	滑菇	猴头菇
全国总计	**557 681**	**197 435**	**670 165**	**183 345**	**984 646**	**171 480**	**30 521**
北京	3 498	548	41				
天津	200	20					
河北	46 000					23 000	
山西	20 000	5 000	5 000			1 000	5 000
内蒙古			16 760				
辽宁	353	4 980	3 150			96 680	40
吉林	1 200		100 000			500	400
黑龙江	10 000		250 000			50 000	10 000
上海	5 020	3 186					
江苏	96 155	15 321					
浙江	72 765	46	91 370				6 300
安徽	5 968	233	5 548	589	21 312		43
福建	26 000	25 000	17 000	176 000	236 000		5 500
江西	10 000	12 000	30 000	10	20 000		20
山东	73 800	51 100	24 600	4 700	3 200	300	900
河南	56 598	12 862	31 558	1 016	431 779		
湖北	15 500	220	62 000	30	3 000		10
湖南	45 000	5 000	2 000	1 000	20 000		1 000
广东	25 551	60 007			1 305		1 308
广西		1 300	1 200		5 500		
重庆	8 720				800		
四川	31 800	610	1 930		151 500		
贵州	1 000		3 000				
云南	700		820		100		
陕西	634		24 178				
宁夏	600	2	10		150		
新疆	619						

（续）

地区	主要品种产量（t）						
	鸡腿菇	白灵菇	杏鲍菇	茶薪菇	小平菇	灰树花	竹荪
全国总计	**177 827**	**52 223**	**114 107**	**92 971**	**242 546**	**24 962**	**32 220**
北京	126	1 963	989	284	500	10	
天津		700	200		50		
河北	49 000	24 000	22 000		81 000	10 000	
山西	10 000	5 000	10 000		20 000	5 000	
内蒙古							
辽宁							
吉林	100	50	50		100	50	
黑龙江	100	100	100	50	20		
上海	200	110	753		300		
江苏	800	50	1 780	388			
浙江	1 607		10 199			7 875	
安徽	1 391	458	734	207	1 340	10	40
福建	18 000	164	47 000	55 000	43 600	157	28 000
江西	5 000	200	300	30 000	5 000	500	10
山东	43 200	1 080	1 270	410	280	160	
河南	31 061	10 159	3 280	543	7 700		
湖北	1 520	300	10	50	2 000		5
湖南	10 000	3 000	11 000	5 000	15 000	1 000	1 000
广东	1 201		4 376	799	2 646		
广西	35		20	40	110		65
重庆	600						
四川	1 000				62 900		
贵州							3 000
云南	2 000	250		200			100
陕西	326	39	46			200	
宁夏	350						
新疆	210	4 600					

（续）

地 区	主要品种产量（t）					
	姬松茸	牛肝菌	灵 芝	天 麻	茯 苓	其他菇
全国总计	**42 056**	**21 130**	**49 153**	**135 776**	**145 915**	**366 024**
北 京			30			487
天 津			50			
河 北						15 000
山 西	100	100	500			100
内蒙古						
辽 宁			40			
吉 林	100	150	11 000	100		8 030
黑龙江	50					
上 海			120			
江 苏			1 500			258 161
浙 江	166		1 838			1 728
安 徽	451		7 155	5 580	6 355	
福 建	28 000		3 700		3 000	12 670
江 西	100		1 000	10	1 000	1 120
山 东	790	80	1 240	370	10	10
河 南	34		9 186	77 953	3 000	10 716
湖 北	75	300	4 000	5 500	20 000	750
湖 南	12 000	5 000	5 000	8 000	112 000	1 000
广 东			1 618			10 000
广 西	120		800		550	1 650
重 庆			50			2 500
四 川						28 200
贵 州						3 000
云 南		15 000		1 000		4 241
陕 西	70	500	326	37 263		6 661
宁 夏						
新 疆						

注：1. 资料来源：表中数据由省、自治区、直辖市食用菌协会，农业、供销及科研部门提供。表中全国总计数字为全国 27 个省、自治区、直辖市合计数字。

2. 表中白灵菇包含陕西魏菇；小平菇包含姬菇；其他菇包含松茸、羊肚菌、鲍鱼菇、秀珍菇、块菌、金耳等。

3. 据国家海关总署统计：2003 年出口数量433 217 434kg，出口金额621 928 894美元，综合平均每吨换1 435.6美元，比 2002 年分别增长 13.3%、34.19%和 18.36%。

4. 表中天津、内蒙古、贵州为参照历史数字。

5. 表中产量全部按鲜品折算（按 1：10 折算）。

表 155　我国农垦系统农产品加工业主要产品产量（2002—2003 年）

产　　品	单　位	产　　量		2003 年比上年增减（%）
		2002 年	2003 年	
粮食商品量	万 t	1 149.21	1 108.87	−3.51
粮食商品率	%	76.67	82.59	5.90
食用植物油	万 t	37.30	59.44	59.36
机制糖	万 t	103.28	119.63	15.83
乳制品	万 t	12.12	11.58	−4.43
消毒液体奶	万 t	101.24	106.89	5.58
饮料酒	万 t	97.70	109.20	11.77
其中：葡萄酒	万 t	4.40	5.78	31.36
混、配合饲料	万 t	203.79	210.04	3.07
纱	万 t	19.95	22.98	15.19
布	亿 m	2.41	3.45	43.31
机制纸及纸板	万 t	57.03	31.29	−45.14

表 156　农垦系统各地区农产品加工业主要产品产量（2003 年）

地　区	机制纸及纸板（t）	纱（万 t）	布（万 m）	机制糖（t）	饮料酒（t）	乳制品（t）	食用植物油（t）
全国合计	**312 879**	**22.98**	**34 538.1**	**1 196 266**	**1 092 015**	**115 827**	**594 426**
北　京	550					4 565	
天　津					27 150	2 201	
河　北	12 487	0.03	424.0		2 884	20 927	5 431
山　西							
内蒙古				3 597	406	12 335	5 431
辽　宁	6 750		230.0		129 778	6 618	3 000
吉　林	9 486				6 914		
黑龙江	20 389			10 047	40 649	45 691	303 076
上　海		0.02				3 042	
江　苏		1.87			10		7 844
浙　江	11 215		11 971.0		293 718	122	
安　徽		0.38			2 160	1 472	1 382
福　建	59 161	0.03			860		100
江　西	32 281	3.90	410.0	294	24 319	290	500
山　东					107	967	180
河　南	100	1.07	403.4		14 380		41
湖　北	25 793	3.89	8 428.0	9 626	272 356	99	72 680
湖　南	44 718	0.09		53 365	1 639		3 397
广　东	11 200			260 312	1 183		968
广　西	11 900			597 419	60	3 300	
海　南				54 707	275		38
重　庆	520					937	
四　川					1 355	96	
贵　州					358	409	6

（续）

地　区	机制纸及纸板（t）	纱（万 t）	布（万 m）	机制糖（t）	饮料酒（t）	乳制品（t）	食用植物油（t）
云　南				65 587	90		3
西　藏							
陕　西		0.40	4 295.0			182	8 580
甘　肃					139 986		
青　海						59	267
宁　夏					78 651		147
新疆(兵团)	65 929	11.30	8 236.7	141 312	51 352	8 549	170 243
新疆(农业)	400		140.0			200	8 255
新疆(畜牧)						1 049	2 857
热作两院							
广　州						1 335	
南　京					1 375		
昆　明						1 382	
哈尔滨							

表 157　我国森林工业主要工业产品产量（2002—2003 年）

主要产品	单位	2002 年	2003 年	2003 年比上年增减（%）
木材产量	万 m^3	4 436.1	4 758.9	7.28
原木	万 m^3	4 127.2	4 319.9	4.67
薪材	万 m^3	308.9	439.0	42.12
竹材	万根	66 810.9	96 866.5	44.99
毛竹	万根	49 444.1	67 234.4	35.98
蒿竹	万根	17 366.9	29 632.1	70.62
锯材	万 m^3	851.6	1 126.9	32.33
木片	万 m^3	417.8	1 774.8	324.80
人造板	万 m^3	2 930.2	4 553.4	55.40
胶合板	万 m^3	1 135.2	2 102.4	85.20
纤维板	万 m^3	767.4	1 128.3	43.12
刨花板	万 m^3	369.3	547.4	48.23
其他人造板	万 m^3	658.2	775.3	17.79
胶合木	万 m^3	9.7	173.1	1 684.54
木地板	万 m^2	4 977.0	8 642.5	73.65
卫生筷子	标准箱	4 194 372.0	6 600 927.0	57.38
人造板表面装饰板	万 m^2	2 131.4	28 400.2	1 232.47
非固性树脂装饰层压板	万 m^2	261.2	43.5	−83.35
单板	万 m^2	71 236.7	294 915.1	313.99
林产化学产品			48	
松香类产品	t	464 223	483 612	4.18
松节油类产品	t	59 235	67 510	13.97
樟脑	t	11 211	4 532	−59.58
冰片	t	674	746	10.68

（续）

主要产品	单位	2002 年	2003 年	2003 年比上年增减（%）
栲胶类产品	t	9 583	13 941	45.48
紫胶类产品	t	561	1 078	92.16
木材热解产品				
木炭	t	56 441	104 503	85.15
活性炭	t	56 514	101 614	79.80
软木制品				
软木砖	m^3		514	
软木纸	m^3	5 103	2 700	−47.09

表 158 各地区森林工业主要工业产品产量（2003 年）

地区	木材（万 m^3）	竹材（万根）	锯材（万 m^3）	人造板（万 m^3）				松香（t）	栲胶（t）	紫胶（t）
				合计	其中					
					胶合板	纤维板	刨花板			
全国总计	**4 758.9**	**96 866.5**	**1 126.9**	**4 553.4**	**2 102.4**	**1 128.3**	**547.4**	**483 612**	**13 941**	**1 078**
北　京	2.6									
天　津										
河　北	38.6		33.1	1 029.5	557.9	79.1	205.9			
山　西	4.6		0.2	0.3			0.3			
内蒙古	327.9		20.2	52.6	13.0	12.1	23.1		2 617	
内蒙古集团	247.9		2.8	23.2	0.1	7.6	15.0		2 617	
辽　宁	130.1		34.8	32.1	2.8	18.2	0.5			
吉　林	376.5		45.8	69.3	5.7	24.2	30.8			
吉林集团	96.7		9.8	42.1	1.8	13.8	26.5			
黑龙江	497.8		20.0	34.7	2.2	11.3	18.9			
龙江集团	399.9		10.3	33.4	1.1	11.3	18.9			
上　海										
江　苏	38.2	250.3	32.2	658.8	367.9	104.2	18.7			
浙　江	204.2	10 086.4	198.3	493.2	286.6	94.3	27.3	1 067		
安　徽	278.8	3 981.3	39.0	153.5	70.2	56.4	8.1	1 352		
福　建	518.3	22 246.0	77.6	229.4	78.4	81.9	13.1	41 989		
江　西	354.2	4 472.4	59.0	119.4	38.8	49.9	9.9	31 357		
山　东	42.6		216.6	937.3	445.5	228.7	137.9			
河　南	60.0	44.7	30.0	80.8	25.0	41.2	7.3	252		
湖　北	107.0	5 301.1	8.5	84.5	21.2	44.4	5.8	3 145	26	
湖　南	412.1	7 064.3	115.5	123.5	57.4	36.2	2.2	16 075	280	
广　东	308.2	7 159.0	59.3	207.5	89.4	88.2	15.4	72 233	17	375
广　西	444.8	17 378.8	45.9	116.8	16.9	77.6	7.8	250 077	5 756	
海　南	70.7	1 114.3	20.7	15.8	5.4	10.4		2 643	2 910	
重　庆	0.3	68.0	22.1	2.0	1.3	0.3	0.3			
四　川	50.8	7 431.7	2.3	22.6	4.1	14.8	0.8	2 418	287	22
贵　州	29.3	196.0	2.1	18.9	3.2	7.4	5.2	3 552	1 368	553
云　南	179.8	9 818.0	26.4	57.6	8.9	38.1	7.2	57 452		128
西　藏	20.0		5.0							
陕　西	14.9	254.3	0.3	8.0		8.0			680	

（续）

地　区	木材（万 m^3）	竹材（万根）	锯材（万 m^3）	人造板（万 m^3） 合计	其中 胶合板	纤维板	刨花板	松香（t）	栲胶（t）	紫胶（t）
甘　肃	0.7			0.9		0.9				
青　海	2.2									
宁　夏	0.1									
新　疆	32.0									
新疆兵团										
大兴安岭	211.5		12.2	4.9	0.85	0.8	1.1			

表 159　林业系统主要工业产品产量（2002—2003 年）

主要产品	单　位	2002 年	2003 年	2003 年比上年增减（%）
木材	万 m^3	2 445.1	2 556.9	4.57
竹材	万根	9 934.6	9 518.4	－4.19
锯材	万 m^3	140.0	177.1	26.50
木片	万实积 m^3	161.2	239.8	48.76
人造板	万 m^3	601.2	670.4	11.51
胶合板	万 m^3	88.2	100.5	13.95
纤维板	万 m^3	331.6	416.1	25.48
刨花板	万 m^3	144.1	115.1	－20.12
松香	t	184 650	190 923	3.40
栲胶	t	9 178	6 369	－30.61
紫胶	t	90	716	695.56
木地板	万 m^2	1 531.5	2 423.8	58.26

表 160　林业系统各地区主要工业产品产量（2003 年）

地　区	木材（万 m^3）	竹材（万根）	锯材（万 m^3）	木片（万实积 m^3）	人造板（万 m^3） 合计	胶合板	纤维板	刨花板	松香（t）	栲胶（t）	紫胶（t）	木地板（万 m^2）
全国总计	**2 556.9**	**9 518.4**	**177.1**	**239.8**	**670.4**	**100.5**	**416.1**	**115.1**	**190 923**	**6 369**	**716**	**2 423.8**
北　京												
天　津												
河　北	13.5		0.2		14.6		11.0	3.6				
山　西	1.5				0.3			0.3				
内蒙古	292.8		7.2	3.3	23.5	0.3	7.6	15.0	2 617			0.2
内蒙古集团	247.9		2.8	3.3	23.2	0.1	7.6	15.0	2 617			0.2
辽　宁	56.0		7.7	0.5	11.6	0.5	10.1	0.4				9.3
吉　林	331.6		30.7	12.5	63.1	3.5	24.2	30.8				602.8
吉林集团	96.7		9.8	4.1	43.3	1.8	13.8	26.5				328.5
黑龙江	487.2		20.0	43.4	34.7	2.2	11.3	18.9				589.5
龙江集团	399.9		10.3	40.2	33.4	1.1	11.3	18.9				66.5
上　海												
江　苏	34.6	81.6	5.2	0.8	112.9	37.0	72.5	3.3				360.6
浙　江	25.1	175.7	3.1		11.2	1.9	8.3					38.1

（续）

地　区	木材（万 m^3）	竹材（万根）	锯材（万 m^3）	木片（万实积 m^3）	人造板（万 m^3）				松香（t）	栲胶（t）	紫胶（t）	木地板（万 m^2）
					合计	胶合板	纤维板	刨花板				
安　徽	41.8	294.5	6.7	1.1	29.2	0.3	23.3	5.3	284			
福　建	247.2	510.0	3.8	15.5	89.1	10.3	68.5	8.5	13 009			257.2
江　西	128.1	1 017.2	2.2	10.0	23.7	4.2	12.7	3.6	12 305			8.0
山　东	0.8			30.9	36.7	2.5	26.4	7.6				0.3
河　南	3.7	820.0	0.4	0.1	1.6	0.1	1.0		107			
湖　北	66.0	1 154.3	2.4	0.7	65.5	16.6	39.5	3.9	1 180	26		
湖　南	171.0	2 784.8	51.8	7.8	40.0	10.4	16.8	2.0	11 712			34.0
广　东	121.3	1 511.4	7.4	51.6	5.9	3.0	2.0	0.9	6 786	17	20	
广　西	183.4	734.8	2.6	18.4	50.1	2.8	41.2	6.0	85 822	2 469		133.6
海　南	30.1	35.4	7.1	33.7	0.1	0.1			2 643			
重　庆	0.2	11.0			1.1	1.0	0.02					
四　川	17.9	144.7	0.3	0.01	13.6	0.1	12.6	0.1	2 068		22	355.5
贵　州	9.6	94.1	1.2	0.1	7.9		4.2	3.2	540	287	553	7.0
云　南	82.1	149.0	4.8	3.2	20.3	3.1	13.4	0.8	54 467	953	121	8.1
西　藏												
陕　西	0.05				8.0		8.0					
甘　肃					0.9		0.9					
青　海												
宁　夏	0.14											
新　疆												
新疆兵团												
大兴安岭	211.5		12.2	6.2	4.9	0.9	0.8	1.1				19.6

表 161　我国水产品加工产品的主要种类与产量（2000—2003 年）　　单位：万 t

年　份	冷冻制品	干制品	腌熏制品	鱼糜及其制品	动物蛋白饲料	罐制品	其　他
2000	342.5	73.9	20.5	10.8	80.6	2.9	153.8
2001	381.2	77.8	21.3	9.2	72.3	5.2	123.8
2002	447.8	54.3	23.2	10.2	48.4	4.3	107.1
2003	543.4	68.9	21.1	24.9	129.1	14.5	108.2

表 162　纺织工业主要产品产量（2003 年）

产品名称	单　位	2003 年	2003 年比上年增减（%）
纱	万 t	928.41	16.08
布	亿 m	246.72	8.80
棉布	亿 m	125.49	8.73
混纺交织布	亿 m	58.73	2.39
纯化纤布	亿 m	62.55	15.92
印染布	亿 m	251.32	20.43
帘子布	t	299 954	15.00

（续）

产品名称	单位	2003 年	2003 年比上年增减（%）
绒线（毛绒）	万 t	40.05	3.86
呢绒	万 m	25 218	−2.08
麻袋（混合数）	万条	7 363	59.03
苎麻布及亚麻布	万 m	13 094	15.36
丝	t	94 666	13.93
丝织品	万 m	632 756	19.86
印染丝织品	万 m	267 495	7.09
针棉织品折用纱线量	万 t	70.25	3.26
非织造布	万 t	17.07	32.74
服装	万件	984 291	13.76
梭织服装	万件	493 887	11.57
衬衫	万件	69 649	15.42
儿童服装	万件	14 008	14.04
针织服装	万件	478 078	15.45
羽绒服装	万件	11 081	33.14
缝制帽	万顶	51 815	2.82
布鞋	万双	58 424	9.80
合成纤维单体	万 t	559.25	54.75
聚酯	万 t	794.44	13.53
纺织机械	t	575 923	22.44

表 163　纺织工业丝绸行业主要产品产量（2003 年）

主要产品	单位	数量	比 2002 年增减（%）
丝产量	万 t	9.47	
其中：桑蚕丝	万 t	8.00	13.9
丝织品（包括化纤绸）	亿 m	63.28	19.9
印染丝织品	亿 m	26.75	7.1

资料来源：表中数据为国家统计局，对全国 2 261 个规模以上丝绸工业企业统计数据。

表 164　我国皮革、毛皮、羽绒行业主要产品产量（2002 年）

主要产品	单位	产量
轻革	万 m^2	47 870
皮鞋	万双	152 282
皮鞋服装	万件	7 013
皮包、袋	万个	82 123
毛皮（折羊毛皮）	万张	401
毛皮服装	万件	93

表 165 我国家具工业主要产品产量（2002 年）

主要产品	单位	产量
家具产品合计	万件	13 376
其中：木制家具	万件	5 495
金属家具	万件	6 118
软体家具（包括床垫、沙发）	万件	880

表 166 我国家具工业各地区主要产品产量（2002 年） 单位：万件

地区	2002 年产量
全国总计	**13 376**
北京	268.3
天津	382.1
河北	327.1
山西	19.3
内蒙古	5.3
辽宁	354.1
吉林	35.1
黑龙江	196.9
上海	200.3
江苏	333.6
浙江	2 199.6
安徽	20.4
福建	3 013.6
江西	59.4
山东	559.4
河南	176.6
湖北	150.3
湖南	33.2
广东	4 123.9
广西	476.5
海南	67.5
重庆	38.9
四川	55.2
贵州	13.6
云南	11.3
西藏	0.6
陕西	12.3
甘肃	18.1
青海	0.1
宁夏	1.8
新疆	121.1

资料来源：表中数据出自《2003 中国家具年报》。

表 167　我国造纸工业纸浆消耗情况（2002 年）　单位：万 t

品　种	2001 年	占比例（%）	2002 年	占比例（%）	同比增减（%）
总　量	2 980		3 470		16.44
木　浆	690	23	740	21	7.25
废纸浆	1 310	44	1 620	47	23.66
非木浆	980	33	1 110	32	13.27

资料来源：数据来自国家统计局（规模以上企业统计）。

表 168　我国机制纸及纸板主要品种产量（2001—2002 年）　单位：万 t、%

品　种	2001 年		2002 年		2002 年比上年增减（%）
	产　量	比　例	产　量	比　例	
纸及纸板合计	**3 198**	**100**	**3 780**	**100**	
（一）纸	1 773		1 995		12.52
1. 新闻纸	173	5.41	185	4.89	6.94
2. 印刷书写纸	800	25	920	24.34	24.00
其中（1）书刊印刷纸	300	9.37	420	11.11	40.00
（2）书写纸	140	4.37	180	4.76	28.57
（3）涂布纸	130	4.06	180	4.76	38.46
其中：铜版纸	110	3.44	160	4.23	45.45
3. 生活用纸	270	8.44	310	8.20	14.81
4. 包装用纸	400	12.50	400	10.58	
（二）纸板	1 360		1 660		22.06
1. 白纸板	300	9.37	460	12.17	53.33
2. 涂布白纸板	250	7.81	430	11.38	72.00
3. 箱纸板	460	14.37	600	15.87	30.43
其中：牛皮箱纸板	220	6.88			
4. 瓦楞原纸	600	18.75	600	15.87	
其中：高强瓦楞原纸	180	5.63	190	5.03	5.56
（三）特种纸及纸板	65	2.03	70	1.85	7.69
（四）其他			55	1.45	

资料来源：表中数据出自《中国造纸年鉴》2003 年。

表 169　各地区重点纸品产量（2002 年）　单位：万 t

地　区	机制纸及纸板	机制纸	新闻纸	凸版纸	机制纸板
全　国	**3 501.4**	**2 053.6**	**182.6**	**81.7**	**1 147.7**
北　京	11.96	5.79	0.96		6.17
天　津	27.98	13.46		0.048	14.53
河　北	288.6	168.0	9.52	10.06	120.66
山　西	14.57	11.80	0.66	0.56	2.77
内蒙古	14.70	8.19		2.41	6.51
辽　宁	52.04	40.37	1.87	1.57	11.66
吉　林	30.37	18.57	10.65	1.19	11.81
黑龙江	61.50	53.14	14.40		8.36

（续）

地区	机制纸及纸板	机制纸	新闻纸	凸版纸	机制纸板
上海	42.61	18.13	11.90		24.48
江苏	31.53	218.93	1.76		96.33
浙江	496.3	122.74	1.63		373.55
安徽	73.15	26.95			462.00
福建	123.64	72.34	31.11	0.40	51.31
江西	28.18	20.60	4.91		7.59
山东	665.93	428.78	16.58	11.81	237.15
河南	355.05	197.86	1.11	25.71	157.19
湖北	103.46	60.08	19.67	11.48	43.38
湖南	88.54	81.67	11.21	13.80	6.87
广东	410.05	264.07	24.73	0.04	146.0
广西	86.71	84.16	8.82		2.56
海南	2.16	1.53			0.63
重庆	16.88	3.72			13.16
四川	93.68	64.44	8.40	0.29	29.24
贵州	5.48	4.37		0.27	1.11
云南	14.03	6.71	0.003		7.32
西藏					
陕西	24.06	18.18	2.87	1.21	5.88
甘肃	6.74	3.15		0.34	3.59
青海	0.64	0.36			0.28
宁夏	31.50	27.12			4.38
新疆	15.50	8.46		0.47	7.04

表 170　国际、国内纸浆、纸及纸板生产、消费情况（2000—2002 年）

单位：万 t

分项		2000 年	2001 年	2002 年
世界	纸浆总产量	18 868	17 937	18 200
	纸浆总消费量	18 901	18 257	18 265
	纸和纸板总产量	32 329	31 815	33 070
	纸和纸板总消费量	32 338	31 802	33 070
	纸和纸板人均年消费量（kg）	53.8	51.8	53.7
中国	纸浆总产量	2 501	2 490	2 944
	纸浆总消费量	2 836	2 980	3 470
	纸和纸板总产量	3 050	3 200	3 780
	纸和纸板总消费量	3 575	3 683	4 332
	纸和纸板人均年消费量（kg）	28.0	29.0	33.0

表 171　我国纸和纸板消费结构情况（2001—2002 年）

单位：万 t

产品名称	2001 年					2002 年				
	生产量	进口量	出口量	消费量	比重(%)	生产量	进口量	出口量	消费量	比重(%)
机制纸及纸板	3 200	558.7	76.2	3 683		3 780	636.9	85.5	4 332	
一、机制纸	1 643	214	65.4	1 791.6	48.6	1 815				
1. 新闻纸	173	15.4	1.9	186.5	5.1	185	19.9	0.6	204	4.7
2. 印刷书写纸	800	124.5	45.4	879.1	23.9	920	36.5	19.5	937	21.6
其中：凸版纸										
胶印书刊纸	300					420			420	9.7
双面胶版纸						180	121.8	25.2	276	6.4
铜版纸	130	100.1	17.6	212.5	5.8	160	61.5	18.7	203	4.7
书写纸	140					180			180	4.1
3. 技术配套用纸										
其中：卷烟纸		1.34	0.5							
4. 包装用纸	400	67	1.2	465.8	12.6	400	31.4	2.6	429	9.9
其中：纸袋纸										
牛皮纸										
5. 生活用纸	270	2.98	12.5	260.5	7.1	310	3.3	15.9	297	6.9
其中：卫生纸										
6. 其他										
二、纸板	1 557	344.7	10.9	1 891.4	51.3					
1. 技术配套纸板										
2. 包装纸板										
白纸板	300	98.7	2.6	396.1	10.8	460	81.5	5.5	536	12.4
其中：涂布白纸板	250					430	79.6	5.5	504	11.6
箱纸板	460			545	14.8	600	125.4	0.7	725	16.7
其中：牛皮箱纸板	220	86.3	0.8	305.5	8.3					
瓦楞原纸	600	117.9	3.1	714.8	19.4	600	133.5	3.3	730	16.9
其中：高强瓦楞纸						190	133.5	3.3	320	7.4
3. 其他纸板	65	41.8	4.4							

表 172　我国纸及纸板年总消费量与人均消费量（1998—2002 年）

年份	年总消费量（万 t）	人均消费量（kg/人·年）
1998	3 347	26.8
1999	3 525	27.8
2000	3 575	28.0
2001	3 683	29.0
2002	4 332	33.0

表 173　我国书刊印刷企业主要产品产量（2002 年）

类　　别	企业数（个）	书刊排字（万字）合　计	书刊排字（万字）其中：照相排字	书刊印刷（万令）合　计	书刊印刷（万令）其中：胶印印书	胶印印刷（万色令）	零件印刷（万千印）	书刊装订（万令）
全国总计	**1 155**	**1 688 880**	**1 637 461**	**6 687**	**5 364**	**14 190**	**1 229**	**5 355**
国家定点厂合计	286	467 167	677 627	3 342	3 034	7 926	408	3 304
其中：直属厂小计	79	229 451	228 958	1 503	1 420	4 074	103	1 821
非直属厂小计	207	467 717	448 670	1 838	1 614	3 852	306	1 483
省级定点厂合计	869	991 712	959 834	3 346	2 330	6 264	821	2 051
中　央	82	250 203	250 002	668	571	981	79	295
国家定点厂合计	36	161 915	161 914	473	415	678	24	251
其中：直属厂小计	5	13 729	13 729	79	79	139	3.5	77
非直属厂小计	31	148 186	148 185	394	336	539	20	174
省级定点厂合计	46	88 288	88 088	195	156	303	56	43
地　方	1 073	1 438 677	1 387 460	6 020	4 793	13 209	1 150	5 061
国家定点厂合计	250	535 253	515 713	2 869	2 619	7 248	385	3 053
其中：直属厂小计	74	215 722	215 229	1 425	1 341	3 935	99	1 744
非直属厂小计	176	319 531	300 485	1 444	1 278	3 314	286	1 309
省级定点厂合计	823	903 424	871 746	3 151	2 174	5 961	765	2 008

表 174　我国橡胶工业主要产品产量、生产能力（1999—2001 年）

产品名称	单　位	1999 年 产　量	1999 年 能　力	2000 年 产　量	2000 年 能　力	2001 年 产　量	2001 年 能　力
轮胎外胎	万条	10 970 (8 457)	(12 158)	12 158	(13 890)	13 356	
其中：子午胎		2 468 (2 249)	(3 443)	3 188	(3 443)	3 919	
载货胎		(3 909)	(6 134)		(6 134)		
轿车胎		(1 816)	(2 463)		(2 463)		
工程胎		(59)	(88)		(88)		
工业车辆		(744)	(881)		(1 948)		
农业胎		(1 928)	(3 965)		(4 101)		
轮胎内胎	万条	(5 354)	(9 367)		(10 195)		
其中：货车		(2 570)	(4 284)		(4 284)		
轿车		(374)	(916)		(1 529)		
工程车		(32)	(71)		(71)		
工业车辆		(523)	(793)		(1 942)		
农业胎		(1 855)	(3 303)		(3 484)		
摩托车外胎	万条	(2 070)	(4 122)		(5 634)		

（续）

产品名称	单　位	1999 年		2000 年		2001 年	
		产　量	能　力	产　量	能　力	产　量	能　力
摩托车内胎	万条	(2 271)	(4 241)		(6 202)		
力车胎外胎	万条	22 799 (15 851)	(28 179)	23 257	(31 508)	27 469	
其中：手推车		(741)	(2 704)		(3 948)		
自行车		(14 500)	(24 015)		(30 328)		
三轮车		(411)					
力车胎内胎	万条	(17 724)	(32 387)		(33 284)		
其中：手推车		(1 512)	(3 825)		(4 468)		
自行车		(15 890)	24 912		(26 456)		
三轮车		(323)					
轮送带	万 m²	6 264 (5 156)	(15 483)	6 404	(16 182)	7 246	
其中：普遍输送带					(7 061)		
钢丝绳输送带		(332)	(1 397)		(2 096)		
钢缆输送带		(30)	(151)		(151)		
尼龙输送带		(896)	(3 634)		(3 634)		
难燃输送带		(1 237)	(3 240)		(3 240)		
普通平带	万 m²	(3 889)	(2 827)		(2 827)		
普通 V 带	万 Am	57 771 (38 625)	(90 920)	62 096	(90 920)	56 622	
汽车 V 带	万条	(945)	(3 807)		(3 807)		
橡胶胶管	万标 m	17 250 (5 615)	(2 041)	25 240	(22 642)	21 072	
其中：排吸胶管	万标 m	(953)	(5 187)		(5 187)		
钢丝编织胶管		(678)	(1 686)		(1 686)		
夹布胶管		(2 024)	(9 156)		(9 156)		
其他胶管		(1 961)	(6 613)		(6 613)		
胶鞋	万双	85 084 (25 359)	(93 100)	84 669	(93 109)	80 773	
其中：橡塑鞋		(1 701)	(2 420)		(2 780)		
布面胶鞋		(19 784)					
胶面胶鞋		(3 784)					
橡胶导风筒	km	(747)	(7 630)				
胶辊	t	(1 213)					
橡胶零件	t	(45 556)					
再生胶	万 t	(8)	(17)		(16)		

（续）

产品名称	单 位	1999年		2000年		2001年	
		产 量	能 力	产 量	能 力	产 量	能 力
钢丝帘子线	t	(3 490)	(10 000)		(10 000)		
橡胶加工专用设备	t	(19 634)					
炭黑	万t	62 (44)	(69)	69	(66)	76.4	
橡胶助剂	t	80 982 (70 453)		113 650	(114 200)	140 405	
其中：促进剂		(4 380)					
防老剂		(21 540)					
合成橡胶	万t	76.1	93.4	83.57		104.6	
其中：丁苯	万t	32.4	43.4	32.45		34.9	
丁腈	万t	0.9	1.4	1.08		1.58	
顺丁	万t	29.3	34.1	31.34		33.40	
氯丁	万t	2.65	2.5	2.45		4.0	
乙丙		0.37	2	0.75		1.5	
SBS		8.77		13.36		16.5	
天然橡胶	万t	49		48.02		47.74	

表175　我国人均主要工农业产品产量（1999—2003年）

产品名称	单 位	1999年	2000年	2001年	2002年	2003年
粮食	kg	406	366	356	357	334
棉花	kg	3.1	3.5	4.2	3.8	3.8
油料	kg	20.8	23.4	22.5	22.6	21.8
糖料	kg	66.5	60.5	68.1	80.4	74.8
茶叶	kg	0.54	0.54	0.55	0.58	0.59
水果	kg	49.8	49.3	52.4	54.3	112.7
猪牛羊肉	kg	38.0	38.3	39.5	40.8	42.7
水产品	kg	32.9	33.9	34.4	35.6	36.5
布	m	19.9	21.9	22.8	25.2	29.1
机制纸及纸板	kg	17.2	19.7	29.7	36.5	37.5
纱	kg	4.52	5.20	5.98	6.64	7.6
糖	kg	6.9	5.50	4.90	7.2	8.4
木材	m^3	0.042	0.037	0.036	0.039	0.038

农产品加工业主要产品出口创汇情况

表 176 我国海关出口农产品及加工品数量与金额（2002—2003 年）

单位：万美元

产品名称	单 位	2002 年		2003 年	
		数 量	金 额	数 量	金 额
活猪	万头	188	21 337	188	21 477
活家禽	万只	4 280	8 207	3 908	6 736
鲜冻牛肉	万 t	1	1 902	1	1 488
鲜冻猪肉	万 t	16	20 946	21	26 918
冻鸡	万 t	282 423	36 015	226 984	27 897
鲜冻兔肉	t	9 081	1 135	4 426	599
水海产品	万 t	163	287 131	158	333 246
鲜蛋	百万个	1 001	2 224	1 292	3 102
谷物及谷物粉	万 t	1 482	171 786	2 194	265 708
稻谷和大米	万 t	199	38 501	262	50 178
玉米	万 t	1 167	116 751	1 639	176 718
蔬菜	万 t	360	188 773	432	219 559
鲜或冷藏蔬菜	万 t	240	73 718	296	90 695
干豆	万 t	86	31 910	104	35 869
橘、橙	t	196 641	5 117	265 438	6 935
鲜苹果	t	438 738	14 943	609 045	20 978
核桃仁	t	6 721	1 987	8 518	2 584
栗子	t	33 412	5 162	24 499	5 297
白果	t	3 977	1 098	3 848	902
松子仁	t	7 015	4 642	6 080	5 133
大豆	万 t	28	7 668	27	8 700
花生及花生仁	万 t	52	26 371	49	31 788
食用植物油（食用棕榈油）	t	97 443	5 821	59 705	5 967
食糖	万 t	325 826	7 971	103 165	2 956
天然蜂蜜	t	76 450	7 794	84 088	10 314
茶叶	t	252 272	33 176	259 917	36 734
辣椒干	t	70 870	4 860	90 518	7 726
猪肉罐头	t	49 060	7 061	52 161	7 506
蘑菇罐头	t	210 279	22 210	262 409	28 264
啤酒	万 L	13 042	6 813	15 180	7 618
猪鬃	t	11 299	6 381	10 926	6 306
肠衣	t	55 012	28 957	64 724	39 754
填充用羽毛、羽绒	t	41 792	25 684	36 675	23 504

（续）

产品名称	单 位	2002年		2003年	
		数 量	金 额	数 量	金 额
药材	t	144 110	21 585	163 249	22 626
烤烟	t	135 138	18 142	134 545	18 385
未硝整张毛皮	t	176	454	173	459
水貂皮	t		6		
锯材	m^3	430 721	19 005	523 083	23 385
生丝	t	14 701	24 296	13 893	21 163
山羊绒	t	4 140	23 171	4 638	25 187
兔毛	t	4 722	4 672	2 815	2 869
棉花（原棉）	t	149 538	16 959	112 020	13 257
苎麻	t	1 848	633	1 480	530
中式成药	t	11 739	10 303	11 960	10 466
烟花、爆竹	t	223 475	27 641	258 679	31 595
松香及树脂酸	t	356 334	15 953	301 173	13 981
新的充气橡胶轮胎	万条	13 391	121 838	15 779	160 782
纸及纸板（未切成形）	万t	74	57 317	114	86 237
棉纱线	t	388 413	100 674	504 168	137 823
亚麻及苎麻纱线	t	39 356	12 236	33 036	11 379
丝绸	万m	15 280	34 746	19 514	41 159
棉机织物	万m	457 883	425 692	559 407	546 331
亚麻及苎麻机织物	万m	22 000	35 149	23 916	38 186
合成短纤与棉混纺机织物	万m	196 867	84 932	182 562	83 782
人造纤维短纤机织物	万m	50 248	21 234	51 573	23 409
地毯	万m^2	6 533	55 704	9 865	63 761
棉浴巾	万条	26 721	29 282	30 670	35 955
塑料编织袋（周转袋除外）	万条	136 833	17 501	184 804	24 213
纺织机械及零件			35 649		51 735
缝纫机（包括工业用）	万架	1 119	39 052	1 299	53 187
家具及其零件			535 936		729 711
服装（针织、钩织的除外）			1 925 016		2 332 086
针织钩织服装			1 463 510		1 885 949
皮鞋	万双	95 664	481 594	103 739	535 606
橡胶或塑料底布鞋（包括球鞋）	万双	72 649	140 625	81 875	159 507
竹编结品	t	76 892	13 812	78 160	15 371
藤编结品	t	31 725	7 354	37 968	9 788
草编结品	t	34 609	7 124	36 367	8 920
柳编结品	t	89 007	15 624	102 699	19 983
鬃刷	万把	46 075	6 672	53 865	7 838
人造花	t	217 347	53 507	247 945	54 073

表 177　我国海关进口农产品及加工品数量与金额（2002—2003 年）

单位：万美元

产品名称	单位	2002 年		2003 年	
		数量	金额	数量	金额
谷物及谷物粉	万 t	285	49 350	208	45 487
小麦	万 t	63	11 271	45	8 552
稻谷和大米	万 t	24	8 031	26	9 718
大豆	万 t	1 131	248 284	2 074	541 687
食用植物油	万 t	319	130 965	541	257 903
其他植物油	万 t	25	10 148	34	15 749
食糖	万 t	118	23 846	78	17 411
配制的动物饲料	t	95 870	9 106	133 642	10 631
天然橡胶（包括胶乳）	万 t	96	69 429	120	115 474
合成橡胶（包括胶乳）	万 t	92	93 948	101	115 191
原木	万 m^3	2 433	213 826	2 546	244 731
纸浆	万 t	526	216 767	603	266 092
锯材	m^3	5 395 988	115 910	5 511 711	119 045
棉花（原棉）	万 t	18	18 644	87	116 885
羊毛及条	t	237 264	103 777	194 349	91 335
纺织用合成纤维	万 t	104	106 286	106	124 033
聚酯纤维	t	600 248	46 585	577 126	51 780
聚丙烯腈纤维	t	423 051	55 419	458 385	66 637
纸及纸板（未切成形）	万 t	633	353 959	636	372 713
制冷压缩机	万台	1 274	66 155	1 483	87 130

表 178　我国乡镇企业主要农产品加工业产品出口创汇情况（2002—2003 年）

单位：万元

类别		2002 年	2003 年	2003 年比上年增减（%）
按产品类别分出口交货值	小　计	74 575 041	93 809 681	25.49
	轻工类	26 869 913	34 907 125	29.91
	食品类	6 534 629	7 661 268	17.24
	土畜产类	3 466 872	2 931 687	－15.44
	纺织服装类	28 877 163	38 216 166	32.34
	工艺品类	9 008 464	10 093 435	12.04

资料来源：表中数据出自《2004 中国农业统计资料》。

表 179 我国林产品进出口数量（2001—2002 年）

产品名称			单位	2001 年	2002 年
原木	针叶原木	出口	m^3	646	
		进口		9 142 210	15 782 950
	阔叶原木	出口	m^3	17 093	10 957
		进口		7 721 541	8 550 093
	合　计	**出口**	**m^3**	**17 739**	**10 957**
		进口		**16 863 751**	**24 333 043**
锯材		出口	m^3	449 748	448 337
		进口		4 034 120	5 483 706
单板		出口	m^3	62 324	93 120
		进口		335 736	286 652
特形材		出口	t	78 006	99 850
		进口		13 000	23 384
刨花板		出口	m^3	24 958	51 183
		进口		447 559	589 686
纤维板		出口	m^3	26 815	80 338
		进口		1 070 243	1 251 646
胶合板		出口	m^3	965 361	1 792 423
		进口		650 859	636 130
家具		出口	件	93 611 649	117 969 289
		进口		576 391	571 981
木片		出口	t	1 771 351	1 559 915
		进口		3 596	52 271
木浆		出口	t	5 776	4 639
		进口		4 873 085	5 232 622
纸和纸制品		出口	t	352 519	364 822
		进口		4 693 795	5 285 423
木炭		出口	t	97 690	103 759
		进口		31 279	21 839
松香		出口	t	302 279	356 308
		进口		836	1 136
水果	柑橘类	出口	t	171 240	216 847
		进口		67 860	58 195
	鲜苹果	出口	t	303 558	438 738
		进口		39 371	56 014
	鲜　梨	出口	t	182 270	243 438
		进口		622	746
坚果	核　桃	出口	t	24 560	18 614
		进口		583	1 270
	板　栗	出口	t	27 884	29 660
		进口		3 041	5 755
	松子仁	出口	t	6 497	7 015
		进口		668	216

（续）

产品名称			单位	2001年	2002年
干果	梅干及李干	出口	t	5 296	3 561
		进口		2 647	3 834
	龙眼干、肉	出口	t	280	347
		进口		32 652	35 582
	柿饼	出口	t	6 549	8 809
		进口		16	3
	红枣	出口	t	9 024	12 277
		进口		16	45
果汁	柑橘类果汁	出口	t	3 686	3 716
		进口		18 635	37 956
	苹果汁	出口	t	228 394	296 568
		进口		802	570

资料来源：表中数据由海关总署信息中心提供。

1. 表中数据体积与重量按刨花板 650kg/m³、纤维板 700kg/m³、单板 750kg/m³ 的标准换算；
2. 木浆中未包括从回收纸和纸板中提取的木浆；
3. 纸和纸制品中未包括回收的废纸和纸板、印刷品、手稿等；
4. 纸和纸制品进出口量按纸和纸产品中木浆比例折算，进口量的折算系数为 0.8 出口量折算系数 2000 年为 0.18、2001 年为 0.23、2002 年为 0.21；
5. 表中核桃的数据是未去壳的核桃数，计算时将核桃仁以 40%出仁率进行折算；
6. 柑橘类水果包括橙、柚、蕉柑、其他柑橘、柠檬、酸橙等水果。

表 180　我国林产品进出口金额（2001—2002 年）

单位：千美元

产品名称			2001年	2002年
原木	针叶原木	出口	178	
		进口	541 914	997 164
	阔叶原木	出口	5 375	3 174
		进口	1 152 063	1 141 095
	合　计	出口	**5 553**	**3 174**
		进口	**1 693 977**	**2 138 260**
锯材		出口	196 860	192 332
		进口	988 518	1 167 462
单板		出口	69 746	89 297
		进口	95 889	89 383
特形材		出口	94 361	122 967
		进口	9 236	16 018
刨花板		出口	6 063	21 940
		进口	83 714	104 455
纤维板		出口	9 280	20 536
		进口	279 101	302 642
胶合板		出口	242 272	427 048
		进口	254 445	258 957
木制品		出口	1 578 047	1 864 973
		进口	28 190	26 834

（续）

产品名称			2001年	2002年
家具		出口	1 852 066	2 706 327
		进口	28 567	38 628
木片		出口	105 358	90 730
		进口	3 873	6 184
木浆		出口	2 704	2 373
		进口	2 061 438	2 154 478
纸和纸制品		出口	415 259	444 050
		进口	2 919 600	3 309 378
木炭		出口	54 710	56 191
		进口	2 731	1 283
松香		出口	141 747	159 505
		进口	1 377	1 901
水果	柑橘类	出口	40 367	55 673
		进口	30 868	27 969
	鲜苹果	出口	100 648	149 425
		进口	17 074	22 441
	鲜梨	出口	40 826	59 415
		进口	287	258
坚果	核桃	出口	27 693	21 927
		进口	372	1 131
	板栗	出口	52 196	47 236
		进口	3 625	9 096
	松子仁	出口	30 468	46 420
		进口	636	205
干果	梅干及李干	出口	5 240	2 332
		进口	1 745	2 573
	龙眼干、肉	出口	731	1 013
		进口	13 930	14 789
	柿饼	出口	10 389	10 838
		进口	23	7
	红枣	出口	6 276	7 939
		进口	7	17
果汁	柑橘类果汁	出口	3 916	3 657
		进口	16 986	46 090
	苹果汁	出口	147 671	173 066
		进口	459	372
其他		出口	2 614 628	2 799 281
		进口	1 569 383	2 167 395

资料来源：表中数据由海关总署信息中心提供。

1. 木浆中未包括从回收纸和纸板中提取的木浆；
2. 纸和纸制品中未包括回收纸和纸板及印刷品等；
3. 将从回收的纸与纸板中提取的纤维浆，回收纸与纸板折算为木制林产品价值的系数为：进口额取0.8，出口额2001年取0.23、2002年取0.21；
4. 将纸和纸制品价值折算为木制材产品价值的系数为:进口额取0.8,出口额:2001年取0.23,2002年取0.26。

表 181　我国食用菌产品出口情况（2002—2003 年）

产品名称	2002 年			2003 年			同比增减（%）		
	数量（万 t）	金额（万美元）	平均换汇（美元/t）	数量（万 t）	金额（万美元）	平均换汇（美元/t）	数量（万 t）	金额（万美元）	平均换汇（美元/t）
食用菌产品	38.21	46 352	1 213.03	43.32	62 200	1 435.6	13.38	34.19	18.35
其中：出口量超万吨的产品有 10 种									
小白蘑菇罐头				22.80					
其他伞菌属罐头				2.99					
鲜或冷藏香菇				2.44					
其他非醋法制作或保藏蘑菇				2.12					
干香菇				1.75					
盐水其他伞属菇				1.62					
盐水小白蘑菇				1.61					
鲜或冷藏蘑菇				1.45					
非醋法制作或保藏的菌块				1.12					
其他暂时保藏的蘑菇及菌块				1.07					
出口金额达 1000 万美元以上的有 14 种*									

* 14 种产品有小白蘑菇罐头18 615万美元；其他伞菌属蘑菇罐头9 213万美元；干香菇7 287万美元；鲜或冷藏松茸4 420万美元；鲜或冷藏香菇3 908万美元；干木耳2 621万美元；盐水其他伞菌属蘑菇1 926万美元；未列名干蘑菇及菌块1 657万美元；干伞菌属蘑菇1 580万美元；盐水小白蘑菇1 444万美元；冷冻松茸1 298万美元；非醋方法制作或保藏的菌块1 167万美元；其他暂保藏的蘑菇及菌种1 046万美元。

表 182　轻工业系统农产品加工业主要出口产品创汇情况（2002 年）

主要产品名称	单位	出口产品		2002 年比上年增减（%）	
		数量	金额（万美元）	数量	金额
轻工业产品出口总额	万美元		9 088 943		19.32
有关农产品加工业产品合计	万美元		3 303 108		23.51
制浆	万 t	1.92	1 555	52.38	88.48
纸张	万 t	94.84	78 733	6.20	8.56
香料香精	万 t	1.51	10 203	25.51	16.45
制盐	万 t	96.85	2 880	5.89	29.75
糖	万 t	32.58	7 971	66.55	42.48
罐头	万 t	139.61	104 146	16.96	24.52
巧克力食品	万 t	1.27	2 619	146.83	132.94
味精	万 t	0.64	649	−57.60	−55.26
冷冻饮品	万 t	0.43	620	64.12	90.94
酒	万 L	30 570	23 247	−14.23	53.26

（续）

主要产品名称	单位	出口产品		2002年比上年增减（%）	
		数量	金额（万美元）	数量	金额
其他食品	万t	82.35	57 986	31.61	23.73
饮料	万美元		55 582		4.71
皮革及其制品	万美元		1 884 755		10.58
毛皮及其制品	万美元		53 679		8.48
木制品及其他天然植物制品	万美元		177 096		20.00
家具	万美元		541 672		35.00
地毯	万 m^2	6 611	56 163	33.48	13.89
天然植物编织工艺品	万t	27.61	52 565	12.40	28.32
刷子	万把	409 675	24 290	18.39	15.86
轻工机械	万美元		32 977		30.69
纸制品	万t	50.34	58 709	19.64	17.80
羽绒制品	万美元		75 011		33.38

表183　轻工业系统农产品加工业主要产品进口情况（2002年）

主要产品名称	单位	进口产品		2002年比上年增减（%）	
		数量	金额（万美元）	数量	金额
轻工业产品进口总额	万美元		2 525 318		13.75
有关农产品加工业产品合计	万美元		1 279 865		
制浆	万t	526.49	216 767	7.36	4.42
纸张	万t	636.87	365 567	13.23	14.47
香料香精	万t	1.26	12 165	16.81	25.90
制盐	万t	17.09	453	4 175.39	390.36
糖	万t	118.31	23 845	−1.30	−23.89
罐头	万t	0.79	627	31.27	74.29
巧克力食品	万t	1.75	4 910	6.81	8.50
味精	万t	0.05	61	15.62	−8.55
冷冻饮品	万t	0.09	239	43.85	47.65
酒	万L	9 018.26	14 118	0.55	5.35
其他食品	万t	29.93	40 155	−43.12	20.33
饮料	万美元		6 058		129.46
皮革及其制品	万美元		269 848		7.22
毛皮及其制品	万美元		12 338		3.91
木制品及其他天然植物制品	万美元		2 470		−3.70
家具	万美元		14 213		−5.74
地毯	万 m^2	910.02	3 524	18.05	6.49
天然植物编织工艺品	万t	0.94	718	−0.04	−42.96
刷子	万把	15 651.2	1 299	57.50	14.29
轻工机械	万美元		242 460		29.22
纸制品	万t	22.98	46 806	−0.93	6.03
羽绒制品	万美元		1 224		130.50

表 184 我国乳制品进口情况（2003 年） 单位：万美元、万 t

产品名称	进口		同比增长（%）	
	数量	金额	数量	金额
乳制品	31.5	34 700	19.41	29.00
其中：乳粉	13.37		20.70	
乳清粉	16.12		16.90	
奶油	1.12		117.80	
干酪（t）	4 614		82.20	

表 185 我国乳制品出口情况（2003 年） 单位：万 t、万美元

产品名称	出口		同比增长（%）	
	数量	金额	数量	金额
乳制品	4.90	4 620	−4.2	−15.7
其中：液体乳	2.70			
乳粉	0.77			
炼乳	1.30			

表 186 我国浓缩苹果汁出口情况（2002 年） 单位：t、万美元

出口国别	出口量	出口创汇
全国总计	298 329	17 419.6
八国合计	267 985	16 530.2
美国	83 546	5 777.6
日本	40 054	3 134.8
荷兰	37 419	1 741.4
德国	31 522	1 478.1
俄罗斯	26 600	1 999.5
加拿大	22 186	1 124.9
澳大利亚	21 420	1 032.1
英国	5 240	241.8

表 187 我国酒类产品进出口海关统计（2002 年） 单位：万 L、万美元

类别	产品	数量	同比增减（%）	金额	同比增减（%）
出口	酒	30 570	−14.23	23 247	53.26
	酒精及白酒	14 441	−41.10	12 921	65.25
	啤酒	13 046	56.33	6 813	67.78
	葡萄酒	392.1	−5.53	713	13.22
	其他酒	2 691	13.85	2 801	5.31
进口	酒	9 018	0.55	14 118	5.35
	酒精及白酒	956.7	2 003.9	767	1 090.5
	啤酒	4 358.5	−18.92	5 246	−24.44
	葡萄酒	3 340.5	6.56	6 627	31.87
	其他酒	362.6	−12.16	1 479	8.04

表 188　我国淀粉及部分深加品进出口情况（2003 年）

产品名称	进口量（t）	2003 年比上年增减（%）	出口量（t）	2003 年比上年增减（%）
玉米淀粉	11 206	532.4	108 617	12.8
木薯淀粉	539 925	64.1	221	25.8
马铃薯淀粉	25 327	26.4	5 088	−8.5
小麦淀粉	2 580	−1.9	13 615	80.9
化学醇果糖	1 207	198.8	633	91.0
山梨醇	52 975	−16.9	4 071	50.8
甘露糖醇	532	53.8	1 383	−26.1
肌醇	7	116.7	2 198	38.6
糊精及变性淀粉	136 774	19.0	15 064	116.1

表 189　我国罐头产品出口情况（2002 年）　　单位：t、万美元

产　品　名　称	全年出口量	全年出口额	全年出口量同比增长（%）	全年出口额同比增长（%）
全国总计	**1 396 082**	**104 145.8**	**16.96**	**24.52**
鸡罐头	579.8	72.6	27.16	18.95
家禽肉及杂碎罐头	305.7	50.2	−5.93	7.63
猪肉及杂碎罐头	49 059.6	7 059.2	8.90	7.38
牛肉及杂碎罐头	5 899.1	796.7	−7.22	−2.44
未列名肉类及杂碎罐头	1 954.7	275.1	48.69	35.71
肉类罐头合计	57 798.9	8 253.8	8.03	7.18
绞碎制作或保藏的鱼罐头	1 367.5	251.9	20.50	23.33
番茄罐头（整个或切片）	2 029.7	81.9	−18.86	−28.26
番茄酱罐头	373 341.4	18 856.2	26.13	61.61
小白蘑菇（洋蘑菇）罐头	184 064.3	15 191.9	7.68	28.75
其他伞菌属蘑菇罐头	24 040.1	6 788.9	−3.12	55.27
脱芙豇豆及菜豆罐头	4 675.4	236.7	24.39	7.36
未脱芙豇豆及菜豆罐头	22 572.9	1 335.7	−7.88	−7.45
其他蘑菇罐头	2 180.6	231.6		
芦笋罐头	106 624.2	10 769.7	11.39	30.28
清水马蹄罐头	53 989.4	2 387.3	17.25	5.73
蚕豆罐头	8 865.2	316.6	−37.08	−39.33
水煮竹笋罐头（每件容积≥8kg）	94 577.4	7 584.5	−9.7	−9.16
其他竹笋罐头	67 807.4	4 114.0	9.57	3.96
其他制作或保藏的未冷冻蔬菜及什锦蔬菜罐头	40 360.7	4 489.2	60.76	56.54
其他制作或保藏的未冷冻蔬菜及什锦蔬菜罐头（来料加工）	40.9	4.7	−78.34	−83.07
蔬菜罐头合计	985 169.5	72 389.0	13.20	29.57
花生米罐头	1 751.5	183.4	7.09	7.05
核桃仁罐头	740.4	332.6	2.58	14.91
其他果仁罐头	6 374.3	1 948.3	64.06	62.65

（续）

产品名称	全年出口量	全年出口额	全年出口量同比增长（%）	全年出口额同比增长（%）
干果罐头合计	8 866.1	2 464.3	42.02	48.58
菠萝罐头	40 012.8	1 852.2	52.14	68.63
柑橘属水果罐头	218 648.4	12 768.4	24.27	4.43
梨罐头	14 910.2	780.0	306.06	284.74
桃罐头	44 664.6	3 676.7	10.03	7.37
荔枝罐头	16 385.5	1 055.1	46.28	24.84
龙眼罐头	1 710.4	115.3		
非柑橘属水果制果酱、果冻、果泥及果膏罐头	6 488.2	531.6	56.63	54.33
水果罐头合计	342 820.0	20 779.3	30.60	14.15
零售包装的狗食、猫食饲料罐头	60.0	7.6		

表 190 我国罐头产品出口的主要国家或地区（2002 年）

单位：万 t、万美元

国家或地区	全年出口量	全年出口额	出口量同比增长（%）	出口额同比增长（%）
日本	29.82	27 092	1.93	4.45
美国	17.41	10 216	27.15	14.24
意大利	15.76	7 876	56.18	112.97
德国	12.19	8 486	12.58	22.40
俄罗斯	6.09	3 602	38.54	71.56
中国香港	6.04	8 280	23.64	44.61
荷兰	5.19	3 984	2.00	13.65
马来西亚	3.82	3 751	40.31	51.00
西班牙	3.69	3 749	33.42	54.75
韩国	3.47	2 126	30.60	37.97

表 191 我国卷烟向外出口的主要国家和地区（2001—2002 年）

国家或地区	2001 年			2002 年		
	数量（亿支）	金额（万美元）	占出口百分比（%）	数量（亿支）	金额（万美元）	占出口百分比（%）
合计	**138.59**	**17 543**	**100.00**	**161.95**	**20 721**	**100.00**
中国香港	38.32	6 815	38.85	44.99	7 872	37.99
新加坡	5.78	556	8.16	8.22	739	3.57
缅甸	14.22	1 543	8.80	12.77	1 545	7.46
马来西亚	7.69	993	5.66	5.73	635	3.06
日本	4.38	478	2.72	7.37	1 029	4.97
意大利	2.08	460	2.62	1.84	423	2.04
加拿大	2.77	691	3.94	3.33	820	3.96
美国	22.62	1 186	6.76	26.20	1459	7.04

表 192　向我国出口卷烟的国家和地区（2001—2002 年）

国家或地区	2001 年			2002 年		
	数量（亿支）	金额（万美元）	占出口百分比（%）	数量（亿支）	金额（万美元）	占出口百分比（%）
合　计	**17.86**	**3 323**	**100.00**	**13.70**	**2 563**	**100.00**
中国香港	2.21	254	7.64	2.07	256	9.99
英　国	9.36	1 861	56.00	6.63	1 345	52.48
美　国	2.43	457	13.75	2.50	481	18.77
日　本	2.01	365	10.98	1.20	216	8.43

表 193　我国蜂蜜生产及出口情况（2000—2003 年）单位：万 t、万美元

年份	世界产量（万 t）	我国产量（万 t）	占世界比例（%）	出口量（万 t）	出口率（%）	出口创汇（万美元）
2000	125.8	24.60	19.60	10.3	41.87	8 412
2001	126.0	25.40	20.16	10.7	42.13	9 583
2002	127.0	25.78	20.30	7.6	29.48	7 794
2003	127.0	26.78	21.80	8.6	32.11	10 300

资料来源：表中数据由中国农业科学院蜜蜂研究所提供。

表 194　我国鲜蜂王浆（粉）出口情况（2002—2003 年）

主要产品	2002 年	2003 年	同比增减（%）
鲜蜂王浆（t）	567	665	17
蜂王浆冻干粉（t）	203	200	−1
浆粉合计（t）			
蜂王浆制剂（t）			
出口总值（万美元）	1 669	1 711	2.52

资料来源：表中数据由中国农业科学院蜜蜂研究所提供。

表 195　我国水产品进出口贸易情况（2000—2003 年）

年　份	出口量（万 t）	出口额（亿美元）	进口量（万 t）	进口额（亿美元）
2000	153.4	38.3	252.0	18.5
2001	195.2	41.8	231.5	18.8
2002	208.5	46.9	249.1	22.7
2003	210.0	54.9	233.0	24.8

注：2003 年水产品进、出口总量达 443 万 t；进出口总额达 79.7 亿美元；实现贸易顺差 30.1 亿美元；出口额继续位居大宗农产品首位，占农产品出口总额的 25.6%。

表 196 我国食品加工和包装机械进出口情况（2003 年）

单位：亿美元、%

进出口总额		其中：进口		其中：出口		贸易逆差
总 额	同比增长（%）	进口额	同比增长（%）	出口额	同比增长（%）	
25.64	19.8	18.16	17.92	7.48	24.62	10.68

资料来源：表中数据由中国食品与包装机械工业协会提供。

表 197 纺织工业纺织原料及制品进出口额统计（2003 年）

单位：亿美元、%

类 别	全贸易方式		一般贸易		进料加工		来料加工	
	当年	同比	当年	同比	当年	同比	当年	同比
一、出口								
总计	733.44	26.78	485.87	32.88	135.20	18.60	90.23	2.55
丝及丝绸	8.24	7.41	7.83	7.68	0.34	3.23	0.02	7.32
毛及毛织品	13.17	23.21	8.26	27.87	3.93	19.18	0.75	−2.49
棉及棉织品	62.21	27.10	44.30	20.63	14.58	57.22	2.14	−17.88
麻及麻织品	5.26	4.75	3.51	4.42	1.54	10.41	0.18	−4.96
化纤长丝及织品	37.47	54.73	31.25	63.95	5.00	14.84	0.79	47.38
化纤短纤织品	27.87	10.40	16.58	20.66	9.66	−0.48	1.17	−8.24
絮、毡、无纺布	4.69	28.53	2.70	42.77	1.43	7.45	0.43	24.25
铺地织品	6.38	14.38	5.26	14.42	1.01	14.12	0.08	9.56
特种织物花边	15.55	34.60	12.92	39.26	1.57	9.06	0.76	18.65
涂层布及工业用布	8.26	32.32	5.85	52.29	2.03	−5.50	0.24	32.95
针织布	25.08	25.00	9.39	44.76	13.72	18.65	1.86	−4.54
针织服装及附件	206.79	29.36	152.09	35.20	23.10	18.42	24.80	2.38
梭织服装及附件	250.80	21.84	138.10	30.36	47.68	14.02	54.59	2.65
其他纺织织物	61.68	40.34	47.83	38.56	9.62	38.10	2.43	21.21
二、进口								
总计	192.44	13.51	32.67	42.13	85.34	16.06	66.58	−0.56
丝及丝绸	1.10	14.45	0.05	112.58	0.50	4.33	0.50	18.23
毛及毛织品	16.83	−8.12	5.54	−12.89	3.46	−16.27	5.52	−5.88
棉及棉织品	46.50	39.75	5.14	534.72	26.94	39.29	13.02	0.81
麻及麻织品	4.35	30.05	1.11	81.03	2.07	18.85	0.99	10.99
化纤长丝及织品	35.56	8.00	6.62	40.43	13.90	7.49	14.01	0.71
化纤短纤织品	32.62	8.87	9.08	28.63	13.68	5.85	8.81	−2.08
絮、毡、无纺布	5.24	22.82	0.75	78.72	2.23	19.84	2.05	8.32
铺地织品	0.47	32.80	0.36	34.14	0.08	67.44	0.01	6.18
特种织物花边	7.06	9.15	0.17	78.74	3.68	10.60	3.14	5.06
涂层布及工业用布	12.25	2.49	1.62	53.08	5.85	3.19	4.30	−10.91
针织布	16.40	14.55	0.26	26.03	7.38	21.66	8.61	8.34
针织服装及附件	5.56	6.34	0.72	41.08	2.07	21.83	2.63	−9.51
梭织服装及附件	7.84	2.51	0.98	42.39	3.29	2.79	2.87	−11.29
其他纺织织物	0.66	47.89	0.27	69.76	0.23	84.20	0.10	−19.71

表 198 纺织工业纺织品服装进出口额（2003 年） 单位：亿元、%

项 目	出口						进口					
	小计		纺织品		服装		小计		纺织品		服装	
	当年	同比	当年	同比	当年	同比	当年	同比	当年	同比	当年	同比
一、贸易方式	804.8	27.72	285.7	30.87	519.2	26.04	155.9	8.47	141.8	8.83	14.0	5.03
1. 一般贸易	534.9	34.98	203.5	35.24	331.4	34.82	13.3	43.31	11.4	43.63	1.9	41.41
2. 进料加工	148.7	18.73	66.9	22.30	81.7	15.95	73.6	12.33	68.0	12.50	5.6	10.23
3. 来料加工	98.7	1.25	11.0	1.59	87.6	1.21	65.2	−0.40	59.5	0.50	5.7	−9.71
二、主要类型企业												
1. 国有企业	341.9	11.56	115.9	11.60	225.9	11.53	36.6	−8.37	32.0	−8.10	4.60	−10.19
2. 集体企业	84.7	38.01	38.7	46.45	45.9	31.62	5.9	2.40	5.4	2.53	0.50	1.10
3. 三资企业	277.8	23.82	93.8	27.87	183.9	21.85	107.4	12.06	99.4	12.43	8.0	7.74
三、主要国家（地区）												
1. 亚洲	462.4	23.06	176.5	25.40	285.9	21.66	145.3	7.63	132.7	8.11	12.60	2.77
(1) 中国香港	153.9	19.04	69.2	18.14	84.7	79.78	20.0	−0.72	13.4	−0.24	6.6	−1.66
(2) 中国澳门	7.6	51.66	2.0	22.57	5.6	65.88	1.6	30.14	0.65	19.88	0.97	38.08
(3) 中国台湾	5.0	21.91	2.2	28.50	2.8	17.28	31.9	2.43	31.6	2.62	0.40	−10.47
(4) 日本	152.2	12.51	27.3	15.41	124.9	11.89	31.1	10.87	28.9	13.06	2.16	−12.04
(5) 韩国	38.4	11.94	12.5	4.94	25.8	15.68	25.1	4.97	24.2	4.67	0.89	13.60
(6) 土耳其	3.3	72.97	2.7	73.43	0.51	70.57	0.20	53.10	0.16	48.00	0.03	85.73
(7) 东盟	36.6	40.76	21.5	33.46	15.10	52.59	5.40	12.87	5.10	10.96	0.35	50.08
2. 欧洲	152.8	45.59	37.2	44.00	115.6	46.11	6.80	17.74	5.70	15.05	1.10	34.51
(1) 欧盟	89.5	34.66	27.5	35.86	62.0	34.14	6.40	15.08	5.40	12.86	0.96	29.42
3. 非洲	30.1	58.94	18.9	52.99	11.10	70.19	0.10	−4.47	0.05	−7.51	0.02	3.67
4. 大洋洲	18.5	20.45	4.4	20.61	14.10	20.41	0.50	16.12	0.30	14.97	0.20	17.91
(1) 澳大利亚	15.8	19.60	3.7	20.43	12.20	19.35	0.44	16.97	0.30	16.92	0.20	17.04
5. 北美自由贸易区	118.2	26.54	38.4	44.80	79.80	19.30	2.97	30.64	2.83	31.39	0.14	17.06
(1) 美国	96.7	29.41	31.0	45.55	65.70	22.96	2.80	30.10	2.65	29.91	0.12	34.57
(2) 加拿大	12.1	23.23	3.2	27.36	8.90	21.81	0.12	55.05	0.11	62.56	0.01	−2.43
(3) 墨西哥	9.4	5.98	4.1	55.20	5.20	−15.25	0.08	19.28	0.06	51.34	0.02	−37.19
6. 设限国家	201.6	31.83	64.5	41.22	137.1	27.84	9.5	20.12	8.34	18.83	1.12	30.68
7. 非设限国家	603.3	27.06	221.2	28.79	382.1	26.07	146.4	7.81	133.5	8.27	12.92	3.28
四、分原料加工												
1. 棉制产品	271.7	25.59	107.8	28.88	163.9	23.51	46.7	10.68	41.1	10.93	5.60	8.84
2. 毛制产品	40.5	15.96	12.9	23.40	27.7	12.80	9.4	−2.51	8.4	−4.90	1.10	21.07
3. 麻制产品	5.8	7.46	5.8	7.46			2.3	9.40	2.3	9.40		
4. 丝制产品	22.4	11.68	6.4	13.27	16.0	11.06	1.3	12.10	1.0	12.23	0.23	11.53
5. 化纤制产品	278.9	32.12	109.7	35.87	169.2	29.80	75.8	9.07	72.9	8.70	2.82	19.64
6. 未列名其他材料	185.5	30.33	43.1	32.93	142.4	29.57	20.4	6.70	16.1	12.11	4.34	−9.50

表 199　我国纺织品、成衣在欧盟、美国、日本三大进口市场中所占份额情况（2002 年）

单位：亿美元

地　域	总进口额			自中国进口额			中国占该市场份额（%）	
	总　计	纺织品	成　衣	总　计	纺织品	成　衣	总计	同比增长（%）
欧盟（15）	682.9*	172.7	510.2	118.7	21.1	97.6	17.4	1.6
美　国	837.2	170.0	667.2	127.6	26.8	100.8	15.2	1.5
日　本	221.4	45.4	176.0	159.1	21.6	137.5	71.9	1.2

* 欧盟（15）总进口是指从区域外部的进口。

表 200　我国纺织品、成衣出口额在全球地位（2000—2002 年）

单位：亿美元

年　份	全　球	中　国	中国占全球（%）	中国在全球位次
2000	3 564.0	520.8	14.61	1
2001	3 406.7	534.8	15.70	1
2002	3 530.0	618.6	17.53	1

表 201　纺织工业主要毛纺产品进出口数量比较（2003 年）

主要产品	单　位	2003 年	比上年增减（%）
羊毛条出口数量	万 t	1.343 0	124
羊毛条进口数量	万 t	2.871 7	−35.52
精纺面料出口数量	万 m	5 380	37.39
精纺面料进口数量	万 m	5 684	−4.28
粗纺面料出口数量	万 m	1 062	4.32
粗纺面料进口数量	万 m	1 063	−7.89
羊毛毯出口数量	万条	160	202
化纤毯出口数量	万条	12 469	116
毛针织服装出口数量	万件	29 441	14
其中：羊毛衫出口数量	万件	12 200	−4
羊绒衫出口数量	万件	959	38

表 202　纺织工业针织物及针织服装出口情况（2003 年）

产　品	数量单位	数量	同比（%）	金额（亿美元）	同比（%）
针织物	万 t	70.13	22.88	25.08	25.00
其中：起绒织物	万 t	16.69	28.61	5.11	33.68
弹性针织物	万 t	6.89	22.86	2.84	23.90
经编织物	万 t	3.26	39.97	1.35	53.57
针织服装及附件				206.79	29.36
其中：棉针织服装	亿件	54.01	17.08	74.74	28.23
化纤针织服装	亿件	48.33	34.30	75.60	38.37
其中：男内衣	亿件	10.12	18.10	5.89	26.07
女内衣	亿件	30.24	29.08	15.77	45.72
T 恤衫	亿件	22.53	14.82	30.01	21.44
套头衫	亿件	19.97	8.58	58.46	12.30
婴儿服装及附件	万 t	10.57	41.12	8.76	46.63
运动服装	亿件（套）	2.22	40.81	5.52	38.12
袜子	亿双（条）	37.37	38.78	8.90	39.06
其中：连裤袜	亿条	3.69	30.50	1.62	24.17

表 203　纺织工业毛纺行业原料及主要产品出口情况（2002—2003 年）

产　　品	单　位	2002 年	2003 年	2003 年比上年增减（%）
洗净羊毛	t	4 594.60	15 300	233
羊毛条	t	5 982.10	13 400	124
精纺面料	万 m	4 148.90	5 684	37
粗纺面料	万 m	965.50	1 062	10
毛毯	亿条	0.574	1.24	116
羊毛毯	万条	52.98	160	202
毛针织服装	亿件	2.58	2.94	14
其中：羊毛衫	亿件	1.27	1.22	−4
羊绒衫	万件	694.90	959	38

表 204　纺织工业丝绸产品对主销市场的出口情况（2003 年）

类　别			国家和地区							
			美国	中国香港	阿联酋	日本	伊朗	印度	意大利	德国
蚕丝类		数量（t）	32.59	788.23	370.16	4 230.39	436.11	10 893.52	3 829.58	1 843.28
		同比（%）	−16.06	−1.76	2.88	16.09	136.09	2.36	0.08	1.86
		金额（万美元）	59.39	1 701.68	592.07	7 312.85	565.46	15 335.61	6 013.84	1 973.49
		同比（%）	−5.64	−4.83	−6.67	17.03	151.28	−7.91	−11.47	−18.3
绸缎类	真丝绸	数量（万 m）	657.49	2 931.2	535.5	1 648.92	427.67	6 222.18	1 693.98	244.16
		同比（%）	36.93	8.03	20.13	2.86	0.48	78.19	22.88	11.59
		金额（万美元）	2 881.72	9 388.66	927.81	2 935.94	588.31	8 554.81	4 455.56	583.32
		同比（%）	40.60	6.42	53.34	0.99	−6.56	62.7	26.27	7.99
	化纤绸	数量（万 m）	765.83	35 441.41	55 574.36	1 821.31	40 439.26	11 121.21	12 691.57	13 036.78
		同比（%）	−2.27	21.11	55.98	39.65	33.44	95.96	30.55	56.1
		金额（万美元）	1 659.41	22 327.15	44 347.76	1 488.62	32 964.21	6 325.75	12 098.86	12 463.75
		同比（%）	22.32	25.88	65.71	30.09	39.51	74.79	31.93	48.91
真丝服装及制品		数量（万件）	13 732.41	2 520.12	336.06	3 998.07	5.16	25.06	832.79	1 446.8
		同比（%）	16.41	17.56	46.30	−3.10	72	17.32	49.65	9.04
		金额（万美元）	97 878.88	14 684.96	580.55	22 637.09	9.96	42.08	5 470.24	6 896.21
		同比（%）	9.49	18.01	16.78	−2.71	100.14	−45.2	26.49	8.94

表 205　纺织工业色织布进、出口情况（2003 年）

产　　品	进、出口	数量（万 m）	金额（万美元）	数量（同比）（%）	金额（同比）（%）	平均单价（美元/m）
纯棉色织布	进口	32 680	39 604	−11.38	−10.09	1.21
棉混纺色织布		5 211	7 773	−4.12	−1.82	1.49
合　计		**37 891**	**47 377**	**−10.44**	**−8.83**	
纯棉色织布	出口	83 184	117 606	0.51	0.84	1.41
棉混纺色织布		19 505	23 098	41.03	46.06	1.18
合　计		**102 689**	**140 704**	**6.30**	**6.24**	

表 206 纺织工业主要印染大类产品进、出口情况（2003 年）

产品	进、出口	数量（亿 m）	同比（%）	金额（亿美元）	同比（%）	单价同比（%）
纯棉染色布		5.53	1.78	7.84	9.81	8.40
纯棉印花布	进	0.60	11.81	1.19	17.49	4.74
棉混纺染色布		1.24	16.99	2.43	26.35	7.69
棉混纺印花布		0.11	26.20	0.16	18.27	−6.45
合纤长丝织物	口	23.57	−4.51	20.19	0.24	4.88
T/C 印染布		2.16	−1.21	2.51	6.10	7.41
合计（平均）		**33.21**	**−2.27**	**34.32**	**4.83**	**4.45**
纯棉染色布		12.95	23.83	14.24	32.55	7.84
纯棉印花布	出	6.88	52.95	5.44	64.44	8.22
棉混纺染色布		1.21	63.86	1.31	66.83	1.89
棉混纺印花布		1.01	72.05	0.58	55.20	−9.25
合纤长丝织物	口	41.79	51.98	31.42	60.36	5.63
T/C 印染布		11.94	−0.27	5.75	1.89	2.13
合计（平均）		**75.78**	**35.30**	**58.74**	**45.43**	**8.33**

表 207 纺织工业家纺主要产品进、出口情况（2003 年）

单位：万美元

产品	出口金额	出口金额同比（%）	进口金额	进口金额同比（%）
床上用品（含被子）	279 162	27.14	7 232	4.82
毛巾类	86 287	17.65	2 274	2.84
毯子及旅行毯子	71 054	72.07	87	−2.96
窗帘	65 149	80.06	398	72.20
地毯	63 761	14.38	4 676	32.81
装饰用织物制品	58 386	81.24	1 856	42.51
缝纫线	35 652	9.95	13 496	10.88
餐桌用织物制品	30 797	25.24	74	−1.79
厨房用织物制品	30 224	29.26	768	71.65
手帕	6 998	12.16	34	107.60

表 208 纺织工业纺织机械进口超过亿美元的产品品种（2003 年）

主要产品	数量（台）	数量同比（%）	金额（万美元）	金额同比（%）
化学纤维变形机	538	92.50	17 791.6	150.80
其他化纤机械	4 496	233.10	31 555.2	149.30
自动络筒机	2 040	71.90	20 103.2	73.30
剑杆织机	4 284	−27.10	19 454.9	−6.70
喷水织机	8 061	−15.90	12 651.7	−14.60
喷气织机	15 079	0.80	53 399.9	7.20
大圆机	3 991	9.80	18 270.4	43.60
经编机	1 928	2.40	16 604.3	149.30
横机	9 398	−34.40	17 302.0	−0.80
绣花机	2 648	2.30	17 925.3	48.20
洗涤、漂白及染色机	3 953	−13.70	20 970.7	2.70
其他整理机器	5 110	−23.10	41 637.5	8.30

表 209 纺织工业纺织机械出口主要产品情况（2003 年）

产　　品	出口数量(台/套/件)	出口金额（万美元）	2003 年比上年增减（%）
合成纤维长丝纺丝机	128	1 049.9	363.10
合成纤维短丝纺丝机	17	486.8	1 289.50
人造纤维纺丝机	12	24.9	2 392.20
化学纤维变形机	34	250.9	25.90
化学纤维切断机	193	116.1	20.70
拉伸机（并条机、针梳机械）	43	71.5	125.80
棉粗纱机	241	1 122.8	84.24
棉细纱机	2 105	4 655.0	46.37
浆纱机	23	162.8	169.20
剑杆织机	896	1 073.4	78.40
其他簇绒机	100	25.0	598.90
绣花机	18 120	6 029.4	76.50
喷丝头或喷丝板	59 018	152.3	106.80
纺纱机械及辅机的零配件	5 154 758	2 218.1	110.30
纤维预处理机零配件	803 968	341.9	90.80
其他锭子、锭壳(胆)钢领、钢丝圈	685 624	373.8	63.80
其他纺纱机械专用件	5 296 239	2 250.9	42.60
梭子	310 751	39.0	66.20
引纬、送经装置	94 002	35.8	204.30
针织用针 28 号以下	71 761	48.7	81.60
毡呢、无纺或整理机械	586 522	160.1	54.80
干洗机、干燥机	416	440.3	20.10
干燥量不超过 10kg 干燥机	22 689	54.6	44.30
干燥量超过 10kg 干燥机	1 897	1 029.3	47.90
熨烫机及挤压机（包括熔压机）	146 086	966.1	43.80
洗涤、漂白和染色机	2 989	8 177.0	36.80
织物轧光机	108 028	480.4	88.30

表 210 纺织工业纺织机械出口国内各类企业所占比重（2003 年）

企业类别	出口金额（万美元）	占全部出口比重（%）
国有企业	22 700	41.80
中外合作	519	0.96
中外合资	5 028	9.26
外商独资	19 043	35.07
集体企业	2 215	4.08
个体企业	4 795	8.83

表 211　我国皮革工业主要产品出口创汇情况（2002 年）

主要产品	出口金额（万美元）	比 2001 年增减（%）	占我国出口商品总值（%）
皮革工业主要产品出口额总计	**137.70**	**10.4**	**4.2**
皮面皮鞋	48.20	10.9	
旅行用品及箱包	43.60	12.4	
皮革手套	10.30	42.6	
裘皮服装	1.70	21.5	
足、排、篮球	1	34.8	
皮革	9.60	6.8	
生皮	0.07	11.6	
皮革服装	19.30	−3.8	
鞋靴零件及类似品	4.10	−2.3	

表 212　我国家具工业各地区主要产品出口情况（2002 年）

单位：万美元

地区	金额	各省区占出口总金额比重（%）	2002 年比上年增减（%）
全国总计	**537 681**	**100.0**	**35.51**
广东	273 919	50.9	37.60
福建	48 566	9.0	14.71
浙江	45 893	8.5	47.07
上海	39 442	7.3	47.45
江苏	35 418	6.6	47.56
山东	25 910	4.8	29.98
天津	19 074	3.5	16.28
辽宁	15 644	2.9	56.54
北京	9 303	1.7	10.48
新疆	6 054	1.1	93.89
海南	3 323	0.6	35.01
河北	3 076	0.6	3.16
黑龙江	2 939	0.5	17.97
吉林	2 074	0.4	−36.51
湖北	1 424	0.3	108.07
四川	1 362	0.3	144.16
安徽	917	0.2	36.39
广西	647	0.1	49.41
湖南	543	0.1	−6.85
河南	524	0.1	84.76
江西	433	0.08	50.31
陕西	346	0.06	10.51
内蒙古	330	0.06	72.76
云南	157	0.03	110.87
西藏	104	0.02	31.39
重庆	86	0.02	107.56
山西	82	0.02	−8.44
甘肃	47	0.01	427.46
贵州	16		−30.61
宁夏	14		35.90
青海	11		

表 213　我国家具工业主要产品出口的国家和地区（2002 年）

单位：万美元

国家或地区	金　额	金额占出口总金额比重（%）	2002 年比上年增减（%）
总　计	**537 681**	**100.00**	**35.51**
美　国	252 291	52.50	38.94
中国香港	67 344	12.50	24.32
日　本	48 568	9.00	13.66
英　国	23 712	4.40	61.80
加拿大	14 080	2.70	38.30
德　国	11 051	2.10	20.92
澳大利亚	12 728	2.40	56.33
中国台湾	8 448	1.60	13.37
法　国	6 275	1.20	4.77
荷　兰	6 374	1.20	25.41
意大利	4 222	0.80	20.58
新加坡	4 561	0.80	52.85
比利时	3 429	0.60	18.00
韩　国	5 316	1.00	89.96
西班牙	3 613	0.70	41.23
沙特阿拉伯	4 253	0.80	101.64
瑞　典	2 632	0.60	31.79
阿拉伯联合酋长国	3 257	0.60	102.95
马来西亚	2 574	0.50	87.38
丹　麦	2 362	0.40	148.18
欧盟合计	65 982	12.30	36.96

表 214　我国纸、纸板、纸制品进出口情况（2001—2002 年）

单位：万 t、亿美元

产品名称	2001 年				2002 年			
	进口		出口		进口		出口	
	数量	金额	数量	金额	数量	金额	数量	金额
纸及纸板、纸制品合计	**586.7**	**36.5**	**153.3**	**14.83**	**660.8**		**173.8**	
一、纸及纸板	558.7	30.9	76.2	6.20	636.9		85.5	
1. 新闻纸	15.4	0.93	1.9	0.10	19.9	0.95	0.60	
2. 印刷书写纸	24.4	1.71	27.8	1.89	36.5	2.51	19.5	
3. 轻量涂布纸	2.4	0.18	5.1	0.36	60.3	3.80	6.51	
4. 铜版纸	97.7	6.00	12.5	0.82	61.5	4.39	18.7	
5. 卷烟纸	1.3	0.29	0.49	0.06	1.08	0.24	0.70	
6. 羊皮纸、描图纸、半透明纸	1.9	0.29	1.77	0.23	1.91	0.29		
7. 复写纸、无碳复写纸、拷贝纸	1.0	0.18	2.15	0.24	1.49	0.23		
8. 卫生纸及生活用纸	0.36	12.5	1.47		3.32	0.42	15.9	
9. 牛皮纸及纸袋纸	67.0	2.63	1.23	0.09	73.9	2.91	2.63	
10. 牛皮卡纸及牛皮箱纸板	86.3	3.62	0.81	0.03	125.4	3.17	0.67	
11. 涂布白纸板	89.5	5.94	2.53	0.19	79.6		5.51	
12. 未涂布白纸板	9.2	0.51	0.07	0.001	1.9			
13. 瓦楞原纸	117.9	3.23	3.14	0.12	133.5	3.68	3.26	
14. 其他纸及纸板	41.8	5.00	3.39	0.59				
二、纸制品	28.1	5.62	77.05	8.64			88.3	

表 215　我国纸浆及废纸进出口情况（2001—2002 年）

单位：万 t、亿美元

产品名称	2001 年				2002 年			
	进口		出口		进口		出口	
	数量	金额	数量	金额	数量	金额	数量	金额
纸浆及废纸合计	**1 132.3**	**27.35**	**1.35**	**0.084**				
一、纸浆	490.4	20.76	1.26	0.083	526.5	21.7	1.92	0.16
1. 机械木浆	22.4	0.88	0.01	0.000 8	14.6	0.51	0.007	0.000 5
2. 化学溶解浆	22.0	1.59	0.005	0.000 1	20.0	1.21	0.002	0.000 1
3. 硫酸盐木浆	417.0	17.00	0.49	0.023	447.6	18.2	0.42	0.021
其中：未漂针叶浆	41.8	1.49	0.03	0.001 4	66.8	2.45	0.02	0.000 3
未漂非针叶浆	0.3	0.02			0.29	0.012	0.005	0.000 4
漂白针叶浆	117.2	7.71	0.35	0.018	176.1	7.39	0.23	0.010 5
漂白非针叶浆	197.8	7.78	0.08	0.002 9	204.4	8.34	0.16	0.006 9
4. 亚硫酸盐木浆	6.3	0.31	0.07	0.003 3	5.4	0.26	0.029	0.002 4
其中：未漂针叶浆	0.32	0.01	0.05	0.002 3	0.9	0.03		
未漂非针叶浆	0.13	0.007		0.000 04			0.003	0.000 2
漂白针叶浆	3.8	0.20	0.008	0.000 4	3.3	0.16		
漂白非针叶浆	2.1	0.09	0.007	0.000 4	1.2	0.07	0.026	0.002
5. 半化学木浆	19.6	0.85			35.8	1.38	0.003	0.000 2
6. 其他纸浆	3.1	0.15	0.68	0.056	3.2	0.13	1.46	0.132
二、废纸	641.9	6.59	0.09	0.000 8	687.3	7.32	0.068	0.000 7
1. 未漂牛皮纸、瓦楞纸废纸	222.1							
2. 漂白印刷纸废纸	50.1							
3. 含机木浆废纸（旧报纸）	292.8							
4. 其他废纸	76.9							

表 216　我国中药行业进出口情况（2002 年）

单位：万美元、%

分类	进出口		其中：出口		其中：进口	
	总额	比 2001 年增减（%）	总额	比 2001 年增减（%）	总额	比 2001 年增减（%）
中药合计	**111 124**		**45 346**		**65 777**	
中成药	76 961	1.62	18 597	4.60	58 364	0.70
中药材	34 163	−7.79	26 749	−16.43	7 413	47.05

资料来源：表中数据出自 2003 年版《中国经济年鉴》。

表 217　我国橡胶工业制品出口量与出口额（1999—2001 年）

产品名称	单位	1999 年		2000 年		2001 年	
		出口量	出口额	出口量	出口额	出口量	出口额
1. 新轮胎外胎（40111000—40119900）	万条、万美元	8 635	72 195	11 091	99 268	11 073	100 262
2. 轮胎内胎（40131000—40139090）	万条、万美元	9 113	5 462	11 753	7 443	12 479	7 726
3. 翻新轮胎（40121010—40121090）	万条、万美元	13	56	1.82	28.6	1.44	22.8

（续）

产品名称	单位	1999年		2000年		2001年	
		出口量	出口额	出口量	出口额	出口量	出口额
4. 汽车用旧轮胎（40122010—40122090）	万条、万美元	2.31	12	0.24	3.14	1.7	8.6
5. 实心或半实心轮胎,胎面及轮胎衬带（40129010—40129090）	万条、万美元	931	1 118	374	1 062	979	1 041
6. 橡胶输送带、三角带、传送带（40101100—40102900）	t、万美元	10 994	2 915	18 537	5 063	26 111	6 300
7. 橡胶卫生医疗用品（40141000—40149000）	t、万美元	3 961	1 582	4 751	1 704	6 024	2 173
8. 外科手套及其他手套（40151100—40151900）	万双、万美元	83 828	5 444	97 104	6 358	113 329	7 719
9. 橡胶杂件（40161010—40169990）	t、万美元	71 987	20 239	79 744	21 662	88 190	22 487
10. 橡胶管（40091000—40095000）	t、万美元	9 362	1 808	11 977	2 315	13 936	2 740
11. 橡胶医疗用衣着用品（40159010—40159090）	t、万美元	383	151	1 037	421	1 121	424
12. 橡胶板、片、带、线、绳（400051000—40082900）	t、万美元	21 951	2 353	32 793	3 495	36 352	4 057
13. 硬质橡胶（40170010—40170020）	t、万美元	4 826	629	6 272	781	5 935	719
14. 再生胶等（40030000—40040000）	t、万美元	9 777	237	9 202	271	10 934	326
15. 胶鞋		248 306	411 758	278 537	367 649	283 663	502 614
（1）防水鞋靴（64011000—64019900）	万双、万美元	2 761	10 764	3 103	11 910	3 505	13 295
（2）滑雪鞋、防护鞋等（64021200—64029900）	万双、万美元	181 779	300 491	201 810	343 969	207 328	350 980
（3）运动鞋、篮球鞋、网球鞋等（64041100—64041900）	万双、万美元	63 766	100 502	73 625	11 769	72 831	138 339

表 218　我国橡胶工业制品进口量与进口额（1999—2001 年）

产品名称	单位	1999年		2000年		2001年	
		进口量	进口额	进口量	进口额	进口量	进口额
1. 新轮胎外胎(40111000—40119900)	万条、万美元	638.7	4 138	773.9	4 449	411.8	3 869
2. 轮胎内胎(40131000—40139090)	万条、万美元	486.4	336.7	580.8	377	414.3	231.4
3. 翻新轮胎（40121010—40121090）	万条、万美元	1.81	20.1	1.74	13.7	3.77	9.8
4. 汽车用旧轮胎(40122010—40122090)	万条、万美元	1.04	7.71	0.16	3.46	0.05	7.5
5. 实心或半实心轮胎,胎面及轮胎衬带（40129010—40129090）	万条、万美元	79.2	224.4	132.5	453.7	166.7	506.8
6. 橡胶输送带、三角带、传送带（40101100—40102900）	t、万美元	4 760	4 661	4 999	4 938	7 986	6 011
7. 橡胶卫生医疗用品（40141000—40149000）	t、万美元	1 976	12 804	810	1 038	639	868
8. 外科手套及其他手套（40151100—40151900）	万双、万美元	9 296	299	12 137	481	18 306	574

（续）

产品名称	单位	1999年		2000年		2001年	
		进口量	进口额	进口量	进口额	进口量	进口额
9. 橡胶杂件（40161010—40169990）	t、万美元	17 086	16 410	33 061	22 908	27 172	25 851
10. 橡胶管（40091000—40095000）	t、万美元	2 883	2 200	6 077	4 732	9 979	9 453
11. 橡胶医疗用衣着用品（40159010—40159090）	t、万美元	262.6	199.5	363.8	321	310	242
12. 橡胶板、片、带、线、绳（40051000—40082900）	t、万美元	103 401	14 970	87 523	18 019	19 822	19 372
13. 硬质橡胶（40170010—40170020）	t、万美元	1 880	827	2 078	804	2 288	842
14. 再生胶等（40030000—40040000）	t、万美元	42 796	1 448	33 592	1 437	3 442	267
15. 胶鞋	万双、万美元	119.6	236.6	202	616	282	999
（1）防水靴鞋(64011000—64019900)	万双、万美元	2.2	13.7	2.9	12.4	4.5	22.2
（2）滑雪鞋、防护鞋等（64021200—64029900）	万双、万美元	100.0	104	155	225	163.7	255.2
（3）运动鞋、网球鞋、篮球鞋等（64041100—64041900）	万双、万美元	17.4	119	44.2	378	113.7	721.2

表 219　我国天然橡胶、合成橡胶进口情况（1999—2001 年）

产品名称	1999年		2000年		2001年	
	数量（万 t）	金额(万美元)	数量（万 t）	金额(万美元)	数量（万 t）	金额(万美元)
天然橡胶	43	28 189	85	58 432	98	59 231
合成橡胶	65	60 201	71	72 184	75	79 411

农产品加工业部分行业与企业排序

表 220　2002 年轻工业系统农产品加工业分行业主要经济指标排序

序号	按工业总产值排序			序号	按工业增加值排序		
	行业	绝对值（亿元）	行业占总计比重（%）		行业	绝对值（亿元）	行业占总计比重（%）
	轻工行业合计	**24 691**	**100**		**轻工行业合计**	**6 590**	**100**
1	食品加工	4 766	19.3	1	食品加工	1 107	16.8
2	造纸及制品	2 082	8.43	2	饮料制造	709	10.8
3	饮料制造	1 996	8.09	3	造纸及制品	571	8.66
4	食品制造	1 967	7.97	4	食品制造	553	8.39
5	皮革、毛皮、羽绒	1 801	7.30	5	皮革、毛皮、羽绒	458	6.94
6	轻工机械	533	2.16	6	轻工机械	145	2.21
7	家具制造	524	2.12	7	家具制造	139	2.11
8	木竹藤棕草	136	0.55	8	制盐	41	0.62
9	制盐	94	0.38	9	木竹藤棕草	32	0.49

（续）

序号	按工业销售产值排序 行业	绝对值（亿元）	行业占总计比重（%）	序号	按出口交货值排序 行业	绝对值（亿元）	行业占总计比重（%）
	轻工行业合计	**24 041**	**100**		**轻工行业合计**	**5 842**	**100**
1	食品加工	4 651	19.35	1	皮革、毛皮、羽绒	1 025	17.55
2	造纸及制品	2 025	8.42	2	食品加工	529	9.06
3	饮料制造	1 943	8.08	3	家具制造	223	3.82
4	食品制造	1 906	7.93	4	食品制造	174	2.97
5	皮革、毛皮、羽绒	1 763	7.33	5	造纸及制品	149	2.54
6	轻工机械	514	2.14	6	木竹藤棕草	76	1.30
7	家具制造	511	2.13	7	饮料制造	61	1.05
8	木竹藤棕草	131	0.55	8	轻工机械	47	0.81
9	制盐	90	0.37	9	制盐	3	0.05

序号	按利税总额排序 行业	绝对值（亿元）	行业占总计比重（%）	序号	按利润总额排序 行业	绝对值（亿元）	行业占总计比重（%）
	轻工行业合计	**1 959**	**100**		**轻工行业合计**	**987**	**100**
1	饮料制造	364	18.58	1	饮料制造	120	12.19
2	食品加工	205	10.46	2	食品加工	115	11.65
3	造纸及制品	193	9.85	3	造纸及制品	98	9.96
4	食品制造	167	8.55	4	食品制造	83	8.37
5	皮革、毛皮、羽绒	99	5.06	5	皮革、毛皮、羽绒	58	5.83
6	轻工机械	54	2.75	6	轻工机械	31	3.14
7	家具制造	35	1.78	7	家具制造	20	1.99
8	制盐	15	0.75	8	木竹藤棕草	4.5	0.46
9	木竹藤棕草	9	0.45	9	制盐	2.5	0.25

序号	按产品销售收入排序 行业	绝对值（亿元）	行业占总计比重（%）	序号	按资产合计排序 行业	绝对值（亿元）	行业占总计比重（%）
	轻工行业合计	**23 224**	**100**		**轻工行业合计**	**23 978**	**100**
1	食品加工	4 505	19.4	1	食品加工	3 395	14.16
2	造纸及制品	1 968	8.47	2	饮料制造	2 975	12.41
3	饮料制造	1 873	8.06	3	造纸及制品	2 940	12.26
4	食品制造	1 828	7.87	4	食品制造	2 082	8.86
5	皮革、毛皮、羽绒	1 677	7.22	5	皮革、毛皮、羽绒	1 136	4.74
6	轻工机械	498	2.15	6	轻工机械	667	2.78
7	家具制造	493	2.12	7	家具制造	449	1.87
8	木竹藤棕草	126	0.54	8	制盐	250	1.04
9	制盐	89	0.38	9	木竹藤棕草	87	0.36

资料来源：本表数据为 2002 年全国轻工行业全部国有和年产品销售收入 500 万元以上非国有工业企业的统计数据。

注：表中顺序按各项指标绝对值大小排序。

表 221　2002 年我国白酒制造业销售收入前 10 名企业排序　单位：万元

序　号	企　业　名　称	销售收入
1	四川省宜宾五粮液集团有限公司	1 006 536
2	中国贵州茅台酒厂（集团）有限责任公司	210 395
3	四川剑南春集团有限责任公司	149 343
4	泸州老窖集团有限责任公司	148 565
5	四川沱牌集团有限公司	103 586
6	四川全兴股份有限公司	100 807
7	山西省杏花村汾酒集团公司	95 460
8	湖北枝江酒业股份有限公司	63 265
9	山东天府集团公司	62 203
10	安徽金种子集团有限公司	61 139

表 222　2002 年我国白酒创利税前 20 名企业

序　号	企　业　名　称	创利税总额（万元）
1	四川省宜宾五粮液集团公司	318 824
2	中国贵州茅台酒厂（集团）有限责任公司	132 336
3	四川剑南春集团有限责任公司	63 989
4	四川泸州老窖集团有限责任公司	40 221
5	山西省杏花村汾酒集团公司	31 263
6	四川省成都全兴酒厂	24 532
7	北京红星股份有限公司	22 892
8	四川沱牌集团有限公司	21 975
9	安徽古井贡酒股份有限公司	19 899
10	新疆兵团农四师伊犁酿酒总厂	19 051
11	广东省九江酒厂有限公司	14 793
12	内蒙古河套酒业集团股份有限公司	13 818
13	安徽迎驾酒业股份有限公司	13 720
14	顺德酒厂有限公司	12 316
15	湖南湘泉集团有限公司	12 292
16	山东泰山生力源股份有限公司	11 322
17	安徽口子集团公司	11 140
18	江西樟树四特酒厂	10 634
19	湖北枝江酒业股份有限公司	10 632
20	江苏双沟酒业集团有限公司	9 138

表 223　2002 年我国年产酒精 3 万吨以上的企业　单位：万 t

序　号	企　业　名　称	产　量
1	黑龙江华润酒精有限公司	21.95
2	山东九九有限公司	11.91
3	天津冠达实业总公司	7.51
4	山东龙口市振龙酒精公司	6.96
5	河南天冠酒精化工集团公司	5.13

（续）

序号	企业名称	产量
6	山东兰陵企业（集团）总公司	5.01
7	哈尔滨酿酒总厂	5.00
8	江苏新太酒精有限公司	4.88
9	徐州房亭酒业有限公司	4.69
10	天津桂月集团酒精公司	4.60
11	江苏新沂花厅酒业有限公司	4.05
12	吉林新龙酿酒有限公司	3.95
13	四川绵竹鸿志酒业有限公司	3.21
14	广东中能酒精有限公司	3.12
15	山东滕州荆河酒业有限公司	3.01

表 224　2002 年我国啤酒产量前 10 名企业

序号	企业名称	产量（kL）
1	青岛啤酒股份有限公司	2 987 249
2	华润啤酒（中国）有限公司	2 438 606
3	北京燕京啤酒集团公司	2 085 543
4	哈尔滨啤酒（集团）有限公司	977 668
5	广州市珠江啤酒集团公司	793 929
6	重庆啤酒（集团）有限公司	745 889
7	河南金星啤酒集团有限公司	727 551
8	福建雪津啤酒有限公司	433 668
9	福建惠泉啤酒集团股份有限公司	413 514
10	湖北金龙泉集团股份有限公司	391 866

表 225　2003 年我国啤酒产量前 10 名企业

序号	企业名称	产量（kL）
1	青岛啤酒股份有限公司	3 260 695
2	华润啤酒（中国）有限公司	2 539 529
3	北京燕京啤酒集团公司	2 231 369
4	哈尔滨啤酒（集团）有限公司	1 168 773
5	河南金星啤酒集团有限公司	938 165
6	重庆啤酒（集团）有限公司	910 845
7	广州市珠江啤酒集团公司	882 144
8	福建雪津啤酒有限公司	578 062
9	金狮啤酒集团有限公司	411 270
10	福建惠泉啤酒集团股份有限公司	405 928

表 226 2002 年我国啤酒创利税前 10 名企业

序　号	企　业　名　称	利税总额（万元）
1	青岛啤酒股份有限公司	166 107
2	华润啤酒（中国）有限公司	138 564
3	北京燕京啤酒集团公司	113 360
4	广州市珠江啤酒集团公司	67 347
5	哈尔滨啤酒（集团）有限公司	54 672
6	百威（武汉）国际啤酒有限公司	48 301
7	重庆啤酒（集团）有限公司	43 407
8	福建惠泉啤酒集团股份有限公司	29 818
9	河南金星啤酒集团有限公司	27 141
10	福建雪津啤酒有限公司	27 119

表 227 2003 年我国啤酒创利税前 10 名企业

序　号	企　业　名　称	利税总额（万元）
1	青岛啤酒股份有限公司	187 621
2	华润啤酒（中国）有限公司	138 166
3	北京燕京啤酒集团公司	130 067
4	广州市珠江啤酒集团公司	72 023
5	哈尔滨啤酒（集团）有限公司	61 774
6	福建雪津啤酒有限公司	56 392
7	安徽龙津啤酒有限责任公司	54 285
8	重庆啤酒（集团）有限公司	50 289
9	百威（武汉）国际啤酒有限公司	48 935
10	河南金星啤酒集团有限公司	43 689

表 228 2002 年我国啤酒企业自产麦芽前 10 名企业

序　号	企　业　名　称	自产麦芽（t）
1	青岛啤酒股份有限公司	139 562
2	北京燕京啤酒集团公司	133 031
3	湖北金龙泉啤酒集团公司	32 000
4	新疆啤酒集团有限责任公司	29 204
5	兰州黄河企业集团公司	27 785
6	中国江苏三得利食品有限公司	22 102
7	广州市珠江啤酒集团公司	15 869
8	宣化钟楼啤酒集团有限公司	9 942
9	新疆乌苏啤酒有限责任公司	8 926
10	四平金士百啤酒集团公司	8 675

表 229　2003 年我国啤酒企业自产麦芽前 10 名企业

序　号	企　业　名　称	自产麦芽（t）
1	青岛啤酒股份有限公司	140 883
2	北京燕京啤酒集团公司	118 749
3	烟台啤酒集团有限公司	44 630
4	兰州黄河企业集团公司	34 878
5	湖北金龙泉啤酒集团公司	31 200
6	新疆啤酒集团有限责任公司	29 671
7	广州市珠江啤酒集团公司	16 503
8	济南卢堡啤酒有限公司	7 545
9	宣化钟楼啤酒集团有限公司	7 360
10	西夏啤酒（集团）有限责任公司	6 698

资料来源：表中数据来自中国食品工业协会啤酒专业协会。

表 230　2002 年我国葡萄酒行业产量较高、效益较好的 5 个企业

企　业　名　称	年产量（t）	利润总额（万元）	上交税收（万元）
烟台张裕集团公司	52 866	22 431.0	30 931.0
天津王朝葡萄酿酒公司	26 716	17 836.0	20 291.0
烟台威龙葡萄酒股份有限公司	26 746	3 390.0	5 600.0
中国长城葡萄酒公司	20 696	233.9	7 920.3
华夏葡萄酿酒公司	18 630	4 846.8	7 212.6

表 231　2002 年我国葡萄酒产量前 10 位省市和产量较高、经济效益较好的前 5 个企业

葡萄酒产量前 10 位省市

地　区	产量（万 t）	地　区	产量（万 t）
山　东	12.47	北　京	1.19
河　北	5.13	新　疆	0.88
天　津	2.75	河　南	0.73
吉　林	2.34	云　南	0.65
广　西	1.40	甘　肃	0.38

葡萄酒产量较高、经济效益较好的前 5 个企业*

企　业　名　称	年产量（t）	利润总额（万元）	上交税收（万元）
烟台张裕集团公司	52 866	22 431	30 931
天津王朝葡萄酿酒公司	26 716	17 836	20 292
烟台威龙葡萄酒股份有限公司	26 746	3 390	5 600
中国长城葡萄酒公司	20 696	234	7 920
华夏葡萄酿酒公司	18 630	4 847	7 213

*　据国家统计局 2002 年统计全国葡萄酒产量 28.8 万 t，比上年增长 7.18%，在饮料中属于增长速度较快的酒种。上述 5 个企业年产量占全国总产量的 50.47%。

表 232 2003 年我国乳制品制造业销售收入前 10 名企业排序

单位：万元

序 号	企 业 名 称	销售收入
1	内蒙古伊利集团	600 493
2	石家庄三鹿集团	530 456
3	内蒙古蒙牛集团	505 204
4	上海光明乳业集团	496 764
5	黑龙江省完达山乳业集团	181 705
6	北京三元食品公司	130 703
7	山西古城乳业集团	115 328
8	黑龙江乳业集团	112 576
9	西安银桥集团	92 301
10	济南佳宝乳业集团	90 522

表 233 2003 年我国乳制品制造业创税利总额前 10 名企业排序

单位：万元

序 号	企 业 名 称	税利总额
1	内蒙古伊利集团	67 636
2	上海光明乳业集团	62 672
3	内蒙古蒙牛集团	46 439
4	石家庄三鹿集团	46 412
5	西安银桥集团	14 715
6	黑龙江省完达山乳业集团	13 089
7	黑龙江乳业集团	12 563
8	济南佳宝乳业集团	11 049
9	山西古城乳业集团	8 735
10	北京三元食品公司	5 258

表 234 2003 年我国乳制品制造业液体乳产量前 10 名企业排序

单位：t

序 号	企 业 名 称	产 量
1	上海光明乳业集团	720 789
2	内蒙古蒙牛集团	710 030
3	内蒙古伊利集团	586 734
4	石家庄三鹿集团	440 319
5	北京三元食品公司	234 734
6	济南佳宝乳业集团	226 970
7	黑龙江乳业集团	142 164
8	黑龙江省完达山乳业集团	125 694
9	山西古城乳业集团	74 941
10	西安银桥集团	41 418

表235　2003年我国乳制品制造业乳粉产量前10名企业排序　单位：t

序　号	企　业　名　称	产　量
1	石家庄三鹿集团	62 012
2	黑龙江省完达山乳业集团	48 303
3	内蒙古伊利集团	42 721
4	西安银桥集团	33 615
5	黑龙江乳业集团	32 620
6	山西古城乳业集团	31 103
7	上海光明乳业集团	9 620
8	北京三元食品公司	8 453
9	内蒙古蒙牛集团	5 410
10	济南佳宝乳业集团	

表236　2002年我国乳粉类、液体乳类名牌产品

乳　粉　类　名　牌　产　品	
品　牌	企　业　名　称
三　鹿	石家庄三鹿集团股份有限公司
龙　丹	黑龙江龙丹乳业科技股份有限公司
圣　元	青岛圣元乳业有限公司
古　城	山西古城乳业有限公司
伊　利	内蒙古伊利实业集团股份有限公司
完达山	黑龙江完达山乳业股份有限公司
金　星	哈尔滨金星乳业集团有限公司
秦　俑	西安银桥股份有限公司
液　体　乳　类　名　牌　产　品	
三　元	北京三元食品股份有限公司
三　鹿	石家庄三鹿集团股份有限公司
光　明	上海光明乳业股份有限公司
伊　利	内蒙古伊利实业集团股份有限公司
蒙　牛	内蒙古蒙牛乳业股份有限公司

表237　2002年我国罐头工业10强企业

序　号	企　业　名　称
1	上海梅村化食品有限公司
2	厦门罐头厂
3	厦门银鹭集团有限公司
4	广东鹰金钱企业集团有限公司
5	新疆屯河投资股份有限公司
6	福建紫山集团有限公司
7	浙江黄岩罐头食品集团有限公司
8	宁波五洲星集团有限公司
9	山东九发食用菌股份有限公司
10	河北理想企业集团有限公司

表 238 2003 年我国纺织各行业竞争力前 10 名企业（排名不分先后）

企业名称	企业名称
棉纺织	
安徽华茂集团公司	鲁泰纺织股份有限公司
广东溢达纺织有限公司	山东华乐实业集团公司
黑牡丹（集团）股份有限公司	山东魏桥创业集团有限公司
华芳集团有限公司	潍坊四棉纺织有限公司
兰雁集团股份有限公司	无锡市第一棉纺织厂
化纤	
杭州道远化纤集团有限公司	浙江大普集团有限公司
骏马化纤股份有限公司	浙江桐昆化纤集团股份有限公司
万杰集团有限责任公司	浙江远东化纤集团
新乡白鹭化纤集团有限责任公司	中国神马集团有限责任公司
烟台氨纶股份有限公司	中国石化仪征化纤股份有限责任公司
毛纺织 毛针织	
鄂尔多斯羊绒集团有限责任公司	江苏阳光集团
江苏华士集团公司	宁夏马斯特羊绒集团
海澜集团公司	山东南山实业股份有限公司
河北启发纺织集团公司	维信（集团）有限公司
江苏倪家巷集团有限公司	浙江珍贝有限公司
麻纺织	
达县智鹏苎麻纺织厂	江苏泛佳亚麻纺织厂有限公司
大竹县金桥麻业有限责任公司	铜陵华源麻业有限公司
黑龙江省延寿县继喜亚麻纺织有限公司	温州汇浩亚麻纺织有限公司
黑龙江圆宝纺织股份有限公司	无锡天元实业有限公司
湖北咸宁精华苎麻纺织有限公司	肇融亚麻纺织有限公司
丝绸	
成都天友发展有限公司	深圳华丝企业股份有限公司
嘉欣丝绸股份有限公司	浙江巴贝领带织造有限公司
江苏武进丝织总厂	浙江金达创业股份有限公司
江苏关江丝绸集团有限公司	浙江丝得莉集团有限公司
山西梅花丝麻集团有限公司	重庆金凤丝绸有限公司

（续）

针织	
企业名称	企业名称
承德帝贤针织股份有限公司	宁波申洲针织有限公司
东莞福安纺织印染有限公司	青岛即发集团控股公司
福建凤竹纺织科技股份有限公司	青岛南南有限公司
福建省晋江市浩沙制衣有限公司	浙江宏达经编股份有限公司
江苏东渡服装有限公司	浙江加佰利控股集团有限公司
印染	
企业名称	企业名称
华懋（厦门）织造染整有限公司	浙江美欣达印染集团股份有限公司
江苏茶梅灯芯绒科技有限公司	浙江绍兴华宇印染纺织有限公司
浙江航民实业集团有限公司	浙江天马实业股份有限公司
浙江华港染织有限公司	浙江亚太高科股份有限公司
浙江稽山印染有限公司	浙江永通染织集团有限公司

表239 2003年全国纺织工业出口前50名企业

排序	企业名称	排序	企业名称
1	广东省丝绸（集团）公司	26	浙江亚太高科股份有限公司
2	中国华源集团有限公司	27	宁波布科杰针织集团有限公司
3	雅戈尔集团股份有限公司	28	江苏阳光集团
4	东莞福安纺织印染有限公司	29	无锡庆丰集团有限公司
5	山东魏桥创业集团有限公司	30	浙江绍兴华宇印染纺织有限公司
6	浙江永通染织集团有限公司	31	邯郸发达纺织集团有限公司
7	东莞德永佳纺织制衣有限公司	32	黑牡丹（集团）股份有限公司
8	宁波维科集团股份有限公司	33	孚日家纺股份有限公司
9	南山集团公司	34	天龙控股集团有限公司
10	东莞沙田丽海纺织印染有限公司	35	江苏宏大集团
11	宁波申洲针织有限公司	36	无锡市第一棉纺织厂
12	华芳集团有限公司	37	山东亚光纺织集团
13	鄂尔多斯羊绒集团有限责任公司	38	湛江纺织企业（集团）公司
14	维信（集团）有限公司	39	山东如意科技集团有限公司
15	大杨集团有限责任公司	40	浙江野风进出口有限公司
16	广东溢达纺织有限公司	41	立信染整机械（深圳）有限公司
17	山东德棉集团有限公司	42	番禺潭洲振裕纺织染印有限公司
18	互太（番禺）纺织印染有限公司	43	浙江华港染织有限公司
19	晨风集团股份有限公司	44	河南嵩岳集团
20	鲁泰纺织股份有限公司	45	江阴红星集团公司
21	上海申达（集团）有限公司	46	中国神马集团有限责任公司
22	浙江美欣达印染集团股份有限公司	47	承德帝贤针织股份有限公司
23	嘉欣丝绸股份有限公司	48	内蒙古鹿王羊绒集团公司
24	江苏三房巷集团有限公司	49	波司登股份有限公司
25	宜兴乐祺纺织印染有限公司	50	华纺股份有限公司

表 240　2003 年我国纺织工业销售收入前 50 名企业

排序	企业名称	排序	企业名称
1	中国华源集团有限公司	26	江苏吴江丝绸集团有限公司
2	山东魏桥创业集团有限公司	27	荣盛化纤集团有限公司
3	中国石化仪征化纤股份有限公司	28	东莞德永佳纺织制衣有限公司
4	雅戈尔集团股份有限公司	29	山东德棉集团有限公司
5	万杰集团	30	翔鹭涤纶纺纤（厦门）有限公司
6	广东省丝绸（集团）公司	31	济南齐鲁化纤集团有限责任公司
7	华芳集团有限公司	32	石家庄常山纺织集团有限责任公司
8	上海申达（集团）有限公司	33	中国神马集团有限责任公司
9	江苏三房巷集团有限公司	34	浙江赐富化纤集团有限公司
10	南山集团公司	35	青岛即发集团控股公司
11	江苏阳光集团	36	波司登股份有限公司
12	红豆集团有限公司	37	吉林化纤集团有限责任公司
13	浙江桐昆化纤集团股份有限公司	38	浙江航民实业集团有限公司
14	海澜集团公司	39	内蒙古鹿王羊绒集团公司
15	浙江远东化纤集团	40	浙江亚太高科股份有限公司
16	浙江省丝绸集团有限公司	41	浙江化纤联合集团有限公司
17	宁波维科集团股份有限公司	42	江苏澳洋实业（集团）有限公司
18	经纬纺织机械股份有限公司	43	湖北化纤集团有限公司
19	广东省开平涤纶企业集团公司	44	杭州道远化纤集团有限公司
20	杉杉集团有限公司	45	邯郸发达纺织集团有限公司
21	鄂尔多斯羊绒集团有限责任公司	46	宁波申洲针织有限公司
22	东莞福安纺织印染有限公司	47	美特斯邦威集团有限公司
23	浙江永通染织集团有限公司	48	罗蒙集团股份有限公司
24	纵横控股集团有限公司	49	东莞沙田丽海纺织印染有限公司
25	无锡庆丰集团有限公司	50	黑龙江龙涤集团有限公司

表 241　2003 年我国毛纺毛针织行业销售收入前 50 名企业

排序	企业名称	排序	企业名称
1	江苏阳光集团	13	江苏港洋集团公司
2	海澜集团公司	14	江苏华士集团公司
3	内蒙古鄂尔多斯集团	15	宁夏圣雪绒国际企业集团有限公司
4	内蒙古鹿王羊绒（集团）公司	16	江苏振阳集团
5	江苏澳洋实业（集团）有限公司	17	无锡协新集团有限公司
6	湖州珍贝有限公司	18	张家港保税区天宇毛纺有限公司
7	上海三毛纺织股份有限公司	19	山东如意科技集团有限公司
8	江苏新伍集团	20	江苏银铃集团公司
9	江苏倪家巷集团有限公司	21	浙江庆盛纺织集团有限公司
10	维信集团有限公司	22	利华（宁波）羊毛工业股份有限公司
11	江苏华西集团公司	23	广东美雅集团股份有限公司
12	江苏宏大集团	24	南山集团（精纺呢绒厂）

(续)

排序	企业名称	排序	企业名称
25	浙江新澳纺织集团有限责任公司	38	淄博锦汇纺织有限公司(山东淄博绒线厂)
26	浙江华源兰宝有限公司	39	兰州三毛纺织(集团)有限责任公司
27	北京雪莲毛纺服装集团公司	40	常州三毛纺织集团有限公司
28	宁波中鑫毛纺集团公司	41	新疆天山毛纺织股份有限公司
29	张家港市鹿港毛纺有限公司	42	内蒙古东达蒙古王集团公司
30	南海毛纺织企业(集团)股份有限公司	43	江苏东升艾克科技股份有限公司
31	常州市毛条厂有限公司	44	江苏箭鹿毛纺股份有限公司
32	张家港市普坤纺织实业有限公司	45	中山侨光纺织有限公司
33	浙江正兴集团有限公司	46	河北启发纺织集团公司
34	江苏蝶美集团公司	47	青岛韩一华瑞纺织有限公司
35	广东联发毛纺织有限公司	48	山东滨州毛纺织总公司
36	江苏灵丰集团公司	49	廊坊市颖利纺织集团有限公司
37	湖北仙桃毛纺织集团有限公司	50	山东维尔纺织集团股份有限公司

表 242 2003 年我国丝绢纺织行业销售收入前 50 名企业

排序	企业名称	排序	企业名称
1	江苏吴江丝绸集团有限公司	23	江苏艺龙集团公司
2	绍兴县轻纺城纺织有限公司	24	丹阳市鑫隆纺织有限公司
3	嘉欣丝绸股份有限公司	25	常州市东南印染厂
4	浙江雄峰实业集团有限公司	26	嘉兴龙源绢麻纺织有限公司
5	成都天友发展有限公司	27	浙江巴贝服装服饰有限公司
6	湖州丝得莉丝绸纺织有限公司	28	揭东县锦丝锦纤维工业有限公司
7	万事利集团有限公司	29	浙江金鹤集团公司
8	浙江神鹰工贸集团公司	30	浙江绍兴耀强纺织印染有限公司
9	杭州西湖达利工业有限公司	31	丹阳市丝织厂
10	绍兴县华天实业有限公司	32	浙江三环丝绸股份有限公司
11	富润集团有限公司	33	南充六合(集团)有限责任公司
12	浙江华源天昌丝业有限公司	34	山东天力丝绸有限公司
13	江苏武进丝织总厂	35	大自然控股集团有限公司
14	江苏富安茧丝绸股份有限公司	36	苏州东吴丝织厂有限责任公司
15	吴江市化纤织造厂	37	浙江华东纺织印染有限公司
16	萧山富利达纺织有限公司	38	杭州喜得宝集团有限公司
17	浙江省威莱集团公司	39	海盐绢纺实业有限公司
18	浙江永利纺织印染有限公司	40	四川省内江市松林丝织总厂
19	杭州金富春丝绸化纤有限公司	41	诸暨市绸厂
20	浙江天松集团有限公司	42	绍兴丝织厂
21	吴江市鑫龙丝绸有限公司	43	杭州利华丝绸集团公司
22	浙江虹绢丝绸集团有限公司	44	宜兴市新鼎球绢纺科技有限公司

（续）

排序	企业名称	排序	企业名称
45	浙江赛丽丝绸有限公司	48	山西梅花丝麻集团有限公司
46	嘉兴埃迪尔丝绸有限公司	49	海宁海涓编织有限责任公司
47	桐乡河山伟业纺织有限责任公司	50	新昌达利发丝绸有限公司

表 243　2003 年我国棉纺、色织行业销售收入前 50 名企业

排序	企业名称	排序	企业名称
1	山东魏桥纺织集团有限责任公司	26	江苏向阳集团有限公司
2	华芳集团有限公司	27	北京京棉集团有限责任公司
3	上海申达（集团）有限公司	28	山东临沂巨灵集团有限公司
4	无锡庆丰集团有限公司	29	江苏通裕纺织集团有限公司
5	山东德棉集团有限公司	30	湛江纺织企业（集团）公司
6	石家庄常山纺织集团有限责任公司	31	山东华乐实业集团公司
7	邯郸发达纺织集团有限公司	32	无锡市第三棉纺织厂
8	山东樱花纺织集团有限公司	33	江苏裕纶纺织有限公司
9	广东溢达纺织有限公司	34	江阴红星集团公司
10	江苏大生集团有限公司	35	武汉一棉集团有限公司
11	河南嵩岳集团	36	山东省冠县冠星纺织集团总公司
12	安徽华茂集团公司	37	潍坊四棉纺织有限公司
13	鲁泰纺织股份有限公司	38	山东凤凰纺织集团公司
14	泰丰纺织集团	39	浙江弘生集团有限公司
15	浙江华孚集团有限公司	40	太仓利泰纺织厂有限公司
16	无锡市第一棉纺织厂	41	江西华源江纺有限公司
17	青岛纺联集团有限公司	42	萧山富丽达纺织有限公司
18	河南新野纺织集团股份有限公司	43	江苏长帆集团有限公司
19	香港天虹实业有限公司	44	柳州立宇集团有限责任公司
20	南阳纺织集团有限公司	45	江苏丹棉集团有限公司
21	洛阳白马集团有限责任公司	46	天津纺织集团天一有限公司
22	黑牡丹（集团）股份有限公司	47	徐州中天棉业集团有限公司
23	山东岱银纺织集团股份有限公司	48	常州大成纺织集团有限公司
24	兰雁集团股份有限公司	49	保定依棉集团有限公司
25	东营市天信纺织有限公司	50	无锡太平洋集团有限公司

表 244　2003 年我国棉及棉化纤维纺织加工业主要生产省规模以上企业经济指标排序

产品销售收入（亿元）

排名	省市	指标值	排名	省市	指标值
1	江苏	754	6	河北	123
2	山东	582	7	广东	111
3	浙江	391	8	福建	92
4	河南	160	9	安徽	73
5	湖北	158			

（续）

利润总额（亿元）					
排 名	省 市	指标值	排 名	省 市	指标值
1	山 东	25.3	6	河 北	3.24
2	江 苏	19.2	7	湖 北	1.39
3	浙 江	15.9	8	安 徽	1.29
4	福 建	3.91	9	广 东	1.11
5	河 南	3.44			

出口交货值（亿元）					
排 名	省 市	指标值	排 名	省 市	指标值
1	江 苏	169	6	湖 北	17.3
2	山 东	124	7	河 南	17.1
3	浙 江	79.3	8	福 建	5.17
4	广 东	44.1	9	安 徽	4.77
5	河 北	22.4			

表 245　2003 年我国纺织工业麻纺织行业销售收入前 30 名企业

序 号	企 业 名 称	序 号	企 业 名 称
1	湖南华升工贸进出口集团公司	16	四川大竹金桥麻业有限责任公司
2	安徽铜陵华源麻业有限公司	17	江苏泛佳亚麻纺织厂有限公司
3	江苏无锡天元实业有限公司	18	黑龙江克山金鼎亚麻纺织有限责任公司
4	湖北银泉纺织股份有限公司	19	山西绿洲纺织有限责任公司
5	浙江金达创业股份有限公司	20	张家口市新元纺织有限责任公司
6	湖南洞庭苎麻纺织印染厂	21	吉林延边金龙亚麻纺织股份有限公司
7	湖南益鑫泰纺织印染有限公司	22	苏州南亚企业集团有限公司
8	重庆市涪陵金帝工业集团有限公司	23	深圳新龙亚麻纺织股份有限公司
9	黑龙江圆宝纺织股份有限公司	24	新疆伊犁天一实业有限公司
10	湖北咸宁精华苎麻纺织有限公司	25	寿光健元春集团有限公司
11	黑龙江齐齐哈尔亚麻纺织厂	26	江西苎麻纺织集团有限公司
12	湖北咸宁天化麻业股份有限公司	27	吉林省白城麻纺织股份有限公司
13	黑龙江佳木斯佳鹏亚麻有限责任公司	28	昌邑麻纺织厂
14	黑龙江肇融亚麻纺织有限公司	29	达县智鹏苎麻纺织厂
15	哈尔滨亚麻集团有限公司	30	黑龙江延寿继嘉亚麻纺织厂

表 246　2002 年重点造纸企业销售收入排名前 20 位

序 号	企 业 名 称	销售收入（万元）
1	金东纸业（江苏）有限公司	601 259
2	山东晨鸣纸业集团股份有限公司	454 645
3	山东华泰集团有限公司	236 310
4	山东太阳纸业股份有限公司	230 300

（续）

序　号	企　业　名　称	销售收入（万元）
5	宁波中华纸业有限公司	223 903
6	芬欧汇川（苏州）有限公司	206 030
7	金华盛纸业（苏州工业园区）有限公司	157 968
8	岳阳林纸集团有限责任公司	152 734
9	珠海经济特区红塔仁恒纸业有限公司	147 657
10	山东博汇纸业集团有限公司	130 000
11	广州造纸有限公司	126 102
12	福建省南纸股份有限公司	117 489
13	上海开伦造纸集团公司	113 636
14	山东泉林纸业有限责任公司	105 472
15	苏州紫兴纸业有限公司	92 184
16	金红叶纸业（苏州工业园区）有限公司	89 224
17	青岛海王纸业股份有限公司	88 576
18	山东（临清）银河纸业集团有限公司	87 000
19	山东华金集团总公司	76 300
20	浙江永泰纸业集团股份有限公司	75 400

表 247　2002 年重点造纸企业利税总额排名前 20 位

序　号	企　业　名　称	利税总额（万元）
1	山东晨鸣纸业集团股份有限公司	103 393
2	金东纸业（江苏）有限公司	83 485
3	山东华泰集团有限公司	48 366
4	山东太阳纸业股份有限公司	39 400
5	珠海经济特区红塔仁恒纸业有限公司	35 079
6	宁波中华纸业有限公司	34 192
7	山东博汇纸业集团有限公司	25 040
8	岳阳林纸集团有限责任公司	22 922
9	广州造纸有限公司	21 549
10	福建省南纸股份有限公司	20 200
11	金华盛纸业（苏州工业园区）有限公司	18 434
12	山东泉林纸业有限责任公司	15 155
13	山东（临清）银河纸业集团有限公司	13 915
14	民丰特种纸股份有限公司	12 488
15	河南新乡新亚纸业（集团）公司	11 000
16	山东鲁南纸业集团	10 600
17	苏州紫兴纸业有限公司	9 859
18	牡丹江恒丰纸业集团有限责任公司	9 603
19	山东华金集团总公司	9 050
20	福建省青山纸业股份有限公司	8 562

表 248　2002 年重点造纸企业产量排名前 20 位

序　号	企　业　名　称	产量（万 t）
1	金东纸业（江苏）有限公司	111.30
2	山东晨鸣纸业集团股份有限公司	104.33
3	山东太阳纸业股份有限公司	51.73
4	宁波中华纸业有限公司	47.62
5	山东华泰集团有限公司	45.00
6	芬欧汇川（苏州）有限公司	34.34
7	广州造纸有限公司	29.27
8	金华盛纸业（苏州工业园区）有限公司	26.27
9	岳阳林纸集团有限责任公司	26.08
10	福建省南纸股份有限公司	24.18
11	山东博汇纸业集团有限公司	22.50
12	福建省青山纸业股份有限公司	21.30
13	珠海经济特区红塔仁恒纸业有限公司	20.86
14	河北冀腾纸业公司	20.20
15	上海开伦造纸集团公司	20.20
16	安徽山鹰纸业股份有限公司	19.76
17	中山联合鸿兴造纸有限公司	19.56
18	山东泉林纸业有限责任公司	19.45
19	浙江永泰纸业集团股份有限公司	17.36
20	山东（临清）银河纸业集团有限公司	17.00

表 249　2002 年国内生产能力 30 万 t 以上制浆造纸企业

单位：万 t/年

序　号	企　业　名　称	生产能力	主导产品
1	江苏金东纸业有限公司	110	铜版纸、高级文化用纸
2	山东晨鸣纸业集团公司	110	铜版纸、胶版纸、印刷用纸等
3	东莞玖龙纸业有限公司	100	牛皮箱纸板、牛皮卡纸、瓦楞纸
4	广东理文纸业有限公司	70	牛皮箱纸板、卡纸、瓦楞纸等
5	山东华泰纸业集团公司	60	新闻纸、胶版纸、白纸板、轻涂纸
6	山东太阳纸业集团公司	50	白纸板、箱纸板、胶版纸、复印纸
7	山东泉林纸业有限公司	50	铜版纸、胶版纸、轻涂纸、书写纸
8	宁波中华纸业公司	50	白纸板、白卡纸
9	山东华众纸业有限公司	40	白纸板、牛皮箱纸板
10	河北冀腾纸业公司	35	箱纸板、瓦楞纸
11	芬欧汇川（苏州）纸业公司	35	胶版纸、书写纸、印刷纸、复印纸
12	安徽山鹰纸业有限公司	35	箱纸板、白纸板、瓦楞纸
13	广东中山鸿兴纸业有限公司	35	箱纸板、瓦楞纸
14	广州万利达纸业有限公司	35	箱纸板、牛卡纸
15	山东森博浆纸有限公司	30	漂白商品纸浆、白卡纸

（续）

序　号	企　业　名　称	生产能力	主导产品
16	吉林白麓纸业有限公司	30	胶版纸、新闻纸、漂白木浆
17	福建南纸纸业有限公司	30	新闻纸
18	汉阳晨鸣纸业有限公司	30	新闻纸、书刊纸、胶版纸、书写纸
19	湖北帅伦纸业有限公司	30	箱纸板、牛卡纸、印刷纸、瓦楞纸
20	广州造纸有限公司	30	新闻纸、瓦楞纸等

表 250　2001—2002 年我国纸及纸板产量 100 万 t 以上的省

单位：万 t

2001 年			2002 年		
序　号	省　名	产　量	序　号	省　名	产　量
1	山　东	502	1	山　东	666
2	浙　江	371	2	浙　江	496
3	广　东	352	3	广　东	410
4	河　南	305	4	河　南	355
5	江　苏	245	5	江　苏	315
6	河　北	225	6	河　北	288
7	福　建	103	7	福　建	123
8	湖　北	58	8	湖　北	103

表 251　2002 年我国书刊印刷企业实现工业增加值、利税前 10 名企业

工业增加值前 10 名企业			实现利税前 10 名企业		
序　号	企业名称	工业增加值（万元）	序　号	企业名称	实现利税（万元）
1	保定地质图制印厂	14 527.0	1	保定地质图制印厂	5 822.0
2	湖南新华印刷集团	11 106.7	2	人民日报社印刷厂	3 647.8
3	江西新华印刷厂	9 092.0	3	新华通讯社印刷厂	2 948.0
4	新华通讯社印刷厂	8 339.0	4	湖南新华印刷集团	2 673.8
5	山西新华印业有限公司	7 189.3	5	山西新华印业有限公司	1 831.2
6	人民日报印刷厂	5 634.5	6	江苏新华印刷厂	1 609.0
7	河南第一新华印刷厂	5 378.7	7	沈阳新华印刷厂	1 510.0
8	河北新华印刷一厂	5 335.0	8	上海中华印刷有限公司	1 302.4
9	解放军报印刷厂（2230）	5 068.7	9	解放军报印刷厂（2230）	1 248.9
10	沈阳新华印刷厂	4 700.0	10	河南第一新华印刷厂	1 189.1

表 252　2002 年我国制浆造纸机械制造业工业总产值 5 000 万元以上的企业

序　号	企　业　名　称	工业总产值（万元）
1	上海晨鸣造纸机械有限公司（原上海电气集团造纸机械有限公司）	20 900
2	山东昌华造纸机械有限公司	9 600
3	山东安丘汶瑞机械制造有限公司	8 602

（续）

序号	企业名称	工业总产值（万元）
4	江苏太仓嫦娥造纸设备有限公司	8 000
5	湖北沙市轻工机械有限公司	7 750
6	山东济宁华一轻工机械有限公司	6 735
7	山东凯信机械有限公司	5 771
8	山东淄博轻工股份有限公司	5 500

表253　2002年我国制浆造纸机械制造工业实现利税500万元以上的企业

序号	企业名称	实现利税（万元）
1	山东安丘汶瑞机械制造有限公司	1 529
2	山东济宁华一轻工机械有限公司	1 249
3	上海晨鸣造纸机械有限公司（原上海电气集团造纸机械有限公司）	1 200
4	山东昌华造纸机械有限公司	760
5	福建省福安市轻工机械一厂	760
6	山东凯信机械有限公司	587
7	山东淄博轻工机械股份有限公司	550
8	湖北沙市轻工机械有限公司	502

表254　2002年我国制浆造纸机械制造工业劳动生产率在10万元以上的企业

序号	企业名称	劳动生产率（元/人·年）
1	江苏太仓嫦娥造纸设备有限公司	266 700
2	湖北沙市轻工机械有限公司	244 500
3	上海晨鸣造纸机械有限公司（原上海电气集团造纸机械有限公司）	200 000
4	山东凯信机械有限公司	200 000
5	山东济宁华一轻工机械有限公司	140 000
6	山东昌华造纸机械有限公司	140 000
7	福建省福安市轻工机械一厂	136 400
8	山东淄博轻工机械股份有限公司	122 200
9	山东安丘汶瑞机械制造有限公司	119 600

表255　2002年我国印刷机械企业销售收入前10名企业

序号	企业名称	销售收入（万元）
1	北人印刷机械股份有限公司	89 132
2	上海高斯印刷设备有限公司	30 162
3	上海申威达机械有限公司	21 766
4	上海光华印刷机械有限公司	20 024
5	江西中景集团有限公司	19 516
6	上海亚华印刷机械有限公司	18 035
7	陕西北人印刷机械有限公司	16 697
8	上海紫光机械有限公司	16 554
9	江苏昌升集团股份有限公司	13 024
10	温州神力集团有限公司	10 837

表 256　2001 年我国橡胶工业协会会员企业按销售收入排序

轮胎行业			力车胎行业		
排序	企业名称	销售收入（万元）	排序	企业名称	销售收入（万元）
1	安徽佳通轮胎有限公司	222 110	1	厦门正新橡胶工业有限公司	81 462
2	三角集团有限公司	217 586	2	杭州中策橡胶公司	49 186
3	上海轮胎橡胶股份公司	187 813	3	天津万达集团公司	31 365
4	山东成山轮胎股份公司	184 463	4	广州第一橡胶厂	21 117
5	青岛华青轮胎公司	162 528	5	江苏飞驰股份公司	20 315
6	杭州中策橡胶有限公司	156 185	6	山东锦轮股份有限公司	16 571
7	贵州轮胎股份公司	130 736	7	天津飞亚达车胎厂	12 258
8	河南轮胎股份公司	106 118	8	临沂正兴橡胶公司	10 054
9	青岛黄海橡胶公司	105 895	9	昆明三叶轮胎公司	9 709
10	山东玲珑橡胶集团公司	92 723	10	红豆集团红豆橡胶厂	8 670

管带行业			胶鞋行业		
排序	企业名称	销售收入（万元）	排序	企业名称	销售收入（万元）
1	三力士橡胶有限公司	19 485	1	青岛双星集团公司	97 377
2	青岛胶六集团有限公司	16 988	2	浙江荣光集团公司	40 103
3	上海胶带股份有限公司	14 702	3	解放军 3517 厂	28 989
4	阜新橡胶有限责任公司	13 560	4	浙江中华鞋业有限公司	20 354
5	沈阳长桥胶带有限公司	12 174	5	解放军 3537 厂	19 269
6	尉氏橡胶厂	11 765	6	杭州雅加实业有限公司	14 925
7	桐乡双箭集团有限公司	11 041	7	上海回力鞋业有限公司	14 626
8	无锡橡胶厂	8 052	8	许昌骆驼鞋业有限公司	13 553
9	安泰橡胶有限责任公司	6 359	9	常州鸿福鞋业有限公司	12 727
10	开封铁塔橡胶有限公司	5 708	10	威海橡胶厂	10 268

乳胶行业			橡胶制品		
排序	企业名称	销售收入（万元）	排序	企业名称	销售收入（万元）
1	青岛双蝶集团公司	19 614	1	解放军 3517 厂	28 989
2	张家港大裕橡胶制品公司	10 548	2	安徽宁国中鼎密封件有限公司	26 145
3	桂林乳胶厂	9 542	3	沈阳第四橡胶厂	22 293
4	北京乳胶厂	9 057	4	中南橡胶集团	18 688
5	上海乳胶厂	8 532	5	铁岭华晨橡塑制品公司	13 850
6	广州第十一橡胶厂	7 413	6	解放军 7425 厂	9 846
7	大连乳胶厂	4 630	7	解放军 3531 厂	9 714
8	苏州嘉乐威企业发展公司	4 203	8	西北橡胶总厂	8 072
9	沈阳乳胶厂	3 371	9	石家庄第一橡胶股份有限公司	7 901
10	安徽中键塑胶制品公司	2 954	10	重庆长江橡胶厂	7 406

（续）

炭黑行业			再生胶行业		
排序	企业名称	销售收入（万元）	排序	企业名称	销售收入（万元）
1	天津海豚炭黑有限公司	19 125	1	南通回力橡胶集团有限公司	7 685
2	茂名永业股份有限公司	17 579	2	唐山北方橡胶有限责任公司	1 909
3	温州三维集团公司	15 237	3	海燕橡胶有限公司	1 800
4	苏州宝化炭黑有限公司	13 333	4	玉田县橡胶工业有限公司	1 500
5	景德镇焦化煤气总厂	13 266	5	沈阳东北橡塑材料有限公司	1 358
6	青岛德固萨化学有限公司	12 942	6	东风轮胎集团黄石橡胶有限责任公司	1 332
7	青州化工股份有限公司	12 494	7	莱芜市福泉橡胶有限公司	1 255
8	中橡（马鞍山）化学公司	9 000	8	衡水橡胶股份有限公司	1 174
9	沙河炭黑厂	8 190	9	北京化工集团橡塑制品厂	1 153
10	杭州富春江化工有限公司	7 534	10	邵武九州再生胶有限公司	1 120

表 257　2002 年我国中成药工业企业销售金额、利润、利税总额前 10 位企业

单位：万元

销售额排序			利润排序		
排序	企业名称	销售总额	排序	企业名称	利润总额
1	中国北京同仁堂集团公司	231 766	1	成都地奥集团	23 111
2	太极集团有限公司	161 132	2	芜湖张恒春制药厂	19 508
3	天津中新药业集团股份有限公司	128 107	3	深圳太太药业有限公司	17 405
4	汇仁制药有限公司	127 886	4	吉林修正药业有限公司	17 152
5	上海市药材有限公司	124 120	5	正大青春宝药业有限公司	14 466
6	深圳万基制药有限公司	108 637	6	深圳万基制药有限公司	13 036
7	深圳太太药业有限公司	87 640	7	天津天力士制药集团有限公司	11 342
8	成都地奥集团	83 308	8	天津中新药业集团股份有限公司	11 220
9	云南盘龙云海药业有限公司	59 448	9	桂林三金药业集团公司	10 570
10	正大青春宝药业有限公司	57 159	10	山东东阿阿胶股份有限公司	10 397

利税总额排序					
排序	企业名称	利税总额	排序	企业名称	利税总额
1	成都地奥集团	33 599	6	正大青春宝药业有限公司	22 838
2	天津中新药业集团股份有限公司	26 962	7	中国北京同仁堂集团公司	19 741
3	芜湖张恒春制药厂	24 190	8	深圳太太药业有限公司	19 621
4	吉林修正药业有限公司	23 534	9	天津天力士制药集团有限公司	17 065
5	汇仁制药有限公司	22 932	10	桂林三金药业集团公司	16 717

资料来源：表中数据出自《中国中医药学术年鉴》2003 年版。

表 258　2002 年我国中药饮品工业企业销售收入、利税总额、利润总额前 10 位企业

单位：万元

企业名称	销售收入排序		利税总额排序		利润总额排序	
	销售收入	排序	利税总额	排序	利润总额	排序
上海浦东新区医药药材有限公司	8 373	1	755	3	627	2
无锡市中药饮品厂	7 318	2	503	4	331	4
上海虹桥药业有限公司中药饮品厂	6 568	3	245	9		
上海童涵春堂中药饮品厂	5 277	4	282	6	130	6
天津市中药饮品厂	5 139	5	276	7		
深圳津村药业有限公司	4 634	6	1 297	1	1 237	1
上海雷允上中药饮品厂	3 094	7			94	10
上海德华国药制品有限公司	2 866	8	233	10	114	8
上海康桥中药饮品厂	2 647	9			123	7
南京先河制药有限公司	2 455	10	880	2	514	3
昆明天紫红药厂			321	5		
上海市徐重道中药饮品厂			248	8	279	5
安国中华饮品厂					97	9

资料来源：表中数据出自《中国中医药学术年鉴》2003 年版。

我国西部地区综合统计

表 259　我国西部地区农村劳动力数（2002—2003 年）　单位：万人

	2002 年	2003 年	2003 年比上年增减（%）
一、农村人口数	28 199.7	28 227.9	0.10
二、农村劳动力数	15 004.4	15 167.8	1.09
其中：男劳力	7 956.0	8 065.9	1.38
女劳力	7 048.4	7 101.9	0.76
1. 农林牧副渔业	10 933.6	10 740.6	-1.77
2. 工业	600.4	655.3	9.14
3. 建筑业	711.0	778.6	9.51
4. 交通运输、仓储及邮电通信业	270.3	289.8	7.21
5. 批发零售贸易、餐饮业	434.9	447.4	2.87
6. 其他非农行业	2 054.4	2 256.1	9.82

表 260　我国西部地区耕地面积占全国比重（2003 年）

地区	耕地面积（khm^2）	占全国比重（%）
全国总计	**130 039.2**	**100.00**
西部地区小计	49 573.4	
西部地区占全国比重（%）	38.12	
内蒙古	8 201.0	6.31
广西	4 407.9	3.39

（续）

地区	耕地面积（km^2）	占全国比重（%）
重庆		
四川	9 169.1	7.05
贵州	4 903.5	3.77
云南	6 421.6	4.94
西藏	362.6	0.28
陕西	5 140.5	3.95
甘肃	5 024.7	3.86
青海	688.0	0.53
宁夏	1 268.8	0.98
新疆	3 985.7	3.07

表 261 我国西部地区农村电力建设情况（2002—2003 年）

	单位	2002 年	2003 年	2003 年比上年增减（%）
1. 乡村办水电站	个	7 908	7 290	－7.81
装机容量	万 kW	186.9	206.7	10.59
发电量	亿 kW	65.8	70.4	6.99
2. 农村用电量	亿 kW·h	365.9	394.6	7.84

表 262 我国西部地区各种运输线路长度（2001—2003 年） 单位：km

年份	铁路营业里程	公路里程	内河航道里程
2001	25 873.3	698 926	23 520
2002	26 719.7	725 724	26 332
2003	26 724.3	739 513	30 962

表 263 我国西部地区货运量情况（2001—2003 年） 单位：万 t

年份	合计	铁路	公路	水运
2001	313 547	44 373	262 290	6 884
2002	355 151	47 882	275 534	7 551
2003	348 670	53 252	286 968	8 450

表 264 我国西部地区主要农作物播种面积及构成（2002—2003 年）

单位：khm^2

	2002 年	2003 年	2003 年比上年增减（%）	2003 年占全国比重（%）
农作物总播种面积	48 878.7	48 214.0	－1.36	31.63
一、粮食作物	33 293.8	31 706.2	－4.77	31.89
（一）谷物	24 443.7	23 028.4	－5.79	29.98
稻谷	7 441.2	7 236.9	－2.75	27.30
小麦	7 169.6	6 337.6	－11.60	28.81
玉米	7 765.7	7 578.6	－2.41	31.49

（续）

	2002 年	2003 年	2003 年比上年增减（%）	2003 年占全国比重（%）
谷子	315.2	257.3	−18.37	25.13
高粱	257.6	221.6	−13.98	30.69
（二）豆类	3 868.1	3 759.0	−2.82	29.14
大豆	1 768.8	1 958.0	10.70	21.02
杂豆	2 099.3	1 801.0	−14.21	50.22
（三）薯类	4 981.9	4 919.3	−1.26	50.70
马铃薯	2 951.3	2 966.7	0.52	65.61
二、油料作物	4 067.0	4 192.9	3.10	27.97
花生	674.8	676.5	0.25	13.38
油菜籽	2 354.0	2 474.1	5.10	34.26
芝麻	49.3	45.2	−8.32	6.58
胡麻籽	318.8	324.1	1.66	72.18
向日葵籽	531.2	543.2	2.26	46.31
三、棉花	1 065.7	1 213.2	13.84	23.74
四、麻类	24.1	93.1	286.31	27.63
黄红麻	9.8	9.0	−8.16	21.95
五、糖料	1 186.2	1 165.3	−1.76	70.33
甘蔗	1 021.7	1 054.6	3.22	74.85
甜菜	164.5	110.6	−32.77	44.60
六、烟叶	766.3	743.7	−2.95	58.84
烤烟	688.6	671.5	−2.48	58.96
七、药材	393.5	521.1	32.43	41.75
八、蔬菜、瓜类	4 400.8	4 616.9	4.91	22.81
九、其他农作物	3 616.0	3 961.6	9.56	48.98

表 265 我国西部地区主要农产品产量（2002—2003 年） 单位：万 t

	2002 年	2003 年	2003 年比上年增减（%）
一、粮食作物	12 682.0	12 529.1	−1.21
（一）谷物	10 510.1	10 397.2	−1.07
稻谷	4 372.7	4 479.4	2.44
小麦	2 165.9	1 941.4	−10.37
玉米	3 543.5	3 549.1	0.16
谷子	47.9	37.8	−21.09
高粱	82.9	74.1	−10.62
（二）豆类	569.1	515.7	−9.38
大豆	270.5	229.4	−15.19
杂豆	298.6	286.3	−4.12
（三）薯类	1 602.8	1 616.4	0.85
马铃薯	858.3	898.8	4.72
二、油料作物	667.7	697.2	4.42
花生	134.1	139.4	3.95
油菜籽	375.4	398.7	6.21

（续）

	2002 年	2003 年	2003 年比上年增减（%）
芝麻	4.3	4.5	4.65
胡麻籽	33.6	34.4	2.38
向日葵籽	107.4	104.1	−3.07
三、棉花	161.8	177.2	9.52
四、麻类	12.4	27.7	123.39
黄红麻	2.0	1.8	−10.00
五、糖料	7 278.4	7 316.9	0.53
甘蔗	6 584.4	6 814.7	3.50
甜菜	694.0	502.1	−27.65
六、烟叶	138.6	131.5	−5.12
烤烟	120.7	118.0	−2.24
七、茶叶	20.5	22.0	7.32
八、水果	1 865.6	3 024.6	62.12

表 266　我国西部地区主要农产品单位面积产量（2002—2003 年）

单位：kg/hm²

	2002 年	2003 年	2003 年比上年增减（%）
一、粮食作物	3 809.1	3 951.6	3.74
（一）谷物	4 299.7	4 514.9	5.01
稻谷	5 876.3	6 189.6	5.33
小麦	3 021.0	3 063.2	1.40
玉米	4 562.9	4 683.0	2.63
谷子	1 518.3	1 468.0	−3.31
高粱	3 219.1	3 345.1	3.91
（二）豆类	1 471.3	1 371.9	−6.76
大豆	1 529.4	1 171.5	−23.40
杂豆	1 422.3	1 589.8	11.78
（三）薯类	3 217.2	3 286.0	2.14
马铃薯	2 908.2	3 029.5	4.17
二、油料作物	1 641.6	1 662.8	1.29
花生	1 987.8	2 060.8	3.67
油菜籽	1 594.5	1 611.4	1.06
芝麻	881.9	993.5	12.65
胡麻籽	1 052.5	1 059.9	0.70
向日葵籽	2 021.4	1 916.6	−5.18
三、棉花	1 518.1	1 460.4	−3.80
四、麻类	5 139.8	2 971.0	−42.00
黄红麻	1 995.1	1 996.3	0.06

（续）

	2002 年	2003 年	2003 年比上年增减（%）
五、糖料	61 357.5	62 791.3	2.34
甘蔗	64 442.7	64 618.1	0.27
甜菜	42 192.7	45 379.6	7.55
六、烟叶	1 808.7	1 767.6	−2.27
烤烟	1 752.5	1 757.9	0.31

表 267　我国西部地区茶叶产量（2003 年）　　单位：t

年　份	茶叶总产量	其中				
		红毛茶	绿毛菜	乌龙毛菜	紧压茶原料	其他茶
全国总计	**768 140**	**39 948**	**569 907**	**81 271**	**25 496**	**51 518**
地区小计	219 742	14 784	167 326	127	7 865	29 640
地区占全国比重（%）	28.61	37.01	29.36	0.16	30.85	57.53
内 蒙 古						
广　西	21 321	379	16 333			4 609
重　庆	14 320	2 811	8 644			2 865
四　川	72 129	538	51 314	124	7 421	12 732
贵　州	17 709	68	10 185	3	282	7 171
云　南	85 929	10 988	72 517		162	2 262
西　藏	8		7			1
陕　西	7 952		7 952			
甘　肃	374		374			
青　海						
宁　夏						
新　疆						

表 268　我国西部地区水果产量（2002—2003 年）　　单位：kt

品　种	2002 年	2003 年	2003 年比上年增减（%）
全国产量总计	**69 520**	**75 515**	**8.62**
地区产量小计	14 875	16 842	13.21
地区占全国比重（%）	21.40	22.30	
苹　果	5 454	6 286	15.25
柑　橘	4 007	4 520	12.80
梨	2 025	2 383	17.68
葡　萄	1 334	1 596	19.64
菠　萝	99	94	−5.05
香　蕉	1 220	1 206	−1.15
红　枣	223	191	−14.35
柿　子	513	566	10.33

表 269 我国西部地区主要林产品产量（2002—2003 年）

单位：t

	2002 年	2003 年	2003 年比上年增减（%）
一、主要林产品产量			
生　漆	3 978	4 533	13.95
油桐籽	251 789	242 561	−3.66
油茶籽	134 374	121 313	−9.72
乌桕籽	13 824	13 705	0.86
五倍子	5 301	6 113	15.32
棕　片	28 752	29 712	3.34
松　脂	296 999	341 738	15.06
竹笋干	53 290	60 436	13.41
核　桃	224 106	253 582	13.15
板　栗	91 530	106 982	16.88
紫胶（原胶）	1 148	1 349	17.51
二、村及村以下竹木采伐			
木材（万 m^3）	1 150.4	1 350.7	17.41
竹材（万根）	10 879.1	35 146.8	223.07

表 270 我国西部地区热带、亚热带作物面积和产量（2003 年）

项　目	单　位	全国总计	西部地区小计	西部地区占全国比重（%）
一、橡胶（按干胶片计算）				
收获面积	khm^2	435.5	126.2	28.98
产　量	t	565 045.0	224 428	39.72
二、咖啡豆（按干咖啡豆计算）				
收获面积	khm^2	16.0	15.7	98.13
产　量	t	20 473	20 207.0	98.70
三、椰子（按果实计算）				
收获面积	khm^2	23.8		
产　量	万个	23 144	32.0	0.14
四、腰果（按干果计算）				
收获面积	khm^2	2.5		
产　量	t	1 208		
五、香料作物（折香料油计算）				
收获面积	khm^2	8.0	7.0	87.50
产　量	t	1 140	994	87.19
其中：香茅草				
收获面积	khm^2	6.1	5.2	85.25
产量	t	805	679	84.35
六、剑麻、番麻（折纤维）				
收获面积	khm^2	10.5	3.5	33.33
产　量	t	39 115	12 299	31.44

表 271　我国西部地区主要畜产品产量（2002—2003 年）

产　　品	单　位	2002 年	2003 年	2003年比上年增减(%)	2003年占全国比重(%)
一、肉类总产量	万 t	1 805.6	1 882.4	4.25	27.15
猪　肉	万 t	1 300.6	1 327.4	2.06	29.38
牛　肉	万 t	148.5	167.1	12.52	26.50
羊　肉	万 t	145.5	166.4	14.34	46.57
禽　肉	万 t	175.4	180.2	2.75	13.74
二、其他畜产品产量					
奶　类	万 t	521.0	735.5	41.18	39.76
牛　奶	万 t	472.7	681.2	44.11	39.01
蜂　蜜	万 t	6.04	6.6	8.94	22.78
禽　蛋	万 t	308.6	338.3	9.63	12.98
山羊毛	t	14 792.0	15 685.0	6.04	42.75
羊　绒	t	8 177.0	9 260.0	13.24	68.45
绵羊毛	t	189 293.0	208 624.0	10.21	61.71
细羊毛	t	71 584.0	76 085.0	6.29	63.27
半细羊毛	t	44 654.0	48 646.0	8.94	44.12

表 272　我国西部地区水产品产量（2002—2003 年）

单位：kt

	2002 年	2003 年	2003年比上年增减(%)	2003年占全国比重(%)
水产品总产量	3 949.6	4 191.8	6.13	8.91
按海水、内陆分				
海水产品产量	1 664.2	1 687.4	1.39	6.28
内陆产品产量	2 285.4	2 504.4	9.58	12.41
按生产性质分				
捕捞产量	1 101.6	1 104.6	0.27	3.80
养殖产量	2 848.0	3 087.2	8.40	10.20
按品种分				
鱼　类	2 811.2	3 033.5	7.91	10.74
虾蟹类	218.0	229.9	5.46	5.26
贝　类	867.9	869.5	0.18	7.47
藻　类	2.1	0.6	−71.43	0.04
其他类	50.4	58.2	15.48	4.19

表 273 我国西部地区人均主要农产品、畜产品、水产品产量（2002—2003 年）

单位：kg/人

	2002 年	2003 年	2003 年比上年增减（%）
一、主要农产品			
（一）粮食	346.8	340.4	−1.85
1. 谷物	287.4	282.5	−1.70
稻谷	119.6	121.7	1.76
小麦	59.2	52.7	−10.98
玉米	96.9	96.4	−0.52
谷子	1.3	1.0	−23.08
高粱	2.3	2.0	−13.04
2. 豆类	15.6	14.0	−10.26
大豆	7.4	6.2	−16.22
杂豆	8.2	7.8	−4.88
3. 薯类	43.8	43.9	0.23
马铃薯	23.5	24.4	3.83
（二）油料	18.3	18.9	3.28
花生	3.7	3.8	2.70
油菜籽	10.3	10.8	4.85
芝麻	0.1	0.1	
胡麻籽	0.9	0.9	
向日葵籽	2.9	2.8	−3.45
（三）棉花	4.4	4.8	9.09
（四）麻类	0.3	0.8	166.67
黄红麻	0.1		
（五）糖料	199.0	198.8	−0.10
甘蔗	180.1	185.2	2.83
甜菜	19.0	13.6	−28.42
（六）水果	51.0	82.2	61.18
（七）烟叶	3.8	3.6	−5.26
烤烟	3.3	3.2	−3.03
二、畜产品			
（一）猪牛羊肉	43.6	45.1	3.44
猪肉	35.6	36.1	1.40
牛肉	4.1	4.5	9.76
羊肉	4.0	4.5	12.50
（二）奶类	14.2	20.0	40.85
牛奶	12.9	18.5	43.41
（三）禽蛋	8.4	9.2	9.52
三、水产品	10.8	11.4	5.56
鱼类	7.7	7.6	−1.30
虾蟹类	0.6	0.6	

表 274 我国西部地区农林牧渔业总产值、增加值及构成（2002—2003 年）

	总产值		增加值	
	2002 年	2003 年	2002 年	2003 年
一、绝对数（亿元）				
合　计	6 341.38	7 099.40	4 025.00	4 480.50
1. 农业	3 677.17	3 823.10	2 460.60	2 600.60
2. 林业	269.07	350.30	189.50	243.30
3. 牧业	2 190.71	2 507.50	1 231.30	1 377.00
4. 渔业	204.50	226.10	143.60	158.50
二、构成（%）				
农林牧渔业合计	100.00	100.00	100.00	100.00
1. 农业	57.99	55.35	61.13	58.04
2. 林业	4.24	5.07	4.71	5.43
3. 牧业	34.55	36.30	30.59	30.73
4. 渔业	3.22	3.27	3.57	3.54
三、西部占全国的比重（%）				
农林牧渔业总产值合计	23.15	23.91	24.97	25.84
1. 农业	24.63	25.71	25.95	26.95
2. 林业	26.03	28.26	26.66	29.21
3. 牧业	25.91	26.29	29.55	29.59
4. 渔业	6.88	7.21	8.17	8.84

表 275 我国西部地区林业产业总产值（2003 年）

单位：万元

地　区	总　计	第一产业	第二产业	第三产业
全国总计	**58 603 258**	**35 180 847**	**20 074 326**	**3 348 085**
地区小计	21 037 579	9 415 052	2 027 972	594 555
地区占全国比重（%）	35.90	26.76	10.10	17.76
内蒙古	781 105	503 232	185 507	92 366
内蒙古集团	373 218	151 042	158 182	63 994
广　西	2 043 096	1 519 464	494 674	28 958
重　庆	697 420	410 984	69 889	216 547
四　川	2 122 973	1 498 226	573 233	51 514
贵　州	497 582	429 048	47 562	20 972
云　南	1 442 182	1 220 328	204 833	17 021
西　藏	57 779	27 431	27 646	2 702
陕　西	1 002 535	943 610	46 490	12 435
甘　肃	516 052	484 928	19 609	11 515
青　海	51 358	50 654		704
宁　夏	161 127	154 711	2 953	3 463
新　疆	1 217 972	1 135 053	59 490	23 429
新疆兵团	724 631	724 631		
大兴安岭	348 549	161 710	137 904	48 935

表 276 我国西部地区林业系统森林工业固定资产投资完成情况（2003 年）

单位：万元

地　区	总　计	其中：基本建设	更新改造	其他投资
全国总计	**179 989**	**67 196**	**59 867**	**52 926**
地区小计	146 251	39 260	58 004	48 987
地区占全国比重（%）	81.59	58.43	96.89	92.56
内蒙古	30 192	2 428	5 150	22 614
内蒙古集团	30 192	2 428	5 150	22 614
广　西	37 536	2 941	34 595	
重　庆				
四　川	3 833	3 579	50	204
贵　州				
云　南	11 002	8 770	863	1 369
西　藏				
陕　西	289	289		
甘　肃				
青　海				
宁　夏				
新疆兵团	799	779		
局直属单位	16 214	9 023	6 098	1 093
大兴安岭	16 214	9 023	6 098	1 093

表 277 我国西部地区林业系统农产品加工业总产值（2003 年）

单位：万元

地　区	非木质林产品加工业	木材加工及竹、藤、棕、草制品业				
		合　计	锯材木片加工业	人造板制造业	木制品业	竹藤棕草制品业
全国总计	**31 322**	**1 398 004**	**243 290**	**813 178**	**305 185**	**36 351**
地区小计	202	308 959	29 214	183 687	106 971	5 484
地区占全国比重(%)	0.64	22.10	12.01	20.57	35.05	15.09
内蒙古		19 928	337	16 397	3 194	
内蒙古集团		19 928	337	16 397	3 194	
广　西	60	81 150	12 634	49 666	18 850	
重　庆		3 177	660	2 517		
四　川	100	73 434	1 398	35 457	33 558	3 021
贵　州		16 389	158	13 710	355	2 166
云　南	33	34 214	4 109	28 372	1 436	297
西　藏						
陕　西	9	10 129		10 129		
甘　肃		947		947		
青　海						
宁　夏						
新　疆						
新疆兵团						
大兴安岭		69 591	9 918	10 095	49 578	

（续）

地　区	家具制造业	造纸及纸制品业	林产化学产品制造业	专用设备、仪器、仪表制造业
全国总计	**125 047**	**82 259**	**162 806**	**24 799**
地区小计	9 504	68 624	77 533	5 344
地区占全国比重（%）	7.60	83.42	47.62	21.55
内蒙古	1	19 805	1 221	215
内蒙古集团	1	19 805	1 221	215
广　西	10	30 791	48 900	1 039
重　庆	420		1 500	
四　川	1 200	17 674	779	203
贵　州	23	140		
云　南		214	23 306	
西　藏				
陕　西	371		1 447	3 338
甘　肃				
青　海				
宁　夏				
新　疆				
新疆兵团				
大兴安岭	7 478		380	549

表 278　我国西部地区林业系统农产品加工业销售产值（2003 年）

单位：万元

地　区	非木质林产品加工业	木材加工及竹、藤、棕、草制品业				
		合　计	锯材木片加工业	人造板制造业	木制品业	竹藤棕草制品业
全国总计	**26 365**	**1 301 613**	**233 615**	**747 768**	**289 488**	**30 742**
地区小计	222	256 257	27 318	127 768	96 592	4 579
地区占全国比重(%)	0.84	19.69	11.69	17.09	33.37	14.89
内蒙古		19 903	273	16 286	3 344	
内蒙古集团		19 903	273	16 286	3 344	
广　西	60	78 489	12 719	48 478	17 292	
重　庆		2 354		2 354		
四　川	120	36 751	1 107	398	32 656	2 590
贵　州		14 169	153	11 854	355	1 807
云　南	33	35 467	3 627	30 237	1 421	182
西　藏						
陕　西	9	9 717		9 717		
甘　肃		713		713		
青　海						
宁　夏						
新　疆						
新疆兵团						
大兴安岭		58 694	9 439	7 731	41 524	

（续）

地　区	家具制造业	造纸及纸制品业	林产化学产品制造业	专用设备、仪器、仪表制造业
全国总计	**128 253**	**83 647**	**153 626**	**21 866**
地区小计	8 759	70 235	73 821	4 847
地区占全国比重(%)	6.83	83.97	48.05	22.17
内蒙古	5	20 507	1 027	223
内蒙古集团	5	20 507	1 027	223
广　西	10	30 761	46 733	839
重　庆	420		1 200	
四　川	1 200	18 645	758	150
贵　州	30	108		
云　南		214	22 382	
西　藏				
陕　西	374		1 353	3 086
甘　肃				
青　海				
宁　夏				
新　疆				
新疆兵团				
大兴安岭	6 720		368	549

表 279　我国西部地区林业系统国有独立核算大、中型工业企业主要工业产品生产能力（2003 年）

单位：万 m^3

地　区	木　材	锯　材	胶合板	木质纤维板	刨花板	松香(t)	栲胶(t)	紫胶(t)
全国总计	**2 208.2**	**313.3**	**84.1**	**186.1**	**108.5**	**234 687**	**17 820**	**3 750**
地区小计	1 188.9	124.5	14.7	55.4	27.1	130 608	16 820	3 500
地区占全国比重(%)	53.84	39.74	17.48	29.77	24.98	55.65	94.39	93.33
内蒙古	480.0	64.7	0.9	4.9	14.7		8 000	
内蒙古集团	480.0	64.7	0.9	4.9	14.7		8 000	
广　西				33.5	4.8	70 000		
重　庆								
四　川	15.5	3.1	0.5			1.8	1 958	
贵　州								
云　南	149.0	42.7	11.8	13.5	5.8	58 650	8 820	3 500
西　藏								
陕　西								
甘　肃				1.5				
青　海								
宁　夏								
新　疆								
新疆兵团								
大兴安岭	544.4	14.0	1.5	2.0				

资料来源：表中数据为本年末生产能力。

表 280　我国西部地区乡镇规模以上农产品加工企业主要经济指标（2003 年）

地　区	企业单位数（个）	平均职工数（人）	工业增加值（万元）	工业总产值（万元）	工业销售产值（万元）
全国总计	**46 977**	**9 350 792**	**38 287 151**	**169 231 075**	**162 130 398**
地区小计	3 102	579 020	2 289 174	9 424 383	8 860 235
地区占全国比重（%）	6.60	6.19	5.98	5.57	5.46
内蒙古	316	88 218	523 111	1 741 408	1 631 211
广　西	316	60 878	102 800	592 921	576 763
重　庆	352	57 761	147 036	883 874	804 100
四　川	884	172 038	790 341	3 040 727	2 904 128
贵　州	169	26 135	81 853	316 586	315 417
云　南	238	38 481	117 301	591 851	568 744
西　藏	6	1 190	2 931	14 924	8 824
陕　西	245	50 635	173 696	689 911	616 727
甘　肃	234	39 405	167 519	661 953	601 778
青　海	21	3 985	13 684	63 805	62 539
宁　夏	162	17 361	72 011	372 650	346 208
新　疆	159	22 933	96 891	453 773	423 796

表 281　我国西部地区食品工业分行业工业总产值（2002 年）

单位：亿元

地　区	食品工业分行业工业总产值				
	合　计	食品加工业	食品制造业	饮料制造业	烟草加工业
全国总计	**10 778.02**	**4 776.96**	**1 967.31**	**1 996.26**	**2 037.49**
地区小计	2 093.00	661.78	221.61	418.51	791.10
地区占全国比重（%）	19.42	13.85	11.26	20.96	38.83
内蒙古	173.26	75.62	64.57	23.49	9.58
广　西	267.43	202.12	16.94	20.99	27.38
重　庆	94.59	26.04	14.91	20.71	32.93
四　川	494.43	163.80	37.40	225.06	68.17
贵　州	164.08	19.08	8.71	35.08	101.21
云　南	556.52	55.47	5.39	11.31	484.35
西　藏	2.16	0.45	0.04	1.67	
陕　西	143.67	39.61	29.13	33.83	41.10
甘　肃	80.30	26.33	12.86	19.94	21.17
青　海	7.93	4.04	0.48	3.41	
宁　夏	19.97	3.14	10.97	4.90	0.96
新　疆	88.66	46.08	20.21	18.12	4.25

表 282　我国西部地区纺织工业（全行业）主要经济指标完成情况（2003 年）

单位：亿元

地　区	企业单位数（个）	从业人员（万人）	工　业总产值	工　业增加值	产品销售收　入	利润总额	出　口交货值
全国总计	**25 803**	**832.28**	**12 877.84**	**3 176.96**	**12 342.46**	**443.98**	**4 185.91**
地区小计	999	55.47	462.90	132.13	447.17	1.574	97.34
地区占全国比重（%）	3.87	6.66	3.59	4.16	3.62	0.35	0.024
内蒙古	141	6.76	110.38	34.51	113.95	4.63	32.27
广　西	95	4.39	25.89	7.56	24.88	−0.95	2.63
重　庆	102	5.40	35.47	10.91	33.39	0.016	8.72
四　川	273	14.60	129.53	32.60	124.38	3.37	23.92
贵　州	34	1.51	5.94	1.06	4.89	−0.15	0.44
云　南	33	2.21	9.27	2.80	10.30	−0.11	1.92
西　藏							
陕　西	109	10.19	57.43	17.71	52.52	−1.31	13.75
甘　肃	104	2.44	16.95	5.05	14.21	0.068	0.88
青　海	9	0.40	2.84	0.79	4.70	0.27	0.26
宁　夏	18	0.60	20.28	6.54	19.27	0.62	7.08
新　疆	81	6.97	48.92	12.60	44.68	−4.88	5.47

表 283　我国西部地区纺织工业（国有及国有控股企业）主要经济指标完成情况（2003 年）

单位：亿元

地　区	企业单位数（个）	从业人员（万人）	工　业总产值	工　业增加值	产品销售收　入	利润总额	出　口交货值
全国总计	**2 182**	**176.47**	**1 862.69**	**494.92**	**1 884.29**	**25.77**	**445.73**
地区小计	333	31.16	207.96	58.41	198.49	−6.20	45.54
地区占全国比重（%）	15.26	17.66	11.16	11.80	10.53		10.22
内蒙古	28	1.76	28.41	7.66	25.70	−0.19	6.88
广　西	43	2.40	15.38	4.64	14.88	−0.96	0.56
重　庆	17	2.57	13.50	4.77	12.09	−0.53	3.96
四　川	62	6.57	51.22	12.72	48.56	1.43	10.92
贵　州	21	0.98	3.52	0.59	2.91	−0.11	1.40
云　南	20	1.86	7.63	2.32	8.79	−0.13	1.35
西　藏							
陕　西	62	8.32	44.97	13.97	42.67	−1.48	13.30
甘　肃	16	1.31	4.82	1.55	4.49	−0.067	0.88
青　海	4	0.18	1.62	0.41	4.01	0.28	
宁　夏	7	0.34	7.32	2.46	7.23	−0.012	2.56
新　疆	53	4.87	29.57	7.32	27.16	−4.43	3.73

表 284　我国西部地区书刊印刷企业基本情况（2002 年）

地　区	厂家数（个）	工业总产值（万元）		工业销售产值（万元）	全年印刷用纸总量（万令）
		小　计	其中：书刊产品		
全国总计					
地区小计	198	286 756	167 884	223 889	1 564.7
地区占全国比重(%)					
内蒙古	18	8 966	7 026	8 129	61.1
广　西	28	76 038	23 825	40 295	494.8
重　庆	5	8 254	8 238	8 202	57.6
四　川	22	30 941	25 230	26 627	192.4
贵　州	13	24 327	16 707	20 454	97.3
云　南	24	36 950	10 682	37 058	157.4
西　藏	2	2 625	2 160	2 625	4.5
陕　西	25	49 207	39 598	42 012	273.5
甘　肃	11	20 214	17 699	20 507	127.6
青　海	9	4 829	1 683	5 349	30.7
宁　夏	9	5 519	4 162	5 175	23.2
新　疆	22	18 886	10 874	7 456	44.6

表 285　我国西部地区森林工业主要产品产量（2003 年）

地　区	木材（万 m³）	竹材（万根）	锯材（万 m³）	人造板（万 m³）	松香(t)	栲胶(t)	紫胶(t)
全国总计	**4 758.9**	**96 886.5**	**1 126.9**	**4 553.4**	**483 612**	**13 941**	**1 078**
地区小计	1 562.2	35 146.8	139.3	307.5	313 499	10 708	703
地区占全国比重(%)	32.83	36.28	12.36	6.75	64.82	76.81	65.21
内蒙古	327.9		20.2	52.6		2 617	
内蒙古集团	247.9		2.8	23.2		2 617	
广　西	444.8	17 378.8	45.9	116.8	250 077	5 756	
重　庆	0.3	68.0	22.1	2.0			
四　川	50.8	7 431.7	2.3	22.6	2 418		22
贵　州	29.3	196.0	2.1	18.9	3 552	287	553
云　南	179.8	9 818.0	26.4	57.6	57 452	1 368	128
西　藏	20.0		5.0				
陕　西	14.9	254.3	0.3	8.0		680	
甘　肃	0.7			0.9			
青　海	2.2						
宁　夏	0.1						
新　疆	32.0						
新疆兵团							
大兴安岭	211.5		12.2	4.9			

表 286　我国西部地区农垦系统主要农产品加工企业产品产量（2003 年）

地　区	机制纸及纸板（t）	纱（万 t）	布（万 m）	机制糖（t）	饮料酒（t）	乳制品（t）	食用植物油（t）
全国总计	**312 879**	**22.98**	**34 538.1**	**1 196 266**	**1 092 015**	**115 827**	**594 426**
地区小计	78 749	11.70	12 671.7	807 915	273 633	29 833	195 789
地区占全国比重（%）	25.17	50.91	36.69	67.54	25.06	25.76	32.94
内蒙古				3 597	406	12 335	5 431
广　西	11 900			597 419	60	3 300	
重　庆	520					937	
四　川					1 355	96	
贵　州				65 587	358	409	6
云　南					90		3
西　藏							
陕　西		0.4	4 295.0			182	8 580
甘　肃					139 986		
青　海						59	267
宁　夏					78 651		147
新疆（兵团）	65 929	11.30	8 236.7	141 312	51 352	8 549	170 243
新疆（农业）	400		140.0			200	8 255
新疆（畜牧）						1 049	2 857

表 287　我国西部地区轻工系统农产品加工业产品产量（2002 年）

地　区	纸　浆（万 t）	机制纸（万 t）	机制纸板（万 t）	纸制品（万 t）	原　盐（万 t）	制　糖（万 t）	糖　果（万 t）	方便主食品（万 t）
全国总计	**1 132.36**	**2 053.63**	**1 447.67**	**859.55**	**3 283.49**	**904.72**	**46.38**	**287.94**
地区小计	114.74	228.86	81.07	88.65	637.27	651.56	2.50	22.83
地区占全国比重（%）	10.13	11.14	5.60	10.31	19.41	72.02	5.39	7.93
内蒙古	16.71	8.19	6.51	3.61	148.86	18.77		0.93
广　西	25.27	84.16	2.56	14.60	5.44	480.03	0.27	3.85
重　庆		3.72	13.16	14.37	51.19		1.09	3.39
四　川	35.81	64.44	29.24	35.03	265.72	7.59	0.72	4.05
贵　州	3.24	4.37	1.11	1.41		1.74	0.15	1.35
云　南	11.73	6.71	7.32	10.26	49.86	143.04	0.24	
西　藏								0.01
陕　西	0.40	18.18	5.88	2.62	9.50	0.02		8.68
甘　肃	2.66	3.15	3.59	2.35	5.53	0.37	0.01	0.15
青　海		0.36	0.28	0.12	62.21			
宁　夏	1.84	27.12	4.38	0.10			0.02	
新　疆	17.08	8.46	7.04	4.18	38.96	50.85		0.42

（续）

地区	乳制品（t）	罐头（t）	味精（t）	淀粉（t）	发酵酒精（万 t）	饮料酒（万 t）	软饮料（万 t）	冷冻饮品（万 t）
全国总计	**84.55**	**223.17**	**110.28**	**757.43**	**212.86**	**2 886.86**	**2 024.97**	**59.58**
地区小计	24.03	55.42	5.92	75.47	49.81	480.75	188.98	22.49
地区占全国比重（%）	28.42	24.83	5.37	9.96	23.40	16.65	9.33	37.75
内蒙古	9.92	0.23		11.22	1.04	49.56	4.47	18.11
广西	0.02	13.63	1.57	29.00	16.05	73.82	28.11	0.80
重庆	0.13	1.94	2.01			45.81	42.65	0.32
四川	1.86	2.22	1.43	0.84	13.54	139.90	58.20	1.45
贵州	0.05	0.16		0.93	0.28	23.55	5.36	0.51
云南	0.57	0.75	0.03	1.41	12.96	19.96	7.71	0.02
西藏	0.12					3.03	0.52	
陕西	7.44	0.26	0.12	14.61	1.28	63.63	31.49	0.12
甘肃	2.46	0.02		7.38	0.41	24.30	1.85	0.39
青海	0.03					2.01	2.75	
宁夏	1.11		0.30	9.31	0.82	8.32		0.02
新疆	0.32	36.21	0.46	0.77	3.43	26.86	5.87	0.75

地区	液体乳（万 t）	轻革（万 m^2）	皮鞋（万双）	革皮服装（万件）	毛皮服装（万件）	生活用木制品（亿元）	家具（万件）
全国总计	**360.23**	**47 870.03**	**152 282.44**	**7 013.03**	**92.98**	**76.90**	**13 375.97**
地区小计	98.87	2 737.92	566.00	188.90	0.24	6.31	754.79
地区占全国比重（%）	27.45	5.72	0.37	2.69	0.26	8.21	5.64
内蒙古	73.67	6.67	0.19	0.21	0.03	0.64	5.30
广西	2.38	1 430.28	193.10	3.91		3.80	476.45
重庆	5.70	45.23	179.07			0.24	38.94
四川	262	1 080.20	103.68	177.14		1.36	55.21
贵州	1.73		1.80				13.57
云南	1.31	75.74	24.00	0.86	0.02	0.03	11.26
西藏				2.70			0.59
陕西	2.14	51.58	49.41	2.16		0.24	12.34
甘肃	2.13	12.00	9.20	1.64	0.19		18.07
青海		3.84	3.26	0.01			0.12
宁夏	4.48						1.83
新疆	2.71	32.38	2.29	0.27			121.11

表 288 我国东、中、西部地区乡镇企业产品按类别分出口交货值比较（2003 年）

类别	单位	总计	东部地区		中部地区		西部地区	
			合计	比重（%）	合计	比重（%）	合计	比重（%）
轻工类	万元	37 085 518	35 752 303	96.41	1 110 230	2.99	222 985	0.60
食品类	万元	8 139 373	7 303 263	89.73	590 020	7.25	246 090	3.02
土畜产类	万元	3 114 639	2 642 736	84.85	315 088	10.12	156 815	5.03
纺织、服装类	万元	40 601 061	39 330 365	96.87	1 029 071	2.53	241 625	0.60
工艺品类	万元	10 723 319	9 848 073	91.84	708 204	6.60	167 042	1.56

表 289 我国西部地区纺织工业纺织品、服装进出口额（2003 年）

单位：亿美元

地区	出口			进口		
	小计	纺织品	服装	小计	纺织品	服装
全国总计	**804.83**	**285.69**	**499.54**	**155.24**	**141.38**	**13.87**
地区小计	29.05	9.95	19.10	0.63	0.44	0.19
地区占全国比重（%）	3.61	3.48	3.82	0.41	0.31	1.37
内蒙古	3.66	0.76	2.90	0.10	0.09	0.01
广西	2.42	0.56	1.86	0.21	0.17	0.04
重庆	1.20	0.93	0.27	0.02	0.02	
四川	5.87	2.90	2.97	0.20	0.06	0.14
贵州	0.11	0.04	0.07	0.01	0.01	
云南	1.09	0.71	0.38	0.02	0.02	
西藏	0.55	0.15	0.40			
陕西	2.77	1.94	0.83	0.04	0.04	
甘肃	0.91	0.22	0.69	0.02	0.02	
青海	0.67	0.17	0.50			
宁夏	0.63	0.05	0.58			
新疆	9.17	1.52	7.65	0.01	0.01	

表 290 我国农村居民家庭按三个经济地区分类的基本情况（2003 年）

主要指标	单位	全国合计	东部地区	中部地区	西部地区
一、常住人口	人/户	4.10	3.99	4.02	4.37
整、半劳动力	人/户	2.80	2.78	2.80	2.82
平均每个劳动力负担人口	人	1.46	1.44	1.44	1.55
整、半劳动力占常住人口比重	%	68.29	69.67	69.65	64.53
二、年末生产性固定资产原值	元/户	5 586.34	5 864.02	5 393.70	5 451.67
三、年内新建房屋面积	m^2/人	0.79	0.89	0.78	0.67
砖木结构	m^2/人	0.28	0.30	0.28	0.24
钢筋混凝土结构	m^2/人	0.47	0.58	0.49	0.29
楼房	m^2/人	0.45	0.54	0.50	0.28
四、年末住房面积	m^2/人	27.24	30.51	26.57	23.75
砖木结构	m^2/人	14.12	16.65	15.40	9.12
钢筋混凝土结构	m^2/人	8.53	11.88	8.20	4.50
五、总收入	元/人	3 582.42	4 660.73	3 349.65	2 718.13
纯收入	元/人	2 622.24	3 616.60	2 382.02	1 878.90
现金收入	元/人	2 929.47	4 125.34	2 639.98	1 982.10
六、总支出	元/人	3 027.99	3 693.43	2 832.37	2 385.65

（续）

主要指标	单位	全国合计	东部地区	中部地区	西部地区
家庭经营费用支出	元/人	755.38	832.61	735.36	678.66
购置生产性固定资产支出	元/人	101.65	93.94	111.06	99.77
税费支出	元/人	67.31	60.18	90.17	47.37
生活消费支出	元/人	1 943.03	2 510.90	1 728.42	1 466.36
现金支出	元/人	2 537.42	3 302.13	2 330.12	1 789.19
七、主要食品消费量					
谷物	kg/人	217.12	212.87	226.61	212.57
蔬菜	kg/人	107.40	103.17	115.39	102.74
食用油	kg/人	6.27	6.62	6.76	5.17
肉食及其制品	kg/人	19.68	20.79	15.90	23.05

表 291　我国西部地区农村居民收入及构成（2002—2003 年）

项目	2002 年	2003 年	2003 年比上年增减（%）
一、总收入（元/人）	2 718.14	2 836.72	4.36
1. 工资性收入	483.87	540.93	11.79
2. 家庭经营收入	2 076.21	2 148.46	3.48
3. 财产性收入	30.80	41.84	35.84
4. 转移性收入	127.25	105.49	−17.10
二、纯收入（元/人）	1 820.87	1 936.01	6.32
1. 工资性收入	483.87	540.93	11.79
2. 家庭经营收入	1 230.52	1 276.60	3.74
3. 财产性收入	30.80	41.84	35.84
4. 转移性收入	75.67	76.64	1.28
三、现金收入（元/人）	1 928.17	2 100.78	8.95
1. 工资性收入	483.44	540.42	11.69
2. 家庭经营收入	1 293.51	1 430.80	10.61
3. 财产性收入	28.57	34.33	20.16
4. 转移性收入	122.66	95.23	−22.36
一、总收入构成（%）	100.00	100.00	100.00
1. 工资性收入	17.80	19.10	7.30
2. 家庭经营收入	76.40	75.70	−0.92
3. 财产性收入	1.10	1.50	36.36
4. 转移性收入	4.70	3.70	−21.28
二、纯收入构成（%）	100.00	100.00	100.00
1. 工资性收入	26.60	27.90	4.89
2. 家庭经营收入	67.50	65.90	−2.37
3. 财产性收入	1.70	2.20	29.41
4. 转移性收入	4.20	4.00	−4.76
三、现金收入构成（%）	100.00	100.00	100.00

（续）

项　　目	2002 年	2003 年	2003 年比上年增减（%）
1. 工资性收入	25.10	25.70	2.39
2. 家庭经营收入	67.00	68.20	1.79
3. 财产性收入	1.50	60	6.67
4. 转移性收入	6.40	4.50	−29.69

表 292　我国西部地区农村居民支出及构成（2002—2003 年）

项　　目	2002 年	2003 年	2003 年比上年增减（%）
一、总支出（元/人）	2 412.10	2 514.20	4.23
1. 家庭经营费用支出	707.20	733.48	3.72
2. 购置生产性固定资产支出	93.43	111.47	19.31
3. 建造生产性固定资产雇工支出		1.63	
4. 税费支出	57.36	49.14	−14.33
5. 生活消费支出	1 438.90	1 524.22	5.93
6. 财产性和转移性支出	115.22	94.26	−18.19
二、现金支出（元/人）	1 833.06	1 918.62	4.67
1. 家庭经营费用支出	532.83	548.21	2.89
2. 购置生产性固定资产支出	93.43	111.47	19.31
3. 建造生产性固定资产雇工支出		1.63	
4. 税费支出	53.98	47.35	−12.28
5. 生活消费支出	1 039.43	1 117.09	7.47
6. 财产性和转移性支出	113.39	92.87	−18.10
一、总支出构成（%）	100.00	100.00	100.00
1. 家庭经营费用支出	29.30	29.20	−0.34
2. 购置生产性固定资产支出	3.90	4.40	12.82
3. 建造生产性固定资产雇工支出		0.10	
4. 税费支出	2.40	2.00	−16.67
5. 生活消费支出	59.60	60.60	1.68
6. 财产性和转移性支出	5.10	5.80	13.73
二、现金支出构成（%）	100.00	100.00	100.00
1. 家庭经营费用支出	29.10	28.60	−1.72
2. 购置生产性固定资产支出	5.10	5.80	13.73
3. 建造生产性固定资产雇工支出		0.10	
4. 税费支出	2.90	2.50	−13.79
5. 生活消费支出	56.70	58.20	2.65
6. 财产性和转移性支出	6.20	4.80	−22.58

其　他

表 293　我国主要土特产品品种与产地分布情况（2000—2001 年）

品种分布

类　别	数　量
1. 豆菜类	48
2. 瓜果竹木类	84
3. 名茶类	40
4. 名吃名饮类	51
5. 鸟兽皮毛类	12
6. 水产类	29
7. 桑麻丝棉类	4
8. 香花类	5
9. 农作物类	11
10. 药材类	43
11. 工艺类	80
12. 其他类	32
合　计	439

产地分布

省、自治区、直辖市	数　量	省、自治区、直辖市	数　量
北　京	20	湖　北	16
天　津	3	湖　南	4
河　北	12	广　东	12
山　西	41	广　西	7
内蒙古	16	海　南	9
辽　宁	21	重　庆	5
吉　林	6	四　川	1
黑龙江	4	贵　州	2
上　海	17	云　南	53
江　苏	4	西　藏	1
浙　江	51	陕　西	3
安　徽	36	甘　肃	6
福　建	13	青　海	11
江　西	23	宁　夏	5
山　东	8	新　疆	14
河　南	15	合　计	439

表 294 我国主要土特产品名录（2000—2001 年）

序号	类 别	土特产品名称	产 地	序号	类 别	土特产品名称	产 地
1	豆菜类	西湖莼菜	浙江杭州	37		南康辣椒酱	江西南康
2		萧山萝卜干	浙江杭州	38		加积鸭	海南
3		木耳	云南安宁	39		涪陵榨菜	重庆涪陵
4		丘北辣椒	云南丘北	40		四川榨菜	四川
5		恋思萝卜	安徽阜南	41		大蒜	山西灵丘
6		店集芹菜	安徽阜南	42		蒲州青柿	山西
7		口孜大蒜	安徽阜南	43		泽州甜柿	山西
8		颍州樱桃	安徽阜南	44		王致和臭豆腐	北京
9		白蒜	安徽六安	45		绍兴霉干菜	浙江绍兴
10		黄姜	安徽六安	46		醉花生	浙江绍兴
11		蜜环菌	云南大姚	47		绍兴腐乳	浙江绍兴
12		羊肚菌	云南大理	48		竹肉球菌	云南维西
13		猴头菌	云南德钦	1	瓜果竹木类	菠萝蜜	云南河口
14		建水草芽	云南楚雄	2		番木瓜	云南润沧
15		茯苓	云南富源	3		昭通金帅苹果	云南楚雄
16		葛	安徽宣城	4		菠萝	云南红河
17		孔乙己茴香豆	浙江绍兴	5		河口香蕉	云南河口
18		湖州雪藕	浙江湖州	6		诃子	云南大关
19		荔浦芋	广西荔浦	7		黄山猕猴桃	安徽黄山
20		孔乙已笋煮豆	浙江绍兴	8		呈贡宝珠梨	云南安宁
21		绍兴笋干菜	浙江绍兴	9		砂仁	云南沧源
22		雪湖贡藕	安徽安庆	10		南糯白毫	云南孟连
23		南浔绣花中菜	浙江湖州	11		小凉山优质苹果	云南宁蒗
24		香荷芋	江苏泰兴	12		景谷象牙芒果	云南呈贡
25		梅岱山药	江苏泰兴	13		云南石榴	云南大关
26		甘肃黄花菜	甘肃	14		水东蜜枣	安徽宣城
27		永安笋干	福建永安	15		芮（玉）枣	安徽宣城
28		武夷山玉兰片	福建	16		山核桃	安徽宣城
29		紫金永安牌椒酱	广东紫金	17		东至猕猴桃	安徽东至
30		河北辣椒	河北望都	18		西山焦枣	安徽贵池
31		沧州冬菜	河北沧州	19		白果	广西百色
32		仁化银毫茶	湖南	20		菱湖菱	浙江湖州
33		宁夏发菜	宁夏	21		长兴板栗	浙江长兴
34		阳信鸭梨	山东	22		沙田柚	广西桂林
35		内蒙古发菜	内蒙古	23		贡枣	浙江新昌
36		庐山石耳	江西庐山	24		俄罗斯大果沙棘	山西安泽

（续）

序号	类　别	土特产品名称	产　地	序号	类　别	土特产品名称	产　地
25	瓜果竹木类	中林1号	山西榆次	61		烟台苹果	山东烟台
26		仁用杏	山西长治	62		陕西晋枣	陕西
27		金砂猕猴桃	湖北神农架	63		临潼石梅	陕西临潼
28		落叶木莲	江西宜春	64		哈密瓜	新疆
29		山毛棒	湖北麻城	65		伊犁薰衣草	新疆
30		板枣	山西安泽	66		吐鲁番葡萄	新疆
31		杭州织锦	浙江杭州	67		库尔勒香梨	新疆库尔勒
32		昌化山核桃	浙江临安	68		新疆巴旦杏	新疆
33		萧山杨梅	浙江萧山	69		新疆阿月浑子	新疆
34		纸皮核桃	辽宁	70		榛子	内蒙古
35		板栗	辽宁	71		沙枣	内蒙古
36		南星梨	辽宁辽阳	72		南丰蜜橘	江西南丰
37		孤山杏梅	辽宁	73		海南椰子	海南
38		冻秋子梨	辽宁	74		汴梁西瓜	河南
39		天女木兰	辽宁	75		江津广柑	重庆
40		秋白梨	辽宁	76		河曲海红星	山西河曲
41		榛子	辽宁	77		清徐葡萄	山西清徐
42		软核杏	辽宁凌源	78		稷山板枣	山西
43		北镇鸭梨	辽宁	79		运城相枣	山西运城
44		香蕉李	辽宁	80		太谷壶瓶枣	山西太谷
45		朝阳山杏仁	辽宁	81		泽州红山楂	山西晋城
46		兰州白兰瓜	甘肃兰州	82		大磨盘柿	北京
47		兰州百合	甘肃兰州	83		晋州鸭梨	河北晋州
48		兰州软儿梨	甘肃兰州	84		大扁杏	辽宁
49		上海水蜜桃	上海	1	名茶类	七子饼茶	云南孟海
50		沙阳柑橘	福建沙县	2		咖啡	云南呈贡
51		长泰芦柑	福建长泰	3		普洱茶	云南西畴
52		福建龙眼	福建	4		雪茶	云南大关
53		从化红柿	广东从化	5		徽州贡菊	安徽亳州
54		从化荔枝	广东从化	6		太平猴魁	安徽黄山
55		从化三华李	广东从化	7		六安瓜片	安徽六安
56		巨鹿串枝红杏	河北巨鹿	8		霍山黄芽	安徽六安
57		巨鹿“01”血杞	河北巨鹿	9		舒城珍眉	安徽六安
58		深州蜜桃	河北深州	10		菊花茶	安徽六安
59		红玉杏	山东济南	11		滇红	云南保山
60		沾化冬枣	山东沾化	12		勐库大叶茶	云南孟海

（续）

序号	类 别	土特产品名称	产 地	序号	类 别	土特产品名称	产 地
13	名茶类	敬亭绿雪	安徽宣城	9		杜康酒	河南汝阳
14		黄石溪名茶	安徽安庆	10		宝丰酒	河南
15		肖坑绿茶	安徽贵池	11		宋河粮液酒	河南鹿邑
16		九华毛峰	安徽来安	12		山西汾酒	山西汾阳
17		高坦翠微茶	安徽贵池	13		灵丘莜麦面	山西灵丘
18		徽道茶	安徽东至	14		竹叶青酒	山西
19		信阳毛尖	河南信阳	15		上党腊味驴肉	山西
20		野源苦丁茶	浙江新昌	16		菖蒲酒	山西垣曲
21		白毫茶	广西百色	17		玉堂春酒	山西
22		顾渚紫笋茶	浙江湖州	18		恒山白酒	山西泽源
23		德清烘豆茶	浙江湖州	19		北芪黄酒	山西代县
24		安吉白片	浙江湖州	20		六味斋酱肉	山西太原
25		西湖龙井茶	浙江杭州	21		闻喜煮饼	山西闻喜
26		建德苞茶	浙江建德	22		平遥牛肉	山西平遥
27		鸠坑毛尖	浙江淳安	23		茯岭夹饼	北京
28		经山香茗	浙江肃山	24		菊花白酒	北京
29		天目云雾	浙江临安	25		北京桂花陈酒	北京
30		富阳安顶	浙江富阳	26		北京莲花白酒	北京
31		天尊岩茶	浙江桐庐	27		邯郸丛台酒	河北邯郸
32		紫金竹壳茶	广东紫金	28		昌黎鼋鱼酒	河北昌黎
33		仁化县丹霞白毛尖	广东仁化	29		西湖醋鱼	浙江杭州
34		君山银针	湖南	30		东坡肉	浙江杭州
35		庐山云雾	江西庐山	31		绍兴香糕	浙江绍兴
36		九江宁红茶	江西九江	32		陈氏炖鸭	浙江嵊州
37		麻姑绿茶	江西	33		诸老大粽子	浙江湖州
38		婺源绿茶	江西婺源	34		黄桥烧饼	江苏泰兴
39		黄山毛峰	安徽黄山	35		中华第一汤	山东单县
40		舒城兰花	安徽六安	36		八宝茶枸杞产品	宁夏银川
1	名吃名饮类	宁城老窖	内蒙古	37		北京果脯	北京
2		蒙古手把肉	内蒙古	38		北京烤鸭	北京
3		蒙古炒米、	内蒙古	39		进京乳腐	上海
4		四特酒	江西	40		枫泾丁蹄	上海
5		遂州板鸭	江西遂州	41		凤尾鱼罐头	上海崇明
6		麻姑酒	江西	42		吉红糕	福建永春
7		安福火腿	江西安福	43		福清光饼	福建福清
8		道口烧鸡、	河南滑县	44		滇肉棒	云南宾川

（续）

序号	类　别	土特产品名称	产　地	序号	类　别	土特产品名称	产　地
45	名吃名饮类	牦牛牛肉干	青海	18		红头湖鲢鱼	湖北蕲春
46		厦门鱼皮花生	福建厦门	19		团头鲂	湖北麻城
47		龙岩沉缸酒	福建龙岩	20		文蛤	辽宁鞍山
48		东莞腊肠	广东东莞	21		番螺	辽宁大连
49		贵州茅台酒	贵州	22		鳍鱼	广东
50		五加皮酒	天津	23		君山金龟	湖南
51		鸿茅酒	内蒙古	24		庐山石鱼	江西庐山
1	鸟兽皮毛类	东北虎	黑龙江牡丹江	25		三亚海鲜	海南三亚
2		马鹿	黑龙江牡丹江	26		和乐蟹	海南万宁
3		紫貂	黑龙江牡丹江	27		青海花斑裸鱼	青海
4		貂皮	吉林	28		黄河鲤鱼	山西
5		辽宁黑猪	辽宁	29		银鱼	上海崇明
6		上海浦东鸡	上海	1	桑麻丝棉类	皖西麻	安徽六安
7		太行山兔	河北	2		柞蚕丝绸	辽宁
8		临武麻鸭	湖南临武	3		武隆苎麻	重庆
9		海南文昌鸡	海南文昌	4		上海丝绸	上海
10		东山羊	海南万宁	1	香花类	洛阳牡丹	河南洛阳
11		西宁毛	青海西宁	2		藏香	西藏
12		山羊绒	内蒙古	3		丁香花	青海西宁
1	水产类	琴鱼	安徽宣城	4		崇明水仙花	上海崇明
2		松江鲈鱼	上海松江	5		丹东杜鹃	辽宁
3		大马哈鱼	黑龙江齐齐哈尔	1	农作物类	红花大金元	云南大理
4		茅山螃蟹	湖北浠水	2		烤烟 K326	云南玉溪
5		大连湾魁蚶	辽宁	3		马坝油粘米	广东曲江
6		鲍鱼	辽宁	4		西夏贡米	宁夏
7		鲶鱼	湖北黄冈	5		龙山小米	山东
8		油餐条	湖北黄冈	6		天津小站稻	天津
9		红鲤	湖北黄冈	7		麻姑米	江西
10		阎家河藕	湖北麻城	8		洋县香米	江西
11		蔡龟	湖北黄梅	9		万年贡米	江西
12		武湖银鱼	湖北新洲	10		沁州黄小米	山西沁县
13		长江鱼苗	湖北黄冈	11		晋祠大米	山西太原
14		广济珍珠	湖北武穴	1	药材类	当归	云南鹤庆
15		珍珠层粉	湖北黄梅	2		冬虫夏草	云南安宁
16		蕲春芡实	湖北蕲春	3		云黄连	云南安宁
17		鳖	湖北红安	4		麝香	云南大理

（续）

序号	类　别	土特产品名称	产　地	序号	类　别	土特产品名称	产　地
5	药材类	云南白药	云南江川	41		台参	山西
6		牛黄	云南砚山	42		龙门麻黄	山西河津
7		灵芝	云南呈贡	43		城隍庙梨膏糖	上海
8		天麻	云南昭通	1	工艺类	苏木	云南大理
9		龙汉半夏	安徽六安	2		丽江花卉	云南丽江
10		三七	云南文山	3		歙砚	安徽滁州
11		血竭	云南大姚	4		宣纸	安徽宣城
12		熊胆	云南陇川	5		舒州竹席	安徽黄山
13		罗汉果	广西桂林	6		汾州核桃	山西汾西
14		杏仁	山西安泽	7		湖州羽毛扇	浙江湖州
15		泰兴银杏	江苏泰兴	8		善琏湖笔	浙江湖州
16		塘栖枇杷	浙江余杭	9		黑竹和云竹	广西百色
17		人参	吉林	10		长兴紫砂壶	浙江长兴
18		鹿茸	吉林	11		太湖石	浙江湖州
19		天麻	吉林	12		千艺茗壶	福建福鼎
20		灵芝	吉林	13		浙江丝绸	浙江杭州
21		不老草	吉林	14		西湖绸伞	浙江杭州
22		西宁大黄	青海西宁	15		仿南宋官窑瓷器	浙江杭州
23		上海梨膏糖	上海	16		西湖天竺筷	浙江杭州
24		宁夏枸杞	宁夏	17		萧山花边	浙江杭州
25		甘草	宁夏	18		张小泉剪刀	浙江杭州
26		泰山何首乌	山东	19		王星记扇子	浙江杭州
27		阿胶	山东东阿	20		淳安清溪龙砚	浙江杭州
28		天山雪莲	新疆	21		邵芝岩毛笔	浙江杭州
29		麻黄	内蒙古	22		昌化鸡血石	浙江杭州
30		木灵芝	内蒙古	23		大连贝雕画	辽宁大连
31		苦杏仁	内蒙古	24		北京内画壶	北京
32		清江枳壳	江西	25		北京宫灯	北京
33		安阳狗皮膏药	河南安阳	26		北京面人	北京
34		卫香附	河南滑县	27		北京漆器	北京
35		九天阿胶	河南禹州	28		敦煌夜光杯	甘肃敦煌
36		石蒜	河南新县	29		惠安石雕	福建惠安
37		红景天	青海	30		福州角梳	福建福州
38		冬虫夏草	青海	31		肇庆端砚	广东肇庆
39		恒山黄芪	山西浑源	32		粤绣	广东
40		潞党参	山西	33		东莞草编	广东东莞

（续）

序号	类别	土特产品名称	产地	序号	类别	土特产品名称	产地
34	工艺类	贵州腊染	贵州	74		上海面塑	上海
35		蓝田玉雕	陕西蓝田	75		上海牙雕	上海
36		新疆热瓦甫	新疆	76		上海绒绣	上海
37		新疆弹布尔	新疆	77		嘉定黄草编	上海嘉定
38		新疆都塔尔	新疆	78		定瓷	河北曲阳
39		新疆地毯	新疆和田	79		磁州窑	河北邯郸
40		哈萨克族花毡	新疆	80		福州纸伞	福建福州
41		和田美玉	新疆和田	1	其他类	西湖藕粉	浙江杭州
42		新疆四大名刀	新疆	2		斯佩特 G28	云南澄江
43		天津泥人张彩塑	天津	3		滇绿	云南呈贡
44		呼呼尔	内蒙古	4		牛肝菌	云南镇雄
45		巴林石雕	内蒙古	5		鸡枞菌	云南呈贡
46		地毯	内蒙古	6		干巴菌	云南建水
47		蒙古刀	内蒙古	7		竹红菌	云南鲁甸
48		景德镇瓷胎竹编	江西景德镇	8		金丝琥珀蜜枣	安徽歙县
49		星子金星砚	江西星子	9		黟县香榧	安徽黄山
50		宜春脱胎漆器	江西宜春	10		儿茶	云南西盟
51		会昌藤器	江西会昌	11		云木香	云南大姚
52		龙尾砚	江西婺源	12		松菌	云南呈贡
53		三亚贝雕	海南三亚	13		雷丸	云南安宁
54		海南椰雕	海南	14		螺旋藻	云南蒙自
55		汝阳梅花玉	河南汝阳	15		竹荪	云南楚雄
56		钧瓷	河南许昌	16		天目笋干	浙江湖州
57		河南桐木漆器	河南	17		田七	广西柳州
58		南阳玉雕	河南	18		双林子孙糕	浙江湖州
59		荣昌工艺陶	重庆	19		丁莲芳千张包子	浙江湖州
60		垫江棕竹手杖	重庆	20		狼牙蜜	甘肃
61		昆仑彩石	青海	21		巨鹿银花	河北巨鹿
62		酥油花	青海湟中	22		蒙古奶皮	内蒙古
63		青海地毯	青海	23		万宁燕窝	海南万宁
64		木版年画	山西	24		湟源陈醋	青海湟源
65		平遥推光漆器	山西平遥	25		山西香醋	山西清徐
66		新绛云雕漆器	山西新绛	26		大同铜火锅	山西大同
67		北京玉器	北京	27		山西熏醋	山西临汾
68		景泰蓝	北京	28		运城池盐	山西运城
69		北京内联升千层底布鞋	北京	29		老陈醋	山西清徐
70		北京绢花	北京	30		北京一得阁墨汁	北京
71		北京补花	北京	31		北京戴月轩毛笔	北京
72		上海木雕	上海	32		北京特制八宝印泥	北京
73		嘉定竹刻	上海嘉定				

5 第五部分

我国各省、自治区、直辖市农产品加工业

编 辑 说 明

近年来，在市场需求的拉动、政府的宏观引导和政策扶持下，我国农产品加工业发展较快，成为国民经济中最具有活力和发展后劲的重要产业之一。党中央、国务院高度重视农产品加工业的发展，以多种方式提出了促进农产品加工业发展的指导意见；国家有关部委局均从不同的职能和角度制定了一系列的举措，包括优势区域布局、优势产业带建设、质量安全、市场准入、监督管理、体系建设和技术创新等方面，为我国农产品加工业的发展提供了强有力的措施保证。

全国各地根据自然资源优势和经济区位优势，围绕本地优势产品、特色产业发展农产品加工业，形成了一批特色鲜明的农产品加工产业带和名牌产品，成为我国农产品加工业中的主导产业和发展主流。涌现出一大批农产品加工业骨干企业，带动了我国农产品加工业的健康发展。为使广大读者了解全国各地农产品加工业的主体情况，本栏目介绍了我国28个省、自治区、直辖市“2003年农产品加工业发展情况”，是继2002年、2003年《中国农产品加工业年鉴》本栏目的续篇。这28篇专题（未含江西、青海和西藏），其资料与数据分别来自有关省、自治区、直辖市以及与农产品加工业相关的主管部门。由于所收集资料的渠道和内容不同，所以经汇总后反映各省、自治区、直辖市的基本内容和范围不尽一致。但是，可基本反映有关省、自治区、直辖市农产品加工业的发展概况或某一领域的发展概况，可供读者参考使用。

北京市京郊乡镇农产品加工业

北京市乡企局

近年来，京郊乡镇企业在农业部乡镇企业局和北京市委、市政府的正确领导下，认真贯彻党的十六大精神，从京郊的实际出发，调整发展思路，以农业增效、农民增收为主线，大力推进乡镇企业二次创业，使京郊乡镇农产品加工企业继续在健康、快速的轨道上发展，并为我市大力发展农产品加工业打下了坚实的基础。

一、基本情况

1. 主要经济指标以20%以上的速度增长　2003年我市乡镇农产品加工业实现总收入1 753.8亿元，同比增长24.6%；实现增加值383.2亿元，同比增长23.7%；实现利润总额120.2亿元，同比增长22.2%；实现工业增加值183.9亿元，同比增长20%。其发展速度是近几年来最快的一年。

2. 为农民就业增收做出新贡献　2003年乡镇农产品加工企业数达150 877个，比上年增加16 852个，增长12.6%；从业人员120.8万人，同比增加7.2万人，增长6.4%；工资总额达118亿元，同比增加17亿元，增长16.8%；郊区农民人均增加500元左右，对全市郊区农民人均收入增长的贡献率达到60%。

3. 外向型经济继续保持稳定增长趋势　2003年乡镇农产品出口产品交货值完成95.9亿元，同比增长25.72%；新增乡镇出口企业120家，年完成出口产品交货值12亿元，占出口增长总额的75.7%，成为重要的经济增长点；出口超千万元的企业已达199家，同比增加20家，增长11.2%。

4. 利用首都科技资源，增强企业创新能力　2003年乡镇农产品加工企业进一步加大技术开发力度，技术引进和新产品开发取得新成果。2003年全市共引进开发新产品164项，其中国内先进水平以上的新产品124项，占75.6%。新产品投入资金14.3亿元，新增销售收入40.5亿元，新增利税4.9亿元，创汇626万元，成为持续增长的重要来源。

二、面临的主要问题

我市农产品加工业虽然取得了一定成就，但就总体而言仍处于起步阶段，还存在一些亟待解决的问题，企业总体规模偏小，竞争力低；加工层次和质量总体偏低，产品技术含量低；加工水平和技术装备与国外先进水平比有较大差距，企业技术创新能力弱；管理水平较低，加工设备急需更新换代以满足营养丰富化、品种多样化、卫生安全的食品市场的要求。产业集中度不高，国际竞争力强的企业不多。多数企业和农户之间是买断关系，农户获利有限，企业与农户的利益机制有待健全；原料生产的品种品质结构不适应加工要求，基地建设亟待加强；分散生产与集中加工的矛盾突出；政策上、体制上还存在着影响企业发展的不利因素等问题。

三、发展现状与特点

随着农产品市场供求变化及农业产业结构调整步伐的加快，京郊区县立足首都资源条件，发挥区位优势、市场优势、科技优势、资金优势和信息等优势，积极培育符合首都经济特点的农产品加工业，在结构调整中增加农民收入，在大力发展农产品加工业中增加非农就业岗位，增加农民收入，同时带动了农业资源的有效利用，并呈现出以下八大特点：

1. 建立专项基金，扶持重点行业、企业和加工基地的发展　2001年和2002年，北京市农委先后出台了《关于推进农业现代化加快农民致富步伐若干政策意见》和《关于推进农村经济结构调整加快农民致富步伐若干政策意见》，2003年市农委与市计委等11个部门联合签发了《关于扶持北京市农业产业化重点龙头企业的意见》。市级财政建立了农业产业化专项基金，支持农产品加工业的发展。2001—2002年期间，市级财政对重点龙头企业和加工园区给予了近2 000万元的资金支持。2003年则以“银企合作”的方式给予市级以上重点龙头企业的资金扶持。扶持的重点主要有三方面：一是扶持企业扩大规模，建立物流配送体系，建立健全营销网络，增加提高带动农户能力。二是扶持企业积极拓展国际市场，增加带动农产品出口能力。对因国际市场不可预测因素导致农产品出口严重受阻，遭受重大损失的给予适当风险补偿。三是扶持企业管理上水平，产品上档次，积极申报安全食品、绿色食品、有机食品和ISO9000系列等国际质量管理体系认证等。

2. 提供非农就业岗位的重要载体，实现农民增收　2003年底，从业于农产品加工业的人员达到52 928人，同比增长18.0%，比京郊乡镇企业同口径增幅增加10.8个百分点。成为吸纳京郊农村富余劳动力、增加农民收入的重要载体。

3. 经济运行质量明显提高　2003年，京郊乡镇农产品加工企业共有615家，同比增长11.8%；从业人员达52 928人，同比增长18%；分别比京郊乡镇企业同口径增幅增加0.6和11.6个百分点。实现销售收入135.88亿元，利润总额6.62亿元，分别比上年增长36.7%和62.6%，比京郊乡镇企业同口径增幅增加12.1和40.4个百分点。实现增加值27.79亿元，占乡镇工业企业增加值的15.1%。农产品加工业已成为京郊国民经济新的增长点和重要支柱产业之一。

4. 行业结构得到优化，日趋合理　符合首都特点的蔬菜加工业、粮食加工业、食品加工业、果品加工业的资产增长幅度在24.7%～36.6%之间，为持续发展奠定了坚实基础。并明显呈现出向优势产业和生产基地聚集，初步形成了食品加工、果品加工、畜禽加工和饲料加工等四大主导产业，其增加值已占农产品加工业的80%左右。

5. 形成了一批企业规模大、经济效益高、辐射能力高、带动农户多的重点龙头企业　目前已形成粮食加工业的“大北农饲料”、“希望饲料”；果品加工业的汇源果汁、华邦果汁、丰收葡萄酒；蔬菜加工业的“牵手”果蔬饮品、绿富隆菜蔬加工、玉雪阿魏菇；屠宰加工业的“御香苑”、卓宸畜牧、南京雨润、丰华鸭场；奶制品加工业的上海光明、内蒙古蒙牛、湖南太子奶；休闲食品加工业的“卡迪娜”、美丹食品、大家宝薯片；保健产品的天惠参业、夏都蜂业；饮料业的统一饮料、红牛饮料；干果产品的富亿农板栗等一批知名品牌产品。带动了原料基地的发展，带动了技术服务的推广，带动了农户进入市场。

6. 食品加工基地建设取得了新进展　截止到2003年底，全市乡镇企业食品加工基地共计12个，拥有食品加工企业79家，职工人数7 373人。2003年完成销售收入216 941万元，增加值55.02万元，利税总额26.437万元，出口产品交货值3 326万元。如怀柔区统一富乐食品加工基地，年销售收入11.7亿元，其中饮料5.5亿元，为饮料配套的相关产品3.2亿元。特别是不断加大基础设施建设、制定优惠政策、优化软环境和采取对口培训等措施，为进一步发展创造了充分、必要的条件。

7. 投资力度大，企业后劲足　2003年资产总额达到129.38亿元，同比增长36.7%，比京郊乡镇企业同口径增幅增加11.6个百分点。固定资产净值达到60.82亿元，同比增长24.6%，为持续、快速发展打下了基础。

8. 对国家经济发展做出的贡献显著增长　2003年上缴税金6.06亿元，同比增长45.7%，比京郊乡镇企业同口径增幅增加10.3个百分点。

天津市农产品加工业

天津市乡企局、农业局、畜牧局

近年来，天津市十分重视农产品加工业的发展，把这项工作作为农业结构调整的重头戏来抓。在不断实践中我们认识到：发展农产品加工业不仅是农民增收、农业增效的重要渠道，而且关系到农村改革、发展和稳定的大局问题。因此，我们在进行结构调整中把农产品加工业摆在重要位置，不断加大政府的推动力度和服务力度并制定了有关扶持政策，建成了天津挂月集团公司、康地万达（天津）有限公司、双和盛食品有限公司、精武集团有限公司、龙泰食品有限公司、大海肉类制品有限公司、三鹿奶制品公司、天津市北方花卉有限公司、津宁北方畜产品有限公司等一批农产品加工的龙头骨干企业和出口创汇企业。截至2003年底，我市农产品加工业已发展到788家，实现产值263.66亿元，同比增长14.08%。农产品加工业的发展，对增加农民收入起到了不可替代的作用，已成为区县经济的重要组成部分。

一、畜禽产品加工

1. *牛奶生产加工* 近年来，我市乳品加工业发展迅速。目前，全市共建有乳品加工企业34个，日加工能力2 100t。主要有津奶集团、菲仕兰天津乳业、中芬乳业、娃哈哈、光明梦德、帕码拉特、福士妙乳业、华明乳业等国内颇具影响的乳品加工龙头企业。其中日加工能力超过100t的企业达10家。天津乳品日加工能力在短短的几年中由800t迅速增长到2 100t，主要得益于大胆引进国内外知名企业在天津合资、合作建厂。目前国内知名品牌如上海光明、黑龙江的完达山、杭州的娃哈哈、北京的三元等；国外的知名企业如菲仕兰等都在天津建厂，加工能力占全市加工能力的65%以上。目前我市加工的乳制品品种主要以液态奶为主，其中包括巴氏消毒奶、超高温灭菌奶、酸奶和含乳饮料。2003年全市加工液态奶280 778t。由于乳制品加工业的快速发展，有力地带动了我市奶源基地的建设。据统计，2003年末全市奶牛存栏13.3万头，总产奶量43万t，同比增长35.85%和29.15%。已经建成规模化奶牛饲养小区148个，进驻小区集中饲养的奶牛存栏10万余头，促进了我市奶源质量的大幅度提高。

2. *生猪生产加工* 近十年来，我市瘦肉型猪基地建设取得长足发展。到2003年，我市生猪年出栏已达462万头，年屠宰能力已达665万头。较十年前增长了2倍多，生猪生产的快速发展有力地促进了加工业的快速发展。目前，我市已建成了宝迪食品公司、天津肉联厂、顺利实业公司、通汇集团等6家现代化大型屠宰加工企业。近年新建成的天津顺利实业发展有限公司，投资近3亿元引进德国BANSS公司先进屠宰加工设备，年屠宰加工生猪规模达180万头，是我市新建的特大型、现代化、高科技生猪产加销一体化屠宰加工龙头企业。天津宝迪食品加工有限公司、天津肉联厂年屠宰加工能力都在百万头；宝迪食品公司、天津肉联厂、顺利实业公司等企业加工的优质放心肉主要以连锁专卖的销售形式，在津京市面上建立了自己的连锁店。天津通汇集团以及天河集团等加工企业屠宰加工能力也在不断提高。

3. *禽产品生产加工* 以肉鸡为代表的肉禽业是我市畜牧业中产业化程度最高的产业之一。十多年来，由于高起步、大规模加工龙头企业的带动，我市肉禽生产基地建设得到了迅猛发展。2003年全市基地出栏肉禽已达9 146.26万只，产肉量13.72万t，比十年前增长了5倍以上。生产的快速发展也促进了加工企业的发展。目前，全市禽产品加工能力达到5 285万t。其中，肉鸡生产上，集种鸡饲养、雏鸡孵化及放养、屠宰加工、饲料生产一体化的大成集团康地万达（天津）食品有限公司经过扩建后，年屠宰加工能力达4 500万只，种鸡存栏规模近30万只，年饲料加工能力达40万t。天津市方大禽业发展有限公司建成的肉鸡屠宰加工厂年屠宰能力也在1 000万只。在肉鸭生产上形成了武清龙泰、蓟县绿益、西青小南河三足鼎立的格局，三个加工厂年屠宰加工量达1 300万只。

4. *肉牛、肉羊加工* 我市肉牛、肉羊等其他畜产品加工业也在迅速的发展。目前，我市已建成的蓟县大潘庄肉牛屠宰加工厂年屠宰加工能力达10万头，天津市中敖食品有限公司年屠宰能力达200万只活羊、20万头活牛，肉鸽、鹿、鸵鸟等方面，也都形成了不同规模的畜产品加工企业。由于畜产品加工业的快速发展，有力地带动了我市畜牧业的发展。设施畜牧业示范小区建设取得了突破性进展，基地建设水平稳步提高。多数生产企业实现了订单化生产、系列化服务，经济效益显著提高。

二、种植业农产品加工

1. *种植业农产品加工发展迅速* 全市涉农区县种植业农产品加工企业或组织有1 324个，其中从事粮食加工销售的428个，从事饲料加工销售的254个，从事蔬菜加工销售的253个，从事果品加工销售的118个，从事油料加工销售的184个，从事花卉加工销售的16个。年加工销售优质粮、菜等农产品380.1万t，销售收入30亿元，出口创汇1 148万美元。

2. *种植业农产品加工质量安全水平不断提高* 近年来，我市无公害产品依标生产、源头控制、基地和市场监测能力明显增强。全市发布和实施种植业地方标准40余项，50%的蔬菜实现了依标生产；全市3.32万hm^2无公害蔬菜基地得到认证，基地内的无公害蔬菜抽样合格率达到95%以上；建立起市级农产品质量和农药残留两个监督检测中心，将获取部级资格认证和国家的计量认证。

3. *种植业农产品加工市场网络已经形成* 全市农产品综合批发市场，初步形成了“本地为主、外埠调剂、贯通南北、沟通东西”的大流通格局。一是位于城乡结合部的何庄子、金钟、红旗和柳滩四大蔬菜、果品综合批发市场（其中何庄子、金钟两大市场被农业部命名为“全国鲜活农副产品综合批发市场”)。蔬菜成交量接近市区消费量，约1/3的蔬菜流入外地，近1/3的货源来自外埠，成为参与全国大流通的网头。二是以大沙河蔬菜、西青曹庄花卉等为代表的以基地为依托的特色专业批发市场成为内供外销的主要集散场所，带动了相关产业的发展。三是以小城镇为依托的具有一定规模的几百个综合批发交易市场，在市场流通中发挥着重要作用。

4. 一批种植业农产品加工的名牌产品不断涌现 以王朝葡萄酒、日思牌小站稻等为代表的名牌产品已具规模。宝坻益农食品有限公司、宝坻格瑞农产品开发有限公司、武清泽润工贸有限公司、北辰国宗梦得农副产品配送中心等企业的品牌产品在市场上具有较强的影响力。

三、种植业产业化经营

根据对12个区县种植业产业化经营情况的调查，截至2003年底，全市共有1 324个种植业产业化经营企业或组织，其中民营1 015个，股份制203个，集体106个。每年可生产、加工、销售粮食、蔬菜等农产品380.1万t，年产值达到34.7亿元，年创利税1.7亿元，出口创汇629万美元。共带动作物面积19.4万hm^2，建立生产加工基地6.99万hm^2，带动农户540 160个，增加农民收入4.46亿元。这些企业或组织中，总投资额在100万元以下的有1 219个，占92%；在100万～500万元之间的有76个，占6%；500万～1 000万元之间的有12个，1 000万～3 000万元之间的有14个，3 000万元以上的有3个。年产值低于500万元的有1 223个，占92%；在500万～1 000万元之间的有62个，占4.5%；在1 000万～2 000万元之间的有20个，2 000万～5 000万元之间的有11个，5 000万元以上的有8个。年加工能力低于5 000t的有1 123个，占85%；在5 000～10 000t之间的有139个，占10.5%；1万～2万t之间的有44个，2万～5万t之间的有11个，5万t以上的有7个。根据这些企业或组织的带动主体不同，大体可分为加工企业带动、贸易公司带动、专业市场带动、中介组织带动和主导产业带动等五种类型。

1. 加工企业带动型 就是以农产品加工企业为龙头，围绕某项产业或产品，实现市场牵龙头、龙头带基地、基地连农户，形成产加销一条龙的利益共同体。在我市种植业产业化经营发展过程中，加工企业日益发挥着重要的带动作用。据调查，全市共有生产加工型企业或组织837个，其中民营728个，股份制61个，集体48个。年加工能力在5 000t以上的企业有131个，每年加工农产品161万t；年产值500万元以上的企业有34个，共创产值9亿多元，利税9 000万元；带动农作物种植11.8万hm^2，带动基地面积3.39万hm^2，带动农户25.5万户，增加农民收入8 000万元。发展较好的企业有蓟县北方面粉厂、天阳葡萄榨汁有限公司、静海县独流天立老醋厂、静海县宴宾酿酒厂等企业。

2. 贸易公司带动型 是以国内或国外贸易为龙头，瞄准市场需求，建立畅通的流通渠道和庞大的销售队伍，并根据市场需求组织生产和加工，形成“公司+基地+农户”的贸工农一体化经营形式。据调查，全市共有贸易公司带动型企业或组织380个，其中民营255个，股份制114个，集体11个。每年加工转化农产品74.9万t，年加工转化量达5 000t以上的企业有27个；年创产值8.8亿多元，利税4 000万元，年产值500万元以上的企业有25个；带动农作物种植17.8khm^2，基地面积5.2khm^2；直接带动农民10 150户，辐射5.4万户，增加农民收入7 952万元。在种植业产业化经营中发挥作用大、经济效益、社会效益高的企业主要有津南区种子公司、宝坻县谦德食品有限公司和益农食品有限公司等企业。

3. 专业市场带动型 就是通过农产品交易市场，特别是专业批发市场，带动区域专业化生产和产加销一条龙经营。近几年，我市农贸市场建设速度加快，其带动作用日趋加强，推动了农产品的流通，促进了农村经济发展。据统计，目前全市共有各种专业市场32个，其中年交易额2 000万元以上的有8个。每年成交产品近100万t，销售收入8.8亿元，创利税1 630万元，带动作物种植1.1khm^2，有7 280户农民直接参与经营，带动农户103 350户，增加农民收入4 900万元。目前我市规模较大的何庄子、红旗路、大沙河蔬菜批发市场已成为我国北方地区重要的蔬菜产地批发交易中心。西青区曹庄子花卉市场、静海县范庄子市场、宝坻县城关交易市场也在不断发展，在推动种植业产业化经营中起着重要作用。

4. 中介组织带动型 就是融沟通信息、协调关系、合作开发、科技服务等职能为一体的中介组织为龙头，带动农户实现产加销一体化经营。我市各区县各级服务组织在为农民搞好产前、产中、产后服务，促进种植业产业化经营方面发挥的作用越来越大。目前，全市中介组织主要以经纪人、服务组织为主，专业协会很少。据初步调查，全市现有已注册的中介服务组织8家，另有各类经济服务队伍4 000多户，服务带动面积达1.33万hm^2。武清区现有2个已注册的农产品运销公司，投入资金180万元，销售农产品4 200t,带动作物面积1.33khm^2。宁河县丰台镇西赵村搞好“统一供种、统一防治病虫害、统一管理、统一销售”的一条龙服务，并签订3 000t的蔬菜购销订单，带领农民闯市场。宝坻区政府为促进农产品的流通，成立了农产品产销协会，大钟庄、郝各庄、林亭口等乡镇成立了“三辣”产销协会，把活跃在社会上的市场经纪人，进行有机的组织联合，吸收会员近400名，在产地组织收购，批量组织外销，从事“三辣”产品中介服务，每年外销“三辣”产品 25 万 t左右，有力地支撑了传统产业的发展。

5. 主导产业带动型　即从利用当地资源优势入手，围绕一种产业，逐步扩大经营规模，提高产品档次，形成区域性特色主导产业和拳头产品，并在此基础上扩展产业群，延长产业链，最终形成贸工农一体化、产加销一条龙经营。目前，全市优质稻、无公害蔬菜、蓖麻、葡萄、棉花、食用菌、花卉等农产品生产已开始显现出优势。据初步统计，现有这类企业67家，其中投资 100 万元以上的有 28 家，年产值1 000万元以上的有 12 家。每年销售收入 5.7 亿元，基地化种植面积 24.8khm²，发展订单 14.7khm²，带动农户 10.8 万户，增加农民收入7 290万元。津南区优质小站稻开发公司、宁河县芦台精制米厂、武清区泽润公司、三达干燥花有限公司、塘沽区华大公司、汉沽区孟庄园葡萄酒有限公司、西青区王稳庄蓖麻科技开发有限公司等都对当地农业产业化经营起到了很好的带动作用。

四、主要工作及措施

1. 明确指导思想，制定长期规划　根据国务院办公厅印发的《关于促进农产品加工业发展的意见》（国办［2002］62 号文，和农业部关于落实国办［2002］62 号文的通知精神，结合我市实际情况，在召开各区县乡镇企业主管部门领导会议统一思想认识的基础上，进行了充分的调查研究，并征求了有关基层单位的意见。制定了我市郊区工业“三步走”发展战略和郊区工业优势产业发展规划。在这个规划中将农产品加工业作为今后发展的重点之一，按照规划要求我市农产品加工业 2004 年产值将比 2003 年增长20.7%；2007 年将比 2004 年年均增长 21%；2010年产值将达到 1 000 亿元，比 2007 年年均增长20.1%。规划明确了我市农产品加工业重点发展肉类、奶品、果品、水产、粮食、蔬菜等，壮大发展蓟县的凯方食品有限公司、双和盛食品有限公司、雅玛屋食品有限公司、北辰区的津海植物油厂、渤海植物油厂、永明油脂制造厂、大海肉类制品有限公司、美辰食品有限公司、梦得奶制品有限公司、武清区的食友食品有限公司、龙泰食品有限公司、南极集团、汉沽区的通汇集团、宁河县的冠达食品有限公司、潮白河乳业有限公司、三鹿乳制品有限公司、津宁北方畜产品有限公司等一批农产品加工的龙头骨干企业和出口创汇企业，延伸产业链条，实现由粗加工向精深加工的转变，逐步达到农产品加工原料生产基地化、产销经营一体化、加工制品优质化，大幅度提高农产品的附加值。

2. 制定优惠政策，加大扶持和引导力度　在政策上，我市财政技改贴息对农产品加工龙头企业的重点技术改造项目给予必要的扶持。2002 年以来，先后对通汇集团的年屠宰 30 万头生猪生产线和 10 万 t猪饲料生产线、龙泰食品有限公司的熟食加工生产线、金通肉食品加工厂的安全肉制品加工示范工程、冠芳可乐饮料公司的 1 万 t 浓缩二合一果汁奶生产线、中芬乳业有限公司的 6 万 t 鲜奶改造工程、德祥乳业有限公司的乳制品加工扩能改造等 10 个农产品加工龙头企业的技术改造项目给予重点扶持，共得到市财政的技改贴息资金 520 万元，这 10 个项目投产后可新增销售收入 22.8 亿元，新增利税 1.9 亿元。各区县也都根据具体情况制定出台了一些优惠政策。如西青区政府协调金融部门给予贷款支持，并给予适当的贷款贴息；在支农资金中列出专项资金，用于支持农产品加工的龙头项目。武清区出台了《关于扶持农产品运销流通和加工等经营实体发展的有关政策》等扶持政策，为培育龙头企业和发展养殖业解决贷款近 3 亿元。区政府拿出1 300万元用于贴息和扶持资金。这些措施对促进农产品加工业的发展起到了明显作用。

3. 突出龙头企业建设，带动农产品加工业的发展　龙头企业建设是发展农产品加工业的关键。因此我们始终把重点放在扶优扶强上。对规模较大、带动能力较强的龙头企业进行重点扶持，优先解决企业在技术改造、扩大生产规模、建设生产基地等方面所需的资金。如扶持龙泰食品有限公司投资1 430万元，进行技术改造和新产品开发，使产量扩大了 3 倍，带动农户 560 户，增收 500 多万元。扶持天津长城罐头食品有限公司 300 万元，扩大生产线和原料基地，企业生产能力达到 1.4 万 t，带动农户2 000个，增收580 万元。天津梦得食品饮料公司，投资2 000万元新建一个加工车间，带动农户 500 余户。扶优扶强确实起到了强龙头、带龙尾的作用，有效地促进了农产品加工业的发展。

4. 因地制宜培育主导加工业　培育壮大农产品加工主导业是发展加工业的基础。我市各区县立足本地资源优势，因地制宜确立自己的主导业。如武清区发挥养殖业优势，重点发展乳类加工取得较好的效益；西青区立足资源优势做大做强花卉业，投资5 000万元建成了颇具规模的花卉市场，已经吸引本市及东北、浙江、广东、福建、云南等地的经销商进场交易，全年交易额达2亿余元。蓟县充分发挥地理优势，重点发展绿色食品和无公害食品，在深加工、精加工上做文章，下功夫，取得了较好的效益，农民收入增幅较大，2003年人均增加600余元。

河北省农产品加工业

河北省中小企业局、畜牧局、水产局、农垦局

近年来，我省省委、省政府高度重视农产品加工业的发展，先后出台了《关于推进农村小康社会建设若干重要问题的意见》、《河北省主要农产品加工业发展规划》、《关于做好农业和粮食工作促进农民增收若干政策的意见》和《关于促进农业产业化经营的意见》等一系列政策措施。坚持把发展农产品加工业作为战略重点和主攻方向，以实施“龙头工程”为重点，采取“公司＋农户”、“公司＋基地”等多种方式，积极推进农业产业化经营，大力发展农产品加工业，企业数量不断增加，规模不断扩大，加工品种不断增多，产品质量不断提高，对农业发展的带动能力不断增强，已经成为我省国民经济的重要组成部分和颇具潜力的增长点。

一、乡镇农产品加工业

据统计，2003年全省农产品加工企业达到10.7万个，占全省乡镇工业企业总数的26.3%；从业人员127.4万人，占全省乡镇工业企业从业人员的23.5%；分别完成增加值、营业收入、上交税金439.2亿元、1 616.6亿元和22.4亿元，占全省乡镇工业企业的比重分别达21.6%、20.8%和19.4%，均比“九五”末提高了10个百分点以上。我省农产品加工业涉及11个行业大类，其中食品加工及制造业（营业收入350.0亿元）、纺织服装业（营业收入170.1亿元）和皮革业（营业收入123亿元）成为我省农产品加工业中的主导行业。年营业收入500万元以上的规模农产品加工企业个数已达1 626个，比“九五”末增加了1 228个；规模农产品加工企业增加值在全省规模以上乡镇工业企业增加值总量中占26.4%，并且涌现出一批全国知名的大企业、大集团，如廊坊市三河汇福粮油食品制作有限公司、河北华龙集团、遵化栗源集团、承德帝贤针纺集团年营业收入都超过了10亿元，带动种植业基地26.67万hm^2，带动农户200多万户。对农业结构调整、县域经济的发展产生了巨大的推动作用，为农业增效、农民增收做出了巨大的贡献。

1. **主导产业逐渐壮大** 目前，畜牧、蔬菜、林果三大主导产业的增加值已占到整个农产品加工业的40%左右。乳品加工、肉类加工、蔬菜加工、食用菌加工、果品加工、林板加工、粮食加工、中药材加工、皮革加工、羊绒加工、纺织服装业已成为我省农产品加工业具有一定优势的重要行业。

2. **区域特色日益明显** 我省是一个农业资源大省，发展农产品加工业有着得天独厚的条件，各地因地制宜，积极发展有明显优势和突出特色的农产品加工业，逐步形成一批各具特色的农产品加工业优势区域。如石家庄、保定的乳品加工、隆尧方便面、迁西板栗、赵县淀粉、昌黎葡萄酒、大厂牛羊肉、安国药材、清河羊绒、辛集皮革等。

3. **龙头企业带动作用明显增强** 按照农业产业化经营的思路，各地把农产品加工龙头企业作为重点来抓，发展壮大了一批规模大、效益好、带动能力强、辐射面广的农产品加工龙头企业，在省政府确定的100家重点农业产业化龙头企业中，农产品加工企业达到86家。这些龙头企业在带动农业结构调整、带动农户进入市场和增加农民收入方面发挥的作用日益明显。如秦皇岛正大集团带动农民养鸡户1.2万户，从业人员3万多人，农民累计获利2.31亿元。

二、畜产品加工业

截至2003年底，全省年销售收入500万元以上的入统畜产品加工龙头企业发展到163个，同比增加14个，增长9.5%，其中产值超亿元的龙头企业

增加8个，年末累计达到24个。固定资产总额达到56.5亿元，新增固定资产5亿元，增长18%；实现利税9.6亿元，同比增加1.2亿元，增长12%；辐射带动农户36.6万户，为农民增收发挥了重要作用。目前，我省畜产品加工业初具规模，基本形成了奶业、肉牛、肉羊、瘦肉型猪、肉禽、牧草、羊绒等7大类畜产品加工龙头经济体系，并呈良好发展态势。实现了多层次加工，多环节增值。同时培育出“三鹿”、“双汇”、“双鸽”等驰名中外的名牌产品。回顾我省畜产品加工业的发展，呈现出以下发展态势：

1. *乳品加工业增势不减，产品向多层次、多品种方向发展* 目前全省以“三鹿”为代表的乳品加工龙头企业已发展到42家，年销售收入达40.7亿元，实现利税4.6亿元，产值、利税以每年20%的速度递增。其产品也由过去的全脂奶粉、消毒奶，发展到生产各种配方奶粉、发酵奶、液态奶和冷饮四大类上百个品种，形成了较为完善的乳制品加工体系，乳品产量连续四年位居全国第二位，本省市场销售量占全国市场的10%。

2. *肉类加工异军突起，并向精深方向发展* 全省瘦肉型猪龙头企业已发展到35个，肉牛龙头企业发展到23个，肉羊龙头企业发展到10个。猪的屠宰加工厂发展到2 121个，牛的屠宰加工厂发展到456个，羊的屠宰加工厂发展到1 300个。年销售收入分别达到40.7亿元、16.3亿元和102.9亿元。猪肉产品加工已由传统式作坊式制作向现代化工厂化迈进，石家庄双鸽集团、唐山双汇集团不断引进先进技术，加快工艺设备改造步伐，已经成为集屠宰、分割、冷却、加工为一体的现代化生猪屠宰加工企业；廊坊“福成”、“华安”、“福华”牌牛肉驰名中外，享有较高声誉；保定“唐尧”牌羊肉制品在京津乃至在全国享有较高的声誉，深受消费者青睐。

3. *羊绒加工长盛不衰，传统产业焕发生机* 我省羊绒加工主要集中在邢台清河县，经过20多年的发展，已成为闻名于世的“羊绒之乡”，享有“世界羊绒看中国、中国羊绒看清河”之美誉。目前，羊绒年加工产值可达60多亿元。另外，我省在禽蛋、皮革、苜蓿等深加工方面也取得了长足的发展，涌现出保定“三合”、“绿德尔”等一批知名企业。石家庄辛集、保定蠡县、沧州肃宁已成为名副其实的“皮革之乡”，皮革经济已成为当地财政和农民增收的重要来源。

三、垦区农产品加工业

1. *垦区乳产品加工业发展迅猛* 以饲草（料）、奶牛养殖、乳品加工一体化经营为特色的垦区主导产业发展规模不断扩大，产业化经营步伐不断加快，示范带动作用显著增强，带动了周边15个市（县）、51个乡镇、150多个村、14 000多农户，发展奶牛4.6万头。牛奶产量大幅度增长，年产奶量达到15万t，同比增长19.19%。乳品业已成为全系统的第一大主导产业。目前，河北垦区日加工鲜奶1 000t以上，年生产奶粉20 927t，生产液态奶63 533t，全年各种乳制品的销售额达到6.9亿元，同比增长23.2%。尤其是坝上牧场，依托资源优势，乳品加工业发展势头迅猛。

沽源牧场2001年投资4 700万元，新建了日处理200t鲜奶的低脂乳粉生产线，到现在共有生产线4条，其技术已达到国内领先水平，2003年又新建液态奶生产线1条，日处理鲜奶能力达到600t，年可生产各类乳制品4.9万t，液态奶2万t。

1998年牧场与三鹿集团进行了资产联营，实现了资源优势与品牌优势的结合，科技优势与产业优势的结合，乳品厂于1999年顺利通过了ISO9002国际质量体系认证。企业管理水平、质量保证能力进一步加强，产量效益逐年提高。2003年加工鲜奶3万t，生产奶粉5 755t，生产液态奶927t，实现销售收入9 917万元，实现利润467万元，税金401万元。

与三鹿、伊利、蒙牛等大企业合作联营的各乳品企业继续巩固和扩大合作领域与成果，农垦自己的品牌乡谣乳品发展势头也非常强劲，各项经济指标同比均有较大幅度增长。由于乡谣公司的建立和发展，使当地市区近几年来的奶牛养殖业发展迅速，已成为全市的龙头经济模式之一。目前，乡谣在中捷、沧县、青县、运河区、南皮、东光、献县、黄骅、南大港等县（市、区、场）建有可靠的奶源基地，奶牛存栏约2万头，带动了全市约2 000户农民养殖奶牛，已建设标准化奶牛饲养小区30个，有18个小区挤奶厅已配备完毕，实现公司、基地、农户的一体化经营模式，实现了公司、农户、政府的多赢目的。

2. *禽产品加工业形势良好* 2003年家禽饲养量约达300万只，深加工和精细加工200多万只，尤其是柏各庄农场家禽产品加工业最为发达，产业化程度最高。柏各庄农场现拥有年加工200万只肉鸡生产线和年加工10万头生猪生产线各1

条，鸡产品分割品种30多个，猪产品分割品种20多个。主要产品为“益丰”牌分割鸡、猪和速冻海、淡水产品，鸡、猪冷冻产品分别有40多个品种、100多个规格。同时，还可根据客户的不同需要进行加工，包装规格、包装形式多样齐全。公司生产的鸡、猪产品加工精细、品质优良，销往北京、天津、唐山、上海、秦皇岛、张家口、呼和浩特等全国大中城市，深受欢迎。2003年畜禽产品加工实现销售收入980万元，利税100万元，安排了80名下岗职工再就业。同时，农场积极探索“公司加农户、契约加服务、农工贸一体化”的经营模式，把养殖户作为“第一车间”，把一家一户的分散经营与市场衔接起来，结成利益共同体，提高产业组织化程度。本着这一宗旨，农场与周边地区养殖农户订立了收购合同，并对紧密层养殖户制定了按最低保护价收购制度，使企业与农户形成了契约联心、共同发展的格局，有效地促进了当地畜牧业发展，加快了“订单养殖业”发展步伐。公司与养殖户签订的放养生鸡合同，真正让老百姓吃上了放心丸，不仅为公司解决了鸡源，也让养殖户得到了实惠。截至目前，农场辐射带动唐海、丰南、滦南、乐亭等周边地区千只以上养鸡大户4 000余户，农民年均增收200元，创社会效益600万元。

3. 粮食加工业稳定发展　粮食加工是河北垦区农产品加工业传统优势，最负盛名的要算“小站米”，只是由于近几年河北地区大多干旱少雨，影响了粮食加工业的发展，但在全区职工的不懈努力下，粮食加工业发展态势良好。

柏各庄农场凭借得天独厚的水稻资源优势，在国家绿色食品发展中心的监督指导下，在场内建了绿色食品基地，采取稻田养蟹、养鱼、养虾等立体种养模式，保证了绿色食品的高质量、高品位，所产稻米经北方绿色食品检测中心监测达到AA级标准。农场通过对原有设备的改造，新上小包装米生产线，购置了国内最先进的色选机、抛光机、真空包装机等。农场下属天源绿色食品有限责任公司所产的“格绿牌”大米，1995年经中国绿色食品发展中心对农场产米区的大气、土壤、水质等自然环境和所产大米进行严格检测，符合绿色食品标准。所产“格绿”牌小包装免淘米，于1996年荣获国际食品博览会金奖。

河北省大曹庄农场是河北垦区优质小麦主产区，“十五”第二批国家商品粮优质小麦基地建设项目一期工程已经建设完毕，二期工程正在建设中，现已经形成了良种选育、生产繁殖、推广应用及小麦生产、加工、包装、销售为一体的产业化服务体系，商品粮基地年可提供优质专用小麦4 000t。推广面积12万hm^2，生产优质小麦72万t，增产粮食5.4万t，增收17 136万元。带动区域经济持续、稳定发展，社会效益十分明显。

四、水产品加工业

2003年，河北省水产品总产量86.2万t，产值58亿元。加工产量13.6万t（折合原料21.4万t），加工产值9.67亿元；出口水产品1.3万t，出口值4 449万美元。主要特点是：

1. 水产品加工冷库建设发展较快　全省拥有水产品加工企业211个，水产冷库210座，冷藏能力2.8万t/次，制冰能力3 720t/d，单体冻机生产线50条，加工车间总面积达2.5万m^2，加工能力进一步扩大。

2. 重点企业粗具雏形　唐山嘉美水产食品有限公司、河北斌扬集团山海关水产物资经销公司、秦皇岛海东青食品有限公司、唐山蓝天鸿星水产品有限公司、沧州市海源生物制品有限公司、昌黎禄权水产食品有限公司、晓京水产食品有限公司、江鹏水产养殖科技开发有限公司、黄骅市鑫海生物技术有限公司、永年酥鱼厂等企业，大都集养殖、加工、出口销售为一体，初具龙头规模，带动水产品加工业作用比较明显，有力地促进了我省水产产业化的发展。

3. 水产加工企业的品牌意识和质量管理意识增强　我省水产企业注册商标由过去的10家增为现在的近20家。同时出口企业加大了质量管理的力度，在质量体系认证方面有了许多突破。目前嘉美公司已获欧盟认证，斌扬、洪新、晓京、禄权等4家企业通过了HACCP体系认证、3家企业建立了对美FDA注册，2家企业正在申办HACCP体系注册。

4. 出口渠道进一步拓宽，出口品种不断增加　我省加工出口的海水产品有扇贝柱、杂色蛤、河豚鱼、贻贝肉、赤贝、章鱼、对虾等，淡水产品有池沼公鱼、大银鱼、鲤鱼、青虾、泥鳅等。卤虫卵作为生物饵料，近两年有了长足发展，加工产品有10多种，去年产量上千吨，出口300t。产品在主要出口日本、韩国的同时，积极开拓其他国际市场。近两年，又打入了美国、新西兰、澳大利亚、西班牙、南非等国家和中国香港、台湾地区。

山西省农产品加工业

山西省中小企业局、农垦局

近年来，省委、省政府十分重视农产品加工业的发展，采取了一系列扶持政策和有效措施，形成了良好的发展环境，有力地促进了农产品加工业的持续快速发展，取得了比较明显的成效。农产品加工业从小到大，由弱到强，由量的扩张到质的提升，为我省经济建设和社会发展做出了重要贡献。

一、基本情况

2003年，全省规模以上的农产品加工企业达到128个，从业人员2.76万人，实现增加值12.32亿元，占全部工业增加值的21.3%。山西农垦现有农产品加工企业12个，其中食品加工企业3个，乳制品生产企业9个，从业人员325人，固定资产总值4 605万元，2003年实现总产值4 802万元。其中乳制品生产企业固定资产总值3 030万元，占全垦区农产品加工企业固定资产总值的65.8%；2003年生产液态奶7 053t，生产酸奶150t，总产值4 606万元，占全垦区农产品加工企业总产值的95.92%。全垦区拥有奶粉生产线2条，年加工能力2 400t；消毒液体奶生产线6条，年加工能力1.8万t；生猪屠宰加工生产线2条，年屠宰能力3.3万t。山西农垦的主要农产品加工产品为乳制品、饲料、生猪肉及其副产品。2003年预计全垦区年生产乳制品6 888t，比上年度增长24.05%，其中奶粉590t，比上年度减少34.59%，液体消毒奶5 840t，比上年度增长42.20%，酸奶413t，比上年度增长113.44%；年加工饲料5 200t，比上年度增长151.21%，其中配合饲料5 000t，混合饲料200t；生产生猪肉及副产品5 500t。

农产品加工业的快速发展，形成了具有一定竞争力的产业产品体系，带动了农产品资源的充分利用，促进了优势农产品产业带的形成和发展，吸纳了大量的农村剩余劳动力，增加了农民的收入，已成为全省民营经济的重要支柱产业之一。同时，我们也清醒地认识到，我省农产品加工业的发展仍处于起步阶段，还存在一些亟待解决的问题：一是农产品加工企业规模小，数量少，档次低；二是缺少名牌产品，深细加工不够，市场竞争力不强；三是一些农产品加工企业与农户没有形成紧密的利益联结机制，对农民增收的带动能力不强；四是区域优势发挥不充分，产业和产品结构不够合理。因此，大力发展农产品加工业仍是我省的一项十分紧迫的任务。

二、主要做法

1. **大力培育龙头企业，带动农产品加工业的发展**　农产品加工企业在大中小企业并举，各种所有制共同发展的基础上，各地以市场为中心，培育和扶持名牌产品和龙头企业，引导产业链的优化延伸，发展其相关产业。重点加快农产品精深加工，提高农产品附加值。加大对重点龙头企业的支持力度，引导龙头企业与农民建立比较稳定的利益关系，发展“订单农业”，规范合同契约，并通过这种“公司＋农户”的方式，使分散的农户成为龙头企业的原料基地和生产车间，成为整个产业链条中的一个基础环节，实现专业化生产、区域化种植、集约化经营、企业化管理，推进农业的现代化进程。

2. **大力发展“特色农业”**　根据区域优势，建设具有区域经济特色的农产品生产加工基地，发展高效农业和创汇农业。以提高农产品质量为中心，推进食用农产品安全生产体系建设，实施“无公害食品计划”，大幅度增加绿色安全食品生产，引导特色农业发展。

3. **扩大开放，建立农产品出口创汇基地**　加大招商引资力度，利用外资促进农业结构调整和投资的优势，提高农产品在国际国内市场上的竞争力。鼓励外商投资农产品加工业，鼓励各种所有制形式的企业投资开发外向型农产品加工企业，大力扶持农产品出口企业，为农产品出口企业快速发展创造良好的外部环境，通过扩大优势农产品出口，提高其产品的竞争力。

4. **依靠科技创新，提高农产品附加值，促进产业优化升级**　重点扶持省级龙头企业农产品加工技术改造项目和名、优、特、新农产品加工技术改造项目，提高农产品加工转化率，加大农产品加工业的科技含量，加快农产品加工业高新技术成果转化，促进农业结构战略性调整，推动农业向集约化、效益型的方向发展，以增加农民收入、提高农产品加工业的市场竞争力。

5. 加强对农产品加工企业的管理，建立现代企业制度　指导企业按照《公司法》和产权明晰、责权明确、政企分开、管理科学的要求，建立规范的法人治理结构，形成多元化投资主体，建立适应市场经济和竞争环境的现代企业制度。完善售后服务体系，运用连锁经营、代理配送等现代营销方式开辟营销渠道，提高营销效率。加大技术改造力度，切实把科技进步和技术创新作为增强企业竞争力的关键措施，加强现代信息技术的应用，提高企业自主开发能力。

三、促进农产品加工业发展的措施

1. 多渠道增加资金投入　增加农产品加工企业资金投入的主要渠道是：①农行、农发行、信用社贷款要优先安排农产品加工企业；②扶贫资金、县级财政支农周转资金，应重点支持农产品加工企业；③按照国家有关规定，对农产品加工企业实施税收优惠；④通过集资入股等多种渠道筹集发展资金；⑤采取优惠和奖励政策，积极引进资金。

2. 抓好科技开发　鼓励科研单位、大专院校、各类大中型企业到农产品加工企业，以技术入股、合资合作开发或创办科研生产一体化的农产品加工企业。对应用新技术、采取新工艺、推广新成果、开发新产品的农产品企业，各级各部门都要给予大力支持，并享受有关的优惠政策。

3. 深化企业制度改革　要通过租赁、兼并、拍卖、承包等形式进行资产重组，鼓励有能力的龙头企业开展强强联手，组建企业集团，逐步扩大企业规模。鼓励有条件、有实力的其他类型的民营企业到适宜发展农产品的地区，采取独资、合作联办或兼并、收购等形式发展农产品加工业，并享受当地农产品加工业所有的优惠政策。

4. 积极创建名牌产品　要树立名牌意识，靠名牌开拓和占领市场。目前，要突出抓好玉米、谷子、高粱、豆类、燕麦、荞麦等优质杂粮的开发加工；突出抓好各类乳制品、肉制品的开发加工；突出抓好干鲜果品和蔬菜的加工。要不断扩大名优特产品生产规模，提高产品档次，培育出更多的名牌产品。同时，要进一步做好产品分类和包装的改进工作，做到精致、规范，提高产品的身价。要加大打击制假售假力度，依法保护名牌产品，充分发挥名牌效应，增强商品优势和市场优势。

5. 培育专门人才　积极鼓励专业对口的大中专毕业生到农产品加工企业工作，各级各部门都要对进入农产品加工企业工作的大中专毕业生在人事、户籍、工资待遇等方面给予优惠。要与科研院所、大专院校密切合作，为农产品加工企业培养专门人才，要采取多形式、多渠道、多层次进行职业技术培训，全面提高其素质能力。

内蒙古自治区农畜产品加工业

内蒙古乡企局、农牧场管理局、渔业局

内蒙古自治区农畜产品产量和人均占有量均居全国各省、自治区、直辖市前列，奠定了农畜产品加工业的坚实基础。近年来，自治区党委、政府把推进农畜产品加工业作为调整农牧业结构、加快农村牧区经济发展、增加农牧民收入的突破口和重要途径，采取可行措施，加大工作力度，使农畜产品加工业得以快速发展。

一、乡镇农畜产品加工业

依托资源优势，经过多年努力，我区农畜产品加工业取得长足发展，有的产业如牛奶、羊绒加工在全国居领先地位，但总体上仍处于初级发展阶段。

1. 涌现了一批规模较大、经营水平较高的农畜产品加工龙头企业和知名品牌　2003 年全区年销售额百万元以上的农畜产品加工企业达 917 户，产成品出厂价总额296亿元，实现工业总产值346亿元，其中销售收入过亿元的企业有40余户。伊利乳业、草原兴发集团、懋菲蒙乳业、奈伦集团、金河集团、华资实业、蒙牛乳业、盘古集团、呱呱叫集团、鹿王集团、塞飞亚集团和科尔沁牛业等12户企业成为国家级农业产业化重点龙头企业。2004年3月评定资产总额4 000万元以上、年销售收入5 000万元以上的自治区级农牧业产业化重点龙头企业46户。58户省级以上重点龙头企业中，52户是以农畜产品为原料的加工型企业，2002年实现工业增加值67亿元，占全区467户规模以上农畜产品加工企业总数11%的52户重点龙头企业，完成全区规模以上农畜产品加工企业工业增加值的70%左右，带动80万户农牧民参与农牧业产业化经营，占全区进入产业链农牧户的2/3左右。内蒙古草原兴发股份有限公司、内蒙古伊利实业集团股份有限公司、包头华资实业有限公司、内蒙古鄂尔多斯羊绒集团有限责任公司、亿利科技实业股份有限公司、内蒙古仕奇集团股份有限公司6户企业已经上市。伊利、蒙牛、鄂尔多斯、鹿王、仕奇、草原兴发、河套面粉、河套白酒、草原白糖9个商标成为中国驰名商标，在国内外享有较高知名度。

2. *全区性优势农畜产品加工体系已具雏型* 根据资源优势，我区将乳、肉、绒（皮革、皮毛）、粮油、马铃薯（蔬菜、瓜果）、饲料饲草（特种生物资源和沙产业）确立为农畜产品加工的六大主导产业。牛奶加工是最为成型的产业。2003年全区奶牛存栏144.5万头，牛奶总产308万t，均居全国第一。目前，全区100多家乳品加工企业设计加工牛奶能力340万t，去年处理区内牛奶280万t左右，牛奶加工率超过90%。伊利集团和蒙牛集团2003年乳品销售收入分别超过60亿元和50亿元，在全国同行业中分列第一、二位。

肉类加工特别是牛羊肉加工是我区的优势。内蒙古的牛羊肉以其来自大草原、绿色无污染、肉质鲜美等特点，畅销国内市场，草原兴发、科尔沁牛业、小肥羊等一批龙头企业相继涌现并迅速壮大，拉动了肉类加工业发展。内蒙古草原兴发集团加工羊肉量在全国同行中排第一名。内蒙古小肥羊餐饮连锁有限公司，在全国建立近700个分店，在世界60多个国家和地区注册了商标，在美国开了分店，2001—2002年连续两年被中国商业联合会、中国烹饪协会、中华全国商业信息中心评为中国餐饮百强企业第二名（第一名为肯德基），2003年以1 520%的增幅被评为“中国民营企业成长最快百强”第一名，营业额超过35亿元。

我区山羊绒品质驰名世界，2003年山羊绒产量达到5 338t，占全国羊绒总产量的一半左右。随着鄂尔多斯、鹿王、维信等一批羊绒加工企业的成长壮大，我区羊绒加工品在国内外市场占有很高比率。内蒙古鄂尔多斯羊绒集团有限责任公司和包头鹿王羊绒集团两个企业，羊绒制品在国际、国内市场份额均在55%左右。鄂尔多斯羊绒集团目前资产总额已达75亿元，2003年销售收入近40亿元，主营业务销售收入始终在全国同行业排名第一。

我区马铃薯种植面积和产量均为全国之首，已有10多户具有一定规模的加工企业，年处理鲜薯能力80万t，目前马铃薯制品市场需求旺盛，前景看好。粮油加工和饲料饲草产业也正在迅速成长壮大，内蒙古呱呱叫实业（集团）有限责任公司成为全国葵油加工最大企业。其他农产品如黑白瓜籽、向日葵、红干椒、蓖麻等产业，以及甘草、麻黄、枸杞、黄芪、肉苁蓉等特色农产品的加工，也有一定规模和水平。这些具有区域优势的农畜产品加工业，正逐步成为我区农牧业经济的主导产业。

3. *原料基地建设不断加强* 按照区域化布局、专业化生产、规模化经营的思路，近年来我区不断加大基地建设投入，有计划地建设了一批适应本地区资源特点的原料基地，同时以种子工程为切入点，不断提高农畜产品质量。目前全区已具备年产1 400万t粮食、100万t油料、160万t肉、7万t绒毛、300万t牛奶的综合生产能力。其中向日葵面积保持在33.33万hm^2左右，年产葵花籽65万t，面积、产量均居全国首位。在加工企业的带动下，我区农畜产品区域化生产格局日渐清晰，如呼和浩特市、包头市、乌兰察布市、呼伦贝尔市等地的奶牛养殖业；巴彦淖尔盟的肉羊、粮油、饲草业；通辽市、锡林郭勒盟肉牛、肉羊、生猪养殖业；鄂尔多斯、赤峰二市和锡林郭勒、阿拉善两盟的绒山羊养殖业；赤峰的肉牛、鸡、鸭和特种养殖业；呼伦贝尔市的乳、肉、草业，都有很好的基础。在基地建设上，我们特别突出草原特色，充分利用农牧业环境污染较轻的资源条件，发挥后发优势，生产优质、绿色、无公害的农畜产品。2003年底，全区绿色食品生产企业已有101家，产品310多个，年销售收入超过60亿元，绿色食品生产规模仅次于黑龙江省，居全国第二。绿色、无公害食品基地监测面积农作物达47万hm^2、草原83.6万hm^2，位居全国前列。

4. *加工企业与广大农牧户利益联结机制正逐步规范* 在推进农畜产品加工业发展过程中，我们逐步探索并形成加工企业与基地农牧户利益均沾、风险共担的利益机制。从伊利集团初创“企业＋奶站＋奶农”的小规模、大群体的订单联结方式，到目前实施现代化牧场园区的大规模、小群体的一体化联结方式。在不同的产业链中逐步探索出交易型（企业通过市场或贩运专业户、购销公司等中介组织采购原料，企业与农牧户之间纯属市场买卖关系，价格随行就市）、契约型（企业与农牧户以合同、订单等契约，约定原料供求关系，明显的标志是实行保护价）、合作型（农牧户用土地、产品、资金、劳动力等要素入股，与龙头企业合作经营，实行二次结算）和一体化型（有条件的企业直接投资建基地，或者基地直接投资办企业）等四种产业化经营利益联结方式。随着产业化经营的发展，农牧民生产经营的组织化程度越来越高，全区现有较大规模经济组织3 500多个，有近20万农牧民加入了各类协会、行会等组织。2003年我区农畜产品加工企业收购原料价值169.4亿元，实现产成品价值286.5亿元，农畜产品加工增值率达到69.1%，基地农畜产品加工转化率达到40%左右。企业获得丰厚回报的同时，也带动了农牧民增收，全区农牧民人均纯收入的3成左右来自于向加工企业出售农畜产品。

二、农垦农畜产品加工业

改革开放以来，我区农垦在工业、加工业项目投入很大精力，但工业曾一度出现滑坡，很不景气，好多规模较大的工业企业逐步转制、停产、破产、兼并，能够维持正常运转的为数不多。为此，内蒙古农垦解放思想、转变观念、与时俱进，加大招商引资力度，积极创造条件鼓励个体私营经济的发展，围绕集约化生产、产业化经营的发展方向，以农产品加工业为主导，调整优化垦区的工业结构，突出重点，有进有退，依托于资源优势，把加工业特别是农畜产品加工业作为主导产业着重发展。以农产品加工企业为重点，以建设相应的原料基地为突破口，在粮食、油料、饲草加工、乳制品加工、优质牛羊肉加工领域形成了具有垦区特色的支农工业体系，为产业化经营的发展奠定了良好的基础。2003年垦区加工农畜产品种类主要有碾米3万t，面粉1.7万t，食用油5 400t，肉类2 100t，奶粉1.2万t，消毒奶7 800t，奶油800t，干酪素200t，机制糖3 600t，饮料酒400t，啤酒花90t，颗粒粕1.1万t，饲料4 500t；饲草加工500t，亚麻800t，以及少量的葵花、棉花、豆腐加工等。其主要发展经验是培育壮大龙头企业、培育基地和广辟销路、体现特色和研发产品、非国有经济的比重逐渐加大、健全制度和强化管理、招商引资和带动开放、改善环境和促进发展等。

三、水产品加工业

据统计，2003年全区水产品总产量达7.3万t，名优特水产品产量1.2万t，占总产量的17.1%，渔业总产值6.5亿元，渔民人均纯收入达到3 800元。渔业结构进一步优化，效益明显增加，基础设施得到加强，综合生产能力稳步提高，在养殖生产中，各地因地制宜，发挥优势，深入探索渔业结构调整的有效途径，形成了各具特色的优势产业。一是把天然水域增养殖作为渔业结构调整的突破口，把大银鱼、河蟹和其他优质经济鱼类作为主导品种，大力发展以无公害、绿色水产品为重点的特色渔业经济。全区移植增殖大银鱼5.2khm²，生产大银鱼194t，创产值680万元；放养河蟹18.67hm²，生产河蟹243t，创产值700多万元。发展网箱、围栏养殖107.6万m²，生产鲜鱼430t，创产值500多万元。二是池塘养殖品种结构调整效果明显。各地把团头鲂、彭泽鲫、黄河鲶、罗非鱼、乌鳢、鳜鱼、淡水白鲳、南美白对虾等作为主导品种，养殖规模达到3.13khm²，生产名优特水产品6 153t，创产值7 000多万元。三是盐碱水域卤虫、盐藻养殖势头强劲。内蒙古吉兰太实业股份有限公司建立了以吉兰太盐场为基地，辐射周边盟市乃至蒙古的盐田生物开发体系，2003年生产加工卤虫卵95t，盐藻干粉20t，创产值2 500万元。

根据我区渔业发展实际，从2004年开始，以天然水面增养殖为突破口，发展西辽河、嫩江、额尔古纳河流域大中型湖泊、水库优质水产品增养殖产业带和盐碱水域卤虫、盐藻养殖、加工产业带，优化产品结构，大幅度提高优质水产品的产量，增加经济效益，壮大我区渔业的实力，通过两个产业带在产业化发展、苗种需求、水产品加工、流通、市场开拓等方面的拉动作用，带动黄河流域名优特池塘养殖产业带的发展。

到2003年底，全区共有各种类型的水产加工企业6家，有水产冷库18座，冻结能力241t/d、冷藏能力749t/次、制冰能力32t/d。水产加工品产量为482t，其中冷冻水产品208t、罐制品263t。水产品加工品产量占全区水产品总产量的0.7%；水产品加工产值620万元，占全区渔业总产值的0.9%。水产品加工种类主要包括冷冻保鲜、“三去鱼”（去鳃、鳞、内脏）、鱼罐头、熏烤水产品和鱼虾干制品。主要的加工企业有呼伦湖罐头食品有限公司、赤峰市达里湖水产品加工企业、鄂尔多斯市螺旋藻生产加工企业、阿拉善盟吉兰太盐化集团公司盐藻加工业等一批水产加工出口企业已经成为推动渔业产业化建设的龙头企业。呼伦贝尔市呼伦湖罐头食品有限公司主要依托呼伦湖纯天然、无污染优质鱼、虾原料加工水产品罐头、烤虾、软包装、速冻等系列绿色食品，产品商标注册为“湖船”商标。公司现有易拉盖水产罐头生产线一条、烤虾生产线一条、速冻水饺生产线一条、纸箱生产线一条，年设计生产能力3 000t，另有500t位冷库两座，铁路专用线一条。综合近三年的情况，每年生产餐条鱼罐头200～250t左右，优质鱼罐头50t左右，烤虾在10～30t之间，鱼、虾肉水饺10～20t，年均水产品产量300t左右。有10多个水产罐头分别获得区优、部优和国家银质奖，有6个产品荣获绿色食品证书。赤峰市克什克腾旗水产公司主要有达里湖、岗更湖、多伦诺尔及宝音图泡子等四个湖泡组成，其中达里湖为最大，总面积为1 525.6hm^2。与湖泊紧密相连的贡格尔河、沙里湖、耗来河、亮子河四条河流不断地为达里湖注入淡水并补充丰富的营养。以生产瓦氏雅罗鱼（华子鱼）、鲫鱼两大经济鱼类为主，所产各种鱼类700t，创生产总值580多万元，职工人均收入8 500元，上缴利税120万元，是模范纳税大户，也是水产品生产加工的龙头企业。

辽宁省农产品加工业

辽宁省乡企局、农垦局、畜牧局

近年来，我省农产品加工业不断发展壮大，已经成为推动农村经济发展的主要力量和地方经济的重要组成部分，在转移农村富余劳动力、增加农民收入、繁荣农村经济、缩小城乡差别等方面发挥了重要作用。随着经济全球化进程的加快，当前农业面临许多发展空间，特别是农业部决定从2004年起开展农产品加工推进行动，为农产品加工业提供了新的发展机遇。辽宁省将实施农业产业化龙头带动战略，大力发展农产品加工业，充分利用我省农产品生产基地优势、资源优势、农业服务体系优势，围绕农产品深加工培植一批有一定规模、科技含量高、辐射面广、带动力强的农产品加工龙头企业。建立起产供销、种养加、贸工农一体化的农业生产经营体系，带动农业及周边农民致富，促进农产品加工业持续快速健康发展。

一、乡镇农产品加工业

到2003年末，全省规模以上乡镇企业以农产品为原料的生产企业达到743户，从业人数13.9万人，全年完成工业增加值63.3亿元，实现销售收入287亿元，分别比上年增长12.7%、18.6%、25.3%、31.0%。其中粮食及饲料加工企业为105户，从业人数9 227人，实现总产值44亿元，完成增加值9亿元，实现销售收入43亿元，分别比上年增长了11.7%、33.8%、67.0%、67.7%、70.3%；植物油加工企业19户，从业人数4 667人，实现总产值65亿元，完成增加值9.9亿元，实现销售收入64亿元，分别比上年增长了18.8%、30.7%、34.2%、22.1%、36.2%；屠宰及肉蛋类加工企业总数达到64户，从业人数20 591人，实现总产值44亿元，完成增加值10.2亿元，实现销售收入41亿元，除企业总数外，其他各项指标分别比上年增长了29.6%、19.0%、10.3%、17.7%；水产品加工业企业总数达到89个，从业人数20 461人，实现总产值30亿元，完成增加值6.7亿元，实现销售收入29亿元，分别比上年增长了21.9%、26.8%、8.5%、8.0%、8.5%；木材加工及竹、藤、棕、草制品业企业总数达到109个，从业人数14 294人，实现总产值23亿元，完成增加值5.7亿元，实现销售收入22亿元。主要特点是：

1. 发展速度快　辽宁省大城市多，城镇人口多，消费市场大，农产品资源丰富，发展农产品加工业有着得天独厚的优势。2003年，全省规模以上的农产品加工企业总数比上年增加84个，从业人数比上年增加2.2万人，实现总产值比上年增加72万元，完成增加值比上年增加12.8万元，销售收入比上年增加68万元。

2. 发展氛围好　近几年各级政府和有关部门重视农产品加工业的发展，先后出台一系列政策措施，加大了政策支持力度。在农村经济结构调整中普遍都把发展农产品加工业放在了突出位置上，作为重点扶持的优势产业，为农产品加工业的快速发展提供了资源条件和历史机遇。两年来，省级乡镇企业财政贷款贴息的 90%、总额为1 800万元的贴息资金，投向150 家农产品加工骨干企业，吸引银行资金 10 亿元，促进了农产品加工业的快速发展。到 2003 年底，省财政扶持农业产业化龙头乡镇企业贷款贴息资金累计达5 700多万元，为企业创造了宽松的发展环境。

3. 涌现出一批上规模和上水平的农产品加工骨干企业　到 2003 年底，全省乡镇企业农业产业化龙头企业达 217 多户，其中省级以上重点龙头企业 40 户，国家级重点龙头企业 10 户。形成了以沈阳隆迪粮食制品有限公司、大连华农企业集团、大连砳明集团和锦州华顺企业集团等一批农业产业化重点龙头企业为代表的国家、省、市和县区级农业产业化经营梯队体系，带动了乡镇企业农产品加工业发展。

4. 大力发展具有区域特色优势产业　全省 14 个市农产品加工业的区域特色明显，乡镇企业围绕当地丰富的粮食、水产品、果品、畜禽、林木土特产品等农产品资源发展农业产业化经营，发展了一批具有区域特色优势产业。大连、营口、辽阳和丹东、盘锦等沿海城市，以大连华农企业集团、大连韩伟企业集团、砳明集团、营口鲁冰花集团、丹东椅新水产品加工有限公司等企业为主体，发展以水产品、粮食、果品和肉食、禽蛋类为原料的加工产业；沈阳、鞍山、抚顺、本溪、辽阳和铁岭等中部城市，以沈阳隆迪粮食制品有限公司、海城市后英生物工程有限公司、本溪佳宝木业公司、新宾县万隆保健品有限公司、辽阳富虹油品有限公司、调兵山市宏大肉禽加工有限公司、铁岭永发茧业产品有限公司等企业为主体，发展以粮食、肉食、林木和土特产品为原料的加工业；锦州、阜新、朝阳和葫芦岛等辽西地区，以锦州华顺企业集团、阜新五彩米有限公司等企业为主体，发展以粮食、肉食、乳制品为原料的加工业。

5. 增强带动能力，促进了农民增收　乡镇企业农业产业化龙头企业以"合同订单"、"股份合作"等方式联系着农户，联系着八大类农产品生产基地，与农民联结成双赢的利益关系，有力地促进了农民增收。据有关部门统计，2003 年全省农民人均从产业化经营中获得的收入达 650 元，比上年增长 24%，占当年农民人均纯收入的 22.2%。农产品加工企业与农户的利益联结形式呈现多样化。大多数农产品加工企业已经开始注意建立和完善与基地、农户的利益联结机制。一些龙头企业把农户作为企业的第一生产车间，通过契约加强服务，为农户提供种雏、种子和技术，实行保护价收购，解除了农户的后顾之忧。龙头企业的发展既解决了制约特色农业发展的瓶颈问题，又吸纳了农村剩余劳动力，增加了农民的收入。

二、农垦农产品加工业

辽宁农垦现有工业企业近 500 个，有大中型企业 6 个，外资企业 19 个。国家级农业产业化重点龙头企业 1 个，省级产业化重点龙头企业 6 个，市级产业化重点龙头企业 12 个。年平均从业人员 60 816 人，2003 年末固定资产总额173 968万元，工业增加值15.98 亿元，利润总额 2.9 亿元。辽宁农垦工业依托自身农业和畜牧业的优势已发展到一定的规模，2003 年工业增加值 15.98 亿元，利税总额 2.9 亿元。尤其是乳品加工、禽肉制品、饮料酒、稻米加工在辽宁市场都占有很大的比重，乳制品在辽宁省的覆盖面占到80%以上。主要农产品产量消毒液体奶125 700t，酸奶20 550t，啤酒118 910t，混配合饲料66 540t，红砖33 160万块。2003 年全系统农产品加工企业 231 个，年销售收入超过 100 万元的企业 30 多家，3 000万元以上的企业 5 家，3 个亿以上的企业 3 家。

几年来，围绕农业产业结构调整，促进企业增效、农工增收，我们把农产品加工业工作重点放在了农业产业化龙头企业建设上，着力培育和壮大农产品加工龙头企业。经过几年的努力，我们在建设农产品加工、农业产业化龙头企业方面初见成效。目前，全系统相继培育发展了二十几个规模较大、效益较好、科技含量较高、竞争力较强的农业产业化龙头企业。有代表性的企业是沈阳乳品公司和大连三寰牛奶公司等，其特点是把涉及乳业的各类资产进行重组，集中力量把产业做大，在短时期内形成了规模效益。在进行资产重组的同时，加大力气培育品牌，用优质产品和品牌占领本地市场的大部分份额（如沈阳乳业的奶产品占到沈阳 90%的市场份额），另外在新组建的企业内部实行大刀阔斧的改革，企业的管理体制和经营机制都发生了脱胎换骨的变化，初步建立了现代企业制度，使企业的发展有了充足的后劲。通过建立稳定可靠的利益机制，进而也带动了周边地区奶牛饲养业的发展，所形成的产业链即能拉动相关产业，又能增加了畜牧业的从业人员，大量安置了农垦职工。

三、畜产品加工业

2003年，全省肉类总产量292万 t，加工总量250万 t，占肉类总产量的85.6%。其中初级产品加工量222.5万 t，占加工总量的89%；精深加工产品27.5万 t，占加工总量的11%。蛋类总产量169.5万 t，加工制品9.5万 t，占商品量的5.6%；奶类总产量46.4万 t，加工产品42.5万 t，占总量91.6%。近年来，全省各级政府和有关部门结合本地实际情况，围绕优势畜产品生产，广泛吸引“民间资本、工商资本和域外资本”发展畜产品加工业，在加快原有加工企业技术改造的同时，新建了一批起点较高、规模较大的畜产品加工企业，初步建立了以大型加工企业为主体，多种经济成分并存的畜产品加工体系，畜产品加工量不断增加，加工水平明显提高，突出表现在以下几方面：

1. 畜产品加工业快速发展　到2003年末，全省共建成年产值千万元以上的畜产品深加工企业97家，其中年加工万吨以上的猪肉精深加工企业11家，总设计加工能力达40万t；万头以上的肉牛屠宰加工厂4家，总设计加工能力10万t；年屠宰加工300万只以上的肉禽加工企业54家，总设计加工能力80万t；大型蛋品加工厂3家，总设计加工能力4万t；年加工5 000t以上的乳品加工厂25家，总设计加工能力80万t。畜产品深加工品种由原来的几十个品种发展到现在400多个。全省有30多家企业的近百种产品被国家、省、市有关部门评为名牌产品，国内的大江集团、雨润集团、顺利集团、完达山乳业等大型畜产品加工企业先后来我省投资建厂，畜禽加工产品销往国内外许多地区，如辽宁大成、营口大正、沈阳辉山、沈阳华美、大连华都等肉鸡加工企业的肉鸡产品远销日本、韩国、俄罗斯等国，昌图的肉牛产品远销到海湾地区许多国家，每年仅禽肉产品出口量近5万t，创汇5 000多万美元。

2. 畜产品加工业带动作用明显　据初步统计，2003年全省畜产品加工业产值达350亿元，增加值近100亿元，通过畜产品加工直接带动9万多农户发展畜牧业生产，平均户均增收7 000元以上，为全省直接提供近30多万个就业岗位。如我省现有的54家大型肉鸡加工企业，2003年带动农户3.9万户，生产肉鸡3.3亿只，占全省肉鸡出栏量的71%，帮助农户增收5亿多元。实践证明，畜产品加工业的快速发展，不仅促进了畜牧业规模化经营，加快了畜牧业产业化，而且一个好的龙头起到了振兴一个产业，富裕一方民众，拉动一地经济的作用。如沈阳辉山乳业经过改制扩建后，日乳品加工能力达600t。公司先后安置了1 200名职工，又从社会招聘2 000多名下岗职工，开展送奶上门便民服务。不仅吸纳了更多的劳动力进入加工和销售领域，而且通过稳定可靠的利益机制带动农户4 000多户，农户从事奶牛生产年增加收入达6 000多万元。

3. 畜牧业商品生产基地建设粗具规模　为了提供充足的畜产品加工原料，多年来我省围绕瘦肉型猪、优质肉牛、高产奶牛、高产蛋鸡、优质肉鸡、绒山羊和肉羊等主导产业，本着发挥优势、突出特色、集中连片、适度规模的原则，建成各类畜产品商品基地65个，其中瘦肉型猪基地32个，肉牛基地26个，绒山羊基地7个，14个大中城市郊区形成了生产较集中的奶牛生产基地。到2003年全省共建各类畜牧业生产小区3 500个，规模化畜禽生产场、户43万个，年生产肉蛋奶总量360万t，占全省总量的70%以上。规模化经营水平显著提高，为畜产品加工业的发展提供了原料保障。

4. 畜产品加工业发展走势良好　从全省目前畜产品加工企业运行态势看，新建的畜产品加工企业以民营企业为主，投资主体多元化，经营机制比较灵活。如辽宁大成农牧集团、沈阳辉山乳业、阜新光明乳业、营口的莱旺尼等新改制后的畜产品加工企业，自有资金比例都在50%以上，外来资金多数是引入的外资，银行贷款和财政支持的资金比例很小，资产负债率较低，因此企业运行效率较高。同时，这些企业基本上采用民营形式或股份制经营，企业运行机制灵活，有持续发展的后劲。原有的国有畜产品加工企业也先后实行了公司制改造，建立了公司制体制。在此基础上，一些公司积极进行企业管理制度改革，建立现代企业运营机制，这些企业同规模场、户实行紧密型契约式联结，企业市场开拓能力较强，产品销售形势比较顺畅，成为现代化农业的示范样板，展现出广阔的发展前景。

吉林省农产品加工业

吉林省农业委员会

我省是农业大省，农业在国民经济中占有举足轻重的位置。随着农业科技进步和生产力的发展，我省粮食和畜产品等主要农产品的综合生产能力不断提升，大宗农产品收难、储难、卖难等问题日益显现。

为适应形势和农业发展变化的需要，省委、省政府确定了用工业化思维谋划农业，大力发展农产品加工业，提升农业整体效益和综合竞争力的发展思路，不断加大农村产业结构、农业内部结构和农产品品质结构的战略性调整力度，推动了农产品加工业的快速发展。

一、基本情况

经过“九五”期间的快速发展，我省农产品加工企业总量、规模不断壮大，加工能力和转化总量不断提升。到2003年底，全省已建成规模以上农产品加工企业800多家，总资产279.2亿元，固定资产145.7亿元，粮食加工能力达105亿kg。其中玉米加工能力为59.2亿kg，水稻加工能力为11.6亿kg，大豆加工能力为31.2亿kg；畜产品加工能力达1.97亿头（只），其中生猪加工能力为564万头，肉牛加工能力为74万头，肉鸡等禽类加工能力为1.6亿只；乳业加工转化能力为17.23万t；水果加工转化能力为29万t。2003年，规模以上加工企业共加工转化玉米42.8亿kg，加工转化大豆20亿kg，加工转化水稻6.7亿kg；屠宰加工肉鸡、肉鹅等禽类1.5亿只，屠宰加工生猪182.3万头，屠宰加工肉牛21.6万头。以粮食、畜产品为主的农产品加工业实现产值284亿元，相当于农业总产值的37.4%；全部农产品加工业实现产值430亿元，相当于农业总产值的56.6%。全部农产品加工业产值已超出石化工业产值，继汽车工业之后排在全省的第二位。农产品加工业已成为拉动全省农业和农村经济发展的一个重要支柱产业。

二、主要问题

我省农产品加工业虽然取得了长足的发展，但从现实和发展看，还存在着一些阻碍农产品加工业进一步发展的因素。主要是规模以上农产品加工业企业数量少，总体规模小；专业化、标准化、规模化生产水平不高；农产品加工企业达产率相对较低；科技创新能力弱，精深加工产品少，产业链条短，尚没有真正形成品牌优势；对农村经济发展的拉动作用有待于进一步提高；区域间发展不平衡，缺乏高效的信息服务；资金投入不足，组织机构有待于进一步加强等。这些问题都需要在今后的工作中加以认真的研究和解决。

三、主要做法

1. *理清工作思路，正确把握发展方向*　随着市场经济的发展、开放程度的提高和农村改革的深化，农村经济中沉积的一些矛盾和问题开始显现，突出表现为农产品加工转化增值小，工业化水平低，大宗农产品卖难，农业比较效益相对低下，农民收入增长滞缓，资源优势未转化为经济优势。用我们形象的说法，就是产量不低效益低，质量不高成本高，增产不难增收难。针对存在的问题，适应已经发展变化的新形势和新任务，我省围绕加快农村工业化进程，突出农产品加工和农业产业化的主导地位，着重在指导农村经济发展的方式方法和对策措施上进行了相应的调整和转变。省委、省政府相继提出了推进农业和农村经济跨越式发展、运用工业化思维谋划农业发展、以发展玉米经济为切入点优化农业和农村经济结构、用农业产业化带动农业和农村经济发展、把农产品加工业培植成新型支柱产业等具有战略性的创新指导思想。核心是用抓工业的思路、理念、机制和办法发展农业，全力推进农产品加工业发展。一是借鉴工业效益至上的理念，发展效益农业；二是借鉴工业市场营销理念，提高农产品商品率和市场占有率；三是借鉴工业质量标准理念，建立农产品质量标准体系；四是借鉴工业产权改革理念，放活农业资源的使用权和经营权；五是借鉴工业规模经营理念，培育龙头企业；六是借鉴工业科技创新理念，加快农业科技进步；七是借鉴工业项目运作理念，抓好农业项自的储备、申报、建设和管理。这些创新理念，使全省农业和农村经济发展的主攻方向越来越明确，工作思路越来越清晰。

2. *强化产业结构的战略性调整，推进农业和农村经济良性发展*　长期以来，作为国家重要的商品粮供应基地，我省把提高粮食综合生产能力，维护国家粮食安全摆上突出的位置，加大了工作力度，而忽视了相关产业的发展，致使农业和农村产业结构比例失调、经济效益相对比较低下，制约了农业和农村经济的快速发展。改革开放以来，特别是中央提出对农业和农村经济结构进行战略性调整以后，我省紧紧抓住农业和农村经济结构调整这一主线，在全省实行了“四个区域、五个层次”的结构调整，即：东部山区根据长白山自然资源特点，发展特色型农业；中部地区根据粮食和畜产品资源优势，发展粮牧结合型农业；西部地区根据干旱少雨、半农半牧的特点，发展生态环保型农业；城市郊区根据贴近大城市的优势，发展高效复合型农业。在进行区域结构调整的同时，加快推进农产品品种品质结构调整、种植业内部结构调整、农业内部结构调整、农村三次产业结构调整和区域经济结构调整。经过多年的努力，结构调整取得明显成效，主要农产品已基本实现了专业化生产、区域化布局，农产品加工业产值在农村三次产业结构中的比重也得到明显提高。

3. 加强龙头企业建设，提升加工转化能力　龙头企业是农产品加工业发展的根本动力和重要标志，也是用工业化思维谋划农业，提高农业整体竞争力和综合效益的重要着力点。多年来，我省把发展壮大龙头企业摆上重中之重的位置，纳入重要日程。围绕玉米、大豆、水稻、生猪、肉鸡、肉牛、参茸、特产品等优势农产品的加工转化增值，先后组织实施了“龙头企业工程”、重点农产品加工转化“213”工程、玉米经济工程、人参振兴计划、大豆振兴工程等，全面推进龙头企业建设，取得了明显效果。目前全省初步形成了以长春大成公司、公主岭黄龙食品工业公司、吉粮赛力事达、乾安吉安生化酒精等为代表的玉米加工龙头企业群，以德大公司、慧泽公司、裕龙公司等为代表的大豆加工龙头企业群，以德春米业、吉粮梅河曙光米业等为代表的水稻加工企业群，以德大公司、皓月公司、华正农业开发公司、吉发实业等为代表的鸡、牛、猪、鹅等畜产品加工龙头企业群，以吉林敖东药业集团、通化葡萄酒公司、吉林西洋参集团、长春新月集团等为代表的药业及蔬菜、水果加工龙头企业群。并已培植了一批如德大、大成、吉粮等在国内外有较强影响力和竞争力的大型骨干企业。这些骨干企业对拉动区域主导产业的形成和发展，发挥着重要的支撑作用。

4. 加强农业市场体系建设，推进产销衔接　建立健全农业市场体系是发展市场经济的一个重要课题，也是提高农产品国际竞争力、推进农产品加工业发展的一个重要环节。多年来我省始终把农业市场体系建设作为一项重要工作，坚持常抓不懈。一是加快农业标准化体系建设步伐。目前我省已组织制定农业国际标准 40 余项，农业行业标准 25 项，农业地方标准1 000项，组建了全省标准化协会农业技术分会，建成部级以上农产品质检中心 5 个，省级质检中心 6 个。二是大力发展会展经济。近年来，我省分别在日本东京、新加坡和长春、上海、澳门、大连、福州、香港、北京等地举办 10 多个绿色特色优质农产品展洽活动，推介我省的名优农产品，取得明显成效。仅 2003 年组织参加的长春、北京、新加坡三个展会，就签约招商项目 289 个，签订农产品贸易协议和合作意向 701 个。我省德大公司生产的肉鸡系列产品已远销日本、韩国、中东、瑞士、俄罗斯等 20 多个国家和地区，年出口量和创汇额居全国首位。三是健全农业信息体系，完善配套功能。继 2001 年建立并开通了“吉林农网”后，又完成了各市（州）及重点县的联网工作，目前全省 9 个市州、54 个县（市、区）和 648 个乡镇都建立了信息服务平台，注册“一站”通的用户已达1 448个，建设全省首批农业信息服务平台示范县 14 个，构建了省为中心、市为纽带、县为基础、延伸到乡镇和专业大户的农业信息体系框架。四是全面推进订单农业发展。订单农业作为一种合同农业，在调整农业结构、解决加工企业与生产基地对接中具有重要的作用。多年来，我省采取政府组织引导、搭台唱戏、市场化运作的办法，积极推进订单农业的发展。2000 年以来，省政府已连续 4 年召开农产品订单会议，组织龙头企业与生产基地衔接。2003 年，全省农产品订单面积已发展到3 100多万 hm^2，占上报耕地面积的 52%，畜禽养殖订单 2.6 亿头（只），参与订单的企业达 458 个，参与订单的农户达 230 万户，占农户总数的 62%。五是加强农产品批发市场建设。目前全省各类农产品批发市场已发展到 619 个，占地面积 838hm^2，投资总额 39.03 亿元，年交易量2 350.3万 t，交易额1 019.27亿元。

5. 开发“吉”字品牌，加大骨干企业和名牌产品培植力度　吉林省农产品资源丰富，如何把资源优势转化为品牌优势和市场竞争优势，是推进我省农业和农村经济展必须抓好的一个重要环节。为此，我省把骨干企业和名牌产品的培植作为一项重要工作，加大组织实施的力度。先后组织开展了农业产业化重点龙头企业和名牌产品的评选认定、培植工作。目前已评定农业产业化省级重点龙头企业 88 家，国家级重点龙头企业 14 家。1997 年以来，我们以农业产业化龙头企业和农产品加工企业深加工产品为重点，连续 7 年组织了吉林名牌农产品的评选工作，目前已开发吉林名牌农产品 534 个。

黑龙江省乡镇农产品加工业

黑龙江省乡企局

近年来，我省乡镇工作一直把农产品加工业作为农业增效、农产品增值和农民增收的重要举措来抓。经过多年的发展，已经取得了长足进步，其总量占到了乡企总量的一半，以绿色食品为主的农产品在国内市场已具有一定知名度。

一、基本情况

截至 2003 年底，全省共有农产品加工企业55 005个，占乡企总数的59.8%；其中规模以上企业233个，占农产品加工企业总数的0.4%，占规模企业总数的41.5%。农产品加工企业创造增加值153.9亿元，其中规模以上企业21.8亿元，分别占总数的50.3%、44.4%。现价销售产值632.1亿元，其中规模以上企业 81.6 亿元，分别占总量的 51.8%、45.7%。可以说，农产品加工业撑起了黑龙江乡镇企业的半边天。

1. *规模企业结构* 在233个规模以上企业中，达到全国重点龙头企业平均水平（年营业收入7亿元左右）的1户，年营业收入1亿～4亿元的14户，5 000万～1亿元的26户，1 000万～5 000万元的119户，500万～1 000万元的73户。其中被确定为农业产业化省级重点龙头企业53户（由省农业产业化领导小组办公室确认）；被确定为省级乡镇企业农业产业化龙头企业40户（由省乡企局确认）。基本情况是大型、中型企业偏少，小型企业偏多。

2. *产品结构* 经过多年来的发展，依托本省的丰富资源，乡企农产品加工初步形成了以下几类系列产品，并对农村经济及区域经济产生了一定的拉动作用。

大豆系列产品：低温蛋白、磷脂、植物油（色拉油、豆油）、大豆精粉、大豆膨化饲料、豆奶粉等。

玉米系列产品：柠檬酸、果糖、淀粉、葡萄糖、谷氨酸、寡糖（双歧因子）、速冻玉米、玉米粥、玉米啤酒糖浆等。

马铃薯系列产品：全粉、精淀粉、改性淀粉、粉条（丝、皮）等。

亚麻系列产品：亚麻纱、坯布等。

木材系列产品：小木制品、工艺品、实木家具、单板、密度板、刨花板、实木地板等。

山特系列产品：山野菜、猴头、木耳、蘑菇、压缩木耳、南瓜汁、白瓜子等。

牛奶系列产品：配方奶粉、保健奶粉、各种液体奶、酸奶等。

肉类系列产品：分割肉、冷却肉、骨胶、白条鸡、分割鸡、白条鹅、马肉干等。

绿色系列食品：精制大米、小米、豆类、辣椒、山野菜等。

上述产品中，粗、初加工品占多数，精深加工品所占比重较小。

3. *区域布局* 初步形成了大兴安岭、伊春木制品、山特系列产品，大庆、绥化乳制品，齐齐哈尔、大兴安岭马铃薯系列产品，绥化市亚麻制品，大庆生猪屠宰加工等相对集中的生产布局。其他产品生产布局较为分散，各地产业与产品结构趋于同化。

4. *品牌经营* 由于诸多因素的影响，我省企业大多不善经营品牌，乡企更是如此。目前，乡企农产品加工业尚无市场认可的省内及国内知名品牌与知名企业。

二、主要特点

由于受黑龙江独特的地理位置、气候特征及经济发展水平较低等因素的影响，使乡企农产品加工业发展出现了适应省情的一些特点。

1. *资源丰富可全部自给，但渠道单一，承担相当的自然与市场风险* 我省农产品资源丰富，所有农产品加工业均依托当地资源，但由于多数龙头企业实力不强，不足以反哺农业（尤其是种植业）以提高其抵御灾害的能力。因此，企业也承担着自然风险，这在大豆与马铃薯两个行业上表现最为明显。在丰年，农产品积压，农户想方设法让企业多收购；遇到平年或一般灾年，农户则将质量好的产品卖给外来高价收购者。尽管企业与农户签有收购合同，但在面对众多的违法者、烦琐的司法程序及高昂的诉讼成本的情况下，企业一般还是选择了放弃（另一种意义上的让利于农民)。如遇到大灾年，则企业基本上无法开工。去年我省遭受春旱秋涝，总产减少约55亿kg，再加上原粮价格上涨幅度较大，除少数资金情况较好的企业能正常生产外，多数中小企业只能干干停停。另由于我省地处内陆，无法进口原粮。因此，遇到灾年，企业只好缩短生产时间或不生产。

2. *农产品加工业整体实力有待提升* 由于我省乡企整体发展水平滞后，未抓住上世纪80年代末卖方市场的有利时机完成资本积累，致使乡企不得不在政策收缩与市场压力增大等多种不利因素的影响下艰难发展，农产品加工业也未幸免，只是初步形成了产业链条。对区域经济的牵动作用还不尽如人意。表现在龙头企业规模上，最大的企业年营业收入不到9亿元（生猪屠宰加工），种植业加工企业年营业收入最高不到3.3亿元（水稻加工）。表现在产品结构上，精深加工产品比重小，粗加工产品比重大。表现在基本建设投资上，基本上以招商引资为主，走以资源、市场换资金的发展路子。表现在企业资金实力上，流动资金普遍不足。表现在经营方式上，较少在有影响的影视媒体上做广告，以推销为主，基本谈不上营销。在品牌经营上，普遍舍不得在无形资产方面投入资金。

3. *绿色食品渐成气候，但缺乏品牌整合，闯市场未形成合力* 我省的绿色食品种植面积、产品产量、产品品种、绿标使用数量等位居全国之首，乡镇企业更具优势。据统计，截至2004年3月底，农产品加工企业有255个商标获绿标使用权，另还有正在申报的绿标139个。主要产品有精制大米、小米、大豆、玉米渣、红小豆、色拉油、豆油、豆粕、豆花、豆奶粉、双歧因子、膨化大豆粉、白瓜籽、南瓜汁、南瓜粉、油豆角、油豆角丝、胡萝卜、胡萝卜片、洋葱、马铃薯淀粉及系列产品、西红柿、辣椒系列产品、木耳块、黑木耳、松花粉、北奇神茶系列产品、山野菜系列产品、香菇、桦树汁、白条鸡、分割鸡、马肉干、野生禽肉、野猪肉、鹿茸、鹿产品、蜂蜜、白酒、笃斯酒、矿泉水等。种植面积与产量都以水稻为最大，面积不少于61.8万hm^2，精制大米产量至少49万t。其他品种有大豆1.33万hm^2、辣椒4 000hm^2、白条鸡180万只。目前发展绿色食品已成为我省的重点工作之一，乡企农产品加工业将会在绿色食品生产方面大做文章。

4. *受特殊因素影响，产品难以进一步降低成本和提高市场竞争力* 首先，由于地处高寒地带，每年取暖期长达半年或以上，导致厂房等建造物投资多出一块资金，每年多出一块取暖费。其次，省内市场及其东、北、西面的俄罗斯、蒙古市场消费量有限，只有向南开拓市场，运距很大。第三，运力紧张。大宗农产品远距离运输非铁路莫属，但我省铁路属“断头路”（即到黑龙江后就到了头，只能往回返），从南往北返回的车皮配货不易，空车返回较多，所以一般情况下铁路部门不愿意浪费运力，不能根据企业需要调度车皮，但企业经过多方努力基本上能满足要求。另一方面，由于我省国企比重大，往往导致乡企运输需求比较紧张，而且市场形势越好越严重。第四，贷款严重不足。国有及国有控股企业贷款占全省总量的70%左右，个体民营企业贷款少；在行业分布上，企业贷款主要集中在交通、电力、机械等企业，占新增总量的85%以上，乡镇企业等风险较大的中小企业贷款额很小。另外，经济发展环境中还存在着重管理、轻服务，办事效率低下，服务态度不好，甚至出现弄权勒卡等现象，影响了企业的运营效率。

上海市农产品加工业

上海市农业委员会

上海市的农产品加工业涵盖三大类，即食品加工业、食品制造业和饮料制造业。共有企业数788家，从业人员10.04万人，总资产381.87亿元。2003年，上海市农产品加工业实现总产值360.7亿元，利润总额为5.18亿元，企业数量、产值和销售收入均呈持续同步上升势态。随着我国国民经济的高速增长和人民生活水平的迅速提高，上海的农产品加工业在提高产品质量水平和竞争能力方面进行了卓有成效的工作，取得了良好的成效。主要表现在：

1. *龙头企业迅速崛起* 在企业建设与发展方面，上海已涌现出一批在全国行业内具有领导地位的农产品加工企业。光明乳业股份有限公司拥有世界一流的乳业研发中心、乳品加工设备以及先进的乳品加工工艺，形成了消毒奶、保鲜奶、酸奶、超高温灭菌奶、奶粉、果汁饮料等系列产品，是全国最大规模的乳制品生产、销售企业之一，在行业中一直保持领先地位。1996年以来，公司已连续六年保持了销售收入和利润同步高速增长。2003年，公司实现销售收入50亿元，实现利润4.11亿元，比上年增长15%。上海高榕食品有限公司是全国蔬菜加工行业内最大的出口企业。为保证全年不间断供货，公司有计划地在全国不同纬度地区建立或自营或与当地厂商合作的蔬菜生产基地，形成了吉林、河北、山东、江苏、上海、浙江、福建七个纵贯南北的产业基地带，并在上海奉贤、江苏徐州、福建厦门、吉林长春等地建立加工中心。2003年，公司出口创汇达1 800万美元。上海新高潮（集团）有限公司是国内最大的一家以木业生产加工为主的集团企业。公司拥有十大木业企业，内设128个分厂，128条生产线，资产总额超过50亿元，生产七大类五十多种产品。产品畅销全国，远销欧美、日本、韩国、印度等国家和地区。连续五年排名上海市私营企业百强之首。上海大山合（集团）有限公司是国内最大的干香菇生产、加工和出口贸易企业，公司在全国拥有十大生产基地，直接带动农户2万多户。这些具有行业领先地位企业的形成，不仅提高了上海在农产品加工领域的地位，而且为今后上海的农产品加工业在全国范围内整合产业资源、形成国内国际竞争优势、扩大市场覆盖、拓展赢利空间打下了良好的基础。

2. *产品品牌不断提升*　在提高加工产品的质量和安全性方面，农产品加工企业积极推进多种国际质量标准和认证，不少食品生产企业已通过ISO9000或HACCP等系列国际质量认证，使上海的食品安全体系建设达到新水平。有的企业还积极将企业标准向国际标准靠拢，如上海新成食品有限公司在开发系列新产品的同时，完善了《速熟中国菜系列菜肴》、《盆装菜系列菜肴》、《糟制食品系列菜肴》、《火锅菜系列菜肴》、《快洁菜系列肴》、《熟食系列菜肴》等与国际标准靠拢的产品生产标准。与此同时，各企业积极实施品牌战略，形成了一批有声誉、有规模、有市场竞争力的品牌群，像冠生园大白兔荣获中国驰名商标称号；梅林正广和雪菲力、力波跻身上海名牌100强，梅林牌还荣获中国罐头行业著名品牌称号。光明冷饮、大白兔奶糖、梅林午餐肉、番茄沙司、大瀛鸭鸭、一只鼎糟醉食品、年糕、海丰大米、生字牌蜂蜜、华陀十全大补酒系列、和酒、力波啤酒等40项食品被推荐为上海名牌产品。冠生园食品有限公司成为世界零售业巨头沃尔玛的供应商。上海农工商集团凭借优质农产品的生产优势和现代化的食品加工能力，积极开拓国际市场，现已成功地将蔬菜、大米、鲜花和“一只鼎”腌渍、糟醉、速冻食品等八大类优质农产品加工品打入国际市场。

3. *竞争能力逐渐增强*　一是在企业技术升级和技术进步方面：许多企业都非常注重技术升级和强化自主产品与技术开发能力，纷纷通过引进国际先进的技术与设备实行技术换代，以提高产品的质量水平和生产效率。同时通过引进人才、与科研院所合作开发以及买断技术等，积极开发产品花色品种，有效地提高企业的市场竞争能力。光明乳业技术服务中心瞄准国际乳业的发展趋势，通过引进先进工艺，将产品深入细分，突现“个性”特征，将高科技含量、高附加值的新产品不断推向市场。2003年新品销售额达12亿元，新品贡献率超过20%。上海新成食品有限公司与市食品学会、上海交大农学院等科研机构、大专院校建立了协作关系，以咨询、论证、科技服务等多种形式，聘请专家、教授、高级工程师给予指导和帮助，开展小包装、洁净蔬菜、脱水、腌渍蔬菜产品的开发工作，进一步开拓国内外蔬菜市场。二是在营销和市场建设方面：通过强化国内外市场通路建设，发展电子商务零售业务，使农产品加工品与食品营销的现代化和信息化有了长足进步。例如，正广和集团在网络送货系统的基础上，实现了具有“85818”特色信息流、物流和资金流的有机结合，有效开展了以“85818”为特色的电子商务和连锁零售。光明乳业正式走向电子商务化和管理现代化。三是在企业扩张和产业链条建设方面：对内实行资本运作，扩大企业规模、调整产业格局、拓展市场覆盖能力；对外推进合资、合作，拉长产业链条，扩大产业赢利空间。梅林正广和、冠生园集团基本完成了主业板块的调整，已形成冠生园集团以生产糖果、发酵产品为主，梅林正广和以生产罐头、软饮料、冷饮为主的格局。光明奶业实现了向全国辐射。对外的合资合作也有新跨越，法国达能、美国皇冠、瑞士诺华、日本三得利等加盟本市食品行业，加上民营企业的崛起，食品行业的所有制结构得到逐步优化。

江苏省农垦农产品加工业

江苏农垦集团有限公司

近几年，江苏农垦农产品加工业在农业部的正确领导下，积极学习借鉴兄弟垦区的先进经验，深化改革，优化结构，强化管理，活化经营，总体保持了向好的方向发展态势。截止2003年底，江苏农垦农产品加工业拥有企业26户，总资产5.1亿元，净资产2.1亿元，从业人员1 845人；实现销售收入6.3亿元，工业增加值4 030.8万元，利润805.7万元，利税1 028.5万元；企业亏损面26.9%，资产负债率58.8%，综合产销率72%，净资产报酬率4.9%。我们的主要特点为：

1. *以产权制度改革为核心的各项改革成效显著*　江苏农垦农产品加工行业面上的改革基本完成。到去年年底，原有的65家农产品加工企业已经全面完成改制。通过改制，关停并转了39户企业，分流安置了7 816名职工，置换变现了5 661万元的国有资产，清理出近1亿多元的不实资产。26家改制后的生产经营企业积极搞活经营机制，增加技改投入，加大新品研发和市场开拓力度，大部分加工企业经营活力得到了明显增强，出现了企业增效，职工增收，农场增益的“三赢”局面，农产品加工业从最多时亏损近3 000万元，到现在实现了彻底扭亏为盈。农业产业化龙头型加工企业开放式改制取得实效。贯彻农业部农业产业化精神，江苏农垦着眼于发挥自身农业产业的比较优势，学习借鉴“龙头企业或市场+作物经济组织+农户”的产业化组织模式，以通过产权制度改革来建立现代企业制度为切入点，大力培育、发展农业产业化龙头型加工企业。东辛双宝乳业与上市公司—维维集团进行合资经营，并大力发展种牛业。东辛轧花厂与中纺棉花公司进行合资合作，按保护价收购，与农场职工形成较紧密的利益联结体。东辛饲料加工厂与韩国一企业组建韩友饲料公司，走联合发展的道路。

2. *产业资产重组、资源整合力度加大*　按照贸工农一体化、产加销一条龙的资源整合模式，2002年下半年，由江苏农垦集团公司及其下辖的三个农场、一个公司、经营管理骨干共同出资2 400万元，组建了江苏省农垦米业有限公司。经过重组和整合，该公司拥有一个经营管理总部、两个加工中心、三个原粮基地、2亿kg优质原粮、5个叫得响的品牌。当年公司就实现盈利，改变了过去分散、亏损的局面。公司组建一年多来，通过不断完善组织、拓展业务、规范管理。争取政策、加大技改等一系列措施，基本步入了标准化生产、品牌化经营、企业化管理、市场化运作的良性发展轨道。去年实现销售收入1.2亿元，利润410万元，职工人均收入增长50%。目前，公司拥有四个加工中心，比重组时增加了两个；6条关键设备采用瑞士布勒公司产品的生产线，年生产优质大米18万t，比重组时提高80%；仓库存储能力2万t，比重组时提高33%，现正准备新上15 000t的库储项目；带动基地8 000hm^2，带动种植农户2万多户，2003年成功申报为江苏省农业产业化龙头企业。

3. *种子产业是江苏农垦发展得最早的产业之一，也是最有产业优势的产业之一*　为了更好的把种子产业做强做大，江苏农垦与“中垦”共同发起组建了“中农资源”，并于2001年正式挂牌上市。此间，受企业对外投资额不能超过50%的法律限制，江苏农垦17家种子公司在生产经营和管理上分成了两大块，一是整合3家种子公司成立了江苏农垦大华种子公司，二是剩下的14家公司作为“中农资源”的分公司，“中农资源”下设大华事业部对这14家公司进行管理，办公地点设在江苏农垦大华种子公司。这样一来，在具体实践中暴露了诸如人财物不能统一管理等诸多问题，不利于江苏农垦种子产业和“中农资源”的健康发展。同时，“中农资源”挂牌上市后，对外投资能力大大增强。鉴于这些因素，2002年下半年，14家分公司全部投入江苏农垦大华种子公司。整合后，江苏农垦大华种子公司充分发挥集农作物种子科研、生产、加工、销售为一体的产业优势，实行种子的专业化生产、标准化加工、集团化经营、规范化管理，目前发展成为江苏省最大的种子生产经营企业，也是全国种子生产、加工、销售量最大的种子企业之一。

4. *农产品加工企业供销环境得到进一步改善。*江苏农垦现有19个农场，其中13个农场启动了无公害农产品基地建设工作，11个农场通过了省无公害农产品、水产品、畜产品基地认证，3个农场5类农产品通过无公害农产品认证，4个农场被列为全国农垦无公害基地建设示范农场，9个农场开展了有机食品基地示范，6个农场通过了OFDC的认证，3.33万hm^2农田进入标准化生产程序。有机基地建设和质量监控水平受到国内外有关专家的好评。农产品加工企业市场开拓力度进一步加大。江苏农垦米业公司分别针对工业用粮、超市用粮、民用粮和粮油贸易等市场的特点，加大营销资源的调整和整合力度，取得了实效。公司在扩大与百威、三得利公司业务的同时，开拓了顶园国际集团、深圳金威集团、旺旺集团等新用户；成功进入麦德隆、迪亚在上海的连锁超市，苏果超市的大米销量达到1 500t，同比增长3倍多。江苏农垦有机米销售量比上年同比增长了2倍。有机蔬菜、有机草莓已进入家乐福、永丰等超市，效益明显提高。一些农产品加工企业通过科技进步创牌、质量领先立牌、市场竞争扬牌、优质服务誉牌、规模经营兴牌，品牌建设取得了实效。“大华”种子、“恒河”香醋、“状元”大米、“三特”大米、“宝金玉”增香大米、“御锦”有机米、“渠星”大米、“江花”大米等都是市场上知名度较高的放心种子、放心米、绿色食品或有机食品品牌。

5. 科研能力得到进一步提高。1995年以来，由于江苏省水稻生产上连续多品种、多区域、多年份出现严重的“小穗头”现象，给水稻生产乃至整个农业生产带来较大的负面影响。“小穗头”稻穗与正常稻穗相比，每穗总粒数一般减少30%左右，每穗实粒数下降30%～50%，千粒重下降约20%，造成的稻谷产量损失一般在10%～30%，严重的达50%左右。估计江苏省因此造成稻谷减产近几年每年1亿kg以上，累计减产已达5亿kg左右。到2002年止，这一情况不仅没有得到有效遏制，而且有加重的趋势。虽然有很多单位多年来都在查找发病原因，但始终没有结果。由于原因一直不明，诱发了许多诸如新品种、新技术推广难度加大、种子质量纠纷不断、农民上访闹事等问题，影响了农民致富和农村稳定，给一些科研育种单位、技术推广和政府职能部门以及种子企业等带来极大困扰。特别是给以稻麦常规种子生产、销售为主的江苏农垦大华种子公司在销量、利润及品牌形象带来极大的消极影响。江苏农垦大华种子公司科研人员在没有政府项目经费支持的情况下，自1999年自主立项开展研究，经过5年艰苦细致的努力工作，2003年取得突破性进展。江苏农垦米业公司2003年应百威啤酒厂要求降低大米在加工过程中所产生的过高脂肪酸指标，积极响应，主动配合，反复实验，经过一个多月的努力，不仅加工出符合百威公司要求的大米，而且降低了生产成本，提高了出米率，增强了企业市场竞争力。

浙江省水产品加工业

浙江省海洋与渔业局

改革开放以来，我省的渔业生产发展迅速，水产品加工作为渔业生产的延续和深化，是渔业产业链的重要环节，已成为水产品不断增值和提高经济效益的重要途经，渔民增收、渔业增效的重要领域，在我省渔业经济发展中起着十分重要的作用。浙江省委、省政府十分重视农业产业化及农产品深加工的发展，先后出台了相关政策扶持水产品等农产品加工的发展。我省的水产加工业通过“九五”期间的发展，已初步形成一个以冷冻加工为主要依托的多样化水产品加工体系，水产品加工企业数量、加工生产能力有了较大的提高，整体实力明显增强。

一、主要特点

1. 产业规模扩大，加工能力提高　据统计，2003年全省共有水产品加工企业1 859家，比2000年的1 530家增加21.5%；水产品年加工能力143.86万t，比2000年的131万t增加9.82%；共有水产冷库1 153座，日冻结能力2.42万t，冷藏能力31.12万t，日制冰能力2.11万t，分别比2000年增加9.40%、51.25%、－9.80%、－8.26%。2003年共加工各类水产品146.38万t，比2000年的90.6万t增加61.57%；加工产值197.29亿元，比2000年的81.5亿元增加142.07%。

2. 出口创汇持续增长，效益明显　2003年，全省共出口各类水产品28.37万t，创汇8.92亿美元，分别比2000年的15.87万t和4.83亿美元增加78.76%和84.68%。水产品加工出口已连续几年成为我省大农业出口产值超亿元的第一大产业，这对于提升我省渔业产业层次，促进全省渔业和外贸的持续快速发展起到十分积极的作用，经济社会效益明显。我省的水产品加工出口以一般贸易为主，来料进料加工发展较快，主要出口品种为冻鱼、冻鱼片、虾仁、活鱼等。主要出口企业集中在舟山、宁波、台州、温州等沿海地区。

3. 水产品质量安全水平有了新的提高，水产品质量安全保证体系初步形成　近几年，发达国家设置的“技术壁垒”给我省水产品出口造成了很大的困难，尤其是虾仁氯霉素事件给我省带来较大的损失。但我省加工企业从此吸收教训，加强内部的质量安全管理，政府加大水产品药残专项整治力度，在农业部药物残留监控和省政府组织的质量抽检中，我省水产品质量安全达标率达到98.75%。

2003年10月，浙江省水产品质量检测中心通过了双认证，具备对87个产品、99项参数的法定检测及授权，农业部水产品质量检测中心（舟山）在舟山沈家门已通过认证并开展工作，宁波市、杭州市、台州市、温州市质检中心正在筹建或正在开展认证工作，水产加工龙头企业的实验室设施齐全，按规定对产品质量安全指标进行检测，全省初步形成了省、市、企业三级质检系统。全省已制订发布和正在制订的省级水产技术与质量标准29个，还制订发布了近300项市、县级质量技术标准，不断完善省水产品质量安全标准体系。

4. 加速龙头企业培育，提高市场竞争能力　水产品加工企业作为渔业龙头企业的核心，发展较快。全省现有县级以上渔业龙头企业253家，其省级以上渔业龙头企业21家，市级96家，县级136家。龙头企业通过自建基地、订单收购、实行保护价、提供系列化服务等方式，在促进捕捞、养殖生产发展，增加渔民收入的同时，壮大了自身实力，提高了自身的市场竞争能力。2003年，21家省级以上渔业龙头企业销售收入52.01亿元，利税总额4.12亿元，主营产品产销率达95%以上，效益显著。

5. 加工技术与设备不断提高，产品向多样化发展　近年来，我省的水产品加工企业在传统的冷冻产品加工基础上，通过引进技术与设备、自主创新及产学研联合攻关等方式，根据国内外市场的需求，积极开发水产品加工新产品，全省现有大型自动化鱿鱼加工生产线、冷冻鱼糜及鱼糜制品加工生产线、烤鳗生产线、烤鱼片生产线、湿法鱼粉生产线、鱼油系列制品生产线等现代化加工设备，技术水平不断提高。开发生产了烤鳗系列制品，模拟蟹肉等系列鱼糜制品，鱿鱼丝等鱿鱼系列加工制品，醉鱼干等淡水鱼加工系列产品，多烯糠等鱼油系列产品，壳聚糖等甲壳素系列产品等等系列加工制品，产品朝多样化、系列化、高值化方向发展。

二、主要问题和原因

近年来，我省水产加工业的发展，对于提高水产资源利用率、提高产品的附加值、扩大市场销路、提高渔民经济收入、增加就业机会做出了贡献，同时推进了渔业产业化进程，提高了渔业生产的综合经济效益。但与发达国家和先进兄弟省（市）相比仍有一定的差距，主要表现在：

1. 水产品质量安全问题仍是加工业的主要隐患　由于废水、污水、垃圾等未经有效处理就排入江河湖海中，导致渔业水质中重金属、有机物等指标严重超标，水域富营养化，危及水生物的健康生长及水产品食用的安全；各种养殖鱼药的广泛使用以及用药混乱等，使水产品药物残留问题日益突出，严重影响了部分养殖水产品的品质；有的加工企业卫生条件差，产品不进行必要的检验即流入市场；有的为获取不正当利益而不顾原料品质好坏或在加工过程中掺假使杂，人为的造成水产品的二次污染；在流通环节，一些不法商贩滥用添加剂甚至违禁药物和化学品进行水产品保鲜或处理，严重侵犯了消费者的权益。水产品的质量安全问题已成为水产品上市和出口的最大障碍。由于我省水产品主要出口国日本、韩国、美国及欧盟等制定了较为严格的质量标准，对水产品出口贸易形成很大的威胁，如2002年欧盟以氯霉素等抗生素残留超标为由中止进口中国冻虾仁，使我们蒙受较大损失。

2. 加工品比例较低，高附加值产品少　据FAO（联合国粮农组织）统计，自20世纪70年代以来，世界水产品产量的70%左右是经过加工后销售的，而我们目前的加工比例仅占总产量的40%左右，尚有一定的差距。同时，我省水产加工品仍以冷冻水产品为主，2003年我省水产冷冻品为108.03万t，占全省水产品加工总量146.38万t的73.80%；其冷冻水产品46.03万t，占加工总量的31.45%，产品附加值相对较低，而技术含量高，产品附加值高的如海洋保健食品、海洋药物等水产精深加工产品仍有待于进一步开发。

3. 企业总体规模偏小，科技力量薄弱　我省大多数加工企业还处于小、散、低、弱的状态，即企业规模小，布局、投资、管理分散，技术和设备水平低，产品开发能力和市场竞争力弱，在一定程度上造成了水产品精深加工和综合利用能力较低。企业科技人员匮乏，技术创新及新产品开发缺乏后劲。我省大大小小各类水产品加工企业有1 859家（2003 年），除少量的大型企业配备少量的科技人员外，大部分企业无科技人员或水产品加工科技人才。而在那些大型企业中，初级职称以上的科技人员占企业职工的比例也很低，较大地影响了我省水产加工企业的技术进步和新产品开发。

三、主要优势

相对于全国来说，浙江省水产品加工业发展具有一定的优势，主要体现在：

1. *渔业资源丰富* 浙江北接长江口，省内有钱塘江、瓯江等 8 大水系，每年入海带来巨大沿岸低盐水系，使我省海域成为我国沿岸营养丰富水域。舟山渔场是世界四大渔场之一，渔业资源丰富，种类繁多。全省海洋渔区面积达 $22.27km^2$，海岸线总长1 840km，沿岸较大的港湾有象山港、三门湾、乐清湾等，有大小岛屿3 000多个，是全国水产资源的重要发源地之一。浙江省内河流湖泊纵横，沿海水域平坦、港湾众多，可养殖面积大。

2. *水产加工技术、生产设备先进* 浙江省的水产品加工龙头企业大多以生产出口日本、韩国、美国、加拿大、欧盟等国家的产品为主，加工条件符合发达国家的进口要求，技术力量相对雄厚。近年来，不少加工企业加大了投资力度，引进先进的设备，进行 ISO9000、HACCP 等的认证和出口注册工作。通过技术改造和吸收利用国外的先进技术，使得部分企业无论在基础设施、设备还是在加工技术方面都与国际先进水平接轨，处于全国领先水平，有些已达到国际先进水平。

3. *地理位置优越、基础设施完善* 浙江省位于我国东海之滨，北接长江口，与上海相邻，东有舟山群岛，南临福州湾，沿海有众多天然港湾，省内湖泊、河流纵横交错，海陆空交通便利，通讯、电力设施先进，配套齐全。浙江省已与世界近百个国家和地区的 500 多个港口开通了航线，建立运输与贸易的关系，铁路、公路、航运、机场等配套完善。

4. *经济实力强，法制健全* 浙江是全国的经济强省之一，特别是民间资本雄厚，为快速发展水产品加工业提供强有力的经济保障。市场经济发育完善，法律法规比较健全，国民经济正处于高速发展阶段。近几年来，我省先后出台了《关于加快发展农业产业化经营，提高农业竞争力的若干政策意见》、《关于进一步加快发展外向型农业的通知》和《浙江省海洋开发规划》、《浙江省科技兴海“九五”计划》等一系列加快渔村经济和海洋经济发展的政策，为我省的海洋自然资源的开发利用及水产品加工业的快速发展提供了良好的社会环境。

安徽省农产品加工业

安徽省中小企业局

2003 年，我省乡镇企业克服“非典”疫情和洪涝灾害等不利因素的影响，在省委、省政府的正确领导和部局的正确指导下，经过广大乡镇企业干部职工的不懈努力，顽强拼搏，一举扭转连续几年低速徘徊的局面，主要经济指标增幅均创近年来最好水平。全省乡镇企业全年完成营业收入3 032.5亿元，乡镇工业实现增加值 473.3 亿元，其中农产品加工业增加值达 171.4 亿元，为推动“三农”建设、加快我省全面建设小康社会进程做出了新的贡献。

一、发展情况

自国务院办公厅下发《关于促进农产品加工业发展的意见》以来，我局认真贯彻国办 62 号和农业部 2 号文件精神，围绕安徽省全面建设小康社会，建设优质安全农产品生产、加工和供应基地重点任务，把大力发展农产品加工业作为我省乡镇企业“二次创业”的重点领域和结构调整的主攻方向，摆上重要位置，切实加强领导，保持了较快的增长势头，取得了较好成绩。主要特点有：

1. *发展速度快，经济运行质量较好* 2003年，全省营业收入超500万元以上乡镇农产品加工企业共957家，职工人数达16.5万人，分别比上年增加176家和3.4万人；实现总产值194.2亿元，同比增长25.8%，占全省规模以上乡镇工业的比重上升到36.7%；产销率达96.4%，比全省平均水平高0.3个百分点。农产品加工业迅猛推进，已经成为我省乡镇企业的重点产业和促进我省乡镇工业快速发展的动力来源。

2. *区域化布局初步形成，初步形成具有地方特色的农产品加工产业带* 我省乡镇企业依托当地农业资源优势，立足现有基础，建立与资源相适应的农产品加工体系，在一些区域形成特色较为鲜明的农产品加工产业带。如阜阳、亳州等皖西北地区的牛羊肉加工、白酒、脱水蔬菜和中药材加工，六安、淮北地区的面粉加工，芜湖、巢湖、安庆等沿江地区优质粮油、禽类产品和保鲜蔬菜加工，黄山、宣城、六安等皖南和大别山区茶叶加工等渐成气候，形成了一批颇具特色的农产品加工集聚区，出现了一批农产品加工专业乡和专业村。

3. *产业结构特色较为突出，部分行业在全省农产品加工产业中具有重要地位* 在我省乡镇农产品加工企业的产值构成中，食品、饮料类占40%，纺织、服装、皮革类占28.9%，食品工业及纺织业在我省乡镇农产品加工业中占有主导地位。我省乡镇农产品加工企业数量众多，占全省规模以上农产品加工企业一半以上；在从业人员、销售收入、出口交货值等主要经济指标项目上，均占有较大份额。与全省同行业相比，我省乡镇农产品加工业的粮油加工、白酒、茶叶、水产及禽类加工、木材加工、纺织等行业已形成了一定优势，在羽绒、柳编、地方传统名特优食品等行业，甚至发挥着主导和骨干作用。

4. *拥有一批具有竞争力的骨干企业，形成了在国内外有一定影响力的品牌和名牌产品* 我省乡镇农产品加工业已拥有营业收入超亿元企业44家，超5 000万元企业39家，超1 000万元企业351家。涌现出丰大集团、鸿润集团、黄池集团、庆发集团及和威集团等优强企业，规模大，牵动力、带动力强，拥有较高的自主研发能力，在社会主义市场经济中具备较强的竞争实力。我省乡镇农产品加工企业注重品牌效应，共创双墩牌面条、百春牌洋槐蜜、露味牌系列酱菜、鸿润牌羽绒系列制品等安徽省名牌产品16项，天方牌茶叶、黄池牌酱品、海神牌黄酒、义门牌苔干、刘老二牌符离集烧鸡等省名牌农产品53项，漕溪牌黄山毛峰、三星牌宣纸等被列入国家原产地域保护产品。这些农产品加工制品代表了安徽特色，深受广大城乡消费者的欢迎。

5. *企业内部技改投资力度加大，加快了产业升级改造步伐* 我省乡镇企业紧紧抓住国家大力发展农产品加工业的有利时机，积极加大投融资力度，扩大企业再生产加工能力，延伸产业链条，形成农产品加工业新的建设高潮。地处黄淮海优质小麦产业带内的安徽优秀民营企业淮北鲁王制粉公司，2003年投资3 500万元新上2条生产线，企业年生产能力达40万t，销售收入达10 084万元，生产的鲁王牌面包粉、饼干粉、糕点粉、馒头粉等各种高营养、高精度专用面粉畅销市场，成为我省皖北地区规模最大的专用面粉加工企业。蚌埠花园植物油厂采取资本运营，实行低成本扩张，斥资580万元收购兼并了两家国有粮食企业，企业年加工能力由10万t上升到50万t。同时，他们积极引进国外资金，继续扩大生产规模，提高技术水平，总投资7亿元的年产35万t的菜籽油扩建技改项目正在进行中，成为近年来我省乡镇农产品加工企业已经实施的最大一个投资项目。

6. *积极推进农业产业化经营进程，为农民增收做出了积极的贡献* 我省乡镇企业积极实施贸工农、产加销、农科教一体化经营，大力发展农产品加工、养殖和储藏、保鲜、运销业，在农业产业化经营中挑大梁、担重任。目前，在全省13家国家级龙头企业中，乡镇企业有7家，另有43家乡镇农产品加工企业被评为省级农业产业化经营龙头企业。这些企业通过龙头联基地，基地带农户，把一家一户的分散经营与大市场衔接起来，有力地促进农业结构调整和农民增收。国家级农业产业化龙头企业安徽庆发湖股份有限公司，建立起原料生产基地6 666.7hm^2，通过合同形式带动农户6万户，使淮河岸边的杞柳通过科学种植，收割后加工成工艺品出口而大大增值，使农民人均收入来自企业部分达到1 600元，正如当地农民所赞唱的“只种不编，一亩一千；只编不种，一亩二千；又种又编，一亩四千”。

二、存在主要问题

1. *农产品加工转化增值率低，整体发展水平低* 我省主要农产品加工转化率为20%左右，比全国低5个百分点。2002年全省农产品加工业总产值占农业总产值的比重为0.43，低于全国的0.6。

2. *农产品加工企业实力不强，大企业、大集团少* 我省乡镇农产品加工企业全部为中小企业，平均每个规模以上农产品加工企业实现增加值仅512.84

万元，远低于全省行业平均水平。在乡镇农产品加工业中，规模大、效益好、具有较强竞争力的大型名牌企业和企业集团数量不多。

3. 农产品加工制品结构不合理，精、深加工产品少　主要表现为：一是粗加工产品多，深加工产品少。我省农产品加工主要以初级产品、半成品为主，肉奶、果蔬、水产品等新型食品加工明显落后，如动物食品95%以上为初级产品，熟食制品仅达2%～3%。二是低附加值产品多，高附加值产品少。发达地区农产品加工附加值占全行业的90%以上，我省有的则不足5%。三是单项产品多，系列产品少。我省乡镇农产品加工企业生产互补性差，如黄牛、乳品除了生产牛肉和鲜奶外，产品系列开发较少，市场上出现的系列乳制品大都是外省货。四是产品雷同，生产水平低。如各地都办大米、肉食、水产、纺织、造纸等工厂，造成很多乡镇企业原料吃不饱，或市场没有销路。

4. 融资渠道狭窄，流动资金严重不足　我省乡镇农产品加工企业资金来源主要是商业银行信贷，且普遍缺乏自有资金。资金不足，仍是制约我省乡镇农产品加工企业加快发展的主要“瓶颈”，很多企业有项目上不了，有的上了也不能及时投产。企业内部流动资金严重不足，造成农产品集中上市季节，企业缺乏大量的收购资金，不能充分发挥加工效益。

5. 农产品原料多的不优，优的不多　小麦、稻谷、玉米、油菜籽、棉花等大宗农产品原料的品质、品种等，不适应标准化加工要求。农产品专用化程度不高，原料生产不适应，均衡供货能力差。

6. 农产品加工制品质量标准、农产品加工企业检测检疫体系和质量安全体系不健全等。

三、2003年的主要工作

1. 认真开展农产品加工企业调研活动　与省经贸委、农委联合，对全省规模以上农产品加工重点行业和企业发展水平、企业管理水平进行调研，全面了解掌握全省农产品加工业发展规模、产业布局和结构情况，撰写完成调研报告，并上报省政府。

2. 着手进行农产品加工业规划的编制工作　在前期充分调查研究的基础上，我局就制定全省农产品加工发展规划有关问题及时向上级进行了专门请示。按照国家主要农产品加工业发展规划和安徽省优势农产品区域布局规划，围绕专用小麦、水稻、棉花、“双低”油菜、茶叶、花生、蔬菜、猪牛羊禽肉、蜂产品、水产品等10大优质安全农产品生产、加工和供应基地建设，我局正在组织进行农产品加工业中、长期发展规划编制起草工作。同时，在我局的指导和重视下，有关市县此方面的工作也取得较好的进展。安庆市、黄山市分别以市委办、政府办文件的形式印发了《安庆市2003年—2010年农产品加工业发展规划》和《关于加快全市农副产品加工业发展的意见》，对加快农产品加工业持续健康发展产生了积极的促进作用。

3. 加大了对全省乡镇农产品加工重点企业的扶优扶强力度　我局根据上年度企业发展实绩，并结合行业特点和产品特色，在征求各地意见的基础上，经过认真筛选评审，最后确认公布了全省100家乡镇农产品加工重点企业。围绕重点企业的原料基地建设、科研开发、生产加工、产业化经营等方面，制定具体措施，进行有针对性的指导与扶持，力争通过以点带面，发挥示范、带动作用，推动我省乡镇农产品加工业整体快速发展。

4. 开展了大规模的农产品加工企业的培训活动　“非典”疫情结束以后，我局针对农产品加工业特点和企业发展的实际，在计划、经费、人员等培训工作安排上给予重点倾斜。立足企业需求，先后开展了企业家、企业管理、环境保护、安全生产、企业改制、信用建设等培训达10次，涉及农产品加工技术、技能等专项培训6次，培训农产品加工企业达200多家，培训人数700人，促进了我省农产品加工企业经营者业务管理水平和干部、职工整体素质的提高。2003年7月份和11月份，我局先后举办了两次全省乡镇农产品加工企业培训班，对重点企业厂长、经理进行专业知识轮训，邀请省直有关部门专家进行专题讲座，使重点企业的厂长、经理充分了解农产品加工发展形势和宏观走向，增强了使命感和责任感，更加振奋起奋发有为的精神，鼓足了加快发展的干劲。

5. 给予农产品加工骨干企业政策资金扶持　在2003年度省财政乡镇企业贷款项目贴息资金中，对农产品加工项目列出专项，在企业技术改造、科技创新、外贸出口、专业园区建设等方面给予重点支持。安徽庆发集团、安徽旌德麻业集团、安徽官镇羽绒总厂、亳州亚强天然产物制品厂、休宁荣山茶厂等30家乡镇农产品加工骨干企业获得共计289万元贷款贴息，分别占全省乡镇企业贴息项目总数的55.6%和贴息资金总额的54.8%，项目涉及粮油加工、畜禽加工、地方名优食品加工、柳编、羽绒等8个主导行业，对我省乡镇农产品加工业的加快发展起到极大的推动作用。

6. 继续做好对农产品加工企业的服务　为了做好企业“非典”疫情防控和防汛救灾的指导工作，先后两次下发《紧急通知》，提出《关于切实抓好灾后乡镇企业生产自救的意见》，帮助企业克服“非典”疫情和水灾的负面影响，进行灾后生产自救，努力降低灾害损失。通过积极协调，帮助企业做好大中型农产品加工企业划型、农产品加工业示范园区、国债项目贴息、“双高一优”和农业综合开发项目等的申报工作。加大对农产品加工企业的招商引资力度，积极组织企业参加全国乡镇企业东西合作经贸洽谈会和省里组织的大型经贸洽谈活动等。

福建省农产品加工业

福建省乡企局、海洋与渔业局

近年来，党中央国务院对解决“三农”问题极为重视，提出了“发展农产品加工业，壮大县域经济”的发展战略，制订出台了《关于促进农民增加收入若干政策的意见》和《关于促进农产品加工业发展的意见》等一系列扶持和促进农产品加工业发展的政策。福建省委、省政府以及各地认真落实贯彻党中央国务院关于促进农产品加工业发展的文件精神，充分发挥福建的优势和有利条件，大力发展农产品加工业，力度明显加强，环境显著改善，农产品加工业呈现出蓬勃的发展势头。

一、乡镇农产品加工业

1. *发展速度较快* 至2003年底，福建农产品加工企业已达18 700余家，职工超过50万人；全省农产品加工企业完成产值1 026亿元，完成出口交货值350亿元，分别比去年同期增长15.3%和10%。其中乡镇企业农产品加工业产值达850亿元，占85%以上。全省年产值超千万元的农产品加工企业约600余家，年产值超三千万元的企业约120家，年产值超亿元的企业为50家，一大批大型农产品加工企业迅速崛起。农产品加工业的总产值已超过同期农业总产值200亿元，占全省农林牧渔总产值的50%以上，是我省农村经济最具活力、最有发展后劲的重要产业，也是我省国民经济最具发展潜力的经济增长点之一。

2. *区域特色初步形成* 福建乡镇企业农产品加工业行业分布比较齐全，主要有粮油糖食品加工业、果蔬食用菌加工业、畜禽肉蛋乳加工业、皮革羽绒加工业、竹木藤草加工业、水产品加工业、饲料加工业、茶叶加工业、休闲及调理食品加工业、饮料加工业等。其中果蔬食用菌加工业的罐头、速冻、保鲜、脱水产品年产值超过150亿元，且60%产品出口，是福建的重点主导产业。目前体现农产品资源体系与农产品加工体系相结合，传统产业、特色产业与现代产业相结合，传统生产工艺与现代高新技术相结合的区域布局基本形成，全省现已建成17家农产品加工一体化示范区。初步形成了漳州市、厦门市果蔬食用菌及饮料加工业，泉州市皮革加工业、茶叶加工业及糖果、休闲食品加工业，福州市的肉禽蛋粮油及海产品加工业，宁德市的海产品加工业，南平、三明、龙岩三市的笋、竹、木、藤、草各类特色经济作物，以及乳业加工业的地方特色区域布局。

3. *农产品加工业结构调整步伐加快* 福建通过改造、新建、引进一批具有一定规模的先进生产工艺生产线，推进了农产品加工业从作坊式、粗加工向集约化、系列化、精深加工方向迈进，新兴产业不断崛起。从总体上看，福建省农产品加工已开始由品种单一、工艺简单，逐步向品种多样、有一定的技术含量、附加值较高、名特优新方向转变。初步形成了果蔬罐头、蛋白饮料、休闲食品、乳制品、竹木工艺品、水产品系列深加工、饲料系列深加工等新型的现代产业。农产品的粗加工率达到40%以上，精深加工率达到10%。果蔬、食用菌、笋竹、水产品的加工品均是福建省特色的拳头产品，也是出口的大宗产品。

4. *外向、外引颇具优势，闽台农产品加工业合作蓬勃发展* 福建省的农产品加工出口继续保持稳步增长态势，五类农产品出口居全国前三位。其中烤鳗、罐头出口居全国第一，茶叶居第二，果蔬、水产品居第三位，全省各地食品行业生产出口基本保持稳中有升态势。截至2002年底，全省乡镇企业农产品加工出口企业约4 000家，出口交货约260亿元，产品销往东南亚、俄罗斯、欧盟、美洲等100多个国家与地区。据了解，台商投资福建农业实际到资11亿美元，其中食品加工企业数约占40%，投资金额占

60%左右。仅漳州市就有50余家闽台合资企业，加工果蔬、食用菌、水产品出口，形成闽台合作农产品加工示范片。如三明市沙县2003年引进浙商企业三和有限公司，年产出口水煮笋36 874t，激活全县10万名笋农生产积极性，盘活三明、南平等地区3 150家毛笋加工基地。

5. 带动作用不断增强，企业与农户的关系日趋紧密　目前，福建省农产品加工企业已涌现出一批产加销、贸工农一体化的产业群体，对农产品生产、加工、销售实行优化组合，形成区域化基地布局、专业化龙头生产、策略化市场拓展、优质化社会服务、现代化企业管理的新局面，有力地促进了城乡企业、基地、农户、商贸、金融、科技之间的资金、技术、人才、劳力、土地、信息、市场等生产要素的合理流动与优化组合。形成了以龙头企业为核心纽带，上联结商贸，下联结基地、农户，内联结科研，外联结外资的新型产业链，并逐步实现风险共担、利益共享、农民增产增收的经济利益共同体。2002年福建省人民政府确认的全省100家农业产业化龙头企业中，乡镇企业农产品加工龙头企业占40余家，这40余家龙头企业年可带动基地2余万 hm^2，带动农户30余万户，年增加农民收入9亿多元。2003年省乡镇企业局也重点扶持了100家农产品加工龙头企业，每家企业年创产值均在3 000万元以上。据统计，全省乡镇企业农产品加工业年消化农产品资源达528万t，农民获取农产品资源收入226亿元，安置农村劳力50余万人，年增加农民收入30亿元，农产品加工业已成为解决“三农”问题的重要突破口。

二、水产加工业

福建地处东南沿海，海岸线长3 324km，海域面积13.6万 km^2，由于亚热带气候因素，水生资源较为丰富，渔业在全国占重要地位。2003年，我省水产品总产量为572.77万t，人均占有量为161kg；水产品加工业增加值为443.65亿元，占全省GDP的8.53%，占大农业的32%，居大农业第二位；创汇5.39亿美元，居大农业首位。渔民人均纯收入5 202元，比农民收入高1 468元。

（一）发展现状与成绩

2003年，全省拥有水产加工企业1 287家，年加工能力113万t，加工产值131亿元，加工产量145万t，分别比1995年的673家、50万t、33亿元（烤鳗产值22亿元）、12万t增长91.2%、126%、297%和1108%。其中民营经济成分占67%，精深加工比例（按产值计）占60%，500万元产值以上的规模企业占水产加工企业总数的15%。主要特点是：

1. 烤鳗加工保持全国领先地位　2003年，全省有烤鳗企业34家，生产线38条，时产能力约10t；2003年出口3.06万t，货值2.47亿美元，约占全国烤鳗出口量、出口货值的70%（因恩诺沙星事件，分别比上年度下降27.8%和28.8%），居全国领先地位。

2. 腌炊干和大块冻等传统产品逐步被速冻水产品取代　大块冻和传统的腌炊干产品由1995年的占全省加工产量的93%下降到目前的27.2%，而速冻水产品产量由0.5%上升到42%，创汇从不足0.3亿美元上升到2.92亿美元。产品由几十种扩大到数百种，市场从东南亚、中国香港、中国台湾地区扩展到欧、美、加等国。

3. 大宗产品加工利用取得较大突破　1995年，贝藻类、罗非鱼等大宗产品的加工利用在我省几乎是空白。2003年，海带加工产量达5万多t，加工率达13.5%；罗非鱼加工出口量达3.5万t以上，加工率为35%；贝类净化加工出口2万多t，取得可喜突破。

4. 高科技产品开发利用起步良好　“九五”以来，全省海洋生物等高新技术开发利用从无到有，2003年已发展10多家，产值超过3亿元，创汇1 500多万美元。

5. 水产饲料生产继续走在全国前列　全省拥有水产饲料企业10家，年生产能力超过50多万t，2003年实际产量45万t，约占全国水产饲料的50%，海马、华大、大昌、银祥的鳗、虾、牛蛙饲料多次获全国农博会名牌和省名牌产品，福州马尾和厦门已成为全国的水产饲料生产加工基地。

6. 龙头企业发展稳步推进　全省已培育发展龙头企业45家，其中国家级农业产业化龙头企业3家，省级17家，2003年45家龙头企业实现销售收入（交易额）超100亿元，创汇逾3亿美元，带动渔（农）户10万多户，提供就业3万多人，取得良好的经济效益和社会效益。

7. 闽台合作成效显著　目前全省有台商创办的水产企业377家，其中加工企业超过250家，总投资约3.3亿美元，合同利用台资逾3亿美元，约占全省三资企业的30%。

（二）主要经验

1、政策引路，资金扶持　“九五”以来，省委、省政府制订出台了《福建省人民政府关于加快培育和发展水产支柱产业的决定》和《中共福建省委关于进一步加快发展海洋经济的决定》，省财政每年拨出600万元专项资金用于扶持水产加工业。据不完全统计，“九五”以来，全省用于扶持水产加工业发展的资金超过5 000万元。与此同时，加大招商引资力度，成功申请世行贷款7 000万美元，其中1 500多万美元用于加工技改和新建项目。进入“九五”后期，针对水产品“卖难”的现象，我省又连续数年开展“水产品加工与流通年”活动，从政策、资金和技术上大力扶持水产加工业，增强了创业者的信心，激发了投资者的热情，取得了良好的效果。

2. 严把质量，强化管理 “十五”以来，为积极应对WTO新形势，我们把加强质量安全管理作为推动我省渔业与国际接轨的重要措施来抓。一是加强源头管理。水产加工业要取得健康发展，产品原料品质至关重要。为此，我省近年来积极开展水产品药残专项整治，实施鳗鱼养殖场和饲料厂登记报批备案，建立渔业环境监测网络，定期编制发布《福建省海洋渔业环境质量公报》和赤潮监测结果。同时，积极发展生态渔业，每年划拨1 000万元以上扶持大型抗风浪网箱养殖、放流增殖、人工渔礁等健康养殖模式。二是加强检测体系建设和水产品质量检测。投资2 000多万元建立省（部）级水产品质量监督检验中心和水产饲料监督检验站。自2002年开始，每年拨出专项经费对鳗鱼、白对虾、大黄鱼、罗非鱼、贝类等主要出口品种的药残、重金属及渔用饲料质量进行定期抽检，检测水产品300～500批次，水产饲料300批次。检测范围从鳗虾饲料扩大到17个系列85个产品。经检测水产品中药残超标率低于10%，甲醛检出率低于2%，水产饲料合格率达93%以上。三是加强国际质量体系认证和标准化体系建设。“十五”以来，每年拨出100多万专项经费用于扶持水产加工企业开展国际质量体系认证、制定渔业标准、建立渔业标准化示范区和开展无公害食品认证等。2003年，全省有107家企业通过HACCP、ISO9000族等国际质量体系认证；制修订地方渔业标准47项，清理25项，建立10个国家级、省级渔业标准化示范区（已通过省级验收2个），27家企业74个产品通过了无公害标志认证，47家企业69个产品获得省部级名牌产品。

3. 创新技术，提升层次 近年来，根据国内外市场需求变化，我们通过引进先进技术与设备，着力开发调理食品、速冻水产品等精深加工品，有效地提升我省水产加工产品的品质和层次。一是引进日本冷冻调理食品加工技术。如与台商合资在厦门成立的华顺食品工业有限公司，开发花枝丸、虾饼、人造蟹肉等冷冻调理食品20多种，带动全省冷冻调理食品质量上台阶。“安井”、“百洋”牌花枝丸、鱼丸等产品多次荣获中国农博会名牌产品，“安井”商标获得省著名商标。二是充分利用我省海捕虾、藻类等资源优势，大力扶持加工企业，开发出鲜烤虾、盐渍海带、烤紫菜等数十种适销对路的精深加工品。三是紧跟国际市场发展趋势，引进先进的IQF单冻机、平板速冻机、罗非鱼等先进加工设备，开发冻蟹肉、冻章鱿鱼系列、单冻鱼虾贝等数十种出口创汇品种，成为我省渔业创汇的生力军。四是重点开发以养殖产品为原料的深加工产品。目前已开发糟、咸香大黄鱼、冻罗非鱼片等产品。五是开发海洋生物制品，如甲壳素及其衍生物、鳗钙、深海鱼油、海狗油、螺旋藻制品等高附加值高技术含量的加工品。

4. 培育龙头，壮大实力 培育发展壮大龙头企业是渔业产业化经营和可持续发展的关键，也是推进渔业经济结构调整的重要力量和实现渔业增效、渔民增收的主要手段。“十五”以来，我省加大水产龙头企业扶持力度，每年省财政划拨300万元用于扶持水产产业化龙头企业，实施产业化经营，推动水产品精深加工。2001年，我局审定首批海洋渔业龙头企业41家，为了规范龙头企业管理工作，加大对龙头企业的服务与扶持力度，根据福建省委、省政府出台的《关于加快农业产业化经营的意见》，我省制定了《福建省水产产业化龙头企业认定和运行监测管理办法》，2003年重新认定福建省水产产业化龙头企业28家。目前，全省共有水产龙头企业45家，年产值和创汇分别占渔业产值和创汇的27%和56%，已成为我省渔业和渔村经济发展的排头兵和中坚力量，为解决“三农”问题发挥重要作用。

5. 闽台合作，促进发展 福建与台湾一水之隔，有独特的区位和人文优势。近年来，我省认真贯彻执行“同等优先，适当放宽”的对台经贸政策，采取“走出去，请进来”的策略，大力促进闽台渔业经济全方位、多层次的交流与合作。一是组织由厅级领导率领的5个水产考察团赴台参观学习，考察了解台湾渔业科研、加工流通等。二是邀请台湾水产协会、渔会及渔业科技、经贸团组来闽参观考察，先后共接待台湾渔业界人士69批323次，通过频繁的互动沟通，两岸的经贸合作逐渐扩大。2002年以来，仅在漳州市投资千万美元以上的加工企业就有3家，最大的诏安安邦水产有限公司投资规模达3 000万美元，大大促进了我省水产加工业朝着规模化集约化方向发展。

山东省农产品加工业

山东省乡企办公室、海洋与渔业厅、农机局

山东是农业大省，农产品资源丰富，农业产业化起步较早。自省政府确立实施农业产业化龙头带动战略以来，特别是2002年全国农产品加工业工作会议召开和国务院办公厅印发《关于促进农产品加工业发展意见的通知》以后，省政府坚持把食品工业确定为全省重点发展的四大产业链之一，制定了加快发展、做大做强食品工业的规划目标和政策措施，以食品工业为主的农产品加工业一直保持了较快的发展。农产品加工业的持续快速发展，对调整农业结构、增加农民收入、提高农业效益、加快农村小康建设步伐等发挥了重要作用。

一、乡镇农产品加工业

到2003年底，全省规模以上的乡镇农产品加工企业达1 769个，实现工业总产值1 587亿元，增加值410亿元，分别占规模以上工业的10.9%、10.3%和8.7%。2003年农产品加工业总产值、增加值分别比2000年增长60%和71%，三年年均分别增长17%和20%。在农产品加工业保持较快增长的同时，产业发展、区域布局、原料基地等方面也呈现出一些新的特点。

1. *优势行业发展突出，加工门类比较齐全* 我省农产品加工业涉及食品加工、食品制造、饮料制造、皮革皮毛加工、木材加工等10多个行业、30多个门类、几千种产品。其中食品加工业、食品制造业、饮料制造业等主导行业规模优势突出，2003年实现的产值占全部农产品加工业产值的50%以上。

2. *农产品及制成品的外向度比较高* 农产品及其加工业是我省出口的支柱产业，多年来出口创汇约占全省的三分之一以上，全省形成了一批规模较大的果品、蔬菜、畜禽、水产品、粮油、药材、工艺品等出口加工企业，产品销往世界各地。2003年全省乡镇企业出口产品中，农产品加工业出口交货值达498亿元，占乡镇企业出口总值的37.7%。全省出口创汇前100名乡镇企业中，农产品加工企业占1/3。

3. *骨干龙头企业的带动作用增强* 到2003年底，全省拥有销售收入过亿元的农产品加工龙头企业347家，过10亿元的企业22家，其中国家和省级重点龙头企业188家。以龙头企业和专业市场带动的各类产业化组织发展到12 000多个，其中中介组织4 143个。各类产业化组织带动了全省48%约978万农户进入农业产业化经营体系。

4. *优势行业连片发展、聚集效应明显* 随着各级政府对农产品加工业结构调整力度的加大，农产品加工企业由过去的“单打独奏”走向了连片发展，形成了优势隆起带，构筑起绿色食品城。大型加工企业通过自身膨胀形成了一个集团一个区，一个小区一座城的布局，中小型加工企业通过政府的支持和引导向基础设施完善的园区聚集，逐步形成相互配套的产业布局。2003年，山东邹平韩店农产品加工示范区、莱阳食品工业园、金乡鱼山农产品加工示范园、济宁菱花工业园等一批政府管理的农产品加工园区入园企业都在30家以上，园区业务收入均超过了15亿元。以金锣、凤祥、得利斯等龙头企业形成的企业园区都获得了超常发展，其中金锣集团2003年实现营业收入62亿元，居全省乡镇企业第二位。

5. *产业链不断延伸，循环经济显现* 过去的农产品大多经过简单的初加工即进入市场，产业化链条很短。为提高企业经济利益和市场竞争力，一方面，农产品加工企业主动为农户提供从产前信息、生资供应、资金扶持，到产中的技术培训、技术指导、病虫害防治和产后的运、贮、加工、销售等系列化服务，拉长了产业化链条，提高了产业综合竞争能力。另一方面，通过技术创新，企业开始打造资源——产品——再生资源——再生产品的循环产业链条，最大限度减少废物排放，提高资源利用效率和农产品加工深度。山东邹平西王集团依靠先进技术，充分挖掘玉米产业深加工能力，使上游产品成为下游生产的原料，生产过程中基本没有固体废物排放，玉米加工利用率达到97%。

6. *辐射带动面广，原料生产呈现基地化、标准化、组织化趋势* 据不完全统计，到2003年底山东省有500多家农产品加工企业在省内外建立了自己的原料基地，总面积近33.33万hm^2，涉及东北、华北、西北、华东15个省区。仅烟台龙大集团就在本地建立6.67khm^{2}的蔬菜基地，带动6万多农户从事蔬菜生产，还在江苏、安徽、河北、天津等省市的20多个县建立起2khm^{2}协作基地，建立产地加工企业，带起1万多蔬菜生产专业户。潍坊得利斯集团在全国建成养猪基地2 800个，带起养猪专业户20万户和生猪贩运大户3.8万户。种植、养殖的基地化、规模化，推动了农业的标准化和组织化。莱阳市对全市的10多个主导农产品制定了生产技术规范，根据加工企业和农户的需要建立了218个农村经济合作组织，农业标准化和行业组织化走在了全省前列。

二、水产品加工业

据统计，2003年全省水产品产量达706万t，渔业产值首次突破1 000亿元，产量、产值继续保持全国首位。全省共有水产品加工企业1 750家，水产冷冻厂（库）1 766座，年加工能力达404万t，冻结能力93 996t/d，冷藏能力636 205t/次；水产品加工总量达298万t，产值达298.74亿元，占渔业总产值的29.78%，同比分别增长15.87%和27.2%。外经外贸作为山东渔业经济的亮点之一再创新业绩，全省出口水产品80.5万t，创汇达到18.27亿美元，同比增长7.5%和21.6%。水产品出口创汇分别占全省大农业和全国同行业30%以上，已成为全国最大的水产品加工出口基地。保活保鲜、冷冻调理、食品加工、海藻化工、鱼粉、鱼糜、海藻食品、药物保健、来（进）料加工九大加工产业协调发展，有力地促进了渔业经济的发展，为渔业增效，渔民增收作出了应有的贡献。主要特点是：

1. *迅速发展并成为渔业经济的第一大支柱产业* 统计资料显示，自2002年开始水产品加工业产值超过全省海、淡水养殖业产值总和，成为渔业经济第一大支柱产业。2003年差距进一步拉大，高出水产养殖业达68.4亿元。同时，水产品加工作为渔业经济的一个重要环节，它的发展不仅带动了渔业经济结构的调整，加快了养殖业、捕捞业、果蔬种植业等第一产业的发展步伐，而且还带动了运输、冷藏、包装、市场等二、三产业及诸多行业的蓬勃发展，有力地促进了渔业经济的快速发展。

2. *产品结构向深层次、多元化方向发展* 伴随着20世纪80年代冷藏业的兴起，特别是90年代以来，各级政府把水产品精深加工列为渔业经济发展的重要工程，并积极实施了引进技术、引进人才、引进资金、扩大规模、扩大领域、提高档次等一系列措施，水产品加工业逐步发展壮大起来。目前全省已开发的水产品加工产品多达1 600多种，涉及鲜活、冷冻、分割调理冷冻水产品及速冻食品、方便、快餐、罐头、风味食品、调味品、鱼糜及模拟制品、海藻食品、药物保健品等十几个门类的产品，并且正在实现由产品粗加工向精加工、初级产品向直接食用的终端产品的转变，极大地丰富了城乡居民的“菜篮子”。

3. *积极参与国际竞争，出口创汇* 近年来，我省水产品加工业狠抓产品质量安全，积极开拓国际市场，开发直接打入国外超级市场产品，增强产品市场竞争力。对外贸易一直保持较快增长速度，多年来在全国渔业系统一直保持领先地位，在我省农产品出口贸易中也一直占有较高份额。到2003年水产品出口创汇已分别占全省大农业和全国同行业的30%以上，为国家出口创汇做出了突出贡献。

4. *龙头企业实力不断壮大，产业化体系基本形成* 随着渔业经济的不断发展，我省水产龙头企业的规模、整体实力不断壮大，带动渔业产业化水平不断提高，产业化体系基本形成。2003年全省年产值过亿元的水产重点企业达70多家，有14家企业被省政府命名为省级重点水产龙头企业，2家国家级重点龙头企业。渔业各业的协调发展，大大推进了渔业产业化进程，形成了以海带养殖为基础，以海带制碘为龙头，以海带食品加工为主要补充的海带产业，年创产值20多亿元，带动了全省十几万人就业；以工厂化、大棚养殖为基础，以保活保鲜技术为支撑，鲜活销售的设施渔业，年创产值十几亿元，为捕捞渔民转产专业创造了有利条件；以低值捕捞鱼类为基础，以鱼粉加工为龙头，以鱼油精制加工为补充的低值鱼类综合利用产业；以来（进）料为基础，以水产品精深加工为龙头，以出口创汇为目的的精加工产业，有力地促进了水产品对外贸易的发展。

5. *为增加农民收入和扩大就业开辟了新途径* 水产品加工业的快速发展，为全社会提供了大量就业机会，近年来水产品加工从业人员一直保持增长态势，到2003年全省水产品加工业从业人员已达40多万人，有效地增加了渔民收入。

三、农机系统农产品加工业

随着农村经济的发展、农业产业结构的调整和农机化水平的提高，农机化项目正逐步延伸到农产品加工中，构成农业产业化经营的主导产业。近年来，随着我省农业产业化经营的推进，农产品加工业得以长足发展，粮油等主要农产品加工量约占加工总量的70%以上。到2003年底，全省从事农产品加工的单位和农户约25万家，拥有各种农产品加工机械31万台（套），拥有动力582.3万kw，年加工农产品5 872.20万t，占当年农产品总量的36.2%，年创产值1 174.4亿元，增加值234.9亿元。目前，我省农产品加工户大多以小四坊（即小磨坊、小油坊、小粉坊、小豆腐坊）等形式分布在广大农村，也有的把小作坊搬到中小城镇或大城市，加工的产品以直接销售给消费者为主，也有通过销售商销售到外地或国外去。近年来，随着大型粮油加工企业的发展壮大，农村的小面粉坊和小油坊呈逐步减少的趋势，但果、蔬、茶等附加值高和具有地方特色的农产品加工呈蓬勃发展之势。如日照的绿茶加工、沾化县及周边地区的冬枣保鲜、临沭县的柳编、苍山和金乡的大蒜保鲜、沂蒙山区的煎饼加工等。这些区域性的特产加工业户密度大，从业人员多，很容易形成区域化规模效应。这种区域化、多样性的规模户模式，有可能是今后我省农业产业化发展的方向。主要成就如下：

根据现阶段农业产业化发展的要求，针对农产品加工业发展过程中出现的问题，我省农机管理系统及时调整工作思路，自觉拓宽服务领域，树立为大农业服务的思想，主动关注、扶持、引导农产品加工业户，建立科学、规范的农产品加工模式，推广先进的加工技术和加工设备，创建示范工程项目，制定科学、实用的加工技术规程，推动农产品加工业朝着健康的方向发展。如日照市东港区瑜山茶厂，属自产自加工经营模式。他们有绿色环保植茶的理念和经验，茶园面积和产值不断扩大，手工制茶生产效率低，劳动强度大，质量和卫生状况得不到保障，部分加工环节迫切需要机械化，但他们对茶叶加工机械的性能、型号、价格、生产厂家和使用方法等信息不了解，需要有关部门给予帮助和指导。经调查，有这种需要的茶农不少。于是，我们农机系统就在瑜山茶厂搞绿茶机械化加工创新示范项目。通过示范，不仅解决了瑜山茶厂的问题，还总结制定出了名优绿茶机械化加工技术规程，经扩大试验推广，得到广大茶农的首肯和欢迎。此外，日照市农机局在实施茶业机械化加工示范项目的过程中，发现当地一些茶叶加工机械生产厂在设备引进、改制和生产方面存在不少问题，影响着当地茶叶加工机械化的发展，他们主动派技术人员与生产厂家共同研究，提出选型和改进意见，完善产品生产质量保证体系，总结机械制茶的技术规范，推动了当地茶叶加工机械化的发展。

近年来，许多市、县农机管理部门都在积极探索农产品加工的有关技术问题，把提高农机化水平和增加农民收入结合起来，力求帮助、引导农民选择合适的加工对象和加工方法，提高加工质量和经济效益。如莱州市农机局根据当地玉米产区秸秆过剩、畜牧区饲料短缺的实际状况，组织农机户从事玉米秸秆机械化收获、青贮和颗粒饲料加工，把农机户和饲料加工企业结合起来，形成玉米秸秆收、运、加、销一条龙，除满足本地需要外还出口韩国。一年加工秸秆几十万吨，不仅解决了多年来的饲料供需矛盾问题，还为国家创汇数百万美元，为农民增加收入450～600元/hm^2。沾化冬枣是近几年发展起来的一种珍稀果品，个大、核小、皮薄、脆甜、营养价值高，价格是普通枣果的5～10倍。但常温下极不耐贮，一般恒温库也只能贮存1～2个月，出库后的变质速度更快。这个问题不解决，将严重制约沾化冬枣产业化发展。为此，沾化县农机局在全面考察分析的基础上，联合具有一定保鲜经验的枣农，承担了省办下达的冬枣保鲜的创新示范工程项目。项目第一年投资60万元，进行常规、臭氧、低温、气调等保鲜措施的对比示范，并取得可喜成果，保鲜期最长的达3个月以上。该项目2004年将进一步完善提高，有望取得一批技术成果，实现安全贮藏4个月以上，商品果率85%以上。

河南省农产品加工业

河南省畜牧局、水产局

河南省是个农业大省，农村劳动力和农产品资源丰富，发展农产品加工业具有得天独厚的条件。近年来，我省农产品加工业进入了比较快的发展时期，尤其在粮食加工、畜产品加工等领域形成了区域性优势特色，以当地农产品生产为依托发展加工业。信阳市以华英禽业集团为龙头的肉鸭、肉鸡屠宰企业、以万富油脂集团为龙头的以油菜籽为原料的企业均为全市的50强企业。焦作市是全国著名强筋小麦、优质小麦种子生产基地，玉米品质好，生产方便面、淀粉、麦芽糊精有资源优势；牛膝、地黄、怀山药、怀菊四大怀药为焦作独具特色的传统农产品，药用和保健价值高于其他地区的同类产品而享誉国内外等等。

一、畜产品加工业

目前，我省畜产品的加工业已经由单纯的简单屠宰发展成为不同程度的精深加工，由单纯的生猪屠宰发展成为猪、牛、禽屠宰精深加工，产品由单一品种，发展成为上千个品种，由单一的肉类加工发展成为肉、蛋、奶、毛、皮等多个种类加工业。改革开放以来，随着畜牧业的快速发展和经济体制的改革，各种经济主体进入畜牧养殖和畜产品加工业，打破国营一统天下的局面，出现一大批龙头加工企业，促进了我省畜牧产业化经营和畜产品加工业的发展，从国外引进先进的加工工艺和加工设备，在加工能力增长的同时，畜产品加工业的水平快速提高，正在向精深加工、综合加工发展，畜产品加工业的产品档次明显提高，畜产品加工业的附加值进一步提高。

到 2003 年底，全省肉类屠宰加工企业 376 家，加工能力达 240 万 t，其中生猪屠宰加工企业 203 家，年产值 186.4 亿元，年加工能力 3 万 t 以上的 18 家，0.5 万～3 万 t 的 52 家，0.5 万 t 以下的 168 家；双汇集团在 80 年代中期开始发展壮大；进入 90 年代，步入快速发展时期；到 2003 年，产值已经达到 120 亿元，销售收入超过 100 亿元，出口创汇3 885万美元。年屠宰生猪 800 多万头，年产肉制品 60 多万 t，加工的产品达上千种。双汇集团下设 38 个子公司，并向全国发展，在四川、辽宁、内蒙古、河北、河南、湖北、湖南、浙江、上海、广东、江苏等省市区建设了 20 个加工基地和综合屠宰加工厂，由原先的生猪屠宰加工发展成为集物流配送、肉制品、化工包装、彩色印刷、生物工程、生化制药、饲料生产、粮食加工、能源供应、生猪养殖等综合加工企业。漯河汇通也已发展成为年屠宰加工 300 万头生猪的肉类加工企业，其产品主要销往香港特区；河南众品食业有限公司，是以生猪屠宰加工为主的肉类加工企业，年产值 8 亿元，其产品打入国外市场，进入国内多个省市的超市。

河南牛羊屠宰加工发展较晚，进入 20 世纪 90 年代才开始，原先一直是空白。到 2003 年，牛、羊屠宰加工企业发展到 123 家，年产值 23 亿元，年加工能力在 3 万 t 以上的 4 家，0.5 万～3 万 t 的 22 家，0.5 万 t 以下的 98 家；目前还有两家年屠宰加工 10 万头的肉牛加工厂正在南乐县和武陟县建设。周口邦杰集团是一个以屠宰加工肉牛为主的肉类加工企业，年产值 10 亿元，年加工牛肉 5 万 t，其产品销往全国各地。

河南家禽屠宰加工企业 45 家，年产值年加工能力在 3 万 t 以上的有 4 家，0.5 万～3 万 t 的 5 家，0.5 万 t 以下的 37 家。在我省比较大的家禽加工企业有 3 家，华英集团是樱桃谷鸭生产、加工企业，年加工3 400万只，年产值 14 亿元，产品销往韩国、日本。大用集团、永达食业集团都是肉鸡生产加工企业，年加工肉鸡都在2 000万只以上，年产值分别达到 5 亿元和 4.5 亿元，产品出口日本，销往国内大中城市及快餐店。

我省的乳品加工业是从 20 世纪 90 年代后期开始发展的，发展速度快。到 2003 年，全省乳品加工企业已发展到 109 家，其中年加工能力在万吨以上的有 28 家，0.5 万～1 万 t 的有 17 家，比较大的乳品加工企业有河南三鹿花花牛乳业有限公司、洛阳巨尔乳业公司、科迪集团、生生乳业公司等。这些企业都先后从国外引进当代最先进的乳品加工设备，产品的档次较高，品种较多。皮、毛加工企业 381 家，其中项城市洪昆制品有限公司是以制革为主的加工企业，目前企业拥有固定资产5 500万元，流动资金5 200万元，制革设备 96 台，检测设备 28 台，年综合生产能力 30 万张，年产值 1 亿多元。另外还有其他肉类加工企业 5 家，年产值 22 亿元。我省的畜产品加工业的发展，得益于政府对畜产品加工业的重视，大力推进畜牧业产业化经营，深入开展经济体制改革，动员各种经济主体发展畜产品加工业，对外开放，积极引进外资，引进项目，瞄准国内、外市场，引进先进的加工设备和先进的加工工艺，促进产业升级，同时依据当地的资源优势，建设加工项目，加工与基地建设同步进行，一并统筹安排，使畜产品加工步入良性发展轨道。

二、水产品加工业

河南地处中原，横跨江、淮、黄、海四大水系，水产资源相当丰富，有渔业总水面 45.33 万 hm^2，可养殖水面 25.33 万 hm^2，适宜于养鱼稻田面积 26.67 万 hm^2，沿黄、沿淮有背河洼地近 13.33 万 hm^2，适宜于开发养鱼，发展潜力很大。2003 年全省水产品总产量达到 39 万 t，比 1990 年增加 27 万 t，年增长率在 10%以上；全省水产养殖面积达到 20 万 hm^2，完成水产行业总产值 52.4 亿元，渔民人均纯收入达到2 805元。水产业在农业增效、农民增收和农村经济发展方面起到了重要作用。近年来，全省各地根据当地渔业资源情况和市场需求，积极探索水产品加工的各种途径，涌现出了像郑州的“超时”、“四季胖哥”和信阳的“光大”、安阳的“金龙”等具有一定生产规模的水产品加工企业，使我省水产品加工业从无到有，从小到大，呈现出了勃勃生机。据不完全统计，目前我省水产品加工企业已发展到20多家，水产加工制品年生产量达1 000多 t，产值达5 000多万元，出口创汇达300多万美元。

1. *主要加工品种* 我省各地充分利用当地水产资源，从有利于产品销售和提高经济效益出发，水产加工品种主要选择以下几个品种：一是鲢鱼、鲤鱼。这两种鱼在我省产量比较大，但相对销售价格较低，特别是产品规格较小时（尾重在500g以下）售价更低，加工后可提高产品的附加值，增加效益，市场前景很好。二是大、小银鱼。银鱼目前是我省大中型水库的主要增殖品种，且形成了比较稳定的产量，每年生产量在300t左右。但银鱼捕捞出水即死亡，必须经过初步加工冰冻保鲜，才能上市销售。三是青虾。主要生长在我省南部，年产量在3 000t左右，成品鲜虾在本地销售价格较低，加工成冰冻虾仁后销往我国南方地区，价格可成倍增加。四是中华鳖。中华鳖在我省养殖规模较大，每年生产量在1 500t左右。由于近年来成品鳖销售价格一直处于低迷状态，部分企业将鳖加工成方便食品进行销售，以增加销售量和提高产品附加值。五是田螺、龙虾。产品主要从天然水域中获得，产量较低，加工后主要销往南方地区或出口到国外市场。六是美国青蛙。主要进行蛙肉加工和蛙皮加工进行销售，市场供不应求。

2. *加工方法* 我省的水产品加工起步较晚，基础设施落后，水产品加工企业大多采用作坊式手工加工，机械化程度较低。大部分企业只能对水产品进行初加工，生产的产品主要为水产熟食品、风味方便食品和冰冻鲜食品，附加值相对较低。

三、部分地区农产品加工业

（一）焦作市农产品加工业

据焦作市统计资料，截止2003年全市规模以上的农产品加工企业227家，占全市规模以上工业企业数的35%；拥有职工5.2万人，资产合计52.3亿元，流动资产24.3亿元，固定资产28亿元；工业销售产值达到91.4亿元，比2000年增长99%；工业增加值25.8亿元，比2000年增长98%；利润总额5.4亿元，比2000年增长227%；资产利润率10.3%，比全市规模以上工业企业高3个百分点。全市现有规模以上农产品龙头企业47家，2003年实现销售收入29.1亿元，利税1.56亿元。2004年上半年全市规模以上农业产业化龙头企业实现产值18.5亿元、销售收入17.9亿元，利税9 566万元，同比分别增长18.5%、20.3%、9.7%。斯美特食品有限公司优质小麦年加工能力30万 t，方便面产量居全国第6位；孟州市华兴有限公司、孟州市金玉米有限公司、中原康达实业有限公司这3家企业的特用玉米年加工能力都10万 t左右，位居全省同行业前列；意达植物油脂有限公司的油料加工工艺水平在焦作属首位，在省内排名前三位。

（二）信阳市农产品加工业

截至2003年底，信阳市农产品加工企业有27 000多个，占全部工业企业总数的61.9%。其中，规模以上的重点农产品加工企业116个，占全部重点工业企业的39.1%；2003年，全部农产品加工业实现工业增加值390 680万元，占全部工业增加值39.1%；从业人员为126 396人，占全部工业从业人员的40.4%；实现税金33 938万元，占全部工业企业的35.4%。由此可见，信阳市农产品加工业无论是从实现的增加值，税金或从业人员来看，均占全部工业的1/3以上，成为拉动全市经济发展的支柱产业之一。

尤其可喜的是，以华英禽业集团、万富油脂集团、信阳啤酒集团、淮滨肉鸡有限公司等重点大中型企业实现了超常规的发展，经济实力进一步增强，经济效益和社会效益更为突出。2003年，华英禽业集团实现销售收入13.2亿元，较上年增长27.4%，形成年鸭加工能力达到3 000万只，鸡1 000万只，其销售收入和利润总额均名列全市工业企业第二位，在河南重点工业企业排名63位，在全国重点工业企业排名743位。2003年，万富油脂公司销售收入达3.2亿元，位列全市第四。2003年全市重点工业企业销售收入和利税总额50强中，分别有26家和16家农产品加工企业位居其中，占52%和32%。

在对外出口创汇方面，信阳的农产品加工品成为本市的主渠道。2003年，信阳市重点农产品加工业企业完成出口交货总值35 318万元，占全部重点工业企业的73.5%。吸收外商直接投资项目10个，其中农产品加工业有3个，投资额达352美万元，占总数的19.5%。华英禽业集团在利用外资和对外合作方面硕果累累。一是华英禽业集团与我国台湾合隆毛厂股份有限公司共同投资1 200万美元，组建河南华隆羽绒公司，华英占51%的股份，该项目的一期工程已开工建设，该工程全部投产后，年实现产值4亿元，利税6 000万元，创汇5 000万美元；二是华英禽业集团与英国樱桃谷农场有限公司签署了熟食加工项目，双方共同出资1 425万美元，各占50%的股份。该项目投产后，年加工熟食6万t，实现产值6.5亿元，利税7 500万元。2003年华英禽业集团出口创汇额达1 600万美。固始柳编制品企业共有14家拥有外贸进出口自营权，年出口创汇千万美元，正和集团已走出国门，在美国创办了亚洲工艺品公司；中原制鬃有限公司的产品多年来一直畅销国际市场，产品供不应求，2003年出口创汇数百万美元；其他的如茶叶、肠衣、纺织品、羽绒制品等都是本市出口创汇的大宗商品。

（三）西峡县农产品加工业

西峡农产品加工业的发展，突出表现在菌、果、药特产农产品加工企业的发展壮大。目前全县农产品加工企业共计352家。其中食用菌加工业311家，猕猴桃加工业14家，药材加工1家，畜产品加工21家，其他5家。2003年全县农产品加工业产值5.36亿元，实现税利达8 520万元。其中宛西制药公司连续多年列中国中药企业50强，主导产品仲景牌六味地黄丸为中国中药名牌产品，全国产销量第一。

（四）周口发展农产品加工业

1. *拉长优质小麦深加工链条* 以河南莲花集团为依托，完成年加工小麦200万t项目，使之在全国小麦加工行业居于首位。维利达面粉有限公司年产8万t等级粉项目已竣工投产。亚洲最大的益海粮油公司年转化200万t小麦等级粉项目，年内可开工建设。总投资2 590万元的扶沟县农牧场年转化小麦8万t技改项目，年底开工建设。这些项目建成后，“吃掉”周口生产的全部小麦还有余。

2. *拉长优质玉米加工链条* 以金丝猴集团、金丹乳酸股份有限公司、郸城财鑫液糖厂等企业为龙头，促进优质玉米的精深加工和转化，带动全市玉米种植基地的形成。金丝猴集团力争形成10万t生产规模。金丹乳酸股份有限公司力争形成10万t乳酸生产规模，进入世界同行业前三名。

3. *拉长棉花加工链条* 周口有近10个成规模的棉纺织企业。正式改制成立的河南旭日纺织有限公司年产纱锭4.8万锭，已成为周口棉花加工新的龙头。周口棉纺织印染厂加大企业改制力度，计划带动组建1～2个纺织集团，从而更顺当地将周口的棉花种植优势转变为加工优势。

4. *拉长畜产品加工链条* 以鞋城皮革集团、邦杰集团、金丝猴集团、四通食业以及莲花集团的优质奶牛繁育基地项目为龙头，拓展皮革、奶制品及肉食深加工。鞋城皮革集团是全国最大的黄牛皮加工企业，是河南省最大的出口创汇企业之一，今年底将形成年产旅游鞋1 200万双，出口创汇7 000万美元，安排就业8 000人的能力。

5. *拉长油料作物加工链条* 以益海粮油公司为龙头，完成日处理大豆2 000t项目，年销售收入达到13亿元，可带动全市优质大豆、优质花生的深加工和规模化生产。

6. *拉长林果、蔬菜、药材加工链条* 以全市现有的板材生产企业和中药材加工企业为龙头，带动全市林果、蔬菜、花卉及中药材的深加工和规模化生产。润鹏集团的林果、蔬菜加工保鲜项目16万t的出口规模，将会带动20万户农民走上富裕之路。

湖北省农产品加工业

湖北省中小企业局、畜牧局、农垦局、水产办公室

我省农产品资源丰富，近年来农产品加工业得到较快发展。省委、省政府高度重视农产品加工业的发展，积极支持引导扶持农产品加工业，不断提高农产品加工的精深程度，大力培植龙头企业，壮大企业规模。尤其在乡镇企业系统、畜牧系统、农垦系统和水产系统形成农产品加工业的区域特色。

一、乡镇农产品加工业

至2003年底，全省乡镇农产品加工业完成现价总产值255亿元，实现增加值58.7亿元，安置农民就业22万人，占全省农村劳动力总数的0.76%。提供劳动报酬14.9亿元，全省农民人均35.2元。现有

年销售收入500万元以上（以下简称规模以上）乡镇农产品加工企业770家，完成现价总产值237亿元，实现增加值56.13亿元，比上年增长2.66%，占全省乡镇规模以上工业增加值的22.9%。各地农产品加工业发展加快，规模继续扩大，产业化经营的带动效应得到增强，成为农民增收的重要渠道。主要发展特点是：

1. *产业集中度提高* 2003年，全省农产品加工业涉及纺织、造纸、粮油、饲料、肉蛋、白酒等11个加工系列。在全省规模以上乡镇农产品加工企业中，纺织业实现现价总产值80.86亿元，粮食及饲料加工业58亿元，造纸业29.56亿元，分别占全省乡镇规模工业现价总产值的8.3%、6.0%和3.0%。畜牧、魔芋、高山有机茶、马铃薯、食用菌、水产品等绿色加工业发展势头好，出口竞争力较强，在国际市场占据了一定的份额。

2. *区域特色初步形成* 各地立足资源优势，大力发展特色农产品加工业，出现了一批农产品加工专业乡、专业村。如宜昌的柑橘和果汁加工、随州三里岗的香菇加工、仙桃彭场的无纺布等，都已形成特色鲜明的产业体系，有效地优化了农村产业结构。一些地方加强工业园区建设，在园区内集聚了一批农产品加工企业，形成了颇具特色的农产品加工集聚区。目前，全省农产品专业化加工的工业园区有10多家，如武汉市的东西湖食品工业园、随州市浪河工业园、长阳无公害农产品加工工业园等。其中武汉市东西湖食品工业园被农业部命名为国家级食品工业园；浪河工业园带动了当地0.2万hm^2农田的调整，年转化农产品近万吨，产业链总产值达3亿多元。

3. *龙头企业辐射带动作用增强* 目前全省规模以上乡镇农产品加工企业770家，平均年产值3 078万元。其中销售收入过亿元的有10家。这些企业都有一定的规模和水平，在本行业或区域发展中起龙头作用。其中银欣集团、稻花香酒业、恩施长友公司、十堰丹澳医药公司等一大批具有知名品牌的大型农产品加工企业不仅规模大、效益好，而且带动能力强、辐射面广。与此同时，围绕龙头企业的产业链不断加长，连接龙头企业与基地农户的农产品大市场、中介服务机构不断延伸和发展。宜昌市以均瑶、蒙牛、双汇、汇源、椰风、新希望、稻花香、枝江酒业等重点龙头企业为主体，形成了乳制品、肉食品、水果生产及商品化处理、白酒生产及粮油加工、饲料加工、茶叶饮料、魔芋生产加工等农业新型产业体系。钟祥市初步形成了41个各具特色的专业市场，年交易额10亿多元，两万多农民在加工企业和流通企业就业。

4. *农产品加工出口创汇能力进一步提高* 多年来，我省农产品加工业在满足国内需求的同时，积极开拓国际市场，取得了较好的效益。全省外向型农产品加工龙头企业已发展到111家，出口产品的品种和数量逐年增多。宜昌市现有农产品加工外贸出口企业26家，2003年实现出口交货值5.4亿元，蔬菜罐头、天然色素、魔芋精粉及制品、速冻蔬菜、食用菌、天麻等产品出口到美国、日本、澳大利亚、欧洲及东南亚等20多个国家和地区。随州三里岗香菇远销马来西亚、泰国、新加坡、日本、加拿大、美国等20多个国家和地区，占据了中国香港市场70%的份额，全年创汇2 305万美元，

5. *农业结构不断优化* 农产品加工企业特别是龙头企业已成为发展绿色生态农业的重要力量，带动了农业结构调整。宜昌市为农产品加工企业配套建成了专用种植基地13.2万hm^2，主要有柑橘、黄桃、沙梨猕猴桃、双孢蘑菇、“鄂薯3号”马铃薯、优质魔芋、“双低”油菜籽、高山蔬菜、天麻等经济价值较高的作物，带动了48万多农户。钟祥市的农产品加工企业带动6.67万hm^2籽棉、2.67万hm^2速生林、6.67khm^2优质蔬菜等十大农产品种植基地和生猪、水禽、波尔山羊等六大养殖基地的发展。目前，全省农产品加工龙头企业共兴建原料基地47.33万hm^2，不仅为企业提供了稳定优质的加工原料，更进一步推动了当地种养结构的优化调整，成为农民增收的主渠道之一。

二、畜产品加工业

1. *猪肉加工* 除仅从事生猪屠宰的企业外，现有加工企业约有20家，主要加工企业有宜昌双汇集团、武汉中粮肉食品有限公司、武汉飘飘集团肉食品加工企业、武汉台湾长固集团肉食品加工企业等。2003年全省猪肉产量242.40万t，加工猪肉30万t。另有一些大型加工企业正在建设之中，如武汉双汇、湖北绿生、湖北天发、武汉升阳等。作坊式加工约10万t，主要产品有恩施火腿、金通火腿等。我省猪源充足，加工能力亟待提高，几个主要猪肉加工企业设备先进，均为从国外引进，但作坊式加工企业设备较落后。我省猪肉产品有一定的竞争力，但由于起步较晚，市场占有率不高，需要加强开发。猪肉加工市场前景广阔，主要表现在：一是随着收入水平的提高与工作节奏的加快，我国居民对加工猪肉产品的消费呈上升趋势，目前加工猪肉产品的消费比例提高到20%，其上升空间还非常巨大；二是我国猪肉价格低于国际市场价格50%以上，具有价格优势，2004年

关税将降为12%，必将进一步刺激我国猪肉出口。

2. 禽肉加工 2003年全省禽肉产量44.57万t，加工禽肉8万t。主要企业有武汉正大畜牧有限公司，年加工肉鸡2 000万只，一百多个品种；荆门市沙洋县的仙羽禽业公司开发的“十里牌”风干土鸡年加工量达150万只，呈现供不应求之势；武汉奥巴食品公司，年加工肉鸭20万只；新洲汪集汤业有限公司积极开发优质肉禽加工，2003年生产加工100万只“汪集鸡汤”系列产品。禽肉加工来源充足，加工设备除少数单位较先进外，大部分较为落后，规模较小，产品市场占有率不高。在市场需求上，以外来家禽为原料加工的禽产品，由于价格在国际市场上没有优势，出口呈下降趋势，进口呈上升趋势，同时由于风味的原因国内市场需求不旺；以地方家禽为原料加工的禽产品，由于在国际市场上缺乏，且风味佳深受市场欢迎。

3. 禽蛋加工 2003年禽蛋产量117.37万t，加工禽蛋6万t。主要企业有湖北神丹健康食品有限公司，2003年加工神丹健康蛋1万余t，畅销全国20多个省市自治区，销售产值达到2亿多元；湖北九珠实业股份有限公司，2003年加工销售禽蛋3 000余t；荆州市离湖禽蛋有限公司，2003年加工销售禽蛋2 500余t；荆州市大自然蛋业有限公司，2003年加工销售禽蛋2 000余t。我省禽蛋加工原料充足，加工设备较传统多为皮蛋、咸蛋加工设备，但市场占有率较高，特别是湖北神丹健康食品有限公司和湖北九珠实业股份有限公司，已成为全国品牌蛋中的佼佼者，深受消费者好评，并已出口日、美、欧等国。目前，国际市场鲜蛋销售呈现下降趋势，蛋制品消费却持续上升，美国蛋制品消费已从占全蛋的25%增长到70%。我国是禽蛋产销第一大国，禽蛋制品占总产量的比重只有5%左右。

4. 牛羊肉加工 2003年牛肉产量15.75t，羊肉产量5.21万t，加工牛羊肉约2 000t。主要企业有长阳清江食品开发有限公司、十堰市牛羊屠宰场等。加工能力较弱，设备较落后，市场占有率很低。目前国内牛肉价格比国际市场低84%，羊肉价格低54%。近几年来，国际市场羊肉贸易每年以3%的速度递增，冷冻羔羊肉（胴体）价格达到3 397美元/t。在国内，随着生活水平的提高，人们膳食结构的变化，牛羊肉消费将逐步提高。

5. 奶类加工 我省上规模的奶类加工企业有10家，主要是武汉扬子江、友之友、光明、宜昌喜旺、均瑶等乳制品企业。2003年奶类产量11.07万t（全部为牛奶），加工鲜奶11万t。目前我省生产的鲜奶100%经过了加工，奶源缺乏，奶类加工能力较强，加工设备均为国外进口，市场主要集中在湖北，外省市场开拓不足。我省奶产品消费人均5kg，全国7kg，发展中国家45kg，发达国家93kg，因此奶业发展前景巨大。

6. 蜂蜜加工 我省蜂产品原料品质具有一定的比较优势，近年来蜂产品加工业发展较快，产值、销售额、创汇额已连续三年位居全国首位。2003年全省蜂蜜产量0.84万t，蜂蜜年加工能力3万t以上，出口蜂蜜达到创纪录的2.2万t。加工企业主要有湖北省扬子江蜂业公司、武汉小蜜蜂食品有限公司、葆春蜂王浆公司、华农大康思农蜂产品公司、湖北大华蜂产品加工厂等。

三、农垦农产品加工业

1. 各类农产品加工龙头企业不断涌现，发展势头良好 经过多年的发展，我省农垦农产品加工业已成为门类比较齐全，有一定规模的产业体系。2003年，我省农垦规模以上的农产品加工业实现产值55亿元，完成销售收入50亿元，实现利税总额2.3亿元。其中食品加工类产值13亿元，占23%；纺织类产值8.8亿元，占16%；糖酒饮料类产值12亿元，占21%。从数量上看，目前我省农垦约有大、中、小型农产品加工龙头企业346家，其中不乏一些像雪龙集团、光明和友芝友乳业、统一食品集团、华润啤酒集团、尝相思调味品厂等在全省有较大影响的加工龙头企业。从行业上看，呈现出多层次、多形式、多领域的发展态势，涉及纺织、印染、服装、乳业、糖酒以及种子、蔬菜、粮油、饲料、茶叶、木材和副食品加工等。从建设情况上看，我省农垦农产品加工企业可划为三个层面：核心企业已经确立，产业链已经形成，生产经营形势较好的占30%；龙头企业基本确立，产业链基本形成，正处于发展、完善之中的占40%；有一定的工业基础，具有一定的发展潜力，但布局比较分散，规模较小，力量比较薄弱，综合竞争力较弱的占30%。

2. 农产品加工企业不断壮大，企业素质有所提高 一是规模不断扩大。近几年，垦区一些龙头企业在自身资本积累、滚动发展的同时，通过联合兼并，改组改制，广泛融资，增加投入，向优势企业和优势产品集中，形成了一些规模较大的加工龙头企业，其中销售收入超过5 000万元的上规模企业38家，并且涌现出一些企业集团。二是科技创新力度不断加大。一些农产品加工企业大力引进高级管理人才和技术人才，引进国内外先进的技术装备和管理经验，增加技术改造投入，加工工艺和技术装备显著改善。目前，我省农垦在奶制品、果蔬产品和棉花加工方面达到国内先进水平。从产业产品发展方向看，从事农产品一般性简单粗加工的企业数量在减少，从事农产品精深加工的企业数量在增加。传统的低档产品逐步被淘汰，取而代之的是新产品、高附加值产品和资源综合利用产品。如粮食加工业开发了多种等级产品；油厂已经不再是单纯的榨油，而是通过精炼开发了精炼油、色拉油等；食品加工向高档的保鲜食品、旅游食品、营养保健食品等方向发展。三是市场开拓能力不断增强。光明和友芝友乳业以加强流通现代化建设为突破口，坚持连锁经营的方针，建立高效完善的物流配送体系，努力拓展市场空间，迅速提高了市场占有率，其鲜奶和酸奶已成为湖北省家喻户晓的产品。四是企业运行质量不断提高。去年我省农垦农产品加工龙头企业对垦区工业增长的贡献率占60%左右，棉花加工企业和特色农产品加工企业成为工业增长的亮点。一些农产品加工龙头企业在保持生产平稳快速增长的同时，质量和效益不断提高，负债率降低，效益好，发展后劲足。

3. *农产品加工地位日益重要，已成为拉动农业发展，促进农工增收的重要动力源泉* 在全省农垦工业经济中，农产品加工业已成为我省农垦国民经济中最具发展活力和后劲的重要产业之一，2003 年我省农垦农产品加工产值与农业总产值之比为 1∶1。通过农产品加工与农业产业化的有效结合，采取订单合同、合作制、股份合作制等经营组织形式，推动龙头企业与农户之间建立稳固的利益联结机制，优化和延长产业链，提升其对农户的带动力，促进了农场增效和农工增收。2003 年我省农垦农产品加工业吸纳农场富余劳动力约3 000人，从业人员占农场劳动力的13.3%，带动农户 11 万户，直接为农工增加年纯收入 40 多元。如五三农场 2003 年农产品加工企业经过改制后，企业开始进行恢复性生产，在秋季农产品收购中，订单水稻以高于周边0.05～0.1 元收购，棉花以高于周边 0.1 元收购，全场共生产优质水稻 2 000 万 kg，籽棉 1 000 万 kg，共增加农工收入 400 万～600 万元，增加企业销售利润 100 万元以上。2003 年农场种植 33.33hm^2 番茄，经罐头厂加工成番茄酱出口，农工种植番茄的单季产值达1 000元以上，罐头厂增加利润 200 万元。由于农场农产品加工企业的发展，每年可为农场农工人均多增加 150 元的收入，极大的维护了农场的社会稳定。

四、水产品加工业

我省水产品加工业已粗具规模，加工体系已基本形成。全省现有水产品加工企业 180 家，年加工能力达到 10 万 t 以上，全年实际加工产量 5 万 t，产值 5.5 亿元。全省现有水产品出口企业 17 家（取得对美日韩等国注册出口企业 9 家，对欧盟注册出口企业 8 家），加工产量达 2 万 t，出口创汇6 000万美元，水产品加工出口业已经成为我省水产业新的经济增长点。水产加工年转化原料鱼的 3.5%，带动全省农民人均增收 3.19 元，占水产业为农民增收（30 元）的 10.6%。主要特点是：

1. *加工实力整体提高* 全省水产品加工实力明显提高，其中骨干企业 64 家，注册资本为13 072万元，资产总值33 177.4万元，固定资产22 316.4万元，年设计生产能力为96 750 t，年加工量为33 168 t，年销售额为58 631.5万元，出口量为 1 万多 t（含转口），创汇额为6 000万美元（含转口）。冷冻水产品年加工量23 917 t，销售额为34 535万元。其中出口量7 917 t，创汇2 726万美元（均含转口）；鱼糜制品年加工量1 470 t，年销售额3 255.5万元；干制品年加工量2 861 t，年销售额5 569万元，出口 70t，创汇 30 万美元（均含转口）；罐制品3 427t，销售额13 063万元；其他水产品加工1 573 t，销售额2 355万元。其中出口 110 t，创汇 90 万美元（均含转口）。水产加工原料来源主要是养殖和捕捞，加工原料总量为 87 367 t，其中来自养殖的占 62%，加工原料转化率为 3.21%。

2. *加工企业发展加快* 全省有 64 家骨干企业，各类所有制企业中，民营、私营企业占 70.3%，其次是国有、集体、股份制企业。近年来，民营、私营企业及加工专业户发展迅速。仅鄂州市上一定规模的水产加工企业 12 家，民营、私营及加工户达 154 家，是 10 年前的 12 倍。全省外向型加工企业达 14 家，占 21.87%，出口量占加工量的 32%，占农产品总产量的 24.4%，创汇额占销售总额的 40.26%。企业从业人员达到9 993人，其中管理人员 493 人，技术人员 731 人，临时工人7 184人。水产品加工量过 1 000 t的企业 9 家，占 14.06%；过2 000 t的 5 家，占 7.8%，过5 000 t的 1 家。年销售额过1 000万元的 17 家，过2 000万元的 9 家，过4 000万元的 4 家，分别占调查数的 26.56%、14.06%、6%。

3. *水产加工地域特色明显* 我省加工业已基本上形成了特色化生产，地域化集中分布。江汉平原云集了我省加工骨干企业 14 家，超过全省加工企业数的 1/5，其中仙桃、潜江克氏螯虾出口加工现已达 8 家，目前正在新建的企业还有 3 家；洪湖、监利、公安、石首等县（市）共 6 家，生产克氏螯虾、笔架鱼肚、鱼糕等地方特色产品近 100 个；鄂州水产加工企业达12家，以武昌鱼、红尾鱼、珍珠加工为重点；孝感加工企业达8家，以云梦的鱼面生产为主；武汉以风干鱼制品和鱼面制品为重点，生产企业达13家；随州以莼菜及银鱼加工为重点，产品转口为主。全省加工企业拥有各类品牌34个，著名品牌有武昌鱼、绣林笔架鱼肚、德炎等。

4. *水产加工品种系列化发展* 水产加工由过去的单纯冷冻品加工发展到干制品、腌制品、调味品、罐制品、熏制品、鱼糜制品、保健制品、生化医药制品、植物饮料、鱼皮制革、鱼奶饮料等十二大系列100多个产品。鄂州市利用武昌鱼的名人效应，开发出武昌鱼系列产品三大类20余种水产加工食品，生产"茄汁红尾鱼"等9个品种；珍珠加工以"楚天第一镇"的湖区东沟镇的优质淡水珠为主，生产各种项链、手链、领带等装饰品和建筑、动物造型等工艺品；仅洪湖德炎水产食品有限公司，生产五大系列80多个品种的产品行销亚、欧、美三大洲的20多个国家和地区。地方特色产品如豆豉武昌鱼、洪湖奇味虾、华山龙虾等系列产品已畅销国内外。新开发的产品如鱼皮制革、鱼奶加工势头良好。鱼皮加工形成了12.19万m，产值过亿的规模（鑫福泰鱼皮革制品有限公司）；鱼奶开发已获8 000万元的订单。

湖南省农产品加工业

湖南省粮食局、畜牧水产局、农垦局

湖南省农产品加工业以市场为导向、以科技为先导、以企业改革为动力，走农业产业化的发展道路，狠抓技术改造和新产品开发，其企业规模、技术装备、基地建设、产品质量、品牌建设等方面都得到很大发展和提高，为保障稳定市场，满足人民生活需求发挥了重要作用。

一、粮油加工业

湖南省粮食系统现有粮油与饲料加工企业315个，其中大米厂223个，面粉厂17个，植物油厂27个，食品厂2个，饲料厂39个，粮机厂7个。在粮油加工企业中，年产4万t以上大米厂10个，2万～3万t的34个，有精米生产线的27个；日处理小麦500 t的面粉厂1个，日处理小麦250 t的面粉厂10个，日处理小麦100～150 t的面粉厂6个；油料日预榨能力200 t以上的4个，50～150 t的植物油厂26个，年精炼油能力1万t以上的4个。年加工大米能力280万t，面粉32万t，植物油预榨能力30万t，精炼能力10万t。有职工30 664人，资产62亿元，其中固定资产26.2亿元。"十五"期间共加工大米322万t，面粉70.7万t，植物油23.3万t，饲料195万t。实现总产值125.87亿元（现行价，不变价为74.1亿元），其中大米产值53亿元，面粉产值12.6亿元，植物油产值16.8亿元，饲料产值40亿元（均为现行价），粮机制造产值3.84亿元。主要特点是：

1. *搞好粮食产业化经营，做大做强龙头企业* "十五"期间，按照党中央和国务院关于推进农业产业化经营、促进农产品加工业发展的有关精神和要求，全省粮油加工企业积极按照农业产业化模式经营，延长粮食产业链，积极推行"公司＋基地＋农户"的运作机制，创办优质稻、油料、小麦基地，大力发展订单农业。通过几年的努力，全省粮油加工企业已创办优质原料基地26.67万hm^2，实现订单收购110万t，带动农民增收5亿多元。不但带动了农业结构的调整，也实现了农民增收的目的。在大力开展粮食产业化经营的同时，企业也得到发展壮大，金健米业在全国粮食行业第一家上市，其资产总额已达21亿元，产品除粮油外还进入了高科技食品、医药、城市基础设施建设。金健、盛湘、油中王、粒粒晶等4家企业被批准为农业产业化国家重点龙头企业，长沙凯雪面粉集团、金雁、广积、聚宝、裕湘、金浩、天龙、银利来、闻得福、湘怀金株、衡阳粮食批发市场等12家企业被批准为农业产业化省级重点龙头企业，66家大米加工企业被批准为湖南省优质稻加工龙头企业。

2. *积极进行技术改造，不断提高技术装备水平* "十五"期间，全省粮油加工企业通过多方筹措技改资金3亿多元，采用新技术、新工艺、新设备对原工艺和设备进行技术改造。全省有30多个大米加工企业对大米加工工艺和设备进行了技术改造，引进了抛光、色选、精选、小包装设备；部分面粉加工企业引进和采用了国内外先进的磨粉、清粉、小包装设备及PLC控制和微机生产管理；油脂加工应用了国内外成套加工生产线和自动化灌装先进设备。粮机制造购置了先进的装备，提升了制造技术，形成了成套碾米设备的生产能力。通过技术改造，提高了生产自动化水平和产品的加工水平，使粮油加工不断向精深加工方向发展，提高了产品的附加值。

3. *努力提高产品质量，不断实施品牌战略* 粮油加工企业都非常重视产品质量和市场品牌效应，根据企业发展需要，建立健全了质量管理体系，制定了各种产品质量标准，制定了品牌发展战略。省级以上的龙头企业都通过了ISO9001：2000质量认证，有21个企业的29个系列产品被评为“湖南名牌”产品，22个企业的91个产品被中国粮食行业协会授予“放心粮油”产品称号，5个企业的产品被国家质量监督总局批准为质量监督免检单位，8个企业获得了绿色食品认证。

二、农垦农产品加工业

（一）基本情况

目前湖南农垦系统已有农产品加工业企业125家，年平均从业人员约4万人。由主导产品形成的产业化格局已经初具规模。初步建成了粮、棉、油、菜、猪、鱼、奶、果、茶、糖料十大农产品生产基地，以及食品、纸品、棉麻、饲料等四大农产品加工系列。其中食品加工企业71家，制糖企业11家，年榨蔗能力30万t；造纸及纸制品业企业36家，年产纸张能力6万t；纺织工业企业13家，年纺锭能力12万锭；饲料企业16家，年加工能力100万t。农垦大中型农产品加工业企业13家，部分产品在全省同行业中占较大比重。其中食糖占100%，鲜奶及奶制品占20%，饲料占26%，纸张占10%。有43个产品曾获国优、部优、省优，如“正虹001”浓缩饲料、“华乐”普通百版纸、“东山秀峰”绿茶、“雄狮”花茶、“惠泽”百合系列、“宾佳乐”奶粉、“三甘”白砂糖等产品。

在适应市场经济快速发展形势的基础上，垦区加工业产品结构不断调整。2003年，垦区主要产品产量食糖为5.33万t、棉麻纱1.88万t、造纸及纸制品4.47万t、大米6万t、饲料69.34万t、罐头2 280 t、精制茶1 475 t、饮料酒1 639 t、食用油3 397 t，分别比上年增长－19%、20%、9.8%、30%、28%、－33%、－10%、－27%、124%。

2003年克服“非典”疫情的不利影响，全垦区实现加工业生产总值30.1亿元，比上年增长10%；实现利润总额4 582万元，比上年增长5.2%；产销率也呈现良好态势，达到96%。

（二）发展特点

1. *起步早，基础较好* 由于农垦较农村更具有资源优势、组织优势，同时集约化的农业生产有利于集中供应大量的农产品和加工原料，农垦的农产品加工业从农垦建立初就得到了较好的发展，从计划经济时代的农工商一体化，到市场经济体制下的农业产业化，我省农垦的农产品加工业已经具有了较好的基础。目前90%的农场都有自己的农产品加工企业，规模较大的农场还建立了包括原料基地、加工企业、销售市场以及外销网络的综合体系。

2. *农产品加工业已经成为湖南农垦发展农业产业化的基础和骨干力量* 目前我省垦区几个主要的农业产业化链条均是以相关的农产品加工企业为龙头，通过公司联基地、基地联农户的组织形式，形成了种养加一条龙，产供销一体化的比较完善的产业化经营体系。如屈原、君山、大通湖、西洞庭等洞庭湖区农场稳定制糖龙头企业，大力发展饲料生猪产业、纺织造纸产业、特种水产养殖加工为主的龙头企业，回龙圩、东山峰等山区农场大力发展以水果、茶叶、无公害食品加工为主的龙头企业，都已形成较为完备的产业体系。

3. *农产品加工业已经成为垦区经济发展的一个重要依托力量* 农产品加工业一方面能有效地吸取区域内的农产品资源，实现农产品的价值兑换，另一方面能够通过加工实现产品增值，还可以吸收劳动力资源，解决就业问题，农产品加工业已经成为我省垦区向工业化发展的一个重要方面，各农场近些年均大力发展农产品加工业。“十五”期间，我省农垦新增农产品加工企业57家，年均增幅达到18%。

三、畜禽水产品加工业

（一）基本情况

湖南省有各类养殖加工企业1 450家，总注册资金20.3亿元，总投资29.5亿元。其中固定资产总额19.8亿元，流动资产总额9.71亿元，年内完成畜禽水产品加工产值61.4亿元，占当年养殖业总产值的9.8%；实现利税4.3亿元，创汇2.9亿元。全省有养殖业加工从业人员37 718人，加工品种847个，加工类别主要有肉制品、乳品、蛋品、水产品、皮革、油脂等。全省肉、蛋、奶、水产品的年加工能力223.4万t。其中肉品181.1万t、蛋品1.3万t、奶品8.6万t、水产品6.8万t，全年实际生产能力98.2万t，占生产能力的43.96%。其中肉品91.2万

t、蛋品 0.9 万 t、奶品 3.3 万 t、水产品 3.9 万 t。

（二）结构特征

1. 企业所有制构成　以非公有制为主体。从企业的所有制性质看，国有、集体、民营、股份制企业所占的比例分别为 13.8%、4.8%、51.4%、30%。即全省养殖加工企业中，非公有制企业占所有企业总数的 82.4%。养殖加工企业投资的主要来源有国有、集体、个人、外资四个方面。按单个企业的投资来源划分，只有一种投资渠道的为 87%，有两种或两种以上投资渠道的为 13%。19.3%的企业有国有投资，14.4%的企业有集体投资，71.7%的企业有个人投资，8.2%的企业有外资投资。

2. 加工品类构成　肉类加工业为主。从企业数量构成看，肉类加工企业 611 个，占企业总数的 42.2%；乳类加工企业 18 个，占 1.2%；皮革加工企业 242 个，占 16.7%；水产品加工企业 296 个，占 20.4%；蛋品加工企业 109 个，占 7.5%；油脂加工企业 86 个，占 5.9%；其他加工企业 88 家，占 6.1%。从养殖业加工企业内部的投资比重构成看，投资最大的是肉类加工。全省肉类、奶类、皮革、水产品、蛋品、油脂的投资额分别为 16.9 亿元、5.7 亿元、2.2 亿元、3.5 亿元、0.3 亿元、0.21 亿元，分别占投资总额的 57.3%、19.3%、7.4%、11.9%、1%、0.7%；其他加工投资 0.7 亿元，占投资总额的 2.4%。

3. 企业规模构成　产业集中度高。我省养殖加工企业中，年产值 100 万元以上的企业 138 个，占企业总数的 9.5%；其加工产值 55.8 亿元，占全省加工产值总量的 90.9%。

4. 地域分布构成　湘中湘北地区的企业数量多、规模大。湘中湘北地区的养殖加工企业 931 家，占全省加工企业总数的 64.2%。全省年产值 500 万元以上的大中型企业 22 家。其中湘中湘北地区 18 家，占 81.8%。由于湘中湘北地区区位优势明显、投资环境优越、资源技术基础好，外资投资对养殖加工业的拉动作用强。岳阳市引进的“双汇正虹”、“加华公司”，其投资均在 2 亿元以上，年产值均在 8 亿元以上。

广东省农产品加工业

广东省乡企局、农垦总局、海洋与渔业局

我省农产品加工业具有悠久的历史和传统，民间中能工巧匠甚多，基础较好，尤以粤东、粤西地区更有特色。为促进农产品加工业的发展，我省已出台了多项政策措施。2003 年初，省政府办公厅在转发了国务院办公厅印发的《关于促进农产品加工业发展的意见》的基础上，提出了明确的实施意见，有效地推进我省农产品加工业的快速发展。

一、乡镇农产品加工业

1. 农产品加工业已经发展成为广东的主要产业之一　据统计，2003 年全省规模以上农产品加工企业有 5 985 家，比 2002 年增加 676 家，增长 12.73%。总产值达 2 120.5亿元，占全省规模以上工业企业总产值21 039.5亿元的 10.08%，已超过当年全省农业总产值1 908.66亿元的 1.1 倍；实现工业增加值494.26亿元，占全省当年规模以上工业增加值 5 606.28 亿元的 8.82%，占全省当年 GDP13 449.93亿元的 3.67%；实现出口总额 270.6 亿元，利税总额 96.4 亿元。农产品加工业的发展为解决广东“三农”问题、推动我省加工业发展发挥了重要作用。

2. 农产品加工体系已初步形成　到目前为止，在农产品加工业 12 大类别中，广东的农产品加工企业涵盖了全部类别，形成了以服装及其他纤维制造业、皮革（毛皮、羽绒）及其制品、纺织、食品制造等行业为主、各业并举的产业格局。主要分布在以下十大加工行业：木材及竹材采选业，食品加工业（粮食及饲料制造、植物油加工、屠宰及肉类加工、水产品加工），食品制造业（糕点、糖果、乳制品、罐头、调味品制造），饮料制造业（酒精及饮料酒、白酒、啤酒、软饮料制造），烟草加工业，棉、毛、丝及其他纤维品纺织加工业，皮革、毛皮、羽绒及其制品业，木材加工及竹、藤、棕制造业，造纸及纸制品业，竹、木家具制造业。

3. 成为解决“三农”问题的主要渠道之一　农

产品加工企业大多是劳动密集型企业，对从业人员的专业技术水平要求不高，企业大都围绕农产品原产地区域就近发展，因此成为农民就业、增加收入繁荣农村经济的便利渠道。2003年，全省规模以上农产品加工企业5 985家的从业人员达152.7万人，占全省规模以上工业企业职工年平均数670多万人的22.8%，成为广东吸纳社会就业的重要渠道之一。其中仅皮革、服装、纺织3个行业吸纳就业人员108.4万人，占全省规模以上工业企业职工年平均数的16.2%。

4. 服装、纺织、皮革制造等行业得到充分发展 广东农产品加工业各行业发展差异比较大，规模比较大的主要是服装及其他纤维制造业、纺织业、皮(毛)及其制成品制造业3个行业。2003年，上述3个行业规模以上农产品加工企业总数为3 491家，占全省农产品加工企业总数的58.3%（其他9个行业的农产品加工企业数只占农产品加工企业总数的41.7%），产值达1 247.5亿元，占全省规模以上农产品加工企业总产值的58.8%。

5. 农产品加工企业逐步向集团化、规模化经营方向发展 企业建设农业生产基地和产业化经营的步伐不断加快，对品牌建设日益重视，涌现了一批辐射力强、带动作用明显的龙头企业和知名度较高的名牌产品。到2003年底，广东已经有广东温氏集团等国家级农业龙头企业19家，河源市万绿宝食品有限公司等省级农业龙头企业83家，其大部分都是农产品加工企业。同时，涌现了一批名牌产品，如“佳宝牌”“康辉牌”凉果、“汾煌牌”“百事可乐牌”饮料、“香雪牌”抗病毒口服液、“挂绿牌”丝苗米等等。

二、垦区农产品加工业

目前广东垦区农产品加工企业277家，其中国有（国有控股）及规模以上企业63家，大中型企业9家。2003年农产品加工业总产值23.35亿元，占全年工业总产值的89.2%，农产品加工业产值与农业产值的比例为1.1∶1。垦区农产品加工产品有12个门类几百个品种，产值名列前五位的门类是食品加工业7.27亿元，占农产品加工业总产值的31.1%；食品制造业6.95亿元，占29.6%；橡胶初加工业2.89亿元，占12.4%；麻纺织业1.68亿元，占7.2%；橡胶制品业1.26亿元，占5.4%。这五大门类创产值20.05亿元，占农产品加工业总产值的85.9%。

2003年，机制糖、菠萝罐头、乳制品、剑麻地毯等大宗农产品加工业产品产量增长，弥补了蔗糖等部分产品价格下滑产生的损失，使整个农产品加工业生产总量增长，效益提高，初步显现了推行产业化经营，加大结构调整力度，优化资源配置和实施科技兴垦战略效果。但由于受自然灾害影响，连年来多次强台风和严重旱情以及受市场因素的影响，使剑麻、橡胶、茶叶减产，蔗糖价格大幅下跌，蔗糖增产不增收，在产量同比增长5.5%的情况下，产值同比下降6.6%，对垦区农产品加工业的发展造成了一定的影响。我局通过深入调研，集思广益，及时调整发展方略，积极贯彻“调整布局、有进有退、突出重点、优化结构”的方针，明确提出“发展一块、稳定一块、重组一块”的发展思路，大刀阔斧地调整垦区的农产品加工业结构和布局。

1. 在产业布局上 广东农垦大力推进农业产业化的发展，整合优势资源，重点发展农业产业化龙头加工企业。围绕垦区已建立的2.77万hm^2糖蔗、5.87khm^2剑麻、3.33万hm^2橡胶、3万hm^2水果、1.87khm^2茶叶、54万头生猪、2万头奶牛、5万hm^2水产养殖等八大生产基地，按“农工商一体化，产加销一条龙”的模式，组建起丰收糖业、东方剑麻、燕塘乳业、广垦橡胶、湛垦畜牧、广垦水产、广垦果业、上茗轩茶叶等农业产业化集团，其中广东省丰收糖业发展有限公司已列入农业产业化国家级龙头企业，广东燕塘乳业有限公司、广东省东方剑麻集团有限公司、广垦橡胶产业发展有限公司已列入农业产业化省级重点龙头企业。

2. 在区域布局上 实行“两个集中”，首先是由场办加工业向产业龙头集中，提高产业集中度，尽快使农产品加工业上规模上档次。如垦区剑麻制品业由过去五个剑麻农场分散加工，全部集中到省重点龙头企业东方剑麻集团有限公司，按产品布局，实行专业加工，集中销售，不仅提高了产品质量，增加了花色品种，出口大幅增长，而且效益大大提高，竞争力显著增强，涌现了一批千亩以上连片种植剑麻的大户，目前垦区剑麻产品销售总量已占全国市场份额的65%以上，以多元投资主体综合开发的剑麻皂素将成为垦区新的医药产业。天然橡胶加工坚持“巩固、优化、提高”的发展方针，组建了多元投资主体的广垦橡胶产业发展有限公司，培育了集中加工的龙头企业。由广垦橡胶公司投入5 000万元，在茂名、湛江、阳江垦区各建一座年加工能力1万～2万t的现代化天然橡胶加工厂。其中茂名、湛江橡胶加工厂已建成投产，阳江橡胶加工厂开始动工兴建，可望今年完成。这样，就使原来分散的20多家小型橡胶加工厂集中为三个加工中心，推进

了垦区橡胶加工业的规模化、产业化、现代化的发展水平，改变了过去橡胶加工业规模小、厂房破旧、设备老化、工艺落后，缺乏技术创新，成本高，环境污染较重的不良局面。通过产品集中加工，加强了质量管理，统一了品牌，提高了产品质量，降低了成本，增加了收益，促进了新产品、新技术的开发，带动了橡胶种植业的发展，茂名垦区的胜利农场连续三年年递增干胶 300 多 t，2003 年完成干胶 2 300t。促使橡胶农场职工掀起了自费种胶的热潮。其次是由“村村点火”分散办加工业，逐步向大中城市集中，向工业园区方向发展。如广州、湛江等地已形成甘蔗、水果加工等工业园区的雏形。

3. *在企业结构上*　突出重点，有进有退，扶优扶强。对于资不抵债、产品没有市场前景、扭亏无望的企业坚决予以停办、重组，及时“止血”，放开搞活场办加工企业，使国有经济成功地从场办中小加工业中退出，向农产品加工龙头企业集中。重点建设丰收公司糖厂、华海公司糖厂、华资农垦广华糖厂、燕塘乳业公司、亨氏米粉公司、收获罐头厂、东方剑麻制品厂、广垦橡胶茂名、湛江乳胶加工厂等一大批有较好发展前景的重点“龙头”和大中型骨干农产品加工企业。通过整合优势，优化提高，使其扩大生产，尽快达产达效，进一步提高盈利能力。目前，垦区大中型农产品加工业企业 9 家，仅占农产品加工业企业总数的 3.25%，却实现农产品加工业产值 14.3 亿元，占农产品加工业总产值的 61%。

三、水产品加工业

我省认真贯彻落实党的十六大和中央 1 号文件精神，把发展水产品加工业作为发展海洋经济和渔业结构战略性调整的大事来抓，通过内引外联，吸引外资，引导扶持，开拓国内外市场，使水产品加工业迅猛发展，前景十分广阔。目前包括渔业制冷、冷冻加工品、干制品、鱼糜制品、罐头、腌熏品、鱼粉、藻类食品和医药化工等一系列产品加工体系已基本形成。2003 年全省水产加工企业达1 111家，年加工能力达 163 万 t，加工产量达 102.7 万 t，产值 103.4 亿元，分别比上年增长 14.1%、8.4%、7.9%。出口水产品创汇达 10.97 亿美元，比上年增长 26.47%。水产品加工业的发展，对水产品出口贸易起到了很大的推动作用，并形成了对虾、罗非鱼、鳗鱼制品等一系列具广东特色的出口创汇拳头产品。主要特点是：

1. *水产加工业的产量产值明显提高，冷冻加工起支柱作用*　2003 年全省水产品加工产量占总产量的 15.8%，其中冷冻水产品加工量为 71.8 万 t，占水产品加工产量 69.9%。在水产品出口创汇主导品种方面，居全省地市出口第二位的湛江市，仅水产品冻品出口额 1.89 亿美元，占该市水产品出口创汇的 84.8%。随着人们生活水平的提高，对水产品保鲜卫生质量的要求越来越高，加上生活节奏的加快，一些方便的加工食品，特别是既方便又富有营养，且味道鲜美的冷冻鱼糜制品和冷冻调理食品、微波方便食品较受人们的欢迎。因此，冷冻水产品有很大的发展空间，水产冷冻加工仍起到支柱作用。

2. *加工技术水平逐步提高，产品向多样化发展*　我省水产加工行业积极组织开发研究新产品，推广应用新技术，并通过组织来料加工，引进先进技术和设备，进行技术改造，提高了整个行业的技术水平，部分企业在管理、技术装备和产品开发方面逐步与国际接轨。全省引进的先进加工设备有低温制冷速冻机组、单体速冻机（IQF）、隧道式冻结机、平板冻结机、液氮和风冷速冻设备、模拟食品加工设备、鱼糜制品生产设备、寿司虾和熟对虾生产线、鱼粉生产线、烤鳗生产线、罐头生产线等，从而大大提高水产品加工水平和产品质量。产品冷链基本覆盖了产、加、销全过程。

3. *采用现代化管理，产品品质不断提高*　我省水产加工企业特别是外向型加工企业，已确立了“以质量求生存、求发展、以质取胜”的意识，制定了科学的产品质量、卫生标准，采用 GMP（良好的生产操作规范）进行厂房、车间设计，对管理人员和操作人员进行 HACCP（危害分析及关键控制点）上岗培训，在生产中实施 HACCP 规范，确保水产加工品的质量和食用安全性。目前，我省获得美国 HACCP 认证的企业有 84 家，欧盟注册的 14 家，ISO 体系认证 9 家，而且加工品在质量和包装都有很大的改观，提高了档次，先后有 35 个产品在历届中国农业博览会上取得奖牌，有 32 个产品被农博会认定为优质产品，有 28 个产品取得部（省）优产品称号。

4. *龙头企业在发展水产品加工业、促进渔业产业化经营中起主导作用*　目前我省年产值5 000万元以上的渔业龙头企业 58 家，其中涉及加工型企业超过 50 家，合计产值约 132 亿元，相当于全省渔业经济总产值的 17%左右，在我省渔业产业化经营中占重要的位置。渔业龙头企业在带动整个海洋与渔业行业的发展，推动渔业产业化经营和渔业经济结构调整，发展对外贸易，促进渔民增收、渔业增效、水产品市场竞争力提高等方面起了举足轻重的作用。水产品加工龙头企业通过合作、合资、联合、改制等形式，引进资金、技术和设备，优化产品和产业结构，扩大生产规模，进行集约化生产；同时狠抓产品质量上档次、创名牌，开拓国内外市场，迅速发展成为以水产品加工为主，包括养殖、捕捞、食品、饲料、制药、化工为一体的现代企业。

广西壮族自治区农产品加工业

广西农垦局、水产畜牧局

广西壮族自治区认真贯彻落实国务院《关于促进农产品加工业发展的意见的通知》，立足于自身的区位、资源和规模优势，以国内外市场为导向，以效益为目标，重点发展以制糖、淀粉、剑麻、畜牧、水产、茶叶、水果七大支柱产业为主的农产品加工企业，积极开发和引进先进技术、工艺及装备，创新生产经营机制，实行专业化生产，标准化管理，社会化服务，产业化经营，实现产品质量和档次的提升，带动原料基地建设，提高农业综合效益，全面推动种养加、贸工农协调发展。

一、农垦农产品加工业

1. **主要农产品加工产量大幅增加** 2003年，广西机制糖产量为59.74万t，比2002年（下同）增长39.4%；酒精4.9万t，增长25.26%；成品茶3 133 t，增长8.9%；乳制品3 300 t，增长27.96%，矿泉水饮料15.35万t，增长72.55%。由于缺电，缺原料，造成2种主要产品减产。剑麻制品1.12万t，减少25.24%；木薯淀粉产量7.26万t，其中变性淀粉3.82万t，减少4.56%。

2. **企业效益大幅提高** 2003年，广西农产品加工企业为169个，规模以上加工企业有94家。2003年完成工业总产值21.69亿元，同比增长24.65%；工业增加值5.35亿元，增长25.39%；实现利润9 576万元，增长1.3倍。规模以上工业企业全年完成工业总产值20.45亿元，增长25.39%；工业增加值5.02亿元，增长26.91%；实现利润9 665万元，增长1.3倍。由于工业的快速增长，拉动全垦区经济净增长12.34个百分点。

3. **农产品加工集中度大幅度提高** 2003年，糖业、剑麻、茶叶、淀粉、矿泉水等专业集团实现总产值达16.2亿元，比上年增长28.73%，占整个垦区工业总产值比重达74.51%，成为垦区工业的支柱产业。其中，糖业集团实现工业产值12.7亿元，增长22.99%；尽管受供电影响，剑麻集团仍实现工业产值0.55亿元，略有下降；明阳生化实现工业产值1.54亿元，增长8.33%。糖业、剑麻、畜牧、明阳生化四家企业被列入自治区产业化重点龙头企业，为发展农产品加工业打下良好的基础。

4. **所有制结构出现了可喜的变化** 非公有经济得到较快的发展，垦区的工业企业中，股份制、非公有工业企业为105家，占整个经济比重的66%，增长4个百分点；固定资产投资总额达到8 893万元，占全垦区实际完成投资总额的23.88%，成为农垦重要的新的经济增长点，有利于促进垦区经济的增长。

5. **工业经济外向度不断加大** 垦区同20多个国家和地区建立经贸往来和经济技术合作交流关系，6大类产品销往世界10多个国家和地区，全年累计招商引资引进项目19个。2003年垦区进出口贸易总额1.05亿元，出口增长1.92倍。其中，加工业产品出口增长138%。

6. **农产品加工重点项目实现较大的突破** 2003年全垦区固定资产投资创历史最高水平，是上年的1.4倍，一批大项目全面启动，有力地推动了农垦经济的快速发展，其中农产品加工重点项目的建设成效显著。一是每年30万t精制糖业技改项目在农垦糖业集团柳兴制糖公司开工，项目引进德国技术设备，总投资2亿元，计划2005年建成投产。这一项目的实施有利于调整糖业产品结构，是实现糖业与国际接轨的一次重大技术革命和产品创新，标志广西糖业发展进入新阶段。二是每年3万t剑麻制品技改项目总投资1.6亿元，于2001年12月1日开始建设，预计到2005年实现产量3万t。三是由广西农垦糖业集团柳兴制糖有限公司、黔江制糖有限公司、红河制糖有限公司与加拿大华人余思远先生合作经营的广西农垦思源酒业有限公司每年5万t食用酒精生产基地正式投产，成为广西目前最大的食用酒精生产基地。四是金光农场与黑龙江完达山集团合作，以股份制方式在南宁建设年产5万t的奶制品加工企业，该项目首期投资3 500万元，现已进入施工阶段，于2004年11月建成投产。

二、渔牧产品加工业

1. *渔牧产品加工业有了新的发展*　据2003年底统计，广西现有渔牧加工企业463家（含专业大户），加工能力为81.9万t，与1998年相比分别增长70.8%和148.1%。加工产量50.4万t，消化原料57.74万t，加工产值39.78亿元，销售收入37.5亿元，加工业实现增值11.09亿元，与1998年相比增长分别为144.6%、145.7%、188.1%、202.4%。参与产品出口的企业有116个，出口交货值1.3亿美元，与1998年相比分别增长了84.1%和186.3%。全自治区规模较大的加工型龙头企业有64个，带动农户24.05万户，共增收6.49亿元，户均增收2 697.7元，人均增收562元。

2. *加工原料越来越充足，加工品种多样化*　据统计，2003年全自治区水产品总产量264.61万t，与1998相比增长21.7%。其中海洋捕捞产量85.1万t，海水养殖83.63万t，淡水产品产量95.88万t；全自治区肉类总产量357.56万t，同1998年相比增长42.5%。其中生猪出栏3 318.99万头，家禽出栏53 090.25万羽，牛奶产量3.61万t。以水产品为原料加工的产品主要有罐头、冰冻鱼、鱼糜系列、鱼粉、对虾仁、珍珠及珍珠系列产品、美容化妆品、海洋生物制药、调味品等；用畜禽产品为原料加工的主要有速冻分割肉、肉制品、烤香猪、腊香猪、腊肉、腊肠、牛干巴、真空包装冷冻白条鸡、白条鹅、速食鸡、鹅肥肝、胶原蛋白肠衣、乳制品、蜂蜜系列产品、皮革及其制品等。产品在国内主要销往广东、海南、深圳、上海、北京、香港、澳门等地，国外主要销往北美、日本、韩国、意大利及欧盟等国家和地区。

3. *一批规模较大的渔牧产品加工龙头企业发挥主力军的作用*　近两年来，随着一批加工能力较强的企业迅速壮大或陆续投产，迅速改变了广西渔牧产品加工业徘徊不前的状况。其中规模较大的有北海洪恩水产有限公司、北海正五实业有限公司、北海市水产供销总公司、北海天鲜海洋食品有限公司、北海钦国冷冻食品有限公司、北海源龙珍珠有限公司、北海国发海洋生物股份有限公司、桂林福润食品有限公司、广西正宇股份有限公司、巴马绿色长寿食品开发有限公司、凭祥越香猪发展有限公司、梧州蛋白肠衣厂、广西皇氏生物工程乳业有限公司、灵山百强水牛奶乳业有限公司、玉林市富英制革有限公司、宾阳恒利皮革有限公司、梧州甜蜜家蜂业有限公司等。其中年产值超5亿元的企业有1家，年产值超1亿元的有5家，年产值超3 000万元以上的有8家，年产值超1 000万元以上3 000万元以下的10家。基本上形成了以广西的优势渔牧产品为原料的加工型龙头企业为核心的加工企业群体。

海南省农垦农产品加工业

海南省农垦局

海南农垦是全国天然橡胶的主要生产基地，也是全国热带农产品的重要生产基地。国务院《关于促进农产品加工业发展的意见》，对海南垦区加快推进农产品加工业的发展是一个有力的促进和强大的动力，对调动农垦职工发展农产品的积极性，提高职工群众的收入是一个有利的保证和重大的举措。

一、基本情况

海南农垦天然橡胶种植面积24.67万hm^2，年产干胶产量23万t。主要农作物面积6.67多万hm^2，其中糖蔗面积8.67khm^2，瓜菜面积1.6万多hm^2。热带作物种植面积1.33多万hm^2，其中槟榔近6.67khm^2，胡椒6万多hm^2。水果种植面积3.73万hm^2，其中芒果1.07万hm^2，荔枝1.07万多hm^2，香蕉5.33多khm^2。海淡水养殖4.67多khm^2。

目前广西垦区农产品加工主要是天然橡胶加工和橡胶木材加工，除此之外其他农产品加工发展缓慢，特别是热带作物，热带果菜等农产品加工滞后。现有八一、红华两座糖蔗加工厂，日处理糖蔗能力分别为2 500 t和1 200 t，主要生产机制白砂糖，八一糖厂兼加工食用酒精。以胡椒为原料的食品调味料制造业东平食品厂，2003 年投入 100 万元进行厂房和设备改造，使生产环境得到改善，胡椒粉产量质量进一步提高，产品包装有所改进。槟榔加工主要是采用焙烤制成槟榔干，产品销往湖南。茶叶加工厂有 18 家，主要品牌是“白沙绿茶”、“南海红茶”、“岭头绿茶”、“新伟绿茶”、“五指山红茶”等，现也开发出一些乌龙茶等新品种。其他果菜加工、饮料制造方面尚是空白。

二、主要做法

1. *以国务院《意见》统一认识，加强对农产品加工业领导* 国务院《关于促进农产品加工业发展的意见》发布后，总局领导非常重视，召开有关会议认真学习，提高认识，统一思想，研究成立了由总局分管工业的领导任组长，工业、计划、农林、科技等相关部门主要领导参加的“农产品保鲜、加工、运销工作领导小组”，指导、协调垦区农产品加工业的发展工作。同时，组织邀请省内外有关大学院校、科研机构和行业企业的专家、学者和行家召开了“海南农垦农产品加工业发展专家咨询会”，就垦区农产品加工业的发展现状和存在问题，进行咨询、考察、诊断与探讨，理清思路，明确发展的重点和目标。特别是今年《中共中央 国务院关于促进农民增加收入若干政策的意见》下发后，总局采取更大的举措，抓住农垦改革的机遇，结合垦区的实际，又分别成立了橡胶产业集团筹备领导小组，橡胶木材（集团）公司、热作（集团）公司和畜牧（集团）公司领导小组等，各领导小组组长都由总局领导担任，大力加强对农产品及其加工业的领导，大力推进农产品加工业的发展。

2. *以骨干企业培育龙头，带动优势产业发展* 天然橡胶是海南农垦的主导产业，也是垦区的优势产业。为应对国际市场的挑战，从 20 世纪末开始对橡胶加工布局和产品结构进行调整，解决长期存在的一场一厂，不但布局分散而且加工规模小，形成重复建设，浪费资源，存在加工成本高、管理水平低、污染治理难、产品质量一致性差等问题。现已调整集中建起了西部美联橡胶加工厂、中部乌石橡胶加工厂和红林橡胶加工厂，每个厂年加工干胶和乳胶的能力都在 3 万 t 以上。拟新改扩建的集中加工点如龙江、八一、红光和晨星橡胶加工厂也在加紧实施中。最终将垦区原有 87 个橡胶加工厂调整为 13 个集中加工点，走专业化、规模化、产业化经营的路子。

橡胶更新原木也是海南垦区的优势资源，橡胶木材加工业是海南农垦的优势产业。以橡胶更新树枝桠材为主要原料生产人造板的三亚木材厂通过债转股改制为海南亚龙木业有限公司，通过内抓管理，外抓市场，在人造板市场竞争激烈的形势下，企业保持了较好的经济效益，生产稳步发展。为提高垦区橡胶木材加工业的整体竞争力，通过优良资产整合重组，优势资源合理配置，组建了海南农垦橡胶木业有限公司，逐步规范了垦区橡胶木材加工行业市场行为，有效改变了橡胶木材加工产品附加值低和竞争无序的状况，较好地提高了垦区橡胶木材加工行业的整体效益。

3. *以特色产品优化升级，促进传统加工业发展* 垦区八一糖厂是一家甘蔗机制糖生产的老企业，从建厂时设计日处理甘蔗 300 t 的小厂，发展成日榨 2 500 t的中型企业。该厂生产的机制白砂糖一直享有盛誉，畅销省内外，是海南省名牌产品。其主要原因和成功经验，就是企业注重技术创新、管理创新和机制创新，坚持以人为本，挖潜改造，走内涵扩大再生产的路子。强管理，降能耗，增效益，不断增强抵御市场风险能力。从 2001 年开始，又迈出新的改革步伐，实行国有资本退出，职工持股经营，使老企业焕发新活力，企业经营效益和管理水平上了新台阶。东平农场食品厂也是一家老而小的食品加工企业，年工业生产总值最多几百万元。但这个厂生产的飘香牌胡椒粉产品有特色，质量有保证，是海南省惟一调味料产品出口的厂家。为扩大产量，进一步提高产品质量和增加出口，2003 年农场投入 100 万元进行厂房和设备改造，逐渐做大企业，促进特色产品发展。

4. *以优势资源开拓市场，加快农业产业化发展* 垦区南滨农场系全国 15 个农业现代化示范农场之一，被列为农业部“高科技热带果菜生产及农业观光示范农场”。按照发展思路和计划目标，不断完善基地设施建设，营造良好的投资环境，引进现代信息系统，实施精准农业、生态农业、绿色农业，创“科技、环保、安全”的农产品，建成生产经营、旅游观光和龙头示范功能于一体，集约化、产业化、市场化的现代热带农业生产基地。南田农场生产的芒果被誉为“神泉果王”，享有盛名。以“神泉果王”为品牌，以生产基地为联结，以增加职工收入为目标，精心打造南田神泉集团。“万嘉果”农庄种植的热带水果品质高、销路好，一直被市场看好和消费者认可。根据垦区农产品加工发展部署，要以“万嘉果”为依托，整合改制为“万嘉果”股份制公司作为产业龙头，发展成种苗基地、培训基地、科普基地和休闲胜地。乌石农场的“宝岛绿橙”也已成为海南热带水果的热销品牌，畅销岛内外。东和、南林等农场南药资源槟榔具有区域优势，过去都是以卖鲜果为主，现在引来销售商搞半成品加工，拉动了槟榔价格提高，增加了职工收入。

海南泉溢水产有限公司，是一家民营企业，租赁垦区桂林洋开发区的冷库设备和厂房，通过几年的改造扩大，企业不断发展，其生产加工的罗非生鱼片和虾肉冷冻水产品全部出口欧美国家，年创汇近3 000万美元，成为省出口贸易创汇大户。同时，也大力促进了周边农场养殖业和养殖专业户的发展。

重庆市乡镇农产品加工业

重庆市乡企局

重庆农产品资源非常丰富，发展农产品加工业、促进农民增收具有良好的条件。近几年我市围绕十种重点农产品，实施“十一个农产品百万工程”，大力推进农业产业化经营，促进了乡镇企业农产品加工业的发展。到2003年，全市乡镇企业农产品加工业实现产值272.83亿元，同比增长17.85%；出口创汇3 868万美元，占全市农产品出口创汇的32.74%，同比增长12.21%，乡镇企业农产品加工业向农民提供工资支出总额达50.2亿元。

一、基本情况

1. 乡镇农产品加工业已粗具规模　我市乡镇企业在发展初期，农产品加工业主要以打米磨面、竹藤棕草编织、造纸、榨糖等“小打小闹”的作坊式、粗加工为主，生产工艺落后，规模偏小，产品主要面向农村消费市场。经过乡镇企业20多年的发展，现在该产业已成为乡镇企业的四大支柱产业之一。2003年，全市乡镇企业中农产品加工业企业个数达1.62万家，从业人员为26.9万人，总产值达到272.83亿元，比上年增长17.85%，占乡镇工业比重为28.6%。其中生产夏布136.7万m、生丝5 698 t、皮革305万张、茶叶4.5万t、榨菜26.14万t、饲料63万t、饮料酒38.37万t、肉制品5.8万t、食用植物油5万t、猪鬃8.7万t、粮食加工量616.9万t，机制纸及纸板29万t等，在全市总产量中均占有相当份额，这对充分利用我市丰富的农业资源、拓展农产品市场、促进农村经济发展发挥了重要作用。

2. 涌现出了一批农业产业化龙头企业及农产品加工重点企业　随着我市乡镇企业的发展，一批带动性较强、具有一定规模的农业产业化龙头企业和农产品加工骨干企业脱颖而出，不断壮大。2003年，营业收入为1 000万元以上的农产品加工企业达100多家，其中有的企业与农户利益联系密切，初步形成了“公司＋基地＋农户”，贸工农一体化、产供销一条龙的农业产业化经营模式。如荣昌夏布公司、涪陵榨菜、合川永川丝绸、开县竹业、黔江珍珠兰花茶等，已显现出农业产业化经营的雏形，有的正逐步发展成为农业产业化龙头企业。

3. 创出了一批具有地方特色的名优产品　我市乡镇企业在发展农产品加工业进程中，顺应市场需求，注重抓好品种、品质结构的调整优化，积极引进国内外先进技术设备，运用新技术、新工艺，开发品质高、科技含量高、附加值高、市场占有率高的新产品和名优产品。如荣昌“老黄牌”夏布和黔江“双绿牌”珍珠兰花茶多次被中国国际农业博览会认定为全国名牌；重庆荷花米花糖集团有限公司1999年被农业部命名为名牌企业，重庆开县星星建材有限责任公司利用麦秆、杂木等生产的“群星牌”套装门、重庆三峡酒业有限公司生产的“巴渝牌”50度巴渝老窖酒等36种乡镇企业加工的农产品被重庆市政府评为名牌产品。

4. 乡镇企业农产品成为全市农产品出口创汇的重要力量　在乡镇企业出口产品统计分类的12个大类中，其中涉农产业类占了一半以上。2003年，乡镇企业农产品出口额为3 868万元，农产品制成品出口交货值，占全市农产品出口交货值的32.74%。重庆金凤丝绸有限公司、重庆伍达畜产品有限公司、荣昌县荣发茶厂、涪陵德丰食品有限公司、重庆金洲食品有限公司、重庆胜成畜产制品厂等一批企业是全市乡镇企业的出口创汇骨干企业，它们为我市乡镇企业走出国门、参与国际竞争起到了示范和导向作用。

5. 乡镇企业专业村镇的兴起为农业产业化和农副产品加工业提供了更加广阔的空间　随着各区县特色经济的不断发展，乡镇企业一乡一业、一村一品蓬勃兴起。据不完全统计，我市农村已涌现出68个乡镇企业专业村镇。一类是非农工业品加工制造为主的专业村镇，如摩配镇、五金镇、铸造镇、拖鞋村等；另一类是农产品加工专业村镇，如夏布镇、纺织镇、酿酒村、编织村、粉条村、榨菜村、养殖村等。后一类专业村镇以农产品加工业、种养业为主，带动了运输业、商贸业的发展，形成了贸工农一体化的格局，促进了农业产业化和农产品加工业的发展。

6. *乡镇企业农产品加工业，已成为增加农民收入的重要渠道* 乡镇企业的发展，特别是乡镇企业农产品加工业的发展和农业产业化，转移了农村剩余劳动力，促进了农民增收。一是乡镇企业农产品加工业，为农村剩余劳动力提供了就业岗位，增加了工资收入。2003年农产品加工企业从业人员为26.9万人，占农村劳动力的比例为3.6%，提供劳动报酬50.2亿元，相当于为全市农业人口人均提供了186元现金收入，占全市农民人均工资性收入858元的21.7%，占当年我市农业人口人均纯收入2 215元的8.4%。二是乡镇企业农业产业化经营和龙头企业的发展带动了农村种养殖业的发展，间接增加了农民收入。如重庆新盛企业发展有限公司一年生产的榨菜、丝绸等加工产品，需各类农产品原料20 884.8 t，总价值5 532.64万元，可带动47 654户农民从事养殖业，每户年收入为1 161元。实践证明，乡镇企业农产品加工业是增加农民收入的重要渠道。

二、主要做法

根据重庆发展实际以及国家的产业政策，为增加农民收入，转移更多的农村剩余劳动力，我们把乡镇企业中的农产品加工业的发展，作为乡镇企业发展的重头戏来抓，使乡镇企业农产品加工业逐渐发展起来，同时带动了相关产业的发展。我们的主要做法是：

1. *政策推动* 经过大量的调查研究，市委市政府发布了《关于进一步加快乡镇企业发展的决定》、《全市乡镇企业结构调整的意见》、《关于加快民营企业发展的决定》，并成为当前和今后一个时期全市乡镇企业发展和结构调整的纲领性文件，对推动乡镇企业发展具有十分重要的指导意义。文件明确了抓好农产品加工业的原则、政策、措施等，提出"乡镇企业要因地制宜发展农产品加工业；乡镇企业的发展要与推进农业产业化经营相结合，促进农业资源的深度开发利用；到'十五'期末要扶持100个农业产业化龙头企业。农产品加工业的产值占乡镇工业总产值的比重提高到30%以上；经县以上农业产业化办公室认可的农产品加工龙头企业，报经重庆市地税局批准，可给予一定时期的减免所得税照顾"。为农产品加工业的发展创造了一个良好的环境。

2. *规划引导* 我局在制定《重庆市乡镇企业"十五"计划及2015年远景目标规划》中也把发展农产品加工业作为"十五"到2015年乡镇企业发展的重点，提出要着力突出农业产业化发展，大力提升、改造传统产业，加大产品结构调整力度，到2015年要形成一批农业产业化龙头企业，提高农产品附加值，充分发挥其在农村经济中的带动作用。

3. *投资拉动* 近年来，各区县通过土地使用权的流转、投资合作等形式，吸纳原有企业、社会单位、工商企业私营业主等社会资本与农业产业化、农产品加工项目合作。2003年全市乡镇企业农产品加工、农业产业化经营投资500万元以上的项目达50多个，当年完成投资额3.5亿多元，为推动乡镇企业农业产业化、农产品加工业发展增添了后劲。

4. *专项扶持* 我们在资金、项目等方面重点向农产品加工业倾斜。近几年我们在向农业部推荐东西合作贷款贴息项目、全国少数民族地区专项贴息项目、贸工农贴息项目和向农办推荐农业产业化贴息项目以及在与市财政局联合安排市乡镇企业财政贴息项目方面，均重点向农产品加工项目倾斜，推荐和安排的此方面的项目资金占了绝大部分。从2000年起，市乡镇企业局与市财政局在乡镇企业发展基金安排上，明确要求农产品加工业企业，农业产业化企业要占70%以上。在2003年安排的市乡镇企业财政贴息的61个项目中，农业产业化和农产品加工企业达52个，占项目总数的85.2%，贴息金额计695万元，占贴息总额的81.86%。在乡镇企业发展资金的有偿使用方面，也注重了农产品加工项目的落实工作，对缓解企业资金压力起到了导向和四两拨千斤的作用。

5. *加强协作* 我们积极开展"农贸"协作活动，为农产品加工企业的发展牵线搭桥，出谋划策。主要是组织企业参加市政府在市内及市外开展的各种订单农业及农产品展销会，收到了较好效果。同时，我局还与市外经贸委、农办、农业局、乡镇企业局联合定期召开"农贸"协作联席会，分析农产品出口形势，研究当前一段时期农产品出口的突出问题，制定相应的解决措施，并制定了《确定重庆市农业产业化产品出口基地区县的实施办法》，对农产品重点出口的区县予以大力支持。2004年7月，我局会同市外经委、农办、农业局等部门，在严格审定的基础上，确定了万州、涪陵、合川、铜梁、大足、荣昌、綦江等6个农产品加工出口基地区、县，并配套相应的奖励政策，这对推动全市农产品加工出口具有重要的推动作用。

四川省农产品加工业

四川省乡企局、农业厅、水产局

近年来，我省在各级党委、政府的领导下，充分发挥当地的自然资源和传统特色优势，大力发展农产品加工业，有力地促进了我省农业增效、农民增收和农业产业化持续稳定的发展。目前，全省已初步形成了粮食、饲料、饮料、纺织、肉类、果蔬、茶叶、竹木家具、水产等农产品加工业，农产品加工业已成为我省农业和经济发展重要的支柱产业，成为农业结构调整的重点、亮点和经济增长点。

一、乡镇农产品加工业

2003年四川乡镇规模以上农产品加工企业已有703个，从业人员13.2万人，实现销售收入246.1亿元，实现增加值66.8亿元，分别比上年同期增长12.3%、18.5%、29.5%、29.4%。

1. 乡镇企业农产品加工业在全省农产品加工业中占据主体地位　在我省16家农业产业化国家级重点龙头企业中，格瑞农业、永丰纸业、光友薯业、迪康药业、竹叶青茶业等14家都是乡镇企业，约占81.2%；在115家省级重点龙头企业中乡镇企业有58家，占51.3%。

2. 形成了以食品加工、饮料加工、家具制造等为主的支柱产业　2003年，全省规模以上食品加工企业246家，从业人员3.9万人，实现增加值31.6亿元，分别比上年同期增长7%、39.3%、58.8%。2003年全省乡镇企业生产家具3.9亿件，生产生丝6 664 t，生产白酒、啤酒130.1万t，加工猪肉93万t，粮食2 247.1万t，食用植物油66.7万t，乳制品5.66万t，配混合饲料283万t，均比上年有不同程度的增长。

3. 一批上规模、上档次的农产品加工龙头企业发展加快　在200家全省乡镇企业系统农业产业化重点龙头企业中（资产均在500万元以上），现资产上亿元的企业有11家，资产在5 000万～1亿元的企业有22家，资产在1 000万～5 000万元的企业有120家，资产在500万～1 000万元的企业有47家。目前，我省已形成成都的达利食品、美好食品、绵阳的光友薯业、乐山的永丰纸业、遂宁的颐康食品、美宁食品、自贡的华润食品、龙都香茗、南充的国基实业、天冠冬菜、泸州的江阳曲酒、资阳的四海、达州的东柳醪糟、开源苎麻等一批辐射能力强、带动农户多、企业上规模、产品上档次的农产品加工龙头企业。

4. 龙头企业带动能力强，助农增收作用大　据不完全统计，我省乡镇企业系统200家重点龙头企业共带动农户310万户，占全省总农户的15%，助农增收人均达348元，高出上年全省农民人均增收2.9倍。

5. 培育了一批名牌产品　在我省乡镇企业农产品加工产品中培植壮大了很多精品和名优产品，如“竹叶青”和“叙府龙芽”及“龙都香茗”茶叶、“蓝剑”啤酒、“希望”与“通威”饲料、“美好”火腿肠、“瑞玉”与“花中花”大米、“永丰”文化用纸、“光友”粉丝等等。

6. 以龙头企业为核心，形成了一批农产品加工原料基地　通过壮大龙头企业，带动了一批农产品加工基地的建设，形成了“公司＋农户＋基地”的产业格局，在一些地方原材料基地已初具规模。如乐山市结合结构调整，在建设农产品基地上下工夫，营造商品林竹基地2.53万hm^2；建成笋用林基地6khm^2；竹叶青名茶基地1.6万hm^2，精细蔬菜基地面积1.6万hm^2，产量38万t；6大中药材基地8.47khm^2，产量1.3万t，农产品基地建设为农产品加工业的快速健康发展提供了安全、优质的原料保障。

二、种植业农产品加工业

（一）垦区农产品加工发展良好

四川省垦区现有农产品加工企业110个，固定资产6.5亿元，从业人员近万人。2003年，全垦区实现农产品加工产值13.5亿元，上缴国家税金0.83亿元，创利润1.84亿元。

四川省垦区农产品加工企业多数源于立足当地资源和市场状况创办的农产品企业和场办企业，经过多年来的艰苦创业，目前已初具规模，在繁荣垦区经济、保障城镇市场农产品供应、带动和促进企业所在周边农民增收等方面发挥了积极作用。全垦区农产品加工企业在生产经营结构上主要以乳业、蚕业、茶业、粮油制品、果蔬加工及饲料业为主。目前垦区生产各种奶畜产品 14.6 万 t，加工蚕茧 2.65 万 t，产酒 4 850 t，茶叶制品 767t，粮油制品2 500 t，果蔬加工产品5 000 t，奶牛饲料 1 万余 t，加工棉花 567t。在垦区农产品加工企业中，涌现出一些具有较高市场知名度、占有较大市场份额的优势企业。如成都乳品有限责任公司，其所产"华西"牌牛奶及奶制品年销售量达 2.15 万 t，占成都市液态奶市场供应量的 40%以上，年销售收入8 600万元，利税1 100万元，是四川省最大的乳制品企业。叙府酒业有限责任公司在全国白酒市场的激烈竞争中，实现了年产酒1 600 t，销售收入3 100万元，利税 430 万元。

（二）优质米加工初见成效

近年来，我省各地以农业结构调整为契机，加大了优质稻的生产与开发力度。全省现有优质稻加工企业 98 家，年加工能力 230 万 t 左右。2003 年共发展优质稻 112 万 hm^2，产量达到 821 万 t。其中全省优质稻加工龙头企业共建立集中成片的订单生产基地 29.53 万 hm^2，收购优质稻谷 216.5 万 t。以川粮米业、倍力米业、瑞玉米业、中成米业等年产精米 5 万 t 以上的一批大、中型粮食加工企业，通过"公司＋体系＋农户"的形式积极参与优质稻开发，基本上实现了优质稻产加销一条龙服务，创立了一批在省内外有一定知名度的品牌，如"瑞玉"牌系列米、"川粮"牌系列米、"花中花"牌系列米、"罗沙贡米"等等，其中"瑞玉"牌系列米在成都市场上的占有份额达 10%以上。

（三）菜茶果加工有喜有忧

1. 蔬菜　全省有蔬菜加工企业1 500多家（以中、小型为主）。2003 年全省蔬菜面积100.6 万 hm^2，产量2 639 万 t，年加工量 100 多万 t；年加工出口量 2.5 万 t 以上，创汇 1.5 亿美元左右。出口加工产品以盐渍蔬菜、食用菌、罐头、速冻蔬菜、速冻食用菌为主。蔬菜加工以出口为主，占加工品产量的 80%以上。主要出口日本、韩国、欧盟等国家和地区。在全省蔬菜加工中有影响的企业有四川禾嘉股份有限公司、乐山天成实业有限公司、四川绿科高技术农业有限公司、四川省敦煌集团有限公司等。

2. 茶叶　全省现有茶叶加工机械 3 万多台套，年加工能力8 万～10 万 t。2003 年全省茶叶产量 7.2 万 t，产值 7.6 亿元。其中名优茶 2.7 万 t，产值 4.6 亿元。主要品种有绿茶、茉莉花茶、高丽茶等。

3. 水果　全省水果产量 348.2 万 t，而加工量仅 5 万 t 左右，主要产品有果酒、樱桃罐头、速冻草莓、柠檬汁、苹果汁等。

三、水产品加工业

当前我省水产业已进入新的发展阶段，水产品摆脱了长期短缺的局面，城乡人民吃鱼难的问题得到了根本性解决。随着水产品量的增长，过去的卖方市场已转为现在的买方市场。在全省渔业从数量型向质量型转变的同时，渔业生产结构性矛盾日益突出，水产品销售不畅，养鱼生产者收入增长缓慢。特别是加入世界贸易组织（WTO）后，我省渔业面临更大的挑战，水产品市场竞争更加激烈，发展水产品加工，实现产业升级是促进我省渔业经济新的增长点和渔业结构调整的重要途径。这对于满足和扩大水产品市场需求，促进消费，提高水产品的综合效益和市场竞争力，增加渔（农）民收入，具有重要的现实意义和深远的战略意义。近年来，在农业部渔业局和省委、省政府的重视支持下，我省水产品加工业得到了较快的发展，从无到有，水产品市场粗加工、冷藏冷冻加工已粗具规模，精加工开始启动，产品已进入国内外销售市场，实现了零的突破，深加工正处于研究试验和项目储备阶段。渔药、渔饲料加工取得显著成绩。

四川属于淡水渔业省，水产品产量与沿海省市比较相对较少，绝大部分淡水鱼肌间刺相对较多，水分含量较大，其加工技术比海水鱼难度大；同时，四川人素以吃鲜鱼为主，在消费习惯和观念上与其他省（自治区、直辖市）有所不同，所以水产品加工业发展相对滞后。随着水产品产量的增长、市场的需求和人民生活水平的提高，消费习惯的逐步改变，近几年我省水产品加工业正在以较快的速度发展。据初步统计，2003 年全省鲜活水产品加工总量已达到 4 万 t，占水产品总产量的 6.6%，产值 4 亿多元，分别较上年增长 13.55%和 14%。2004 年，全省水产品加工总量约 4.5 万 t，较 2003 年增长 12.5%。另外，渔药、渔饲料等投入品加工每年可达 60 多万 t，产值 18 亿元。水产品加工业的发展不仅活跃了市场，促进了销售，而且推动了全省渔业生产的持续健康发展。

目前，我省水产品加工的重点是以水产市场鱼贩粗加工为主，每年可加工鲜活水产品 3.2 万 t，占水产品加工总量的 80%。其次是冷藏冷冻加工，我省冷藏冷冻加工集中在成都、南充、眉山、凉山等市

(州)，每年能加工鲜活水产品6 000t，约占水产品加工总量的12%。我省水产精加工以眉山天天渔业食品有限公司为主，重点生产醉鱼、麻辣鱼，每年能加工鲜活水产品5 000多t，可占水产品加工总量的10%。其他熟食品、半生熟食品、干制品加工一般为作坊式，零星分散，规模较小，未作统计。

贵州省农产品加工业

贵州省乡企局、农业局、农垦局

贵州自然资源得天独厚，立体气候明显，属中亚热带季风温润气候区。全省有大量宜林、宜牧、荒山等非耕地资源和广阔的山塘、水库、湖泊水面可供养殖业发展。全省生物资源丰富、种类繁多，有食用野生植物500多种，工业用野生植物600余种，绿化、美化及无污染野生植物240种，有70多种植物列为国家珍稀濒危保护植物，其中银杉、珙桐、秃杉、桫椤等列为国家一级保护珍稀植物。贵州又是全国中药材四大产区之一，有药用植物3 700多种，杜仲、天麻、黄连等药材享有盛誉。近年来，贵州省充分利用当地丰富的农产品资源，大力发展农产品加工业，极大地促进了农民增收。

一、全省发展特点

1. *农产品加工业初具规模* 据统计，全省有规模以上农产品加工企业559家，农产品加工工业产值218.65亿元，占全省规模以上工业总产值797.9亿元的27.4%；农产品加工业增加值78.47亿元，占全省规模以上农产品加工业增加值的28.9%。规模以上农产品加工业产值与农业总产值（431.39亿元）的比例为0.51∶1；规模以上农产品加工业利税总额57.9亿元，占全省规模以上工业利税总额的55.3%。我省农产品加工业的发展，构建了涉及多领域、多行业的农产品加工业体系，主要包括：烟草、白酒、食品（饮料）加工、中药材加工、木材和竹制品加工、皮革和鬃毛加工、香料香精加工以及纺织纤维品制造等等。

2. *一批特色农产品加工企业正在崛起* 我省在农产品加工的发展过程中，充分利用当地的优势资源开发主导产品，大力发展特色农产品加工，涌现出一批有规模、有品牌、有市场、有效益的农产品加工企业。2003年，全省50家国家级、省级农业产业化经营重点龙头企业中有农产品加工企业44家，占总数的88%。这些企业经营状况良好，对增加农民收入和加快农业结构调整上起到了积极的推动作用。贵阳南明老干妈风味食品有限公司以贵州丰富、优质的辣椒资源为依托，产品远销世界各地。2003年实现销售收入4.8亿元，上交税收7 800万元。赤水新宇竹业公司作为西南地区最大的竹材专业化加工企业，通过多年的发展，从一个单一加工竹地板的作坊式企业发展为初具规模，有5个系列250多个品种和11项技术专利的竹加工企业。企业正在进行的技改将使企业从年消耗80万根楠竹的生产能力提高到250万根，销售收入从2003年的2 900万元提高到1.5亿元。纳雍贵茗茶业有限责任公司依托当地得天独厚的地理优势，充分利用“有机茶”这块牌子，2003年生产有机茶等名茶7.86 t，实现销售收入479.72万元；2004年生产有机茶等名茶30 t左右，实现销售收入700万元。贵州信邦药业股份公司、同济堂（仙灵）药业股份公司2家药业企业立足于开发贵州的中药材资源，注重挖掘传统民族、民间配方，2003年销售收入13 239万元，同比增长26.75%。铜青桥公司以贵州位居全国储量第一的亚冷水资源为依托，积极发展三文鱼、鲟鱼和虹鳟等高档出口创汇水产品，取得了显著效益。

3. *对产业拉动、农民增收的作用显著* 在农业产业化经营过程中，龙头企业对区域支柱产业发展、农业结构调整和农民增收发挥了积极的推动作用。老干妈公司随着企业壮大，带动了贵州省辣椒加工业的发展，继“老干妈”之后，省内涌现了诸多辣椒制品品牌，提高了农产品的附加值，形成了一个以“老干妈”为代表的辣椒优势产业和优势产业加工群体，并确立贵州辣椒及辣椒制品在国内市场领先地位。在带动农户种植辣椒、油菜籽等农作物、促进农民增收致富、拉动相关产业等方面发挥了重要作用，也逐渐成为贵州一个极具发展潜力的产业。以老干妈公司生产用主要原料干辣椒、菜油、黄豆为例，在1997年至

2003年的近7年时间，共计使用干辣椒17 310 t，菜油49 757 t，大豆20 849 t，以上三个数据约合6.33万 hm^2 耕地面积的产量，按贵州省人均耕地面积水平计算，1997年—2003年间，企业采购农产品金额5.58亿元，共涉及17.3万农户（86.36万人）的农产品销路问题，人均出售农产品收入646元。2003年，企业使用菜油17 584 t，采购金额1.144亿元；生产用干辣椒5 730 t，采购金额4 200万元。根据2004年公司经营目标，预计今年菜油采购量将达28 000 t，采购资金1.8亿元；干辣椒采购量将达8 600 t，采购资金7 700万元；整个农产品采购资金达3.2亿元。康星公司依托金沙县的优质油菜发展油脂加工，企业的生产加工规模使金沙县及黔北周边农民种植油菜籽不愁销路。金沙县油菜生产也已成为当地的一个重要产业。金沙县油菜籽产量从1992年的18 405 t增加到2003年的26 000 t，单产从每公顷1 304 kg提高到2 250 kg，2003年全县农民人均纯收入中有200元来自油菜籽种植。虾子辣椒批发市场作为一个专业批发市场，2003年，年销售量超过5 000万kg，实现销售收入3.8亿元，90%的产品销往省外或国外，提高了遵义辣椒的知名度，带动了当地辣椒产业的发展。

4. *兴办了一批原料生产基地* 为支撑我省农产品加工业的发展，各地、各部门高度重视基地建设。全省建优质油菜基地29.35万 hm^2，年产优质油菜籽50.92万t；建优质水稻基地23.33万 hm^2，年产优质米原料157.5万t；建辣椒基地6.67余万 hm^2，年产干辣椒10万t；建竹业基地4.67余万 hm^2，年产楠竹400万根、杂竹40多万t、竹笋5万多t。另外，还建立了杜仲、黄柏3万 hm^2，核桃6.67khm²，银杏5.67khm²，板栗1.53khm²，蚕桑7.33khm²，茶叶1.23万 hm^2，野木瓜2.67khm²，银杏1.33hm²，以及一定规模的魔芋、生姜等生产基地；建16个商品瘦肉型猪基地、28个商品牛生产基地和24个商品羊生产基地。

5. *区域化、特色化经营特征日益明显* 我省的农产品加工业的区域特色比较明显，许多地区形成了各具特色的农产品加工业。如贵阳市、遵义市、黔东南州、黔南州的中药材加工；遵义地区仁怀市的酿酒、遵义县的辣椒、赤水市的竹产品加工；毕节地区金沙县及周边的油菜籽加工；铜仁的冷水鱼养殖和加工；黔南的茶叶和黔西南的烟草、畜牧等，都已形成特色明显的农产品加工产业体系。特色县、特色乡也在很多地方出现。

6. *加工企业与农户之间的利益联结方式日趋紧密* 加工企业把基地作为第一生产车间，通过契约加服务、保护价收购、让农户以资源入股分红和返还利润等方式与农户结成利益共同体，既降低了农户种（养）殖的风险和公司成本，又保证了产品原料的稳定供应，提高了产品的市场竞争力。如领先食品股份有限公司为保证稳定、安全的原料供应，通过帮助基地县村民建立农民专业协会来发展基地。公司与各协会签订了委托服务合同和购销合同，承诺每收购1kg蔬菜，向协会提供0.008元的劳务报酬，并向每个协会预付2 000元的工作经费。目前，协会运作良好，农户种植的积极性得到大幅度提高，公司的原料也得到了保证。现公司在清镇市、白云区等地发展农民专业协会4个，会员3 700人，共建立莲花白生产基地107.73 hm^2，带动农户3 750户，带动农户增收362万元。晴隆茶业公司在茶园建设中，采取以物放贷的形式，由公司出资金、技术，按照农户的种茶面积折款计入公司为农户设立的个人账户，待茶园投后（一般为4年），从农户交售给公司的茶青款中扣除，农民出土地、劳力，并在第五年起逐年按3∶3∶3∶1的比例偿还借款及利息，从而有效地解决了农民发展茶园缺资金、缺技术的难题，使公司与农户成为“利益共享、风险共担”的联合体，调动了农民种茶的积极性。

二、乡镇农产品加工业概况

根据省乡镇企业局2003年年报统计，全省乡镇企业中以农业为原料、年销售收入500万元以上的农产品加工企业为211家，分布于11个行业，从业人员39 079人，增加值173 269万元，占全省乡镇企业增加值5.27%；现价总产值731 018万元，现价销售产值682 757万元。分别占全省乡镇企业总产值和销售产值的5.81%和4.67%。这211家农产品加工企业基本涵盖了我省农产品加工发展的优势和主导产业。使我省乡镇企业增长结构出现了新的变化。第一产业（农业企业）对乡镇企业增长的拉动作用增强，产值增长29.7%，分别比二产业和三产业高出10个百分点以上，乡镇企业参与农业产业化经营成效明显。主要发展特点是：

1. **重点龙头企业是农产品加工业的主力军** 在我省乡镇企业中，有国家级“农业产业化国家重点龙头企业”7家，“农业产业化经营省级重点龙头企业”43家。重点龙头企业涉及调味品、中医药、白酒、肉类加工、饮料、茶叶、山野菜加工、食品、养殖、乳制品、果蔬加工、竹木制品等行业。依托重点龙头企业，采取“公司+基地+农户”等各种形式建立原材料基地，延长农产品加工产业链，不仅解决了企业生产的原料来源，而且还帮助当地农民脱贫致富。如安龙生态食品有限公司，是一家藕粉加工出口企业，公司通过带动模式，连起国内外大市场，现在仅安龙县种植食用莲藕的农户就有1万多户，每年当地农民可增加收入近1 000万元。

2. 农产品加工企业具有多样性的特点　依托得天独厚的自然资源，我省乡镇企业加工生产的辣椒调味品系列、牛肉加工品系列、方便米饭系列以及薇菜、蕨菜、竹笋、橡子等山野菜加工产品在国内市场上有较强的竞争力。近年来着力开拓国际市场，一部分产品在通过ISO 9000认证基础上，进一步取得美国FDA认证或通过国际HACCP质量认证，逐步走向国际市场。这些企业或依托大专院校，或引进国内外先进技术，树立新的发展观，如贵州清酒集团喀斯特肉牛项目引进浙江大学最新技术，培植和繁育牛羊新品种，起点高，发展快，示范作用明显，已成为我省农产品加工业的亮点。

3. 酒精及饮料酒制造业发展速度较快　以粮食为原料生产加工的白酒，是我省比较有优势的传统产品之一。近年来一批具有相当规模的乡镇企业酒厂加入了名酒集团公司，主要从事名酒基酒生产，还有一些酒厂通过强强联合，组建区域性酿酒集团公司。2003年底，全省酒精及饮料酒规模以上企业的从业人员达到3 733人，增加值达到10 323万元，现价总产值达到35 995万元，现价销售产值达到35 627万元。酿酒业发展较快的仁怀市，2003年白酒产量达到51 972.62t，比2002年增长5.3%。其中云峰酒业集团生产的小糊涂仙、小糊涂神等品牌，经过几年的发展，已在全国占有一定的知名度和市场份额，2003年总产量达到2 100t，产值达到18 745万元。

4. 食品加工依托纯天然和绿色环保，做大做强　肉类加工企业中如贵州永红食品有限公司，2002年被列为“农业产业化经营省级重点龙头企业”后，按照产业化发展的要求，跳出工业来发展工业，跳出工业来壮大工业，努力延长产业链条，启动了良种肉牛示范基地和奶牛场，公司的示范带动作用正在凸现出来。贵州牛来香食品有限公司狠抓产品质量，2003年通过了国际HACCP质量认证。两家企业生产的牛肉系列产品在全国有一定信誉，深受消费者的欢迎。在其他食品加工企业中，以领先食品股份有限公司等为代表的企业，生产的方便米粉、方便米饭、乔酥、调味品、山野菜等特色食品深受消费者欢迎。茶叶的种植和加工近些年发展较快，绿茶得到恢复性发展，苦丁茶渐成气候，产量和质量都在提高。

5. 抓好规划，突出特色，积聚发展　遵义市绥阳县有五百多年历史的手工空心面条洁白如银，纤细如发，中空如管，被誉为“贡面”。为了使这一特色食品形成规模效益，县政府、县乡镇企业局狠抓绥阳空心面农产品加工示范基地建设，以龙头企业绥阳晨有限责任公司为主，规划修建了一条长达1 km的空心面制作一条街，积聚吸纳100多户农民入住，解决离土不离乡的农民就业人数达500多人，带动当地农民脱贫致富奔小康。目前，绥阳空心面条除进入全国各城市超市外，还远销意大利、葡萄牙、挪威、英国、法国等10多个国家。

三、农垦农产品加工业概况

我省垦区农产品加工业是随着农业生产的发展而逐步发展起来的。发展初期，农产品加工业基础薄弱、结构单一、布局分散、企业规模小、管理水平低、产品竞争能力弱、发展速度缓慢，在整个农垦经济中处于从属地位。改革开放以来，农产品加工业有了很大的发展。生产规模、产品品种、产品质量、管理水平等都有较大的提高，产品也由过去的初加工发展到精（深）加工，农产品加工业也越来越细化，如乳制品细化到纯牛奶（消毒牛奶、超高温灭菌奶、特浓牛奶）、功能型牛奶（在纯奶中添加活性因子或营养强化剂如活性牛初乳、维生素AD钙奶、铁锌奶）、酸牛奶（分为凝固型酸牛奶和搅拌型酸牛奶）、调味乳、乳饮料及奶粉等30多种，有效延伸了农业产业链，提高了农产品附加值，增加了职工收入。

1. 以企业自身优势和品牌产品为依托，选定主导产品，进行标准化生产　同时，注重依靠科技进步，加快技术改造，提高新产品研发能力，不断提升企业产品竞争力。

2. 明确产业发展重点，围绕优势主导产业和产品，逐渐扩大基地规模形成特色　乳制品、茶叶、硒稻等原料基地规模逐步扩大，已经初步形成优势产业群。贵阳三联乳业有限公司在核心良种牛集群饲养的基础上，又相继在贵阳市乌当区下坝、息烽县雨酒村、开阳县三合村、修文县久长、清镇市红枫、云岩偏坡等地建设了奶牛饲养基地，并投入资金建设机械化全自动挤奶平台，较大限度提高了公司原料奶的质量，经济、社会效益显著。饲养基地辐射带动种植户1 900户，养殖户1 400户。饲料种植户年户均收入7 500元，奶牛养殖户年户均收入8 000元左右。在销售环节中2 000余个发奶点解决了2 000余名城乡富余人员就业，人均年收入达7 300元。形成了“公司＋基地＋农户”紧密型的产、供、销一体化利益联结机制，达到了企业增效、农民增收的目标，为配合国家做好“三农”工作作出贡献。

3. 走“订单农业”、“公司＋基地＋农户”、“公司＋协会＋农户”的路子，发展产业化经营　企业通过与农户签订订单合同、利益返还、提供技术或资金服务等多种方式，形成了较紧密的利益共同体，双方从过去松散的买卖关系，上升到了行为更规范、更具约束力的合同契约关系和利益联结机制。贵阳三联乳业有限公司集牧草种植、饲料加工、奶牛养殖、乳品加工、销售为一体，公司负责核心牛群的饲养、牛奶的收购、加工、销售以及疫病防治、饲料供应，农户负责饲养管理奶牛。这既降低了农户养殖的风险和公司成本，又保证了奶源质量和稳定供应，提高了产品的市场竞争力。遵义市乳制品有限公司针对实践中农户与公司、农户与管理、农户产品与价格、质量、等级等矛盾，经过调研，创新思维，以部分骨干奶农为主，组建了“奶农协会”。通过协会，把公司的管理要求、技术标准、质量标准广泛宣传，落实到每一个农户，将公司的管理理念逐步渗透到奶农的生产养殖过程中，确保原料基地正常稳定运行。另一方面，通过协会把奶农的要求、意见等有组织、有秩序地与公司进行和谐的沟通，使公司及时了解和掌握各家各户奶牛养殖情况，了解掌握他们对管理、市场、价格、饲料的要求，公司及时调整管理力度和相关政策兼顾双方利益。黔丹硒业有限责任公司，通过与职工（农户）签订订单合同，加快优质硒米发展，在生产规模和产品质量上狠下工夫，使职工收入比上年增加10%，家属收入比上年增加9.5%；与农户签订“硒稻”订单2 210户 208.89 hm^2，农户收入115.6万元。

4. 依托龙头企业组织原料生产，推进区域化专业化布局　即以基地为点，由小点到大点，点点相接，逐步连接成片，形成区域化生产带。在农民与企业之间建立多种形式的合作关系和利益分配机制，组建利益共同体。逐步形成一场一业（或多业）、一业多品的各具特色的经济，提高农业生产的商品化、集约化水平。进一步发展壮大龙头企业，开拓市场、打响品牌、推进生产基地的建设，形成生产批量，实现专业化生产，降低生产成本，提高市场知名度和市场占有率，提高了农业生产效益和农产品加工品质量。

云南省农产品加工业

云南省经委、畜牧局、水产局

大力发展农产品加工业，推动农业产业化经营，既是农业产业结构调整的重要方向，又是推进农业和农村经济结构战略性调整的重要带动力量，实现农业规模经营、带动农民进入市场、促进农民增收的有效途径。近年来，省委、省政府高度重视农产品加工业的工作，积极为农产品加工业的发展创造条件，为农业增效、农产品增值、农民增收发挥作用。

一、乡镇农产品加工业

云南是一个农业资源丰富、生物种类繁多的农业省，实施农业产业化经营的基础较好，具有地方特色的产业优势突出，为发展农产品加工业创造了良好条件。随着农村改革的不断深入，我省农业发展逐步打破了单一产业结构的局面，走上了多元化和产业化经营发展道路。伴随着农业产业化的发展，一批以规模产业、绿色生物资源基地为依托的农产品加工业应运而生，成为乡镇企业颇具活力的经济增长点。主要特点是：

1. 企业总量增加，涌现出一批规模较大的骨干企业　据统计，1978年我省从事农产品加工、销售和产业化种植、养殖的乡镇企业仅有9 332户，营业收入约0.3亿元。到2003底，我省从事农产品加工、储藏、运销的乡村集体、私营企业和个体户共有68 481个，从业人员27.6万人，完成现价总产值206.97亿元，实现增加值41.44亿元，分别占全省乡镇企业总量的8.6%、8.7%、10.3%、9.6%。

2. 涉足的行业扩大　20世纪80年代初期，与当时我省农业产业结构单一相适应，为农业产业服务和从事农产品配套加工的乡镇企业十分有限，涉足行业屈指可数。纳入统计的乡镇企业产品中，农业产品仅有粮食加工、茶叶、橡胶、食糖4种。到2003年，乡镇企业中涉足农产品加工的行业和产品得到较大扩张和丰富，除上述传统产业的加工外，逐步增加了饮料、酿酒、饲料、桑蚕丝、药材及生物药制品等产品加工；热带经济林果如咖啡、龙眼、香蕉、芦荟等种植与加工，香料和食用菌种植及野生菌加工，花卉种植及加工，蘑芋种植及加工；纺织、服装及其他纤维制造品制造业，皮革、皮毛、羽绒及其制品制造业，家具制造、木材加工及竹、藤、棕草制品制造业；水产养殖、畜牧养殖及畜产品加工等上百种产品。

3. 产生了一些以优势绿色资源为原料、富有市场竞争力的加工企业　一是生物制药业。如昆明龙津药业有限公司生产高效快速的溶栓降脂特效药“降纤酶”、云南盘龙云海药业有限公司生产的“排毒养颜胶囊”、云南滇红药业有限公司生产的“骨康王”和“皮康王”、丽江永胜映华制药有限公司以提取苦良姜皂甙为主生产的激素类药品、大姚县的金碧制药厂充分挖掘当地彝药资源研制生产的治疗支气管炎药“咽舒欣”、文山县的特安呐制药股份有限公司和富宁县金泰德制药有限公司利用当地丰富的三七资源研制生产“三七总甙”系列药品等均在国内外享有盛誉。二是新型农产品加工企业。西山区康可凯食品有限公司研制开发出的“开心松子”，在国内炒货市场独树一帜；洱源县乡镇企业生产的梅子系列产品深受国内外客商青睐；德宏彝族自治州泰华食品有限公司利用当地牛肉资源和传统工艺，生产系列牛肉干产品覆盖全国市场；腾冲县依托当地丰富的家果、野果资源，生产高档系列果脯，目前已成为全省产量最大、品种最多的果脯生产基地。

4. 有力地推进了农业产业化经营　我省各地乡镇企业在产业结构调整中，按照“公司＋基地＋农户”的模式，大力发展农产品加工业和储藏、保鲜、运销业，实行种养加、产供销一条龙，在农户与市场之间架起桥梁，涌现了一批以市场牵“龙头”、“龙头”建基地、基地连农户的农业产业化经营企业，带动了全省种植、养殖业的发展，促进了农业产业化经营，提高了农业比较效益，为实现农产品增值增利增效、农民增加收入，作出了积极的贡献。如陆良县千佛集团公司经过多年的发展，已成为一头连市场，一头带动农户蚕农，以茧丝绸工业为龙头的产供销、种加养、农工商一体化的企业集团，同时也把蚕丝绸产业培植成该县的支柱产业，2003 年集团实现工农业总产值 1.6 亿元，利税实现1 200万元，带动农户42 300户，自有基地规模达到5 066.67 hm^2；呈贡县龙街乡斗南办事处以斗南花卉批发市场带动花卉种植业；通海县以 16 个乡镇企业蔬菜冷冻厂为龙头，大力发展特色蔬菜和反季蔬菜；姚安县以荞酒为龙头，带动广大农民荞麦种植、酿酒和猪、牛饲养等。

5. 企业组织形式多样化　在发展农产品加工业和储藏、保鲜、运销业，推动农业产业化经营发展中，许多乡镇企业根据不同的产业和各自的有利条件，建立了“公司＋基地＋农户”等多种组织形式。从利益联结形式看，又可以划分为松散型和紧密型。松散型：龙头企业与农户为简单的买卖关系。企业没有固定的原料基地，与农户没有合同或契约，对农户不予直接的扶持；企业收购农产品，其价格随行就市，不承诺保护价格；农户靠企业的信誉组织生产，企业、基地、农户的关系是一种不固定的松散型关系。如楚雄彝族自治州牟定县各类家畜家禽屠宰场等相类似的企业。紧密型：龙头企业紧紧依托农产品基地，企业与农产品基地、农户结成紧密的利益共同体，为基地和农户提供铺底资金、生产技术、或籽种等系列化服务，对农户的生产提供一定的保护措施，形成市场牵龙头，龙头带基地，基地联农户的利益共享、风险共担的经营体系。如德宏香料产业和咖啡产业的两家龙头企业云德公司和宏天公司就是这种类型。云德公司与县市政府签订开发协议，明确公司的责任是提供技术、种苗、贷款和产品回收；政府的责任是搞好规划，办妥土地使用手续和组织发动；县市政府又与规划种植区乡镇签订协议，然后乡镇和公司再与种植户签订种植合同，这样层层落实，使企业、农户真正成为利益共享、经济共担的经济共同体；宏天公司则是通过企业以技术指导和一定的资金投入，农户以自有劳工、土地及农药化肥投入，产品由企业制定保护价收购并统一加工、销售的模式，来降低企业发展成本、提高农户的积极性。

二、畜产品加工业发

随着我省畜牧业产业化经营的发展，出现了一批在省内外具有一定知名度的畜产品加工企业。在我省认定的第一批重点扶持的龙头企业中，畜产品加工企业有邓川碟泉乳品有限公司、昆明雪兰乳品有限公司、昆明高上高食品有限公司、丽江三川火腿有限责任公司和曲靖市麒麟肉食开发公司 5 家企业，占认定的畜牧业龙头企业的一半。我省的宣威火腿自古就被称为南腿，在国内享有一定的名气，几年来产量和质量在不断提高，三川火腿已销到香港特区，另外还有撒坝火腿也具有了一定的规模；乳类加工企业逐渐扩大，日处理加工能力逐步提高，在省内形成了蝶泉、雪兰、东亚等几个大的乳品加工企业；一些具有地方特色的产品如腊鹅、腊肉、牛干巴等已陆续开发，我省畜产品加工业有了初步发展规模。

近年来，我省对部分畜产品加工企业进行技改，重点发展具有云南特色的火腿、腌腊品等精深加工制品，扩大分割肉、小包装肉制品的生产，取得了一定的进展。据不完全统计，目前全省上规模或初具规模的大小畜产品加工企业约219个（其中产值在500万元以上的企业有78个），肉类深加工15.3万t，占全省肉类生产总量的6.0%；乳制品加工量16.2万t，蜂产品加工量1 748.7t，畜产品加工业产值48.15亿元，比2002年的畜产品加工业产值增加了27.52亿元，增加了133.4%。

要加快畜牧产业的发展，做大做强畜牧产业，就必须发展畜产品加工业，以加工业来带动畜牧业的发展，畜牧业才会有生机和活力。因此省里在认真调查研究的基础上，于2003年提出并全面启动了“22355”肉类加工重点项目行动计划（即精加工火腿2万t、屠宰加工200万头白条猪、屠宰加工300万只无公害鸭、屠宰加工500万只鸡、牛羊肉加工5万t），培植一批畜产品加工企业，推进畜牧业产业化经营。对承担项目建设的企业给予政策优惠和资金扶持，使项目得以按期顺利进行。目前，“22355”工程进展良好，部分项目已完成了一期工程的建设，已进入了二期工程的建设。如宣威荣升火腿有限责任公司经重组后具备了6 000多t的加工能力，还计划扩建精制火腿生产线，使年产量达到1万t；丽江三川火腿有限公司筹资3 900万元建设的第二条生产线，扩建后生产能力达3 000t，目前企业已通过HACCP认证，取得了出口食品企业卫生注册证书；玉溪市百信商贸有限公司建设的年单班屠宰加工100万头生猪的加工厂进展较快，现已完成投资1.1亿元，土建工程基本完工，引进荷兰的设备正陆续到位；宜良李烧鸭食品有限公司投资400多万元进行改扩建，预计年内可加工销售鸭子100万只以上，2005年可达到年加工300万只的水平；华曦公司年屠宰500万只肉鸡的生产线本年可投入生产；保龙公司已建成日加工羊800只、牛60头的两条生产线，年生产能力达5 000 t，二期工程现已动工，建成后年生产能力可达4.5万t。

奶类加工上了一个新台阶，新希望集团先后收购了我省的蝶泉和雪兰两个乳业公司，华港集团在大理投资兴建了东亚乳业有限公司，前进、乍甸等乳制品企业的生产能力不断提高，目前我省主要乳制品企业已具备了日处理鲜奶1 000 t的能力。

三、水产品加工业

云南省地处祖国西南边陲，地形地貌复杂，气候类型多样，各种冷水性、温水性和热带暖水性鱼类在云南都能找到适宜的气候条件生长和繁育。就鱼类资源来说，目前已知云南有鱼类432种，占全国淡水鱼总数的42.2%。全省总水面28.43万hm^2，可养殖水面17.79万hm^2。其中湖泊水面10.84万hm^2，水库3.97万hm^2，池坝塘1.90万hm^2，除此外还有低池沼泽可养殖面积8.67多万hm^2及可供养鱼的稻田319.2万hm^2。丰富的鱼类资源、水域资源及多类型的立体气候为云南省水产养殖业的发展提供了得天独厚的天然条件。改革开放以来，我省水产养殖业迅速发展。2000年水产品产量16.62万t，2001年水产品产量18.02万t，2002年19.26万t，2003年20.43万t。随着水产品产量的逐年增加，一些地方出现了“卖鱼难”、“鱼价低”、“压塘压库”的现象，制约了当地水产业的发展，这就迫切要求加快水产品加工业的发展。

为全面了解我省水产加工业发展情况，制定今后我省水产加工业发展规划，遵照农办企函［2004］2号通知精神，对全省16个地州市的水产加工业现状及水产加工企业的基本情况进行了全面调查。近几年来，在各级党委和政府的重视和支持下，我省的水产品加工业取得了一定的成绩。与20世纪90年代相比，加工规模有所扩大，质量有所提高，品种有所增多，销售市场和规模也有所扩展。据这次调查统计，目前全省水产品加工企业共25家，水产品年加工能力2.74万t。全省2003年加工水产品3 492 t，产值10 264万元。

陕西省乡镇农产品加工业

陕西省乡企局、粮食局

加快发展农产品加工业，对保护和提高农产品综合生产能力，确保国家农产品安全，对推动农业资源的转化增值，调整农业产业结构，实行农业产业化经营，对切实解决“三农”问题，促进农民增收、农业发展和农村稳定、对推进农村城镇化、促进县域经济发展，对提高和丰富人民群众生活水平，都有着非常重要的作用。

一、乡镇农产品加工业

1. 实现了农产品加工增值，推动了农业结构战略性调整　乡镇企业每年粮食加工量占全省粮食加工总量的80%，生产食用油转化油料占全省油料总产量的65.6%，加工乳制品转化奶类量占全省奶类总量的68%。通过农产品加工，引导农民调整种植、养殖方向，进而带动农村种养业结构调整，缓解了农民“卖难”问题，有效地增加了农民收入。岐山县在这方面走在了前头。该县乡镇企业先后兴办了专用面粉、方便面、挂面等龙头企业，每年转化粮食10万t，带动了全县2.67万hm^2优质小麦种植，占全县粮食总量的55.5%。全县乡镇粮食加工企业实现产值2.97亿元，是全县农业产值的1.91倍。果业是我省的支柱产业之一，近几年乡镇企业引进国内外先进技术设备，建成了30多个果汁加工、果品储藏企业，其中每小时处理鲜果15t以上的果汁加工企业就有8家。渭北地区的陕西恒兴果汁公司、陕西海升果业公司、咸阳富安果汁公司、陕西绿想集团公司、陕西洛川绿典集团公司、陕西通达果业公司、陕西华美公司等一批果汁加工储藏企业发展壮大，带动了渭北及陕北27个县绿色果业基地的发展。兴平市是全国食品工业强县（市）之一。该市有以油郭面粉厂为代表的800多个乡镇企业，其中面粉加工业是一个强项。面粉加工业的发展，又带起了方便面企业、淀粉制糖企业和饲料加工业的发展。西北最大的生猪屠宰村——晁庄和界庄应运而生，并带动了兴平及周边地区养殖业发展，使兴平市成为全省最大的畜牧业生产基地，全市猪、鸡、牛、羊存栏分别达到29万头、249万只、4.2万头和3.6万只，走出了一条农牧业并举，“种、养、加”相结合的良性发展道路。

2. 增加了市场有效供给，丰富了城乡人民生活　在全省乡镇企业农产品加工业中，食品工业占据着十分重要地位。2003年，全省乡镇企业食品工业企业达5.5万个，涉及粮食、植物油、肉类、乳品、酿造、饮料、白酒、水产品、制茶、糕点、制糖、调味品、脱水菜、罐头食品、食用菌加工等20多个行业，为满足市场，保障供应，发挥了重要作用。其中乳品、果汁、面粉、淀粉、方便面、挂面、食用油、蔬菜等加工品产量在全省占相当比重，部分产品已在国内市场具有较高的知名度。当年全省乡镇企业乳制品产量达20.34万t、面粉205.4万t、淀粉23.2万t、食用油31.6万t、果汁9.6万t、方便面8.3万t、纸制品154万t。银桥乳品、惠民乳品、神果乳品、石羊饲料、世联面粉、华祥方便面、兴包纸品、宇华纸品等8个产品被评为陕西名牌产品。西安银桥乳品获中国名牌称号，也是陕西省乃至西北地区惟一全国名牌。

3. 涌现了一批骨干龙头企业，推进了农业产业化经营。近年来，全省乡镇企业通过政策扶持，市场引导、产业吸引，逐步涌现了一批规模大、带动能力强，在全省乃至全国有一定影响的龙头企业。全省有9家企业被列入全国农业产业化重点龙头企业，其中7家就是乡镇企业，全省31家省级农业产业化重点龙头企业中有乡镇企业15家。2003年，被列入全国和全省的农业产业化龙头企业的22户乡镇企业，共拥有固定资产9.36亿元，实现营业收入19.6亿元，上交税金5 233万元，带动农户8万多户。起到了“兴办一个龙头，带动一片产业、振兴一方经济、富裕八方百姓”的作用。西安银桥集团公司坚持走产业化经营的路子，以“公司＋农户”的形式发展乳制品生产，实现了传统农业与现代工业的结合。2003年该公司实现销售收入4.8亿元，实现税金600多万元，企业从业人员1 600人。该公司年支付农户奶款1.5亿～2亿元，带动周围10县、30个乡镇的近10 000户农民走上了致富之路。

4. 增加了农民收入，成为农民致富奔小康的重要途径　乡镇企业农产品加工业属劳动密集型行业，由其转移的劳动力已占到全省乡镇企业从业人员总数的14.7%。2003年全省农民平均从乡镇企业农产品加工企业中得到的工资及其他收入，占到全省农民人均纯收入的11%。一些乡镇企业农产品加工业发展较快的地方，农民从乡镇企业发展中取得的收入更高。宝鸡县惠民乳品公司是宝鸡县八庙村兴办的集体企业，也是全国农业产业化龙头企业，全村农民人均纯收入的61%来自该公司的乳品加工业。

5. 实现了集约化经营，提高了农民组织化程度　乡镇企业农产品加工业立足农村，围绕当地丰富的资源，积极推行“公司＋农户”、“公司＋基地＋农户”、“公司＋中介组织＋农户”等多种产业化经营形式，形成了产加销、农工商一体化的产业格局。在龙头企业的带动下，通过产业化的形式，把科技和市场信息传递给农村、农户，把农产品和劳动力带出农村，带进市场，在不改变家庭承包经营的情况下，有效地吸纳先进生产要素，提高了农业整体效益和农民组织化程度，稳定完善了农村双层经营体制。

6. 带动了相关产业，延伸了农业产业链　乡镇企业农产品加工业的发展壮大，有力地带动了与之相关的包装、印刷、造纸、食品机械、运输、商业服务业等行业的发展。西安国维淀粉有限责任公司是我省农业产业化重点龙头企业，年生产能力15万t，去年产值1.7亿元。近年来，为该厂配套的运输车辆达500多辆，每年为农民增收1 200多万元，并带动了周围包装、餐饮等服务业发展。

二、粮油加工业

据不完全统计，到2003年末，陕西有各类粮油加工企业220家，其中面粉业162家，碾米业15家，植物油加工业43家；国有企业68家，非公有制企业152家，企业年加工能力385.41万t，其中面粉业年加工能力最大，为264万t，碾米业和植物油加工业年加工能力分别为50.11万t和71.3万t。产品产量147.2万t，其中面粉业105.29万t，碾米业21.24万t，植物油加工业20.67万t。企业机能利用率分别为面粉业39.88%、碾米业42.39%、植物油加工业28.98%。实现销售收入24.6亿元，实现利税2 827万元。主要特点是：

1. *产业结构调整逐渐展开* 随着粮食流通体制的深化改革，我省积极推进以产权制度改革为主的企业经济体制改革，积极进行股份制改造和粮油加工业资源优化重组，建立现代企业制度，并努力发展非公有制经济，不断优化产业结构。从所有制结构来看，已形成多种所有制形式相互促进、共同发展的局面。尤其是近年来非公有制经济发展迅速，企业总数已超过公有制经济企业，约占企业总数的69.1%，其规模、效益也不断壮大，成为促进我省粮油加工业发展、活跃市场经济中不可忽视的力量。从企业结构看，我省粮油加工企业以磨粉业、碾米业和油脂加工业三大类企业为主，磨粉业在三类企业中占比重较大，为73.63%，碾米业和油脂加工业分别占到6.82%和19.55%。三类企业中，中型企业占据主导地位，并不断向规模化、集约化方向发展，大型企业成长较快，企业比例逐渐提高。其中磨粉业日加工能力在400t以上的大型企业6家，碾米业日加工能力在100t以上的大型企业2家，油脂加工业日加工能力在1 200t的大型企业1家，日加工精炼油在200t以上的大型企业3家。从产品结构看，我省粮油产品生产和消费主要集中在面粉、大米、食用植物油三大品种上，各品种已初步形成档次齐全、品种丰富的多层次加工体系。

2. *技术装备及技术创新水平逐步提高* 近年来，我省粮食加工业通过引进国内外先进设备，对生产线和生产装备进行了挖潜改造、更新换代，技术装备有效提高，许多米、面、油加工企业的技术装备水平已达到或接近国内先进水平。同时，加大了科研开发力度，积极采用粮食加工新工艺，努力提高产品的技术含量和附加值，不断促进产品升级换代，粮食产品加工深度明显变化，产品改变了过去加工简单、品种单一的状况，根据不同层次消费者开发出一系列适合现代消费者需求的各种规格和各种包装的高、中、低档产品，出现了技术含量不断提高的新局面。

3. *重点企业逐步发展壮大* 粮油加工业在政府推动、龙头带动、市场牵动、利益联动下，不断进行资源的优化重组，涌现出了一批体制灵活、竞争力强、经济效益好、规模大、实力强的粮油加工企业。这些企业无论是在科技水平、企业管理上，还是在发展粮油精深加工和订单农业上，都走在全省前列，充分发挥了龙头企业带动作用，为我省粮油加工业产业化经营做出了贡献。具有典型代表性的几个粮油加工重点企业是：①陕西西瑞（集团）有限责任公司。是我省重点扶持的集科、工、贸为一体的大型国有企业集团，以粮食收购、储存、加工、贸易为主业，涉足期货交割、果业饮品、房地产开发、种养殖等多个领域的国有控股企业。2003年末企业拥有总资产3.4亿元。2003年，米、面、油产品销量均居陕西行业之首，实现销售收入2.61亿元，实现利税217万元，是陕西粮食行业的龙头企业之一。②西安市群众面粉厂。是我省规模最大的面粉加工企业之一，现有职工1 000人，固定资产6 000万元，流动资产13 240万元，拥有引进国际一流的瑞士布勒公司专用粉生产线，日处理小麦500t，年产面粉10万t。先后被评为陕西省经济明星企业、全国食品行业质量效益型先进企业、全国500家最大食品制造企业。1998年改制为股份合作制企业。在西安市国有粮食加工企业首家实行产权制度改革，建立了现代企业法人治理机构，逐步发展成为多元化、规模化的粮食集团公司。③西安嘉里油脂工业有限公司。是1993年由陕西省粮食局、陕西省油脂公司、西安市油脂公司与嘉里粮油（中国）有限公司共同出资组建的中外合资企业。注册资本1 050万美元，2002年底公司资产合计18 690万元人民币，资产负债率为78%。主要生产食用精炼油，产品的品牌有“巧厨”、“百合花”及借用嘉里粮油（中国）有限公司的“金龙鱼”、“鲤鱼”、“元宝”、“海皇”等。④石羊集团。是我省油脂饲料行业的龙头企业之一，以油脂生产、饲料加工、进出口贸易为主业，拥有14个子（分）公司，分布于陕西、甘肃、山西、河南、宁夏等省、自治区，“石羊”牌饲料被陕西省政府评为“陕西名牌”，1999年被农业部评为“百强乡镇企业”，预期2005年销售总收入42亿元，年利税1.5亿元，跻身全国同行10强，并争取上市，油脂、饲料争创全国知名品牌。⑤宝鸡祥和面粉有限责任公司。是我省中型面粉加工企业改制成功的典型企业之一，总资产2 000余万元，年生产优质小麦粉10万t，挂面1 500t，销售收入过亿元，年实现利润400万元，上缴税金和实现利润处于全省前列。企业率先建立了食品质量安全控制体系和质量标准认证体系，并初步在周边176个行政村培育和建立小麦种植基地1.32万hm^2，带动32 500户农民形成“公司带基地、基地连农户”的产业化经营格局。

4. *优势产品和名优品牌逐步扩展* 近年来，全省粮油加工企业质量意识和品牌战略意识不断增强，普遍注重内部管理，不断完善各项生产技术指标和生产流程，在生产中严格执行产品质量标准和卫生标准，并积极采用粮食加工新工艺，努力提高产品的技术含量和附加值，不断促进产品升级换代，研制开发出一批绿色、营养、健康的粮油产品和在国内处于领先水平的粮油机械设备，逐渐树立起了企业品牌。通过名牌战略的实施，质量和品牌意识的增强，使我省粮油产品质量提高很快，优势产品和名优品牌逐步扩展。目前，“巧厨”、“邦淇”、“西瑞”、“爱菊”等品牌已享誉国内市场，成为我省的优势产品。我省已有18家生产企业生产的44个品牌的粮油产品获得了国家粮食行业协会授予的“放心粮油”称号，有7个品牌荣获“陕西名牌产品”称号。

5. *市场管理逐步规范* 随着粮食市场化进程的加快，我省逐步建立和完善了以5类食品生产许可证制度为主的规范市场主体及交易行为的管理制度，市场管理逐步规范。市场准入制度强化了粮油产品的日常检验检测和产品准入资格的审查，规范了粮油产品市场的管理，加强了市场监管，在广大粮油加工企业中营造出坚持标准，严把质量，诚信经营的氛围。目前，我省已有370多家粮油加工企业通过了生产许可证的审查，有效净化了粮油产品市场，提高了产品质量，杜绝了不符合质量卫生标准、有毒、有害粮食产品流入市场，维护了消费者的权益。

6. *质检体系初步建立。* 近年来，我省加快了全省质检体系的发展，已初步形成了以省级粮油质检机构为中心，市级粮油质检机构为纽带，县级粮油质检机构及粮油加工企业的中心化验室为补充的粮油质检体系。目前，省粮油产品质检所的技术装备水平和产品检验检测能力位于西北地区前列。在质检体系建设中，强化了各类质检人员的培训，累计培训人员近3 000人次，并严格执行了质检人员持证上岗制度，为规范市场秩序、提高产品质量发挥了重要的作用。粮油加工企业在树立企业品牌的过程中，普遍加强了标准化工作，其中心化验室的装备水平和检验能力不断提高，并加强了对产前、产中、产后的质量和卫生控制，成为企业提高产品质量的重要手段。

甘肃省农产品加工业

甘肃省农牧厅、乡企局、农垦局

发展农产品加工业，不仅可以延长农业产业链条，使农产品加工增值，提高农产品的市场竞争力和农业的整体效益，而且对于吸纳农村剩余劳动力，增加农村就业，推进农村工业化、城镇化建设都具有十分重要的意义。近几年，我省大力实施“工业强省”战略，把发展农产品加工业作为推进农业产业化经营的切入点和突破口，政策上优惠，资金上倾斜，对其给予大力扶持，有效地促进了我省农产品加工业的发展。

一、全省基本情况

据不完全统计，截至2003年底，我省共有各类农产品加工企业2.8万户，从业人员近20万人，农产品加工企业固定资产总额60多亿元，当年完成工业增加值36.8亿元，销售收入130多亿元，出口产品交货值近3亿元，实现利税近10亿元，农产品加工业增加值占全省农业增加值的17%。全省规模以上农产品加工企业220多户，主要集中在粮食加工、畜产品加工、蔬菜加工、马铃薯及玉米淀粉加工、酒类及饲料加工等领域，企业的实际年加工量约850万t，农产品加工转化率达到20%。农产品加工业已成为我省国民经济新的增长点，呈现出一些新的发展特点：

1. *农产品加工业带动了农村经济结构的战略性调整* 各地依托当地资源优势，通过发展农产品加工，引导农民向优质、高效、现代农业的方向发展，促进了资源优势向市场优势的转化。这几年，我省具有特色资源优势的产业，在加工企业带动下加快了向优势产区集中，农业生产结构趋于合理。2003 年，在一批种子加工企业的带动下，以河西走廊为主的玉米杂交制种面积达到 7.27 万 hm^2，产种 43 万 t，占全国玉米用种量的一半，比 1996 年增加了 15 倍，已成为全国玉米杂交种调出第一大省；以定西为主的马铃薯种植面积达到 49.67 万 hm^2，鲜薯产量 755 万 t，位居全国第二；以河西为主的啤酒大麦面积 9.47 万 hm^2，产量 53 万 t，年啤麦加工能力 30 万 t，成为全国优质啤酒大麦主产区；以河西、陇东为主的优质苜蓿保留面积 46.67 万 hm^2，草产品加工原料基地面积 4.67 万 hm^2，加工销售草产品 45 万 t。张掖市在加工龙头企业的带动下，突出发展玉米制种、番茄和苜蓿草种植。2003 年，制种面积 4.33 万 hm^2，番茄种植 4.73khm^2，苜蓿草种植面积 3 万 hm^2，种植业内部粮经饲结构由 2001 年的 43∶53∶4 调整为 32∶57∶11。临泽县在北京奥瑞金、长城种业、敦煌种业等制种龙头企业的带动下，2003 年全县农作物制种面积 1.25 万 hm^2，占农作物播种面积的 60.7%；依托天森番茄制品公司种植番茄 1.63khm^2。2003 年全县“订单农业”面积达到 1.49 万 hm^2，占农作物播种面积的 72.2%，全县粮经饲的比例调整为 19∶66∶15。敦煌种业公司去年种子生产订单面积达到 1.07 万 hm^2，占全市农作物播种面积的 9.5%。酒泉大业、玉门大业两个草产品加工企业，2003 年紫花苜蓿订单面积达 1.13 万 hm^2，占全市紫花苜蓿面积 60%。酒泉市农产品种植面积中有 70%是通过订单落实的，其中 80%是由龙头企业组织完成的。定西、陇南在扶正制药公司等企业带动下，2003 年两市地中药材种植面积分别达到 7.27 万 hm^2 和 3.93 万 hm^2，占全省种植面积的 52%和 28%，尤其是当归、党参、红芪、黄芪四大品种占到全省种植面积的 90%以上。一些地方还形成了中药材种植专业村、专业乡，加工企业通过发展订单农业，既为企业发展提供了充足的原料保障，又解决了农民面向市场调整结构的问题，培育了农业生产新的增长点，实现了培育优势产业和优化区域布局上的新突破。目前，我省年销售收入突破亿元的农产品加工企业达到 18 个。玉米淀粉加工企业武威荣华企业集团已于 2001 年 6 月上市，资产总额达到 23 亿元，年转化玉米 53 万 t，销售收入超过 10 亿元，跻身于全国玉米淀粉加工企业前列。荣华集团、农垦啤酒、莫高实业、亚盛集团、敦煌种业、银河集团、兰州好为尔、临洮腾胜公司 8 家农产品加工企业已被认定为国家农业产业化经营重点龙头企业，荣华集团、亚盛集团、敦煌种业、莫高实业四家国家重点龙头企业完成改制，已成为上市公司。酒泉大业草业有限公司、甘肃甘绿脱水蔬菜有限公司等企业被认定为第一批省级重点农业产业化龙头企业。这些企业在带动当地农业经济结构战略性调整方面，发挥了积极作用。

2. *农产品加工企业的发展，带动了农民收入的增加* 农产品加工业的发展，促进了生产要素在城乡之间的双向流动，加快了城乡一体化的进程，推进了农村工业化，缩短实现城乡一体化的进程。如张掖市甘州区梁家墩镇利用该镇地处城郊的地域优势，大力发展乡镇企业，促进农业劳动力向非农产业转移。引导建筑建材企业调整产业结构，投资农产品加工项目，提高了全镇二、三产业的比重。本镇农民在骨干企业的从业人员每年都在5 000人左右，全镇农民人均纯收入中 42%来自骨干企业，很大一部分农民通过向加工企业销售农产品致富。据张掖市物价局等部门测算，种植 1 公顷春小麦的净产值为1 845元，而种植制种玉米净产值为8 289元，种植番茄净产值为10 451元，种植苜蓿净产值为4 675元，有加工龙头企业带动的订单生产效益明显高于普通粮食作物生产。敦煌种业公司去年带动基地农户 7 万多户，向农户支付种子、棉花收购款 7.3 亿元，户均收入 1 万元以上。甘绿集团带动张掖市甘州区党寨镇农民种植蔬菜 1.33khm^2，全部实行最低保护价收购，农产每公顷收入22 500元。这几年，我省农民收入增加幅度比较大的地区，基本上都是农业产业化发展比较快，农产品加工企业比较集中的地区。

3. *农产品加工企业整体发展水平有了提高* 企业产品开始由初级加工逐渐向精深加工发展，附加值和科技含量有了一定提高。武威荣华集团与科研单位和大专院校合作，成立了生物工程研究所，重点进行新产品的研究开发，他们与上海新立工业微生物研究所、浙江大学高分子系联合研制开发的淀粉深加工项目 L-聚乳酸项目，获得国家科技部“十五”攻关项目。产品科技含量的增加，既提高了企业的经济效益，又增加了农民的收入。河西的脱水蔬菜加工已由热风烘干发展到以真空冻干为主。一批农产品加工企业通过改革、改组、改造使之进一步完善。

二、乡镇农产品加工业

（一）基本情况

近年来，我省乡镇企业紧紧围绕农产品加工、储藏、保鲜、运销这一重点，积极调整和完善发展思路，大力发展农产品加工业，推进农业产业化经营，取得了较快发展。截至2003年底，全省乡镇企业农产品加工企业已发展到4.02万户（其中规模以上企业233户），从业人员24.2万人，当年完成总产值187.6亿元，增加值45.1亿元，利润总额10.8亿元，上缴税金2.8亿元。农产品加工业增加值已占到全省乡镇企业增加值的16%，工业增加值的37.4%，成为乡镇企业工业经济的主体。随着农产品加工业的快速发展和农业产业化经营的推进，全省乡镇企业涌现出了一大批上规模、上水平、上档次的企业。以甘肃荣华企业集团为代表的一大批农业产业化龙头企业，不仅规模大，有品牌，效益好，而且带动能力强，辐射面广。其中，甘肃荣华企业集团、甘肃省临洮县腾胜蔬莱土特产购销有限责任公司、甘肃银河食品集团有限公司、兰州好为尔生物科技有限公司等4家企业被列入农业产业化国家重点龙头企业，占到全省国家级农业产业化重点企业总数8户的二分之一；共有17家乡镇企业被列入省级农业产业化重点龙头企业，占到全省33家总数的52%；兰州黄河企业集团公司和甘肃荣华实业（集团）股份有限公司2家企业已成功上市；部分农产品加工龙头企业建立了现代企业制度，基本走上了制度化、规范化、科学化和现代化管理轨道。

（二）主要成效

农产品加工龙头企业的迅速发展壮大，不但促进了农村种植业结构的调整，而且带动了地方区域特色产业的发展。以武威为主的河西走廊小麦玉米产业，以庆阳、张掖、兰州为主的果蔬保鲜加工产业，以河西、陇东为主的饲料加工产业，以平凉、临夏为主的畜禽屠宰及肉皮毛加工产业，以金昌、白银为主的啤酒原料产业，以天水、定西、平凉为主的马铃薯产业，以定西、陇南为主的中药材产业，以兰州为主的乳品产业等，正在走向规模化、集约化经营发展轨道，总体呈现出良好的发展势头，初步形成了具有地方特色的区域产业带，成为推动区域经济发展的新的增长点。同时，随着农产品加工业及农业产业化经营的发展，龙头企业与基地、农户之间的利益连接机制已经初步形成，关系日趋紧密，农民收入大大增加。

三、农垦农产品加工业

近年来，甘肃农垦不断调整产业结构和种植结构，在围绕促进农业产业化进程中，逐步形成具有农垦特色及规模的农产品加工业模式，目前已形成几十家以啤酒花、啤酒大麦、小麦、棉花、玉米、药材、奶制品、草加工、种子加工等十几种产品为主的农产品加工企业。

（一）基本情况

2003年，甘肃农垦现有农业职工2.2万人。垦区土地面积47.1万 hm^2，其中耕地面积4.53万 hm^2；现有农牧场17个；工业企业（包括二级企业）78户，其中总公司直属16户，场办企业52户。2003年，完成国内生产总值6.5亿元，较上年增长8.9%，主营业务收入15.9亿元，增长17%，完成固定资产投资2.6亿元，实现利税1亿元，职工年均收入6 200元。2003年主要农产品生产情况为啤酒大麦6.34万t，啤酒花0.41万t，棉花0.56万t，油料0.62万t，牧草2.82万t，果品2.5万t。2003年农产品加工业生产完成情况：生产啤酒大麦芽8.3万t，颗粒酒花0.24万t，啤酒13.6万t，葡萄酒0.23万t，消毒液体奶2.2万t。

（二）主要特点

1. 围绕农业产业化项目形成的农产品加工业已成为甘肃农垦工业的支柱　几年来，甘肃农垦通过调整农业产业结构，积极兴办龙头项目，努力搞好商品生产基地建设，大力发展农业产业化经营。围绕啤酒大麦、啤酒花、葡萄、棉花、药材、苜蓿、果品等大宗产品，已建成投产的药碱、啤酒、啤酒大麦芽、颗粒酒花、干性葡萄酒、棉花加工、种子加工等20多个农业产业化项目开始发挥效益。啤酒能力达16万t、麦芽13万t、颗粒酒花0.5万t、葡萄酒1万t、液态奶6万t。已形成了啤酒系列、莫高葡萄酒系列、白酒系列、乳制品系列、特种药材等农工贸一体化的农业产业化体系，带动了整个农垦经济的发展。亚盛集团、啤酒公司、莫高公司、好为尔公司等4个企业被国家确定为全国农业产业化重点龙头企业。目前农业产业化经营销售收入已占整个甘肃垦区企业销售收入的50%以上。

2. 通过实施农产品名牌战略，不断扩大产品的市场占有率　各企业特别是骨干企业高度重视培育名牌产品的工作，制定规划、落实措施、加大投入、重点扶持，在产品质量、外形包装、价格体系、售后服务、员工形象、营销队伍建设、企业信用、注册商标等方面塑造企业形象和产品品牌，以品牌树形象，以形象争市场。几年来垦区先后创出“好为尔”乳品、“飞农”大麦芽、“莫高”葡萄酒、“祁连山”甘草系列产品、“天马”和“绿嘉”牌颗粒酒花、“西凉”和“五泉”啤酒，“条山”和“老寺”系列白酒等一系列农产品及以这些农产品为原料的食品制造业的知名品牌，提高了农垦企业的知名度，并扩大了市场份额。

3. 积极开展企业改组和资本运营，壮大经济规模　黄羊河等4家垦区内企业剥离重组部分优质资产与科研单位等联合，将原饮马啤酒原料股份公司增资扩股为甘肃莫高实业发展股份公司，现已形成大麦芽生产6万t，葡萄基地3.33khm^2 加葡萄酒生产1万t，草加工能力2万t的生产能力；莫高公司已于今年3月份成功上市。好为尔乳业完成在兰州扩建第四生产车间的基础上又在酒泉新建立20万t规模奶业生产线，并初步建立3 000头规模的奶牛繁育基地。小宛棉花生产已由过去的每年100t小型加工厂发展到现在年加工皮棉1 500t的加工厂。天马颗粒酒花公司由2 000t发展成5 000t加工能力，这些企业的规模壮大，扩大了市场占有率，增加了企业的经济效益，壮大了企业的经济实力。

4. 推进甘肃农垦无公害农产品行动计划，确保农垦农产品质量安全　以提高农产品的商品率，市场占有率为目标，依靠科技进步，大力发展“两高一优”农业，突出绿色环保、无公害产品，以优质产品占领市场，确保农垦农产品质量安全。目前垦区有12家农产品加工企业已通过ISO9000系列产品认证，9家企业通过ISO9000系列质量体系认证。2002年度甘肃垦区年生产农牧产品及加工产品（食品原料、食品类）11大类30余种，实物产量36.83万t。其中已取得绿色食品认证的产品6大类22种，实物产量7.1万t，占农产品及加工产品的19.28%。已初步形成了绿色环保、无公害产品占领市场的品牌效应，带动了全垦区绿色环保、无公害食品的发展。

5. 加强对企业指导与管理，积极推进农业产业化进程　根据中央1号文件精神，甘肃农垦积极制订各项发展农业产业化、增加职工收入的政策，研究制定贯彻落实促进增加职工收入的政策或意见，并组织上报农业部及省政府，2004年初印发了《关于甘肃农垦农业发展的意见》通知，逐步构建起“优势区域、优势基地、优势产业、优势品牌”的配套发展新格局，提高农业产业化经营水平，推动垦区农业产业化及农产品加工业上规模、上水平，努力实现农业增收、企业增效、职工增收。

宁夏回族自治区农产品加工业

宁夏乡企局、农垦局

建设小康社会，建设现代化农业，全面繁荣农业经济，发展农产品加工业，实现农产品的转化增值，对提高农产品的综合竞争能力，增加农民收入，促进农业和农村经济战略性调整，具有十分重要的意义。近年来，宁夏根据本区自身优势，大力发展农产品加工业，为农业增效、农民增收发挥了重要作用。

一、乡镇农产品加工业

农产品加工业是农业产业化的主要载体和依托力量，也是乡镇企业发展的切入点和着力点。根据自治区党委、政府《关于大力扶持农产品加工业发展的若干政策意见》精神和自治区乡镇企业“2321”行动计划的要求，我局把扶持农产品加工业，推进农产品加工业发展，作为工作的重中之重，重点予以扶持。经过多年的努力，基本形成了具有一定规模和特色的农产品加工体系，农产品加工业的发展已成为我区乡镇企业新的增长点。2003年，全区农产品加工规模以上企业296个，从业人员39 630人，实现销售收入65.8亿元，增加值15.4亿元。主要特点是：

1. 农产品加工业体系已初步形成　近年来，自治区党委、政府采取了一系列扶持政策和有效措施，大力扶持农产品加工业建设，取得了显著成绩。从2001年起，自治区财政每年拿出1 000多万元，扶持农业产业化龙头企业，农产品加工业由小到大、由弱到强、由量的扩张到质的提升，为我区国民经济和社会发展做出了重要贡献。到2003年，我区规模以上农产品加工企业总产值达到31.5亿元，实现增加值6.1亿元，分别占乡镇规模工业企业的45.9%、37.3%、44.2%和39.9%。形成了粮食、牛羊肉、乳品、脱水蔬菜、枸杞、马铃薯淀粉和葡萄加工业为主导产业的农产品加工业体系。

2. 带动了农村经济结构的调整和农民的增收　农产品加工企业的快速发展，带动了订单农业和特色农业的发展。2003年，石嘴山市的蔬菜种植在脱水菜企业的带动下，面积由过去的3.33khm^2，迅速增加到1.53万hm^2，为基地农民人均增加收入410元。中宁县随着枸杞加工基地建设的快速发展，重点抓了以“宁夏红”为代表的枸杞果酒生产项目，以此带动了本县枸杞果酒扩产增量，年产规模达3

万 t、产值达 10 亿元，其中宁夏香山枸杞制品公司已发展为国家级的农业产业化龙头企业。2003 年，枸杞、畜产品加工业产值达 3 亿元，占农业总产值的一半，全县农民人均来自枸杞、畜产品产业的收入达到 277 元。

3. *产业化经营迈出新步伐* 一些加工企业通过"公司＋基地＋农户"的形式，把基地和农户作为第一生产车间，实行产、加、销一体化经营，通过订单加服务、保护价收购，与基地（农户）形成了较为稳定的利益关系，保证了企业的原料供应，促进了周围地区农业和农村经济的发展。2003 年，自治区的一些规模较大的稻米加工企业与基地农户签订单 7.87khm^2；利通区 14 家乳品企业与基地农户签订奶卡9 300户，占当地奶农的 90%；银川市把建设优质农产品生产基地当作重点来抓，先后建成 10 万 hm^2 优质麦、稻、玉米基地；6.67khm^2 无公害蔬菜种植基地；300 万只优质肉羊养殖基地；6 万头优质奶牛养殖基地；6.67khm^2 优质中药材种植基地和 3.33khm^2 优质葡萄种植基地等，为农产品加工业的持续健康发展打下了坚实的物质基础。

4. *农产品加工业发展水平有了新的提高，形成了一批名牌优势产品* 近年来，我区农产品加工企业加大技术改造和技术创新力度，各级政府也加大了对农产品加工优势骨干企业的扶持力度，从而使全区农产品加工业技术水平、新产品开发能力有了较快的提高，涌现了新华百货夏进乳业股份有限公司、银川维维北塔乳业股份有限公司、恒生西夏王葡萄酒公司、宁夏香山酒业（集团）有限公司、夏绿脱水菜集团、塞北雪面粉有限公司等一批加工水平较高，市场竞争优势较强的企业。与此同时，我区农产品加工企业积极实施品牌战略，通过内抓管理、外创品牌，使产品的质量和市场知名度大幅度提高，形成了"夏进"乳品、"西夏王"葡萄酒、"宁夏红"枸杞酒、"塞北雪"面粉、"纳氏"清真牛羊肉等名优品牌。

5. *培育了一批具有竞争力的农产品加工出口企业，有力地推动了宁夏外向型经济的发展* 我区农产品加工企业的发展，为外向型农业提供了广阔的发展空间。2003 年，我区农产品加工出口企业 104 家，从业人员 11 976 人，完成出口交货值 14 207 万元，分别比"九五"末增加 71 家、9 083 人和 10 305 万元。

二、农垦农产品加工业

近年来，宁夏农垦系统认真贯彻落实中央和自治区关于大力发展农产品加工业的文件精神，依托垦区资源和优势产业，以产业结构调整为主线，以职工增收、企业增效、带动能力增强为目标，整合资源，重组资产，优化环境，大力培育和发展农产品加工业，取得了显著成绩，有力推动了农业产业化进程。主要特点是：

1. *发展速度增快，成为垦区新的经济增长点* 2003 年完成工业总产值 3.05 亿元，同比增长 9.56%；实现营业收入 2.84 亿元，同比增长 7.47%；完成利税 0.5 亿元，同比增长 5.36%；完成工业增加值 0.95 亿元，同比增长 10.1%。农产品加工业实现的增加值和利税总额分别占垦区工业的 67.65%和 88.14%。以饮料制造和农畜产品加工为主的农产品加工业已经成为垦区工业经济的重要支撑和主体力量。

2. *带动辐射能力增强，促进了相关产业的发展* 2003 年，农产品加工业带动了 1.33khm^2 的酿酒葡萄、0.67khm^2 的枸杞、6.67khm^2 紫花苜蓿、1.33 万 hm^2 玉米、0.67 万 hm^2 优质水稻等种植基地发展。同时，对垦区包装印刷、玻璃制瓶、观光旅游、交通运输、餐饮服务等 10 个相关行业起到了较大的牵动作用。通过"公司＋农户"的方式联结种、养殖户 4 万多个，有力推进了农业产业化进程。

3. *改革力度加大，结构调整取得新进展* 垦区共有各类农产品加工企业 146 个，同比增加 28 个，增长 23.8%。规模以上的企业有 32 个，拥有净资产 3.32 亿元，同比增加了 8.85%。投资主体多元化初步形成，资本结构进一步合理，独资大型企业 2 个，拥有参股企业 11 个，控股企业 20 个，民营企业 123 个，占企业总数的 84%；国有资本所占比例由原来的 87%下降到现在的 64%，下降了 23 个百分点。同时促进了农业产业结构的调整，使粮经饲的比例已由上年的 85.4∶11.6∶3 调整为 65.1∶20.6∶14.3。

4. *投资力度加大，发展后劲充足*。企业依靠技术进步改造提升传统产业的主动性明显增强。据统计，近几年累计投资 2 亿多元，完成改扩建项目 10 多个，形成了年加工 180 万只清真肉羊、12 万 t 啤酒、1 万 t 葡萄酒及枸杞果酒、10 万 t 优质大米、10 万 t 精准饲草料、5 000t猪肉制品、日加工 120t 鲜奶等农产品加工能力。与国内外 10 多家科研院所建立了长期技术协作关系，投资建成了 1 座农垦博士工作站，1 个自治区级企业技术中心，8 个功能性试验室，10 个良繁中心，初步形成了农产品发展的智力支撑体系，加快了科学技术向现实生产力的转化。

5. *核心竞争力增强，集聚辐射能力强劲* 垦区农产品加工企业中有1个被认定为国家级农业产业化龙头企业，2个自治区级农业产业化龙头企业。其中农垦贺兰山清真肉羊产业（集团）公司被自治区党委、政府评为2003年度农业产业化先进企业。以“西夏”、“贺兰山”和“沙湖”三大品牌为代表的10多个农产品及深加工产品，显示了极大的发展前景。2003年在自治区评出的20个名牌产品中，垦区的西夏王干红、干白葡萄酒、“碧宝”牌SOD富硒枸杞、金夏大米、大夏白酒等5个产品榜上有名，占全区的25%；“西夏王”干红葡萄酒获得了国际名酒金奖，成为全国免检产品之一。无公害绿色产品已达到14个，约占自治区的50%。在全区认定的“放心食品”中，垦区农产品占了8个。

新疆维吾尔自治区农产品加工业

新疆维吾尔自治区乡企局

新疆是一个以农牧业为主的省区，农产品资源较为丰富。大力发展农产品加工业是新疆国民经济增长的迫切需要，对于促进农业和农村经济的战略性调整，提高我区农业的国际竞争力，拓展农业发展新领域，满足和扩大农产品市场需求，促进农业增效、农民增收都具有十分重要的意义。

一、基本情况

近年来，新疆依托丰富的农产品资源优势，大力发展农产品加工业，取得了较好的成绩。以农产品为原料的加工、保鲜、贮藏、运销业已成为新疆农村经济的重要组成部分。据统计，到2003年底，新疆主要农产品加工产量，粮食为445万t，比上年增长19.1%；食用植物油60万t，增长8.46%；饮料酒32万t，增长3.13%；配混合饲料118万t，增长21.19%；液体乳及乳制品30万t，增长95.87%；罐头47万t，增长12.77%；棉纱29万t，减少6.9%；机制纸及纸板23万t，增长4.35%。乡及乡以上农产品加工企业达1 798个，实现总产值215.31亿元，工业增加值80亿元，分别占自治区国民经济总量的11.47%和14.01%。其中规模以上农产品加工企业436个，实现销售产值169亿元，工业增加值48亿元，分别占总量的78.49%和60.00%；已发展各种形式的自治区及国家级农业产业化龙头企业87家，其中国家级的10家，销售收入达亿元以上的68家。农产品加工业的发展，加快了农业农村经济的结构调整，为转移农村富余劳动力，增加农民收入做出了积极的贡献。

二、主要成绩和经验

1. 加强领导，形成了良好的发展氛围　近年来，自治区党委、政府高度重视农产品加工业的发展，明确提出把发展特色农产品及加工业作为振兴新疆经济的重点。2003年自治区乡镇企业工作会议提出，要加快制定新疆主要农产品加工业发展规划，重点扶持30个农产品加工一体化示范项目和10个重点乡镇工业园区，并把发展乡镇工业园区作为推动农产品加工业的一项主要措施，把重点工业园区的基础设施建设纳入全疆小城镇建设总体规划，对园区中的重点乡镇农产品加工企业在贷款贴息上予以支持。各地州县市也采取积极措施，相继成立了农业产业化领导小组及其办公室，制定了具体措施，明确了工作职责和具体任务，加强对农产品加工业工作的指导。巴音郭楞蒙古自治州实施“2333”工程，即培育23家有一定规模、有特色资源优势和实力的企业，用3～5年的时间，使其年销售收入过2亿元，利税过2 000万元；选择33户成长型、有潜力的中小企业重点扶持，争取用3年左右的时间，使其成长为年产值过亿元或千万元、利税达千万元或百万元的“小巨人”企业。从选定的22户重点扶持大企业来看，其中农产品加工企业11户，占总户数的50%，销售收入14.75亿元，占总收入105亿元的14%；利税总额1.29亿元，占总利税28.72亿元的4.5%。从选定的27户“小巨人”企业来看，其中农产品加工企业10户，占总户数的37%，营业收入2.10亿元，占总收入6.58亿元的31%；利税总额2 657万元，占总利税9 175万元的28.7%。呼图壁县把畜牧业做为农业农村结构调整的突破口，县委、政府出台了奶农购买1头高产奶牛财政补贴1 000元和划拨一定的草料地等优惠政策，极大调动了农民养殖奶牛的积极性。昌吉市每年拿出300万元贴息资金，重点支持农产品加工业的发展。

2. 加大了原料基地建设力度　近年来，各地加大了农产品加工业原料基地建设，取得了较好的成绩。乌鲁木齐市与新疆金牛生物股份公司合作，在乌鲁木齐市北郊建起1 000头优质奶牛场6座。伊犁哈萨克自治州为加快发展现代畜牧业，重点规划了100万头良种牛、500万只细毛羊、600万只肉羊、30万匹肉马的建设基地。昌吉回族自治州重点抓了10万头高产奶牛、45万t商品奶源基地的建设，规模化、集约化的家庭牧场、基地化养殖已经由点向面拓展。呼图壁县以提高品质、突出特色、增加效益为重点，加大高效经济作物和“订单农业”的比重，注重反季节生产，扩大优良品种牛的养殖规模，建设以奶牛为主的畜牧业产业基地；阜康市依托天池独特的优势，围绕旅游调特色，面向市场调高效，立足产业化调优质，发展良种玉米、葡萄种植基地；吉木萨尔县在大力培育农产品加工企业的同时，发展“一黑”（黑穗醋栗）、“二土”（高淀粉土豆和土鸡）、“二白”（白皮大蒜和加工白色粉条）、“三红”（草莓、红花和番茄）的基地建设；奇台县突出发展优质专用小麦，优质大麦和养殖业基地，坚持以农为主，农牧结合；木垒县实施“种好玉米养好畜”的发展思路，坚持以牧为主，牧农结合的基地建设发展方向。

3. 形成了一批优势特色支柱产业　经过多年的发展，新疆已形成了以优质棉花生产和加工为主的白色产业；以番茄、红花、辣椒、枸杞、红枣等加工为主的红色产业；以葡萄、石榴、杏子、胡萝卜等优质瓜果蔬菜加工为主的酿酒、饮料产业；以优质粮油为原料的食品加工产业；以优质牛羊肉、奶等畜产品为原料的肉类加工、奶制品加工产业；以核桃、巴旦姆、杏子、葡萄为原料的干果产业等等。目前，新疆农产品加工业涉及10个行业、49大类、101小类。以小麦、玉米、水稻、棉花、畜牧养殖等大宗农产品生产和以制酱番茄、酿酒葡萄、制干葡萄、鲜食葡萄、甜菜、彩色棉、枸杞、蔬菜、园艺、制种、阿魏菇、制汁胡萝卜等高效特色作物为主体的区域性主导产业已经初步形成，优势产业和特色产品实现了专业化经营、基地化生产，成为新疆农业发展新的经济增长点。目前，新疆农产品加工业的总量已占自治区农村经济总量的32.54%，成为自治区农村经济的支柱产业。如番茄酱总加工能力已达到100万t，占全国番茄加工总能力的90%以上，产量已名列亚洲第一，世界第二。棉纺生产企业的生产规模达200万锭，居全国第六位、西北五省区第一位。葡萄酒产量已占全国1/6的份额，啤酒花产量已占全国的70%，枸杞产量已占全国的50%，牛奶总产量排在全国前5位。巴州农产品加工企业61家，资产总额23.9亿元，实现销售收入12.6亿元，占当地农村经济的63%，实现利税1.097亿元。初步形成以泰昌实业公司为龙头的棉纺产业链；以大华、三宇为龙头的乳制品产业链；以乡都酒业为龙头的葡萄酒产业链；以博湖县辣椒制品厂为龙头的辣椒产业链；以驼仙、玉沙液酒厂为龙头的白酒产业链等。

4. 与农户的利益联结机制正在形成　新疆各县市在推动农业产业化经营中，都要求龙头企业采用保护价收购、合作制、利润返还等形式，保证让农民通过产业化经营增加收入。据初步调查统计，全疆436家规模以上农产品加工企业，带动农户约150万户，农户参与产业化经营增加的收入达28亿元以上，形成了订单农业面积达105.3万hm^2，占农作物播种面积的30.9%，有的地州、县市订单农业面积已占到60%，最多达到80%以上。其中昌吉回族自治州2003年规模以上农产品加工企业161家（产值过亿元的龙头企业8家），已有6家企业被命名为国家农业产业化重点龙头企业，10家企业被命名为自治区农业产业化重点龙头企业。到2003年底，全州资产1 000万元以上的农产品加工龙头企业近60家，总产值近170亿元，年销售收入100亿元。有5家企业的10个产品获自治区名牌产品。新疆屯河集团已成为全疆最大的番茄酱加工企业，年生产能力24万t，番茄酱份额占国际市场的17%，企业采取以公司加基地加农户的生产经营模式，通过产前向农民提供种子等生产资料，产中培训和技术指导，产后按合同或订单收购产品，保障了农民利益，有力地带动了昌吉、石河子、乌苏一带大批农户从事番茄种植，推动当地产业结构的调整。新天国际葡萄酒业股份有限公司全套引进欧洲先进的葡萄酒加工和酿造设备，先后在玛纳斯县和阜康市建设葡萄酒厂，总规模已达5万t，在玛纳斯县、呼图壁县、昌吉市、阜北农场、阜康市等地建设酿酒葡萄基地，并与当地农民签订葡萄收购合同，有效期30年。还有屯河阿克苏果业有限公司、柯坪圣泉实业保健品有限公司、新疆冠农股份公司、米泉希望有限责任公司等企业，产业化特色也十分突出。

5. 龙头企业带动作用明显　近年来，新疆紧紧抓住西部大开发的历史机遇，依托当地特色优势资源，以市场为导向，以企业改革和科技进步为动力，以带动区域经济发展为目的，重点发展有竞争力的红色产业、白色产业、瓜果园艺产业和绿色产品，做大做强以番茄、葡萄、红花、枸杞和果蔬及乳品的精深加工，企业规模迅速扩大，带动作用十分显著，发展后劲明显增强。一批起点比较高的大型农产品加工企业相继在新疆崛起，企业的技术水平、经营规模、管理水平在国内都处于同行业的领先水平。一是以麦趣尔集团、德隆畜牧、维维天山雪、兵地天元乳制品加工、香巴拉牛肉深加工、江苏雨润低温肉加工、草原兴发以及落户霍尔果斯口岸的卡森皮革公司、落户石河子的康耐集团等大型畜产品加工企业，已主导了新疆奶、肉、皮产业的发展。二是以石河子汇昌集团、康尤美集团、四方糖业、伊犁天一实业、伊犁浙江金鹰集团、屯河集团番茄酱公司为主的龙头企业，既带动了整个天山以北甜菜、亚麻和制酱西红柿产业，又带动了阿勒泰地区、伊犁河谷以及博尔塔拉蒙古自治州的大豆产业。仅四方实业、天一实业、浙江金鹰、康尤美公司等龙头企业，在伊犁河谷就建立了2.67万 hm^2 甜菜，3.33万 hm^2 亚麻，2.67万 hm^2 大豆生产基地建设。三是以西域种业、华西种业、登海种业、新疆金牛生物股份、伊犁中洲公司、天康公司等种业龙头企业，全面带动了北疆种子、种畜工程的发展，为新疆发展现代农业提供了最重要的物质基础。四是以新疆天山纺织集团、石河子银河纺织集团、奎屯云森纺织集团以及新疆顶益食品有限责任公司、新疆顶津食品有限责任公司、伊犁阿旺都食品有限责任公司等龙头企业的发展，为整个北疆棉花、粮食的生产加工另辟了新路，延伸了深加工产业链。五是以新天科文、屯河草业以及希望、三旺、泰昆集团为主的饲草饲料加工龙头企业、为新疆现代畜牧业的发展提供了物质基础。目前，新天科文、屯河草业苜蓿订单种植已发展到2万 hm^2。新希望集团、三旺集团、正大集团、泰昆集团饲料年加工能力已过100万t。新疆泰昌实业有限公司正在全力做强做大纺织、浆粕、轧花、生态农业四大支柱产业，成为名副其实的大中型的农产品加工龙头企业。此外，以龙头企业带动的高新农业、设施农业、旅游观光农业示范基地，运作非常成功，取得了显著绩效。

6. *农产品加工业已成为转移农村富余劳动力的重要力量和工业园区与小城镇建设的重要载体* 随着新疆农业农村经济结构调整力度的加大，以劳动密集型为主的新疆农产品加工业已经成为吸纳农村剩余劳动力的重要力量，成为转移农村剩余劳动力的重要增长点。2003年新疆乡以上农产品加工业从业人员17.9万人，占农村社会总劳力的4.41%。其中规模以上农产品加工业12.8万人，占总量的71.11%。巴州各类农产品加工企业，转移农村富余劳动力6.09万人，占地区总劳力的64%。和田地区针对自身的特点，2003年全地区农产品加工业从业人员9.55万人，其中全地区有织毯户21 529户，共54 000人；艾德莱斯绸纺织户1 004户，共2 952人。2003年，新疆已建成较为完备各类乡镇企业工业园区56个，园区和小城镇中有农产品加工业3.46万个，从业人员14.32万人。其中已建成国家级乡镇企业示范区8个，自治区级乡镇企业示范区10个，18个示范区拥有固定资产38.33亿元，基础设施总投入17.51亿元，转移农村劳动力7.16万人，实现营业收入55.69亿元，利税总额4.47亿元，示范区内农民人均纯收入达到4 116元。

7. *科技水平有所提高* 近年来，各地州积极引导农产品加工企业加快技术改造步伐，不断提高产品的科技含量，加快产业升级、产品换代的步伐，企业市场竞争力有了一定的提高。天山纺织（集团）通过多年技术改造，企业从一个年产5 000锭的小厂已发展成为地方大型骨干企业，生产规模达到22万锭，总资产增长了110倍。企业拥有目前国际最先进的清钢联、精梳机、全自动络筒机、自动气流纺机以及从棉花到成纱的全套质量检测设备，国际先进技术应用率达到85%以上，在新疆率先实现了100%“全精梳、无接头”纺纱；主要产品质量直接和国际先进水平接轨，100%符合出口标准。“七颗星”牌精梳棉纱被评为“新疆名牌产品”。由于企业工艺技术先进，管理科学严格，产品质量优良，经济效益显著，先后被评为“自治区明星企业”、“中国棉纺行业前五十强排头兵企业”、“星火科技示范企业”、“自治区棉纺织工程技术研究中心”等称号。新疆昌吉市天正泰饲料有限公司自成立以来，高度重视企业的技术进步工作，公司拥有当前国际饲料加工最先进的成套生产设备，生产全程均由电脑控制，三条饲料生产线均为全自动化流水生产线。同时成功研制出符合新疆养殖业现状的七大系列一百多个品种规格的最优化系列饲料配方，属国内领先水平，目前公司已发展成为新疆最大的饲料生产加工基地之一。新天科文在推进苜蓿产业化经营过程中，从美国引进优良苜蓿品种，通过直播技术、临冬寄籽播等高产模式栽培，使“阿尔冈金”、“金皇后”、“金王后”和“三得利”苜蓿成为北疆苜蓿一年三茬、四茬收割的主栽品种。

8. *社会化服务体系逐步完善* 为了加快农产品加工业的发展，各地加快了社会化服务体系建设步伐。根据生产经营和市场开拓的需要，成立各类中介组织，如专业协会、行业协会、农民联合会、新型合作经济组织、技术推广服务站等，以中介组织为依托，以科技为纽带，以市场为导向，以发展生产、共同致富为目的，通过“协会＋基地＋农户”的形式，在农产品加工业发展过程中，为会员提供产前、产中、产后系列化服务，实行跨区域联合经营，推动优势产业、龙头企业的发展，为农产品加工业的发展注入新的活力。鄯善县的哈密瓜协会，为当地四个乡的瓜农提供技术、物资和信息服务，并组织瓜农直接进入市场销售，促进科技与经济的紧密结合，形成产供销一体化服务，提高了瓜农抵御市场风险的能力。在瓜协的带动下，鄯善县商品瓜生产、储运、加工、包装业迅速发展，瓜农年收入高达数万元，成为县域经济的重要支柱。博乐市的养鸡协会，为小营盘镇农户发展养鸡业提供产前、产中、产后系列化服务，有力地带动了该镇养鸡专业户、专业村发展，为调整农业结构，增加农民收入发挥了积极的作用，目前小营盘镇的鸡蛋完全占领了克拉玛依市场，在乌鲁木齐市也占据一定的市场份额。昌吉市为了解决农产品加工企业资金问题，先后成立了新疆金城和新疆金桥两家投资担保公司，注册资金共4 000万元，贷款放大 3～5倍，有效缓解了中小型农产品加工企业贷款难、担保难的问题。

6

第六部分

标准、专刊

农产品加工业部分国家标准（2003—2004年）

标 准 号	标 准 名 称	代 替 标 准
GB 1534—2003	花生油	GB 8615—1988
GB 1535—2003	大豆油	GB 1535—1986
GB 2711—2003	非发酵性豆制品面筋卫生标准	
GB 2712—2003	发酵性豆制品卫生标准	
GB 2713—2003	淀粉制品卫生标准	
GB 2714—2003	酱腌菜卫生标准	
GB 2717—2003	酱油卫生标准	
GB 2718—2003	酱卫生标准	
GB 2919—2003	食醋卫生标准	
GB 2720—2003	味精卫生标准	
GB 2721—2003	食用盐卫生标准	
GB 2759.1—2003	冷冻饮品卫生标准	
GB 2759.2—2003	碳酸饮料卫生标准	
GB 7099—2003	糕点、面包卫生标准	
GB 7100—2003	饼干卫生标准	
GB 7101—2003	固体饮料卫生标准	
GB 7102.1—2003	食用植物油煎炸过程中的卫生标准	
GB 9678.1—2003	糖果卫生标准	
GB 9678.2—2003	巧克力卫生标准	
GB 11673—2003	含乳饮料卫生标准	
GB 14884—2003	蜜饯卫生标准	
GB 14932.1—2003	食用大豆粉卫生标准	
GB 14963—2003	蜂蜜卫生标准	
GB 15196—2003	人造奶油卫生标准	
GB 15203—2003	淀粉糖卫生标准	
GB 16321—2003	乳酸菌饮料卫生标准	
GB 16322—2003	植物蛋白饮料卫生标准	
GB 16565—2003	油炸小食品卫生标准	
GB 17324—2003	瓶（桶）装饮用纯净水卫生标准	
GB 17399—2003	胶基糖果卫生标准	
GB 17400—2003	方便面卫生标准	
GB 17401—2003	膨化食品卫生标准	
GB 17402—2003	食用氢化油卫生标准	
GB 19295—2003	速冻预包装面米食品卫生标准	
GB 19296—2003	茶饮料卫生标准	
GB 19297—2003	果、蔬汁饮料卫生标准	
GB 19298—2003	瓶（桶）装饮用水卫生标准	
GB 8319—2003	食品添加剂 亚洲薄荷素油	GB 8319—1987
GB 12651—2003	与食物接触的陶瓷制品铅、镉溶出量允许极限	GB 12651—1990
GB/T 13885—2003	动物饲料中钙、铜、铁、镁、锰、钾、钠和锌含量的测定 原子吸收光谱法	GB/T 13885—1992
GB/T 14553—2003	粮食、水果和蔬菜中有机磷农药测定 气相色谱法	GB/T 14553—1993

（续）

标准号	标准名称	代替标准
GB 19327—2003	原产地域产品　古井贡酒	
GB 19328—2003	原产地域产品　口子窖酒	
GB 19329—2003	原产地域产品　道光廿五贡酒(锦州道光廿五贡酒)	
GB 19330—2003	原产地域产品　饶河（东北黑蜂）、蜂蜜、蜂王浆、蜂胶、蜂花粉	
GB/T 19343—2003	巧克力及巧克力制品	
GB 19331—2003	原产地域产品　互助青稞酒	
GB 19332—2003	原产地域产品　常山胡柚	
GB 19338—2003	蔬菜中硝酸盐限量	
GB/T 19339—2003	蔬菜中硝酸盐含量的快速测定	
GB/T 19370—2003	饲料添加剂　1%β-胡萝卜素	
GB/T 19371.1—2003	饲料添加剂　液态蛋氨酸羟基类似物	
GB/T 19371.2—2003	饲料中液态蛋氨酸羟基类似物的测定 高效液相色谱法	
GB/T 19372—2003	饲料中除虫菊酯类农药残留量测定　气相色谱法	
GB/T 19373—2003	饲料中氨基甲酸酯类农药残留量测定　气相色谱法	
GB/T 144—2003	原木检验	GB/T 144—1995
GB/T 19367.1—2003	人造板　板的厚度、宽度及长度的测定	
GB/T 19367.2—2003	人造板　板的垂直度和边缘直度的测定	
GB/T 19368—2003	草坪草种子生产技术规程	
GB/T 19369—2003	草皮生产技术规程	
GB/T 6981—2003	硬包装容器透湿度试验方法	GB/T 6981—1986
GB/T 6982—2003	软包装容器透湿度试验方法	GB/T 6982—1986
GB/T 7311—2003	包装机械型号编制方法	GB/T 7311—1987
GB/T 19357—2003	包装机械分类	
GB/T 10288—2003	羽绒羽毛检验方法	GB/T 10288—1988 GB/T 10289—1988
GB/T 17685—2003	羽绒羽毛	GB/T 17685—1999
GB/T 6002.14—2003	纺织机械术语　第 14 部分：卷绕基本术语	GB/T 6002.14—1989
GB/T 10097—2003	纺织机械与附件　精纺、粗纺梳毛机锡林宽度和针布宽度	MOD ISO 342：1983
GB/T 18737.4—2003	纺织机械与附件　经轴　第 4 部分：织轴、整经轴和分段整经轴边盘的质量等级	
GB/T 19382.1—2003	纺织机械与附件　圆柱形条筒　第1部分:主要尺寸	
GB/T 19382.2—2003	纺织机械与附件　圆柱形条筒　第2部分:弹簧托盘	
GB/T 19383—2003	纺纱机械　梳毛机用搓条胶板主要尺寸和标记	
GB/T 19384—2003	纺织机械与附件　针织机用输纱器 词汇	
GB/T 19385.1—2003	纺织机械与附件　综框　第 1 部分：穿综杆用托座固定于综框横梁　相关尺寸	
GB/T 19385.2—2003	纺织机械与附件　综框　第 2 部分：穿综杆直接固定于综框横梁相关尺寸	
GB/T 19385.3—2003	纺织机械与附件　综框　第 3 部分：综框导板	
GB/T 19386.1—2003	纺织机械与附件 纱线和中间产品的卷装 第1部分:术语	GB/T 6002.8—1987
GB/T 741—2003	纸浆分析试样水分的测定	GB/T 741—1989

（续）

标准号	标准名称	代替标准
GB/T 742—2003	纸、纸板和纸浆残余物（灰分）的测定（900℃）	GB/T 463—1989 GB/T 742—1989
GB/T 743—2003	纸浆乙醚抽出物的测定	GB/T 743—1989
GB/T 745—2003	纸浆多戊糖的测定	GB/T 745—1989
GB/T 747—2003	纸浆酸不溶木素的测定	GB/T 747—1989
GB/T 1545.2—2003	纸、纸板和纸浆水抽提液 pH 的测定	GB/T 1545.2—1989
GB/T 5402—2003	纸和纸板透气度的测定（中等范围）葛尔莱法	GB/T 5402—1985
GB/T 7973—2003	纸、纸板和纸浆漫反射因数的测定（漫射/垂直法）	GB/T 7973—1987
GB 46557—2003	橡胶工业静电安全规程	GB 4655—1984
GB 1536—2004	菜籽油	GB 1536—1986
GB/T 19557.1—2004	植物新品种特异性、一致性和稳定性测试指南 总则	
GB/T 19557.2—2004	植物新品种特异性、一致性和稳定性测试指南 普通小麦	
GB/T 19557.3—2004	植物新品种特异性、一致性和稳定性测试指南 硬粒小麦	
GB/T 19557.4—2004	植物新品种特异性、一致性和稳定性测试指南 大豆	
GB/T 19557.5—2004	植物新品种特异性、一致性和稳定性测试指南 大白菜	
GB/T 19557.6—2004	植物新品种特异性、一致性和稳定性测试指南 苎麻	
GB/T 19557.7—2004	植物新品种特异性、一致性和稳定性测试指南 水稻	
GB/T 19557.8—2004	植物新品种特异性、一致性和稳定性测试指南 李	
GB/T 18916.6—2004	取水定额　第 6 部分：啤酒制造	
GB/T 18916.7—2004	取水定额　第 7 部分：酒精制造	
GB 19460—2004	原产地域产品　黄山毛峰茶	
GB 19461—2004	原产地域产品　独流老醋	
GB l9430—2004	柠檬酸工业污染物排放标准	
GB 19431—2004	味精工业污染物排放标准	
GB/T 19477—2004	牛屠宰操作规程	
GB/T 19478—2004	肉鸡屠宰操作规程	
GB/T 19479—2004	生猪屠宰良好操作规范	
GB/T 19480—2004	肉与肉制品常用术语	
GB 19489—2004	实验室　生物安全通用要求	
GB 19503—2004	原产地域产品　沁州黄小米	
GB 19504—2004	原产地域产品　贺兰山东麓葡萄酒	
GB 19505—2004	原产地域产品　露水河红松籽仁	
GB 19506—2004	原产地域产品　吉林长白山人参	
GB 19507—2004	原产地域产品　吉林长白山中国林蛙油	
GB 19508—2004	原产地域产品 西凤酒	
GB/T 5916—2004	产蛋后备鸡、产蛋鸡、肉用仔鸡配合饲料	GB/T 5916—1993
GB/T 13080—2004	饲料中铅的测定　原子吸收光谱法	GB/T 13080—1991
GB/T 19540—2004	饲料中玉米赤霉烯酮的测定	
GB/T 19541—2004	饲料用大豆粕	
GB/T 19542—2004	饲料中磺胺二甲基嘧啶和磺胺间甲氧嘧啶的测定　高效液相色谱法	
GB/T 19495.1—2004	转基因产品检测　通用要求和定义	

（续）

标准号	标准名称	代替标准
GB/T 19495.2—2004	转基因产品检测　实验室技术要求	
GB/T 19495.3—2004	转基因产品检测　核酸提取纯化方法	
GB/T 19495.4—2004	转基因产品检测　核酸定性　PCR 检测方法	
GB/T 19495.5—2004	转基因产品检测　核酸定量　PCR 检测方法	
GB/T 19495.6—2004	转基因产品检测　基因芯片检测方法	
GB/T 19495.7—2004	转基因产品检测　抽样和制样方法	
GB/T 19495.8—2004	转基因产品检测　蛋白质检测方法	
GB/T 19528—2004	奥尼罗非鱼亲本保存技术规范	
GB 1889—2004	食品添加剂　磷酸氢钙	GB 1889—1992
GB 1895—2004	食品添加剂　硫酸铝钾	GB 1895—1994
GB 2513—2004	食品添加剂　高锰酸钾	GB 2513—1987
GB 3149—2004	食品添加剂　磷酸	GB 3149—1992
GB 10616—2004	食品添加剂　藻酸丙二醇酯	GB 10616—1989
GB 12487—2004	食品添加剂　乙基麦芽酚	GB 12487—1990
GB 4706.13—2004	家用和类似用途电器的安全　制冷器具、冰淇淋机和制冰机的特殊要求	GB 4706.13—1998
GB 17988—2004	食具消毒柜安全和卫生要求	GB 17988—2000
GB/T 19562—2004	大豆食心虫测报调查规范	
GB/T 19563—2004	大豆种子品种鉴定实验方法　简单重复序列间区法	
GB/T 19564—2004	落叶松种子鉴定实验方法 随机扩增 多态性 DNA 法	
GB/T 4774—2004	分离机械　名词术语	GB/T 4774—1984
GB/T 10894—2004	分离机械　噪声测试方法	GB/T 10894—1989
GB/T 10895—2004	离心机　分离机　机械振动测试方法	GB/T 10895—1989
GB 7718—2004	预包装食品标签通则	GB 7718—1994
GB/T 9177—2004	真空、真空充气包装机通用技术条件	GB/T 9177—1988
GB/T 13385—2004	包装图样要求	GB/T 13385—1992
GB 13432—2004	预包装特殊膳食食品标签通则	GB 13432—1992
GB/T 19450—2004	纸基平托盘	
GB/T 19451—2004	运输包装设计程序	
GB/T 19532—2004	包装材料　气相防锈塑料薄膜	
GB/T 744—2004	纸浆抗碱性的测定	GB/T 744—1989
GB/T 1546—2004	纸浆卡伯值的测定	GB/T 1546—1989
GB/T 1547—2004	纸浆高锰酸钾值的测定	GB/T 1547—1989
GB/T 1548—2004	纸浆粘度的测定	GB/T 1548—1989
GB/T 3332—2004	浆料打浆度的测定（肖伯尔－瑞格勒法）	GB/T 3332—1982
GB/T 5399—2004	纸浆　浆料浓度的测定	GB/T 5399—1985
GB/T 5401—2004	纸浆碱溶解度的测定	GB/T 5401—1985
GB/T 10335.3—2004	涂布纸和纸板　涂布白卡纸	
GB/T 10335.4—2004	涂布纸和纸板　涂布白纸板	
GB/T 9846.1—2004	胶合板　第 1 部分：分类	GB/T 9846.1—1988
GB/T 9846.2—2004	胶合板　第 2 部分：尺寸公差	GB/T 9846.2—1988
GB/T 9846.3—2004	胶合板　第 3 部分：普通胶合板通用技术条件	GB/T 9846.3—1988

（续）

标准号	标准名称	代替标准
		GB/T 13009—1991
GB/T 9846.4—2004	胶合板　第4部分：普通胶合板外观分等技术条件	GB/T 9846.4—1988
GB/T 9846.5—2004	胶合板　第5部分：普通胶合板检验规则	GB/T 9846.5—1988
GB/T 9846.6—2004	胶合板　第6部分：普通胶合板标志、标签和包装	GB/T 9846.6—1988
GB/T 9846.7—2004	胶合板　第7部分：试件的锯制	GB/T 9846.7—1988
GB/T 9846.8—2004	胶合板　第8部分：试件尺寸的测量	GB/T 9846.8—1988
GB/T 19536—2004	集装箱底板用胶合板	
GB/T 6002.1—2004	纺织机械术语　第1部分：纺部机械牵伸装置	GB/T 6002.1—1985
GB/T 6002.5—2004	纺织机械术语　第5部分：络筒机	GB/T 6002.5—1986
GB/T 6002.10—2004	纺织机械术语 第10部分：织造前经纱准备机械	GB/T 6002.10—1987
GB/T 18737.6—2004	纺织机械与附件经轴　第6部分:织带机和钩编机用经轴	
GB/T 19386.2—2004	纺织机械与附件　纱线和中间产品的卷装　第2部分：卷绕类型	
GB/T 19549—2004	纺织机械与附件　纺部机械　左右侧定义	
GB/T 19550—2004	纺织机械与附件 织造前经纱准备机械 左右侧定义	
GB/T 19551—2004	纺织机械　浆纱机　最大有效宽度	
GB/T 19552—2004	纺织机械与附件　闭口综耳钢片综　尺寸	
GB/T 19553—2004	纺织机械与附件 闭口"0"型综耳综丝用的穿综杆	
GB/T 19554.1—2004	纺织机械与附件　开口式综耳钢片综及相应穿综杆的主要尺寸　第1部分：C型综耳	
GB/T 19554.2—2004	纺织机械与附件　开口式综耳钢片综及相应穿综杆的主要尺寸　第2部分：J型综耳	
GB/T 19554.3—2004	纺织机械与附件 开口式综耳钢片综及相应穿综杆的主要尺寸 第3部分:C型和J型综耳钢片综用穿综杆	
GB/T 19555—2004	纺织机械与附件　提花织造用铅锤	
GB/T 19556—2004	纺织机械与附件 卷纬机和交叉卷绕络筒机 左右侧定义	
GB/T 19575—2004	农产品批发市场管理技术规范	

农产品加工业农业行业标准（2003—2004年）

标准号	标准名称	代替标准
NY 687—2003	天然橡胶加工废水污染物排放标准	
NY/T 690—2003	笋玉米	
NY/T 691—2003	番木瓜	
NY/T 692—2003	黄皮	
NY/T 693—2003	澳洲坚果果仁	
NY/T 694—2003	罗汉果	
NY/T 695—2003	毛木耳	
NY/T 696—2003	鲜杏	
NY/T 697—2003	锦橙	
NY/T 698—2003	垫江白柚	
NY/T 699—2003	梁平柚	

（续）

标准号	标准名称	代替标准
NY/T 700—2003	板枣	
NY/T 701—2003	莼菜	
NY/T 702—2003	啤酒花	
NY/T 703—2003	红花花绒	
NY/T 704—2003	无核白葡萄	
NY/T 705—2003	无核葡萄干	
NY/T 706—2003	加工用芥菜	
NY/T 707—2003	芒果汁	
NY/T 708—2003	甘薯干	
NY/T 709—2003	荔枝干	
NY/T 710—2003	橄榄制品	
NY/T 712—2003	剑麻布	
NY/T 713—2003	香草兰豆荚中香兰素的测定	
NY/T 714—2003	脱水蔬菜通用技术条件	
NY/T 715—2003	魔芋种芋繁育技术规程	
NY/T 716—2003	柑橘采摘技术规范	
NY/T 717—2003	胡萝卜贮藏与运输	
NY/T 719—2003	转基因大豆环境安全检测技术规范	
NY/T 720—2003	转基因玉米环境安全检测技术规范	
NY/T 721—2003	转基因油菜环境安全检测技术规范	
NY/T 722—2003	饲料用酶制剂通则	
NY/T 723—2003	饲料级碘酸钾	
NY/T 724—2003	饲料中拉沙洛西钠的测定　高效液相色谱法	
NY/T 725—2003	饲料中莫能菌素的测定　高效液相色谱法	
NY/T 726—2003	饲料中杆菌肽锌的测定　高效液相色谱法	
NY/T 727—2003	饲料中呋喃唑酮的测定　高效液相色谱法	
NY/T 728—2003	禾本科牧草干草质量分级	
NY/T 732—2003	浓缩天然胶乳氨保存低蛋白质胶乳	
NY/T 733—2003	天然生胶航空轮胎标准橡胶	
NY/T 734—2003	天然生胶通用标准橡胶生产工艺规程	
NY/T 735—2003	天然生胶子午线轮胎橡胶生产工艺规程	
NY/T 262—2003	天然橡胶初加工机械　绉片机	NY/T 262—1994
NY/T 263—2003	天然橡胶初加工机械　锤磨机	NY/T 263—1994
NY/T 736—2003	胡椒初加工机械通用技术条件	
NY/T 737—2003	木薯淀粉加工机械通用技术条件	
NY/T 738—2003	大豆联合收割机械作业质量	
NY/T 285—2003	绿色食品　豆类	NY/T 285—1995
NY/T 743—2003	绿色食品　绿叶类蔬菜	
NY/T 744—2003	绿色食品　葱蒜类蔬菜	
NY/T 745—2003	绿色食品　根菜类蔬菜	
NY/T 746—2003	绿色食品　甘蓝类蔬菜	
NY/T 747—2003	绿色食品　瓜类蔬菜	

（续）

标准号	标准名称	代替标准
NY/T 748—2003	绿色食品 豆类蔬菜	
NY/T 749—2003	绿色食品 食用菌	
NY/T 750—2003	绿色食品 热带、亚热带水果	
NY/T 751—2003	绿色食品 食用植物油	
NY/T 752—2003	绿色食品 蜂产品	
NY/T 753—2003	绿色食品 禽肉	
NY/T 754—2003	绿色食品 蛋与蛋制品	
NY/T 755—2003	绿色食品 渔药使用准则	
NY/T 760—2004	芦笋	
NY/T 761—2004	蔬菜和水果中有机磷、有机氯、拟除虫菊酯和氨基甲酸酯类农药多残留检测方法	
NY/T 762—2004	蔬菜农药残留检测抽样规范	
NY/T 763—2004	猪肉、猪肝、猪尿抽样方法	
NY 773—2004	水果中啶虫脒最大残留限量	
NY 774—2004	叶菜中氯氰菊酯、氯氟氰菊酯、醚菊酯、甲氰菊酯、氟胺氰菊酯、氟氯氰菊酯、四聚乙醛、二甲戊乐灵、氟苯脲、阿维菌素、虫酰肼、氟虫腈、丁硫克百威最大残留限量	
NY 775—2004	玉米中烯唑醇、甲草胺、溴苯腈、氰草津、麦草畏、二甲戊乐灵、氟乐灵、克百威、顺式氰戊菊酯、噻酚磺隆、异丙甲草胺最大残留限量	
NY/T 776—2004	丝瓜	
NY/T 777—2004	冬瓜	
NY/T 778—2004	紫菜薹	
NY/T 779—2004	普洱茶	
NY/T 780—2004	红茶	
NY/T 781—2004	六安瓜片茶	
NY/T 782—2004	黄山毛峰茶	
NY/T 783—2004	洞庭春茶	
NY/T 784—2004	紫笋茶	
NY/T 785—2004	蒸青煎茶	
NY/T 786—2004	食用椰干	
NY/T 787—2004	茶叶感官审评通用方法	
NY/T 788—2004	农药残留试验准则	
NY/T 789—2004	农药残留分析样本的采样方法	
NY/T 790—2004	双低油菜生产技术规程	
NY/T 791—2004	双低杂交油菜种子繁育技术规程	
NY/T 792—2004	油菜籽芥酸硫苷的测定 光度法	
NY/T 793—2004	油料及制品中氨基酸的测定 高效液相色谱法	
NY/T 794—2004	油菜菌核病防治技术规程	
NY/T 795—2004	红江橙苗木繁育规程	
NY/T 799—2004	发酵型含乳饮料	
NY/T 800—2004	生鲜牛乳中体细胞测定方法	

（续）

标 准 号	标 准 名 称	代 替 标 准
NY/T 801—2004	生鲜牛乳及其制品中碱性磷酸酶活度的测定方法	
NY/T 802—2004	乳与乳制品中淀粉的测定　酶比色法	
NY 5200—2004	无公害食品　鲜食玉米	
NY 5201—2004	无公害食品　樱桃	
NY 5202—2004	无公害食品　芸豆	
NY 5203—2004	无公害食品　绿豆	
NY/T 5204—2004	无公害食品　绿豆生产技术规程	
NY 5205—2004	无公害食品　红小豆	
NY/T 5206—2004	无公害食品　红小豆生产技术规程	
NY 5207—2004	无公害食品　豌豆	
NY/T 5208—2004	无公害食品　豌豆生产技术规程	
NY 5209—2004	无公害食品　青蚕豆	
NY/T 5210—2004	无公害食品　青蚕豆生产技术规程	
NY 5211—2004	无公害食品　绿化型芽苗菜	
NY/T 5212—2004	无公害食品　绿化型芽苗菜生产技术规程	
NY 5213—2004	无公害食品　普通白菜	
NY/T 5214—2004	无公害食品　普通白菜生产技术规程	
NY 5215—2004	无公害食品　芥蓝	
NY/T 5216—2004	无公害食品　芥蓝生产技术规程	
NY 5217—2004	无公害食品　茼蒿	
NY/T 5218—2004	无公害食品　茼蒿生产技术规程	
NY 5219—2004	无公害食品　西葫芦	
NY/T 5220—2004	无公害食品　西葫芦生产技术规程	
NY 5221—2004	无公害食品　马铃薯	
NY/T 5222—2004	无公害食品　马铃薯生产技术规程	
NY 5223—2004	无公害食品　洋葱	
NY/T 5224—2004	无公害食品　洋葱生产技术规程	
NY 5225—2004	无公害食品　生姜	
NY/T 5226—2004	无公害食品　生姜生产技术规程	
NY 5227—2004	无公害食品　大蒜	
NY/T 5228—2004	无公害食品　大蒜生产技术规程	
NY 5229—2004	无公害食品　辣椒干	
NY 5230—2004	无公害食品　芦笋	
NY/T 5231—2004	无公害食品　芦笋生产技术规程	
NY 5232—2004	无公害食品　竹笋干	
NY/T 5233—2004	无公害食品　竹笋干生产技术规程	
NY 5234—2004	无公害食品　小型萝卜	
NY/T 5235—2004	无公害食品　小型萝卜生产技术规程	
NY 5236—2004	无公害食品　叶用莴苣	
NY/T 5237—2004	无公害食品　叶用莴苣生产技术规程	
NY 5238—2004	无公害食品　莲藕	
NY/T 5239—2004	无公害食品　莲藕生产技术规程	

（续）

标　准　号	标　准　名　称	代　替　标　准
NY 5240—2004	无公害食品　杏	
NY 5241—2004	无公害食品　柿	
NY 5242—2004	无公害食品　石榴	
NY 5243—2004	无公害食品　李子	
NY 5244—2004	无公害食品　茶叶	
NY/T 5245—2004	无公害食品　茉莉花茶加工技术规程	
NY 5246—2004	无公害食品　鸡腿菇	
NY 5247—2004	无公害食品　茶树菇	
NY 5248—2004	无公害食品　枸杞	
NY/T 5249—2004	无公害食品　枸杞生产技术规程	
NY 5250—2004	无公害食品　番木瓜	
NY 5251—2004	无公害食品　芋头	
NY 5252—2004	无公害食品　冬枣	
NY 5253—2004	无公害食品　四棱豆	
NY/T 5254—2004	无公害食品　四棱豆生产技术规程	
NY 5255—2004	无公害食品　火龙果	
NY/T 5256—2004	无公害食品　火龙果生产技术规程	
NY 5257—2004	无公害食品　红毛丹	
NY/T 5258—2004	无公害食品　红毛丹生产技术规程	
NY 5259—2004	无公害食品　鲜鸭蛋	
NY 5260—2004	无公害食品　蛋鸭饲养兽医防疫准则	NY/T 5260—2004
NY 5262—2004	无公害食品　鸭肉	
NY 5265—2004	无公害食品　鹅肉	
NY 5268—2004	无公害食品　毛肚	
NY 5269—2004	无公害食品　鸽肉	
NY 5270—2004	无公害食品　鹌鹑蛋	
NY 5271—2004	无公害食品　驴肉	
NY 5272—2004	无公害食品　鲈鱼	
NY 5274—2004	无公害食品　牙鲆	
NY 5276—2004	无公害食品　锯缘青蟹	
NY 5278—2004	无公害食品　团头鲂	
NY 5280—2004	无公害食品　鲤鱼	
NY 5282—2004	无公害食品　裙带菜	
NY 5284—2004	无公害食品　青虾	
NY 5286—2004	无公害食品　斑点叉尾鮰	
NY 5288—2004	无公害食品　菲律宾蛤仔	
NY 5291—2004	无公害食品　咸鱼	
NY 5292—2004	无公害食品　鲫鱼	
NY/T 5296—2004	无公害食品　皮蛋加工技术规程	
NY/T 5297—2004	无公害食品　咸蛋加工技术规程	
NY/T 5298—2004	无公害食品　乳粉加工技术规范	

农产品加工业机械行业标准（2004 年）

标准号	标准名称	代替标准
JB/T 3016—2004	滚动轴承包装箱技术条件	JB/T 3016—1991 JB/T 3017—1991
JB/T 4036—2004	滚动轴承运输用托盘和大木箱	JB/T 4036—1993
JB/T 5496—2004	振动筛 制造通用技术条件	JB/T 5496—1991
JB/T 6388—2004	YKR 型圆振动筛	JB/T 6388—1992
JB/T 7351—2004	中磁场永磁滚筒	JB/T 7351—1994
JB/T 7353—2004	立式冲击破碎机	JB/T 7353—1994
JB/T 7689—2004	悬挂式电磁除铁器	JB/T 7689—1995
JB/T 8852.1—2004	转筒干燥机 托轮装置	JB/T 8852.1—1999
JB/T 10409—2004	圆盘加压过滤机	
JB/T 10410—2004	工业用水自动反冲洗过滤器	
JB/T 10443.1—2004	层合纸板规范第 1 部分：定义、分类和一般要求	
JB/T 10443.2—2004	层合纸板规范第 2 部分：试验方法	
JB/T 10443.3—2004	层合纸板规范第3部分：单项材料规范 层合预压纸板规范 LB3.1.1，LB3.1.2，LB3.3.1及 LB3.3.2型	
JB/T 10455—2004	小胶印机测试版	

农产品加工业轻工行业标准（2003—2004 年）

标准号	标准名称	代替标准
QB 2020—2003	调味盐	QB 2020—1994
QB 2604—2003	食用氯化镁	
QB/T 2606—2003	肠衣盐	
QB/T 2632—2004	饮料热灌装拧盖机	
QB/T 2633—2004	饮料热灌装生产线	
QB/T 2634—2004	洗瓶机	QB/T 3680—1999
QB/T 2635—2004	杀菌机	QB/T 3690—1999
QB/T 2640—2004	咸味食品香精	
QB/T 2641—2004	食品添加剂　甲基环戊烯醇酮	
QB/T 2642—2004	麦芽酚	
QB/T 2643—2004	食品添加剂　97%柠檬醛	QB/T 3785—1999
QB/T 2644—2004	食品添加剂　苯乙醇	QB/T 3786—1999
QB/T 2645—2004	食品添加剂　乙酸苄酯	QB/T 3787—1999
QB/T 2646—2004	食品添加剂　丁酸异戊酯	QB/T 3788—1999
QB/T 2647—2004	食品添加剂　异戊酸异戊酯	QB/T 3789—1999
QB/T 2648—2004	食品添加剂　己酸烯丙酯	QB/T 3794—1999
QB/T 2649—2004	食品添加剂　丁酸苄酯	QB/T 3795—1999
QB/T 2650—2004	食品添加剂　α-戊基肉桂醛	QB/T 3796—1999
QB/T 2651—2004	食品添加剂　松油醇	QB/T 3797—1999
QB/T 2652—2004	方便米粉（米线）	
QB/T 2653—2004	大豆肽粉	
QB/T 1048—2004	纸板及纸箱抗压试验机	QB/T 1048—1998
QB/T 1049—2004	纸与纸板耐折度仪	QB/T 1049—1998

（续）

标准号	标准名称	代替标准
QB/T 1053—2004	纸与纸板抗张试验机	QB/T 1053—1998
QB/T 1054—2004	纸浆打浆度测定仪	QB/T 1054—1998
QB/T 1057—2004	纸与纸板耐破度仪	QB/T 1057—1998
QB/T 1308—2004	热熔粘合机	QB/T 1308—1991
QB/T 1665—2004	纸与纸板平滑度仪	QB/T 1665—1998
QB/T 2618—2003	造纸用多层成形网	
QB/T 2619—2003	造纸用异性丝干燥网	
QB/T 2622—2003	D型水力碎浆机	
QB/T 2624—2003	胶版单张纸油墨	
QB/T 2636—2004	纸与纸板油墨吸收性测定仪	
QB/T 6019—2004	制浆造纸专业设备安装工程施工质量验收规范	QBJ1—1964
QB/T 1872—2004	服装用皮革	QB/T 1872—1993
QB/T 1873—2004	鞋面用皮革	QB/T 1873—1993

农产品加工业纺织行业标准（2004年）

标准号	标准名称	代替标准
FZ/T 43004—2004	桑蚕丝纬编针织绸	FZ/T 43004—1992
FZ/T 54003—2004	涤纶预取向丝	FZ/T 54003—1993
FZ/T 62006—2004	毛巾	FZ/T 62006—1993
FZ/T 70006—2004	针织物拉伸弹性回复率试验方法	FZ/T 70006—1999
FZ/T 73001—2004	袜子	FZ/T 73001—1998
FZ/T 73011—2004	针织腹带	FZ/T 73011—1998
FZ/T 73012—2004	文胸	FZ/T 73012—1998
FZ/T 73013—2004	针织泳装	FZ/T 73013—1998
FZ/T 73019.1—2004	针织塑身内衣、弹力型	
FZ/T 73019.2—2004	针织塑身内衣、调整型	
FZ/T 73020—2004	针织休闲服装	
FZ/T 73021—2004	针织学生服	
FZ/T 73022—2004	针织保暖内衣	
FZ/T 90052—2004	弹性针布术语和定义	FZ/T 90052—1993
FZ/T 90074—2004	纺织机械产品涂装	FZ/T 90074—1995
FZ/T 91007—2004	纺织机械产品涂装工艺	FZ/T 91007—1995
FZ/T 93007—2004	纺织机械与附件　圆柱形条筒技术条件	FZ/T 93007—1991
FZ/T 93019—2004	梳棉机用弹性盖板针布	FZ/T 93019—1993
FZ/T 93027—2004	棉纺环锭细纱机	FZ/T 93027—1993

农产品加工业商务行业标准（2003—2004年）

标准号	标准名称	代替标准
SB/T 10352—2003	畜禽屠宰加工厂实验室检验基本要求	
SB/T 10360—2003	低温肉制品安全产品质量认证评审准则	
SB/T 10361—2003	高温肉制品安全产品质量认证评审准则	

（续）

标准号	标准名称	代替标准
SB/T 10362—2003	中式肉制品安全产品质量认证评审准则	
SB/T 10363—2003	猪屠宰分割安全产品质量认证评审准则	
SB/T 10364—2003	牛屠宰分割安全产品质量认证评审准则	
SB/T 10365—2003	羊屠宰分割安全产品质量认证评审准则	
SB/T 10366—2003	鸡屠宰分割安全产品质量认证评审准则	
SB/T 10367—2003	肉干制品安全产品质量认证评审准则	
SB/T 10371—2003	鸡精调味品	
SB/T 10373—2004	胶原蛋白肠衣	
SB/T 10376—2004	饼店分等定级	
SB/T 10377—2004	粽子	
SB/T 10379—2004	速冻调制食品	

农产品加工业水产行业标准（2003—2004年）

标准号	标准名称	代替标准
SC/T 3016—2004	水产品抽样方法	
SC/T 3017—2004	冷冻水产品净含量的测定	
SC/T 3018—2004	水产品中氯霉素残留量的测定　气相色谱法	
SC/T 3019—2004	水产品中喹乙醇残留量的测定　液相色谱法	
SC/T 3020—2004	水产品中己烯雌酚残留量的测定　酶联免疫法	
SC/T 3021—2004	水产品中孔雀石绿残留量的测定　液相色谱法	
SC/T 3022—2004	水产品中呋喃唑酮残留量的测定　液相色谱法	
SC/T 3023—2004	麻痹性贝类毒素的测定　生物法	
SC/T 3024—2004	腹泻性贝类毒素的测定　生物法	
SC/T 6024—2003	小包装食品用压力蒸汽灭菌装置	

农产品加工业粮食行业标准（2004年）

标准号	标准名称	代替标准
LS/T 1700—2004	《粮食信息分类与编码 粮食行政、事业机构及社会团体分类与代码》	
LS/T 1701—2004	《粮食信息分类与编码 粮食企业分类与代码》	
LS/T 1702—2004	《粮食信息分类与编码 粮食属性分类与代码》	
LS/T 1703—2004	《粮食信息分类与编码 粮食及加工产品分类与代码》	
LS/T 1704.1—2004	《粮食信息分类与编码 粮食检验 第1部分：指标分类与代码》	
LS/T 1704.2—2004	《粮食信息分类与编码 粮食检验 第2部分：质量标准分类与代码》	
LS/T 1704.3—2004	《粮食信息分类与编码 粮食检验 第3部分：标准方法分类与代码》	
LS/T 1705—2004	《粮食信息分类与编码 粮食设施分类与代码》	
LS/T 1706—2004	《粮食信息分类与编码 粮食设备分类与代码》	

（续）

标准号	标准名称	代替标准
LS/T 1707.1—2004	《粮食信息分类与编码 粮食仓储 第1部分：仓储作业分类与代码》	
LS/T 1707.2—2004	《粮食信息分类与编码 粮食仓储 第2部分：粮情检测分类与代码》	
LS/T 1707.3—2004	《粮食信息分类与编码 粮食仓储 第3部分：器材分类与代码》	
LS/T 1708.1—2004	《粮食信息分类与编码 粮食加工作业分类与代码》	
LS/T 1708.2—2004	《粮食信息分类与编码 粮食加工技术经济指标分类与代码》	
LS/T 1709—2004	《粮食信息分类与编码 储粮病虫害分类与代码》	
LS/T 1710—2004	《粮食信息分类与编码 粮食仓储业务统计分类与代码》	
LS/T 1711—2004	《粮食信息分类与编码 财务会计分类与代码》	
LS/T 1712—2004	《粮食信息分类与编码 粮食贸易业务统计分类与代码》	

农产品加工业其他行业标准（2003—2004年）

标准号	标准名称	代替标准
JC/T 343.1—2003	真空挤出机 型式与基本参数	JC/T 343.1—1996
JC/T 343.2—2003	真空挤出机 技术条件	JC/T 343.2—1996
CJ/T 28—2003	中餐燃气炒菜灶	
CJ/T 187—2003	燃气蒸箱	
HG/T 2447—2003	胶辊 第4部分：印染胶辊	HG/T 2447—1993
HG/T 2015—2003	橡胶海绵地毯衬垫	HG/T 2015—1991
HG/T 2099—2003	釜用机械密封试验规范	HG/T 2099—1991
HG/T 2122—2003	釜用机械密封辅助装置	HG/T 2122—1991
HG/T 2269—2003	釜用机械密封技术条件	HG/T 2269—1992
HG/T 3710—2003	直读式橡胶密度计技术条件	
BB0006—2003	包装容器 20mm口径铝气雾罐	BB 0006—1995
BB/T0022—2003	瓦楞纸板传送带	
BB/T0023—2003	纸护角	
BB/T0024—2003	运输包装用拉伸缠绕膜	
BB/T0025—2004	30/25mm 塑料防盗瓶盖	
BB/T0026—2004	夹筋包装袋纸	
BB/T0027—2004	埋纱包装袋纸	
BB/T0028—2004	按压式真空定量泵	
BB/T0029—2004	包装玻璃容器 公差	
BB/T0030—2004	包装用镀铝薄膜	

农产品加工业发明专利（2003—2004年）

［2003—2004年农产品加工业（含加工制品、加工技术与设备）部分专利选摘］

申请或批准号	发明名称	申请人	通讯地址	发明人
0320108686.3	三分离稻麦脱粒机	江保	(165456)黑龙江省尚志市亮河镇八家子村二队	江保
0320112586.8	向日葵脱粒机	孙建国	(136405)吉林省双辽市茂林镇建国农用四轮拖斗商店	孙建国
0320114106.1	高清洁度风选自动分离机动脱粒机	宋荣华	(331500)江西省永丰县教育局人秘股卢玉梅转宋荣华	宋荣华
0320112214.5	摩擦式玉米脱粒机	李中奇	(066300)河北省秦皇岛市抚宁县牛头崖镇牛头崖村	李中奇
0320114608.4	高效玉米脱粒机	胡立彬	(563131)贵州省遵义县团溪镇民主路73号	胡立彬
0320124545.0	一种葫芦籽瓜脱粒机	杨智庭、顾汉祯等3人	(015200)内蒙古自治区磴口县巴彦高勒镇钢铁路河套农牧机制造有限公司	杨智庭、顾汉祯等5人
0320113550.1	一次净自动脱粒机	韩中正	(475201)河南省杞县沙沃乡黄村	韩中正、贾文彬
03201911.4	多功能玉米葵花脱粒机	肖国春	(015217)内蒙古自治区古巴盟磴口县四坝乡转召滩三社	肖国春
03211265.3	白瓜籽脱壳机	吕彦彬	(151600)黑龙江省青冈县种子公司	吕彦彬
03214320.6	小型玉米脱粒机	张俊	(118300)辽宁省东港市碧海委东兴园2号楼106室	张俊
03226811.4	花生脱粒机	陈跃华	(425300)湖南省东安县水岭乡新铺村十组	陈跃华
03234740.5	稻麦脱粒机的净粒装置	邓杰	(629000)四川省遂宁市南津路6组507号附6号	邓杰
03238179.4	多功能脱谷机	刘学丰	(111000)辽宁省辽阳市中华大街东段红光路58号辽阳富士仪表厂	刘学丰
03248088.1	筛隔式谷草分离脱粒机	彭青山	(426135)湖南省永州市祁阳县白水镇先锋村3组	彭青山
03249571.4	吸糠式稻麦脱粒机	郭大兴	(629111)四川省蓬溪县天福镇福正街268号	郭大兴
03249422.X	一种水稻脱粒清选机	宜宾市农机所	(644000)四川省宜宾市西郊高庄桥	汤颖力、冯传烈
03246155.0	玉米脱粒机	高新民	(463000)河南省平舆县古槐镇北环路171号	高新民
03250798.4	复合式脱粒机二次清选筛	朱子发	(236200)安徽省颍上县半岗镇农机修造厂	朱子发
03252787.X	改进的玉米脱粒机	张洪生	(835111)新疆维吾尔自治区伊宁县温亚尔乡贺加希村一组	张洪生
03260350.9	一种高效玉米脱粒机	张梅生	(154700)黑龙江省汤原县胜利乡伏兴村	张梅生
03261721.6	双辊玉米脱粒机	五常市刀具厂	(150232)黑龙江省五常市山河镇	向正本等3人
03261462.4	农作物籽粒加工机	陆佳奇	(838000)新疆维吾尔自治区吐鲁番市工商局王瑞玲收转	陆佳奇
03267663.8	对转式多用脱粒机	冯文雄	(525000)广东省茂名市茂南区金塘镇州村八组	冯文雄

（续）

申请或批准号	发明名称	申请人	通讯地址	发明人
03269793.7	小麦脱壳、精选车	石家庄三立谷物机械公司	（050061）河北省石家庄市红星北街21号	党大锋、冯玉斌等4人
03270792.4	行走式多功能脱粒机	王剑平、王剑波	（161000）黑龙江省齐齐哈尔市铁锋新民小区24号楼1门401室	王剑平、王剑波
03284585.5	亚麻脱粒机	黑龙江省农机研究所	（152000）黑龙江省绥化市营林街3号	许益存、卢振生等3人
0420033049.9	高效电动干湿玉米脱粒	张成斌	（652308）云南省弥勒县虹溪镇密纳村	张成斌
0420002598.X	家用惯性型花生摘果机	高中来	（063030）河北省唐山市丰润区唐山市第72中学	高中来
0320111482.5	毛豆梳脱器	崔成日	（150050）黑龙江省哈尔滨市太平区海员街24－1号	崔成日、尹大元
03207748.3	一种花生摘果机	滑县强胜球墨铸铁厂	（456400）河南省安阳市滑县上官镇殷柳里西头	阎国卿、阎让卿等3人
03212940.8	葵花籽剥壳机	吕彦彬	（151600）黑龙江省青冈县种子公司	吕彦彬
03217347.4	种粒分离机	王庆俭	（252100）山东省茌平县茌平镇王庄村100号	王庆俭
03218534.0	一种棉花剥壳机	陈少庚	（727004）陕西省铜川市矿务局二院	陈少庚
03235852.0	油茶籽脱壳分离系统	中国农科院油料作物所	（430062）湖北省武汉市武昌区徐东二路2号	黄凤洪、夏伏建等5人
03241242.8	莲籽穿芯脱壳机	刘守祥、杨友平	（434025）湖北省荆州市荆州区荆秘路88号湖北农学院工程技术系	刘守祥等5人
03246229.8	多功能花生摘果机	李志刚	（463331）河南省汝南县和孝镇和孝农机厂	李志刚
03261927.8	秸秆破碎榨汁成型机	彭毅	（050021）河北省石家庄市裕华区金鹏小区8－1－202	彭毅
03261934.0	胡椒脱皮机	陈华栋、张珉	（571100）海南省海口市琼山区城东大道国土局综合楼803室	陈华栋、张珉
0320100234.0	多功能铡草、粉碎、揉搓机	李强	（137500）内蒙古自治区突泉县天宇机械有限公司	李强、王锡波等3人
0320111205.4	一种高效饲草撕揉机	郝增义	（051230）河北省赞皇县机械厂家属院	郝增义
0320113101.7	多功能饲料粉碎机	新乡市兴田机械公司	（453242）河南省新乡市小店工业开发区	张善海、张星田
03202653.6	多功能饲料粉碎机	王新明	（830049）新疆维吾尔自治区吉木萨尔县三台镇东街新明农机厂	王新明
03202815.6	多功能饲料加工机	张占民	（072250）河北省保定市顺平县蒲上乡白庙村富民机械厂	张占民
03205228.6	秸秆破碎机	刁宗彬	（056043）河北省邯郸县河少镇镇北文庄村	刁宗彬

（续）

申请或批准号	发明名称	申请人	通讯地址	发明人
03227558.7	秸秆饲草切碎机	湘西土家族苗族自治州农机所	(416000)湖南省吉首市文艺路24号	田必生、罗忠等4人
03238013.5	铡草、粉碎机	尹大海	(118300)辽宁省东港市前阳镇前阳村一组64号	王洪顺、尹大海
03246184.4	饲料粉碎机	曹明军、孙君坡	(474450)河南省南阳市淅川县星光生化技术中心	曹明军、孙君坡等4人
03250352.0	一种安全高效多用的改进型青饲料切碎机	毛朝军	(636000)四川省巴中市南江县南江镇糖果厂内	毛朝军
03252813.2	一种青饲料切碎机	林聪岳	(657000)云南省楚雄市环城西路148号聪岳农机五金加工厂	林聪岳
03256832.0	悬臂式转盘切刀秸秆揉切机	刘兴贵	(271000)山东省泰安市泰山区南关大街215号	李军、赵峰等4人
03260224.3	轴向进料饲料铡揉粉碎机	王洪礼、王焱	(151400)黑龙江省安达市先锋乡红卫村	王洪礼、王焱
03260234.0	青干饲料铡切揉搓粉碎机	王洪礼、王焱	(151400)黑龙江省安达市先锋乡红卫村	王洪礼、王焱
03260400.9	多功能粉碎机	周建设	(152106)黑龙江省望奎县花园街110号黑龙江汽车空压机厂	周建设
03260605.2	饲草铡揉机	张国强	(150100)黑龙江省双城市东直路六合街	张国强
03265398.0	一种横向喂入玉米秸秆切碎机	任路旗	(054200)河北省内丘县解放路6号	任路旗、任泸均
03272335.0	饲料用秸秆粉碎机	杨永宁	(030600)山西省晋中市榆次区柳东北巷54号四单元	杨永宁
0420048878.4	立式饲料搅拌机	郭永祥	(014048)内蒙古自治区包头市九原区莎木佳镇	郭永祥
0420064119.7	铡草粉碎机	王鲁	(832000)新疆维吾尔自治区石河子市29小区桥头南侧光大农机有限公司	王鲁
0320108064.0	鱼类除刺机	李德一	(201100)上海市闵行区莘朱路1015弄17号	李德一
0320129195.7	带拉绳的香肠外衣	牛荃	(300134)天津市红桥区光荣道千里堤口天津工业职业学校02广告班	牛荃
03208323.8	鱿鱼肉质松软机械	舟山普陀明宏机械厂	(316100)浙江省舟山市普陀区平阳工业区内	何锡宏、山桂良
03211680.2	加长香肠煮锅	王义、李元洪	(110042)辽宁省沈阳市大东区东顺城街100号东副超市有限公司	王义、李元洪
03212138.5	短轴食品斩拌机	赵会君、王旭仁	(111003)辽宁省辽阳市宏伟区前进村辽阳市府旺食品有限公司	赵会君、王旭仁
03213529.7	气动螺旋转盘式海蜇皮切丝机	大连理工大学	(116024)辽宁省大连市甘井子区凌工路2号	李兆麟

（续）

申请或批准号	发明名称	申请人	通讯地址	发明人
03214072.X	鱿鱼丝现场加工设备	邹积月	(116011)辽宁省大连市西岗区福德街7－1号	邹积月
03217270.2	除鱼鳞机	谢星海	(252059)山东省聊城市文化路34号聊城大学理工学院	谢星海、张景生
03217638.4	全自动骑跨式麻电机	杨华建	(266300)山东省胶州市徐州路78号（中云工业园）	杨华建、赵月升等5人
03220983.5	家禽宰杀血液防溅收集器	宋振坤	(221000)江苏省徐州市解放南路187号	宋振坤
03230364.5	鱼体切粒加工机	卢德军	(313018)浙江省湖州市菱湖镇朝东埭3幢502室	卢德军
03239104.8	自动剁馅机	刘长锁	(154101)黑龙江省鹤岗市工农区58委4组煤建处楼54栋206号	刘长锁
03242439.6	脚踏灌装机	王利臣	(050031)河北省石家庄市翟营大街168号	王利臣
03242878.2	家禽褪毛机的脱毛棒	许法利	(325208)浙江省瑞安马屿镇三马西路209号	许法利
03244544.X	一种悬臂式斩拌机	闵小国	(050061)河北省石家庄市中山西路吉恒园48排7号	闵小国
03247174.2	粒状切鱼机	曾钜添	(528322)广东省佛山市顺德区勒流镇龙眼岗头七村岗头路十巷六号	曾钜添
03248297.3	食用肉柔嫩处理器	曾长军	(417000)湖南省娄底市湖南长城机械有限责任公司（华达机械总厂内）转	曾长军
03266106.1	快速出禽螺旋预冷机	北京有色金属研究总院	(100088)北京市新街口外大街2号北京有色金属研究总院研发部	周新明、郑杰
03266108.8	侧出禽螺旋预冷机	北京有色金属研究总院	(100088)北京市新街口外大街2号北京有色金属研究总院研发部	周新明、郑杰
03269915.8	双缸双管灌装机	闵小国	(050061)河北省石家庄市中山西路吉恒园48排7号	闵小国
0420024443.6	香肠灌肠机	周炳康	(213101)江苏省常州市横林镇常州市开源工具厂	周炳康
03204282.5	具有加热装置的牛奶采运车的水箱	杨文海	(100009)北京市东城区安定门内大街71号	杨文海
03221611.4	连续式输送喷涂机	江苏牧羊集团	(225003)江苏省扬州市解放北路83号	程亮
03232976.8	多功能豆奶机	何开明	(621000)四川省绵阳市跃进北路34号（涪城工商局）院内	何开明
03260001.1	机动榨奶车	周顺达	(150076)黑龙江省哈尔滨市道里区康安路副83－24号452信箱	周顺达
03261316.4	柿子快速脱涩装置	冷平	(100094)北京市海淀区圆明园西路2号院新2号楼5门610号	冷平、袁汉青

（续）

申请或批准号	发明名称	申请人	通讯地址	发明人
03220212.1	一种名优茶杀青整形机	郑小鸭、郑成积	(245061)安徽省黄山市徽州区富溪乡长坞村	郑小鸭、郑成积
03221124.4	一种改进的茶叶微波杀青、烘干装置	宜兴鼎新微波设备公司	(214205)江苏省宜兴市环科园梅东路168号	卢正勋、王新华等4人
03225549.7	双槽锅炒茶机	刘才林、刘双喜	(242700)安徽省黄山市黄山区平湖东路128号	刘才林、刘双喜
03227982.5	茶叶热风杀青机	程玉明	(324000)浙江省衢州市柯城区上洋浙江衢州上洋机械有限责任公司	程玉明
03256974.2	乌龙茶松包机	刘金贤	(311422)浙江省富阳市受降镇中秋路18号	周仁贵、刘金贤
03261702.X	乌龙茶杀青机	刘金贤	(311422)浙江省富阳市受降镇中秋路18号	周仁贵、刘金贤
03261706.2	乌龙茶摇青机	刘金贤	(311422)浙江省富阳市受降镇中秋路18号	周仁贵、刘金贤
03263602.4	多锅型电炭两用加热制茶机	陈苗荣	(322302)浙江省磐安县尖山镇尖山村深塘街	陈苗荣
03200893.7	花生糖块自动刨削机	陈振池	中国台湾	陈振池
03204512.3	冰淇淋机的搅拌器	黄雪芬	中国台湾省台中县	黄雪芬
03204513.1	多功能食品调理机	黄雪芬	中国台湾省台中县	黄雪芬
03211403.6	食品、冷饮螺旋挤出头	唐大伟	(112300)辽宁省开原市货场街31号开原市富强冷饮厂	唐大伟
03212848.7	冰伴侣冰淇淋	李赵昕	(150076)黑龙江省哈尔滨市道里区河梁街80号1单元701室	李赵昕、李宇萌
03212894.0	雪条棒自动精选机	解秉江	(116110)辽宁省大连市金州区大魏家镇后石村智达木业有限公司	解秉江、方茂奎
03219343.2	冰淇淋机送料泵	钱志刚	(214128)江苏省无锡市南泉镇塘前村	郁群力
03223305.1	一种双桶雪糕加工机	何志鹏	(510091)广东省广州市麓景路师带岗东19号403房	何志鹏
03225730.9	雪条饼干机	周传伟	(528318)广东省佛山市顺德区龙江镇龙洲西路亿龙电器制品有限公司	刘效祥
03236499.7	一种带有图形的多层果冻	朱锦全	(518000)广东省深圳市田贝四路田苑53栋201室	朱锦全
03243361.1	一种冰淇淋机杀菌装置	深圳海川实业股份公司	(518040)广东省深圳市福田区车公庙天安数码城F3.8栋C、D座七、八楼	王丽慧、何唯平
03200890.2	调理食品的冷却装置	碁富食品股份公司	中国台湾省桃园县	王朝健

(续)

申请或批准号	发明名称	申请人	通讯地址	发明人
0320100422.3	营养米粒或颗粒的成形设备	张黎云、张一粟等3人	(322117)浙江省东阳市湖溪镇南塘村浙江志成工艺墙纸有限公司	张黎云、任厚荣等4人
0320105402.5	肠衣式豆制品定型充灌机	蒋会杰	(112300)辽宁省开原市八宝屯镇河北村八组	蒋会杰
0320111572.4	南瓜籽脱壳机	李乃富	(158160)黑龙江省鸡西市梨树区梨树乡碱场村鸡西东富粮油食品有限公司	李乃富、李石等4人
0320114426.7	填芯面条制作装置	杨宗人	(610041)四川省成都市武侯区双楠街44号7栋1单元9号	杨宗人
0320123357.6	银杏脱皮清洗机	张毅	(225400)江苏省泰兴市姚王镇十里甸村甸何35号	张毅
0320129740.2	蔬菜清洗机	李鹏	(100016)北京市朝阳区芳园里20楼4—601号	李鹏
0320129943.1	一种双螺杆蒸煮成型造米机	金松亭、翁小光等4人	(325011)浙江省温州市雁荡西路金伦花园7栋101号	金松亭、翁小光等4人
03202664.1	辊刷式清洗去皮机	蒙俊	(016041)内蒙古自治区乌海市乌达区三道坎西街三街坊7栋7号	蒙俊
03203297.8	豆腐衣自动起皮机	许荣耿	(310013)浙江省杭州市湖墅南路17号6幢4单元402室	许荣耿
03203681.7	一种二合一蔬果汁过滤机	陈进义	中国台湾省台北市	陈进义
03203717.1	果蔬榨汁机	宋亚良	(071500)河北省高阳县龙化乡孟仲峰村	宋亚良
03211800.7	豆皮加工成型机	于殿香、方辉宇	(266000)山东省青岛市市南区江泽路15号蔬菜公司	于殿香、方辉宇
03212828.2	海产品烫煮机	刘兆识	(116023)辽宁省大连市甘井子区凌水镇王家村居民委员会	刘兆识
03212910.6	豆类去皮机	张歌今	(121012)辽宁省锦州市太和区凌西大街南庄里15号	张歌今
03215235.3	彩色夹心粉丝	舒永祥	(265400)山东省招远市罗峰街道办事处南炉村55号	舒永祥
03215236.1	粉丝漏粉器	舒永祥	(265400)山东省招远市罗峰街道办事处南炉村55号	舒永祥
03215421.6	菠萝机	温永林	(265400)山东省招远市河东路811号	温永林
03215735.5	一种物粉消毒装置	郑州中仁工贸公司	(450047)河南省郑州市航海东路1096号创业中心六楼	谷传动、靳钟楼
03216947.7	根茎类蔬菜削皮机	张克治	(471000)河南省洛阳市九都路33号院14号楼	张克治
03218432.8	一种苹果表面清洗设备	杨公明、王刚义	(712100)陕西省杨凌区西农路28号(西农大食品学院)	杨公明、王刚义

(续)

申请或批准号	发明名称	申请人	通讯地址	发明人
03218904.4	果蔬强力清洗机	杨公明、庞福科	(712000)陕西省杨凌区西农路28号西农大食品学院	杨公明、庞福科
03220185.0	食品腌制机	胡耀忠	中国台湾省台南县新市乡三民街50巷28号	胡耀忠
03220323.3	用于食品灭菌保鲜加工的隧道式微波炉	文舜	(210009)江苏省南京市鼓楼区市农村44号701室	文舜
03220455.8	槽混粉料臭氧灭菌箱	胡世彬	(210046)江苏省南京市尧化新村100号11幢201室	胡世彬
03220456.6	臭氧灭菌粉料混合机	胡世彬	(210046)江苏省南京市尧化新村100号11幢201室	胡世彬
03221426.X	用于食品灭菌保鲜加工的加压隧道式微波炉	文舜	(226300)江苏省南京市鼓楼区市农村44号701室	文舜
03222409.5	浆料预煮机	东台市食品机械厂	(224237)江苏省东台市弓京港镇浪港路1号	何贤用等3人
03223083.4	全封闭式管道型多功能豆浆机	左永杰	(510180)广东省广州市朝天路50号301室	左永杰
03223261.6	高效节能蒸粉器	陈耀洪	(511430)广东省广州市番禺区大石镇朝阳西路北区三楼	陈耀洪
03228207.9	螺杆式榨汁切割两用机	赵志凌	(317525)浙江省温岭市地方税务局大溪征管局	赵志凌
03229116.7	活海鲜微冻机	上海嘉生生物制品公司	(201418)上海市奉贤区奉新镇团结塘路12号	韩永苗
03229310.0	熟食品快速冷却设备	上海鲜绿真空保鲜设备公司	(200072)上海市沪太路1183弄58号	汤锐宾、刘琴芳等5人
03229900.1	自动馄饨机	宁波鸿来食品机械公司	(315020)浙江省宁波市新义路27-3号宁波鸿来食品机械有限公司	顾国民
03230974.0	开口连续式微波(回温)解冻装置	上海鸿泽企业发展公司	(200060)上海市陕西北路1283弄玉城大厦15F	潘子荣
03231159.1	带漏孔的烘炒机	徐际长	(200080)上海市四川北路四川里41号207室	徐际长
03233765.5	米粉加工生产线	唐石明	(541001)广西壮族自治区桂林市乌石街112号	唐石明
03235020.1	高效饲料粉碎机	张云华、毛如全	(652115)云南省昆明市宜良县马街乡马街办事处	张云华
03239819.0	新型环保豆腐生产设备	奚存库等3人	(102101)北京市延庆县康庄镇榆林堡村	奚存库等3人
03240479.4	冷冻饼干馅成型机	许赐荣	中国台湾	许赐荣

（续）

申请或批准号	发明名称	申请人	通讯地址	发明人
03240936.2	一种尖椒分离器	刘永德	(030609) 山西省榆次市东阳镇庞志村	刘永德
03241251.7	薯类农产品清洗机	武汉大学	(430072) 湖北省武汉市武昌珞珈山	向元林、向元佳
03242193.1	豆腐丝自动制片机	李鹤芝	(072750) 河北省涿州市林屯乡黄楼桑村	李鹤芝、岳凤丽
03242194.X	组合式豆腐丝制片机	李鹤芝	(072750) 河北省涿州市林屯乡黄楼桑村	李鹤芝、岳凤丽
03242303.9	食用酱油快速生产设备	张团结	(100074) 北京市崇文区沙子口路 70 号北京市食品工业研究所	张团结
03244924.0	核桃去皮机	张永孝	(032200) 山西省汾阳市三泉镇南马庄村	张永孝
03245090.7	冻干压缩蔬菜块	总后军需装备研究所	(100010) 北京市东城区禄米仓胡同 69 号	钱平、何锦风
03245744.8	山茱萸肉核分离机	张明飞	(474500) 河南省西峡县二郎坪街	张明飞
03245882.7	高效山茱萸皮核分离机	王栋	(473000) 河南省南阳市光武路 48 号	王栋、吕铁栓
03249747.4	蒸汽米粉生产机	李鸣岐、周昌德	(550005) 贵州省贵阳市龙洞堡见龙路 32 号	李鸣岐、周昌德
03251601.0	大豆食品挤压机	宋启文等 3 人	(130041) 吉林省长春市南关区解民小区 8 号楼 83－3 号 304 室	宋启文等 3 人
03254370.0	全自动米线/粉皮盘卷机	张元国	(563000) 贵州省遵义市中华路 72 号科峰所转	张元国
03256917.3	生态饲料、肥料制造机	赵凤清	(024000) 内蒙古自治区赤峰市红山区城郊乡政府	赵凤清、柴宝荣
03259162.4	食品杀菌专用隧道式微波设备	吴永年	(210003) 江苏省南京市紫竹林 2 号南京市疾病预防控制中心	吴永年
03259163.2	食品杀菌专用箱式微波设备	吴永年	(210003) 江苏省南京市紫竹林 2 号南京市疾病预防控制中心	吴永年
03260320.7	粮食通风干燥仓	柳芳久	(150008) 黑龙江省哈尔滨市南岗区巴陵街 158 号	柳芳久
03261654.6	一种松子物理开口机	贺煦丽	(135000) 吉林省梅河口市河南街 1 委 3 组	贺煦丽
03262569.3	花椒籽加工机	兰俊生	(715400) 陕西省韩城市韩城市妇科疑难病症研究所	兰俊生
03264473.6	气体射流冲击板栗破壳机	中国农业大学	(100083) 北京市海淀区清华东路 17 号	高振江等 4 人

（续）

申请或批准号	发明名称	申请人	通讯地址	发明人
03264857.X	饲用甜菜切块机	吴忠雄鹰农机公司	（751100）宁夏回族自治区吴忠利通南街148号	王洪兴、王维斌等3人
03266255.6	加温超高压食品处理装置	北京高才科技开发公司	（100093）北京市海淀区香山南路魏家村甲1号4号楼2门	刘建平、曹秀莲
0410050502.1	野生植物饮料	贾景明	（110016）辽宁省沈阳市沈河区文化路103号沈阳药科大学中药系	贾景明
0410050571.2	红茶菌饮料的生产方法	王义	（110042）辽宁省沈阳市大东区东顺城街100号东副超市有限公司	王义、张竞强
0420035100.X	蒸汽粉丝机	陈平	（410125）湖南省长沙市农业科学院宿舍20栋503	陈平
0320114835.7	造纸法烟草薄片连续提取装备	杨伟祖、于开平等3人	（650106）云南省昆明市高新技术开发区科医路41号	杨伟祖、于开平等3人
0320117507.2	一种卷烟器	奉继军	（518040）广东省深圳市天安数码城创新科技广场B1811	奉继军
03202637.4	一种烟叶打叶设备	秦皇岛烟草机械公司	（066001）河北省秦皇岛市海阳路266号	张忠锋、李彪等4人
03202777.X	三层白肋烟烘烤机	秦皇岛烟草机械公司	（066000）河北省秦皇岛市河北大街366号	梁淑艳、武占云
03215263.9	一种防潮卫生烟卷	唐军	（265200）山东省莱阳市玉岱路1号01－131宅	唐军
03221594.0	新型梗丝膨化干燥机	江苏智思机械公司	（213161）江苏省常州市武进开发区东方路特1号	马铁兵等4人
03221824.9	卫生香烟	邢新平	（225300）江苏省泰州市吴洲路8号	邢新平
03226794.0	竹制过滤嘴香烟	许和生	（414000）湖南省岳阳市岳阳楼区学坡居委会二组	许和生
03227141.7	带有金属箔的香烟烟杆	祁勇	（410007）湖南省长沙市雨花区马家冲小区六栋605室	祁勇
03227717.2	环保型间吸少烟自熄烟卷	喻泽仁	（410007）湖南省长沙市韶山路雨花亭长沙内燃机配件总厂21栋104号	喻泽仁
03229110.8	一种无烟香烟	王根明	（201809）上海市嘉定区徐行镇曹王劳动种子队	王根明
03230771.3	无尘卷烟	汪洪升	（310016）浙江省杭州采荷二区红菱一幢2单元502室	汪洪升

（续）

申请或批准号	发明名称	申请人	通讯地址	发明人
03233852.X	一种卷烟用打孔卷烟纸	红河卷烟厂	（652300）云南省弥勒县桃园路50号（红河卷烟厂技术中心）	余耀
03243899.0	烟草降毒处理器	陈楚挺	（325200）浙江省瑞安市安阳镇安居街16幢2单元303室	陈楚挺
03245709.X	一种烟叶纯化生产线	司秀菊	（461000）河南省许昌市小南海许昌市中远打包机厂	司秀菊
03268414.2	防护型香烟	刘俊亭	（034300）山西省繁峙县城东泰路16号	刘俊亭
0320113064.X	一种气流式锯齿剥绒机	卫毛元	（454550）河南省沁阳市棉麻公司	卫毛元
03212626.3	生产柞蚕水缫生丝捻线的并捻机	谢在先	（116300）辽宁省瓦房店市松树镇解放委4组	谢在先
03218833.1	一种籽棉自动锯齿衣分试轧机	陕西华斯特仪器公司	（712000）陕西省咸阳市文汇西路13号	丁民建、孙养亲等5人
03222550.4	棉花成卷机的自动拔卷机构	金坛晨阳纺织机械集团	（213200）江苏省金坛市金城镇后阳集镇	高建平、钱火荣
03222552.0	棉花成卷机的渐增加压机构	金坛市晨阳纺织机械集团	（213200）江苏省金坛市金城镇后阳集镇	高建平、钱火荣
03238116.6	高温羽绒气流风化机	高贵山	（121005）辽宁省锦州市汤河子铁合北里56楼51号	高贵山
03241030.1	缫丝干燥装置	成都天友发展有限公司	（610041）四川省成都市二环路西一段100号	赵力宾、邹方清等4人
03243339.5	一种苎麻剥杆刮皮机	李金升	（441021）湖北省南漳县武安镇柴堰冲村三组	李金升
03266352.8	棉花异纤检出装置	大连贵友机电公司	（116041）辽宁省大连市旅顺口区水师营	杨开彬
0410010004.4	一种玉米秸秆生产纤维的方法	王来云、秦加友等3人	（455000）河南省安阳市文峰区县西街50号	王来云、秦加友等6人
0420041594.2	棉壳分离机	雷运林、雷小魁	（715100）陕西省大荔县段家乡花城二组	雷运林、雷小魁

7 第七部分

大事记

1 月

6～7 日 “全国无公害农产品认证工作座谈会”在湖北武汉召开。会议确定加强无公害农产品产地认定和产品认证工作，保证 2004 年完成4 000个产品的认证和8 000个产地的认定，为如期完成“无公害食品行动计划”奠定基础。这是农业部农产品质量安全中心成立以来召开的首次全国性工作会议，会议宣读了农业部副部长范小建的书面讲话。范小建指出，2004 年是“无公害食品行动计划”全面推进的第二年，也是无公害农产品认证工作全面启动和深入开展的第一年，各级农业行政主管部门要将农产品质量安全工作纳入重要议事日程，各无公害农产品产品认证和产地认定机构，要加快产地认定进度，加速地方认证向全国认证转换进程，扩大全国统一认证的目录和规模，要让无公害农产品尽快成为生产者追求的目标、广大消费者的首选和社会公认的安全放心品牌。

13 日 “2004 年全国烟草工作会议”在北京隆重召开。本次会议是全面总结烟草行业 2003 年工作，安排部署 2004 年任务，统一思想，明确任务，更好地坚持做精做强主业、保持平稳发展的基本方针，努力提高中国烟草的总体竞争实力。国家发展与改革委员会副主任欧新黔、国家烟草专卖局局长姜成康等领导出席了会议。国家发改委、中纪委、中组部、财政部、海关总署、国家税务总局、审计署、国家质检总局等有关单位的负责同志也应邀出席了会议。

20 日 国家税务总局公布五项涉农税收优惠政策，进一步促进农民增加收入。这五项优惠政策包括：一是农民从事种植业、养殖业、饲养业、捕捞业取得的所得，已缴纳农业税、牧业税的，不缴纳个人所得税。二是取消农业特产税、减征或免征农业税或牧业税后，农民取得的农业特产所得和从事种植业、养殖业、饲养业、捕捞业取得的所得，仍暂不缴纳个人所得税。三是取消农业特产税，减征、免征农业税或牧业税后，农民销售自产农产品的所得，仍暂不缴纳个人所得税。四是农民销售水产品、畜牧产品、蔬菜、果品、粮食和其他农产品，月销售额不到5 000元或每次（日）销售额不到 200 元的，不缴纳增值税。如果农民在销售上述农产品的同时还销售其他非农产品，其中农产品销售额占整个销售额一半以上的，月销售额不到5 000元或每次（日）销售额不到 200元的，也不缴纳增值税。五是无固定生产经营场所的流动性农村小商小贩，不必办理税务登记。

2 月

8 日 公布的中共中央 1 号文件《中共中央、国务院关于促进农民增加收入若干政策的意见》，分析了农民增收的严峻形势和促进农民、尤其是促进粮食主产区种粮农民增收的紧迫性、重要性，提出了增加农民收入的基本思路和总体要求。文件突出了四个重要特点：一是强调粮食主产区农民增收和贫困地区农民增收这两个重点和难点。二是从农业内部、农村内部和农村外部这三个层次，提出促进农民扩大就业和增加收入的有关政策。三是从为农民增收创造必要外部条件的角度，提出了开拓农产品市场、增加对农业和农村投入，以及深化农村改革的政策措施。四是强调了各级党委、政府和有关部门要切实加强领导、落实政策。

22 日 中国宣布正式批准放行 5 个品种的转基因农产品进入中国市场。农业部当天声明说，批准的 5 个品种一个是转基因大豆，两个是转基因玉米，另外两个是转基因棉花，都是美国孟山都公司的产品。中国批准 5 个转基因产品，它表明中国将按计划于 4 月 20 日开始实施其永久性的转基因农产品进口管理条例。这一条例由于美方的意见曾被推迟过两次，美方曾要求中方先审批已进入中国的转基因产品，再废止临时性管理办法。

25 日 “2004 年国内食品法典协调小组工作会”在北京广西大厦召开，来自农业部、卫生部、国家质检总局、商务部及有关企事业单位的代表参加了会议，会议由卫生部法制与监督司汪建荣副司长主持。食品法典中国联络处（设在农业部）和秘书处（设在卫生部）分别就 2003 年法典工作作了总结，农业部有关 CAC 会议参加人员对第 9 届肉类卫生分委会、第 26 届鱼和鱼制品分委会和第 14 届食品中兽药残留分委会的会议情况、争论焦点和体会进行了介绍，卫生部有关 CAC 会议参加人员对第 25 届食品卫生分委会、第 25 届食品法典会议、第 35 届食品添加剂和污染物分委会和第 26 届食品法典会议的会议情况进行了总结。最后参会代表就 2004 年如何加强食品法典工作和进一步参与到食品法典委员会工作中去展开了充分热烈地讨论，也对下一步工作进行了部署和展望。

28 日 中国食品土畜进出口商会、中国畜牧业协会在人民大会堂联合举办“中国家禽业百家骨干企业禽产品安全承诺发布会”。全国百家家禽骨干企业董事长、总经理向全国消费者庄重承诺：①坚持消费者利益至上的原则，坚持严格按照国家食品安全卫生标准进行家禽饲养、加工及经营。②保证生产、加工、销售安全健康的禽产品，让消费者放心。③欢迎并自觉接受各级政府及广大消费者对骨干企业及加工禽产品的质量监督。④加强行业自律，自觉维护行业信誉和企业信誉。

3 月

1日 农业部在钓鱼台国宾馆召开了“实施农产品加工推进行动”新闻发布会，农产品加工推进行动重点通过农产品加工业科教跨越行动、优势农产品精深加工行动、农产品加工业质量安全行动、农产品加工业外向型行动、农产品加工业兴县富民行动、农产品加工业布局优化行动和农产品加工业政策突破行动等七项主要活动，大力开展关键技术工艺设备的研究开发、技术引进和成果转化；引导农产品加工企业向优势农产品产业带、农产品加工园区和小城镇集中；发展和培植优势产业和名牌产品，提高农产品加工业的层次；提升骨干企业对农户的带动力，促进县域经济发展。

4日 科学技术部农社司司长王晓方等一行，到四川省乐山国家农业科技园区进行调研，考察了茶叶种植示范基地以及加工区，考察了生态科技园区。考察后，王晓方司长进一步肯定了建设好园区对调整农业产业结构、示范作用和提高经济效益等方面的重要性。

9日 由海峡两岸共同主办的“第七届海峡两岸纺织服装博览会（简称‘海博会’）暨2004休闲服装博览会”在福建石狮开幕。本届“海博会”展馆规模为历届之最，达20 000m²，展位突破1 000个，一大批国内外休闲装著名品牌参加了展出，同时还举办了“2004—2005年中国休闲纺织面料流行趋势发布会”以及招商引资项目签约仪式、两岸三地著名服装设计师作品展示、中国大型服饰文化展演等活动。

17日 全国首批17个垦区20个试点农场正式启动“农垦无公害农产品质量追溯系统”，消费者食用农垦无公害农产品将会更放心。该系统（http://www.safetyfood.gov.cn）是以无公害农产品标准为依据，以规范化数字档案为基础，以信息网络为纽带，以专题网站为载体，集中展示全国农垦优质无公害农产品，在生产者与消费者之间建立认知途径，提供合作渠道。消费者利用这套系统，输入产品编码后可在互联网上通过文字和照片，清楚地了解农垦无公害农产品的品牌情况、生产企业情况、产地土壤水质等环境情况以及每一件农产品在生产过程中施用农药、化肥等各种投入品的情况，还可以追溯产品出现的质量问题。生产者利用这套系统可以方便、系统、规范地记录和管理无公害农产品生产全过程的各种信息，建立健全从田间投入品的使用到最终产品质量检测情况的档案记录，规范生产行为，从而有利于不断改进生产技术，不断提高管理水平，不断提高产品质量，确保农产品安全。

22日 “全国食品安全综合监管工作会议”在广州举行，由国家食品药品监督管理局等8个部委局制定的《2004年全国食品放心工程实施方案》正式出台，粮、肉、蔬菜、水果、奶制品、豆制品和水产品七大类食品列为我国食品放心工程整治和监管的重点，突出源头治理，狠抓农产品种植和养殖、食品生产加工、食品批发交易市场和消费等4个关键环节。将要达到的预期目标是：①对37个城市蔬菜农药残留平均超标率下降3～5个百分点。②对37个城市学校食堂、餐饮业量化分级达到90%以上。③对16个城市畜产品“瘦肉精”平均检出率下降1个百分点。④10大类大中型食品生产企业获生产许可证的力争达到90%。⑤500个食品商场（超市）的散装食品经营行为得到规范。⑥市（地级）以上大型市场、超市进货索票索证率达90%以上。⑦省会市和计划单列市至少建立1个食品绿色市场。⑧大中城市基本实现5类食品安全准入上市。⑨面粉、肉类、儿童食品加工企业基本消除滥用食品添加剂行为。⑩注水肉和病害肉上市受到全面遏制。⑪及时依法查处制售有毒有害食品的违法犯罪案件。

25日 “第五届世界马铃薯大会”在昆明举办，来自43个国家和地区的102家企业定展位201个，1 000余名参会嘉宾汇集昆明。国内23个省、自治区、直辖市及新疆建设兵团组团参展，国内代表达700多人。中国农业部张宝文副部长、世界马铃薯大会董事局主席帕尔默、国际马铃薯中心总裁胡伯特、美国和荷兰等国马铃薯专家出席了会议。这次大会在昆明国际贸易中心设立主会场，在曲靖设立分会场，还设有一个新品种展示园和三个良种展示区，搜集国外品种29个、国内品种153个以及云南本土大规模种植品种8个，充分展示了马铃薯的种植情况以及云南得天独厚的生产反季节马铃薯的优势条件。

30日 “第五届中国国际食品和饮料展览会”在上海新国际博览中心举办，这次展览会由法国爱博展览集团与（中国）商业发展中心联合主办。中外参展商总数近500家，其中近60%为国际参展商，海外参展商来自39个国家和地区，包括36个参展团组。国内有28个省、自治区、直辖市的企业报名参展。中国罐头工业协会、中国发酵工业协会以及河南、河北、湖南等省组织了专门的展区。

4 月

2日 国务院总理温家宝主持召开国务院常务会议，讨论并原则通过了《国家优质粮食产业工程建设规划（2004—2010年）》。会议认为，粮食安全事关国家经济发展和社会稳定大局，制定国家优质粮食产业工程建设规划，实施优质粮食产业工程，对于保持和提高粮食综合生产能力、增加主产区农民收入和促进区域经济发展、提高我国粮食产业国际竞争力、确保国家粮食安全具有十分重要意义。会议指出，实施优质粮食产业工程，关键是保护和调动主产区政府和种粮农民的积极性，重点是加大对粮食主产区生产能力建设和扶持的力度。

9日 由国家食品药品监督管理局、公安部、农业部、商务部、卫生部、国家工商总局、国家质检总局、海关总署八部委局在北京联合召开了“全国食品安全信用体系建设试点工作动员会议”。大会由国家食品药品监管局副局长惠鲁生主持，局长郑筱萸作了题为《积极稳妥地推进食品安全信用体系建设，确保广大人民群众的身体健康和生命安全》的重要讲话；国家食品药品监管局食品协调司副司长徐景和介绍了《关于加快食品安全信用体系建设的若干指导意见》（国食药监察［2004］99号）和《国家食品药品监督管理局食品安全信用体系建设试点工作方案》（国食药监察［2004］90号）的起草说明；试点城市、中国粮食行业协会、中国肉类协会、中国儿童食品专业学会和试点企业代表也发了言；试点企业还宣读了《百家企业食品安全诚信倡议》。

13～15日 科技部农社司在北京组织召开了“十五”国家重大科技专项“农产品加工技术与设备研究开发”第一批课题验收会。科技部农社司、农村中心、国家林业局、教育部、供销合作总社、相关省市科技厅主管人员、有关专家及课题负责人等出席了会议。3年来，此专项获得科技成果61项，开发新产品、新材料、新装备104项，建立中试和产业化示范生产线44条。

23～29日 为推进农产品的安全生产，增强禽流感疫情后消费者安全消费的信心，全面推进“无公害食品行动计划”和促进农民增收，农业部在全国举行以“安全生产、放心消费”为主题的“农产品质量安全宣传周”。这次宣传周主要活动包括：农业部将首次公布2004年4月全国农产品质量安全例行监测结果，发布37个监测城市中产品合格率较高的部分城市名单，介绍农产品质量安全管理工作进展和当前重点工作。全国知名的农业产业化龙头企业届时发出联名倡议，承诺生产无公害农产品、保障消费安全。农业部利用现代化的通讯系统和网络技术，举办首次全国性的农产品质量安全管理卫星远程教育培训班。

27日 全国农产品质量安全管理部门首次采用远程卫星方式对31个省、自治区、直辖市的农业厅局领导、农产品认证委托机构及部级质检机构的人员进行了全方位的培训。培训班上，农业部37个城市抽检蔬菜农药残留合格率排名第一的上海市、拥有无公害农产品全国统一认证数量最多的江苏省和绿色食品第一大省黑龙江省分别就农产品质量安全管理、无公害农产品认证、绿色食品认证介绍了经验。农业部副部长范小建就做好农产品质量安全工作讲了三个认识问题：一是必须充分认识抓好农产品质量安全是农业和农村经济工作的现实需要。二是必须充分认识抓好农产品质量安全直接关系到农民的增收。三是必须充分认识保证农产品质量安全是农产品生产者和农业部门的重要职责，农民有义务生产合格农产品，农业主管部门有责任抓好农产品质量安全。

5 月

14日 “首届中国国际粮油企业发展论坛”在南京拉开帷幕，应邀出席论坛的有13个国家和地区的200多位粮食官员、专家、学者和贸易商参加。论坛就粮食购销市场化和国际化形势下粮油企业的发展战略对策、粮食市场、粮油贸易等问题进行了主题演讲和交流。由国家粮食局、中国粮食行业协会和中国国际贸易促进委员会共同发起的本次论坛，新中国成立以来还属首次。中国粮食行业协会白美清会长主持了论坛会议，并作了题为《我国粮食市场化、国际化的新形势与粮油企业纵横发展战略的探讨》的主题报告；国家粮食信息中心尚强民主任作了题为《中国粮食市场发展与供求关系新平衡的实现》的专题发言。

17～20日 由中国机械工业联合会主办的“2004年中国国际农产品深加工技术与设备展览会”在北京全国农展馆举办。这是由国家政府机构支持、中国农业机械工业协会和中国包协机械工业包装技术分会承办的一次规模盛大的展示与交流活动。本届展会旨在促进农业发展、农村建设和农民增收，增进农业与食品工业的协调发展以及农业与市场的紧密结合，同时促进我国农业与农产品深加工领域的对外开放和海内外的交流与合作。

24日 以“高品质纺织、高品质生活”为主题的“第83届世界纺织大会”在上海世贸商城隆重开幕，来自埃及、日本、澳大利亚、美国、英国、德国等40多个国家和地区的600多名专家、学者欢聚一堂，共同探讨现代纺织技术发展的新趋势。世界纺织大会拥有百年历史，全球有上百个国家和地区加盟，是全球纺织科技界和产业界最具影响的盛会。本届大会推出学术论坛、技术论坛、产业论坛系列活动，探讨全球纺织产业的功能、形态、结构等问题。来自全球纺织界的专家、学者就高科技与传统纺织、纺织与生活、科技与创新等举行了专题报告会，开展学术交流。

27日 由农业部和卫生部联合主办、国家食物与营养咨询委员会承办的“进一步贯彻国务院《中国食物与营养发展纲要（2001—2010年）》座谈会”在北京召开。来自全国各省、自治区、直辖市的农业和卫生部门主管食物与营养方面工作的负责同志和国家食物与营养咨询委员会有关专家出席了会议。农业部副部长范小建出席会议并讲话。他指出，加强食物与营养工作是落实以人为本的科学发展观的具体措施，也是全面建设小康社会的重要内容。深入贯彻落实《纲要》，有利于引导我国食物生产、营养、消费的协调发展；有助于调整食物与营养工作中可能出现的偏差；建立科学、合理的食物结构；促进食物与营养工作的健康发展。

28日 “粮食丰产科技工程”在北京正式启动实施。根据党中央、国务院的部署，科技部、农业部、财政部和国家粮食局决定联合组织实施“粮食丰产科技工程”。“工程”以恢复和持续提高我国粮食综合生产能力、为国家粮食持续增产和农民收入持续增加提供有效科技支撑为目标；以长江中下游、华北、东北三大平原为重点区，以水稻、小麦、玉米三大作物为重点对象；立足近期，突出中长，强化创新，优质高产并重，效益、生态、安全兼顾；对粮食持续丰产共性关键技术和产后减损增效技术攻关、技术集成转化与大面积应用示范、粮食丰产监测与安全战略研究进行系统设计和部署。工程将在我国的粮食主产区湖南、湖北、江苏、江西、四川、河北、河南、山东、黑龙江、吉林、辽宁等11个省，分别建立666.67hm^2核心试验区、6.67万hm^2示范区和66.67万hm^2辐射区，示范推广面积达到833.33万hm^2。

6 月

4日 为广泛征求各方面意见，做好“十一五”全国粮油加工业发展规划的编制工作，国家粮食局管理司在北京召开了“全国重点粮机企业座谈会”。会议邀请了11家重点粮油加工机械设备生产企业的15名总经理和销售部部长等参加了会议。会上，管理司负责人介绍了规划的编制过程、指导思想、已经开展的主要工作和规划的基本内容。同时，介绍了粮油加工业规划如何贯彻粮食流通体制改革精神的要求。与会代表针对粮机装备和技术现状、存在问题、“十一五”期间应发展的重点领域和项目及配套政策措施等发表了很好的意见。

23～25日 为了加强卫生部和国标委新颁布的314项食品卫生国家标准的全面实施，卫生部卫生监督中心在北京组织召开了“新颁标准宣贯会”。来自全国卫生监督机构、疾病预防控制机构、食品生产企业的200余名代表参加了会议。这次“宣贯会”是适应全球经济一体化和我国入世发展形势的需要，加强食品卫生标准及其宣贯工作，对建立与国际接轨的食品卫生标准体系、规范市场秩序、促进我国食品的出口贸易和国民经济的发展具有重要意义。来自卫生监督机构和医科大学的专家就国内外食品安全管理及食品卫生标准工作作了报告，内容涉及我国食品卫生法规标准体系及清理修订概况、世贸组织有关规定、全球食品安全管理动态及国际重大食品污染事件等。卫生部国家食品卫生标准化技术委员会、全国食品添加剂标准化技术委员会和食品卫生标准清理修订组的专家围绕食品添加剂相关法规标准、新颁动物性及植物性食品产品卫生标准、污染物卫生标准进行了讲解。

25～26日 国家粮食局在广西召开了“全国粮食系统政务信息工作座谈会”，传达学习了全国粮食流通体制改革工作会议、全国粮食局长会议和中办、国办关于信息工作的有关文件精神，总结交流了粮食信息工作经验，部署了下一阶段信息报送工作。同时对河南省粮食局等13个在2003年度政务信息报送工作的优胜单位进行了表彰。来自全国31个省（自治区、直辖市）和计划单列市的41名负责政务信息报送工作的同志参加了座谈会。

29～30日 “全国农产品加工业工作会议”在广西南宁召开。会议总结交流了各地农产品加工经验，分析了当前面临的形势，研究部署今后农产品加工业的发展方向。国务院扶贫办公室主任、农业部副部长刘坚，广西壮族自治区党委副书记马铁山、自治区副主席杨道喜出席了会议。农业部副部长刘坚强调要用科学的发展观指导农产品加工推进行动，通过增强以人为本的观念、延长产业链的观念、持续发展的观念、区域间农产品加工业协调发展的观念和开拓市场的观念，处理好传统和现代、扶持企业和扶持农户、扶持大企业和鼓励小企业、深加工和初加工、开拓国内市场与国际市场这五方面的关系，力争实现每年吸纳农民就业100万人，为农民人均增收贡献20元等农产品加工推进行动目标。会议要求，各省、自治区、直辖市要进一步提高认识，认清形势，把农产品加工作为农业新阶段发展战略来抓，用科学的发展观指导农产品加工业，切实组织实施好农产品加工业的发展。各地要制定和完善农产品加工业发展总体规划、搞好服务、加强领导、突出重点、推进优势农产品的精深加工。

同时，“全国粮油标准化技术委员会一届三次会议”在南京市召开。粮油标准化技术委员会主任委员、国家粮食局副局长任正晓、江苏省粮食局局长李明生、国家标准化管理委员会有关负责人、粮油标委会60多位委员及部分粮油加工及食品企业的代表参加了会议。任正晓同志在会上做了工作报告，从加强粮油标准化队伍建设、健全管理体制、组建工作机构、开展标准制、修订工作、积极参与国际交流等方面对前一阶段粮油标委会的工作进行了回顾，对今后粮油标准化工作进行了部署。粮油标委会粮食及制品、油料及油脂、粮油储藏及流通、粮油机械及仪器设备等四个技术工作组组长单位分别汇报了各技术工作组的组建情况及工作计划；会议讨论了《粮油标准制修订管理办法》；秘书处通报了1998年以来已下达的制修订标准计划的执行情况和参加国际标准化组织农产食品委员会相关会议的情况。会议审定了《小麦粉》、《红花籽油》、《棕榈油》、《谷物制品——脂肪酸值的测定》、《谷物及粉碎谷物制品——灰分的测定》等5个粮油国家标准和《大豆多糖体》、《强筋小麦粉》、《准强筋小麦粉》、《中筋小麦粉》、《弱筋小麦粉》等5个粮油行业标准。

7　月

20～21日　由中国科技部与美国农业部共同组织的“中美农产品加工高层论坛”在美国洛杉矶召开。科技部李学勇副部长、美国农业部 Joseph Jen 副部长以及来自两国政府部门、科研单位、大学、企业的50多位代表出席了会议。李学勇副部长、Joseph Jen 副部长做了主题发言，双方各10位专家做了专题报告。论坛就农产品加工领域的科技发展、产业合作等内容进行了深入的交流与讨论，达成了广泛共识，加深了两国农产品加工领域科技界、企业界之间的理解与信任，为两国相关领域科技合作的进一步发展奠定了基础。李学勇副部长在论坛主题发言中介绍了我国农产品加工业的发展现状，论述了未来农产品加工科学技术及产业化的发展方向，并提出了“加强农产品加工技术的联合研究与开发”、共同建立“中美农产品加工技术研究中心”、“建立中美农产品加工科技交流机制”等三项建议。

21日　国务院总理温家宝主持召开国务院常务会议，研究部署加强食品安全工作。会议听取了国家食品药品监督管理局关于食品安全工作情况的汇报。会议认为，党中央、国务院历来高度重视食品安全问题，近几年一直把打击制售假冒伪劣食品等违法犯罪活动作为整顿和规范市场秩序的重点。大会对加强食品安全工作提出了坚决果断的措施。一是大力提高食品工业水平；二是从源头上防止农产品污染；三是加强食品流通领域的监管。四是切实加强食品安全制度建设；五是坚持搞好食品安全专项整治；六是依法彻底查处大案要案；七是进一步理顺监管部门职责；八是强化地方政府对食品安全监管的责任；九是严格依法行政；十是高度重视做好食品安全宣传和监督工作。

29～30日　国家粮食局在西宁市召开“全国粮食政策法规工作座谈会”。各省、自治区、直辖市及新疆生产建设兵团粮食局分管政策法规工作的局领导和承担政策法规工作的有关处室负责人参加了会议，青海省政府、省发展改革委有关领导出席了会议。国家粮食局党组书记、局长聂振邦同志和青海省政府有关领导在会上作了重要讲话。会议总结了过去一年全国粮食政策法规工作，对做好下一步粮食政策法规工作作了部署；交流了各地贯彻落实全国粮食流通体制改革会议和全国粮食局长会议精神的情况；会议邀请了国务院法制办有关领导和专家对《粮食流通管理条例》和《行政许可法》等有关法律法规进行了专题讲座。与会代表结合本地粮食流通体制改革情况，对进一步贯彻落实国务院粮食流通体制改革精神提出了意见和建议。

8　月

4～9日　“中国糖业协会二届五次理事会议”在乌鲁木齐市召开，中国糖业协会理事长、常务理事、理事单位以及部分会员单位的代表共124位同志参加了会议。与会主要产糖省、自治区糖业主管部门的领导向大会通报了本省、自治区2003/2004年度制糖期食糖产销和2004年糖料生产情况，对下一步食糖产销、宏观调控工作提出意见与建议。会议研究审议了中国糖业协会一年来的工作和下阶段工作设想，总结了全国2003/2004年度制糖期全国食糖产销工作，分析研究了2004/2005年度制糖期的产销形势、国家对食糖市场的宏观调控以及有关行业发展和协会内部建设等若干问题。根据协会章程，中国糖业协会二届五次理事会议表决通过了五项决议：《关于中国糖业协会二届四次理事会工作报告的决议》、《关于加快制定糖业管理条例的决议》、《关于进一步做好促进食糖消费工作的决议》、《关于开展职业培训提高劳动者素质的决议》、《关于召开中国糖业协会第三次会员代表大会的决议》。

15日 “第五届中国长春国际农业·食品博览（交易）会暨中国东北地区（长春）国际农业博览会”在长春拉开帷幕，农业部部长杜青林到会并宣布开幕。本届农博会是在全力实施东北老工业基地振兴和国家加大对粮食主产区扶持力度的新形势下举办的。目的是通过示范与引导、交流与合作，促进农业新技术、新品种、新成果的推广与应用，以科技为先导，打造绿色品牌，加速结构调整和产业升级步伐，真正为农民致富服好务。展会期间，举办了以“发展现代农业、增加农民收入”为主题的专家论坛，届时邀请了国内外知名的农业专家、学者就《科技进步与玉米产业发展》、《农业可持续发展战略》等深层次战略问题进行深入探讨与交流。

27～29日 “中国乳制品工业协会第十次年会”在武汉隆重举行，全国乳制品行业的企业家、专家、教授以及同乳制品行业密切相关的企业代表聚集武汉，出席此次年会的还有来自美国、新西兰、澳大利亚、日本、芬兰、法国、德国、荷兰等国家的同行和专家。会上，中国乳制品工业协会理事长宋昆冈分析了2004年乳业发展状况。此次年会有近30余位国内外专家、企业家在大会作报告、交流经验，同时还举办了第四次乳品技术精品展示会；有154家国际国内知名企业参加展出，标准展位近400个，汇聚了国内外乳品技术的精华。

30～31日 “中国皮革协会第五届理事会第二次扩大会议”在上海虹桥宾馆召开。会议的中心议题是“解读2005年——提升企业核心竞争力”。2005年是我国加入WTO过渡期结束的第一年，皮革行业将面临新的机遇和挑战。中国作为世界皮革生产大国，即将进入国际化程度更高的发展新阶段，我们要树立科学发展观，解读2005年——提升企业核心竞争力。为此，本次会议特别邀请主管部委领导及有关专家解读2005年，为企业提出具有前瞻性的建议，以便大家共同探讨应对措施。本次会议将围绕关系到行业利益的热点问题，积极向政府呼吁，争取符合WTO框架原则有利于行业的优惠政策，以提高企业竞争力，确保实现皮革行业“二次创业”的战略目标。

9 月

2日 国务院下发了《关于进一步加强食品安全工作的决定》（以下简称《决定》），要求各省、自治区、直辖市人民政府以及国务院各部委、各直属机构采取切实有效的措施，进一步加强食品安全工作，责成国家食品药品监管局会同有关部门抓好这项工作。关于近期进一步加强食品安全工作的重点：一是要大力整顿食品生产加工业，切实提高食品工业水平。二是要加大农业投入品专项整治力度，从源头上防止农产品污染。三是要狠抓薄弱环节，进一步加强食品流通、消费领域的监管。四是要把儿童及农村食品市场整治作为重中之重，切实维护未成年人、农民和低收入者的利益。五是要依法彻查大案要案，震慑违法犯罪分子。六是要搞好食品安全宣传，服务发展大局。《决定》特别强调，各地区、各有关部门要狠抓落实，明确任务和责任，实行“首问负责制”。食品药品监管部门要进一步强化食品安全管理的“综合监督、组织协调和组织开展对重大事故查处”的职能，努力提高食品安全综合监管工作水平。

6～10日 由中国轻工业机械总公司和工商业展览有限公司共同主办的“2004年中国国际啤酒、饮料制造技术及设备展览会”在北京中国国际展览中心隆重举行。这个被誉为规模最大、水平最高、专业性最强的亚洲贸易盛会总展览面积达25 000多 m^2，吸引了50 000多名业界人士到场参观交流。中国轻工业联合会会长陈士能、副会长潘蓓蕾等领导出席了展览会开幕仪式并剪彩，有近3 000名世界各地的啤酒、饮料行业和啤酒、饮料机械行业的专业人士参加了开幕式。展览会有来自20多个国家和地区500多家中外著名啤酒、饮料机械制造商及供应商在展览会上各展所长，与来自中国及世界各地的观众分享最新的科研成果。

19日 “2004年中国食品安全年会”在人民大会堂召开。本次年会选出北京燕京啤酒集团、内蒙古伊利集团、山东凤祥集团等10家企业为2004年全国食品安全示范单位年度十强。会上，被选为全国食品安全示范单位的200多家企业向消费者做出生产放心食品、确保食用安全的承诺。伊利集团有关负责人表示，生产放心食品是企业最基本的道德底线。双汇集团、燕京啤酒集团等也纷纷在会上献计献策，介绍自己在产品质量控制方面的经验。与此同时，本次会议还就如何建立切实可行的食品安全发展和防护措施，健全食品安全信息收集、评价和发布机制，完善食品安全检验检测体系以及加强食品安全国际协作与发展等问题展开了研讨。

24～26日 由中国粮食行业协会主办、安徽省粮食局和安徽省粮食行业协会承办的“全国碾米业走新型工业化道路研讨会”在安徽省安庆市举办。来自全国碾米行业大中型骨干企业的高层领导和有关方面的专家近300人参加了研讨会。召开此次研讨会是为贯彻党的十六大提出的走新型工业化道路，用高新技术和先进适用技术改造传统产业，积极推进农业产业化经营的要求，推动碾米业走新型工业化道路，促进整个碾米业的发展而召开的。会上，中国粮食行业协会会长白美清作了题为“新时期我国碾米业的整合提升、走向振兴之路”的讲话。研讨会期间，安徽稼仙米业集团、湖南金健米业股份公司等数10家碾米加工、机械制造企业就实施米业产业化、打造名牌战略等方面同与会代表进行了广泛交流。研讨会还就研究成立中国粮食行业协会大米分会进行了讨论。

29日 国家标准化管理委员会宣布，我国食品安全标准体系建设工作正式启动。据国家标准委主任李忠海介绍，当前食品标准化工作中存在标准总体水平偏低，部分标准之间交叉、矛盾，重要标准短缺，标准的前期研究薄弱，部分标准的实施状况较差等问题。为解决这些问题，当前要尽快开展4项工作：一是组织开展现行国家、行业和地方标准的清理，通过清理解决标准之间交叉、重复和矛盾的问题，并对已备案企业产品标准进行清理；二是以食品安全标准为重点，发布《全国食品标准2004—2005年发展计划》，立即启动一批重要标准的制修订工作，2004—2005年完成约600项食品标准的制修订任务；三是组织标准的前期研究和国际标准的分析及研究，以提高我国食品标准的整体水平；四是积极开展标准的宣传和培训活动，提高企业执行标准的自觉性，加强对食品生产加工企业标准的备案管理，引导和监督企业严格执行强制性标准，严格按照标准组织生产。

10 月

9日 “全国苹果科技发展战略暨陕西苹果产业发展战略研讨会”在陕西杨凌召开。这次研讨会由中国园艺学会苹果分会主办，由西北农林科技大学、陕西省科技厅和陕西省果业局承办，来自全国23所高等院校和科研院所的50多名专家以及农业部和陕西省政府有关部门负责人参加了大会。在为期3天的会议上，与会代表结合中国加入WTO后面临的新形势，围绕“全国苹果科技发展战略”、“陕西苹果产业发展战略”、“苹果生产中的有关技术问题”等进行了深入广泛的研讨，形成了《我国“十一五”苹果科学技术研究发展规划建议》。《建议》提出了“十一五”期间我国苹果科学技术研究的指导思想和主攻方向。指导思想是：紧紧围绕我国苹果产业的发展，集中解决苹果生产中存在的技术问题，为我国苹果产业发展提供技术支撑；提高我国苹果在国际市场上的竞争力，大幅度提高我国苹果出口贸易量；加强基础研究，实现果树学与生态学、分子生物学、生物化学、经济学、市场学等学科的多学科交叉，解决一批重大理论问题，使我国的苹果基础研究达到世界前沿水平。主攻方向为：研究制定外向型苹果产业的政策体系和服务体系；完善我国苹果育种协作体系，培育具有国际竞争力的自育品种；研究建立符合我国国情的苹果安全、优质、标准化生产技术体系，开发苹果逆境防御新技术；加强对苹果种质创新、根系调控机理、抗性新机制、品质形成和发育规律及生物技术的研究，以获得一批理论成果和新材料。《建议》还从“苹果产业发展战略研究”、“苹果育种研究”、“苹果应用技术研究”、“苹果贮藏保鲜、采后商品化处理及深加工技术”、“苹果基础研究”等五个方面，明确了“十一五”期间我国苹果科学技术研究的重点内容。

11～14日 “2004年国际农业工程大会”在北京举行，中共中央政治局委员、国务院副总理回良玉出席了大会开幕式并致辞，他代表中国政府对大会的召开表示祝贺，对来自世界各地的参会代表表示欢迎。这次大会由国际农业工程学会（简称CIGR）、中国农业机械学会和中国农业工程学会联合主办，由中国农业大学、中国农业机械化科学研究院和中国农业工程研究设计院（农业部规划设计研究院）共同承办的。大会围绕全球范围内农业工程领域新技术的发展及其对农业可持续发展的促进这一主题，按节水和水土环境管理、农产品加工和食品安全、农业信息技术、保护性耕作与小规模可持续农业、现代农业装备与设施等内容开展研讨。这是国际农业工程学会首次在中国乃至亚洲举办的大型全球性学术会议，是农业工程领域的一次奥林匹克盛会，也是中国农业工程学会与中国农业机械学会在2004年联合举办的重点学术活动。来自海外的350名专家和500多名国内农业科学家、工程师以及相关企业的负责人参加了会议。

13日 农业部和国家认证认可监督管理委员会在北京长城饭店共同主办了“中国农产品质量安全与认证认可报告会”。农业部部长杜青林和国家认证认可监督管理委员会主任王凤清到会致辞，农业部副部长牛盾主持大会。本次报告会由全国农业展览馆、中国国门时报社、农业部农产品质量安全中心、中国绿色食品发展中心共同承办，主要围绕农产品认证认可的工作机制，中国农产品质量安全管理的成效、方向和对策，农产品质量安全认证与农业产业发展，有机食品认证与农产品国际贸易等热门话题进行了交流。来自国家有关部门、各省（自治区、直辖市）主管农业和农产品质量安全与认证的政府官员，农产品质量安全与认证认可领域的专家，农产品生产和加工企业的代表以及第二届农交会参展企业代表，采购商代表300人参加了报告会。

15日 “第二届中国国际农产品交易会”在京落下帷幕，农交会贸易成交金额突破200亿元人民币，意向合同金额突破250亿元人民币。农业部副部长牛盾在总结大会上指出，本届农交会呈现出三大特点：一是参展企业多，名特优新品种多，产品质量档次高，充分展示了农业和农村经济战略性结构调整的新成果、农业产业化经营的新进展、农产品质量安全的新水平。二是社会影响进一步扩大，受到了社会各界的广泛关注，吸引了众多的海内外媒体。三是国外客商云集，充分表明了本届农交会和我国农业对外开放的不断扩大。据了解，本届农交会对观众的抽样调查显示：83%的观众对农交会销售的产品质量表示相当满意，69%的观众对农交会的会场环境和卫生表示比较满意，78%的观众对农交会工作人员的服务态度表示满意。总结会上还对评出的22个最佳组织奖、12个优秀组织奖和16个突出贸易成交奖进行了表彰。

11 月

8日 “东西方食品业高层论坛”在京隆重召开，来自美、英、法、日等7个国家和我国台湾、香港地区的近300名业界精英出席了大会，全国政协原副主席孙孚凌到会祝贺。参加论坛的还有美国食品科学技术学会主席、纳贝斯克前研究副总裁、可口可乐副总裁、麦当劳食品安全主管及联合利华公司中国有限公司总经理等食品业大腕。全国政协常委、中国食品科学技术学会理事长、国际食品科学技术联盟中国总部主席潘蓓蕾女士和美国食品科学技术学会主席赫伯·斯通先生分别在开幕式上致辞。论坛期间，来自国内外的专家学者将从多角度探讨、论述和交流食品产业的进步与发展这个主题。可口可乐、雀巢、麦当劳、联合利华等国际知名企业家和知名学者做了专题发言，这无疑将为中国食品科技界和企业界如何适应市场需要、开阔眼界、登高远望、了解国内外市场的发展趋势等提供了大量的信息和宝贵的经验。本次论坛将在继续推进科技与企业结合的基础上，强化与金融业、国际投资企业的结合。著名的荷兰合作银行、AC尼尔森等知名咨询企业，对世界及中国食品市场的发展进行了深刻分析。这将有益于中国食品业内人士用科学的发展观，对中国食品产业的未来走向进行宏观的分析与研究。在准确定位的基础上，建设适应未来市场需求的中国食品产业链。

18～19日 由科学技术部、国务院发展研究中心、商务部和加拿大国际发展署主办，世界银行、世界卫生组织、欧洲联盟等协办的“全球食品安全（北京）论坛”在北京举行，国务院副总理吴仪出席开幕式并讲话，李学勇副部长代表科技部致辞，共有400多名代表参加了会议。会议取得以下共识：①食品安全是人类生存与发展的基础；②保障食品安全，必须加强和提高食品安全的科技创新能力；③保障食品安全，要加强国际合作与交流，共享食品安全的管理经验。

23日 农业部在北京组织召开了“全国农垦无公害农产品示范基地农场创建单位验收总结会”。新疆生产建设兵团农十三师火箭农场等56个单位率先通过验收，并荣获农业部颁发的“无公害农产品示范基地农场”证书。农业部农垦局局长杨绍品强调，农垦农产品质量安全工作要重点抓好以下几方面的工作：一是推动“农垦无公害食品行动计划”的深入实施；二是将示范基地农场的各项管理措施落到实处；三是继续做好示范基地农场的创建工作；四是扩大农垦无公害农产品质量追溯查询系统的实施范围；五是用科学的手段严把无公害农产品质量关；六是努力打造农垦无公害农产品的品牌优势；七是进一步做好农产品质量安全的宣传培训工作。据统计，截止到2003年底，农垦系统共通过无公害、绿色、有机食品认证产品954个。其中有机食品面积5万hm^2，产量24万t；绿色食品面积46万hm^2，产量252万t；无公害食品面积35万hm^2，产量123万t。

12 月

2日 由国家食品药品监督管理局、中国企业联合会联合支持，中国食品工业协会主办的“2004年全国食品工业强县、龙头食品企业发展论坛暨2003—2004年度表彰会”在北京召开。会上，中国食品工业协会对分布在16个省、自治区和直辖市的强县和食品企业给予表彰，授予37个单位“全国食品工业强县（市、区）”的称号，授予172家企业“全国食品工业优秀龙头食品企业”称号。四川省宜宾五粮液集团有限公司、河南漯河双汇实业集团有限责任公司等20家知名食企荣获“支持三农贡献奖”。

3日 “中国绿色食品发展论坛”在上海举行。全国人大农业和农村委员会舒惠国副主任、万宝瑞副主任，农业部牛盾副部长、上海市胡延照副市长、国家食物与营养咨询委员会主任卢良恕院士、联合国粮农组织驻华代表莫纳先生出席了会议。来自相关领域的专家学者、领导和国际组织以及10多个国家的代表，绿色食品管理机构、质量监测机构、绿色食品和有机食品生产企业的代表200多人参加了会议。来自相关领域的国内外专家学者研讨了绿色食品的质量安全标准、技术制度、认证管理模式、发展机制、市场培育与贸易流通，并分别就农业新发展与食物安全新动态、农产品质量安全认证发展、绿色食品与国家可持续发展战略、食品标识在全球市场中的作用、绿色食品产业竞争优势与产业发展等方面进行了探讨和交流。本届论坛由中国绿色食品发展中心主办，联合国粮农组织、国务院发展研究中心农村部、上海市农业委员会、韩国农林品质研究院、中国绿色食品协会、国家食物与营养咨询委员会和日本福冈商工会议所为支持单位。全国人大农业和农村委员会万宝瑞副主任为论坛名誉主席。

16～17日　农业部在南京市召开了“无公害食品行动计划”监管试点工作座谈会。北京、天津、上海、深圳、大连、南京、兰州和山东省寿光市八个监管试点城市及江苏、山东、甘肃省农业厅代表在会上交流了各地的管理经验和做法，并对今后做好农产品质量安全监管工作进行了深入研讨。农业部副部长牛盾在讲话中指出，近期农产品质量安全监管工作要以提高我国农产品质量安全水平和国内外市场竞争力为目标，以深化“无公害食品行动计划”为主线，把握和遵循农产品质量安全管理工作客观规律，在夯实农产品质量安全基础体系建设的基础上，着力强化农产品质量安全监管工作职能，推进农产品质量安全例行监测、农产品质量安全追溯、农产品质量安全信息发布等制度建设，抓好农产品安全生产、农业投入品监管和农产品质量安全技术创新工作，加快农产品质量安全法制建设进程，力争在较短的时间内全面提升农产品质量安全管理能力和水平，确保农产品安全生产和放心消费。

28日　“全国农业工作会议”在北京举行，大会系统总结了2004年全国农业农村经济工作取得的成绩和经验，深入分析了当前农业和农村经济形势，并对2005年农业农村经济工作做了全面部署。会议提出，2005年农业和农村经济工作的重点主要有七大方面：一是加强耕地保护和质量建设，加快实施优质粮食产业工程，大力提高粮食生产能力。二是全面推进优势农产品区域布局，深化农业和农村经济结构调整，大力促进农业产业升级。三是启动农业科技入户工程，加快科技进步和创新，大力提升农业科技的支撑作用。四是做大做强龙头企业，积极发展培育农民专业合作组织，大力提高农业产业化水平。五是加快发展乡镇企业，积极推进农产品加工业，大力促进农村富余劳动力转移。六是全面推行农业标准化，加强农产品质量安全管理，大力提高农业竞争力。七是加快农业“七大体系”建设，强化对农业发展的支撑保障和服务，大力促进农业可持续发展。

8 第八部分

附 录

附录简要说明

1. 本部分统计资料数据主要包括：香港、澳门特别行政区和台湾省相关统计数据；世界和部分国家主要农产品收获面积、单产和总产量；禽畜产品产量；主要国家农业与农产品加工业生产指数；农产品加工业主要经济指标；世界主要国家农、林、畜、禽产品进、出口情况；按营业额排序的世界最强500家企业中农产品加工工业企业。

2. 本部分统计资料数据主要来源于国家统计局、农业部、2003年联合国粮农组织数据库、2003年联合国工发组织出版的《国际工业统计年鉴》、2003与2004年版《国际统计年鉴》、世界银行统计数据。未注明“资料来源”的数据，均采用国家统计局公布的数据。

3. 本部分统计资料中符号使用说明：“空格”表示该项统计指标数据不详或无该项数据；“*”、“①”、“△”表示本表下面有注解。

表 1　部分国家（地区）土地利用情况（2002 年）　单位：khm²

国家或地区	总面积	土地面积	耕地面积	多年生作物面积	永久性牧场面积
世界总计	**13 427 933**	**13 066 942**	**1 404 052**	**130 257**	**3 485 339**
埃　及	100 145	99 545	2 900	500	
南　非	121 909	121 447	14 753	959	83 928
加拿大	997 061	922 097	45 744	135	29 000
美　国	962 909	815 896	176 018	2 050	223 795
巴　西	851 488	845 942	58 980	7 600	197 000
中　国	959 805	932 742	142 621	11 335	400 001
印　度	328 726	297 319	161 715	8 400	11 062
日　本	37 789	36 450	4 418	344	428
韩　国	9 926	9 873	1 684	193	56
法　国	55 150	55 010	18 449	1 134	9 972
德　国	35 703	34 895	11 791	206	4 970
意大利	30 134	29 411	8 287	2 777	4 379
俄罗斯	1 707 540	1 688 850	123 465	1 835	91 351
英　国	24 291	24 088	5 753	50	11 140
澳大利亚	774 122	768 230	48 300	300	398 400

资料来源：联合国粮农组织数据库。

表 2　香港特区土地利用情况* 和人口情况（2001—2003 年）

项　目	2001 年	2002 年	2003 年
总面积（km²）	1 100	1 103	1 103
已发展土地（km²）	204	206	212
未建设土地（km²）	896	897	891
耕地（km²）	55	54	58
林地（km²）	190	190	285
草地和灌木地（km²）	549	549	456
红树林和沼泽（km²）	6	6	5
荒地（劣地、石矿场、石岸）（km²）	24	24	15
水体（水塘、河道、明渠）（km²）	28	28	28
其他（km²）	44	46	44
总人口（千人）	6 725.0	6 787.0	6 803.0
劳动力人口（千人）	3 427.0	3 487.0	3 501.0
就业人口（千人）	3 252.0	3 232.0	3 223.0
失业人口（千人）	175.0	256.0	278.0
失业率（%）	5.1	7.3	7.9

*　由 2000 年起，规划署采用了新的测量方法，利用遥感技术和新的土地用途分类法作出测量。测量结果就土地用途，特别是未建设乡郊地区的土地用途，提供了更详细的分类。因此，本表所载的数字不能与 1999 年及之前的数字作严格比较。

表 3　澳门特区土地利用情况和人口情况（2001—2003 年）

项　　目	2001 年	2002 年	2003 年
总面积（km^2）	25.8	26.8	27.3
总人口（千人）	434	439	445
劳动力人口（千人）	217	214	216
就业人口（千人）	203	201	203
失业人口（千人）	14	13	13
失业率（%）	6.4	6.3	6.0

表 4　我国台湾省土地利用情况和人口情况（2001—2003 年）

项　　目	2001 年	2002 年	2003 年
总面积（万 km^2）	3.6	3.6	3.6
总人口（千人）	22 406	22 521	22 605
劳动力人口（千人）	9 832	9 969	10 076
就业人口（千人）	9 383	9 454	9 573
失业人口（千人）	450	515	503
失业率（%）	4.6	5.2	5.0

表 5　部分国家（地区）农业生产指数和人均农业生产指数（2003 年）

（1989－1991 年＝100）　　单位：%

国家或地区	农　业		种 植 业		畜 牧 业		食 品 业	
	农业生产指数	人均农业生产指数	农业生产指数	人均农业生产指数	农业生产指数	人均农业生产指数	农业生产指数	人均农业生产指数
世界总计	**105.1**	**101.2**	**103.9**	**100.1**	**106.5**	**102.6**	**105.3**	**101.4**
埃　及	101.3	95.5	110.1	94.3	105.5	99.5	101.6	95.7
南　非	102.0	99.7	95.9	93.7	109.3	106.8	102.5	100.1
加拿大	97.5	95.2	98.8	96.4	98.4	96.1	97.5	95.2
美　国	100.7	97.6	98.8	95.8	101.9	98.8	100.9	97.8
巴　西	118.1	113.7	120.6	116.1	117.5	113.2	118.6	114.2
中　国	113.6	109.0	108.1	105.5	120.9	112.6		109.1
印　度	103.2	98.5	101.1	96.5	109.2	96.0	104.0	98.4
日　本	96.3	95.8	93.6	93.1	99.5	99.0	96.2	95.7
韩　国	93.8	92.1	92.5	90.9	101.8	100.0	94.1	92.4
法　国	94.4	93.0	88.7	87.4	100.1	98.7	94.3	93.0
德　国	93.3	93.1	87.1	86.9	100.8	100.5	93.4	93.2
意大利	91.1	91.3	87.6	87.7	98.6	92.1	91.2	91.4
俄罗斯	108.7	110.4	108.4	110.1	109.2	110.4	108.7	110.4
英　国	97.6	96.7	97.9	97.0	99.4	98.4	97.7	96.8
澳大利亚	94.5	91.7	92.8	90.1	98.1	95.3	98.8	95.9

资料来源：表中数据出自 2004 年版《国际统计年鉴》。

表 6 我国台湾省农业生产指数（2000—2002 年）（2001 年＝100）

年 份	总指数	种植业	林 业	畜牧业	渔 业
2000	101.2	104.5	120.8	99.7	98.3
2001	100.0	100.0	100.0	100.0	100.0
2002	104.1	105.5	111.6	98.1	108.1

表 7 部分国家（地区）主要粮食收获面积、单产、总产量（2003 年）

国家或地区	小麦			稻谷		
	收获面积（khm²）	单产（kg/hm²）	总产量（kt）	收获面积（khm²）	单产（kg/hm²）	总产量（kt）
世界总计	**208 765**	**2 665**	**556 349**	**153 522**	**3 837**	**589 126**
埃 及	1 000	6 150	6 150	615	9 431	5 800
南 非	900	1 778	1 600	1.4	2 286	3.2
加拿大	10 467	2 250	23 552			
美 国	21 383	2 974	63 590	1 213	7 448	9 034
巴 西	2 488	2 371	5 900	3 150	3 238	10 199
中 国	22 040	3 907	86 100	27 398	6 074	166 417
印 度	24 886	2 617	65 129	44 000	3 000	132 013
日 本	212	4 030	855	1 665	5 850	9 740
韩 国	3	3 048	10	1 013	5 990	6 068
法 国	4 905	6 235	30 582	19	5 611	105
德 国	2 967	6 503	19 296			
意大利	2 267	2 754	6 243	220	6 181	1 360
俄罗斯	19 960	1 707	34 062	142	3 175	450
英 国	1 837	7 778	14 288			
澳大利亚	12 456	1 999	24 900	38	10 290	391

国家或地区	玉米			谷子			高粱		
	收获面积（khm²）	单产（kg/hm²）	总产量（kt）	收获面积（khm²）	单产（kg/hm²）	总产量（kt）	收获面积（khm²）	单产（kg/hm²）	总产量（kt）
世界总计	**142 685**	**4 472**	**638 043**	**36 288**	**821**	**29 806**	**45 813**	**1 301**	**59 584**
埃 及	830	7 711	6 400				160	4 688	750
南 非	3 350	2 900	9 714	21	571	12	75	2 998	225
加拿大	1 226	7 819	9 587						
美 国	28 789	8 924	256 905	251	1 035	260	3 156	3 310	10 446
巴 西	12 935	3 696	47 809				731	2 370	1 733
中 国	23 520	4 854	114 175	1 070	1 823	1 951	825	3 478	2 869
印 度	7 000	2 114	14 800	12 000	892	10 700	9 900	808	8 000
日 本	0.07	2 462	0.16	0.3	1 000	0.3			
韩 国	17	4 118	70	1.7	1 174	2	1.5	1 333	2
法 国	1 667	7 137	11 898				62	3 758	233
德 国	473	7 225	3 415						
意大利	1 159	7 744	8 978				31	5 180	158
俄罗斯	648	3 262	2 113	698	1 397	975	24	1 386	33
英 国									
澳大利亚	60	5 268	316	35	1 543	54	673	2 290	1 541

表 8　部分国家（地区）马铃薯收获面积与产量（2002—2003 年）

国家或地区	2002 年		2003 年	
	收获面积（khm^2）	产量（kt）	收获面积（khm^2）	产量（kt）
世界总计	**19 288**	**311 360**	**19 218**	**311 416**
波　兰	812	15 524	800	13 493
德　国	284	11 492	284	10 170
俄罗斯	3 198	32 871	3 290	35 900
法　国	162	6 877	162	6 400
荷　兰	164	7 363	157	6 399
加拿大	171	4 697	180	5 324
美　国	514	20 856	506	20 822
日　本	96	3 069	96	3 069
乌克兰	1 600	16 620	1 600	17 606
意大利	80	2 075	75	1 830
印　度	1 410	24 082	1 400	24 000
英　国	159	6 375	160	6 971
中　国	4 672	66 573	4 502	66 813

表 9　部分国家（地区）甘薯收获面积与产量（2002—2003 年）

国家或地区	2002 年		2003 年	
	收获面积（khm^2）	产量（kt）	收获面积（khm^2）	产量（kt）
世界总计	**8 935**	**138 981**	**9 718**	**136 656**
巴布亚新几内亚	103	490	103	490
布隆迪	124	833	124	833
菲律宾	125	549	125	530
卢旺达	195	1 292	195	1 292
美　国	34	584	37	722
尼日利亚	511	2 503	511	2 503
日　本	42	1 030	42	1 030
坦桑尼亚	522	950	522	950
乌干达	570	2 515	570	2 515
印　度	110	1 000	110	1 000
印度尼西亚	171	1 772	171	1 719
越　南	240	1 704	235	1 579
中　国	5 220	116 952	6 009	114 692

表 10 部分国家（地区）木薯收获面积与产量（2002—2003 年）

国家或地区	2002 年		2003 年	
	收获面积（khm^2）	产量（kt）	收获面积（khm^2）	产量（kt）
世界总计	**17 206**	**185 508**	**17 220**	**187 665**
印 度	270	7 000	270	7 100
中 国	240	3 851	240	3 851
巴 西	1 675	23 066	1 670	22 236
菲律宾	207	1 626	180	1 400
尼日利亚	3 455	34 476	3 500	33 379
泰 国	988	16 868	1 050	18 430
坦桑尼亚	660	6 888	660	6 888
印度尼西亚	1 277	16 913	1 240	18 474
越 南	337	4 438	372	5 229
莫桑比克	1 020	5 924	1 046	6 150
乌干达	398	5 373	400	5 400
加 纳	794	9 731	800	10 000
卢旺达	130	1 031	134	1 003
巴拉圭	258	4 430	260	3 900

表 11 部分国家（地区）主要油料收获面积、单产、总产量（2003 年）

国家或地区	大 豆			花 生		
	收获面积（khm^2）	单产（kg/hm^2）	总产量（kt）	收获面积（khm^2）	单产（kg/hm^2）	总产量（kt）
世界总计	**83 695**	**2 261**	**189 234**	**26 463**	**1 348**	**35 658**
埃 及	6	2 833	17	64	3 234	207
南 非	108	1 370	148	96	1 042	100
加拿大	1 047	2 167	2 268			
美 国	29 268	2 248	65 795	531	3 540	1 880
巴 西	18 469	2 790	51 532	85	2 082	177
中 国	9 500	1 737	16 500	5 125	2 624	13 477
印 度	6 450	1 054	6 800	8 000	938	7 500
日 本	152	1 525	232	9.5	2 309	22
韩 国	81	1 424	115	5.4	2 045	11
法 国	80	1 838	147			
德 国	0.7	1 429	1			
意大利	152	2 788	424			
俄罗斯	399	985	393			
英 国						
澳大利亚	21	1 905	40	22	1 682	37

（续）

国家或地区	芝麻			油菜籽			向日葵		
	收获面积（khm^2）	单产（kg/hm^2）	总产量（kt）	收获面积（khm^2）	单产（kg/hm^2）	总产量（kt）	收获面积（khm^2）	单产（kg/hm^2）	总产量（kt）
世界总计	**6 566**	**448**	**2 942**	**22 943**	**1 575**	**36 146**	**22 333**	**1 242**	**27 740**
埃及	29	1 228	35				19	2 320	45
南非							628	1 127	708
加拿大				4 689	1 422	6 669	115	1 313	150
美国				433	1 587	687	889	1 360	1 209
巴西	26	608	16	33	1 697	56	67	1 504	100
中国	751	1 099	826	7 200	1 585	11 410	1 160	1 724	2 000
印度	1 940	320	620	4 419	869	3 842	1 940	629	1 220
日本				0.3	2 167	0.7			
韩国	44	539	24	0.6	944	0.6			
法国				1 080	3 094	3 341	689	2 168	1 494
德国				1 268	2 869	3 638	38	1 974	75
意大利	0.17	9 977	1.7	4	1 653	7	151	1 584	239
俄罗斯				197	973	192	4 874	999	4 871
英国				542	3 268	1 771			
澳大利亚				1 005	1 614	1 622	55	982	54

表 12　部分国家（地区）籽棉、黄麻收获面积、单产、总产量（2003 年）

国家或地区	籽棉			黄麻		
	收获面积（khm^2）	单产（kg/hm^2）	总产量（kt）	收获面积（khm^2）	单产（kg/hm^2）	总产量（kt）
世界总计	**32 374**	**1 760**	**56 969**	**1 369**	**2 040**	**279 283**
埃及	290	2 759	800	0.95	2 316	2.2
乌兹别克斯坦	1 393	2 050	2 856	2	10 000	20
马里	550	844	464			
美国	4 880	2 070	10 100			
巴西	717	3 068	2 200	1.09	1 435	1.6
中国	4 500	3 467	15 600	38	2 368	90
印度	8 390	751	6 300	820	2 182	1 789
缅甸	270	622	168	44	953	42
巴基斯坦	3 000	1 690	5 071	0.02	1 100	22
尼日利亚	610	656	400			
塔吉克斯坦	284	1890	537			
哈萨克斯坦	196	1 968	387			
坦桑尼亚	420	476	200			
伊朗	176	1 875	330			
澳大利亚	145	4 331	628			

表 13 部分国家（地区）烟叶、茶叶收获面积、单产、总产量（2003 年）

国家或地区	烟叶			茶叶		
	收获面积（khm^2）	单产（kg/hm^2）	总产量（kt）	收获面积（khm^2）	单产（kg/hm^2）	总产量（kt）
世界总计	**3 932**	**1 622**	**6 376**	**2 393**	**1 338**	**3 203**
印度尼西亚	156	865	135	120	1 333	160
南非	14	2 029	28	6.7	1 940	13
加拿大	23	2 609	60			
美国	168	2 238	377			
巴西	392	1 681	658	4.5	2 000	9
中国	1 353	1 839	2 488	898	858	770
印度	425	1 353	575	443	1 998	885
日本	23	2 563	60	50	1 680	84
韩国	21	2 264	48	1.4	1 062	1.5
法国	9	2 778	25			
德国	5	2 389	11			
意大利	37	2 887	106			
土耳其	193	798	154	76.7	1 956	150
巴基斯坦	50	1 917	95			

表 14 部分国家（地区）甘蔗、甜菜收获面积、单产、总产量（2003 年）

国家或地区	甘蔗			甜菜		
	收获面积（khm^2）	单产（kg/hm^2）	总产量（kt）	收获面积（khm^2）	单产（kg/hm^2）	总产量（kt）
世界总计	**20 420**	**65 293**	**1 333 253**	**5 865**	**39 812**	**233 487**
埃及	132	90 909	12 000	58	50 000	29 000
南非	325	63 389	20 601			
加拿大				12	56 231	680
美国	404	77 515	31 301	545	50 899	27 764
巴西	5 343	72 290	386 232			
中国	1 328	69 556	92 370	400	15 475	6 190
印度	4 608	62 860	289 630			
日本	23	60 870	1 400	68	61 281	4 161
法国				402	72 731	29 238
德国				445	59 339	26 400
意大利				215	38 605	8 300
俄罗斯				850	22 804	19 384
英国				162	57 383	9 296
澳大利亚	423	85 135	36 012			

表 15　部分国家（地区）蔬菜、水果和坚果产量（2003 年）　单位：kt

国家或地区	蔬菜和瓜类	水　果	坚　果
世界总计	**798 292**	**475 724**	**8 233**
埃　及	14 115	7 408	34
南　非	2 177	4 919	11
加拿大	2 344	699	
美　国	38 191	29 381	1 308
巴　西	7 869	33 029	247
中　国	374 490	72 015	1 045
印　度	78 191	46 641	491
日　本	12 220	3 804	30
韩　国	11 158	2 725	86
法　国	8 639	10 571	59
德　国	3 604	4 243	17
意大利	15 459	16 564	276
俄罗斯	14 642	3 530	52
英　国	2 730	298	
澳大利亚	1 864	3 390	57

表 16　部分国家（地区）甘蓝、番茄收获面积、单产、总产量（2003 年）

国家或地区	甘蓝			番茄		
	收获面积（khm^2）	单产（kg/hm^2）	总产量（kt）	收获面积（khm^2）	单产（kg/hm^2）	总产量（kt）
世界总计	**3 186**	**20 704**	**65 956**	**4 311**	**26 286**	**113 308**
埃　及	20	28 500	570	181	35 083	6 350
南　非	6	29 333	176	15	30 467	457
加拿大	9	19 544	179	8.6	82 791	712
美　国	105	23 067	2 433	166	62 505	10 382
巴　西				61	59 231	3 641
中　国	1 621	18 925	30 678	1 205	23 940	28 851
印　度	280	21 786	6 100	520	14 270	7 420
日　本	57	42 105	2 400	13	60 000	780
韩　国	44	58 003	2 576	3.5	64 174	227
法　国	10	20 330	211	6.3	133 121	834
德　国	14	52 455	726	0.4	143 429	50
意大利	24	18 853	456	130	50 960	6 634
俄罗斯	176	25 165	4 441	155	13 043	2 016
英　国	11	21 422	234	0.5	172 667	78
澳大利亚	2	30 000	60	8.5	47 059	400

表 17 部分国家（地区）茄子、青椒和辣椒收获面积、单产、总产量（2003 年）

国家或地区	茄子			青椒和辣椒		
	收获面积（khm^2）	单产（kg/hm^2）	总产量（kt）	收获面积（khm^2）	单产（kg/hm^2）	总产量（kt）
世界总计	**1 631**	**17 777**	**28 994**	**1 654**	**14 051**	**23 248**
埃 及	31	22 677	703	26	14 885	387
墨西哥	2	28 000	56	141	13 745	1 854
加拿大				2	18 272	37
美 国	2	29 048	61	32	26 507	845
荷 兰	0.1	390 000	39	1.2	262 500	315
中 国	852	18 825	16 033	603	19 129	11 535
印 度	510	16 078	8 200	5.5	9 182	51
日 本	12	35 000	420	4	40 000	160
韩 国	0.3	16 667	5	77	4 968	381
法 国	0.5	39 841	20	0.8	34 987	27
印度尼西亚	36	6 944	250	155	3 554	553
意大利	13	29 425	377	14	25 115	358
以色列	0.7	70 769	46	2	55 000	110
英 国				0.06	218 333	13
澳大利亚				2.5	18 000	45

表 18 部分国家（地区）西葫芦和南瓜、黄瓜收获面积、单产、总产量（2003 年）

国家或地区	西葫芦和南瓜			黄瓜		
	收获面积（khm^2）	单产（kg/hm^2）	总产量（kt）	收获面积（khm^2）	单产（kg/hm^2）	总产量（kt）
世界总计	**1 472**	**12 880**	**18 954**	**2 395**	**16 531**	**39 599**
埃 及	39	18 036	707	29	20 000	580
南 非	18	18 889	340	1.1	13 636	15
加拿大	4.5	14 206	63	5.1	34 921	177
美 国	35	20 022	701	72	14 541	1 047
墨西哥	39	14 359	560	16	27 188	435
中 国	304	18 386	5 606	1 504	16 675	25 073
印 度	360	9 722	3 500	18	6 667	120
日 本	15	14 333	215	14.5	49 655	720
韩 国	9	30 606	277	6.9	67 341	464
法 国	5	39 592	203	0.9	146 436	135
德 国				3.3	53 288	178
意大利	16	28 554	466	2	32 329	66
俄罗斯				59	11 814	697
英 国				0.2	370 000	74
澳大利亚	12	10 417	125	1.1	15 455	17

表 19　部分国家（地区）干洋葱、大蒜收获面积、单产、总产量（2003 年）

国家或地区	干洋葱			大蒜		
	收获面积（khm^2）	单产（kg/hm^2）	总产量（kt）	收获面积（khm^2）	单产（kg/hm^2）	总产量（kt）
世界总计	**3 011**	**17 451**	**52 547**	**1 142**	**11 993**	**13 696**
埃　及	23	27 391	630	9.3	23 226	216
南　非	19	17 632	335			
加拿大	5.6	30 127	170			
美　国	65	49 005	3 163	14	19 992	283
巴　西	67	17 637	1 187	15	8 222	123
中　国	801	21 911	17 545	632	15 946	10 080
印　度	530	9 434	5 000	120	4 167	500
日　本	25	50 400	1 260			
韩　国	15	60 931	933	33	11 799	391
法　国	10	38 153	393	4	6 619	26.7
德　国	7.9	34 523	272			
意大利	13	26 618	355	3	8 268	25.3
俄罗斯	117	13 353	1 561	30	7 390	219
英　国	8.7	43 036	376			
澳大利亚	5.3	47 170	250			

表 20　部分国家（地区）西瓜、胡萝卜收获面积、单产、总产量（2003 年）

国家或地区	西瓜			胡萝卜		
	收获面积（khm^2）	单产（kg/hm^2）	总产量（kt）	收获面积（khm^2）	单产（kg/hm^2）	总产量（kt）
世界总计	**3 470**	**26 454**	**91 790**	**1 032**	**22 605**	**23 321**
埃　及	57	25 439	1 450	4	28 101	111
南　非	4.5	10 299	46	4.5	24 573	111
加拿大	0.16	15 000	2.4	9.5	31 469	298
美　国	61	28 758	1 746	44	42 940	1 900
巴　西	74	8 378	620			
中　国	2 019	32 905	66 434	403	20 161	8 126
印　度	20	12 750	255	24	14 583	350
日　本	16	32 704	520	21	30 000	630
韩　国	26	32 453	840	3.8	36 199	136
法　国	0.2	34 724	7	15.7	43 445	682
德　国				9.3	46 033	426
意大利	14.8	35 764	528	12.9	44 681	578
俄罗斯	155	2 903	450	88.7	19 563	1 735
英　国				8.8	66 623	587
澳大利亚	4.7	17 021	80	7	38 571	270

表 21 部分国家（地区）樱桃、葡萄收获面积、单产、总产量（2003 年）

国家或地区	樱桃			葡萄		
	收获面积（khm^2）	单产（kg/hm^2）	总产量（kt）	收获面积（khm^2）	单产（kg/hm^2）	总产量（kt）
世界总计	**376**	**4 979**	**1 872**	**7 518**	**8 098**	**60 883**
埃 及				64	17 187	1 104
南 非	0.26	3 581	0.9	107	13 146	1 400
加拿大	1	7 392	8	9	5 713	51
美 国	31	7 001	215	386	15 236	5 877
巴 西				68	15 439	1 055
中 国	4	3 500	14	383	10 274	3 935
印 度	1.7	4 706	8	40	30 000	1 200
日 本	4	4 837	19	19.4	11 381	221
韩 国				26	16 228	422
法 国	12	4 634	57	852	7 253	6 178
德 国	33	4 091	135	98	14 482	1 423
意大利	29	3 487	101	868	8 619	7 484
俄罗斯	26	3 462	90	56.5	6 165	348
英 国	0.4	2 632	1	0.8	1 498	1.2
澳大利亚	1.3	4 211	5.6	144	12 299	1 771

表 22 部分国家（地区）橙、芒果等产量（2003 年） 单位：kt

国家或地区	橙	柑 橘	柠檬、酸橙	芒 果	菠 萝	香 蕉
世界总计	**62 171**	**102 686**	**11 663**	**26 196**	**14 725**	**68 279**
埃 及	1 725	2 527	297	326		850
南 非	1 082	1 712	150	49	161	280
墨西哥	3 970	6 293	1 694	1 503	721	1 945
美 国	10 473	13 763	931	3	291	10
巴 西	17 222	18 779	580	542	1 404	6 469
中 国	3 700	12 240	380	3 200	900	5 600
印 度	2 980	4 580	1 370	11 400	1 100	16 450
日 本	108	1 508			11	0.5
韩 国		643			1	
泰 国	340	1 116	80	1 750	1 700	1 800
印度尼西亚	664	664		892	463	3 683
马来西亚	12	27	4	20	87	500
法 国	0.6	28	0.6			
意大利	2 053	3 249	589			0.4
澳大利亚	437	575	31	25	140	250

表 23　部分国家（地区）苹果、草莓等产量（2003 年）　　单位：t

国家或地区	苹　果	梨	桃、油桃	草　莓	栗　子	核　桃
世界总计	**57 967 289**	**17 191 205**	**14 787 539**	**3 198 689**	**1 036 178**	**1 446 498**
埃　及	484 132	41 567	256 997	68 000		27 000
南　非	579 257	320 000	208 690	4 041		
加拿大	379 192	14 869	29 220	24 521		
美　国	4 088 930	837 420	1 396 690	944 740		294 830
巴　西	842 256	20 000	215 000	2 700		2 000
中　国	20 009 650	9 422 957	5 529 366	9 949	715 000	360 000
印　度	1 420 000	200 000	150 000			31 000
日　本	891 700	365 800	157 000	208 000	25 100	
韩　国	433 165	386 348	187 542	209 938	72 405	1 052
法　国	2 402 000	210 000	355 800	46 000	9 710	23 708
德　国	1 578 000	373 600	10 800	95 278		16 900
意大利	1 944 950	821 675	1 357 352	154 826	50 000	15 000
俄罗斯	1 900 000	80 000	40 000	145 000	17 000	12 000
英　国	124 800	29 600		41 800		
澳大利亚	280 000	150 000	92 000	15 500		85

表 24　部分国家（地区）天然橡胶面积、单产、总产量（2003 年）

国家或地区	收获面积（khm^2）	单　产（kg/hm^2）	总　产　量（kt）
世界总计	**8 276**	**911**	**7 536**
中　国	420	1 310	550
印　度	400	1 625	650
印度尼西亚	2 700	604	1 630
越　南	506	773	391
缅　甸	62	581	36
柬埔寨	44	1 081	47
泰　国	1 880	1 520	2 858
斯里兰卡	157	573	90
马来西亚	1 183	498	589
菲律宾	80	863	69
巴　西	102	940	96
尼日利亚	330	339	112
喀麦隆	40	1 300	52
科特迪瓦	70	1 757	123
利比里亚	115	939	108

表 25 部分国家（地区）生咖啡、可可豆收获面积、单产、总产量（2003 年）

国家或地区	生咖啡			可可豆		
	收获面积（khm^2）	单产（kg/hm^2）	总产量（kt）	收获面积（khm^2）	单产（kg/hm^2）	总产量（kt）
世界总计	**10 444**	**747**	**7 796**	**6 988**	**466**	**3 257**
尼日利亚	4.4	909	4	1 100	346	380
墨西哥	744	418	311	83	582	48.4
利比里亚	16	200	3.2	10	150	1.5
美 国	2.4	1 653	4			
巴 西	2 405	819	1 970	581	294	171
中 国	16	1 313	21			
印 度	323	851	275	7.5	800	6
越 南	500	1 542	771			
印度尼西亚	1 001	701	702	490	869	426
泰 国	66.4	809	53.7	0.8	500	0.4
缅 甸	5	520	2.6			
马来西亚	50	784	39.2	48	993	47.7
菲律宾	135	815	110	12	500	6
古 巴	72	208	15	6.6	227	1.5
加 纳	8	188	1.5	1 500	317	475

表 26 我国台湾省主要农产品产量（2000—2002 年）

单位：万 t

年 份	稻 谷	小麦（t）	玉 米	花 生	香 蕉	茶 叶	甘 蔗	烟 叶
2000	154.0	127	17.8	7.9	19.8	2.0	289.4	1.2
2001	139.6			5.6	20.5	2.0	218.0	
2002	146.1			7.7	22.7	2.0	197.3	

表 27 部分国家（地区）牲畜、禽类的存栏数（2003 年）

国家或地区	牛（千头）	绵羊（千头）	猪（千头）	鸡（千只）	鸭（千只）	火鸡（千只）
世界总计	**1 368 055**	**1 028 594**	**952 900**	**16 381 477**	**1 107 445**	**257 133**
埃 及	3 810	4 672	30	92 000	9 200	1 850
乌克兰	9 108	1 032	9 203	147 700	20 000	1 000
加拿大	13 372	976	14 726	160 000	1 150	6 000
美 国	96 106	6 350	59 513	1 850 000	6 700	88 000
墨西哥	30 800	6 560	18 100	520 800	8 100	5 850
中 国	108 252	143 793	470 010	4 117 700	671 750	240
印 度	226 100	59 000	18 500	842 000	107 000	
日 本	4 523	11	9 725	280 000		3
法 国	19 729	9 400	15 296	220 000	25 000	42 000
德 国	13 732	2 170	26 251	110 000	1 900	9 000
荷 兰	3 780	1 300	11 154	98 000	1 020	1 450
俄罗斯	26 525	13 728	17 337	335 357	900	2 500
英 国	10 391	35 800	5 330	160 000	4 000	8 500
澳大利亚	27 215	98 200	2 729	94 000	540	1 400

表 28　世界主要养蜂国家蜂群数（2002—2003 年）　　单位：万群

国家或地区	2002 年	2003 年	2003 年比上年增减（%）
世界总计	**6 001**	**5 924**	**−1.28**
中　国	700	700	
土耳其	500	420	−16
俄罗斯	344	344	
伊　朗	340	340	
埃塞俄比亚	333	333	
坦桑尼亚	265	265	
美　国	257	259	0.78
肯尼亚	249	249	
西班牙	190	190	
墨西哥	180	180	
韩　国	177	177	
埃　及	159	159	
中非共和国	138	138	
波　兰	130	130	
希　腊	130	130	
法　国	115	115	
安哥拉	110	110	
德　国	93	93	
意大利	90	90	
巴　西	82.5	83	0.61

表 29　部分国家（地区）肉牛、绵羊、猪屠宰头数、每头胴体重和肉产量（2003 年）

国家或地区	肉牛			绵羊			猪		
	屠宰头数（千头）	胴体重（kg）	肉产量（kt）	屠宰头数（千头）	胴体重（kg）	肉产量（kt）	屠宰头数（千头）	胴体重（kg）	肉产量（kt）
世界总计	**291 891**	**202**	**58 922**	**501 678**	**15.6**	**7 829**	**1 243 620**	**79.2**	**98 507**
埃　及				2 932	25.0	73.4			
加拿大	3 453	339	1 171	809	19.8	16.0	23 217	84.1	1 952
美　国	36 686	325	11 906	3 355	31.1	104.3	101 043	89.7	9 064
墨西哥	6 800	220	1 496	1 905	16.0	30.5	13 035	80.0	1 043
中　国	44 901	139	6 218	116 997	14.5	1 696.5	585 731	78.6	46 048
印　度	14 470	103	1 490	19 500	12.0	234.0	18 000	35.0	630
日　本	1 160	435	505	4	30.0	0.12	16 381	76.8	1 259
巴　西	35 500	212	7 526	4 850	16.0	77.6	38 000	80.5	3 059
法　国	5 800	285	1 650	7 263	17.9	130.0	26 488	88.3	2 340
德　国	3 969	307	1 220	2 018	21.4	43.2	45 405	93.3	4 238
俄罗斯	12 300	163	2 000	6 318	18.9	119	20 100	83.5	1 679
意大利	4 237	266	1 125	4 610	8.2	37.7	13 511	117.5	1 587
英　国	2 262	308	696	15 891	20.1	320	9 403	75.9	714
澳大利亚				36 427	20.3	741			
南　非	2 500	236	590	8 502	12.2	104	1 980	57.1	113
荷　兰	2 250	206	464	991	22.2	22	15 701	90.4	1 420

表 30 部分国家（地区）肉鸡、鸭、火鸡屠宰只数、每只胴体重和肉产量（2003 年）

国家或地区	鸡肉			鸭肉			火鸡肉		
	屠宰只数（千只）	胴体重（kg）	肉产量（kt）	屠宰只数（千只）	胴体重（kg）	肉产量（kt）	屠宰只数（千只）	胴体重（kg）	肉产量（kt）
世界总计	**45 894 606**	**1.42**	**65 015**	**2 261 843**	**1.46**	**3 313**	**691 291**	**7.74**	**5 350**
埃及	365 000	1.50	548	15 050	2.60	39	2 100	5.00	10.5
乌克兰	210 000	1.43	300						
加拿大	620 000	1.51	938	3 600	2.06	7.4	22 000	6.59	145
美国	8 684 434	1.71	14 855	24 301	2.09	51	267 781	9.57	2 563
墨西哥	1 200 000	1.80	2 157	8 100	2.50	20	8 255	3.30	27
中国	6 918 200	1.38	9 518	1 634 850	1.34	2 193	400	10.00	4
印度	1 600 000	0.90	1 440	123 000	1.30	160			
日本	622 000	1.96	1 218				4	3.00	0.01
法国	860 000	1.31	1 130	88 000	2.84	250	110 000	6.34	700
德国	412 000	1.33	547	21 100	2.38	50	40 000	9.15	366
荷兰	363 500	1.27	462	7 000	2.00	14	8 500	4.94	42
俄罗斯	775 000	1.33	1 034						
英国	837 800	1.55	1 295	19 265	2.24	43	23 000	10.09	232
澳大利亚	419 181	1.65	690	4 500	2.00	9	7 400	3.50	25.9

表 31 部分国家（地区）肉类产量（2002—2003 年）

单位：kt

国家或地区	2002 年	2003 年	2003 年比上年增减（%）
世界总计	**246 257**	**249 851**	**1.46**
埃及	1 442	1 445	0.21
南非	1 700	1 709	0.53
加拿大	4 268	4 277	0.21
美国	39 195	39 106	−0.23
巴西	16 605	17 059	2.73
中国	67 772	69 715	2.87
印度	5 762	6 038	4.79
日本	3 018	2 992	−0.86
韩国	1 664	1 774	6.61
法国	6 521	6 521	
德国	6 503	6 507	0.06
意大利	4 183	4 212	0.69
俄罗斯	4 690	4 975	6.08
英国	3 331	3 252	−2.37
澳大利亚	3 801	3 847	1.21

表 32 部分国家（地区）牛奶产量（2002—2003 年）

单位：kt

国家或地区	2002 年	2003 年	2003 年比上年增减（%）
世界总计	**506 467**	**507 385**	**0.18**
埃及	1 900	1 900	
南非	2 646	2 646	

（续）

国家或地区	2002年	2003年	2003年比上年增减（%）
加拿大	7 964	7 880	−1.05
美 国	77 248	78 155	1.17
巴 西	22 635	23 315	3.00
中 国	12 998	17 463	34.35
印 度	35 300	36 500	3.40
日 本	8 385	8 360	−0.30
韩 国	2 537	2 359	−7.02
法 国	25 197	24 800	−1.58
德 国	28 012	28 012	
意大利	11 335	11 000	−2.96
俄罗斯	33 100	32 800	−0.91
英 国	14 899	15 054	1.04
澳大利亚	11 620	10 642	−8.42

表33 部分国家（地区）黄油、奶酪、奶油产量（2003年） 单位：kt

国家或地区	黄 油	奶 酪	奶 油
世界总计	**8 053**	**17 097.2**	
埃 及	96.7	498.3	
南 非	12.5	38.0	
加拿大	87.0	362.8	
美 国	562.3	4 224.1	
巴 西	78.0	39.0	
中 国	92.1	230.1	
印 度	2 500.0		
日 本	83.0	121.0	
韩 国	61.3		
法 国	450.0	1 773.5	
德 国	435.0	1 765.2	
意大利	130.0	1 099.4	
俄罗斯	280.0	500.0	
英 国	140.0	396.0	
澳大利亚	149.0	369.0	

表34 部分国家（地区）鸡蛋产量（2002—2003年） 单位：kt

国家或地区	2002年	2003年	2003年比上年增减（%）
世界总计	**54 660**	**55 993**	**2.44**
埃 及	200	200	
南 非	366	366	
加拿大	392	394	0.51
美 国	5 142	5 141	
巴 西	1 550	1 580	1.94

（续）

国家或地区	2002 年	2003 年	2003 年比上年增减（%）
中　国	21 288	22 362	5.05
印　度	2 000	2 200	10
日　本	2 514	2 500	－0.56
韩　国	537	535	－0.37
法　国	999	1 000	0.10
德　国	870	880	1.15
意大利	719	699	－2.78
俄罗斯	2 023	2 040	0.84
英　国	687	704	2.47
澳大利亚	140	138	－1.43

表 35　部分国家（地区）蜂蜜产量（2002—2003 年）　单位：t

国家或地区	2002 年	2003 年
世界总计	**1 277 859**	**1 311 014**
中　国	267 830	273 300
埃塞俄比亚	29 000	29 000
安哥拉	23 000	23 000
中非共和国	13 000	13 000
澳大利亚	22 000	22 500
巴　西	23 995	24 000
波　兰	9 644	10 037
德　国	14 620	22 000
俄罗斯	49 400	50 000
法　国	15 000	15 000
韩　国	25 500	25 500
加拿大	37 072	33 566
肯尼亚	22 000	22 000
罗马尼亚	13 434	17 409
美　国	77 890	82 144
墨西哥	58 890	55 840
坦桑尼亚	26 500	26 500
土耳其	74 555	75 000
乌克兰	51 144	52 000
乌拉圭	10 000	10 500
西班牙	36 101	36 101
希　腊	14 934	15 000
匈牙利	15 200	15 000
伊　朗	28 045	29 000
意大利	10 000	10 000
印　度	52 000	52 000
越　南	11 401	12 758
智　利	9 000	10 000

表 36　部分国家（地区）羊毛产量（2002—2003 年）　单位：kt

国家或地区	2002 年	2003 年	2003 年比上年增减（%）
世界总计	**2 205**	**2 138**	**−3.04**
埃　及	7.6	7.6	
南　非	56.7	56.7	
加拿大	1.5	1.5	
美　国	18.7	17.8	−4.81
巴　西	12.5	12.8	2.40
中　国	307.6	307.6	
印　度	51.2	51.4	0.39
蒙　古	19.2	19.2	
新西兰	231.7	227.1	−1.99
法　国	22	22	
德　国	15	15	
意大利	11	11	
俄罗斯	41.4	42	1.45
英　国	60	60	
澳大利亚	607	545	−10.21

表 37　部分国家（地区）水产品产量（2001 年）　单位：kt

国家或地区	水产品总产量	其中：淡水鱼	海　洋　鱼
世界总计	**129 943**	**59 939**	**70 004**
埃　及	772	521	251
印度尼西亚	5 068	1 678	3 390
加拿大	1 202	655	547
美　国	5 405	1 886	3 519
泰　国	3 606	1 405	2 201
中　国	44 063	33 101	10 962
印　度	5 965	3 664	2 302
日　本	5 521	2 009	3 513
法　国	858	344	515
德　国	265	174	90
墨西哥	1 475	415	1 059
意大利	3 718	633	3 085
俄罗斯	529	332	196
英　国	919	324	595
澳大利亚	236	122	114

注：表中数据出自《国际统计年鉴》2004 年版。

表 38　部分国家（地区）人均每天食物热值、蛋白质和脂肪含量（2002 年）

国家或地区	食物热值（J）	蛋白质（g）	脂肪含量（g）
世界平均	**11 722.4**	**75.3**	**77.5**
埃　及	13 952.8	95.4	59.8

（续）

国家或地区	食物热值（J）	蛋白质（g）	脂肪含量（g）
南非	12 356.5	76.2	77.5
加拿大	15 003.3	105.0	146.2
美国	15 775.7	114.0	156.5
巴西	12 746.9	82.8	93.7
中国	12 335.2	81.5	90.3
印度	10 278.6	57.3	49.6
日本	11 540.6	91.8	84.6
韩国	12 782.4	89.6	77.1
法国	15 273.3	119.2	170.8
德国	14 611.6	100.1	146.4
意大利	15 343.1	113.1	158.1
俄罗斯	12 840.1	91.4	83.0
英国	14 263.0	102.4	138.9
澳大利亚	12 764.0	103.5	131.2
荷兰	14 054.4	107.5	144.3
丹麦	14 376.2	109.7	139.5
墨西哥	13 144.8	90.8	87.5
瑞典	13 315.0	106.6	125.6
匈牙利	14 559.8	96.8	147.2

资料来源：表中数据由联合国粮农组织 FAO 数据库 2004 年 12 月提供。

表 39　我国农业主要产品产量居世界位次（1949—2003 年）

项目	1949	2001	2002	2003
谷物		1	1	1
肉类	3	1	1	1
棉花	4	1	1	1
大豆	2	4	4	3
花生	2	1	1	1
油菜籽	2	1	1	1
甘蔗		3	3	3
茶叶	3	2	2	2
水果		1	1	1

表 40　我国饲料生产位居世界位次（2003 年）

国家或地区	饲料产量（亿 t）	2003 年比上年增减（%）	1998—2003 年 5 年平均增长率（%）	位次
美国	1.455	1.5	0.7	1
中国	0.644	5	3	2
巴西	0.414	5.9	5.9	3
日本	0.241	1.7	0.8	4
墨西哥	0.232	3.1	5	5
加拿大	0.220	2.5	2.5	6
法国	0.211	−1.8	−1.5	7
德国	0.183	0.5	3	8
西班牙	0.180	−2.8	3	9
俄罗斯	0.159	2.6	2.5	10

资料来源：表中数据出自《粮食科技与经济》2004 年第 3 期。

表 41 世界主要农畜产品最大生产国（2003 年）

农畜产品	第一位国家	产量（kt）	第二位国家	产量（kt）	第三位国家	产量（kt）
谷　物	中　国	377 463	美　国	348 644	印　度	232 048
小　麦	中　国	86 100	印　度	65 129	美　国	63 590
稻　谷	中　国	166 417	印　度	132 013	印度尼西亚	52 079
玉　米	美　国	256 905	中　国	114 175	巴　西	47 809
小　米	印　度	10 700	尼日利亚	6 100	尼日尔	2 500
高　粱	美　国	10 446	尼日利亚	8 100	印　度	8 000
马铃薯	中　国	66 813	俄罗斯	36 747	印　度	23 161
甘　薯	中　国	100 191	乌干达	2 600	尼日利亚	2 150
大　豆	美　国	65 795	巴　西	51 532	中　国	16 500
甘　蔗	巴　西	386 232	印　度	289 630	中　国	92 370
甜　菜	法　国	29 238	美　国	27 764	德　国	26 400
可可豆	科特迪瓦	1 225	加　纳	475	印度尼西亚	426
茶　叶	印　度	885	中　国	800	斯里兰卡	303
烟　叶	中　国	2 308	巴　西	648	印　度	595
肉　类	中　国	71 041	美　国	38 748	巴　西	18 684
鸡　蛋	中　国	22 333	美　国	5 123	日　本	2 500
奶　类	印　度	86 960	美　国	77 252	俄罗斯	33 100

表 42 部分国家（地区）国民总收入和人均国民总收入（2001—2002 年）

国家或地区	国民总收入（亿本币）		人均国民总收入（美元）		
	2001	2002	2000	2001	2001 年位次
世界总计			**5 200**	**5 120**	
埃　及②	3 658		1 490	1 530	93
南　非①	9 511	10 704	3 060	2 820	67
加拿大①	10 679	11 154	21 720	21 930	18
美　国①	101 041		34 370	34 280	5
巴　西	11 536		3 630	3 070	65
中　国	95 728	101 161	840	890	112
中国香港	13 202	12 985	26 410	25 330	9
中国澳门			14 570	14 380	24
印　度	228 339				
日　本①			35 420	35 610	4
韩　国	5 500 140	5 968 810	9 010	9 460	34
法　国①③	14 492	15 073	23 990	22 730	17
德　国①③	20 558	20 991	25 130	23 560	15
意大利①③	12 100	12 463	20 130	19 390	21
俄罗斯②	87 552		1 690	1 750	85
英　国①	10 025	10 604	25 200	25 120	10
澳大利亚①	6 714	7 121	20 120	19 900	20

资料来源：表中数据来自《国际统计年鉴》2003 年版。

注：①为季节调整值；②为世界银行统计数据；③从 1999 年起以欧元为货币单位。

表 43　部分国家（地区）国内生产总值的产业构成（2001 年）　　单位：%

国家或地区	第一产业（农业）	第二产业（工业）	第三产业（服务业）
埃　及	16.8	33.1	50.1
南　非	3.2	31.2	65.6
巴　西	9.3	33.9	56.8
中　国	15.8	50.1	34.1
印　度	25.1	26.5	48.4
日　本②	1.4	31.8	66.8
韩　国	4.4	41.4	54.1
法　国	2.9	25.6	71.5
德　国	1.3	31.0	67.7
意大利	2.8	28.9	68.2
俄罗斯	6.8	37.3	55.9
美　国②	1.6	24.9	73.5
加拿大①	2.6	30.6	66.8
英　国	1.0	27.4	71.6
澳大利亚②	3.5	26.1	70.4

资料来源：数据来源于《国际统计年鉴》2003 年版。

注：①为 1998 年数据；②为 2000 年数据。

表 44　世界按行业划分的工业生产指数（2000—2001）　　单位：%

主要工业行业	2000 年	2001 年
世界工业总计	**121.0**	**118.5**
采矿业	106.7	107.4
制造业	123.0	119.8
食品、饮料、烟草	106.9	106.8
纺织	95.2	90.3
服装、皮革、制鞋	85.6	81.0
木制品	104.1	98.8
造纸、出版、印刷等	108.3	106.6
化学、石油、塑料、橡胶制品	116.9	116.6

表 45　发达国家与发展中国家部分农产品加工业生产指数（2000—2001 年）

单位：%

工业部门	世界总计		发达国家		发展中国家	
	2000 年	2001 年	2000 年	2001 年	2000 年	2001 年
世界工业总计	**121.0**	**118.5**	**120.5**	**117.1**	**123.0**	**123.8**
采矿业	106.7	107.4	102.1	102.1	111.3	112.8
制造业	123.0	119.8	122.6	118.6	125.0	125.2
食品、饮料、烟草	106.9	106.8	105.8	105.3	110.3	111.3
纺织	95.2	90.3	90.8	84.9	102.1	98.4
服装、皮革、制鞋	85.6	81.0	80.1	75.2	100.4	96.8
木制品及家具	104.1	98.8	106.4	100.6	91.3	88.4
造纸、印刷、出版等	108.3	106.6	107.3	103.9	118.5	133.5
化学、石油、塑料、橡胶制品	116.9	116.6	114.7	114.5	124.7	124.4

资料来源：表 45 和表 46 数据出自《国际统计年鉴》2003 年版。

表 46　香港特区工业生产指数（2000—2003 年）（2000 年=100）

工业组别/组别内选定工业	2000 年	2001 年	2002 年	2003 年
所有制造行业	100.0	95.6	86.2	78.3
食品、饮品及烟草制品业	100.0	98.4	106.4	94.1
服装制品业（服装除外）	100.0	99.9	93.3	95.1
纺织制品业（包括针织）	100.0	99.7	92.5	82.6
纸品及印刷业	100.0	98.8	98.6	98.2
化学产品、橡胶制品、塑橡制品及非金属矿产制品业	100.0	92.2	76.3	77.3
塑橡制品业	100.0	84.8	75.7	69.6
基本金属及金属制品业	100.0	84.6	64.5	60.3
金属制品业（机械及设备除外）	100.0	89.8	63.4	48.3
电器及电子制品、机械、专业设备、及光学用品制造业	100.0	92.1	71.7	56.4
电器及电子制品制造业	100.0	100.0	76.4	65.9
机械、设备、仪器及零件制造业	100.0	91.5	76.1	58.9
其他产品制造行业	100.0	94.9	98.5	91.8

表 47　我国台湾省工业生产指数（2000—2003 年）（2001 年=100）

年　份	总指数	矿业	制造业	电、煤气、水	建筑业
2000	108.47	99.95	109.12	98.89	112.60
2001	100.00	100.00	100.00	100.00	100.00
2002*	107.92	108.28	109.39	103.31	79.34
2003*	115.58	100.24	117.46	107.20	86.38

* 为预计数。

表 48　美国农产品加工业主要经济指标（1999 年）

按国际标准产业分类（第三版分类）	雇员数（千人）	产值（百万美元）	增加值（百万美元）	固定资本形成（百万美元）
制造业合计	**26 728**	**6 165 844**	**3 064 163**	**235 041**
肉类、鱼类、水果蔬菜、油类等	668	177 561	58 907	4 622
乳制品	131	62 327	18 999	1 478
谷物、淀粉及制品 牲畜精饲料	106	57 112	24 281	2 114
其他食品	587	131 980	75 680	4 999
饮料	136	63 517	30 597	2 346
烟草制品	28	45 321	38 059	310
纺织品	271	41 555	16 768	1 611
服装	494	55 228	27 048	773
皮革制品	40	5 898	2 682	101
木材制品	340	50 000	22 089	1 662
纸及纸制品	553	155 575	73 790	6 986
印刷	838	102 404	62 428	4 834
橡胶制品	211	35 524	19 163	1 629

资料来源：表中数据出自联合国工发组织《国际工业统计年鉴》2003 年版。

表 49　日本农产品加工业主要经济指标（2000 年）

按国际标准产业分类（第三版分类）	机构数（家）	雇员数（千人）	产　值（十亿日元）	增加值（十亿日元）	固定资本形成（十亿日元）
制造业合计	**341 361**	**9 089**	**300 410**	**110 205**	**11 085***
肉类、鱼类、水果蔬菜、油类等	13 213	328	7 510	2 390	158*
乳制品	761	43	2 323	728	83*
谷物、淀粉及制品 牲畜精饲料	1 704	32	2 377	496	48*
其他食品	25 921	737	13 141	5 883	354*
饮料	3 166	77	6 492	2 381	260*
烟草制品	31	7	3 029	718	27*
纺织品	8 088	126	1 977	882	61*
服装	12 650	217	1 633	864	16*
毛皮制品	59	1	11	6	
皮革制品	2 095	23	430	170	7*
木材制品	11 863	130	2 426	969	30*
纸及纸制品	9 570	240	7 904	2 966	317*
印刷	22 331	386	7 888	3 642	242*
橡胶制品	3 290	116	2 943	1 370	162*

资料来源：表中数据来自联合国工发组织《国际工业统计年鉴》2003 年版。

* 为 1999 年数据。

表 50　德国农产品加工业主要经济指标（1999 年）

按国际标准产业分类（第三版分类）	机构数（家）	雇员数（千人）	产　值（百万欧元）	增加值（百万欧元）	固定资本形成（百万欧元）
制造业合计	**38 205**	**6 402.5**	**1 092 558**	**354 792**	**50 433**
肉类、鱼类、水果蔬菜、油类等	1 492	157.7	30 300	6 283	885
乳制品	191	41.5	18 243	2 531	404
谷物、淀粉及制品 牲畜精饲料	187	22.3	6 659	1 474	257
其他食品	2 627	298.2	33 799	11 075	1 360
饮料	621	74.3	18 894	5 304	1 154
烟草制品	22	12.6	14 251	1 721	178
纺织品	368	52.4	6 191	2 053	281
服装	606	71.3	10 009	2 648	144
毛皮制品	6	0.4	29	14	1
皮革制品	112	8.3	1 045	303	31
木材制品	1 053	92.7	12 240	4 280	647
纸及纸制品	861	150.9	26 812	9 028	2 309
印刷	1 728	135.6	15 873	7 047	1 113
橡胶制品	244	76.7	9 902	4 213	521

资料来源：表中数据出自联合国工发组织《国际工业统计年鉴》2003 年版。

表 51　英国农产品加工业主要经济指标（1999 年）

按国际标准产业分类（第三版分类）	机构数（家）	雇员数①（千人）	产　值（百万英镑）	增加值（百万英镑）	固定资本形成（百万英镑）
制造业合计	**170 196**	**4 068**	**425 424**	**149 123**	**20 516**
肉类、鱼类、水果蔬菜、油类等	2 317	156	23 509	4 452	691
乳制品	637	37	6 654	1 234	286
谷物、淀粉及制品牲畜精饲料	727	29	6 214	1 677	204
其他食品	3 606	208	17 399	7 040	924
饮料	816	47	11 992	3 882	709
烟草制品	21	5	6 108	1 170	125
纺织品	1 479	59	3 018	1 116	102
服装	6 942	143	5 832	2 241	211
毛皮制品	35		20	4	1④
皮革制品	680	12	688	253	23
木材制品	7 428	73	4 186	1 631	253
纸及纸制品	2 895	107②、99③	11 107	3 889	582
印刷	19 306	200	14 771	7 493	1 106
橡胶制品	761	50	3 106	1 441	173

资料来源：联合国工发组织《国际工业统计年鉴》2003 年版。

注：①为 1997 年的雇员数；②为 1998 年雇员数；③为 1999 年雇员数；④为 1998 年固定资本形成数。

表 52　法国农产品加工业主要经济指标（2000 年）

按国际标准产业分类（第三版分类）	机构数（家）	雇员数（千人）	产　值（百万欧元）	增加值（百万欧元）	固定资本形成（百万欧元）
制造业合计	**21 150**	**2 715**	**622 006**	**162 856**	**24 699**
纺织品	639	46.6	7 221.6	1 806	208
服装	1 165	77.8	9 353.5	2 555	140.4
毛皮制品	10	0.285	64.9	14.8	0.274
皮革制品	172	14.7	1 450.4	666.3	38.4
木材制品	583	41	6 124.4	1 695.7	385.5
纸及纸制品	636	85.5	1 858.08	4 845	998.6
印刷	1 190	73.4	9 097.7	3 249.7	450.3
橡胶制品	171	69.4	8 456.7	3 374.7	466.5

资料来源：表中数据出自联合国工发组织《国际工业统计年鉴》2003 年版。

表 53　意大利农产品加工业主要经济指标（1998 年）

按国际标准产业分类（第三版分类）	机构数（家）	雇员数（千人）	产　值（百万欧元）	增加值（百万欧元）	固定资本形成（百万欧元）
制造业合计	**563 893**	**4 034.0**	**703 813.9**	**191 834.6**	**34 752**
肉类、鱼类、水果蔬菜、油类等	11 384	85.4	25 937.6	4 287.9	1 184
乳制品	6 464	49.9	13 656.5	2 830.9	847
谷物、淀粉及制品牲畜精饲料	2 911	17.8	9 043.2	1 221.0	234
其他食品	47 014	129.8	21 763.6	6 905.3	1 621.8
饮料	3 294	34.6	12 424.1	2 309.1	518.5

（续）

按国际标准产业分类（第三版分类）	机构数（家）	雇员数（千人）	产 值（百万欧元）	增加值（百万欧元）	固定资本形成（百万欧元）
烟草制品	74	11.1	7 742.5	560.3	37.5
纺织品	11 177	156.9	22 040.2	6 753.2	1 220.1
服装	47 741	267.0	27 081.7	7 745.0	879.6
毛皮制品	2 527	3.6	257.7	105.9	4.8
皮革制品	9 883	52.2	9 845.4	1 979.1	307.4
木材制品	45 161	92.6	11 372.8	3 747.7	747.8
纸及纸制品	4 841	75.4	14 937.4	4 457.8	1 159.7
印刷	19 924	92.4	10 988.1	3 993.2	976.3
橡胶制品	1 736	45.5	6 103.1	2 097.4	341.3

资料来源：表中数据出自联合国工发组织《国际工业统计年鉴》2003 年版。

表 54 加拿大农产品加工业主要经济指标（1999 年）

按国际标准产业分类（第三版分类）	机构数（家）	雇员数（千人）	产值（百万加元）	增加值（百万加元）
制造业合计	**29 822**	**1 910**	**559 132**	**218 552**
肉类、鱼类、水果蔬菜、油类等	1 128	106	29 396	8 219
乳制品	243	21	12 994	4 260
谷物、淀粉及制品 牲畜精饲料	520	20	9 261	3 229
其他食品	1 576	70	13 644	6 826
饮料	208	31	9 405	5 293
烟草制品	19	4	4 691	1 984
纺织品	246	17	2 827	1 300
服装	1 143	69	6 650	3 119
毛皮制品	106	2	322	146
皮革制品	102	3	340	142
木材制品	974	58	10 052	4 729
纸及纸制品	663	103	33 999	14 184
印刷	2 623	82	10 370	5 562
橡胶制品	214	28	8 117	2 935

资料来源：表中数据出自联合国工发组织《国际工业统计年鉴》2003 年版。

表 55 澳大利亚农产品加工业主要经济指标（2000 年）

按国际标准产业分类（第三版分类）	机构数（家）	雇员数（人）	产 值（百万欧元）	增加值（百万欧元）	固定资本形成（百万欧元）
制造业合计	**25 054**	**608 956**	**108 886**	**35 558**	**6 474**
肉类、鱼类、水果蔬菜、油类等	1 416	21 451	4 361	1 010	172
乳制品	105	4 279	1 803	240	70
谷物、淀粉及制品 牲畜精饲料	176	2 509	594	134	25
其他食品	2 430	37 727	3 555	1 390	220
饮料	260	9 027	1 911	605	150
烟草制品	1				

（续）

按国际标准产业分类（第三版分类）	机构数（家）	雇员数（人）	产　值（百万欧元）	增加值（百万欧元）	固定资本形成（百万欧元）
纺织品	171	8 808	1 121	393	67
服装	921	12 173*	1 116*	368*	
毛皮制品	81	200*	17*	6*	
皮革制品	106	2 495	405	88	15
木材制品	1 768	25 474	3 097	1 014	271
纸及纸制品	171	17 548	5 598	1 669	322
印刷	1 045	16 804	2 086	982	187
橡胶制品	35	4 378	763	253	34

资料来源：表中数据出自联合国工发组织《国际工业统计年鉴》2003 年版。

* 为 1998 年的数据。

表 56　印度农产品加工业主要经济指标（1999 年）

按国际标准产业分类（第三版分类）	机构数（家）	雇员数（千人）	产　值（百万卢比）	增加值（百万卢比）	固定资本形成（百万卢比）
制造业合计	**123 820**	**7 903.7**	**8 664 598**	**1 861 310**	**476 288**
肉类、鱼类、水果蔬菜、油类等	3 819	156.4	381 059	29 611	11 663
乳制品	795	86.8	174 896	18 704	6 271
谷物、淀粉及制品 牲畜精饲料	12 405	311.8	389 472	29 900	7 213
其他食品	5 810	720	432 132	86 768	23 088
饮料	1 113	72.3	112 028	31 101	9 761
烟草制品	2 643	472.4	106 473	39 290	4 261
纺织品	10 371	1 137.7	715 220	134 692	58 411
服装	3 392	294.7	149 473	36 282	6 414
毛皮制品	21	1.7	460	101	32
皮革制品	1 101	39.6	28 800	4 884	614
木材制品	1 752	39.6	17 959	3 983	783
纸及纸制品	3 324	175.8	143 800	28 872	11 718
印刷	2 601	62.3	30 715	8 513	2 236
橡胶制品	2 070	130.3	141 726	39 448	8 304

资料来源：表中数据出自联合国工发组织《国际工业统计年鉴》2003 年版。

表 57　韩国农产品加工业主要经济指标（1999 年）

按国际标准产业分类（第三版分类）	机构数（家）	雇员数（千人）	产　值（十亿韩元）	增加值（十亿韩元）	固定资本形成（十亿韩元）
制造业合计	**91 156**	**2 432.3**	**425 007*** **479 733**	176 730* 200 935	48 218
肉类、鱼类、水果蔬菜、油类等	1 945	59	6 891* 7 711	2 354* 2 781	424
乳制品	99	9	3 728* 3 468	1 499* 1 389	127
谷物、淀粉及制品 牲畜精饲料	893	15.6	8 718* 8 574	2 232* 2 492	272

（续）

按国际标准产业分类（第三版分类）	机构数（家）	雇员数（千人）	产 值（十亿韩元）	增加值（十亿韩元）	固定资本形成（十亿韩元）
其他食品	2 989	67.9	9 624* 10 060	4 335* 4 852	742
饮料	438	16.7	4 891* 6 410	2 635* 4 046	358
烟草制品	14	3.4	3 728* 3 314	2 661* 2 193	83
纺织品	4 693	148.1	16 452* 17 431	6 894* 7 906	1 293
服装	7 403	132.3	6 928* 7 595	3 449* 3 737	235
毛皮制品	103	1.7	282* 244	135* 106	5
皮革制品	1 005	19.5	3 149* 3 087	1 034* 954	121
木材制品	1 093	17.3	1 831* 2 213	815* 912	237
纸及纸制品	2 548	53.9	10 402* 11 747	4 348* 4 580	1 209
印刷	3 298	32.5	2 085* 2 505	1 133* 1 338	179
橡胶制品	880	32.7	4 696* 4 712	2 196* 2 218	444

资料来源：联合国工发组织《国际工业统计年鉴》2002 年版。

* 为 1998 年的数据。

表 58 部分国家（地区）进口、出口商品构成（2001 年） 单位：%

国家或地区	农业原材料		食 品		燃 料		制成品	
	进口	出口	进口	出口	进口	出口	进口	出口
世界总计	**1.9**	**1.7**	**7.4**	**7.1**	**10.1**	**7.4**	**74.6**	**78.0**
埃 及①	4.5	5.3	25.9	9.9	4.9	40.5	55.3	32.7
南 非	1.4	2.4	4.6	8.4	15.5	8.2	68.4	59.4
加拿大	1.3	5.5	5.7	7.4	5.6	14.2	82.9	62.4
美 国	1.4	2.3	4.4	7.9	10.9	1.9	77.0	82.1
巴 西	1.4	4.1	5.8	27.6	14.4	3.6	75.3	54.3
中 国②	4.4	0.9	3.8	5.3	7.2	3.2	78.2	88.6
中国香港	1.1	0.4	4.3	1.7	2.0	0.6	90.7	95.4
印 度①	3.5	1.2	4.8	12.9	36.7	4.3	47.9	76.5
日 本	2.8	0.5	13.0	0.8	20.1	0.4	57.3	92.9
韩 国	3.2	1.0	5.7	1.7	24.2	5.3	60.9	90.7
法 国	1.7	1.0	8.2	10.6	9.5	2.6	77.8	81.9
德 国	1.6	0.8	6.8	4.2	9.5	1.4	70.2	85.7
意大利	3.7	0.7	8.8	6.3	9.4	1.9	69.6	88.3
俄罗斯	1.6	3.1	20.5	1.4	2.4	53.9	62.9	21.9
英 国	1.5	0.5	8.0	5.5	4.3	8.6	78.7	80.0
澳大利亚	1.1	5.9	5.0	21.0	8.7	21.7	83.5	28.4

资料来源：表中数据出自《国际统计年鉴》2003 年版。

注：①为 2000 年数据；②为世界银行数据。

表 59　我国台湾省出口与进口商品分类（2000—2003 年）　单位：亿美元

年　份	出口				进口			
	出口额	农产品	农产加工品	工业产品	进口额	原材料	资本货物	消费品
2000	1 483.2	3.6	17.5	1 462.2	1 400.1	897.8	392.6	109.8
2001	1 228.7	3.0	16.6	1 209.1	1 072.4	704.8	268.6	98.9
2002	1 306.0	3.5	17.0	1 285.5	1 125.3	761.7	259.2	104.3
2003	1 441.8	3.8	17.7	1 420.3	1 272.5	896.7	260.3	115.5

表 60　部分国家（地区）农产品进口额和出口额（2000—2001）

单位：亿美元

国家或地区	进口额		出口额	
	2000 年	2001 年	2000 年	2001 年
世界总计	**4 348.5**	**4 357.2**	**4 131.4**	**4 121.8**
埃　及	36.1	32.2	5.0	6.3
南　非	14.3	12.2	22.1	22.6
加拿大	114.4	120.4	156.8	172.7
美　国	449.5	449.4	564.8	567.1
巴　西	42.8	32.1	127.6	160.6
中　国*	153.5	163.9	130.8	129.9
印　度	28.7	40.6	49.5	52.8
日　本	361.5	345.7	15.6	24.8
韩　国	83.0	82.7	15.3	16.0
法　国	232.2	232.2	333.9	310.0
德　国	344.9	321.6	241.5	235.8
意大利	10.3	10.6	21.8	23.9
俄罗斯	72.3	87.1	10.8	11.2
英　国	258.8	268.4	166.8	133.5
澳大利亚	29.9	28.7	153.8	157.8

资料来源：表中数据出自《国际统计年鉴》2003 年版。

*　数据出自联合国粮农组织数据库。

表 61　部分国家（地区）林产品进口额和出口额（2002—2003 年）

单位：万美元

国家或地区	2002 年		2003 年	
	进口金额	出口金额	进口金额	出口金额
世界总计	**14 230 105**	**13 620 289**	**15 427 037**	**14 906 232**
埃　及	62 202	5 088	62 202	5 088
加拿大	398 674	2 329 924	426 641	2 405 030
美　国	2 340 711	1 382 796	2 454 863	1 418 218
墨西哥	224 544	19 759	224 544	19 759
巴　西	72 825	262 932	72 825	262 932
中　国	1 536 062	410 068	1 536 062	410 068

（续）

国家或地区	2002年		2003年	
	进口金额	出口金额	进口金额	出口金额
印　度	88 330	9 790	88 330	9 790
日　本	1 048 019	92 026	1 048 019	92 026
荷　兰	453 207	286 915	511 260	342 589
法　国	703 072	531 805	811 189	630 478
德　国	1 178 616	1 141 326	1 319 277	1 291 867
意大利	741 534	324 708	841 838	369 667
俄罗斯	161 830	493 098	210 992	573 800
英　国	870 484	177 361	973 825	208 972
澳大利亚	139 578	124 071	139 578	124 071

表62　部分国家（地区）牲畜进口数和出口数（2001年）　　单位：头

国家或地区	肉　牛		绵　羊		猪	
	进口数	出口数	进口数	出口数	进口数	出口数
世界总计	**7 608 504**	**8 319 970**	**13 720 250**	**17 095 999**	**16 036 199**	**15 494 262**
埃　及	208 438		147 542	4 000		
印度尼西亚	202 846	3				348 595
加拿大	301 571	1 309 886	1 177	85 470	4 258	5 344 239
美　国	2 439 200	679 190	85 042	384 254	5 337 088	64 912
巴　西	4 590	1 158	30 045		350	539
中　国	2 585	57 171	121	5 670	1 256	1 972 512
印　度	2 609				13 420	
日　本	19 313		30		187	
荷　兰	212 281	52 494	67 835	222 597	180 692	3 052 002
法　国						
德　国	116 511	443 413	126 688	83 915	3 239 627	763 868
意大利	1 341 009	19 428	1 561 933	7 881	1 298 136	2 380
俄罗斯	9 069	2 337		10 194	2 086	447
英　国	10 831	23	17 742	63 645	63 895	31 314
澳大利亚	19	826 274	40	6 818 250		2 448

表63　部分国家（地区）牲畜进口数和出口数（2002年）　　单位：头

国家或地区	肉　牛		绵　羊		猪	
	进口数	出口数	进口数	出口数	进口数	出口数
世界总计	**7 836 056**	**8 839 857**	**15 560 796**	**18 442 596**	**17 932 655**	**17 050 616**
埃　及	92 492		68 195			
印度尼西亚	171 122	514			28	318 151
加拿大	138 406	1 690 708	1 041	139 692	14 809	5 741 363
美　国	2 505 279	243 394	139 162	405 705	5 741 275	206 659
巴　西	19 242	3 664	495		1 368	888
中　国	11 496	58 280	3 022		1 188	1 888 606

（续）

国家或地区	肉牛		绵羊		猪	
	进口数	出口数	进口数	出口数	进口数	出口数
印　度	4 674				9 432	
日　本	14 544		5		291	
荷　兰	185 402	83 009	116 669	292 581	238 883	2 843 795
法　国						
德　国	150 242	625 350	98 933	64 463	3 908 357	1 119 232
意大利	1 467 988	36 903	1 702 099	12 007	1 116 789	6 705
俄罗斯	10 763	6 005		18 437	6 142	445
英　国	5 966			41 459	231 427	32 914
澳大利亚	39	972 340		6 078 287		2 419

表 64　部分国家（地区）牲畜进口金额和出口金额（2001 年）

单位：万美元

国家或地区	肉牛		绵羊		猪	
	进口金额	出口金额	进口金额	出口金额	进口金额	出口金额
世界总计	**376 586**	**373 372**	**71 899**	**66 607**	**146 041**	**140 282**
埃　及	13 413		691	21.4		
印度尼西亚	6 099	0.4				3 670
加拿大	15 672	107 333	9.6	825	57.5	35 931
美　国	148 221	27 080	815	1 868	35 800	1 195
巴　西	455	21.3	53		9.4	18.3
中　国	553	3 375	11.8	15.9	223	22 120
印　度	14.4	0.1			11.7	
日　本	2 175		5.7		62.6	
荷　兰	5 306	2 382	358	1 655	2 185	28 732
法　国	5 613	80 983	3 899	2 183	2 436	2 882
德　国	2 928	12 450	609	554	27 147	6 722
意大利	67 575	549	7 590	39.7	17 176	48.1
俄罗斯	597	91.3		30.4	137	7.6
英　国	1 331	1.3	151	397	596	322
澳大利亚	16.8	28 201	0.3	18 951		79.8

表 65　部分国家（地区）牲畜进口金额和出口金额（2002 年）

单位：万美元

国家或地区	肉牛		绵羊		猪	
	进口金额	出口金额	进口金额	出口金额	进口金额	出口金额
世界总计	**393 437**	**425 885**	**97 262**	**107 337**	**139 912**	**134 694**
埃　及	7 661		300			
印度尼西亚	4 757	33.3			26	2 765
加拿大	5 092	166 799	6.5	1 216	213	31 083

（续）

国家或地区	肉牛		绵羊		猪	
	进口金额	出口金额	进口金额	出口金额	进口金额	出口金额
美国	144 862	13 084	1 185	1 993	30 111	3 818
巴西	1 173	67.7	0.7		48.7	19.3
中国	2 218	3 311	274		205	21 491
印度	17.6				12.5	
日本	1 781		1.9		129	
荷兰	3 786	4 084	664	2 053	2 412	22 125
法国	6 337	20 184	3 197	2 523	1 601	3 814
德国	3 613	121 678	546	439	27 414	9 855
意大利	92 429	977	8 629	70.6	12 416	107
俄罗斯	1 222	204		54.4	115	5.9
英国	584			289	2 098	534
澳大利亚	36.8	33 187		22 307		80.6

表 66 部分国家（地区）禽畜进口数和出口数（2001 年） 单位：千只

国家或地区	鸡		鸭		火鸡	
	进口数	出口数	进口数	出口数	进口数	出口数
世界总计	**777 345**	**786 654**	**23 824**	**16 395**	**33 711**	**46 933**
埃及	2 583	473	536	41	100	94
印度尼西亚	4 835	1 017				
加拿大	30 551	5 260	2 454	1 027	2 086	8 202
美国	5 144	51 862	433	2 560	8 696	3 761
巴西	1 647	8 787	1		1	
中国	763	41 283	42	369		184
印度		1 234		2 989		
日本	1 031					
荷兰	86 106	177 622	60	1	2	1 435
法国						
德国	105 604	94 131	6		1 533	7 003
意大利	15 296	9 586	129		2 324	1 034
俄罗斯	2 935	47			5	
英国	6 553	29 449			4 452	3 925
澳大利亚		8				

表 67 部分国家（地区）禽畜进口数和出口数（2002 年） 单位：千只

国家或地区	鸡		鸭		火鸡	
	进口数	出口数	进口数	出口数	进口数	出口数
世界总计	**830 202**	**834 532**	**25 386**	**16 230**	**347 998**	**58 719**
埃及	5 537	639	369	37	69	3
印度尼西亚	6 957	628			307 149	
加拿大	27 987	7 182	347	1 201	4 121	9 140
美国	6 952	50 735	468	729	9 735	6 843
巴西	1 372	6 003	1		91	
中国	1 213	42 255	27	329	20	206
印度		1 666	11	3 043		
日本	1 110	110			1	
荷兰	108 199	160 447	7	1	51	1 402
法国						
德国	116 919	116 881		116	1 485	7 378
意大利	18 694	12 942	81		2 548	612
俄罗斯	343	49			13	
英国	3 512	47 934			1 490	3 261
澳大利亚		52				22

表 68 部分国家（地区）禽畜进口金额和出口金额（2001 年）

单位：万美元

国家或地区	鸡		鸭		火鸡	
	进口金额	出口金额	进口金额	出口金额	进口金额	出口金额
世界总计	**83 948**	**81 966**	**4 691**	**3 733**	**8 585**	**10 399**
埃及	419	35.3	61.9	7.9	21.6	19
印度尼西亚	1 194	137				
加拿大	2 330	418	219	555	370	1 785
美国	362	9 537	22.5	221	2 259	654
巴西	1 273	315	3.2		0.5	
中国	1 185	7 540	148	105	8.5	37.5
印度		28		56		
日本	829					
荷兰	10 861	11 135	21.5	2.4	0.5	1 563
法国	1 446	10 426	328	124	506	2 221
德国	3 486	12 535	0.8		1 872	1 376
意大利	1 829	433	42.9	0.4	605	87.8

（续）

国家或地区	鸡		鸭		火鸡	
	进口金额	出口金额	进口金额	出口金额	进口金额	出口金额
俄罗斯	725	51.2			16	
英 国	405	7 076			335	1 779
澳大利亚		0.9				

表 69 部分国家（地区）禽畜进口金额和出口金额（2002 年）

单位：万美元

国家或地区	鸡		鸭		火鸡	
	进口金额	出口金额	进口金额	出口金额	进口金额	出口金额
世界总计	**88 209**	**86 831**	**4 600**	**3 581**	**10 443**	**11 236**
埃 及	871	40.8	22.9	9.3	18.9	0.7
印度尼西亚	1 154	159			4.6	
加拿大	2 176	729	47	619	497	1 831
美 国	598	9 593	37.3	66.4	2 318	812
巴 西	1 453	283	3.2		54.7	
中 国	1 435	8 030	106	94.9	3.4	42.4
印 度		42.6	10	71.2		
日 本	828	18.4			0.2	
荷 兰	12 570	10 328	2.1	3.2	10.5	1 268
法 国	1 252	11 338	131	121	810	2 405
德 国	3 812	15 375		24.3	1 843	1 246
意大利	1 906	385	18		696	40.2
俄罗斯	987	60.5			40.5	
英 国	535	8 331			152	2 235
澳大利亚		6.8				1.1

表 70 部分国家（地区）牛肉进、出口数量与金额（2002 年）

单位：kt、万美元

国家或地区	进口		出口	
	数 量	金 额	数 量	金 额
世界总计	**7 456**	**1 510 938**	**7 597**	**1 510 979**
埃 及	292	44 375	0.34	47.1
印度尼西亚	16	1 909	0.09	17.2
加拿大	308	58 334	579	132 212
美 国	1 371	274 648	1 072	264 436

（续）

国家或地区	进口		出口	
	数量	金额	数量	金额
巴西	66	6 839	758	108 992
中国	99	21 352	39	5 521
印度			299	26 902
日本	652	156 096	0.41	320
荷兰	253	54 740	356	105 585
法国	283	72 262	238	65 523
德国	169	49 125	503	104 688
意大利	387	125 699	133	20 722
俄罗斯	615	59 335	6.6	716
英国	410	91 172	10	3 874
澳大利亚	4.3	705	1 236	227 379

表 71　部分国家（地区）绵羊肉进、出口数量与金额（2002 年）

单位：kt、万美元

国家或地区	进口		出口	
	数量	金额	数量	金额
世界总计	**857**	**253 822**	**865**	**244 913**
埃及	0.67	154	0.1	16
印度尼西亚	0.59	94	0.3	30
加拿大	17	5 201	0.26	128
美国	74	27 761	3.4	699
巴西	2.50	567	0.005	2.6
中国	62	7 984	5	777
印度	0.002	0.5	5	823
日本	25	8 316		
荷兰	10	5 009	8.0	2 682
法国	136	48 276	8.4	4 263
德国	37.6	18 871	7.8	3 819
意大利	24.7	10 063	1	325
俄罗斯	4.3	464		0.2
英国	101	34 281	55	19 449
澳大利亚	0.5	87	295	61 624

表 72 部分国家（地区）猪肉进、出口数量与金额（2002 年）

单位：kt、万美元

国家或地区	进口		出口	
	数量	金额	数量	金额
世界总计	**2 865**	**440 859**	**3 593**	**658 009**
埃及	0.09	11		
印度尼西亚	0.09	10.3	0.07	16.7
加拿大	11.5	1 590	112	13 712
美国	367	71 824	475	118 366
巴西			220	18 018
中国	4.6	406	20	2 599
印度	0.01	1.5	0.03	3.2
日本	1.8	881	0.001	1.3
荷兰	45.6	7 345	217	34 641
法国	93	16 230	264	42 294
德国	413	63 295	267	42 849
意大利	225	39 117	22	3 365
俄罗斯	602	67 664	0.002	0.4
英国	87	11 912	58	7 075
澳大利亚	43.5	10 407	62	14 563

表 73 全球纺织品进、出口额前 15 名国家、地区（2002 年）

单位：亿美元

排序	出口				进口			
	国别（地区）	金额	占总（%）	同比增长（%）	国别（地区）	金额	占总（%）	同比增长（%）
	全球	1 521.5	100.0	3.5	全球	1 603.2	100.0	2.5
1	欧盟（15）	520.5	34.2	1	欧盟（15）	462.1	28.8	—1
2	中国	218.3	14.3	22	美国	170.0	10.6	10
3	中国香港	123.7	—	1	中国	130.6	8.1	4
	本港产	9.8	0.6	—7	中国香港	120.2		
4	美国	107.0	7.0	2	本港留用	6.2	0.4	—39
5	韩国	105.9	7.0	—3	墨西哥	63.7	4.0	6
6	中国台湾	95.3	6.3	—4	日本	45.4	2.8	—5
7	日本	60.3	4.0	—3	加拿大	38.1	2.4	
8	印度	53.8	3.7		韩国	31.7	2.0	3
9	巴基斯坦	47.9	3.1	6	土耳其	28.4	1.8	48
10	土耳其	42.4	2.8	8	波兰	27.3	1.7	4
11	印尼	29.0	1.9	—10	罗马尼亚	23.7	1.5	18
12	墨西哥	22.1	1.5	6	阿联酋	16.9	1.1	
13	加拿大	21.8	1.4	1	泰国	15	0.9	—2
14	泰国	19.3	1.3	2	俄罗斯	14.8	0.9	3
15	瑞士	14.2	0.9	—2	澳大利亚	14.7	0.9	13
以上15国(地区)合计		1 367.6	89.9		以上15国(地区)合计	1 088.6	67.9	

表 74　全球成衣进、出口额前 15 名国家地区（2002 年）　单位：亿美元

排　序	出口 国别（地区）	出口 金　额	出口 占总（%）	出口 同比增长（%）	进口 国别（地区）	进口 金　额	进口 占总（%）	进口 同比增长（%）
	全　球	2 008.5	100.0	3.7	全　球	2 103.7	100.0	2.6
1	欧盟（15）	504.5	25.1	4	欧盟（15）	848.8	40.3	5
2	中　国	413.0	20.6	13	美　国	667.3	31.7	1
3	中国香港	223.4		−5	日　本	176.0	8.4	−8
	（本港产）	83.1	4.1	−10	中国香港	156.4		−3
4	土耳其	80.6	4.0	21	（本港留用）	16.0	0.8	−16
5	墨西哥	77.5	3.9	−3	墨西哥	40.6	1.9	6
6	美　国	60.3	3.0	−14	加拿大	40.1	1.9	2
7	印　度	54.8	2.8		俄罗斯	38.6	1.8	27
8	孟加拉	41.3	2.1	−3	瑞　士	34.5	1.6	7
9	印　尼	39.5	2.0	−13	韩　国	21.7	1.0	33
10	韩　国	36.9	1.8	−14	澳大利亚	18.2	0.9	11
11	泰　国	33.7	1.7	−6	新加坡	18.1	0.9	7
12	罗马尼亚	32.5	1.6	17	阿联酋	15.5	0.8	
13	多米尼加	27.1	1.4		挪　威	13.6	0.6	10
14	突尼斯	26.9	1.3	3	中　国	13.6	0.6	6
15	菲律宾	26.1	1.3	10	沙　特	8.6	0.4	
1～15 合计		1 537.8	76.7		1～15 合计	1 971.2	93.7	

表 75　全球纺织品、成衣进口额合计排名前 10 位国家地区（2002 年）

单位：亿美元

名　次	国别（地区）	纺织品	成衣	合计	占总（%）
	全　球	1 603.2	2 103.7	3 706.9	100.0
1	欧盟（15）	462.1	848.5	1 310.6	35.4
	外部	172.7	510.2	682.9	18.4
	内部	289.4	338.3	627.7	17.0
2	美　国	170.0	667.3	837.3	22.6
3	中国香港	120.0	156.4	276.4	7.5
4	日　本	45.4	176.0	221.4	6.0
5	中　国	130.6	13.6	144.2	3.9
6	墨西哥	63.7	40.6	104.3	2.8
7	加拿大	38.1	40.1	78.2	2.1
8	俄罗斯	14.8	38.6	53.4	1.4
9	韩　国	31.7	21.7	53.4	1.4
10	瑞　士	12.9	34.5	47.4	1.3
1～10 合计		1 089.3	2 037.7	3 126.6	84.4

表 76 全球纺织品、成衣出口额合计排名前 10 位国家、地区（2002 年）

单位：亿美元

名次	国别（地区）	纺织品	成衣	合计	占总（%）
	全 球	1 521.5	2 008.5	3 530.0	100.0
1	欧盟（15）	520.5	504.5	1 025.0	29.0
	外部	231.1	165.9	397.0	11.2
	内部	289.4	338.6	628.0	17.8
2	中 国	205.6	413.0	618.6	17.5
3	中国香港	123.7	223.4	347.1	9.8
4	美 国	107.0	60.3	167.3	4.7
5	韩 国	105.9	36.9	142.8	4.0
6	土耳其	42.4	80.6	132.0	3.5
7	中国台湾	95.3	22.0	117.3	3.3
8	印 度	53.8	54.8	108.6	3.1
9	墨西哥	22.1	77.5	99.6	2.8
10	巴基斯坦	47.9	22.3	70.2	2.0
1~10 合计		1 324.2	1 495.3	2 819.5	79.9

表 77 欧盟（15）、美国、日本纺织品、成衣进口市场中前 5 名供货国和地区（2002 年）

单位：亿美元

欧 盟（15）						
排 序	纺织品进口			成衣进口		
	地 域	金 额	占总（%）	地 域	金 额	占总（%）
	总 额	462.1	100.0	总 额	848.8	100.0
1	欧盟内部	289.4	62.6	欧盟内部	338.6	39.9
2	中 国	21.1	4.6	中 国	97.6	11.5
3	土耳其	20.2	4.4	土耳其	66.0	7.8
4	印 度	16.2	3.5	罗马尼亚	34.6	4.1
5	巴基斯坦	11.1	2.4	突尼斯	27.4	3.2
1~5 合计		358.0	77.5	1~5 合计	564.2	66.5

美 国						
排 序	纺织品进口			成衣进口		
	地 域	金 额	占总（%）	地 域	金 额	占总（%）
	总 额	170.0	100.0	总 额	667.2	100.0
1	中 国	26.8	15.8	中 国	100.8	15.1
2	欧盟（15）	26.6	15.6	墨西哥	78.0	11.7
3	加拿大	19.6	11.5	中国香港	41.6	6.2
4	墨西哥	16.4	9.7	欧盟（15）	25.7	3.8
5	印 度	13.6	8.0	洪都拉斯	25.6	3.8
1~5 合计		102.9	60.6	1~5 合计	271.6	40.7

（续）

日本						
排 序	纺织品进口			成衣进口		
	地 域	金 额	占总（%）	地 域	金 额	占总（%）
	总 额	45.4	100.0	总 额	176.0	100.0
1	中 国	21.6	47.5	中 国	137.5	78.1
2	欧盟（15）	6.1	13.5	欧盟（15）	14.8	8.4
3	韩 国	2.8	6.3	越 南	4.7	2.7
4	印 尼	2.8	6.2	韩 国	4.3	2.4
5	美 国	2.7	6.0	美 国	2.6	1.5
1～5合计		36.1	79.5	1～5合计	163.9	93.1

表78 世界纺织机械主要进口国、地区（1999—2001年）

单位：百万美元

国家或地区	1999年	2000年	2001年	2001年所占世界份额（%）
总 计	**13 008**	**14 681**	**13 967**	**100.00**
中 国	1 225	1 897	2 499	18
美 国	1 633	1 472	1 030	7
意大利	778	819	820	6
德 国	607	646	627	4
土耳其	437	824	591	4
中国香港	410	486	508	4
法 国	433	401	450	3
墨西哥	581	699	409	3
泰 国	196	332	380	3
巴 西	317	387	363	3
印 尼	199	377	340	2
巴基斯坦	141	284	338	2
印 度	332	364	335	2
韩 国	387	539	328	2
西班牙	349	309	325	2
比利时	346	346	315	2
加拿大	308	313	274	2
中国台湾	616	497	244	2
英 国	272	252	226	2
瑞 士	227	234	222	2
孟加拉	114	163	213	2
日 本	176	200	208	1
伊 朗	165	156	186	1
葡萄牙	193	178	166	1

（续）

国家或地区	1999 年	2000 年	2001 年	2001 年所占世界份额（%）
荷　兰	153	128	135	1
越　南	100	115	131	1
捷　克	123	121	129	1
埃　及	138	116	113	1
叙利亚	118	78	111	1
波　兰	94	89	105	1
马来西亚	110	134	101	1
南　非	85	100	87	1
希　腊	155	106	87	1
奥地利	102	91	83	1
新加坡	62	67	82	1
摩洛哥	81	63	79	1
澳大利亚	106	81	67	
突尼斯	39	52	63	
秘　鲁	45	52	60	
瑞　典	56	55	58	
俄罗斯	21	38	57	
罗马尼亚	29	50	57	
沙　特	77	41	47	
阿根廷	62	63	46	
哥伦比亚	27	53	44	
菲律宾	44	41	42	
其　他	739	770	784	

表 79　世界纺织机械主要出口国、地区（1999—2001 年）

单位：百万美元

国家或地区	1999 年	2000 年	2001 年	2001 年所占世界份额（%）
总　计	**13 183**	**14 672**	**14 288**	**100.00**
德　国	3 654	3 693	3 508	25
意大利	1 728	1 953	2 116	15
日　本	1 757	2 040	1 841	13
瑞　士	1 266	1 399	1 307	9
法　国	799	906	978	7
美　国	740	794	844	6
中国台湾	417	562	451	3
比利时	377	404	423	3
中国香港	315	418	422	3
韩　国	285	406	388	3
英　国	420	394	347	3
中　国	174	284	274	2
捷　克	128	187	190	2

（续）

国家或地区	1999 年	2000 年	2001 年	2001 年所占世界份额（%）
西班牙	171	168	175	1
奥地利	112	130	135	1
加拿大	162	181	133	1
荷　兰	101	84	87	1
丹　麦	76	73	72	1
瑞　典	84	87	71	1
新加坡	57	58	69	
印　度	49	95	57	
土耳其	18	27	42	
葡萄牙	30	31	36	
波　兰	15	26	33	
马来西亚	22	16	27	
希　腊	11	15	26	
俄罗斯	31	34	25	
斯洛伐克	11	17	23	
新西兰	18	14	21	
比利时	20	23	20	
其　他	132	150	148	1

表 80　世界纸浆分类产量（2001—2002 年）

单位：万 t

类　　别	2001 年	2002 年
化学制浆	11 835	12 184
机制浆	3 472	3 466
其他浆	1 107	1 984
合　计	**16 414**	**17 634**

表 81　部分国家（地区）纸浆制造业纸浆产量（2002—2003 年）

单位：kt

国家或地区	2002 年	2003 年
世界总计	**184 717**	**185 925**
芬　兰	17 229	11 945
印度尼西亚	5 587	5 587
加拿大	25 562	25 988
美　国	52 914	52 542
中　国	18 381	18 381
印　度	2 603	2 603
日　本	10 663	10 663
瑞　典	11 712	12 096
法　国	2 428	2 472
德　国	2 148	2 191
挪　威	2 174	2 255
俄罗斯	6 377	6 536
英　国	524	504
澳大利亚	2 832	2 832

表 82 部分国家（地区）纸浆制造业木浆产量（2003 年） 单位：kt

国家或地区	木浆总量	机制木浆	半化学制木浆	化学制木浆	可溶解木浆
世界总计	**168 845**	**35 299**	**8 207**	**122 567**	**2 772**
芬 兰	11 945	4 098	500	7 347	
印度尼西亚	5 482		277	5 205	
加拿大	26 189	11 968	559	13 421	241
美 国	53 197	4 119	2 995	45 183	900
中 国	4 075	565	1 710	1 785	15
印 度	1 590	223		1 112	255
日 本	10 668	1 258	75	9 257	78
瑞 典	11 738	3 223	279	8 236	
法 国	2 471	631	133	1 707	
德 国	2 191	1 344		847	
挪 威	2 389	1 666	41	548	134
俄罗斯	6 671	1 200	373	4 963	135
英 国	504	413	91		
澳大利亚	1 267	539	121	607	

表 83 世界非木材纤维浆生产国及产量（2001—2002 年） 单位：万 t

国家或地区	2001 年	2002 年
世界总计	**1 983.4**	**1 984.2**
巴 西	8.9	8.9
中 国	1 432.1	1 432.1
印度尼西亚	10.5	10.5
印 度	126.8	126.8
意大利	20.4	16.5
泰 国	8.0	8.0
瑞 典	35.8	35.8
巴基斯坦	31	31
埃 及	12	12
南 非	10.3	10.3
墨西哥	17.4	17.4
美 国	24.5	24.5
哥伦比亚	14.9	15.6
澳大利亚	157	156.5

表 84　部分国家（地区）机制纸及纸板制造业产量（2003 年）　　单位：kt

国家或地区	机制纸与纸板总产量	新闻纸产　量	印刷纸＋书写纸产量	包装纸＋包装板产量	再生纸产量	家庭用纸＋卫生纸产量	其他纸张＋纸板产量
世界总计	**639 158**	**37 893**	**97 199**	**148 739**	**143 254**	**21 334**	**190 739**
芬　兰	17 046	946	8 468	3 153	688	147	3 644
印度尼西亚	10 667	511	2 697	3 497		175	3 787
埃　及	1 170		100	240	380	90	360
加拿大	25 104	8 489	6 457	4 305		699	5 154
美　国	132 283	5 149	20 305	45 047		6 436	55 346
中　国	58 594	2 029	8 310	18 144		2 521	27 590
印　度	5 707	700	1 530	1 694		40	1 743
日　本	44 639	3 597	11 217	12 265		1 688	15 872
瑞　典	16 636	2 548	2 817	5 278		296	5 697
法　国	20 866	1 069	3 340	4 469	5 783	675	5 530
德　国	40 130	2 251	7 387	7 318	12 449	1 053	9 672
挪　威	4 372	2 548	925	397		25	477
俄罗斯	11 189	1 814	540	2 820	1 870	150	3 995
英　国	9 800	1 038	1 494	2 503		808	3 957
澳大利亚	5 941	471	503	1 464	1 634	198	1 671

表 85　世界纸、纸板产量及消费量排序（2002 年）

纸浆产量（万 t）				纸和纸板产量（万 t）			
排　序	国　家	产　量	年增长率（%）	排　序	国　家	产　量	年增长率（%）
1	美　国	5 363.9		1	美　国	8 087.1	0.3
2	加拿大	2 550.5	2.6	2	中　国	3 780	8.3
3	中　国	1 636.5	0.9	3	日　本	3 067.4	−0.2
4	芬　兰	1 173.0	5.0	4	加拿大	2 007.8	2.3
5	瑞　典	1 135.4	3.5	5	德　国	1 852.6	3.6

纸和纸板消费量（万 t）				纸和纸板人均消费量（kg/年）			
排　序	国　家	消费总量	年增长率（%）	排　序	国　家	人均消费	年增长率（%）
1	美　国	8 816.3	0.7	1	比利时	333.7	
2	中　国	4 332	7.9	2	芬　兰	333.4	
3	日　本	3 061.3	−0.7	3	美　国	314.2	
4	德　国	1 898.4	2.4				
5	英　国	1 244.0	−0.8	68	中　国	33.2	

表 86　我国台湾省主要纸品产销量情况（2002 年）　单位：t

主要产品	产　量	增长率（%）	销售量	增长率（%）	内销量	增长率（%）	外销量	增长率（%）
纸与纸板总计	**4 392 805**	**4.3**	**4 437 341**	**4.6**	**3 396 355**	**2.2**	**1 040 986**	**13.5**
纸张小计	1 125 805	−0.2	1 131 693	−3.5	947 707	−5.3	183 986	6.8
印刷书写纸	698 497	2.5	696 440	−2.5	554 369	−4.1	142 071	4.6
其中：铜版纸	353 508	3.9	353 558	1.5	254 788	−1.2	98 770	6.5
道林纸	242 662	−3.9	241 676	−2.0	215 928	−2.7	25 748	4.4
模造纸	72 484	−0.1	71 680	−8.4	55 657	−8.7	16 023	−7.2
新闻纸	9 213	−76.0	12 333	−71.2	12 333	−71.2		
生活用纸	191 160	−0.1	191 880	−0.5	189 944	−0.3	1 936	−14.0
纸板小计	3 267 000	6.0	3 305 648	7.7	2 448 648	5.4	857 000	15.0
纸箱用纸	2 349 185	5.1	2 380 848	6.7	1 860 172	4.5	520 676	15.4
其中：牛皮纸板	1 156 707	5.8	1 174 005	7.2	962 929	3.8	211 076	25.4
瓦楞原纸	1 112 027	5.4	1 124 222	7.1	820 329	5.2	303 893	12.5
白纸板	670 986	4.7	680 188	7.4	368 720	1.4	311 468	15.6

表 87　我国台湾省工业用纸需求状况（2000—2002 年）　单位：t

年　份		牛皮纸		白牛皮纸		芯　纸		合　计	
		产量	增长率（%）	产量	增长率（%）	产量	增长率（%）	产量	增长率（%）
2000	内销	1 000 567	−3.1	79 931	0.9	875 845	3.8	1 956 343	
	进口	62 903	−28.9	1 905	45.3	36 722	−33.2	101 530	−29.9
2001	内销	927 264	−7.3	72 318	−9.5	779 850	−11.0	1 779 432	−9.0
	进口	57 702	−8.3	1 433	−24.8	35 563	−3.2	94 698	−6.7
2002	内销	962 929	3.8	76 914	6.4	820 329	5.2	1 860 172	4.5
	进口	57 733	0.1	2 158	50.6	19 417	−45.4	79 308	−16.3

注：1. 增长率为与上年同期增减之比。

2. 1996—2001 年台湾省关税为 5%，2002 年减为 4.5%。

表 88　我国台湾省纸业废纸进口情况（2002 年）

分类与地区		进口总量（t）	增长率（%）	进口总值（万美元）	增长率（%）
旧瓦楞纸箱类		629 926	2.0	6 228	62.2
其他废纸箱		216 968	22	1 756	31.2
旧报纸类		50 880	−45	504	5.0
脱墨纸类		22 951	8	319	2.3
废牛皮纸类		54 293	10	880	5.4
杂志纸类		32 325	−17	302	3.2
代浆纸类		6 505	64	138	0.7
合　计		**1 013 848**	**2**	**10 126**	**100**
进口地区	北　美	347 755	−10	4 020	
	欧　洲	335 553	−14	3 205	
	日本等	330 540	48	2 901	

表 89　世界天然橡胶和合成橡胶产量、消费量（1999—2001 年）　单位：kt

年　份	天然橡胶		合成橡胶	
	产　量	消费量	产　量	消费量
1999	6 810	6 660	10 307	10 290
2000	6 810	7 340	10 826	10 820
2001	6 792	7 030	10 506	10 360

表 90　世界主要国家（地区）天然橡胶产量（2000—2003 年）　单位：kt

国家或地区	2000 年	2001 年	2002 年	2003 年
世界总计	**6 810**	**6 792**	**6 965**	**7 536**
泰　国	2 346	2 424	2 460	2 858
印度尼西亚	1 556	1 547	1 600	1 630
印　度	629	630	650	650
马来西亚	615	547	589	589
中　国	445	477	477	550
越　南	269	313	331	391
尼日利亚	63	108	112	112
科特迪瓦	113	128	123	123
利比利亚	127	109	109	108
斯里兰卡	88	86	87	90
菲律宾	67	73	73	69
柬埔寨	45	39	32	47
巴　西	72	88	96	96
喀麦隆	62	55	55	52
缅　甸	27	36	37	36

表 91　世界主要国家（地区）合成橡胶产量（1999—2001 年）　单位：kt

国家或地区	1999 年	2000 年	2001 年
世界总计	**10 307**	**10 826**	**10 506**
加拿大	195	187	145
美　国	2 354	2 395	2 063
巴　西	363	372	340
墨西哥	171	187	173
法　国	592	669	671
德　国	720	849	846
意大利	279	285	274
中国	754	835	1 052
俄罗斯	737	837	919
日　本	1 576	1 597	1 465
韩　国	654	678	662
英　国	282	285	270
荷　兰	185	200	188
中国台湾	495	468	460

表 92 世界主要国家（地区）人均橡胶消费量（1998—2000 年） 单位：kg

国家或地区	1998 年	1999 年	2000 年
世界平均	**2.79**	**2.82**	**3.01**
加拿大	12.74	11.87	11.88
美 国	12.98	11.83	11.96
巴 西	2.94	2.90	3.10
法 国	11.46	11.62	13.36
德 国	9.47	10.11	10.86
日 本	14.42	14.76	14.83
中 国	1.46	1.69	1.99
印 度	0.76	0.79	0.80
意大利	7.37	7.34	7.49
英 国	5.46	5.43	5.46
澳大利亚	5.47	5.17	4.95

表 93 世界主要国家（地区）轮胎产量（1999—2001 年） 单位：千条

国家或地区	1999 年	2000 年	2001 年
加拿大	36 532	37 870	
美 国	267 652	276 700	246 640
墨西哥	17 400	19 460	
巴 西	34 360	37 380	
法 国	66 870	67 710	
德 国	59 429	63 130	
意大利	32 645	31 560	32 180
英 国	30 850	25 100	
波 兰	14 600	19 000	19 800
罗马尼亚	2 222	2 620	
俄罗斯	24 200	27 800	
土耳其	10 400	20 200	
印 度	12 980	13 300	
阿根廷	8 085	8 720	
智 利	2 582	2 820	3 000
斯洛伐克	3 500	4 210	
乌克兰	7 480	6 490	
南斯拉夫	3 847	4 690	
南 非	7 608	8 640	
中 国	108 760	121 590	133 560
日 本	161 410	166 420	162 590
韩 国	66 650	70 180	67 430
马来西亚	8 300	8 400	
泰 国	12 700	13 520	
印度尼西亚	17 010	22 000	

注：1. 美国橡胶制造业协会（RMA）报道，轮胎总产量 2000 年为 3.21 亿条，2001 年为 3.03 亿条。
2. 日本汽车轮胎协会（JATMA）报道，轮胎总产量（含工程、工业、农业、摩托、运输车轮胎在内）2000 年为 1.76 亿条，2001 年为 1.74 亿条。
3. 中国国家统计局公布的轮胎产量中，包括工程、工业、农业及部分运输车、摩托车在内。
4. 韩国轮胎总产量（含特种轮胎摩托轮胎）2000 年为 7 243 万条，2001 年为 7 300 万条。

表 94　世界主要国家（地区）胶鞋产量（1996—1998 年）　单位：千双

国家或地区	1996 年	1997 年	1998 年
墨西哥	27 009	21 464	
巴　西	94 312	100 749	
中　国	1 521 910	1 247 094	1 250 000
印　度	28 334	27 899	27 000
日　本	28 348	22 598	22 000
马来西亚	16 947	12 832	20 000
欧　盟	37 528	39 723	
俄罗斯	20 184	20 447	
泰　国		100 000	80 000
乌克兰	4 706	3 045	
白俄罗斯	3 054	4 376	
捷　克	2 924	2 815	

资料来源：表中数据来自《中国橡胶工业年鉴》2003 年版。

注：表中 1998 年数据为预估数据。

表 95　世界轮胎生产前 50 位企业（2001 年）

位次	公司/总部	轮胎销售额（亿美元）	占公司销售总额比例（%）	位次	公司/总部	轮胎销售额（亿美元）	占公司销售总额比例（%）
1	普利司通/日本	137.5	74	26	杭州中策/中国	1.9	100
2	米其林/法国	132.0	93	27	卡莱尔/美国	1.9	11
3	固特异/美国	127.2	85	28	宇成轮胎/韩国	1.8	100
4	大陆/德国	49.5	53	29	GTY 轮胎/美国	1.8	100
5	住友/日本	27.8	71	30	建大/中国台湾	1.7	95
6	倍耐力/意大利	26.0	38	31	弗雷达斯特/荷兰	1.7	100
7	横滨/日本	25.1	70	32	下卡马斯克/俄罗斯	1.7	100
8	库珀/美国	18.0	52	33	马塔宴/斯洛伐克	1.6	60
9	东洋/日本	13.2	59	34	安徽佳通/中国	1.6	100
10	锦湖/韩国	12.3	54	35	费茨/阿根廷	1.5	97
11	韩国轮胎/韩国	10.6	92	36	雅罗斯拉夫/俄罗斯	1.5	100
12	MRF/印度	5.0	98	37	陶发/罗马尼亚	不详	
13	正新/中国台湾	4.9	100	38	DMIB/马来西亚	1.4	91
14	山东成山/中国	4.7	100	39	莫迪/印度	1.3	100
15	上海轮胎橡胶/中国	4.0	99	40	青岛橡胶/中国	1.3	100
16	山东三角/中国	4.0	100	41	比拉/印度	1.3	100
17	J. K. 工业/印度	3.6	93	42	井上橡胶/日本	不详	
18	阿波罗/印度	3.1	100	43	贵州轮胎/中国	1.2	100
19	特雷勒堡/瑞典	3.0	20	44	南港/中国台湾	1.2	99
20	西雅特/印度	2.9	100	45	第聂伯罗波得罗夫/乌克兰	不详	
21	诺基亚/芬兰	2.6	73	46	华丰/中国台湾	1.2	95
22	佳通/印度尼西亚	2.6	47	47	邓禄普非洲/南非	1.1	80
23	布里萨/土耳其	2.4	100	48	马朗贡尼/意大利	1.1	50
24	太腾/美国	2.0	37	49	联合橡胶/中国台湾	1.0	100
25	别列西那/白俄罗斯	不详		50	辽宁轮胎/中国	1.0	100

表 96 世界主要国家（地区）橡胶年消耗量排序（2003 年）

国家或地区	位次	年消耗量（万 t）
中国	1	345
美国	2	307.9
日本	3	187.8
德国	4	93.6
印度	5	92
法国	6	77.9
韩国	7	70.4
巴西	8	59.6
俄罗斯	9	54.9
西班牙	10	48.2
马来西亚	11	46.5
中国台湾	12	40.6
泰国	13	39.8
意大利	13	39.8
加拿大	14	39.0

表 97 按营业额排序的世界最大 500 家企业中农产品加工业企业（2002 年）

企业名称	国家或地区	营业额位次	营业额（百万美元）
食品业			
雀巢	瑞士	38	57 279.1
联合利华	英国/荷兰	66	45 636.2
康尼格拉	美国	144	27 629.6
阿彻-丹尼尔斯-米德兰公司	美国	179	23 453.6
泰森食品公司	美国	180	23 367.0
萨拉·李公司	美国	266	17 628.0
中国粮油食品进出口公司	中国	384	13 218.1
达能集团	法国	396	12 815.4
蒙特爱迪生	意大利	426	11 950.3
饮料业			
百事可乐公司	美国	166	25 112.0
可口可乐公司	美国	234	19 564.0
可口可乐企业	美国	282	16 889.0
安霍伊泽-布施公司	美国	369	13 566.4
迪阿吉奥	英国	385	13 215.9
森林和纸制品			
国际造纸公司	美国	168	24 976.0
惠好公司	美国	249	18 521.0
金佰利-克拉克有限公司	美国	370	13 566.3
斯达拉恩索	芬兰	419	12 085.1
出版和印刷业			
贝特尔斯曼公司	德国	273	17 312.8

（续）

企业名称	国家或地区	营业额位次	营业额（百万美元）
拉加代尔集团	法国	405	12 495.3
大日本印刷公司	日本	469	10 742.7
凸版印刷公司	日本	492	10 271.7
橡胶和塑料业			
布里奇斯通轮胎公司	日本	256	17 951.8
米其林公司	法国	325	15 221.7
固特异轮胎和橡胶公司	美国	358	13 850.0
烟草业			
菲利普·莫里斯	美国	30	62 182.0
英美烟草公司	英国	255	17 959.7
日本烟草公司	日本	287	16 475.4
肥皂与化妆品业			
宝洁	美国	86	40 238.0
欧莱雅	法国	373	13 508.4

图书在版编目（CIP）数据

中国农产品加工业年鉴．2004/科学技术部农村与社会发展司，中国农业机械化科学研究院，中国包装和食品机械总公司编．—北京：中国农业出版社，2005.7
ISBN 7-109-09965-2

Ⅰ．中… Ⅱ．①科…②中…③中… Ⅲ．农产品加工-加工工业-中国-2004-年鉴 Ⅳ．F326.5-54

中国版本图书馆 CIP 数据核字（2005）第 074561 号

中国农业出版社出版
（北京市朝阳区农展馆北路 2 号）
（邮政编码 100026）
出版人：傅玉祥
责任编辑 孟令洋 赵立山

中国农业出版社印刷厂印刷 新华书店北京发行所发行
2005 年 7 月第 1 版 2005 年 7 月北京第 1 次印刷

开本：787mm×1092mm 1/16 印张：37
字数：1 110 千字
定价：240.00 元

ISBN 7-109-09965-2
9 787109 099654 >